AF566176

Alfred Adler
Gesammelte Werke

Alfred Adler

Gesammelte Werke

Anaconda

Die Vortragssammlung *Praxis und Theorie der Individualpsychologie* erschien zuerst 1920 bei J. F. Bergmann in München und Wiesbaden. Der Text folgt hier der vierten Auflage München 1930. – *Menschenkenntnis* erschien erstmals 1927 im S. Hirzel Verlag in Leipzig. – *Der Sinn des Lebens* erschien erstmals 1933 im Verlag Dr. Rolf Passer, Wien, Leipzig.

4. Auflage

einem Unternehmen der Penguin Random House Verlagsgruppe GmbH,
Neumarkter Straße 28, 81673 München
produktsicherheit@penguinrandomhouse.de
(Vorstehende Angaben sind zugleich Pflichtinformationen nach GPSR.)

Umschlagmotiv: Alfred Adler (1870–1937), Foto, um 1930, akg-images / Imagno
Umschlaggestaltung: Druckfrei. Dagmar Herrmann, Bad Honnef
Satz und Layout: Roland Poferl Print-Design, Köln
Druck und Bindung: GGP Media GmbH, Pößneck
Printed in Germany
ISBN 978-3-7306-0841-8
www.anacondaverlag.de

Inhalt

Praxis und Theorie der Individualpsychologie

Vorträge zur Einführung in die Psychotherapie für Ärzte, Psychologen und Lehrer

Vorwort zur ersten Auflage

Die individualpsychologische Forschung erstrebt eine Vertiefung der Menschenkenntnis, die nur zu holen ist aus dem Verständnis der Stellung des Individuums zu seiner sozial bestimmten Aufgabe. Nur die Bewegungslinie, in der sich die soziale Aktivität einer Persönlichkeit darstellen und empfinden läßt, gibt uns Aufschluß über den Grad der Verschmelzung eines Menschen mit den Forderungen des Lebens, der Mitmenschen, des Weltalls. Sie gibt uns auch Aufschluß über den Charakter, über den Elan, über sein körperlich-geistiges Wollen. Sie läßt sich zurückverfolgen bis zu ihren Ursprüngen in der Zeit der Ichfindung und zeigt uns dort, in der frühesten Position des Menschenkindes, die ersten Widerstände der Außenwelt und die Form und Kraft des Wollens und der Versuche, sie zu überwinden. In diesen frühesten Kindheitstagen schafft sich das Kind irrend und unverständig seine Schablone, sein Ziel und Vorbild und den Lebensplan, dem es wissend-unwissend folgt. Vorbildlich werden ihm dabei alle Erfolgsmöglichkeiten und die Beispiele anderer Überwinder. Den Rahmen gibt ihm die umgebende Kultur.

Über dieser tiefsten Bewegungslinie des Individuums, von der das Menschenkind manches weiß, deren grundlegende Bedeutung es immer verkennt, baut sich die ganze seelische Struktur auf. Alles Wollen, der ganze Kreis der Gedanken, des Interesses, Assoziationsverlauf, Hoffnungen, Erwartungen und Befürchtungen laufen im Geleise dieser Dynamik. Aus ihr und zu ihrem Schutze stammen Weltanschauung, Antrieb oder Bremsvorrichtungen, und jedes Erlebnis wird so weit gedreht und gewendet, bis es zugunsten des eigentlichen Persönlichkeitskernes, jener kindlichen Bewegungslinie, seinen Nutzeffekt abgegeben hat.

Unsere Individualpsychologie hat aber auch den Nachweis erbracht, daß die Bewegungslinie des menschlichen Strebens zunächst einer Mischung von Gemeinschaftsgefühl und Streben nach persönlicher Überlegenheit entspringt. Beide Grundfaktoren zeigen sich als soziale Gebilde, der erste als angeboren, die menschliche Gemeinschaft festigend, der zweite als anerzogen, als naheliegende allgemeine Verführung, die unablässig die Gemeinschaft zum eigenen Prestige auszubeuten trachtet.

Es war nicht allzu schwierig, die Prestigepolitik des Einzelindividuums den Psychologen, Pädagogen und Neurologen klar zu legen. Daß sich Prestigewissenschaft dem Einflusse unserer Individualpsychologie zu entwinden trachtet, daß sie mit Finten und auf Umwegen unsere Aufdeckungen nicht bekämpft, sondern übernimmt, ist mir und meinen Schülern keine sonderliche Überraschung. Vor der einen Tatsache, daß sie immer unseren Aufdeckungen des Machtrausches nachhinkt, sie niemals überflügelt, verblaßt ihr eigener Dünkel und ihre Großsprecherei.

Schwieriger dürfte es uns fallen, den allgemeinen Beitrag des Gemeinschaftsgefühls klar zu machen. Denn hier stoßen wir gegen das Gewissen des einzelnen. Viel leichter verträgt er den Nachweis, daß er wie alle andern nach Glanz und Überlegenheit strebt, als die unsterbliche Wahrheit, auch ihn umschlinge das Band der menschlichen Zusammengehörigkeit, und er verschleiere es listig vor sich und den andern. Seine Körperlichkeit verweist ihn auf den Zusammenschluß, Sprache, Moral, Ästhetik und Vernunft zielen auf Allgemeingültigkeit, setzen sie voraus, Liebe, Arbeit, Mitmenschlichkeit sind die realen Forderungen des menschlichen Zusammenlebens. Gegen diese unzerstörbaren Wirklichkeiten stürmt und tobt das Streben nach persönlicher Macht oder sucht sie listig zu umschleichen. In diesem unablässigen Kampf aber zeigt sich die Anerkennung des Gemeinschaftsgefühls.

Das Wissen der Menschen um die Beweggründe ihrer Handlungen, das allgemeine Verständnis von den seelischen Erscheinungen bei Gesunden und Nervösen, die immer anderes bedeuten können als sie oberflächlich zum Ausdruck bringen, ist unzulänglich, solange die *formale Ge-*

staltung und die Dynamik ihrer Leitlinie verborgen bleibt. Was Führer der Menschheit als das Wirken Gottes, des Schicksals, der Idee, der ökonomischen Grundlage erfaßt hatten, zeigt uns die Individualpsychologie als die machtlüsterne Ausgestaltung eines formalen Gesetzes: *der immanenten Logik des menschlichen Zusammenlebens.*

Der vorliegende Band enthält Vorarbeiten, Erweiterungen und Forschungen der Theorie und Praxis der Individualpsychologie und hat die Aufgabe, durch eine Reihe von älteren und neuen Arbeiten den Weg zu unserer Wissenschaft zu weisen. In diesem Sinne ist er auch ein Begleiter des früher erschienenen Werkes »Über den nervösen Charakter«. (Vierte Auflage, J. F. Bergmann, München.)

Prigglitz, im August 1920

Vorwort zur vierten Auflage

Ich habe durch Ergänzungen, Klarstellungen und Erweiterungen getrachtet, dieses Buch auf die gegenwärtige Höhe der Entwicklung der Individualpsychologie zu bringen.

Dr. Alfred Adler
Visiting Professor der Columbia University, New York
New York, im März 1930

Inhaltsverzeichnis

I. Die Individualpsychologie, ihre Voraussetzungen und Ergebnisse

Ein Überblick über die Anschauungen und Lehren der meisten Psychologen zeigt uns eine sonderbare Beschränkung, soweit ihr Forschungsgebiet und ihre Mittel der Erkenntnis in Frage kommen. Es ist, als ob Erfahrung und Menschenkenntnis mit tieferer Absicht ausgeschlossen sein sollten, und als ob der künstlerischen, schöpferischen Anschauung, dem Erraten und der Intuition jede Geltung bestritten wäre. Während die Experimentalpsychologen Phänomene sammeln oder erzeugen, um Reaktionsweisen zu erschließen, also eigentlich Physiologie des Seelenlebens betreiben, reihen andere alle Ausdrucks- und Erscheinungsformen in althergebrachte oder wenig geänderte Systeme ein. Dabei finden sie nun freilich jene Abhängigkeiten und Zusammenhänge in den Einzelbewegungen wieder, die sie in ihrem Schema der Seele von vorneherein angebracht hatten.

Oder man versucht aus kleinen, womöglich meßbaren Einzelerscheinungen physiologischer Art Seelenzustände und das Denken aufzubauen, indem man beide gleichsetzt. Daß dabei das subjektive Denken und Einfühlen des Forschers ausgeschaltet erscheint, in Wirklichkeit freilich recht kräftig den Zusammenhang meistert, gilt diesen Forschern noch als Vorzug ihrer psychologischen Auffassung.

Die Methodik dieser Richtungen erinnert auch in ihrer Bedeutung als Vorschule des menschlichen Geistes an die jetzt überholte ältere Naturwissenschaft mit ihren starren Systemen, die heute allgemein ersetzt sind durch Anschauungen, die biologisch, aber auch philosophisch und psychologisch das Leben und seine Varianten im Zusammenhang zu erfassen trachten. So auch jene Richtung in der Psychologie, die ich *»vergleichende Individualpsychologie«* genannt habe. Sie versucht das Bild der einheitlichen Persönlichkeit als einer Variante aus den einzelnen Lebensäußerungen und Ausdrucksformen zu gewinnen, indem sie die *Einheit der Individualität* voraussetzt. Nun werden die einzelnen Züge miteinander verglichen, auf ihre gemeinsame Linie gebracht und zu einem Gesamtporträt individualisierend zusammengetragen.[1]

Es dürfte auffallen, daß diese Art der Betrachtung des menschlichen Seelenlebens durchaus nicht ungewöhnlich oder besonders verwegen aussieht. In den Betrachtungen der Kinderpsychologie leuchtet sie trotz anderer Richtungslinien deutlich hervor. Vor allem aber ist es das Wesen und das Werk des Künstlers, des Malers, des Bildhauers, des Musikers, vorzüglich des Dichters, alle kleinen Züge seiner Geschöpfe so darzustellen, daß der Betrachter in ihnen die Grundlinien der Persönlichkeit, den Lebensstil zu erfassen vermag, aufzubauen imstande ist, was der Künstler vorher schon, im Hinblick auf das *Finale* in sie versteckt hatte. Zumal das Leben in der Gesellschaft, das Leben ohne wissenschaftliche Voreingenommenheit ist so sehr im Banne der Frage nach dem Wohin? einer Erscheinung, daß man es aussprechen muß: trotz aller gegenteiligen wissenschaftlichen Anschauung hat noch nie einer sich über ein Geschehnis ein Urteil gebildet, ohne nach einer Linie gehascht zu haben, die alle seelischen Erscheinungen einer Person bis zu ihrem *fiktiven Ziel* zu verbinden scheint.

Wenn ich nach Hause eile, werde ich dem Betrachter alle Haltung, Miene Bewegung und Gebärde darbieten, die man gemeiniglich von einem Heimkehrenden erwarten darf.[2] Und dies trotz aller Reflexe und trotz aller Kausalität. Ja, meine Reflexe könnten auch andere sein, die Ursachen könnten variieren – was man psychologisch erfassen kann und vor allem, was uns praktisch und psychologisch fast ausschließlich interessiert, ist: *die Linie, die einer verfolgt.*

Ferner: wenn ich das Ziel einer Person kenne, so weiß ich ungefähr, was kommen wird. Und ich vermag es dann auch, jede der aufeinanderfolgenden Bewegungen einzureihen, im Zusammenhang zu sehen und

1. Auf anderen Wegen ist William Stern zu ähnlichen Ergebnissen wie ich gekommen.
2. Dem Kenner wird es nicht entgehen, wie eigentlich nur die »Gestaltspsychologie« von der gleichen Anschauung Gebrauch macht.

meine ungefähre psychologische Kenntnis des Zusammenhangs fortlaufend zu korrigieren oder anzupassen. Solange ich nur die Ursachen, demnach nur Reflexe und Reaktionszeiten, Merkfähigkeit und ähnliches kenne, weiß ich nichts von dem, was in der Seele dieses Menschen vorgeht.

Dazu kommt noch, daß auch der Untersuchte nichts mit sich anzufangen wüsste, solange er nicht nach einem Ziel gerichtet ist. Solange wir seine durch ein Ziel bestimmte Lebenslinie nicht kennen, wäre das ganze System seiner erkannten Reflexe samt allen kausalen Bedingungen nicht imstande, über die nächste Folge seiner Bewegungen Sicherheit zu verschaffen: sie würden sich mit jeder möglichen seelischen Konsequenz in Einklang bringen lassen. Am deutlichsten ist dieser Mangel bei Assoziationsversuchen zu verstehen. Ich würde nie von einem Manne, der eine schwere Enttäuschung erlitten hat, erwarten können, daß er auf »Baum« etwa »Strick« assoziiert. Kenne ich aber sein Ziel, den Selbstmord, so werde ich eine solche Abfolge seiner Gedanken mit Sicherheit erwarten, so sicher, daß ich ihm Messer, Gift und Schießwaffen aus dem Wege räumen werde. Erst in den Konsequenzen, die einer zieht, zeigt sich seine Individualität, sein Apperzeptionsschema.

Sieht man näher zu, so findet man folgende Gesetzmäßigkeit, die die Entfaltung alles seelischen Geschehens durchzieht: *wir sind nicht in der Lage zu denken, zu fühlen, zu wollen, zu handeln, ohne daß uns ein Ziel vorschwebt.* Denn alle Kausalitäten genügen dem lebenden Organismus nicht, das Chaos des Zukünftigen zu bewältigen und die Planlosigkeit, deren Opfer wir wären, aufzuheben. Alles Tun verharrte im Stadium eines wahllosen Herumtastens, die Ökonomie des Seelenlebens bliebe unerreicht, ohne jede Einheitlichkeit, jede Physiognomie und jede persönliche Note glichen wir Lebewesen vom Rang einer Amöbe. Nur Lebloses gehorcht einer erkennbaren Kausalität. Das Leben aber ist ein Sollen.

Daß wir durch die Annahme einer Zielsetzung im Seelenleben der Wirklichkeit besser gerecht werden, kann nicht bezweifelt werden. Bezüglich einzelner, aus dem Zusammenhang gerissener Phänomene besteht wohl auch kein Zweifel. Der Beweis kann leichthin angetreten werden. Man braucht nur einmal die Gehversuche eines kleinen Kindes oder einer Wöchnerin mit dieser Voraussetzung zu betrachten. Freilich, wer voraussetzungslos an die Dinge herantreten will, dem dürfte sich meist der tiefere Sinn verbergen. Bevor der erste Schritt gemacht wird, steht schon das Ziel der Bewegung fest und spiegelt sich in jeder Teilbewegung.

In gleicher Weise läßt sich von allen seelischen Bewegungen zeigen, daß sie ihre Richtung durch ein vorher gesetztes Ziel bekommen. Aber alle diese vorläufigen, im einzelnen sichtbaren Ziele geraten nach kurzem Bestand der seelischen Entwicklung des Kindes unter die Herrschaft des fiktiven Endzieles, des als fix gedachten oder empfundenen Finales. Mit anderen Worten: das Seelenleben des Menschen richtet sich wie eine von einem guten dramatischen Dichter geschaffene Person nach ihrem V. Akt.

Diese aus jeder Persönlichkeit individualpsychologisch einwandfrei zu erschließende Einsicht führt uns zu einem wichtigen Satz: *jede seelische Erscheinung kann, wenn sie uns das Verständnis einer Person ergeben soll, nur als Vorbereitung für ein Ziel erfaßt und verstanden werden.* Das Endziel erwächst jedem bewußt oder unbewußt, immer aber in seiner Bedeutung unverstanden.

Wie sehr diese Anschauung unser psychologisches Verständnis fördert, ergibt sich besonders, sobald uns die *Vieldeutigkeit der aus dem Zusammenhang gerissenen seelischen Prozesse* klar geworden ist. Halten wir uns einen Menschen mit einem »schlechten Gedächtnis« vor Augen. Nehmen wir an, er sei sich dieses Umstandes bewußt, und die Prüfung ergäbe eine geringe Merkfähigkeit für sinnlose Silben. Nach dem bisherigen Usus der Psychologie, der heute wohl ein Abusus zu nennen wäre, müßten wir das Urteil fällen: der Mann leide angeborener- oder krankhafterweise an einem Mangel der Merkfähigkeit. Nebenbei gesagt, kommt bei dieser Art der Untersuchung gewöhnlich als Urteil heraus, was mit anderen Worten in der Prämisse bereits gesagt ist, z. B. in diesem Falle: wenn einer ein schlechtes Gedächtnis hat, oder: wenn einer nur wenige Worte merkt – so hat er eine geringe Merkfähigkeit.

Der Vorgang der Individualpsychologie ist nun von diesem gänzlich verschieden. Sobald sich organische Ursachen sicher ausschließen lassen, müßte sie die Frage aufwerfen: wohin zielt die Gedächtnisschwäche? Auf was kommt es ihr an? Dieses Ziel können wir nur aus einer intimen Kenntnis des ganzen Individuums erschließen, *so daß uns das Verständnis des Teiles erst aus dem Verständnis des Ganzen erwächst.* Und wir würden etwa finden, was einer großen Anzahl von Fällen entspräche: diese Person ist daran, vor sich und vor anderen den Beweis zu erbringen, daß sie aus irgendwelchen zugrundeliegenden Motiven, die ungenannt oder unbewußt bleiben sollen, *die sich aber durch Gedächtnisschwäche besonders wirksam vertreten lassen,* von irgendeiner Handlung oder Entscheidung (Berufswechsel, Studium, Prüfung, Heirat) fern bleiben müsse. Dann wäre diese Gedächtnisschwäche als tendenziös entlarvt, wir verstünden ihre Bedeutung als Waffe im Kampfe gegen ein Unterliegen, und wir würden bei jeder Prüfung einer solchen Merkfähigkeit gerade jenen Defekt erwarten, der zum geheimen Lebensplan dieses Mannes gehört. Diese Schwäche hat also eine Funktion, die erst aus dem Bezugssystem des ganzen Lebens dieser Persönlichkeit klar wird. Bleibt noch die Frage, wie man solche Mängel oder Übel erzeugt. Der eine »arrangiert« sie bloß, indem er allgemeine physiologische Schwächen absichtlich unterstreicht und sie als persönliche Leiden in die Rechnung stellt. Anderen gelingt es, sei es durch Einfühlung in einen abnormen Zustand oder durch Präokkupation mit gefahrvollen, pessimistischen Erwartungen und folgender seelischer Spannung den Glauben an ihr Können so weit zu erschüttern, daß ihnen dann kaum die Hälfte ihrer Kraft, ihrer Aufmerksamkeit, ihres Willens zur Verfügung stehen. Ihre Darstellung dieser Mangelhaftigkeit habe ich den *»Minderwertigkeitskomplex«* genannt.

Um noch ein Beispiel zu geben: die gleiche Beobachtung machen wir bei den Affekten. Wir finden bei einer Dame Angstausbrüche, die sich von Zeit zu Zeit wiederholen. Solange nichts Wertvolleres zu finden war, konnte man sich mit der Annahme einer hereditären Degeneration, einer Erkrankung der Vasomotoren, des Vagus usw., begnügen. Oder man konnte glauben dem Verständnis naher zu sein, wenn man in der Vorgeschichte ein schreckensvolles Erlebnis, Trauma, aufspürte und diesem die Schuld beimaß. Sehen wir uns aber diese Individualität an und gehen wir ihren Richtungslinien nach, so entdecken wir etwa ein Übermaß von Herrschsucht, dem sich *als Angriffsorgan die Angst* beigesellt, sobald die Hörigkeit des anderen zu Ende geht, sobald die geforderte Resonanz fehlt, wie es sich etwa ergibt, wenn beispielsweise der Gatte einer solchen Patientin ohne Bewilligung das Haus verlassen möchte.

Unsere Wissenschaft erfordert ein streng individualisierendes Vorgehen und ist deshalb Verallgemeinerungen nicht geneigt. *In usum delphini* aber will ich folgenden Lehrsatz hierher stellen: *Wenn ich das Ziel einer seelischen Bewegung oder eines Lebensplanes erkannt habe, dann muß ich von allen Teilbewegungen erwarten, daß sie mit dem Ziel und mit dem Lebensplan übereinstimmen.*

Diese Formulierung ist mit geringen Einschränkungen im weiten Ausmaß aufrecht zu erhalten. Sie behält auch ihren Wert, wenn man sie umdreht: *die richtig verstandenen Teilbewegungen müssen in ihrem Zusammenhang das Abbild eines einheitlichen Lebensplanes und seines Endzieles ergeben.* Wir stellen demnach die Behauptung auf, daß, *unbekümmert um Anlage, Milieu und Erlebnisse*, alle psychischen Kräfte im Banne einer richtenden Idee stehen, und daß alle Ausdrucksbewegungen, das Fühlen, Denken, Wollen, Handeln, Träumen und die psychopathologischen Phänomene von einem einheitlichen Lebensplan durchzogen sind. *Aus dieser selbstgesetzten Zielstrebigkeit erwächst die Einheit der Persönlichkeit;* so ergibt sich im seelischen Organ eine Teleologie, die als Kunstgriff und Eigenkonstruktion, als endgültige Kompensation des allgegenwärtigen menschlichen Minderwertigkeitsgefühls zu verstehen ist. Ein kurzer Hinweis mag diese ketzerischen Sätze begründen und zugleich mildern: wichtiger als Anlage, objektives Erlebnis und Milieu ist *deren subjektive Einschätzung*, und ferner: diese Einschätzung steht in einem gewissen, freilich oft wunderlichen Verhältnis zu den Realien. In der Massenpsychologie ist diese grundlegende Tatsache schwer zu entdecken, weil der »ideologische

Überbau über der ökonomischen Grundlage« (Marx und Engels) und seine Tatsetzungen einen Ausgleich der persönlichen Differenzen erzwingen. Aus der Einschätzung des einzelnen aber, die meist zu einer dauernden Stimmungslage *im Sinne eines Minderwertigkeitsgefühls* Anlaß gibt, entspinnt sich entsprechend der unbewußten Technik unseres Denkapparates ein fiktives Ziel als gedachte, endgültige Kompensation und ein Lebensplan als der Versuch einer solchen.[1]

Ich habe bisher viel vom »Verstehen« des Menschen gesprochen. Fast so viel als manche Theoretiker der »verstehenden Psychologie« oder der Persönlichkeitspsychologie, die immer abbrechen, wenn sie uns zeigen sollten, was sie eigentlich verstanden haben. Die Gefahr, auch diese Seite unserer Untersuchungen, *die Ergebnisse der Individualpsychologie* in Kürze auseinanderzusetzen, ist groß genug. Man wird lebende Bewegung in Worte, in Bilder einfangen müssen, man ist gezwungen über Differenzen hinwegzusehen, um einheitliche Formeln zu gewinnen, und man wird bei der Beschreibung den Fehler machen müssen, den uns in der Ausübung zu begehen strenge verboten ist: mit einer trockenen Schablone an das individuelle Seelenleben heranzutreten, wie es die Freudsche Schule versucht.

Unter dieser Voraussetzung will ich in der Folge die wichtigsten Ergebnisse unserer Erforschung des Seelenlebens vorlegen. Es verdient hervorgehoben zu werden, daß sich die hier zu besprechende Dynamik des Seelenlebens in gleicher Weise bei Gesunden und Kranken findet. Was den Nervösen vom Gesunden unterscheidet, liegt in der stärkeren »Sicherungstendenz« des Kranken, mittels deren er seinen Lebensplan ausstattet. Was aber die »Zielsetzung« und den ihr angepaßten Lebensplan anlangt, so finden sich keinerlei grundlegende Differenzen außer der einen, freilich maßgebenden, daß das »konkrete« Ziel des Neurotikers immer auf der unnützlichen Seite des Lebens liegt.

1. Das »fiktive Ziel«, verschwommen und labil, nicht zu ermessen, mit wenig zulänglichen, durchaus nicht begnadeten Kräften errichtet, hat keine reale Existenz, ist deshalb kausal nicht völlig zu begreifen. Wohl aber als teleologisches Kunststück der Seele, die nach Orientierung sucht und im Ernstfall stets konkret, gestaltet wird.

Ich darf demnach von einem allgemeinen Ziel der Menschen sprechen. Die eingehendste Betrachtung ergibt nun, daß wir die seelischen Bewegungen aller Art am besten verstehen können, wenn wir als ihre *allgemeinste Voraussetzung* erkannt haben, daß sie auf *ein Ziel der Überlegenheit* gerichtet sind. Vieles davon haben große Denker verkündigt, manches weiß jeder für sich davon, das meiste birgt sich in ein geheimnisvolles Dunkel, und nur im Wahnsinn oder in der Ekstase liegt es deutlich zutage. Ob einer ein Künstler, der erste in seinem Fache oder ein Haustyrann sein will, ob er Zwiesprache mit seinem Gotte hält oder die anderen herabsetzt, ob er sein Leid als das größte ansieht, dem alle sich beugen müssen, ob er nach unerreichbaren Idealen jagt oder alte Götter, alte Grenzen und Normen zerbricht[1] – auf jedem Teil seines Weges leitet und führt ihn seine Sehnsucht nach Überlegenheit, sein Gottähnlichkeitsgedanke, sein Glaube an seine besondere Zauberkraft. In der Liebe will er gleichzeitig seine Macht über den Partner empfinden, bei freiwilliger Berufswahl dringt das vorschwebende Ziel in übertriebenen Erwartungen und Befürchtungen durch, und noch im Selbstmord empfindet er rachedürstend den Sieg über alle Hindernisse. Um sich einer Sache, einer Person zu bemächtigen, kann er auf geraden Linien wandeln, kann stolz, herrschsüchtig, trotzig, grausam, mutig zu Werke gehen; oder er zieht es vor, durch Erfahrungen auf Abwege und Umwege gedrängt, seine Sache zum Siege zu führen durch Gehorsam, Unterwerfung, Sanftmut und Bescheidenheit. Auch die Charakterzüge haben kein selbständiges Dasein, auch sie passen immer zu dem individuellen Lebensplan, dessen wichtigste Kampfbereitschaften sie vorstellen.

Dieses Ziel der Allüberlegenheit, das im Einzelfall oft wunderlich genug aussieht, ist aber nicht von dieser Welt. Für sich betrachtet müssen wir es unter die »Fiktionen« oder »Imaginationen« einreihen. Von ihnen sagt Vaihinger (*Die Philosophie des Als-Ob*, Berlin, Reuter und Reichardt, 2. Aufl. 1913) mit Recht, ihre Bedeutung liege darin, daß sie, an sich un-

1. Auch ob er in kindischer Weise mit leeren Phrasen die Individualpsychologie herabzusetzen trachtet.

sinnig, dennoch für das Handeln die größte Bedeutung hätten. Dies stimmt in unserem Falle so sehr, daß wir sagen können: *Diese der Wirklichkeit so vollkommen Hohn sprechende Fiktion eines Zieles der Überlegenheit ist die Hauptvoraussetzung unseres bisherigen Lebens geworden.* Sie lehrt uns die Unterschiede machen, sie gibt uns Haltung und Sicherheit, gestaltet, leitet unser Tun und Handeln und nötigt unseren Geist vorauszusehen und sich zu vervollkommnen. Daneben die Schattenseite: *sie bringt leicht eine feindliche, kämpferische Tendenz in unser Leben*, raubt uns die Unbefangenheit des Empfindens und versucht es stets, uns der Wirklichkeit zu entfremden, indem sie deren Vergewaltigung nahegelegt. Wer dieses Ziel der Gottähnlichkeit real und persönlich faßt, es wörtlich nimmt, wird bald gezwungen sein, das wirkliche Leben als ein Kompromiß zu fliehen, um ein Leben neben dem Leben zu suchen, bestenfalls in der Kunst, meist aber im Pietismus, in der Neurose oder im Verbrechen.[1]

Ich kann hier auf Einzelheiten nicht eingehen. Eine offene Andeutung dieses überlebensgroßen Zieles findet sich wohl bei allen Menschen. Manchmal sticht es aus der Haltung hervor, zuweilen verrät es sich nur in den Forderungen und Erwartungen. Zuweilen findet man seine Spur in dunklen Erinnerungen, Phantasien oder Träumen. Sucht man es ernstlich, so darf man kaum je danach fragen. Aber eine körperliche oder geistige Attitüde spricht deutlich ihre Abstammung vom Streben nach Macht aus und trägt das Ideal irgendeiner Art von Vollkommenheit und Fehlerlosigkeit in sich. Immer wird in jenen Fällen, die sich der Neurose nähern, ein verstärktes Messen an der Umgebung, auch an Verstorbenen und Helden der Vergangenheit auffällig werden.

Die Probe auf die Richtigkeit dieses Befundes ist leicht anzustellen. Trägt nämlich jeder, wie wir es beim Nervösen in vergrößertem Maße wahrnehmen, ein Ideal der Überlegenheit in sich, dann müssen auch oft Erscheinungen zu finden sein, die auf eine Unterdrückung, auf Verkleinerung, auf Entwertung der anderen hinzielen. Charakterzüge wie Un-

1. Siehe auch »Das Problem der Distanz« in diesem Bande.

duldsamkeit, Rechthaberei, Neid, Schadenfreude, Selbstüberschätzung, Prahlerei, Mißtrauen, Geiz – kurz alle Stellungen, die der Voraussetzung eines Kampfes entsprechen, müssen zum Durchbruch kommen, in weitaus höherem Grade als es etwa die Selbsterhaltung gebietet und das Gemeinschaftsgefühl verlangt.

Daneben, manchmal gleichzeitig oder austauschbar, wird man je nach dem Eifer und dem Selbstvertrauen, mit dem das Endziel gesucht wird, Züge von Ehrgeiz, Wetteifer, Mut, die Attitüde des Rettens und Schenkens und Dirigierens auftauchen sehen. Eine psychologische Untersuchung erfordert so viel Objektivität, daß ein moralisches Urteil die Übersicht nicht stört. Man muß auch noch hinzunehmen, *daß das verschiedene Niveau der Charakterzüge* in erster Reihe unser Wohlgefallen oder unsere Mißachtung auslöst. Und schließlich liegen, insbesondere bei Nervösen, die feindlichen Züge oft so versteckt, daß der Träger dieser Eigenschaften mit Recht erstaunt und unwillig wird, sobald ihn einer darauf hinweist. Von zwei Kindern z. B. schafft sich das ältere eine recht unbehagliche Situation, weil es durch Trotz und Eigensinn die Herrschaft in der Familie an sich reißen will. Das jüngere Kind fängt es klüger an, zeigt sich als ein Muster von Gehorsam und bringt es so dahin, daß es der Abgott in der Familie wird, dem man alle Wünsche erfüllt. Als es der Ehrgeiz weiter trieb, und als die unausweichlichen Enttäuschungen eintraten, kam es zur Zerstörung der Gehorsamsbereitschaft; es stellten sich krankhafte Zwangserscheinungen ein, mittels deren jeder Befehl der Eltern durchkreuzt wurde, trotzdem man das Kind sich abmühen sah, im Gehorsam zu verharren. Ein Gehorsam also, dem seine Aufhebung durch Zwangsdenken auf dem Fuße folgte. Man sieht den Umweg, der gemacht wurde, um auf die gleiche Linie wie das andere Kind zu kommen.

Die ganze Wucht des persönlichen Strebens nach Macht und Überlegenheit geht frühzeitig beim Kinde in die Form und in den Inhalt seines Strebens über, während das Denken nur so viel davon beiläufig aufnehmen darf, als das Unsterbliche, reale, physiologisch gegründete *Gemeinschaftsgefühl* erlaubt. Aus letzterem entwickelt sich Zärtlichkeit,

Nächstenliebe, Freundschaft, Liebe; das Streben nach Macht entfaltet sich verschleiert und sucht sich heimlich und listig auf den Wegen des Gemeinschaftsgefühls durchzusetzen.

An dieser Stelle muß ich eine alte Grundanschauung aller Seelenkenner bestätigen. Jede auffällige Haltung eines Menschen läßt sich bis zu einem Ursprung in der Kindheit verfolgen. In der Kinderstube formt sich und bereitet sich die künftige Haltung des Menschen vor und zeigt die Abdrücke der Umgebung. Grundlegende Änderungen ergeben sich nur durch einen hohen Grad der Selbsterkenntnis oder im Stadium der Nervosität durch ein individualpsychologisches Vorgehen des Arztes, wenn der Patient den Fehler seines Lebensstils im Zusammenhang erkennt.

An einem andern Falle, wie er sich ähnlich ungezählte Male ereignet, will ich noch näher auf die Zielsetzung des Nervösen eingehen. Ein hervorragend begabter Mann, der sich durch Liebenswürdigkeit und feines Benehmen die Gunst eines wertvollen Mädchens errungen hatte, denkt an die Verlobung. Gleichzeitig rückt er mit einem Erziehungsideal dem Mädchen an den Leib, das diesem recht schwere Opfer auferlegt. Eine Zeitlang erträgt sie die maßlosen Anordnungen, bis sie weiteren Prüfungen durch den Abbruch der Beziehungen aus dem Wege geht. Nun stürzt der Mann in nervösen Anfällen zusammen. Die individualpsychologische Aufklärung des Falles ergab, daß das Ziel der Überlegenheit bei diesem Patienten, wie es sich in den herrschsüchtigen Anforderungen an die Braut ergab, schon längst zu einer Ausschaltung der Ehe gedrängt hatte, und daß er, *ohne es zu verstehen*, selbst dem Bruch zutreiben mußte, weil er sich dem offenen Kampfe, als den er sich die Ehe ausmalte, nicht gewachsen glaubte. Auch dieser *Zweifel an sich selbst* stammte aus seiner frühesten Kindheit, wo er als einziger Sohn ziemlich abgeschlossen von der Welt mit seiner früh verwitweten Mutter lebte. Aus dieser Zeit, die sich in fortwährenden häuslichen Kämpfen abwickelte, hat er den unauslöschlichen Eindruck gewonnen, den er sich offen nie eingestanden hätte: als sei er nicht männlich genug, als würde er nie einer Frau gewachsen sein. Diese psychische Attitüde ist einem dauernden Minderwertigkeitsgefühl vergleichbar, und man kann es wohl verstehen, wie sie in das Schicksal eines Menschen bestimmend eingreift und ihn zwingt, sein Prestige anders zu wahren als in der Erfüllung realer Forderungen auf der nützlichen Seite des Lebens.

Daß der Patient erreichte, was seine heimlichen Vorbereitungen zur Ehelosigkeit bezweckten, und was ihm seine Furcht vor dem Partner eingab, Kampfszenen und eine ruhelose Beziehung zur Frau, ist kaum zu verkennen. Ebensowenig, daß er sich zu seiner Braut ähnlich stellte wie zu seiner Mutter, die er ja gleichfalls niederringen wollte. Diese durch Sehnsucht auf Sieg erzwungene Beziehung ist von der Freudschen Schule als dauernd inzestuöse Verliebtheit in die Mutter missverstanden worden. In Wirklichkeit treibt den Patienten sein aus der schmerzlichen Beziehung zu seiner Mutter verstärktes kindliches Minderwertigkeitsgefühl dazu, es im Leben noch einmal unter Anwendung der stärksten Sicherungstendenz auf den Kampf mit der Frau ankommen zu lassen. Was immer wir sonst unter Liebe verstehen wollen, sie ist in diesem Falle nicht qualifiziertes Gemeinschaftsgefühl, sondern nur ihr Schein, ihre Karikatur, nur *Mittel zum Zweck*. Letzterer aber ist: endlich den Triumph über ein geeignetes weibliches Wesen zu erzwingen. Deshalb die fortgesetzten Prüfungen und Forderungen, deshalb auch die mit Sicherheit zu erwartende Lösung des Verhältnisses. Diese Lösung hat sich nicht »ereignet«, sie wurde kunstgerecht inszeniert, und ihr Arrangement erfolgte mit den alten Mitteln einer Erfahrung, wie der Mann sie an seiner Mutter geübt hatte. Eine Niederlage in der Ehe schien ausgeschlossen, weil er die Ehe verhinderte. Man sieht in dieser *Stellungnahme* das Überwuchern des *»Persönlichen«* gegenüber der *»Sachlichkeit«*, gegenüber der Unbefangenheit. Die Erklärung findet sich in der Feststellung des *zitternden Ehrgeizes*. Es gibt zwei Formen des Ehrgeizes, von denen die zweite die erste ablöst, sobald durch Niederlagen eine Entmutigung eingetreten ist. Die erste Form steht hinter dem Menschen und jagt ihn nach vorne. Die zweite stellt sich vor den Menschen und drängt ihn zurück: »Wenn du den Halys überschreitest, wirst du ein großes Reich zerstören.« In der zweiten Lage befinden sich zumeist die Nervösen, und die erste Form findet sich bei ihnen nur mehr spurweise, bedingungsweise oder zum Schein. Sie sagen dann wohl auch: »Ja, früher, da war ich ehrgeizig.« Sie sind es aber noch ebenso, haben sich aber durch das Arrangement ihres Leidens, ihrer Verstimmung, ihrer Teilnahmslosigkeit den Weg nach vorne verlegt. Ihre Antwort auf die Frage: »Wo warst du denn, als man die Welt verteilet?«, lautet regelmäßig: »Ich war krank.« So gelangen sie anstatt zur Beschäftigung mit der Außenwelt zur Beschäftigung mit sich. Jung und Freud haben später, der eine als »Introversion«, der andere als »Narcismus« diesen *wichtigsten* neurotischen Vorgang irrtümlich als angeborene (?) Typen aufgefaßt.

Bleibt so kaum etwas Rätselhaftes an dem Verhalten dieses Mannes, erkennen wir in seiner herrschsüchtigen Attitüde deutlich die Aggression, *die sich als Liebe gibt*, so bedarf doch der weniger verständliche nervöse Zusammenbruch des Patienten einiger erläuternder Worte. Wir betreten damit den eigentlichen Boden der Neurosenpsychologie. Wieder einmal wie in der Kinderstube ist der Patient am Weibe gescheitert. In allen ähnlichen Fällen lockt es den Nervösen, seine Sicherungen zu verstärken und sich in einen größeren Abstand von der Gefahr[1] zu begeben. Unser Patient braucht den Zusammenbruch, um eine böse Erinnerung in sich zu nähren, um die Schuldfrage aufzuwerfen und sie zuungunsten der Frau zu lösen, um in späteren Zeiten mit noch größerer Vorsicht zu Werke zu gehen! Oder um endgültig von Liebe und Ehe Abschied zu nehmen! Dieser Mann zählt heute 30 Jahre. Gestatten wir uns die Annahme, daß er seinen Schmerz 10–20 Jahre mit sich herumtragen und ebensolange sein verlorenes Ideal betrauern wird, so hat er sich dadurch vielleicht für immer vor jeder Liebesbeziehung und so in seinem Sinne vor jeder neuen Niederlage gesichert.

Den nervösen Zusammenbruch aber konstruiert er gleichfalls mit den alten verstärkten Mitteln seiner Erfahrung, ähnlich wie er etwa als Kind das Essen, das Schlafen, die Arbeit von sich gewiesen hatte und die Rolle des Sterbenden spielte. Da sinkt die Schale mit der *Schuld der Ge-*

1. Siehe »Problem der Distanz«.

liebten, und er selbst überragt sie an Gesittung und Charakter und siehe: er hat erreicht, nach was er Sehnsucht trug, er ist der Überlegene, er ist der Bessere, sein Partner aber ist »schlecht wie alle Mädchen«. Sie können sich mit ihm, dem Manne nicht messen. So hat er die Verpflichtung, die er schon als Knabe fühlte, erfüllt, er hat gezeigt, daß er höher steht als das weibliche Geschlecht, ohne seine Kraft auf die Probe zu stellen

Wir begreifen, daß seine nervöse Reaktion nicht scharf genug ausfallen kann. *Er muß als lebender Vorwurf gegen die Frau auf Erden wandeln.*[1]

Wüsste er um seine geheimen Pläne, so wäre sein ganzes Tun Gehässigkeit und böse Absicht, könnte demnach den beabsichtigten Zweck, seine Erhebung über die Frau, gar nicht erreichen. Denn er sähe sich so, wie wir ihn sehen, wie er das Gewicht fälscht, und wie er alles zu einem vorher bestimmbaren Ziele führt. Was sich mit ihm begibt, wäre nicht mehr »Schicksal«, geschweige denn, daß es für ihn ein Plus ergäbe. Sein Ziel, sein Lebensplan, seine Lebenslüge verlangen aber dieses Plus! Folglich »ergibt« sich auch, *daß dieser Lebensplan im Unbewußten bleibt*, an ein *unverantwortliches Schicksal*, nicht an einen lange vorbereiteten, verantwortlichen Weg glauben darf.

Ich muß hier einer weitläufigen Schilderung dieser »Distanz«, die der Nervöse zwischen sich und die Entscheidung – in diesem Falle die Ehe – legt, aus dem Wege gehen. Auch wie er sie *macht*, ist einer Beschreibung des »nervösen Arrangements« vorzubehalten. Es sei nur darauf hingewiesen, daß diese Distanz sich in der »zögernden Attitüde« des Patienten, in seinen Prinzipien, in seiner Weltanschauung und in seiner Lebenslüge deutlich ausspricht. Am wirksamsten zu ihrer Entfaltung erweist sich immer die Neurose und Psychose. Auch die Eignung der aus den gleichen Quellen stammenden Perversionen und jeglicher Impotenz ist ungemein groß. Den Abschluß und die Versöhnung mit dem Leben findet der Mensch dann in der Konstruktion eines oder mehrerer »Wenn-Sätze«. »Wenn irgend etwas anderes gewesen wäre …!«

1. Der paranoide Zug wird erkennbar. Siehe: »Lebenslüge und Verantwortlichkeit in der Neurose und Psychose«, in diesem Band.

Die Bedeutung der Erziehungsfragen, auf die unsere Schule das größte Gewicht legt (siehe *»Heilen und Bilden«*, 3. Aufl. 1929 dieses Verlags), geht aus diesen Zusammenhängen scharf hervor.

Es ergibt sich aus der Anlage der vorliegenden Arbeit, daß unsere Untersuchung wie im Falle einer Kur den rückläufigen Weg einschlägt, zuerst *das Ziel der Überlegenheit* betrachtet, an ihm *die Kampfstellung des Menschen*[1], insonderheit des Nervösen erläutert und nun die Quellen dieses hervorragenden seelischen Mechanismus zu erfassen trachtet. Einer Grundlage dieser psychischen Dynamik haben wir bereits gedacht, sie liegt in der vorläufig unausweichlichen, artistischen Eignung des seelischen Apparats, die Anpassung und die Expansion in der Realität mittels des *Kunstgriffs der Fiktion und der Zielsetzung* zu ermöglichen. Wie das Ziel der Gottähnlichkeit die Stellung des Individuums zu seiner Umgebung meist in eine kämpferische umgestaltet, und wie der Kampf den Menschen auf den Linien geradliniger Aggression oder auf Leitlinien der Vorsicht dem Ziele näher zu treiben sucht, habe ich kurz zu beleuchten unternommen. Verfolgt man den Werdegang dieser Aggression weiter in die Kindheit zurück, so stößt man in jedem Falle auf die auslösende Grundtatsache: *dem Kinde haftet während der ganzen Zeit seiner Entwicklung ein Gefühl der Minderwertigkeit in seinem Verhältnis zu den Eltern, Geschwistern und zur Welt an.* Durch die Unfertigkeit seiner Organe, durch seine Unsicherheit und Unselbständigkeit, infolge seines Anlehnungsbedürfnisses an Stärkere und wegen der oft schmerzlich empfundenen Unterordnung unter andere erwächst ihm dieses Gefühl der Insuffizienz, das sich in seiner ganzen Lebenstätigkeit verrät. Dieses Gefühl der Minderwertigkeit erzeugt die beständige Unruhe des Kindes, seinen Betätigungsdrang, sein Rollensuchen, sein Kräftemessen, sein Vorbauen in die Zukunft und seine körperlichen und geistigen Vorbereitungen. Die ganze Erziehungsfähigkeit des Kindes hängt an diesem Insuffizienzgefühl. So wird ihm die Zukunft ein Land, das ihm die Kompensationen bringen

1. Der »Kampf ums Dasein«, der »Kampf aller gegen alle« usw. sind nur andere Perspektiven der gleichen Beziehung.

soll. Auch in seinem Minderwertigkeitsgefühl spiegelt sich die Kampfstellung wieder; und als Kompensation gilt ihm nur, was seine gegenwärtige dürftige Lage dauernd aufhebt und ihn allen andern überlegen macht. So kommt das Kind zur Zielsetzung und zum fiktiven Ziele der Überlegenheit, wo sich seine Armut in Reichtum, seine Unterwerfung in Herrschaft, sein Leiden in Freude und Lust, seine Unkenntnis in Allwissenheit, seine Unfähigkeit in Kunst verwandeln wird. Dieses Ziel wird um so höher angesetzt und um so prinzipieller festgehalten, je deutlicher und länger das Kind seine Unsicherheit empfindet und je mehr es unter körperlicher oder geringgradiger geistiger Schwäche leidet, je mehr es seine Zurücksetzung im Leben spürt. Wer dieses Ziel erraten will, muß das Kind beim Spiel, bei freigewählten Beschäftigungen oder bei seinen Phantasien über die künftige Berufswahl beobachten. Der fortgesetzte Wandel in diesen Erscheinungen ist nur äußerer Schein, in jedem neuen Ziel glaubt es seinen Triumph vorwegzunehmen. Einer Variante dieses Pläneschmiedens sei noch gedacht, die man häufig bei weniger aggressiven Kindern, bei Mädchen und bei häufig erkrankten Geschöpfen findet: sie lernen ihre Schwäche mißbrauchen und verpflichten so die anderen, sich ihnen unterzuordnen. Sie werden es auch später immer wieder versuchen, bis die Aufdeckung ihres Lebensplanes und ihrer Lebenslüge einwandfrei gelungen ist.

Ein besonderer Aspekt bietet sich dem aufmerksamen Betrachter, sobald das Wesen dieser *kompensatorischen Dynamik* die Geschlechtsrolle als minderwertig erscheinen läßt und zu *übermännlichen Zielen* drängt. In unserer männlich gerichteten Kultur wird sich das Mädchen wie der Knabe zu ganz besonderen Anstrengungen und Kunstgriffen genötigt glauben. Unstreitig gibt es unter diesen eine große Anzahl fördernder. Diese zu erhalten, die zahllosen irreführenden und krankmachenden Leitlinien aber aufzudecken und unschädlich zu machen, ist unsere gegenwärtige Aufgabe, die weit über die Grenzen einer ärztlichen Kunst hinausführt, von der unser gesellschaftliches Leben, die Kinder- und Volkserziehung die wertvollsten Keime erwarten dürfen. Denn das Ziel dieser Lebensanschauung ist: *verstärkter Wirklichkeitssinn, Verantwortlichkeit und Ersatz der latenten Gehässigkeit durch gegenseitiges Wohlwollen, die aber ganz nur zu gewinnen sind durch die bewußte Entfaltung des Gemeinschaftsgefühls und durch den bewußten Abbruch des Strebens nach Macht.*

Wer die Machtphantasien des Kindes sucht, findet sie meisterhaft in Dostojewskis »Jüngling« (auch: »ein Werdender«) geschildert. Bei einem meiner Patienten fand ich sie besonders kraß. In seinen Gedanken und Träumen kehrte immer der Wunsch wieder: andere mögen sterben, damit er Raum zum Leben habe, anderen möge es schlecht gehen, damit er bessere Möglichkeiten gewänne. Es erinnert diese Haltung an Gedankenlosigkeiten und Herzlosigkeiten vieler Menschen, die alle ihre Übel darauf zurückführen, daß schon zuviel Menschen auf Erden seien, Regungen, die sicherlich allenthalben den Weltkrieg schmackhafter gemacht haben. – Das Gefühl der Gewißheit bei solchen Fiktionen wird aus anderen Sphären herübergeholt, in obigem Falle aus den Grundtatsachen des kapitalistischen Handels, bei dem wirklich der eine umso besser fährt. je schlechter es dem anderen geht. »Ich will Totengräber werden«, sagte mir ein vierjähriger Junge, »ich will der sein, der die anderen eingräbt.« –

II. Psychischer Hermaphroditismus und männlicher Protest – ein Kernproblem der nervösen Erkrankungen

Es war ein gewaltiger Schritt vorwärts, als sich in der Lehre von den nervösen Erkrankungen die einheitliche Anschauung Bahn brach, die nervösen Störungen seien durch seelische Alterationen hervorgerufen und müßten durch Einwirkungen auf die Psyche behandelt werden. Eine endgültige Entscheidung brachte das Eingreifen berufener Forscher, wie Charcot, Janet, Dubois, Dejerine, Breuer, Freud u. a. Dazu kamen von Frankreich die Erfahrungen des hypnotischen Experimentes und der hypnotischen Behandlung, welche die Wandelbarkeit nervöser Symptome und ihre Beeinflußbarkeit auf den Wegen der Psyche erwiesen. Die Heilerfolge blieben trotz dieses Fortschrittes unsicher, so daß sich namhafte Autoren, unbeeinflußt durch ihre theoretischen Erwägungen, Neurasthenie, Hysterie, Zwangs- und Angstneurosen mit den althergebrachten Arzneien, mittels Elektrizität und Hydrotherapie zu heilen versuchten. Die ganze Frucht der erweiterten Kenntnisse war auf Jahre hinaus eine Anhäufung von Schlagworten, die den Sinn und das Wesen der komplizierten neurotischen Mechanismen erschöpfen und erschließen sollten. Für die einen lag der Schlüssel zum Verständnis in der »reizbaren Schwäche«, »sinkenden Spannung«, für die anderen in der »Suggestibilität«. »Erschütterbarkeit«, »hereditäre Belastung«, »Degeneration«, »krankhafte Reaktion«, »Labilität des psychischen Gleichgewichts« und andere ähnliche Begriffe sollten das Geheimnis der nervösen Erkrankungen ausmachen. Zugunsten des Patienten ergab sich daraus im wesentlichen bloß eine etwas dürre Suggestivtherapie, meist fruchtlose Versuche, die Krankheit »auszureden«, »eingeklemmte Affekte abzureagieren« und der nicht weniger fruchtlose Versuch psychische Schädigungen dauernd fernzuhalten. Immerhin entwickelte sich dieses therapeutische Verfahren zu einem öfters nützlichen

»traitement moral«, wenn der Patient unter der Leitung weltkundiger, mit Intuition begabter Ärzte stand. Aber unter den Laien wurde ein Vorurteil wach, genährt durch voreilige Schlüsse aus der Beobachtung der rasch sich vermehrenden Unfallneurosen, als ob der Nervöse an »Einbildungen« leide und sich willkürlicher Übertreibungen schuldig mache, und als ob es ihm möglich wäre, durch Kräftigung seiner Energie seine Krankheitserscheinungen zu überwinden.

Josef Breuer kaut auf den Gedanken, dem Patienten Sinn und Entwicklung seines Krankheitssymptoms, etwa einer hysterischen Lähmung, abzufragen. Er, und mit ihm S. Freud, taten dies anfangs ohne jedwedes Vorurteil und bestätigten dabei die auffällige Tatsache von Erinnerungslücken, die dem Patienten sowohl als dem Arzt die Einsicht in die Ursache und den Verlauf der Erkrankung verwehrten. Die Versuche, aus der Kenntnis der Psyche, der krankhaften Charakterzüge, der Phantasien und des Traumlebens der Patienten auf das vergessene Material zu schließen, hatten Erfolg und führten zur Begründung der *psychoanalytischen Methode und Anschauungsweise.* Dank dieser Methode gelang es Freud, die Wurzeln der nervösen Erkrankung bis in die früheste Kindheit zurückzuverfolgen und eine Anzahl ständiger psychischer Mechanismen aufzudecken, wie die der *Verdrängung* und der *Verschiebung.* Bei der Behandlung wurden regelmäßig früher unbewußte Regungen und Wünsche des Patienten erschlossen, in gleicher Weise bei den verschiedenartigsten nervösen Formen, von verschiedenen Autoren, die sich der psychoanalytischen Methode bedienten und oft unabhängig voneinander arbeiteten. Freud selbst hat die Ursachen der nervösen Erkrankungen in den Verwandlungen des Sexualtriebes und in einer besonderen Konstitution des Sexualtriebs gesucht, eine Theorie, die viel angefeindet wurde, aber nicht untrennbar mit der psychologischen Methode verbunden ist. –

Als Grundsatz für die Ausübung der *individual-psychologischen Methode* möchte ich geltend machen *die Zurückführung aller bei einem einzelnen bestehenden nervösen Symptome auf ein »größtes gemeinschaftliches Maß«.* Die Richtigkeit der so gemeinschaftlich mit dem Patienten durchgeführten Reduktion wird dadurch festgestellt, daß das in jedem Falle gewonnene psychische Bild mit einer wirklichen psychischen Situation aus der frühesten Kindheit des Patienten übereinstimmt, d. h. die psychische Grundlage, die Schablone der nervösen Erkrankung und des Symptoms ist aus der Kindheit unverändert übernommen, über dieser Grundlage aber hat sich im Laufe der Jahre ein vielverzweigter Überbau erhoben, die individuelle Neurose, die der Behandlung unzugänglich ist, sofern man nicht die Grundlage ändert. In diesen Überbau sind auch alle Entwicklungstendenzen, Charakterzüge und persönlichen Erlebnisse eingegangen, unter denen besonders hervorzuheben sind: Stimmungsreste eines einmaligen oder wiederholten Mißerfolges auf der Hauptlinie menschlichen Strebens – der unmittelbare Anlaß zum Ausbruch der nervösen Erkrankung. Nunmehr geht das Sinnen und Trachten des Patienten dahin, den Mißerfolg wett zu machen, anderen, meist untauglichen Triumphen gierig nachzujagen, vor allem aber, sich vor neuen Mißerfolgen und Schicksalsprüfungen zu *sichern*. Und dies ermöglicht ihm seine ausgebrochene Neurose, die ihm so zur Stütze wird. Die nervöse Angst, Schmerzen, Lähmungen und der nervöse Zweifel hindern ihn an aktiven Eingreifen ins Leben, der nervöse Zwang leiht ihm – im Zwangsdenken und Zwangshandeln – den Schein der verlorengegangenen Aktivität auf der unnützlichen Seite des Lebens, gibt ihm andererseits den Vorwand zur Passivität auf Grund der Krankheitslegitimation. –

Ich selbst sah mich gezwungen, bei Ausübung der individualpsychologischen Methode die krankmachende kindliche Situation weiter aufzulösen, und stieß dabei auf Quellen, die sich aus nachteiligen Einflüssen des Organismus und des Familienlebens herschrieben. Darüber hinaus aber kamen Ursachen zutage, die zum Teil dieses schädliche Milieu formen halfen – *die familiäre organische Konstitution*. Ich wurde regelmäßig und unerbittlich auf den Umstand hingewiesen, daß der Besitz hereditär minderwertiger Organe, Organsysteme und Drüsen mit innerer Sekretion für das Kind in den Anfängen seiner Entwicklung eine Position schaffe, *in der das sonst normale Gefühl der Schwäche und Unselbständigkeit ganz ungeheuer vertieft wird und sich zu einem tief empfundenen Gefühl der Minderwertigkeit auswächst.*[1] Aus der verlangsamten oder fehlerhaften inadäquaten Einrichtung der minderwertigen Organe ergeben sich nämlich anfangs Zustände von Schwäche, Kränklichkeit, Plumpheit, Häßlichkeit (oft infolge von äußeren Degenerationszeichen), Ungeschicklichkeit und eine große Anzahl von Kinderfehlern wie Augenblinzeln, Schielen, Linkshändigkeit, Hörstummheit, Stottern, Sprachfehler, Erbrechen, Bettnässen und Stuhlanomalien, derentwegen das Kind recht häufig Zurücksetzungen erfährt oder dem allgemeinen Spotte und der Strafe verfällt und gesellschaftsunfähig wird. Das psychische Bild dieser Kinder weist bald auffallende Verstärkungen sonst normaler Züge von kindlicher Unselbständigkeit, von Anlehnungs- und Zärtlichkeitsbedürfnis auf und artet aus in Ängstlichkeit, Furcht vor dem Alleinsein, Schüchternheit, Scheu, Furcht vor allem Fremden und Unbekannten, in übergroße Schmerzempfindlichkeit, Prüderie und dauernde Furcht vor Strafe und vor Folgen jedes Handelns – Charakterzüge, die insbesondere den Knaben einen scheinbar *weiblichen Einschlag* geben.

Bald aber sieht man bei diesen zur Nervosität disponierten Kindern *das Gefühl der Zurückgesetztheit* auffallend im Vordergrunde. Und damit im Zusammenhange stellt sich eine *Überempfindlichkeit ein*, welche ein ruhiges Gleichmaß der Psyche ununterbrochen stört. Solche Kinder wollen alles besitzen, alles essen, alles hören, alles sehen, alles wissen. Sie wollen alle anderen übertreffen und alles *allein* vollbringen. Ihre Phantasie spielt mit allerlei Größenideen: sie wollen die anderen retten, sehen sich als Helden, glauben an eine fürstliche Abkunft, halten sich für verfolgt, bedrängt, für Aschenbrödel. Der Grund zu einem brennenden, unersättlichen *Ehrgeiz* ist gelegt, dessen Scheitern man mit Sicherheit voraussagen kann. Nun erwachen auch und verstärken sich böse Instinkte. *Geiz und Neid* wachsen ins

1. Siehe Adler, Studie über die Minderwertigkeit von Organen. J. F. Bergmann, München 1927 – und als Fortsetzung: Adler, Über neurotische Disposition, in »Heilen und Bilden« l. c.

Unermeßliche, *weil das Kind nicht imstande ist auf die Befriedigung seiner Wünsche zu warten. Gierig und hastig* jagt es jedem Triumph nach, wird unerziehbar, jähzornig, gewalttätig gegen die Kleineren, lügenhaft den Großen gegenüber und belauert alle mit zähem Mißtrauen. Es ist klar, wieviel ein guter Erzieher bei solcher keimenden Selbstsucht bessern, ein schlechter verschlimmern kann. Im günstigsten Falle entwickelt sich ein unstillbarer Wissensdurst oder das Treibhausgewächs eines Wunderkindes, ungünstigen Falles erwachen verbrecherische Neigungen oder das Bild eines abgekämpften Menschen, der seinen Rückzug vor den Forderungen des Lebens durch die arrangierte Neurose zu verschleiern sucht.

Als Ergebnis solcher direkter Beobachtungen aus dem Kinderleben ist also anzuführen, daß die kindlichen Züge von Unterwürfigkeit, Unselbständigkeit und Gehorsam, kurz der Passivität des Kindes sehr bald – und zumal bei neurotischer Disposition sehr schroff – durch heimliche Züge von Trotz und Auflehnung, Zeichen des Ressentiments, ergänzt werden. Ein genauer Einblick ergibt ein *Gemisch von passiven und aktiven Zügen, aber stets waltet die Tendenz vor, vom mädchenhaften Gehorsam zum knabenhaften Trotz durchzubrechen.* Ja man gewinnt genug Anhaltspunkte für die Einsicht, daß die Züge des Trotzes als Reaktion, als Protest gegen die gleichzeitigen Regungen des Gehorsams oder gegen die erzwungene Unterwerfung zu gelten haben, und daß sie den Zweck haben, dem Kinde raschere Triebbefriedigung, Geltung, Aufmerksamkeit, Privilegien zu verschaffen. Ist dieser fatale Entwicklungsstandpunkt erreicht, so fühlt sich das Kind allenthalben vom Zwang zur Unterwerfung bedroht und obstruiert in allen Verrichtungen des täglichen Lebens, im Essen, Trinken, Einschlafen, in den Stuhl- und Harnfunktionen, sowie bei der Körperreinigung. Die Forderungen des Gemeinschaftsgefühls werden gedrosselt. Das Streben nach Macht entfaltet sich zumeist in einer öden, dürftigen Spiegelfechterei und Plusmacherei.

Ein anderer, vielleicht der gefährlichste Typus von nervös disponierten Kindern zeigt diese kontrastierenden Anlagen von Unterwerfung und aktivem Protest in einem engeren Zusammenhang, wie im Verhältnis von Mittel zum Zweck. Sie haben scheinbar ein Weniges aus der Dialektik des Lebens erraten und wollen *durch die grenzenloseste Unterwerfung (Masochismus) ihre maßlosen Wünsche befriedigen.* Gerade sie vertragen Herabsetzung, Mißerfolg, Zwang und Warten, vor allem das Ausbleiben des Sieges am allerschlechtesten, und schrecken wie die anderen Disponierten vor Handlungen, Entscheidungen, vor allem Fremden, Neuen zurück. Sie stellen meist das Bewußtsein einer fatalistischen Schwäche durch ein selbstgeschaffenes Krankheitsalibi fest – um dann vor den Forderungen der Gemeinschaft Halt zu machen und sich zu isolieren. –

Dieses *scheinbare Doppelleben*, eigentlich ein verkapptese, inheitliches Halt! oder zurück!, das bei normalen Kindern innerhalb mäßiger Grenzen bleibt und auch den Charakter des Erwachsenen formt, *läßt beim Nervösen die einheitliche Verfolgung eines nützlichen Zieles nicht zu und hemmt seine Entschließungen durch die Konstruktion von Angst und Zweifel*[1].

Andere Typen retten sich aus Angst und Zweifel in den Zwang und jagen unablässig nach Erfolgen, wittern überall Angriffe, Beeinträchtigungen und Ungerechtigkeiten und suchen krampfhaft eine Retter- und Heldenrolle zu spielen, nicht selten, indem sie ihre Kräfte an ungeeignete Objekte wenden (Don Quixoterie). Unersättlich und lüstern nach dem Schein der Macht begehren sie Liebesbeweise, ohne sich befriedigt zu fühlen (Don Juan, Messalina). Stets bleibt die Harmonie ihres Strebens aus, denn die doppelte Artung ihres Wesens, *das scheinbare Doppelleben der Nervösen (»double vie«, »Dissoziation«, »Bewußtseinsspaltung« der Autoren) ist durch einen weiblich und männlich empfundenen Anteil der Psyche fest gegründet, die nach einer Einheit zu streben scheinen,* ihre Synthese aber planvoll verfehlen, um die Persönlichkeit vor dem Anprall an die Wirklichkeit zu retten. An diesem Punkte hat die Individualpsychologie belehrend einzugreifen und durch vertiefte Introspektion und Bewußtseinserweiterung die Herrschaft des Intellekts über divergierende, bisher unverstandene, nicht unbewußte Regungen zu sichern.

1. In der sozialen Rolle des Individuums, aus der man niemals den einzelnen isolieren kann, heißt der Zweifel immer: Nein!

Was als eine tiefwurzelnde Empfindung den Volksgeist durchzieht, was seit jeher das Interesse von Dichtern und Denkern geweckt, die gewaltsame, aber mit unserem sozialen Leben noch übereinstimmende Wertung und Symbolisierung von Erscheinungsformen durch »Männlich« und »Weiblich«,[1] drängt sich auch frühzeitig dem kindlichen Geiste auf. So stellt sich dem Kinde, im einzelnen zuweilen verschieden, als männlich dar: Kraft, Größe, Reichtum, Wissen, Sieg, Roheit, Grausamkeit, Gewalttätigkeit, Aktivität, das Gegenteil aber als weiblich.

Das normale Anlehnungsbedürfnis des Kindes, die übertriebene Unterwürfigkeit des zur Nervosität Disponierten, das Schwächegefühl und das durch Überempfindlichkeit geschützte Minderwertigkeitsgefühl, die Wahrnehmung seiner natürlichen Unzulänglichkeit und sein Gefühl der dauernden Zurückgesetztheit und Benachteiligung fließen alle zusammen in die Empfindung der Weiblichkeit, während sein aktives Streben, bei Mädchen gleicherweise wie bei Knaben, sein Jagen nach Befriedigung, die Aufpeitschung seiner Triebe und Begierden als sein *männlicher Protest* in die Wagschale geworfen sind. So entwickelt sich, auf der Grundlage einer falschen Wertung, die aber aus unserem gesellschaftlichen Leben reichlich genährt wird, ein *psychischer Hermaphroditismus des Kindes, der sich »dialektisch«, durch seine innere Gegensätzlichkeit stützt, und aus sich heraus eine Dynamik entwickelt, den unverstandenen Zwang zum verstärkten männlichen Protest als einer Lösung der Disharmonie.*

Die unvermeidliche Bekanntschaft mit dem Sexualproblem steigert in erster Linie den männlichen Protest, speist den disharmonischen Komplex mit Sexualphantasien und Sexualregungen, gestaltet sexuelle Frühreife aus und kann durch Furcht vor »weibischer« Liebeshörigkeit zu allen Perversionen Anlaß geben. Insbesondere aber wird der psychische Hermaphroditismus des Kindes vertieft, damit auch die innere psychische Spannung vermehrt, wenn die Geschlechtsrolle dem Kinde unklar bleibt oder im un-

1. Man denke nur an Sprichwörter wie: »ein Mann, ein Wort«, an Gesinnungen von Dichtern (Schillers »Männerwürde« – »Schwachheit, dein Name ist Weib!«), an hervorragende Autoren wie Noebius, Flies, Weininger usw.

klaren gehalten wird.[1] Dann wird die natürliche Unsicherheit, das Schwanken, der Zweifel fixiert, und an beiden Polen des Hermaphroditen werden Verstärkungen aufgetragen. Die Schwierigkeit, der wachsenden Bewußtseinsspaltung Herr zu werden, vergrößert sich ungemein, und gelingt nur durch den Kunstgriff der nervösen Symptome, durch seelischen Rückzug und Isolierung. – Die Energie und Willensanstrengung von Arzt, Patient und Erzieher scheitert an diesem Problem. Dann gelingt es nur noch der individualpsychologischen Methode Licht in diese Vorgänge des Unbewußten hineinzubringen und die Korrektur einer falschen Entwicklung vorzunehmen. – Vieles von dem hier Gesagten wurde später als »Kastrationskomplex« vorgetragen.

1. Adler, Der psychische Hermaphroditismus im Leben und in der Neurose in »Heilen und Bilden«, l. c. und »Problem der Homosexualität«.

III. Weitere Leitsätze zur Praxis der Individualpsychologie

Wir kommen demnach zu folgenden Feststellungen:

I. Jede Neurose kann als ein kulturell verfehlter Versuch verstanden werden, sich aus einem Gefühl der Minderwertigkeit zu befreien, um ein Gefühl der Überlegenheit zu gewinnen.

II. Der Weg der Neurose führt nicht auf der Linie der sozialen Aktivität, zielt nicht auf die Lösung der gegebenen Lebensfragen, mündet vielmehr in den kleinen Kreis der Familie und erzwingt die Isolierung des Patienten.

III. Der große Kreis der Gemeinschaft wird durch ein Arrangement von Überempfindlichkeit und Intoleranz ganz oder weitgehend ausgeschaltet. Dadurch bleibt nur ein kleiner Kreis für die Kunstgriffe zur Überlegenheit und für deren Artung übrig. Zugleich wird so die Sicherung und der Rückzug vor den Forderungen der Gemeinschaft und vor den Entscheidungen des Lebens ermöglicht, während gleichzeitig meist der *Schein des Wollens* erhalten bleibt.

IV. Der Wirklichkeit zum großen Teile abgewandt führt der Nervöse ein Leben in der Einbildung und Phantasie und bedient sich einer Anzahl von Kunstgriffen, die es ihm ermöglichen, realen Forderungen auszuweichen und eine ideale Situation anzustreben, die ihn von einer Leistung für die Gemeinschaft und der Verantwortlichkeit enthebt.

V. Diese Enthebungen und die Privilegien der Erkrankung, des Leidens, bieten ihm den Ersatz für das ursprüngliche, riskante Ziel der *realen* Überlegenheit.

VI. So stellt sich die Neurose und die neurotische Psyche als ein Versuch dar, sich jedem Zwang der Gemeinschaft *durch einen Gegenzwang* zu entziehen. Letzterer ist derart zugeschnitten, daß er der Eigenart der Umgebung und ihren Forderungen wirkungsvoll entgegentritt. Man kann aus seiner Erscheinungsform, demnach aus der Neurosenwahl, auf beide letztere bindende Schlüsse ziehen.

VII. Der Gegenzwang hat einen gegen die Gemeinschaft revoltierenden Charakter, holt sein Material aus geeigneten affektiven Erlebnissen oder aus Beobachtungen, präokkupiert die Gedanken – und die Gefühlssphäre mit solchen Regungen, aber auch mit Nichtigkeiten, die geeignet sind, den Blick und die Aufmerksamkeit des Patienten von seinen Lebensfragen abzulenken. So können, je nach Bedarf der Situation, Angst- und Zwangszustände, Schlaflosigkeit, Ohnmacht, Perversionen, Halluzinationen, krankhafte Affekte, neurasthenische und hypochondrische Komplexe und psychotische Zustandsbilder *als Vorwände* fertiggestellt werden.

VIII. Auch die Logik gelangt unter die Diktatur des Gegenzwanges. Dieser Prozeß kann bis zur Aufhebung der Logik, wie in der Psychose, gehen und eine private Logik an Stelle der Vernunft, des common sense setzen.

IX. Logik, Ästhetik, Liebe, Mitmenschlichkeit, Mitarbeit und Sprache entstammen der Notwendigkeit des menschlichen Zusammenlebens. Gegen sie richtet sich automatisch die Haltung des zur Isolierung strebenden, machtlüsternen Nervösen.

X. Die Heilung der Neurose und Psychose erfordert die erzieherische Umwandlung des Patienten, die Korrektur seiner Irrtümer und seine endgültige Rückkehr in die menschliche Gemeinschaft ohne Phrase.

XI. Alles wirkliche Wollen und alles Streben des Nervösen steht unter dem Diktat seiner Prestigepolitik, greift immer Vorwände auf, um Lebensfragen ungelöst zu lassen, und wendet sich automatisch gegen die Entfaltung des Gemeinschaftsgefühls. Was er im Munde führt und was seine Gedanken sagen, hat keinerlei praktische Bedeutung. Seine starre Tatrichtung spricht sich nur in seiner Haltung aus.

XII. Steht die Forderung nach einem einheitlichen Verständnis des

Menschen, nach einem Erfassen seiner (unteilbaren) Individualität einmal fest – zu denen wir einerseits durch die Artung unserer Vernunft, andererseits durch die individualpsychologische Erkenntnis vom Zwang zur Vereinheitlichung der Persönlichkeit genötigt sind – so hilft uns die *Vergleichung* als das Hauptmittel unserer Methode ein Bild von den Kraftlinien gewinnen, auf denen der einzelne zur Überlegenheit strebt. Als Gegenpole zur Vergleichung dienen ins dabei:

1. Unsere eigene Haltung in einer ähnlichen Situation wie in der von einer Forderung gegenwärtig bedrängten des Patienten – wobei eine erhebliche Gabe der *Einfühlung* auf Seite des Therapeuten notwendig ist.
2. Haltungen und Haltungsanomalien des Patienten aus früheren, immer auch frühkindlichen Zeiten – die sich stets durch die Position des Kindes in der Umgebung, durch seine fehlerhafte, meist generalisierende Einschätzung, durch sein starrsinnig vertieftes Minderwertigkeitsgefühl und durch sein Streben nach persönlicher Macht determiniert erweisen.
3. Andere Individualtypen, insbesondere deutlich neurotische. Dabei macht man die auffällige Entdeckung, daß der eine Typus etwa durch neurasthenische Beschwerden erreicht, was andere durch Angst, Hysterie, neurotischen Zwang oder durch die Psychose anstreben. Charakterzüge, Affekte, Prinzipien und nervöse Symptome, alle für sich zum gleichen Ziele weisend, oft scheinbar von gegensätzlicher Bedeutung, wenn man sie aus dein Zusammenhang reißt, sichern vor dem Anprall an die Forderungen der Gemeinschaft.
4. Eben diese Forderungen der Gemeinschaft, denen der Nervöse stärker oder schwächer ausweicht, wie die Mitarbeit, die Mitmenschlichkeit, die Liebe, die soziale Einfügung, die Verpflichtungen zur Gemeinschaft.

Man erfährt bei dieser individualpsychologischen Untersuchung, daß der Nervöse stärker als der beiläufig Normale sein Seelenleben auf ein Streben nach Macht über den Mitmenschen eingerichtet hat. Seine

Sehnsucht nach solcher Überlegenheit bewirkt es auch, daß fremder Zwang, die Forderungen anderer und die Verpflichtungen zur Gemeinschaft durch die »Krankheit« beharrlich und weitgehend abgelehnt werden. Die Kenntnis dieser Grundtatsache des nervösen Seelenlebens erleichtert die Einsicht in den seelischen Zusammenhang so sehr, daß sie als die brauchbarste Arbeitshypothese zur Erforschung und Heilung nervöser Erkrankungen angesehen werden muß, bis ein weitreichendes Verständnis für das Individuum gestattet, die realen Faktoren des vorliegenden Falles in ihrer Tragweite nachzuempfinden.

Was den Gesunden an dieser Argumentation und an ihren Folgerungen am meisten irritiert, ist der Zweifel, ob denn ein fiktives Ziel einer gefühlsmäßigen Überlegenheit stärker wirken könne als eine vernunftsgemäße Überlegung. Aber wir erleben diese Umstellung auf ein Ideal im Leben des Gesunden und ganzer Völker ebensooft. Krieg, politische Ausartungen, Verbrechen, Selbstmord, asketische Bußübungen, Hang zu kritischen Stilübungen bieten uns die gleichen Überraschungen, vieles von unseren Qualen und Leiden erzeugen wir selbst und ertragen es im Banne einer Idee.

Daß die Katze Mäuse fängt, sich sogar, ohne es je gesehen zu haben, in den ersten Tagen ihrer Entwicklung schon darauf vorbereitet, ist mindestens ebenso wunderbar, als daß der Nervöse nach seiner Art und Bestimmung, nach seiner Position und Selbsteinschätzung jeglichem Zwange ausweicht, ihn unerträglich findet und heimlich oder offen, bewußt oder unbewußt nach Vorwänden sucht, um sich von ihm zu befreien, meistens auch diese Vorwände selber ins Leben ruft. Sein Leben verläuft unter *Ausschaltung* aller Lebensbeziehungen, soweit sie von ihm als Störungen seines Machtgefühls oder als Entlarvungen seines Minderwertigkeitsgefühls – weniger gedacht und verstanden als empfunden werden.

Der Grund für die Intoleranz des Nervösen gegen den Zwang der Gemeinschaft liegt, wie aus der Kindheitsgeschichte hervorgeht, in einer andauernden, meist viele Jahre geübten *Kampfstellung gegen die Umgebung.*

Dieser Kampf wird dem Kinde aufgedrängt, ohne daß eine volle Berechtigung zu einer solchen generalisierenden und kontinuierlichen Reaktion vorläge, durch eine körperlich oder seelisch vermittelte Position, aus der das Kind andauernde oder verschärfte Minderwertigkeitsgefühle empfängt. Der Zweck der Kampfstellung ist die Eroberung von Macht und Geltung – das Ziel: ein mit kindlicher Unfähigkeit und Überschätzung aufgebautes Ideal der Überlegenheit, dessen Erfüllung Kompensationen und Überkompensationen ganz allgemeiner Art bietet, in dessen Verfolgung sich aber immer auch der Sieg über den Zwang der Gesellschaft und über den Willen der Umgebung einstellt. Sobald dieser Kampf schärfere Formen angenommen hat, erzeugt er aus sich heraus die Intoleranz gegen Zwang aller Art, gegen Zwang der Erziehung, der Wirklichkeit und Gemeinschaft, der fremden Stärke, der eigenen Schwäche, aller natürlich gegebenen Faktoren wie Arbeit, Reinlichkeit, Nahrungsaufnahme, normaler Harn- und Stuhlentleerung, des Schlafes, der Krankheitsbehandlung, der Liebe und Zärtlichkeit und Freundschaft, des Alleinseins wie der Geselligkeit. In toto ergibt sich das Bild eines Menschen, der nicht mitspielen will, des Spielverderbers, eines Menschen der nicht heimisch geworden ist, nicht Wurzel geschlagen hat, eines *Fremdlings auf dieser Erde.* Wo sich die Intoleranz gegen das Erwachen von Gefühlen der Liebe und Kameradschaft richtet, bereitet sie einen Zustand von *Liebes- und Ehescheu* vor, deren Grade und Formen außerordentlich vielgestaltig sein können. An dieser Stelle sollen noch einige Formen des Zwanges, dem Normalen kaum spürbar, vermerkt werden, die fast regelmäßig durch ein nervöses oder psychotisches Zustandsbild verhindert werden. So der Zwang *anzuerkennen, zuzuhören, sich unterzuordnen, die Wahrheit zu sprechen, zu studieren oder Prüfung zu machen, pünktlich zu sein, sich einer Person, einem Wagen, der Eisenbahn anzuvertrauen, das Haus, das Geschäft, die Kinder, den Gatten, sich selbst anderen Personen anzuvertrauen, der Hauswirtschaft, einem Berufe zu obliegen, zu heiraten, dem andern recht zu geben, dankbar zu sein, Kinder zu gebären, die eigene Geschlechtsrolle zu spielen oder sich erotisch gebunden zu fühlen, des Morgens aufzustehen, des Nachts zu schlafen, die Gleichberechtigung und*

Gleichstellung des andern, des weiblichen Geschlechts anzuerkennen, Maß zu halten, Treue zu bewahren, allein zu sein. Alle Idiosynkrasien gegen solchen Zwang können bewußt oder unbewußt sein, sind aber vom Patienten niemals in ihrer ganzen Bedeutung erfaßt und verstanden worden.

Diese Betrachtung lehrt uns zweierlei:

1. Der Begriff des Zwanges zeigt sich beim Nervösen ungeheuer erweitert und umfaßt – wenn auch verständlich, so doch – Beziehungen, wie sie der Normale nicht unter das Schema des störenden Zwanges einreiht.
2. Die Intoleranz gegen ihn ist keine Enderscheinung sondern weist über sich hinaus, hat immer eine Fortsetzung, eine sauere Gärung zur Folge, bedeutet stets eine Kampfposition und zeigt uns in einem scheinbar ruhenden Punkt das Streben des Nervösen nach Überwältigung des anderen, nach tendenziöser Vergewaltigung der logischen Folgerungen aus dem menschlichen Zusammenleben. »Non me rebus, sed mihi res subigere conor.« Horaz, dessen Brief an Mäcenas diese Stelle entnommen ist, weist dort auch darauf hin, wo diese aufgepeitschte Gier nach Geltung endet: in Kopfschmerz und in Schlaflosigkeit.

Folgender Fall vermag diese Leitsätze zu illustrieren:

Ein 35jähriger Patient klagt, daß er seit mehreren Jahren an Schlaflosigkeit, Zwangsgrübeln und Zwangsmasturbation leide. Letzteres Symptom sei besonders auffällig, weil Patient verheiratet und Vater von 2 Kindern sei und mit seiner Gattin in guter Ehe lebe. Von anderen quälenden Erscheinungen müsse er noch über einen »Gummifetischismus« berichten. Von Zeit zu Zeit nämlich, in Situationen irgendwelcher Erregung, dränge sich ihm das Wort »Gummi« auf die Lippen.

Die Ergebnisse einer eingehenden individualpsychologischen Untersuchung waren folgende: aus einer Periode äußerster Gedrücktheit in der Kindheit, in der Patient Bettnässer gewesen war und wegen seiner Ungeschicklichkeit als »blödes« Kind galt, hatte er eine *Richtungslinie des Ehrgeizes* so weit entwickelt, daß sie in eine *Größenidee* mündete. Der Druck seiner Umgebung, der wirklich in ungeheurem Maße bestand, legte ihm das Bild einer *durchaus feindlichen Außenwelt* nahe und gab ihm den dauernd pessimistischen Blick fürs Leben. Alle Forderungen der Außenwelt empfand er in dieser Stimmungslage als unerträglichen Zwang und antwortete auf sie mit der Revolte des Bettnässens und der Ungeschicklichkeit, bis er auf einen Lehrer traf, der ihm, zum erstenmal in seinem Leben, das Bild eines guten Mitmenschen klar vor die Seele rückte und ihn *ermutigte*. Nun begann er seinen Trotz und seine Wut gegen die Forderungen der anderen, seine Kampfstellung gegen die Gemeinschaft so weit zu mildern, daß ihm die Möglichkeit blieb, das Bettnässen zu beenden, ein vorzüglicher, »begabter«[1] Schüler zu werden und im Leben nach den höchsten Zielen zu streben. Die Intoleranz gegen den Zwang der anderen erledigte er wie ein Dichter und Philosoph durch einen Griff ins Transzendentale. Er entwickelte eine gefühlsbetonte Idee, als ob er *das einzige lebende Wesen* sei, alles andere aber, und insbesondere die Menschen, nur Schein. Die Verwandtschaft mit Ideen Schopenhauers, Fichtes und Kant ist nicht von der Hand zu weisen. Die tiefere Absicht aber war, sich durch eine *Entwertung des Seienden* zu sichern, »der Zeiten Spott und Zweifel« zu entgehen, indem er durch einen *Zauber*, wie er den Wünschen unsicherer Kinder entspricht, *den Tatsachen ihre Kraft* benimmt. Auf diesem Wege wurde ihm der *Radiergummi* Symbol und Zeichen seiner Kraft, weil dieser dem Kinde als Vernichter des Sichtbaren wie eine erfüllte Möglichkeit erschien. Der Sachverhalt lockte zur Überwertung und Generalisierung, und so wurde ihm Wort und Begriff »Gummi« zur siegreichen Losung,

1. Die »Begabung« ist Resultat eines Trainings von irgendwelchen Kraftquellen, zu denen Minderwertigkeiten der Sinnesorgane und Minderwertigkeitsgefühle meist den Anlaß geben (s. »Studie«, l. c.) –. Diese Funktion der inneren Freiheit von der Neurose, Wandel der Begabung, Steigerung derselben läßt sich durch eine individualpsychologische Vertiefung erreichen. »Genie, das ist vielleicht nur Fleiß!« (Goethe).

sobald ihm Schule und Haus, später Mann oder Frau, Weib oder Kind irgendwelche Schwierigkeiten boten, ihn mit Zwang bedrohten.

In nahezu poetischer Art kam er da zum Ziele des isolierten Helden, erfüllte sein Streben nach Macht und sagte der Gemeinschaft ab. Aber seine immer besser gewordene äußere Position verlockte ihn weiter nicht, die realen, unsterblichen Gemeinschaftsgefühle ganz beiseite zu werfen; von der *Logik die uns alle bindet*, und von der Erotik ging wenig verloren, so daß ihm das Schicksal einer *paranoischen Erkrankung* erspart blieb. Es reichte nur zu einer Zwangsneurose.

Seine Erotik baute sich nicht auf dem unversehrten Gemeinschaftsgefühl auf. Sie geriet vielmehr unter die Leitlinie des Machtstrebens. Da sich für ihn der Begriff und das Gefühl »Macht« mit dem Zauberwort »Gummi« verband, suchte und fand er ein Stichwort für die Ablenkung seiner Sexualität im Bilde des *Gummigürtels*. Nicht mehr die Frau, sondern der Gummigürtel, kein persönliches, sondern ein dingliches Objekt wirkte auf ihn. So wurde er in der Sicherung seines Machtrausches und in der herabsetzenden Tendenz gegen die Frau zum *Fetischisten*, eine Spiegelfechterei, wie sie regelmäßig als Ausgangspunkt des Fetischismus zu finden ist. Wäre das Vertrauen zur eigenen Männlichkeit noch geringer gewesen, so hätten wir Züge von Homosexualität, Pädophilie, Gerontophilie, Nekrophilie und ähnliches auftauchen gesehen[1].

Seine Zwangsmasturbation zeigt den gleichen Grundcharakter. Auch sie dient der von ihm empfundenen Nötigung, dem Zwange der Liebe, dem »Zauber« der Frau zu entfliehen. *Er braucht keine Frau!*

Die Schlaflosigkeit ist unmittelbar durch das Zwangsgrübeln erzwungen. Letzteres kämpft gegen den Zwang des Schlafes. Sein unstillbarer Ehrgeiz treibt ihn, die Nacht zur Lösung seiner Tagesfragen zu verwenden. Hat er doch, ein zweiter Alexander, so wenig noch erreicht! Gleichzeitig freilich schielt die Schlaflosigkeit nach einer anderen Seite.

1. Freud hätte dann festzustellen versucht, aus welchen Erinnerungsspuren das eine oder das andere Symptom aufgebaut wurde. Die Hauptsache, das zwingende Ziel des Aufbaus und somit die neurotische Dynamik bliebe aber im Verborgenen.

Sie schwächt seine Energie und Tatkraft. Sie wird seine Krankheitslegitimation. Was er bisher zustande gebracht hat, war sozusagen mit einer Hand, trotz der Schlaflosigkeit geleistet. Was hätte er alles erreicht, wenn er schlafen könnte! Er kann aber nicht schlafen – und er erbringt auf dem Wege des Zwangsgrübelns bei Nacht sein *Alibi*. Nun ist seine Einzigartigkeit, seine Gottähnlichkeit gerettet. Alle Schuld für ein etwaiges Defizit fällt nicht mehr auf seine Persönlichkeit, sondern auf den rätselvollen, fatalen Umstand seiner Schlaflosigkeit. Dieses Kranksein ist ein unangenehmer Zufall, an seinem Verharren ist nicht er, sondern die mangelhafte Kunst der Ärzte schuld. Sollte er den Beweis für seine Größe schuldig bleiben, so fällt es den Ärzten zur Last. Wie man sieht, hat er kein kleines Interesse am Kranksein, und er wird es den Ärzten nicht leicht machen, denn er kämpft um eine erleichterte Position, in der seine Eitelkeit vor Unfällen bewahrt bleibt. Seine Neurose plädiert auf mildernde Bedingungen.

Interessant ist, wie er, um seine Gottähnlichkeit zu retten, das Problem des Lebens und des Todes löst. Er hat immer noch die Empfindung, als ob seine Mutter, die vor 12 Jahren gestorben war, am Leben sei. Aber eine bemerkenswerte Unsicherheit liegt in seiner Annahme, die stärker auftritt, als etwa ein zartes Gefühl kurz nach dem Tode nahestehender Personen, wie es häufig geäußert wird. Der Zweifel an seiner tollen Annahme stammt auch gar nicht aus einer unbeeinflußten Logik. Er erklärt sich erst durch die individualpsychologische Einsicht. Ist alles nur Schein, dann kann seine Mutter nicht gestorben sein. Lebt sie aber, so fällt die tragende Idee seiner Einzigkeit. Er ist mit der Lösung dieses Problems ebensowenig fertig geworden wie die Philosophie mit der Idee der Welt als Vorstellung. Und auf den Zwang, den Unfug des Sterbens antwortet er mit einem Zweifel.

Der Zusammenhang aller seiner Krankheitserscheinungen gilt ihm heute als Legitimation, sich allerlei Privilegien zu sichern, seiner Frau, seinen Verwandten, seinen Untergebenen gegenüber. Auch die Hochachtung vor sich selbst kann niemals Schaden leiden, denn mit Rücksicht auf sein Leiden ist er immer größer als er ist, kann auch schwierigen Unternehmungen unter Hinweis auf seine Erkrankung jederzeit ausweichen. Er kann aber auch anders. Seinem Vorgesetzten gegenüber ist er der pflichtgetreueste, fleißigste und gehorsamste Beamte, erfreut sich dessen vollkommenster Zufriedenheit, zielt aber heimlich ununterbrochen nach der Überlegenheit über ihn, wie er es auch in der Kur dem Arzt gegenüber zum Ausdruck bringt.

Das überhitzte Streben nach dem Gefühl der Macht über andere hat ihn krank gemacht. Sein Gefühls- und Empfindungsleben, Initiative und Tatkraft, auch seine Logik gerieten unter den selbstgesetzten Zwang seines Begehrens nach Allüberlegenheit, seine Mitmenschlichkeit, damit auch Liebe, Freundschaft und Einfügung in die Gesellschaft waren gedrosselt. Seine Heilung konnte nur *durch den Abbau seiner Prestigepolitik und unter Entfaltung des Gemeinschaftsgefühls gelingen.*

IV. Individualpsychologische Behandlung der Neurosen

Nach diesen Betrachtungen geben wir im folgenden eine Übersicht über das Wesen und die Behandlung der Neurosen.

Ätiologie

a) Minderwertigkeitsgefühl und Kompensation

Das umfangreiche Gebiet der Psychotherapie in gedrängter Form zu behandeln, wo noch so viel prinzipieller Streit ihre Wertschätzung bedroht, erscheint mir als kein geringes Wagnis. Und ich möchte es nicht unterlassen, auf die Grundlagen meiner Anschauungen zu verweisen, auf das Material meiner Erfahrungen, die seit dem Jahre 1907 der Öffentlichkeit zur Prüfung vorliegen. Im Jahre 1907 habe ich in einer *»Studie über Minderwertigkeit von Organen«* (Bergmann, München) den Nachweis erbracht, daß die angeborenen Konstitutionsanomalien nicht nur als Erscheinungen der Degeneration aufzufassen seien, sondern daß sie auch oft den Anlaß geben zu *kompensatorischen* Leistungen und Überleistungen sowie zu bedeutungsvollen Erscheinungen der Korrelation zu denen die verstärkte psychische Leistung wesentlich beiträgt. Diese kompensatorische, seelische Anstrengung geht oft, um die Anspannungen im Leben bewältigen zu können, auf anderen, neuen Wegen, zeigt sich für den Betrachter ausgiebig geschult und erfüllt so den Zweck, *ein gefühltes Defizit zu decken*, in der wundervollsten Weise. Die weitverbreitetste Form, in der sich das in der Kindheit einbrechende *Gefühl der Minderwertigkeit* einer Entlarvung zu entziehen sucht, besteht in der Aufführung eines kompensatorischen seelischen Überbaus, der mit fertigen trainierten Bereitschaften und Sicherungen den Halt, die Überlegenheit im Leben wieder zu gewinnen sucht, im Gemeinschaftsgefühl oder im *nervösen modus vivendi.* Was jetzt von der Norm etwa abweicht, erklärt sich aus dem größeren Ehrgeiz und aus der stärkeren Vorsicht; alle die Kunstgriffe aber und Arrangements, nervöse Charakterzüge sowie die nervösen Symptome beziehen ihre Geltung aus Vorversuchen, Erlebnissen, Spannungen, Einfühlungen und Imitationen, wie sie dem Leben des gesunden Menschen nicht ganz fremd sind, und sie führen eine Sprache, die, richtig verstanden, immer erkennen läßt, *daß hier ein Mensch um seine Geltung ringt*, sie zu erzwingen versucht, der aus der Sphäre der Unsicherheit und des Minderwertigkeitsgefühls unaufhörlich nach einer *gottähnlichen Herrschaft* über seine Umgebung zu gelangen trachtet, oder der einer Lösung seiner Lebensaufgaben zu entrinnen trachtet.

Läßt man diese Wurzel des neurotischen Gebarens beiseite, so findet man dieses zusammengesetzt aus einer bunten Fülle von Erregungen und Erregbarkeiten, die nicht die Krankheit der Neurose *verursachen*, sondern eine Folge derselben darstellen. In einer kurzen Abhandlung: *»Der Aggressionsbetrieb im Leben und in der Neurose« (»Heilen und Bilden«*, 3. Aufl., Verlag Bergmann, München 1929) versuchte ich, diese oft gesteigerte »Affektivität« darzustellen und zu zeigen, wie sie, damit ein Zweck erreicht oder eine Gefahr umgangen werde, oft in eine *scheinbare Agressionshemmung* umschlägt. Was man »Disposition zur Neurose« zu nennen pflegt *(Neurotische Disposition, ibidem)* ist bereits Neurose, und nur bei aktuellen Anlässen, *wenn innere Not zu verstärkten Kunstgriffen treibt*, kommen die geeigneteren neurotischen Symptome mit größerer Deutlichkeit und als *Krankheitsbeweis* zum Vorschein. Sie können untertauchen, solange der Patient sich in einer angenehmen Situation befindet, solange er nicht nach der richtigen Entwicklung, nach seinem Gemeinschaftsgefühl gefragt wird. Insbesondere sind dieser Krankheitsbeweis und alle zugehörigen Arrangements nötig, um 1. als *Vorwände* zu dienen, wenn das

Leben die ersehnten Triumphe verweigert, 2. damit alle *Entscheidungen hinausgeschoben* werden können, 3. um etwaige erreichte Ziele in stärkerem Lichte erglänzen zu lassen, da sie *trotz des Leidens* erreicht wurden. Diese und andere Kunstgriffe zeigen mit Klarheit das Streben des Nervösen *nach dem Schein der Überlegenheit, nicht nach dem Sein.*

Es ergibt sich in jedem Falle mit Leichtigkeit, daß der Nervöse, um sein von einem fiktiven Ziel aus gelenktes Handeln zu sichern, für ihn typische Richtungslinien innehält, die er prinzipiell, geradezu wörtlich, verfolgt. Die nervöse Persönlichkeit bekommt auf diese Weise durch bestimmte Charakterzüge und passende, erprobte Affektbereitschaften, durch den einheitlichen Ausbau der Symptome und durch die neurotische Perspektive auf Vergangenheit, Gegenwart und Zukunft ihre feste Form. Der Zwang zur *Sicherung der Überlegenheit* wirkt dermaßen stark, daß jedes seelische Phänomen bei vergleichender psychologischer Analyse neben der Oberfläche seiner Erscheinung noch den weiteren Zug in sich trägt: von einem Gefühl der Schwäche loszukommen, um die Höhe zu erreichen, sich *von »unten« nach »oben«* zu erheben, durch Anwendung oft schwer verfolgbarer Kunstgriffe allen überlegen zu werden.[1] Um im Vorbauen, Denken und Erfassen der Welt pedantische Ordnung und damit *Sicherungen* zu schaffen, greift der Nervöse zu allerlei Regeln und Hilfsformeln, deren wichtigste dem primitiven antithetischen Schema entspricht. So läßt er nur Empfindungswerte gelten, die einem Oben und Unten entsprechen und sucht diese – soweit ich mich überzeugen konnte – regelmäßig auch auf einen ihm real erscheinenden Gegensatz von »Männlich – Weiblich« zu beziehen. Durch diese Verfälschung bewußter und unbewußter Urteile ist, wie durch einen seelischen Akkumulator, der Anlaß zu *Affektstörungen* gegeben, die wieder jedesmal zur

1. Durch diese Klarstellung wird die Bedeutung des *»Unbewußten«* wesentlich eingeschränkt. Denn ein vertieftes *Verständnis* der »Oberflächenpsyche«, deren naive Betrachtung freilich das Dunkel nicht erhellt, zeigt uns, daß der Patient die wahre Absicht seines Weges durchzuführen trachtet, diese Absicht aber *nicht* versteht, sonach im »Bewußten« als im »Unbewußten« nach Überlegenheit strebt.

persönlichen Lebenslinie des Patienten passen. Den als »weiblich« empfundenen Zügen in seiner Seele – jedes passive Verhalten, Gehorsam, Weichheit, Feigheit, Erinnerungen an Niederlagen, Unkenntnis, Unvermögen, Zärtlichkeit – versucht er eine übertriebene Richtung ins »Männliche« zu geben, und er entwickelt Haß, Trotz, Grausamkeit, Egoismus und sucht Triumphe in jeder menschlichen Beziehung. Oder seine Schwächlichkeit wird von ihm auffallend unterstrichen, was dann immer andere Personen mit der Aufgabe belastet, sich in seinen Dienst zu stellen, regelmäßig auch die Vorsicht und das Voraussehen des Patienten unermeßlich steigert und zu planvollen Ausweichungen vor drohenden Entscheidungen führt. Wo der Patient den Beweis »männlicher Vorzüge« im Leben erbringen zu müssen glaubt, in Kämpfen jeder Art, im Beruf, in der Liebe, wo er, was auch für das männliche Geschlecht gilt, eine »Verweiblichung« durch ein Unterliegen befürchtet, wird er von weitem schon im Bogen um das Problem herumzukommen suchen. Man wird dann immer eine Lebenslinie finden, die vom geraden Wege abweicht, und, in der ewigen Furcht vor Fehlern und Niederlagen, sicherere Umwege einzuschlagen sucht. Damit ist immer auch eine Verfälschung der Geschlechtsrolle gegeben, so daß der Nervöse einen Zug zum »psychischen Hermaphroditismus« aufzuweisen scheint, ihn auch meist zu haben glaubt. Von dieser Seite gesehen könnte die Neurose leicht einer sexuellen Ätiologie verdächtig erscheinen. *In Wahrheit aber spielt sich auf dem Gebiete der Sexualität der gleiche Kampf ab wie im ganzen Seelenleben:* das ursprüngliche Minderwertigkeitsgefühl drängt auf Umwege (im Sexuellen auf den Weg der Masturbation, der Homosexualität, des Fetischismus, der Algolagnie, der Überschätzung der Sexualität usw.), *sucht jede erotische Erprobung auszuschalten*, um seine Orientierung nach einem Ziel der Überlegenheit nicht zu verlieren. Als abstraktes und zugleich konkretisiertes Ziel des Nervösen dient dann die schematische Formel: »ich will ein voller Mann sein!«, ein kompensierender Ausgang für das zugrundeliegende Gefühl einer als weiblich gesetzten Minderwertigkeit. Das Schema, nach dem hier apperzipiert und vorgegangen wird, ist als durchaus antithetisch und in planmäßiger, kindlicher Fälschung als *in sich feindlich* gefaßt, und wir können als unbewußte Voraussetzungen der nervösen Zielstrebigkeit regelmäßig folgende zwei erkennen: *1. die menschliche Beziehung ist unter allen Umständen ein Kampf um die Überlegenheit, 2. das weibliche Geschlecht ist minderwertig und dient in seinen Reaktionen als Maß der männlichen Kraft.*

Diese beiden unbewußten Voraussetzungen, die sich in gleicher Weise bei männlichen und weiblichen Patienten entschleiern lassen, machen es aus, daß alle menschlichen Beziehungen entstellt und vergiftet werden, daß überraschende Affektverstärkungen und Affektstörungen zutage treten, und daß an Stelle einer wünschenswerten Unbefangenheit eine dauernde Unzufriedenheit tritt, die bloß gelegentlich, meist nach Verstärkung der Symptome und nach geglückter Darstellung eines Krankheitsbeweises, gemildert erscheint. *Das Symptom ersetzt sozusagen die nervöse, aufgepeitschte Gier nach Überlegenheit* und den dazu gehörigen Affekt und führt im Gefühlsleben des Patienten auch sicherer zu einem Scheinsieg über die Umgebung als etwa ein geradliniger Kampf, ein Charakterzug und ein Widerstehen. *Diese Symptomsprache zu verstehen ist für mich die Hauptvoraussetzung der psychotherapeutischen Kur geworden.*

Da die Neurose den Zweck hat, das Endziel der Überlegenheit erreichen zu helfen, wo doch im Gefühl der Minderwertigkeit eine direkte Aggression ausgeschlossen erscheint, sehen wir immer Umwege bevorzugt, die einen wenig aktiven, zuweilen masochistischen, immer selbstquälerischen Charakter tragen. Meist finden wir ein Gemisch von seelischen Regungen und Krankheitssymptomen gleichzeitig in einer Krankheitsperiode auftauchend, oder einander ablösend, die, aus dem Zusammenhang des Krankheitsmechanismus herausgerissen, manchmal wie gegensätzlich erscheinen oder an eine Spaltung der Persönlichkeit denken lassen. Der Zusammenhang ergibt, *daß der Patient sich auch zweier in sich gegensätzlicher Linien bedienen kann*, um in seine *ideale Situation fiktiver Überlegenheit* zu kommen, wie er ja auch zu dem gleichen Zwecke *richtig und falsch argumentiert* oder in voller Abhängigkeit von seinem Ziele, diesem entsprechend, wertet und empfindet. Man wird den Nervösen unter allen Umständen bei *solchen* Anschauungen, Empfindungen, Erinnerungen, Affekten, Charakterzügen und Symptomen antreffen und erwarten müssen, die kraft der bei ihm erkannten Lebenslinie und seinem Ziel vorauszusetzen sind.

So wird der Nervöse etwa, um auf der Linie des Gehorsams, der Unterwerfung, der »hysterischen Beeinflußbarkeit« zu siegen, andere durch seine Schwäche, Angst, durch seine Passivität, durch Zärtlichkeitsbedürfnis usw. zu fesseln, allerlei Memento, Furcht auslösende Schreckbilder, Affektbereitschaften, Einfühlungen in passende Gefühle und Charakterzüge bereit haben, ebenso wie etwa ein Zwangsneurotiker seine Prinzipien, Gesetze und Verbote hat, die scheinbar ihn selbst nur beschränken, in Wirklichkeit aber seinem Persönlichkeitsgefühl eine der Gottheit ähnliche Macht verleihen. Immer sehen wir als Ziel eine ideelle »Rente«, die, ebenso hartnäckig wie vom Unfallsneurotiker die materielle, mit jenen meist geeigneten Mitteln erkämpft wird, die der Erfahrung des Patienten nahe liegen. Ebenso dort, wo aktive Affekte, wie Wut, Zorn, Eifersucht den Weg zur Höhe sichern sollen, und oft durch Schmerzanfälle, Ohnmachten oder durch epileptische Insulte vertreten werden. (Siehe »Trotz und Gehorsam« in »Heilen und Bilden«.) – Alle neurotischen Symptome haben die Aufgabe, das Persönlichkeitsgefühl des Patienten und damit auch die Lebenslinie, in die er hineingewachsen ist, zu sichern. Um sich dem Leben gewachsen zu erweisen, erwachsen dem Nervösen auch alle die nötigen Arrangements und nervösen Symptome, als ein Notbehelf, als ein übergroß geratener Sicherungskoeffizient gegenüber den Gefahren, die er in seinem Minderwertigkeitsgefühl beim Ausbau seiner Zukunftspläne erwartet und unaufhörlich zu verhüten trachtet. In diesem Ausbau spielen oft körperliche Funktionsstörungen eine große Rolle, die durch die Spannung ausgelöst werden, in die der Patient jedesmal gerät, wenn knapp vor einem Lebensproblem sein Gemeinschaftsgefühl beansprucht wird, das er nicht hat. –

b) Das Arrangement der Neurose

Das aus realen Eindrücken erwachsene, *später tendenziös festgehaltene und unterstrichene Gefühl* der Minderwertigkeit drängt den Patienten schon in der Kindheit unaufhörlich zu einer Zielsetzung für sein Streben, die *hoch über alles menschliche Maß hinausgeht*, einer Vergöttlichung sich nähert und ein Wandeln auf haarscharfen Richtungslinien erzwingt. *Unter ihrem Zwange erfolgt eine weitgehende Ausschaltung anders gearteter, wenn auch notwendiger und sachlich gerechtfertigter Stellungnahmen.* Es ist, als ob jeder Neurotiker sich einen kleinen Stall gezimmert hätte, immer von verschiedener Form und Größe, in dem er ununterbrochen herumhüpft und sich ängstlich hütet, dessen Grenzen zu überschreiten. *Alle menschlichen Beziehungen werden nicht mehr sachlich sondern »persönlich« erfaßt und zu regeln versucht.* Zwischen den beiden Punkten spannt sich das neurotische System, *der Lebensplan des Nervösen.* Dieser kompensatorische, psychische Ausbau, das nervöse »Wollen«, rechnet mit allen eigenen und fremden Erfahrungen, allerdings indem er sie tendenziös entstellt und ihren Wert verfälscht, sie aber auch, wenn sie der neurotischen Absicht sonst genügen, mit ihrem Wahrheitsgehalt in die Rechnung stellt. Daraus ergibt sich in den meisten Fällen die zuweilen große Leistungsfähigkeit des Neurotikers auf einem begrenzten Gebiet, nämlich dort, wo seine nervöse Apperzeption den Gesetzen der Wirklichkeit nicht widerspricht, vielleicht sogar, wie beim Künstler, ihnen in höherem Grade gerecht wird.

Bei näherer Betrachtung ergibt sich als verständliche Erscheinung, daß alle diese Richtungslinien von verschiedenen Seiten mit Warnungstafeln und Ermunterungen, mit Mementos und Aufforderungen zur Tat versehen sind, so daß man von einem weitverzweigten *Sicherungsnetz* sprechen kann. Immer findet man das neurotische Seelenleben als Überbau über einer bedrohlichen kindlichen Situation, wenn auch im Laufe der Jahre äußerlich verwandelt und der Wirklichkeit mehr angepaßt als die Entwicklung des Kindes es vermocht hätte. Kein Wunder deshalb, daß jedes seelische Phänomen des Nervösen von diesem starren System durchzogen und, sobald verstanden, *wie ein Gleichnis* erscheint, aus dem die Richtungslinien und der Lebensstil immer wieder hervorstechen. So der nervöse Charakter, das nervöse Symptom, die Haltung, jeder Kunstgriff im Leben, die Ausweichungen und Umwege, wenn Entscheidungen das Gottgefühl des Nervösen bedrohen wollen, seine Weltanschauung und sein Verhalten zu Mann und Frau und seine Träume. Bezüglich der letzteren habe ich, in Übereinstimmung mit meiner Anschauung über die Neurosen, *ihre Hauptfunktion als vereinfachte Vorversuche, Warnungen und Ermunterungen im Sinne des neurotischen Lebensplans behufs Lösung eines bevorstehenden Problems bereits im Jahre 1911* zur Darstellung gebracht. Eingehendere Ausführungen sind in »Traum und Traumdeutung« zu finden, insbesondere wie der Traum Gefühle und Affekte, Stimmungen hervorzaubert, die den Lebensstil gegen den common sense stützen sollen.

Wie kommt nun diese auffällige Gleichartigkeit der seelischen Erscheinungen, die alle wie von einem gleich gerichteten, nach aufwärts, zur Männlichkeit, zum Gefühl der Gottähnlichkeit strebenden Strom durchflossen sind, zustande, die bereits in meiner neurologischen, vom derzeitigen Standpunkt aus betrachtet, unvollständigen und falsch orientierten Arbeit (»Über Zahlenanalysen und Zahlenphobie«, Neurolog.-psychiatr. Ztschr. 1905) hervorgehoben erscheint?

Die Antwort ist aus obiger Darstellung leicht zu entnehmen: das hypnotisierende Ziel des Nervösen zwingt sein ganzes Seelenleben zu dieser einheitlichen Einstellung, und man wird den Patienten immer, sobald man seine Lebenslinie erkannt hat, dort finden können, wo man ihn nach seinen Voraussetzungen und nach seiner Vorgeschichte erwarten muß. Der starke Zwang zur *Vereinheitlichung seiner Persönlichkeit* ist aus der inneren Not geschaffen und durch die Sicherungstendenz zustande gekommen. Der Weg wird durch die ihm entsprechenden Schablonen der Charakterzüge, der Affektbereitschaften und der Symptome unabänderlich gesichert. Ich will an dieser Stelle einiges über »Affektstörungen«, über die neurotische »Affektivität« nachtragen, um das unbewußte Arrangement derselben zwecks Einhaltung der Lebenslinie *als ein Mittel und als einen Kunstgriff* der Neurose nachzuweisen.

So wird z. B. ein Patient mit Platzangst, um auf kompliziertem Wege sein Ansehen im Hause zu heben und seine Umgebung in seinen Dienst zu zwingen, oder um nicht auf der Straße und auf freien Plätzen die stets ersehnte Resonanz zu verlieren, den Gedanken des Alleinseins, der fremden Menschen, des Einkaufs, des Aufsuchens von Theater, Gesellschaft usw. mit der Phantasie von einem Schlaganfall, einer Meeresfahrt, einer Entbindung auf der Straße, mit Krankheitsinfektion durch Keime auf der Straße unbewußt und gefühlsmäßig in einem »Junktim«[1] vereinigen. Der übergroße *Sicherungskoeffizient gegenüber von Denkmöglichkeiten* ist klar zu sehen, ebenso die *Ausschaltungstendenz* gegenüber allen Situationen, in denen die Herrschaft nicht gewährleistet erscheint. Man merkt daraus die Absicht und verfolgt sie bis zu ihrem Endzweck, *um Situationen der Überlegenheit aufzusuchen*, um die Lebenslinie zu erkennen. Ähnlich wird die neurotische Vorsicht eines Patienten mit Angstanfällen, der sich so einer Entscheidung durch eine Prüfung, in einer Liebesbeziehung, bei einem Unternehmen entziehen will, indem er den Krankheitsbeweis herstellt, dahin drängen, seine Situation mit der Vorstellung einer Hinrichtung, eines Gefängnisses, des uferlosen Meeres, des Lebendigbegrabenseins oder des Todes zu verbinden. Um der Entscheidung über den Erfolg einer Liebesbeziehung auszuweichen, kann die Verknüpfung der Vorstellungen: Mann und Mörder oder Einbrecher, Frau und Sphinx oder Dämon oder Vampyr als zweckdienlich vorgenommen werden. Jede mögliche Niederlage wird oft durch Verbindung mit dem Gedanken an den Tod oder die Schwangerschaft (auch gelegentlich bei männlichen Nervösen) drohender empfunden, und *der so herübergeleitete Affekt* zwingt den Patienten, einer Unternehmung auszuweichen. Die Mutter oder der Vater werden so zuweilen in der Phantasie zu Geliebten oder Ehegatten hinauflizitiert, bis das

1. Junktim: tendenziöse Verbindung zweier Gedanken- und Gefühlskomplexe, die eigentlich wenig oder nichts miteinander zu tun haben, zwecks Affektverstärkung. Ähnlich der Metapher.

Band so fest ist, *um die Ausbiegung vor dem Eheproblem zu sichern. Religiöse und ethische Schuldgefühle* werden, wie so häufig bei der Zwangsneurose, konstruiert und ausgenützt, um zu einem gottähnlichen Machtgefühl zu gelangen (z. B. »wenn ich abends nicht bete, wird meine Mutter sterben«; wir müssen die Verwandlung ins Positive herstellen, um die Fiktion der Gottähnlichkeit zu verstehen: »wenn ich bete, wird sie nicht sterben«). Minimale oder längst verflossene Verfehlungen werden beklagt, um an Gewissenhaftigkeit allen überlegen zu erscheinen, zugleich aber auch zum Zwecke der Präokkupation, um Wichtigeres unwichtig zu machen.

Neben diesen, das übertriebene Persönlichkeitsideal und den neurotischen Weg zu ihm sichernden *»Befürchtungen«* und *»Ausschaltungen«* findet man ebensooft übertriebene *»Erwartungen«*, deren sicher eintreffende Enttäuschung zu den als nötig empfundenen, verstärkten Affekten der Trauer, des Hasses, der Unzufriedenheit, der Eifersucht, der Anklage usw. hinüberleiten. Hier spielen prinzipielle Forderungen, Ideale, Träumereien, Luftschlösser usw. eine ungeheure Rolle, und der Neurotiker kann durch Verbindung derselben mit irgendeiner Person oder Situation alles *entwerten und seine Überlegenheit an den Tag bringen.* Die große Bedeutung der Liebe im menschlichen Leben und das Suchen des Nervösen nach übermenschlicher persönlicher Wirkung und Geltung in der Liebe bringen es mit sich, daß das Arrangement der getäuschten Erwartung sich so häufig einstellt, damit Patient dem Sexualproblem und dem Partner ausweichen kann. Zwangsmasturbation, Impotenz, Perversion, Frigidität sowie Fetischismus sind regelmäßig auf der Linie solcher Umwege eitler Menschen gelegen, aus ihrer übergroßen Spannung vor dem Gemeinschaftsgefühl erfordernden Problem erwachsen.

Als ein drittes Mittel einer Konstruktion zur Verhütung einer Niederlage und eines schweren Minderwertigkeitsgefühls erwähne ich kurz die *Antezipation* von Empfindungen, Gefühlen und Wahrnehmungen, *Einfühlungen*, die in ihrer Beziehung zu bedrohlichen Situationen vorbereitende, warnende oder aufmunternde Bedeutung haben, im Traum, in der Hypochondrie, in der Melancholie, im Wahn der Psychosen überhaupt, in der Neurasthenie und in den Halluzinationen.[1] Ein gutes Bild gibt etwa der häufige Traum von bettnässenden Kindern, die sich am Abtritt sehen, damit sie die meist rachsüchtige und trotzige enuretische Attitüde wie beim nächtlichen Aufschrecken, hervorgegangen aus dem Bedürfnis, auch bei Nacht die anderen zu beschäftigen, *unbeeinflußt von ihrem common sense* entwickeln können. Ebenso können Bilder aus der Tabes, Paralyse, echten Epilepsie, aus der Paranoia, aus Herz- und Lungenkrankheiten usw. zur Darstellung von Befürchtungen und um sich zu sichern zur Verwendung kommen.

Um ein anschauliches, allerdings bloß schematisches Bild der eigenartigen Orientierung des Nervösen (und Psychotischen) in der Welt zu geben, schlage ich vor, die vulgäre Anschauung über die Nervosität in eine Formel zu fassen und sie mit einer anderen Formel zu vergleichen, die den obigen Anschauungen und der Wirklichkeit besser entspricht. Die erstere würde lauten:

Individuum	+	Erlebnisse	+	Milieu	+	Anforderungen des Lebens	=	Neurose,
[Heridität, Körperbau (Klinik), (Kretschmer), angebl. Sexualkomponenten (Freud), Intro- und Extraversion (Jung)]		[Sexual- und Inzest-Erlebnisse (Freud)]						

wobei das Individuum durch Minderwertigkeit oder Heredität oder durch »sexuelle Konstitution«, durch Affektivität und durch seinen Charakter beeinträchtigt gedacht wäre, wo ferner die Erlebnisse, das Milieu und die äußeren Anforderungen wie eine Last auf den Patienten drückten, bis sie ihn zur »Flucht in die Krankheit« drängten. Diese Anschauung ist offensichtlich falsch, kann auch nicht gehalten werden durch die

1. Diese Anschauung wurde seither bei der Betrachtung der Kriegsneurose fast von allen Autoren vollinhaltlich übernommen. Siehe auch »Traum und Traumdeutung«, wo die vom Lebensstil geforderten Gefühle und Emotionen, übrigens auch dem wachen Leben ähnlich, besprochen werden.

Hilfshypothese: das Minus an Wunscherfüllungen oder der »libido« in der Wirklichkeit werde in der Neurose wieder hereingebracht.

Eine zutreffende Formel müßte etwa lauten:

$$\frac{\text{Individuelles Schema der Einschätzung}}{\text{(Individuum + Erlebnisse + Milieu)}} + x = \frac{\text{Persönlichkeitsideal}}{\text{der Überlegenheit,}}$$

wobei das x durch ein Arrangement und tendenziöse Konstruktion des Erlebnismaterials, der Charakterzüge, der Affekte und der Symptome zu ersetzen wäre. *Die Lebensfrage des Nervösen lautet nicht: »was muß ich tun, um mich den Forderungen der Gemeinschaft einzufügen und daraus ein harmonisches Dasein zu gewinnen?« sondern: »wie muß ich mein Leben ausgestalten, um meine Überlegenheitstendenz zu befriedigen, mein unabänderliches Minderwertigkeitsgefühl in ein Gefühl der Gottähnlichkeit zu verwandeln?«*

Mit anderen Worten: *der einzig feststehende oder fixiert gedachte Punkt ist das Persönlichkeitsideal.* Dieser Gottähnlichkeit näher zu kommen, nimmt der Neurotiker eine tendenziöse Einschätzung seiner Individualität, seiner Erlebnisse und seines Milieus vor. Da dies aber lange nicht genügt, ihn auf seine Lebenslinie und damit näher an sein Ziel zu bringen, *provoziert er Erlebnisse* und beutet sie aus, um seine zum voraus bestimmten Nutzanwendungen besser zu ermöglichen – sich zurückgesetzt, betrogen, als Dulder zu fühlen – um die ihm vertraute und erwünschte Aggressionsbasis aktiv zu schaffen. Daß er aus den Realien und aus seinen Möglichkeiten soviel und eine solche Art von *Charakterzügen und Affektbereitschaften* aufbaut, daß sie zu seinem Persönlichkeitsideal stimmen, geht aus der obigen Darstellung hervor und wurde von mir ausführlich geschildert. In gleicher Weise wächst der Patient in seine *Symptome* hinein, die sich ihm aus seiner ganzen Erfahrung und in seiner seelischen Spannung derart formen, wie sie zur Erhöhung seines Persönlichkeitsgefühls nötig und brauchbar erscheinen. In diesem durch ein sich von selbst ergebendes Leitziel entworfenen und festgehaltenen modus vivendi ist von vorher bestimmter, autochthoner Teleologie noch keine Spur zu finden. Es wird der neurotische Lebensplan nur durch den Zwang zur Überlegenheit, durch vorsichtiges

Ausweichen vor gefahrvoll erscheinenden Entscheidungen, durch das voraustastende Wandeln auf wenigen, haarscharfen Richtungslinien und durch das gegen die Norm ungeheuer vermehrte Netz von Sicherungen erhalten und nun erst *teleologisch eingerichtet*. Dementsprechend verliert auch die Frage nach irgendeiner Erhaltung oder nach dem Verlust der psychischen Energie jeden Sinn. Der Patient wird immer gerade so viel psychische Kraft hergestellt haben, um auf seiner Linie zur Überlegenheit, zum männlichen Protest, zur Gottähnlichkeit zu bleiben.

Seine Anschauungsform, seine Perspektive ist fehlerhaft geworden. Das Ziel der Überlegenheit drängt, aufgestachelt durch sein Minderwertigkeitsgefühl alles Wollen, Denken, Fühlen und Handeln auf ein der Sachlichkeit fremdes Gebiet, das wir Neurose nennen. Die Symptome, arrangiert durch das Endziel, sind die Ausdrucksformen für das Walten der Eitelkeit. Anfangs oder stellenweise steht diese hinter dem Patienten und jagt ihn nach vorne. Nach den unausbleiblichen Niederlagen (denn wie kann unsere arme Erde die Erwartung des Neurotikers befriedigen) steht sie vor ihm und treibt ihn zurück: »wenn du den Halys überschreitest, wirst du ein großes Reich (das Reich deiner Einbildung) zerstören.«

c) Psychische Behandlung der Neurosen

Die Aufdeckung des neurotischen Systems oder Lebensplans ist der wichtigste Bestandteil der Therapie. *Denn es kann in seiner Gänze nur erhalten bleiben, wenn es dem Patienten gelingt, es seiner eigenen Kritik* und seinem Verständnis zu entziehen. Der teilweise unbewußte Ablauf des neurotischen, der Wirklichkeit widersprechenden Mechanismus erklärt sich vor allem aus der unbeirrbaren Tendenz des Patienten, ans Ziel zu kommen.[1] Der Widerspruch mit der Wirklichkeit, d. h. mit den logischen Forderungen der Gemeinschaft in diesem System hängt mit den gerin-

1. Siehe »Zur Rolle des Unbewußten«. – »Geist« scheint vor dieser tendenziösen Verschleierung der Tatsächlichkeit nicht zu schützen. Und die Gottähnlichkeit spielt auch dem Therapeuten zuweilen sonderbare Streiche.

gen Erfahrungen und mit den andersartigen[1] Beziehungen zusammen, die zur Zeit der Errichtung des Lebensplanes – in der frühen Kindheit wirksam waren. Die Einsicht und das Verständnis für diesen Plan erwirbt man am besten durch die künstlerische Versenkung, durch intuitive Einfühlung in das Wesen des Patienten. Man wird dabei an sich, wahrnehmen, wie mau unwillkürlich Vergleiche anstellt, zwischen sich und dem Patienten, zwischen verschiedenen Attitüden desselben oder ähnlichen Haltungen verschiedener Patienten. Um eine Richtung in das wahrgenommene Material, in die Symptome, Erlebnisse, Lebensweise und Entwicklung des Patienten zu bringen, bediene ich mich dreier durch die Erfahrung gewonnener Kunstgriffe. Der eine rechnet mit der *Entstehung des Lebensplanes unter erschwerten Bedingungen* (Organminderwertigkeiten, Druck in der Familie, Verzärtelung, Rivalität, nervöse Familientradition) und lenkt meine Aufmerksamkeit auf gleiche oder ähnliche Reaktionsweisen in der Kindheit. Der zweite Kunstgriff liegt in der *Annahme der obigen, empirisch gewonnenen, fiktiven Gleichung*, derzufolge ich ungefähr meine Wahrnehmungen eintrage. Ein Beispiel soll dies später erläutern. Der dritte sucht das *größte gemeinschaftliche Maß in allen nur zugänglichen Ausdrucksbewegungen.*

Aus meinen Darstellungen geht ferner hervor, daß ich von dem Patienten *die gleiche Haltung – und immer wieder die gleiche Haltung erwarte, die er, seinem Lebensplan gemäß, zu den Personen seiner früheren Umgebung, und noch früher seiner Familie gegenüber, eingenommen hat.* Im Augenblick der Vorstellung beim Arzt, oft noch früher, besteht beim Patienten die gleiche Gefühlskonstellation wie sonst belangreichen Personen gegenüber. Daß die Übertragung solcher Gefühle oder der Widerstand später seinen Anfang nähme, ist nur Täuschung, der Arzt erkennt sie in diesen Fällen erst später. Oft zu spät, wenn unterdes der Patient, etwa im Genusse seiner heimlichen Überlegenheit, der Kur ein Ende macht oder etwa durch Verschlimmerung seiner Symptome einen unerträglichen Zustand schafft. Daß Verletzungen

1. Eine Beziehung wie die zu Mutter oder Vater kann logischerweise anderen Personen gegenüber *nur durch einen Irrtum* angestrebt werden.

des Patienten ausgeschlossen sein müssen, brauche ich psychologisch geschulten Ärzten nicht zu sagen. Sie können aber ohne Wissen des Arztes erfolgen, oder harmlose Bemerkungen können tendenziös umgewertet werden, solange der Arzt die Art seines Patienten nicht durchschaut. Deshalb ist besonders im Anfang Zurückhaltung geboten und die möglichst rasche Erfassung des neurotischen Systems erforderlich. In der Regel gelingt letzteres innerhalb des ersten Tages bei einiger Erfahrung.

Bedeutsamer noch ist die Notwendigkeit, *dem Patienten jeden sicheren Angriffspunkt zum Kampf zu entziehen*, ich kann an dieser Stelle nur einige Winke geben, die verhüten sollen, *daß der Arzt nicht in die Behandlung des Patienten gerät.* So verspreche man auch in den sichersten Fällen *nie die Heilung*, sondern immer nur die Heilungs*möglichkeit.* Einer der wichtigsten Kunstgriffe der Psychotherapie erfordert die *Zuschiebung der Leistung und des Erfolges der Heilung auf den Patienten*, dem man sich in kameradschaftlicher Weise als Mitarbeiter zur Verfügung stelle. Die Verknüpfung von *Honorarbedingungen* mit dem *Erfolg* der Behandlung schafft ungeheure Erschwerungen für den Patienten. Man halte sich, in jedem Punkte an die vorläufige Annahme, daß *der nach Überlegenheit lüsterne Patient jede Verpflichtung des Arztes, auch die über die Dauer der Kur, zu einer Niederlage des Arztes ausnützen wird.* So sollen denn auch die beiderseitigen Notwendigkeiten – Besuchszeit, offenes Entgegenkommen, Honorarfrage, Unentgeltlichkeit der Behandlung, Verschwiegenheit des Arztes usw. – sofort geregelt und – eingehalten werden. Unter allen Umständen ist es ein ungeheurer Vorteil, wenn der Patient den Arzt besucht. Und die *Vorhersage einer Möglichkeit von Verschlimmerungen* bei Fällen von Ohnmachtsanfällen, Schmerzen oder Platzangst enthebt einen für den Anfang eines großen Stückes Arbeit: die Anfälle bleiben in der Regel aus – was unsere Anschauungen über den starken Negativismus des Nervösen bestätigt. *Sich eines Teilerfolges sichtlich zu freuen oder gar sich zu rühmen wäre ein großer Fehler.* Die Verschlimmerung ließe nicht lange auf sich warten. Man kehre sein offensichtliches Interesse vielmehr den Schwierigkeiten zu, ohne Ungeduld und ohne Verstimmung, sondern in kaltblütig wissenschaftlicher Art.

In voller Übereinstimmung mit Obigem steht der Grundsatz, sich von dem Patienten niemals ohne gründlichen Widerspruch und Aufklärung eine übergeordnete Rolle, etwa als Autorität, Lehrer, Vater, Erlöser usw. zuweisen zu lassen. Solche Versuche stellen den Anfang einer Bewegung des Patienten dar, in einer von früher gewohnten Weise *übergeordnete Personen dienstbar zu machen, herabzuziehen und durch eine ihnen zugefügte Niederlage zu desavouieren.* Die Wahrung irgendeines Vorranges oder Vorrechtes ist nervösen Patienten gegenüber immer von Nachteil. Ebenso zeige man Offenheit, vermeide aber, durch den Hinweis auf das Bedenken eines Kunstfehlers, sich von ihm in Unternehmungen ziehen zu lassen. Noch bedenklicher wäre es, den Patienten in eigene Dienste stellen zu wollen, Ansinnen an ihn zu stellen, Erwartungen zu hegen usw. Verschwiegenheit vom Patienten zu fordern zeigt von Mangel jeder Kenntnis des nervösen Seelenlebens. Dagegen ist vom Arzt strengste Verschwiegenheit zu geloben und zu halten.

Während diese und durch die gleiche Haltung diktierte ähnliche Maßnahmen zunächst die geeignete Beziehung einer Gleichberechtigung herstellen müssen, nimmt die *Aufdeckung des neurotischen Lebensplanes* ihren Fortgang in einem freundschaftlichen, ungezwungenen Gespräch, bei dem es durchwegs angezeigt ist, *sich der Führung des Patienten zu überlassen.* Ich fand es immer am bewährtesten, bloß die neurotische Operationslinie des Patienten in allen seinen Ausdrucksbewegungen und Gedankengängen aufzusuchen und zu demaskieren, zugleich auch ohne Aufdringlichkeit die Schulung des Patienten für die gleiche Arbeit durchzuführen. Die Überzeugtheit des Arztes von der *Einzigkeit und Ausschließlichkeit der neurotischen Richtungslinie* muß eine derart gefestigte sein, daß er den Wahrheitsgehalt dabei aufbringt, seinem Patienten stets seine störenden Arrangements und Konstruktionen vorherzusagen, sie immer aufzusuchen und zu erklären, bis der Patient, dadurch erschüttert, sie aufgibt – um neue, meist verstecktere an ihre Stelle zu setzen. Wie oft sich dies abspielt, ist nie im vorhinein zu sagen. Endlich aber gibt der Patient nach, und dies um so leichter, je weniger ihm aus der Situation zum Arzte das Gefühl einer Niederlage erwachsen kann.

Ebenso wie die Arrangements auf der Linie zum Gefühl irgendeiner Überlegenheit liegen, so auch bestimmte, subjektive Fehlerquellen, die eben aus dem Grunde ausgenützt und festgehalten werden, weil sie etwa das Minderwertigkeitsgefühl vertiefen und so Reize und einen Ansporn zum weiteren Vorbauen abgeben. Solche *Fehler samt ihrer Tendenz* müssen in die Blickrichtung des Patienten gerückt werden.

Das primitive Apperzeptionschema des Patienten, das *alle Eindrucke als grundsätzlich* wertet und tendenziös gruppiert (oben – unten, Sieger – Besiegter, männlich – weiblich, nichts – alles usw.), ist stets nachzuweisen und als unreif, unhaltbar, aber als zur Tendenz: weiter zu kämpfen geeignet – zu entlarven. Dieses Schema macht es auch aus, daß man im Seelenleben des Nervösen ähnliche Züge findet wie in den Anfängen der Kultur, wo auch die Not zu solchen Sicherungen zwang. Es wäre phantastisch, in solchen Analogien mehr als Mimikry zu vermuten, etwa eine Wiederholung der Phylogenese. Was bei den Primitiven und noch beim Genie als kraftstrotzender Titanentrotz imponiert, sich aus dem Nichts zu einem Gott emporzuschrauben, aus Nichts ein weltbeherrschendes Heiligtum zu errichten, ist beim Nervösen sowie im Traum ein unschwer zu durchschauender Bluff, wenngleich viel Jammer dadurch geschaffen wird. Der fiktive Sieg, den sich der nervöse Patient durch seine Kunstgriffe leistet, besteht nur für seine Einbildung. Man muß ihm den Standpunkt des anderen entgegenstellen, der meist in gleicher Weise seine Überlegenheit als erwiesen betrachtet, wie am deutlichsten in der Liebesbeziehung des Nervösen oder in seiner Perversion zutage tritt. Gleichzeitig erfolgt Schritt für Schritt die *Aufdeckung des unerreichbar gesteckten Zieles der Überlegenheit* über alle, der *Hinweis auf die tendenziöse Verschleierung desselben*, auf seine alles beherrschende, richtunggebende Macht, auf die durch das Ziel bedingte Unfreiheit und Menschenfeindlichkeit der Patienten. Ebenso einfach ergibt sich, sobald genügend Material vorliegt, der Beweis, daß alle nervösen Charakterzüge, die nervösen Affekte und Symptome als Mittel dienen, teils um den vorgeschriebenen Weg zu *gehen*, teils um ihn zu *sichern*. Wichtig ist das Verständnis für die Art der Affekt- und der Symptomherstellung, die, wie oben dargestellt wurde, einem oft unsinnigen »Junktim«, das gleichwohl planmäßig wirkt, ihre Promptheit verdanken. Das Junktim trägt einem der Patient oft harmlos entgegen, zumeist muß man es aus seinen analogisierenden Erklärungen, aus seiner Vorgeschichte oder aus seinen Träumen erschließen.

Die gleiche Tendenz der Lebenslinie verrät sich in der Welt- und Lebensanschauung des Patienten, sowie in seiner Betrachtung und Gruppierung aller seiner Erlebnisse. Fälschungen und willkürliche Eintragungen, tendenziöse Nutzanwendungen von stärkster Einseitigkeit, maßlose Befürchtungen und sichtlich unerfüllbare Erwartungen finden sich auf Schritt und Tritt, immer aber dienen sie dem geheimen Lebensplan des Patienten mit seinem gloriosen fünften Akt. Da gibt es viele Entgleisungen und Hemmungen aufzudecken, was aber nur mühsam mit fortschreitendem Verständnis für die einheitliche Tendenz gelingt.

Da sich der Arzt dem neurotischen Streben des Patienten in den Weg stellt, so wird er wie eine Wegsperre oder ein Zaun empfunden, der die Erreichung des Größenideals auf neurotischem Wege zu verhindern scheint. *Deshalb wird jeder Patient versuchen, den Arzt zu entwerten*, ihn seines Einflusses zu berauben, ihm den wahren Sachverhalt zu verschleiern, und er wird immer neue Wendungen finden, die gegen den Psychotherapeuten gerichtet sind. Ferner ist zu erinnern, daß hier die gleiche Feindseligkeit die Beziehung zum Arzte zu vergiften droht wie sonst im Leben zu jeder andern Person, wenngleich vielfach verdeckt. Auf diese ist besonders zu achten, weil sie in einer gut geleiteten Kur am deutlichsten die Tendenz des Kranken auch hier mittels der Neurose seine Überlegenheit zu behaupten, verraten. Besonders je weiter die Besserung fortschreitet – bei Stillstand derselben herrscht meist herzliche Freundschaft und Frieden, nur die Anfälle dauern fort – desto heftiger werden die Bemühungen des Patienten, durch Unpünktlichkeit, Zeitvertrödelung oder durch Fortbleiben aus der Behandlung den Erfolg in Frage zu stellen. Zuweilen stellt sich eine auffallende Feindseligkeit ein, die, wie alle diese von der gleichen Tendenz getragenen Widerstandserscheinungen, nur zu beheben ist, wenn der Patient immer wieder auf das Gleichartige seines Benehmens aufmerksam gemacht wird. *Die feindselige Beziehung der Angehörigen des Patienten zum Arzt fand ich stets von Vorteil und suche sie gelegentlich vorsichtig zu wecken.* Da meist die Tradition der ganzen Familie des Kranken eine gleichsinnig nervöse ist, kann man auch durch ihre Aufdeckung und Exemplifikation vielen Nutzen beim Patienten stiften. *Der Vollzug der Änderung im Wesen des Patienten kann einzig nur sein eigenes Werk sein.* Ich fand es am günstigsten, dabei ostentativ die Hände in den Schoß zu legen, in der festen Überzeugung, daß er, was immer ich zu diesem Punkte auch sagen könnte, sobald er seine Lebenslinie erkannt hat, nichts von mir erfahren würde, was er als der Leidtragende nicht besser wüßte.

Sollte das Verständnis für eine Neurose dem Arzte Schwierigkeiten machen, so bringt meist folgende Frage eine erhebliche Klärung: »was würden Sie tun, wenn Sie bei mir ihre Heilung erlangten?« Der Patient wird dann gewöhnlich die Aktion nennen, vor der er entmutigt mittels der Neurose ausweicht. – Recht wertvoll erweist sich mir auch der Kunstgriff, mich wie bei einer Pantomime zu verhalten, auf die Worte des Patienten eine Weile nicht zu achten und aus seiner Haltung und aus seinen Bewegungen innerhalb seiner Situation seine tiefere Absicht herauszulesen. Man wird dabei den *Widerspruch zwischen Gesehenem und Gehörtem* scharf empfinden und den Sinn des Symptoms deutlich erkennen.

Ein Beispiel für viele: ein 32jähriges Mädchen erscheint mit ihrem 24jährigen Bräutigam und klagt über ihre Angst vor dem dämonischen Einfluß eines zweiten Bewerbers. Sie fürchtet, er könnte ihre Ehe stören, Dabei Angst, Herzklopfen Unruhe, Schlaflosigkeit und Entschlußunfähigkeit. Eine pantomimische Darstellung dieser Situation ergibt eine Fleißaufgabe für den Bräutigam. *Er wird genötigt sein, seine Bemühungen zu verdoppeln.* Die Angst vor dem dämonischen Einfluß des andern ist ein Mittel des ehrgeizigen Mädchens, sich durch eine verstärkte Bindung des *jüngeren* Bräutigams vor einer Enttäuschung in der Ehe, vor Vernachlässigung zu schützen. Gleichzeitig belehrt uns dieser Fall, woher die »dämonische Kraft« des andern stammt. Sie ist nicht als Tatsache zu werten, sondern bezieht ihre Existenz aus der durch das ehrgeizige Ziel des Mädchens geschaffenen Anschauung.

Anhang

Im folgenden will ich auszugsweise, gemäß der oben angeführten Lebensgleichung des Nervösen, einige Eintragungen aus dem Seelenleben eines 22jährigen Patienten vornehmen, der wegen Zwangsmasturbation, Depressionserscheinungen, Arbeitsunlust und wegen schüchternen, verlegenen Benehmens in die Behandlung kam. Vorher will ich hervorheben, daß entsprechend dieser Gleichung der Patient um so mehr an Arrangements (bezüglich entsprechender Erlebnisse, Charakterzüge, Affekte und Symptome) leisten muß, je tiefer er die Einschätzung seiner Person – sei es willkürlich, sei es unter dem Drucke von Niederlagen im Leben – vornimmt. *Daraus ist nun sowohl der neurotische Anfall als auch die Neurosenwahl, sozusagen der chronische Anfall, zu erklären; beide müssen die Probe auf ihre Brauchbarkeit für den Lebensplan des Patienten bestehen können.* Auch differentialdiagnostisch ist die Einsicht in diesen Zusammenhang von größter Wichtigkeit, nur bedarf der Psychotherapeut einer genauen Kenntnis der organischen Nervenerkrankungen sowie der gesamten Pathologie überhaupt, weil Mischformen häufig aufzufinden sind.

Ich nehme nun zur besseren Anschaulichkeit für den Leser, wie bei gewissen Problemen der Mathematik, die sich nur durch diesen Kunstgriff lösen lassen, meine Aufgabe vorläufig als gelöst an, und werde versuchen, soweit dies in einer Skizze möglich ist, die Richtigkeit der Lösung an dem Material der Tatsachen zu erweisen. Dementsprechend gehe ich von einer vorläufigen Voraussetzung aus: der Patient strebe mit seinem modus vivendi zu einem *Ziel der Vollkommenheit, der Überlegenheit, der Gottähnlichkeit.* In unseren zwanglosen Unterhaltungen liefert der Patient bald reichlich Anhaltspunkte für diese Annahme. Er schildert uns breit die besondere Vornehmheit seiner Familie, ihre Exklusivität, ihren Grundsatz des »Noblesse oblige«, und wie ein älterer Bruder den allgemeinen Tadel durch eine Heirat unter seinem Niveau hervorgerufen habe. Diese Hochhaltung der Familie ist begreiflich, stellt sich auch als notwendig ein, *da sein eigener Kurs dabei steigt.* Im übrigen sucht er alle Mitglieder der Familie in Güte oder kämpfend zu beherrschen. Eine äußerliche Attitüde zeigt uns den gleichen Drang nach oben: er steigt mit Vorliebe auf das Dach des Familienhauses, geht bis an den äußersten Rand, duldet aber nicht, daß ein anderes Glied der Familie sich bis dorthin wage. Nur er! – Zeigte große Aufregung in der Kindheit, wenn er geschlagen wurde, widersetzte sich jedem Zwang und duldet keinerlei Beeinflussung. Tut meist *das Gegenteil von dem*, was andere, insbesondere seine Mutter, von ihm verlangen. Singt und brummt auf offener Straße, an öffentlichen Orten, um der Welt seine Verachtung zu beweisen (*d. h. er arrangiert* Gefühle der Überlegenheit). Gleich in den ersten Träumen kommt u. a. die Warnung zutage, sich von mir nicht unterkriegen zu lassen. Er hütet sich, auf den Schatten einer beliebigen Person zu treten, um (häufiger Aberglaube) deren Dummheit nicht zu erwerben (positiv gefaßt: ich bin klüger als alle!). Fremde Türschnallen kann er nur mit dem Ellbogen, nicht mit den Händen berühren. (»Alle Leute sind schmutzig – d. h. nur ich bin rein«. Dies auch das treibende Motiv des Waschzwanges, der Reinlichkeitssucht, der Infektionsfurcht, der Berührungsfurcht.) – Berufsphantasien: Luftschiffer zu werden, Milliardär, um alle Menschen zu beglücken. (Er – im Gegensatz zu allen andern.) – Flugträume. – Was aus diesem Ensemble zutage tritt, deutet auf eine hohe Selbsteinschätzung.

Geht man aber näher darauf ein, so gewinnt man aus den krampfhaften Anstrengungen und Sonderbarkeiten dieses Patienten bald den Eindruck einer großen Unzufriedenheit und Unsicherheit. Es ergibt sich, daß er immer auf seine schwächliche Konstitution zurückkommt, daß er ausführlich seine »weibliche« Konstitution schildert, auch hervorhebt, wie man ihm dies immer vorgehalten habe, und daß man ihn immer in der Kindheit mit dem Zweifel gequält habe, *ob er einmal ein voller Mann sein werde.* Auch Äußerungen, er wäre besser ein Mädchen geworden, hätten einen tiefen Eindruck auf ihn gemacht. Daß frühzeitig ein neurotisches System ausgebaut wurde, in dem auch die entsprechende Affektivität nicht fehlen durfte, um sich durchzusetzen, beweisen die bald auftretenden Züge von Trotz, Jähzorn, Herrschsucht und Grausamkeit, die alle nach der männlichen Seite schielen, sich vor allem gegen Mutter und Schwester wandten, sich deutlich auch abhoben, wenn er z. B. bei der Zumutung, in kleinen Theaterstücken eine weibliche Rolle zu spielen, in Raserei geriet. Auf seine spät auftretende Körperbehaarung und auf eine Phimose (Organminderwertigkeit!) verweist er intensiv und mit tendenziösen Befürchtungen. Der Zweifel an seiner tauglichen männlichen Geschlechtsrolle sitzt tief in ihm, drängt ihn zu Übertreibungen männlich gewerteter Art in mancherlei Richtung, auch zum protestierenden Narzißmus, verschloß ihm aber den Ausbau seiner Lebenslinie in der Richtung auf Kooperation, auf Liebe und Ehe. Da er nur Situationen aufsucht, in denen er der Erste ist, die normale Erotik aus Unsicherheit ausschaltet, kam er zur Masturbation und – blieb bei ihr. Mag er noch so deutlich die Attitüde der Überhebung zur Schau tragen – wenn wir die Voraussetzung seines Handelns prüfen, so stoßen wir unbedingt auf ein vertieftes und leicht zu vertiefendes Minderwertigkeitsgefühl. Um aber Sicherheit zu gewinnen, war er gezwungen, seine Lebenslinie derart auszubauen, daß sie in weitem Bogen um das Problem der normalen Erotik verlief – und *so hatte er die sexuelle Richtung, die zu seinem System paßte*, die masturbatorische. Diese mußte er als Zwang stabilisieren, als Sicherung gegen jede drohende Annäherung an eine Frau ausüben, durch Kopfschmerz im Falle eines Widerstandes erzwingen, durch Schlaftrunkenheit erleichtern. Um seine Furcht vor der Frau zu vertiefen, sammelte er alle Fälle aus seiner Erfahrung, die für die verderbenbringende Rolle der Frau sprachen. Die anderen Fälle ließ er unbeachtet. Was an Möglichkeiten einer Liebe oder Ehe noch übrig blieb, schaltete er durch Prinzipien aus wie etwa: nur nach »Gotha« zu heiraten, oder durch die Aufstellung eines Ideals, das ihm selbst unerreichbar vorkam.

Außer der Masturbation im Halbschlafe versuchte er mehrere andere Kunstgriffe, deren sozial störendster sein Hang zum Berufswechsel und seine völlige Arbeitsunlust waren. Der Sinn beider ließ sich leicht entziffern:

die *»zögernde Attitüde«* gegenüber dem Berufe war nebenher auch als brauchbar festgehalten, um nicht an das Eheproblem gehen zu müssen. Die Konstruktion ethischer und ästhetischer Schablonen hatte ihn selbstverständlich vor der Prostitution und vor »freier Liebe« gesichert, Vorteile, die uns nicht blind machen dürfen gegen die neurotische Tendenz in ihnen.

Zugleich ermöglichte ihm dieses Arrangement der »zögernden Attitüde« mit seiner Unsumme von fatalen, sich von selbst ergebenden Erlebnissen (infolge von Verspätungen, von Faulheit, Verschiebungen usw.) eine zweite sichernde Konstruktion, die des intensivsten Familiensinnes, zu verstärken, da es ihn immer wieder in die stärkste Beziehung zu seiner rechthaberischen, herrschsüchtigen Mutter brachte. Gerade die Schwierigkeiten seines Lebens waren es ja, die seine Mutter zwangen, ihre ganze Aufmerksamkeit ihm zuzuwenden, so daß es doch eine weibliche Person gab, bei der er unumschränkt herrschte. Er verstand es meisterhaft, mit Schilderungen seiner Depressionen, mit selbstgezeichneten Schmuckleisten seiner Briefe, die Revolver darstellten, sie an sich zu fesseln, und feindselige Angriffe sowohl wie gelegentliche Zärtlichkeiten machten sie immer wieder gefügig. Beides waren seine Waffen, seine Kunstgriffe, um die Mutter zu beherrschen, und *da in ihrem Falle das Sexualproblem ausgeschaltet war*, bot sich in seiner Beziehung zur Mutter abermals ein Gleichnis seiner Lebenslinie, wie er zur Herrschaft zu gelangen suchte. Um anderen Frauen ausweichen zu können, schloß er sich an seine Mutter. So kann in manchen Fällen auch eine Karikatur einer inzestuösen Beziehung zutage treten, in anders gelegenen als »Inzestgleichnis« die Lebenslinie des Patienten sich widerspiegeln, ein Bluff der nervösen Psyche, der den Arzt nicht täuschen darf.

Die psychotherapeutische Behandlung ist demnach darauf zu richten, dem Patienten aus seinen Vorbereitungen im Wachen und gelegentlich aus seinen Träumen zu zeigen, wie er gewohnheitsmäßig immer wieder in die ideale Situation seiner Leitlinie einzurücken versucht, bis er, anfangs aus Negativismus, später infolge von freier Bestimmung, den Lebensplan und damit sein System ändern kann und den Anschluß an die menschliche Gesellschaft und an ihre logischen Forderungen gewinnt.

V. Zur Theorie der Halluzination

Unter den tausendfachen Arrangements der Neurose, die durch das Endziel einer fiktiven Überlegenheit erzwungen werden, denen eine Verstärkung der halluzinatorischen Fähigkeit der Seele zugrunde liegt, treten neurotisch-zweckdienlich gelegentlich auch Halluzinationen auf.

Die Betrachtung der Realien der Hirn- und Nervenerregungen, in deren Bereich man gewöhnlich die Empfindungen, Wahrnehmungen, zuweilen auch die Erinnerungen, Reflexe und motorischen Impulse annimmt, führt nicht über die Hypothese von Schwingungen und Wellenbewegungen der Nervensubstanz und von chemischen Veränderungen derselben hinaus. Mehr aber als plausible, ewig unerweisbare Zusammenhänge hier zu suchen ist ein logischer Fehlschluß, der nur der Vulgärpsychologie erlaubt ist. Der Aufbau eines Seelenlebens aus mechanischen, elektrischen, chemischen oder analogen Erregungen ist derart unfaßbar, daß wir viel lieber zu der andern Hilfshypothese greifen, anzunehmen, daß im Begriff und Wesen des *»Lebens«* bereits ein Seelenorgan mitgedacht werden muß, das nicht subordiniert sondern koordiniert, aus kleinen Anfängen erwachsend, auf Erregungen antwortend seine endgültige Form bezieht.

Wo immer wir dieses seelische Organ betrachten, immer finden wir es auf innere und äußere Eindrücke in Aktion, nicht bloß in Reaktion begriffen, immer bereitet es das Tun und Handeln des Individuums vor. Aber es erschöpft sich nicht als Wille allein, sondern ist zugleich planvolle Einordnung der Erregung, bewußtes und unbewußtes Verständnis derselben und seiner *Zusammenhänge mit der Welt, Voraussicht und Lenkung des Willens in eine für das Individuum charakteristische Richtung*. Immer in Bewegung läuft seine Linie stets in der Richtung einer Verbesserung, Ergänzung, Erhöhung, so als ob alles Empfinden der persönlichen Lage Anlaß zu einer leichteren oder schweren Empfindung der Unruhe und Unsicherheit wäre. Die stets wachen Bedürfnisse und Triebe hemmen den Schlaf des seelischen Organs. Und in jeder seiner von uns festgehaltenen Erscheinungsform können wir die Unruhe als Vorgeschichte, die Gegenwart als Reaktion und die Zukunft als fiktives Ziel der Erlösung wahrnehmen. Dabei wirkt die Aufmerksamkeit durchaus nicht als unvoreingenommene Bereitschaft, die etwa unbefangene Erinnerungen mit tendenzlos erlittenen Eindrücken zu einem objektiven Ergebnis summiert. Dem individualpsychologisch nicht geschulten Untersucher und Beobachter verschwinden selbst die gröberen Unterschiede, und des ausschlaggebenden individuellen Untertons wird er niemals bewußt. Ihm ist beispielsweise Angst gleich Angst. Es ist aber für die Menschenkenntnis viel bedeutsamer, ob einer Angst hat, um davon zu laufen oder um einen zweiten als Hilfskraft in seinen Dienst zu stellen. Prüfe ich seine Erinnerungsfähigkeit oder Gedächtnisstärke, seine Aufnahmsfähigkeit oder Schlagfertigkeit, so weiß ich noch immer nicht, *wo er hinaus will.* Die Hauptfrage der Individualpsychologie bei jedem seelischen Phänomen lautet: *was ist die Folge davon?* Ihre Beantwortung erst gibt uns Aufschluß über den zu erwartenden Vorgang und ermöglicht ein Verständnis des Individuums. Deshalb ist die experimentelle Psychologie allein nicht imstande, uns über Begabung oder Wert eines Menschen zu belehren, weil wir von ihr nie erfahren können, ob einer sein seelisches Vermögen zum »Guten oder zum Schlechten« gebrauchen wird, ganz abgesehen davon, daß viele für eine Prüfung begabt sein können, ohne es fürs Leben zu sein. Ebenso wird der Erfolg der Prüfung davon abhängen, in welcher Gemeinschaftsbeziehung Prüfer und Geprüfter, Prüfling und das Gebiet der Prüfung stehen.

Bei jeder Vorstellung oder Wahrnehmung handelt es sich um komplizierte Leistungen, bei denen die jeweilige seelische Situation eine große Rolle spielt und die Aufmerksamkeit in ihrer Stärke und Richtung hervorragend beeinflußt. Schon die einfache Wahrnehmung ist nicht objektiver Eindruck oder nur Erlebnis sondern eine schöpferische Leistung von Vor- und Hintergedanken, bei der die ganze Persönlichkeit in

Schwingung ist. Wahrnehmung und Vorstellung sind aber nicht prinzipiell verschiedene Akte. Sie verhalten sich wie Anfang und vorläufiges Ende eines Vorgangs zueinander, in die Vorstellung fließt alles ein, was wir im gegebenen Moment von ihr brauchen und erhoffen, um uns unserem individuellen Ziele zu nähern. Auch der Grad der Lust und Unlust, den wir dabei verspüren, ist gerade so groß, daß er die Erreichung des vorschwebenden Zieles fördert, ja daß er sogar dazu anspornt. Daß es sich bei der Vorstellung um einen schöpferischen Akt handelt, geht daraus hervor, daß man sich Gegenstände und Personen von einer Seite vorstellen kann, ebenso wie bei der Erinnerung, die man bei unmittelbarer Wahrnehmung nie hätte sehen können. So, wenn man in der Erinnerung sich selbst im Bilde sieht. Dieser schöpferische Akt einer angeborenen seelischen Fähigkeit, die sich entfaltet hat und durchaus mit der Außenwelt Fühlung besitzt, liegt auch der halluzinatorischen Fähigkeit zugrunde. Es ist die gleiche psychische Kraft, die in der Wahrnehmung, Vorstellung, Erinnerung und Halluzination eine schöpferisch aufbauende Tätigkeit gestattet, wenn auch in verschiedenem Maße.

Diese im allgemeinen als halluzinatorische Komponente der Seele zu benennende Qualität ist sicherlich in der Kindheit leichter wahrzunehmen. Ihr Widerspruch gegen die Logik, diese Funktion und Bedingung des gemeinschaftlichen Lebens, zwingt uns zu einer weitgehenden Drosselung, ja Ausschaltung der reinen Halluzination. Die in ihr wirkende seelische Kraft bleibt im Rahmen der gesellschaftlich geltenden Funktionen der bis zu einem hohen Grad beweisbaren Wahrnehmung, Vorstellung und Erinnerung vorbehalten. *Nur wo sich das Ich aus der Gemeinschaft heraushebt und sich der Isolierung nähert, im Traum, wo es die Überwältigung der andern sucht, in der tödlichen Unsicherheit des Verschmachtens in der Wüste, die aus der Qual des langsamen Vergehens eine tröstende Fata morgana aus sich entbindet, in der Neurose und Psychose, den Zustandsbildern isolierter, für ihr Prestige kämpfender Menschen*, weichen die Klammern, und mit ekstatischer Glut taumelt die Seele in die Bahn des Gemeinschaftslosen, des Irrealen, baut sich eine zweite Welt, in der die Halluzination Geltung hat, weil die Logik nicht so viel gilt. Meist ist noch soviel Gemeinschaftsgefühl in Kraft, daß die Halluzination als unwirklich empfunden wird. So meist im Traume und in der Neurose.

Einer meiner Patienten, der durch tabische Sehnervenatrophie das Augenlicht verloren hatte, litt unausgesetzt an Halluzinationen, die ihn, wie er sagte, aufs äußerste quälten. Die landläufige Annahme, als ob die mit dem Leiden zusammenhängenden Reizzustände im Optikus zu Erregungen führten, die eine Umdeutung und Rationalisierung erfahren, geht unserer Frage aus dem Wege. Erregungen in der Sehsphäre seien ohne weiteres zugegeben. Ihre eigenartige Umdeutung in bestimmte Inhalte, deren Gemeinsames immer wieder als Qual für den Patienten zum Vorschein kommt, zwingt uns zur Annahme einer gleichmäßig wirkenden Tendenz, die sich jener Erregungen bemächtigt, sich ihrer als Material bedient. Auf diesem Wege kommt man zu Erklärungen psychologischer Natur. Die bisherige Forschung ging der Frage nach: was sind solche Halluzinationen? und endete in einer nichtssagenden Tautologie: Erregungen in der Sehsphäre. Wir setzen wie bei allen Grundtatsachen des Lebens und der Natur, wie etwa bei der objektiven Tatsache des Lebens, der Assimilation, der Elektrizität, eine gewisse Unnennbarkeit und Unerkennbarkeit ihrer Wesen voraus und sehen in der Halluzination eine der Logik und dem Wahrheitsgehalt des gesellschaftlichen Lebens widersprechende Äußerung der seelischen Fähigkeit, wie sie andeutungsweise in der Vorstellung und in der Erinnerung zu finden ist, deren Wesenheit unserem Verständnis auch bis zu einem gewissen Grade verschlossen sind. So lehrt uns diese Betrachtung, daß sich der Halluzinant aus dem Bereiche des Gemeinschaftsgefühls entfernt hat und mit Umgehung der Logik, unter Drosselung des Wahrheitsgefühls einem anderen als dem uns gewohnteren Ziele nachstrebt.

Dieses Ziel ist aus der Halluzination nicht ohne weiteres zu erschließen. Sie ist wie jedes aus dem Zusammenhang gerissene seelische Phänomen vieldeutig.[1] Der wahre Sinn der Halluzination, ihre Bedeutung,

1. Manche Deutungskünstler, wie die Sexualpsychologen, haften ganz oberflächlich an der Zweideutigkeit des Phänomens und reden dabei von Tiefenpsychologie.

ihr Wohin und ihr Warum – dies sind die Fragen unserer Individualpsychologie – ist nur aus dem Ganzen des Individuums, aus seiner Persönlichkeit zu verstehen. Als deren Ausdruck in einer besonderen Position gilt uns auch die Halluzination.

In unserem Falle war also die Sehfähigkeit erloschen, die halluzinatorische Fähigkeit aber gesteigert. Ununterbrochen klagte der Patient über »Wahrnehmungen«, die uns nicht durchwegs als quälend erscheinen könnten. So, wenn er Farben sah oder Bäume oder die Sonne, die ihm ins Zimmer nachfolgte. Wir müssen nun hervorheben, daß der Kranke Zeit seines Lebens ein Quälgeist war und das ganze Haus tyrannisierte, und wir konnten aus seinem ganzen Vorleben den Eindruck gewinnen, einen Menschen vor uns zu haben, der seine Größe darin gefunden hatte, stets tonangebend zu sein und den Kreis seiner Familie unausgesetzt mit sich zu beschäftigen. Seit seine Erblindung eingetreten war, gelang ihm dies nicht mehr auf dem Wege der normalen Geschäftsbetätigung und seiner Oberaufsicht im Hause, wohl aber durch den fortwährenden Hinweis auf seine quälenden Halluzinationen. Er hatte das Mittel gewechselt. Da auch sein Schlaf vielfach unterbrochen war, tat der Impuls seiner Herrschsucht sein übriges auch des Nachts. Aus den »Erregungen seiner Sehsphäre« baute er eine weitere Halluzination auf, die ihm Gelegenheit gab, seine Frau gänzlich an sich zu binden. Er sah, wie Zigeuner seine Frau raubten und sie mißhandelten. In einer Anwandlung von Grausamkeit, wohl auch von Rachsucht ob des Verlustes seines Augenlichtes weckte er die Frau unaufhörlich aus dem Schlaf, um sich von der Unrichtigkeit seiner Halluzination zu überzeugen, auch um zu verhindern, daß man die gequälte Frau aus seiner Nähe brächte.

So wie dieser Patient durch eine intensive Präokkupation und durch Ausbildung seiner halluzinatorischen Fähigkeit, nachdem ihm alle Macht entrissen schien, wieder in seinem Herrschaftsgelüste obenauf kam, sah ich eine ganze Anzahl von Halluzinanten, die in ähnlicher Tendenz zu ihrem Leiden gekommen waren. Ein schöner Fall mit lehrreicher Struktur aus einer späteren Zeit war folgender: ein Mann aus guter Familie mit ausreichender Vorbildung, aber eitel, ehrgeizig und lebensfeig, hatte in seinem Berufe Schiffbruch gelitten. Zu kraftlos, um selbsttätig das hereinbrechende Schicksal zu wenden oder zu ertragen, wandte er sich dem Alkohol zu. Mehrere Delirien mit Halluzinationen brachten ihn ins Krankenhaus und erlösten ihn von der Erfüllung seiner Lebensaufgabe. Eine solche Wendung zum Alkoholismus ist häufig und versteht sich – ebenso wie Faulheit, Verbrechen, Neurose, Psychose und Selbstmord als die Ausreißerei haltloser Ehrgeizlinge vor der erwarteten Niederlage und als Revolte gegen die Forderungen der Gemeinschaft. Als er das Krankenhaus verließ, war er vom Alkoholismus endgültig befreit und wurde Abstinent. Seine Vorgeschichte aber war ruchbar geworden, seine Familie hatte sich von ihm zurückgezogen, und so blieb ihm nichts anderes übrig, als sich durch schlecht entlohnte Erdarbeiten seinen Lebensunterhalt zu verdienen. Kurze Zeit nachher stellten sich Halluzinationen ein und störten ihn bei seiner Arbeit. Er sah fast ununterbrochen einen Mann, den er nicht kannte, der ihm durch höhnisches Grinsen die Arbeit verleidete. An die Wirklichkeit der Gestalt mochte er nicht glauben. Übrigens kannte er aus der Zeit seines Alkoholismus die Bedeutung und das Wesen von Halluzinationen. Eines Tages warf er, um sich seines Zweifels zu entledigen, ein Beil nach der Gestalt. Sie wich geschickt aus, versetzte aber hernach dem Patienten eine tüchtige Tracht Prügel.

Diese merkwürdige Reaktion legt natürlich den Gedanken nahe, daß unser Patient imstande war, gelegentlich auch einen wirklichen Menschen für seine Halluzination zu nehmen, ähnlich wie es in Dostojewskis »Doppelgänger« an einzelnen Stellen angedeutet wird.

Ein Zweites lehrt uns dieser Fall. Es genügt nicht immer, jemanden zur Abstinenz zu bringen. Man muß auch einen andern Menschen aus ihm machen. Anderenfalls wird er in eine andere Art von Ausreißerei verfallen, als welche uns in diesem Falle die Halluzination und ihre störenden Folgen entgegentreten. Ferner verbietet, wie im ersten Fall, die Position des Kranken, sich aus dem Kreis der Familie entfernen zu lassen – weil die Prestigepolitik dabei leiden würde – so zwingt die Furcht vor dem Eingeständnis einer Niederlage im Leben – also die gleiche Prestigepolitik –

im zweiten Falle zur Krankheitserklärung und zum Aufsuchen des Krankenhauses. Denn nur so ist dieser Fall zu verstehen, daß die Halluzination genau so wie vorher der Alkoholismus einen Trost und Vorwand abgeben mußten für das Entschwinden ehrgeiziger, eigensüchtiger Hoffnungen. Erst wenn er aus seiner Isolierung und Entmutigung der Gemeinschaft wiedergegeben werden könnte, wäre dieser Fall zu retten.

Zugleich sehen wir, wie der Alkoholismus mit seiner Fähigkeit Halluzinationen zu produzieren Material und Eignung für die spätere Entwicklung zum Halluzinanten bot. Ohne alkoholisches Vorstadium hätte eine andere Präokkupation, eine andere Neurose einsetzen müssen.

Der dritte Fall stammt aus der Zeit nach dem Kriege und betrifft einen Mann, der nach den gewöhnlichen, unmenschlich grausamen Kriegserlebnissen an Erscheinungen von fugue, von großer Reizbarkeit und Angstzuständen mit Halluzinationen erkrankte. Derzeit stand er in ärztlicher Untersuchung wegen einer Invalidenrente, zu der er sich wegen namhaft geminderter Erwerbsfähigkeit voll berechtigt glaubte. Er berichtete, daß er häufig, besonders wenn er allein ging, hinter sich eine Gestalt auftauchen sah, die ihm ungeheure Angst einjagte. Alle diese Erscheinungen zusammen genommen und eine auffallende Zerstreutheit hätten es ihm unmöglich gemacht, so gute Arbeit zu leisten wie zuvor.

Der Klage über verminderte Erwerbsfähigkeit, über Verlust von ehemals erworbenen Fähigkeiten nach dem Kriege begegnet man bei Kriegsteilnehmern außerordentlich häufig. Es kann nicht bezweifelt werden, daß viele von ihnen tatsächlich viel von ihrer Leistungsfähigkeit durch die langjährige Entwöhnung eingebüßt haben. Immerhin ließe sich manches davon wieder einholen. Man sieht aber bei vielen von ihnen jene Bewegungen nicht, die darauf hinzielten, sich die früheren Fertigkeiten wieder zu erobern. Und man kann genug Fälle beobachten, die so sehr alle Hoffnung aufgegeben haben, daß es bereits der Logik widerspricht. Ihre Vorgeschichte entlarvt sie als alte, nervöse Charaktere, die immer schon vor Entscheidungen zurückgebebt sind, und nun, neuerlich vor eine Prüfung gestellt, wie in alten Zeiten in *neurotisches Lampenfieber* verfallen. Eine Steigerung erfährt ihre »zögernde Attitüde« noch, weil sie die Rentenentschädigung lockt, weil sie mit Inbrunst ein Privileg suchen, das sie weiterer Kraftleistungen und Erprobungen überhebt. Wie eine Zärtlichkeit und Liebkosung suchen sie die Rente, zuweilen wie die Bestätigung ihres Rechts und des Unrechts der andern. Der Geldwert kommt nur scheinbar in Betracht, sofern er die Höhe ihres Leidens kennzeichnet. Die Höhe der nervösen Erscheinungen muß deshalb bis zu jenem Punkte gedeihen, an dem die Leistungsfähigkeit des Patienten sichtlich geschädigt erscheint.

Vor Simulationsverdacht schützt sie die Vorgeschichte. Oft diese allein. Unser Patient stand immer isoliert. Er hatte keine Freunde und keine Liebesbeziehungen, lebte zurückgezogen bei seiner Mutter und hatte selbst die Beziehungen zu seinem einzigen Bruder völlig abgebrochen. Erst der Krieg brachte ihn wieder in eine Gemeinschaft, ohne daß diese ihn für sich hätte gewinnen können. Als eines Tages in seiner Nähe eine Granate platzte, stellten sich Angsterscheinungen ein und die obige, die Angst interpretierende Halluzination. Seine Erkrankung ermöglichte es ihm, sich aus der ihm unliebsamen Gemeinschaft wieder zurückzuziehen. Seine Stellung zur Gesellschaft war noch feindlicher geworden. Diese heimlich revoltierende Haltung mußte sich im Berufe geltend machen, der im tiefsten Sinne die Bejahung der gesellschaftlichen Mitarbeit bedeutet. Dem Mitspielen mehr als früher abgewandt, mochte er wohl selbst die dadurch geminderte Leistungsfähigkeit empfinden. Seine Zerstreutheit spricht dafür, daß er nicht recht bei der Sache war. Die Gesellschaft aber, deren Feind er immer war, sollte ihm ihren letzten Angriff büßen. Sie sollte ihm in Form der Rente wie einem Sieger ihren Tribut zahlen. Als er von der Front zurück wollte, entwertete er die Logik und kam so zur rettenden Halluzination. Sie blieb ihm auch nach dem Kriege, bis er die Rente als siegreiches Symbol errungen hatte.

Auch in diesem Falle wäre eine Heilung nur durch eine bessere Einfügung in die Gemeinschaft zu erwarten. Ein Verschwinden des Symptoms, wie es auch ohne Behandlung in spannungsloseren Situationen vorzukommen pflegt, wäre nur ein Scheinerfolg.

VI. Kinderpsychologie und Neurosenforschung

Erster Teil

Der Ursprung der Neurose läßt sich immer bis zum 1. und 2. Lebensjahr zurückverfolgen. In dieser Zeit gestaltet sich die Haltung des Kindes zur Umgebung aus, und was dort als »Unart« oder als »Nervosität« auffällig wird, wächst sich später unter dem Einfluß einer unrichtigen Erziehung zur Neurose aus.

Wenn man das Gemeinsame in den Beziehungen des Kindes und des Nervösen zur Umgebung bezeichnen will, so ergibt es sich als deren Unselbständigkeit im Leben. Beide haben es nicht so weit gebracht, den Aufgaben des Lebens gerecht zu werden, ohne sich der Dienstleistungen anderer zu versichern. Und zwar fordert dies der Nervöse in viel höherem Maße als durch das Gesetz der Gemeinschaft sonst erheischt wird. Nur was im Falle des Kindes naturgemäß die Familie, das leistet im Falle des Nervösen Familie, Arzt und weitere Umgebung. Ist es beim Kinde die Hilflosigkeit und Schwäche, so wird in der Neurose das Mittel des »Krankseins« erfaßt, um die entsprechenden Personen vor erhöhte Aufgaben zu stellen und ihnen größere Leistungen oder Verzichte aufzuerlegen, zugunsten eigener Privilegien.

Die Ähnlichkeit in den *»verstärkten Forderungen«* also kann uns schon den Vergleich nahelegen. Wichtiger sind die Erkenntnisse der »vergleichenden Individualpsychologie«, die uns zeigen, daß wir in der Individualität eines Menschen seine Vergangenheit, Gegenwart, Zukunft und sein Ziel wie in einem Brennpunkt sehen. Ja wir sind gezwungen anzunehmen, wenn gleich wir erst nach längerem Studium Beweise hierfür erlangen, daß wir in den Haltungen und Ausdrucksbewegungen, kurz im modus vivendi einer Person auch die Spuren der äußeren Einwirkungen aus ihren Reaktionen zu erkennen vermögen.

Mit dieser Anschauung sagen wir nun: daß es eigentlich in der Individualpsychologie nicht angeht, fertige Begriffsbestimmungen wie Wille, Charakter, Affekt, Temperament, ja jede seelische Eigenschaft anders zu verstehen, denn als Mittel, die einem geformten Lebensplan entsprechen und ihn ausführen. So wird als Wille eines Patienten erscheinen, in die Behandlung zu kommen, sobald ihm dies als Krankheitsbeweis erforderlich wird, *wodurch* sein Lebensplan, etwa die Einschränkung seines Kampfplatzes auf das Haus, z. B. bei der Platzangst, ganz erhebliche Förderung erfährt. Derselbe Patient wird gelegentlich später den Willen zeigen, die Behandlung zu verlassen, wenn ihm ein Mißerfolg der Kur als Mittel zur Fortführung desselben Planes nötig erscheint. Das heißt aber: wenn einer zwei gegenteilige Zwecke verfolgt, so kann er doch dasselbe wollen oder wenn Sie sie beiden Willenstrebungen auf zwei Personen verteilen: wenn zwei nicht dasselbe tun, ist es doch oft dasselbe (Freschl, Schulhof). Daß in diesem Falle durch Analyse der Erscheinungen kein Verständnis zu gewinnen ist, kann sicher behauptet werden. Was uns dabei interessiert, das planvoll Individuelle, das persönliche Wesen, liegt als Vorbereitung vor der Erscheinung, als Ziel hinter ihr und ist in der Erscheinung selbst nur in einem Durchschnittspunkt getroffen. In beiden Fallen wird aber auch die ganze Stimme der notwendig dazugehörigen Erscheinungen, Energie, Temperament, Liebe, Haß, Verständnis, Unverstand, Leid und Freude, Besserung und Verschlimmerung, so weit und in solchem Ausmaße vorhanden sein, daß der vom Patienten gewollte Ausgang sichergestellt erscheint! Daß auch die Bewußtheit und Unbewußtheit des Denkens, Fühlens und Wollens durch diesen *Zwang zur Gestaltung der Persönlichkeit* diktiert wird, kann leicht nachgewiesen werden, und so ergibt sich auch die *Verdrängung als ein Mittel* und als eine Schablone des individuellen Seins, nicht etwa als dessen Ursache.

Die gleichen Zusammenhänge gelten, wie ich gezeigt habe,[1] von der Determination des Charakters und seiner Stellung als Mittel im Dienste der Persönlichkeit. Die Abstufungen der konstitutionell gegebenen Kräfte, ihre Abschätzung durch das Kind, die Erfahrungen des Milieus beeinflussen Zielsetzung und Lebenslinien. *Stehen diese einmal fest, dann paßt der Charakter ebenso wie die Triebe ganz genau zu ihnen.* Freilich darf man eine Gegensätzlichkeit oder Verschiedenheit in den Mitteln nicht ohne weiteres als grundlegende Unterschiede des zweckvollen Seelenlebens ansehen. So sehr sich auch ein Hammer von einer Zange unterscheiden mag, einen Nagel einzuschlagen glückt mit beiden. Bei nervös disponierten Kindern einer Familie sieht man zuweilen das eine im Trotz, das andre durch Unterwerfung um die Herrschaft in der Familie ringen. Ein fünfjähriger Knabe litt an der nicht seltenen Erscheinung, alles, dessen er habhaft werden konnte, zum Fenster hinauszuwerfen. Als er genug geprügelt war, erkrankte er an der Angst, er könne wieder etwas hinauswerfen. Durch beide Symptome gelang es ihm, die Eltern an sich zu fesseln, sie mit sich zu beschäftigen, als sie mit einem jüngeren Kinde zu tun hatten, und sich zu ihrem Herrn zu machen. – Einer meiner Patienten war bis zur Ankunft eines jüngeren Bruders das verhätschelte Kind der Familie. Seine Rivalität gegen den Jüngeren ging eine Zeitlang auf den Linien Trotzes und der Indolenz, und um das Interesse der Eltern für sich zu gewinnen und wieder zu befestigen, kam er zur Enuresis und zur Nahrungsverweigerung. Es gelang ihm auf diese Weise nicht den jüngeren Bruder auszustechen. Da wurde er ein äußerst netter, fleißiger Knabe, mußte aber, um dauernd an erster Stelle zu stehen, seine Haltung derart überspannen, daß eine schwere *Zwangsneurose* sich daraus entwikkelte. Ein stark ausgesprochener *Fetischismus* verriet leicht die Hauptoperationsbasis dieses Patienten: das Arrangement der *Entwertung der Frau als Folge der Furcht vor derselben.* Was dieser Patient in einer wütenden Aggression von seinen Nebenmenschen zu erringen sucht, die *Vormacht*, er-

1. Adler, »Über den nervösen Charakter«, 4. Aufl., J. F. Bergmann, München 1928.

warb sich sein jüngerer dereinst vorgezogener Bruder leichter durch einen hohen Grad von Liebenswürdigkeit; ein leichter Grad von Stottern verriet aber auch bei letzterem die Linien des Trotzes, des Ehrgeizes und der zugrundeliegenden Unsicherheit.[1]

So tritt uns der ganze Ablauf des Seelenlebens, so auch das neurotische Wollen, Fühlen und Denken, und der Zusammenhang der Neurose und Psychose als ein von langer Hand gefertigtes Arrangement, als ein Mittel zur siegreichen Bewältigung des Lebens entgegen. Die Anfänge aber führen uns regelmäßig in die früheste Kindheit zurück, in der mit den Ausweisen der Konstitution, im psychischen Rahmen eines Milieus die ersten tastenden Versuche unternommen wurden, um zu einem sich aufdrängenden *Ziel der Überlegenheit* zu gelangen.

Um zu verstehen, worin das Arrangement des Lebenssystems besteht, wollen wir uns vor Augen führen, wie das Kind an das Leben herantritt. Wo immer wir nun die Entstehung seines Bewußtseins ansetzen wollen, es muß wohl ein Stadium sein, in welchem das Kind bereits Erfahrungen gesammelt hat. Es ist aber im höchsten Grade bemerkenswert, daß dieses Sammeln von Erfahrungen nur gelingen kann, wenn das Kind bereits ein Ziel vor Augen hat. Sonst wäre alles Leben ein wahlloses Herumtasten, jede Wertung wäre unmöglich, und von notwendigen Gruppierungen, Heranbringung höherer Gesichtspunkte, Aneinanderreihung und Ausnützung könnte keine Rede sein. Jede Wertung ginge verloren, wenn das fiktive Maß, eben das fix angesetzte Ziel fehlte. Und so sehen wir denn auch, *daß niemand seine Erfahrungen tendenzlos erleidet, sondern daß er sie macht.* Das aber heißt wohl so viel, daß er ihnen den Gesichtspunkt abgewinnt, ob sie und wie sie seinen Endzielen förderlich oder hinderlich sein können. Was in den Erfahrungen und Erlebnissen wirkt und sich wirksam zeigt, ist ein auf ein Ziel gerichteter Lebensplan, der es auch ausmacht, daß wir unsere Erinnerungen immer in einer aufmunternden oder abschreckenden Stimme reden hören. Oder daß wir sie erst verste-

1. Siehe Appelt, Fortschritte der Stottererbehandlung in »Heilen und Bilden«. 3. Aufl., J. F. Bergmann, München 1928.

hen und richtig werten können, wenn wir diese Stimme in ihnen entdeckt haben.

Wo immer wir im Leben des Kindes oder anamnestisch ein Erlebnis, eine Erinnerung einer Untersuchung unterziehen, sagt uns die Erscheinung selbst gar nichts; sie ist an und für sich vieldeutig, jede Deutung aber muß erst hineingetragen werden und harrt ihres Beweises. Das heißt aber, daß das, was uns daran interessiert, *gar nicht in dem Phänomen selbst liegt*, sondern sozusagen vor und hinter dem Phänomen, und daß wir eine seelische Erscheinung nur verstehen können, wenn wir bereits intuitiv den Eindruck einer Lebenslinie gewonnen haben. Eine Lebenslinie aber ist erst durch mindestens zwei Punkte bestimmt. Und so ist auch vorzugehen, daß man anfangs zwei Punkte eines Seelenlebens verbindet. Dadurch erhält man den Eindruck eines *Systems*, das durch Hinzuziehung weiterer Erlebnisse erweitert oder eingeschränkt wird. Was dabei vorgeht, ist am ehesten einer *Porträtmalerei* zu vergleichen und wie diese nur an ihrer Leistung, nicht aber an Regeln zu bemessen. Oft hat man den Eindruck einer plastischen Attitüde, wie in dem Falle einer meiner hysterischen Patientinnen, die an hysterischen Anfällen mit Bewußtseinsschwund, Armlähmung, und Amaurose litt. Es ergab sich, daß sie, *um ihren Mann sicher festhalten zu können*, außer ihren täglich mehrmals auftretenden Anfällen äußerst scharfe Züge von Mißtrauen gegen jedermann, insbesondere gegen Ärzte an den Tag legte. Um ihr diese gegen andere abwehrende Haltung plastisch vor Augen zu führen, zeigte ich ihr, daß sie wie mit abwehrend vorgestreckten Händen *distanzierend* dastehe. Darauf teilte mir ihr Gatte, in dessen Anwesenheit die Kur vor sich ging, mit, *geradeso hätten die ersten Anfälle ausgesehen*, indem die Patientin plötzlich wie zur Abwehr gegen irgend jemanden die Hände ausstreckte. Die ersten Anfälle der Patientin waren eingetreten, als sie eine Untreue des Gatten befürchtete. Wie anamnestisch zutage kam, benahm sich die Patientin so wie in ihrer Kindheit, als sie auf kurze Zeit allein gelassen, fast einem sexuellen Attentat zum Opfer gefallen wäre. Wenn Sie diese zwei so entfernt liegenden Erscheinungen verbinden, erhalten Sie erst den Eindruck, der in keinem der beiden Phänomene an sich enthalten ist: *die Patientin fürchtet allein gelassen zu werden!* Und gegen dieses jetzt in Sicht tretende Erlebnis richtet sie sich mit der ganzen Wucht ihrer wertvollsten und brauchbarsten Erfahrungen. Nun erst erfahren wir, was wir schon voraussetzen konnten, *daß sie auch bereits aus ihrem Kindheitserlebnis diese eine Nutzanwendung gezogen hatte:* ein Mädchen müsse immer jemanden um sich haben. Damals bot sich ihr nur der Vater, und dies um so mehr, als dieser, fern jeder sexuellen Beziehung zu ihr, der Mutter ein Gegengewicht bieten konnte, die der älteren Schwester weitaus den Vorzug gab.

Aus diesen von mir und meinen Mitarbeitern schon öfters vorgetragenen Anschauungen geht die Unhaltbarkeit der Auffassung hervor, die den Krankheitsprozeß aus den Erlebnissen erklären will, wie es die französische Schule tut, und wie später Freud und insbesondere Jung hervorhoben, »als ob der Patient an Reminiszenzen leide«. Auch die späteren Umarbeitungen dieser Theorie, die dem Aktualkonflikt schon besser Rechnung tragen und sich so unserer Anschauung fortwährend nähern, leiden noch an dem mangelhaften Verständnis der Lebenslinie des Patienten. Denn Erlebnis wie sog. Aktualkonflikt sind durch die wirkende Lebenslinie zusammengehalten, das unablässig hypnotisierende Ziel des Patienten hat es zustande gebracht, *daß hier eine Erfahrung gemacht und dort ein Geschehnis zu einem Individualerlebnis und Konflikt erhoben wurde.*

Für die Psychologie und insbesondere für die Psychologie des Kindes ergibt sich demgemäß die Notwendigkeit, nie aus einem einzelnen Detail, sondern immer nur aus dem ganzen Zusammenhang Schlüsse und Deutungen zu versuchen.

Wenn wir in der individualpsychologischen Deutung des obigen Krankheitsfalles weitergehen wollen, so genügt uns wieder die gewonnene Einsieht wenig, daß die Patientin das Alleinsein fürchtet. Denn auch diese Stimmungslage ist vieldeutig und sagt uns deshalb zu wenig. Wir wollen diesen Befund deshalb mit einem weiteren in Verbindung bringen. Die ersten Kindheitserinnerungen der Patientin sind durchtränkt von Gedanken und von Regungen der Rivalität gegen die Schwester. Insbesondere kommen immer wieder Erinnerungen an die Oberfläche, wie man ihre Schwester überallhin mitgenommen habe, während man *sie allein gelassen habe.* Wir sehen also auch in der Kindheitserinnerung, die Patientin als die früheste angibt, jenen gleichen Zug immer wiederkehren und sind dadurch sicherer geworden, unsere Vermutung über die Lebenslinie der Patientin sei berechtigt. Ob wir damit aber auch ein weiteres Symptom der Patientin, einen anfallsweise auftretenden Kopfschmerz, der als »reißend« beschrieben wird, verstehen? Und warum dieser Schmerz immer zur Zeit der Menses auftritt? Die anamnestischen Angaben der Patientin besagen, daß dieses Symptom kurz nach einer heftigen Szene mit der ungerecht handelnden Mutter aufgetreten sei. Die Mutter habe sie an den Haaren gerissen, und Patientin die damals gerade die Menses hatte, lief voll Wut in den eiskalten Fluß, der an dem Gute vorüberfloß, in der Hoffnung, auf diese Weise krank zu werden oder zu sterben. Solche Wutanfälle, die, um den andern zu treffen, bis zur Hintansetzung des eigenen Lebens gingen, hatte sie bei ihren beiden älteren Brüdern öfters gesehen. Während sie aber wie die Brüder handelt, verletzt sie auffallenderweise gleichzeitig ein Gebot, das für sie als Mädchen unbedingte Geltung hat: sie geht während der Menses im Winter in eiskaltes Wasser! *Ihre Wut geht gegen ihre weibliche Natur!* Und obwohl sie ihre Handlungsweise nicht versteht, sich an zunächst liegende Abfolgen von Ursachen und Wirkungen hält, zieht sie faktisch ein Resümee, das folgendermaßen lautet: meine Brüder revoltieren und sind die Herren im Hause; meine Schwester genießt die Gunst und Zärtlichkeit der Mutter; ich bin ein Mädchen, dazu die jüngere Schwester, mich läßt man allein, nur Krankheit oder der Tod können meine Erniedrigung aufhalten! In dieser Stimmungslage und in ihren Konsequenzen liegt so deutlich *das Sehnen nach Gleichberechtigung* ausgesprochen, daß ein Bewußtwerden desselben ganz überflüssig wäre. Das Resultat der Expansion genügt. Freilich hat es noch andere Gründe, daß dieser Vorgang im Unbewußten bleibt. Die Nötigung zum Bewußtwerden des Mechanismus besteht nicht, ja noch mehr! Das völlige Bewußtwerden des Vorganges müßte den erforderten Erfolg in Frage stellen: es wäre ganz ausgeschlossen, daß dieses Mädchen in ihrer Persönlichkeit intakt bleiben könnte, wenn sie sich das vor Augen hielte, was wir von ihr verstehen, daß nämlich die Hauptvoraussetzung ihres Lebens und ihres Lebensplanes auf einer tiefwurzelnden Empfindung ruht *von der Minderwertigkeit der Frau!* Um gegen eine solche Bloßstellung sich zu wappnen, zieht sie aus allen Erlebnissen die hierher gehörige Moral: *um ihre Geltung zu bewahren, darf sie nicht allein bleiben!* Und als sie die Geltung, den Einfluß, die Macht in bezug auf ihren Gatten zu verlieren fürchtet, tritt das indes herangewachsene *Angriffs- und Verteidigungsorgan*, als deren gewichtigsten Anteil wir die Neurose kennen, in Aktion, und beweist und erzwingt, daß sie wenigstens zum Scheine ihre alte Macht behält: *sie darf nicht allein gelassen werden!*

Sind wir so zum Zentralpunkt alles Wirkens, Fühlens und Denkens vorgedrungen, steht das seelische Porträt des Patienten klar vor uns, dann ergeben sich durch die Anschaulichkeit desselben eine Menge von weiteren Zügen und individuellen Eigenheiten von selbst. Die Furcht, allein gelassen zu werden, muß doch wohl auch zur nächstliegenden Waffe, zur Angst, gegriffen haben. Eine diesbezügliche Erkundigung ergibt natürlich die Bestätigung. So z. B. tritt regelmäßig ein Angstanfall auf, wenn sie im Fond des Wagens allein sitzt, während ihr Mann vom Kutschbock aus den Wagen lenkt. Dieser Symptomkomplex ist die Antwort auf die Unterordnung, auf die Ausschaltung des eigenen Willens und *auf das Fehlen der geforderten Resonanz*. Unsere Patientin beruhigte sich erst, wenn sie selbst auch auf dem Kutschbock saß. Die Plastik dieser Attitüde bedarf keiner weiteren Erörterung, wird übrigens von selbst noch deutlicher, wenn wir hören, daß auch dann noch Angstanfälle bei jeder Biegung des Weges, sowie bei jeder Begegnung mit anderen Fahrzeugen auftrat. In allen diesen Fällen griff sie ihrem Manne flugs in die Zügel, sie, die ungeübte dem kundigen Lenker. – Auch wenn die Pferde schneller liefen, bekam sie Angst. Sobald ihr Mann dies bemerkte, trieb er im Scherz die Pferde noch mehr an. Ihre Waffe der Angst versagte! Was nun geschah ist bemerkenswert und wichtig für das Verständnis *scheinbarer Heilungen:* der Angstanfall trat nicht ein, *damit* ihr Mann die Pferde nicht antreiben könne![1]

Eine weitere, höchst bedeutungsvolle Einsicht ergibt sieh jetzt mühelos bei der Beantwortung folgender, sehr berechtigter Frage: warum kam diese Patientin bei ihrem Streben zur Manngleichkeit nicht dahin, selbst die Zügel des Gefährtes zu ergreifen? Ihre ganze Vergangenheit gibt uns eine ungeheuer bestimmte Antwort: *sie traute sich diese Manngleichheit gar nicht zu,* war vielmehr auf den Ausweg verfallen, sich des Mannes als Mittel, als Stütze, als Beschützer zu bedienen, *um sich so über ihn zu erheben.*

Zweiter Teil

Die Seelenkunde sowie die Pädagogik muß sich mehr als bisher auf die Erfahrungen des Neurologen und Psychiaters stützen. Die Psychotherapie drängt uns mit Macht zur Erschließung des kindlichen Seelenlebens. Wenn es richtig ist, wie ich immer wieder zu zeigen versuche, daß die Erfahrungen des Lebens, die Lehren der Vergangenheit, die Erwartungen der Zukunft, stets zugunsten des in der Kindheit gefaßten, fiktiven Lebensplanes *gerichtet* werden, daß ein bißchen falsche Buchführung und ein wenig Autimus – *und dies ist ja wohl seine Bestimmung!* – genügen, um die alten Linien wieder zu gewinnen und die erhöhte Aggression gegen die Forderungen der Gemeinschaft offen oder verschleiert wieder zum Ausdruck zu bringen, dann bleibt nichts übrig, wenn man die Folgen eines solchen Lebens, in der Einbildung gelebt, beseitigen will, als eine *Revision dieses kindlichen Systems* durchzuführen. Die dabei nötige *Zusammenhangsbetrachtung* glaube ich ins richtige Lieht gerückt zu haben, *den Symptomen, Charakterzügen, Affekten, der Einschätzung der eigenen Persön-*

1. Auf die gleichen Scheinerfolge sind bei der Kriegsneurosenbehandlung die Starkstromspezialisten, Hypnotiseure und Überrumpler hineingefallen. Mit ihnen freilich auch Patienten und Wissenschaft.

lichkeit des Kranken, sowie seiner Sexualbeziehung gebührt dabei die Stelle wie der Neurose und Psychose im Ganzen: sie sind Mittel, Tricks Zauberkunststückchen, die der Tendenz dienen, *von unten nach oben* zu kommen. In dem Erleben des Schicksals eines Patienten, in der Ergriffenheit des Psychotherapeuten durch das seelische Porträt bleibt ferner niemals der Eindruck der *vermehrten Spannung*, einer Art *Gehässigkeit* aus, die zwischen dem Patienten und seiner Welt besteht, und wie er zur Bewältigung derselben zu gelangen hofft. Und wir schildern eigentlich kindliche Verhältnisse und die Kinderseele, wenn wir erzählen, wie *aus der Angst eine Waffe für die Eigenliebe wird, wie ein eigener Zwang gesetzt wird, um einen fremden Zwang der Gemeinschaft zu verhindern*, wenn wir von der *zögernden Attitüde* im Falle einer Entscheidung sprechen, von der *Beschränkung auf einen kleinen Kreis*, vom *Nichtmitspielenwollen*, vom *Kleinseinwollen*, um *sich den Forderungen des Lebens zu entziehen* und von *Größenideen*. Es wäre unrichtig, diese Erscheinungen als Infantilismus samt und sonders aufzufassen. Wir sehen bloß, daß, wer sich schwach fühlt, als Kind, als Wilder oder als Erwachsener, zu ähnlichen Kunstgriffen gedrängt wird. Deren Kenntnis und Übung stammt aber *aus der individuellen Kindheit*, wo nicht der gradlinige Angriff, die Tat, den Sieg verspricht, sondern meist der Gehorsam, die Unterwerfung oder die Formen des kindlichen Trotzes, die Schlafverweigerung, die Essunlust, die Indolenz, die Unreinlichkeit und die mannigfaltigen Arten der deutlich demonstrierten Schwäche. in gewissem Belange ähnelt unsere Kultur auch der Kinderstube: sie gibt dem Schwachen besondere Privilegien. Ist das Leben aber der immerwährende Kampf, wie es das nervös disponierte Kind als stärkste Voraussetzung seiner Haltung erkennen läßt, dann kann es nicht ausbleiben, daß jede Niederlage und jede Furcht vor einer drohenden Entscheidung in Verbindung steht mit einem *nervösen Anfall, der Waffe, der Revolte eines Menschen, der sich minderwertig fühlt.* Diese *Kampfposition des Nervösen*, die ihm von Kindheit an die Richtung gibt, widerspiegelt sich in seiner Überempfindlichkeit, in seiner Intoleranz gegen jede, auch die kulturelle Art des Zwanges Und zeigt sich in seinem steten Bestreben, *sich isoliert der ganzen Welt gegenüberzustellen.* Sie ist es auch, die ihn ständig aufpeitscht, die Grenzen seiner Macht zu überspannen, wie es das Kind tut, solange das Feuer nicht gebrannt, der Tisch nicht gestoßen hat. Die verstärkte Kampfposition, das verstärkte Messen und Vergleichen, das Pläneschmieden und Tagträumen, die kunstvolle Einübung technischer Kunststücke der Organe, ferner auch die ausgreifenden, trotzigen, sadistischen Bewegungen, der Zauberglaube und Gottähnlichkeitsgedanke, wie auch die kunstvollen *Ausbiegungen in die Perversion* infolge von Furcht vor dem Partner finden sich regelmäßig in späteren Jahren bei Kindern, die unter einem unerträglichen Gefühl des Druckes, in verzärtelnder Verweichlichung oder unter erschwerter körperlicher und geistiger Entwicklung herangewachsen sind. Ein übergroßer *Sicherungskoeffizient* soll den Weg zur Höhe ermöglichen und vor Niederlagen behüten – *da schieben sich, wie durch ein Wunder, zwischen den Patienten und die Erfüllung seiner Aufgaben allerlei Hindernisse ein,*[1] unter denen der *Krankheitsbeweis als Legitimation* immer die abschließende Rolle spielt. Nichtigkeiten werden wie bei der Zwangsneurose überschätzt und so lange zwecklos hin- und hergetragen, bis die richtige Zeit glücklich vertrödelt ist.

Man kann nicht leugnen, daß dieses aufgepeitschte Drängen nach allzu sicherem Erfolg zuweilen große Werke schafft. Doch nur, wenn, meist unbemerkt, der Kontakt mit der Gemeinschaft stark ist. Was wir Nervenärzte davon sehen, ist zumeist ein trauriges ut aliquid fieri videatur, bei dem der natürliche Sinn der Organe verfälscht werden muß, *um jede Bewegung bremsen zu können.* Im Fanatismus des Schwachen kann jede Funktion pervertiert werden. Um einer Realitätsforderung zu entgehen, auch um den Schein eines ungeheuren Martyriums zu gewinnen, wird das Denken gedrosselt und macht dem Grübeln Platz. *Durch ein kunstvolles System wird die Nachtruhe gestört, um die Müdigkeit des Tages und dadurch Arbeitsunfähigkeit vorzubereiten.* Die Sinnesorgane, die Motilität, der vegetative Apparat werden durch tendenziöse Vorstellungen und

1. Siehe später »Das Distanzproblem, eine Grundtatsache der Neurose und Psychose«.

durch tendenziöse Lenkung auf ein unverstandenes Ziel zur Disfunktion gebracht, und die Fähigkeit der Einfühlung in schmerzhafte Situationen ruft Schmerzen, die in ekelhafte Erinnerungen Ekel und Erbrechen hervor. Durch die von langer Hand her angesponnene Tendenz, dem geschlechtlichen Partner vorsichtig auszuweichen, die immer auch durch zweckentsprechende Ideale, Argumente und ideale Forderungen protegiert wird, erscheint oft die durch die Kultur ohnehin eingeengte Liebesfähigkeit völlig aufgehoben.

In vielen Fällen erfordert die eigenartige Individualität des Patienten eine derart absonderliche oder exklusive Stellung zum Liebes- und Eheproblem, daß sich der Typus und die Zeit der Erkrankung nahezu als vorherbestimmt ergeben. Wie weit die Formung eines solchen Lebensplanes in die Kindheit zurückreicht, ist aus ähnlichen Fällen wie den folgenden zu entnehmen:

I. Eine 34jährige Dame, die vor einigen Jahren an Platzangst erkrankt war, leidet derzeit noch an Eisenbahnangst. Schon in der Nähe eines Bahnhofes überfällt sie ein heftiges Zittern, das sie zwingt, umzukehren. Bei diesen und ähnlichen Erscheinungen ergibt sich das Bild, als wäre ein *Hexenkreis als Hindernis* gezogen. Ihre erste Kindheitserinnerung ist eine Szene zwischen ihr und der jüngeren Schwester, in der sie der Kleineren den Platz streitig macht. An der Vieldeutigkeit dieses Vorfalls besteht wohl kein Zweifel. Ziehen wir eine Linie bis zur Eisenbahnangst, der letzten ihrer Erscheinungen, und vergleichen wir diese mit der Erinnerung, etwa als ob sie auch der Eisenbahn den Platz streitig machen wollte, so ergibt sich sofort der Eindruck, daß die Patientin ausweicht, wo ihr die Herrschsucht nichts fruchtet. Solcher Fälle entsinnt sich die Patientin insbesondere aus dem Verhalten gegen ihre älteren Brüder, die sie zum Gehorsam zwangen. Wir dürfen demnach im Leben dieser Patientin erwarten, daß sie die Frauen zu beherrschen suchen wird, sich dagegen dem Willen des Mannes, des Kutschers, des Lokomotivführers entziehen, schließlich auch die Liebe und Ehe aus ihrem Leben ausstreichen wird. Ein wichtiges Detail ergibt sich aus einer weiteren Jugenderinnerung. Lange Zeit in ihren Mädchenjahren ging sie stets mit einer Peitsche bewaffnet auf ihrem Gute umher und schlug die männliche Dienerschaft. Wir werden demnach Vorfälle erwarten dürfen, aus denen auch Versuche klar hervortreten dürften, den Mann als Untergeordneten zu behandeln. Fast in allen ihren Träumen treten die Männer in Tiergestalten auf und werden von ihr überwunden oder geflohen. Ein einziges Mal in ihrem Leben trat sie einem Manne flüchtig näher: er erwies sich entsprechend unserer Erwartung als ein Schwächling, war homosexuell und berief sich vor der Verlobung auf eine Impotenz. Ihre Eisenbahnangst ist ihrer Ehe- und Liebesscheu adäquat: sie kann sich keinem fremden Willen anvertrauen.

II. Natürlich kann man diesen Mechanismus des »männlichen Protestes« auch in der Kindheit selbst studieren. Insbesondere deutlich zeigt er sich bei Mädchen; man findet diese Richtung der Expansionstendenz in den verschiedensten Variationen und entdeckt bald, wie auf diesem Wege die real erwarteten Spannungen des Kindes zu seiner Umgebung oft maßlos aufgepeitscht werden. Ich habe noch in keinem Falle dieses *männliche Delirium* vermißt.

Und aus dem *Gefühl der Verkürztheit* entwickelt sich regelmäßig ein Fanatismus der Schwäche, der uns alle Formen der Übererregbarkeit des Negativismus und der neurotischen Kunstgriffe des Kindes verstehen läßt. Ein sonst gesundes, 3jähriges Mädchen bot z. B. folgende Erscheinungen: fortwährendes Messen mit der Mutter, furchtbare Empfindlichkeit gegen jede Form von Zwang und Zurücksetzung, Eigensinn und Trotz. Nahrungsverweigerung, Obstipation und andere Revolten gegen die Hausordnung setzten beständig ein. Der Grad ihres Negativismus wurde fast unerträglich. So führte sie eines Tages, als ihr die Mutter schüchtern eine Jause vorschlug, folgenden Monolog: »Sagt sie Milch, so trinke ich Kaffee, und sagt sie Kaffee, so trinke ich Milch!« Ihre Sehnsucht nach Manngleichheit kam häufig zum Ausdruck. Eines Tages stand sie vor dem Spiegel und fragte ihre Mutter: »Hast du auch immer ein Mann sein wollen?« – Später, als ihr die Unwandelbarkeit des Geschlechtscharakters klar geworden war, schlug sie der Mutter vor, sie wolle noch eine Schwester haben, beileibe keinen Bruder; dagegen werde sie, wenn sie groß sein werde, nur Knaben bekommen. So verriet sie später noch ihre unbedingte Höherwertung des Mannes.

III. Wegen ihrer vollendeten Deutlichkeit will ich noch aus dem Leben eines gesunden 3jährigen Mädchens folgende Details anführen: Seine liebste Beschäftigung bestand darin, die Kleider des älteren Bruders, anfangs die der Schwester, anzuziehen. Eines Tages hielt sie bei einem Spaziergange den Vater vor einem Knabenkleidermagazin fest und wollte ihn bewegen, ihr dort Knabenkleider zu kaufen. Auf den Hinweis, daß ein Knabe auch keine Mädchenkleider bekäme, wies sie auf ein Mäntelchen, das zur Not auch für ein Mädchen geeignet sein konnte, und verlangte *wenigstens dieses* zu besitzen. Man kann in diesem Falle einen nicht seltenen Formenwandel der Leitlinie beobachten, der gleichwohl in Abhängigkeit vom männlichen Endziel steht: es *genügt der Schein.*

In den Fällen dieser zwei kleinen Mädchen, die ich typisch nennen kann, in denen wir einen Entwicklungsmodus beobachten, wie ich ihn ganz allgemein finde, ist es nötig, die Frage aufzuwerfen: welche Mittel bietet uns bisher die Pädagogik, diese eine Hälfte der Menschheit mit einem unabänderlichen Zustand restlos auszusöhnen, der ihr mißfällt? Denn – das eine ist klar: wenn dies nicht gelingt, so haben wir dauernd jenen Zustand vor uns, von dem ich schon ausführlich gesprochen habe: ein andauerndes Gefühl der Minderwertigkeit wird stets den Anreiz zur Unzufriedenheit und zu den mannigfachsten Versuchen und Kunstgriffen abgeben, *trotz allem* zum Beweis der eigenen Überlegenheit zu gelangen. So kommen dann jene Waffen zustande, teils von Wirklichkeitswert, teils imaginärer Art, die das äußere Bild der Neurose formen. Daß dieser Zustand auch Vorzüge hat, daß er eine intensivere, subtilere Art des Lebens ermöglicht, kommt in dem Momente nicht in Betracht, wo wir auf Abhilfe der viel größeren Nachteile sinnen. Diese Stimmungslage, an deren einem Pol das Gefühl der Minderwertigkeit, an deren anderem die Sehnsucht nach quasi-männlicher Geltung steht, wird noch verschärft, sobald das Mädchen den Knaben gegenüber in den Hintergrund gedrängt wird, sobald es seine Entwicklungsmöglichkeiten eingeschränkt sieht, sobald die weiblichen Molimina, Menses, Geburt und Klimakterium mit neuen Benachteiligungen heranrücken. *Es ist bekannt, daß diese Termine oft für die neurotische Revolte maßgebend, für uns demnach vorausbestimmbar sind.* Haben wir so eine Wurzel des neurotischen Übels erfaßt, so ist es recht bedauerlich, daß wir weder im pädagogischen, noch im therapeutischen Inventar ein Mittel gefunden haben, die Folgen dieser natürlich und gesellschaftlich gegebenen Situation zu verhüten. Von unserem Gesichtspunkte aus ergibt sich vorläufig die Notwendigkeit, prophylaktisch und therapeutisch, die Unwandelbarkeit des organischen Geschlechtscharakters dem Kinde frühzeitig einzuprägen, alle Benachteiligungen aber *als nicht unüberwindlich* und als Schwierigkeiten des Lebens wie andere auch verstehen und bekämpfen zu lehren. Damit, scheint uns, wird aus der Frauenarbeit auch jene Unsicherheit und jene Resignation schwinden, gleichzeitig auch die übertriebene Geltungssucht, die sie so oft als minderwertig erscheinen läßt.[1]

IV. Der Fall eines 10jährigen Knaben, der zeigen soll, wie im gesellschaftlichen Zusammenhang das irgendwo eingedrungene Gift, in unserem Falle der männliche Protest des weiblichen Geschlechts, auch auf den übrigen Teil, auf die Knaben übergreift und dort fast die gleichen Erscheinungen zeitigt. Es ist von vornherein bei der uns bekannten Natur des Menschen klar, daß sich der Knabe durch die meist offen betriebene, teils aus unseren gesellschaftlichen Verhältnissen zutage tretende Höherwertung nicht bloß geschmeichelt, sondern noch mehr *verpflichtet*

1. Siehe Schulhof, Individualpsychologie und Frauenbewegung, Reinhardt, München 1914.

fühlt. So steigt auch bei ihm die Spannung, in der er sich zur Welt einstellt. Soweit dies mit realen Kraftleistungen einhergeht, balanciert ja unsere Kultur großenteils auf dieser Zuspitzung. Ein mäßiger Druck aber, der den Weg der kulturellen Aggression versperrt, genügt dann, um feindselige Haltungen, Gehässigkeit, Herrschgelüste und Imaginationen mächtig emporzutreiben. Der Knabe fürchtet oft seinen Verpflichtungen nicht gerecht werden zu können, jenes Maß von Geltung nicht erreichen zu können, das ihm zur männlichen Vollkommenheit nötig erscheint. Und so sieht man schon frühzeitig, bei organischer Minderwertigkeit, bei gedrückten und verhätschelten Kindern, den Beginn des Pläneschmiedens, der Hast und der Gier, um *trotz allem* zur Überlegenheit zu gelangen, *was für viele Fälle ein Ausnützen ihrer Schwäche, eine allgemein zögernde Attitüde, ein sich Festlegen auf Zweifel und Schwanken, ein immerwährendes Zurück! zur Folge hat – oder ein offenes und heimliches Revoltieren und ein deutliches Nichtmitspielenwollen. Damit ist der Boden der Neurose erreicht, und man kann nun den Schaden besehen.*

Der Fall, von dem ich sprechen will, betrifft einen stark kurzsichtigen Knaben, der trotz aller Anstrengungen der zwei Jahre älteren Schwester nicht gewachsen war. Seine Aggression zeigte sich in immerwährenden Streitigkeiten. Auch die Mutter ließ sich kaum von ihm beeinflussen. Alle aber überragte an Geltung und Einfluß der Vater, der ein strenges Regiment führte und häufig auf die »Weiberwirtschaft« schimpfte. Der Knabe zeigte sich ganz nach dem Vater gerichtet, wie ich später noch nachweisen will. Nun schien ihm in seiner etwas bedrängten Situation der Beweis und die Zuversicht seiner dereinstigen Gleichwertigkeit mit dem Vater unsicher. Mit Knabenstreichen hatte er, wohl auch wegen seiner Kurzsichtigkeit, Unglück. Als er sich einmal der Schreibmaschine des Vaters bemächtigen wollte, schnitt ihm der Vater kurzerhand diese wissenschaftliche Betätigung ab.[1] Der Vater war ein passionierter Jäger und nahm den Knaben zuweilen auf die Jagd mit. Dies scheint nun end-

1. Was uns im Gegensatz zu anderen nicht als Erlebnis, sondern als Stellung von Vater und Sohn und deren Konsequenzen wichtig erscheint.

lich diejenige männliche Attitüde gewesen zu sein, die dem Knaben seine Gleichheit mit dem Vater und seine Überlegenheit über das »Weibervolk« bewies. Denn so oft ihn der Vater nicht mitnahm, erkrankte der Knabe an *Enuresis*, worüber der Vater immer außer sich geriet. Später ereignete sich der nächtliche Unfall auch, wenn der Vater dem Knaben sonstwie seine Autorität spüren ließ. In einigen Unterredungen kam dieser Zusammenhang zutage, und ferner auch, *daß er sich die Enuresis dadurch ermöglichte, indem er sich in der Halluzination des Traumes die gebräuchlichen Utensilien herbeizauberte.* Es war leicht zu ersehen, daß sein Leiden aus der Sehnsucht entsprang, mit dem Vater auf die Jagd zu gehen, *nicht allein gelassen zu werden*, und eine heftige Revolte war, die gegen den Vater zielte: vor oder nach dem nächtlichen Unfall träumte er zumeist, der Vater (der ihn nicht zur Jagd mitgenommen hatte) wäre gestorben. Über seine Zukunftspläne befragt, antwortete er, er wolle Ingenieur werden wie der Vater und eine Haushälterin anstellen. Ich fragte ihn, ob er nicht wie der Vater heiraten wolle? Er lehnte diese Zumutung ab mit der Bemerkung, die Frauen wären nichts wert und hätten nur für Putz Interesse. Die vorbereitende Stellungnahme des Knaben, sein Arrangement des Lebens ist hier klar zu erkennen. Bleibt er auf dieser Linie der Furcht vor der Frau und treten weitere, fördernde Umstände ein, so liegt es nahe, daß er dereinst unter Ausschaltung der Frau zur Homosexualität gelangen könnte.

V. Ähnlich und doch ganz anders zeigen sich die Erscheinungen des männlichen Protestes bei einem 8jährigen Knaben, der an Status lymphaticus litt und geistig wie körperlich etwas zurückgeblieben war. Er kam wegen Zwangsmasturbation in Behandlung. Seine Mutter widmete sich fast nur den jüngeren Geschwistern und hatte ihn der Pflege der Dienstboten überlassen. Sein Vater war ein jähzorniger Mensch, der immer Befehle erteilte. Des Knaben Minderwertigkeitsgefühl offenbarte sich in einem schüchternen, scheuen Wesen und in einer dankerfüllten Haltung gegenüber von Personen, die sich mit ihm beschäftigten. Die weitreichendste Kompensation, die er gesucht hatte, fand er in einem rastlosen Interesse für Zauberkünste, auf die er durch Märchen und Kinovorstellungen verfallen war. Weit mehr als andere Kinder stand er in deren Banne und war eigentlich immer darauf aus, einen Zauberstab zu finden und ins Schlaraffenland zu kommen. Seine leitende Idee war, allen Schwierigkeiten auszuweichen und alles geschenkt zu bekommen. Eine teilweise Realisierung dieser Idee gaukelte er sich derart vor, daß er immer andere alles für sich machen ließ, das Zerrbild dessen, was er beim Vater sah, der gleichfalls alle in seinen Dienst stellte. Er konnte diesen Weg nur gehen, wenn er selbst *unfähig und ungeschickt* blieb. Also blieb er es.

Die masturbatorischen Erscheinungen waren nach langer Zeit von der Mutter bemerkt worden. Nun wendete sie wieder ihr Interesse dem Knaben zu. So gewann er Einfluß auf die Mutter. Sein Kurs war erheblich gestiegen. Wollte er nicht sinken, so mußte er bei der Masturbation bleiben. *Also blieb er dabei.*

Sein Ziel, dem Vater gleich zu sein, verriet sich nebenbei auch in einem zwangsartigen Antrieb, steife Hüte erwachsener Personen, ähnlich dem kleinen Gernegroß, an sich zu bringen und stets Zigarrenspitzen im Munde zu halten.

In einer kurzen Schlußbetrachtung möchte ich mir gestatten, unsere Erkenntnis von den neurotischen, in der Kindheit angesponnenen Kunstgriffen auf die Kindheit der Menschheitsgeschichte auszudehnen. Der Glaube an eigene und fremde Zauberkräfte lag früher deutlicher zutage, ist aber auch heute fast allgemeine Voraussetzung des menschlichen Verhaltens und des mangelhaften Glaubens an sich, d. i. des Minderwertigkeitsgefühls. Die Furcht des männlichen Neurotikers vor der Frau und seine Gehässigkeit finden ihre Analogie im Hexenwahn und in der Hexenverbrennung, die Furcht des weiblichen Patienten vor dem Mann und sein männlicher Protest widerspiegeln uns die Furcht vor Teufel und Hölle und den Versuch, Hexenkünste zu betreiben. Es soll nur kurz darauf hingewiesen werden, wie durch die Erniedrigung der Frau die gegenseitige Unbefangenheit in der Liebe leidet, wie die Erziehung ganz allgemein darauf ausgeht, einen gegenseitigen Zauber an Stelle von Schätzung zu postulieren, die männliche Autorität gewaltsam durchzusetzen und anderes mehr, was alles aber weniger einer seelischen Hygiene förderlich ist, als es vielmehr das wahnhafte Denken befruchtet.

Schlußbetrachtung

I. Im Begriff des »Lebens« ist der organische und seelische Modus bereits vorgebaut, der uns als »Zwang zur Zielsetzung« überall entgegentritt. Denn das Leben verlangt von uns Handeln. Damit ist der *finale Charakter des Seelenlebens* festgelegt.

II. *Der ununterbrochene Anreiz* zur Zielstrebigkeit ist beim Menschen durch Gefühle der *Insuffizienz* gegeben. Was wir Triebe nennen, ist schon der Weg und erweist sich als durch das Ziel orientiert; und die Fähigkeit des *Wollens* sammelt sich trotz scheinbarer Widersprüche, um zu *diesem einheitlichen Ziele* durchzudringen.

III. Genau so wie *ein insuffizientes Organ* eine unerträgliche Situation schafft, aus dem zahlreiche *Kompensationsversuche* ihren Ursprung nehmen, bis sich der Organismus den Anforderungen seiner Umwelt wieder gewachsen fühlt – ebenso sucht die Seele des Kindes in ihrer Unsicherheit jenen Fond von Kraftzuschüssen, die seine Gefühle der Unsicherheit überbauen sollen.

IV. Die Erforschung des Seelenlebens hat in erster Linie mit diesen tastenden Versuchen und Kraftanstrengungen zu rechnen, die aus, den konstitutionell gegebenen *Realien* und unter probeweisen, schließlich erprobten Ausnützungen des Milieus erwachsen.

V. Jedes seelische Phänomen kann deshalb nur *als Teilerscheinung eines einheitlichen Lebensplanes* verstanden werden. Alle Erklärungsversuche, die davon Abstand nehmen, um durch Analyse der Erscheinung, nicht ihres Zusammenhanges in das Wesen des kindlichen Seelenlebens einzudringen, sind deshalb als verfehlt zu erklären. Denn die »Tatsachen« des Kinderlebens sind *nie als fertige Tatsachen*, sondern im Hinblick auf ein Ziel als vorbereitende Bewegungen zu sehen.

VI. Nach diesem Konspekt aber geht *nichts ohne Tendenz* vor sich. Wir wollen es hier unternehmen, folgende Leitlinien als die wichtigsten hervorzuheben.

Realtätigkeit:

a) Ausbildung von Fähigkeiten, um zur Überlegenheit zu gelangen.

b) Sich messen mit seiner Umgebung.

c) Erkenntnisse und Fertigkeiten sammeln.

d) Empfinden eines feindseligen Charakters der Welt.

e) Verwendung von Liebe und Gehorsam, Haß und Trotz, von Gemeinschaftsgefühl und Streben nach Macht, um zur Überlegenheit zu gelangen:

Imagination:

f) Ausbildung des Als-Ob (Phantasie, symbolische Erfolge).

g) Verwendung der Schwäche.

h) Hinausschieben von Entscheidungen; – Suchen nach Deckung.

VII. Als unbedingte Voraussetzung dieser Richtungslinien findet man einzig ein *hoch angesetztes Ziel*, der Allmacht und Gottähnlichkeit, das im Unbewußten bleiben muß, um wirksam zu sein. Sobald Sinn und Bedeutung dieses Zieles und sein *Gegensatz zur Wahrheit* völlig begriffen, verstanden wird, ist der Mensch ihm nicht mehr überlassen, kann er dessen mechanisierenden, schablonisierenden Einfluß durch verständnisvolle Annäherung an die sachlichen Forderungen der Gemeinschaft aufheben. Dieses Ziel ist je nach Konstitution und Erfahrung mannigfach konkret eingekleidet und kann in dieser Form, regelmäßig in der Psychose, bewußt werden. Die Unbewußtheit dieses Machtziels ist erzwungen durch den unüberbrückbaren Widerspruch mit dem realen Gemeinschaftsgefühl. Eine Einkehr ist mangels verständnisvoller Durchdringung und wegen der allgemeinen Besessenheit der Menschen vom Machtstreben ohne fremdes, sachverständiges Zutun kaum zu erwarten.

VIII. Die regelmäßigste Einkleidung des Machtstrebens, neben der im Bedarfsfalle andere oft scheinbar widersprechende zu finden sind, ist nach dem Schema »Mann – Weib«, »unten – oben«, »alles oder nichts« gebildet und deutet auf die Summe aller Macht, deren das Kind teilhaft werden will. Der darin erfaßte Gegensatz, in der Regel das Schwache, wird als das feindliche Element, zugleich als das zu unterwerfende bekämpft.

IX. Alle diese Erscheinungen treten beim Nervösen scharf hervor, weil der Patient sich bis zu einem gewissen Grade durch seine Kampfstellung und sein eigenartiges Apperzeptionsschema jeder weitergehenden Revision seiner kindlichen Fehlurteile entzogen hat. Dabei kommt ihm sein dadurch gefestigter solipsistischer Standpunkt sehr zu Hilfe.

X. So kann es uns nicht wundernehmen zu erfahren, daß jeder Nervöse sich derart benimmt, als ob er den Beweis seiner Überlegenheit, fast immer auch den über die Frau ununterbrochen zu erbringen hätte.

VII. Die psychische Behandlung der Trigeminusneuralgie

Unter den nervösen Erscheinungen, die zu einer Erschwerung des Lebens oder zur Enthebung von jeder Leistung Anlaß geben, demnach zu einer *weitgehenden Ausschaltung* aller Forderungen der Gemeinschaft, nehmen schmerzhafte Sensationen einen großen Platz ein. Ihre Heftigkeit, oft auch ihre Lokalisation und ihre Einschätzung durch den Kranken stehen immer mit dem zu enträtselnden Zweck in Einklang. Lokale organische Minderwertigkeiten (Skoliosen, Augenanomalien, empfindliche Haut, Plattfuß usw.) und andererseits Arrangements der Schmerzen, wie durch Luftschlucken, lassen sich meist feststellen und entschleiern dann die elektive Wirkung der Neurose und ihre Affekte.

Die *individualpsychologische* Methode aber hat ihre strengen Indikationen und verlangt, vielleicht mehr wie jede andere Methode, eine genaue Abgrenzung ihres Arbeitsgebietes. Daß sie bloß für psychogene Erkrankungen Geltung hat, ist von vorneherein selbstverständlich. Ebenso darf die Möglichkeit der psychischen Verarbeitung des gefundenen Materials nicht durch intellektuelle Störungen des Patienten, durch Verblödung, Schwachsinn, Delirien gestört sein. Wieweit die Psychose beeinflußbar ist, bildet heute noch eine offene Frage; sicherlich aber ist sie der Analyse zugänglich, zeigt dieselben Grundlinien wie die Neurose und kann für das Studium *abnormaler psychischer Einstellungen* wertvolle Dienste leisten. Daß Fälle von Psychosen, die im geistigen Verfall noch keine Fortschritte gemacht haben, bei intensivster Leistung des Individualpsychologen Besserungen und Heilungen zulassen, kann ich aus meiner Erfahrung feststellen.

Soll nun das Arbeitsgebiet der individualpsychologischen Methode voll ausgenützt werden, so muß in erster Linie die Möglichkeit gegeben sein, eine psychogene Krankheit zu erkennen.

Bezüglich der typischen Psychoneurosen, der Neurasthenie, der Hysterie und der Zwangsneurosen, ist die wissenschaftliche Überzeugung von deren psychogenem Ursprung so sehr gefestigt, daß Einwendungen zögernd und nur von einer Seite aus erhoben wird. Man betont dann nur den *konstitutionellen Faktor* und versucht alle Erscheinungen unter den Gesichtspunkt der erblichen Degeneration zu bringen, funktionelle wie psychische Erscheinungen in gleicher Weise, *ohne den Übergang aus der organischen Minderwertigkeit zur neurotischen Psyche ins Auge zu fassen.* Daß dieser Übergang nicht unbedingt eintreten muß, und *daß andere Übergänge zum Genie, zum Verbrechen, zum Selbstmord, zur Psychose führen*, habe ich vor längerer Zeit nachgewiesen.[1] Und ich bin in dieser und anderen Arbeiten zu dem Schlusse gelangt, daß eine angeborene Minderwertigkeit von Drüsen- und Organsystemen zur neurotischen Disposition führt, wenn sie sich psychisch geltend macht, d. h. *wenn sie in dem hereditär belasteten Kinde das Gefühl der Minderwertigkeit gegenüber seiner Umgebung erzeugt.*[2] Ausschlaggebend bleibt demnach die *Situation des Kindes* und seine persönliche, also kindlichen Irrtümern unterworfene *Einschätzung seiner Position.* Bei genauerer Untersuchung zeigen sich die Neurosen nicht als Dispositions-, sondern als *Positionserkrankungen.* So können äußere Degenerationszeichen, sobald sie zu Entstellungen und Häßlichkeit Anlaß geben, oder wenn sie äußerlich sichtbare Signale tiefersitzender Organminderwertigkeiten sind und sich mit diesen verbinden – verbildete Ohren mit angeborenen Gehörsanomalien, Farbenblindheit, Astigmatismus oder andere Brechungsanomalien, Schielen usw. – abgesehen von ihren objektiven Symptomen *ein Gefühl der Minderwertigkeit und Unsicherheit in der Kindesseele* hervorrufen. In der gleichen Weise wirken andere Organminderwertigkeiten, insbesondere wenn sie das Leben nicht bedrohen, sondern psychische Entwicklungsmöglichkeiten zulassen. Die

1. Adler, Studie über die Minderwertigkeit von Organen. J. F. Bergmann, München 1927.
2. Adler, Über neurotische Disposition, in »Heilen und Bilden«, 3. Aufl., J. F. Bergmann, München 1928.

Rachitis kann das Längenwachstum stören, zu auffallender Kleinheit und Plumpheit Anlaß geben; rachitische Deformitäten – Plattfuß, X- und O-Beine, Skoliose usw. – können sowohl die Beweglichkeit als das Selbstgefühl des Kindes herabsetzen. – *Ausfallserscheinungen* der *Nebennieren*, der *Schilddrüse*, des *Thymus*, der *Hypophyse*, der *inneren Genitalien*, insbesondere die angeborenen Formen leichter Natur, deren Symptome oft mehr den Tadel der Umgebung als eine entsprechende Behandlung erfahren, werden nicht nur für die organische, sondern vor allem für die psychische Entwicklung verhängnisvoll, indem sie das Gefühl der Zurückgesetztheit und Minderwertigkeit wachrufen und unterhalten. So werden auch die *exsudative Diathese*, der *Status lymphatico-thymicus* und der *asthenische Habitus*[1] nach beiden Richtungen verderblich, ebenso der *Hydrozephalus* und leichte Formen von *Schwachsinn. Angeborene Minderwertigkeiten* des *Harn-* und *Ernährungsapparates* schaffen objektive Symptome[2] in gleicher Weise wie subjektive Gefühle der Minderwertigkeit, oft auf dem Umweg über den Kindesfehler der Enuresis, der Incontinentia alvi, oder weil die körperliche Not, Furcht vor Strafe und Schmerzen oft *übertriebene Vorsicht* beim Essen, Trinken und Schlafen[3] gebieten.

Die Betrachtungen und Nachweise dieser Art, objektive und subjektive Ausstrahlungen der Organminderwertigkeit betreffend, scheinen mir von größter Wichtigkeit zu sein, *denn sie zeigen uns die Entstehung neurotischer Symptome, insbesondere neurotischer Charakterzüge unter Benutzung angeborener Organminderwertigkeiten* und sind gleichermaßen beweisend für die sekundäre Bedeutung konstitutioneller Organminderwertigkeit wie für

1. Kretschmer hat aus dieser Reihe zwei Typen herausgegriffen und in vorbildlicher Weise charakterisiert.
2. Adler, Zur Ätiologie, Diagnostik und Therapie der Nephrolithiasis. Wien. klin. Wochenschr. XX. Jahrg. Nr. 49 und Myelodysplasie oder Organminderwertigkeit? Nr. XXVI in diesem Band. Zappert, Enuresis und Myelodysplasie, Wien. klin. Wochenschr. 1920, Nr. 22.
3. Jean Paul's Schmelzle schildert in ausgezeichneter Weise diese Furcht vor der Nacht, weist die später zu besprechenden »Sicherungstendenzen« auf und läßt leicht die Minderwertigkeit des Harn- und Darmapparates erraten.

die primäre psychogener Faktoren als Quellen der Neurose. Die normale Basis für diese gespannteren Beziehungen zwischen Organischem und Psychischem ist leicht zu erkennen: sie findet sich in der *relativen Organminderwertigkeit des Kindes*, auch des gesunden, gegenüber dem Erwachsenen, und sie löst dort, wenn auch in erträglicherem Maße, das Gefühl der Minderwertigkeit und Unsicherheit aus, das bei fühlbarer *absoluter*, insbesondere dauernder Organminderwertigkeit zu den unerträglichen *Gefühlen der Minderwertigkeit* führte, wie ich sie bei vielen Neurotikern gefunden habe. *Das Kind ist in unserer Kultur unter allen Umständen ein Gernegroß* und wird gerade von solchen Erfolgen phantasieren und träumen, die ihm von Natur aus schwierig gemacht sind. Es wird alles sehen wollen, wenn es kurzsichtig ist, alles hören wollen, wenn es Gehörsanomalien hat, wird immer sprechen wollen, wenn Sprachschwierigkeiten oder Stottern vorhanden sind, und es wird immer riechen wollen, wenn angeborene Schleimhautwucherungen, Septumdeviationen oder adenoide Vegetationen das Schnuppern mit der Nase behindern.[1] Schwerbewegliche, plumpe Kinder werden zeitlebens den Ehrgeiz haben, die ersten am Platz zu sein, ähnlich wie Zweit- und Spätgeborene. Wer als Kind an Flinkheit zu wünschen übrig ließ, wird stets von der Angst geplagt sein, sich zu verspäten und wird leicht bei anderen Anlässen zum Hasten und Jagen gedrängt,

1. Bei allen diesen Organminderwertigkeiten können durch *»qualifizierte Minderwertigkeit«* abgeänderte oder feinere Funktionsleistungen, wertvolle Steigerungen der Sinnesempfindungen oder erhöhte Empfindlichkeit, Kitzelgefühle in der Fühlsphäre zu finden sein – als abgeänderte Technik des minderwertigen Organs. Der Fuß ist eine verkümmerte Hand, doch sind seine Mehrleistungen auf der Erde evident. – Kitzelgefühle in der Nase, im Rachen und in den Luftwegen, Verengerungen daselbst, Provokation von Sekretabsonderung durch verschärfte nasale Inspiration (Riechenwollen) spielen beim *nervösen Asthma* und bei *Nieskrampf*, wahrscheinlich auch beim *Heuasthma*, eine Hauptrolle. Eine schöne Schilderung nervöser, nasaler Reizzustände und des sich daran knüpfenden Minderwertigkeitsgefühls finden wir in Vischers Roman »Auch Einer«. Die Aufbauschung und kunstvolle Steigerung dieses »Fehlers« zur Sicherung gegen die Ehe und gegen die Anknüpfung von gesellschaftlichen und Liebesbeziehungen sind so korrekt geschildert, daß die Annahme berechtigt ist, der geistreiche Philosoph habe diese Vorgänge der Wirklichkeit abgelauscht und deshalb auf ihre grundlegende Bedeutung für die Stellungnahme zum Leben hingewiesen.

so daß sich sein ganzes Leben zwangsweise wie unter dem Bilde eines Wettrennens abspielt. Der Wunsch zu fliegen wird am ehesten bei denjenigen Kindern ausgelöst, die schon beim Springen große Schwierigkeiten vorfinden. Diese Gegensätzlichkeit der organisch gegebenen Beeinträchtigungen und der Wünsche, Phantasien und Träume, den psychischen Kompensationsbestrebungen also, ist eine derart durchgreifende, daß man daraus ein *psychologisches Grundgesetz ableiten kann vom dialektischen Umschlag aus der Organminderwertigkeit über ein subjektives Gefühl der Minderwertigkeit in psychische Kompensations- und Überkompensationsbestrebungen.* Nur daß hier die Einschränkung wohl im Auge zu behalten ist: nicht um ein Naturgesetz handelt es sich dabei, sondern um eine allgemeine, naheliegende *Verführung* des menschlichen Geistes.

Das äußere Gebaren und innere psychologische Verhalten des also zur Neurose disponierten Kindes zeigt deutlich die Spuren dieses dialektischen Umschlags, und zwar in außerordentlich früher Kindheit. Sein Verhalten, so verschieden es in jedem einzelnen Falle sein mag, läßt sich dahin verstehen, daß es in allen Beziehungen seines Lebens *»auf der Höhe«* sein will. *Ehrgeiz, Eitelkeit,* alles verstehen wollen, überall mitreden wollen, hervorzuragen an körperlicher Kraft, an Schönheit, an Kleidung, der erste in der Familie, in der Schule zu sein, die Aufmerksamkeit *durch gute und böse Handlungen* auf sich zu lenken, charakterisieren die ersten Phasen seiner abnormalen Entwicklung. Leicht schlägt das Gefühl der Minderwertigkeit und Unsicherheit durch und äußert sich in Angst und *Schüchternheit*, welche beide als neurotische Charakterzüge fixiert werden können. Bei dieser Fixierung wird das Kind durch eine Tendenz geleitet, die dem Ehrgeiz nahe verwandt ist; *man darf mich nicht allein lassen, jemand (Vater, Mutter) muß mir helfen*, man muß mit mir freundlich, zärtlich sein (zu ergänzen: denn ich bin schwach, minderwertig) wird zum Leitmotiv seiner psychischen Regungen. Eine dauernd gereizte *Überempfindlichkeit, Mißtrauen* und *Wehleidigkeit* wachen darüber, daß keine *Zurücksetzung* oder *Beeinträchtigung* Platz greifen könne. Oder das Kind wird bis aufs äußerste scharfsichtig, wird *vorempfindlich, indem es alle Möglichkeiten einer*

Zurücksetzung austastet, mit der bestimmten Absicht, *sich davor zu sichern*, sei es durch aktives Eingreifen, durch positive Leistungen, Geistesgegenwart, Schlagfertigkeit oder durch Anlehnung an einen Stärkeren, durch Wecken des Mitleids und der Sympathie, durch Übertreibung etwaiger Leiden, durch Hervorrufen oder Simulation von Krankheiten, von Ohnmachten und Todeswünschen, die sich bis zu Selbstmordimpulsen verdichten können, immer in der Absicht, das Mitleid wachzurufen oder Rache zu üben wegen einer Beeinträchtigung.[1]

Denn auch *Haß-* und *Rachegefühle* lodern auf, *Jähzorn* und *sadistische Gelüste, Hang zu verbotenen Handlungen* und *fortwährende Störungen der Erziehungspläne auch durch Indolenz, Faulheit* und *Trotz* zeigen das disponierte Kind in seiner Auflehnung gegen vermeintliche oder wirkliche Unterdrückung. Solche Kinder machen aus dem Essen, Waschen, Ankleiden, Zähneputzen, Schlafengehen und Lernen eine Affäre, lehnen sich gegen die Ermahnungen zur Defäkation und zum Urinlassen auf oder arrangieren Zufälle, Erbrechen, wenn man sie zum Essen zwingt oder zum Gang in die Schule drängt, Beschmutzungen auch mit Stuhl und Urin, Enuresis, damit man sich auch bei Nacht mit ihnen beschäftige, sie nicht allein, allein schlafen lasse, allerlei Schlafstörungen, um Liebesbeweise zu provozieren, ins Bett der Eltern genommen zu werden, kurz, *um durch ihren Trotz oder durch das Mitleid der Umgebung* zur Geltung zu kommen.

Meist liegen diese Tatsachen klar zutage und zeigen eine völlige Übereinstimmung, ob man sie nun aus dem Leben und aus den Charakterzügen des disponierten Kindes oder aus der Anamnese des Neurotikers oder durch Aufhellung der Dynamik seiner Symptome gewinnt. Zuweilen hat man es aber scheinbar mit »Musterkindern« zu tun, die einen erstaunlichen Gehorsam zeigen. Gelegentlich verraten sie sich aber doch auch durch einen unverständlichen Wutausbruch, oder es leitet ihre Überempfindlichkeit, stete Gekränktheit, reichlich fließende Tränen oder Schmerzen ohne objektiven Befund (Kopfschmerzen, Bauchschmerzen, Fuß-

1. Siehe Adler, Über den Selbstmord insbesondere im kindlichen Alter, in »Heilen und Bilden« l. c.

schmerzen, Migräne, übertriebene Klagen wegen Hitze, Kälte, Müdigkeit) auf die richtige Spur. Und man versteht dann leicht, daß hier der *Gehorsam, die Bescheidenheit, die ständige Bereitschaft zur Unterwerfung* nur zweckentsprechende Mittel sind, um sich Geltung zu verschaffen und Belohnungen, Liebesbeweise zu erhalten, ganz so, wie ich es in der *Dynamik des Masochismus* beim Neurotiker zeigen konnte[1].

Eine Reihe von Erscheinungen beim disponierten Kinde muß ich noch erwähnen, die sich enge an die vorher geschilderten anschließen. Sie verraten alle den Zug, durch trotziges Festhalten von ungehörigen oder störenden Betätigungen den Erziehern Ärgernis zu bereiten und die, wenn auch unwillige, Aufmerksamkeit auf sich zu lenken. Hierher gehören Neigungen, die etwas Spielhaftes an sich haben, wie: *sich taub, blind, lahm, stumm, ungeschickt, vergeßlich, verrückt zu stellen, zu stottern, zu grimassieren, zu fallen, sich zu beschmutzen.* Auch normal veranlagte Kinder zeigen solche Anwandlungen. Es gehört aber der krankhafte Ehrgeiz, der Trotz und Geltungsdrang des Disponierten dazu, um diese Spielereien und »Faxen« länger festzuhalten und auszunützen. Ebenso können solche Kinder in boshafter und quälerischer Absicht, zuweilen freilich auch um einer tyrannischen Bedrückung zu entgehen, einmal erlebte oder beobachtete Krankheitssymptome oder Unarten (Heiserkeit, Husten, Nägelbeißen, Nasenbohren, Daumenlutschen, Luftschlucken, Berührungen der Genitalien, des Afters usw.) festhalten und oft lange Zeit ausüben. Ja auch die Schüchternheit und Angst können aus diesen Zwecken fixiert und zu Nutzeffekten (um nicht allein gelassen zu werden, um allein zu bleiben, um bedient zu werden) verwendet werden. Dabei spielt regelmäßig die Inanspruchnahme eines entsprechenden minderwertigen Organs eine Rolle, wie ich es in der »Studie« (l. c.) gezeigt habe.

Von allen diesen Eigenheiten des disponierten Kindes führen Übergänge zu den Symptomen der Hysterie, der Zwangsneurose, der Unfallneurose und -hysterie, der Neurasthenie, des Tic convulsif, der Angstneurose,

1. Der psychische Hermaphroditismus, in »Heilen und Bilden« l. c.

zur Phobie und zu den *scheinbar* monosymptomatischen funktionellen Neurosen (Stottern, Obstipation, psychischer Impotenz usw.), die alle ich nach meinen Erfahrungen insgesamt als *einheitliche Psychoneurose* betrachten muß. Was in der Kindheit von diesen Erscheinungen, ohne volles Verständnis, *auf Grund einer reflektorischen Einstellung* angenommen wird, um die Linie des geringsten Widerstandes *für den aufgespeicherten Aggressionstrieb* zu gewinnen, wird vorbildlich, freilich meist überbaut und reichlich ausgestaltet im Symptom des Neurotikers. Wie weit dabei die erhöhte Suggestibilität (Charcot, Strümpell), der hypnoide Zustand (Brauer), der halluzinatorische Charakter der neurotischen Psyche (Adler), also die Einfühlung, in Frage kommt, soll an dieser Stelle nicht weiter untersucht werden. Sicher ist, daß der einzelne Anfall sowohl als auch die kontinuierlichen neurotischen Symptome sowie der bleibende neurotische Charakter in gleicher Weise unter dem Einfluß der untersuchten infantilen Einstellung zustande kommen, einer Einstellung, die durch kindliche Wunschphantasien, Irrtümer und falsche Wertungen ins Abnorme geraten ist.

Die Wunschphantasien des Kindes haben aber keineswegs nur platonischen Wert, sondern sind der Ausdruck eines psychischen Antriebs, der die Einstellung und damit die Handlungen des Kindes unumschränkt diktiert. Die Intensität des Antriebs ist graduell verschieden, wächst aber bei den disponierten Kindern – ihr verstärktes Minderwertigkeitsgefühl kompensierend – ins Unermeßliche. Die Untersuchung fördert zunächst Erinnerungen an Geschehnisse (»infantiles Erlebnis, Traumen«) zutage, bei denen das Kind eine bestimmte Stellung eingenommen hat. Ich habe bereits im »Aggressionstrieb« (l. c.) darauf hingewiesen, daß »die Bedeutung des infantilen Erlebnisses in der Richtung zu reduzieren sei, *daß in ihm der starke Trieb und seine Grenzen (als Wunsch und dessen Hemmung) zur Anschauung kommen«*, ferner, »daß der Zusammenstoß mit der Außenwelt, sei es in Form (dort: infolge) unlustbetonter Erfahrungen, sei es infolge der Ausbreitung des Verlangens auf kulturell verwehrte Güter, beim *minderwertigen Organ mit unbedingter Gewißheit erfolgt und die Triebverwandlung erzwingt«*. Die stärkere Triebausbreitung der disponierten Kinder geht dialektisch aus dem Gefühl der Minderwertigkeit hervor, die Tendenz zur Überwindung von Schwächen, die Sehnsucht nach Triumph liegt in den Träumen und Wunschphantasien deutlich zutage, und die Einstellung auf eine Heldenrolle ist der Versuch einer Kompensation.

In dieser tieferen neurotischen Schichtung deckt die Analyse *auch sexuelle Wünsche und Regungen auf, die in seltenen Fällen inzestuöser Natur sind,* ebenher aber auch Versuche und Sexualbetätigungen gegenüber familienfremden Personen. *Man wird solche Beobachtungen, die vor Freuds phantastischen Analysen der Kinderpsychologie unbekannt waren, der Annahme von der unschuldsvollen Reinheit des Kindes auch in brüsker Weise ein Ende machen, dennoch verstehen, wenn man sich der oft tollen Triebausbreitung erinnert, des kompensatorischen Gegengewichts gegenüber dem Gefühl der Minderwertigkeit beim disponierten Kinde.* Auch in anderer Richtung als der sexuellen macht sich diese Aufpeitschung des Trieblebens geltend. Man erfährt von *gesteigertem Freßtrieb, Schautrieb, Schmutztrieb, von sadistischen und verbrecherischen Neigungen, von Herrschsucht, Trotz, Jähzorn oder von eifrigem Bücherlesen und außerordentlichen Bestrebungen sich irgendwie auszuzeichnen.* Alle diese Tendenzen werden erst ganz klar, wenn es gelingt, den Sinn der frühzeitig geweckten Herrschsucht und ihrer Manifestationen zu erfassen, und zu verstehen, daß in der kindlichen Revolte eine Zähmung des Trieblebens unmöglich ist.

Dieser Sinn lautet: *Ich will ein Mann sein.* Und er setzt sich bei Knaben wie bei Mädchen, vor allem bei disponierten Kindern, in so greller Weise durch, daß man *von vorneherein zur Vermutung gedrängt wird, diese Tendenz sei im Gegensatz zu einer mit Unlustaffekt bedachten Empfindung, nicht männlich zu sein, hervorgebrochen. Und in der Tat zeigt sich die neurotische Psyche im Banne dieser Dynamik, die ich als psychischen Hermaphroditismus mit folgendem männlichen Protest beschrieben habe.*[1] Mit der Fixierung des Gefühls der Minderwertigkeit bei disponierten Kindern, das zur kompensatorischen Aufpeitschung des Trieblebens Anlaß gibt, ist so der Anfang gegeben zu jener eigenartigen Entwicklung der Psyche, die im übertrie-

1. Adler, Der psychische Hermaphroditimus im Leben und in der Neurose. Zur Dynamik und Therapie der Neurosen in »Heilen und Bilden« l. c.

benen männlichen Protest endet. Diese psychischen Vorgänge geben den Anstoß zu einer abnormalen Einstellung des Neurotikers zur Welt und prägen ihm – noch in verstärktem Maße – Charakterzüge auf wie die vorher geschilderten, *die sich weder aus dem Sexualtrieb noch aus den Ichtrieben allein ableiten lassen*, sondern insgesamt *als die Größenideen des Neurotikers* ins Auge fallen, zumeist den Sexualtrieb modifizieren und hemmen und sich oft dem Selbsterhaltungstrieb entgegenstemmen.

Dieser Gruppe von Charakterzügen gesellen sich andere bei, die den Zusammenstoß der schrankenlosen Triebausbreitung mit kulturell verwehrten Triebbefriedigungen als *Schuldgefühle, Feigheit, Unentschlossenheit, Zagheit, oder auch Furcht vor Blamage und vor Strafe begleiten.* Ich habe sie ausführlich in der Arbeit »Über neurotische Disposition« (l. c.) beschrieben. Recht häufig findet man *masochistische Regungen, übertriebenen Hang zum Gehorsam, zur Unterwerfung und zur Selbstbestrafung* und kann aus diesen Charakterzügen auf die psychische Dynamik sowie auf die Vorgeschichte schließen. Das stärkste Hemmnis für die Triebausbreitung ist offenbar die Erreichung der Grenze des Gemeinschaftsgefühles. Diese Konstellation wirkt als Memento und übernimmt fürderhin die Aufgabe, die Organtriebe mit Hemmungen zu belasten. *Der Neurotiker fühlt sich dann als Verbrecher, wird äußerst gewissenhaft und gerechtigkeitsliebend, seine Einstellung geschieht aber unter der Fiktion, daß er eigentlich böse, mit unbändiger Sexualität bedacht, von schrankenloser Genußsucht erfüllt und jeder Missetat, jeder Ausschreitung fähig, daher zu besonderer Vorsicht verpflichtet sei.* In der Tat wird er durch sein einseitiges Streben nach persönlicher Macht zum Feind der Gemeinschaft.

Das Arrangement dieser Fiktion ist ersichtlich übertrieben und dient *der Hauptaufgabe des Neurotikers, sich vor Niederlagen zu sichern.*[1] Die Sicherungstendenzen des Neurotikers helfen eine dritte Gruppe von Charakterzügen aufbauen, die sämtlich dem Leitmotiv »Vorsicht« angepaßt sind. Mißtrauen, Zweifelsucht springen wohl am deutlichsten hervor. *Aber*

1. In dieser Hinsicht gleicht der Neurotiker jener Nestroyschen Theaterfigur: »Wann ich amol anfang'! – Ich fang' aber nicht an!« Er fürchtet sich vor seinem eigenen Tatendrang. Siehe auch »Zur neurotischen Disposition« l. c.

ebenso regelmäßig finden sich übertriebener Hang zur Reinlichkeit und Ordnung, Sparsamkeit und fortwährendes Prüfen von Menschen und Dingen, so daß die Neurotiker meist nichts fertig bringen.

Alle diese Charakterzüge hemmen den Unternehmungsgeist und die Entwicklung zum Mitmenschen und schließen sich eng an die Zagheit an infolge von Schuldgefühlen. Alles wird voraus bedacht, *alle Folgen werden in Erwägung gezogen,* immer ist der Neurotiker in gespannter Erwartung von Möglichkeiten, und stets wird seine Ruhe von Vermutungen und Berechnungen des Kommenden gestört. Ein großartiges Sicherungssystem durchzieht sein Denken und Handeln, *zeigt sich regelmäßig in seinen Phantasien und Träumen,* und wird recht häufig zu Verstärkungen gezwungen: *durch das Aufstellen eines Mementos, durch das unbewußte Arrangement von Niederlagen, von Vergeßlichkeit, Müdigkeit, Faulheit und schmerzhaften Sensationen aller Art. Eine ungeheure Rolle spielt in diesem Sicherungssystem die neurotische Angst, die in den verschiedenartigsten Ausprägungen, als Phobie, Angsttraum, in der Hysterie und Neurasthenie direkt oder indirekt (»beispielsweise«) als Hemmung sich vor die Aggression stellt.* Das Training aller dieser Sicherungstendenzen führt zuweilen eine erhebliche Steigerung des Ahnungsvermögens und des Scharfblicks herbei, zumindest aber den Schein einer solchen Steigerung, worauf die Annahme eigener *telepathischer Fähigkeiten, einer Art von Prädestination und suggestiver Kraft* bei manchen Neurotikern beruht. Es scheint, daß jeder Nervöse abergläubisch ist. In diesem Punkte berühren sich Charakterzüge dieser Gruppe mit solchen der ersten, die aus Größenideen stammen, *wie man andererseits die kompensatorische Ausprägung der Größenideen als Sicherung gegen das Gefühl der Minderwertigkeit anzusehen gezwungen ist.* Ich habe noch eine Anzahl anderer Sicherungen kennengelernt, von denen ich hervorheben will: *Masturbation als Sicherung gegen den Sexualverkehr und seine Folgen, desgleichen psychische Impotenz, Ejaculatio praecox,* Perversion, *sexuelle Anästhesie und Vaginismus,* immer bei Personen zu finden, die einer Hingabe an die andern, an die Gemeinschaft, nicht fähig sind, weil sie alle beherrschen wollen. In gleicher Weise erlangen Kinderfehler, funktionelle Erkrankungen und Schmerzen eine Verwertung und Fixierung, wenn sie geeignet sind, den Neurotiker in seinem Zweifel zu bestärken und ihn von Betätigungen kultureller Art abzuhalten. Recht häufig bringt *die Frage einer Eheschließung oder die Berufsergreifung* den Stein ins Rollen. Dann tritt infolge mangelhafter Vorbereitung zur Kooperation die Sicherungstendenz bei den Disponierten in krankhafter Weise hervor und arrangiert Warnungstafeln oft auf entlegenen Gebieten, so daß der Sinn und Zusammenhang zu fehlen scheint. Der Neurotiker aber handelt folgerichtig. Er fängt an die Gesellschaft zu meiden, legt sich allerlei Schranken auf, hindert sich durch die eintretende Spannung (durch Kopfschmerz z. B.) am Lernen und Arbeiten, malt sich die Zukunft in den düstersten Farben, beginnt deshalb auch zu sparen und läßt sich von einer geheimen Stimme warnen, die ihm zuraunt: Wie kann ein Mensch wie, du, mit solchen Fehlern und Mängeln, mit solchen trüben Aussichten sich zu einer folgenschweren Tat entschließen! *Insbesondere was als Neurasthenie herumläuft, ist voll von solchen Arrangements und Sicherungstendenzen*, die aber bei keiner Neurose fehlen und uns den Kranken auf der Rückzugslinie zeigen.

Eine 4. Gruppe von verräterischen Zeichen einer neurotischen Einstellung kommt dadurch zustande, daß wie bei Gruppe I die Tendenz ein Mann zu sein in Handlungen, Phantasien, Träumen, oft in nebensächlichen Details hervorbricht, aber im sexuellen Jargon redet. Ich habe in meinen Arbeiten »über neurotische Disposition« und über »psychischen Hermaphroditismus« (l. c.) ausführlicher darüber berichtet. *Es ist das Schicksal der Neurotiker, daß sie aus einer Situation der Unsicherheit erwachsen sind und deshalb nach Sicherungen streben.* Die gleiche Unsicherheit deckt die Analyse bezüglich des Urteils über die eigene Geschlechtsrolle des disponierten Kindes auf. Viele meiner männlichen Neurotiker hatten in der Kindheit und oft über die Pubertät hinaus weibliche Gesichtszüge oder sekundäre Merkmale, der Weiblichkeit, auf die sie nachträglich ihr Gefühl der Minderwertigkeit zurückführten. Oder sie zeigten Anomalien der äußeren Genitalien, Kryptorchismus, Phimose, Verwachsungen, Hypoplasien und andere Wachstumsanomalien, auf die sie sich berufen zu können glaubten. Photographien und Bilder aus den früheren Kinderjahren haben mir die Ursachen der Unsicherheit der Geschlechtsrolle näher gebracht. Auch das über Jahre ausgedehnte Tragen von Mädchenkleidern, Spitzen, Halsbändern, Locken und langen Haaren können das gleiche Gefühl der Unsicherheit und des Zweifels bei Knaben hervorrufen. In gleichem Sinne verstärkend wirken die Beschneidung und Kastrationsdrohungen, sowie die Drohung vom Abfallen und Verfaulen des Penis, wie sie bei kindlichen Masturbanten von den Erziehern angewendet werden. Denn des Kindes stärkste Tendenz ist und bleibt: ein Mann zu werden, und dieses Ziel kann sich ihm in den männlichen Sexualorganen des Erwachsenen symbolisieren. Nun findet sich die gleiche Sehnsucht bei den Mädchen, bei denen vielleicht regelmäßig ein Gefühl der Minderwertigkeit gegenüber den Knaben zu einer kompensatorischen männlichen Einstellung drängt. Nach und nach zerfällt den disponierten Kindern die ganze Welt der Begriffe, ja alle Beziehungen der Gesellschaft in männliche und weibliche. Und stets drängt der Wunsch danach, die männliche, die *Heldenrolle* zu spielen, sei es auch, wie bei den Mädchen, oft mit den sonderbarsten Mitteln. Jede Form von Aktivität und Aggression, Kraft, Reichtum, Triumph, Sadismus, Ungehorsam und Verbrechen werden fälschlich als männlich gewertet, ganz so wie in der Gedankenwelt der meisten Erwachsenen. Als weiblich gilt das Dulden, Warten, Leiden, Schwäche und *masochistische Regungen, die nie als Endziel aufgefaßt werden dürfen, wenn sie sich in der Neurose durchsetzen, sondern die stets nur – als Pseudomasochismus – den Weg zum männlichen Triumph, zur Geltungssucht der I. Gruppe ebnen sollen.* Die begleitenden Charakterzüge dieser Gruppe sind solche des männlichen Protestes, zwangsmäßige Übertreibungen des sexuellen Fühlens und Wollens exhibitionistische und sadistische Regungen, sexuelle Frühreife und Zwangsonanie, Nymphomanie, Abenteurerlust, starke sexuelle Begehrlichkeit, Narzißismus und Koketterie. Gleichzeitig auftretende weibliche Phantasien (Schwangerschafts- und Geburtsphantasien, masochistische Regungen und Minderwertigkeitsgefühle dienen als Memento zur Verstärkung des männlichen Protestes oder zur Sicherung gegen die Folgen desselben, oft nach der Wiedervergeltungsformel: »Was du nicht willst, das man dir tu', das füg' auch keinem andern zu!«[1] – Der Begriff des Zwanges wird außerordentlich erweitert und auch der bloße Schein desselben unter stetem Kämpfen energisch abgewehrt, so daß ganz normale Beziehungen wie Liebe, Ehe, aber auch jede andere Einfügung als unmännlich, d. h. weiblich empfunden und verworfen werden.

So bietet der Neurotiker eine *bedeutende Anzahl von Charakterzügen*, die untereinander zusammenhängen, sich *planvoll* fördern oder hemmen und *einen Schluß auf seine abnorme Einstellung zulassen, sich in letzter Linie auf Übertreibungen und falsche Wertungen männlicher und weiblicher Züge zurückführen lassen*. Wenn wir der obigen Aufstellung einen Vorwurf machen können, so ist es der, daß sie allzu schematisch ist, die überreichlichen Verbindungen der einzelnen Charakterzüge lange nicht erschöpfen kann und nur einen Teil, den wesentlichen, aus der Charakterologie des Neurotikers gibt. *Immerhin habe ich mich überzeugt, daß von dieser Seite her die Prüfung auf den Bestand einer psychogenen Erkrankung zweckmäßig ist und gelingt*. Und wenn ich mich nunmehr dem aufgeworfenen Problem zuwende, ist die *Trigeminusneuralgie eine psychogene Erkrankung?* so kann ich dies auf Grund gleichlautender Resultate bejahen. Der psychische Auf-

1. In einem Falle von *Asthma nervosum* bei einem Manne, der nun durch die Behandlung seit längerer Zeit von Anfällen frei ist, traten bewußte Schwangerschaftsphantasien auf, sobald Patient an ein Unternehmen gehen wollte. Diese Schwangerschaftsphantasien, mit Oppressionsgefühlen in der Brust verbunden, liefen in Größenideen aus: er wurde Millionär, der Wohltäter, der Retter des Landes usw. *Dabei hastiges Atmen wie bei einem Wettlauf.* Die dynamische Bedeutung der Schwangerschaftsphantasie war der Hinweis auf das Dulden und Leiden des Weibes, ein Selbstvorwurf und zugleich Aufstachelung: »Du bist ein Weib! Es geschieht dir recht, wenn du duldest!« Daraufhin der männliche Protest. Eine verstärkende Hilfskonstruktion bediente sich der Schwangerschaftsphantasie und des asthmatischen Leidens *in der Art einer vorausgesandten Buße*. Nun durfte er ein Mann sein und gegen seine Umgebung feindlich auftreten. »Ich darf mir mehr erlauben als ein anderer, weil ich krank bin.« Für letzteres wird nachträglich der Wahrheitsbeweis, ein »Alibi« erbracht. Minderwertigkeiten der Haut und der Luftwege (»Exsudative Diathese«) gaben den Ausschlag bei der Wahl des neurotischen Symptoms.

bau und die psychische Dynamik der Trigeminusneuralgie ist in den von mir eingehend untersuchten Fällen so einheitlich und ergibt die geschilderten Charakterzüge so deutlich, daß auch ein Hinweis auf die geringe Kasuistik sich von selbst erledigt. Und was gleichfalls für unsere Frage von großer Bedeutung ist: nicht bloß die Erkrankung an Trigeminusneuralgie folgt den oben geschilderten Grundlinien der Neurose, *sondern jeder einzelne Anfall stellt sich anstatt eines psychischen Geschehens ein.* Ich will versuchen, diese Beziehungen der neurotischen Psyche und des neurotischen Charakters zur Erkrankung und zum Anfall auseinanderzusetzen.

Der Patient O. St., ein 26jähriger Staatsbeamter, kam zu mir mit der Mitteilung, daß man ihm wegen einer Trigeminusneuralgie eine Resektion vorgeschlagen habe. Die Erkrankung dauerte bereits 1 ½ Jahre, war eines Nachts auf der rechten Seite aufgetreten und zeigte sich seither in täglich mehrmaligen, heftigen Anfällen. Seit einem Jahre sei er gezwungen, etwa jeden 3. bis 4. Tag, bei besonders heftigen Schmerzen eine Morphiumeinspritzung zu machen. Dabei sei jedesmal Erleichterung eingetreten. Er habe verschiedene Behandlungen durchgemacht, medikamentöse mit Akonitin, Wärme- und elektrische Prozeduren, alle ohne Erfolg. Auch zwei Alkoholinjektionen habe er erhalten, die den Schmerz namhaft steigerten. Ein längerer Aufenthalt im Süden habe ihm einige Erleichterung gebracht, doch habe er auch dort täglich Anfälle gehabt. Derzeit sei er durch die unaufhörlichen Anfälle *ganz entmutigt* und sei, um seine Karriere nicht opfern zu müssen, zur Operation entschlossen. Nur weil ihm der gewissenhafte Chirurg sichere Heilung nicht in Aussicht stellen konnte, wolle er mich auch um meinen Rat fragen.

Ich hatte zu dieser Zeit bereits umfangreiche Erfahrungen über die psychische Genese neuralgischer Anfälle und der Trigeminusneuralgie gesammelt und konnte dabei auch Beobachtungen aus älterem Material nachträglich verwerten. Die einheitliche Formel, zu der ich durch Analyse und durch den Vergleich der einzelnen Anfälle gekommen war, lautete: *die Trigeminusneuralgie sowie die einzelnen Anfälle treten regelmäßig auf, wenn sich im Unbewußten der Affekt der ohnmächtigen Wut an ein Gefühl der Zurückgesetztheit anknüpft.*[1] Mit dieser Konstatierung hatte ich die Möglichkeit, die abnormale psychische Einstellung der Patienten mit Trigeminusneuralgie verstehen zu lernen und *die davon abhängigen Krankheitserscheinungen als Äquivalente von Affektvorgängen zu erkennen.*[2] Der maßgebende Eindruck ergibt sich aus der bald gewonnenen Tatsache, *daß der Patient die Herabsetzung erwartet, auf sie lauert, daß er den Begriff der Herabsetzung ganz ungeheuer erweitert, und daß er – bei mancher Neurose mehr, bei mancher weniger – zuweilen Herabsetzungen sucht und solche arrangiert – um daraus die Überzeugung abzuleiten, er müsse sich sichern, denn man würdige ihn nicht, er sei ein Pechvogel* usw. *Diese Einstellung ist die allgemein neurotische* und durchaus nicht für Trigeminusneuralgie charakteristisch. Reduziert man sie und führt man sie *auf die kindliche pathogene Situation* zurück, so erkennt man deutlich *den psychischen Habitus des disponierten Kindes: ein Gefühl der Minderwertigkeit, kompensiert durch den mit Ehrgeiz und Herrschsucht überladenen männlichen Protest.* Die Analyse förderte die Elemente dieser Situation zutage:

I. *Kryptorchismus* – die Entdeckung desselben bei sich selbst das Gefühl der Minderwertigkeit und die Unsicherheit, ob er mit diesem Defekt ein ganzer Mann werden könne. Dazu Erinnerungen aus dem 6.–8. Lebensjahre an sexuelle Attacken auf Mädchen in der Absicht, Aufklärungen über den Geschlechtsunterschied zu gewinnen. Affektvolle Erinnerung an Kinderspiele, in denen Patient ein *Held*, zumindestens aber ein *General* oder der Vater des Hauses war, was in diesem Falle zusammenfiel.

II. Scheinbare oder wirkliche Bevorzugung des um 5 Jahre jüngeren Bruders, der im Schlafzimmer der Eltern schlafen durfte. Dazu Erinnerungen des Patienten an Versuche, *auch* ins Schlafzimmer der Eltern zu gelangen. Um dies zu erreichen, boten sich dem Patienten in seiner Kind-

1. Siehe die Formulierung im »Aggressionstrieb« in »Heilen und Bilden« l. c. – Man kann auch formulieren: in Situationen, in denen Mutigere einen Wutaffekt hätten.
2. Über die Oberflächlichkeit mancher Kritiker, die meine Anschauungen als »intellektualistische« auffassen, ist wohl kein Wort zu verlieren.

heit mehrere Mittel. Erstens *Angst*, Angst vor dem Alleinsein, die er gelegentlich so deutlich zu äußern vermochte (Pavor nocturnus), daß ihn die Mutter zu sich nahm. Zweitens *Gehörshalluzinationen*, die auch Angst auslösen konnten (Angst als Sicherung), Geräusche, die er auf Einbrecher bezog, immer aus der Richtung des Schlafzimmers kommend, so daß er nachsehen ging. An dieser Stelle fügt sich auch das Generalspiel, den Vater spielen, gut ein als männlicher Protest gegen seine *Unsicherheit in seiner Geschlechtsrolle.* (Eine Photographie aus dem 5. Jahre zeigt ihn in Mädchenkleidern mit Armband und Korallenschmuck um den Hals.) Der Sinn dies kindlichen Gebarens, der häufigste Ausweg aus der pathogenen kindlichen Situation, spricht nun mit großer Deutlichkeit: »Ich fühle mich unsicher, ich bin nicht auf der Höhe, habe keine genügende Geltung (siehe die Bevorzugung des Bruders), man muß mir helfen, ich will wie der Vater werden, ich will wie ein Mann sein.« Als Gegensatz zu einer – wie man sieht falschen Wertung ist notwendig zu denken: »ich will kein Weib sein!« – Denn der Gedanke: »ich will ein Mann sein«, ist für das Kind nur haltbar und gestützt durch den Gegengedanken: »ich könnte auch ein Weib sein« oder »ich will kein Weib sein«[1] – Ein drittes Mittel um die Bevorzugung des Bruders wettzumachen, den Vater zu imitieren, um Gleichberechtigung zu erlangen, und um seine Geschlechtsrolle vertreten zu lernen und sich dadurch seine Männlichkeit zu sichern, bot sich im Kranksein, insbesondere bei *Schmerzen.* Die Analyse förderte, wie so häufig, Erinnerungen an wirkliche Schmerzen zutage, an Übertreibungen und Simulation von solchen. Unser Interesse wendet sich der Art der Schmerzen zu: es handelte sich fast regelmäßig um *Zahnschmerzen.* An diesem Punkte der Analyse hat man zum ersten Male das Gefühl, dem Verständnis naher gerückt zu sein, *warum in diesem Falle die Neurosenwahl auf Trigeminusneuralgie fiel.* Patient war ein kräftiger, gesunder Junge, der

1. Unter den neueren Psychologen ist Julius Pikler von ganz andern Gesichtspunkten ausgehend zu ähnlichen Ergebnissen bezüglich der *»Gegensätzlichkeit im Denken«* gekommen. Siehe auch »Über den nervösen Charakter«, 4. Auflage, J. F. Bergmann, München 1928.

kaum andere Schmerzen kannte als Zahnschmerzen. Wir werden zur Annahme gedrängt, daß es im Leben des Patienten eine Phase gegeben hat, in der er eine Identifizierung vornahm: *Schmerz – Gefühl der Minderwertigkeit* – vermehrte Geltung in der Umgebung.

Nun liegt die Dynamik seiner pathogenen kindlichen Situation bloß: Die Möglichkeit, eine minderwertige, schmerzvolle, weibliche Rolle spielen zu müssen, hat dialektisch zu Übertreibungen seines männlichen Protestes geführt. Als solche sind noch anzureihen: *Trotz und Starrsinn*, an die sich seine Mutter noch mit Schaudern erinnert. Von den mannigfachen Beziehungen, die dem kindlichen Trotz Gelegenheit zur Betätigung geben, habe ich bereits das *Essen, Waschen, Zähneputzen und Schlafengehen* erwähnt. Es ist nun im höchsten Grade auffallend, daß alle Patienten mit Trigeminusneuralgie, deren ich mich entsinne, in Einklang mit den Schilderungen der Autoren die meisten Anfälle beim Essen, Waschen, Zähneputzen und Schlafengehen erlitten. Ebenso Anfälle bei Kälte. Mein Patient hatte sich bald nach Ausbruch seiner Erkrankung aufs Land zu seiner Mutter zurückgezogen und so die alte Sehnsucht seiner Kindheit gestillt. Die Mutter übertrieb ihre Sorgsamkeit und Liebe für den kranken Sohn, überwachte ängstlich seine Speisen und sorgte stets für warmes Waschwasser. Wenn er während der Kur in Wien speisen mußte, bekam er heftige Schmerzen, an den Tagen, wo er zuhause aß, blieben sie aus. Als er so weit war, daß er wieder ins Amt gehen konnte, mußte er in Wien Wohnung nehmen. Als er sich am ersten Tage in seiner neuen Wohnung mit *kaltem* Wasser wusch, kam noch einmal ein Anfall.

Eine andere Reihe von Anfällen hing mit seiner *Geltungssucht in der Gesellschaft zusammen.* Dabei konnten Anfälle auftreten auf wirkliche, auf vermeintliche oder auf befürchtete Herabsetzungen hin. Er mußte immer die erste Rolle spielen, vertrug es nicht, wenn er gelegentlich aus der Unterhaltung ausgeschaltet war, oder wenn er Gespräche zwischen anderen Personen anhören mußte. Diese Intoleranz findet sich bei allen Neurotikern. Man erkennt leicht das Schema aus der kindlichen pathogenen Situation: Vater, Mutter und jüngerer Bruder, daneben er als minderwertige Person. Das

Symptom der Gesellschafts- und Platzangst bei andern Neurotikern, wo die *Sicherung vor Niederlagen durch die Angst* bewerkstelligt wird, gelegentlich auch durch *Erbrechen, Migräne* usw. und wo in gleicher Weise *Furcht vor Herabsetzung den Patienten leitet*, ist in unserem Falle durch die Anfälle ersetzt, und man kann auch in anderen Fällen von Trigeminusneuralgien finden, *wie sich die Kranken von jeder Gesellschaft abzuschließen versuchen, unter Berufung auf die Schmerzen.* Keiner leugnet, daß er auch abgesehen von den Schmerzen Schwierigkeiten im gesellschaftlichen Leben hat. In meinen anderen Fällen waren der Erkrankung an Trigeminusneuralgie andere Symptome vorausgegangen, wie Migräne, Üblichkeiten, allgemeine, scheinbar rheumatische Schmerzen[1], Ischias, Erröten und Blutwallungen gegen das Gesicht[2].

In diesen die Anfälle auslösenden Dreieckssituationen spielen bei unserem Patienten sexuelle Bedingungen hervorragend mit. Sein sexuelles Verhalten ist vollkommen normal und befriedigend. Doch ist es ein auffallender Zug bei ihm, der für eine ganze Reihe von Neurotikern typisch ist, daß für ihn die Liebesleidenschaft nur dann stark wird, *sobald ein Rivale vorhanden ist*, d. h. sobald die Liebe sich an den männlichen Zug des Raubens und Raufens anschließen kann. Dieser Charakterzug zieht sich durch sein ganzes Liebesleben und spiegelt sichtlich die Dreiecksstellung aus der kindlichen pathogenen Situation wieder, zeigt auch zugleich, daß seine Erotik durch seine Prestigepolitik vollständig vergiftet war. Als er im Süden weilte, lernte er ein Mädchen kennen, um das er sich bewarb, bis er wahrnahm, daß ihre Mitgift gering sei. Dies genügte, um ihn entsagen zu lassen; doch wurde seine Liebe in dem Momente wieder aufgepeitscht, als ein anderer

1. Vgl. Henschens Theorie vom rheumatischen Ursprung der Trigeminusneuralgie.
2. Die Fälle von Trigeminusneuralgie im Alter, insbesondere bei weiblichen Personen, sind besonders kompliziert, insbesondere durch wirkliche und vermeintliche Zurücksetzungen, an denen das Alter die Schuld trägt. Daß unsere Gesellschaft die alternde Frau unmenschlich behandelt, ist eines der traurigsten Kapitel unserer Kultur. Bei meinen Patientinnen lösten Teilnahmslosigkeit, Furcht vor Spott, vor Bevorzugung anderer Personen, der Spiegel, die Kleiderwahl (ob man sie nicht auslachen könnte), und Geldausgaben, die ihre Ingerenz verringern, sie arm machen könnten, Anfälle aus. Ebenso Liebesbeziehungen und eheliche Verbindung ihrer Söhne, der Gedanke, mit anderen weiblichen Personen sich in der Liebe eines Sohnes teilen zu müssen.

als Bewerber auftrat. In dem Maße nun, als seine Liebe wuchs, stellten sich wieder heftigere Schmerzen ein. *So, wenn er die beiden allein sah, wenn das Mädchen dem anderen zulächelte* usw. – Auch während der Kur konnten wir einzelne Anfälle auf dieses Verhältnis beziehen, z. B. wenn er Schmerzen bekam, als er in den Briefen des Mädchens las, sie habe sich in einer Gesellschaft gut unterhalten. Eine Zahl von Anfällen hing mit der Zeit der Briefübernahme zusammen, wo Gedanken auftauchten, *warum das Mädchen so lange nicht geschrieben habe, daß sie sich gewiß mit anderen unterhalte* usw. – Auch Tagträume und Phantasien traten auf, das Mädchen erst heiraten zu lassen und es dann zum Ehebruch zu verleiten. Dieser Charakterzug war allerdings kurz vor seiner Erkrankung *durch einen bemerkenswerten Vorfall* verstärkt worden. Während einer kleinen Reise hatte ein Kollege eine Geliebte des Patienten verführt. Er brütete Mord und Totschlag. In diese von Affekt erfüllte Phase fiel ein anderes Ereignis. Er hatte zu bemerken geglaubt, daß ihm die Frau eines Vorgesetzten Avancen mache. Aber auch der Gatte scheint dies bemerkt zu haben und begann ihn im Amte zu drangsalieren. Um seine Karriere nicht zu verderben, *fügte er sich unter fortwährenden heimlichen Revolten. In der Nacht, bevor sein Vorgesetzter von einem Urlaub zurückkehren sollte, brach der erste Anfall seiner Trigeminusneuralgie* mit solcher Heftigkeit los, daß er tobte und schrie und sich erst nach einer Morphiuminjektion ein wenig beruhigen konnte. Er betrat am nächsten Tage das Amt nicht wieder und nahm einen Krankheitsurlaub, um sich behandeln zu lassen. Bei allen Ärzten, auch bei mir, betonte er den Wunsch, wieder bald ins Amt zurückkehren zu können. Man versprach ihm, alles Mögliche aufzubieten. Insbesondere die Alkoholinjektion sollte ihn sofort arbeitsfähig machen. Wir sahen mit welchem Erfolge. Wir wissen aber auch, warum sie verschlechternd wirkte: *sein wahres, unbewußtes Streben ging dahin, nicht arbeitsfähig zu werden, nicht ins Amt zurückkehren zu müssen.*[1] Nur ein Gedanke ließ sich nicht verdrängen, der Gedanke als Mann, als Sieger aus seiner Situation hervorzugehen, und er dachte diesen Gedanken im unverfälschten Sinne der kindli-

1. Man beachte an dieser Stelle die Übereinstimmung mit der Dynamik der *Unfallsneurose und -hysterie*, die ja gleichfalls nur bei Disponierten auftritt.

chen pathogenen Situation: *»Ich will zur Mutter!«* – Bei ihr erst besserte sich sein Zustand ein wenig, er erholte sich, nicht ohne vorher durch gehäufte Anfälle insbesondere beim Essen die Lebensgefährlichkeit seiner Erkrankung, den drohenden Hungertod zu demonstrieren und so seine Mutter durch Angst und Schrecken noch gefügiger zu machen.

Die Analyse eines Traumes aus der Kur zeigt die wichtigsten Bedingungen seiner unbewußten falschen Einstellung und seiner Neurose. Er träumte:

»Ich befinde mich nackt bei einer Geliebten im Zimmer. Sie beißt mich in den Schenkel. Ich schreie auf und erwache mit einem heftigen Anfall meiner Neuralgie.«

Die Vorgeschichte des Traumes ereignete sich am Vorabend und war folgende: Patient hatte aus Graz eine Ansichtskarte erhalten, auf der sich neben anderen Unterschriften der Name seines Bruders und des im Traum erwähnten Mädchens befanden. Beim Abendessen schmeckte ihm nichts, und er hatte einen leichten Anfall. Zum Traum erzählte er: Das Mädchen sei einige Zeit seine Geliebte gewesen. Doch sei er ihrer bald überdrüssig geworden und habe sich von ihr gänzlich losgesagt. Vor kurzem sei sein Bruder mit ihr bekannt geworden. Er habe ihn gewarnt – wie die gemeinsamen Unterschriften zeigten, ohne Erfolg. Dies verdrieße ihn um so mehr, als er auf den Bruder sonst großen Einfluß habe, und, seit der Vater gestorben war, sozusagen dessen Stelle vertrete.

»Nackt.« Er habe eine Abneigung, sich vor Mädchen zu entblößen. Dies hänge ganz bestimmt mit seinem Kryptorchismus zusammen.

»Sie habe ihn in den Schenkel gebissen«.[1] Dazu bloß der Einfall: das Mädchen habe allerlei perverse Einfälle gehabt, ihn auch gebissen. Die teil-

1. Dem erfahrenen Psychologen wird diese Stelle keine Schwierigkeiten machen. Wir haben es mit einem Patienten zu tun, *dessen Krankheit danach angetan ist, ihn den Schmerz fürchten zu lassen.* Andere Erkundungen ergaben seine frühe Kenntnis des Schmerzes beim Gebären. Und dieser Schmerz wurde ihm in der Kindheit wohl plausibel gemacht durch die Wendung: der Storch hat die Mutter ins Bein gebissen. »Sie habe ihn in den Schenkel gebissen« heißt hier soviel als: *sie habe ihn zum Weib degradiert, durch das Verhältnis mit dem Bruder zurückgesetzt, entmannt.* Man denke an den Kryptorchismus.

weise suggestive Frage: ob er schon einmal gehört habe, daß jemand in den Schenkel gebissen worden sei, beantwortet er mit dem Hinweis auf die Storchfabel.

»Ich schreie auf.« Dies täte er bei heftigen Anfällen. Dann komme seine Mutter sofort aus dem Nebenzimmer, um ihn zu trösten, eventuell um ihm eine Morphiuminjektion zu geben.

Wir meinen, die Traumdeutung sei durchsichtig genug, und dies enthebt uns weitläufiger synthetischer Erörterungen. Er beantwortet ein Gefühl der Zurücksetzung mit einem Gedankengang, der ihm einen Anfall einträgt, ihn aber sein symbolisches Ziel erreichen läßt: bei der Mutter zu herrschen. Die in dem Traum erzeugten Gefühle und Emotionen verstärken seine Tendenz, sich von den Frauen fern zu halten und zur Mutter zu flüchten. Mit anderen Worten, er *verwandelt sich in einen herrschenden Mann.* Dabei muß auch sein unmännliches Stigma fallen, der Kryptorchismus, und nun darf er sich nackt zeigen. Er ist ein Mann, braucht sich vor niemandem zu beugen, ist jedes Dienstes enthoben, aber nur auf dem Umwege über die Schmerzen. *Und er sichert sich dieses Gefühl der männlichen Überlegenheit – ganz wie in der kindlichen pathogenen Situation – durch Schmerzen und Isolierung.*[1]

So deutlich wie in diesem Falle findet man in anderen Träumen den Übergang aus dem Gefühl der unterliegenden Weiblichkeit zum männlichen Protest nicht immer. Insbesondere verleitet der Schein leicht *zur Annahme primärer homosexueller Regungen. Die männliche Rolle des Neurotikers beiderlei Geschlechts, im Leben und im Traume, erklärt sich durch den männlichen Protest. Handelt es sich um Rivalen des gleichen Geschlechts, so wird der Sieg oft durch einen Sexualakt symbolisiert, in dem Traum der Neurotiker, im oder in der Phantasie, irgendwie eine männliche Rolle spielt.* Das Problem des aktiven Ho-

1. d.h. mit scheinbar »weiblichen« Mitteln. Ich habe auf diesen Mechanismus schon hingewiesen, der natürlich leicht verleiten kann, die Neurose im ganzen als »weibliche« Darbietung auffassen zu wollen. Eine Betrachtung der *neurotischen Dynamik* läßt diesen Irrtum nicht aufkommen. *»Weibliche« Endziele sind ebenso wie »masochistische« unhaltbar und werden in der Neurose nur vorgeschoben,* sind »weibliche« Mittel zum »männlichen« Protest.

mosexuellen ist nach meiner Erfahrung in gleicher Weise aufzufassen; nur wird dabei der Sexualtrieb direkt (und nicht symbolisch in den Dienst der Herrschsucht, des männlichen Protestes, gestellt. Aber auch der Homosexuelle kommt aus einer Phase der Unsicherheit seiner Geschlechtsrolle zur Inversion. – Der passive Homosexuelle arrangiert vielmehr seinen Umfall ins Weibliche, um sich hinterher scharf zu machen, sich Geltung zu verschaffen durch Eifersüchteleien, Eroberungen oder – Erpressungen[1], vor allem aber um den irrtümlich angenommenen Mangel an Männlichkeit in normaler Erotik nicht zu entschleiern.[2] – Andererseits ist das Grundproblem, in der Neurose und im Traum, der Ausgangspunkt des psychischen Hermaphroditismus mit folgendem männlichen Protest dadurch verwischt, daß man es meist mit Bruchstücken aus dieser psychischen Dynamik zu tun hat, zu der man sich die Ergänzungen erst suchen muß.

Die Behandlung ging unter einem günstigen Stern vor sich. Andere Kuren waren erfolglos geblieben, unterdes ging aber viel Zeit vorbei, und die Karriere des Patienten wurde immer mehr bedroht. Dazu kamen günstige Aussichten des Patienten, in ein anderes Amt versetzt zu werden, was seinem Gefühl der Beeinträchtigung gegenüber dem verhaßten Vorgesetzten gewiß Erleichterung verschaffte. Die Behandlung schloß mit einem vorläufigen Erfolge ab, der nun schon einige Monate währt. Der gewesene Patient übt seine Tätigkeit in einem neuen Bureau aus und wohnt getrennt von der Mutter. Seine Freunde und Bekannten drücken öfters ihr Erstaunen darüber aus, daß seine frühere Heftigkeit, Hast und aufbrausende Natur sich so ganz gewandelt habe, daß er ruhiger und gefügiger geworden sei und die Beziehungen im Amte nicht mehr als Zwang empfinde. Für uns hat dies die besondere Bedeutung: *daß seine frühere falsche, herrschsüchtige Einstellung*

1. Ganz so wie der früher erwähnte Masochist, der durch Unterwerfung um Liebe, d. h. in seinem Sinne um Geltung wirbt, die Sexualerregung der Frau hervorrufen will. Von hier zweigt eine Reihe von Perversionen ab, bei denen es sich darum handelt, durch auffällige Überschätzung der umworbenen Person *deren Liebesleidenschaft zu erregen und damit über sie zu siegen.*
2. »In Flucht geschlagen glaubt er zu jagen.« Siehe Adler, »Das Problem der Homosexualität«. München 1918.

eine Korrektur erfahren hat, die nicht nur die früheren Anfälle, sondern auch andere Formen der Neurose auszuschließen vermag. Seine Prestigepolitik ist teilweise abgebaut, sein Gemeinschaftsgefühl hat sich besser entfaltet.

Andere Fälle betrafen Patientinnen jenseits des Klimakteriums. Sie erkrankten heftig in einer Situation der Herabsetzung, waren aber ebenfalls seit der Kindheit disponiert. Organminderwertigkeit, das Gefühl der Minderwertigkeit und der männliche Protest ergaben sich in allen Fällen analog der ersten Krankengeschichte. Ihr ganzes Leben war unter dem Wunsch verflossen: ich will ein Mann sein, und die Zurückführung auf eine Unsicherheit in der Geschlechtsrolle in der Kindheit war leicht ersichtlich. Im ganzen waren aber die Zusammenhänge verwickelter und die Anlässe zu den Anfällen häufiger, weil es sich um weibliche Personen einer höheren Altersstufe handelte. Die Aussicht auf Verwirklichung irgendeines männlichen Protestes schien gering, sich zu fügen war keiner der Patientinnen leicht. Immerhin bewirkte die Kur eine starke Herabsetzung der Anfälle nach Zahl und Stärke, hob den Lebensmut in auffälliger Weise, und ich erwartete bestimmt, auch in solchen Fällen durchzudringen.

Dies das Material, das ich zum Beweise des psychogenen Ursprungs der Trigeminusneuralgie derzeit vorlegen kann, und ich empfehle die Prüfung jedes Falles nach diesen Gesichtspunkten der Charakterologie. Ich weiß so gut wie andere, daß gelegentlich ein Fall vorkommt, dessen Ätiologie in pathologischanatomischen Veränderungen liegt. Aber sein Verlauf ist anders als der uns geläufiger Fälle, insbesondere dürfte die Auflösung des Anfalles in ein psychisches Geschehen nicht gelingen. Auch der Mangel der angegebenen Charakterzüge würde bald auf die richtige Spur leiten. Selbst in solchen Fällen könnte die Auslösung des Anfalls wie bei der Epilepsie durch den Affekt ohnmächtiger Wut erfolgen.

Die zweite mit der psychogenen Theorie der Neurosen rivalisierende Annahme – *die toxische Grundlage der Neurosen* – kann ich mit dem gleichen Hinweis erledigen: die psychische Auflösbarkeit der Symptome widerstreitet ihr vollkommen. Wo sich Toxine welcher Art immer bei Neurosen oder Psychosen vorfinden, können sie nur wirksam werden durch die Verschärfung des aus der Kindheit stammenden Minderwertigkeitsgefühls[1] und folgende Aufpeitschung des männlichen Protestes oder als Folgen der Affekte. Sie können also nur die Neurose bei Disponierten wecken, indem sie das Gefühl der Herabsetzung wachrufen, *in gleicher Weise wie es der Unfall tut, sofern er zur Unfallneurose Anlaß gibt, oder sie können weiter wachsen und Symptome erzeugen.*

Eine organische Disposition dürfte in der Richtung einer Sympathikotonie, einer bei gewissen seelischen Erregungen verstärkt einsetzenden Erregbarkeit der Gefäßnerven zu suchen sein. Dann ergäbe sich der Schmerz ähnlich wie die Anfälle von Zwangserröten, Migräne, habituellem Kopfschmerz und hysterischer wie epileptischer Bewußtlosigkeit im Verlaufe von pathologischen Folgen, die von akuten Gefäßveränderungen eingeleitet werden. Eine weitere Rolle spielt die Einfühlung in den sichernden Anfall. Ausgangspunkt bleibt aber immer die neurotische Störung des seelischen Gleichgewichts. Die Beteiligung des vegetativen Systems, Sympathikus und Parasympathikus kann durch Affekte fraglos erzwungen werden. Oder es spielt dabei eine Minderwertigkeit dieses Apparates, partiell oder allgemein eine weitere Rolle. In diesem Falle sowie auch bei beweisbarer Mitbeteiligung endokriner Drüsen an dem Affektvorgang wird es immer darauf ankommen, die Affekterregbarkeit herabzusetzen. Dies kann nur durch Änderung des Lebensstils geschehen, durch Steigerung der Fähigkeit zur Kooperation.

1. Erweckung eines Krankheitsgefühls und Aufdeckung von Insuffizienzen.

VIII. Das Problem der »Distanz«

(Über einen Grundcharakter der Neurose und Psychose)

Die auffällige Tatsache, daß der Nervöse seine gesellschaftliche, berufliche und erotische Frage mehr oder weniger ungelöst läßt, uns vielmehr mit seinen Symptomen und mit Gegengründen abspeist, hat viel zu wenig Beachtung gefunden. Freilich wird man hier erst ein Problem finden, wenn man sich im Sinne der Individualpsychologie auf den Standpunkt stellt: *es gibt keine Gegengründe gegen die Gemeinschaft, gegen die Arbeit und gegen die Liebe!* Wir präsentieren unerbittlich die Forderung, *den andern das Leben zu erleichtern und zu verschönern!* Statt dessen hören wir die Forderung nach *Enthebung* und Gründe dafür. Wir halten es mit dem Dichter. »Das Weltgericht frägt nach Euren Gründen nicht!«

Die praktische Bedeutung unserer *Individualpsychologie* liegt vor allem in der Sicherheit, mit der aus der Haltung eines Menschen zum Leben, zur Gesellschaft und *zu den gesellschaftlich notwendigen, durchschnittlichen Problemen*, aus seiner Prestigepolitik und aus seinem Gemeinschaftsgefühl sein Lebensplan und seine Lebenslinien erkannt werden können. Indem wir viele unserer Anschauungen voraussetzen, weisen wir auf die Grundtatsache des *»Minderwertigkeitsgefühls«* als treibenden Faktor im Seelenleben gesunder und nervöser Personen hin. Desgleichen auf den *»Zwang zur Zielsetzung* und zur Erhöhung des Persönlichkeitsgefühls«, einen *»kompensatorischen«* Akt, sowie auf den sich aufdrängenden »Lebensplan«, der dem Individuum die Erreichung seines Zieles unter mannigfachen »Aggressionen«, »Ausschaltungen« und »Ausweichungen«, in der Linie des »männlichen Protestes« oder der »Furcht vor der Entscheidung« gewährleisten soll. Auch das Verständnis für das neurotische und psychotische Seelenleben als das Haften an der »leitenden Fiktion« im Gegensatz zum Gesunden, der sein »ideales Leitbild« nur als »ungefähr orientierend« und als Mittel, *sachlich und nicht persönlich*, erfaßt hat, darf ich als bekannt voraussetzen. Desgleichen den Gesamtaspekt der Neurose und Psychose als einer *»Sicherung«* des Persönlichkeitsgefühls.

Wie das ununterbrochene Streben des Menschen nach *»oben«* den Fortschritt der Kultur erzwingt, gleichzeitig auch eine Methode und Technik des Lebens schafft, bei der alle vorhandenen Möglichkeiten samt den organischen Realien ihre Ausnutzung, wenn auch nicht ihre richtige Verwendung finden, dürfte soweit geklärt sein, um die Bedeutung des *»Finale«* im Seelenleben gegenüber kausalen Erklärungsversuchen einleuchtend zu machen. Besonders die Unhaltbarkeit der sogenannten Sexualpsychologie trat dabei sinnfällig zutage, als eine der Grundanschauungen unserer Individualpsychologie: *das sexuelle Verhalten des Neurotikers als »Gleichnis«* seines Lebensplanes verstanden – im weitesten Umkreis stillschweigend aufgegriffen wurde.

Wir haben ferner bei diesen Untersuchungen die Tendenz zur »Lustgewinnung« als einen *variablen*, durchaus nicht leitenden Faktor kennengelernt, der sich ganz in die Richtung des Lebensplanes einfügt. Die *Charakterzüge, Gefühle und Affekte* erwiesen sich im Gegensatz zu den fast allgemeinen Anschauungen als erprobte und deshalb festhaftende Bereitschaften zwecks Erreichung des *fiktiven Ziels der Überlegenheit*. Zugleich mit dieser Aufdeckung mußte die Lehre von den »angeborenen Sexualkomponenten, den Perversionen und der kriminellen Veranlagung« fallen. Das gemeinsame Gebiet der Psychoneurosen konnten wir erfassen als die Domäne aller jener Individuen, die aus der Kindheit – sei es infolge von Organminderwertigkeiten, sei es im Laufe einer verfehlten Erziehung oder einer schädlichen Familientradition ein *Schwächegefühl* ins Leben mitgebracht haben, eine pessimistische Perspektive, zugleich mit den alle Zeit gleichen und ähnlichen Kunstgriffen, Vorurteilen, Tricks und Exaltationen, wie sie sich behufs Herstellung eines imaginären, subjektiven Übergewichts ergeben. Jeder einzelne Zug und jede Ausdrucksbewegung zeigt sich so in die Richtung des Ruhe und Sieg verheißenden Zieles gestellt, daß sich die Behauptung rechtfertigt: *Alle neurotischen*

Erscheinungen lassen als Voraussetzung ihres Bestandes einen alles übersteigenden persönlichen Ehrgeiz und zugleich den mangelnden Glauben an die Kraft der entmutigten Persönlichkeit erkennen – und sind nur unter diesen Gesichtspunkten verständlich. Die Neurose ist am besten definiert als ein: »Ja – aber!«

Die gleichen seelischen Überanstrengungen hat unsere Schule in den *Phantasien, Träumen und Halluzinationen* der Patienten aufgedeckt. Immer ergab sich als ihr treibendes Motiv: *in vorbereitender, tastender Weise*, in der Art eines »Als-Ob« der Expansionstendenz, dem Streben nach persönlicher Macht über andere einen Weg zu finden oder vor Gefahren zu sichern. Dabei war immer in Anschlag zu bringen, daß die zweite Absicht näher lag; die Konsequenz des Handelns erfolgt nicht unbedingt aus dem Akte der Entschließung, und dem Geltungsdrang genügen oft die sozialen Folgen des Krankheitsbeweises – oder die eigene Einbildung. Wie sehr aber dem Nervösen *alles Erleben nur ein Mittel* wird oder Material, mittels seiner Perspektive erneute Antriebe in der Richtung seiner neurotischen Linien zu gewinnen, bewiesen die oft gleichzeitige Verwendung gegensätzlich scheinender Haltungen[1] – im double vie, in der Dissoziation, in der Polarität, in der Ambivalenz – die Verfälschung der Außenwelt, die bis zur Absperrung gedeihen kann, die willkürliche, immer tendenziöse Gestaltung des Gefühls- und Empfindungslebens samt den daraus erfließenden Reaktionen nach außen, und das planvolle Zusammenspiel von Erinnerung und Amnesie, von bewußten und unbewußten Regungen, von Wissen und Aberglauben.

Hat man einmal den nie fehlenden Eindruck gewonnen und sichergestellt, daß jede seelische Ausdrucksbewegung des Nervösen in sich zwei Voraussetzungen trägt: ein Gefühl des Nicht-Gewachsenseins, der *Minderwertigkeit* und ein hypnotisierendes zwangsmäßiges Streben nach einem *Ziele der Gottähnlichkeit* – dann täuscht einen die schon von v. Krafft-Ebing hervorgehobene »Vieldeutigkeit« des Symptoms nicht mehr. Diese Vieldeutigkeit war in der Entwicklung der Neurosenpsychologie kein gerin-

1. Ob es wirklich so schwierig ist, in der sog. Introversion und ihrem Gegenteil den »Schein« zu verstehen, beide als Mittel statt als Anlage zu begreifen?

ges Hindernis; sie hat es ausgemacht, daß phantastische Systeme und beschränkte Selbstbeschränkung die Neurologie beherrschen durften, von denen die ersten an ihren unlösbaren Widersprüchen, die letztere an ihrer Unfruchtbarkeit gemessen werden müssen. Die individualpsychologische Schule ist grundsätzlich daran gebunden, das System einer seelischen Erkrankung auf jenen Wegen zu erforschen, die der Kranke selbst gegangen ist. Unsere Arbeiten haben gezeigt, welche große Bedeutung dem individuellen Material, noch mehr der Selbsteinschätzung desselben zukommt, über das der Patient verfügt. Deshalb war uns das Verständnis des Individuums und eine individualisierende Betrachtung ein Haupterfordernis. Der Ausbau seines Lebensplanes dagegen und seine starre Forderung nach allseitiger Überlegenheit bringen den Widerspruch mit den Forderungen der Wirklichkeit, das ist *der Gemeinschaft*, zutage, drängen den Kranken aus der Unbefangenheit des Handelns und Erlebens und zwingen ihn, den gesellschaftlich durchschnittlichen Entscheidungen gegenüber mit der *Revolte des Krankseins* zu antworten. *So gelangt ein deutlicher sozialpsychologischer Einschlag in die Betrachtung der Neurose:* der Lebensplan des Nervösen rechnet immer auch mit seiner individuellen Auffassung der Gesellschaft, der Familie und der Beziehungen der Geschlechter und läßt in dieser seiner Perspektive die unkritische Voraussetzung seiner Unzulänglichkeit im Leben und einer feindseligen Haltung des Nebenmenschen erkennen. Daß hier allgemeinmenschliche Züge wiederkehren, wenn auch ohne inneren Ausgleich und in verstärktem Grade, belehrt uns von neuem, daß die Neurose und Psychose der Eigenart des menschlichen Seelenlebens nicht fernliegt, daß sie als *Varianten* zu betrachten sind. Wollte jemand diese Tatsache bestreiten, dann müßte er gleichzeitig die Möglichkeit eines Verständnisses psychopathologischer Erscheinungen für jetzt und alle Zeiten von sich weisen, da uns immer nur die Mittel des normalen Seelenlebens zur Untersuchung bereitstehen.

Hält man sich an die von unserer Schule als maßgebend hingestellte Linie des Nervösen, die aus einem Gefühle der Minderwertigkeit nach »oben« zielt, so ergibt sich als das nervöse Zwittergeschöpf beider Gefühlslagen ein immerwährendes »Hin und Her«, ein »Halb und Halb«, die Haltung einer *ohnmächtigen Exaltation, von der meist Züge der Ohnmacht oder der Exaltation deutlicher zutage treten.*[1] Wie beim nervösen Zweifel oder in der Zwangsneurose oder bei der Phobie ist der Endeffekt ein »Nichts« oder fast ein Nichts, bestenfalls die Vorbereitung einer schwierig scheinenden Situation um einer Krankheitslegitimation, an deren Arrangement zuweilen – in günstiger gelegenen Fällen – das Handeln des Patienten gebunden scheint. Wir werden sehen, aus welchen Gründen.

Dieser sonderbare Vorgang, der in allen Neurosen und in den Psychosen bei der Melancholie, der Paranoia und Dementia praecox immer nachweisbar ist, wurde von mir als die »zögernde Attitüde« ausführlich beschrieben. Günstige Umstände gestatten mir, diese Anschauung noch ein wenig zu vertiefen.

Verfolgt man nämlich die Lebenslinie eines Patienten in der von uns angegebenen Richtung und versteht man, wie er in seiner individuellen Art (das heißt doch einfach: unter Benützung individueller Erfahrungen und persönlicher Perspektive) sein Minderwertigkeitsgefühl vertieft, *sich aber dadurch der Verantwortung entschlägt*, indem er es auf Heredität bezieht oder auf die Schuld der Eltern oder anderer Faktoren; erkennt man ferner aus seiner Haltung und aus seinen Kunstgriffen die *Forderung nach einer überlegenen Fehlerlosigkeit:* so wird man regelmäßig dadurch überrascht, den Nervösen *an einer bestimmten Stelle seiner Aggression* von der erwarteten Richtung seines Handelns Abstand nehmen zu sehen. Der besseren Übersicht halber will ich einen vierfachen Modus beschreiben, der jedesmal dadurch auffällt, daß der Patient mit Sicherheit daran geht, an dieser Stelle eine *»Distanz«* zwischen sich und die zu erwartende Tat oder Entscheidung zu legen. Zumeist spielt sich dort die ganze Störung *wie ein Lampenfieber ab*, die uns äußerlich als Symptom oder neurotische Erkrankung zu Gesicht kommt. Gleichzeitig mit dieser tendenziösen Distanz, die sich recht häufig *auch in einer körperlichen Ausdrucksbewegung* kundgibt, gestaltet der Kranke in einem

1. Am deutlichsten tritt dieser Ablauf beim *manisch-depressiven Irresein* zutage.

hohen Grad von Spannung gegenüber den Gemeinschaftsproblemen, seine Abschließung von Welt und Wirklichkeit in verschieden hohem Grade. Jeder Neurologe wird dieses Bild seinen Erfahrungen leicht einfügen können, insbesondere, wenn er der vielfachen Abstufung eingedenk ist.

I. *Rückwärtsbewegung.* – Selbstmord, Selbstmordversuch; schwere Fälle von Platzangst mit großer Distanz; Ohnmacht, psychoepileptische Anfälle; Zwangserröten und schwere Zwangsneurosen; Asthma nervosum; Migräne und schwere hysterische Schmerzen; hysterische Lähmungen; Abulie; Mutismus; starke Angstanfälle aller Art; Nahrungsverweigerung; Amnesie; Halluzinationen; Psychose; Alkoholismus, Morphinismus usw.; Vagabundage und Verbrechensneigung, Angst- und Fallträume, ebenso verbrecherische, sind häufig und zeigen die übergroße Voraussicht am Werk: – was etwa geschehen *könnte*! Der Begriff des äußeren Zwanges wird riesenhaft erweitert und jede gesellschaftliche, ja menschliche Forderung mit übergroßer Empfindlichkeit abgewehrt. In schweren, hierher gehörigen Fällen ist jede nützliche Tätigkeit unterbunden. Die Krankheitslegitimation dient selbstverständlich auch positiv der Durchsetzung des eigenen Willens, der auch in negativistischer Weise gegenüber den gesellschaftlich durchschnittlichen Forderungen siegreich bleibt. Dies gilt auch für die drei folgenden Kategorien.

II. *Stillstand.* – Es ist, als ob ein *Hexenkreis* um den Kranken gezogen wäre, der ihn hindert, näher an die Tatsache des Lebens heranzurücken, der Wahrheit ins Gesicht zu sehen, sich zu stellen, eine Prüfung oder Entscheidung über seinen Wert zuzulassen. Berufsaufgaben, Prüfungen, Gesellschafts-, Liebes- sowie Ehebeziehungen geben, sobald sie als Fragen des Lebens auftauchen, *den aktuellen Anlaß*. Angst, Gedächtnisschwäche, Schmerzen, Schlaflosigkeit mit folgender Arbeitsunfähigkeit, Zwangserscheinungen, Impotenz, Ejaculatio praecox, Masturbation und absolut störende Perversionen, hysterische Psychosen usw. sind die sichernden Arrangements zur Verhütung der Grenzüberschreitung. Ebenso die weniger schweren Fälle der ersten Kategorie.

Träume von Gehemmtsein und Nichterreichenkönnen, von Versäumen des Zuges sowie Prüfungsträume sind häufig und stellen oft in plastischer Weise die Lebenslinie des Patienten dar, und wie er bei einem bestimmten Punkt abbricht und die »Distanz« konstruiert. Niebuhr, Römische Geschichte III. 248: »Nationaleitelkeit wie persönliche schämt sich des Mißlingens, welches Beschränkung der Kraft verrät, mehr als der größten Schmach, welche träges und feiges Unterlassen aller Anstrengungen nach sich zieht: durch jenes werden hoffärtige Ansprüche vernichtet, bei diesen bestehen sie fort.«

III. *Zweifel und ein gedankliches oder tätiges »Hin und Her«* stellen die Distanz sicher und enden mit der Berufung auf obige Erkrankungen, auf den Zweifel, der mit ihnen oft vereint ist oder auf ein »Zu spät«. Deutliche Anstrengungen zur *Zeitvertrödelung*. Ergiebiges Feld für Zwangsneurosen. Meist ist folgender Mechanismus auffindbar: erst wird eine Schwierigkeit geschaffen und *geheiligt*, dann wird ihre Überwindung *vergeblich* versucht. Waschzwang, krankhafte Pedanterie, Berührungsfurcht (auch als räumlicher Ausdruck des Arrangements der Distanz), Zuspätkommen, gemachte Wege zurückkehren, angefangene Arbeiten wieder zerstören (Penelope!) oder einen Rest stets übrig lassen usw. finden sich recht oft. Ebenso häufig sieht man ein Hinausschieben der Arbeit oder der Entscheidung unter »unwiderstehlichem« Zwang zu unwichtiger Tätigkeit, zu Vergnügungen, bis es zu spät ist. Oder knapp vor der Entscheidung tritt meist eine konstruierte Erschwerung (z. B. Lampenfieber) ein. Dieses Verhalten zeigt eine deutliche Verwandtschaft zur vorhergehenden Kategorie, nur mit dem Unterschiede, daß in obigen Fällen die Entscheidung noch verhindert wird. Häufiger Traumtypus: in irgendeiner Weise ein Hin und Her oder ein Zuspätkommen als tastender Versuch des Lebensplans. Die Überlegenheit und Sicherung des Patienten ergibt sich aus einer Fiktion, die oft ausgesprochen wird oder unausgesprochen bleibt, nie aber verstanden wird. Der Patient »sagt es, weiß es aber nicht«. Sie beginnt mit einem »Wenn-Satz«: »Wenn ich … (dieses Leiden) nicht hätte, wäre ich der erste.« Daß er sich von dieser *Lebenslüge* nicht trennt, solange er seinen Lebensplan aufrecht hält, ist begreiflich. In der Regel enthält der Wenn-Satz eine unerfüllbare Bedingung oder das Arrangement des Patienten, über dessen Abänderung nur er allein verfügt.

IV. *Konstruktion von Hindernissen samt deren Überwindung als Andeutung der Distanz.* Leichtere Fälle, die immer irgendwie auch im Leben wirken, zuweilen glänzen. Manchmal entwickeln sie sich spontan oder unter Beihilfe irgendeiner ärztlichen Kur aus den schwereren. Dabei obwaltet meist bei Arzt und Patienten die gläubige Ansicht, es sei noch ein »Rest« der Krankheit geblieben. Dieser »Rest« ist nichts anderes als die alte »Distanz«. Nur daß sie der Patient jetzt anders, mit stärkerem Gemeinsinn verwendet. Schuf er sich früher die Distanz, um abzubrechen, so jetzt, um sie zu überwinden. Der »Sinn«, das Ziel dieser Haltung, ist jetzt leicht zu erraten: Der Patient ist seinem eigenen Urteil gegenüber, meist auch in der Abschätzung durch andere Personen bezüglich seiner Selbstachtung und seines Prestiges *gedeckt.* Fällt die Entscheidung gegen ihn, so kann er sich auf seine Schwierigkeiten und auf den (von ihm konstruierten) Krankheitsbeweis berufen. Bleibt er siegreich was hätte er alles als Gesunder erreicht, wo er so viel als Kranker – sozusagen mit einer Hand – leistet! – Die Arrangements dieser Kategorie sind: leichtere Angst- oder Zwangszustände, Phobien, Müdigkeit (Neurasthenie!), Schlaflosigkeit, Obstipation und Magen- und Darmbeschwerden, die Kraft und Zeit wegnehmen, auch ein pedantisches und zeitraubendes Regime erfordern, zwangsneurotische Pedanterien, Kopfschmerzen, Gedächtnisschwäche, Reizbarkeit, Stimmungswechsel, pedantische Forderungen nach Unterwerfung der Umgebung und fortwährende Konfliktsvorbereitungen mit dieser, Masturbation und Pollutionen mit abergläubischen Folgerungen usw. – Der Patient macht dabei immer mit sich die Probe, ob er auch tauglich sei, kommt aber bewußt oder ohne es sich zu sagen zu dem Ergebnis einer krankhaften Insuffizienz. Oft liegt dieses Ergebnis unausgesprochen aber leicht zu verstehen in eben jenem neurotischen Arrangement, das durch den Lebensplan des Patienten protegiert wird. Ist die Distanz einmal fertig, dann darf sich auch der Patient gestatten, sich auf seinen »anderen Willen« zu berufen oder gegen seine eigene Haltung anzukämpfen. Seine Linie setzt sich dann eben zusammen aus unbewußtem Arrangement der Distanz + mehr oder weniger unergiebigem Kampf gegen dasselbe. Es soll nicht weiter verkannt werden, daß der Kampf des Patienten gegen sein Symptom, dazu auch noch seine Klage, seine Verzweiflung und etwaige Schuldgefühle im Stadium der entwickelten Neurose *in erster Linie geeignet sind, die Bedeutung des Symptoms in den Augen des Kranken und seiner Umgebung stark hervortreten zu lassen.*

Zum Schlusse sei noch hervorgehoben, daß bei diesen neurotischen Methoden des Lebens alle *Verantwortlichkeit* bezüglich des Erfolgs der Persönlichkeit aufgehoben *scheint.* In wieviel höherem Grade dieser Faktor bei Psychosen mitspielt, will ich nächstens darzustellen versuchen. Ebenso spielt sich das Leben des Neurotikers, entsprechend seinem gedrosselten Gemeinschaftsgefühl, vorwiegend im Rahmen seines Familienkreises ab. Findet man den Patienten im großen Kreis der Gesellschaft, so zeigt er immer *eine nach dem Familienkreis weisende, rückläufige Bewegung.*

Es ist nur im Einklang mit den Anschauungen unserer individual-psychologischen Schule, wenn die Analogie mit dem Verhalten gesunder Menschen stark hervortritt. Bei jedem dieser Typen ist sein seelisches Verhalten eben in letzter Linie als planmäßige Antwort zu verstehen, die auf die Fragen des gesellschaftlichen Lebens gegeben wird. Als immanente Voraussetzungen und Sicherungen finden wir dann regelmäßig: einen zu einer Einheit strebenden Lebensplan, der mit einer tendenziösen Selbsteinschätzung, mit einem Ziel der Überlegenheit und mit seelischen Kunstgriffen rechnet, die selbst wieder in einheitlichem Zusammenhang – aus einer kindlichen Perspektive erwachsen sind.

Nicht weniger überzeugend ist die Ähnlichkeit unserer Typen mit den Gestalten der Mythen und der Dichtung. Daran ist nichts Auffälliges. Sie alle sind Gebilde des menschlichen Seelenlebens und sind mit den gleichen Anschauungsformen und -mitteln gezeugt. Und sie haben sich gegenseitig beeinflußt. In der Lebenslinie aller dieser künstlerischen Gestalten findet sich das Merkmal der »Distanz« wieder, am deutlichsten in der Figur des tragischen Helden, in der sie als Peripetie einsetzt, mit der sich die »zögernde Attitüde« verbindet. Diese »Technik« ist sichtlich dem Leben abgelauscht, und die Idee der »tragischen Schuld« weist in hellseherischer Intuition zugleich auf Aktivität und Passivität, auf »Arrangement« und auf die Überwältigung durch den Lebensplan hin. Nicht bloß ein Schicksal, sondern vor allem ein planvolles Erleben bietet sich uns in der Erscheinung des Helden, dessen Verantwortlichkeit *nur zum Schein* erloschen ist, in Wirklichkeit aber besteht, *weil er die ewig drängende Frage nach seiner Einfühlung in die gesellschaftlichen Forderungen überhörte*, um als Held über die anderen hinauszuragen.[1]

So droht jedem, der neue, der Gemeinschaft fremde Wege sucht, die verstärkte Gefahr, die Fühlung mit der Wirklichkeit zu verlieren. Das Widerspiel von Ehrgeiz und Unsicherheit, das allen diesen Typen gemeinsam ist, fördert in ihrem Leben die Peripetie zutage und bannt sie in ihre individuelle Distanz zur Entscheidung.

1. Dagegen vertritt der »Chor«, die Stimme der Gemeinschaft, die in der späteren Entwicklung des Dramas in die Brust des Helden verlegt wird.

IX. Über männliche Einstellung bei weiblichen Neurotikern

»Die Herrschsucht fängt von der Furcht an, von andern beherrscht zu werden und ist darauf bedacht, sich beizeiten in den Vorteil der Gewalt über sie zu setzen.«

»Wenn der verfeinerte Luxus hoch gestiegen ist, so zeigt sich die Frau nur aus Irrung sittsam und hat kein Hehl zu wünschen, daß sie lieber Mann sein möchte: wo sie ihren Neigungen einen größeren und feineren Spielraum geben könnte; kein Mann aber wird ein Weib sein wollen.« *Kant, »Anthropologie«.*

Nach den Erfahrungen der Individualpsychologie ist es ausgeschlossen, daß ein Mensch das Gefühl einer realen oder scheinbaren Minderwertigkeit glatt verträgt. Wo immer wir den Bestand von Minderwertigkeitsgefühlen feststellen können, finden wir auch Gefühle des Protestes und umgekehrt. Ja der *Wille* selbst, sofern er Handlungen vorausgeht – andernfalls ist er nur *Scheinwille* – geht immer in der Richtung von »unten« nach »oben«, was freilich zuweilen nur aus einer Zusammenhangsbetrachtung klar wird.

Ich habe in einer Reihe von Arbeiten über den Mechanismus der Neurose unter anderen einen einheitlichem Befund beschrieben, der als Hauptmotor der neurotischen Erkrankung anzusehen ist: *der männliche Protest gegen weibliche oder weiblich scheinende Regungen und Empfindungen.* Der Ausgangspunkt der neurotischen Disposition ist eine *kindliche pathogene Situation,* in der sich die einfachste Gestaltung dieses Kräftespiels kundtut: einerseits die Unsicherheit der zukünftigen Geschlechtsrolle, andererseits verstärkte Tendenzen, mit den verfügbaren Mitteln eine männliche (herrschende, aktive, heldenhafte) Rolle zu spielen.

Abgesehen von der Sicherheit, mit der sich ganz allgemein diese Abkehr von seinen »weiblichen« Linien und die Verstärkung der »männlichen« beim Neurotiker in Handlungen, Wünschen und Träumen nachweisen läßt, ist es auch sonst nicht verwunderlich, daß die Phase der Geschlechtsfindung beim Kinde unter starken Erregungen verläuft. Viele Patienten berichten von sonderbaren Unklarheiten bis in die späteren Kinderjahre. Andere tragen so deutliche Charakterzüge des übertriebenen männlichen Protestes zeitlebens an sich, daß ihre Einfügung in das gesellschaftliche Niveau, sei es im Beruf, in der Familie, in der Liebe und Ehe daran scheitert. Alle aber, und bei den weiblichen Neurotikern fällt dieses Zeugnis nur deutlicher in die Augen, erklären mit Bestimmtheit, sie hätten sich immer danach gesehnt und diesem Wunsche in verschiedener Weise Ausdruck verliehen: *ein voller Mann zu sein.* Nach meinen Befunden halte ich die Behauptung für vollauf begründet, daß, was sich in diesen Bemerkungen unserer Neurotiker ziemlich kraftlos ins Bewußtsein drängt, mit dem größten Anteil seiner Kraft unverstanden die neurotischen Symptome, die Handlungen und Träume des Neurotikers erzwingt. Ich will im folgenden einige Bruchstücke aus gegenwärtigen und früheren Analysen vorlegen, die uns gestatten, wie von einer Warte aus die männliche Einstellung weiblicher Neurotiker zu überblicken.

I. Fall. – *Tendenz, durch Klugheit, List und Courage den Mangel der* Männlichkeit *zu ersetzen.*

Eine 24jährige Patientin, die an Kopfschmerzen, Schlaflosigkeit und überaus heftigen Wutausbrüchen, vorwiegend gegen die Mutter gerichtet, litt, erzählt folgende Erlebnisse: Sie ging eines Abends nach Hause, als ihr eine Szene ins Auge fiel: Ein Mann beschimpfte eine Prostituierte, weil sie ihn angesprochen hatte. Andere Männer versuchten begütigend auf ihn einzuwirken. Da fühlte Patientin ein unwiderstehliches Begehren sich einzumengen und dem Aufgeregten das Törichte seines Tuns auseinanderzusetzen. Die Analyse ergab: *sie wollte wie ein Mann handeln*, sich über ihre weibliche Rolle, die ihr Zurückhaltung gebot, hinwegsetzen, sich wie seinesgleichen, nur besser orientiert, benehmen.

Am selben Tage begab es sich, daß sie einer Prüfung als Zuhörerin beiwohnte. Der Prüfende, ein gebildeter, witziger, aber im männlichen Protest handelnder Herr, machte sich über die Kandidatinnen weidlich lustig, ließ auch des öfteren Bemerkungen von »Gänsen« fallen. Unsere Patientin stand wütend auf, verließ den Prüfungssaal, und war den Rest des Tages von Gedanken eingenommen, wie sie bei der Prüfung den Herrn Professor belehren wollte. Die Nacht verging schlaflos. Erst gegen Morgen schlief sie ein. Da träumte sie folgenden Traum:

»Ich war über und über in Schleier gehüllt. Da kam ein alter Mann und schalt dies als unnütz, man könne ja doch durch die Schleier durchsehen.«

Der alte Mann trügt die Züge eines bekannten Pathologen Deutschlands und ist, wie die Patientin hervorhebt, *eine ständige Traumfigur.* Nebenbei fallen ihr einige Personen ein, vor allem jener strenge, aber witzige Prüfer. Als gemeinsames Band aller dieser hebt sie überragende Klugheit hervor. Der Ausdruck: »man könne ja doch durch die Schleier durchsehen« stammt aus der Kur. –

»Über und über in Schleier gehüllt.« – Sie denkt an den scheinbaren Gegensatz, an die Venus von Milo. Tags vorher hat sie von ihr gesprochen und sie als Kunstwerk gepriesen. Weitere Gedanken knüpften an die verdeckende Attitüde der medeceischen Göttin und an den Mangel von Gliedmaßen der Venus von Milo an, wie leicht vorauszusehen war.

Ein dritter Gedankengang zog die Worte des Alten in Zweifel. Ob man nicht doch durch eine Anzahl von Schleiern – etwa wie bei Tänzerinnen eine Blöße verhüllen könnte? –

Ich brauche nicht auseinanderzusetzen, daß die Tendenz der Träumerin dahinging, ihr Geschlecht zu verhüllen. Die Haltung der Hand bei der mediceischen Venus, der Mangel an Gliedmaßen bei der Venus von Milo sprechen deutlich genug den schon lange vorher aufgedeckten Wunsch meiner Patientin aus: ich bin ein Weib und will ein Mann sein.

Die beiden Tageserlebnisse, die Schlaflosigkeit, der Wunsch, sich in der Straßenszene wie ein Mann zu benehmen, den strengen Professor unterzukriegen und mich durch Verschleierung zu düpieren, stellen einen Teil des Kontinuums dar, dessen Inhalt die Neurose dieses Mädchens bildet. Leise klingt im Traum der Zweifel an, ob die Verwandlung gelingen wird. Reduziert man diesen Zweifel auf die kindliche pathogene Situation, so muß er dort einer primitiven Unsicherheit entsprechen, der Unsicherheit bezüglich der künftigen Geschlechtsrolle im Prototype. An eine solche Phase knüpft späterhin die neurotische Charakterologie an, die sich zusammensetzt aus männlich scheinenden Zügen und Sicherungstendenzen, letztere aufgebaut gegen die Gefahr ins Weibliche zu geraten, nach unten zu kommen, wie besonders bei ehrgeizigen Mädchen mit allen Folgen (wie Frigidität) beobachtet werden kann.

II. Fall. – *Erziehung durch eine neurotische Mutter. Furcht vor dem Gebären als Ursache von Erziehungsfehlern.*
Eine 38jährige Frau, die wegen häufiger Angstanfälle, anfallsweise auftretenden Herzklopfens, schmerzhaften Drucks auf der Brust und »Blinddarmschmerzen« in Behandlung stand, zeigte eine *sonderbare Beziehung zu ihrem einzigen Kinde*, einem Mädchen von 10 Jahren. Sie überwachte sie auf Schritt und Tritt, war stets unzufrieden mit ihren Fortschritten und nörgelte unaufhörlich an dem etwas zurückgebliebenen, sonst aber gutwilligen Kind. Kein Tag verging ohne Aufregung, oft bildeten Schläge den Abschluß einer belanglosen Kontroverse zwischen Mutter und Kind, oder es wurde der Vater zum Richteramt berufen. Das Kind war allmählich in die unbewußte Trotzeinstellung geraten und obstruierte, wie dies dann immer geschieht, beim Essen, Anziehen, Schlafengehen, Waschen und Lernen.[1]

1. Friedjung hat in einer interessanten Statistik die Schicksale des »einzigen Kindes« dargelegt und klagt dort in erster Linie psychische Gründe an: Verzärtelung, Ängstlichkeit usw. Unser Fall sowie ähnliche andere, kann diese Aufstellung sowohl unterstützen als erweitern. Er deckt die vielleicht bedeutsamste Ursache einer ruhelosen, ewig nörgelnden Erziehung auf, *die Furcht der Mutter vor einer nochmaligen Geburt.* Die übertriebene Sorgfalt bei Tag und Nacht soll dem Beweise dienen, »daß es schon mit einem Kinde

Die ersten Anfälle waren im 19. Lebensjahre aufgetreten, kurz nachdem sich die Patientin mit ihrem gegenwärtigen Gatten heimlich verlobt hatte. Die Verlobung währte 8 Jahre, erfuhr viele Anfechtungen von seiten der Familie und brachte eine Unzahl frustraner Erregungen mit sich. Bald nach der Heirat verschwanden die Anfälle, um bald nach der Geburt des Kindes wieder aufzutauchen. In dieser Zeit war der Gatte zu Coitus interruptus übergegangen. Als ihn ein Arzt auf die angebliche Schädlichkeit desselben aufmerksam machte und die Anfälle der Frau darauf zurückführte, nahm er zu anderen Vorbeugungsmitteln seine Zuflucht. Der Erfolg war verblüffend, die Anfälle blieben eine Zeitlang aus. Plötzlich traten sie wieder ein, ohne daß das Sexualregime geändert worden wäre, und trotzten seit 3 Jahren jeder Therapie. Sexualbefriedigung kam regelmäßig zustande.

Wenn es eine reine Aktualneurose in Form einer Angstneurose gäbe, dies wäre – bis vor 3 Jahren – ihr Bild gewesen. In der Analyse aber ergab sich ihr psychischer Gehalt und ihre hysterische Struktur. Die männlichen Protestcharaktere traten deutlich hervor: Trotz, Überempfindlichkeit, Herrschsucht, Ehrgeiz – während das Gefühl der Minderwertigkeit *durch die Fiktion überaus starker libidinöser Strebungen* rezent erhalten wurde. Diese »libidinösen« Strebungen bestanden seit dem 8. Lebensjahr, hielten stets die Furcht zu fallen und ein Kind zu bekommen wach, und erfüllten die Patientin mit der Angst vor der weiblichen Rolle. Als sie ihren

nicht auszuhalten ist«. Dazu kam, daß der Boden für die neurotische Entwicklung bei Mutter und Tochter durch mehrfache Organminderwertigkeit vorbereitet war. Beide waren im frühen Kindesalter recht schwächlich gewesen. Die Menses waren bei der Mutter erst im 18. Jahre eingetreten, die Geburt des Kindes war auffallend schwer durch Wehenschwäche und folgende Atonie (Genitalminderwertigkeit), und kurz nach der Entbindung trat ein langwieriger Spitzenkatarrh in Erscheinung (Respirationsminderwertigkeit). Ein Bruder litt an einem Kohlkopfpolypen, der Vater starb an Lungenentzündung. Die Tochter war an Scharlachnephritis mit Urämie (Nierenminderwertigkeit), später an Chorea (Gehirnminderwertigkeit) erkrankt und zeigte sich geistig zurückgeblieben. – Auch der Hausarzt riet von nochmaliger Schwangerschaft ab.
So spiegeln uns die Neurosen weiblicher Patienten in jedem Falle den Krampf wieder, der unsere Kultur erschüttert: den Horror der Frau vor dem Weiblichen, ihre Kindheitsangst vor dem ihr bevorstehenden Geburtsakt. Moll hat vor kurzem die obigen Tatsachen bestätigt.

Mann kennen lernte, und während ihres langen Brautstandes schuf sie sich aus dieser Angst, indem sie sie unbewußt (halluzinatorisch) arrangierte, eine verläßliche Sicherung, zu der noch Brust- und Bauchschmerzen hinzukamen, um einen illegalen Verkehr unmöglich zu machen. Ihre unbewußte Phantasie spiegelte ihr das eigene Bild als das eines leidenschaftlichen und gleichzeitig willensschwachen Mädchens vor, eines verworfenen, seinem Sexualtrieb blind folgenden Geschöpfes, und gegen diese Fiktion einer lüsternen Weiblichkeit hatte sie sich stets mit Angst und mit der Neurose gewehrt. Wo andere Mädchen ihre Moral haben, hatte sie ihre Angst und ihre hysterischen Schmerzen. Dieser Kampf gegen die weiblichen Linien spielte sich im Unbewußten ab, gab aber seit früher Kindheit im Bewußtsein einen Niederschlag: *in dem bewußten Wunsche ein Mann zu sein.* – So oft die Situation nun gespannter wurde – sei es, daß der ihr bedenklich scheinende Coitus interruptus die Gefahr einer Gravidität heraufbeschwor, sei es, daß ungünstige pekuniäre Verhältnisse, wie in den letzten 3 Jahren, *sie diese Gefahr höher werten ließen* – reagierte sie mit ihren Anfällen gegen ihre weibliche Rolle und damit gegen ihren Mann. Nachts kamen Anfälle, die ihn im wohlverdienten Schlummer störten: sie sollten ihm vor Augen führen, wie unangenehm es wäre, in der Nacht durch Kindergeschrei geweckt zu werden. Auch konnte sie sich dem Manne jederzeit entziehen oder durch einen Anfall von Atemnot an die drohende Perspektive einer Tuberkulose nach einer Schwangerschaft gemahnen. Sie konnte Gesellschaften meiden und ihren Mann ans Haus fesseln, soweit es ihr genehm war, und sie zwang den etwas schroffen Mann, sich ihr in vieler Beziehung unterzuordnen. Bewußt stützte sich ihre Ablehnung gegen ein zweites Kind auf die Furcht, abermals ein imbezilles Kind zu bekommen.

Als das bedeutungsvollste Ergebnis dieser Analyse aber will ich hervorheben, *wie ihr nörgelndes, quälendes Erziehungsverfahren ihrer unbewußten Tendenz diente.* Sie bewies durch ihre Hast, durch ihre fortwährende Unruhe und Vielgeschäftigkeit, daß ihr das eine Kind schon zu viel Mühe mache. Und ihre Umgebung hatte wohl den richtigen Eindruck, wenn es regelmäßig hieß: »Gott sei Dank, daß du nur eines hast.« Sie verfolgte das Kind auf Schritt und Tritt, besserte ununterbrochen aus, fiel aus einer Heftigkeit in die andere, verhütete sorgfältig, daß das Mädchen mit anderen Kindern zusammenkam und verhalf diesem aus der unbewußten Einstellung stammenden Gebaren zu einer *logischen Repräsentation*: das Mädchen soll nicht wie seine Mutter werden, soll nicht wie sie sexuell frühreif werden!

Andere Mütter handeln oft in der gleichen Einstellung anders, doch mit der gleichen Tendenz: *sie kommen Tag und Nacht von dem Kinde nicht los.* Sie hätscheln es ununterbrochen, sind immer mit ihm beschäftigt und stören seine Nachtruhe nicht selten durch überflüssige Maßnahmen. Unausgesetzt beobachten sie seine Nahrungsaufnahme, seine Exkrementalfunktion, wägen, messen und nehmen Temperaturen ab. Wird das Kind krank, so beginnt erst recht das Schädigungswerk der Mutter. »Vernunft wird Unsinn, Wohltat, Plage.« Bis das Kind sachte seine Kraft zu spüren beginnt und der Mutter die Zügel anlegt, bis es aus allen kleinen Beziehungen in der Kinderstube eine Unterwerfungsabsicht herausfühlt, gegen die es sich in dauerndem Trotz aufbäumt.

Die Träume dieser Patientin ergaben regelmäßig einen Ausschnitt aus diesem Ensemble von psychischen Regungen und ließen die neurotische Dynamik, den psychischen Hermaphroditismus mit folgendem männlichen Protest klar hervortreten. Die Symbolik von »Unten« und »Oben« kehrte recht häufig wieder. Einer dieser Träume lautete:

»Ich flüchte vor zwei Leoparden und klettere auf einen Kasten. Ich erwache mit Angst.«

Die Deutung ergab Gedankengänge bezüglich eines zweiten Kindes, vor denen sie nach oben, in die männliche Rolle flüchtet. Identisch damit ist ihr neurotisches Hauptsymptom, die Angst, die ihr als wichtigste Sicherung gegen die weibliche Aufgabe des Gebärens dient. – Gleichzeitig liegt in der nach aufwärts gerichteten Bewegung im Traume der probeweise Versuch zutage, sich über ihre beiden Familienmitglieder zu erheben, die sie als gefahrdrohend hinstellt.

III. *Versuch der »Umkehrung« als männlicher Protest.*

1. Daß sich dieses »Umgekehrt«, dieses »Alles umkehren wollen« auf das Trachten des Patienten bezieht, sich männlich zu gebärden, will ich in der Analyse eines Traumes zeigen. Vorerst fühle ich die Verpflichtung, kurz auf ein Thema einzugehen, das ich in der Einleitung dieses Buches theoretisch abgehandelt habe. *Der Schlaf ist im Sinne unserer Auffassung der Psyche als eines Sicherungsorganes ein Zustand oder eine Hirnfunktion, bei der die korrigierenden Fähigkeiten* der psychischen Organisation ihre Arbeit teilweise eingestellt haben. Die »Schlaftiefe« bedeutet demnach den Grad dieser Arbeitseinstellung. Die biologische Bedeutung dieser Einrichtung könnte sein, die jüngsten und zartest organisierten spezifischen Gehirnfunktionen, als welche wir die korrigierenden verstehen, durch Ruhepausen zu schonen. Die Korrektur aber erfolgt durch Anspannung und *aufmerksame* Betätigung unserer Sinnesorgane, zu denen wir auch den Bewegungsapparat zu rechnen haben. Da dieser empfindende Apparat im Schlafe teilweise ausgeschaltet ist, der uns die Sicherung unseres *Seins über* die körperlichen Grenzen hinaus gewährleistet, ist die Anpassung an die Außenwelt im weitesten Sinne verlorengegangen, dadurch aber auch die normale Möglichkeit einer Korrektur. Nun überwuchert die Fiktion, deren Inhalt selbst als primitive, analogische, bildhafte Sicherung gegen das Gefühl der Minderwertigkeit nachzuweisen ist. In dieser Fiktion wird nun *auf ein aktuelles Minderwertigkeitsgefühl* reagiert, *als ob* eine Gefahr bestünde wieder nach unten zu kommen. Und da dieses zaghafte Vorausempfinden oft als weiblich verstanden wird, in absichtlich zu weit getriebener Sicherungstendenz, reagiert die noch wachende Psyche mit dem Ziel der Überlegenheit, mit dem männlichen Protest. Daraus entstehen dann im Jargon der kindlichen Seele Darstellungen von abstrakter, zerlegter, verdichteter, verkehrter symbolischer, sexueller Art, deren imaginärer Ausbau ursprünglich gleichfalls aus der gesteigerten Sicherungstendenz entstanden ist. Die symbolische, demnach fiktive und in ihren dynamischen Gehalt aufzulösende Darstellung des Traumes, resp. gewisser Traumkonstellationen die von Freud und seiner Schule noch als real bedeutsam in nackter sexueller Bedeutung hingenom-

men wurden, wie sexuelle Darstellungen, perverse Gedankengänge, Sadismus und Masochismus, Inzestkonstellationen scheint Bleuler vorgeschwebt zu sein, wenn auch er von der symbolischen Bedeutung der Sexualvorgänge spricht. Der Unterschied in der Traum- und Neurosenanalyse, wie sie Freud übt, gegenüber den meinen liegt von diesem Punkte besehen darin, daß Freud die absichtlich übertriebene Fiktion des Patienten als real wirkendes Erlebnis ansieht, die Absicht übersieht und ihn zum Verzicht auf die »bewußtgewordene Phantasie« anleitet. Meine Ansicht geht tiefer: die Fiktion des Patienten als tendenziöse Erdichtung aufzulösen, sie zurückzuverfolgen bis zu ihrem Ursprung aus Minderwertigkeitsgefühlen und männlichem Protest. Die korrigierenden Fähigkeiten des Patienten, die durch seine affektive Einstellung gebunden sind, können nur im Sinne des Gemeinschaftsgefühls erlöst und zur Herstellung einer Harmonie von männlichen Protestregungen und Wirklichkeit verwendet werden. Denn das Wesen der Neurose und Psychose liegt in der *Bindung korrigierender Kräfte*, ein Zustand, bei dem die Fiktion des Patienten im Sinne des männlichen Protestes deutlicher hervortritt. Die Neurosenwahl aber ist bedingt durch die infantile Gestaltung dieser Fiktion und ist von der Art, daß sie in der Umgebung zur Geltung zu gelangen sucht, gleich einem Ausströmen in der Linie des geringsten Widerstandes.

Die »verkehrte« Handlungsweise gewisser Neurotiker muß also an eine solche ursprüngliche Fiktion anknüpfen, die offenbar den Zweck hat, im Sinne eines männlichen Protestes ein gegebenes, als minderwertig empfundenes Verhältnis umzukehren. Die Tendenz, alles umzukehren, wird dann die Art der Neurose bestimmend beeinflussen. Unsere Patientin zeichnete sich dadurch aus, daß sie Moral, Gesetz, Ordnung usw. in und außer dem Hause umzukehren versuchte. Und der Ausgangspunkt ihrer protestierenden Handlungsweise war eine falsche Unterwertung ihrer weiblichen Rolle, deren Gefahren sie übertreibend empfand. Um dieser zu entgehen, versuchte sie den Ursprung ihrer Weiblichkeit aufzuspüren in der Erwartung, sich wieder ins Männliche umkehren zu können, und blieb mit ihren Erklärungsversuchen bei zwei Ereignissen haften. Sie kam, wie die Mutter ihr bei ihren Putschversuchen schon in den jüngsten Jahren vorhielt, verkehrt zur Welt, und sie kam nach einem männlichen Geschwister. So wollte sie nun alles umkehren, ihre Geburt und die Geburtenabfolge. – Ihr Gebaren war immer auf Umkehrungen aus. Bei mir versuchte sie anfangs stets die Überlegene zu spielen, mich zu belehren und die Unterhaltung zu stören. Eines Tages nahm sie auf meinem Stuhl Platz. Aus einer späteren Phase der Behandlung stammt folgender Traum:

»Ich sehe einem Karussell zu. Später steige ich auch hinauf. Es beginnt eine schnelle Drehung und ich fliege auf die Person, die vor mir fährt, die mit mir auf eine andere und so weiter, ich war ganz oben. Da sagte der Leiter des Karussells: ›Jetzt werden wir *verkehrt* drehen!‹ Und plötzlich waren wir wieder auf unserem Platz.«

Die Einfälle der bereits gut geschulten Patientin ergeben folgendes: »Ringelspiel könnte ›das Leben‹ bedeuten. Vielleicht habe ich einmal scherzweise äußern gehört, das Leben sei ein Ringelspiel. Daß ich auf jemanden hinauffliege, ist eine aus früheren Deutungen bekannte Vorstellung, ich bin ein Mann, bin oben – und hat Beziehung zum Sexualverkehr. Übrigens sagt man in Wien, ich fliege auf jemanden, d. h. ich möchte ihn besitzen. – Die räumliche Vervielfältigung dieser Szene ist zeitlich aufzulösen: ich fliege auf viele. Der Leiter müssen Sie sein, denn Sie sagen mir öfters daß ich es verkehrt treibe, verkehrt haben wolle. Wenn es nach Ihnen ginge, dann wäre ich auf meinem Platz, wäre ein Weib.« –

Die Deutung dieses Traumes ist also bis zu der von mir aufgestellten Forderung gediehen, so daß man voraus versteht, die Träumerin beantwortet ein Empfinden ihrer weiblichen Rolle mit einem männlichen Protest. In ihrem Sinne heißt das, ihre natürliche Bestimmung umkehren, ins Gegenteil verkehren. Wie stark dieser Protest ist, sieht man unter anderem aus dem Versuch der öfteren Wiederholung des Hinauffliegens, was bei der Psychologie des Don Juan sowie des Messalinentypus, bei der Erotomanie und Manie als charakteristisch anzusehen ist. Beim Messalinentypus ist die rastlose Eroberung der Rest der Umkehrungstendenz ins Männliche, beim Don Juan muß diese Wiederholung als gesteigerter

Protest, demnach als Kompensation eines Minderwertigkeitsgefühles verstanden werden. Und noch ein weiterer Verrat dieser starken Sehnsucht nach Umkehrung zeigt sich in der *Umkehrung* des Gedankenganges im Traumbild. Der Sinn ergibt ein »Aufsteigen« zur Männlichkeit, der Wortlaut ein Absteigen auf ihren Platz, zur Weiblichkeit. Freud hat in seiner Traumdeutung darauf hingewiesen, daß man manche Träume verkehrt lesen müßte, ohne diese Merkwürdigkeit erklären zu können. Unsere Auffassung gestattet zu sagen, daß die Tendenz in der Traumfiktion auch das äußere Gefüge des Traumes umzukehren imstande ist. Der Affekt dieses Traumes ist deutlich gegen mich gerichtet.

Aus der Krankengeschichte der Patientin ist noch hinzuzusetzen, daß sie oft über Kopfschmerzen des Morgens, wie diesmal nach dem Traume klagte, die sie auf ihre merkwürdige Lage zurückführte, in der sie sich oft beim Erwachen fand. Bald hing der Kopf über den Bettrand nach abwärts, bald lag sie verkehrt im Bett mit dem Kopf am Fußende. Beide Lagen erklären sich als Versuche sich umzukehren. Von ihr stammt auch ein Traum, in dem alle Personen am Kopfe standen. Ferner kommt noch ein Detail ihrer Krankengeschichte in Betracht, das besonders von den Eltern als krankhaft aufgefaßt wurde: eine Tanzwut, die sie oft ergriff und zwang, sich in tollem Wirbel herumzudrehen. Die Deutung ergab »gleichzeitige«, also durch eine gemeinsame Tendenz verursachte Phantasien, in denen ein Mann mit Erfolg um ihre Liebe warb. Das Motiv der Umdrehung kehrt auch hier wieder, aber gemildert durch die aufrechte Haltung, bei der vermieden erscheint, was Patientin am meisten fürchtete: die Überlegenheit des Mannes. Beim Tanz herrscht nach ihrer willkürlichen Einschätzung Gleichheit, es war ihr gefühlsmäßiger Eindruck – »da kann ich *auch* den Mann spielen«.

Die Patientin litt dauernd an Harn- und Stuhlinkontinenz, weil ihr dieses Leiden, wie ihr die Mutter schon in der Kindheit versicherte, eine Heirat unmöglich machen konnte.

Wo war nun das aktuelle Gefühl der Minderwertigkeit, auf das die Patientin mit einer Tendenz der Umkehrung antwortete? Am Vortage des Traumes hatte sie einer Freundin Vorwürfe gemacht, weil diese einen jungen Mann in seiner Wohnung besucht hatte. Die Freundin wandte ein, ob unsere Patientin nicht auch schon eine Dummheit gemacht habe. Nachträglich erinnerte sich Patientin, daß sie vor mehreren Jahren, als von einer ärztlichen Behandlung bei mir noch keine Rede war, zu mir mit einer persönlichen Bitte gekommen war, ohne daß die Mutter davon wußte. Bei der Art unserer Beziehungen konnte von einer zärtlichen Regung der Patientin gegen mich keine Rede sein. Nichtsdestoweniger griff ihr Widerstand in der Kur auch zu einer Fiktion, als sei sie ähnlich wie die Freundin »auf einen Mann geflogen«. Sie hielt daran um so lieber fest, als sie daraus einen kategorischen imperativ machen konnte, niemals einen Mann zu besuchen, und zweitens, weil sie diese Stimmung gegen mich anwenden konnte, der ihr überlegen zu werden drohte, Einfluß auf sie zu gewinnen schien. Der Traum ist ein trotziges Nein, und hat neuropsychologisch die gleiche Wertigkeit wie Harn- oder Stuhlinkontinenz. Denn es besagt: »ich lasse mich nicht von einem Manne überreden, ich will oben sein, ich will ein Mann sein!«

Während der Kur, als schon wesentliche Fortschritte im Befinden der Patientin eingetreten waren, begab es sich einmal, daß sie beobachtete, wie ihr Vetter, der bei ihnen wohnte, ein Dienstmädchen attackierte. Sie erschrak darüber so sehr, daß sie den ganzen Tag weinte. Weinend kam sie auch in die Ordination und schloß ihre Erzählung entrüstet: »Nun heirate ich den ersten besten, damit ich nur aus diesem Hause hinauskomme!« Es war leicht zu vermuten, daß dieser Gedanke nach der Vorgeschichte des Mädchens, die immer ein Mann sein wollte, eine Fortsetzung in Art einer Reaktion bekommen mußte, und ich erwartete, daß sich eine Wendung zum Schlimmeren einstellen würde. Denn bei der psychischen Konstitution dieses Mädchens mußte die Reaktion derart ausfallen, daß der *Gedanke, den ersten besten zu heiraten* ein heftiges Bedenken in ihr auslösen mußte, die Gefahren ihrer Handlungsweise betreffend. In der Tat konnte ich die Reaktion am nächsten Tage bereits beobachten. Sie war ungebärdiger als sonst, kam ausnahmsweise pünktlich, aber wie in einer Gegenwehr wies sie nachdrücklich auf diese Pünktlichkeit hin. Hierauf erzählte sie einen Traum:

»Mir war es, als ob eine Reihe von Heiratskandidaten in einer Reihe aufgestellt waren. Am Schlusse der Reihe standen Sie. Ich ging an allen vorbei und wählte Sie zum Manne. Mein Vetter wunderte sich sehr darüber und fragte, warum ich einen Mann wähle, dessen Fehler mir bereits bekannt seien? Ich antwortete: ›Eben deshalb!‹ Dann sagte ich zu Ihnen, ich möchte mich auf einen der Männer, die einen spitzen Kopf hatten, hinaufstellen. Sie sagten: ich solle das lieber lassen.«

»Eine Reihe von Heiratskandidaten – – Gestern sagte sie, sie wolle den Erstbesten heiraten, im Traume, wo sie den letzten nimmt, ist es *umgekehrt.* Dann fällt ihr ein Satz aus Herberts Pädagogik ein: wenn eine Reihe von Vorstellungen hintereinander ins Bewußtsein treten, so hebt immer die nächste die vorhergehende auf. Aus dem Vergleich dieses Einfalls mit der entsprechenden »Skizze« des Traumes (»eine Reihe von Heiratskandidaten«), geht hervor, daß *sie keinen will,* was ja von uns vorausgesehen wurde. Die Traumdeutung ergibt dann weiter: oder einen, den ich ganz kenne. Das wäre ich. Dabei eine Fortsetzung der Entwertung: da sie *meine Fehler* kennt. Der Vetter soll sich wundern, so wie sie sich – umgekehrt – wegen seines Vorgehens gewundert hat. Der Mann mit dem spitzen Kopf ist einer ihrer früheren Verehrer, dessentwegen sie viel geneckt worden war. Er ist in den Traum eingeführt, um an ihm zu demonstrieren, wie sie dem Manne überlegen sein möchte, wie sie sich ihm auf den Kopf stellen möchte, um oben zu sein. Dieses *»Oben sein wollen«,* einer der prägnantesten Ausdrücke für den männlichen Protest, ist nur ein anderer Ausdruck für das »Umgekehrt«, kooperiert in diesem Traume mit dem »Umgekehrt«, und kehrt folgerichtig wieder in der Herabsetzung meiner Person, »dessen Fehler sie schon kennt«. Ich sagte wirklich, »sie solle das lieber sein lassen«, nämlich den überhitzten männlichen Protest aufgeben. – Sie begnügte sich mir gegenüber mit einer harmlosen Herabsetzung.

Ihre Stellung zum Manne wurde durch die Erfahrung, die sie an ihrem Vetter machte, also nochmals verschärft. Sie begnügt sich aber diesmal im übertriebenen Ausdruck ihres männlichen Protestes die Türe ihres Schlafzimmers zu sperren und sich so zu sichern, *als ob der Vetter* auch sie attackieren wollte, nicht mehr wie früher, wo sie als Schutz gegen die Ehe und um die Mutter an sich zu fesseln ihr Bett mit Urin und Stuhl beschmutzte.

Das Zurückgreifen in kindliche Situationen hängt mit dem Wesen der starken Abstraktion zusammen. Die Neurotiker sind Menschen, die anstatt wie die Künstler und Genies in Anerkennung der Tatsachen aktiv neue Wege zu finden, tendenziös die Erinnerungen ihrer Kindheit absuchen, wenn sie sich erheben und vor gegenwärtigen und zukünftigen Gefahren sichern wollen. Ebenso stark fällt dabei in die Wagschale, daß ihre kindliche, analogische Apperzeption nicht in der Richtung der Gemeinschaft korrigiert wird, sondern in der Richtung der starken persönlichen Sicherung um jeden Preis. So bekommt man den Eindruck des Infantilen, was aber nicht als psychische Hemmung zu verstehen ist, sondern im kindlichen Gleichnis darstellt, wie sich der Patient in der Welt zurechtzufinden sucht.

Recht häufig findet man die Tendenz zum »Umgekehrt« in einer Form des *Aberglaubens*, die dahin zielt, so zu handeln, *als ob* man das Gegenteil von heftig begehrten Befriedigungen erwarte. Man hat den Eindruck, als wollten diese Patienten Gott oder das Schicksal *foppen*, ein Versuch, der von vornherein erkennen läßt, ein wie starkes Gefühl der Unsicherheit vorwaltet, wie die Unternehmung dahin zielt, durch einen Kunstgriff einem Wesen beizukommen, das stärker und übelwollend ist. Mit diesem Charakterzug steht ein anderer oft in Verbindung, von der eigenen Lage einen schlechten Eindruck hervorrufen zu wollen, um den Neid, den Haß des anderen nicht zu erwecken. Volkspsychologisch reiht sich hier die Furcht vor dem *»bösen Blick«* und das »Opfer« an, letzteres dargebracht, um nicht die Mißgunst mächtiger Wesen zu erwecken. Man erinnere sich an den »Ring des Polykrates«.

2. E. W., 24 Jahre alt, jüngstes Kind eines Tabikers, leidet seit 5 Jahren an Zwangserscheinungen. Bis vor einem Jahre hatte sie eine auffallende Erschwerung im Sprechen. Sie blieb stecken, suchte vergeblich nach Worten und hatte dabei stets das Gefühl, man beobachte sie beim Reden. Sie mied deshalb, soweit es ging, jede Gesellschaft, zeigte sich sehr niedergeschlagen

und war nicht fähig, einen Unterricht zu genießen, den sie andererseits behufs ihrer weiteren Ausbildung sehr erstrebte, ihre Mutter, eine nervöse, ewig nörgelnde Frau, deren hervorstechendster Charakterzug Geiz war, versuchte sie durch Strenge, gelegentlich auch durch Kuren bei Nervenärzten von ihren trüben Gedanken abzubringen und ihre Sprechhemmungen zu beseitigen. Da dies nicht gelang, schickte sie die Tochter zu Verwandten nach Wien, und in der Tat verschwand nach der Rückkehr die Sprachhemmung vollständig. In der Ordination bei mir, also ein Jahr nachher, zeigte sich keine Spur davon. Aber es hatten sich andere Symptome eingestellt. Das Mädchen wurde regelmäßig, sobald sie mit jemandem einige Worte gewechselt hatte, von dem Gedanken befallen, daß dem andern ihre Gesellschaft, ihre Person unangenehm und peinlich sei. Und diese Zwangsvorstellung, die sie auch zu Hause und wenn sie allein war, beschäftigte, warf sie jedesmal wieder in eine *betrübte Stimmung* zurück, so daß sie nach wie vor jede Gesellschaft mied.[1] Ihr Zwangsdenken hatte für sie den gleichen Wert wie ihr Sprachfehler: sich der Gesellschaft entziehen zu können.

Ich finde es immer mehr als einen bewährten Grundsatz, die ersten Mitteilungen aus dem Munde der Patientin dazu zu benutzen, mir ein ungefähres Bild zu entwerfen, was die Patientin mit ihrem Leiden bezwecke. Man muß dieses Bild nach Art einer Fiktion, nach Art eines »als ob« gestalten, in der Überzeugung, daß die weitere Analyse mancherlei Ausgestaltungen bringen werde. Dabei muß es gestattet sein; der eigenen Erfahrung entsprechend die Frage aufzuwerfen und zu beantworten, welches Bild die nunmehr Erkrankte normalerweise bieten sollte oder könnte. So gewinnt man den nötigen Vergleichspunkt und kann die Abweichung vom Normalen, somit den sozialen Schaden der Krankheit messen. Da zeigt sich nun regelmäßig, daß gerade das normalerweise zu erwartende Bild *aus irgendwelchen Ursachen den Patienten schreckt*, ja, daß er ihm auszuweichen trachtet. In unserem Falle gelingt es unschwer zu erraten, daß es die normale Beziehung zum Manne ist, vor der sich das

1. Der paranoide Charakter – die Schuld des anderen – tritt deutlicher hervor.

Mädchen zu sichern trachtet. Es wäre nun weit gefehlt anzunehmen, daß mit dieser vorläufigen Supposition das Rätsel gelöst wäre, wenngleich durch meine psychologischen Vorarbeiten auch das Hauptmotiv dieses Ausweichens, die Furcht vor dem Manne, die Furcht zu unterliegen, als vorläufiges summarisches Erklärungsprinzip vorweggenommen werden darf. Die Erwartung einer Heilung aber knüpft sich an die Aufdeckung der speziellen fehlerhaften Entwicklung, die durch einen pädagogischen Eingriff rückgängig gemacht werden muß. Dieser pädagogische Eingriff setzt an dem Verhältnis von Patient zum Arzt ein, *das ja jede Phase der sozialen Einstellung des Kranken widerspiegeln muß*. Auch dies muß vorausgesetzt werden, da sonst die Einreihung der Äußerungen der Patientin durch den Arzt mangelhaft wird und leicht wichtige Einstellungen für oder gegen den Arzt übersehen werden.

Schon die ersten Mitteilungen bestätigen und ergänzen diese Vermutungen. Patientin behauptet stets ein lebenslustiges gesundes Kind gewesen zu sein und immer ihren Kolleginnen *überlegen*. Aus der bunten Menge ihrer Erinnerungen fördert sie folgende zutage:

Als sie 8 Jahre alt war, habe ihre zweite Schwester geheiratet. Ihr neuer Schwager hielt sehr auf Reputation und äußeren Anstand und verwies ihr ihren Umgang mit armen und schlechterzogenen Kindern. Überhaupt haben viele *an ihr genörgelt*. Aus der Schulzeit erinnere sie sich an einen Lehrer, der sie ungerecht behandelt habe. Sie sei durch ihn oft *heftig gekränkt* worden.

Als sie 18 Jahre alt war, sei in ihre Gesellschaft ein junger Student gekommen, um den sich alle ihre Freundinnen bewarben. Nur sie habe seine *Siegeszuversicht unangenehm empfunden* und sei ihm oft scharf entgegengetreten. Ihr Verhältnis zu ihm habe sich dadurch sehr verschlechtert, der Student habe sie in jeder Weise *gekränkt und zurückgesetzt*, so daß sie sich immer mehr aus der Gesellschaft zurückzog. Eines Tages ließ er ihr durch ein boshaftes Mädchen die Mitteilung überbringen, nun habe er sie erkannt, sie spiele nur eine Rolle und sei in Wirklichkeit ganz anders. Diese so wenig tiefsinnige und unbedeutende Bemerkung versetzte sie in einen

Zustand der größten Unsicherheit.[1] Sie dachte fortwährend über diese Worte nach, und es entwickelte sich bei ihr eine außerordentliche Zerstreutheit im Verkehr mit anderen Leuten. Wenn sie ins Gespräch kam, tauchte immer im Geiste der Student mit seiner Bemerkung vor ihr auf und hinderte sie an der Unbefangenheit in jeder Gesellschaft. Sie wurde erregt, *wog jedes ihrer Worte ab* und mußte oft im Gespräche stocken. So kam es, daß sie am liebsten allein war, das hieß für sie, sich auf die Gesellschaft ihrer zänkischen Mutter zurückzuziehen, wo sie freilich auch nicht zur Ruhe kam. Sie stand öfters in ärztlicher Behandlung, die jedesmal resultatlos endete. Von großer Wichtigkeit ist, den Standpunkt der Mutter im Auge zu behalten, die immer unentwegt betonte, alles bei ihrer Tochter seien »Einbildungen«, und sie könnte schon anders sein, wenn sie nur wollte, eine Kritik, die die Tochter immer aufregte und der sie entgegenstellte, die Mutter verstände nicht, was in ihr vorgehe.

So vergingen 4 Jahre, bis man sich entschloß, das Mädchen, das immer seltener in Gesellschaft ging, allein nach Wien zu Verwandten zu schicken. Sie blieb einige Wochen und kehrte anscheinend gesund, d. h. ohne Sprachstockungen zurück. Sie war aber viel zurückhaltender und schweigsamer geworden.

Kurz nach ihrer Rückkehr kam es zu den geschilderten Zwangsgedanken, und zwar nach einer erregten Szene mit dem Studenten, der sie abermals gegenüber ihrer Freundin herabzusetzen suchte.

Sie teilte noch weitere Erinnerungen mit. Der erwähnte Student hatte einmal aus Rache gegen ein Mädchen ein Komplott angestiftet und es zuwege gebracht, das dieses Mädchen bei einem Tanzkränzchen von allen Jünglingen sitzen gelassen wurde, worauf es weinend den Saal verließ. Über ein anderes Mädchen hatte er sich geäußert, sie würde sich auf

1. Bei ihrer Spannung zu den Menschen kam ihr dieses Erlebnis sehr gelegen. Deshalb hielt sie die Erinnerung daran fest, weil sie sich mit ihr die *Distanz* zur Liebe sichern konnte. Die Distanz aber brauchte sie, um einer Hörigkeit, einer Niederlage auszuweichen. Für sie war eine Herabsetzung darin gelegen, wenn sie dem andern »opfern, dienen«, etwas geben sollte, also in der Entfaltung des Gemeinsinns.

den Kopf stellen, wenn er es verlangte. Meine Frage, ob ihr der Student nicht sympathisch gewesen sei, beantwortete sie ungezwungen mit: ja.

In der nächsten Stunde teilte sie mir einen Traum mit, den ich, um den Zusammenhang dieser Eindrücke zu geben, samt seiner Deutung hier anführen will. Der Traum lautet:

»Ich bin auf der Straße, vor einem Arbeiter gegangen, der ein kleines blondes Mädchen führte.« Nun erzählt die Patientin zögernd, sie wisse nicht, wie sie zu derlei sinnlichen Gedanken komme: »der Vater habe sich in unerlaubter Weise an dem Mädchen vergriffen, ich rief ihm zu: lassen Sie das Kind in Ruhe!«

Nach freundlichem Zureden entschließt sie sich zu folgender Mitteilung. Als sie vor einem Jahre bei ihrem Besuche in Wien im Theater war, habe sie vor sich während des Spiels einen Mann gesehen, der sein kleines Töchterchen unzüchtig berührte. Es war dies aber kein Arbeiter. Ungefähr um dieselbe Zeit wollte ein Kusin auf einem Ausfluge ihr unter die Röcke greifen. Sie wehrte ihn ab und rief: »Lassen Sie mich in Ruhe!«

Das kleine blonde Mädchen war sie selbst in der Kindheit. Vor längerer Zeit habe sie in der Zeitung von einem Arbeiter gelesen, der sich an seinem Kind verging.

Der Ausgangspunkt dieses Traumes waren Gedanken über die Krankheit und den Tod ihres Vaters. Sie hatte, angeregt durch eine Frage in der Kur, die Mutter danach gefragt und vernommen, daß der Vater an Rükkenmarkschwindsucht gestorben sei. Meine Frage, ob sie über die Ursache dieser Krankheit im klaren sei, beantwortet sie dahin, sie habe gehört, daß sie vom »vielen Leben« komme. Ich teile ihr mit, daß dies unrichtig sei, aber bis in die letzte Zeit überall so angesehen werde. Vom Vater berichtet sie weiter, daß er ein untätiges Leben geführt habe und zum ewigen Verdruß der Mutter den ganzen Tag im Wirtshaus und im Kaffeehaus zugebracht hätte. Als er starb, war sie 6 Jahre alt. Eine Schwester habe sich vor 3 Jahren umgebracht, *weil sie der Bräutigam verlassen habe.*

Auf meine Frage, warum sie im Traume vor dem Arbeiter gehe, fällt ihr ein, »weil diese Ereignisse alle hinter ihr liegen«. Den »Arbeiter« vermag sie nicht zu erklären, sie weiß nur, daß er schlecht gekleidet, lang und hager war. Ich erinnere sie, *getreu meiner vorgefaßten Meinung* daran, sie wolle den Männern voraus, überlegen sein, und daß ihr Schwager sie vor dem Umgang mit schlecht gekleideten, offenbar Arbeiterkindern gewarnt habe, und so setze der Traum in anderer Absicht, nämlich um sie vor dem Umgang mit Männern zu warnen, diese Warnung fort. Dazu schweigt die Patientin. Eine Frage, die wegen der Anknüpfung an das Gespräch über den Vater sowohl als wegen des unverhüllt auftretenden Inzestproblems nahe genug lag, ob der Vater lang und hager war wie der Arbeiter im Traume, wird bejaht.

Die Deutung des Traumes ergibt für sich allein, aber besonders klar im Zusammenhang mit der supponierten psychischen Situation der Patientin eine deutliche Warnung vor den Männern und damit auch die Bestätigung unserer Arbeitshypothese, daß die Erkrankung des Mädchens dazu dienen soll, sie vor den Männern zu schützen. Der Traum sowohl als die Erkrankung stellen sich demnach als eine *Aktion der Vorsicht* dar, wodurch der psychogene Charakter der Krankheit sichergestellt ist. Ich will diesen *Kernpunkt der Neurose als des Traumes*, der sich mir als *Zeichen des Vorausdenkens zum Zwecke der Sicherung der persönlichen* Überlegenheit und Plusmacherei dargestellt hat, an diesem Material noch ausführlicher beleuchten.

Das normale menschliche Denken, aber auch seine *präpsychischen* (unbewußten) Akte stehen unter dem Drucke der Sicherungstendenz. Steinthal hat in ähnlicher Weise die *Psyche als organische Gestaltungskraft* hingestellt, die in hohem Grade die Anforderungen der Zweckmäßigkeit erfüllt. Auch Avenarius und andere wiesen auf die empirische Zweckmäßigkeit des menschlichen Denkens hin. Neuerdings Vaihinger (Die Philosophie des als ob, 1911), dessen Betrachtungen ich lange nach Aufstellung der von mir beschriebenen Sicherungstendenzen und Arrangements kennen gelernt habe. Bei ihm ist übrigens ein reiches Material auch aus anderen Autoren angesammelt, die ähnliche Auffassungen vertreten. Claparède sucht vielfach neurotische Symptome als Atavismus zu erklären, ein Versuch, der wie der Lombrosos und der Freudschen Schule abzuweisen ist, *da in der Richtung des geringsten Widerstandes* die Möglichkeiten aller vergangenen Zeiten jederzeit wieder neu aufleben können, ohne Zusammenhang mit früher existierenden Schutzeinrichtungen. *Der Begriff der Zweckmäßigkeit aber schließt die Teleologie ein.* Doch sagt er nichts aus über die Art und innere Natur einer Anpassung. Meine Auffassung dieser »Zweckmäßigkeit« besagt ganz präjudizierlich, *daß die herrschende Tendenz der Psyche durch das Wesen der Vorsicht gegeben ist, die sich als kompensatorischer Überbau über organisch bedingte Empfindungen der Unsicherheit erhebt.* Die quälendere Empfindung der Unsicherheit und Minderwertigkeit bei Kindern mit minderwertigen Organen oder mit stärkerer relativer Minderwertigkeit gegenüber ihrer Umgebung zwingt zu stärkerer Ausgestaltung, zur Forcierung der Sicherungstendenzen, deren äußerstes Maß über die neurotische Disposition hinaus zur Psychose oder zu Selbstmord führt. Wir entsinnen uns, daß eine Schwester unserer Patientin in einem Stadium verstärkten Minderwertigkeitsgefühls, *als ihre Liebe verschmäht wurde*, zum Selbstmorde schritt, eine psychische Wendung zur Wut und Rache, die ich für grundlegend halte für das Verständnis der Selbstmordkonstellation. *In der ungeheuren, das Leben erfüllenden Dynamik ist als verstärkende Linie der männliche Protest eingetragen, »als ob« männlich sein gleichbedeutend wäre mit sicher, mit vollwertig.*

Überblicken wir das Material, das uns die Patientin bisher geliefert hat, so finden wir lauter Erinnerungen, in denen ein Mann die Oberhand gewinnt oder gewinnen will, und einen Traum, der diese Auffassung dadurch bestätigt, daß sie in einer Art Skizze ausnahmslos alle Männer und somit *auch den Vater* – und dies ist in diesem Falle der Sinn der Inzestkonstellation – als unsittlich und maßlos hinstellt, und daß sie sich selbst vor diesen zügellosen Trieben wie ein Wild vor dem Jäger sichern will.

Diese zur Flucht, zur Rückzugslinie oder zur Gegenwehr gewandte Stellung muß irgendwo begonnen haben. Wir erwarten demnach Mitteilungen von Angriffen in weitestem Sinne des Wortes und von einer aus dem Unsicherheitsgefühl dieses Mädchens antwortenden Einstellung, die uns die Reaktionsweise der Patientin verstehen lehrt, nicht etwa durch logische Verkettung, als ob aus einem Geschehnis kausal eine unbewußte Fixierung erfolgt wäre, sondern als irrtümliches Ergebnis aus der Unsicherheit des Mädchens und aus den Beanspruchungen der Außenwelt. Eine vorsichtige Fragestellung, betreffend die allerersten Erinnerungen, bestärkt durch ihr Ergebnis unsere Erwartung. Patientin erinnert sich an Spiele mit andern Kindern aus dem 4. bis 5. Lebensjahre. Anfangs fällt ihr ein »Vater- und Mutterspiel« ein, bei dem sie meist die Mutter gespielt habe. Als zweites nennt sie das überall vorzufindende »Doktorspiel«. Von ersterem Spiel ist zu sagen, daß es von der Sehnsucht des Kindes aufgebaut ist, es den Erwachsenen gleichzutun; erotische Einschläge sind dabei häufig und leiten hinüber zu dem meist ganz erotischen »Doktorspiel«, bei dem meist Entblößungen und Berührungen vorgenommen werden. Eine offene Erklärung dieser Art hatte zur Folge, daß die Patientin freiwillig erzählte, auch damals wären derartige Berührungen vorgekommen. Und anschließend daran teilte sie mir mit, sie sei im Alter von 5 Jahren *von dem 12jährigen Bruder einer Freundin*, der sie in einer Kammer eingesperrt hielt, zu masturbatorischen Berührungen verführt worden, die sie bis zu ihrem 16. Lebensjahr ausführte.

Nun erörtert Patientin den Kampf, den sie gegen die Masturbation geführt hatte. Das grundlegende Motiv dieses Kampfes war aber, sie könnte auf diese Weise sinnlich werden und dem *erstbesten Manne zum Opfer fallen.* Damit nähern wir uns wieder unserer anfänglichen Erwartung, die dahin lautete, die Patientin leide an der *Furcht vor dem Manne*, und *unterstreiche, um sicher zu gehen, ihre eigene Sinnlichkeit*, die offensichtlich um kein Haar anders als die normale ist, im gegenwärtigen arrangierten Zustande aber gewiß nicht abgeschätzt werden kann. Sicher läßt sich sagen: daß Patientin ihre Sinnlichkeit *überschätzt*, wir werden uns aber hüten, diese Schätzung zu der unseren zu machen. Sie ist ein bestochener Richter, ihr Urteil über ihre Sinnlichkeit dient dem Endzweck: sich zu sichern.

Schon die Anfänge dieser Analyse lassen erkennen, daß die Patientin *zu ihrer eigenen Sicherheit* den Mann entwertet. »Alle Männer sind schlecht, – wollen das Weib unterdrücken, beschmutzen, unterkriegen!«

Daran schließt sich die Erwartung, daß die Patientin eine Anzahl von typischen und atypischen Versuchen erkennen lassen wird, die sämtlich darauf abzielen werden, unter allen Umständen die Überlegene zu spielen, die vermeintlichen und in unserer Gesellschaft tatsächlich bestehenden Privilegien des Mannes zu nullifizieren, kurz durch Charakterzüge und gelegentliche Putschversuche das Vorrecht des Mannes zu stürzen. *Das ganze Rüstzeug des sozialen Emanzipationskampfes der Frau wird sich in ihrem Gebaren wiederfinden, nur verzerrt, ins Unsinnige, Kindische und Wertlose umgebildet.* Dieser individuelle Kampf, sozusagen eine Privatunternehmung gegen männliche Vorrechte, zeigt aber als Analogon, als Vorläufer, oft auch als Begleiter des großen, wogenden sozialen Kampfes für Gleichberechtigung der Frau, daß er auf dem Wege aus der Minderwertigkeit zur Kompensation, aus der Tendenz zur *Manngleichheit* (siehe Dönniges, Memoiren) entspringt.

Als Charakterzüge wird man mehr oder weniger deutlich finden: Trotz, insbesondere gegenüber dem Manne (in unserem Falle gegenüber dem Studenten), Angst vor dem Alleinsein, Schüchternheit, öfters durch Arroganz verdeckt, Abneigung gegen Gesellschaften, offene oder versteckte Heiratsunlust, Geringschätzung der Männer, aber daneben oft starke Gefallsucht, um zu erobern, Befangenheit usw. – Die neurotischen Symptome unserer Patientin stehen an Stelle von Charakterzügen. Ihr Stocken beim Reden ist an Stelle der Befangenheit getreten, ihre Gesellschaftsflucht und ihre Zwangsgedanken, man sei ihr feindlich gesinnt, führen sie zum gleichen Ziel und stammen aus der Empfindung ihrer eigenen Feindseligkeit, aus dem mangelnden Gemeinschaftsgefühl, und ein stets bereites Mißtrauen soll die Sicherung vollenden. Dabei kann die Moral, die Ethik, die Religion, der Aberglaube mißbräuchlich zur Unterstützung herangezogen werden. Oft kommt es zu Unzukömmlichkeiten und Verkehrtheiten, zu Wünschen, alles anders haben zu wollen, zu einer ungemein betriebsamen Oppositionslust, die alle den Verkehr mit den Patienten erschweren. Wie ein richtiger Erzieher wird der Arzt mit allen diesen Charakterzügen zu tun bekommen, nicht weil der Patient *»überträgt«, sondern weil sie bei sozialer Betrachtung da sind* und alle Kräfte und Tendenzen des Patienten ausmachen, weil die antisoziale Einstellung des Patienten es bedingt, daß er sich mit seiner rauhen Seite aggressiv gegen alle stellen muß.

Daneben gibt es gelegentlich männlich geartete Putschversuche oder Ausfälle gegen den Mann, die der Arzt recht häufig zu spüren bekommt. Sie sind alle zu übersetzen: »Nein, ich will mich nicht unterordnen, ich will kein Weib sein. Sie sollen bei mir keinen Erfolg haben. Sie sollen unrecht haben!« Oder es kommt zu Versuchen, die Rollen zu wechseln, in der Kur anzuordnen, sich (wörtlich und figürlich) an die Stelle des Arztes zu setzen, ihm überlegen zu sein. So kam obige Patientin eines Tages mit der Mitteilung, sie sei seit der Kur noch aufgeregter. Ein andermal erzählte sie, sie habe gestern zum erstenmal einen Stenographiekursus besucht und sei schrecklich aufgeregt gewesen. »Wie noch nie!« Als ich sie darauf verwies, dies sei gegen mich gerichtet, gab sie in diesem Punkte ihren Widerstand auf. Nicht etwa, weil eine Auflösung erfolgt war, sondern weil sie den Eindruck gewann, ich nehme derartige Angriffe nicht ernst und wolle sie nicht klein machen.

Es kann bei diesen Anzeichen leicht vorhergesehen werden, daß Patienten in solcher Stimmung eine Einstellung annehmen, in der sie *alles verkehrt* machen wollen, »Als ob« dadurch der Schein der Weiblichkeit vermieden werden könnte. Die ersterwähnte Patientin träumte in solcher Laune, alle Mädchen stünden auf dem Kopfe. Die Deutung ergab den Wunsch, ein Mann zu sein und auf dem Kopf stehen zu können, wie es die Knaben öfters tun, wie man es aber den Mädchen aus Sittlichkeitsgründen verwehrt. Dieser Unterschied wird »beispielsweise« festgehalten und wirkt fast symbolisch. Recht häufig kommt es zu Weigerungen, den Arzt zu besuchen und Bitten, der Arzt möge – umgekehrt – den Patienten in seiner Wohnung aufsuchen. Am häufigsten aber findet man die Tendenz zur Umkehrung im Traume ausgedrückt durch Ersetzung eines Mannes durch eine Frau, wobei gleichzeitig die Entwertungstendenz in Kraft tritt, noch vorsichtiger angedeutet durch ein hermaphroditisches Symbol, oder durch Kastrationsgedanken, wie ich, Freud und andere sie als ungemein häufig nachgewiesen haben. Nach Freud und anderen liegt die sichtlich minder wichtige Seite dieser Gedanken in der Erschütterung durch eine Kastrationsandrohung. Ich habe erkannt, daß in den Kastrationsphantasien die Unsicherheit der Geschlechtsrolle ihre Spuren hinterlassen hat und daß sie der Möglichkeit einer Umwandlung aus einem Manne in eine Frau zum Ausdrucke dienen. Ein Traum unserer Patientin illustriert diese Gedankengänge so vortrefflich, daß er als Schulfall gelten kann.

»Ich war bei einem Nasenspezialisten in Behandlung. Der Arzt war bei einer Operation auswärts. Die Assistentin nahm mir einen Knochen weg.«

Wir hören in der Analyse dieses Traumes, den Patientin als ganz harmlos hinstellt, daß sie vor einigen Jahren wegen Nasenwucherungen in Behandlung war. Der Arzt war ihr ungemein sympathisch. Dies genügte ihr, um Reißaus zu nehmen. Die Anknüpfung dieser Erinnerung an den Vortag ergibt eine deutliche Beziehung zu meiner Person. Auch mir war es gelungen, durch Umgehung ihrer vorausgesetzten Vorurteile gegen den Mann ihre Sympathien zu erwecken, und so greift die Sicherungstendenz im Traume ein, um sie vor der Zukunft zu warnen. Ihre »große Sinnlichkeit«, das »brutale Begehren des Mannes« sind die Gefahren, vor denen sie sich *im voraus* in den Traumgedanken schützen will. Die Assistentin war in Wirklichkeit keine Ärztin und hat nie operiert. Der Traum schafft die Institution der weiblichen Ärzte. Im Zusammenhang allerdings handelt es sich um die Umwandlung eines Mannes in ein Weib und um eine noch weitergehende Entwertung desselben zur Assistentin. Dies leitet unsere Gedanken weiter auf das Problem der Verwandlung. Der Knochen, der abgeschnitten wird, wird als männlicher Geschlechtsteil gedeutet. Da Patientin dies von sich berichtet, so ist zu vermuten, daß sie als Kind sich durch Kastration in ein Weib verwandelt glaubte, eine Vermutung, die von der Patientin geleugnet wird. Zahlreiche Beispiele haben mich belehrt, daß diese Geschlechtstheorie und ihr analoge *präpsychisch* geblieben sein können, d. h. daß alle Bedingungen zu ihrer Entstehung gegeben waren, daß diese Vorleistungen sich aber nicht zu einem bewußten Urteil oder verbal (Watson) verdichteten. In vielen anderen Fällen gelingt der Nachweis einer derartigen bewußten Fiktion. Die Tatsache der Häufigkeit solcher bewußten Fiktionen, ebenso wie der Umstand, daß Patienten mit den Vorbedingungen der Fiktion in gleicher Weise sich gebärden als wäre die Phantasie bewußt und gerechtfertigt, läßt einen bedeutsamen Schluß zu, der lauten muß: *das Wirksame in der Psyche ist nicht die Erkenntnis, sondern das Gefühl der speziellen Minderwertigkeit und Unsicherheit, das zuerst präpsychisch die Linien zeichnet, die sich im Bewußtsein zum Urteil, zur Phantasie gestalten können, sobald es nötig wird.*[1] Ist aber, wie sich herausstellt, das Gefühl der Minderwertigkeit auf Empfindungen gegründet, die als weiblich gewertet werden, so haben wir in der leitenden Fiktion, in der Tendenz des Neurotikers die Kompensation in der Form des männlichen Protestes zu erblicken.

Das Verständnis für den obigen Traum reicht nun weit genug um zu sehen, daß die Träumerin ihre Weiblichkeit (Verlust des Knochens) beklagt, nicht ohne dagegen zu protestieren, daß der Mann ihr überlegen ist. Ihr männlicher Protest hält sich an ein persönliches Gleichheitsideal: *der Arzt soll auch in ein Weib verwandelt werden.* Wer nicht am Worte klebt, wird in diesem Verlangen keinen Unterschied erblicken gegenüber ihrem Wunsche, ein Mann zu sein. Ist doch die Aufhebung ihres Minderwertigkeitsgefühls das Ziel ihrer Sehnsucht! Und diese erreicht sie sowohl durch Erhöhung ihrer Person als durch die Herabsetzung des höher gewerteten Mannes. Es fehlt uns noch das Verständnis für die Stelle des Traumes: »Der Arzt war bei der Operation auswärts.« Patientin kann dazu mir mitteilen, daß sie nie von ähnlichen Besuchen des Nasenspezialisten gehört habe. Der Tendenz des Traumes zufolge ergibt sich als Erklärung die Beseitigung des Mannes und sein Ersatz durch einen weiblichen Arzt. Etwa: »alle Männer soll der Teufel holen!«

Auch eine weitere Erwartung konnte kaum fehlgehen. Die obigen Gedankengänge weisen mit großer Deutlichkeit auf die Möglichkeit des *Arrangements einer Homosexualität.* Die Traumskizze sowohl als die psychische Situation der Patientin zeigen deutlich ihre Neigung aus dem Manne eine Frau zu machen. Die weitere Leitung auf dieser Rückzugslinie vor dem Manne übernehmen Erinnerungen und Eindrücke masturbatorischen Charakters aus den erotischen Kinderspielen mit Mädchen.

1. Auch von Furtmüller, später von William Stern in gleicher Weise so dargestellt.

Abschließend will ich bemerken, daß Patientin Erinnerungen hat, ihre Ankunft sei von Mutter und ältester Schwester recht mißgünstig aufgenommen worden. Insbesondere die älteste Schwester habe sie überaus streng behandelt, so daß immer ein schlechtes Verhältnis zwischen ihnen bestand. Im Zusammenhang mit der oben gekennzeichneten Rückzugslinie vor dem Manne muß sich als Resultat herausstellen, daß sie auch *einer Unterwerfung durch die Frau* sich entgegenstemmt. In der Tat war sie zeitlebens bestrebt, den Mädchen und Frauen ihres Kreises überlegen zu sein und wehrt auch übermäßig jeden Einfluß der Mutter ab. *Für eine primär wirksame, angeborene Homosexualität im Sinne der Autoren liegt keinerlei Befund vor, ebensowenig wie in allen anderen Fällen.* Dagegen sieht man deutlich, wie ihre Erlebnisse und Tendenzen sie in diese »als ob« homosexuelle Stellung drängen und diese obendrein im Detail determinieren, ohne entscheidend zum Ausdruck zu kommen.

Ihr Benehmen wird also in mancher Richtung als »verkehrt«, stellenweise auch als »pervers« empfunden werden, weil sie unter der Leitung einer Fiktion der Manngleichheit alles oder vieles umzukehren, zu verändern, verkehrt zu sehen sucht. Diese Sucht aber, die unter Umständen als Wahn[1] auftreten kann, ist großenteils unbewußt und kann nur geheilt werden, wenn man der Patientin die Möglichkeit gibt, sie zu verstehen, ihre Introspektion zu vertiefen. Die Möglichkeit nun ist an den pädagogischen Takt dies Arztes gebunden.

Gelegentlich gibt die Patientin in anderer Weise zu verstehen, daß man auf dem rechten Weg ist. Es fällt ihr ein, daß sie gar nicht abgeneigt wäre, eine Liebesbeziehung anzuknüpfen. Nur müßte das Sexuelle ausgeschlossen bleiben. Auch in dieser Fassung dringt der männliche Protest durch. –

Als Nachtrag berichtet Patientin unter großem Zögern, daß der ihr sympathische Nasenarzt sie mehrere Male geküßt habe, was sie nur schwach abwehrte. Erst als sie, wo er ihr mit Gewalt einen Kuß rauben wollte, die Kraft fand, ihm zu sagen, daß sie sein Benehmen häßlich finde und dauernd von ihm Abschied nahm, sind ihre Beschwerden ge-

1. Die Verwandtschaft dieses Falles mit paranoider Demenz ist nicht zu verkennen.

schwunden, und fast drei Monate habe sie sich wohlgefühlt. Dann kam der Zusammenstoß mit dem Studenten, und kurz nach seiner, eigentlich banalen Äußerung, sie zeige ein anderes Wesen als ihr wirklich zukomme, brach die Zwangsvorstellung aus, sie könne mit niemandem verkehren, weil man von ihr einen peinlichen Eindruck habe.

Daß sie sich von dem Arzte so leicht küssen ließ, scheint auf den ersten Blick auffällig und widerspricht scheinbar der Voraussetzung eines männlichen Protestes. Die Erfahrung lehrt uns darüber, daß die männlich prahlende Eroberungslust nicht selten zu weiblichen Mitteln greift, daß Geküßtwerden und Liebe erwecken als Machtbefriedigung empfunden werden können. Allerdings nur bis zu einem gewissen Grade. In dem Moment, wo der Partner seine Überlegenheit deutlich zu machen versuchte, als er zur Gewalt griff, mußte sie ihm beweisen, daß sie ihm über sei. Dieser Fall ist in seiner psychologischen Struktur so typisch, daß er allgemein verständlich sein dürfte. Vielleicht jedermann weiß, wie das unerreichbar Scheinende, wie der noch nicht unterworfene Partner die »Liebe« zu steigern vermag, während offen gezeigte Zuneigung in der Regel schlecht aufgenommen wird. Neurotische Mädchen werden deshalb in jeder Beziehung zu einem Mann schließlich auch daran scheitern, daß ihnen in der Liebesbeziehung des werbenden Partners vor allem das Bild seiner eigenen Unterwerfung, die Liebeshörigkeit auffällt und unerträglich wird. Ein leichter Sieg, der fertige Triumph bringt die Erledigung dieser Aufgabe. – Die Besserung im Befinden unserer Patientin ist leicht verständlich, da sie ja mit einem Sieg über den Arzt und über ihre als weiblich gewerteten sinnlichen Begierden triumphiert hat. – Als sie nun im Kampf mit dem Studenten den Kürzeren zog, als es diesem gelang, ihr sogar die Freundin abwendig zu machen, *da unterlegte sie seinen Worten einen alten Sinn.* Ihre Befürchtung war, daß man ihr die onanistischen Manipulationen, ihre »weibliche« Sinnlichkeit ablesen könnte. Die Worte des Studenten lauteten ganz allgemein, *er könne sehen, daß sie anders sei, als sie scheine.* Und so gab sie gerne seinen Worten die Deutung, jeder könne ihr ihre Sinnlichkeit ansehen und sich Ähnliches erlauben wie der Arzt. Sie selbst aber sei zu schwach, um sich gegen einen Mann wehren zu können, der sich nicht frühzeitig unterwirft.

Diesem Nachtrag, den sie nur sehr schwer brachte, ging eine Stunde voraus, wo nur Klagen über ihren Zustand und Zweifel an ihre Heilung zum Ausdruck gebracht wurden. Es war leicht zu verstehen, daß dieses Benehmen eine Spitze gegen mich hatte. Und ebenso leicht, daß sie sich mit ihrem Zustand gegen mich zu waffnen versuchte, der ich »ihrer Schwäche« die mannigfachen Geständnisse entrissen hatte. So mußte sie sich, um mir gegenüber stark zu bleiben, auch in ihrem Zustande verschlechtert zeigen, was ja im gegenwärtigen Stadium der Kur bereits bedeutete, ich soll keine Macht, keinen Einfluß auf sie gewinnen können.

Kurz will ich darauf hinweisen, wie die Furcht vor dem Mann sich gleichfalls »umzukehren« sucht, nämlich in Gedankengänge, der Mann möge Furcht bekommen. Für das neurotische Empfinden der Patientinnen deckt sich diese Gedankenbewegung mit einer gefühlsmäßigen Welle von »unten nach oben«. Nicht nur in der Neurose, sondern auch in der Psychose, vor allem bei der Paranoia und bei der Dementia praecox findet man diesen Hang zur Umkehrung, der sich zuweilen darin äußert, das »Unterste zu Oberst« zu kehren, Tische, Sessel, Kasten umzudrehen und so gegen die Logik der Tatsachen zu revoltieren. Psychologisch gleichwertig damit ist die bekannte negativistische Einstellung, die man sich gedanklich stets durch ein »Umgekehrt!« ersetzen kann. Nebenbei sei darauf hingewiesen, daß bei unserer Patientin auch andere Gedankengänge zutage treten, die uns aus der Psychose geläufig sind, so die Empfindung, man könne sie durchschauen, jeder habe ein peinliches Gefühl in ihrer Nähe, jeder könne sie beeinflussen. Doch weiß sie zum Unterschied von Psychotikern ihre kindliche Fiktion, wie wir vorausschicken wollen, jedesmal soweit logisch mit der Realität in Einklang zu bringen, daß der Eindruck der Psychose vermieden wird. Nicht an der Fiktion also liegt es, die in unserem Falle dazu dient, die Patientin noch vorsichtiger zu machen, sondern an der Korrelationsschwäche der korrigierenden Bahnen, an der Verpflichtung zur Logik. Unsere Patientin mag noch so sehr zur Sicherung ihrer angenommenen weiblichen Schwachheit ihre Fiktion, so zu handeln, als ob sie ein Mann wäre, verstärken, sie wird stets in der Korrelation ihres korrigierenden Apparates eine weitere Sicherung finden und sich »vernünftig« benehmen. Damit nähern wir uns dem Standpunkt Bleulers, der als charakteristisch für die Schizophrenie eine »Lockerung der Assoziationen« ansieht. Unser Standpunkt setzt für die Psychose die relative Minderwertigkeit des korrigierenden Apparates voraus, dessen Kompensationsfähigkeit nicht mehr genügt, sobald der fingierende Apparat zu stärkeren Leistungen schreitet.

Ich beobachtete vor Jahren einen Patienten mit Dementia praecox, die im Abklingen war. Eines Tages zeigte er auf ein Rudel von Hunden und sagte mit bedeutungsvoller Miene, diese seien bekannte, schöne Damen, die er mir alle mit Namen nannte. Er stand unter dem Einfluß der Furcht vor der Frau und sicherte sich durch die Entwertung des sonst hochgeschätzten weiblichen Geschlechtes, indem er sie alle in Hunde verwandelte. Also »umgekehrt«. Sein korrigierender Apparat war nicht stark genug, den Einklang mit der Wirklichkeit soweit zu finden, daß er es etwa ins Scherzhafte gezogen oder als Beschimpfung verstanden hätte wissen wollen. Die Kompensation des korrigierenden Apparates setzte noch aus, der starken Entwertungstendenz des sichernden Apparates gegenüber. –

Ein Traum unserer Patientin, am Tage nach ihren Mitteilungen über das Benehmen des Nasenspezialisten geträumt, zeigt uns die gleichen psychischen Bewegungen. Sie träumte:

»Ich ging einen Hut kaufen. Als ich nach Hause ging, sah ich von weitem einen Hund, vor dem ich mich sehr fürchtete. Ich wollte aber, daß er sich vor mir fürchten sollte. Als ich näher kam, sprang er auf mich. Ich besänftigte ihn und klopfte ihm den Rücken. Dann kam ich wieder nach Hause und legte mich auf den Diwan. Es kamen zwei Kusinen zu Besuch. Meine Mutter führte sie herein, suchte mich und sagte: da ist sie. Ich empfand es unangenehm, in dieser Lage überrascht worden zu sein.« –

Die Deutung ergibt zornige Gedanken wegen ihrer Mitteilung mir gegenüber. Sie muß auf ihrer »Hut« sein. Dies die Verstärkung ihrer Sicherungstendenz. Denn sie hat sich mir schwach gezeigt, war unterlegen, ich – der Hund – war auf sie gesprungen. Sie erfaßt also ihre Niederlage in einem sexualsymbolischen Bilde, das durchaus nicht real zu nehmen ist. Gerade der symbolische Ausdruck aber, den sie für »Niederlage«, für das Gefühl der Weiblichkeit findet, und der entschieden im Vergleich zu weit geht, sichert sie durch Aufstellung eines Memento, wie er selbst die mahnende, sichernde Tendenz zur Urheberin hat. So erniedrigt sie mich zu einem Hund, wobei sie durch den Nachsatz förmlich darauf hinweist, wie sie das eingetretene Ereignis meiner Überlegenheit »umzukehren« trachtet. »Ich wollte, daß er sich vor mir fürchten sollte!« Müdigkeit und Nötigung sich am Diwan auszuruhen empfand sie, als sie die ersten Tage aus der Kur kam. Diese Symptome waren sichtlich arrangiert, um sich zu beweisen, wie sie selbst gelegentlich erwähnte, daß die Gespräche bei mir sie nicht beruhigten, sondern ermüdeten. Aber, was weit wichtiger – so lag sie nach der Nasenoperation beim Arzte, der sie dabei geküßt hatte, ein Geheimnis, welches ich ihr »entrissen« habe. Die beiden Kusinen sind derzeit verheiratet. Sie verkehrte früher mit ihnen, als sie noch ledig waren. Da kamen sie öfter, wenn Unterhaltungen waren, aber nie allein, sondern nur in Begleitung ihrer Mutter oder einer Tante. *Denn sie hätten es für ungeschicklich gehalten, allein irgendwohin zu gehen. Sie aber geht allein, nämlich zu mir in die Kur,* wie sie auch zu dem Nasenspezialisten allein ging, wo ihr solches widerfuhr. Im Traume geht sie allein einen Hut kaufen. Ihr letzter Einkauf eines Hutes vollzog sich in Gesellschaft der zänkischen Mama und verdroß sie sehr, weil die Mama über die fortwährenden Geldausgaben jammerte. Die Besänftigung des Hundes weist darauf hin, wie sie einmal einen abgewiesenen Freier in seiner Betrübnis tröstete. So würde es auch mir gehen. –

Das Problem, das diesen Traum erfüllt, ist nun zu greifen. »Soll ich allein gehen oder mit der Mama?« Letzteres ist unangenehm, weil die Mutter mich immer zu unterdrücken sucht. Ich will aber überlegen sein, ich gehe allein. Ich fürchte mich aber vor dem Mann und will versuchen, die Rolle zu wechseln. Einmal habe ich einen Mann tief betrübt, der sich mir nähern wollte. Ich habe mich vor weiteren Schritten gefürchtet und habe ihn zurückgestoßen. So fürchte ich mich jedesmal, wenn ich öfters mit einem Manne spreche. Nur das erstemal kann ich ihm meine Überlegenheit fühlen lassen. Je öfter ich zum Doktor gehe, desto schwächer fühle ich mich. Dazu ist es auch noch unschicklich. Aus dieser Überlegung, die arrangiert ist, stammt ihre Schicklichkeitstendenz, die sie gegen mich gelegentlich zur Anwendung bringen könnte. In der Tat ist sie zwei Tage später ohne Motivierung einmal aus der Kur geblieben.

Kurz gesagt, das Gefühl ihrer Schwäche stammt aus der Furcht vor dem Manne und erlaubt nur eine Korrektur, so zu handeln, als ob sie ein Mann wäre. Auf diesem für sie dornigen Wege aber kommt es zu großen Widersprüchen, die sich aus der Irrationalität ihrer Fiktion ableiten. Denn die Wirklichkeit nimmt sie als Weib, und sie selbst ist weiblichen Regungen nicht unzugänglich, wenngleich sie sie stark unterstreicht, keineswegs verdrängt. Die Unterstreichung ihrer weiblichen Regungen aber leitet eine Umkehr ein, bewirkt sozusagen eine saure Reaktion, die dann zur Sicherungstendenz hinüberleitet: ich will kein Weib, ich will ein Mann sein! – Und dies versucht sie wie überall, wie auch den Mädchen gegenüber, am Arzte. Dort aber muß sich ihre sichernde Fiktion auflösen und mit der Wirklichkeit in Harmonie gebracht werden. –

Die Fortsetzung der Kur bestand in der Tat in der schwersten pädagogischen Aufgabe des Nervenarztes, die darin liegt, den Patienten in eine Stimmung zu bringen, in der er eine Anleitung überhaupt verträgt. Patientin erscheint mit deutlicher Verstimmung im Blick, erklärt auf meine Frage, was sie heute berichten wolle, nichts, und antwortet endlich, als ich sie darauf hinweise, ihre Verstimmung müsse noch immer in der Linie der feindseligen Einstellung gegen mich liegen, mit den Worten: »Wie kommt das daher?« –

Diese Worte höre ich nicht zum ersten Male aus ihrem Munde. Sie hat sie wiederholt gebraucht, als sie sich mit ihrer Mutter mir vorstellte, und zwar immer, wenn ihre Mutter in die Krankengeschichte der Tochter kritische Bemerkungen einflocht, als wolle die Tochter sich keine Mühe geben. Ich nehme also an, daß es der Patientin gelungen ist, mich in der Rolle der Mutter zu denken, d. h. ähnlich wie in dem oben geschilderten Doktortraum mich so anzusehen, als wäre ich kein Mann. Dies ist das Ziel ihrer Absicht, und mit dieser Entwertung meiner Person richtet sie sich auf. Was sie sonst an diesem Tage noch zum Ausdruck bringt, sind versteckte Vorwürfe gegen mich wegen der Verschlimmerung ihres Zustandes, so subjektiver Art, daß das corriger la fortune deutlich in die Augen springt, und feindselig geäußerte Gedanken, sie werde aus der Behandlung mindestens eine Zeitlang ausbleiben. Daß dies alles eine Spitze gegen mich hat, ist leicht zu verstehen, wenn auch die Patientin eine bewußt dahingehende Absicht leugnet. Ich mache vorläufig die Voraussetzung, daß dieses ihr Verhalten ihre zwangsweise Antwort sei auf eine Empfindung des Unterliegens, des Weichwerdens, der Einfügung, der Kooperation. Dabei ergibt sich der Zusammenhang mit ihrer Krankheitsform von selbst. Ihre Empfindungen sind dergestalt, daß sie im andern, vor allem im Manne, den Stärkeren, Überlegeneren, Feindseligen empfindet, weil sie ursprünglich *aus Gründen der Sicherungstendenz und des Machtstrebens* ihre eigenen, übrigens normalen Empfindungen unterstrichen, einseitig gruppiert und als Schreckpopanz fingiert hat. Gegen diese Fiktion aus Sicherungsgründen wendet sich nun, da sie dieselbe als weiblich wertet, der männliche Protest, wie er beispielsweise in ihrer Haltung gegen mich zutage tritt. *Im Mechanismus des männlichen Protestes wirkt die Sicherungstendenz weiter und verstärkt alle Empfindungen von der Überlegenheit und Feindseligkeit des Mannes. Deshalb ergaben ihre ersten Erinnerungen stets Beispiele von Fällen, wo der Mann der Stärkere war.* Ihre Psyche steht also unter dem Einfluß einer sozusagen aufsteigenden Bewegung, deren Ausgangspunkt eine kraftvoll gefaßte Fiktion ist: ich unterliege, id est, ich bin allzu weiblich, deren ersehnter Endpunkt eine ebenso starke Fiktion ist: ich muß mich benehmen, *als ob* ich ein Mann wäre, id est, ich muß den Mann klein machen, weil ich allzu weiblich bin und sonst unterliege. Innerhalb dieser beiden Fiktionen spielt sich die Neurose ab und alle die Übertreibungen und Unterstreichungen sind gehalten durch die Sicherungstendenz.

Was war denn nun die Klage der Patientin? *Sie habe die Empfindung, daß die Menschen einen peinlichen Eindruck von ihr hätten, daß sie ihr feindlich seien!* Dieser Zwangsgedanke ergibt sich aus der psychischen Situation der Patientin mit Notwendigkeit, denn abgesehen davon, daß er die weibliche Fiktion der Patientin kräftig über sich hinausweisend zum Ausdruck bringt und als Memento wirkt, gibt er gleichzeitig der männlichen Fiktion Raum: jetzt kann sie ihre weibliche Rolle abwerfen, und so gut es geht auf der männlichen Linie leben, sie kann sich so gebärden, als wäre sie, wie der Mutter gegenüber, ein Mann. Denn die Mutter ist die einzige Person, mit der sie dauernd seit ihrer Erkrankung in Berührung steht und die sie durch ihre Erkrankung beherrscht, allerdings auch zur Verzweiflung bringt. Ihre eigene Feindseligkeit findet sie gerne bei den anderen, denn: »Unheil fürchtet, wer unhold ist«. Zu beachten ist der starke Mangel des Gemeinschaftsgefühls.

Erinnern wir uns auch, daß diesem Zwangsgedanken eine andere Krankheitserscheinung vorhergegangen ist: das Stocken im Gespräch sowie eine übergroße Befangenheit anderen Leuten gegenüber. In der Tat war dies der erste Akt ihrer ausgesprochenen Neurose, der Ausdruck ihrer erhöhten Anspannung gegenüber anderen Personen. Es ist, als ob sie sich beim Sprechen vorwiegend sichern hätte wollen – um nicht zu unterliegen, aber noch fähig gewesen wäre, die sichernde Fiktion ihrer Schwäche durch ein dem Stottern verwandtes System sich stets vor Augen zu führen. Bis sie durch Angriffe männlicher Personen, des Arztes, der Verwandten, *in ihrer Sicherung weitergehen mußte*, in der Sicherung des männlichen Protestes: *zu kämpfen oder fortzulaufen.* So weit war sie nun auch mir gegenüber gekommen, wie aus der obigen Schilderung hervorgeht. Aus den Analysen von Stotterern kann ich die gleiche Dynamik hervorheben. Ihr Stottern ist der Versuch, sich der Überlegenheit des andern durch eine Art passiver Resistenz zu entziehen, deren Grundlage ein vertieftes Minderwertigkeitsgefühl, deren hartnäckig festgehaltene Absicht die Ausspähung, Prüfung und vorsichtige Beschleichung des Partners ist, wobei gleichzeitig der Gedanke vortritt, durch masochistische Haltung auf den andern eine bannende Wirkung zu erzielen. Ferner: »Was hätte ich nicht alles schon erreicht, wenn ich kein Stotterer wäre!« So endlich trösten sich diese Patienten und umgehen dabei ihre eigene Empfindlichkeit.

Es ist mir bekannt, daß manche Leser meiner früheren Arbeiten gerade in dem Punkte Schwierigkeiten gesehen haben, und die Frage ventilieren, wie denn jemand durch weibliche Mittel einen männlichen Protest herstellen könne. Die Analogie mit der *passiven* Resistenz mag sie auch darüber aufklären. Es liegt in solcher Handlungsweise für die Analyse der häufige Sonderfall vor, daß »weibliche und männliche« Linien zeitlich fast zusammenfallen, ein Kompromiß bilden, nur daß die ununterbrochene Sicherungstendenz die Bewegung nach oben, für den Anfänger schwer bemerkbar, weiter innehält. Am deutlichsten beim Messalinentypus, wo die Niederlage als Eroberung empfunden wird. Sollte dies auf die Dauer wirklich so schwer zu verstehen sein?

Kehren wir zu unserer Patientin zurück. Wir können nun ihre beiden mir gegenüber geäußerten Gedankengänge einreihen. Ihre spitzen Bemerkungen, ihr subjektiv verschlechtertes Befinden sind ebenso Angriffe gegen mich, wie ihre Drohung, aus der Kur auszubleiben; erstere erinnern mehr an ihre gegenwärtige Krankheitserscheinung, letztere an die frühere. Auch den Anlaß zur Verstärkung ihres männlichen Protestes kennen wir schon: ihre Nachgiebigkeit in der Kur. Sie erzählt nunmehr, sie habe geträumt, wisse aber nur, *daß sie nach einem Schrei erwacht sei.*

Derartige Bruchstücke eines Traumes eignen sich ganz vorzüglich zur Deutung. Es ist, als ob man durch eine breite Bresche den Zugang zur Psyche gewänne, ohne daß weitere Details den Arzt abhalten. Meine Frage, wie sie denn geschrien hätte, beantwortet sie mit einer Mitteilung einer Erinnerung aus früher Zeit. Sie habe als Kind mörderisch geschrien, wenn ihr eines der Kinder oder sonst wer etwas zuleide tun wollten. Einmal sei sie in einen Keller gesperrt worden, und zugleich habe man sie damit erschreckt, daß dort Ratten seien. Auch beim Nasenspezialisten habe sie sehr geschrien. – Ich weise darauf hin, daß eine ähnliche Situation im Traume vorgelegen sein müsse, d. h. sie habe unter der Traumfiktion geschrien, als ob ihr Ähnliches in der Zukunft geschehen sollte.

Jeder Traum kann am besten übersetzt werden mit der Einleitung: »Gesetzt den Fall ... Ich habe vor längerer Zeit diesen Befund in meinen kleinen Arbeiten berichtet, und bin nun so weit, eingehendere Mitteilungen machen zu können. Es wird sich dabei manches wertvolle Stück der Freudschen Auffassung vom Traume bestätigen lassen, manches als nebensachlich und irreführend erweisen. So kann nicht genug hervorgehoben werden, daß erst Freuds Arbeiten über den Trauminhalt, über die Traumgedanken und über den Tagesrest die Möglichkeit einer Traumanalyse gegeben haben. Was aber die Freudsche Hauptfunktion des Traumes anlangt, alte Sexualwünsche aus der Kindheit zu beleben und einer Erfüllung (im Traume) zuzuführen, so ist es nunmehr an der Zeit, sich dieses leitenden, irreführenden und wenig bedeutungsvollen Gedankens zu entschlagen. Er war nicht mehr, konnte auch nicht mehr sein als eine Hilfsgröße, die, in sich widerspruchsvoll und gegen die Wirklichkeit gehalten nichtssagend, ihren Zweck allerdings, den Traum einem geordneten Denken zu unterwerfen, in meisterhafter Weise gelöst hat. Das Prinzip der Wunscherfüllung war selbst nicht mehr als eine Fiktion, nichtsdestoweniger aber in wundervoller Weise geeignet, das Verständnis des Traumes erheblich zu fördern. Was vom logischen Standpunkt die Bezeichnung des Prinzips der Wunscherfüllung als Hilfskraft selbstverständlich erscheinen läßt, ist der zweite Rahmen einer solchen Abstraktion bis auf einen Wunschrest, in welchem alle seelischen Regungen untergebracht werden können. Ja, es ist nur nötig, bei Bruchstücken von Gedankengängen die dahinter liegenden Regungen oder auch nur möglichen Regungen aufzusuchen, eventuell ein Vorzeichen ins Gegenteil zu verändern, und der vorliegende Gedanke ist Bruchstück eines erfüllten Wunsches. Nichtsdestoweniger hat uns Neurologen die Aufstellung der Freudschen Formeln ermöglicht, das Material der Träume zu ordnen und zu überblicken. Der Rechnungsansatz konnte mit ihr gemacht werden (Vaihinger). Der sich bald ergebende Widerspruch, daß der Akzent auf alte Wünsche aus der Kindheit gelegt wurde, die durch analoge Konstellationen der Gegenwart »Blut getrunken und aufgewacht waren«, *während doch selbstverständlich ein neuer Widerspruch mittels Erfahrungen der Vergangenheit einer Lösung im Traume zugeführt werden sollte*, wie die Individualpsychologie nachwies, ergab die Unhaltbarkeit der Freudschen Formel und zwang diesen Forscher zu weiteren Fiktionen.[1] Unter diesen lag ihm der Gedanke der Fixierung von inzestuösen Kindheitsbeziehungen am nächsten, die aber zu diesem Zwecke verallgemeinert und ins Grobsexuelle verzerrt werden mußten. Letzteres einfach deshalb, weil die Traumfiktion mit sexuellen Analogien nicht selten zu arbeiten pflegt, um andere Relationen auszudrücken, wie es auch an Gasthaustischen vorkommt.

Auch was das Augenfälligste im Traume war, sobald die Freudsche Formel den Rechnungsansatz gestattete, wurde durch eben diese Formel verdunkelt und geradezu in feindseliger Weise in den Hintergrund geschoben: *das Sorgende, Vorausblickende, Sichernde, das jeden Traum erzeugt und erfüllt. Die Hauptlinie des Traumes geht parallel dem Versuch der Sicherung des Persönlichkeitswertes und der persönlichen Überlegenheit.* Und damit ist der Hauptcharakter der Traumarbeit gemäß unserer Anschauungen auch bereits festgelegt: der Träumer sucht die männliche Linie zu gewinnen und wehrt sich wie der Neurotiker, wie der Künstler gegen ein aufkeimendes Gefühl der Niederlage im Sinne seines Lebensstiles. Seine Wertungen von Männlich – Weiblich stammen aus der Kindheit, sind individuell verschieden und individuell begründet und bilden in ihrer Gegensätzlichkeit die Grundlage der Hauptfiktion des Neurotikers. Die gedankliche Bewegung des Träumers und Neurotikers vollendet sich in Analogien, Symbolen und anderen Fiktionen, denen ein Gegensatz von unten – oben und gleichwertig damit von Weiblich – Männlich zugrunde liegt, wobei die Intention stets nach oben, nach dem männlichen Protest gerichtet ist, analog einer körperlichen Drehung, einer Erhebung des Schläfers.

Wenden wir nun diese zwei Kategorien, nach welchen der Traum gerichtet sein muß, die *Leitbilder*, wie Klages in seinen »Prinzipien der Charakterologie« (Leipzig 1910) sagt, auf dieses winzige Bruchstück eines Traumes, auf eine motorische Affektäußerung an, deren Verständnis sich

1. Neuerdings hat Freud auch seinen Standpunkt fallen gelassen und den »Todeswunsch« in den Vordergrund gerückt.

aus der Ausführung der Patientin ergibt, so können wir feststellen, 1. daß Patientin einen Gewaltakt befürchtet, ähnlich wie sie ihn in der Kindheit von einem Knaben, vor einiger Zeit von dem Nasenspezialisten erfahren hat, 2. daß sie auf diese *Voraussicht* ähnlich reagiert wie in der Kindheit auf eine Erniedrigung. Dazu ist noch zu bemerken, daß die Patientin von einem Hinweis berichtet, den sie von mir erfahren hat. Ich hatte nämlich gesprächsweise, um die Verschiedenheit des psychischen Reaktionstypus von Mann und Frau darzustellen, erwähnt, daß man unter Männern und Frauen in Weiberkleidern die Frauen zumeist auch daran erkennen könnte, wie sie beim Erscheinen einer Maus sich betragen würden. Die Frauen würden ihre Kleider mit den Händen an die Beine pressen. Diese Erwähnung kehrt in der obigen Erinnerung an die Kellerhaft bei den Ratten wieder. Und so liegt in der motorischen Affektäußerung des Schreis ein psychischer Gehalt des Inhalts: »man wird mich einsperren, man wird mich zwingen wollen, man wird mich erniedrigen (Keller!), denn ich bin ein Mädchen!« Und weiter ein psychischer Gehalt gleichsam als Gegenwehr, und in Rücksicht auf die Empfindung der weiblichen Rolle: des männlichen Protestes, welcher sagt: »schrei'!, damit man dich hört, damit man dich nicht bedrängt, damit man dich freiläßt!«

Vergleichen wir diese beiden sich einander stützenden Gedankengänge mit ihrem Verhalten gegen mich, so finden wir den zweiten Gedankengang getreulich wiedergegeben und deutlich auf mich bezogen. Patientin »schreit«, d. h. sie richtet sich gegnerisch gegen mich, wehrt sich gegen meine »Überlegenheit« und erklärt, sie wolle »frei« sein, d. h. aus der Kur fortbleiben. Also muß der erste Gedankengang, »man überwältigt mich, erniedrigt mich, hält mich gefangen«, im vergessenen Traumstück dargestellt gewesen sein, eine Behauptung, die Patientin ohne Entgegnung aufnimmt, als ich erkläre, ich müßte im Traume als der ihr überlegene Mann erschienen sein. – Ihr Widerstand dauert fort und wird mir wenig durch die Erklärung beeinflußt, daß sie sich aus übertriebener Vorsicht ein überflüssiges *Schreckbild* konstruiert habe, nach welchem sie befürchte, sie werde mir unterliegen, gegen das sie mit Schreien protestiert.

Auch ihr Gefühl einer weiblichen Rolle, die Möglichkeit eines Verlangens nach Liebe, ist sichtlich zu Sicherungszwecken übertrieben, *ihre Libido, vor der sie sich sichern will, demnach gefälscht.* Sie handelt so, als ob sie mir gegenüber schwach würde, und hält diese Fiktion für eine Wahrheit, weil sie sich dadurch am besten gesichert glaubt. Nun wird auch verständlich, was ihre Tendenz zur Umkehrung bedeutet. *Patientin will die Stärkere sein und fürchtet, daß* ich *es wäre.*

Leider gelang es mir nicht, die Patientin länger als einige Tage in der Kur zu halten, was auch für die Schwere des Leidens, für ihre Unzugänglichkeit und Unfähigkeit zum rein menschlichen Kontakt spricht. – Ein Jahr später erfuhr ich, daß sich im Ausland ihr Zustand verschlechtert habe.

IV. *Ausgangspunkt zur »Umkehrung« im Traum einer Manisch-Depressiven.* Eine Patientin von unerhörtem Ehrgeiz, die immer nur durch ihre Schönheit siegen wollte, andere Wirkungen *als einer schönen Frau sich nicht zutraute*, geriet, als sie ihre Schönheit einzubüßen fürchtete, in die depressive Phase. Als diese wich, zeigte sich eine unausgesetzte Rivalität gegenüber anderen Frauen. Eines Tages bemerkte sie, daß ihre Freundin, die jünger war, in der Gesellschaft Gefallen erregte. In der Nacht träumte sie: »Ich und meine Freundin sitzen auf einer Leiter, sie oben, ich unten. Ich bin sehr mißmutig.«

In ihrem Mißmut (Depression) zeigt sich ihr Minderwertigkeitsgefühl. Ebenso im »Untensein«. Die Affektstörung drängt selbstverständlich, *was im Traum nicht mehr behandelt wird*, zur Umkehrung der Situation. Zumindestens wird sie im weiteren Verlauf Gesellschaften meiden, um keinen Vergleich zuzulassen. Sie wird die »Distanz zum Leben« vergrößern. Ihr Mißmut deutet auch auf eine weitere Lösung hin, auf die Verschärfung ihrer schwindenden Depression. Gegen die Freundin aber wird ihr Ressentiment erwachen, sie wird durch Nörgeleien, Bosheiten und Beunruhigungen die Leiter umzudrehen versuchen.

X. Beitrag zum Verständnis des Widerstands in der Behandlung

Unter den Symptomen der Neurose findet sich als das Allgemein-Menschlichste, Verständlichste, aber wenig Verstandene, niemals Fehlende ein Komplex von Erscheinungen, den man als *Starrsinn*, als *Eigensinn*, als Gegensätzlichkeit, als Feindseligkeit, als kämpferische Haltung empfindet, dann wieder als Rechthaberei, als Unzugänglichkeit, als Herrschsucht. Auch die klinischen Begriffe des Negativismus, der Abschließung, des Autismus (Bleuler) gehören hierher. Versuche des Patienten solche Standpunkte logisch zu vertreten, fehlen fast nie, auch nicht in der Psychose. Diese Erstarrung ist immer ein Zeichen eines Mangels an Kooperationsfähigkeit, dem einzigen, richtigen Maßstab im Verhältnis zur Norm.

In dieser gegensätzlichen Haltung zum Mitmenschen ist eigentlich die ganze irrtümliche Isolierungstendenz und die kraftlose, entmutigte Herrschsucht und Eitelkeit des Patienten zu begreifen. Indem die herabsetzende Stellungnahme des Patienten, oft in Demut, Folgsamkeit, Liebe oder Minderwertigkeitsgefühl verkleidet, aber stets unfruchtbar und die Umgebung schwächend, auch selbstverständlich dem Arzt gegenüber zum Ausdruck kommt, hat dieser die günstigste Gelegenheit, auch von diesem Symptom her die Persönlichkeit seines Patienten zu begreifen, ihm offen jeden Angriffspunkt zu entziehen und alle hierher gehörigen Äußerungen dem Verständnis des Kranken näherzubringen und seine Kooperationsfähigkeit zu trainieren.

Eine Patientin, die sich seit zwei Monaten in der individualpsychologischen Kur befand, kam eines Tages und fragte, *ob sie das nächste Mal statt um 3 Uhr um 4 Uhr kommen könne.* So sehr auch Patienten in solchen und ähnlichen Fällen für die Notwendigkeit ihres Ersuchens plädieren, ist doch die Vermutung gerechtfertigt, daß der verlangte Aufschub ein Zeichen der verstärkten Aggression des Protestes gegen den Arzt sei. Man hätte Unrecht und handelte gegen die Absicht der Kur, den Patienten innerlich frei zu machen, wenn man bei solchen Anlässen den Versuch unterließe, sich auf die Begründung ein wenig einzulassen.

Patientin gab also an, daß sie um 3 Uhr zur Schneiderin gehen müsse, eine etwas schwächliche Begründung, die vielleicht nur unter Berücksichtigung der längeren Kur und der dadurch tagsüber eingeschränkteren freien Stunden ein wenig stärker wurde. Da ich die verlangte Stunde nicht frei hatte, schlug ich probeweise die Zeit von 5 bis 6 Uhr vor. Aber die Patientin *lehnte ab*, mit der Bemerkung, ihre Mutter sei um 5 Uhr frei und erwarte sie bei einer Freundin. Also abermals eine kaum genügende Begründung, so daß der Schluß gerechtfertigt war, Patientin sei – *im Widerstand gegen die Kur.*

Freud hat wiederholt darauf hingewiesen, daß die Analyse vor allem an den Widerstandserscheinungen anzusetzen habe, ferner, daß letztere oft oder immer mit der *Übertragung* im Zusammenhang stünden. Da nach unserem Dafürhalten die psychischen Relationen für diese zwei Fragen andere sind und zuweilen mißverstanden werden, wollen wir sie an diesem Falle erörtern.

In erster Linie ist wohl ins Auge zu fassen, an welcher Stelle der Aufklärungen in der Kur der Widerstand sich geltend macht. In unserem Falle hatte die Patientin seit einigen Tagen von ihren Beziehungen zum Bruder gesprochen. Sie hatte bemerkt, daß sie zuweilen, wenn sie mit ihm allein sei; ein unerklärliches *Ekelgefühl* empfinde. Doch habe sie keine Aversion gegen ihn und gehe ganz gerne mit ihm in Gesellschaft oder ins Theater. Nur vermeide sie es ihm auf der Straße den *Arm zu reichen*, aus Furcht, *von fremden* Leuten für seine Geliebte gehalten zu werden. Auch zu Hause unterhalte sie sich oft mit ihm, lasse sich auch oft von ihm, der dies häufig praktiziere, küssen. Sie selbst küsse leidenschaftlich gerne, *verspüre zuweilen eine wahre Kußwut*, sei aber dem Bruder gegenüber in der letzten Zeit viel zurückhaltender, da sie *mit ihrer feinen Nase bei ihm einen abscheulichen Geruch aus dem Munde verspürt habe.*

Die psychische Situation der Patientin im Verhältnis zu ihrem Bruder ist klar genug. Sie findet in sich Gefühlsregungen und erwägt Möglichkeiten, *gegen die sie sofort zu Sicherungstendenzen* schreitet. Lauten die ersteren im Sinne weiblicher Regungen (sich küssen lassen, den Arm nehmen, männliche Gesellschaft suchen), so antwortet sie darauf mit dem männlichen Protest, wenngleich sie diesem eine *unauffällige logische Repräsentation* verleiht.

Was tut sie also, um ihre kulturelle männliche Stellung zum Bruder aufrecht zu erhalten? Sie führt unbewußt *eine Schwindelwertung* ein, wird äußerst scharfsinnig und voraussehend, zuweilen so sehr, daß sie außerdem noch recht behält.[1] Freilich, die Furcht, man könnte sie für die Geliebte des Bruders halten, wenn sie ihm den Arm gibt, werden nur die nachfühlen können, die eine ähnliche Einstellung zu einem ihrer Geschwister gehabt haben. Aber mit dem Geruch aus dem Munde hat sie ja recht! Und doch ist der Umstand auffällig, daß *niemand sonst aus der Umgebung*, die von ihm nicht weniger oft geküßt wird, diesen üblen Geruch wahrgenommen hat. Unsere Patientin hat also in ihrer Einstellung gegen den Bruder eine *Umwertung* vorgenommen, die deutlich zeigt, wohin sie zielt. »Der Andere hört von allem nur das Nein!«[2]

Sollte jemand die Wahrscheinlichkeit bezweifeln, daß es irgendwelche Liebesregungen zwischen Bruder und Schwester gäbe, so würde ich nicht einmal auf das große Material der Geschichte, der Kriminalistik und der

1. Auch ein Toller kann recht haben. Wenn ich, was man bei Patienten mutatis mutandis oft findet, eine Aufgabe ausführen soll und dabei irgendwo einen wirklichen Druckfehler entdecke, so habe ich wohl recht, wenn ich auf denselben hinweise und immer wieder hinweise. Aber es handelt sich um meine Aufgabe, nicht um die Feststellung eines Druckfehlers. Siehe auch Adler, »Fortschritte der Indiv.-Psycholog.« in der Intern. Zeitschr. f. Indiv.-Psych. II. Jahrg., 1. Heft. Wien 1923.
2. *Falsche Wertungen*, seien sie Über- oder Unterwertungen, sind für die psychische Dynamik im Leben und in der Neurose von größtem Belang und beanspruchen insbesondere das eingehendste Interesse in der Individualpsychologie, die scharf zwischen privater Intelligenz und common sense unterscheidet. Der »Fuchs und die sauren Trauben« sind dafür ein lehrreiches Beispiel. *Statt sich seiner eigenen Minderwertigkeit bewußt zu werden*, entwertet der Fuchs die Trauben – *und bleibt bei guter Laune*. Er ist oben auf *Größenwahn* eingestellt. Diese Art psychischer Vorgänge dienen vor allem dazu, die Fiktion des »freien Willens« – damit im Zusammenhange – des *persönlichen Wertes* fest-

pädagogischen Erfahrung hinweisen, sondern hervorheben, daß *ich die Tiefe solcher Empfindungen nicht hoch veranschlage.* Es ist, als ob die zwei Geschwister, wie in der Kinderstube einmal, Vater und Mutter spielten, wobei sich das Mädchen kraft seiner neurotischen männlichen Einstellung jedesmal zu sichern trachtet, um nicht zu weit zu gehen. Der Bruder ist längst für sie nicht mehr der Bruder, sondern er spielt jetzt die *Rolle des kommenden Bewerbers. Sie aber lebt mit ihm in einer zum voraus konstruierten Welt, in der sie zu zeigen versucht, wessen sie fähig ist, und wie sie sich davor zu sichern trachtet.*[1] Übrigens zeigen alle inzestuösen Regungen auf den Mangel an Kooperationsfähigkeit hin, demzufolge der Patient, oft mit verstärktem Familiensinn an der Grenze der Familie Halt macht.

Wessen sie aber fähig ist, das sagen ihr ihre Erinnerungen und die Empfindungsspuren vergessener Geschehnisse; deren Gesamteindruck lautet für die Patientin: *ich bin ein Mädchen*, ich bin nicht stark genug meinen Sexualtrieb zu beherrschen, ich hatte schon in der Kindheit wenig Energie, meine Phantasie spielte mit verbotenen Dingen, sogar dem Bru-

zuhalten. Dem gleichen Zweck dienen die Überwertungen eigener Leistungen und Ziele – sie sind erzwungen durch die Flucht vor dem dunklen Gefühl der eigenen Minderwertigkeit, sind *arrangiert* und stammen aus der übertriebenen Sicherungstendenz gegen das Gefühl des »Untenseins«. Daß die übertriebene *männliche Einstellung* bei weiblichen und männlichen Neurotikern von diesem Arrangement den größten Gebrauch macht, habe ich wiederholt gezeigt. Ebenso, daß die Sinne des Patienten, Gehör, Geruch, Gesicht, Haut-, Organ- und Schmerzempfindung mit Aufmerksamkeit überladen und in den Dienst dieser Tendenz gestellt werden, wobei der Patient Richter und Kläger in einer Person ist. Vergleiche Schillers Epigramm: »Recht gesagt, Schlosser, man liebt, was man hat, man begehrt, was man nicht hat! Denn nur das reiche Gemüt liebt, nur das arme begehrt!« Versteht der Patient erst seine Einstellung, so korrigiert er, indem er seine Wertungen in Einklang mit den realen Kraftverhältnissen bringt. Seine Einfügung und Kooperation beginnt mit seinem *Gefühl der Gleichwertigkeit.*

1. Dieses Vorausdenken, Vorempfinden mit anschließender Sicherungstendenz ist eine *Hauptfunktion des Traumes* und bildet unter anderem die Grundlage telepathisch und prophetisch scheinender Begebnisse, aber auch das Wesen jeder Art von Prognose. Der Dichter Simonides wurde einst von einem Toten im Traume vor einer Seereise gewarnt. Er blieb zu Hause und erfuhr später, daß das Schiff umgekommen sei. Wir dürfen wohl annehmen, daß der berühmte Dichter, der sich im Traume gegen die Reise »scharf« gemacht hat, wohl auch ohne Traum und ohne Warnung zu Hause geblieben wäre.

der gegenüber konnte ich mich nicht beherrschen! Man wird mich beschmutzen und mißhandeln, ich werde krank werden, unter Schmerzen Kinder gebären, unterworfen und eine Sklavin sein! Ich muß frühzeitig und allezeit bedacht sein, meinen Trieben nicht zu unterliegen, mich keinem Manne fügen, *jedem Manne mißtrauen – indem ich selbst wie ein Mann auftrete!* Ihr weibliches sexuelles Empfinden wird der Feind, und dieser Feind wird mit unheimlicher Stärke und allen Tücken ausgestattet. *So entsteht im Gefühlsleben des Neurotikers eine Karikatur des Sexualtriebs, die es doch zu bekämpfen lohnt.* Auch der männliche Neurotiker fürchtet die *ihm weiblich scheinenden Regungen*, Zärtlichkeit, Neigungen, sich der Frau zu unterwerfen, die in seinem Liebesleben zutage treten, und karikiert sie zwecks sicherer Bekämpfung. Aus anderen nichtsexuellen Beziehungen des Lebens werden Analogien herbeigeschafft, seelische Züge und ehemalige Schwäche, Trägheit, Energielosigkeit dienen ebenso wie körperliche Züge und ehemalige Kinderfehler[1] zum Beweise des Vorhandenseins unmännlicher, d. h. weiblicher Züge und werden mit männlichem Protest beantwortet. Daß auch wirkliche Unfälle arrangiert oder eingeleitet werden, daß die Trotzeinstellung befähigt (so bei Mädchen, die sich im Trotz gegen die Mahnungen der Mutter auflehnen), die eigene weibliche Sexualbetätigung als männlichen Protest gegen die Eltern, auch gegen die mädchenhafte Keuschheit zu verwenden oder bei männlichen Neurotikern weibliche Weichheit und Aboulie (häufig bei sog. »Neurasthenie«), Impotenz und Furcht vor der Liebe festzuhalten, habe ich an anderen Stellen auseinandergesetzt. Alle die arrangierten und oft karikierten, irrtümlichen Binnenwahrnehmungen finden in dem Weben der Psy-

1. Ich hatte einige Patienten in der Kur, die sich bei ihren Anfällen gerne nach Flies auf deren periodischen Aufbau beriefen, damit auf ihre weibliche »Substanz« hinwiesen, mir aber dadurch verrieten, daß sie im Banne der übermächtigen Frage stehen geblieben waren, *bin ich männlich oder weiblich?* Die Theorie gibt ihnen Beruhigung: jeder ist männlich und weiblich! In der Analyse finde ich regelmäßig den Hinweis auf die Periodizität der Anfälle auch als Widerstand gegen den Arzt verwendet. Immer aber hatte der Patient bei seinen periodischen Anfällen die Hand im Spiele. Die Rezidiven aber und die Zyklothymie setzen immer an einer neuen Schwierigkeit an.

che ihren Platz, um als *Memento* den männlichen Protest und die Sicherung gegen das Unterliegen mit Macht heraufzubeschwören.

Wir sind also zu dem Schlusse gekommen, daß die Patientin heute wohl kaum Gefahr läuft, einen Inzest zu begehen, daß sie vielmehr *in ihrer Sicherungstendenz weiter ausholt als* unbedingt nötig wäre, und daß sie *damit noch einem Hauptzweck ihrer* männlichen Einstellung dient: ihre Zukunft *unabhängig vom Manne*, nicht in der weiblichen Rolle zu gestalten.

Die Entwertung des Partners ist die regelmäßigste Erscheinung bei Nervösen. Sie kann deutlich zutage liegen wie in unserem Falle. Sie kann aber auch so tief versteckt sein, daß mancher, der diese Behauptung liest, vergeblich sein Material befragen wird, um sich über die Allgemeingültigkeit dieses Satzes zu belehren. Findet man doch so häufig bei Neurotikern masochistische und »weibliche« Züge, weitgehendste Tendenzen zur Unterwerfung und Hypnotisierbarkeit! Die hysterische Sehnsucht nach dem großen, starken Mann, vor dem man sich beugen kann, hat ja stets unsere Aufmerksamkeit gefesselt! Wie viele der neurotischen Patienten sind der Bewunderung voll für ihren Arzt und überhäufen ihn mit Lobeshymnen! Es sieht wie Verliebtheit aus. Das dickere Ende kommt aber nach.[1] Keiner kann die Einfügung vertragen, und das weitere Räsonnement lautet: »Solch ein Schwächling bin ich! Solcher Unterwerfung bin ich fähig! Ich muß mich mit allen Mitteln sichern, um nicht zu fallen!« Und wie einer, der einen Hochsprung vorhat, weicht er einige Schritte zurück und duckt sich, um mit verstärkter Flugkraft über den andern hinwegzusetzen. Eine meiner Patientinnen sprach öfters davon, daß sie amoralisch sei und jederzeit bereit ein Verhältnis einzugehen. Nur daß ihr die Männer aus ästhetischen Rücksichten zuwider seien! Ein Patient, der bei mir wegen Impotenz in Behandlung stand, war wegen seines Leidens mehrere Male von einem Kurpfuscher hypnotisiert worden. Beim Abschied erklärte der Hypnotiseur, wenn der Patient das Anhängsel seiner Uhr an die Stirne legte, so würde er einschlafen. Heilung der Impotenz kam allerdings nicht

1. Siehe meine Ausführungen über den *Pseudomasochismus* in »Psychische Behandlung der Trigeminusneuralgie« in diesem Bande.

zustande, aber das Experiment mit dem Anhängsel gelang jedesmal. Patient war nämlich seither bei mehreren Ärzten in Behandlung gewesen. So oft die angewandten mechanischen und medikamentösen Mittel versagten, äußerte er den Wunsch, hypnotisiert zu werden. Keinem der Ärzte gelang die Hypnose. Da nahm zum Schlusse der Sitzung der Patient sein Anhängsel zu Hilfe und demonstrierte dem Arzte, wie er sich in Schlaf versenke. Der Sinn seines Benehmens lautete: Ihr könnt nicht einmal das, was ein Kurpfuscher, ja nicht einmal was mein Anhängsel vermag! Sobald der Patient, der seit jeher mißtrauisch und auf die Entwertung von Mann und Frau bedacht war, das Geheimnis seiner Psyche erkannte, verlor das Anhängsel seine Kraft.

Die individualpsychologische Verfolgung dieser *entwertenden Einstellung gegen den Mann* führte mich regelmäßig in die kindliche pathogene Situation zurück, wo der Patient als Kind bereits, als Prototype, dem Vater »über« sein wollte und tatsächlich oder in seiner Phantasie alle Fechterstellungen an dem Vater, an den Brüdern und Lehrern ausprobierte. Nicht minder sicher aber scheint mir, daß der neurotische Charakter des disponierten Kindes, sein übertriebener Neid, sein Ehrgeiz und seine Herrschsucht – das Streben nach Macht ungeheuer aufpeitschen.

Von diesem Standpunkt aus ist auch die Doppelrolle des neurotisch disponierten Kindes in seiner *Stellung zur Frau* leichter zu fassen und an der Hand des Materials zu überprüfen. Einerseits wird die Frau – wie alles, was man nicht gleich haben kann – in der übertriebensten Weise idealisiert und mit allen Wundergaben der Kraft und Macht ausgestattet. Mythologie, Märchen und Volksgebräuche haben den Typus der Riesin, des weiblichen Dämons häufig zum Inhalt, demgegenüber – wie im Gedichte Heines »Loreley« – der Mann verschwindend klein oder rettungslos verloren ist. Der Neurotiker *bewahrt* recht häufig *als schreckende Spuren dieser infantilen Einstellung* bewußte oder unbewußte Phantasien oder Deckerinnerungen (Freud), Reminiszenzen an Frauen, die über ihm standen oder über ihn hinwegschritten (s. Ganghofers Biographie; ähnliches berichtet Stendhal), *alles Szenen, die nicht als Trauma, sondern als verräterische Zeichen des Lebensstils zu verstehen sind.* Später findet sich im psychischen Überbau in irgendeiner Form die Scheu vor der Frau, die Furcht hängen zu bleiben, nicht von ihr loszukommen. Gegen diese drängende psychische Relation, die mit Unterwerfung unter das Weib droht, richtet der Neurotiker seine Sicherungstendenz, verstärkt seinen männlichen Protest, verstärkt seine Größenideen und erniedrigt und entwertet aus seiner unbewußten Sicherungstendenz heraus die Frau. Recht häufig tauchen dann in den Phantasien und im Bewußtsein zweierlei Frauengestalten auf: Loreley und (Wiswamitras) Geliebte. – Ideal und derbsinnliche Gestalt. – Mutter (Marien-)typus und Dirne. (Siehe O. Weininger.) – Oder es kommt eine Verschmelzung zustande: die reine Hetäre. Oder es tritt eine der beiden Typen scharf in den Vordergrund (Feministen und Antifeministen).

Schon im zweiten Halbjahr greift das Kind nach allen Gegenständen und ist nicht leicht, bereit sie abzugeben. Bald greift es unter dem Drucke des Machtstrebens und des Gemeinschaftsgefühls nach Personen, die gut mit ihm verfahren. An diese Tendenz des Besitzenwollens schließt sich Eifersucht als *Sicherungstendenz*[1]. Wird das Kind noch weiter zum Vorbauen gedrängt (Unsicherheit der Geschlechtsrolle), so entsteht oft Frühreife und Zaghaftigkeit. Und ich bin zu dem Ergebnis gelangt, in *der Beziehung zu den Eltern und Geschwistern waltet schon jener später neurotische Zug, der sich die gottähnliche Überlegenheit zum Ziel setzt und sich gleichzeitig vor Niederlagen durch die zögernde Attitüde und durch Ablehnung der Kooperation zu sichern trachtet.* – Die Formen des kindlichen Erlebens haben an sich keine treibende Kraft, sind nicht Ursachen sondern Wegspuren. *Sie sind jedoch in der*

1. Bei einer Hebephrenen fand ich diese Form der Sicherung außerordentlich stark. Sie zeigte eine unüberwindliche Neigung, alles was ihr gehörte, ewig und restlos an sich zu ketten, Mann, Kind, Kleider, Hüte, ihr eigenes Kinderspielzeug, befreundete Besucher, aber auch Wohnung und Plätze, wo sie längere Zeit geweilt hatte. Das Vorbild einer herrschsüchtigen Mutter und ihre eigene Herrschsucht, die sich z. B. in ihrer Vorliebe für Friedhöfe, wo sie täglich mit Begeisterung lustwandelte, symbolisierte, gaben die Erklärung. Begreiflicherweise führte ihre Herrschsucht dem Arzt gegenüber zum Widerstand, insbesondere weil seine Aufklärungen ihre Herrschaft bedrohten.

individuellen Machtperspektive erkannt und verwendet, erinnert oder vergessen. Sie sind selbst nur zu Grad und Ansehen gelangt, weil sie auffallende, sinnvolle Erscheinungen in der Dynamik der Neurose darstellten und weiterhin *als Memento oder als Ausdrucksweise* im Rahmen des männlichen Protestes in der Neurose ohne weiteres Verwendung finden können. »Ich bin ein Schwächling den Frauen gegenüber! Schon als Kind unterwarf ich mich aus Liebe zu einer Frau«, heißt, über sich hinausweisend: »Ich fürchte die Frauen.« Dieser Furcht vor dem »dämonischen« Einfluß der Frau, vor dem »Rätselhaften«, »ewig Unerklärlichen« und »Gewaltigen« folgt die *Entwertung* oder Flucht auf dem Fuße. Nun resultiert psychische Impotenz, Ejaculatio praecox, Syphilophobie, Furcht vor der Liebe und Ehe mangels der Kooperationsfähigkeit. Bricht der männliche Protest in der Richtung des Sexualverkehrs durch, so findet der Neurotiker bloß die völlig entwertete Frau, *die Dirne, aber auch das Kind und die Leiche*[1] seiner »Liebe« wert oder die starke Frau, die er herabzusetzen trachtet. *Die Analyse deckt dann als echtes Motiv auf, daß er die eine leichter beherrschen zu können glaubt*, oder sich sogar die Beherrschung der anderen zutraut. So drängt auch der männliche Protest den Lebensfeigen zum Don Juanismus[2].

Ich habe noch keinen männlichen Neurotiker gesehen, der nicht in irgendeiner Form die Inferiorität der Frau besonders betont und zu beweisen getrachtet hätte. Vielleicht immer auch zugleich die des Mannes. Der Kampf gegen den Rivalen in der Liebe stammt aus dieser letzteren Tendenz[3], ist in erster Linie Neid. – Der weibliche Neurotiker entwertet noch regelmäßiger *Mann und Weib.* – Unsere Patientin nun, da sie es mit einem männlichen Arzt zu tun hat, wird wie immer bisher die Entwertung dieses neu auftauchenden Mannes betreiben. Und dies um so mehr, wenn sie merkt, daß er ihr an Wissen »über« ist. Auch in unserem Falle setzte der »Widerstand« nach

1. Das Widerstandslose, das nicht trügen, nicht beherrschen kann.
2. Viele (zwei) Frauen auf einmal oder hintereinander, keine dauernd. Nur das Gefühl eines flüchtigen Sieges *ohne Gegenleistung* ist verlockend.
3. Siehe auch die entsprechende Haltung des Patienten in der »Psychischen Behandlung der Trigeminusneuralgie« in diesem Band.

wichtigen Aufklärungen ein, die ich ihr über den Protestcharakter ihrer Neurose geben konnte. Sie antwortete mit neuem Protest, *»weil Sie in so vielen Dingen recht hatten«*. Recht aber wollte sie behalten! Wenn sie sich nun in Träumen oder Tagesphantasien Bilder ausmalte, in denen sie leichtsinnig und lasterhaft war, mit mir oder mit dem Bruder sexuelle Beziehungen anknüpfte, so war dies als neurotische Übertreibung zu verstehen, um sich davor zu sichern. Die *»Liebesübertragung«* auf den Arzt ist demnach unecht und nur als Karikatur zu verstehen, läßt demnach auch keine Einschätzung als *»Libido«* zu, ist aber vor allem nicht »Übertragung«, sondern *allgemeine Haltung*, Gewohnheit, die aus der Kindheit stammt und den Weg zur Macht darstellt.

Der weitere Verlauf war typisch. Es begann der Endkampf um die Entwertung des Arztes. Alles wollte sie besser wissen, besser können. Kaum eine Stunde verging, wo sie nicht durch Einwürfe und Vorwürfe gröbster Art das ärztliche Prestige zu erschüttern versucht hätte.

Die Mittel der Individualpsychologie sind völlig ausreichend, um das alte Mißtrauen des Patienten gegen die Menschen aufzuheben. Geduld, Voraussicht und Vorhersage sichern dem Arzt den weiteren Fortschritt, der darin besteht, jene pathogene kindliche Situation aufzudecken, in der die spezielle männliche Protestregung wurzelt. Die kameradschaftliche Beziehung zum Arzt aber ermöglicht dem Arzt wie dem Patienten die volle Einsicht in das neurotische Getriebe, in die Unechtheit von Gefühlsregungen, in die fehlerhaften Voraussetzungen der neurotischen Disposition und in die überflüssige Kraftvergeudung des Neurotikers. Am Individualpsychologen lernt der Patient die Selbstfindung, die Kooperation und die Beherrschung seiner überspannten Triebe. Zum erstenmal in seinem Leben! Und dazu dient uns die Auflösung des Widerstandes gegen den Arzt. Ein Rest des Gemeinschaftsgefühls beim Neurotiker und psychologisch Erkrankten ermöglicht dem Arzte die Anknüpfung.

In merkwürdiger Weise deckt sich unsere Auflassung vom Widerstand mit den Äußerungen Pestalozzis in »Lienhard und Gertrud« über einen anderen Fehlschlag der Entwicklung: »Menschen, die so lange verwahrlost sind, finden in jeder Bahn des Rechts und der Ordnung, zu der man sie hinführen will, ein ihnen unerträgliches Joch, und du wirst, wenn du bei deinen Endzwecken tiefer als auf die Oberfläche wirken und nicht bloß Komödie mit ihnen spielen willst, sicher erfahren, daß alles wider dich sein, alles dich betrügen, alles sich vor dir zu verbergen suchen wird. Du wirst erfahren, der lang und tief verwilderte Mensch haßt in jedem Verhältnis den, der ihn aus seinem Zustand herausreißen will und ist ihm wie seinem Feind entgegen.«

XI. Syphilidophobie

Ein Beitrag zur Bedeutung der Phobien und der Hypochondrie in der Dynamik der Neurose.

Es kommt mir selten ein Fall von Neurose vor, der nicht in ausgeprägter Weise Gedankengänge der Syphilisfurcht verriete. Bald steht dieses Symptom im Vordergrund, ist oft scheinbar das einzige, dessentwegen der Patient den Arzt aufsucht, bald wieder verwebt es sich mit einer Unzahl anderer Symptome in der mannigfachsten Weise. Meist sind es Patienten, die noch keine Infektion durchgemacht haben. Aber auch ehemals infizierte Neurotiker zeigen zuweilen eine derartige Phobie, ersetzen sie jedoch häufiger durch die Furcht vor Gonorrhöe, vor Morpiones und Ungeziefer oder vor Tabes und Paralyse, oder sie zittern vor dem Schicksal ihrer noch lange nicht geborenen Kinder. Stets heftet sich ein ungeheueres Interesse an den Syphiliskomplex, in Wort und Schrift jagen sie diesem Thema nach, und nicht selten findet man auch, wie sich diese Aufmerksamkeit zeichnerisch, malerisch, erfinderisch betätigt, wie z. B. bei Felicien Rops.

Daß die Phobiker und Hypochonder *vorsichtig* sind, ist eine Binsenwahrheit, und es lohnte nicht der Mühe, davon zu sprechen, *wenn sie diesen Charakterzug nicht mit jedem Neurotiker teilten.* Eine eingehende Analyse ihrer Zustände kann jeden leicht belehren, daß die phobischen und hypochondrischen Symptome eine ausgezeichnete Eignung besitzen, ihren Träger vor einer Niederlage im Leben zu sichern, ja daß Vorsicht in unserem Sinne fast überflüssig erscheint, *da sie ganz durch die Phobie ersetzt werden kann,* wie die Angst durch die Sicherung. Nur daß die Phobie an einer anderen, früheren, rückwärts gelegenen Stelle des menschlichen Bezugssystems einsetzt und deshalb zu stärkeren, weiter greifenden Ausschaltungen führt als die Vorsicht.

Nun entstehen jene Zustandsbilder, deren Auflösung und Verständnis so große Anforderungen an den Neurologen stellen. *Da die Phobie aus der*

Sicherungstendenz entspringt, den Patienten mehr als genugsam behütet, darf er sich schon den Luxus erlauben, Unvorsichtigkeiten bei kleinen Anlässen zu begehen. In der Tat wird jeder Syphilidophobe Beweise erbringen, wie unvorsichtig er sein kann. Der psychische Zusammenhang dieser, wie *Bleuler* mit Unrecht sagen würde, »voluntären Ambivalenz« ist damit allerdings noch nicht einmal angedeutet. Er liegt in der *Dynamik des psychischen Hermaphroditismus mit folgendem männlichen Protest*, und die kontrollierende, sozusagen zuschauende (»sentimentalische« Schillers!) Instanz des neurotischen Seelenlebens gerät unter den Eindruck: »So unvorsichtig kann ich sein! Ich kenne keine Grenzen! Also Vorsicht!« Dies ist die zwingende Seelenregung des Phobikers, die er regelmäßig auftauchen läßt, ob er sich nun irgendwelcher Unvorsichtigkeiten erinnert, oder ob er sie, was wohl bedeutungsvoller wird, *im kleinen arrangiert.*

In dieses *neurotische Arrangement* gehört z. B. die dauernde oder gelegentliche Abneigung gegen Schutzmaßregeln. Als Erklärung für diesen »Leichtsinn« hört man stets die gleichen scheinbaren Ungereimtheiten: »die Schutzmaßregeln taugen nichts!« – Oder: »ich bin nicht imstande sie zu benützen.« Und ähnliches mehr.

Daß diese Einwände des leichtsinnig scheinenden Neurotikers eine gewisse Berechtigung haben, soll nicht geleugnet werden. Aber diese Berechtigung sollte doch für alle gelten! Und in der Tat überzeugt man sich leicht, daß der Syphilidophobe dieser Kategorie auch anders kann, daß er auch Schutzmaßregeln anzuwenden imstande ist.

In diesem Gebaren liegt derselbe Sinn, den ich in meinen früheren Arbeiten wiederholt beschrieben habe: der Patient spielt mit der Gefahr, läuft seinen Ohrfeigen nach, nur um sich in sein Sicherungsnetz um so fester einzuspinnen, um Sich die sonstigen Gefahren der Außenwelt und seine eigene Minderwertigkeit recht drastisch vor die Seele zu rücken. Ein Patient, der kurz nach einer erworbenen Lues wegen anderer nervöser Symptome in meine Behandlung kam, drückte dieses Verhältnis mit den Worten aus: »Jetzt bin ich erst von meiner Angst erleichtert, seit ich an Lues erkrankt bin. Seit zehn Jahren habe ich auf diese Infektion mit

Angst und Bangen gewartet!« Was ihn wirklich erleichterte, war seine nunmehrige Enthebung von der Liebe und Ehe.

Die meisten der Syphilidophoben rücken allerdings mit ihrer Sicherungstendenz direkt gegen die Infektionsgefahr vor. Sie sichern sich auf allen entfernteren und näheren Gebieten, die mit der Infektionsmöglichkeit zusammenhängen, vermeiden sogar Berührungen, Trinken aus fremden Gläsern, schließen sich von Gesellschaften ab und können nur den eigenen Abtritt benützen. In den weiteren Kreis ihrer Sicherungen gehören Masturbation, Ejaculatio praecox, Pollutionen und psychische Impotenz. Auch gewisse Charakterzüge werden maßlos verstärkt. So der *Geiz*. Dadurch ist ihnen der Weg zur Liebe aufs äußerste erschwert. *Ihre Ästhetik und ihre ethischen Grundsätze* erreichen ein unheimliches Maß, ihre Augen, Ohren und Nasen wittern überall Unrat und Fehler, ganz so wie beim Waschzwang. Die syphilidophobischen Mädchen flirten oft unaufhörlich, schrecken aber vor der Liebe und Ehe wie die männlichen Patienten zurück. »Wegen des Geruchs, wegen der Unreinlichkeit, wegen der Flatterhaftigkeit, Verlogenheit – weil die Männer nicht rein in die Ehe treten – also lauten die bezüglichen Erklärungsversuche. Nicht so selten hört man von Mädchen die Befürchtung, vom Manne in der Ehe infiziert zu werden. Weitere Sicherungen solcher Frauen sind Vaginismus und Frigidität, solcher Männer und Frauen Homosexualität und Perversionen[1].

Ist man in der Analyse bis zu diesen Zusammenhängen vorgedrungen, und versteht der Patient seine Syphilisfurcht als eine Form der Rücken-

1. Bei der Perversion ist, wie ich in anderen Zusammenhängen (s. Das Problem der Homosexualität, l. c.) schon öfters ausgeführt habe, ein zweifacher psychischer Modus zu entdecken. 1. Die Perversion, in der Regel Masochismus, um durch eigene Unterwerfung den Partner zu *fesseln*. Als Pseudomasochismus. Oder 2. Perversion als äußerster Grad der Unterwerfung, um vom Partner loszukommen, sich zu erschrekken und vor andern Partnern zu fliehen, vor ehelicher Verbindung usw. Ganz durchsichtig, wenn der Masochismus auf das Gebiet der Phantasie beschränkt bleibt. Anschließend daran – zur Revanche – oft sadistische Äußerungen und Phantasien oder Ekel. Neigung zur Herrschsucht und Sekkatur. Immer liegt die Tendenz zur Ausschaltung eines, dem eigenen Ehrgeiz gefährlich scheinenden Gebietes, der Kooperation in der normalen Erotik, zugrunde.

deckung, als eine *halluzinatorische Erregung* und Einfühlung in eine drohende Gefahr, die ihm *fast* die letzte Konsequenz eines unbedachten Schrittes vorspiegelt, nämlich den bevorstehenden Eintritt der Infektion,[1] so klingt die Syphilidophobie in vielen Fällen ab. Eine radikale Heilung der Neurose und in vielen Fällen muß man bis ans Ende der Aufklärung gehen – erfordert ein tieferes Erfassen der unbewußten Grundtatsachen und Regungen. Die Endergebnisse einer solchen Analyse sind folgende:

1. Die Syphilidophobie ist nie die einzige Form der Sicherung, sondern kooperiert regelmäßig mit allen oder den meisten der neurotischen Sicherungstendenzen.
2. Alle Sicherungstendenzen werden eingeleitet, sozusagen angekündigt, durch die Erscheinung ängstlicher Erwartungen.
3. Die ängstliche Erwartung resultiert aus dem Gefühl der Minderwertigkeit und Unsicherheit, das durch Organminderwertigkeit und durch die Furcht vor einer dauernd inferioren Rolle im Stadium der Kindheit erworben und in der späteren Entwicklung größtenteils im Unbewußten festgehalten wird und kennzeichnet die Stimmungslage des Ausreißers, der den Kontakt mit den Mitmenschen nicht gewonnen hat.

Die Formen dieser neurotischen Dynamik habe ich in den Beiträgen dieses Bandes auseinandergesetzt, sie betreffen die verschiedenen Versuche eines Persönlichkeitsprotestes gegenüber der Empfindung einer minderwertigen Rolle und beziehen sich auf einen Gegensatz der wörtlich und figürlich in den Beziehungen von *»Unten und Oben«* zum Ausdruck kommt.

Besonders deutlich tritt bei den Syphilidophoben aus dem Kreise der Sicherungstendenzen die *Furcht vor der Frau* hervor. In der Vorgeschichte

1. Halluzinatorische Erregungen, die sich *der letzten Konsequenz* bemächtigen, *das Endresultat einer Infektion* unter der Form von Tabes, Paralyse, Kopfschmerz und Vergeßlichkeit *vorwegnehmen*, konstituieren oft in schrecklicher, aber sichernder Weise den hypochondrischen Zustand.

findet man starke, männlich geartete Mütter oder Väter, deren Überlebensgröße auf das Kind gedrückt und dessen Neurose mitverschuldet hat.[1] Die entarteten Kinder genialer Menschen geben den Schulfall ab. Der Neurotiker hilft sich mit der *Entwertung* von Mann und Frau, um dem Gefühl der eigenen Minderwertigkeit zu entgehen.

Ebenso deutlich tritt eine auffallend übertriebene *Sucht nach Reinlichkeit* auf, gleichfalls in der Sicherungstendenz gelegen, und äußert sich oft in Waschzwang, Furcht vor Flecken, Schmutz und Staub. Daß dabei den Stuhl- und Harnfunktionen ein geradezu rituelles Gepräge gegeben wird, wobei nicht selten auch *Obstipation als Zeichen des Reinlichkeitsdranges* und, wie alle obigen Symptome, der *Zeitvertrödelung* auftritt, auch in der Absicht, die Umgebung mit sich, mit dem Stuhl zu beschäftigen, liegt auf der gleichen Linie. Organische Minderwertigkeitserscheinungen des Darm- und Harnapparates (Hämorrhoiden, Fissuren, Hypospadie, Enuresis und Erkrankungen der beiden Apparate in der Vorgeschichte) sind häufig, und deren Äußerungen werden als schreckende Spuren von der Erinnerung bewahrt und als Präokkupation verwendet.

Die Phantasietätigkeit umrankt fortwährend – entsprechend der frühzeitig erregten und eingestellten Aufmerksamkeit – Probleme des Krankseins, des Sterbens, der Schwangerschaft und des Gebärens (auch bei Männern), heftet sich an Ausschläge, Flecken, Schwellungen und verwendet sie in symbolischer Weise *ebenso wie Gedankengänge über Kastration*[2] *und Kleinheit der Genitalien. Das Empfinden einer nicht erreichten, nie ganz zu vollendenden Männlichkeit führt kompensatorisch maßlose Übertreibungen herrschsüchtiger, sadistischer und erotischer Regungen herbei.*

Ein überaus verschärftes *Mißtrauen*, die immerwährende *Sucht, bei anderen Fehler zu entdecken*, steht mit der *Entwertungstendenz* im Zusammenhang und hindert jede dauernde freundschaftliche und erotische Beziehung. Eine weitere Lebensschwierigkeit schafft der aus der Kindheit

1. Es ist als ob ein junges Bäumchen dicht neben stärkere gepflanzt, von letzteren bedrängt und im Wachstum gehemmt worden wäre.
2. Später im ganzen Umfang von Freud auch gefunden.

übernommene *Zweifel*, ursprünglich aus dem Gefühl der Minderwertigkeit erwachsen, die hervorstechendste Form der ursprünglichen Unsicherheit, *die zum Nichtstun führt*.

Aus Erlebnissen, wie sie jedermann zu Gebote stehen, holen die Syphilidophoben ihre Überzeugung von ihrer *alles überschreitenden Erotik*. Diese Überzeugung drückt auf ihre Entschließungen, ruft die Phobie hervor und steigert sie stetig. Genügt diese nicht vollkommen, um den Patienten zu sichern, dann kommt es zu psychischer Impotenz oder anderen Sicherungen. Nicht selten gesellen sich weitere Phobien, wie Platzangst, Erythrophobie usw. und andere hysterische, neurasthenische und Zwangserscheinungen hinzu und machen den Patienten gesellschaftsunfähig, um ihn vor Liebe und Ehe zu schützen. Einmal beobachtete ich eine Kombination mit Nieskrampf, in der sich der Patient wie der Held in *Vischers* »Auch Einer« benahm, ohne daß er diesen Roman gekannt hätte.

Syphilidophobe Mädchen zeigen sich vollkommen in der männlichen Einstellung. Die Entwertung des Mannes erreicht bei ihnen die gleiche Stärke wie die der Frauen bei den männlichen Phobikern.

Die Bedeutung der *Phobie als Sicherung* wird ganz klar in solchen Fällen, wo der Patient, meist wenn er mit der Verheiratung ernst machen soll, ein Exanthem oder öfters einen gonorrhoischen Ausfluß fälschlich an sich bemerkt und die Flucht ergreift. Organminderwertigkeitszeichen wie para-urethrale Gänge, Phimose, kleiner Penis, Kryptorchismus oder kleine Testes, vergrößerte Labia minora sind öfters zu konstatieren, geben aber fast nie zureichende Gründe ab.[1]

Die Analyse ergibt, wie so oft in der Neurosenpsychologie, eine Aufklärung, die dem Standpunkt des Patienten gerade entgegengesetzt ist. Der Patient gibt an, er fürchte die Lues und hüte sich deshalb vor dem Sexualverkehr. Wir können ihm nachweisen: *er fürchtet die* Frau *(resp. den Mann) und deshalb arrangiert er die Syphilidophobie*. Immer dringt die Kampftendenz gegen das andere Geschlecht durch und läßt sich bis ins früheste Kindesal-

1. Wenger hat diese Befunde in einer interessanten Arbeit (Wiener med. Wochenschr. 1928) bestätigt.

ter zurückverfolgen. Ich habe auf die literarische und wissenschaftliche Verwendung dieses Problems bereits hingewiesen (Schopenhauer, Strindberg, Moebius, Fließ, Weininger) und will nur kurz auf die *Ubiquität dieser Phobie vor der Frau in Dichtkunst und Malerei* aufmerksam machen. Wegen der scharfen Problemstellung ist mir der Dichter Georg Engel (»Die Furcht vor der Frau« und »Der Reiter auf dem Regenbogen«) aufgefallen, sowie die gedankenreiche Arbeit Philipp Freys: »Der Kampf der Geschlechter«.

Schopenhauer läßt sich in den »Aphorismen zur Lebensweisheit« folgendermaßen vernehmen: »Sie zusammen (das ritterliche Ehrenprinzip und die venerische Krankheit) haben *νειχος παι φιλια* des Lebens vergiftet. Die venerische Krankheit nämlich erstreckt ihren Einfluß viel weiter als es auf den ersten Blick scheinen möchte, indem derselbe keineswegs ein bloß physischer, sondern auch ein moralischer ist. Seitdem Amors Köcher auch vergiftete Pfeile führt, ist in das Verhältnis der Geschlechter zueinander ein fremdartiges, feindseliges, ja teuflisches Element gekommen; infolge wovon ein finsteres und furchtsames Mißtrauen es durchzieht; und der mittelbare Einfluß einer solchen Änderung in der Grundfeste aller menschlichen Gemeinschaft erstreckt sich mehr oder weniger auch auf die übrigen geselligen Verhältnisse; – –.« Wir tun dem Späherauge des großen Philosophen wohl keinen Abtrag, wenn wir auch sein *»feindseliges« Verhältnis zur Frau* in Zusammenhang bringen mit seiner ursprünglichen feindseligen Regung gegen die starke Mutter. Daß *Schopenhauer* auch in den übrigen Punkten unserer Schilderung des Syphilidophoben gerecht wird, ist männiglich bekannt. Hervorheben will ich sein *Beben und sein Erstaunen über die Macht des Sexualtriebes, seine Überempfindlichkeit, sein Mißtrauen und die stark ausgeprägte Entwertungstendenz* gegen Mann und Frau. Gab er doch seinem Hunde den Namen »Mensch«. Seine Verneinung des Lebens ist im selben Sinne Verneinung des Sexualtriebes, wie die Syphilidophobie. Das Motiv ist das gleiche wie bei unseren Neurotikern: der Kampf gegen das starke Weib, die Furcht vor der Frau, *die Furcht nach »Unten« zu kommen.* – Den klaffenden Widerspruch zum Gemeinschaftsgefühl suchte er im Finale seiner Philosophie durch die Berufung auf das Mitleid zu überbrücken, ähnlich wie Nietzsche dem Gemeinschaftsgefühl in der »Wiederkehr des Gleichen« seinen ethischen Tribut zollte. – August Strindberg, einer der stärksten männlichen Protestler, schreibt im »Buche der Liebe« über die Waffen der Liebe: »Mit welchen Waffen kann die Frau am besten ihre kleine Person verteidigen, damit sie nicht *unter ihn* kommt und sich verliert?« Dabei verweise ich auf die neurotische Furcht der Männer vor der Frau, die »oben« ist, auf den heimlichen Wunsch aller weiblichen Nervösen, *oben* zu sein, wovon in diesen Blättern schon öfters die Rede war.

Ich will noch eine Reihe von *Gemälden* namhaft machen, die aus der gleichen psychischen Dynamik erflossen sind. Der in ihnen sichtbare Antrieb führt so deutlich auf die Furcht vor der Frau zurück, daß es uns nicht wundern wird, alle oben ausgeführten Probleme des Phobikers wiederzufinden. Deutlicher bei symbolischen und stilisierten Darstellungen. Eine Unzahl oft der herrlichsten Werke folgen dem Kampaspa-[1], Delila- oder Salome-Motiv und stellen bei oberflächlicher Betrachtung oft nur den abstrakten Triumph oder die Macht der Liebe dar, oder das Problem ist so weit reduziert, daß bloß die räumlichen Maße (große Frau – kleiner Mann, die Frau oben der Mann unten) die Furcht vor der Frau andeuten. Daß sich das *Madonnenmotiv* dazu sehr gut eignet, ist leicht zu erraten. Unter den Reaktionen auf diese ursprüngliche Furcht fehlt die Entwertung der Frau in der überwiegend von *Männern geübten Kunst*[2] gleichfalls nicht. *Entscheidend* aber ist, daß man, wie beim Phobiker, ganze Reihen von Bildern aufstellen kann, seien sie nun von einem oder mehreren Künstlern genommen, die fast alle die oben angeführten Sicherungstendenzen aufweisen. Recht augenfällig ist die umfassende Produktion der Probleme bei Rops, und die Identität mit den Problemen des Neurotikers bedarf keines weiteren Beweises, wenn wir folgende Bilder der Betrachtung empfehlen: »La dame au pantin«, »Sphinx«, »Pornokrates«, »Cocottocratie«, »Alkoho-

1. Kampaspa, die Geliebte Alexanders, auf Aristoteles reitend.
2. Hier liegt offenbar eine der Ursachen für die Überlegenheit des Mannes in der Kunst, daß das vielleicht weitreichendste Problem der Malerei und Bildhauerei *aus den psychischen Regungen des Mannes* stammt.

listin«, *Mors syphilitica*. Es klingt wie der Text zu diesen Bildern und schildert die Empfindung des Syphilidophoben, wenn Baudelaire verkündet: »Ich kann mir eine Schönheit ohne ein damit verbundenes Unglück gar nicht vorstellen.« Und in den »Blumen des Bösen:«

Du wandelst über Tote, Schönheit, lachst sie aus,
Den Schrecken hast du dir zum schönsten Schmuck erwählt,
Behängst als liebstes Zierrat dich mit Mord und Graus,
Der protzig gleißend uns von deinem Stolz erzählt.
Du bist der Augenblick, der wehend uns verfliegt,
Die Flamme bist du, wie sie knistert und verblaßt.
Der Mann, der brünstig schönen Frauenleib umschmiegt,
Ist gleich dem Sterbenden der's eigne Grab umfaßt.[1]

Der Künstler ist, wie ähnlich schon oft hervorgehoben wurde, aus einem dem Neurotiker verwandten Stoff gefertigt. Seine *aus dem Organischen abgeleitete Unsicherheit*[2] begleitet ihn durch das ganze Leben, nie und nirgends fühlt er sich ganz heimisch; sein Zagen vor der Handlung, vor der Prüfung, das Lampenfieber und die Furcht, nicht zu Ende zu kommen, sind ebenso zu weit getriebene Sicherung wie das Zurückweichen des Neurotikers in seiner Höhen- oder Platzangst, wie sein Beben vor dem stärksten männlichen Triumph, vor der Liebe. Es erschreckt nicht die Höhe, sondern die Tiefe, Und *während* seine *Gier* ihn nach *»Oben« reißt, zittert er vor* dem *»Unten«*. Vor der Neurose, deren er oft teilhaftig wird, schützt ihn sein stärkeres aktives Gemeinschaftsgefühl. Die Syphilidophobie ist ein kleiner Ausschnitt aus dieser Sicherungstendenz, die vor dem »Unten« behüten soll und es deshalb grauenhaft ausmalt.[3]

1. Siehe die entsprechenden Auseinandersetzungen in Gustave Kahn, Das Weib in der Karikatur Frankreichs, denen auch diese Verse entnommen sind.
2. Siehe Adler, »Studie über Minderwertigkeit von Organen«, das Kapitel von der »Psychischen Kompensation«.
3. Ein Neurotiker zeigte ausgesprochene Abneigung gegen die Malerei. Er motivierte folgendermaßen: »Die Malerei stellt alles, was nebeneinander gehört, *übereinander*«.

In der Praxis ergeben sich meiner Erfahrung nach zumeist Bilder wie die folgenden, die nach dem Obigen leicht zu durchschauen sind:

I. Ein kürzlich verheirateter Fabrikant, der mit seiner Gattin in glücklicher Ehe lebt, kommt mit der Klage, daß ihn seit einigen Tagen ununterbrochen die Furcht quäle, er werde Lues bekommen. Er könne nicht schlafen und nicht arbeiten; er fürchte sich, im Ehebett zu schlafen, seine Frau zu küssen oder sein Badezimmer zu benützen, um nicht auch seine Gattin zu gefährden. Auf näheres Befragen ergibt sich, daß er kurz vor Ausbruch seiner Phobie ein fremdes Mädchen in der Bahn geküßt habe. Die Heilung erfolgte nach zwei Unterredungen, in denen dem Patienten klar gemacht wurde, daß er sich durch die Syphilidophobie vor weiteren Seitensprüngen sichern wolle. – Die Disposition dürfte dadurch kaum beeinflußt worden sein, sie bestand in der Furcht sich eine Blöße zu geben und der Frau nicht mehr gewachsen zu sein.

II. Traum aus einer längeren Kur eines Mediziners, der an Zwangsvorstellungen und gehäuften Pollutionen litt.

»Mir träumte, ich sei bei der Türkenbelagerung Wiens anwesend und erwarte die Niederlage und Flucht der Türken. Ich wußte im Traume, um welche Zeit die Türken geschlagen auf der Bildfläche erscheinen müßten, ich hatte es ja gelesen. Um ein Übriges zu tun, nahm ich ein Gewehr und wollte den fliehenden Kara Mustapha unter Zuhilfenahme einiger Genossen gefangen nehmen. Zur bestimmten Zeit tauchte Kara Mustapha mit mehreren anderen auf schwarzen Pferden auf. Meine Gefährten liefen davon. Ich sah mich allein einer riesigen Macht gegenüber, wollte mich auch zur Flucht wenden und erhielt einen Schuß ins Rükkenmark. Ich fühlte, wie ich starb.«

Die Deutung ergibt als *Versuch des Vorausdenkens im Traum* Gedanken über den Erwerb einer Lues und deren Ausgang, Tabes und Tod. Die Einfälle gingen über Türken und Vielweiberei. Was dem Träumer, einem jungen Mediziner, aus dem Buche bekannt war, betraf die Zeit des

Exanthemausbruchs. Der Reiter auf dem schwarzen Roß (»Das ist der finstere Thanatos«) ist der Tod. Der Schuß in den Rücken bedeutet außer Tabes noch das Erleiden einer Niederlage einem Manne gegenüber, der Versuch eines männlichen Protestes liegt im Ergreifen des Gewehres. Schließlich dringt der männliche Protest auf dem Umweg über die Vorsicht durch: Weg von den Prostituierten! Das heißt weg von jenen Frauen, die für den Patienten fast ausschließlich in Betracht kamen. Und ein weiterer Protestgedanke: viele Weiber, Türken, Harem! – Ähnliche Sicherungstendenz zeigt der zweite Traum, den ich in den »Träumen einer Prostituierten« (Zeitschrift für Sexualwissenschaft 1908, Heft 2) analysiert habe. Auch *Lenau* behandelt das gleiche Problem in der gleichen Weise in seiner *»Warnung im Traum«*:

»Nun ist kein Haus zu schauen mehr;
Mit arg betroffnen Blicken
Sieht er nur Gräber rings umher
Und ernste Kreuze nicken.
Da wend't sie sich im Mondenlicht,
Zu seiner Qualgenesung:
Mit grau verwischtem Angesicht
Umarmt ihn – die Verwesung.«

Von ausführlicheren Analysen sehe ich hier ab. Wo ein Patient Syphilidophobie zeigt, kann man sicher sein, daß dahinter die Furcht vor dem Weibe, respektive vor dem Manne, meist vor beiden zu finden sein wird.

XII. Nervöse Schlaflosigkeit

Eine *Beschreibung* des Symptoms der Schlaflosigkeit wird im wesentlichen nicht viel Neues bieten. Die Klage des Patienten betrifft entweder die verminderte Dauer oder die mangelhafte Tiefe des Schlafes, oder den Zeitpunkt der Schlafstörung. Der Hauptakzent aber fällt immer – es klingt banal, dies hervorzuheben – auf die mangelnde Rast und auf das Resultat: die mangelnde Frische und Arbeitsfähigkeit.

Der Genauigkeit wegen wollen wir hervorheben, daß eine ganze Reihe von Patienten das gleiche Resultat trotz ungestörten Schlafes oder bei Verlängerung desselben beklagt.

Die Art der Erkrankung, bei der das Symptom der Schlaflosigkeit vorkommen kann, ist leicht umschrieben: es gibt keine psychische Erkrankung und keine zugehörige Symptomgruppe, bei der dieses Leiden nicht durch längere Zeit oder gelegentlich anzutreffen wäre. Gerade die schwersten der seelischen Erkrankungen, die Psychosen, werden gewöhnlich durch ganz besonders schwere Formen der Schlaflosigkeit eingeleitet.

Von Interesse ist die Stellung des betroffenen Patienten zu seinem Symptom, der starke Hinweis auf das Quälende des Leidens und auf die unzähligen Hilfsmittel, die er immer wieder erfolglos anwendet. Der eine wünscht die halbe Nacht aufs innigste den Schlaf herbei, der zweite geht erst nach Mitternacht schlafen, um doch Ruhe infolge der Müdigkeit zu gewinnen, andere versuchen ununterbrochen die leisesten Geräusche abzustellen oder zählen mehrere Male bis Tausend, durchdenken lange Gedankenreihen hin und zurück und versuchen immer wieder neue Schlafstellungen, bis der Morgen anbricht.

Oder es werden – in leichteren Fällen – Schlafregeln aufgestellt und – eingehalten. In einem Falle stellt sich der Schlaf nur ein, wenn der Patient

Alkohol oder Brom genommen hat, wenn er wenig, wenn er viel, wenn er früh oder spät zu Abend gegessen, wenn er ein Kartenspiel hinter sich hat, wenn er Gesellschaft hatte oder allein bleibt, wenn er keinen schwarzen Kaffee, keinen Tee oder wenn er gerade von einem der beiden Getränke genommen hat. Die nicht selten gegensätzliche Bedingtheit des Schlafens ist auffällig, und dies um so mehr, weil jeder zugleich eine größere Anzahl von Erklärungsgründen für sein Verhalten mitbringt, wie etwa Patienten, die den Sexualverkehr für ein probates Mittel ausgeben, so wie andere wieder auf die Abstinenz schwören.

Leichter läßt sich zumeist ein Mittagsschläfchen erreichen, aber auch für dieses gilt eine weitere Reihe von Bedingungen (»wenn mich niemand stört«, »wenn ich rechtzeitig zum Schlafen komme«, »gleich nach dem Essen« usw.), oder es wirkt nur ermüdend und erzeugt Schmerzen und Dumpfheit im Kopfe.

Überblickt man die Beschreibung, die der Patient von seinem Leiden gibt, so gewinnt man allerdings außer dem Eindruck, einen kranken Menschen vor sich zu haben, insbesondere wenn man bewußt sein Augenmerk auf den Effekt dieser Störung leitet, noch einen weiteren Eindruck: von der geminderten, erschwerten oder aufgehobenen Arbeitsfähigkeit dieses Patienten, von einem Hindernis also in seinem Leben, für das jede Verantwortlichkeit fehlt.

Der Einfachheit zuliebe sehen wir von älteren Fällen ab, in denen der Mißbrauch von Alkohol oder von narkotischen Mitteln dem Patienten über den Kopf gewachsen ist und neue Symptome und Hindernisse geschaffen hat. Eine Betrachtung organisch bedingter Schlaflosigkeit fällt aus dem Rahmen dieser Arbeit.

Aber es verdient hervorgehoben zu werden, daß oft der Gebrauch narkotischer Mittel dem Patienten zur gleichen unverantwortlichen Arbeitserschwerung verhilft wie die Schlaflosigkeit. Er steht später auf, hat ein Gefühl der Müdigkeit und Zerschlagenheit und verwendet in der Regel einen weiteren Teil des Tages, um sich von seinem Schlaf zu erholen.

Dagegen stehen die »unschuldigen« Mittel in der Regel in schlechtem Kredit. Sie wirken entweder nur im Anfang der ärztlichen Behandlung oder gar nicht, im Anfang immer bei solchen Patienten, die sich auch sonst im Leben durch eine äußerliche Folgsamkeit und durch liebenswürdiges Entgegenkommen auszeichnen. Das Ende des Heilerfolgs signalisiert immer die Stellung des Patienten zur neuen Kur, als wollte er die Nutzlosigkeit der ärztlichen Bemühung erweisen. Trotzigere und unwillige Nervöse beginnen zuweilen gleich anfangs die Kur mit Schlaflosigkeit und zeigen so auf die *Schuld des Arztes* hin. Man wird gewöhnlich in deren Anamnese finden, daß sie auch früher schon die Schlaflosigkeit als ein Mittel und als ein Zeichen erhöhter Gefährdung ihres Befindens in Verwendung gehabt haben, um so auf Enthebung von Leistungen zu plädieren oder dem andern Gesetze vorzuschreiben. Häufig findet sich auch Schlaflosigkeit als Anklage gegen den Gatten oder als Bestrafung.

Was wir ferner noch aus der Beschreibung des Patienten entnehmen oder herausfühlen können, ergibt sich als eine auffällige Hochwertung der Wichtigkeit des Schlafes. Kein Arzt wird die Bedeutung des Schlafes unterschätzen. Wer aber Selbstverständliches so breitspurig in den Vordergrund stellt, darf wohl um seine Absicht gefragt werden. Was schließlich bei dieser starken Unterstreichung klar werden soll, auch deutlich genug hervortritt, ist, daß der Patient die Anerkennung seiner schwierigen Lage verlangt. Denn nur, wenn die Zubilligung erfolgt, ist der Patient der Verantwortlichkeit für etwaige Fehlschläge im Leben enthoben und darf sich Erfolge doppelt einrechnen.

Verfolgen wir das seelische Kräftespiel, das zum Arrangement der Schlaflosigkeit führt und aus ihr eine Waffe und Schutzwehr zugunsten des bedrohten Persönlichkeitsgefühls macht, so gelangt man bald zum Verständnis, wie sich dieses Leiden irgendwie der bedrohten Situation des Patienten eingeordnet hat. Und die Empfindung der Tauglichkeit dieses Mittels gewinnt der Kranke aus seiner Erfahrung, die er bei sich oder anderen gemacht hat, oder aus der Wirkung des Leidens auf die Umgebung und auf die eigene Person. So kann es uns auch nicht wundern, daß der Arzt oder irgendwelche Mittel oft nur die Bedeutung einer Bestätigung erlangen, solange die psychische Situation des Patienten unerkannt und unverändert bleibt.

An dieser Stelle hat die Individualpsychologie einzusetzen. Und sie wird in therapeutischer Absicht den Kranken so weit zu bringen suchen, daß er den Zusammenhang erkennt und ebenso auf die heimliche Erlangung einer Unverantwortlichkeit seinen eigenen Plänen gegenüber verzichtet. Zur vollen Verantwortung, zur bewußten Aktion oder zum offenen Verzicht wird er gedrängt, sobald er dem Arzt und vor allem sich gegenüber die Schlaflosigkeit als Mittel erkennt und aufhört, in ihr ein rätselhaftes Schicksal zu sehen. Die Übereinstimmung mit andern nervösen Symptomen wie *Zwang* und Zweifel in Hinblick auf die technische Verwendung in der Neurose ist klar zu sehen.

Nun wird uns auch der Typus offenbar, der zum Symptom der Schlaflosigkeit gelangen kann, und man kann ihn mit verblüffender Sicherheit dem Patienten schildern. Immer wird man Züge von Mißtrauen in die eigene Kraft finden, immer auch hochangesetzte ehrgeizige Ziele. Die Überschätzung des Erfolgs und der Schwierigkeiten des Lebens, eine gewisse Lebensfeigheit, wird niemals fehlen, ebensowenig die zögernde Attitüde, und die Furcht vor Entscheidungen. Meist treten auch die kleineren Mittel und Kunstgriffe des nervösen Charakters, Pedanterie, Entwertungstendenz und Herrschsucht deutlich zutage. Die Neigung zur Selbstentwertung, wie bei der hypochondrischen und melancholischen Haltung, findet sich gelegentlich vor. Die Schlaflosigkeit kann ein wichtiges Bindeglied in der Kette jeder nervösen Lebensmethode vorstellen.

Ein rascher Erfolg läßt sich nicht mit Sicherheit erzwingen. Braucht man ihn dringend, so wird er am ehesten zu haben sein, wenn man den Patienten kurz, unverblümt und geschickt darüber belehrt, daß die Schlaflosigkeit ein günstiges Zeichen einer heilbaren seelischen Erkrankung sei, und wenn man in der Folge, ohne auf sie weiter zu achten, mit Interesse nach den Gedanken während der Nacht forscht. Gelegentlich weicht dann die Schlaflosigkeit einer tiefen Schlaftrunkenheit, die sich weit in den Tag hinein erstreckt und den Patienten in gleicher Weise im Verfolg seiner Aufgabe hindert.

Die Gedanken des Patienten in den Stunden der Schlaflosigkeit sind, soweit ich sehe, in zweierlei Hinsieht von großer Wichtigkeit. Sie sind entweder Mittel, um sich wach zu erhalten, oder sie enthalten den Kern der individuell erfaßten vorliegenden seelischen Schwierigkeit, derentwegen die Schlaflosigkeit konstruiert wurde. Von letzteren habe ich in einer folgenden Arbeit über »Individualpsychologische Ergebnisse bezüglich der Schlafstörungen« zu sprechen begonnen. Immer wieder fand ich in den Gedankengängen der Schlaflosen, oft nur »zwischen den Zeilen«, zuweilen nur als Zweck zu erraten, meist aber im Inhalt erkennbar, den *Sinn, etwas ohne Verantwortlichkeit zu erreichen, was sonst kaum möglich schien oder nur unter Einsetzung der ganzen, verantwortungsvollen Persönlichkeit zu erlangen war.* So reiht sich auch die Schlaflosigkeit zwanglos in die Gruppe von seelischen Erscheinungen und Arrangements ein, die dazu dienen, die *Distanz* zum vorschwebenden Ziel des Patienten fertigzustellen, eine »actio in distans« einzuleiten.

Diese »actio« zu schildern und so ein Verständnis der Haltung des Patienten in seiner Welt zu geben, den Zusammenhang der Schlaflosigkeit mit den individuellen Schwierigkeiten zu erschließen, ist die Aufgabe der Individualpsychologie. Der therapeutische, unvergleichbare Wert dieser Untersuchung liegt darin, daß sie dem Patienten seine fiktive, unverstandene und logisch widerspruchsvolle Leitidee zeigt und die aus ihr stammende, eigensinnige Denkstarre löst. Gleichzeitig drängt sie den Patienten vorsichtig aus seiner unverantwortlichen Position und zwingt ihn, auch für die nun nicht mehr unbewußten Finten (Fiktionen!) die Verantwortung zu übernehmen. Daß die schrittweise Aufklärung in wohlwollender Weise zu erfolgen hat, ist von unserer Schule oft genug hervorgehoben worden. *Sie muß zur Ermutigung führen.*

Die Mittel zur Erzeugung der Schlaflosigkeit sind verhältnismäßig einfach und leicht zu verstehen, wenn die Brauchbarkeit dieses Symptoms erst festgestellt wurde. Sie decken sich eigentlich vollkommen mit jenen, die einer anwenden würde, der mit Absicht schlaflos bleiben will. Um einige hervorzuheben: man liest, spielt Karten, geht in Gesellschaft oder ladet solche ein – alles unter Hinweis auf die sonst eintretende Schlaflosigkeit; man wälzt sich im Bette, denkt an Berufsgeschäfte, an Schwierigkeiten aller Art und übertreibt sie, rechnet, zählt, phantasiert; man wünscht ununterbrochen, diesmal doch schlafen zu können; man zählt die Stundenschläge der Uhr im Wachen oder läßt sich von ihnen erwecken; man schläft ein und läßt sich plötzlich wecken durch einen Traum, durch einen Schmerz, durch einen Schreck, springt wohl auch auf und läuft im Zimmer umher; man erwacht zu einer frühen Stunde. Immer aber handelt es sich um Leistungen, die fast jeder nach einiger Übung zustande brächte, wenn sie für ihn in irgendeiner Art – zumeist wohl um ihn einer Verantwortlichkeit zu entheben – nötig würden. Zum Beispiel: ein Patient nimmt sich vor, am nächsten Tag zur Prüfung zu studieren; er fürchtet ungemein, daß ihn die Schlaflosigkeit darin stören könnte, hat also einen guten Willen bewiesen – *er erwacht, d. h. erweckt sich* um 3 Uhr morgens, bleibt ohne Schlaf, klagt bitterlich über das rätselhafte Mißgeschick, ist aber bezüglich des Ausfalls seiner Prüfung frei von aller Schuld. Oder zweifelt jemand an der menschlichen Fähigkeit, zu der *geeignet erscheinenden Stunde* zu erwachen?

Rätselhafter erscheint die Schlafstörung durch Schmerz. In meinen Fällen handelt es sich meist um Beinschmerzen, Bauch-, Hinterhaupts- und Rückenschmerzen. Bei ersteren halte ich dafür, daß sie bei spasmophiler Anlage durch unbewußte, aber planvolle *Überstreckung* erzeugt werden. Letztere fand ich bei *Luftschluckern* und bei Patienten mit meist *skoliotischen Verbiegungen der Wirbelsäule.* – Nebenbei: Diese Haltungsanomalien spielen in der Symptomatologie der Neurosen eine große Rolle und können von der unbewußten Tendenz leicht zur Schmerzerzeugung verwendet werden, speziell in der Symptomengruppe der Neurasthenie und Hypochondrie. Oft kann man den Patienten aus seiner fixierten Schmerzbereitschaft heraushebeln, wenn man ihm einen segmentalen Nävus [als Minderwertigkeitszeichen[1]] auf den Kopf zusagt – und Glück dabei hat. Eine orthopädische Kur ist danach wichtig und wertvoll. Oft gibt einem schon die körperliche Haltung des Patienten über den Bestand eines solchen Zusammenhanges Aufschluß. –

Seltenere, aber einleuchtende Vorkommnisse sind etwa, wenn der Patient oder seine Angehörigen erzählen, der Schlaf komme dadurch zu Ende, daß der Kranke den Kopf nach unten, über den Bettrand hinaushängen lasse, daß er mit dem Kopf Bewegungen mache oder ihn rhythmisch an die Bettwand anschlage. Zweifelhafter dürfte manchem der häufige Modus erscheinen, wie ein Patient mit tendenziös verschärfter Hypersensibilität jedes Geräusch und jeden Lichtschein als störend abzuhalten versucht, um mit ziemlicher Gewißheit an der Unlösbarkeit dieses Problems zu scheitern – und zu erwachen. –

Einige Beispiele mögen unsere Anschauung illustrieren: ein Patient, dessen Krankheit und dessen bewußtes Verhalten auf die Beherrschung und auf Quälerei seiner Frau zielen, wird schlaflos, weil er durch die leisesten Geräusche erweckt wird. Sogar (!) die Atemzüge seiner schlafenden Gattin stören ihn. Der Arzt übernimmt es, die Frau aus dem Schlafzimmer zu entfernen. – Ein Maler, dessen ungeheurer Ehrgeiz verhindert, daß er je ein Bild fertigstelle und der Öffentlichkeit übergebe, erkrankt an nächtlichen Krämpfen der Beine, die ihn zwingen, aus dem Bette zu springen und stundenlang im Zimmer auf- und ab zu laufen. Am nächsten Morgen ist er zur Arbeit unfähig. – Eine Patientin, die an Platzangst litt, um besser das Haus beherrschen zu können,[2] brachte es nicht zustande, ihren Mann vom abendlichen Wirtshausbesuch abzuhalten. Da erwachte sie nachts mehrere Male unter Angst und Stöhnen, störte so auch den Mann im Schlafe und erzielte so, daß dieser am nächsten Abend früher schläfrig wurde und früher nach Hause kam. Er verfiel auf die Idee eines Mittagsschläfchens. Da besetzte die

1. Siehe »Studie über Minderwertigkeit von Organen«, J. F. Bergmann, München 1927.
2. Siehe »Traum und Traumdeutung« im folgenden.

Patientin den Diwan zuerst und verhinderte durch Hinweis auf ihr krankhaftes Ruhebedürfnis ebenso am Tage den Schlaf des Gatten wie sie durch das obige Argument ihn zwang, abends früher schlafen zu gehen. – Ein anderer, der gegen seinen Willen gelegentlich zu Reisen gezwungen war und auch sonst sich und andern seine Unfähigkeit zum Beruf aus Krankheitsgründen vor Augen führen wollte, störte seinen Schlaf kontinuierlich durch Bauch- und Rückenschmerzen in der oben angegebenen Weise, schlief dann lange in den Tag hinein und half seiner Müdigkeit für die Tagesarbeit auch gerne durch Schlafmittel nach. Kaum hatte sich dieser Zustand gebessert, als er auf zwei wertvolle Ideen verfiel, die ihn in gleicher Weise für seine Arbeitsunfähigkeit unverantwortlich machen sollten. Er entdeckte, daß es seiner Gesundheit sehr zuträglich wäre, des Morgens auszureiten und ließ sich um 6 Uhr wecken, ging aber gleichwohl erst nach Mitternacht schlafen. Und um sich gegen die schlechten Betten an fremden Orten abzuhärten, schaffte er sich ein Feldbett an, schlief darin ganz erbärmlich bis 2 Uhr morgens, um dann in sein gutes Bett zu kriechen. Der Erfolg in beiden Fällen: Unfähigkeit zur Arbeit. – Ein Patient, der mit übertriebenem Interesse die Schuld für den schlechten Gang seines Geschäftes auf seine reichen Verwandten abwälzen wollte, die ihm, den sie angeblich krank gemacht hatten, nicht zu Hilfe kamen, hatte die Kunst erlernt, im Schlafen auf seinen untergelegten Arm so fest zu drücken, bis er erwachte. Nun er auch noch schlaflos geworden war, schien ihm die Schuld der andern evident. – Und so weiter.

Die Physiologie des Schlafzustandes richtet ihr Augenmerk insbesondere auf die Anhäufung von Ermüdungsstoffen und auf die Blutfüllung im Gehirn. Und sicherlich gibt es Zustände von Schlaflosigkeit, die durch primäre Störungen der schlafregulierenden Einrichtungen (schmerzhafte Gefäß-, Nierenerkrankungen, seelische Erschütterungen usw.) erwachsen. Die nervöse Schlaflosigkeit ist ganz anderer Art. Sie dient, wie andere nervöse Symptome auch, der nervösen Expansionstendenz und *setzt sich bis zu einem bestimmten Grade durch, unbekümmert um die physiologischen Be-*

dingungen der Schlaflosigkeit. Sie entspringt der seelischen Spannung des Patienten, in die er vor der Lösung eines Problems gerät, da er sich zur Kooperation nicht gewachsen fühlt.

Anhang: Über Schlafstellungen

So belehrt uns die individualpsychologische Forschungsmethode, daß auch die Phänomene des Schlafzustandes der individuellen Leitlinie angepaßt sind und, solange sie im Aberglauben der Menschheit nur als Wirkungen bindender Ursachen gelten, der Willkür und der Verantwortung nahezu völlig entzogen bleiben. Wir haben uns überzeugt, daß die tatsächlichen, realen Grundlagen der Traumbildung und Schlafbereitschaft niemals in physiologisch unverfälschter Art sich durchsetzen, sondern daß sie immer von der Tendenz des Individuums erfaßt und zugunsten seiner individuellen Expansionstendenz, seines Lebensstils verwendet und ausgebaut werden. Eine vorsichtige und auf großes Material gestützte Untersuchung wird ergeben, daß auch die *Schlafstellung* eines Menschen von seiner Leitlinie zeugt. Einige Hinweise habe ich in folgendem eingetragen. Es gelingt meist, einem Menschen, den man individualpsychologisch erfaßt hat, seine Schlafstellung zu nennen. Folgende Beispiele, zu deren Vermehrung ich Psychiater, Neurologen und Pädagogen wärmstens einlade, mögen eine kleine Ergänzung bedeuten.

I. K. F., 16 Jahre alt, Lehrjunge, erkrankt an halluzinatorischer Verwirrtheit. Eine Beobachtung seiner Schlafstellung ergibt, daß er in sonderbar herausfordernder Haltung in Seitenlage mit *verschränkten Armen* schläft. Auch tagsüber treffe ich ihn öfters mit verschränkten Armen an. Der seelische Status ergibt vollständige Unzufriedenheit mit seinem Berufe. Wollte Lehrer werden oder Pilot. Auf die Frage, ob er wisse, wie er zur Gewohnheit der verschränkten Arme komme, erklärt er mit Bestimmtheit, so sei immer sein Lieblingslehrer auf- und abgegangen. Der habe ihn auch auf die Idee gebracht, Lehrer zu werden, ein Plan, den er infolge der Armut seiner Eltern wieder aufgeben mußte. –

Seine Schlafstellung kennzeichnet demnach deutlich seinen Widerspruch zu seiner gegenwärtigen Stellung und stellt eine Imitation Napoleons dar, auf dem Umwege über die Imitation eines Lehrers von gleichem seelischen Gefüge. Die Wahnidee des jungen Kellners war, daß er zum Feldherrn gegen Rußland auserkoren sei, eine Idee, der sich ein Jahr später auch andere Lehrlinge anschlossen.

II. S., leidet an progressiver Paralyse, schläft etwas zusammengekauert, bis über den Kopf zugedeckt. Aus der Krankengeschichte entnehme ich unter anderem: »Keine Größenideen«, apathisch, ratlos, ohne Initiative.

Zum Schlusse will ich auf Grund einiger sicherer Beobachtungen bezüglich der Schlafstellungen von Kindern darauf hinweisen, wie groß die Bedeutung ihres Verständnisses für die Pädagogik werden könnte.

XIII. Aus den individualpsychologischen Ergebnissen bezüglich Schlafstörungen

Ein Patient, der seit langem an zeitweise wiederkehrenden Ohnmachtsanfällen litt, mittels derer ihm die Herrschaft über die Familie, insbesondere über die Mutter – wie sich in der Analyse ergab – gewährleistet werden sollte, zeigte in zwei aufeinanderfolgenden Nächten Aufwachen unter Angst und Schlaflosigkeit, die bis 3 Uhr währten. Die Situation des Patienten war kurz folgende: Er sollte in der nächsten Zeit mit Vater und Mutter eine Reise nach Karlsbad antreten, als der Vater unvorhergesehener Schwierigkeiten wegen die Reise um 14 Tage verschieben mußte. In der Nacht nach diesem Entschluß wachte der Patient unter Angst auf, rief seine nebenan schlafende Wärterin ins Zimmer, und auf deren Betreiben kam auch bald – wie der Patient vermuten konnte – die Mutter herein. – Patient verlangte Brom, das er in einer früheren Behandlung längere Zeit genommen hatte; nachdem er von 1 Uhr bis 3 Uhr gewacht hatte, schlief er wieder ein. Dasselbe wiederholte sich am nächsten Tage. In der ersten Nacht kam ihm eine Schreibmaschine ins Gedächtnis, in der zweiten Nacht überdies noch die Stadt Görz, Budweis und Gojau. Letzteres hielt er für eine Stadt, erinnerte sich aber nicht, wo sie gelegen sei. Vorher hatte er einen Traum folgenden Inhalts: »Mir war, als ob wir eine Nachricht aus Karlsbad erhalten hätten, daß der Lieblingsbruder meiner Mutter dort gestorben sei. Ich legte Trauer an und prahlte damit.« Die Auflösung dieses Traumes ergab, daß er den Wunsch hegte, der Lieblingsbruder – sein Bruder, der der Liebling seiner Mutter war – möchte sterben. Aber die Verlegung der Szene nach Karlsbad weist auf den Vater, den er abgöttisch zu verehren scheint, und dem er doch den Tod wünscht, nur um die Mutter, die er nicht liebt, allein für sich zu haben. Und doch läßt sich dieses Rätsel verstehen, wenn man weiß, daß ihm der Besitz der Mutter zum Kampfobjekt, *zum Symbol seiner Herrschaft und seiner Lebensfähigkeit* geworden ist, daß er seit vielen Jahren all das, was er nicht hat, vielleicht auch nicht haben kann, in der Beherrschung der Mutter zu erlangen glaubt, daß er jede Zurücksetzung, die er fühlt, in dem Bilde erfaßt, *als ob* ihm die Mutter geraubt wäre. Da ihm also die Beherrschung der Mutter – *es fehlt da jedes sexuelle Motiv* – zum Symbol seiner Herrschaft geworden war, lebt er in dem Wahne – man kann es anders kaum nennen – daß er mit dem Besitze der Mutter Herrscher, Kaiser, Gott werden könnte.

Die Schreibmaschine aus den Gedanken seiner schlaflosen Nacht ist im Besitz seines Bruders, der sie ihm verweigert, auch wenn er sie der *Übung halber* benützen wollte. Ja, als der Bruder einst nach Paris fuhr, nahm er die Maschine mit, ganz so wie er neulich die Mutter mitnahm, als er eine Sommerwohnung suchen fuhr.

Ich will nicht behaupten, daß zur Auslösung eines Anfalls immer mehrere gehäufte *Anlässe im Sinne einer Herabsetzung* nötig sind; in den meisten Fällen erweist sich diese Annahme als berechtigt, was auch die Übersicht und die Einsicht in den Zusammenhang der Anfälle mit ihren auslösenden Ursachen oft erschwert. In unserem Falle finden wir: 1. die getäuschte Erwartung, die Verhinderung der Fahrt, und 2. die Fahrt der Mutter mit dem Bruder – zwei Anlässe, deren innerer Zusammenhang (als gegen die Überlegenheit des Patienten über den Lieblingsbruder gerichtet) evident ist. Ebenso erfahren wir damit, welcher Art die Bevorzugung des Bruders ihm zu sein scheint, und wie er mit Aggression und Todeswünschen gegen den Bruder reagiert.

Durch seine bisherigen der Epilepsie ähnlichen Anfälle erreichte er in Fällen der Zurücksetzung, daß seine Mutter sich ihm jeweils mehr zuwandte, um allerdings bald nachher den unangenehmen Patron wieder zu verlassen. Diese Anfülle scheinen durch Einsicht in den Krankheitsprozeß derzeit gemildert zu sein. Durch die nächtlichen Anfälle, die mit Angst einhergingen, erreicht er das gleiche. Ja noch mehr! Seine Mutter muß des Nachts zu ihm ins Zimmer kommen und dort so lange weilen, als es sein gekränktes Gemüt für gut befindet. Dies bedeuten seine Gedanken an die Schreibmaschine. Deshalb seine Angst und das Arrangement von Schlaflosigkeit.

Daß seine Attitüde darauf gerichtet war, andere an sich zu ziehen, geht auch aus dem kleinen Umstand hervor, daß er nächsten Tages bat, auch ich möge zu ihm kommen, statt daß er wie gewöhnlich zu mir kommen müsse.

Eine weitere berechtigte Frage ist nun die: warum griff er zum Arrangement der Angst? Und wie kam er zur Konstruktion der Schlaflosigkeit? –

Die erste Antwort können wir uns aus dem Material der Persönlichkeitsanalyse holen. Er hatte in der Kindheit nur Angst vor der Lokomotive und vor ihrem Pfiff, und benutzte diese Angst, um die Mutter zu sich zu zwingen, sich in ihrem Schoß zu bergen. Sonst war er immer ein mutiger Junge gewesen. Es spricht also die Vermutung dafür, daß seine nächtliche Angst mit einer Lokomotive in Verbindung stand. Hörten wir nicht, daß er nach Karlsbad reisen wollte, und daß der Bruder mit der Mutter per Eisenbahn fortgefahren war?

In der zweiten schlaflosen Nacht kam ihm außer der Schreibmaschine noch Görz in Istrien und Gojau, eine Stadt in der Nähe von Budweis, wie sich herausstellte, in den Sinn. In Görz war er einmal gewesen, als er von Venedig zur Mutter nach Karlsbad reiste. Er langte damals um 1 Uhr nachts in Budweis an, hatte am Bahnhof 2 Stunden zu warten, und fuhr um 3 Uhr weiter, diesmal in einem Schlafkupee, wo er also um 3 Uhr einschlief. Diese Zeit von 1–3 Uhr nachts war es aber auch, die er in den zwei schlaflosen Nächten unter Angst zugebracht hatte. Mit anderen Worten: Seine beiden Anfälle waren *Wiederholungen seiner Reise nach Karlsbad*, und er zeigte so, daß in ihm ein Zustand Platz gegriffen hatte, als ob er es nicht mehr erwarten könnte, *mit seiner Mutter allein* nach Karlsbad zu fahren. Diese Ungeduld prägte sich auch in seiner fortwährenden Klage über Hitze aus, mit der er deutlich zu sagen schien: Ich muß schon aus Wien fortfahren!

An einen Ort »Gojau« konnte er sich anfangs nicht erinnern. Als er nachsah, fand er, daß es ein Ort sei, der durch eine wenig befahrene Flügelbahn mit Budweis verbunden ist. Herrn Dr. v. Maday verdanke ich den Hinweis auf den abermals hier zutage tretenden Todesgedanken: Diese Flügelbahn endet mit der Station »Schwarzes Kreuz«.

Sein Erwachen um 1 Uhr, also zur selben Zeit, als er in Budweis schlaflos auf den Zug nach Karlsbad wartete, weist mit Sicherheit darauf hin, daß der Patient im Geiste während des Schlafes die Reise nach Karlsbad machte, die er schon einmal ohne die Mutter angetreten hatte, daß er aber diesmal durch das kindliche Arrangement der Angst – in planmäßiger Verbindung mit der Schlaflosigkeit – sein Persönlichkeitsideal durchzusetzen suchte: die Mutter mußte zu ihm ins Zimmer kommen. Seine gegenwärtige psychische Situation lautet: – wenn ich nicht warten müßte (auf die Unterwerfung der Mutter, auf den Tod des Bruders, des Vaters), könnte ich – wie mein Bruder – allein mit der Mutter fahren. Sein Wunsch nach Bevorzugung wie in der Kindheit, wenn sie ihm beim Pfeifen der Lokomotive die Ohren zuhielt, greift deshalb auf eine Erinnerung zurück wie er damals auch im Zusammenhang mit Karlsbad schlaflos war, weil er durch Angst und Schlaflosigkeit die Mutter beherrschen, sie vielleicht doch zur Reise bewegen könnte.

Unter anderem konnte uns dieser Fall belehren, daß die leitenden Ziele der Persönlichkeitsidee auch während des Schlafes nicht ruhen, daß sie sozusagen in körperliche Attitüden, wie *im Traum in seelische*, übergehen, um auch während des Schlafes in *vorbereitender Weise den Weg zur Erfüllung der leitenden Idee auszuspüren*. Wie immer in Stadien der größeren Unsicherheit geschieht dies Vorbauen gemäß den Erfahrungen, und zwar werden mit gutem Grunde die abstraktesten, dem Kern der Idee zunächst gelegenen Erinnerungen zu Hilfe genommen, da sie *als Warnungen oder als Ansporn* Geltung besitzen, nicht so sehr wegen ihrer wahrhaften Wirksamkeit in Gefahren, sondern weil sie der ganzen Persönlichkeit am geeignetsten *erscheinen*. In irgendeiner Art müssen sie allerdings auch reale Wirksamkeit entfalten können, da sie anders bald verlassen würden. Aber diese subjektive Wertung braucht durchaus nicht objektive Geltung zu besitzen. Das zustandekommende neurotische Arrangement muß bloß am Wege zum fiktiven Endziel des Nervösen liegen. Im obigen Falle genügt es, daß der Patient damit bloß seinen Kurs im Rahmen seiner Umgebung steigen sieht. Er hat die Mutter gegen ihren Willen gezwungen, sich in seinen Dienst zu stellen – dies ist die heutige realisierte Darstellung seiner einstigen Gottheitsidee oder wie in diesem Falle des einstigen Kaiserwahnes. (Von hier aus verstehen wir auch die Wahnideen der Epileptiker und anderen Psychotiker, die so oft Kaiser sein wollen, als stärkere Abstraktionen gemäß der ursprünglichen leitenden Fiktion.)

Der folgende Fall kann uns belehren, daß auch unbefriedigter Ehrgeiz durch stärkere Anspannung der *Denkfunktion* zu Schlaflosigkeit führen kann. Den Alcibiades ließen die Lorbeeren des Miltiades nicht schlafen – und in der Tat findet man Schlaflosigkeit infolge unbefriedigten Ehrgeizes nicht selten Der Patient ist *wie auf der Wache*.

Ich hoffe, daß dieser Fall an Interesse nicht verliert, wenn ich mitteile, daß sich ein Arzt selbst darin einer Analyse unterzogen hat. Den Anlaß zu dieser Analyse gab folgender Vorfall, den der Autor folgendermaßen erzählt:

»Anläßlich des schrecklichen Schiffsunglücks der »Titanik« konnte ich an mir die Ergriffenheit deutlich beobachten. In meinen freien Stunden fand ich mich oft im Gespräch über das Unglück, und vorwiegend war es die Frage, die von mir immer wieder aufgenommen wurde, ob man nicht doch ein Mittel hätte finden müssen, um die Untergehenden zu retten.

Eines Nachts wache ich aus dem Schlafe auf. Als richtiger Psychologe lege ich mir die Frage vor: warum ich, der sonst ein guter Schläfer ist, diesmal aufgewacht sei? Ich fand aber keine befriedigende Antwort, fand mich vielmehr kurze Zeit darauf in emsigem Nachdenken, *wie man die Untergehenden der Titanik hätte retten können.* Bald nachher – es war 3 Uhr – schlief ich ein.

In der nächsten Nacht wachte ich wieder auf. Ich sah auf die Uhr, es war ½ 3 Uhr. Flüchtig kamen mir Gedanken über die sonstigen Theorien der Schlaflosigkeit, unter anderm fiel mir auch die Meinung eines Autors ein, nach der man, einmal an ein Aufwachen aus dem Schlafe gewöhnt, leicht wieder um die gleiche Zeit erwachen kann. Aber mit einem Male wußte ich intuitiv, wie es sich mit meinem Aufwachen verhielt. *Um ½ 3 Uhr war die Titanik untergegangen.* Ich hatte die Fahrt im Schlafe mitgemacht, hatte mich in die schreckliche Situation des Unterganges eingefühlt und war also schon zweimal des Nachts erwacht, als das Schiff unterging!

Auch in der zweiten Nacht nahmen meine Gedanken die Richtung, ein Mittel zu finden, wie man sich in einer solchen Situation retten könnte; sich und die anderen. Fast gleichzeitig erriet ich, daß hier der *vorbeugende* und *vorbereitende Versuch einer Sicherung* am Werke war, der in gleicher Weise der Vorsicht wie dem Ehrgeiz dienen sollte. Ich verstand auch ohne weiteres, daß die Amerikafahrt – ein altes Ziel meiner Sehnsucht – in sinnreicher Weise den Kampf um meine wissenschaftliche Repräsentation symbolisierte. Und wie im Wachen, so tat ich auch im Schlafe. Ich war auf der Suche nach einem Mittel zur Rettung, und ich stellte die sinnfälligste Situation her, um mich zur Gegenwehr zu rüsten und zu mobilisieren: *Einfühlung in die stärkste Gefahr und Nachdenken!* Aufwachen zur Bewußtheit!

Leicht war auch zu verstehen, daß diese Art, auf Gefahren meiner Person und mir nahestehender zu reagieren, meine persönliche Attitüde sein mußte. Und bald fand ich den Zusammenhang.

Ich bin ja Arzt. Es gehört also zu meinen Obliegenheiten, gegen den Tod ein Mittel zu finden. Damit aber war ich schon auf mir bekanntem Boden. Der Kampf gegen den Tod gehörte nämlich zu den stärksten Antrieben meiner Berufswahl.[1] Wie so viele von den Ärzten, bin auch ich Arzt geworden, *um den Tod zu überwinden.* Der Anlaß zu dieser leitenden Fiktion stammt gewöhnlich aus eigener durchgemachter Lebensgefahr oder Krankheit, auch nahestehender Personen, in den ersten Kinderjahren.

Aus meiner Jugendgeschichte erinnere ich mich an mehrere Ereignisse, in denen mir der Tod nahe schien. So hatte ich aus einer Rachitis außer einer Schwerbeweglichkeit jene gemilderte Form von Stimmritzen-

1. Siehe »Über Berufswahlphantasien« von Dr. Kramer in »Heilen und Bilden« 3. Aufl. J. F. Bergmann, München 1928.

krampf erworben, die ich später als Arzt oft bei Kindern antraf, wo Verschluß der Glottis beim Weinen eintritt, so daß ein Zustand von Atemnot und Stimmlosigkeit das Weinen unterbricht, bis sich nach Lösung des Krampfes das Weinen wieder fortsetzt. Der Zustand der dabei eintretenden Atemnot ist höchst unangenehm, wie ich aus meiner Erinnerung weiß; ich dürfte damals noch nicht drei Jahre alt gewesen sein. Die übertriebene Furcht meiner Eltern und die Besorgnis des Hausarztes waren mir nicht entgangen und erfüllten mich, abgesehen von der Peinlichkeit der Atemnot, mit einem Gefühl, das ich heute als Gefühl der Unruhe und der Unsicherheit bezeichnen möchte. Ferner erinnere ich mich, daß ich eines Tages, kurz nach einem solchen Keuchanfall Gedanken hatte, wie ich, da bisher kein Mittel gefruchtet hatte, dieses lästige Leiden beseitigen könnte. Auf welchem Wege ich dazu kam, ob die Anregung von außen kam, oder ob ich allein die Idee ausheckte, kann ich nicht sagen: ich beschloß, das Weinen ganz einzustellen, und so oft ich die erste Regung zum Weinen verspürte, gab ich mir einen Ruck, hielt mit dem Weinen inne, und das Keuchen verschwand. Ich hatte ein Mittel gegen das Leiden, vielleicht auch gegen die Todesfurcht gefunden.

Kurze Zeit später, ich war drei Jahre geworden, starb mir ein jüngerer Bruder. Ich glaube, die Bedeutung des Sterbens verstanden zu haben, war fast bis zu seiner Auflösung bei ihm und wußte, als man mich zu meinem Großvater schickte, daß ich das Kind nimmer sehen werde, daß er am Friedhof begraben würde. Meine Mutter holte mich nach dem Leichenbegängnis ab, um mich nach Hause zu bringen. Sie war sehr traurig und verweint, lächelte aber ein wenig, als mein Großvater, um sie zu trösten, einige scherzende Worte zu ihr sagte, die sie wahrscheinlich auf weiteren Kindersegen verweisen sollten. Dieses Lächeln konnte ich meiner Mutter lange nicht verzeihen, und ich darf aus diesem Groll wohl schließen, daß ich mir der Schauer des Todes sehr wohl bewußt gewesen bin.

Im vierten Lebensjahre kam ich zweimal unter einen Wagen. Ich entsinne mich nur, daß ich mit Schmerzen auf einem Diwan erwachte, ohne daß ich wußte, wie ich dorthin gekommen war. Ich muß also wohl in Ohnmacht gefallen sein.

Mit fünf Jahren erkrankte ich an einer Lungenentzündung und wurde vom Arzte aufgegeben. Ein zweiter Arzt schlug doch eine Behandlung vor, und ich war in wenigen Tagen gesund. Man hatte in der Freude über meine Genesung noch lange Zeit über die Todesgefahr gesprochen, in der ich angeblich geschwebt hatte; seit dieser Zeit entsinne ich mich, daß ich mir stets meine Zukunft als Arzt vorgestellt habe. Das heißt, ich habe ein Ziel festgesetzt, von dem ich erwarten durfte, daß es meiner kindlichen Not, meiner Furcht vor dem Tode ein Ende machen konnte. Es ist klar, daß ich von dieser Berufswahl mehr erwartet habe, als sie leisten konnte: den Tod, die Todesfurcht überwinden, das hätte ich eigentlich von menschlichen Leistungen nicht erwarten dürfen; bloß von göttlichen. Die Realität gebietet aber zu handeln. Und so war ich gezwungen, im Formenwechsel der leitenden Fiktion, im Bewußten so weit mein Ziel abzuwandeln, bis es der Realität zu genügen schien. Da kam ich zur ärztlichen Berufswahl, um den Tod und die Todesfurcht zu überwinden.[1]

Aus der Berufswahlphantasie eines etwas zurückgebliebenen Knaben, die sich auf ähnlichen Eindrücken – Tod einer Schwester und Kränklichkeit in früher Kindheit, Bekanntschaft mit dem Tod – aufbaute, erfuhr ich, daß dieser Knabe beschlossen hatte, Totengräber zu werden, um, wie er sagte, die anderen einzugraben und nicht selbst eingegraben zu werden. Das starre gegensätzliche Denken dieses später neurotischen Knaben – oben oder unten, aktiv oder passiv, Hammer oder Amboß, flectere si nequeo superos, Acheronta movebo! – haben mittlere Möglichkeiten nicht zugelassen, seine kindische, rettende Fiktion ging im Nebensächlichen auf das Gegenteil.

Aus der Zeit meiner Berufswahl, etwa aus dem fünften Lebensjahre, datiert folgendes Erlebnis: Der Vater eines Spielkameraden fragte mich, was ich werden wolle. Ich gab zur Antwort: Ein Doktor! Der Mann, der

1. Über die Bedeutung des Todes für das Philosophieren s. P. Schrecker, Bergsons Persönlichkeitsphilosophie, München 1912.

vielleicht schlechte Erfahrungen mit Ärzten gemacht hatte, erwiderte darauf: »Da soll man dich gleich an dem nächsten Laternenpfahl aufhängen!« Selbstverständlich ließ mich – eben wegen meiner regulativen Idee – diese Äußerung völlig kalt. Ich glaube, ich dachte damals, daß ich ein guter Arzt werden wolle, dem niemand feindlich gesinnt sein sollte. Außerdem fiel mir ein, daß dieser Mann ein Laternenfabrikant war.

Kurz nachher kam ich in die Volksschule. Meine Erinnerung sagte mir, daß ich auf dem Wege in die Volksschule über einen Friedhof gehen mußte. Da hatte ich nun jedesmal Furcht und sah es mit großem Mißbehagen, wie die andern Kinder harmlos den Friedhofweg gingen, während ich ängstlich und mit Grauen Schritt vor Schritt setzte. Abgesehen von der Unerträglichkeit der Angst quälte mich der Gedanke, an Mut den andern nachzustehen. Eines Tages faßte ich den Entschluß, dieser Todesangst ein Ende zu machen. Als Mittel wählte ich *wieder die Abhärtung.* (Todesnähe!) Ich blieb eine Strecke hinter den andern Kindern zurück, legte meine Schultasche an der Friedhofsmauer auf die Erde und lief wohl ein dutzendmal über den Friedhof hin und zurück, bis ich dachte, der Furcht Herr geworden zu sein. Später glaube ich den Weg ohne Angst gegangen zu sein.

30 Jahre später traf ich einen ehemaligen Schulkameraden, mit dem ich Kindheitserinnerungen aus der Volksschule austauschte. Es fiel mir dabei ein, daß derzeit jener Friedhof nicht mehr bestehe, und fragte, was aus dem Friedhof, der mir solche Beschwerden gemacht hatte, geworden sei. Verwundert antwortete mir mein ehemaliger Kamerad, der länger als ich in jener Gegend zugebracht hatte, daß auf dem Wege zu unserer Schule *niemals ein Friedhof* gewesen sei. Da erkannte ich, daß die Friedhofsgeschichte eine dichterische Einkleidung für meine Sehnsucht war, die Angst vor dem Tode zu überwinden. Sie sollte mir ähnlich wie in anderen Lebenslagen zeigen, daß man den Tod und die Todesangst überwinden könne, *daß es ein Mittel geben müsse, und dies wirkte wie ein kraftvoller Zuspruch*, daß es mir gelingen könne, in schwierigen Lebenslagen ein solches Mittel gegen den Tod zu finden. So kämpfte ich gegen meine Kind-

heitsfurcht, so bin ich Arzt geworden, und so sinne ich auch jetzt noch Problemen nach, die mich gemäß dieser psychischen Eigenart anziehen, was bei der Titanikkatastrophe in hervorragendem Maße der Fall war.[1]

Ja mein Ehrgeiz ist so sehr durch diese leitende Fiktion, den Tod zu überwinden, festgelegt, daß ihn andere Ziele wenig aufstacheln können. Es kann vielmehr leicht der Eindruck erweckt werden, als ob mir in den meisten Beziehungen des Lebens der Ehrgeiz fehlte. Die Erklärung für dieses double vie, für diese Spaltung der Persönlichkeit, wie es die Autoren nennen würden, liegt darin, *daß der Ehrgeiz ja nur ein Mittel darstellt*, keinen Zweck, so daß er bald benützt, bald beiseite geschoben wird, je nachdem das vorschwebende Ziel bald mit diesem Charakterzug bald ohne ihn leichter zu erreichen ist. Andere Ziele, die andere locken mögen, erscheinen bei mir vielfach *ausgeschaltet.*«

Diese kleine Analyse zeigt uns die gleiche Dynamik, die ich in der gesunden und kranken Psyche aufgedeckt habe. Das Aufwachen bei Nacht stellt sich als Symbol, als Gleichnis des Lebens heraus, in welchem die Vergangenheit (Unsicherheit), die Gegenwart (Gefahr gegenüber skrupellosen Menschen), die Zukunft (Suchen nach einem Mittel) und das leitende Ziel (Überwinder des Todes zu sein) widerspiegelt.

Der Schlaf kann als Abstraktion betrachtet werden. Zweck derselben wäre, dem Wachdenken, dem gesellschaftlich-notwendigen, also sozial angepaßten, bewußten Denken Ruhe zu gewähren, zugleich auch von sozial vermittelnden, über die eigene Körpersphäre hinausgreifenden Sinnesorganen. Im Schlaf ist das Körper- und Seelenleben den fertigen Bereitschaften der Psyche anheimgegeben, die aus früheren Zeiten stammen und eingeübt wurden. Sie nehmen die seelischen Bewegungen des Vortages entgegen

1. Eine andere Art der Überwindung der Todesfurcht in Wagners »Siegfried«: »Um der Götter Ende grämt mich die Angst nicht, *seit mein Wunsch es will!*« – Über diesen psychischen Mechanismus, den ich als für die Zwangsneurose charakteristisch beschrieben habe (Fiktion des freien Willens, Ersatz eines fremden Zwanges durch den eigenen usw.) s. auch Furtmüller: »Ethik und Psychoanalyse«, München 1912. Freud scheint in seinem letzten Arbeiten diesen Mechanismus vergröbernd als Identifikation erklären zu wollen.

und führen sie weiter zu dem in ihnen angedeuteten Ziel. Reste bewußter Denkvorgänge, der Traum, spiegeln in halluzinatorischer Art diese fortschreitenden seelischen Bewegungen. Der Traum aber, der nur begleitet, nie aber als Traumdenken das Handeln verursacht – wozu er meist wegen seiner allzu abstrakten, fragmentarischen Ausdrucksweise ungeeignet wäre – hat nicht die Aufgabe verständlich zu sein. Wo er verständlich wird, wo er Handlungen vorbereitet oder vorzubereiten scheint, wo er antreibt, abschreckt oder ermahnt, ist in ihm eine individuell vorbereitete Tendenz eingegangen. Ebenso, wo er erinnert oder vergessen wird, wobei die Erinnerung oder das Vergessen der gleichen Tendenz entsprechen kann.[1]

Die Störung des Schlafes gehorcht der gleichen Tendenz. Die Schlaflosigkeit wird als Krankheitsbeweis protegiert, wie in unserem ersten Falle, sobald sie sich als das brauchbarste Mittel zur Durchführung der eigenen Überlegenheit, des eigenen Lebensstils erweist. Die Klagen solcher Patienten, scheinbar mit unserer Darlegung in Widerspruch, dienen nur dazu, *den Kurs dieses Symptoms höher zu treiben.* Das Erwachen erfolgt in diesen Fällen durch ein planmäßiges, wenn auch unbewußt gebliebenes Arrangement, durch Schrecken, Schmerz oder durch einen unerkannt zugrundeliegenden Akt der Willkür. Begleitende Träume zeigen in Analogien häufig die Quelle an, aus der die neurotische Tendenz die Empfindung der Besorgnis für ein bevorstehendes Problem fälschend verstärkt oder absichtsvoll geschöpft hat. Daß Träume dabei unwesentlich sind oder fehlen können, zeigt der zweitbeschriebene Fall. Nach dem dort ausgebreiteten Material dürften wir die vorübergehende Schlaflosigkeit wohl im Sinne eines großen Selbstvertrauens ansehen, *dem das wache Denken eine untrügliche Instanz bedeutet.* Die Traumlosigkeit der zwei Nächte ist – wie der Träumer angibt – nichts Sonderbares. Seit er mit den Fragen der Traumdeutung

1. Weitere Befunde, die ich später veröffentlicht habe, zeigten mir 1. daß der Traum ein Training aufweist in der Richtung des Lebensstils, 2. daß er als eine seelische Intoxikation entgegen dem common sense Gefühle und Emotionen wachruft, die dem Lebensstil genehm sind, ihm gestatten, sich in irgend einer Lebenslage leichter durchzusetzen. Siehe Internat. Zeitschr. f. Individualpsych. Leipzig 1927.

vertraut ist, sind Träume bei ihm äußerst rar geworden, wahrscheinlich *weil sie Wert und Bedeutung durch stärkere Bereitschaft zur Tat eingebüßt haben.*

Im ersten Falle ist die bedenkliche Richtung, in der Selbstschädigung (epileptische Neurose) bis zum Tod zu gehen, um eine vage Idee zur Erfüllung zu bringen, deutlich zu erkennen. Daß solche »*Todestriebe*« Sekundärerscheinungen entmutigter Nervöser sind, und daß sie einer Wichtigmacherei, einer Überwertung der eigenen Persönlichkeit, einer Erpressung ihre Hervorhebung verdanken, hat die Individualpsychologie »längst nachgewiesen«. Die vorübergehende Schlaflosigkeit erscheint als eine Etappe auf diesem Wege, ähnlich wie die Anfälle von Bewußtlosigkeit, die mit starken traumatischen Verletzungen einhergegangen waren.[1] Der Ablauf dieses Falles ist nicht durchsichtig genug, soll aber als Hinweis auf die Rolle der genuinen und Affektepilepsie nicht verschwiegen werden. In psychotherapeutischer Behandlung erwiesen sich die Anfälle als deutbar, konnten vorausgesagt und gemildert, vielleicht auch eingeschränkt werden. Vorher waren die Anfälle, die sich etwa alle 14 Tage einstellten, ausgeblieben, als er sich behufs Entscheidung über eine Trepanation einen Monat lang in Beobachtung befand. In meiner Behandlung war also nur eine Milderung der Anfälle, dazu ein freieres Wesen und ein umgänglicherer Charakter erzielt worden. Kurz bevor er eigenwillig und im Starrsinn meine Behandlung verließ, konnte ich dem Patienten zeigen, daß er mit unbewußter Absicht auf eine Störung der Magenfunktion hinarbeite. Einige Tage nachher erkrankte er an einem langwierigen Ikterus. Weitere Befunde fehlen mir aus eigener Anschauung. Ich erfuhr aus zweiter Hand, daß er in der Folge mehrmals Wutanfälle zeigte, daß er kurzdauernde Delirien aufwies, in denen er eine Kaiserrolle spielte (wie sie mir aus seinen unbewußten Phantasien als sein Symbol der Überlegenheit bekannt geworden war), und daß er in einem kurzdauernden Wutanfall, nicht in einem Status epilepticus, an Herzschwäche etwa ein halbes Jahr nach Abschluß meiner Behandlung gestorben sein soll.

1. Die stärkste Verletzung kam an dem Tage zustande, als ein Psychotherapeut in seinem Unverständnis die Garantie übernahm, es werde dem Patienten, wenn man ihn ohne Begleitung ließe, nichts geschehen.

XIV. Über die Homosexualität[1]

Vortrag in der »juristisch-medizinischen Gesellschaft in Zürich« 1918

Es liegt in der Art des menschlichen Zusammenlebens, daß es gewisse Bedingungen aus sich selbst heraus schafft, Spielregeln sozusagen (Furtmüller), von denen wir alle erfaßt sind, die sich uns unter allen Umständen als gegeben, real, wirklich fühlbar machen. So der Logos, die Gemeinschaft, die Autorität, die Heterosexualität, Mode, Moral usw.

Da die Menschheit aber nicht »begnadet« ist, sich der *absoluten Wahrheit* auch nur immer auf den Wegen des Irrtums nähern kann, so bleiben Fehlschläge nicht aus.

Das geschichtliche Material des »griechischen Eros« z. B. ist außerordentlich verwickelt und langwierig, und man muß schon nach vereinigenden Gesichtspunkten suchen, um die Geschichte der psychologischen Durchforschung der Homosexualität in Kürze darzustellen. Vielleicht genügt es für heute, wenn ich als leitende Gesichtspunkte in den Ansichten der Autoren anführe, daß bei der vielleicht allergrößten Gruppe, zu der Gelehrte und Ungelehrte gehören, als das Bedeutsamste im Gefüge der Homosexualität die Frage der Erblichkeit geltend gemacht wird, etwa als ob der Homosexuelle als solcher zur Welt komme. Und hier gehen wohl die Meinungen auseinander. Die einen nehmen an, daß die Erbmasse beim männlichen Homosexuellen zugunsten eines irgendwie weiblich gearteten Anteils des Trägers vermindert sei; andere wieder glauben an irgendwelche angeborene Komponenten, die besonders verstärkt seien usw.

Es hat noch niemand behauptet, daß die weibliche Erbmasse, der weiblich geartete Anteil bei dem männlichen Homesexuellen größer sei als der weibliche bei einer Frau, und dennoch finden wir bei der Unter-

1. Siehe Adler, »Das Problem der Homosexualität«. München 1917. Ebenso Handbuch der normalen und pathologischen Physiologie.

suchung des Homosexuellen fast ausschließlich Personen mit weiblichen oder weiblich gedeuteten Regungen, während die männlichen zu fehlen scheinen; andererseits aber zeigen Frauen außerordentlich häufig männliche Regungen. Das ist für eine Beweisführung im Sinne der Heredität, zugunsten eines angeborenen Faktums, außerordentlich bedauernswert. Denn wir dürfen uns mit Recht fragen, wo sind denn die männlichen Regungen? Ich muß wohl in Paranthese hinzufügen: Es fehlen natürlich die männlichen Regungen nicht, oder nicht ganz, aber sie werden so sehr durch die weibliche Artung, wenigstens in den präzise gebauten Fällen, in den Hintergrund gedrängt, daß uns diese Diskrepanz, dieser innere Widerspruch besonders auffällt.

Ein zweiter Einwand, der ebenso berechtigt ist und scharf ins Auge gefaßt werden muß, ist die ungeheuere Häufigkeit der fakultativen Homosexualität, d. h. irgendwelcher homosexueller Vorkommnisse im Leben eines Menschen, sei es in seiner Kindheit, sei es auf langen Reisen wie bei den Matrosen oder, bei Internierten, im Soldatenleben oder im Zusammenleben der Kinder in Internaten. Und diese fakultative Homosexualität, von der viele gute Beobachter annehmen, daß sie eine fast regelmäßige Erscheinung sei im Leben jedes einzelnen, macht uns ebensowenig geneigt, der Heredität in dieser Frage ein überwiegendes Gewicht zuzusprechen.

Eine zweite Gruppe von Forschern nimmt die Fixation irgendwelcher sexuellen Erlebnisse (zumeist in der Kindheit) an. Auch dem widerspricht die Erfahrung insofern, als solche kindliche, anscheinende oder wirkliche homosexuelle Erlebnisse ungemein häufig sind, ferner daß die homosexuellen Erlebnisse, die uns von Patienten oder Beschuldigten berichtet werden, zuweilen eine solche Dürftigkeit zeigen, daß wir unmöglich imstande sind, größere Schlüsse daran zu knüpfen als höchstens den, wie auffällig es ist, *daß der Homosexuelle ein derartiges Erlebnis als grundstürzend für seine ganze Entwicklung betrachtet.* Dasselbe müssen wir auch jenen Autoren entgegenhalten, die mit der Annahme der Fixation solcher Erlebnisse uns den Zustand der Homosexuellen erklären wollen. *Einen zureichenden Grund zur Homosexualität gibt es überhaupt nicht.*

Wir sind sogar genötigt, eine Frage aufzuwerfen, die uns das Zweifelhafte in dieser Auffassung noch in einem ganz anderen Lichte zeigt. Wir dürfen uns mit Recht fragen, warum die Betreffenden *gerade solche Erlebnisse fixieren* und nicht andere, deren sie sicherlich auch teilhaftig geworden sind. Das ist eine Frage, die auch die Pädagogik in anderer Weise sehr häufig beschäftigt. Was halten wir gewohnheitsmäßig fest? Was ahmen wir denn überhaupt nach? Wird der Mensch in seinem Nachahmungstrieb nicht durch geradezu bindende Gesetze geleitet und eingeengt? Die Beobachtung jugendlicher Individuen, Kinder, aber auch Erwachsener, die irgendwie Nachahmung besonders scharf betreiben, belehren darüber, daß niemand etwas nachahmt, was ihm nicht in irgendeiner Weise paßt.

Was paßt aber einem Homosexuellen an der Fixation des homosexuellen Erlebnisses? Wir müssen zurückgehen in eine Zeit, die vor dem Erlebnisse einsetzt: beim Examen der betreffenden Personen zeigt es sich oft, daß sie mit einer besonderen Intensität, ganz abgesehen von irgendwelchen sexuellen Vorkommnissen, immer betonen, daß man sie schon mit zwei bis drei Jahren für ein Mädchen gehalten habe, daß sie mit besonderer Vorliebe mit Puppen spielten, daß sie sich fast ausschließlich in Mädchengesellschaft aufhielten usw.

Auch die Anschauung von der Fixation kindlicher Erlebnisse also führt uns kaum zu irgendwelchem Verständnis über diese so unerschütterlich scheinende Haltung eines Menschen, *der eigentlich dem Haft der ganzen Gesellschaftsordnung frühzeitig bereits entgegenarbeitet.* Denn durch seine Entwicklung leugnet der Homosexuelle das tragende Prinzip von der Erhaltung der Gesellschaft, und es ist kaum denkbar, daß er – gleichgültig auf welche Weise immer er zu seiner Anschauungs- und Gefühlsweise gekommen ist – nicht die ungeheuren Widerstände empfunden, gemerkt, verarbeitet hätte, die sich ihm bei seiner homosexuellen Entwicklung in den Weg gestellt haben. Man kann ruhig sagen, es ist so unendlich viel schwerer homosexuell zu sein als normal, daß wir schon daran einen Maßstab gewinnen können für den ungeheuren Aufwand von Kräften, der dazu gehört, um als Homosexueller durchs Leben zu gehen. Und diesen Aufwand von Kräften können wir in der Tat bei jedem Perversen beobachten. Wir können ihn beobachten in der ganzen Art seiner Deduktion, in der Betrachtung des Mannes, der Frau, seiner Erlebnisse, *und wir sehen schrittweise die Vorbereitungen*, die er macht, die listige Technik, die er sich angeeignet hat, um zu einer einheitlichen Haltung zu kommen, die nicht so leicht erschüttert werden kann. Gerade die Mischfälle, deren es unzählige gibt, die in der Majorität sind, zeigen uns die homosexuelle Entwicklung oft stadienweise, und wie es nur unter Aufwendung ganz besonderer Kräfte gelungen ist, die normale Richtung zu verlassen und das Leben so weit einzuengen, daß für die Homosexualität mehr Platz übrig ist.

Es ist im Detail oft rührend zu beobachten, wie der Betreffende sich schrittweise selbst hypnotisiert, sich selbst mit Gewalt den Gedanken aufzwingt, für die Norm nicht geschaffen zu sein. *Seine Argumente sind von so geringem Gewicht*, daß man an den Dialekt der Homosexuellen gewöhnt sein muß, um dabei ruhig zu bleiben. Ich kenne solche, die äußerlich absolut nicht auffallen, die nichtsdestoweniger von sich irgendwelche Kleinigkeit betonen, daß ihr Kehlkopf nicht männlich gebaut sei, daß ihr Bartwuchs nicht so stark sei wie bei anderen usw. Man kann den Eindruck außerordentlich rasch bestätigen, daß die Betreffenden mit Mühe alles Mögliche *zusammengetragen* haben, um ihren Anschauungen von ihrer Andersartigkeit irgendwelche überzeugende Kraft zu verleihen.

Die Frage beschäftigt uns, woher stammt denn diese fast unausrottbare Neigung, sich die Zeichen der Männlichkeit abzusprechen und etwa eine volle Gewißheit, eine Bestätigung, eine Rechtfertigung für ihre andersgeartete Gefühls- und Anschauungeweise[1] zu gewinnen. Die Aufklärung ist aus der Betrachtung der homosexuellen Akte und der homosexuellen Anschauungsweise nicht zu gewinnen. Wie bei allen Erscheinungen des menschlichen Seelenlebens gelingt uns ein Verstehen erst, wenn wir die ganze Persönlichkeit des Betreffenden durchschaut haben, *wenn wir zu seinem Sinn, zu seinem innersten Wesen durchgedrungen sind* und verstanden

1. *Gefühle sind keine Argumente. Jeder fühlt so, wie es zu seinem Endzweck paßt.*

haben, welcher Art die Antwort dieses Menschen ist, die er auf die Forderungen des gesellschaftlichen Lebens gibt. Und wenn man bei Homosexuellen nicht nur ihre homosexuelle Betätigung betrachtet, die sie vielleicht mit dem Strafgesetz in Konflikt gebracht hat, oder die sie quält, beengt, so findet man, *daß auch in ihrem übrigen Leben durchaus nicht die Norm herrscht*, die man etwa von jemandem erwarten könnte, der sich auch sonst für das Leben vollkommen geeignet fühlt, nur vielleicht in geschlechtlicher Beziehung nicht genügt. Die hervorstechendsten Zeichen, die, gelegentlich abgeändert, sich im Charakter des Homosexuellen deutlich machen, sind: *Mangel an Kooperationsfähigkeit, überstiegener Ehrgeiz und außerordentlich ausgesprochene Vorsicht oder Lebensfeigheit und ein hoher Grad von Entmutigung*, soweit die gesellschaftlich notwendigen Forderungen in Betracht kommen. Auf anderen Gebieten, im Sport, Krieg, Abenteuern usw. kann dagegen Mut und Übermut zutage treten, ebenso wie bei homosexuellen Attacken.

Wir können schon an diesen regelmäßigen Befund anknüpfen und uns die Frage vorlegen, was kann das Schicksal eines Menschen sein, der zwei so widerspruchsvolle Charakterzüge in sich trägt: Ehrgeiz, der nie Befriedigung erwarten läßt, und andererseits eine Feigheit, die ihn schon bei dem ersten Schritte, um zur Befriedigung des Ehrgeizes zu gelangen, lähmt. In irgendeiner Weise trägt jeder Nervöse abgeschwächt diese beiden Charakterzüge in sich. So bestätigt sich bei näherer Verfolgung des Charakterbildes des Homosexuellen, daß er uns ein einwandfreies Bild eines nervösen Menschen bietet, dessen Nervosität nur deshalb nicht so deutlich zum Ausdruck gelangt, weil er seinen Wirkungskreis durch die Homosexualität so weit eingeengt hat als der Nervöse erst durch seine Neurose. In diesem kleinen Kreise machen sich nervöse Symptome oft wenig breit. Es ist dem Homosexuellen in der Regel gelungen, *durch Ausschaltung von erschwerenden Bedingungen* sich ein Leben zu schaffen, dem er entweder noch vollkommen genügt, oder aber, dem er doch leichter nachgehen kann als einer, den die Heterosexualität immer wieder ins Leben hinausstößt, ihn in Verbindung bringt mit allen Fragen, Forderungen und Schwierigkeiten des gesellschaftlichen Lebens. Nichtsdestoweniger findet man bei vielen Homosexuellen, deren Betätigungskreis kein allzu enger ist, daß ihnen schwerwiegende Symptome nicht mangeln. Die vorwiegendsten dieser Symptome sind Zwangserscheinungen.

Aus der Kindheitsgeschichte von Homosexuellen fallen gleichfalls eine Anzahl von gleichlaufenden und gleichlautenden Erscheinungen auf, die leicht in einen Zusammenhang zu bringen sind. Es ist einer der wichtigsten Gesichtspunkte für meine Anschauungsweise geworden, daß es mir gelungen ist, bei Homosexuellen fast regelmäßig nachzuweisen, wie ihnen ihre *Geschlechtsfindung* oft ungemein schwierig war und viel später zustande gekommen ist als bei anderen Kindern. In der Regel hört man von Kindern, die einen feinen Teint hatten, lange Haare getragen haben, länger als andere Kinder in Mädchenkleidern herumgegangen sind, immer Mädchen zu Gespielinnen hatten, und denen von außen gar keine Erfahrungen nahegelegt wurden, daß sie anderen Geschlechtes als Mädchen seien. Sie sind oft bereits *irrtümlich* in mädchenhafter Seelenentwicklung begriffen, wenn sie zu ihrer Überraschung auf den Umstand gelenkt werden, daß sie eigentlich dem anderen Geschlecht angehören. Und diese neue Schwierigkeit bei Kindern, deren Ehrgeiz zu empfangen ganz besonders aufgestachelt ist, deren *Vorsicht* sie vor jeder neuen Aktion behindert, ist auch in diesem Falle außerordentlich bedeutsam. Es genügt nicht mehr, daß sie Erfahrungen anderer Art machen, sondern sie nützen die Erfahrungen anderer Art dazu aus, um sich in ihrem Standpunkt zu bestärken, daß sie nicht so sind wie andere Knaben, daß hier irgendein Wunder der Natur vorliegt, irgendeine Andersartigkeit, die sie ich in der Regel zu einer *Auszeichnung* umdichten, eine Auffassung, die ihr Ehrgeiz gerne fördert. Auch waren sie oft verzärtelte Kinder, die vor Schwierigkeiten behütet wurden oder Verstoßene, beides Kindertypen, die in Einsamkeit aufwachsen, keine genügende Kooperationsfähigkeit besitzen und einer ersten Bindung erliegen, die ihnen schmeichelt, Typen auch, denen die Mutter oder der Mangel einer Mutter die Entfaltung des Gemeinschaftsgefühls erschwerten.

Warum spielt der Ehrgeiz bei diesen Kindern eine so große Rolle? Es handelt sich nicht um Kinder, deren Entwicklung gradlinig, unbeschwert ist, sondern entweder um Kinder, die aus ihrer *Position* ein Gefühl von Schwächlichkeit und Minderwertigkeit schöpfen, oder um solche, deren Umgebung ihnen einen solchen Druck auflastet oder eine derartige Verzärtelung, daß anfangs der Wunsch ganz besonders intensiv wird, in Zukunft von jedem rauhen Lüftchen verschont zu bleiben,[1] immer nur wie durch einen Zauber, durch einen Kunstgriff an erster Stelle zu stehen. Und dies gilt für beide extremen Erziehungsformen: beide nähren und steigern die Sehnsucht der Kinder, eine Zukunft zu gewinnen, in der sie absolut unbehelligt sind von allen Beschwernissen des Lebens. Dieses Streben und die Furcht zu kurz zu kommen machen es aus, daß ihre Phantasie in eigenartiger Weise auf das Herrschen und Herrschenwollen gerichtet wird, daß sie eine Situation für ihr künftiges Leben suchen, in der sie von keiner Seite irgendwelche Gefahr zu erwarten haben. Kommen nun, wie bei der erschwerten Geschlechtsfindung, durch erschwerte Verhältnisse in der Familie, durch ungeordnete eheliche Verhältnisse der Eltern neue Erschwerungen für das Kind hinzu, so legen sie ihm den Gedanken nahe, die Krönung des Ehrgeizes auf einem ganz besonders geeigneten Weg zu ziehen. Derart eingeengte Naturen, die auch aus körperlichen Eigenarten und Minderwertigkeiten irrtümlich Gründe ableiten, andersartige Wege zu betreten, finden in der mangelhaften Kinderkultur weitere Anlässe zur Homosexualität, da die Bindung an Gleichgeschlechtliche in der Kindheit weitaus leichter zu treffen ist als an Andersgeschlechtliche. Und die Frage, die nach der Pubertät auftaucht, ist die Frage ihrer Stellung zum andern Geschlecht. Für diese Frage sind sie falsch vorbereitet.

Hier gibt es nun verschiedene Antworten. Während wir bei der einen homosexuellen Entwicklung finden, daß das andersartige Geschlecht vollkommen *ausgeschaltet* erscheint, finden wir bei anderen Kompromisse verschiedener Art. Immer aber fällt der Schatten der Verurteilung auf das an-

1. Siehe Adler, Studie über Minderwertigkeit von Organen.

dere Geschlecht. In dem Moment, wo das Kind die Wendung zum Homosexuellen macht, trifft es auch mit seiner herabsetzenden Tendenz das andere Geschlecht. Es ist eigentlich dieselbe Dynamik in anderer Beleuchtung. Es weist die eine Erscheinung über sich auf die andere hinaus, und ihre beiden Linien müssen zusammentreffen. Wir haben sie daher nicht gesondert, sondern im Zusammenhang zu betrachten. So auch ist es verständlich, wenn sich aus einer erschwerten Situation des kindlichen Lebens brennender Ehrgeiz entwickelt, daß er nicht bestehen kann, *ohne von besonderer Vorsicht behütet zu sein.* Das Zusammenströmen dieser beiden Charakterzüge macht es aus, daß in das Kind bereits und später in den Erwachsenen eine Haltung von ganz bestimmter Art kommt, die wir in ihren körperlichen Bewegungen und besonders in ihrer Haltung zum Leben immer unterscheiden können, wenn wir nur das eine berücksichtigen, daß sich diese Züge in einer gesicherten Situation nicht so deutlich zeigen. Die Haltung des Homosexuellen gegenüber dem normalen Leben wird immer eine *zögernde* sein und *wie in allen Neurosen auf ein Alibi bedacht nehmen.*

Der Homosexuelle hat verschiedene Eigenarten. Er wird in verschiedenen Graden dem gesellschaftlichen Leben abgewendet sein, er wird Berufe gewechselt, später angefangen und früher aufgehört haben. Sein ganzes Leben spielt sich ab wie unter einer Bremsvorrichtung. Die Kraft, die diese Bremsvorrichtung treibt, muß der Homosexuelle selbst immer wieder aufwenden und nimmt sie aus seinem zitternden Ehrgeiz.

Erster Fall.

Ein Mann in den 30er Jahren aus den höchsten Gesellschaftsschichten. Groß gewachsen, von athletischer Muskulatur, hat aber tatsächlich keinen so ausgeprägten Bartwuchs wie irgendein anderer, den man sonst ihm gegenüberstellen könnte. Er erzählt, seine Brüder seien ebenfalls nicht gerade durch starken Bartwuchs ausgezeichnet. Bei seinem Vater wäre es anders. Aber sein Großvater, der eingewandert war, wäre aus einer Gegend gekommen, die dadurch bekannt ist, daß ihre Rasse einen dürftigen Bartwuchs besitze. Und diese Erscheinung, von der der Patient jahrelang zu sich selbst und zu jedem Arzte immer wieder als von einem Beweise seiner angeborenen Homosexualität gesprochen hatte, diese Erscheinung kann *er selbst* auf eine Rasseneigentümlichkeit zurückführen, ohne daß dies in seiner Haltung irgend etwas geändert hat. Wir sehen schon daraus, mit welcher tendenziösen Fertigkeit die Patienten in all ihren Beweisführungen vorgehen. Es ist nicht böse Absieht, sondern die uns bekannte, *unbewußte List der Nervösen*, ihre Privatintelligenz, ihr neurotisches Apperzeptionsschema, zu der sie durch ihre immer vorhandene Vorsicht im Leben von selbst gelangen, ohne es zu merken, die ihnen anhaftet wie eine Unart und nicht etwa wie eine trügerisch bewußte Absicht. – *Er war der Jüngste* unter fünf Brüdern. Die Kinder waren streng behütet. *Bis zum zehnten Lebensjahr ist er nie mit Mädchen zusammengekommen*, aus seiner Familie hat er nur mit zwei Brüdern nähere Fühlung gehabt. Dieser Umstand ist nicht ohne Bedeutung. Die Psychologie des jüngsten Kindes ist eine außerordentlich komplizierte und interessante. Insbesondere sind es zwei Züge, durch die sich die Jüngsten regelmäßig auszeichnen, die aber in so verschiedener Mischung vorhanden sein können, daß wir oft geradezu gegenteilige Charaktere finden. Der eine Typus ist durch das Gefühl seiner Kleinheit gedrückt. Er ist immer wie unter Dampf, zeichnet sich dadurch aus, daß er größer sein will als er ist. Immer heftig berührt durch Ereignisse und Worte, die auf seine Kleinheit hinweisen, die seinen Ehrgeiz anstacheln. Auch die Märchenwelt kennt den Jüngsten, zeichnet ihn aus und schreibt ihm eine besondere Disposition zu. Immer ist er am Werk, hat die Siebenmeilenstiefel an usw. Dadurch wird auch verständlich gemacht, daß unter den weltgeschichtlich bedeutenden Personen, deren rapides Vorwärtskommen, besonders in der Kunst, auffällt, recht häufig jüngste Kinder gewesen sind. Wir dürfen hier von *Positionspsychologie* sprechen. Die Position stachelt den Jüngsten auf, so daß er unter dem Druck seines Ehrgeizes immer weiter zu gelangen sucht als seine Umgebung. Dies aber nur unter fördernden Bedingungen. Denn andererseits sind die Schwierigkeiten und Schranken, denen sich die jüngsten Kinder gegenüber sehen, recht häufig der Grund dafür, daß sie den Glauben an sich verlieren, daß sie besonders vorsichtig werden und resignieren. Ihre Vorsicht wird sich sogar in ihrem Gesicht ausdrücken. Ich habe bei Musterungen im Heer während der Kriegszeit oft die jüngsten Geschwister herausgefunden. Rastloser, aber zitternder Ehrgeiz oder Ausreißertum spiegeln sich in ihrer Haltung.

Unser Patient berichtet weiter, daß er durch seine älteren Geschwister immer *zurückgesetzt* wurde, aber immer im Vordergrund stehen wollte, daß er sich immer mit den anderen gemessen habe, kurz, daß er damit vertraut sei, einen über die Norm hinausgehenden Ehrgeiz zu besitzen, andererseits, daß er nichts riskieren wolle, jede Situation hundertmal überlege, und immer wieder in *Zweifel und Zaudern* verfalle. Die *Behütung* durch die Familie war eine besonders vorsichtige, so daß eine *vorzeitige Kenntnis der geschlechtlichen Verhältnisse ausgeschlossen* war. Mit zehn Jahren kam Patient in eine *Klosterschule*, wo er nur mit Knaben beisammen war. Diese Klosterschule ist mir als streng und zelotisch bekannt. Als sein Geschlechtstrieb deutliche Formen angenommen hatte, war er durchaus nicht im klaren über die Bedeutung des Sexualtriebes und seiner Sexualrolle. Die Mädchen erschienen ihm als etwas *Rätselhaftes und Unverständliches*. Er hatte ferner gelernt, daß jede Nachgiebigkeit im Sexuellen eine schwere Sünde sei. Als er später doch mutiger wurde und durch seine Kameraden Kenntnisse gewann, da blieb ihm eigentlich nur der Weg zur Masturbation übrig, die er wohl auch als Sünde betrachtete, aber doch als leidlicher empfand, weil er niemand anderem dadurch Schaden zufüge. Vom Standpunkt der Gemeinschaft ist diese Auffassung durchaus unrichtig. Kant hat die Frage aufgeworfen, wieso es komme, daß wir die Masturbation als etwas Sündhaftes empfinden. Es scheint mir, daß der immer erfolgende Durchschlag des allgemein menschlichen Empfindens, des differenzierten Gemeinschaftsgefühls, der Gattungsliebe, die Notwendigkeit der Kooperation in jedem einzelnen es verursache, daß wir diese Form der gemeinschaftslosen Sexualbetätigung unbedingt ablehnen, auch wenn man sich, wie in den beobachteten Fällen scheinbar mit ihr abgefunden hat. *Sexualität ist nicht Privatsache.*

In unserem Falle ist besonders hervorzuheben, daß durch seine aristokratische Stellung von ganz besonderer Höhe sein Leben auch weiterhin außerordentlich isoliert verlief. Er verkehrte mit wenigen Personen und war von vornherein darauf hingeleitet, als Gutsbesitzer sein Leben zu verbringen. Wir finden aber auch in seinem ganzen Leben eigentlich nichts, was wir als aktive Handlung bezeichnen könnten. Er hat unter mildernden Bedingungen ein Gymnasium in der Klosterschule absolviert, das Gut seiner Eltern übernommen, er ist kein bösartiger Mensch, hat niemandem etwas zuleide getan. Er ist immer dort gestanden, wo man ihn hingestellt oder wohin ihn das zum voraus zu berechnende Schicksal gestellt hat. Auch in der Homosexualität sehen wir diese festgehaltene Distanz zum gesellschaftlichen Leben und seinen Forderungen, in der Frage der Sexualität dieselbe mangelhafte Aktivität und mangelhafte Evolution, die freilich in anderen Fällen stärker ausfällt.

Es kommt plötzlich ein neues Erlebnis. Patient heiratet. Es handelte sich um ein Waisenmädchen aus hochstehender Familie, der unser Patient nach kurzer Bekanntschaft seine Homosexualität eingestanden hatte. Wie so häufig bei Mädchen zu geschehen pflegt, wurde auch sie durch eine Aufgabe, die ihr zufiel, und bei der sie sich als Retterin zeigen konnte, gereizt, und so ging sie die Ehe ein unter allen Bedingungen und Vorbehalten, die ihr Mann ihr gemacht hatte.[1] Die Ehe mißlang gründlich. Es ergab sich eine vollkommene psychische Impotenz. Hinter der psychischen Impotenz steckt der *Mangel an Fähigkeit der Hingabe*, der Kooperation. Solche Personen, einer Hingabe an irgendeine Sache oder an eine Person nicht fähig, immer nur auf ihr Prestige bedacht, stehen immer in einer Distanz zum Leben. Insbesondere die Erotik eignet sich schlecht für Spiele des Ehrgeizes. Patient befand sich in einem seelischen Entwicklungsstadium, in dem er jeder weiteren Prüfung ob seines Wertes auswich. Er hatte ein Landgut, eine Frau. Aber was das Leben sonst von ihm fordern wollte, dem versagte er die Billigung. Er hat eigentlich nur mehr die Aufgabe, durch die Krankheitslegitimation seiner Homosexualität und anderer nervöser Beschwerden jede weitere Forderung abzulehnen.

1. Gelegentlich findet man auch Mädchen, die wegen ihrer eigenen Ablehnung der Sexualität für homosexuelle Männer größere Neigung empfinden.

Auch seiner Frau gegenüber war er vollkommen unschuldig, denn er hatte ihr ja bereits vorher alles gestanden, und sie durfte ihm keinerlei Vorwürfe machen. Ja, er hatte sie eigentlich durch die ganze Situation, in die er sie brachte, verpflichtet, als Freundin, Beraterin, Helferin zu seiner Verfügung zu stehen. Denn er hatte ihr nie irgendwelche Versprechungen gemacht. Es war also eine Situation eines aus der Welt Gerückten, eine Verzärtelungssehnsucht, die man schon aus seiner Kindheit hatte ableiten können. Wir müssen im Zusammenhang mit vielen anderen Erscheinungen aus seinem Leben und dem Leben anderer annehmen, daß die Absicht, nicht mitzuspielen, bei ihm derart festgefügt war, daß wir sie als seine ideale Lösung der Lebensfrage betrachten können. Gestützt auf diese ideale Lösung kommt er zum Arzte mit derselben Vorsicht und mit derselben Geheimniskrämerei, die ihm andererseits gestattet, nicht unter die Menschen zu gehen, weil sie ihn angeblich sofort als Homosexuellen erkennen könnten. Dies erschiene ihm wie ein Schandfleck.

Wichtig ist in allen diesen Fällen noch folgender Gesichtspunkt: Die Homosexuellen werden oft ihre Unart mit Stolz betonen,[1] wenn sie nicht irgendwelche Umstände an der Äußerung dieses Standpunktes behindern. Aber die Zwangsgedanken oder Zwangshandlungen gehen meist in einer Stimmung des Patienten vor sich, als ob der Patient sie ablehnen wollte, als ob sie ihm unverständlich wären. Vom Standpunkt eines vorgefaßten Systems allerdings sind das schwerwiegende Unterschiede. Psychologisch genommen ist der Unterschied durchaus nicht so groß. Ein sexueller Zwangsgedanke fordert unter dem Zwang des Geschlechtstriebes nach einer Erledigung, und wenn eine derartige Erledigung noch möglich ist und durch die noch vorhandene Aktivität des Patienten erleichtert wird, dann muß er ja seine Zwangsgedanken

1. Vgl. Pindar, Fragment 123 (ed. Christ). »Wer nicht von Liebe zum Knaben Theoxenes ergriffen ist, dessen Herz ist aus Erz geschmiedet, und von Aphrodite mißachtet müht er sich ab, gewaltsam Geld zu erwerben oder er wird hineingetrieben auf den frostigen Weg als Diener der weiblichen Keckheit.«

irgendwie verständlich finden, weil er sich sonst selbst vom Ziel der Befriedigung ablenkt. Nun gibt es genug Homosexuelle, die in ihren Gedanken und Phantasien etwas Unverständliches und Rätselhaftes sehen und sie ununterbrochen zu bekämpfen suchen. *Die Analogie mit der Zwangsneurose* ist also ziemlich gesichert.

Zweiter Fall.
In der Literatur wird meist, zum Teil aus Gründen, die mit der Jurisprudenz zusammenhängen, nur die männliche Homosexualität berücksichtigt. Genau dieselben Grundlinien sind aber auch in der weiblichen Homosexualität nachzuweisen.

Eine 25jährige Patientin, die ältere von zwei Geschwistern, war vier Jahre alt, als ihr ein Bruder geboren wurde, *dem sich nun die ganze Aufmerksamkeit der Familie zuwendete*. Sie wurde zur Seite gedrängt. Daraus entstammte eine mächtige Entwicklung ihres *Ehrgeizes*. Dazu ein außerordentlich düsteres Familienbild: Vater gewalttätig, Mutter leichtsinnig. Das aufgeweckte Mädchen bemerkt, was in der Familie vorgeht, *wird von der Ehe angewidert*, zieht sich vom Vater zurück, sieht in ihm den gewalttätigen Menschen, sucht dieses Bild auch vom Bruder zu gewinnen, um die Sicherheit zu erlangen, daß alle Männer brutal sind. Sie bindet sich an keinen von beiden und spricht mit keinem. Sie führt ein furchtsames, isoliertes Leben, findet nirgends Anreiz zum Spiel, ist Kolleginnen gegenüber hochfahrig, aber *ihr Ehrgeiz gewinnt ihr die Sympathien der Lehrerin*. Sie wird zum Studium bestimmt. Mit zehn Jahren ist sie Augenzeugin einer Geburt, die sich bei einem Dienstmädchen in einem Nebenzimmer vollzieht. Ihre Abneigung, ihr *Schrecken vor der weiblichen Rolle* ist dadurch stark gewachsen. Mit Beginn der Entwicklung zeigt sich eine außerordentliche Verstimmung, und das Mädchen ergibt sich der Trunksucht. Auch hier finden wir wieder den Aufwand von Kraft und Aktivität, um dem normalen Leben eines Mädchens aus einem Milieu wohlhabender Eltern zu entgehen *und alle sachgemäßen Forderungen auszuschalten*.

Ihre Ausartung in die Homosexualität hat lange Zeit in Anspruch genommen. Sie war schon persönlich einer Homosexuellen ihrer Vaterstadt befreundet, aber es bedurfte noch zweier Jahre, bis sie eines Tages *nach einem heftigen Streit* mit ihrer Mutter in einem Zug von Rachsucht zu diesem homosexuellen Mädchen ging und seither mit ihr lebte. Von Männern hatte sie sich immer fern gehalten. Aber es gab einen Verwandten, einen jungen Mann von besonders abstoßender Gestalt und häßlichen Gesichtszügen, mit dem sie doch vertrauter wurde, mit dem sie wissenschaftliche, gesellschaftliche Gespräche führte und gelegentlich auch Spaziergänge machte. *Er erschien ihr absolut ungefährlich.* Gerade ihre besondere Vorsicht wurde ihr aber zum Unglück. Eines Tages vertraute sie ihm ihr homosexuelles Geheimnis an und nun versuchte der junge Mann eine Erpressung in der Richtung, sie zu einer Ehe mit ihm zu zwingen. Es kam zur Heirat, die nach ungefähr vier Wochen mit einer Scheidung endete. Die Frau erwies sich, wenn ich so sagen darf, als impotent. Die Geschichte wurde offenbar, und ihre Mutter, mit der das Mädchen immer in größter Feindschaft lebte, bat mich, mich der Tochter anzunehmen.

Patientin sprach nur von ihrem Ehrgeiz, von ihrer Neigung in der Wissenschaft etwas zu leisten, und ihre Abgewandtheit von der Rolle einer Frau war so deutlich, daß es nicht zu übersehen war. In der Gesellschaft *suchte sie sich unmöglich zu machen.* Welche Arbeit immer sie begann – sie fand auch immer den Weg, um *abzubrechen.* Diese eigenartige Gangart stammte aus einem frühen kindlichen Irrtum in der Beurteilung der Forderungen des Lebens, die sie in ihrem Pessimismus überschätzte, und aus der Furcht, diesen Forderungen nicht gerecht werden zu können, was ihre *niedrige Einschätzung der Frau* widerspiegelte. Die Gefahren des heterosexuellen Lebens sieht der Homosexuelle in seinem Pessimismus außerordentlich groß, so daß wir eigentlich selbstverständlich finden, wie er vor allen Unternehmungen zurückschreckt, die ein Aufgehen in seiner Geschlechtsrolle anbahnen könnten, und seine Haltung ist so, als ob er die Zeit hemmen, den Fortschritt, der natürlich wäre, aufhalten wollte. Wir kennen seine Beweggründe. Aber der Homosexuelle kennt sie nicht, wehrt sich auch, sie anzuerkennen. Er nimmt für echt, worin wir einen Irrtum sehen, und er ist darin außerdem gestützt durch die Irrtümer einer scheinbar sachverständigen, wissenschaftlichen oder laienhaften Literatur, die ihm in seinem Urteil über die Unabänderlichkeit recht gibt. Eine derartige Geistesdisposition, in der der Homosexuelle lebt, phantasiert und handelt, macht ihn aber *unverantwortlich*. Ein Eingreifen der Allgemeinheit ist dadurch absolut nicht verwehrt. Was mir das wichtigste im Heilverfahren zu sein scheint, ist ja doch die Logik des Lebens, die auch bei ihm durchschlägt, die ihn zum mindesten zu einer großen Heimlichkeit veranlaßt, die ihm auch Herzklopfen verursacht, wenn er seiner fixen Idee, seiner Aufwallung nachgeht. Darin bekundet sich die Stimme der Gemeinschaft, die unter allen Umständen der Homosexualität abhold sein muß.

Zum Schluß noch ein Wort bezüglich der Hormonenlehre und der Anschauung Steinachs und seiner Anhänger betreffs der Heilung der Homosexualität durch Steigerung der Keimdrüsensekretion. Der Homosexuelle ist ein schwer entmutigter Nervöser. Ihm fehlen die seelischen Vorbereitungen für ein mitmenschliches Verhältnis zum andersgeschlechtlichen Partner. Wer ihn ermutigt, kann ihn heilen. Nach meiner Erfahrung können einzelne Fälle durch operative Eingriffe ermutigt werden, ohne daß Arzt und Patient diesen Vorgang verstehen. Manche, die sich solchen Eingriffen hingeben, sind bereits am Wege der Ermutigung. Bei anderen bleibt sie aus. Die so lebenswichtigen seelischen Vorbereitungen können nur durch die individualpsychologische Methode nachgeholt werden. Die Schwierigkeit in solchen Fällen beruht wohl darin, daß sie im Training gegenüber dem anderen Geschlecht so weit zurück sind und eigentlich nachholen müßten, was andere seit Kindheit geübt und in sieh aufgenommen haben.

Wir wollen endlich auch zeigen, wie man die individualpsychologischen Feststellungen über Homosexualität gerichtsärztlich zur Geltung zu bringen hätte.

Gutachten.

E. F., 41 Jahre alt, verheiratet, Vater von zwei Kindern, teilt mit, daß er vor kurzer Zeit irrtümlich wegen mutueller Masturbation in einem öffentlichen Pissoir verhaftet worden sei. Sein Vergehen habe in Wirklichkeit darin bestanden, daß er einem masturbierenden Manne dort *zugeschaut* habe.

Der objektive Befund des kleingewachsenen Mannes, der deutliche Spuren einer überstandenen *Rachitis* aufweist, ergibt unter anderem Strabismus divergens.

Aus der Vorgeschichte des Patienten geht hervor, daß er das Kind blutsverwandter Eltern war, die eine schlechte Ehe geführt hatten. Der Vater litt an Diabetes mellitus, starb auch an dieser Krankheit, die Mutter starb nach mehrfachen Schlaganfällen unbekannter Ätiologie, nachdem sie ein verschwenderisches Leben geführt hatte.

Seine beiden Großmütter waren Schwestern, die Großväter Brüder, so daß Patient als das Kind einer potenzierten Inzucht anzusehen ist.

Seit sieben Jahren leidet Patient, wie sein Vater, an Diabetes.

Seit Kindheit ist sich Patient einer unerklärlichen Neigung bewußt, insbesondere normale, unbeschnittene, männliche Geschlechtsteile anzusehen. Über irgendeinen Sinn oder Zweck dieser *unwiderstehlichen Zwangshandlung* ist sich Patient keineswegs bewußt. Vielmehr scheint ihm ein solches Interesse natürlich und ohne alle Untersuchung gemeinverständlich. Patient führt dieses sein Interesse auf seine früheste Kindheit zurück, bringt es in irgendeinen losen Zusammenhang mit seiner jüdischen Abstammung und der an ihm vorgenommenen Beschneidung und erinnert sich, das erste Mal als sechsjähriger Knabe diese anfangs mit Wollust, später auch mit Ejakulation verknüpfte Anwandlung verspürt zu haben, als er den Penis eines vierjährigen Bauernknaben erblickte. Später hinzugekommene Neigungen dieses Patienten zur Berührung und zur gegenseitigen Masturbation erscheinen in diesem Zusammenhang als Ausgestaltungen des ursprünglich zwanghaften »Voyeurtriebes« (Augenminderwertigkeit).

Eine genauere psychologische Untersuchung des Patienten ergibt allerdings Zusammenhänge seelischer Art, die dem Patienten unbekannt geblieben sind, die uns die homosexuelle Haltung des Patienten als krankhaften Irrtum verstehen lassen, so daß er nicht imstande ist, seinen zwanghaften Impulsen zu entfliehen. Insbesondere lastet auf dem Patienten seit frühester Kindheit ein krankhaftes Minderwertigkeitsgefühl, das ihm die *sichere Einordnung in die Gesellschaft* im allgemeinen, zum weiblichen Geschlecht aber insbesondere unmöglich gemacht hat. Auch in seiner Ehe, zu der ihn die Mutter gedrängt hat, fand er niemals die unbefangene Haltung, sondern nur Unruhe, Zank und Mißvergnügen und glaubte sich stets in seiner Wahl getäuscht und in seinem Glück verkürzt.

Die gleiche Beobachtung, ein baldiges Fallenlassen jeder Bemühung um normale Ziele, können wir in seinen geschäftlichen Unternehmungen beobachten, die regelmäßig durch den Eintritt »fataler Hindernisse« mißglücken; dabei läßt sich aber jedesmal erkennen, wie er den normalen Weg verfehlt, *weil er den Glauben an seine Kraft nicht mitgebracht hat.*

Das gleiche Verhängnis zeigt sich schließlich in seinem Verhalten zu den Menschen überhaupt. Den Vater hat er gehaßt, mit der einzigen Schwester ist er verfeindet, mit seiner Frau lebt er in ewigem Streit. Er hat nie einen Freund gefunden, weil er, voll Mißtrauen gegen alle andern, von jedem Menschen annimmt, daß er ihnen zuwider und verhaßt sei.

Aus dieser krankhaften seelischen Bedrückung, die rein äußerlich zur Vereinsamung, zu ehelichem Zwist und zu materiellen Schwierigkeiten führen mußten, entspringt bei ihm, insbesondere bei akuten Verschärfungen seiner schlechten äußeren Situation, wie wir das ähnlich in vielen Fällen gesehen haben, der Zwangsimpuls zu einer befreienden, befriedigenden, sexuellen Handlung, die in unserem Falle entsprechend festwurzelnder Erlebnisse und subjektiv gewerteter Empfindungen an einen »Vorhautfetischismus« geknüpft ist.

Mit diesen Schlußfolgerungen stehen die oben erwähnten objektiven und subjektiven Erscheinungen des Patienten im Einklang. Und indem wir in unserem Falle eine *psychopathische Minderwertigkeit mit Zwangsimpul-*

sen homosexueller Art und Fetischismus konstatieren, sind wir uns gleichzeitig bewußt, daß auf dem Patienten der Eindruck seiner körperlichen und seelischen Minderwertigkeit seit der frühesten Kindheit lastet, so sehr lastet, daß er ihm die normalen Entwicklungsmöglichkeiten abgeschnitten hat.

Eine Beseitigung dieser krankhaften Haltung dem Leben gegenüber können wir uns nur durch eine solche Umerziehung und Veränderung der Persönlichkeit versprechen, die den Lebensmut des Patienten zu heben imstande ist. Dagegen wäre von einer gerichtlichen Bestrafung, die der Unverantwortlichkeit des vorliegenden Vergehens nicht Rechnung trüge, eine weitere Verschärfung des Minderwertigkeitsgefühls vorauszusehen. Der Patient würde die Strafe tragen im Bewußtsein, das Opfer einer unverschuldeten unabänderlichen Veranlagung geworden zu sein, wodurch einer zukünftigen Heilung große Schwierigkeiten erwachsen würden.

Seine homosexuellen Neigungen sind der letzte Rest, der ihm geblieben ist, da er sich von der normalen Betätigung abgedrängt fühlt. Der Zwang zur Homosexualität stammt – *wie bei jeder Zwangsneurose* – nicht aus der Homosexualität, sondern *aus der zwangsmäßigen Abdrängung von normalen Beziehungen, in denen er eine sichere Niederlage voraussieht, vor denen er wie vor einem Abgrund steht.*

XV. Die Zwangsneurose

Die Entmutigung, das sicherste Kennzeichen des Nervösen, zwingt ihn, zwischen sich und die unumgänglich nötigen Entscheidungen eine Distanz zu legen. Um diese Distanz rechtfertigen zu können, greift er zu Arrangements, die sich wie ein Berg von Mist vor ihm auftürmen. So scheidet er sich von der Front des Lebens. Auf die Frage: »wo warst du denn, als man die Welt verteilet?« antwortet er mit dem Hinweis auf seinen Misthaufen. Sein Verbleiben im Hinterland, auf der unnützlichen Seite des Lebens, trägt demnach einen durch seinen zitternden Ehrgeiz bedingten Zwangscharakter, erzwungen nicht durch die Zwangsidee, sondern durch seine Furcht vor der Kooperation, vor seinen Lebensproblemen.

Nirgends wird dieser Berg von selbst arrangierten Hindernissen so deutlich wie bei der Zwangsneurose.

Wer sich der Stimmung des Zwangsneurotikers erinnert, hat sicher den Eindruck eines Menschen, der sich ununterbrochen *abseits von der normalen menschlichen Betätigung* emsig abquält. Niemals fehlt diese Stimmung ängstlicher, peinigender, quälender Natur.

Es ist auch auffällig, wie Patienten, die niemals mit medizinischer Literatur in Berührung kamen, die Eingebungen zu Zwangshandlungen mit einem Begriff bezeichnen, den auch die Wissenschaft wie die Philosophie aufgenommen hat: als Imperative. Man macht die überraschende Beobachtung, daß die Philosophie oft ähnliche Ausdrücke und Anschauungen produziert wie der Kranke.

Die Formen, in denen die Zwangsneurose meistens auftritt, sind: Waschzwang, Gebetzwang, Zwang zur Masturbation, moralische Zwangsideen der verschiedensten Art, Grübelzwang usw. Man kann vom Standpunkt einer systematischen Einteilung das Gebiet der Zwangsneurose noch erheblich erweitern und findet den gleichen Mechanismus auch beim Symptomengebiet der Enuresis nocturna, bei Nahrungsverweigerung nervöser Natur, Zwangshungern, Perversionen usw.

Das Symptom der Zwangshandlungen ist auch in die schöne Literatur übergegangen.

Auf drei Fälle soll hier hingewiesen werden.

So die Lebensgeschichte des verschollenen Romantikers von Sonnenberg, der in früher Kindheit und bis über die Pubertät hinaus am Symptom des Gebetzwanges gelitten hat. Er war ein trotziger, sehr ehrgeiziger und ungebärdiger Junge, geriet mit seiner Umgebung häufig in Konflikt. Frühzeitig tauchten religiöse Ideen auf. Er zeigte dieses Symptom meist während der Unterrichtsstunde, *so daß der Unterricht oft stockte und unterbrochen werden mußte.*

Dann hat *Jean Paul* in »Schmelzles Reise nach Flaez« eine Unzahl von Zwangshandlungen beschrieben. In der Kindheit trat beim Helden der Handlung der Zwang auf, plötzlich laut »Feuer« zu schreien, was leicht Paniken hervorrufen konnte. Dieses und ähnliche Symptome sind außerordentlich häufig und führen zuweilen große Störungen des öffentlichen Lebens herbei.

Im dritten Fall, in Vischers »Auch einer«, ist die ganze Weltanschauung des Helden auf Nieszwang und Schnupfen aufgebaut.

Für die Zwangsneurose ist es besonders charakteristisch, daß alle Zwangshandlungen ein Vorstadium besitzen, das man als *Kampf des Patienten gegen seine Eingebung* bezeichnen kann. In diesem Stadium verweilt er mit peinlichen Gefühlen. Es wird von allen Autoren als besonders bedeutsam hervorgehoben, daß der Patient sich der Sinnlosigkeit seines Zwangssymptoms in voller Weise bewußt ist.

Wie alle derartigen Maximen und Anschauungen in der Neurosenliteratur muß man auch diesen Satz cum grano salis nehmen. Eine Anzahl von Patienten haben berichtet, daß sie gerade in ihrer Symptomhandlung eine Erlösung und Erledigung gefühlt haben, »weil sie aus ihrem ganzen Wesen entsprungen sei und sich als berechtigt und notwendig erwiesen habe«. Diesem Stadium einer gefühlsmäßigen Entscheidung zugunsten des Symptoms geht eine große Spannung in der Psyche des Patienten monate- und jahrelang vorher. Daher sind wir berechtigt anzunehmen, daß auch diese Stellungnahme eigentlich nur der Lockerung des Symptoms diente, *als ob sich der Patient aus seinem angeblichen Kampf gegen die Zwangshandlung das Recht zusprechen wollte, sein Symptom zu produzieren.* Es ist auch nicht zu übersehen, daß der Kranke in seiner Argumentation willkürlich schaltet, daß er Richter, Kläger und Angeklagter in einer Person ist.

Die Zwangsneurose stellt in der Tat ein ungefähr abgeschlossenes Krankheitsbild dar und weist auch die Grundzüge der allgemeinen Neurosen auf. Zusammenhänge der verschiedensten Natur liegen vor. Der Übergang zum neurasthenischen Komplex ist ein ganz gewöhnlicher. Wenn wir die Zwangshandlung des *Luftschluckens* ins Auge fassen, die häufiger vorkommt als man gewöhnlich annimmt, so wird der Zusammenhang mit einer großen Anzahl von neurasthenischen Magen- und Darmstörungen augenscheinlich. Ebenso häufig sind die Zusammenhänge mit der Hysterie und gerade im Gebiete der Kriegsneurosen sind die Analogien mit hysterischem Tremor, Lähmungen und Spasmen recht bekanntgeworden. Nicht selten findet man beim Errötungszwang das Auftauchen von leichteren oder schwereren paranoiden Erscheinungen (Beobachtungswahn). Den Zusammenhang mit Angstneurosen ergibt die Tatsache, daß die Unterdrückung der Zwangssymptome durch Angst ersetzt wird. Nicht selten gehen die Zwangsneurosen in Alkoholismus oder Morphinismus über oder sind mit ihnen verbunden. Zusammenhänge mit impulsivem Irresein, mit Zwangsimpulsen zu Verbrechen und mit zwangsmäßigen Selbstbeschuldigungen, ebenso zu Moral insanity ergeben besondere Bilder. Eine Unzahl von Beziehungen liegen zu scheinbaren Unarten vor, so z. B. zu gewissen Formen von Faulheit, zur Pedanterie, Zeitvertrödelung und insbesondere zu quälenden, hypermoralischen oder religiösen Anschauungen, Wahrheitsfanatismus usw.

Eigentlich besitzt jeder Mensch irgendeinen Anteil in seinem psychischen Wesen, der an die Zwangsneurosen erinnert, der, verschiedentlich ausgebildet, gelegentlich zu Störungen nicht unbeträchtlicher Art führt. So übertriebenes Vertrauen auf überirdische Hilfe, das sich bei manchen Menschen durch ihr ganzes Leben und alle ihre Handlungen zieht, *als ob sie alles geschenkt haben wollten.* Ferner Silbenzählen, Lesen der Firmentafeln, Zählen der Fenster usw., alles scheinbar ohne Sinn, worüber viele normal gebliebene Menschen berichten können. Besonders in der Kindheit sind ähnliche Erscheinungen häufig und weisen auf das Schwächegefühl gegenüber der Wirklichkeit hin.

Außerordentlich enge Zusammenhänge bestehen zwischen Zwangsneurose und neurotischem Zweifel.

Der psychische Zusammenhang aller dieser Erscheinungen bringt die Gefahr nahe, uns in der Psychologie mit ihren unmeßbaren Differenzen zu verlieren.

Es gibt aber eine Anzahl von Proben auf die Richtigkeit oder ungefähre Richtigkeit einer neuropsychologischen Anschauung.

Die eine Probe besteht in folgendem: Der Neurologe hat in Anwesenheit des Hausarztes eine Untersuchung, ein Examen des Patienten durchzuführen, ohne sich zu Suggestivfragen oder zu irgendwie planmäßigen Ausforschungen hinreißen zu lassen. Wohl aber so vorzugehen, daß auf die ganze Persönlichkeit dies Untersuchten ein Licht fällt. Und dies ohne Verabredung mit dem konsultierenden Arzt. Dieser sieht gewöhnlich den Zusammenhang, während der Patient von diesem, der im Laufe des Examens aus der Fragestellung und den Antworten zutage kommt, keine Ahnung hat.

Diese Methode hat durchaus keine einwandfreie Bedeutung. Deshalb ist eine *weitere Probe* über die Richtigkeit unserer Anschauung von den Symptomen nötig. *Man schiebe das Symptom und den eigentlichen Grund zur Krankenbehandlung ganz beiseite* und kümmere sich bloß um die Persönlichkeit des Patienten. Man versuche, Aufschlüsse über ihn zu bekommen, sein Wesen zu ergründen, seine Absichten im Leben, seine Haltung zu den Forderungen der Familie und Gesellschaft. Man wird bald ein ziemlich scharf umrissenes Charakterbild erlangen. Die Untersuchung zeigt den Patienten mit einer Anzahl von Zügen behaftet, die wir zu einem Gesamtbilde zusammenfügen können.[1]

Vor allem zeigt sich, daß es sich um Personen handelt, die wir nicht als passiv bezeichnen können. Sie entbehren einer gewissen Aktivität nicht. Man merkt dies schon daran, daß sie nicht völlig im Hintergrunde des Lebens stehen. Sie haben gewöhnlich schon Prüfungen abgelegt, haben etwas gelernt, aber sie stehen in einem gewissen bedeutsamen Abschnitt ihres Lebens, in dem ihnen eine bestimmte Entscheidung bevorsteht, die Liebe, Ehe, Beruf, Altern usw.

Wenn man aus dieser Skizze und den Richtungslinien einen Schluß gezogen hat, wenn man bei den Patienten Züge großer Empfindlichkeit und ein Verhalten festgestellt hat, das wir als *unnahbar* bezeichnen können, wenn wir die Tatsache konstatieren können, daß sie wenig Menschenliebe, wenig Nächstenliebe besitzen, daß ihr ganzes Leben Neigung zur Isolierung zeigt, daß sie selten Freunde haben, daß ihr Ehrgeiz aber scharf hervortritt, in der Regel so scharf, daß er ihnen selbst bewußt ist: dann wird der Eindruck plastisch, daß diese Menschen dem Leben mit einer abwehrenden Geste gegenüberstehen.

Wie bei den anderen Neurosen dürfen wir von einer *Positionserkrankung* sprechen, im Gegensatz zu den Autoren, die eine Dispositionserkrankung annehmen. Die Familie drückt oft auf den Patienten in einer Weise, daß sie ihn zu einem latenten oder offenen Trotz erzieht. Diese Kampfstellung äußert sich jeder Forderung gegenüber, die das gesellschaftliche Leben stellt. Plötzlich beginnen seine Zwangserscheinungen zu sprechen. *Sie sagen uns, daß er seine Abwehrstellung durch sie sichert.*

Man lege dann dem Patienten die Frage vor: *Was würden Sie tun, wenn Sie heute ganz gesund wären?* Und er wird mit großer Sicherheit jene For-

1. Eine weitere Probe: Man suche eine Voraussetzung, unter der das Gebaren des Patienten verständlich wäre, ist diese Voraussetzung stichhaltig, dann wird man immer finden, daß auch der Patient von ihr ausgeht, ohne ihre Bedeutung zu begreifen. Oder man frage: »was würden Sie beginnen, wenn ich Sie in kurzer Zeit heilen würde«, und hat dann fast immer das Problem in der Hand, das den Patienten zwingt, auszuweichen.

derung nennen, von der wir gerade erwarteten, daß er ihr auszuweichen suche.

Bestätigungen dieser Auffassung gab es im Kriege genug. Die Kriegsneurose ist eine Form der Erkrankung, bei der das finale Moment der sichernden Isolierung als das ausschlaggebende zu betrachten ist. Der Krieg stellte Forderungen, denen sich die erschütterte Seele des im Kriege zweckmäßig Nervösgewordenen zu entziehen suchte.

Die Probe auf die Richtigkeit des gefundenen Resultats besteht darin, daß die von uns aus dem Wesen des Patienten erschlossenen Richtungslinien uns das Symptom als notwendig, in irgendeiner Form als verwertbar, intelligent, als gelegen auffassen lassen können. Von einer *kausalen Bedingtheit* ist natürlich keine Rede; der Patient ist nicht etwa zu seinem Symptom verpflichtet, wie man bei kausaler Betrachtung herausbekommen müßte. Es ist, als ob er sich zu seinem Symptom verlocken, verleiten ließe. Es liegt eine Verführung des menschlichen Geistes vor, die aber so nahe liegt, daß wir sie nachfühlen können.

Dieser *Irrtum* im seelischen Aufbau des Patienten stammt aus einer mehr oder weniger pessimistischen Weltanschauung, baut sich über einem Gefühl der Minderwertigkeit auf und ergibt automatisch eine Verlockung zum Rückzug, *sobald die Forderungen der Gemeinschaft an den Patienten herantreten.* Andererseits wird aus dieser Tatsache erklärlich, daß eine Änderung seines Wesens *durch Belehrung und nur durch sie* zustande kommen kann.

Obige Zusammenhänge sollen an zwei Fällen klargelegt werden.

Der *erste Fall* betrifft eine junge Frau, die vor mehreren Jahren gegen ihren Willen durch einen etwas strengen Vater verheiratet wurde. Sie war immer ein ernstes strebsames, äußerst gewissenhaftes Mädchen gewesen, dessen Gewissenhaftigkeit sich daraus erklärt, daß auch der Vater, den das Mädchen als die bedeutendste Persönlichkeit in der Familie einschätzte, auf diese Eigenschaft ganz besonderen Wert legte. Sie war das einzige Mädchen neben drei Knaben und erzählte sofort spontan, daß sie ihre *zurückgesetzte Stellung* außerordentlich schwer empfunden habe. Sie war auf die Hauswirtschaft beschränkt und dort eigentlich nur der Obhut einer etwas zänkischen, nörgelnden Mutter anvertraut. Durch ihre Gewissenhaftigkeit verdiente sie sich *das Lob* des Vaters.

Sie leistete wenig Widerstand gegen die Ehe. Diese war eine katholische und wurde nach zweijähriger Dauer wegen Vergehungen des Mannes im Privatleben gelöst. Nicht lange danach machte sie die Bekanntschaft eines Mannes, den sie bald liebte und mit dem sie eine nach ungarischem Ritus geschlossene Ehe einging. Die Ehe stieß auf den Widerstand der neuen Schwiegermutter. Die Kriegsjahre brachen herein. Aus der ersten Ehe hatte sie einen Knaben mitgebracht. Nun mußte sie zur Schwiegermutter übersiedeln, während der Mann im Kriege war. Sie kam so kurz nach der Eheschließung in eine *neue Situation*, aus der sie sich mit allen Fasern heraussehnte. Die neue Situation beschwor ein Gefühl der Niederlage herauf, das sie schon bei ihrer Mutter kennengelernt hatte. Die Kritik der Schwiegermutter fiel außerordentlich heftig aus. Da fiel ihr ein Buch Professor *Försters* in die Hände. Darin las sie, daß die Ehe in jedem Falle unlösbar sei und daß die Lösung eine schwere sittliche Verfehlung sei.

Seitdem hatte sie von Zeit zu Zeit unter depressiver Stimmung die Idee, sie müsse eigentlich zu ihrem ersten Manne zurückkehren. Die Depression war ununterbrochen vorhanden. Es handelte sich um eine der Zwangsneurosen, bei denen Depressionszustände auftreten und zwar zur Unterstützung der Zwangsidee. Die Bedeutung dieses Zwangsgedankens bestand darin, daß sie eine Krankheitslegitimation hatte und, darauf gestützt, sich einer Anzahl von Privilegien erfreute, und zwar gerade jener, nach denen ihr Ehrgeiz ganz besonders ging. Sie war nun von jeder Kritik befreit, kehrte der nörgelnden Schwiegermutter den Rükken und begab sich ins väterliche Heim, konnte die Sorge für das Kind, also die niedrig eingeschätzte Hauswirtschaft, der Mutter übertragen und sah sich bald in den Mittelpunkt der Aufmerksamkeit des Hauses gerückt, mit einer Anzahl von Vorteilen fiktiver Art, wie sie der ehrgeizigen Frau als Ersatz dienen konnten für das, was sie als ihren Nachteil gegenüber ihren Brüdern empfunden hatte.

Wenn man an der Richtigkeit des von mir für alle Neurosen festgestellten *Zieles der Überlegenheit* zweifelt, dann mache man folgende Probe: man suche die Absicht des Symptoms selbst, des Zwangsgedankens, sie habe eine Sünde begangen. Was ist der eigentliche Hintergedanke der hinter diesen Gedanken steckt? Der religiös gewissenhafte Vater war nie auf eine ähnliche Idee gefallen. Die Tochter spielt sich als die religiösere und gewissenhaftere Natur auf! Sie war eine überaus ehrgeizige Natur, die unbefriedigt war, weil ihr Ehrgeiz nicht nur in der neuen Situation keine Erfüllung gefunden hatte, sondern nach der ganzen Art des Ehrgeizes auch nicht finden *konnte*. Was sie tat, war eigentlich ein Akt der Revolte in der Form der *passiven Resistenz*, wie wir ihn ähnlich bei jeder Neurose konstatieren können. Sie machte sich unfähig, die ihr obliegenden Arbeiten auszuführen, und zwar dadurch, daß sie *statt des Zwanges der Welt, des Lebens, einen selbstgesetzten Zwang* aufstellt und mit dieser *Präokkupation* alle Forderungen der Gesellschaft und des Familienkreises beiseite schiebt. Mit Regelmäßigkeit ist zu konstatieren, *daß als größter Feind solcher Patienten eigentlich die Zeit* zu betrachten ist. Sie muß die Zeit vertrödeln, denn die Zeit selbst ist eine Forderung an sie in der Form: Wie willst du mich zubringen? Dieser *Zeitvertrödelung* diente bei der Patientin ein ausgebreitetes System der Korrespondenz mit Geistlichen und Ethikern, dann die Depressionen und erzwungenen Tröstungen der Umgebung. Vor der Forderung, die Pflichten der zweiten Ehe zu erfüllen, war sie zurückgeschreckt, insbesondere, weil sie der Kritik der zweiten Schwiegermutter ausweichen wollte.

Zweiter Fall. Der Patient ist ein außerordentlich wertvoller und ehrgeiziger Mensch. Er hatte schon in der Kindheit eine *Unfähigkeit für das Leben* empfunden, was ihn von den Kameraden außerordentlich unterschied. Er hatte *nie eine Vorstellung über einen zukünftigen Beruf oder über ein zukünftiges Eheleben.* Wir dürfen bei der *Selbstverständlichkeit solcher Vorstellungen* schließen, daß es sich nicht um ein bloßes Fehlen von Gedanken gehandelt haben wird, sondern um den Vorsatz, keinen Beruf auszuüben und keine Ehe zu schließen. Vorsätze, die man bei Kindern oft findet. Patient war wohl außerordentlich ehrgeizig, hatte aber, wie aus dieser *Ausweichung* hervorgeht, den Glauben an sich verloren.

Er wurde von den Eltern sorgsam erzogen. Der Vater war ein auffällig rechtlicher Mann. Schon in der Kindheit erlitt der Patient einige Unannehmlichkeiten, die seinen Stolz auf seine Moral empfindlich berührten. Er wurde vom Vater auf einer Notlüge ertappt, was ihm sein Leben lang nachgegangen war. Ziemlich früh nach diesem Erlebnis stellten sich Zwangsgedanken in der Form eines heftigen *Schuldgefühls* ein. Sein Leiden wurde von der ganzen Umgebung peinlich empfunden und man suchte es zu mildern. Monatelang machte er sich wegen einer falschen Auskunft Selbstvorwürfe, brütete ein Jahr lang über *Lappalien*, berichtete alles den Eltern, ging dann zu einem seiner Lehrer und beichtete etwa, daß er ihm vor einem Jahr irgend eine *unrichtige Angabe* gemacht habe.

Er legte dennoch seine Prüfungen ab und absolvierte eine Hochschule. Nun aber, *da er ins Leben treten*, einem Erwerb nachgehen sollte, brach seine fatale Erkrankung herein und verhinderte ihn daran. Nicht bloß sein Schuldgefühl bestand weiter, sondern es zwang ihn auch, öffentlich niederzuknien und Gebete vor sich her zu sagen. Dabei wiegte er sich scheinbar in der Hoffnung, man werde in ihm einen außergewöhnlich religiösen Menschen sehen, ohne ihn für einen Narren zu halten. Durch diese Annahme gestattete er sich die Prostration.

Die Krankheit schien verschwunden, als man ihm nahelegte, ein anderes Fach zu ergreifen. Kurz vor einem Examen ging er in eine andere Stadt. Dort warf er sich in der Kirche nach längeren Vorbereitungen angesichts einer großen Menschenmenge zu Boden, stieß heftige Anklagen gegen sich aus und bekannte vor dem ganzen Volke seine Schuld. Er wurde interniert, dann vom Vater übernommen.

Nach einer Besserung begann er sein neues Fach zu studieren. Eines Tages war er plötzlich verschwunden. Man fand ihn in einer Irrenanstalt, in die er geflüchtet war, um dort erst seine Heilung abzuwarten. *Dort, von allen Erprobungen enthoben*, besserte sich sein Zustand. Die Selbstbeschuldigungsideen traten immer mehr zurück, waren eigentlich ganz belangloser Natur, schlossen wohl noch immer mit dem Imperativ niederzuknien und zu beten; er war aber imstande, Widerstand zu leisten. Der Arzt riet ihm, nach Hause zu fahren und sich *irgendwie zu betätigen.*

An demselben Tage erschien er plötzlich splitternackt im gemeinsamen Speisezimmer. Er war ein auffallend hübscher, schön gebauter Mensch.

Nach längerer Zeit verließ er die Anstalt in gebessertem Zustande und setzte seine Studien fort. Jedesmal aber, sobald er vor irgendeiner selbstgestellten oder ihm vorgelegten Aufgabe stand, flüchtete er in die Irrenanstalt, um dort längere Zeit zu verweilen. Er galt als guter Kenner in seinem Fache, war also kein passiver Mensch, sondern ziemlich weit den anderen voraus. Er selbst aber stand ganz unter dem Eindruck seiner Unfähigkeit. Das höchste Ziel seines Ehrgeizes war, mehr zu sein als die anderen, vor allem mehr als der ältere Bruder. Sein Leiden gestattete ihm, sich einigermaßen befriedigt zu fühlen, weil er so ungemein *viel in der Reserve hatte.* Er konnte immer durchdrungen sein von dem Gedanken, *was er alles geleistet hätte, wenn nicht diese fatale Neurose über ihn hereingebrochen wäre*, die ihm so viel Zeit gekostet, ihm so viel Mühe und Kummer gemacht habe. Folglich: verlockte ihn sein zitternder Ehrgeiz in die rettende Krankheit, wie bei anderen in ähnlicher Lage ein Narkotikum gesucht wird, etwa im Alkoholismus oder Morphinismus, gelegentlich auch in der Politik. Seine Neurose wurde ihm in seiner Entmutigung zum Balsam für den gekränkten Ehrgeiz.

Es ist unmöglich, rein intellektuell ein solches Leben aufzubauen. Er verwendete alle seine Fähigkeiten und Gefühle zum Arrangement des Leidens.

Seinen engeren Kreis nur wollte er jetzt mehr überragen. Dies läßt sich auch aus dem wohlverstandenen Sinn seines Zwangsgedankens entnehmen. »Ich bin ja besser als die anderen, ich fühle mich bereits da als schuldig, wo die anderen nichts Besonderes empfinden können. Ich bin frommer, tugendhafter, gewissenhafter als alle anderen zusammen, *meinen Vater mitinbegriffen.*«

So wollte er im beschränkten Kreise der erste sein, nicht in der Gesellschaft, nicht auf der nützlichen Seite des Lebens, nicht mit dem Aufgebot seiner ganzen Kraft. Es genügte ihm sein eigenes Vorurteil und der Schein der Überlegenheit. Er war Herr seiner Entschlüsse und konnte von den Forderungen der Gemeinschaft jene erfüllen, die ihm zusagten. Andere, die er fürchtete, schaltete er durch seine Zwangsneurose aus und war von der Kooperation, die er fürchtete, befreit.

Die Tendenz zur Überlegenheit findet sich bei allen Neurosen. Sie ist auch das treibende Element bei der Zwangsneurose. Man wird es in keinem Falle vermissen. Doch eignet sich das Symptom der Zwangserscheinung nur für solche zur Neurose disponierte Menschen, deren Lebenslinie näher an die Forderungen der Gemeinschaft hinanreicht. Der Ausbruch der Zwangsneurose verhindert dann wie eine Revolte die völlige Hingabe an diese Forderungen.

Zusammenfassung

In einer Stimmung von ängstlicher, peinlicher, quälender Natur taucht als »imperative Eingebung« die Zwangsidee, das Zwangssprechen, die Zwangshandlung auf. Die Häufigkeit dieser Neurose ist bekannt, ist aber größer als derzeit angenommen wird, wenn der nervöse Zwang als Symptomenbild der Neurose verstanden wird und nicht durch einen ungerechtfertigten Einteilungsmodus verkürzt erscheint. Als Beitrag aus der schönen Literatur kann die biographische Schilderung aus dem Leben des in Melancholie verstorbenen, verschollenen Romantikers Sonnenberg gelten, ferner Vischers »Auch einer« und die Figur »*Schmelzles*« von Jean Paul. Enuresis, Stottern, Zwangshungern und sexuelle Perversionen gehören unbedingt in diese Gruppe.

Die allgemeine Behauptung der Autoren, daß das wesentliche Merkmal der Zwangsneurose in der Empfindung des Unsinnigen, aber Unabwendbaren beim Patienten bestehe, trifft gelegentlich nicht zu. Zuweilen betont der Patient entgegen seiner sonstigen Haltung das Zweckmäßige und seiner Natur Entsprechende im Zwang. Die Bedeutung dieser Betonung von der Unsinnigkeit des Phänomens liegt aber nicht dort, wo die Autoren sie suchen, im Beweis von der uneingeschränkten Intelligenz des Patienten, sondern in der dadurch erworbenen Krankheitslegitimation, in der Unterstreichung des trotz aller Mühe Unentrinnbaren und in der Feststellung einer großen Qual und einer Mehrbelastung, die zu einer teilweisen oder völligen *Enthebung von den allgemeinen Pflichten* den Grund abgeben muß.

Die Grenzen zum neurasthenischen, hysterischen und angstneurotischen Symptomenkomplex sind oft verschwommen; Alkoholismus, Morphinismus usw. sind nahe verwandt, impulsives Irresein, Triebhandlungen, zwangsmäßige Selbstbeschuldigungen, gewisse Stereotypien und Verstimmungen psychotischer Natur zeigen eine ähnliche psychologische Struktur. Erscheinungen des normalen Seelenlebens leiten uns zum brauchbaren Untergrund des Zwangsphänomens, gewisse Formen von Gewohnheiten, übertriebenen Prinzipien, *Mißbrauch der Wahrheit und der Moral* sind psychologisch von ähnlicher Struktur. Eng ist der Zusammenhang mit der Stimmungslage des Zweifels, der gleichfalls das Vorwärtsschreiten hindert und ein verkapptes *Nein!* gegenüber vorliegenden Forderungen bedeutet. Die richtige Definition jeder Neurose lautet: »Ja – aber!«

Die individualpsychologische Klarstellung eines Falles von Zwangsneurose ergibt die unbewußte Absicht des Patienten *sich durch den krankhaften Zwang vom Zwang der Kooperation und der gesellschaftlich notwendigen Forderungen zu entlasten* oder zu befreien, einen sekundären Kriegsschauplatz zu errichten, um dem Hauptkampfplatz des Lebens entweichen zu können und die Zeit zu vertrödeln, die ihn sonst zur Erfüllung seiner individuellen Aufgaben ziehen würde.

Als einzig entscheidende Probe auf die Richtigkeit der psychologischen Klarstellung des Falles kann nur gelten, wenn es sich erweist, daß der Patient *auch mit anderen Mitteln als mit dem der Zwangsneurose*, also ganz abgesehen von seinen krankhaften Erscheinungen, unter Vorwänden, Ausflüchten, Ausreden und unter scheinbar guten Gründen den Forderungen seines Lebens zu entfliehen trachtet oder zum mindesten die Verantwortung für die Entscheidungen über seine Leistungen zu mildern versucht.

Die Behandlung besteht in dieser Aufklärung des Sachverhaltes, in der Beseitigung von irrtümlichen Anschauungen aus der Kindheit, in einer offenen Wundbehandlung des übertriebenen Ehrgeizes, der Eigenliebe und der überängstlichen Tendenz des Patienten sich zu isolieren. Der technische Apparat der Zwangsneurose muß erkannt, klargestellt und durch Demaskierung aufgehoben werden. Dazu hilft in erster Linie die Kooperation mit dem Arzt.

Diese Kooperation ist selbstverständlich als Training zu verstehen. Neuerer Zeit gehen einige Autoren daran, oberflächliche Ähnlichkeiten, mehr im Worte liegend als in der Sache, speziell Ähnlichkeiten mit motorischem, organisch bedingtem Verhalten bei postenzephalitischen Erscheinungen (Iteration, Blickzwang, Wiederholungszwang usw.), den sogenannten »Striären Komplex« mit der Zwangsneurose in Verbindung zu setzen. Als ob eine organische Grundlage maßgebend wäre und die Neurosenwahl bedingen würde. Eine solche Auffassung ist als entschiedener Rückschritt anzusehen und zeugt von dem Mangel an psychologischem Verständnis der Zwangsneurose. Das »Verharren in einer einmal eingenommenen Einstellung« (Goldstein) hat bei der Postenzephalitis eine ganz andere Bedeutung als in der Zwangsneurose, in der Neurose überhaupt und wohl im Leben jedes Individuums. Öde Vergleiche beider Erscheinungen, von denen bei Goldstein nichts, bei späteren Autoren manches zu finden ist, führen zu Scheinproblemen. Die neurotische Zwangsbewegung ist aktives Arrangement des Lebensfeigen, bei dem er *beharren* muß, weil er in intelligenter, wenn auch irrtümlicher Weise alles andere fürchtet. Die von den Autoren angeführten Fälle sind viel durchsichtiger als die Autoren meinen.

XVI. Zur Funktion der Zwangsvorstellung als eines Mittels zur Erhöhung des Persönlichkeitsgefühles

Erster Teil

Summarisch kann ich behaupten, daß jeder Zwangsneurose die Funktion innewohnt, den betroffenen Zwangsneurotiker jedem äußeren Zwang dadurch zu entziehen, daß er nur seinem eigenen Zwang gehorcht, mit anderen Worten, der Zwangsneurotiker wehrt sich so sehr gegen Kooperation, gegen jeden fremden Willen und gegen jede fremde Beeinflussung, daß er im Kampf gegen sie soweit gelangt, seinen eigenen Willen als heilig und unwiderstehlich hinzustellen. Dadurch allein schon verrät er, daß er in allem vorwiegend nur an sich, nicht an die andern denkt, was auch aus seinem sonstigen Leben trotz allen Trugs erschlossen werden kann. Ein äußerst lehrreicher Fall ist z. B. folgender: Eine 40jährige Dame klagt darüber, daß sie *nichts im Hause leisten* kann, weil sie für die einfachsten Dinge das Verständnis verloren habe. Sie stehe deshalb unter dem Zwange, alles was sie tun *solle*, sich erst zu wiederholen. Dann könne sie es ausführen. Hätte sie z. B. einen Stuhl zum Tisch zu stellen, so müsse sie erst sagen: »ich soll den Stuhl zum Tisch stellen!« Dann gelinge ihr diese Arbeit. Die Patientin muß erst einen fremden Willen, die Verpflichtung zur (weiblichen!) Hausarbeit, zur Kooperation, zu ihrem eigenen machen, um etwas leisten zu können. Wer sich der schönen Arbeit Furtmüllers, »Ethik und Psychoanalyse« (München, E. Reinhardt 1912) erinnert, kennt diesen Mechanismus als einen tragenden der Ethik. In der Zwangsneurose steht er als Grundpfeiler, der dem Patienten ermöglicht seine quasi Gottähnlichkeit sich zu beweisen, indem jeder andere Einfluß nullifiziert erscheint. Kurz erwähne ich noch, wie der Waschzwang ermöglicht, alle Umgebung als unrein zu demonstrieren, wie der Masturbationszwang den Einfluß des sexuellen Partners unterbindet, wie der Betzwang in eigentümlicher Weise alle himmlische Macht dem Beter zur Verfügung zu stellen scheint. »Wenn ich das nicht tue, wenn ich dieses sage oder verrichte, wenn ich nicht jenes Gebet, jene Worte spreche, wird diese oder jene Person sterben. Der Sinn wird sofort klar, wenn wir die positive Fassung der Formel hinstellen, etwa: wenn ich dies tue oder unterlasse, wenn ich meinen eigenen Willen wirken lasse, wird die Person nicht sterben.« Nun hat der Patient einen Scheinbeweis, als ob er Herr über Leben und Tod, also gottähnlich wäre.

Zu unserem Thema läßt sich noch nachtragen, daß auch die Zweifelsucht und die neurotische Angst brauchbare Mittel der Neurose vorstellen, die dem Patienten gestatten, seine Lebenslinie innezuhalten und jeden fremden Einfluß (auf Beruf, Haltung) und jede fremde Erwartung zu durchkreuzen. Immer wird man finden, daß Zwang, Zweifel und Angst in der Neurose Sicherungen vorstellen, die dem Patienten ermöglichen sollen, oben, männlich, überlegen zu erscheinen, wie ich bereits in meinen früheren Arbeiten auseinandergesetzt habe.

Zweiter Teil

Eine 35jährige Patientin, die an Mangel an Energie und Zwangsgrübeln leidet, immer an ihrer praktischen Fähigkeit zweifelt, stellt sich am ersten Tage als begeisterte Verehrerin der Kunst vor. Den tiefsten Eindruck hätten auf sie gemacht: 1. ein Selbstporträt des alternden Rembrandt, 2. Fresken von der Auferstehung des Signorelli, 3. die drei Lebensalter (auch Konzert genannt) des Giorgione.

Man sieht das Interesse der Patientin *auf das Alter* und auf die Zukunft gerichtet und muß voraussetzen, einen Menschen vor sich zu sehen, der glaubt, daß er sich nur mit Mühe im Gleichgewicht hält, dem es scheint und der befürchtet, daß ihn der Verlust der Jugend in schwere Verwirrungen stürzen könnte. Ein Mensch also, der aus einer unsicheren Situation in ein ungefähres Gleichgewicht zu gelangen sucht, wozu ihm seine Kunstgriffe, eben die neurotischen Symptome, nötig erscheinen. Man müßte auch aus einer solchen Schilderung erraten, daß es sich um eine schöne Frau handelt.

Die soll nun Jugend, Schönheit, Macht und Einfluß einbüßen! Es bleiben nur zwei Wege: entweder Umkehr und Aufsuchen einer neuen Lebenslinie, deshalb störendere Empfindung der aus der alten Position stammenden Krankheit; dieser Weg führt sie selbst zum Nervenarzt! Oder: Verstärkung der Symptome und ihre Hervorhebung, um Macht zu gewinnen. Solche Patienten werden meist von ihrer Umgebung zum Arzt geschickt.

Eine mit Pendanterie, Angst und Zwang festgehaltene Position der Überlegenheit zeigt uns immer wieder das alte Unsicherheitsgefühl der nervösen Patienten. Und wir werden auf die Vermutung kommen, daß auch diese Dame, die auf den ersten Vorhalt, sie sei mit ihrer weiblichen Rolle unzufrieden, es leugnet, im männlichen Protest zu ihrer Neurose gekommen ist.

Am nächsten Tage erklärt sie, die Gesellschaft in Wien sei für sie sehr ermüdend. In der Provinz könne man sich besser ausruhen. Im Zusammenhang läßt sich leicht ersehen, daß diese Müdigkeit ein tendenziöses Arrangement vorstellt, das den Zweck hat, eine eventuelle Übersiedlung nach Wien als untunlich darzustellen.

Verbinden wir die Erläuterungen dieser beiden Tage durch eine Linie, so erhalten wir folgendes Bild: Eine überaus ehrgeizige Frau, die immer die erste Rolle spielen will, begnügt sich nicht mit dem ihr gegebenen reichen Fonds ihrer Fähigkeiten, sondern zittert davor, mit den Jahren in der Hauptstadt in großen Gesellschaften die Konkurrenz nicht mehr bestehen zu können. Sie sieht emsig in die Zukunft, *um ihrer Entthronung vorzubeugen* und sie formt aus den brauchbaren Eindrücken und aus den allerwärts gegebenen Schwierigkeiten des Lebens eine äußerst affektbetonte Anschauung, sie sei für das praktische Leben, d. h. nämlich das Leben einer alternden Hausfrau, nicht geeignet.

So muß es also gelingen, durch die Neurose und durch neurotische Symptome, in diesem Falle durch Zwangsvorstellungen, durch das Gefühl der Hilflosigkeit, durch Müdigkeit einer unbewußt vorausgesetzten »Wahrheit« auszuweichen: daß das Alter eine Frau degradiert, sie, die schon früher eine Hilfsperson des Mannes, ein Luxusgeschöpf war, stärker degradiert als in ihrer Jugend. Statt weitschweifiger Erörterungen biete ich vorläufig als Beweis an, daß diese Frau, je näher sie sich der weiblichen Rolle fühlt, um so deutlicher das »Mitspielen« aufgibt. Sie ist frigid und sie zieht sich während der Menses auf vier Tage zurück.

Am zweiten Tage erzählt sie folgenden Traum: »Auf Ihrem Tische liegt Wildes Dorian Gray. In dem Buche liegt ein großes Stück weißer, kunstvoll bestickter Seide. Ich frage mich, wie diese Seide in das Buch kommt.«

Der erste Teil des Traumes enthält eine Bestätigung der von mir aufgedeckten verschärfenden Ursache des gegenwärtigen Zustandes. Das Bildnis Dorian Grays beginnt zu altern. Weiße Seide, seidene bestickte Vorhänge und ähnliches sind der Patientin besonders wert. Ein Buch auf meinem Tische: ein von mir geschriebenes Buch. Ihre Kostbarkeiten, ihre verwahrten Besitztümer in meinem Buch! Darob Verwunderung. Der Gedanke regt sich, ob ich nicht von ihrer Altersfurcht schreiben werde.

Ihre alte Attitüde der Verschlossenheit schiebt sich als brauchbares Mittel ein, um die Distanz zum Arzt zu vergrößern.

Kampf gegen die weibliche Rolle, dementsprechend die Überwertung des ehemals angestrebten männlich gewerteten (Künstler-) Berufs, die Entwertung der Hausfrauenrolle; die natürlichen Ereignisse: Heirat, Liebe, Alter, Entscheidungen aller Art, die dem Ideal der Überlegenheit drohen, bringen den Zwang zur Verschärfung der Neurose. Diese setzt sich aus individuell brauchbar erkannten psychischen und körperlichen Kunstgriffen zusammen, durch deren Zusammenwirken die Fiktion der Einzigkeit, der Macht, *des freien Willens* aufrecht erhalten werden kann. Die Ausschaltung äußerer Forderungen ist gegeben durch den Machtzuwachs infolge der Krankheitslegitimation.

Auffallende Schönheit eines Menschen gestaltet ihm ein besonderes Lebensproblem. Nicht viele verstehen es zu lösen. Die meisten geraten in eine ununterbrochene Stimmung unerhörte Triumphe zu erwarten, alles ohne Anstrengung erreichen zu können, und geraten natürlich in Widersprüche zu den realen Tatsachen. Besonders alternde, weibliche Schönheiten, sofern sie es nicht verstanden haben, eine Lebensbeziehung zu finden, die nicht ausschließlich auf der Macht ihrer Schönheit basiert. Denn sonst entpuppt sich bei drohendem Verlust der Schönheit die alte Machtgier in neurotischen und durchaus abträglichen Formen.

Ähnlich geartete Männer können durch diesen aus einem Irrtum entsprungenen Zug, alles von anderen zu erwarten, leicht in den Verdacht kommen, weibliche oder geminderte männliche Anlagen zu besitzen.

Unter den Kriminellen findet man oft hübsche, durchaus gesunde Menschen. Ebenso unter den Schwererziehbaren, den Perversen. Sie stammen aus der übergroßen Zahl der wegen ihrer Schönheit verzärtelten Kinder. Vielleicht ebensooft findet man unter den Fehlschlägen auffallend häßliche Menschen, ein Umstand, der manche Autoren verleitet, an angeborene seelische Defekte zu glauben. Es ist leicht zu sehen, daß auch letztere an der Überschätzung der körperlichen Schönheit in unserer Kultur scheiterten und einen Minderwertigkeitskomplex erwarben, ebenso wie auffallend schöne Kinder es erleben können, wenn ihre Erwartungen fehlschlagen. So beeinflußt ein generelles, soziales Problem das Schicksal des Einzelnen.

XVII. Nervöser Hungerstreik

Als eine der heftigsten Revolten ehrgeiziger, aber entmutigter Menschen, ja als verkappten Selbstmord haben wir eine Anzahl von Fällen nervösen Hungerstreikes kennen gelernt. Immer befällt dieses Leiden Menschen, die die erste Rolle zu spielen gewohnt waren und sie weiter spielen wollen, die stets bestrebt waren, ihre Umgebung mit sich zu beschäftigen und keinen anderen Weg fanden.

In der Regel beginnt dieses Symptom der *Furcht vor dem Essen* um das 17. Lebensjahr herum, fast immer bei Mädchen. Die Folge dieses Verhaltens ist gewöhnlich eine rapide Abmagerung. Als dunkles Endziel, das auch aus der Gesamthaltung der Patientin hervorgeht, findet sich die Ablehnung der Frauenrolle. Das heißt, es liegt der Versuch vor, durch übermäßige Enthaltsamkeit – wie allgemein in der Mode auch – die Entwicklung weiblicher Formen aufzuhalten.[1] Eine dieser Patientinnen bestrich außerdem den ganzen Körper mit Jodtinktur, in der Meinung, auf diese Weise die Abmagerung zu erzwingen. Ganz regelmäßig aber hob sie die Wichtigkeit des Essens ihrer jüngeren Schwester gegenüber hervor und trieb sie unablässig an. Eine andere Patientin langte endlich bei einem Gewicht von 28 Kilo an und sah einem Gespenst ähnlicher als einem jungen Mädchen.

Immer handelt es sich um Mädchen, die schon als Kinder Wert und Bedeutung des »Hungerstreikes« als Machtmittel erprobt hatten.[2] Denn niemals fehlt bei entwickelter Neurose dieser gleiche Druck auf die Um-

1. In jüngeren Jahren liegt dem Hungerstreik das Verlangen zugrunde, die Umgebung mehr mit sich zu beschäftigen. Siehe auch Internat. Zeitschr. f. Individualpsych. II. Jahrg. 2. Heft: »Fragebogen zum Verständnis und zur Erziehung schwer erziehbarer Kinder«.
2. Für diejenigen, denen die *Symptomenwahl* des Neurotikers ernste Schwierigkeiten macht, sei zu wiederholtem Male darauf hingewiesen, wie aus irrtümlichem Erfassen von Machtbeziehungen, wenn sie nur in kleinem Kreise wirksam werden, sich ein

gebung und auf den Arzt. Mit einem Male dreht sich alles um die Patientin, und ihr Wille dominiert in jeder Beziehung. Nun wird auch verständlich, warum solche Patienten der Beschaffenheit der Nahrung so großes, Gewicht beilegen und dieses Gewicht durch das »Arrangement« der Angst sichern müssen: sie können den Prozeß der Ernährung gar nicht hoch genug einschätzen, da diese Überwertung ihnen erst gestattet ihr Ziel, über alle anderen zu herrschen (wie ein Mann! wie der Vater!), konsequent zu verfolgen. Jetzt erst können sie alles bekritteln, sic haben den richtigen Standpunkt gewonnen, um die Kochkunst der Mutter anzuspannen und herabzusetzen, die Auswahl der Speisen zu diktieren, die Pünktlichkeit der Mahlzeiten zu erpressen und gleichzeitig zu erzwingen, daß aller Augen mit der bangen Frage auf sie gerichtet sind, ob sie auch essen werden.

Eine meiner Patientinnen änderte nach einiger Zeit ihr Verhalten dahin, daß sie unter der gleichen Betonung der Wichtigkeit des Essens anfing, ungeheuer viel zu verzehren und zu begehren, was die gleiche Inanspruchnahme der Mutter zur Folge hatte. Sie war verlobt, wollte angeblich auch heiraten, »bis sie gesund sei«, hinderte aber gleichzeitig die Fortsetzung ihrer Frauenrolle durch nervöse Symptome (Depression, Wutanfälle, Schlaflosigkeit) und besonders dadurch, daß sie sich durch fortgesetzte Mastkuren zu einem Monstrum entwickelte. Ununterbrochen nahm sie Brom und erklärte, sich ohne dieses Mittel schlechter zu fühlen; gleichzeitig klagte sie über starke Bromakne, durch die sie ähnlich wie durch Fettsucht entstellt wurde. (Ähnlichen Zwecken dient häufig die nervöse Obstipation, Stuhldrang, Harndrang, zuweilen ein Tick oder Grimassieren oder eine Zwangsneurose.) Manche Patienten erreichen das gleiche, indem sie öffentlich fasten und heimlich essen. Bekannt ist schließlich die ungeheure Bedeutung des Hungerstreiks bei Melancholie, Paranoia und Dementia praecox, wo immer durch Negativismus der Wille der Umgebung zur Ohnmacht verdammt wird.

Training des Symptoms gestaltet, ein Hauptinteresse an einem einzelnen Lebensproblem, so daß dadurch die Harmonie des Lebens gestört wird.

Vielen anderen Arrangements in der Neurose analog ist der Kunstgriff des *»Hin und Her«*[1], durch den das Symptom der »Zeitvertrödelung« erzeugt wird, was in allen Fällen begreiflich wird, wenn man erkennt, daß sich der Patient aus »Furcht vor der Entscheidung« – in obigen Fällen aus »Furcht vor dem Partner« – zur »zögernden Attitüde«, zur »Rückwärtsbewegung« oder zum Selbstmord entschlossen hat. Erst wird die Wichtigkeit der Nahrung überwertet, dann kommt es zur Furcht vor der Nahrungsaufnahme; schließlich bleibt nur übrig, was wir erwarten: zögernde Attitüde, Stillstand oder Rückzug gegenüber den gesellschaftlich durchschnittlichen Forderungen der andern. In dieser Haltung spiegelt sich das alte kindliche Minderwertigkeitsgefühl gegenüber den Anforderungen des Lebens deutlich genug, und die »Kunstgriffe« des Schwachen sind leicht zu entlarven. Rachsüchtige Regungen sind immer vorhanden, ebenso Tyrannei in Familienkreis.

1. Später hat Freud diese Erscheinung als »Wiederholungszwang«, andere als »Iteration«, »Kleben« usw. beschrieben. Gegenüber unseren ursächlichen Feststellungen erscheinen die späteren Tiefblicke anderer Autoren recht oberflächlich.

XVIII. Traum und Traumdeutung[1]

Die von uns geübte Traumdeutung hat den Zweck, dem Kranken seine Vorbereitungen und sein nächtliches Training zu zeigen, die ihn meist als Arrangeur seines Leidens entlarven, ihm zu demonstrieren, wie er, angelehnt an Gleichnisse und tendenziös ausgewählte Episoden, vorliegende Probleme von jener Seite zu erfassen sucht, die ihm die Auswirkung seines individuellen, schon vorher durch sein fiktives Ziel bestimmten Strebens gestattet. Dabei beobachten wir stets eine Korrumpierung der Logik, des common sense, bei der zuweilen sogar Argumente aus der Luft gegriffen werden.

Wir finden uns einem uralten Problem gegenüber, das bis an die Völkerwiege zurückzuverfolgen ist. Narren und Weise haben sich daran versucht, Könige und Bettler wollten die Grenzen ihres Welterkennens durch Traumdeutung erweitern. Wie entsteht ein Traum? Was ist seine Leistung? Wie kann man seine Hieroglyphen lesen? Was ist seine Absicht? Sein Zweck?

Ägypter, Chaldäer, Juden, Griechen, Römer und Germanen lauschten der Runensprache des Traumes, in ihren Mythen und Dichtwerken sind vielfach die Spuren angestrengten Suchens nach einem Verständnis des Traumes, nach eitler Deutung eingegraben. Immer wieder wie eine bannende Gewalt scheint es auf allen Gehirnen zu liegen: der Traum kann die Zukunft enthüllen! Die berühmten Traumdeutungen der Bibel, des Talmud, Herodots, Artemidorus, Ciceros, des Nibelungenliedes drücken mit unzweifelhafter Sicherheit die Überzeugung aus: der Traum ist ein Blick in

1. In konsequenter Weiterbildung unserer Traumlehre kamen wir zu Ergebnissen, die im VI. Jahrgang der »Internat. Zeitschr. f. Individualpsych.« als »Fortschritte der Traumlehre« veröffentlicht sind.

die Zukunft! Und alles Sinnen geht den Weg, wie man es wohl anfinge, den Traum richtig zu deuten, um Zukünftiges zu erspähen. Selbst bis auf den heutigen Tag wird der Gedanke, Unwißbares erfahren zu wollen, regelmäßig mit dem Nachdenken über einen Traum in Verbindung gebracht. Daß unsere rationalistisch denkende Zeit äußerlich ein solches Streben verwarf, die Zukunft entschleiern zu wollen, es verlachte, ist nur zu begreiflich, machte es auch aus, daß die Beschäftigung mit den Fragen des Traumes den Forscher leicht mit dem Fluch der Lächerlichkeit behaften konnte.

Nun soll vor allem, um den Kampfplatz abzustecken, hervorgehoben werden, daß der Autor keineswegs auf dem Standpunkt steht, der Traum sei eine prophetische Eingebung und könne die Zukunft oder sonst Unwißbares erschließen. Vielmehr lehrt ihn seine umfängliche Beschäftigung mit Träumen nur das eine, daß der Traum, *wie jede andere Erscheinung* des Seelenlebens, mit den gegebenen Kräften des Individuums zustande gebracht wird. Aber im gleichen Augenblick taucht da eine Frage auf, die uns darüber belehrt, daß die Perspektive auf die Möglichkeit prophetischer Träume gar nicht einfach zu stellen war, daß sie viel mehr verwirrend als klärend zu wirken imstande ist. Und diese Frage lautet in ihrer ganzen Schwierigkeit: *Ist es denn für den menschlichen Geist wirklich ausgeschlossen, in einer bestimmten Begrenztheit in die Zukunft zu blicken, wenn er selbst bei der Gestaltung dieser Zukunft die Hand im Spiele hat?* Spielt nicht das Erraten im menschlichen Leben, das man auch hochtrabend »Intuition« nennen mag, eine viel wichtigere Rolle als unbelehrte Kritiker annehmen?

Unbefangene Beobachtung gibt uns da sonderbare Lehren. Stellt man diese Frage unverblümt, so wird der Mensch sie in der Regel verneinen. Aber kümmern wir uns einmal nicht um Worte und Gedanken, die sich sprachlich äußern. Fragen wir die anderen körperlichen Ausdrucksformen, rufen wir die Bewegungen, die Haltung, die Handlungen an, dann erhalten wir einen ganz anderen Eindruck. Obwohl wir es ablehnen, in die Zukunft blicken zu können, ist unsere ganze Lebensführung derart, daß sie uns verrät, wie wir mit Sicherheit zukünftige Tatsachen vorauswissen, *erraten* wollen. Unser Handeln weist deutlich darauf hin, daß wir –

right or wrong – unser Wissen von der Zukunft festhalten. Noch mehr! Es läßt sich leicht beweisen, daß wir nicht einmal handeln könnten, wenn nicht die zukünftige Gestaltung der Dinge – von uns gewollt oder gefürchtet – in uns die Richtung und den Ansporn, die Ausweichung und das Hindernis gäbe. *Wir handeln ununterbrochen so, als ob wir die Zukunft sicher voraus wüßten, obwohl wir verstehen, daß wir nichts wissen können.*

Gehen wir von den Kleinigkeiten des Lebens aus. Wenn ich mir etwas anschaffe, habe ich das Vorgefühl, den Vorgeschmack, die Vorfreude. Oft ist es nur dieser feste Glaube an eine voraus empfundene Situation mit ihren Annehmlichkeiten oder Leiden, der mich handeln oder stokken läßt. Daß ich mich irren kann, darf mich nicht behindern. Oder ich lasse mich abhalten, *um im erwachenden Zweifel*[1] zwei mögliche künftige Situationen voraus zu erwägen, ohne zur Entscheidung zu kommen. Wenn ich heute zu Bette gehe, weiß ich nicht, daß es morgen Tag sein wird, wenn ich erwache – aber ich richte mich danach.

Weiß ich es denn wirklich? So etwa, wie ich weiß, daß ich jetzt vor Ihnen stehe und rede? Nein, es ist ein ganz anderes Wissen. In meinem *bewußten Denken* ist es nicht zu finden, aber in meiner körperlichen Haltung, in meinen Anordnungen sind seine Spuren deutlich eingegraben. Der russische Forscher *Pawlow* konnte zeigen, daß Tiere, wenn sie eine bestimmte Speise *erwarten*, im Magen beispielsweise die entsprechenden, zur Verdauung nötigen Stoffe ausscheiden, als ob der Magen voraus wüßte, *es erriete*, welche Speise er empfangen wird. Das heißt aber, daß unser Körper in gleicher Weise mit einer Kenntnis der Zukunft rechnen muß, wenn er genügen, handeln will, daß er Vorbereitungen trifft, *als ob er die Zukunft vorauswüßte.* Auch in letzterem Falle ist diese Berechnung der Zukunft dem bewußten Wissen fremd. Aber überlegen wir einmal! Kä-

1. Die Funktion des Zweifels im Leben wie in der Neurose ist, wie ich zeigen konnte, immer: eine Aggressionshemmung durchzuführen, einer Entscheidung auszuweichen und dies der eigenen Kritik zu verbergen. Für den Individualpsychologen, der »den Leuten nicht aufs Maul, sondern auf die Fäuste sieht«, bedeutet der Zweifel ein unzweifelhaftes Nein!

men wir denn zum Handeln, wenn wir *mit unserem Bewußtsein, mit unserem Wissen des Gegenwärtigen*, die Zukunft erfassen sollten? Wäre nicht die Überlegung, die Kritik, ein fortwährendes Erwägen des Für und Wider ein unüberwindlicher Hemmschuh für das, was wir eigentlich nötig haben, das Handeln? *Folglich muß unser vermeintliches Wissen von der Zukunft im Unbewußten gehalten, dem Verständnis und der bewußten Kritik entzogen werden.* Es gibt einen Zustand krankhafter Seelenverfassung – er ist weit verbreitet und kann sich in den verschiedensten Graden darstellen – die Zweifelsucht, der Grübelzwang, folie de doute – wo tatsächlich die innere Not den Patienten antreibt, in allem *den einzig richtigen Weg* zur Sicherung seiner Größe, seines Persönlichkeitsgefühls zu suchen, um ihn nicht zu finden. Die peinliche Untersuchung des eigenen zukünftigen Schicksals hebt dessen Unsicherheit so weit hervor, das Vorausdenken wird so weit bewußt, daß ein Rückschlag erfolgt: die Unmöglichkeit, die Zukunft bewußt und sicher zu erfassen, erfüllt den Patienten mit Unsicherheit und Zweifel und jede seiner Handlungen wird gestört durch eine andersgerichtete Erwägung. – Den Gegensatz bildet der ausbrechende Wahn, die *Manie*, wo ein heimliches, sonst unbewußtes Ziel der Zukunft machtvoll hervorsticht, die Realität vergewaltigt und das Bewußtsein mit böser Absicht zu unmöglichen Annahmen verlockt, um das leidende Selbstbewußtsein vor Fehlschlägen bei der Mitarbeit in der Gemeinschaft zu sichern.

Daß das bewußte Denken im Traume eine geringere Rolle spielt, bedarf keines Erweises. Ebenso schweigt die Kritik und der Widerspruch der nunmehr schlafenden Sinnesorgane zum großen Teil. Wäre es undenkbar, daß nun die Erwartungen, Wünsche, Befürchtungen, die sich vom Kern der Persönlichkeit bis an die gegenwärtige Situation des Träumenden erstrecken, unverhüllter im Traume zutage treten?

Ein Patient, der an schwerer Tabes erkrankt war, dessen Bewegungsfähigkeit und Sensibilität stark eingeschränkt war, der ferner durch die Krankheit blind und taub geworden war, war ins Krankenhaus gebracht worden. Da es keine Möglichkeit gab, sich mit ihm zu verständigen, muß seine Situation wohl eine höchst sonderbare gewesen sein. Als ich ihn sah, schrie er unaufhörlich nach Bier und belegte irgendeine Anna mit unflätigen Schimpfworten. Sein unmittelbares Streben sowie die Art der Durchsetzung desselben war ziemlich ungebrochen. Denkt man sich aber eines der Sinnesorgane funktionierend, so ist es klar, daß nicht bloß seine Äußerungen, sondern auch seine Gedankengänge ganz anders, durch seine Situation korrigiert, verlaufen wären. Der Ausfall der Funktion der abtastenden Sinnesorgane im Schlafe macht sich demnach in mehrfacher Richtung geltend: in einer Verrückung des Schauplatzes in die uferlose Phantasie vor allem ferner auch in einem hemmungsloseren *Hervortreten des Zieles.* Letzteres führt mit Notwendigkeit dem wachen Leben gegenüber zu Verstärkungen und Unterstreichungen des Wollens, inhaltlich zu analogischen, selbstbetrügerischen, aber schärferen Ausprägungen und Übertreibungen, die allerdings wieder infolge der Vorsicht dies Träumers von Einschränkungen oder Hemmungen begleitet sein können. Auch Havelock Ellis (»Die Welt der Träume, Würzburg, Kabitzsch 1911), der andere Erklärungsgründe anführt, hebt diesen Umstand hervor. – Von anderen Standpunkten aus kann man in obigem Falle ebenso wie bei Untersuchung der Träume verstehen, daß erst die Einfühlung in die reale Situation die *»Rationalisierung«* (Nietzsche) des Endzieles und seine *»logische Interpretation«* erzwingen kann.

Immerhin ist die Richtung des individuellen Handelns und somit die *vorbauende, voraussehende Funktion des Traumes* stets deutlich erkennbar;[1] sie deutet *die Vorbereitungen entsprechend der Lebenslinie, nicht des common sense, des Träumers einer aktuellen Schwierigkeit gegenüber an* und läßt niemals die Sicherungsabsicht vermissen. Versuchen wir diese Linien an einem Beispiele zu verfolgen. Eine Patientin mit schwerer *Platzangst,* die an einer Hämoptoe erkrankt war, träumte, als sie im Bette lag und ihrem Be-

1. Zuerst geschildert im »Aggressionstrieb« 1908 (s. »Heilen und Bilden«, 3. Aufl.), in der »Psychischen Behandlung der Trigeminusneuralgie«, im »Beitrag zur Lehre vom Widerstand«, in der Syphilidophobie (s. diesen Band) und im »Nervösen Charakter«, 4. Aufl. J. F. Bergmann, München 1928.

ruf als Geschäftsfrau nicht nachgehen konnte: »Ich trete ins Geschäft und sehe, wie die Mädchen Karten spielen.«

In allen meinen Fällen von Platzangst fand ich dieses Symptom als ein vorzüglich geeignetes Mittel, anderen, der Umgebung, den Verwandten, dem Ehegenossen, den Angestellten Pflichten aufzuerlegen und ihnen wie *ein Kaiser und Gott* Gesetze zu geben. Unter anderem geschieht dies dadurch, daß die Abwesenheit oder Entfernung gewisser Personen durch Angstanfälle, aber auch durch Üblichkeit oder Erbrechen verhindert wird.[1] Mir taucht jedesmal bei diesen Fällen die Wesensverwandtheit mit dem gefangenen Papst, dem *Stellvertreter Gottes*, auf, der gerade durch den Verzicht auf seine eigene Freiheit die Verehrung der Gläubigen steigert, ferner auch alle Potentaten zwingt, zu ihm zu kommen (»Der Gang nach Canossa«), ohne daß sie auf einen Gegenbesuch rechnen dürfen. Der Traum fällt in eine Zeit, als dieses Kräftespiel schon offen zutage lag. Seine Interpretation liegt auf der Hand. Die Träumerin versucht sich in eine zukünftige Situation, in der sie bereits aufstehen kann und auf Gesetzesübertretungen fahndet. Ihr ganzes Seelenleben ist durchtränkt von der Überzeugung, daß ohne sie nichts in Ordnung geschehen könne. Diese Überzeugung verficht sie auch sonst immer im Leben, *setzt jeden herab und bessert mit unheimlicher Pedanterie alles aus.* Ihr immer waches Mißtrauen sucht stets bei anderen Fehler zu entdecken. Und sie ist derart mit entsprechenden Erfahrungen in der Richtung des Mißtrauens gesättigt, daß sie scharfsinniger wie andere manches von den Fehlern anderer *errät.* O, sie weiß genau, was Angestellte treiben, wenn man sie allein läßt! Sie weiß ja auch, was die Männer anstellen, sobald sie allein sind. Denn »alle Männer sind gleich!« Weshalb auch ihr Mann stets im Hause bleiben muß.

Sie wird ohne Zweifel *nach der Art ihrer Vorbereitung*, sobald sie von ihrem Lungenleiden genesen ist, eine große Anzahl von Versäumnissen im Laden, der an die Wohnung grenzt, entdecken. Vielleicht auch, daß Kar-

1. Vgl. Adler, »Beiträge zum organischen Substrat der Neurosen«, und einen Ausschnitt aus der Krankengeschichte der obigen Patientin in »Zur Rolle des Unbewußten« in diesem Bande.

tenspiele gespielt wurden. Am Tag nach dem Traume aber befahl sie dem Stubenmädchen unter Vorwänden, ihr die Spielkarten zu bringen, ließ auch die angestellten Mädchen häufig an ihr Bett rufen, um ihnen immer wieder neue Aufträge zu geben und um sie zu überwachen. – Um die dunkle Zukunft zu erhellen, braucht sie bloß im Wissen des Schlafes, entsprechend ihrem überspannten *Ziel nach Überlegenheit*, passende Analogien aufzustöbern, die Fiktion von der auch in der Einzelerfahrung zutage tretenden *Wiederkehr des Gleichen*[1] prinzipiell und wörtlich zu nehmen. Und um schließlich nach ihrer Genesung recht zu behalten, war ja nur nötig, das Maß ihrer Anforderungen höher zu stellen. Fehler und Versäumnisse mußten dann wohl offenkundig werden.

Als ein weiteres Beispiel der Traumdeutung möchte ich jenen aus dem Altertume von Cicero überlieferten Traum des Dichters Simonides benützen, an welchem ich schon früher einmal (»Zur Lehre vom Widerstand«) ein Stück meiner Traumtheorie entwickelt habe. Eines Nachts, kurz vor einer Reise nach Kleinasien, träumte Simonides, »ein Toter, den er einst pietätvoll begraben hatte, warne ihn vor dieser Reise«. Nach diesem Traume brach Simonides seine Reisevorbereitungen ab und blieb zu Hause. Nach unserer Erfahrung in der Traumkenntnis dürfen wir annehmen, daß Simonides diese Reise gescheut habe. Und *er verwendete den Toten*[2], der ihm verpflichtet schien, um sich mit den Schauern des Grabes, mit Vorahnun-

1. Die genauere Kenntnis dieser »Fiktion des Gleichen«, einer der wichtigsten Voraussetzungen des Denkens überhaupt und des Kausalitätsprinzipes verdanke ich meinem Freunde und Mitarbeiter A. Häutler.
2. Über die Verwendung solcher bereitgestellter, affektauslösender Erinnerungsbilder, die eben den Zweck bekommen, Affekte und deren Folgen, vorsichtige Haltungen, aber auch Ekel, Üblichkeit, Angst, Furcht vor dem geschlechtlichen Partner, Ohnmacht und andere neurotische Symptome hervorzurufen, wird noch ausführlich abzuhandeln sein. Vieles davon habe ich im »Nervösen Charakter« (l. c.) als Gleichnis (z. B. als Inzestgleichnis, als Verbrechensgleichnis, als Gottähnlichkeit, als Größen- und Kleinheitswahn) auflösen können oder als »Junktim« beschrieben. Soweit mir bekannt, ist nur Hamburger zu annähernd ähnlichen Anschauungen gekommen. Eine ausführliche Schilderung dieser neurotischen Arrangements siehe in der »Individualpsychologischen Behandlung der Neurosen« in diesem Band.

gen eines entsetzlichen Endes dieser Reise *zu schrecken und zu sichern.* Nach der Mitteilung des Erzählers soll das Schiff untergegangen sein, ein Ergebnis, das dem Träumer in Analogie mit anderen Unglücksfällen längere Zeit vorgeschwebt haben mag. Wäre übrigens das Schiff glücklich angelangt, wer hätte abergläubische Gemüter gehindert, bestimmt anzunehmen, es wäre doch untergegangen, wenn Simonides der warnenden Stimme kein Gehör geschenkt hätte und mitgefahren wäre? Ein bekannter Schriftdeuter warnt, wie mir von mehreren darüber erkrankten Patienten bekannt wurde, seine Klienten vor einem drohenden Selbstmord. Welch billige Prophetengabe! Bringen sie sich um, so behält er recht, bleiben sie am Leben, so gilt es als Nutzeffekt seiner Warnung und er behält abermals recht.

Wir sehen demnach zwei Arten von Versuchen, im Traume vorauszudeuten, ein Problem zu lösen, das anzubahnen, was der Träumer in einer Situation will. Und er wird es auf Wegen versuchen, die seiner Persönlichkeit, seinem Wesen und Charakter angemessen sind. Der Traum kann eine der in der Zukunft erwarteten Situationen als bereits gegeben darstellen (Traum der Patientin mit Platzangst), um im Wachen das Arrangement dieser Situation hinterher heimlich oder offen durchzuführen. Der Dichter Simonides verwendet ein altes Erlebnis, offenbar, um nicht zu fahren. Halten Sie hier fest daran, daß es ein Erlebnis des Träumers ist, seine eigene Auffassung von der Macht der Toten, seine eigene Situation, in der ihm ein Entschluß not tut, zu reisen oder zu bleiben – erwägen Sie alle Möglichkeiten, dann drängt sich unweigerlich der Eindruck auf, Simonides träumte diesen Traum und wählte unter tausend anderen gerade dieses Bild aus, um sich einen Wink zu geben, um sicher und ohne Schwanken zu Hause zu bleiben. Wir dürfen wohl annehmen, daß unser Dichter auch ohne diesen Traum geträumt zu haben zu Hause geblieben wäre. Und unsere Patientin mit der Platzangst? Warum träumt sie von der Nachlässigkeit und Unordentlichkeit ihres Personals? Hört man daraus nicht deutlich die Fortsetzung: Wenn ich nicht dabei bin, geht alles drunter und drüber, und wenn ich wieder gesund bin und die Zügel in die Hand nehme, werde ich schon allen zeigen, daß es ohne mich nicht geht.

Wir dürfen demnach erwarten, daß diese Frau bei ihrem ersten Erscheinen im Geschäfte allerlei Entdeckungen von Pflichtvergessenheit, von Nachlässigkeiten machen wird, denn sie wird ja mit Argusaugen zusehen, um ihrer Idee von ihrer Überlegenheit gerecht zu werden. Sie wird sicherlich recht behalten – und hat demnach im Traum die Zukunft vorausgesehen.[1] *Der Traum ist demnach wie der Charakter, das Fühlen, der Affekt, das nervöse Symptom durch die Endabsicht des Träumers arrangiert.*

Ich muß nun eine Erörterung einschalten, um einem Einwand zu begegnen, der gewiß schon vielen auf der Zunge sitzt. Wie will ich es denn erklären, daß der Traum auf die zukünftige Gestaltung der Dinge Einfluß zu nehmen sucht, wo doch die meisten unserer Träume unverständliches, oft albern scheinendes Zeug vorstellen? Die Wichtigkeit dieses Einwandes leuchtet so sehr ein, daß die meisten der Autoren das Wesentliche des Traumes in diesen bizarren, unorientierten, unverständlichen Erscheinungen gesucht haben, diese zu erklären trachteten oder auf die Unverständlichkeit des Traumlebens gestützt dessen Bedeutsamkeit geleugnet haben. Scherner insbesondere von den neueren Autoren und Freud haben das Verdienst, eine Deutung der Rätsel des Traumes versucht zu haben; letzterer hat, um seine Traumtheorie zu stützen, nach welcher der Traum sozusagen ein Schwelgen in kindlichen, unerfüllt gebliebenen, sexuellen Wünschen, später in Todeswünschen vorstellen sollte, in dieser Unverständlichkeit eine tendenziöse Entstellung gesucht, als ob der Träumer, ungehindert von seinen kulturellen Schranken, dennoch verbotene Wünsche in der Phantasie befriedigen wollte. Diese Auffassung ist heute ebenso unhaltbar geworden wie die Anschauung von der sexuellen Grundlage der Nervenkrankheiten oder unseres Kulturlebens überhaupt. Die scheinbare Unverständlichkeit des Traumes erklärt sich vor allem aus dem Umstande,

1. Es läßt sich leicht erraten, daß Simonides, der als Dichter *nach der Unsterblichkeit zielte*, diesem Traum gemäß durch Todesfurcht konstelliert war, während die Patientin mit Platzangst das fiktive Ziel eines Herrschertums, ein Königinnenideal verfolgte. Vgl. für ersteres auch »Individualpsychologische Ergebnisse über Schlaflosigkeit«, wo unter anderem die Beziehung kindlicher Todesfurcht zum ärztlichen Beruf hervorgehoben ist.

daß der Traum kein Mittel ist, um die zukünftige Situation zu erhaschen, sondern bloß eine begleitende Erscheinung, eine Spiegelung von Kräften, eine Spur und ein Beweis davon, daß Körper und Geist einen Versuch des Vorausdenkens, Vorausstastens unternommen haben, *um der Persönlichkeit*, nicht dem common sense des Träumenden im Hinblick auf eine bevorstehende Schwierigkeit gerecht zu werden. Eine gedankliche Mitbewegung also, in ähnlicher Richtung verlaufend wie der Charakter und wie das Wesen der Persönlichkeit es verlangen, in schwer verständlicher Sprache, die, wo man sie versteht, nicht deutlich redet aber andeutet, wohin der Weg geht. – So notwendig die Verständlichkeit unseres wachen Denkens und Redens ist, weil sie die Handlung vorbereiten, so überflüssig ist sie zumeist im Traume, der etwa dem Rauch des Feuers zu gleichen ist und nur zeigt, wohin der Wind geht.

Andererseits kann uns aber der Rauch verraten, daß es irgendwo Feuer gibt. Und zweitens kann uns die Erfahrung darüber belehren, aus dem Rauch über das Holz Aufschluß zu gewinnen, das da brennt. Was in der Asche des Traumes übrigbleibt, ist die Erweckung von Gefühlen und Emotionen, die dem Lebensstil gerecht werden.

Zerlegt man einen Traum, der unverständlich erscheint, in seine Bestandteile, und kann man von dem Träumer in Erfahrung bringen, was diese einzelnen Teile für ihn bedeuten, so muß sich bei einigem Fleiß und Scharfsinn der Eindruck ergeben, daß hinter dem Traum Kräfte im Spiele waren, die nach einer bestimmten Richtung streben. Diese Richtung wird auch sonst im Leben des Menschen festgehalten erscheinen und ist durch sein Persönlichkeitsideal bestimmt, durch die von ihm als drückend empfundenen Schwierigkeiten und Mängel. Man erhält also durch diese Betrachtung, die wir wohl eine künstlerische nennen dürfen, die Lebenslinie des Menschen oder einen Teil derselben, wir sehen seinen unbewußten Lebensplan, nach welchem er der Anspannungen des Lebens und seiner Unsicherheit Herr zu werden strebt. Wir sehen auch die Umwege, die er macht, um des Gefühles der Sicherheit wegen und um einer Niederlage auszuweichen. Und wir können den Traum ebenso, wie jede andere seelische Erscheinung, wie das Leben eines Menschen selbst dazu benützen, um über seine Stellung in der Welt und zu der anderer Menschen Aufschlüsse zu erhalten. – *Im Traum erfolgt die Darstellung aller Durchgangspunkte des Vorausdenkens nach einem vorher bestimmten Ziele des Lebensstils mit den Mitteln der persönlichen Erfahrung unter Anwendung eines trügerischen Gleichnisses.*

Dies führt uns zu einem weiteren Verständnis der anfänglich unverständlichen Einzelheiten in dem Aufbau des Traumes. Der Traum greift gelegentlich – und auch dann ist dies wieder durch einen besonderen Charakter des Träumenden bedingt – zu einer Darstellung, in der letzte Ereignisse, Bilder der Gegenwart, auftauchen. Zur Lösung einer schwebenden Frage klingen meist einfachere, abstraktere, kindlichere Gleichnisse an, häufig an ausdrucksvollere, dichterische Bildnisse gemahnend. So wird etwa eine drohende Entscheidung durch eine bevorstehende Schulprüfung ersetzt, ein starker Gegner durch einen älteren Bruder, der Gedanke an einen Sieg durch einen Flug in die Höhe, eine Gefahr durch einen Abgrund oder durch einen Fall. Affekte, die in den Traum hineinspielen, stammen immer aus der Vorbereitung und aus dem Vorausdenken, aus der Sicherung für das wirklich bevorstehende Problem.[1] Die Einfachheit der Traumszenen – einfach gegenüber den verwickelten Situationen des Lebens – entsprechen nur vollkommen den Versuchen des Träumers, unter Ausschaltung der verwirrenden Vielheit der Kräfte in einer Situation dadurch einen Ausweg zu finden, daß er es unternimmt, eine Leitlinie zu verfolgen nach Ähnlichkeit der einfachsten Verhältnisse. So wie etwa ein Lehrer den Schüler frägt, der einer Frage nicht gewachsen ist, der sich zum Beispiel keinen Rat weiß, was er bezüglich der Fortpflanzung der Kraft zu antworten hätte: »was geschieht, wenn Ihnen jemand einen Stoß gibt? Käme zu dieser letzten Frage ein Fremder ins Zimmer, er würde den fragenden Lehrer mit dem gleichen Unverständnis betrachten, wie wir es tun, wenn man uns einen Traum erzählt.

1. Verstärken sich aber tendenziös aus dem trügerischen Traumbild, wenn dies zur Sicherung des Lebensstils erforderlich ist.

Drittens aber hängt die Unverständlichkeit des Traumes mit dem zuerst erörterten Problem zusammen, bei welchem wir gesehen haben, *daß zur Sicherheit des Handelns eine ins Unbewußte versenkte Anschauung von der Zukunft gehört.* Diese Grundanschauung über das menschliche Denken und Handeln, der zufolge eine unbewußte Leitlinie zu einem im Unbewußten liegenden Persönlichkeitsideal führt, habe ich in meinem Buche »Über den nervösen Charakter« (Bergmann, München 1928, 4. Aufl.) ausführlich dargelegt. Der Aufbau dieses Persönlichkeitsideales und der zu ihm hinführenden Leitlinien enthalten das gleiche Gedanken- und Gefühlsmaterial wie der Traum und wie die Bewegungsvorgänge, die hinter dem Traum stekken. Der Zwang, der es ausmacht, daß das eine seelische Material im Unbewußten verbleiben muß, drückt so sehr auf die Gedanken, Bilder und Gefühls-, Gesichts- und Gehörswahrnehmungen des Traumes, *daß diese, um die Einheit der Persönlichkeit nicht zu gefährden*, ebenfalls im Unbewußten, besser gesagt: unverständlich bleiben müssen. Denken Sie beispielsweise an den Traum der Patientin mit Platzangst. Was sie eigentlich kraft ihres unbewußten Persönlichkeitsideals anstrebt, ist die Herrschaft über ihre Umgebung. Verstünde sie ihre Träume, so würde ihr herrschsüchtiges Streben und Handeln der Kritik ihres wachen Denkens weichen müssen. Da aber ihr wirkliches Streben nach Herrschaft geht, *muß der Traum unverständlich sein.* An diesem Punkte kann man auch begreifen, daß seelische Erkrankungen, alle Formen von Nervosität unhaltbar werden und der Heilung entgegengehen, wenn es gelingt, die überspannten Ziele des Nervösen ins Bewußtsein zu bringen und dort abzuschleifen.

Ich will nun an einem Traume einer Patientin, die wegen Reizbarkeit und Selbstmordgedanken in meine Behandlung kam, auszugsweise zeigen, wie sich die Deutung eines Traumes durch den Patienten selbst vollzieht. Ich will besonders hervorheben, daß man das Analogische der Traumgedanken jedesmal hervortreten sieht in dem »Als-Ob«[1], mit dem

1. Vgl. Vaihinger, »Die Philosophie des Als-Ob«, Berlin 1911, dessen erkenntnistheoretische Anschauungen auf anderen Gebieten mit meinen Auffassungen in der Neurosenpsychologie vollkommen übereinstimmen.

die träumende Person die Erzählung beginnt. Die schwierige Situation der Träumerin bestand darin, daß sie sich in den Mann ihrer Schwester verliebt hatte. Der Traum lautet:

Ein Napoleon-Traum[1].
»Mir träumte, als ob ich im Tanzsaal wäre, ich hatte ein hübsches blaues Kleid, war recht nett frisiert und tanzte mit Napoleon.«

»Hierzu fällt mir folgendes ein:

Ich habe meinen Schwager zu Napoleon erhoben, denn *sonst lohnte es* sich nicht der Mühe, der Schwester ihren Mann wegzunehmen. (Das heißt ihr neurotisches Wesen ist gar nicht auf den Mann gerichtet, sondern darauf, der Schwester überlegen zu sein.) Um über die ganze Geschichte den Mantel der Gerechtigkeit breiten zu können, ferner, um nicht den Anschein zu erwecken, als ob mich die Rache, weil ich zu spät gekommen bin, zu dieser Handlung veranlaßt hätte, muß ich mich als Prinzessin Luise wähnen, mehr als die Schwester, so zwar, daß es ganz natürlich erscheint, daß Napoleon sich von seiner ersten Frau Josefine scheiden läßt, um sich eine ebenbürtige Frau zu nehmen.

Was den Namen Luise betrifft, so habe ich denselben längere Zeit hindurch geführt; es hat sich einmal ein junger Mann nach meinem Vornamen erkundigt, und meine Kollegin, wissend, daß mir Leopoldine nicht gefällt, sagte kurzweg, ich heiße Luise.

Daß ich eine Prinzessin sei, träumt mir öfters (Leitlinie), und zwar ist dies mein kolossaler Ehrgeiz, der mich im Traume immer eine Brücke über die Kluft, die mich von den Aristokraten trennt, finden läßt. Ferner ist diese Einbildung darauf berechnet, beim Erwachen es um so schmerzlicher zu empfinden, daß ich in der Fremde aufgewachsen und allein und

1. Napoleon, Jesus, die Jungfrau von Orleans, Maria, aber auch der Kaiser, der Vater, ein Onkel, die Mutter, ein Bruder usw. sind häufige Ersatzideale der aufgepeitschten Gier nach Überlegenheit und stellen gleichfalls richtunggebende, affektauslösende Bereitschaften im Seelenleben des Nervösen dar.

verlassen bin; die traurigen Gefühle, die mich dann beschleichen, setzen mich in den Stand, *hart und grausam gegen alle Menschen zu sein*, die das Glück haben, mit mir in Verbindung zu stehen.

Was nun Napoleon betrifft, so will ich bloß bemerken, daß, nachdem ich nun einmal kein Mann bin, ich mich nur vor jenen beugen will, die größer und mächtiger als die anderen sind; übrigens würde mich dies nicht hindern, am Ende zu behaupten, Napoleon sei ein Einbrecher (Einbrecherträume). Auch würde ich mich nur beugen, nicht etwa auch unterwerfen, denn ich möchte den Mann, wie aus einem anderen Traume hervorgeht, an einem Faden halten und da, dann will ich tanzen.

Das Tanzen muß mir gar vieles ersetzen, denn die Musik hat einen kolossalen Einfluß auf mein Gemüt.

Wie oft hat mich bei irgendeinem Konzert das sehnende Verlangen überkommen, zu meinem Schwager zu eilen und ihn halbtot küssen zu dürfen.

Um nun diesen Wunsch einem fremden Manne gegenüber nicht in mir aufkommen zu lassen, muß ich mich mit der ganzen Leidenschaft dem Tanze hingeben oder, falls ich nicht engagiert bin, mit zusammengepreßten Lippen sitzen und finster vor mich hinblicken, um jede Annäherung eines anderen unmöglich zu machen.

Ich wollte *der Liebe nicht unterliegen* und meines Erachtens gehören Ball und Liebe zusammen.

Die blaue Farbe habe ich gewählt, weil sie mich am besten kleidet und ich von dem Wunsche beseelt war, einen guten Eindruck auf Napoleon zu machen; jetzt habe ich doch schon das Bestreben, zu tanzen, was ich früher auch nicht konnte.

Von hier aus würde die Deutung noch viel weiter gehen, um schließlich zu zeigen, daß der unbewußte Plan dieses Mädchens bloß auf Herrschsucht ausging, derzeit aber soweit geändert und abgeschwächt ist, daß sie im Tanzen nicht mehr eine persönliche Demütigung erblickt.

Ich bin am Schlusse angelangt. Wir haben gesehen, daß der Traum eine für das Handeln nicht nebensächliche seelische Erscheinung vorstellt, daß er aber, wie in einer Spiegelung, *Vorgänge* und *körperliche Attitüden* verraten kann, die auf das spätere Handeln abzielen. Ist es demnach verwunderlich, daß die Volksseele aller Zeiten mit der Untrüglichkeit eines allgemeinen Empfindens den Traum als ein in die Zukunft weisendes Gebilde aufnahm? Ein ganz Großer, der wie in einem Brennpunkt alle Empfindungen der Menschenseele in sich vereinigte, Goethe, hat dieses »In-die-Zukunft-Schauen« des Traumes und die darin ausströmende vorbereitende Kraft in einer Ballade herrlich gestaltet. Der Graf, der vom heiligen Land in seine Burg heimkehrt, findet diese verwüstet und leer. In der Nacht träumt er von einer Zwergenhochzeit. Und der Schluß des Gedichtes lautet:

Und sollen wir singen, was weiter geschehn,
So schweige das Toben und Tosen,
Denn, was er, so artig, im kleinen gesehn,
Erfuhr er, genoß er im großen,
Trompeten und klingender, singender Schall,
Und Wagen und Reiter und bräutlicher Schwall,
Sie kommen und zeigen und neigen sich all,
Unzählige, selige Leute.
So ging es und geht es noch heute.

Der Eindruck, daß dieses Gedicht des Träumers Gedanken auf Hochzeit und Kindersegen gerichtet zeigt, wird von dem Dichter laut genug hervorgehoben.

XIX. Zur Rolle des Unbewußten in der Neurose

Unser Verständnis für die Einzelfragen in der Psychologie der Neurosen ist so sehr an die individuelle Betrachtungsweise geknüpft, daß man behaupten kann: *jede Arbeitshypothese, obwohl aus Einzelerkenntnissen erwachsen, gibt ein Bild von der Weite der Anschauungen und von den Grenzen der Erkenntnis des Untersuchenden.* Und dies so sehr, daß dadurch erklärlich wird, wie es zu verschiedenen Auffassungen, Wertungen, Voraussetzungen kommt, wie die eine Schule diesen, die andere jenen Punkt ihrer Darstellungen hervorhebt oder mindert, wie dem einen die Wichtigkeit eines Beobachtungsmaterials entgeht, wo ein anderer Unwesentlichem besondere Würde verleiht. Wer für eine formulierte Lehre einsteht, ist kaum wankend zu machen;[1] es wäre denn, daß ihm die inneren Widersprüche bewußt werden. Im allgemeinen benimmt er sich wie ein nervöser Patient, der eine Änderung seines Lebensplanes so lange nicht zuläßt, bis er sein unbewußtes Größenideal erkannt hat und es als unrealisierbar verwirft. Vergleiche dazu Baco in seinem *»Novum Organum«* über diejenigen, die meinen, daß von der Arbeit des Menschen nichts Großes erreicht werden kann: »Diesen ist es nur um den Glauben an ihre eigene unübertreffliche Vollkommenheit zu tun. Daher wünschen sie, daß man das, was sie noch nicht erfunden und begriffen haben, für durchaus unbegreiflich und unauffindbar halte.«

Zum Unterschiede zu manchen anderen Autoren möchte ich den Leser zur Prüfung ermuntern, diese Betrachtung auch auf die folgenden Ausführungen anzuwenden. Die Psychotherapie ist ein künstlerischer Beruf. Die Selbstanalyse – nur wertvoll als Erfassung der eigenen Lebens-

1. Siehe Furtmüller, »Psychoanalyse und Ethik«. München 1912.

linie – etwa dem Selbstporträt vergleichbar, bietet schon deshalb keine Garantie für »voraussetzungsloses« Forschen, weil sie wieder mit den leider beschränkten Mitteln der Persönlichkeit (oder zweier Persönlichkeiten) zustande kommt, und weil die individuelle Perspektive nicht zuläßt, sich oder andere anders als individuell zu betrachten. Persönliche, d. h. andere als in der Wissenschaft übliche, *sachliche* Argumentationen bei der Beurteilung psychotherapeutischer Anschauungen anzuwenden ist demnach ein lästiger Unfug, der nur durch die Jugend unserer Disziplin erklärlich ist, der auch auf die Dauer keinen Anklang finden dürfte.

Durchaus nicht so störend wirken diese Grenzen der Individualität in der psychotherapeutischen Praxis. Scheitert der Nervöse an dem Druck der Realität, so lehrt ihn der Arzt, sich mit Realität und der Gemeinschaft auseinanderzusetzen. Der Zusammenstoß von Patient und Arzt hindert immer wieder das Wandeln des Neurotikers in der Fiktion. Und während der Patient um seine Überlegenheit zu kämpfen vermeint, verweist ihn der Arzt auf die Einseitigkeit und Starre seiner Attitüde.[1] *Unerschütterliche Basis bleibt ihm dabei die Forderung und der Nutzen der menschlichen Gemeinschaft, der Kooperation.*

Dabei erweist sich als die größte Schwierigkeit in der Kur, daß der Patient, obgleich er die Einsicht in den neurotischen Mechanismus zu haben glaubt, gleichwohl seine Symptome teilweise aufrecht erhält. Bis sich eine neuer, vielleicht der schwerwiegendste der neurotischen Kunstgriffe enthüllt: *der Patient bedient sich des »Unbewußten«* um mit seinen alten Bereitschaften und Symptomen trotz der Aufklärung dem alten Ziel der Überlegenheit folgen zu können. Er sagt, er wiederholt das Richtige, *aber er versteht es nicht,* versteht nicht den Zusammenhang, wehrt sich gegen das tiefere Verständnis, auch um gegen den Arzt recht zu behalten. Und mit dieser Feststellung sind wir wieder auf der Linie der Aufklärungen, die ich in meiner Arbeit »Über den nervösen Charakter« den neurotischen Lebensplan beschreibend erörtert habe. Die nervöse Psyche ist,

1. Siehe »Zur Lehre vom Widerstand« in diesem Bande.

um ihr überspanntes Ziel überhaupt anstreben zu können, zu Kunstgriffen und Finten gezwungen. *Einer dieser Kunstgriffe ist die Verlegung des Zieles oder eines Ersatzzieles ins Unbewußte.* Steckt dieses Ziel als »Moral« in einem Erlebnis oder in einer Phantasie, dann können auch diese der Amnesie ganz oder so weit verfallen, daß das fiktive Endziel darin verschleiert wird. Dasselbe erreicht der Patient, übrigens auch der Kritiker, wenn er übersieht, wie eine festgehaltene Erinnerung, ein Symptom, eine Phantasie tendenziös über sich hinausweist, *noch etwas*, etwas viel wichtigeres bedeutet, als es für ihn den Anschein hat.

Es ist nur eine andere Ausdrucksweise, geht übrigens folgerichtig aus diesen Feststellungen hervor, wenn ich hervorhebe, daß dieses gleiche Ziel oder Bruchstücke von Erlebnissen und Phantasien, die mit diesem Ziel verknüpft sind, dem Bewußtsein so weit und in der Form zugänglich sind, daß sie der Erreichung des Persönlichkeitsideals förderlich und nicht im Wege sind. Die biologische Bedeutung des Bewußtseins ebenso wie die des geschilderten Anteils des Unbewußten liegt also in der Ermöglichung des Handelns nach einem einheitlich gerichteten Lebensplan. Diese Anschauung deckt sich zum Teil mit den bedeutsamen Lehren Vaihingers und Bergsons[1] und weist auf die aus dem Instinkt erwachsene, den Zwecken der Aggression angepaßte Qualität des Bewußtseins hin.

Auch die dem überspannten neurotischen Ideal gehorchende, bewußte Vorstellung ist also *in der Qualität ihrer Bewußtheit ein Kunstgriff der Psyche*, wie aus der Analyse der überwertigen Ideen, des Wahnes, der Halluzination[2], überhaupt der Psychosen deutlich hervorgeht, freilich ohne daß der *Operationsplan*, also der Sinn der Erscheinung, in diesen Fällen bewußt und verständlich wurde. Jede bewußte Manifestation der Psyche weist uns demnach in gleicher Weise auf das unbewußte fiktive Endziel hin wie die unbewußte Regung, sofern man sie richtig erfaßt. Die billige Redensart vom »Oberflächenbewußtsein« kann nur den täu-

1. Paul Schrecker, Bergsons Philosophie der Persönlichkeit. München 1912. Neuerdings haben besonders Furtmüller und W. Stern diese Tatsache bedeutsam hervorgehoben.
2. Siehe Individualpsychologische Betrachtung von Bergers »Hofrat Eysenhardt« in diesem Bande.

schen, der diesen Zusammenhang noch nicht kennt. *Die scheinbare Gegensätzlichkeit von bewußten und unbewußten Regungen ist nur ein Gegensatz der Mittel, für den Endzweck der Erhöhung der Persönlichkeit, für das fiktive Ziel der Gottgleichheit aber irrelevant und nicht vorhanden.*

Dieser Endzweck aber und jeder überspannte Formenwandel desselben muß im Unbewußten und unverstanden bleiben, wenn er durch seinen offenen Gegensatz zur Realität das Handeln nach der neurotischen Leitlinie unmöglich macht. Wo die Bewußtseinsqualität als Mittel des Lebens, als Sicherung der Einheit der Persönlichkeit und als Sicherung des Persönlichkeitsideals nötig wird, erscheint sie auch in der geeigneten Form und Ausdehnung. Selbst das fiktive Ziel, der neurotische Lebensplan, kann teilweise ins Bewußtsein treten, wenn dieser Vorgang geeignet ist, eine Erhöhung des Persönlichkeitsgefühls zu bewirken. So besonders in der Psychose. Sobald aber das neurotische Ziel durch sein Bewußtwerden sich selbst aufheben könnte, immer dadurch, daß es in großen Widerspruch zum Gemeinschaftsgefühl gerät, formt es den Lebensplan im Unbewußten.

Diese aus den Tatsachen psychologischer Phänomene erhobenen Befunde finden ihre theoretische Bestätigung in einer Schlussfolgerung, die – wenn auch unausgesprochen – aus den fundamentalen Lehren Vaihingers von dem Wesen der Fiktion hervorgeht. In einer grandiosen Synthese erfaßt dieser geniale Forscher das Wesen des Denkens als ein Mittel zur Bewältigung des Lebens, das mit dem Kunstgriff der Fiktion, einer theoretisch wertlosen, aber praktisch notwendigen Idee seinen Zweck zu erreichen sucht. War diese tiefe Konzeption und Klarstellung des Wesens der Fiktion erst nötig, uns ganz mit den Kunstgriffen unseres Denkens vertraut zu machen – eine Einsieht, die unsere Weltanschauung entsprechend umgestalten wird – so liegt in der Tatsache ihrer »Entdeckung« bereits angedeutet, daß auch die leitende Fiktion des Seelenlebens dem Unbewußten angehört, und daß ihr Auftauchen ins Bewußtsein für den Endzweck teils überflüssig, teils aber hinderlich sein kann.

An diese Tatsache kann die Psychotherapie anknüpfen, indem sie die leitende Größenidee ins Bewußtsein ruft und durch Kritik ihre

Wirksamkeit für das Handeln unmöglich macht. Dementsprechend soll in folgendem gezeigt werden, daß nur die *unbewußte* leitende Persönlichkeitsidee das neurotische System ganz ermöglicht.[1]

I. Die Nichte einer Patientin kündigt im Geschäft den Dienst. Patientin ist besorgt, daß diese – obwohl sie sie früher sehr gering gewertet hatte – unersetzlich wäre. Sie jammert, daß sie selbst nie fertig werde, zweifelt, ob sie die oder die Person anstellen solle. Der Mann ist unbrauchbar. Das Fräulein ist ein Papagei. Man hört heraus: »Nur ich, ich, ich!« – und: »wenn ich nicht wäre!«

Die Frau leidet an Platzangst. Das heißt: sie kann nicht fortgehen. Wie sollte sie auch fortgehen können, wenn sie sich immer »in die Auslage stellen muß!« Sie sichert sich durch die Platzangst, um zu Haus zu bleiben und ihre Unersetzlichkeit zu demonstrieren. Sie leidet an Schmerzen in den Beinen. Nimmt drei bis vier bis fünf Gramm Aspirin täglich. Des Nachts wacht sie oft vor Schmerzen auf, nimmt Pulver, denkt über geschäftliche Aufgaben nach und dies mehrere Male in einer Nacht. Sie hat Schmerzen, um sogar in der Nacht an das Geschäft denken zu können und die Aufmerksamkeit auf sich zu lenken. Das überspannte Größenideal dieser Patientin, Mann, Königin, überall die erste zu sein, kann nur wirksam werden, solange es unbewußt bleibt. Reminiszenzen aus der Kindheit, wie die Knaben es besser hätten, decken sich mit ihrer heutigen Anschauung, daß die Frauen minderwertig seien, hat öfters Träume, in einem Königsschloß zu sein.

II. Traum eines 26jährigen Mädchens, die wegen Wutausbrüchen, Suizidgedanken, Weglaufen in Behandlung kam.

»Mir war, als ob ich verheiratet wäre. Mein Mann war ein schwarzer mittelgroßer Herr. Ich sagte: Wenn du mir nicht hilfst, mein Ziel zu er-

1. Der Gegensatz zur Auffassung Freuds und anderer Autoren liegt klar zutage. *Tatsächlich beherrscht der Zwang zur Einheit der Persönlichkeit, also das fiktive Ziel den Umfang des Bewußten wie des Unbewußten.*

reichen, so werde ich alle Mittel versuchen, auch gegen deinen Willen.«

Das der Patientin unbewußt gewesene Ziel aus der Kindheit war: sich in einen Mann zu verwandeln (siehe Kainois, Ovid[1]), um immer die Herrschende zu sein.

Dieses Ziel war in der Kindheit nicht unbewußt, wenngleich es für das kleine Mädchen nicht alles bedeutete, was wir in dieser Aufstellung sehen, die psychologische und soziale Bedeutung ihres Wunsches konnte von dem Kinde nicht mit voller Klarheit erfaßt werden. Aber es äußerte sich in besonderer, übertriebener Wildheit, in nahezu zwangsmäßigem Antrieb Knabenkleider anzulegen, Bäume hinaufzuklettern, in Kinderspielen die Rolle eines Mannes zu wählen, Knaben – um das Prinzip der Metamorphose zu erhalten – weibliche Rollen zuzumessen.

Unsere Patientin war ein kluges Kind und erkannte bald ihre leitende Fiktion als unhaltbar. Da geschah zweierlei: 1. Sie kam zum Formenwandel der Fiktion, die nunmehr lautete: *Ich muß von allen verzärtelt werden!* Auf die Kraftlinie, reduziert: ich muß alle beherrschen, das Interesse aller auf mich ziehen. 2. Sie vergaß, »verdrängte« ihre ursprüngliche leitende Idee – *damit sie sie weiter behalten konnte.* – Dieser Kunstgriff der Psyche ist ungemein wichtig. Ich brauche kaum zu erwähnen, daß es sich nie dabei um die Verdrängung sexueller Regungen oder von »Komplexen« ins Unbewußte handelt, sondern immer nur um das Unbewußtwerden von Machtbestrebungen, die vom leitenden Persönlichkeitsideal abstammen, um Fiktionen, die in dessen Interesse festgehalten werden müssen, damit sie einer bewußten Anwendung und somit einer Erprobung und Beeinträchtigung entzogen werden. Auch die Verkleidung der Machtbestrebungen ins Sexuelle ist noch Oberflächenwirkung und Verheimlichung des tiefer liegenden Machtstrebens. So sichert sich das Persönlichkeitsideal, um nicht aufgelöst zu werden, damit nicht die über alles erstrebte und lebensnotwendige Einheit der Persönlichkeit verloren gehe: *durch die Verschleie-*

1. Diesen wertvollen Hinweis verdanke ich Herrn Professor Oppenheim in Wien.

rung seiner Fiktionen, indem es sie dem Bewußtsein entzieht! Die Technik dieser Verschleierung läuft darauf hinaus, die Voraussetzungen des Handelns nicht mit dem Verstande zu durchleuchten, weil das neurotische Handeln dem Patienten als unanfechtbar erscheinen muß und ihm die neurotische Machtstellung sichert, *während die unverstandene Voraussetzung seines Handelns ein schweres Minderwertigkeitsgefühl enthält.*

III. Traum eines Patienten, der wegen Suizidversuchs, wegen Untauglichkeit und Ungeschicklichkeit, wegen sadistischer Phantasien und Perversionen, wegen Zwangsmasturbation und wegen Verfolgungsideen in meine Behandlung kam.

»Ich teilte meiner Tante mit, mit Frau P. sei ich jetzt fertig. Ich kenne alle ihre guten und schlechten Charakterzüge und ich zählte sie auf. Die Tante erwiderte: Auf einen Zug hast du vergessen: auf die Herrschsucht.«

Die Tante ist eine schlagfertige, etwas sarkastische Frau. Frau P. hat mit dem Patienten ein Spiel getrieben, durch das sie ihn zur Raserei brachte. Sie zeigte ihm durch ihre Haltung, daß sie ihn geringschätze und stieß ihn zurück, um ihn nach einiger Zeit wieder an sich zu ziehen. Für den Patienten überwogen natürlich die Demütigungen. Sie waren, wie für viele Nervösen die Niederlagen, nur Anlässe, sich in diese Affäre zu verbeißen, um doch einen Umschwung herbeizuführen und zur Beherrschung der Situation zu kommen oder sich unnützerweise festzulegen, um andere Frauen auszuschalten. Das gereizte, gesteigerte Minderwertigkeitsgefühl sucht eine Überkompensation, und es ist ein typisch nervöser Zug, wie solche Patienten niemals von Menschen loskommen, die ihnen eine Niederlage bereitet haben. Das Verständnis dieses Charakters löst uns das ganze Geheimnis der Neurose, das »Ja – aber!« in seinem Wesen.

In der Literatur werden ähnliche Züge als masochistisch gewertet. Ich habe in der Arbeit »Die psychische Behandlung der Trigeminusneuralgie« diesen verwirrenden Irrtum bereits aufgeklärt. Man kann nur von pseudomasochistischen Zügen reden. Denn sie dienen in gleicher Weise wie der Sadismus dem Streben nach Überlegenheit, *scheinen nur gegensätzlich, ambivalent, solange man nicht weiß, daß beide Formen des Lebens gleichwertig nach dem gleichen Ziele streben.* Sie sind bloß für den Betrachter gegensätzlich, nicht aber für den Kranken, nicht aber in der Betrachtung vom Standpunkt eines richtig verstandenen neurotischen Lebensplanes aus.

Patient hatte seit jeher einen außerordentlich starken Hang zu einer analysierenden Welt- und Menschenbetrachtung. Wie so oft stammte dieser Zug aus einer starken Entwertungstendenz. Der analysierende Neurotiker handelt förmlich nach dem Schlagwort: divide et impera! Er löst die oft reizvollsten Zusammenhänge auf und erhält dann ein wertloses Gemenge von Schablonen. Ecce homo! Ist dies aber wirklich der Mensch? Eine wirkliche, lebendige Psyche? Ist die schrullenhafte Antithetik, in die Bewußtsein gegen Unbewußtsein gesetzt ist, nicht der Ausdruck kindlicher Denkungsweise?

Sarkastisch wie die Tante möchte Patient selbst sein. Er hat aber nur den Treppenwitz und findet nie eine schlagfertige Antwort. Diese »zögernde Attitüde« verdankt er freilich seinem Lebensplan, der ihn zwingt, jede Antwort so zu geben, daß der »Gegner« – *und jeder ist eigentlich sein Gegner* – vernichtet ist, oder gar nicht oder so mangelhaft zu antworten, daß er und seine Angehörigen den Eindruck gewinnen, man müsse zart mit ihm umgehen, ihm in jeder Weise behilflich sein.

Patient stand am Tage, bevor er träumte, unter dem Eindruck einer Unterredung mit dem älteren Bruder, dem er sich nie gewachsen gefühlt hatte. Der Bruder versprach ihm, er wolle sich noch einmal für ihn bemühen und ihm zum letzten Male eine Stelle verschaffen. Solche Unternehmungen des stärkeren Bruders zum Scheitern zu bringen war aber gerade die Spezialität unseres Patienten gewesen. Und seine Behandlung wurde nötig, weil er einen Suizidversuch gemacht hatte, kurz nachdem er sich bei dem Bruder für die Erlangung einer Stelle bedankt hatte. – Als ihm der Bruder eines Tages wegen seiner schlechten Kleidung Vorwürfe machte, träumte er, er habe einen neuen Anzug an, den er mit Tinte übergossen hatte. Kennt man die psychische Situation eines Patienten, so sind auch seine Träume ohne viel Deutungsarbeit leicht verständlich. Wir sehen Gedanken und antizipierte Handlungen darauf abzielen, den Bruder um seine Geltung zu bringen, um seinen Einfluß, seine Leistungen hinterrücks und heimlich wieder aufzuheben. *Dabei ist unser Patient ein gewaltiger Ethiker und Moralist*, was ihn wieder über den Bruder hinaushebt.

Die gegen den Bruder gerichtete *Entwertungstendenz* arbeitet also verdeckt, sozusagen im Unbewußten. *Nichtsdestoweniger leistet sie mehr als sie im Bewußtsein erreichen könnte, weil der Einspruch des Gemeinschaftsgefühls unmöglich wird.*

Woher sie kam, ist leicht zu sagen: sie ist ein Abkömmling der überspannten, kompensierenden Größenidee des Patienten. Warum arbeitet sie im Unbewußten? *Damit* sie überhaupt arbeiten kann! Denn das Persönlichkeitsideal unseres Patienten würde durch ein derartiges *bewußt* herabsetzendes, beschimpfendes Wollen eine Beeinträchtigung erfahren, *der Patient würde sich minderwertig fühlen.* Deshalb der Umweg, deshalb die Charakterzüge der Unbeholfenheit und Ungeschicklichkeit, die Finessen und Raffinements ausgeübter Minderwertigkeit im Beruf und im Leben! Deshalb auch der Selbstmordversuch im äußersten Fall und die heimliche Drohung mit demselben, um den Druck gegen den Bruder zu verstärken! Um dessen Anspannung zu erhöhen, um ihn um die erhofften Früchte seiner Bemühungen zu bringen!

Daraus leiten wir den praktisch ungemein wichtigen Satz ab: Wir können das neurotische Handeln so betrachten, als ob es wie im Bewußten *einem Ziel* gehorchte.[1] Und wir können vorläufig abschließend behaupten: *die Unbewußtheit einer Fiktion*, eines moralisierenden Erlebnisses oder einer Erinnerung kommt als ein Kunstgriff der Psyche zustande, wenn das Persönlichkeitsgefühl und die Einheit der Persönlichkeit durch das Bewußtwerden derselben bedroht wäre.

»Auf die Herrschsucht nicht vergessen! lautet *mein* Warnungsruf an den Patienten. Ich werde im Traum mit der Tante in eine Linie gestellt,

1. Diese Betrachtung stützt sich vor allem auf die Erkenntnis, *daß der Patient teleologisch vorgehen muß.*

sowie der Bruder mit der Frau P., die immer überlegen war. Diese Verweiblichung von zwei Männern geschieht unter dem gleichen Impuls der Entwertung, von der oben die Rede war. Aber der Patient ermahnt sich im Traume bereits, durch die Worte der Tante, d. h. durch meine Worte, was bisher meine Aufgabe war, ja die wichtigste Aufgabe des Psychotherapeuten überhaupt ist. Man sieht das derzeitige Stadium der Neurose: die durch den Bruder erlittene Herabsetzung beantwortet er durch Entwertung des Bruders. Da ruft er sich zur Ordnung, wie ich es sonst getan habe.

Am nächsten Tage schrieb er an die Schwester einen Brief, den er zu schreiben gezögert hatte. Er beschwert sich zum ersten Male offen über die Arroganz des Bruders. Zum Schlusse fügte er allerdings hinzu, sie möge den Brief geheim halten. Der offene Kampf scheint ihm noch zu schwer, weil er die heimliche Herrschsucht des Patienten enthüllen würde.

XX. Das organische Substrat der Psychoneurosen

Zur Ätiologie der Neurosen und Psychosen

Wer sich mit den Phänomen des Lebens, der Psyche, des Charakters, der Nervosität befaßt, mag oft über die Flüchtigkeit der Ausdrucksbewegungen Klage führen. Nicht ganz mit Recht! Denn eine tiefere Betrachtung kann uns belehren, daß jede verschwindende Gebärde von einer neuen gefolgt wird, die in sich, wie der einzelne Ton einer Melodie oder wie das einzelne Bild eines Kinematographenfilms Spuren der Vergangenheit und Ansätze für die Zukunft enthält. Und auch was alle diese Ausdrucksbewegungen innerlich verbindet, entgeht unserer Intuition und unserer vergleichenden psychologischen Erforschung nur zum Teil: die unverrückbar gewordene Lebenslinie, der Habitus der Persönlichkeit.[1]

Der Habitus des Nervösen nun läßt nach kurzer Zeit der Betrachtung regelmäßig erkennen, daß er kategorischer und prinzipieller als der annähernd Normale seine persönliche Überlegenheit innerhalb eines Milieus in irgendeiner, oft absonderlichen Form durchzusetzen sucht. Geht man den Ursachen dieses angespannten Strebens nach, so findet man regelmäßig ein Gefühl der Unsicherheit und Minderwertigkeit, der Entmutigung, auf dem sich eine Bewegung aufbannt, die man nicht anders als *planmäßig* bezeichnen kann. Mit anderen Worten: es ist kein blindes Drängen, etwa eine ziellose *Flucht* vor Herabsetzungen irgendwelcher Art, was uns die Analyse des neurotischen Phänomens, sofern wir den Zusammenhang nicht übersehen, erschließt, *sondern ein Weg, ein modus vivendi, der aus der Unsicherheit herausführen soll, sie verkleinern soll, der aber freilich der Kritik des Lebens nicht standhält.* Eine Aktion, und keine Reaktion.

1. Die Analogie mit der späteren »Gestaltspsychologie«, wohl der einzigen Richtung, die der Ganzheitsbetrachtung der Individualpsychologie nahekommt, durfte allgemein bekannt sein.

In den seltensten Fällen geht die Einsicht des Patienten so weit, daß man von einer Lebensanschauung, von einer Privatphilosophie desselben sprechen könnte. Man sieht vielmehr, sobald man die Linie des neurotischen Bestrebens erkannt hat, Attitüden, *gewohnheitsmäßige psychische Allüren und Gebärden, deren Dynamik für den Patienten im Dunkeln bleibt*, wenngleich die Handlungen und Gesten den Eindruck machen, *»als ob«* der Patient ein Ziel vor Augen hätte. So wird eine Hysterika bei der Ankunft einer bevorzugten Schwester die neurotische Attitüde der Gereiztheit annehmen, während sie äußerlich zuweilen von Liebe überströmt. Ein Neurotiker, der seit früher Kindheit mit dem älteren Bruder rivalisiert, wird einen Suizidversuch unternehmen, bevor er die Stelle antritt, für deren Erlangung er sich kurz vorher bei seinem Bruder bedankt hat. Eine Patientin mit Platzangst, die sich selbst nichts zutraut, wird so viel Angst entwickeln als nötig ist, um ihre Angehörigen in ihren Dienst zu stellen und zu beherrschen. Patienten mit Masturbationszwang und Perversionsneigung werden *soviel Libido* zeigen, als zur Ausübung ihrer abnormen Sexualbetätigung gehört. Schmerzanfälle wie Migräne, Neuralgien, neurotische Herz- und Leibschmerzen treten immer motiviert auf, und zwar wenn die Nötigung besteht; das bedrohte Persönlichkeitsgefühl zu schützen. Ebenso ereignen sich Ohnmachtsanfälle und psychogene epileptische Insulte immer in einer Situation, in der der Patient – eben aus seiner psychischen Situation heraus – zur *Sicherung* seiner Herrschaft durch den Anfall schreiten muß. Es gelingt mit ziemlicher Sicherheit, sobald man die Einfühlung in die Psyche des Patienten gewonnen hat, aus der seelischen Nötigung des Patienten *den Anfall vorherzusagen*. So wird sich auch etwa Tremor einstellen, wenn der neurotisch Disponierte durch ihn einem Beruf und gewissen Entscheidungen ausweichen kann, ähnlich wie bei neurotischen Studenten Gedächtnisschwäche oder die arbeitstörende Schlaflosigkeit oft die ausbrechende Neurose einleitet. In allen ähnlichen Fällen steht der Patient körperlich und seelisch unter dem Zwang einer intendierten *Aggressionshemmung*, die immer planvoll und systematisch wirkt, die sprechen kann, wenn man sie richtig fragt. Im allgemeinen wird man finden, daß die psychische Richtung und die Ausdrucksbewegungen des Patienten einheitlich und prinzipiell geworden sind, und daß man sie als ein allgemeines Zögern, als *»die zögernde Attitüde«* begreifen kann.

Vom Standpunkt einer psychischen Dynamik sind diese Erscheinungen als *»Sicherungen«* eines Entmutigten zu verstehen, in die der Patient allmählich hineingewachsen ist, weil er mit ihrer Hilfe sein Persönlichkeitsgefühl am besten schützen kann. Sie drücken allesamt sozusagen körperlich ein »Nein« aus, während der Mund oft unaufhörlich zu einer bevorstehenden Frage des Lebens ein »Ja« sagt. Aber gerade dieser zwiespältige Gestus des Nervösen, die Grundlage des sogenannten double vie, zeigt uns, wie hier ein Mensch unter inneren Schwierigkeiten einen Weg gesucht hat, einen Weg, der in die Höhe führen soll, der aber immer in schwer zu durchschauenden Windungen verläuft.

Dieser unweigerliche Eindruck, sowie die Tatsache der prinzipiell festgehaltenen Phänomenologie, die mit ihrer Vorausbestimmtheit und ihrem berechenbaren Abbrechen vor dem zu hoch gesteckten Ziel schablonenhaft anmutet und an die Technik einer Maschine erinnert, der Ausschluß und die psychische Entwertung von Betätigungsmöglichkeiten, die das Bild der Einschränkung und einer Ausschaltung notwendiger Betätigungen in der Gemeinschaft ergeben, zwingt uns zu dem Schlusse, wie er regelmäßig zu erhärten ist: *daß die Neurose ein Versuch ist, ein hochgespanntes Persönlichkeitsideal zu erreichen, während der Glaube an die eigene Bedeutung durch ein tiefsitzendes Minderwertigkeitsgefühl bereits erschüttert ist.*

Um aber zu einer Handlung zu gelangen, sind drei Voraussetzungen nötig: 1. eine ungefähre, selbstbewußte Einschätzung der eigenen Fähigkeiten, 2. ein Ziel, das mit diesen Fähigkeiten und mit realen Möglichkeiten rechnet, 3. *eine optimistische Stimmungslage*, die den Einsatz aller Kräfte ermöglicht. Von der Selbsteinschätzung des Neurotikers können wir mit Bestimmtheit sagen, daß sie ursprünglich eine besonders niedrige ist. Vom Ziel wissen wir, daß es zu hoch gespannt ist. Nähere Erläuterungen über das neurotische – man kann auch sagen über das menschliche, unbewußte – Ziel finden sich in meinem Buche »Über den nervösen

Charakter« (l. c.), und ich bin zu dem Ergebnis gelangt, daß dieses im Unbewußten gesetzte und immer wirksame Ziel *einer Kompensations- oder Sicherungstendenz* des Unsicheren entspringt, daß die auf dieses Ziel gerichtete Leitlinie kategorischer und dogmatischer als die Leitlinien des Gesunden innegehalten wird, und daß sie auf den unausweichlichen Wegen der nervösen Bereitschaften, der nervösen Charaktere und Symptome die Versuche in jene Richtung weist, von der der Patient im Chaos der Welt statt der angenommenen Unsicherheit *Sicherung*, statt des Gefühls der Minderwertigkeit: das Empfinden der eigenen Überlegenheit über die anderen, die Erfüllung seines Persönlichkeitsideals erwartet.

Solange man von dieser Zielstrebigkeit, von dieser Anbetung eines selbstgeschaffenen Götzen nichts weiß, ist es naheliegend, in den Irrtum einer von außen geschaffenen teleologischen Abhängigkeit des Seelenlebens zu verfallen, ein Irrtum, der durch die Tatsache verschuldet wird, daß schon der erste unscheinbarste Akt jeder Handlung unbewußt und unmerklich von einer Zielsetzung begleitet wird, sowie auch der elan vital, der »Strom des Lebens« unter dem Zwang eines in der Kindheit gesetzten, in seiner Urform im Unbewußten bleibenden fiktiven Endziels abläuft. Und die Erfassung dieses Zusammenhanges gibt auch auf die Frage nach der *Auswahl des Symptoms* eine erschöpfende Erklärung. Es gereicht mir zur besonderen Ehre, daß ich bei Besprechung dieser seelischen Phänomene neben meinen Befunden und Anschauungen die fundamentalen Lehren Vaihingers und Bergsons zitieren kann, und daß ich auf manche Berührungspunkte mit Darstellungen *Klages* verweisen darf.

Sind wir so über die Zielsetzung und ihr Besonderes in der Seele des Nervösen ins Reine gekommen, so bedarf es noch weiterer Ausführungen betreffs der Ursachen dieser Besonderheiten. Wie ich schon hervorgehoben habe, liegen diese Ursachen in einem stark vertieften Minderwertigkeitsgefühl des dermaßen disponierten Kindes, und es erübrigt uns noch, dessen Entstehung und Entwicklung klarzulegen. Ich habe seit meiner »Studie über Minderwertigkeit der Organe« die Anschauung vertreten, daß die uns aus der Pathologie bekannte Organminderwertigkeit den Anstoß gibt zu einem Gefühl der Minderwertigkeit, und ich konnte aus dieser verstärkten Unsicherheit des Kindes, *einer Relation zwischen eigenem Unvermögen und der Größe der äußeren Anforderungen,*[1] *jene erhöhte Anspannung* ableiten, die unter anderem zu den neurotischen Kompensationsversuchen den Anlaß gibt. Hierher gehören alle Infantilismen und Organminderwertigkeiten, Konstitutionsanomalien, Keimverschlechterungen und Störungen der inneren Drüsensekretionen usw. Es würde zu weit führen, wollte ich das psychische Bild beschreiben, das solche konstitutionell minderwertige Kinder in den ersten Lebensjahren bieten. Summarisch[2] läßt sich anführen, daß sie alle die Schwierigkeiten des Lebens stärker und schwerer empfinden, was durch eine unvernünftige Erziehung erheblich vermehrt werden kann, indem bald durch Strenge, bald durch Verzärtelung die Situation erschwert wird. Ein ganzes Heer von Übeln bedroht diese Kinder mit Schmerzen, Schwächen, Kinder- und Entwicklungsfehlern, mit Häßlichkeit, Plumpheit und verminderter geistiger Entwicklung. Zu dem vermeintlichen Gefühl der Zurückgesetztheit gesellt sich – meist als Folge ihrer Unleidigkeit – eine wirkliche Zurücksetzung, die ihnen recht zu geben scheint, und drängt sie auf den Weg der *seelischen Kunstgriffe und Finten.* Der natürliche Wettkampf des Kindes um eine Geltung wird ins Ungeheure übertrieben, das Ziel des persönlichen Strebens wird überaus hoch angesetzt, ihre Seele zeigt sich dem Pläneschmieden, den Anschlägen und Träumereien ungemein geneigt, die starke Benutzung fiktiver Anhaltspunkte drängt zum trügerischen, analogischen und symbolischen Denken, und jeder Schritt des Kindes verrät *seine übergroße Vorsicht und übertriebene Geltungssucht.* Alle Unbefangenheit geht verloren, das Messen mit jedermann nimmt kein Ende, die Erwartungen werden aufs höchste gespannt, und die geringfügigsten Entscheidungen gelten als Urteil über Leben und Tod. Im-

1. Unbesonnene Kritiker, denen die Individualpsychologie eine ewig verschlossene Wissenschaft zu sein scheint, folgern im eigenen Unverstand, daß das »Minderwertigkeitsgefühl« die Kenntnis des Vollwertigkeitsgefühls voraussetze. In Wirklichkeit entstammt das Minderwertigkeitsgefühl einem positiven Erleben und Erleiden.
2. Siehe Osw. Schwarz, »Sexualpsychologie«. Internat. Zeitschr. f. Individualpsych. II. Jahrg. 3. Heft. Wien 1924.

mer sucht es nach Stützen, immer verlangt es die Unterwerfung der andern. Seine Fehler werden ihm zu Hilfen, denn die andern müssen nun eingreifen. Seine Ängste werden ihm zu Angriffswaffen, denn die anderen müssen ihm beistehen. Seine Schüchternheit, seine Ungeschicklichkeit und Plumpheit werden ihm zu Vorwänden, um die anderen in seinen Dienst zu stellen. Und alles wird ihm zur Ausrede, wie ihm die Krankheit zur Notwendigkeit wird, damit sein Stolz und sein Größenwahn durch den Mangel des Erreichten und durch die Dürftigkeit des Erreichbaren nicht empfindlich verletzt werden, ich werde nicht weiter auf die Schilderung dieses ungemein packenden Seelenzustandes eingehen, von dem ich das Maßgebende bereits in meinem »Nervösen Charakter« beschrieben habe.

Nun bliebe mir noch die Aufgabe, jene pathologischen Momente zu schildern, die es ausmachen, daß das Begehren aller Kinder, mehr zu sein als ihre Erzieher, sich so maßlos steigern kann. Was ich davon im speziellen sah, betraf alle möglichen Konstitutionsanomalien, und zwar begreiflicherweise zumeist die leichteren Formen, die lymphatische Konstitution mit ihren Konsequenzen, wie körperliche Schwäche, adenoide Vegetationen usw., ferner Formen von exsudativer Diathese mit Krankheitsbereitschaften in den Atmungs- und Verdauungsorganen wie in der Haut (Czerny), Hypo- und Hyperfunktionen der Schilddrüsen, der Epithelkörperchen, der Keimdrüsen und der hypophyse, betraf Rachitis, Hydrocephalus und Dysplasie der blutbereitenden Organe, alle mit einer Unzahl von Krankheitsbereitschaften, die körperliche oder geistige Minderwertigkeit bedeuten. Alle Organminderwertigkeiten ferner, die das Größenwachstum und die körperliche Schönheit beeinträchtigen, können wie die bereits genannten das Minderwertigkeitsgefühl vergrößern und so stärkere Kompensationstendenzen erzwingen. Häufig findet man Insuffizienz der Sinnesorgane, meist verbunden mit organischer Überempfindlichkeit oder Funktionsanomalien der Exkretionsorgane mit den Kinderfehlern der Enuresis oder mit unwillkürlichem Stuhlabgang. Von großer Bedeutung ist der Mangel einer exquisit männlichen Ausbildung, die es zuwege bringt, daß alle Mädchen sowie Knaben mit mädchenhaftem Aussehen, mit Dysplasien oder Hypoplasien der Genitalorgane an verstärkten Minderwertigkeitsgefühlen leiden. Zu den gleichen Konsequenzen geben Erziehungsfehler Anlaß, von denen ich einige in meiner Arbeit: »Zur Erziehung der Erzieher« (»Heilen und Bilden«, 3. Aufl.) geschildert habe.

Von den mannigfachen Kunstgriffen und Konstruktionen des großenteils unbewußten Seelenlebens, die sich hier anschließen, sind besonders zwei leicht zu verstehen und zu studieren: *Sicherungen und Ausschaltungen.* An einem einfachen Fall von *nervöser* Angst will ich diesen Mechanismus aufzudecken versuchen.

Dieser Fall betrifft eine 32jährige Frau, die nach achtjähriger Ehe in die Hoffnung kam und nach schwieriger Geburt ein Kind zur Welt bringt. Schon zu Beginn der Schwangerschaft wurde die Patientin schlaflos und erkrankte an Angstzuständen. Dabei betonte sie immer, wie sehr sie sich nach einem Kinde sehne und wie peinlich ihr die gelegentlichen Hinweise und Bemerkungen ihrer Angehörigen wegen ihrer Kinderlosigkeit seien. Der erste Angstanfall trat ein, als ihr Mann, ein Reisender, sie wieder verlassen sollte. Seine Abreise war geradezu in Frage gestellt. Selbst des Nachts mußte er öfters seinen Schlaf unterbrechen, um seine Frau zu beruhigen, die zeitweise durch unbestimmte Angstgefühle getrieben nach ihm rief. Als Erklärung für diesen Zustand ergab sich, daß Patientin auf ihre körperliche Veränderung durch die Gravidität, die sie als *vollkommene Verweiblichung*, demgemäß als Minderwertigkeit empfand und wertete, mit der Konstruktion der Angst reagierte, die ihr ermöglichte, den Mann *stärker als bisher* in ihren Dienst zu stellen. Er mußte nunmehr seine Gewohnheiten einschränken, mußte auch seine Sexualwünsche fast ganz in das Belieben seiner Frau, d. h. zurückstellen, und durfte sich gewärtig sein, daß er auf seiner bevorstehenden Reise nicht mehr wie früher sexuelle Freiheit genießen werde.

Dieser letztere Umstand verdient eine genauere Betrachtung; er kann uns nämlich durch seine Aufhellung über das Maß und die Bedeutung der »Libido« dieser Patientin belehren. Sie hatte nach langjährigem Brautstand angeblich aus Liebe geheiratet und war auch keineswegs unaufgeklärt in die Ehe getreten, wehrte sich aber nichtsdestoweniger heftig gegen den Geschlechtsverkehr und erinnert sich, wochenlang an einem nervösen Zittern gelitten zu haben, ähnlich wie es sich bei ihren gegenwärtigen Zuständen zeigte. Auch Angstgefühle hatte sie in gleicher Weise wie jetzt.

Hier kann ich einen methodologischen Irrtum der Freudschen Schule berichtigen, der als eine falsche Grundanschauung in seinen Konsequenzen schwere Fehler zeitigen mußte. Meine Auflösung dieser Erscheinungen sowie der weiter zutage getretenen ergab, daß Patientin seit jeher mit ihrer weiblichen Rolle unzufrieden sich aller Wege und Umwege zu bedienen geneigt war, die ihr die Folgen dieser nie angenommenen Rolle ersparen konnten. Als sie nach achtjähriger Ehe gefühlsmäßig das Zutrauen gewann, sie werde wenigstens vor Schwangerschaft und Entbindung behütet bleiben, war es ihr möglich, einen weniger auffälligen Weg der Manngleichheit zu gehen: sie errang *die faktische Herrschaft über ihren Mann*, über die Schwester und über die im Hause lebende Mutter und wehrte sich auch mit gutem Erfolg gegen den Sexualverkehr, der ihr ihre weibliche Rolle stets vor Augen führte. Ja sie kam in der *Entwertung der Sexualität* so weit, daß sie es ohne Bedenken merkte, wenn ihr Mann auf seinen Reisen die Schranken der ehelichen Treue überschritt. Von Charakterzügen, die sie zum Zweck ihrer führenden Rolle, also im Sinne ihrer Manngleichheit ausbaute, waren insbesonders zu merken: *Überhebung* über ihre Angehörigen und Verwandten, *herabsetzende Kritik* gegen dieselben und *Sparsamkeit*, der sie es verdankte, daß ihr Ansehen in der ärmlichen Familie ständig wuchs, da die Patientin es zu einigem Vermögen brachte. Entsprechend unserer Auffassung vom *»männlichen Protest«* ist es verständlich, daß sie immer *frigid* geblieben ist. Als sie nun durch die Schwangerschaft gezwungen war, weiter in die weibliche Rolle einzurükken, brauchte sie stärkere Kompensationen und fand den Griff, ihrem Manne weitere Verpflichtungen aufzuerlegen. Dies konnte sie aber nur durchsetzen *durch das Arrangement der Angst*. Folglich hatte sie Angst! Nicht infolge unterdrückter Sexuallibido, sondern infolge der Eignung für ihr Ziel.

Der weitere Verlauf erwies die Richtigkeit dieses Befundes. Bis zur Geburt des Kindes verschwanden im Zusammenhang mit unseren Besprechungen die Angstanfälle. Als letzte Ursache ihrer *zur Sicherung und zum männlichen Protest drängenden Minderwertigkeitsgefühle* erwies sich kindliche körperliche Schwäche, die sich besonders im Verhältnis zu ihrer um fünf Jahre älteren Schwester, dem Liebling des Vaters, ungünstig fühlbar gemacht hatte. Ebenso schlecht wirkten starke materielle Einbußen der Familie in der Kindheit der Patientin, die es mit sich brachten, daß sie diese Verschlechterung mitempfand und mit fortdauerndem Neid auf ihre gutsituierten Verwandten blickte. Eine Minderwertigkeit des Harnapparates ließ sich durch den Kinderfehler der *Enuresis* erschließen. Wieweit Keimdrüsenanomalien im Spiele waren, wage ich nicht zu entscheiden, doch möchte ich im gegebenen Zusammenhang auf die späte Schwangerschaft, auf die übernormale Größe der Patientin sowie auf einen frühzeitig sichtbar gewordenen Schnurrbart hinweisen.

Als ihr Kind – es war eine schwere Geburt vorhergegangen – einige Wochen alt war, erschien die Patientin wieder mit Klagen über neuerliche Angst, über Mattigkeit und Depression. Um kurz zu sein, übergehe ich den Ablauf der Aufklärungen und komme zum Endergebnis der Analyse: Patientin handelte jetzt *abermals im Sinne ihres männlichen Protestes*, indem sie sich durch ihre gegenwärtigen Symptome gegen ein zweites Kind zu schützen suchte. Durch ihre Angst – ich habe nie einen Unterschied zwischen Angstneurose und Angsthysterie gefunden – bekam sie den Schlüssel zur Situation in die Hand, ihres Leidens wegen konnte ihr niemand eine erneute Schwangerschaft zumuten, ihre Müdigkeit zeigte ihr und ihrer Umgebung, daß schon ein einziges Kind und seine Pflege für diese Mutter zu viel war, und ihre Depression vollends setzte dem Manne eine Fleißaufgabe: jederzeit bedacht zu sein, daß er den Willen seiner Frau nicht verletze. Mit anderen Worten: da das Ziel, ein Mann zu sein, unverrückbar feststand, geschah im Rahmen der Möglichkeit alles, was sie diesem Ziele näher bringen konnte. Und dies um so kraftvoller, *je größer die Distanz zur Manngleichheit anwuchs.*

Die Freudsche Schule findet in allen Fällen von Neurosen und Psychosen als ausschlaggebendes Moment eine in mystisches Dunkel gehüllte angeborene sexuelle Konstitution. Es wäre ein leichtes, in diesem Fall eine solche hineinzukonstruieren: den männlichen sekundären Sexualcharakteren (Größe, Bart, späte Gravidität, schwieriger Partus) müßte eine männliche psychosexuelle Konstitution entsprechen. Mit einer kleinen Abänderung müßte man annehmen, um den Freudschen Gedankengängen näher zu kommen: die Patientin habe eine stärkere angeborene homosexuelle Komponente. Und aus dem Material der Analyse müßten nun alle Punkte derart gruppiert werden, daß die homosexuelle Verliebtheit in die Schwester aus dem Unbewußten zutage käme.

Dies wäre bis zu einem gewissen Grade möglich. Beide Schwestern liebten sich nach anfänglicher Gegnerschaft, zwar ohne jemals an das sexuelle Gebiet zu streifen; aber bei der Dehnbarkeit der Freudschen Terminologie, bei der Eignung des Begriffes der Sublimierung, alle Beziehungen des menschlichen Lebens auf ein sexuelles Bild zurückzuführen, könnte man der Diskussion zuliebe diesem Gedanken nähertreten. Ich zweifle auch nicht, daß man es beiden Schwestern – die eine hatte ich kurz vorher geheilt aus der Behandlung entlassen – hätte plausibel machen können: sie wären in dieser Art homosexuell ineinander verliebt. Leider zeigte sich bei beiden, daß sie in dieser Welt, wenn sie Objekte *ihrer Herrschsucht* finden wollten, aufeinander angewiesen waren. Und sie suchten einander lange Zeit durch Liebe und durch einseitig aus ihr abgeleitete Pflichten zu beherrschen, bis die ältere, die durch ihr Schicksal viel mehr eingeschränkt war, den Bann durchbrach und der Patientin den Gehorsam kündigte. Auf diese Änderung, die nicht ohne Zusammenhang mit der besprochenen Schwangerschaft war (Neid!), *einer Senkung des Machtniveaus vergleichbar*, schritt unsere Patientin zur Konstruktion von Angst. Zugleich konnte sie ja diese Angst, die sie aus der Krankheit der älteren Schwester als ein Mittel des Zwanges kennen gelernt hatte, gegen den Gatten verwenden. Mit anderen Worten: die Angst mußte in dem Moment als stärkere Sicherung eintreten, als weder die Liebe noch Einschüchterungen imstande waren, die Unterordnung der Schwester zu erzwingen.

Setzen wir einmal den Fall, die Patientin wäre bis zur Ausübung der Homosexualität vorgedrungen, in dem geschilderten Zusammenhange wäre auch der sexuelle *Impuls nur als Mittel der Macht* verständlich. Wäre aber die Patientin dadurch gesund geworden? Keineswegs! Denn andere Patienten kommen gerade in diesem Stadium der Homosexualität zur Behandlung und zeigen neben diesem einen neurotischen Symptom der Inversion oder einer Perversion eine ganze Anzahl anderer Symptome.

Eine weitere hier noch mögliche Argumentation im Sinne Freuds, die Patientin sei an der Verdrängung der Homosexualität erkrankt, könne aber auch durch Freimachung derselben nicht gesund werden, weil sie sie nicht verträgt, ist durch und durch gekünstelt, fällt übrigens von selbst aus der Rechnung sobald wir auf die falsche Prämisse seiner Lehre zu sprechen kommen werden.

Betrachten wir den zweiten Grundpfeiler der Freudschen Neurosenätiologie, den sog. »Kernkornplex der Neurose«, den Inzestkomplex.

Der Vater der beiden Mädchen stand intellektuell und an Bedeutung weit über der Mutter, die an anfallsweiser Dipsomanie litt und dabei ungeheure Quantitäten Alkohol zu sich nahm. Das Familienleben war das denkbar schlechteste, und die *nervöse Familientradition*, bei der jeder den andern zu beherrschen suchte, stand in Blüte. Kein Wunder, daß sich beide Mädchen zu dem Vater hingezogen fühlten, der die ältere verhätschelte. Kein Wunder auch, daß die Mädchen – *und dies bildete den Kern ihrer späteren Erkrankung* – der Rolle einer Frau, einer Mutter wenig Neigung entgegenbrachten und lieber, *soweit es ging*, ihre leitende unbewußte Fiktion zu erfüllen suchten und sich in einen Mann zu verwandeln trachteten. Besser gelang dies der älteren, deren Krankheitsbild ich ausführlich geschildert habe. Unsere Patientin dagegen, die von Natur aus schwächlich, noch mit einer um fünf Jahre älteren Schwester um die Herrschaft ringen sollte, waren nur die stärkeren Umwege zum Ziel der Manngleichheit, durch weitgehende Versuche die weibliche Rolle auszuschalten, offen geblieben. Also beschritt sie diese und wahrte ihren Vorteil durch List, scheinbare Nachgiebigkeit, Anlehnung *mit folgender Fesselung* ihrer Umgebung, durch ihr Streben nach Wohlstand mittels übertriebenen Geizes, verriet aber Schwachen gegenüber, im Kampfe mit der gealterten Mutter oder mit Dienstmädchen ihre herrschsüchtige Art ganz unverhüllt. Sie war auch liebenswürdig und freundlich gegen ihren Mann, bis sie seiner ganz sicher war; dann aber verdarb sie ihm gerne das Spiel und verbitterte ihm das Leben durch Nörgelei und zänkisches Wesen.

Und nun nehmen wir einmal an: diese Patientin hätte ein normales Sexualleben geführt. Hätte ihre Erkrankung jemals bei ihr eintreten können? *Diese Frage ist ganz belanglos!* Denn wie hätte sie denn ohne rechte Fähigkeit zur Kooperation ein solches führen können? Sie war ja schon lange vorher neurotisch, war in die Sicherungstendenz verstrickt und wollte die symbolische Verwandlung in einen Mann durchsetzen! So mußte das *Symptom der abnormalen Psychosexualität* zutage treten, die in gleicher Weise aufzufassen ist wie ihre ganze neurotische Leit- und Lebenslinie: tieferliegend! als ein Teil ihres neurotischen Systems, *keine natura naturans, sondern naturata,* nicht am Beginn, sondern am Wege gelegen zu ihrem fiktiven fünften Akt, zu ihrem unbewußt geschaffenen Finale, in welchem ihr männliches Persönlichkeitsideal zur Erfüllung kommen sollte.

Zusammenfassung

I. In der Kindheitsgeschichte jedes Nervösen finden sich Erinnerungs- oder Gefühlsspuren einer geringen Selbsteinschätzung, verbunden mit Hinweisen auf ein überaus hoch angesetztes Ziel; letzteres bleibt richtungsgebend für alle körperlichen und geistigen Anstrengungen des Patienten, es speist seine Phantasie und wirkt wie ein Zwang auf die Richtung seines Lebens.

II. Die ursprünglich geringe Selbsteinschätzung des Nervösen baut sich oft auf körperlich vermittelten Empfindungen der Schwäche, des Leidens, der körperlichen und geistigen Unsicherheit auf und bildet einen wichtigen psychischen Durchgangspunkt für die seelische Entwicklung des Kindes, in dem deutlich zum Ausdruck kommt: die Relation, in die sich das Kind zu seiner Umgebung, zur Außenwelt gesetzt hat. Die Selbsteinschätzung ist demnach schon eine Antwort, die das Kind auf das Problem des Lebens gegeben hat. In dieser Selbsteinschätzung als einer Relation liegen alle Empfindungen der kindlichen Dürftigkeit und Unsicherheit, alle erfaßbaren und erfaßten Vergleichsresultate und die *Richtungslinien für die Zukunft.*

III. Die kindliche Unsicherheit ist das Resultat von objektiven und subjektiven Vorgängen, die sich natürlich niemals rein und ungemischt darstellen. Die Notwendigkeit subjektiver Fehlerquellen leuchtet ein, die Unfähigkeit des Kindes ein reales Weltbild zu erfassen muß stets im Auge behalten werden.

IV. Die objektiven Tatsachen, die in Betracht kommen, beziehen sich:
a) auf die normale kindliche Schwäche und Unsicherheit,
b) insbesondere auf deren pathologische Steigerungen, wie sie durch angeborene Minderwertigkeit der Organe zustande kommen.

V. Die subjektive Seite betrifft die Position des Kindes im Rahmen der Familie, gegenüber Vater, Mutter und Geschwistern, seine Eindrücke und Wertungen von den Schwierigkeiten der Welt, der Zukunft, die in gleicher Weise unreif ausfallen wie die des Wilden und deshalb ähnliche Sicherungstendenzen zu wiederholen scheinen. In diesem Messen und Vorbauen für die Zukunft, in der *vorbereitenden Attitüde des Kindes* für sein künftiges Leben, zur Bewältigung der Außenwelt liegen immer auch die Erfahrungsspuren seiner objektiven Unsicherheit und seines Schicksals.

VI. Die Unsicherheit des Kindes, die größere der konstitutionell Minderwertigen, erfordern ein Ziel und Richtungslinien, um der Sehnsucht nach Sicherheit und nach vollkommenen Leistungen zu genügen. Je geringer die Selbsteinschätzung des Kindes, um so höher stellt es sein Ziel, um so prinzipieller hält es daran fest, um so kategorischer baut es seine Richtungslinien aus und um so deutlicher treten einseitige Charaktere und ebensolche psychische Bereitschaften zutage. Um so ungewöhnlicher auch und sonderbarer, sei es in unmittelbarster Nachahmung oder im Gegensatz zu seiner Umgebung, sei es durch allmähliches Hineinwachsen in eine brauchbare Attitüde unter dem wirklichen oder vermeintlichen Druck der Umstände, sei es infolge körperlicher Symptome als Zeichen seelischer Spannung vor einem Problem, wird dann seine Haltung, bis diese dem neurotischen System genügt, mittels dessen sich das Kind als den Herrn der Verhältnisse fühlt, ohne seine Kooperationsfähigkeit bewähren zu müssen.

VII. So kommt es, daß in diesem entwickelten unbewußten Lebensplan die Distanz zur Umgebung, die Familientradition und bewußte sowie unbewußte Erziehungsmaximen ihre Eintragung finden. Insbesondere sind aus letzteren der Druck einer strengen Erziehung, aber auch Verzärtelung als Ursachen hervorzuheben, die das Unsicherheitsgefühl des Kindes, zumal des disponierten, namhaft erhöhen. Seine Anstrengungen ferner, ein Ziel zu erreichen, das einer vollendeten Männlichkeit entspringt, drängt es gleichnisweise auf sexuelle Leitlinien und läßt seine innere psychische Bewegung oft so erscheinen, *als ob* sich das Kind aus der Weiblichkeit zur männlichen Vollendung erheben wollte.

VIII. *Von den starren Systemen* des neurotisch disponierten Kindes sind insbesondere jene von Unfällen bedroht, deren Endziel, sozusagen ihr fünfter Akt, in abstrakter Weise, aber im unerschütterlichen Zwang des Unbewußten das Ideal einer Gottähnlichkeit festhält. Ihre Träger sind ganz besonders auf den Schein und auf ein Alibi angewiesen, und die sonderbarsten Attitüden, Finten und Umwege sowie die stärksten Sicherungen (Sonderbarkeiten, Krankheitsbeweise, neurotische und psychotische Erscheinungen) und Ausschaltungen normaler Beziehungen sind nötig, um im Drange der Welt das bedrohte Persönlichkeitsideal zu schützen. Ein weitverzweigtes Sicherungsnetz, planmäßig wirkende Aggressionshemmungen werden erforderlich, um gefährlichen Entscheidungen und vermuteten Niederlagen auszuweichen.

IX. Unter den Realien, die das Gefühl der Unsicherheit des Kindes am stärksten ausgestalten, stehen die konstitutionellen Erkrankungen des Kindesalters obenan. Sie wirken auf die Psyche durch ein Heer von Übeln, durch Schmerzen, Todesfurcht, Schwäche, Kleinheit, Plumpheit, verlangsamte körperliche und geistige Entwicklung, durch Häßlichkeit, Verunstaltungen, Mängel der Sinnesorgane und durch Kinderfehler. Von dieser Basis der Minderwertigkeitsgefühle strebt das disponierte Kind seinem überspannten Ziele zu, mit einem unaufhaltsamen Elan, der ihm zum dauernden Rhythmus seines Lebens wird. Innerhalb dieser aufgepeitschten, aber starren Rhythmen entspringen die seltenen großen Leistungen von Persönlichkeiten, deren Überkompensation gelungen ist, und die häufigeren armseligen Leistungen der Neurose und Psychose. Letztere beide dann, wenn Entmutigung eintritt und das Gemeinschaftsgefühl mangelhaft entwickelt ist.

X. Das häufige organische Substrat der Neurose[1] und Psychose ist in der Minderwertigkeit des Keimplasmas und der aus ihm entspringenden konstitutionell minderwertigen Organe zu suchen. Die spezifischen Angriffe von außen erfolgen durch Lues, Alkoholismus, durch den dauernden Zwang zur Domestikation, durch Überleistungen und Massenelend. Das neurotische System wird gefördert durch die nervöse Familientradition mit ihren innerhalb der Familie waltenden nervösen Charakteren.

1. Siehe auch die späteren Darstellungen Kretschmers und A. Holub: »Aus der neuesten Literatur der Organminderwertigkeit«. Internat. Zeitschr. f. Individualpsych. VII. Jahrg. S. 325.

XXI. Lebenslüge und Verantwortlichkeit in der Neurose und Psychose

Ein Beitrag zur Melancholiefrage

Gipfelt dieses Kapitel letzter Linie in der Anschauung, daß alle psychogenen Erkrankungen, die wir zu den Neurosen und Psychosen rechnen, offenbar Symptome höherer Ordnung sind und als solche Technik, Darstellungen und Ausgestaltungen individueller Lebenslinien, so soll einer ausführlichen Begründung eine spätere Arbeit gelten.[1] Es wird sich aber auch im Laufe der vorliegenden Untersuchung nicht vermeiden lassen, mit dieser einstweiligen Voraussetzung zu rechnen, wobei ich mich gerne auf die Anschauung namhafter Autoren stütze. So haben einige Psychiater auf den Zusammenhang von Individualität und Psychose hingewiesen. Ebenso läßt die Entwicklung der Psychiatrie eine fortschreitende Grenzvermischung erkennen. Ideale Typen verschwinden aus der Literatur und Praxis. Die von mir betonte »Einheit der Neurosen« darf hier gleichfalls angeführt werden. Wir nähern uns wohl allgemein einer Grundanschauung, zu der unsere Individualpsychologie namhaft beigetragen hat: daß die nervöse Methode des Lebens mit unausweichlich scheinender und individuell begründeter Gesetzmäßigkeit nach den Mitteln einer brauchbaren Neurose oder Psychose greift, um sich durchsetzen zu können.

Die psychologischen Ergebnisse unserer Individualpsychologie nun sind sehr geeignet, diese Anschauung zu stützen. Denn sie weisen uns in einem ihrer Endergebnisse darauf hin, daß sich der Patient seine mit der Wirklichkeit kontrastierende Innenwelt auf Grundlage einer verfehlten individuellen Perspektive ausbaut. Immer aber ist letztere, die ihm seine Haltung zur Gesellschaft diktiert, uns menschlich begreiflich, in einem

1. Siehe »Fortschritt der Individualpsychologie« in der Internat. Zeitschr. f. Individualpsych. II. Jahrg. 1. Heft. Wien 1923.

anderen Ausbau allgemein geläufig, und nicht selten erinnert man sich derer aus dem Leben oder aus der Dichtung, die nahe an solchen Abgründen vorbeigegangen sind. Es liegt bisher nicht der geringste Beweis vor, daß eine Heredität oder ein Erlebnis oder ein Milieu zur Neurose oder gar zu einer bestimmten Neurose *verpflichtet.* Diese ätiologische Verpflichtung, die nie der persönlichen Tendenz und Mithilfe entbehrt, existiert vielmehr nur in der starr gewordenen Annahme des Patienten oder der Autoren, der seine neurotische oder psychotische Konsequenz, damit den Zusammenhalt seiner Erkrankung kausal zu sichern versucht, *indem er irgendwelchen Eindrücken, die er zu Ursachen macht, die Folgen – folgen läßt.* Er könnte auch weniger ätiologisch denken, fühlen und handeln, wenn er nicht durch sein Ziel, durch den ihm vorschwebenden fünften Akt auf diese Fährte gedrängt wäre. Unter anderem aber verlangt sein Lebensplan kategorisch, daß er durch *fremde Schuld scheitere, daß seine persönliche Verantwortung dabei aufgehoben sei,*[1] oder daß nur eine fatale Kleinigkeit seinen Triumph verhindere.

Das Allgemein-Menschliche an dieser Sehnsucht tritt auffallend hervor. Das Individuum hilft mit seinen Mitteln nach und so durchfließt den ganzen Inhalt des Lebens der beruhigende, narkotisierende, das Selbstgefühl sichernde Strom der *Lebenslüge.* Jede therapeutische Kur, noch mehr jeder ungeschickt brüske Versuch, dem Patienten die Wahrheit zu zeigen, entreißt den Patienten der Wiege seiner Unverantwortlichkeit und hat mit dem heftigsten Widerstand zu rechnen.

Diese von uns oft dargelegte Haltung entspringt der »Sicherungstendenz« des Patienten und zeigt seine Neigung zu Umwegen, Stillständen und Rückzügen, Listen und Hinterlist, sobald es sich *um gesellschaftlich notwendige Entscheidungen* und um Kooperation handelt. Dem Individualpsychologen sind alle die Ausflüchte und Vorwände geläufig, deren sich der Kranke bedient, um seinen Aufgaben oder seinen eigenen Erwartungen den Rücken zu kehren. Unsere Arbeiten haben diese Probleme

1. Siehe »Das Problem der Distanz«.

scharf beleuchtet und herausgekehrt. Und wir finden nur wenige Fälle, in denen die fremde Schuld zu fehlen *scheint*. Unter diesen drängen sich vor allem die Krankheitsbilder der *Hypochondrie* und der *Melancholie* auf.

Als einen überaus brauchbaren Leitfaden, ein psychogenes Krankheitsbild durchsichtiger zu machen, darf ich es ansehen, die Frage nach dem *»Gegenspieler«* zu erheben. Die Lösung dieser Frage zeigt uns den psychogen erkrankten Menschen nicht mehr in einer künstlichen Isolierung, sondern in seinem gesellschaftlich gegebenen System. Leicht ergibt sich dann die Kampftendenz der Neurose und Psychose, und was sonst als Abschluß der Betrachtung gelten konnte, die spezielle Erkrankung, wird jetzt an die gehörige Stelle eingesetzt als ein Mittel, eine Methode des Lebens, als ein Symptom zugleich für den Weg, den der Patient geht, um zum Ziele der Überlegenheit zu kommen, oder um es als ihm zukommend zu empfinden.

In manchen Psychosen, aber auch bei neurotisch erkrankten Patienten gilt der Angriff und zugleich die Beschuldigung nicht einer einzelnen Person, sondern einer Vielheit, zuweilen auch der ganzen Menschheit, der Zweigeschlechtlichkeit oder der Weltordnung. Ganz scharf tritt dieses Verhalten bei der *Paranoia* zutage. Die volle Abgekehrtheit von der Welt, *damit aber zugleich die Verurteilung derselben, wird in der Dementia praecox intendiert.* Versteckter und auf einige wenige Personen beschränkt, spielt sich der Kampf des Hypochonders und des Melancholikers ab. Dort gewährt uns der Standpunkt der Individualpsychologie ein genügend großes Blickfeld, um auch in diesen Fällen die zugehörigen Kunstgriffe zu verstehen. So, wenn ein alternder Hypochonder den Erfolg erzielt, sich der Arbeit zu entziehen, bei der er Enttäuschungen fürchtet, gleichzeitig eine Verwandte ans Haus fesselt und ihre Aufopferung erzwingt. Die Distanz zur Entscheidung – über seine schriftstellerische Begabung – ist groß genug, um nicht übersehen zu werden. Er unterstreicht sie durch eine außerordentlich wirksame Platzangst. Wer trägt die Schuld? Er wurde im Revolutionsjahre geboren und schwört auf diese hereditäre Belastung. Seine Verdauungsbeschwerden sind in der *Hierarchie der Mittel* (Stern) wesentliche Hilfen seiner Herrschsucht über die Umgebung, die so Fleißaufgaben bekommt und seiner Aufgabe der Zeitvertrödelung. Sie werden durch Luftschlucken und durch tendenziöse Obstipation *erzeugt*.

Bei einem 52jährigen Gewerbetreibenden kommt eine Melancholie zum Ausbruch, als eines Abends seine älteste Tochter in Gesellschaft geht, ohne sich von ihm zu verabschieden. Dieser Mann hat immer darauf gesehen, daß seine Familie ihn als Oberhaupt der Familie anerkenne, hat auch seit jeher durch hypochondrische Beschwerden exakte Dienstleistungen und strengen Gehorsam erzwungen. Sein nervöser Magen vertrug nicht die Wirtshauskost. Also war seine Frau genötigt, wenn er Ausflüge machte, »zu denen ihn sein Gesundheitszustand veranlaßte«, in einer am Lande gemieteten Küche seine Speisen zu bereiten, während er spazieren ging. Sein Altern erschien ihm anläßlich des »unkindlichen« Vorgehens seiner Tochter wie ein Schwächezustand. Sein Prestige drohte zu sinken. Da zeigte die hereinbrechende Melancholie der Tochter ihre Schuld und der ganzen Familie die Bedeutung seiner Arbeitskraft im hellsten Lichte. Er hatte den Weg gefunden den Nimbus zu erdichten und zu erzwingen, der ihm kraft der Tatsachen auszubleiben schien. Und er war auf dem Wege zur *Unverantwortlichkeit*, falls seine persönliche Rolle versagen sollte. Einer Patientin, die ihren gutmütigen Mann immer beherrschte, starb die Mutter. Sie war die einzige von den Geschwistern gewesen, die mit der Mutter inniger zusammenhing. Sie wollte auch die alternde Frau zu sich nehmen, aber ihr Mann opponierte sanft unter Hinweis auf die beengten räumlichen Verhältnisse. Nach dem Tode der Mutter verfiel die Patientin in Melancholie. Ihre Krankheit war eine *Anklage* gegen die Geschwister und ein *erzieherischer Hinweis* für den Mann, künftig besser zu folgen.

Ein 70jähriger Fabrikant hatte bei zunehmendem Alter fast jedes zweite Jahr einen Zustand von Melancholie gezeigt, der immer einige Wochen währte. Wie der obige Fall begann auch dieser Patient zu erkranken, als durch ein mißliches Abenteuer sein Prestige zu sinken *drohte*; auch er vernachlässigte seinen Beruf und alarmierte seine Familie, die auf seine Arbeit angewiesen war, durch unausgesetzte Klagen über drohende Verarmung. Die Situation, die er auf diese Weise schuf, glich einer Vergewaltigung seiner Umgebung auf ein Haar. Jeder Tadel und jede Kritik verstummte ihm gegenüber, *der Verantwortung für sein leichtsinniges Abenteuer blieb er entzogen* und seine Bedeutung als Erhalter der Familie wurde nun jedem klar. Je stärker seine Melancholie sich geltend machte, je heftiger er klagte, *um so höher stieg er im Werte.* Er wurde gesund, als die Verstimmung über sein Abenteuer geschwunden war. – In der Folge trat die Melancholie immer dann auf, wenn er in eine finanziell nicht ganz sichere Situation geriet, einmal auch anläßlich einer Intervention der Steuerbehörde, und sein Zustand besserte sich, sobald die Schatten vorübergezogen waren. Man konnte leicht ersehen, daß er vor seiner Familie eine *Prestigepolitik* betrieb, indem er bei gefahrvollen Entscheidungen Deckung in der Melancholie suchte. So war er entschuldigt und ohne Verantwortlichkeit, wenn etwas schief gehen sollte, fand auch *die stärkste Resonanz* bei den Seinen, insbesondere, wenn alles glücklich endete. Auch dieser Fall zeigt deutlich das beschriebene Symptom der *»zögernden Attitüde«* und die Konstruktion der *»Distanz«* im Falle einer Entscheidung.

Bevor ich in die Schilderung eines weiteren Falles von Melancholie eingehe, will ich versuchen, vom Standpunkt der Individualpsychologie den Mechanismus der Melancholie schärfer zu zeichnen und den Gegensatz zur Paranoia in einem bestimmten Punkte zu beleuchten. Ist einmal die soziale Bedingtheit und die Kampfstellung der Melancholie festgestellt, so sieht man bald auch das Ziel der Überlegenheit, das den Kranken hypnotisiert. Der Weg, den er dabei einschlägt, ist allerdings anfangs befremdend: er macht sich klein, *antizipiert* eine Situation des tiefsten Elends und *schöpft aus der Einfühlung in diese den Affekt der Trauer und die Gebärde dies Gebrochenseins.*[1] Dies scheint ein Widerspruch gegenüber der Behauptung

1. Etwa wie der Schauspieler in »Hamlet«: »Er weint! Um Hekuba! Was ist ihm Hekuba? Der Psychotiker verrät uns also, übrigens nicht anders wie der Nervöse, in seinen Klagen zugleich auch sein *»Arrangememt«.*

eines Größenideals. In der Tat aber wird ihm die bis zur Vernichtung gehende Schwäche eine furchtbare Waffe, um sich Geltung zu verschaffen und um sich der Verantwortlichkeit zu entziehen. *Es gibt keine psychische Erkrankung, unter der die Umgebung mehr leidet und auf ihren Unwert mehr hingewiesen wird, als die Melancholie.* Eine Leistung wie die der reinen Melancholie scheint mir deshalb ein hervorragendes Kunstwerk; nur daß die Bewußtheit der Schöpfung fehlt, und *daß der Patient seit Kindheit in diese Haltung hineingewachsen ist.* Diese melancholische Haltung, die sich bis in die früheste Zeit des Patienten verfolgen läßt und sich als ein Kunstgriff, als eine von selbst sich ergebende Methode des Lebens entpuppt, die in einer Phase der Unsicherheit des Patienten als starre, wohl vorbereitete Leitlinie hervortritt, besteht eigentlich in dem Bestreben, *durch Antizipation des Zugrundegehens den anderen seinen Willen aufzuzwingen und das Prestige zu wahren.*[1] Zu diesem Zwecke trägt der Patient alle Kosten, trägt sie mit seinen ganzen körperlichen und seelischen Möglichkeiten, stört seinen Schlaf und seine Ernährung,[2] um herunterzukommen und so die Krankheitslegitimation zu erbringen, ebenso die Stuhl- und Harnfunktion und geht folgerichtig in diesem Streben bis zum Selbstmord. Einen weiteren Beweis für die aggressive Natur der Melancholie finden wir in den gelegentlich auftretenden Mordimpulsen und in der häufigen Durchbrechung der melancholischen Haltung durch Wut und durch paranoische Züge. Dann tritt die »Schuld der anderen« deutlich hervor, wie etwa in dem Falle einer Patientin, die sich dem Krebstod verfallen glaubte, weil ihr Mann sie gezwungen hatte, eine an Krebs erkrankte Verwandte zu besuchen. Fassen wir das Obige zusammen, so erscheint uns als Unterschied zwischen melancholischer und paranoischer Haltung, daß bei ersterer der Patient scheinbar in sich die Schuld fühlt, während der Para-

1. Nicht selten zeigt sich die melancholische Technik nebenbei oder vorwiegend als Racheimpuls einer sonst ohnmächtigen Wut. Später von Freud nachdrücklich bestätigt.
2. Daß dabei *Toxine mitsprechen, die durch den Affekt der Wut und der Trauer durch Vermittlung des vegetativen Systems aus den endokrinen Drüsen gelöst werden,* wollen wir nachdrücklich hervorheben. Siehe auch »Psych. Behandl. der Trigeminusneuralgie« in diesem Band.

noiker den anderen anschuldigt. Wir ergänzen, um zum Verständnis zu gelangen: *wenn er seine Überlegenheit anders nicht durchzusetzen vermag*. Daß diese zwei Typen allgemein menschliche sind und sich weit verbreitet zeigen, soferne man seinen Blick für sie schärft, sei nebenbei bemerkt.

Die psychische Beeinflußbarkeit der Psychosen scheitert oft an ihrem stärker erfaßten Ziel der Überlegenheit.[1] Die nur mit teilweisem Recht betonte »Unkorrigierbarkeit« der Wahnideen aber ergibt sich folgerichtig aus dem hypnotisierenden Ziel. Und wir konnten bereits zeigen, wie es dem psychologisch Erkrankten regelmäßig durch die Distanzsetzung gelingt, mittels einer Lebenslüge sein Persönlichkeitsgefühl zu sichern. Auch die Heilung der Neurose gelingt nur, wenn der Patient es vermag, seine leitende Idee durch ein *»beiläufig«* abzuschwächen. Eine »Persuasion«, die sich gegen Symptome richtet, kann demnach teilweisen Erfolg haben (Symptomheilung), wenn der Patient aus anderen Gründen bereits die Geneigtheit hat, sich heilen zu lassen, oder wenn es ihm gelingt, unbemerkt vor sich und dem Arzt und unmerklich sein Ziel zu lockern. An der Wahnidee aber ist, soweit wir sehen, kein Fehler im Intellekt. Sie ist von der leitenden Idee erzwungen und genügt ihrem Endzweck: unverantwortlich zu machen und durch die Distanz das Persönlichkeitsgefühl zu sichern. *Eine logische Prüfung der aus dem Zusammenhang gerissenen Wahnidee kann ihr nicht leicht etwas anhaben, weil sie als ein erprobter Modus dicendi et vivendi ihren Zweck im Bezugssystem des Patienten erfüllt, und weil sich der Patient in einem eingeschränkten Gemeinschaftsgefühl der Logik und der Kooperation entschlägt, die uns alle bindet.*

Der zuletzt von mir untersuchte Melancholiker deckte in einem zu Anfang der Kur geträumten Traum das ganze Arrangement seiner Krankheit auf. Er war erkrankt, als er aus einer leitenden Stelle anderswohin

1. Ich sehe hier ab von zwischenlaufenden Zuständen höhergradiger Verworrenheit und abschließendem Blödsinn nach längerdauernder *Inaktivität der Vernunft*. Letztere wird immer auch geschädigt, wenn sie von ihren Quellen, dem Gemeinschaftsgefühl, abgesperrt ist.

versetzt wurde, *wo er sich erst bewähren sollte.* Zwölf Jahre vorher, er war damals 26 Jahre alt, war er bei einem ähnlichen Anlaß an Melancholie erkrankt. Der Traum lautete: »Ich hin in der Pension, wo ich immer zu Mittag speise. Ein Mädchen, das mich seit langem interessiert, trägt die Speisen auf. Plötzlich bemerke ich, daß die Welt untergeht. Da durchzuckt mich der Gedanke, jetzt könnte ich das Mädchen vergewaltigen. Denn ich wäre *ohne Verantwortung*. Nach geschehener Tat zeigte es sich, daß die Welt doch nicht untergegangen war. Die Deutung liegt nahe. Wir erfahren, daß der Patient auch jeder Entscheidung im Liebesleben ausweicht, weil er die Verantwortung fürchtet. Mit Gedanken des Weltunterganges (Menschenfeind!) hat er öfters gespielt. Der Traum deutet in sexueller Verkleidung darauf hin, daß er an den Weltuntergang glauben müsse, um triumphieren zu können. Dadurch stellt er eine Situation der Unverantwortlichkeit her. Der Schlußsatz zeigt den Patienten auf dem Wege, durch ein fiktives Arrangement, durch ein »Als-Ob«, durch einen probeweisen Anschlag,[1] durch eine Vergewaltigung anderer sein Ziel zu erreichen.

Nun können wir an die Konstruktion der Leitlinie dieses Patienten gehen! Er verrät sich uns als ein Mensch, der nicht an sich glaubt, der nicht die Erwartung hat, *auf geradem Wege durchzudringen.* Wir werden demnach aus seinem früheren Leben sowohl wie im Bereiche des gegenwärtigen melancholischen Stadiums gefaßt sein müssen, ihn vom geraden Wege auf sein Ziel abbiegen zu sehen. Und wir werden vermuten dürfen, daß er zwischen sich und den geraden Weg zum Ziele eine Distanz errichten wird. Vielleicht ist auch die Vermutung gerechtfertigt, daß er im Falle einer Entscheidung einer »idealen Situation« zustreben wird, wo er sich durch die sichere Erwartung eines drohenden Unterganges jeder Verantwortlichkeit entziehen kann, und daß er erst wieder Lebensmut gewinnen wird, wenn ihm der Sieg gewiß ist. *Diese aus der Dynamik des Traumes gewonnene Betrachtung deckt sich aber mit der oben ent-*

1. Siehe »Traum und Traumdeutung« in diesem Band und die Traumtheorie des Autors im »Nervösen Charakter« l. c.

wickelten Anschauung über die Melancholie. Gleichzeitig wollen wir darauf hinweisen, daß diese Haltung für einen Großteil der Menschen bis zu einem gewissen Grade typisch ist und auch bei Neurotikern häufig zu finden ist. Es liegt in der besonderen Stärke und Ausschließlichkeit der leitenden Überlegenheitsidee, zudem in der geringeren Bindung an die Logik, wenn die Unverantwortlichkeit, damit auch die unkorrigierbaren Ideen bis zur Höhe der Psychose emporgetrieben werden. Demnach dürfen wir wohl auch einen besonderen Grad von Eigensinn und asozialer Herrschsucht vorläufig voraussetzen. Auf unsere Fragen leugnet der Patient derartige Charakterzüge.

Aus seinen Erinnerungen will ich folgende erwähnen: Als Jüngling fiel er einst mit seiner Tänzerin zu Boden, wobei ihm die Brille von der Nase glitt. Er greift noch im Liegen danach, hielt aber aus Vorsicht mit der anderen Hand seine Tänzerin am Boden fest, was zu einer unangenehmen Szene führte. An diesem Falle läßt sich schon der asoziale Zug und die Tendenz zur Vergewaltigung abschätzen. Die gewohnheitsmäßigen Mittel werden uns aus einer ältesten Kindheitserinnerung wieder entgegenleuchten. Diese lautet: »Ich liege am Diwan und weine unermeßlich lange«[1]. Zu dieser Erinnerung weiß der Patient nichts anzugeben. Wohl aber sein älterer Bruder, der den Eigensinn und die Herrschsucht des Patienten lebhaft bestätigt und, nach Beweisen gefragt, spontan erzählt, wie ihn der Patient schon als Kind durch sein unaufhörliches Weinen gezwungen, vergewaltigt habe, ihm den ganzen Diwan einzuräumen.

Ich kann hier nicht ausführlich darauf eingehen, wie dieser Patient seinen Schlaf, seine Ernährung und seine Darmfunktion soweit störte, daß er herabkam und den sichtbaren Krankheitsbeweis erbrachte. Ebensowenig, wie er durch Aufstellung unerfüllbarer Bedingungen und Garantien seine Lage als aussichtslos sich und anderen zur Empfindung zu bringen

1. Auf die tendenziöse Gestaltung oder Festhaltung erster Kindheitserinnerungen habe ich (»Nervöse Charakter«, l. c., und Schrecker [Kongreß für Psychotherapie in Wien 1913]) hingewiesen. Siehe auch »Menschenkenntnis« 3. Aufl. Leipzig 1929.

suchte und wie er jeden Schritt seiner Angehörigen und das Eingreifen des Arztes als weitere Schädigung empfand. Er ging auch so weit, sich jede Befähigung und Existenzmöglichkeit abzusprechen, erreichte aber gerade dadurch, daß sich seine Familie und alle seine Bekannten in seinen Dienst stellten und sich vergewaltigen ließen, indem sie gezwungen wurden, seine Vorgesetzten gefügig zu machen und ihm eine Stelle zu besorgen, in der er wieder den großen Herrn spielen konnte. Sein Kampf ging demnach gegen die ihm übergeordneten Beamten, deren Forderungen er durchkreuzte, und sein Weg führte über ein Stadium der Unverantwortlichkeit zu deren Vergewaltigung. Dann, nach Erreichung seines Zieles, wird er sich überzeugen lassen, daß die Welt nicht untergegangen sei.

In meinem Buche »Über den nervösen Charakter« habe ich als Vorbedingungen der Wahnbildung an vereinzelten Fällen nachgewiesen:

1. Verstärktes Gefühl der Unsicherheit und Unzulänglichkeit einer bevorstehenden Entscheidung gegenüber. Starke Entmutigung. Mangel an Kooperationsfähigkeit.
Als Mechanismus: 2. Stärkere Abstraktion von der Wirklichkeit und Entwertung der Realität (u. a. Durchbrechung der Logik als einer Funktion der Gemeinschaft).
3. Verstärkung der zum fiktiven Ziel der Überlegenheit führenden Leitlinie. Übermenschlicher Ehrgeiz im Falle einer Niederlage.
4. Antizipation des Leitbildes.

Bezüglich der Melancholie darf im Anschluß an unsere Ausführungen ad 4 ergänzt werden, daß der Kranke sich dem von ihm erprobten Leitbild des hilflosen, schwachen, bedürftigen Kindes zu nähern sucht, das er nach seiner individuellen Erfahrung als die stärkste und zwingendste Macht empfindet. Dementsprechend formen sich ihm Haltung, Symptome und Unverantwortlichkeit. Die Ausschaltung und Entwertung fast aller menschlichen Beziehungen tritt stark hervor. Dadurch auch die Überlegenheit des Patienten.

Die psychiatrische Wissenschaft findet als den wesentlichsten Charakter der »endogenen« Psychosen den Mangel einer »Veranlassung« oder einer »genügenden Veranlassung«. Diese einheitliche Stellungnahme macht uns stutzig. Denn das Problem der »Veranlassung« ist nun in der Individualpsychologie genauestens bekannt und verschwindet fast nie aus unseren Diskussionen. Ein weiterer Fortschritt der modernen Psychiatrie, die maßgebende Stellung, die sie der Individualität und dem Charakter einräumt, führt zu unseren Problemen und muß unseren Anschauungen später gerecht werden.

Denn die wichtigste Frage des gesunden und kranken Seelenlebens lautet nicht: woher?, sondern: wohin? Und erst wenn wir das wirkende, richtende Ziel eines Menschen kennen, dürfen wir uns anheischig machen, seine Bewegungen, die uns als individuelle Vorbereitungen gelten, zu verstehen, in diesem Wohin? aber steckt die Veranlassung.

In der Fassung der Wiener psychiatrischen Schule lautet die Definition der Melancholie (siehe *Pilz*, Spezielle gerichtliche Psychiatrie, Deuticke 1908) folgendermaßen: »Das Wesentliche der Melancholie ist *eine primäre, d. h. nicht durch äußere Ereignisse motivierte, traurig-ängstliche Verstimmung mit Hemmung des Denkprozesses*«. Es liegt im Ergebnis unserer Betrachtung, die Motivierung durch das Ziel und durch die eigenartigen, individuell zu verstehenden Leitlinien, somit auch die versteckte Aktivität der Melancholie hervorzuheben. In ihrem Bilde finden sich die »zögernde Attitüde« und die »Avance nach rückwärts« in der vollendesten Gestalt, beide bedingt durch die »Furcht vor der Entscheidung«. Die Melancholie zeigt sich uns demnach als ein Versuch und Kunstgriff, den »Rest«, die »Distanz« des Individuums zu seinem realen Ziel der Überlegenheit auf Umwegen zu erledigen. Dies geschieht, wie bei jeder Neurose und Psychose, *durch freiwillige Übernahme der »Kriegskosten«*. Und so ähnelt diese Krankheit auch einem Selbstmordversuch, in den sie zuweilen mündet. Denk- und Sprachhemmungen, Stupor und körperliche Haltung machen das Bild der »zögernden Attitüde« besonders greifbar, weisen auch als intendierte Störungen sozialer Funktionen *auf die Ein-*

schränkung des Gemeinschaftsgefühls hin. Die Angst dient, wie immer, als Sicherung, Waffe und Krankheitsbeweis, Paroxysmen der Wut, der Raptus melancholicus brechen zuweilen als Äußerungen den Fanatismus der Schwäche und Zeichen der versteckten Aktivität hervor, die Wahnideen weisen auf die Quellen der tendenziösen Phantasie hin, die im Dienste der Krankheit dem Patienten die Affekte liefert und arrangiert. Unverkennbar scheint uns ferner der Mechanismus der Antizipation, die Einführung in die Rolle des bereits zugrunde gehenden Menschen. Am stärksten äußert sich das Leiden in den Morgenstunden, das heißt: *sobald der Kranke in das Leben eintreten soll.*

Den erfahrenen Beobachtern ist die *»Kampfposition«* des Melancholikers nicht ganz entgangen. Pilz z. B. (l. c.) führt unter anderem an, wie die Gewissensqualen der Kranken manchmal unsinnige Schenkungen und Testamentbestimmungen zur Folge haben. Wir leugnen bloß das »Unsinnige«. Diese scheinbar so passive Psychose *strotzt von Gehässigkeit und von Entwertungstendenz*, und der Kranke hat dann, wenn er seine Angehörigen strafen soll, auch die dazu nötigen, aber wirkungslosen Gewissensbisse, um seiner Verantwortlichkeit zu entgehen.

Die Vorgeschichte unserer Patienten zeigt uns mit großer Eindeutigkeit, daß alle Melancholiker einem Typus angehören, der an nichts wirklich sein Herz hängt, der sich bald entwurzelt fühlt und den Glauben an sich und an die anderen leicht verliert. Schon in gesunden Tagen zeigen sie ein ehrgeiziges, aber zögerndes Verhalten, scheuen vor jeder Verantwortung zurück und zimmern an einer Lebenslüge, deren Inhalt die eigene Schwäche, deren Effekt aber der Kampf gegen andere ist. Es ist eine arge Verkennung, der *Melancholie* Wohlwollen und Güte zuzusprechen. Sie sind vielmehr Zeichen einer imperialistischen Tendenz, die gelegentlich, bei gutem Fahrwind, zu großen Leistungen des Melancholikers führt.

XXII. Melancholie und Paranoia

Individualpsychologische Ergebnisse aus den Untersuchungen der Psychosen

Vorbemerkung: Die von mir gefundenen und beschriebenen treibenden Kräfte der Neurosen und Psychosen: kindliches Minderwertigkeitsgefühl – Sicherungstendenz, Kompensationsbestreben – in der Kindheit errichtetes, hernach teleologisch wirkendes, fiktives Ziel der Überlegenheit – die sich ergebenden erprobten Methoden, Charakterzüge, Gefühle, Affekte, Symptome und Haltungen gegenüber den Forderungen des gesellschaftlichen Zusammenhanges – alle verwendet als Mittel zur fiktiven Erhöhung des Persönlichkeitsgefühls gegenüber der Umgebung – das Suchen nach Umwegen und nach einer Distanz zu den Erwartungen der Gemeinschaft, um einer realen Wertung und persönlicher Haftung und Verantwortung zu entgehen – die neurotische Perspektive und die tendenziöse, bis zur Verrücktheit gehende Entwertung der Wirklichkeit – die Ausschaltung fast aller Beziehungsmöglichkeiten und der Kooperation führten mich und viel andere Untersucher zur Aufstellung eines erklärenden Prinzips, das sich im weitesten Umfang für das Verständnis der Neurosen und Psychosen als wertvoll und unerläßlich erwiesen hat.[1]

Die oben angeführten Mechanismen finden sich ausführlich in des Autors Werk »Über den nervösen Charakter« (l. c.), »Studie über Minderwertigkeit von Organen« (J. F. Bergmann, München), in der »Internat. Zeitschr. f. Individualpsych.« (Verlag Hirzel, Leipzig), »Menschenkenntnis« u. a. im vorliegenden Band dargestellt.

1. Bleuler spricht – sonderbarerweise – im tadelnden Sinne davon, »daß man mit dieser Anschauung alles erklären könne. Mir und anderen wird sie gerade deshalb wertvoll erscheinen. Ein anderer Schriftsteller, der ungenannt bleiben will, nennt mich einen »Winkeladvokaten«. In seinem Unverständnis meint er, die von mir aufgedeckten Tricks des Neurotikers seien meine Tricks.

Meine weiteren Untersuchungen über den Mechanismus der Psychose haben mit folgenden Feststellungen einen vorläufigen Abschluß gefunden. Zu den drei bereits hervorgehobenen Grundbedingungen des Wahnes:

- Antizipation und halluzinatorischer Darstellung eines Wunsches oder einer Befürchtung zum Zwecke einer Sicherung,
- tendenziöser Entwertung der Wirklichkeit und
- resultierender Erhöhung des Persönlichkeitsgefühls bei mangelnder Kooperationsfähigkeit

gesellen sich zwei weitere von größter Wichtigkeit:

- Kampf gegen die nähere oder weitere Umgebung und deren Herabsetzung
- und Verlegung der Aktivität des Patienten von seinem *Hauptproblem weg auf einen Nebenkriegsschauplatz*.

Wie leicht ersichtlich, stehen alle fünf Bedingungen des Wahnes in einem logischen und psychologischen Zusammenhang.

In der folgenden Mitteilung, die im Jahre 1914 dem nicht mehr zustande gekommenen Kongreß für Psychologie und Psychiatrie (in Bern) fast in gleicher Form vorlag, ist der Versuch unternommen, die psychologische Struktur der Melancholie und der Paranoia gemäß den obigen Befunden zur Darstellung zu bringen.

a) Melancholie

Haltung und Lebensplan der zur Melancholie Disponierten, Ausbruch der Erkrankung und Kampf gegen die Umgebung. Gewinnung des Nebenkriegsschauplatzes aus Furcht vor herabsetzenden Entscheidungen.

1. Die Melancholie befällt Individuen, deren Lebensmethode vorwiegend mit den Leistungen und Unterstützungen anderer Personen schon seit der frühen Kindheit an rechnet. In ihrem Leben überwiegen leicht erworbene Triumphleistungen von geringerer Aktivität und solche unmännlicher Natur. Sie zeigen sich meist auf den Familienkreis oder auf einen kleinen ständigen Freundeskreis in ihrem Verkehr eingeschränkt, suchen immer Anlehnung an andere und verschmähen es nicht, durch übertriebene Hinweise auf die eigene Unzulänglichkeit die Unterstützung, Anpassung und Fügsamkeit anderer zu erzwingen. Wo sie die Macht besitzen, gebrauchen sie sie schrankenlos, oft in Verbrämung mit ethischen Forderungen. Daß ihr oft schrankenloser Egoismus ihnen in unserer Zeit schrankenloser Plusmacherei zuweilen äußere rasche Erfolge bringt, spricht nicht dagegen. Der Hauptfrage ihres eigenen Lebens aber, dem Fortschreiten der Entwicklung oder auch nur dem Festhalten ihres eigenen Wirkungskreises weichen sie bei auftauchenden Schwierigkeiten aus oder nähern sich ihnen nur zögernd. Der Typus des Manisch-Depressiven dagegen dürfte ganz allgemein dadurch gekennzeichnet sein, daß er jede Aktion enthusiastisch beginnt, um bald nachher gewaltig abzuflauen. Dieser charakteristische Rhythmus, der auch den Bewegungen und Haltungen der gesunden Tage eigen ist, wird im Zeitpunkt der Erkrankung anläßlich einer Niederlage unter Berufung auf die Wahnidee und durch demonstrative und zweckentsprechende Ausgestaltung derselben verstärkt und befestigt. Zwischen diesen beiden Formen steht die periodische Melancholie, deren Ausbruch regelmäßig erfolgt, sobald der wankende Glaube des Patienten an seinem Erfolg einen Ruf des Lebens (Ehe, Beruf, Gesellschaft) abzuwehren zwingt.

2. Die gesamte Lebensführung des »Typus melancholicus« läßt als Voraussetzung und wichtigsten Anhaltspunkt eine fiktive, aber durchdringende Anschauung – eine melancholische Perspektive, dem kindlichen Seelenleben entstammend – erkennen, nach welcher das Leben ein schwieriges, ungeheures Wagnis vorstellt, die überwiegende Mehrzahl der Menschen

aber aus feindlichen Individuen und die Welt aus unbequemen Hindernissen besteht. Wir erkennen in dieser dem Gemeinschaftsgefühl und der Kooperation zuwiderlaufenden Haltung ein verstärktes Minderwertigkeitsgefühl und einen jener Kunstgriffe, wie wir sie als Grundlage des nervösen Charakters beschrieben haben; mit ihren eigenartigen, zu Charakterzügen, Affekten, Bereitschaften und Fertigkeiten (Weinen!) umgebildeten Angriffstendenzen fühlen sie sich den Forderungen des Lebens besser gewachsen und suchen sich in »gesunden Tagen« in einem kleinen Kreis zur Geltung zu bringen, wo eine Reihe von Erfolgen im Beginne ihnen verstärkte Sicherheit gibt. Indem sie ihr subjektives Minderwertigkeitsgefühl konkretisieren, erheben sie offen oder unausgesprochen seit ihrer Kindheit den Anspruch auf eine erhöhte »Krüppelfürsorge«, Unterwerfung und Hingabe der anderen.

3. Ihre Selbsteinschätzung ist demnach seit der Kindheit eine deutlich niedrige, was aus ihren unausgesetzten Versuchen zur höchsten Geltung zu kommen zu folgern ist; immerhin deuten sie häufig – und diese meist versteckten Hinweise kennzeichnen die seelische Verwandtschaft mit der Paranoia – auf die versäumte Möglichkeit einer außerordentlichen Entwicklung hin, meist auf familiäre Übelstände, oder sie verraten in ihrer melancholischen Wahnidee eine unerschütterliche Voraussetzung von übermenschlichen, ja göttlichen Kräften. Dies und nichts anderes nämlich liegt solchen Klagen zugrunde, in denen der Kranke *in einer versteckten Größenidee* das schreckliche Schicksal beklagt, das zugleich mit seinem Ende über seine Familie etwa hereinbrechen werde, oder wenn er seine Schuld an dem Untergang der Welt, an der Entfesselung des Weltkrieges, am Tod und Verderben anderer Personen unter Selbstvorwürfen hervorhebt. Nicht selten auch liegt in der forcierten Klage über die eigene Unfähigkeit ein drohender Hinweis auf ganz reale, materielle oder moralische Gefahren für den Familien- und Freundeskreis und zugleich eine nicht stärker zu denkende Hervorhebung der persönlichen Bedeutung des Kranken. Solcher Art sind die Ziele des Melancholikers und zu solchen Zwecken bezichtigen

sie sich offen aller Formen der Minderwertigkeit und *nehmen demonstrativ die Schuld für alle Fehlschläge und Mißerfolge auf sich.* Der Erfolg ihres Verhaltens ist dann zum mindesten der, daß sie weitaus mehr als bisher in den Brennpunkt der Aufmerksamkeit ihres eingeschränkten Kreises rücken, und daß sie die ihnen verpflichteten Personen zu den größten Leistungen, zu den namhaftesten Opfern und zum weitgehendsten Entgegenkommen anspornen. Dagegen hat sich ihr Wille von jeder kleinsten sozialen Verpflichtung und Gebundenheit befreit, was ihrem egozentrischen leitenden Ideal immer am besten entsprach, weil dieses jede Einfügung und Bindung an den anderen und dessen Rechte als einen unerträglichen Zwang und als schweren Verlust des persönlichen Wertes empfinden ließ.

Neben den Selbstvorwürfen und Selbstbeschuldigungen fehlen aber nie die heimlichen Hinweise auf Heredität, auf Erziehungsfehler der Eltern, auf böswillige Rücksichtslosigkeit von Angehörigen oder Vorgesetzten; nur daß sich diese Anschuldigung anderer – abermals ein der Paranoia verwandtes Phänomen – aus der einleitenden Position des Melancholischen ergibt. So z. B. wenn sich der Ausbruch der Melancholie bei einer jüngsten Tochter ergibt, nachdem sich die Mutter entschlossen hat, mit der ältesten Tochter auf längere Zeit zu verreisen oder wenn die Erkrankung bei einem Geschäftsmann entsteht, der mehrfach durch seine Kompagnons überstimmt, zur Erledigung der gegen seinen Willen gefaßten Entschlüsse gedrängt wird.

Hinweise auf die obigen Mängel, auf Heredität, körperliche Anomalien usw., dienen andererseits auch der Feststellung, daß es sich um eine unabänderliche, unheilbare Erkrankung handelt, was den Kurswert des Leidens beträchtlich erhöht.

So dient die Melancholie, wie jede Neurose und Psychose, dem Bestreben, den gesellschaftlichen Wert des Eigenwillens und der Persönlichkeit, zum mindesten für die eigene Empfindung namhaft zu erhöhen. Ihre forcierte Eigenart gestaltet sich unter dem Drucke einer tief gefühlten Unzufriedenheit und eines objektiv unberechtigten Minderwertigkeitsgefühls bei Personen, deren Kindheitstypus eingangs geschildert wurde. Daß sie die uns unglaublich erscheinenden Kosten einer immerhin *konsequen-*

ten Haltung in schwierigen Positionen ihres Lebens zahlen, lehrt vor allem der Augenschein und ist in der übergroßen Spannung begründet, in der sie zum Leben stehen. Ihr empfindlicher Ehrgeiz, der sie mit heimlichem Zagen nach aufdringlicher Überlegenheit jagen läßt, zwingt sie gleichzeitig zur Desertion oder zur Zaghaftigkeit vor größeren gesellschaftlichen Aufgaben. So gelangen sie durch systematische *Selbstbeschränkung* auf ein Nebengeleis, *in einen streng abgezirkelten Kreis* von Personen und Aufgaben, den sie so lange pflegen, bis ihnen eine schwierig scheinende Veränderung droht. Jetzt greift die in der Kindheit aufgebaute, niemals revidierte Schablone, abermals ungeprüft, ein: sich klein zu machen, durch Schwäche und Krankheit zu wirken und allen Aufgaben zu entgehen.

4. Das hervorragendste Kampfmittel des Typus melancholicus behufs Hebung der Position ist seit früher Kindheit: Klage, Tränen und traurige Verstimmung. Er demonstriert in quälendster Weise seine Schwäche und die Notwendigkeit seines jeweiligen Begehrens, um andere zu Dienstleistungen zu zwingen oder zu verleiten.

5. Sie gewinnen ferner auf ihre Art den Anschein und die Überzeugung der Unverantwortlichkeit für ihre Mißerfolge im Leben, weil sie immer ihre unabänderliche Schwäche und den Mangel einer Hilfe von außen hervorheben. Die seelische Verwandtschaft mit dem Typus der Phobiker und Hypochonder ist nicht zu verkennen; nur daß im Falle der Melancholie zum Zwecke, des stärkeren Angriffs und aus Gründen des umfassenderen Minderwertigkeitsgefühls die Krankheitseinsicht schwindet, und jede Kritik der Wahnidee ausgeschaltet wird: mittels einer starken Antizipation eines unentrinnbaren Unheils und einer entschlossenen Einfühlung in die drohende Gefahr. Der kategorische Imperativ des Melancholischen lautet demnach: »handle, denke und fühle so, als ob das schreckliche Schicksal, das du an die Wand malst, bereits über dich hereingebrochen oder unabwendbar wäre«. Dabei als Hauptvoraussetzung des melancholischen Wahnes: *sein der Gottheit verwandter, prophetischer Blick.*

Im weiteren Verfolg dieser Erkenntnis wird auch, gemessen am gemeinsamen Band der pessimistischen Perspektive, der Zusammenhang mit der Neurose und Psychose überhaupt klar. Etwa, um einfache Beispiele zu wählen: Enuresis nocturna: »handle so, als ob du am Klosett wärst!« Pavor nocturnus: »benimm dich, wie in einer großen Gefahr!« Sogenannte neurasthenische und hysterische Sensationen, Schwächezustände, Lähmungen, Schwindel, Üblichkeiten usw.: »denke dir, du hättest einen Reifen um den Kopf – du hättest etwas im Halse stecken, wärest einer Ohnmacht nahe – du könntest nicht gehen – daß sich alles dreht – du hättest eine üble Speise genossen« usw.

Immer handelt es sich um die Wirkung auf die Umgebung. So auch, wie ich seit langem hervorgehoben habe, bei der »Epilepsie«, bei der vielleicht immer in pantomimischer Weise der Tod, ohnmächtige Wut, Vergiftungserscheinungen, ein Sichwehren und Unterliegen zur Darstellung gelangt. Das Material der Darbietung ergibt sich aus den Möglichkeiten des Organismus, die sich oft aus angeborenen Minderwertigkeitserscheinungen herleiten (siehe Studie über Minderwertigkeit der Organe, l. c.), und sie fangen an eine Rolle zu spielen, sobald sie die höheren Ziele des Nervösen zu fördern imstande sind und durch sie gefördert werden.[1] In jedem Falle aber bedeutet das Symptom oder der Anfall des Patienten, daß er der Gegenwart (durch Antizipation) und der Wirklichkeit (durch Einfühlung in eine Rolle) entrückt ist. Am stärksten äußert sich der Erfolg der Entrückung wohl bei der Epilepsie. Ein häufig vorzufindender Typus solcher Kranken erweist sich als jüngstes Kind (zuweilen gefolgt von einem Spätgeborenen) und zeigt asymmetrische Verschiebung der rechten Gesichtshälfte nach unten, Vergrößerung dies rechten Scheitelbeinhöckers und Spuren von Linkshändigkeit. Zornausbrüche bei einem der Eltern habe ich auffallend häufig gefunden.

1. Die Spannung, in die der Neurotiker im Gefühl einer Niederlage gerät, ergreift wohl meist den ganzen Körper, wird aber als Symptom am minderwertigen Organ am deutlichsten.

Die Psychose zeigt, entsprechend der abschließenderen Haltung des Patienten, der im Begriffe ist, jedes loyale Streben aufzugeben, die stärkere Entrückung, die weitergehende Entwertung und Vergewaltigung der Wirklichkeit.

6. So sind es auch in der Psychose wie in der Neurose neue oder schwierig scheinende Situationen, Entscheidungen im Beruf, in der Liebe, Prüfungen aller Art, in denen sich zu Zwecken der Ausreißerei oder des Zögerns wie in einem komplizierten *Lampenfieber* der verstärkte Hinweis auf die Unabänderlichkeit von Schwächen und auf ein trauriges Schicksal als nötig erweist. Dabei muß der Untersucher sorgfältig vermeiden, seinen eigenen Eindruck von der ganzen Schwierigkeit der Situation in die Rechnung zu stellen. Denn was den Melancholiker bei seinen Befürchtungen leitet, was seine Wahnidee »unkorrigierbar« macht, ist nicht der Mangel an Intelligenz oder Logik, sondern die Unlust, die planmäßige Abneigung, diese Logik anzuwenden. Der Patient denkt, fühlt und handelt »sogar« unlogisch, wenn er nur auf diesem Wege mit dem Mittel des Wahns seinem Ziele näher kommt, wenn er sein Persönlichkeitsgefühl erhöhen kann. Wer an seinem Wahn zu rütteln sucht, erscheint ihm folgerichtig als sein Gegner, und so empfindet er auch die ärztlichen Maßnahmen und Persuasionsversuche als gegen seine Position gerichtet und handelt demgemäß intelligent.

7. Es ist die dem melancholischen Typus eigentümliche Linie, daß er in Fortsetzung alter, ausgebauter Bereitschaften zu einem Krankheitsbild gelangt, das durch den geoffenbarten, verstärkten Hinweis auf die eigene Schwäche den Zwang zu ununterbrochener, aber nutzloser Hilfeleistung und Berücksichtigung auf die Umgebung erstreckt. Die Nutzlosigkeit jeder von außen kommenden Beruhigung bei Ausbruch der Melancholie liegt gleichfalls nicht in einem Mangel ihrer Folgerichtigkeit, sondern ergibt sich aus der unbeugbaren Absicht des Kranken, die Erschütterung seiner Umgebung bis zum stärksten Maß zu steigern, alle Beteiligten

einzuklemmen und ihnen jede Aussicht zu nehmen. Eine Heilung erfolgt nach Maßgabe des dem Patienten verbliebenen Lebensmutes in dem Zeitpunkt, in welchem der Patient die Genugtuung seiner Überlegenheit voll genossen hat und ermutigt ist;[1] der taktvolle Hinweis auf die wirklichen Zusammenhänge, fern von jeder Überlegenheitspose und von Rechthaberei hat sich in meinen Fällen als günstig erwiesen. Die Voraussage des Abschlusses eines melancholischen Arrangements ist sicherlich nicht leichter als die von der Beendigung der Tränen bei einem Kinde oder tiefgefühlter Wut und Rachsucht. Rettungslose Positionen, besonderer Mangel an Lebensmut in der Vorgeschichte, Provokationen und zur Schau getragene Respektlosigkeit der Umgebung können die Selbstmordabsicht als äußersten Racheakt einer ständig gegen die eigene Person gerichteten Aktivität hervorrufen. Daß auch das Alter die Chancen auf Ermutigung verringert, versteht sich leider von selbst.

Die Furcht vor einem Mißerfolg, die Angst, dem sozialen Wettbewerb oder den Erwartungen der Gesellschaft, der Familie nicht oder nicht mehr gewachsen zu sein, drängt diesen Typus im Falle subjektiv gefühlter Not zu dem Mittel der Antizipation des Verlorenseins. Die aus dieser Einfühlung erwachsende melancholische Perspektive, die aus ihren tendenziösen Ergebnissen im Wachen und im Traume sich immer aufs neue vertieft, gibt in ihren Wirkungen auf den Gesamtorganismus und in ihrer Anspannung den ständigen Anreiz ab für eine verschlechterte Funktion der Organe. In vorsichtiger Weise kann demnach die Funktion der Organe, körperliche Haltung, Gewichtszunahme, Schlaf, Muskelkraft, Herztätigkeit, Darmerscheinungen usw. prognostisch verwertet werden. Gegen die ätiologische Deutung der Abderhaldenschen Befunde bei den Psychosen streitet der psychologische Zusammenhang; im Zusammenhang mit unseren Anschauungen müßten sie sich als freilich weiter wirkende Folgeerscheinungen oder als in der Psychose gesteigerte Symptome von angeborenen Organminderwertigkeiten heraus-

1. Siehe Adler, »Fortschritte der Individualpsychologie« in der *Internat. Zeitschr. f. Individualpsych.* II. Jahrg. Heft 1 und 3.

stellen. Von den Organminderwertigkeiten haben wir unter anderem bekanntlich hervorgehoben, daß sie in ihrem Endergebnis eine wichtige Grundlage des ätiologisch bedeutungsvollen kindlichen Minderwertigkeitsgefühls bilden können.[1]

8. Die Organe geraten also, soweit sie zugänglich sind, unter die Macht des melancholischen Zieles, passen ihre Funktion der Gesamtrolle an und helfen so, das Bild der klinischen Melancholie herzustellen (Herz, Körperhaltung, Appetit, Schlaf, Stuhl- und Harntätigkeit, Gedankenablauf). Sie werden, soweit sie willkürlichen Antrieben und dem vegetativen System gehorchen, in die melancholische Stimmung versetzt. Oder die Funktion bleibt annähernd normal, wird aber vom Kranken als fehlerhaft empfunden und beklagt. Zuweilen wird auch durch ein deutlich unzweckmäßiges Verhalten eine Störung oder ein Reizzustand vom Kranken hervorgerufen (durch Schlafstörung, durch übermäßige Provokation der Stuhl- und Harntätigkeit).

9. In letzterem Falle wie auch bezüglich der Nahrungsaufnahme zeigt der Patient oft eine Reihe von störenden Selbstbeeinflussungen, die ohne genügende Selbstkritik, aber systematisch und planmäßig erfolgen. Diese Erscheinungen sowie des Patienten überspannte Forderungen an das Funktionieren seines Organismus, ferner seine unrichtige Einschätzung einer fiktiven Norm, die er angeblich entbehrt, lassen die Absicht erkennen, eine ernste Krankheitslegitimation allen sichtbar zu erbringen.

10. Die Nahrungsaufnahme wird durch Erweckung ekelerregender Gedanken oder ängstlichen Argwohns (Gift) eingeschränkt, steht überdies wie alle anderen Funktionen unter dem Drucke der tendenziösen me-

1. Die Kretschmersche Einteilung in Pykniker und Astheniker rechnet mit den gleichen Tatsachen, aus denen dem Pykniker die leichteren, dem Astheniker die schwereren Organminderwertigkeiten zuzuschreiben sind. Dem letzteren die schwereren, weil ihm offenbar unsere Kultur weniger leicht annehmbar ist.

lancholischen Einfühlung (»als ob« alles nichts tauge, alles zum Schlechten ausgehen müsse), der Schlaf wird durch erzwungenes Grübeln und durch Gedanken über den ausbleibenden Schlaf sowie durch sichtlich zweckwidrige Mittel gestört. Die Stuhl- und Harnfunktion kann durch konträre Beeinflussung oder durch fortwährende Beanspruchung ins Krankhafte verändert werden, letzterenfalls durch Erzeugung eines Reizzustandes im zugehörigen Organ. Herztätigkeit, Atmung und Haltung der erkrankten Persönlichkeit geraten ebenso wie etwa gelegentlich die Tränendrüsen unter den Druck der melancholischen *Fiktion*, die zu einer restlosen Einfühlung in eine Situation der Verzweiflung hindrängt.

11. Der nähere Einblick, der einzig und allein durch eine individualpsychologische Zusammenhangsbetrachtung ermöglicht wird, ergibt, daß die melancholische Haltung als ein *Zustandsbild* und gleichzeitig als ein Kampfmittel bei den oben charakterisierten Personen in einer derartigen Lage (*Position*) auftreten kann, in denen wir andernfalls eine zornige, vielleicht wütende, rachsüchtige Aufwallung erwarten würden.[1] Der frühzeitig erworbene *Mangel an sozialer Aktivität* bedingt jene eigenartige Angriffshaltung, die einem Selbstmord nicht unähnlich durch Schädigung der eigenen Person zu einer Bedrohung der Umgebung oder zur Rache schreitet.

Im gelegentlichen Raptus melancholicus oder im Selbstmord, der immer einen Racheakt vorstellt, bricht auch der zu erwartende Affekt sichtlich durch.

12. Niemals aber fehlt – als Voraussetzung ihres Handelns – der verborgene Hinweis auf die Bedeutung der eigenen Person, wie sie bereits in der Forderung nach Unterordnung des anderen, in dem Anspruch auf den anderen als auf ein Mittel zutage liegt.[2] Da auch der Hinweis auf die fremde Schuld (siehe oben) niemals ausbleibt, so ist durch die melancholische Haltung die fiktive Überlegenheit und Un-

1. Ob man überhaupt von »*Verdrängung*« sprechen kann, ist sehr zu bezweifeln.
2. Es ist immer schwer, die ärztliche Diskussion mit einem Melancholiker abzubrechen.

verantwortlichkeit des Kranken gewährleistet. Durch Verstärkung der letzteren Züge (Hinweis auf die fremde Schuld) gelangen paranoische Nuancen in der Melancholie zum Durchbruch.

13. Da dem Melancholiker der Nebenmensch immer nur Mittel zum Zweck der Erhöhung des eigenen Persönlichkeitsgefühls ist (wozu ihm außerhalb der Krankheit wohl auch die Gebärde der Freundschaft und Fürsorglichkeit zur Verfügung steht), kennt er keine Grenzen in der Erstreckung seines Zwanges über den andern, raubt ihm alle Hoffnung und geht bis zum Selbstmord oder zu Selbstmordgedanken, falls er seine *Endabsicht auf Enthebung von fremden Forderungen* verloren geben muß, oder wenn er unüberwindlichen Widerstand findet.

14. So ist der Ausbruch der Melancholie recht eigentlich die ideale Situation für diesen Typus, sobald Schwierigkeiten seine Position bedrohen. Die Frage, warum er trotzdem seinen Zustand nicht mit Behagen genießt, wäre müßig: das Kampfmittel der Melancholie läßt keine gegenteilige Stimmung aufkommen, und da der Patient auf Erfolg arbeitet, ist kein Platz für frohlockende Gefühle vorhanden, die seiner zwingenden Haltung von Depression hinderlich wären.

15. Die Melancholie klingt ab, sobald der Patient in irgendeiner Art das fiktive Gefühl seiner wiedergewonnenen Überlegenheit und die Dekkung gegenüber eventuellen Mißerfolgen durch die Krankheitslegitimation erlangt hat.

16. Die Haltung von Menschen, die der Melancholie verfallen können, ist von Kindheit an eine mißtrauische und verurteilend kritische gegenüber der Gesellschaft. Auch in dieser Haltung läßt sich als Voraussetzung ein Gefühl der Minderwertigkeit samt Kompensation, ein vorsichtiges Suchen nach Überlegenheit trotz aller andersartigen eigenen Behauptungen erkennen.

b) Paranoia

1. Befällt Personen, deren Haltung in der menschlichen Gesellschaft dadurch charakterisiert ist, daß sie nach einem mehr oder weniger energischen Auftakt in ihrer Bewegung oder in ihrer Lebenslinie in einiger Entfernung vor dem von ihnen ihrer Umgebung erwarteten Ziele entmutigt haltmachen und durch umfängliche, gedankliche, meist gleichzeitig aktive Operationen auf einem Nebenkriegsschauplatz des Lebens in einem Scheinkampf gegen selbstgeschaffene Schwierigkeiten den unbewußten Vorwand gewinnen, ihre mögliche oder vermutete Niederlage im Leben zu verdecken, zu rechtfertigen oder endlos hinauszuschieben.

2. Diese Haltung in toto und gegenüber Einzelfragen ist von früher Kindheit an vorbereitet, erprobt und gegen die ärgsten Einwände der Wirklichkeit tunlichst abgeschliffen und gesichert. Deshalb auch trägt das paranoische System die *Züge des Planmäßigen mehr als die anderen Psychosen* und ist nur unter günstigen Bedingungen, etwa im Beginne, zu erschüttern. Weder das Gemeinschaftsgefühl noch seine Funktion, die »allgemeingültige« Logik, wird jemals völlig gedrosselt. Nur soll man die Logik nicht in den fixen Ideen suchen, die der Anzettelung der Revolte, der Niederschmetterung des »Gegenspielers« dienen müssen, sondern in der Gesamthaltung zum Leben.

3. Als eine der Voraussetzungen dieser Haltung läßt sich eine tiefe, unabänderlich empfundene Unzufriedenheit mit den Errungenschaften im Leben erschließen, die den Patienten dazu drängt, für seinen Mißerfolg vor sich und vor anderen die Deckung zu gewinnen, um nicht im Ehrgeiz und im Selbstbewußtsein verwundet zu werden.

4. Die stets vorhandene, immer merkbare Aktivität – meist stark kämpferischer Art und vom Charakter der Sehnsucht nach Überlegenheit geleitet – macht es aus, daß der Zusammenbruch gewöhnlich erst in späte-

ren Jahren erfolgt, was auch der Wahnidee die Züge einer gewissen Reifung nach außen verleiht.

5. Diese *Aktivität*, die sich nach dem Zielpunkt eines Überlegenheitsideals richtet, erzwingt in ihrem Verlaufe von selbst *eine den Nebenmenschen verurteilende feindliche Haltung*, die letzter Linie in sich eine Spitze trägt gegen den anderen, gegen Einflüsse und Situationen, hinter denen sich ein Teil oder die Gesamtheit der Menschen verbirgt. So wird zur Schuld der andern gemacht, was dem Patienten von seinen überspannten Plänen nicht gelang. Auch bei der Paranoia dient die Antizipation des Überlegenheitsideals (Größenwahn) dazu, das Gefühl der Überlegenheit zu begründen und gleichzeitig der Verantwortung für das Scheitern in der wirklichen Gemeinschaft durch die Schaffung eines Nebenkriegsschauplatzes auszuweichen.

6. In der Haltung des Paranoikers spiegelt sich die von frühester Kindheit her eingenommene feindliche Stellung zum Nebenmenschen wieder; sie ergibt sich von selbst aus dem aktiven Streben nach Allüberlegenheit, welch letzteres in der Form der Beachtungsidee, des Verfolgungs- und Größenwahns zum Ausdruck kommt. In allen drei Zustandsbildern sieht sich der Patient *als das Zentrum der Umwelt.*

7. Bei der reinen Form der Paranoia, die nur als Grenzfall in Betracht kommt, ergibt sich demnach immer ein aggressiver Auftakt, dem durch die Konstruktion des Wahnsystems Halt geboten wird. Ähnlich bei der Dementia praecox, bei der die *Furcht vor dem Leben* mit seinen Anforderungen größer zu sein scheint, die deshalb schon in früheren Jahren zutage tritt. Angrenzend beobachtet man Fälle von Zyklothymie, hysterischer Aboulie und Depressionserscheinungen neurasthenischer Art und von Konfliktsneurosen (siehe »Über den nervösen Charakter« l. c.), die ein stärkeres Zurückfluten vorübergehenden Charakters nach anfänglicher Aggression aufweisen können. Große Verwandtschaft in dynami-

schem Sinne zeigt das Verhalten der psychogenen Epilepsie, des chronischen Alkoholismus, Morphinismus und Kokainismus. Unterschiede liegen in dem zäheren oder intermittierenden Zurückfluten nach weitgehender Aktivität oder geringerer Gebundenheit derselben.

Die scheinbar »normalen« Phasen oder der scheinbar »gesunde« Anteil in der Psychose dient allgemein dem Zwecke, andere noch zu binden, ihnen Hoffnung zu geben, um sie weiter bekämpfen zu können. So auch die Verliebtheit in der Neurose.

8. Sowohl in der Vorwärts- als in der Rückwärtsbewegung der psychotischen Welle liegt deutlich erkennbar der feindselige, kämpferische Zug, der zuweilen im Selbstmord mündet; so erscheint uns die Psychose überhaupt als geistiger Selbstmord eines Individuums, das sich den Anforderungen der Gesellschaft und seinen eigenen Zielen nicht gewachsen glaubt. Aber auch in seiner Rückwärtsbewegung liegt eine heimliche *Actio in distans*, Feindseligkeit gegen die Wirklichkeit, während die Vorwärtsbewegung immer auch durch das Moment der Exaltation ihre innere Schwache anzeigt und die anderen wie durch einen Bluff zu überrennen scheint.

9. Die Selbsteinschätzung des Paranoikers ist bis zur Gottähnlichkeit emporgetrieben. Sie baut sich aber kompensatorisch auf einem tiefen Gefühl der Minderwertigkeit auf und verrät ihre Schwäche in dem rascheren Verzicht auf Erfüllung der gesellschaftlichen Forderungen und der eigenen Pläne, in der Verlegung des Kampfplatzes auf das Gebiet des irrealen, in der starken Neigung zur Konstruktion paranoischer, *präokkupierender* Vorwände und in der prinzipiellen Beschuldigung der anderen. Dem Patienten fehlt offensichtlich der Glaube an sich; sein Mißtrauen und sein Unglauben den Menschen, ihrem Wissen und Können gegenüber, die zur Konstruktion kosmogonischer, religiöser Staatsideen eigener Erfindung drängen, sie ermöglichen, der in diesen Phantasien liegende Gegensatz zu den allgemeinen Anschauungen sind für ihn nötig, damit er sein Gleichgewicht und sein Übergewicht fühlen kann.

10. Die Ideen des Paranoikers sind schwer korrigierbar, weil er sie gerade in ihrer Form zur Festigung seines Standpunktes braucht, insbesondere zur Erzielung seiner Unverantwortlichkeit im Leben, zum Vorwand gegenüber dem Mangel an Erfolgen und um den Stillstand seiner Aktion im gesellschaftlichen Leben zu erzwingen. Gleichzeitig gestatten sie ihm die Fiktion seiner Überlegenheit festzuhalten, *ohne sie auf die Probe zu stellen.* Denn die Schuld liegt immer an der Feindseligkeit der anderen.

11. Ist die Passivität des Melancholikers eine Actio in distans, um andere zur Unterordnung zu zwingen, so zielt die aktive Phantasie des Paranoikers darauf hin, den unverantwortlichen Vorwand für seine Erfolglosigkeit im Leben und eine *zeitfüllende Präokkupation* zu gewinnen.

12. Seine Unverantwortlichkeit stützt sich im Gegensatz zum Bilde der Melancholie äußerlich mehr auf die Schuld des andern oder äußerer Umstände.

13. Der wahrnehmbare Ausbruch der Paranoia erfolgt gleichfalls in einer bedrohlichen Situation, in der der Patient seine überspannten Forderungen bezüglich seiner gesellschaftlichen Position endgültig verloren *glaubt.* In der Regel also vor einem Unternehmen, im Verlaufe desselben oder vor einer Herabsetzung, auch vor der »Gefahr des Alterns«.

14. Der Abbruch der normalen Einordnung erfolgt durch die Zwischenkonstruktion des vorbereitenden Wahnsystems, durch dessen Aktivierung die Verantwortlichkeit des Patienten erlischt. Gleichzeitig steigt das Größengefühl des Patienten durch seine Einfühlung in die Verfolgungs-, Beachtungs- und Größenidee. Wir sehen in diesem Mechanismus einen kompensatorischen Akt, der sich aus der Erwartung einer Herabsetzung entspinnt, und er verläuft in der Richtung des »männlichen Protestes«, wie ich es auch in der Psychologie der Neurosen (siehe: *»Über den nervösen Charakter«* l. c.) abschließend dargestellt habe.

15. Die Konstruktion der Wahnideen läßt sich bis in die Kindheit zurückverfolgen, wo sie sich aus Tagträumen und Phantasien in kindlicher Weise an Situationen irgendeiner Herabsetzung anknüpften.

16. Die paranoische Haltung bringt nicht nur die Seele, sondern auch den Körper in die ihrem Wahnsystem adäquate Rolle. Stereotype Redensarten, Haltungen und Bewegungen stehen mit der leitenden Idee in Verbindung, finden sich übrigens reichlicher im Grenzgebiet und im Rahmen der Dementia praecox.

17. Melancholische Züge zeigen sich häufig der Paranoia beigemengt. So treten insbesondere Klagen über schlechten Schlaf, über mangelhafte Ernährung usw. öfters auf und werden im weiteren Verlauf meist einer Verarbeitung in der Richtung von Verfolgungs-, Vergiftungs- oder Größenideen zugeführt. Der letztere Weg zeigt sich zuweilen nur in der Betonung der Einzigartigkeit des Leidens.

18. Halluzinationen stehen im Zusammenhang mit der starken Einfühlung in die Rolle und vertreten aufmunternde oder warnende Stimmen. Sie ergeben sich in jedem Falle, wenn eine Willensrichtung des Patienten als inappellabel und gleichzeitig als unverantwortlich genommen werden will. Sie sind wie der Traum *gleichnisweise* zu verstehen, brauchen dem Patienten nicht verständlich zu sein, charakterisieren aber die Taktik des Patienten, die er einem bestimmten Problem gegenüber einschlagen will. Die Halluzination sowie manche der Träume ergeben sich als ein *Kunstgriff der Objektivierung subjektiver Regungen, an deren scheinbare Objektivität der Patient sich unbedingt bindet.* (Siehe die Traumtheorie des Autors in »Traum und Traumdeutung«, dieser Band – und im »Nervösen Charakter« l. c.) Der Zwang zur Unverantwortlichkeit läßt die Führung des Willens durch sachliche Bestimmung nicht zu und setzt an dessen Stelle scheinbar fremde Stimmen und Gesichte.

19. Dazu kommt als Befestigung des Systems die tendenziöse, d. h. dem Wahnsystem günstige Auswahl der Erinnerungen und *die von der Endabsicht geleitete Auswertung der Erlebnisse.* Von unserem Gesichtspunkt aus tritt die Tendenz derselben (Befestigung des Systems) und der entscheidende Zwang zu dieser Tendenz infolge der Zielsetzung (Zurück! Arrangement der Unverantwortlichkeit, Schuld des anderen, Deckung des offenbaren Zusammenbruchs) womöglich noch deutlicher hervor.

20. Unsere Anschauung ergibt demnach, daß sich die Paranoia dort einstellt, wo normale Menschen den Mut verlieren, wo labilere Naturen Selbstmord verüben oder querulierend alle anderen anschuldigen, wo ein aggressiver, den normalen Forderungen des Lebens aber feige ausweichender Mensch zum Verbrechen, zum Alkoholismus kommt, und wo nur im Gemeinsinn gutgeschulte Charaktere im Gleichgewicht bleiben. Gelegentlich findet man Beimischungen jeder der vorhergenannten Wendungen.

21. Das *selbständige* Ringen des paranoisch Disponierten nach dem Triumph über alle bringt es mit sich, daß jeder als Feind oder als Schachfigur angesehen und behandelt wird. Dem Paranoiker fehlt wie jedem nervös und psychotisch Erkrankten das echte Wohlwollen für den Mitmenschen; er ist niemals ein verläßlicher Mitspieler in der Gesellschaft und geht in schlechter Haltung alle menschlichen Beziehungen (Liebe, Freundschaft, Beruf, Gesellschaft usw.) ein. Diese Haltungsanomalie stammt aus einer niederen Selbsteinschätzung und einer Überschätzung der Schwierigkeiten des Lebens. Sie ist es auch, die ihn zum Arrangement der (Neurose und) Psychose verleitet. Seine feindliche Haltung zur Gesellschaft ist demnach keineswegs angeboren oder unausrottbar, sondern sie ergibt sich als ein verlockender Notausgang und Irrtum. *Denn es gibt überhaupt keine Gegengründe gegen die Mitarbeit.*

22. Die Paranoia klingt selten ab, weil sie an jener Stelle der Lebenslinie auftritt, an der der Patient seinen *unwiderruflichen* Zusammenbruch wittert. Sinnfällige subjektive Übertreibungen können im Anfang der Korrektur unterzogen werden. Gelegentlich kann dann die Erkrankung geheilt werden.

23. Die Haltung des zur Paranoia neigenden Menschen zeigt von Kindheit an einen aktiven Zug, der vor Schwierigkeiten zu leicht zum Stillstand kommt. Deshalb findet man im Leben des Patienten häufig Unterbrechungen der geradlinigen Entwicklung scheinbar rätselhafter Natur. Alle diese den Fortschritt verzögernden Unternehmungen (auch häufiger Wechsel der Beschäftigung und Vagabundage) sind in Wirklichkeit durch die leitende Idee erzwungen: *Zeit zu verlieren, um Zeit zu gewinnen.*

Herrschsucht, Unverträglichkeit, Mangel der Kameradschaftlichkeit, Fehlen von Liebesbeziehungen oder Auswahl gefügiger Personen sind regelmäßige Erscheinungen im Leben des Erkrankten. Er zeichnet sich durch ein nörgelndes und ungerecht kritisches Wesen aus.

Anhang: Aus den Träumen eines Melancholikers

Ein 40jähriger Beamter wird in ein anderes Büro versetzt. Vor 13 Jahren war aus dem gleichen Erlebnis heraus eine Melancholie entstanden. Auch diesmal fand er sich unfähig, den ihm bevorstehenden Dienst zu versehen. Nebenbei kamen auch noch Gedanken zum Vorschein, in denen er andeutungsweise den anderen die Schuld gab. Sie nähmen sich seiner nicht an, legten ihm Schwierigkeiten in den Weg, kurz die Bahn zur Paranoia war in schwacher Andeutung wie fast immer bei M. wahrzunehmen. Von mir verlangte er Gift, um seinen Qualen zu entgehen. Was immer sich ereignete, er gewann ihm die schwärzeste Seite ab. Schlaflosigkeit, Verdauungsbeschwerden, vor allem aber ununterbrochene Depression und die ärgsten Befürchtungen für die Zukunft, von Tag zu Tag steigend, ließen die Diagnose unzweideutig sicherstellen.

Ich habe gezeigt, wie die Melancholie als das »Restproblem« zu verstehen ist, bei dem die Individualität des Kranken, um den Krankheitsbeweis bemüht, darauf verfällt, *sich die Schuld zu geben*, sich zu verkleinern, um der offenen Entscheidung auszuweichen. Unser Patient z. B. wird es auf seine Art erreichen, entweder einen ungünstigen Erfolg zu hintertreiben oder durch seine Krankheitslegitimation abzuschwächen oder einen günstigen Erfolg als kleine Abschlagszahlung erscheinen zu lassen für eine fiktive Leistungsfähigkeit, die alles bisher Dagewesene übersteigt. Niemals fehlt auch die vergewaltigende Inanspruchnahme anderer Personen, die durch die Krankheit erschüttert werden sollen und zu größeren Anstrengungen im Dienste des Patienten angepeitscht werden. Reduzieren wir diese Position auf eine kindliche, so geraten wir auf das Bild des weinenden Kindes. Die ersten Kindheitserinnerungen dieses Patienten nun sind folgende: er sieht sich auf einem Sofa als weinendes Knäblein. Eine zweite: seine Tante schlug ihn einmal, als er acht Jahre alt war; da lief er in die Küche und rief unter Tränen aus: »du hast mir meine Ehre geraubt!« Mit diesen individuellen, in der Kindheit bereits vorbereiteten Kunstgriff, andere durch sein Klagen zu erschüttern (zu vergewaltigen?) steht er auch jetzt der neuen Situation gegenüber. Nicht zu übersehen ist dabei, daß dieser Kunstgriff seines Lebens nur verständlich wird, wenn man annimmt, daß hier ein überaus ehrgeiziger Mensch nicht soweit an sich glaubt, als könnte er auf geradem Wege sein Ziel der Überlegenheit erreichen. Drittens sieht man deutlich, wie er, was mit all dem Früheren zusammenhängt, unter dem Drucke seiner heimlichen Gottähnlichkeitsidee in der Wirklichkeit der Verantwortung für seine Leistungen enthoben sein möchte, um seinen Gott nicht auf die Probe stellen zu müssen. So erklärt sich seine zögernde Attitüde, und das unbewußte Arrangement des »Restes«, der Distanz von seinem Ziele der Überlegenheit, das er bei jeder neuen Entscheidung zu verlieren fürchtet.

In der ersten Woche der Behandlung träumte er den in Kapitel 19 berichteten Traum vom Weltuntergang. Hier finden wir alle oben hervorgehobenen Mechanismen der Melancholie. Er setzt den Fall einer vollkommenen Unverantwortlichkeit in seinem Sinne, er zeigt sich als der Stärkere, und seine Phantasie spielt wie ein Gott mit dem Schicksal der Welt. Alles ist erlaubt, wenn alles verloren geht![1] Ist nicht die gleiche Melodie in seinem: du hast mir die Ehre geraubt? Wie er sich klein macht – müssen wir da nicht als Fortsetzung denken: jetzt komme ich mit dem ärgsten Gegenzug? Liegt nicht die Selbstmorddrohung in der Luft, ist nicht die Depression als Pression benützt?

Alles soll sich seinem Willen beugen! Darauf zielt die Konstruktion seiner Melancholie. Hier der zweite Traum: »Ein Mädchen, das ich auf der Gasse sah, kam zu mir ins Zimmer und gab sich mir hin.« Der Hintergrund dieses Traumes? Wie fern scheint er aller offenen Aggression! Aber es muß ein Zauber in ihm wohnen, der alle gefügig macht. Außerdem hilft er aber wie ein Taschenspieler nach und drückt mit dem Weltuntergang, mit seiner Depression auf die anderen.

Ein dritter Traum zeigt uns das Arrangement seiner Depressionen. »In einem anderen Bureau, das er in Wirklichkeit bereits ausgeschlagen hatte, findet er sich leicht in die Arbeit. Alles geht gut und schön. Das heißt dort wo ich nicht bin, dort ist das Glück.« Eine Annahme, durch seine Tendenz aufgeworfen, um die gegenwärtige Situation schmerzlich zu empfinden. Eine Widerlegung ist nicht möglich, denn es handelt sich um eine unerfüllbare Bedingung, wenn er sich anderswo sieht. Könnte man ihn dorthin versetzen, so fände er andere Ausflüchte.

1. Gleichzeitig erfolgt die *Enthebung von Gemeinschaftsgefühl.*

XXIII. Individualpsychologische Bemerkungen zu Alfred Bergers »Hofrat Eysenhardt«

Unsere Verehrung der Dichter kann kaum einen höheren Grad erreichen als in unserer Bewunderung für ihre vollendete Menschenkenntnis. Es wird sich bald herausstellen, daß der Künstler Führer der Menschheit ist auf dem Wege zur absoluten Wahrheit. Von dichterischen Kunstwerken, die uns Führer waren zu den Erkenntnissen der Individualpsychologie, ragen als Gipfel hervor: Märchen, die Bibel, Shakespeare und Goethe. In den folgenden zwei Abhandlungen soll unsere Betrachtung von Kunstwerken dargelegt werden.

Einleitung

Dr. Franz Ritter v. Eysenhardt war einige Jahre vor dem Ausbruche der Revolution von 1848 zu Wien geboren. Seine Jugendzeit fiel in die schwüle Reaktionsepoche der fünfziger Jahre. Er trat als Praktikant beim k. k. Landesgericht in Strafsachen ein, während sich der Umwandlungsprozeß des alten absolutistischen Österreich in ein modernes Staatswesen vollzog.

Eysenhardt hatte seine Karriere in erster Reihe seinen außerordentlichen Fähigkeiten zu verdanken. Er verstand es vortrefflich, die Qualitäten des vormärzlichen Beamtentums mit den Anforderungen, die der Geist der neuen Zeit an den Staatsdiener stellte, in seiner Person zu verschmelzen. Als Grundfarbe seiner politischen Gesinnung ließ er im geeigneten Moment die bedingungslose Kaisertreue kräftig hervortreten.

Der Ruf seines kriminalistischen Genies und seiner glänzenden Rednergabe steigerte sich zur Popularität. Er wurde zum Staatsanwalt ernannt, zum Schrecken der Verbrecherwelt und der Advokaten. Nach einer Reihe von Jahren wurde er in den Richterstand zurückversetzt und trat als Präsident in schwurgerichtlichen Verhandlungen auf. Man bewunderte seine Geisteskraft und sein ungeheures Gedächtnis. Seine Parteilichkeit wurde ihm zuweilen vorgeworfen. Er schien immer unbewußt auf die Verurteilung des Angeklagten hinzuarbeiten; die Härte der Strafen, die verhängt wurden, so oft Eysenhardt Vorsitzender war, erregte bei allen Entsetzen. Doch man empfand es bei ihm nur als Ausdruck eines gegen sich und andere gleich strengen Rechtsgefühls, wenn er sich durch keinerlei Rücksicht im geringsten erschüttern ließ. Alle Welt betrachtete es als die gerechte Belohnung seiner Verdienste, daß ihm einer der höchsten Posten im Landesgericht anvertraut und der Titel eines Hofrates verliehen wurde. Man sagte damals, Eysenhardt sei dazu ausersehen, im nächsten Ministerium das Justizportefeuille zu übernehmen.

Das Äußere sowie das Privatleben von Eysenhardt waren nicht gewöhnlich. Er hatte keinen Freund, nicht einmal wirkliche Bekannte; ganze Tage vergingen, an denen er außer dem, was das Amt erforderte, kein Wort sprach. Sein Wesen war verschlossen, unfreundlich. Er sah schüchtern aus. Solche Eigenschaften verdankte er nicht im geringen Maße der *überaus strengen, ja grausamen Erziehung, die er als Kind genossen hatte.* Sein Vater züchtigte ihn mit einer Reitpeitsche für das geringste Vergehen und nährte auf diese Weise die Rachsucht im Knaben. Die grausame Behandlung seitens des Vaters hatte ein Ende, als der kleine Eysenhardt sich für sein erspartes Geld einen Revolver kaufte und damit seinen Vater bedrohte. Auch zeigte seine Jugend verschiedene sexuelle Abnormitäten; er verkehrte nie mit anständigen Mädchen, war aber ein oft gesehener Gast in verrufenen Häusern. Es wurde bekannt, daß sein Vater ihn einst furchtbar prügelte, als sich der Junge einmal für sein erspartes Geld *feine Damenglacéhandschuhe* gekauft hatte. Wenn er sich allein wußte, *bedeckte er die Handschuhe mit zärtlichen Küssen.*

So lebte Eysenhardt, verachtet, gefürchtet und bewundert zugleich in seelischer und geistiger Abgeschlossenheit, gewissenhaft seine Amtspflichten erfüllend, sein Leben dahin, als sich plötzlich ein großer Umschwung in ihm vollzog. Seine äußere, von Kopf bis zu Füßen unmoderne Erscheinung war in Wien wohlbekannt. Eines Tages vertauschte er seinen kurzen, struppigen Vollbart mit einer eleganten Bartfasson, bestellte neue moderne Kleider und veränderte sich so äußerlich ungemein. Aber nicht nur äußerlich. Sein hartes, finsteres Wesen schien von innen heraus eine Erhellung empfangen zu haben, die auf sein leibliches Befinden und seinen Charakter wohltätig wirkte. Diese Metamorphose wurde so gedeutet, daß Eysenhardt bald eine sehr hohe, wenn nicht die höchste Stelle im Justizdienst einnehmen werde. Und man ging in dieser Annahme so weit nicht fehl, als auch Eysenhardt seine Beförderung erwartete. – In diesem gehobenen Zustande verbrachte Eysenhardt drei Wochen, bis ein unbedeutender Vorfall dieser einzigen, wirklich gücklichen Periode in Eysenhardts Leben ein Ende machte. Es fiel ihm nämlich *ein Zahn aus*. Dieses Zeichen des Alterns traf ihn völlig unvorbereitet und übte auf Eysenhardt eine fürchterliche Wirkung aus. Die Störung seines Nerven- und Seelenlebens wollte nicht mehr in Ordnung kommen. Er wurde immer von *Zweifeln geängstigt*, ob nicht seine geistigen Fähigkeiten Symptome der Abnahme verrieten. Sein sonst unerschütterliches Wesen erfüllte jetzt ein unbestimmtes Bangen vor einer drohenden Gefahr.

Als die erwartete Ministerkrisis ihm kein Justizportefeuille brachte, wirkte das auf Eysenhardt wie ein elektrischer Schlag. Jetzt mußte er immer über die Gründe nachdenken, warum man ihn übergangen habe. Dabei beschäftigte er sich mit seinem ich intensiv, was für ihn völlig neu wirkte. Er war auch kein Kenner menschlicher Regungen und Gefühle. Er besaß nur eine außerordentliche Virtuosität, den »verbrecherischen Prozeß«, der den Angeklagten Schritt für Schritt zum Verbrechen geführt hatte, aus dem Aktenmaterial herauszuarbeiten und drastisch darzulegen. Er sah im Verbrecher nie ein ihm selbst verwandtes Geschöpf, den Mitmenschen. Seit er aber innerlich krankte, begann er anders zu werden. Sein Gewissen fing an ihn zu quälen, er litt in der Nacht an Halluzinationen, und einmal erschien ihm bei einer solchen der von ihm wegen Kinderschändung streng verurteilte Angeklagte Markus Freund.

Bei allen diesen Halluzinationen, wo er immer die von ihm Angeklagten sah, war er der Angeklagte und die anderen die Kläger. Von der Zeit an, als ihm Markus Freund erschien, verließ ihn der Gedanke an diesen auch am Tage nicht, und so beschloß er, den Akt Freund wieder durchzuarbeiten, *um sich selbst zu beweisen*, daß Markus Freund schuldig war. Aber auch dazu konnte er sich nicht entschließen, bis er zufällig hörte, daß Markus Freund gestorben sei, und zwar genau in derselben Nacht, als er ihm erschienen war. Seit dieser Begebenheit schritt die Zerrüttung seiner Nerven immer weiter. Er glaubte alle Welt mit der Sache Freunds ebenso ausschließlich wie sich selbst beschäftigt; auch *brachen Hand in Hand mit dem Niedergang* seiner stahlfesten Persönlichkeit die elementaren sinnlichen Instinkte seiner Natur hervor. Im Hause war die innere Zerrüttung Eysenhardts ziemlich unbemerkt geblieben; das Auftauchen der neuen ihn marternden *Zwangsidee* hatte die frühere, die sich auf das Nachlassen seiner geistigen Fähigkeiten bezog, in den Hintergrund gedrängt, so daß sein Kopf wieder freier und leistungsfähiger wurde. Noch einmal gelang es Eysenhardt sich aufzuraffen, als man ihn dazu bestimmte, den Vorsitz in einem sehr wichtigen Spionageprozeß zu führen. Diese Mitteilung wurde noch durch die vertrauliche Andeutung versüßt, er sei bei der Besetzung des Justizportefeuilles nur darum übergangen worden, weil man ihn für die Lösung der überaus schwierigen Spionagesache aufsparen wollte. Eysenhardt schien wieder der Alte geworden zu sein und vergaß auch den Markus Freund.

Aber in den Abendstunden des letzten Tages vor Beginn der Schlußverhandlung im Spionageprozeß ereignete sieh etwas, was Eysenhardt zum Selbstmorde trieb. Die Ursache dieser Katastrophe wurde nicht ganz aufgehellt, aber man brachte sie in Zusammenhang mit dem Spionageprozeß, bei welchem die Frau und die Tochter des Angeklagten, *ein minderjähriges Mädchen*, eine Rolle spielten, und mit einem nächtlichen Abenteuer, als ihn ein Polizeiagent in einem verrufenen Lokal in einer für ihn ungünstigen Situation erblickte. Eysenhardt hinterließ ein Schreiben, das folgendermaßen lautete:

»Im Namen Seiner Majestät des Kaisers!
Ich habe ein schweres Verbrechen begangen und fühle mich unwürdig, fürderhin mein Amt auszuüben und überhaupt weiter zu leben. Ich habe selbst die härteste Strafe über mich verhängt und werde sie in der nächsten Minute mit eigener Hand an mir vollstrecken.
Eysenhardt.«

Wir können unsere Bemerkungen nicht besser einleiten als indem wir zuerst dem Denker und Psychologen Berger unsere Reverenz erweisen.

Wir haben schon längst die Frage, ob es gestattet sei, Gestalten eines Kunstwerkes auf die in ihm enthaltenen Triebkräfte zu untersuchen, mit einem »Ja« beantwortet. Dabei gelten bloß die allgemeinen Gesetze des Taktgefühls, über dessen Grenzen allerdings eine vollkommene Einigung nicht zu erzielen ist.

Bei der Lebensgeschichte des Hofrat Eysenhardt kommt noch ein schwerwiegender Grund hinzu, die Aufmerksamkeit der Psychologen auf diese Novelle zu lenken, die Lebenswahrheit, die nicht etwa nur erzeugt ist durch die Anlehnung an eine historische Persönlichkeit, sondern durch die Gestaltungskraft eines psychologischen Künstlers, der uns öfter schon solche Proben intuitiver Kenntnisse der Menschenseele gegeben hat.

Es würde mich nicht wundernehmen, wenn *jeder der heute wirkenden Fachpsychologen* Bergers Schöpfung als eine Bestätigung, wenn nicht gar als eine Nachempfindung seiner Lehren in Anspruch nähme. *Sieht doch jeder nur, was er weiß*, und sucht doch jeder dieses sein Wissen in die Betrachtung der menschlichen Seele und der Kunst hineinzutragen, wie der geistreiche Steinherr in Bergers Buch ähnlich hervorhebt.

Wir wollen das reiche Gut unserer Dichter und Denker unangetastet lassen, wollen vielmehr an ihren Schöpfungen ermessen, ob *wir* auf richtigem Wege sind, und wieviel wir mit unserer Arbeitsmethode der *Individualpsychologie* davon begreifen werden.

Unser Arbeitsgebiet nun führt uns freilich in die gleiche Richtung, die *Bergers* Kunst uns erschlossen hat. Wir beschäftigen uns immer mit auffallenden Charakteren, wir sind gewohnt, den Keim eines Schicksals bis in die Kindheit und weiter zurück zu verfolgen, unser Interesse umspinnt die auffallenden scheinbaren *Wandlungen der Persönlichkeit,* und immer wieder suchen wir die verschiedensten Gedankengänge und Betätigungsformen eines Menschen *einheitlich zu begreifen.*

Die eingehende Enquete über Phantasien der Kinder, ihre künftigen Berufe betreffend, die wir den Fachpädagogen unserer Richtung verdanken, hat uns ebenso wie unsere Erfahrungen an nervösen Menschen belehrt, daß die Berufswahl trotz aller einschränkenden Grenzen oft den innersten Kern *eines fiktiven Lebensplanes* zu enthüllen geeignet ist, daß die Berufswahl unter dem Diktat *einer vergöttlichten, dogmatischen Persönlichkeitsidee* steht.[1]

Unsere ganze Aufmerksamkeit ist dem Zusammenhang von *Persönlichkeit und Nervosität* gewidmet.

Aus diesem Zusammenhang aber ergeben sich, soferne wir den Begriff der Neurose richtig fassen, alle *jene prinzipiellen abstrakten Leitlinien* der menschlichen Psyche, welche den Charakter der eigenartigen Persönlichkeit ausmachen, *sei sie nun Schöpfer oder Vernichter von Kulturwerten, sei sie Säkularmensch oder armseliger Träger der Psychoneurose und Psychose.*

Unsere bisherigen wissenschaftlichen Urteile und Vorurteile über den psychologischen Aufbau eines eigenartigen Menschen finden in der Schilderung des Eysenhardt reichliche Nahrung.

Der Dichter hat seinen Helden so sorgfältig und allseitig gestaltet, daß wir mit munterem Sammelfleiße den Spuren seiner Arbeit folgen können, nicht ohne warnend hervorzuheben, *daß der Reiz eines Kunstwerkes aus seiner Synthese* stammt, während die Analyse entgöttert und entweiht.

Denn nun erwächst uns die Aufgabe, dem allgemeinen Interesse für das Buch entsprechend, den Versuch einer Gruppierung zu unternehmen, aus der sich die Dynamik der Lebensäußerungen unseres Helden

1. Daß sie sozusagen eine inhaltliche Erfüllung eines tieferliegenden »formalen« Bewegungsdranges und seiner Vorbereitungen vorstellt, Siehe Kramer, »Berufswahlphantasien« in »Heilen und Bilden«, l. c.

verstehen läßt, teils damit wir Stützen und brauchbare Formeln für unsere Menschenkenntnis gewinnen, teils um unsere praktische Tätigkeit auszugestalten *im Interesse der Erziehung, der Selbsterziehung und der Heilung.*

Beginnen wir mit der körperlichen Eigenart Eysenhardts. – Wir hören von schmächtigen Schultern, buckliger Stirne, buschigen Augebraunen, spätem Erscheinen des Schnurrbartes, von galligem Teint und bläulichen Ringen um die Augen, von Magen- und Gallenbeschwerden. Um klinisch zu sprechen: vor uns taucht die Gestalt eines Mannes auf, dem *die Reste einer Rachitis anhaften, der Minderwertigkeitserscheinungen von seiten des Verdauungstraktes aufweist mit einer Andeutung von Verkümmerung sekundärer Sexualcharaktere, wie sie bei Nervösen häufig sind.*

Wir haben oft genug darauf hingewiesen, daß dieses Ensemble körperlicher Erscheinungen mit seinem Heer störender Folgen, Schmerzen, Unzulänglichkeiten zu einer Selbsteinschätzung in der Kindheit verleitet, deren Ergebnis *ein Gefühl der Minderwertigkeit und Unsicherheit ist.*

Die Situation des kleinen Eysenhardt als einzigen Kindes eines überaus strengen Vaters mag nicht wenig zur Verstärkung seines »Sentiment d'incomplétude« (Janet) beigetragen haben.

Um nun die Rechnung des Lebens ansetzen zu können, um Sicherheit zu gewinnen, muß die Psyche solcher Kinder ihren normalen Kunstgriff kompensatorisch übertreiben und *die leitende Persönlichkeitsidee höher anbringen* und dogmatischer festhalten. Und sie folgen in ihrem Gehaben nun *der Gottheit, die sie selbst geschaffen haben,* und die jetzt scheinbar als Gott, Teufel, Dämon alle ihre Schritte lenkt.

Ihr Wollen und Begehren wird ausdrucksvoller und aggressiver, ihr Tun heimlicher und listiger; Herrschsucht, Neid, Grausamkeit, Geiz lodern mächtig auf, und ihre *Bereitschaften* fürs Leben werden vorsichtiger aber präziser ausgestaltet.

Aber folgen wir lieber der Schilderung Bergers.

Eysenhardt ist ein Streber, unterwürfig und von aufdringlichem Patriotismus. Er ist hartherzig und mutig. Er spielt den Retter der Gesellschaft, verfügt über Geschicklichkeit, große Rednergabe, Geisteskraft und über ein hervorragendes Gedächtnis. Seine Neugierde und Wißbegierde, dabei sein Scharfblick geben ihm die Eignung zu einem Detektivgenie. Auch ist er einsam, egoistisch, bewahrt die alten Formen und liebt die scharf herausgearbeitete Linie in Haltung, Gang, Lebensgewohnheiten und Maximen. Gleichgültig ist er keinem. Er findet ebensoviel Haß als Bewunderung.

Gottlob Steinherr, non arrivée, sonst an Originalität Eysenhardt nichts nachgebend, kennt das Persönlichkeitsideal Eysenhardts aus dessen früherer Zeit, wo sein Streben geradliniger und offener zum Ausdruck kam. Er entscheidet: *Eysenhardt ist ein Fall von Umbildung verbrecherischer, antisozialer Instinkte ins Richterliche. Seine Leitlinien sind brutale sexuelle Sinnlichkeit und maßloser Ehrgeiz: er will die Männer beherrschen, womöglich knechten, die Weiber besitzen.*

Erinnern wir uns an die Feststellungen: *hochangesetztes fiktives Persönlichkeitsideal, das am Vater zu scheitern droht.* Er lernt die Umgebung und scheinbare Unterwerfung unter die Macht, zielt aber eines Tages mit dem Revolver nach dem Kopf des Vaters. Seine Persönlichkeitsidee hat sicher viele Züge von dem grausamen Vater erborgt, geht aber weit über diesen hinaus, lehrt ihn den Starken auszuweichen, die Schwachen zu bedrücken. *In seinem sexuellen Verhalten liegt die Analogie, nicht der Ursprung. Seine angreifende Attitüde wird zögernd*, geht nur auf den Handschuh, wenn es sich um eine Dame handelt. Die starke Frau, das Riesenweib, *Dions Furie* (Plutarch) erfüllt ihn mit Schrecken. Er macht die Dirne zur Dame, ihm schwebt die Eroberung des Kindes vor, er *könnte ebenso leicht den Weg zum Manne finden, den er gering schätzt und überwinden gelernt hat, oder zur ohnmächtigen Frau oder zur Leiche.*

Seine psychische Geste sucht die Linie, die Maxime. Er geht am Rande des Trottoirs, er bewegt sich an der haarscharfen Grenze der bürgerlichen Moral, seine Feder, sein Bleistift liegen bei seinem Tode an ihrem genau bestimmten Platz. Er hat das Maß für seine überspannte Aggression gefunden, und um sich als Mann zu beweisen, genügt ihm sein Beruf und die Norm seiner sexuellen Banalitäten. Alles andere ist ausgeschaltet.

Sein Beruf aber bietet ihm reichlich Gelegenheit, den Schein seiner Überlegenheit einzuheimsen. *Er entwertet den Menschen, um selbst ein Gott zu werden.*

Je höher er steigt, desto schwächer wird seine Energie. Der Aufbrauch seiner Kräfte, sein richterlicher Jagdsport läßt nach, wenn er sich auf der aufsteigenden Linie bewegt. Ihm winkt ein Ministerportefeuille, und er wird human. Soziale Gefühle sprießen auf und sprengen den starren Panzer seiner Strenge gegen die Mitmenschen. – Eysenhardt macht eine Veränderung durch, wenn er seiner Gottähnlichkeit näher rückt.

Wie Eysenhardt anders wurde

Gibt es eine derartige Änderung eines Menschen oder sagen wir eines Neurotikers? Kann sich sein Charakter verwandeln? Wenn wir nur auf die entwickelte Neurose achten, so findet man häufig eine solche *Konstanz der Erscheinungen*, daß man wie vor fest gefügten Konstruktionen zu stehen glaubt. Eine tiefere Einsicht läßt erkennen, daß nicht einmal in dieser Phase der gleiche Ablauf der Psyche zu finden ist. Der Kranke ist bald heiter erregt, bald deprimiert, überschwänglich und niedergedrückt, trostlos und hoffnungsfreudig, unternehmend und verzagt, kurz man findet alle Züge in gegensätzlicher Anordnung, wie sie Lombrose als bipolare, ich als polare und hermaphroditische, Bleuler als ambivalente, andere Autoren als double vie, Bewußtseinspaltung usw. beschrieben haben. Im Stadium vor der entwickelten Neurose, das, gleichwohl neurotisch, gewöhnlich aber als Stadium der Gesundheit oder der Disposition beschrieben wird, sind derart gegensätzliche Leistungen ebenfalls zu beobachten. Schon in der Form des Schwankens und Zweifelns, in der Ängstlichkeit, Schüchternheit und in der Furcht vor der Entscheidung, im Beben vor allem Neuen lassen sich aktive und passive Züge, Regungen, die sich der Wirklichkeit und solche, die sich dem Persönlichkeitsideal nähern, wahrnehmen. Die entwickelte Neurose tritt als stärkere Sicherung ein und bringt dann prinzipiellere Züge zum Vorschein. *Die »Ambivalenz« erweist sich als Mittel der Einheitlichkeit.*

Hofrat Eysenhardt erwartet die Krönung seines Ehrgeizes. Wir wissen, daß eine solche real bei Nervösen nicht befriedigend erfolgen kann, weil das leitende Ziel zu hoch steht, *imaginär* ist. Gleichwohl steht mancher Nervöse zuweilen vor der Erwartung froher Ereignisse zaghaft und mit innerem Beben, aber sichtlich gehoben und so im Zug seines gesteigerten Persönlichkeitsgefühls hingerissen, daß er »ein anderer Mensch« wird. Der Autor zeichnet dieses Stadium mit Humor und läßt Eysenhardt sich in einen modernen Menschen verwandeln, dessen Körperlichkeit gleichfalls gehoben erscheint. Eine elegantere, moderne Bartfasson löst den kurzen, struppigen Vollbart ab, nicht ohne daß ein neurotischer Zug dabei vermerkt wird: die Trauer über die Loslösung eines körperlichen Besitzes. Wir ahnen, daß Eysenhardt in der »Männlichkeit« verkürzt, dabei den *Verlust eines Stückes seiner Männlichkeit* betrauert. Aber er wird wohlwollend und umgänglich, denn die automatische Hebung seines Persönlichkeitsgefühls erlaubt es ihm, auf die Unterstreichung der Distanz zu verzichten. Er spart nicht mit Rat und aufmunterndem Lob, zeigt sich aufgeklärter und läßt von seinem starren Bestreben, den andern ins Unrecht zu setzen. Er spielt seine alte Rolle, er ist noch immer das gleiche Vieleck Steinherrs, aber in *günstigerer Position.* Auch die Angeklagten gewinnen, sie sind nicht mehr die notwendigen Opfer der sadistisch aufgestachelten Jagdlust Eysenhardts, dessen Physiognomie den Ausdruck seiner angespannten Herrschsucht verliert. Der sichernde Zug der Sparsamkeit mildert sich und sogar die Empfindung, das scheinbar unveränderliche Urelement unserer Anschauung und Erkenntnis, zeigt insoferne einen Wandel in gegenteilige Betonung, als die frühere, lustvolle Ausübung seines Berufes ihm nunmehr als ein gewaltiges Leiden erscheint, von dem er jetzt ausruhen will. *Omnia ex opinione suspensa sunt.*

Sein Leben und seine Haltung zeigen die neurotischen, sichernden Vorbereitungen für die erwartete Ministerstelle, und *sein Gedächtnis wirft jene Erinnerungsschlacken auf, die diesen Vorbereitungen günstig sind.* Dazwischen taucht das alte Gefühl der Unsicherheit, der Angst vor der Entscheidung auf, die Platzangst, wie Berger an anderer Stelle sagt, als ob

Eysenhardt im Gefühl seiner unvollendeten Männlichkeit, an seinem Vater zuschanden geworden, auch diesmal den Kürzeren ziehen könnte.

Ein unterer Schneidezahn ist locker geworden und bricht beim Essen aus. Die symbolische Macht dieses Ereignisses, abermals eine Verkürzung, abermals ein Verlust eines körperlichen Anteils, eine Einbuße männlicher Kraft, wirkt auf *Eysenhardt* mit der Macht einer abergläubigen Regung, oder was intellektuelle Köpfe an ihrer Stelle bergen. *Das nahende Ende!* Alles ist vergänglich! Diese Lehre trifft ihn knapp vor dem heiß ersehnten Triumph, für den er alles im Leben getan hat, auf den sein ganzer Lebensplan gerichtet ist. Die alte Unsicherheit nimmt ihn gefangen. Wie, wenn auch seine geistige Potenz, seine hauptsächlichste Waffe schwinden würde? Wieder greift er zu dem Mittel, das ihm gewohnheitsmäßig gegeben ist, er will Überzeugung, Sicherheit, Prüfung, *aber bei der innerlichen Selbstprüfung, die er eingeht, hat er es in der Hand, seinen Kurs nach oben oder nach unten anzusetzen.* Was er zumeist fürchtet, sind wieder nicht Tatsachen, sondern der Schein – ob ihm die Macht genommen würde, die er vor der Welt besessen hat. *Die Konstruktion von Angst in diesem Stadium hypochondrischen Zweifels soll ihn zur Vorsicht anspornen.* Druck auf dem Herzen, leichte Angstgefühle sind die halluzinatorisch verstärkten Sicherungen und Memento. Die machtvoll konstruierte Rolle der selbstsicheren Persönlichkeit aber sehen wir bis in ihre Wurzeln erschüttert. Als die Enttäuschung eintrifft, sein Triumph, das Justizportefeuille im neuen Ministerium zu erhalten, zerrinnt, trifft dies einen bereits unsicher gewordenen, aus seinen alten, sichernden Konstruktionen herausgeschleuderten, entmutigten Kranken.

Was geschieht in allen solchen Fällen, wenn jeder Weg zum Triumph abgeschnitten ist, und wenn das bohrende Gefühl abnehmender Männlichkeit nach festen Stützpunkten sucht, um sich aufzuraffen? Wieder treten Versuche und Vorbereitungen zutage, Beweise zu finden, daß die frühere Persönlichkeit nicht vermindert sei, daß sie fester als je begründet ist. Die motorischen Gewohnheiten Eysenhardts führen ihn häufiger in die Kärtnerstraße und deren Seitengäßchen, und man darf annehmen, daß seine entartete Sexualität wie in allen klimakterischen Neurosen nicht einer biologischen Welle der Sexualkraft entspringt, sondern ein corriger la fortune, eine Selbsttäuschung ist, als deren Grundlage der verstärkte Wille zur Macht, *die verstärkte neurotische Leitlinie* in Kraft getreten ist. Auch der Autor neigt dieser Auffassung zu, wenn er *Eysenhardt* vom Vorwurf der Liederlichkeit sich freisprechen läßt und ihm eingibt, seine sexuellen Banalitäten seien weit eher Akte der geheimen Verzweiflung, also das, was wir *als den männlichen Protest* im Falle des Gefühls der Herabsetzung, des auftauchenden Minderwertigkeitsgefühls, beim Sinken des Gefühls der Persönlichkeit kennen gelernt haben.

Noch in anderer Beziehung geht mit Eysenhardt eine Wandlung vor sich; sie zeigt uns wieder, wie die Konstruktion eines Charakters im Strom der Welt von der eigenen »opinio« abhängig ist, also wandelbar und *wie eine Schablone auszutauschen*, da das Charakterbild nie Selbstzweck, sondern die psychische Attitüde vorstellt, mittels welcher das Persönlichkeitsideal auf kürzestem Wege zu erreichen wäre oder gegen den Schein unüberwindlicher Schwierigkeiten auf Umwegen angestrebt werden soll. Eysenhardt wird menschlich, human, er kann auch anders. »Der hermetische Verschluß seines Ichs gegen fremde Ich war gelokkert.« Sein »Gewissen« erwacht. Wir konnten zur Vermutung kommen, *dieses Erwachen des Gewissens sei ein Kunstgriff der menschlichen Psyche*, um in einer unsicheren Lage die Erhöhung des Persönlichkeitsgefühls durchzusetzen. Das Erwachen des Gewissens, die Einsicht begangener Fehler bringt den reuigen Täter in die Nähe irgendeines Gottes. Sie stützt sich regelmäßig auch auf einen Gegenspieler, dem gegenüber die eigene Überlegenheit zutage tritt. *Wer ist nun Eysenhardts Gegenspieler?* Wen will Eysenhardt diesmal ins Unrecht setzen, er, dessen Lebensplan immer das Unrecht des anderen verfolgte? Wer ist jetzt der Angeklagte dieses Schauspielers, der die Geste, die Attitüde stets in seiner Gewalt hatte, bis sie sich selbstherrlich machte und nun den gefangenen Eysenhardt zwingt, *seine Leitlinie wörtlich* zu nehmen, die Fiktion von seiner Gottähnlichkeit zu verstärken und bis zu Ende einzuhalten? *Sein Gegenspieler ist jetzt der Staat*, das herrschende Regime, die patriarchalische, väterliche Gewalt, die belohnt und bestraft. Eysenhardts Demütigung war ein Mißgriff. Der Staat hatte keinen besseren Diener. Aber dieser Diener besaß einen unstillbaren Drang, sich zum Herrn der Staatsgewalt aufzuschwingen. Und als er sich um seine Fiktion, um sein vermeintliches Recht betrogen sah, *da setzte er jene Griffe an, die ihm die gefährlichsten schienen.* Der Umschwung seiner Gesinnung ins Milde, Weichherzige war der stärkste Angriff, die kräftigste Revolte gegen den Staat. »Milde ist Anarchie«, hatte er immer gepredigt, also wurde Eysenhardt milde.

Man sieht den *Formenwandel seiner leitenden Fiktion.* Anfangs wollte er etwa, wie er es in seinen Vorbereitungen fürs Leben dem Vater gegenüber geübt hatte, durch Unterwerfung sich zum Herrn machen. Als dieser Weg vor dem Ziele abbrach, schuf er stärkere Sicherungen und Konstruktionen, bog von der Linie ab und fand *die Revolte des richterlichen Mitleids.*

Hofrat Eysenhardts geheimnisvolles Erlebnis

Das Konzept, das Eysenhardts Leiden schildert, wurde nicht verbrannt. Der Autor berichtet, Eysenhardt vergaß es zu verbrennen. *Berger* ist zu viel Psychologe, um damit etwa abzuschließen. Im Sinne unserer letzten Erörterung wollen wir fortfahren: Eysenhardt wählte das Arrangement des Vergessens, um seine Revolte auch weiterhin anzuzetteln, der Öffentlichkeit zu zeigen, wohin Treue gegen den Staat führt.

Wir wollen uns an die Fiktion Eysenhardts erinnern, die seinem männlichen Protest seit seiner Karriere den Weg wies: *durch Unterwerfung unter die Macht zur Herrschaft zu gelangen.* Man kann ihre Spur weithin zurückverfolgen, mindestens bis in die Zeit, wo er in seinem geradlinigen Angriff gegen den Vater scheiterte und zu einem Umweg gezwungen war. Geradlinig war keiner von Eysenhardts Charakterzügen geblieben. Nun ist er auf seiner Hauptlinie gescheitert, dazu in einer Zeit, wo ihm der Tod einen Boten geschickt hatte. Was rechnerisch zunächst zu erwarten war, ein Fallenlassen der Umbiegung, ein offener Angriff gegen den Staat, der treue Dienste so schlecht gelohnt hatte, eine Verwerfung der Maximen und Imperative, die ihn im Interesse des Staates und seiner selbst gebändigt hatten, sahen wir zum Teil am Werke: *die anarchistische Milde gewann im Kurs bei Eysenhardt.*

Uns Nervenärzten sind die Fälle geläufig, wo alternde Menschen Revolten anzetteln, ihren Beruf, ihre Familie verlassen, aus Reih und Glied austreten, um unter den mannigfachsten Vorwänden einen *Formenwandel ihrer fiktiven Leitlinie* vorzunehmen.

Eysenhardt sucht jetzt Annäherung an die früher verfehmte Medizin und Psychiatrie. Auch sie war ihm früher als destruktiv, anarchistisch erschienen. Aber die Aussprache mit einem Arzt sah er als Erniedrigung an. So brachte er seine hypochondrischen und Angstzustände zu Papier, indem er zugleich den kranken Menschen aus sich herausrückte, und wie von einem anderen berichtete, um sein Persönlichkeitsgefühl zu salvieren.

Es war in der Zeit, als er auf seine Ernennung zum Minister hoffte – da trat jener aufregende Verlust des Zahnes ein. Und daran schlossen sich Gedankengänge und Empfindungsfolgen, als wären seine Fähigkeiten, insbesondere sein Gedächtnis im Abnehmen begriffen.

Dies ist die typische *zögernde Attitüde des Nervösen*, sobald eine neue Situation, eine neue Aufgabe in Sicht ist. Eysenhardt mit seinen ehernen Griffen für die gewohnte Umgebung, die ihm Triumphe gibt, hat die Elastizität verloren und traut sich kaum die Umformung zu, die er für das neue Amt benötigt. Der Dichter kommt uns auch hier zu Hilfe und schildert die tastenden Vorbereitungen Eysenhardts, die Umwandlung seines äußeren Menschen, die Aufhellung seiner Physiognomie usw. Wir schließen aus diesem prinzipiellen Gehaben und seiner zwangsweisen Durchführung *auf die innere Unsicherheit* Eysenhardts die solche Kompensationen verlangt. – Es ist die gleiche Unsicherheit, die ihn aus der Gesellschaft, aus dem Verkehr mit wertvollen Frauen getrieben hat. *Er traut sich bloß die Herrschaft über Dirnen und über Verbrecher zu*, und fürchtet, man könnte ihm hinter seinen bisher verschleierten Unwert kommen.

Die Psyche und die neurotische Psyche insbesondere hat ein eigenartiges Mittel, einen Kunstgriff zur Verfügung, mit dem sie stets in unsicheren Situationen anhebt. Sie setzt die eigene Stärke besonders niedrig an, *sie unterstreicht die eigene Minderwertigkeit*, um Raum zur Entfaltung zu gewinnen oder um der Entscheidung ausweichen zu dürfen. Auch um den Kampfplatz zu verschieben, weicht der Nervöse gleich am Anfang zurück. Dies ist die Position, die ihm vertraut ist, von dort aus weiß er die Rechnung des Lebens anzusetzen. Jetzt werden alle Stachel des Neides, der gereizten Herrschsucht und Aggressionslust fühlbarer, und die Vorsicht behütet jeden Schritt, um den Sieg herbeizuführen. *In dieser zögerlichen Attitüde der Vorsicht* liegen beim Nervösen alle Bedenken über den Mangel an Fähigkeiten. Und wir sehen schon, es ist kein Zurückweichen bloß, wenn Eysenhardt *so tut, als ob* sein Gedächtnis nachgelassen hätte. Es ist vielmehr die stärkste Sicherung, der beste Griff sich zu warnen, seine Aufmerksamkeit zu verdoppeln, alle Kräfte zu mobilisieren, um sein leitendes Ziel, sein Persönlichkeitsideal zu erreichen oder unter dem Vorwand der Krankheit seine Empfindlichkeit zu schonen, falls er nicht reüssieren sollte.

Welche Rolle aber spielte bei diesem Zusammenhange der verlorengegangene Zahn? Man kann die Wertschätzung Eysenhardts für jeden kleinsten Teil seines Körpers nicht hoch genug veranschlagen. Der Nervöse kann in seinem Gefühl der Verkürztheit keine Einbuße ruhig vertragen. Auch die bekannte symbolische Kraft, die zu allen Zeiten den Verlust eines Zahnes umspielte, die mit Gedanken an Tod, Alter, Krankheit, Schwangerschaft sich verband, darf nicht ausgeschaltet werden, in Träumen, Dichtungen und Phantasien kann man die Bedeutung des Zahnes als von etwas Wachsendem, Nachwachsendem, als Sinnbild der männlichen Kraft, Verlust des Zahnes als Symbol der Entmannung finden. Ähnlich dürfte der gefühlsmäßige Eindruck an dieser Stelle der Novelle sein: Eysenhardt nimmt den Verlust des Zahnes als Zeichen des Sinkens seiner schöpferischen Kraft. Mußte er das? Als Cäsar bei der Landung in Ägypten hinstürzte, rief er aus: Ich halte dich, Afrika! Warum hat Eysenhardt dieses Ereignis so hoch und anders gewertet? Die

Antwort muß lauten: *weil ihm diese Wertung behilflich war.* War er doch nach unserer Auseinandersetzung in der zögernden, zur Vorsicht mahnenden Attitüde knapp vor einer Entscheidung, kurz vor einer Änderung seiner Situation. *Dieser Zahn starb ihm sehr gelegen,* oder anders, er benützte dieses Ereignis, um die stärkeren Sicherungen vorzunehmen. *Seine Logik geriet unter die Herrschaft der Endabsicht.*

Nun kam die Demütigung. Seine Hoffnung, Minister zu werden erfüllte sich nicht. Als Folge dieser Herabsetzung stellte sich eine Reihe von Halluzinationen ein, die allabendlich – meist Bilder von Männern, zum geringen Teil von Frauen, aus verschiedenen Details als seine verurteilten Verbrecher zu erkennen – seinen Schlaf störten und ihn mit Angst erfüllten, ich will auf die meisterhaft geschilderten Details nicht näher eingehen. Sie scheinen mir alle deutungsfähig und zumeist in der Richtung gelegen, den Beweis der Krankheit herzustellen und *staatsgefährliche Reue* zu manifestieren.

Meine Beobachtungen haben mir ergeben, daß die Neurose und Psychose dann die halluzinatorische Kraft aufbringen, wenn sie mit besonderer Deutlichkeit und Eindringlichkeit Sicherungen vornehmen wollen.

In der Tat rufen die Halluzinationen in Eysenhardt immer wieder das Gefühl seiner Minderwertigkeit wach, *andere* zeigen sich überlegen, *sie* klagen seine Strenge an, *sie* rücken ihm den Gedanken vor die Seele, er sei gleichfalls ein Verbrecher, wie es ihm Markus Freund im Gerichtssaal zugerufen hatte. Diese abschließende Figur in den Reihe seiner Halluzinationen weist uns ja diesen Sinn; sie zeigt noch deutlicher auf jene wunde Stelle in Eysenhardts Psyche, die schon früher hervorgehoben wurde. *Auch Eysenhardt fürchtet die Frau* wie Markus Freund und kann sich nur mit Prostituierten vergnügen wie Markus Freund mit Kindern. In der Tat zeigt uns die Analyse der Perversionen den Weg des Neurotikers, der die Frau fürchtet und höchstens bei der Prostituierten, beim Kinde, sein Liebesbedürfnis befriedigen kann, wenn er nicht bis zur seelischen oder körperlichen Leiche herabsteigt oder homosexuell wird. Die wertlose, unselbständige Frau ist das ideal der meisten Nervösen, und sie müssen die Frau so lange entwerten, bis sie wertlos geworden ist.

Auf dieser Linie sieht sich Eysenhardt jetzt immer deutlicher, weil er im Gefühl seiner neuerlichen Verkürztheit nach verstärkter Sinnenlust verlangt, um seinen männlichen Protest einzuleiten. Ahnt er den Weg zum Kinde? Da setzt er sich mahnende Halluzinationen als Schreckpopanze. *Er hat seine Halluzination, wie andere Gemeinschaftsgefühl oder Religion haben*, um sich vor seiner durch die Niederlage gereizten Aggression zu sichern.

Noch zwei weitere Bedingungen seiner Halluzinationen, die miteinander kooperieren, ergeben sich leicht. *Indem er krank wird*, wofür die Halluzinationen und die anschließenden Angstzustände sowie die Zweifel an seinen Fähigkeiten beweiskräftig erscheinen, *zerbricht er das wundervolle Instrument*, das er dem Staate bisher gewesen ist. *Indem er sich selbst anklagt, beschuldigt er den Staat*, die Rechtspflege, die öffentliche Sicherheit, deren Wächter er gewesen ist, und mit seiner Reue erschüttert er das Rechtsbewußtsein seiner Tage, trifft er seinen jetzigen Gegner, der ihm die Niederlage bereitet hat, am schwersten, den Staat, die herrschenden Klassen.

Seine psychische Situation, für welche die Halluzinationen ein gedrängtes Abbild und zugleich ein wertvolles Hilfsmittel bieten, ist folgende: In einer Lage schwerster Demütigung zwingt er seine Rachegelüste nieder durch Aufstellung von Schreckgespenstern, die ihm zeigen, wie es kommen könnte, wenn er seinen Weg ginge. Der Sinn und Inhalt seiner Gesichte aber ist Aggression, ist neurotische Kampfbereitschaft gegen seinen schlafenden, nichtsahnenden Herrn, dem er wie einst dem Vater mit Vernichtung droht. Seine neurotische Perspektive, auf Sicherung bedacht, suchte und fand die drohende Erinnerung an Markus Freund. Nun ist er wieder der Überlegene.

Als er den neuen Prozeß übernahm, von dessen Ausgang Wohl und Wehe der Monarchie abhing, kam er als Triumphator zurück und traf seine Vorbereitungen wie in alter Zeit. »An Herrn Markus Freund dachte er nicht mehr« – weil er ihn nicht mehr nötig hatte. Seine protestierende Sexualspannung hatte eben nachgelassen.

Gegen die »Dame« konnte er sich wehren, seine alten Konstruktionen der Scheu vor Damen hielten stand. Dem Kinde fiel er zum Opfer. – Der »Dämon« Weib hatte ihn wieder bezwungen, wie er es in der Kindheit geahnt? – nein, *zum voraus konstruiert hatte.* Nur ein Griff blieb ihm übrig, wollte er dem Zwange der triumphierenden Frau entgehen. Der Tod. – Diesen Weg ging er festen Schrittes und erfüllte so, nachdem die erste Bedingung seiner Halluzinationen, sich vor Kinderschändung zu schrecken, haltlos geworden, die zwei anderen: er brachte den Staat um einen treuen, unentbehrlichen Diener und ließ ein erschüttertes Rechtsbewußtsein im Volke zurück. Noch einmal hatte er nach dem Kopfe des Vaters gezielt, der ihn für Liebeslust strafen wollte, da mußte er sich treffen, wenn er den Feind besiegen wollte.

XXIV. Dostojewski

Tief unter der Erde, in den Erzhöhlen Sibiriens, hofft Dimitri Karamasow sein Lied auf die ewige Harmonie zu singen. Der schuldig-unschuldige Vatermörder nimmt das Kreuz auf sich und findet das Heil in der ausgleichenden Harmonie.

15 Jahre lang war ich ein Idiot, sagt Fürst Mischkin in seiner liebenswürdigen lächelnden Weise, der jeden Schnörkel einer Schrift deuten konnte, der seine eigenen Hintergedanken unbefangen aussprach und die Hintergedanken jedes anderen sofort erriet! Ein Gegensatz, wie wir ihn uns größer nicht denken können.

»Bin ich Napoleon oder bin ich eine Laus?« brütete Raskolnikow einen Monat lang in seinem Bette, um die *Grenze* zu überschreiten, die ihm durch sein bisheriges Leben, durch sein Gemeinschaftsgefühl und durch seine Lebenserfahrungen gesetzt war. Auch hier wieder der große Gegensatz, den wir staunend miterleben.

Nicht anders bei seinen anderen Helden und in seinem eigenen Leben. »Wie ein Feuerbrand wirbelte der junge Dostojewski im Hause seiner Eltern umher«, und wenn wir seine Briefe an seinen Vater und an seine Freunde lesen, so finden wir erheblich viel Demut, Unterwürfigkeit und Unterordnung unter sein trauriges Schicksal. Hunger, Qual, Elend waren ihm auf seinen Wegen genug verstreut. Er ist seinen Weg gegangen wie seine Pilger. Der junge Feuerbrand hatte das Kreuz auf sich genommen wie der weise Sossima, wie der alles wissende Pilger im »Jüngling«, Schritt für Schritt alle Erfahrungen sammelnd und in einem weiten Bogen den ganzen Lebenskreis umfassend, um wissend zu werden, das Leben auszutasten und nach Wahrheit zu suchen, *nach dem neuen Wort.*

Wer solche Gegensätze in sich birgt und solche Gegensätze zu überbrücken genötigt ist, der muß tief schürfen, um einen Ruhepunkt zu gewinnen. Ihm bleibt keine Mühe, keine Pein des Lebens erspart, er kann am kleinsten Wesen nicht vorübergehen, ohne es auf seine *Formel* zu prüfen. Alles in ihm drängt zu einer *einheitlichen* Auffassung des Lebens, damit er in seinem ewigen Schwanken, in dieser Zwiespältigkeit, in seiner Unrast Sicherheit und Ruhe finden kann.

Die *Wahrheit*, das war es, was sich ihm erschließen mußte, wenn er zur Ruhe kommen sollte. Der Weg aber ist dornenvoll, bringt große Arbeit, große Mühe, ein gewaltiges Training des Geistes und der Gefühle. Kein Wunder, daß dieser rastlose Sucher der Natur dem wahren Leben, der Logik des Lebens, des Zusammenlebens erheblich näher kam als andere, denen Stellung zu nehmen viel leichter geworden war.

Aus dürftigen Verhältnissen war er gekommen, und als er starb, da folgte im Geiste ganz Rußland seinem Trauerzug. Er, der Schaffensfreudige, der Lebensmutige, der immer Trost für sich und seine Freunde wußte, er war der Arbeitsunfähigste unter allen, war mit der schrecklichen Krankheit der Epilepsie behaftet, die ihn für Tage, für Wochen oft an jedem Vorwärtsschreiten gehindert hat. Der Staatsverbrecher, der vier Jahre lang an seinen Beinen in Tobolsk Ketten trug, der weitere vier Jahre als Sträfling in einem sibirischen Linienregiment Dienste versah, dieser edle, unschuldige Dulder zieht aus seinem Kerker mit den Worten und dem Gefühl im Herzen: »Meine Strafe war gerecht, denn ich habe gegen die Regierung böse Absichten gehabt, aber es ist schade, daß ich jetzt für Theorien, für eine Sache leiden muß, die nicht mehr die meinen sind.« Ganz Rußland aber leugnete seine Schuld und begann zu ahnen, daß ein Wort, ein Ding sein eigenes Gegenteil bedeuten kann.

Auch der Gegensätze in seinem Vaterlande waren nicht wenige. Als Dostojewski in die Öffentlichkeit trat, gärte es gewaltig, und insbesondere die Frage der Bauernbefreiung regte alle Gemüter auf. Dostojewski trieb es immer zu den »Armen und Erniedrigten«, zu den Kindern, zu den Leidenden. Und seine Freunde wissen viel davon zu erzählen, wie er sich leicht mit jedem Bettler befreundete, der etwa als Patient zu einem seiner Freunde kam, wie er ihn in seine Stube zog, um ihn zu bewirten, ihn kennenzulernen. In der Katorga war es seine stärkste Pein, daß ihn die anderen Sträflinge als den Edelmann mieden, und es war seine immerwährende Sehnsucht, den Sinn der Katorga, ihr inneres Gesetz für sich zu zergliedern, zu erkennen und die Grenzen zu gewinnen, innerhalb deren ihm Verständnis und Freundschaft mit den andern möglich würde. Er hat übrigens seine Verbannung dazu benützt – wie es ja großen Männern eigen ist – auch in kleinen, in drückenden Verhältnissen das Feingefühl für seine Umgebung zu gewinnen, seinen Scharfblick zu üben, um den Zusammenhang des Lebens zu finden, um für den Begriff Mensch eine seelische Unterlage zu schaffen, um in einem synthetischen Akt gegenüber den Gegensätzen, die ihn erschütterten und zu verwirren drohten, einen Halt zu erraffen.

Wonach es ihn drängte in dieser Unsicherheit seiner seelischen Widersprüche – der bald Rebell, bald gehorsamer Knecht war, den es zu Abgründen zog, vor denen er erschauerte – das war das Auffinden einer bündigen Wahrheit. Und da machte er kühn den Irrtum zu seinem Wegführer. Sein Grundsatz war schon lange, bevor er ihn ausgesprochen hatte, *durch die Lüge der Wahrheit näher zu kommen*, da wir ja die Wahrheit nie völlig erkennen können und immer mit der kleinsten Lüge rechnen müssen. So erwuchs er zum Feinde des »Westens«, dessen tiefster Kern sich ihm enthüllte *im Streben der europäischen Kultur, durch die Wahrheit zur Lüge zu kommen*. Seine Wahrheit konnte er nur finden durch Vereinigung der in ihm tobenden Gegensätze, die sich auch in seinen Schöpfungen immer wieder äußerten und ihn wie seine Helden zu zersplittern drohten. So empfing er die Weihe als Dichter und Prophet und ging hin, der *Eigenliebe* eine Grenze zu setzen. Die *Grenze des Machtrausches fand er in der Nächstenliebe*. Was ihn selbst ursprünglich getrieben hatte, war unverfälschtes Streben nach Macht, nach Herrschaft, und selbst in seinem Versuch, das Leben in eine einzige Formel zu bannen, steckt noch viel von diesem Drang nach Überlegenheit. In allen Taten seiner Helden finden wir diesen Auftakt, der sie jagt, sich über alle andern zu erheben, Napoleonswerke zu verrichten, sich bis an die Grenze des Abgrunds zu bewegen, ja über ihn hinaus zu hängen, auf die Gefahr hin, in die Tiefe zu stürzen und zu zerschmettern. Er selbst sagt von sich: »Ich bin in unerlaubter Weise ehrgeizig.« Aber es war ihm gelungen, seinen Ehrgeiz für die Gesamtheit nutzbar zu machen. Und also verfuhr er auch mit seinen Helden: *er ließ sie alle wie toll die Grenze überschreiten, die sich ihm aus der Logik des Zusammenlebens erschlossen hatte. Er trieb sie mit dem Stachel dies Ehrgeizes, der Eitelkeit und der Eigenliebe bis in die äußersten Sphären, hetzte ihnen dann aber den Chor der Eumeniden an den Hals und jagte sie zurück bis an die Grenze,* die ihm durch die menschliche Natur gegeben erschien, um sie dort in Harmonie ihre Hymne singen zu lassen. Es gibt bei Dostojewski kaum ein Bild, das so oft wiederkehrt, als das *Bild von der Grenze*, gelegentlich auch das Bild von der Wand. Von sich sagt er: »Ich liebe es unsinnig, bis an die Grenze des Realen vorzudringen, wo bereits das Phantastische beginnt.« Seine Anfälle schildert er so, daß ein Wonnegefühl ihn verlockt, bis an die äußerste Grenze des Lebensgefühls zu gelangen, wo er sich Gott nahe fühlt, so nahe, daß kaum ein Schritt mehr nötig wäre, um ihn vom Leben zu scheiden. Bei jedem seiner Helden kehrt dieses Bild wieder und immer wieder mit tiefer Bedeutung. Wir vernehmen sein neues messianisches Wort: die große *Synthese aus Heldentum und Nächstenliebe* ist gelungen. An dieser Grenze schien ihm das Los seiner Helden, ihr Schicksal zu enden. Dorthin lockte es ihn, dort ahnte er die köstlichste Erfüllung der Menschenwürde in der Mitmenschlichkeit und diese Grenze zog er äußerst scharf, mit einer Schärfe, wie selten jemand vor ihm. Dieses sein Ziel ward für seine Gestaltungskraft und seine ethischen Standpunkte von ganz besonderer Bedeutung.

Immer wieder zog es ihn und seine Helden bis zur Peripherie des Erlebens, wo er dann tastend und zögernd die Verschmelzung mit der Allmenschheit in tiefer Demut vor Gott, Kaiser, Rußland vollzieht. Das Gefühl, das ihn bannte – man könnte es das Grenzgefühl nennen, ein

Grenzgefühl, das ihn Halt machen heißt, das sich bei ihm bereits zum sichernden Schuldgefühl umwandelte – seine Freunde berichten oft darüber – für das er aber keine Ursache weiß, und das er eigenartig mit seinen epileptischen Anfällen in Zusammenhang brachte. Die Hand Gottes langte abwehrend herüber, wenn der Mensch in verstiegener Eitelkeit die Grenze des *Gemeinschaftsgefühls* überschreiten wollte, warnende Stimmen wurden laut und mahnten zur Einkehr.

Raskolnikow, der rüstig in Gedanken an seinem Mord arbeitet, der in dem Impuls, daß alles erlaubt sei, wenn man zu den auserlesenen Naturen gehöre, bereits an das scharf geschliffene Beil denkt, liegt *monatelang* im Bett, bevor er die Grenze überschreitet. Und als er dann, das Beil unter seinem Rock versteckt, die letzte Treppe hinaufsteigt, um den Mord zu vollführen, *spürt er Herzklopfen.* In diesem Herzklopfen spricht die Logik des menschlichen Lebens, drückt sich das feine Grenzgefühl Dostojewskis aus.

Es gibt eine Anzahl von Schöpfungen Dostojewskis, in denen nicht isoliertes Heldentum über die Linie der Nächstenliebe hinaustreibt, wo umgekehrt sich der Mensch aus seiner Kleinheit erhebt, um in fruchtbarem Heldentum zu enden. Ich habe die Vorliebe des Dichters für das Kleine, Unbedeutende bereits erwähnt. Hier wird zum Helden der Mann im Keller, der Mann aus dem grauen Alltag, eine Dirne, ein Kind, die plötzlich alle riesenhaft zu wachsen beginnen, bis sie jene Grenze des allmenschlichen Heldentums erreichen, zu dem sie Dostojewski führen will.

Aus seinem ganzen Kindheitsleben war ihm der Begriff *des Erlaubten und Unerlaubten*, der Grenze, deutlich nahe gebracht worden. Es war in seinem frühen Mannesalter nicht anders. Gehemmt war er durch seine Krankheit und wurde frühzeitig in seinem Elan geschädigt durch den Gang zur Hinrichtung und durch die Verbannung. In seiner Kindheit scheint ein strenger pedantischer Vater bereits mit dem Mutwillen, mit der Ungebrochenheit seines Feuergeistes gerungen und den Sohn allzu scharf auf die Grenze verwiesen zu haben.

Ein kurzes Bruchstück, »Petersburger Träume«, stammt aus früher Zeit und läßt uns schon aus diesem Grunde eine deutliche Linienführung erwarten. Wenn etwas folgerichtig aus der Entwicklung einer Künstlerseele erfaßt werden kann, so muß es die Linie betreffen, die von früheren Arbeiten, Entwürfen, Plänen zu den späteren Ausgestaltungen seiner Schöpferkraft führt. Da gilt es aber vor allem festzuhalten, daß sich die Bahn des Kunstschaffens abseits von dem Getümmel der Welt bewegt. Und wir können bei jedem Künstler eine Abbiegung, eine Halt! oder ein Umkehr voraussetzen, sobald die gesellschaftlich durchschnittlichen Erwartungen an ihn herantreten. Er, der sich aus dem Nichts, oder sagen wir aus seiner bevorzugten Anschauung von den Dingen eine Welt erschafft und uns anstatt einer Antwort im Sinne des praktischen Lebens die Verblüffung einer Kunstschöpfung zuteil werden läßt, zeigt sich dem Leben abgeneigt und seinen Forderungen. »Nun, ich bin ja ein Phantast und Mystiker!« belehrt uns Dostojewski. –

Es wird sich ungefähr ein Bild seines Angriffs gewinnen lassen, sobald wir erfahren, *an welchem Punkte des Handelns Dostojewski stehen bleibt.* In der obigen Skizze spricht er deutlich genug. »Als ich an die Newa herantrat, blieb ich einen Augenblick stehen und warf einen Blick den Fluß entlang, in die dunstige, frostig-trübe Ferne, wo der letzte Purpur der Dämmerung vorglomm.« Es war, als er nach Hause eilte, um dort als Säkularmensch von Schillerschen Heldinnen zu träumen. »Die wirkliche Amalie aber habe ich ebenfalls nicht bemerkt; sie lebte ganz in meiner Nähe …« Lieber wollte er trunken leiden und diese Leiden süßer empfinden als alle Genüsse der Welt, »denn hätte ich die Amalie geheiratet, ich wäre sicher unglücklich.« Ist es nicht die einfachste Sache der Welt? Man ist ein Dichter, träumt in der gehörigen Distanz vom Weltgetriebe, bleibt einen Augenblick stehen, findet die Süßigkeit geträumten Leides unübertrefflich und weiß, »wie die Wirklichkeit jede ideale Höhe vernichtet. Ich will doch auf den Mond reisen!« Das aber heißt: allein bleiben, sein Herz an nichts Irdisches hängen!

Und so wird des Dichters Erdenwallen zu einem Protest gegen die Wirklichkeit mit ihren Forderungen. Anders wie beim »Idiot«, anders wie bei jenem Kranken, in dem »weder Protest, noch Stimme war«. Vielmehr: der wußte nur nicht, daß seine Übung im Ertragen alles Elends ihn auszeichnen sollte. Nun, als man ihn durch Quälereien und Vorwürfe aus seiner Bahn drängte, da entdeckte er den Säkularmenschen in sich, den Umstürzler und Revolutionär Garibaldi. Da war es gesagt, was die anderen nie verstanden hatten: die Demut und Unterwerfung bedeuten keinen Abschluß, sie sind immer die Revolte, denn sie deuten auf die zu überwindende Distanz. – Tolstoi wußte auch um dieses Geheimnis und hat es oft tauben Ohren gepredigt.

Aber es kann in der Zeitung stehen und niemand weiß etwas davon, wenn es sich um ein wirkliches Geheimnis handelt. Niemand wußte es, an wem sich Harpagon Solowjew rächen wollte, der hungerte und im Elend starb und ein Vermögen von 170 000 Rubel in seinen schmutzigen Papieren verbarg. Wie mag er sich innerlich gefreut haben, wenn er sich traurig und hilflos seiner Katze, seiner Köchin, seiner Quartierfrau verschloß und alles schuldig blieb! Er hatte sie in der Hand, er zwang sie alle zum Betteln, sie alle, die nur das Geld als Macht kannten und anbeteten. Freilich, ihm erwuchs daraus eine sonderbare Verpflichtung, eine methodische Vergewaltigung seines Lebens. Er mußte selbst hungern und darben, um seinen Anschlag durchzuführen. »Er ist über alle Wünsche erhaben.« Wie? Dazu müßte man verrückt sein? Nun, Solowjew bringt auch dieses Opfer. Denn nun kann er in voller Unverantwortlichkeit seine Verachtung der Menschheit und ihrer eingebildetem Glücksgüter zeigen und er kann jeden, der ihm nahe kommt, quälen. Alles hat er in seinen Händen, was ihm den Weg in die beste Gesellschaft ebnet. Da bleibt er einen Augenblick stehen, wirft seinen Zauberstab in die Schmutzkiste und fühlt sich groß und erhaben über alle Menschen.

Das scheint uns die stärkste Linie im Leben Dostojewskis zu sein und alle seine großartigen Schöpfungen sollten ihm auf diesem Wege erstehen: die Tat ist unnütz, verderblich oder verbrecherisch; *das Heil liegt nur in der Unterwerfung, wenn sie den heimlichen Genuß der Überlegenheit über andere verbürgt.*

Von allen Biographen, die sich eifrig mit Dostojewski beschäftigen, wird eine seiner frühesten *Kindheitserinnerungen* berichtet und gedeutet, die er selbst in den »Memoiren aus dem Totenhause« erzählt. Zum besseren Verständnis trägt einiges aus der Stimmung bei, in der ihm diese Erinnerung aufstieg.

Als er bereits daran verzweifelt hatte, den *Anschluß* an seine Kameraden im Gefangenenhaus zu finden, wirft er sich resigniert auf sein Lager und überdenkt seine ganze Kindheit, seine ganze Entwicklung und seinen ganzen Lebensinhalt. Da bleibt seine Aufmerksamkeit plötzlich an folgender Erinnerung haften: er entfernte sich einst etwas zu weit vom Gute seines Vaters, ging querfeldein, als er plötzlich erschrocken stehen blieb, da er einen Ruf vernommen hatte: »der Wolf kommt!«. Rasch eilte er zurück in die schützende Nähe des Vaterhauses und erblickte auf dem vorliegenden Acker einen *Bauern*, zu dem er sich flüchtete. Weinend und ängstlich umklammerte er dessen Arm und berichtete von dem Schrekken, der ihm widerfahren war. Der Bauer machte mit seinen Fingern *das Kreuz* über den Knaben, tröstete ihn und versprach, er werde ihn nicht vom Wolf fressen lassen. Diese Erinnerung wird vielfach so aufgefaßt, als ob sie Dostojewskis Bund mit dem Bauerntum charakterisieren sollte, mit dem Bauerntum und der Religion des Bauerntums zugleich. *Es ist aber vielmehr der Wolf, der hier in Frage kommt, der Wolf, der ihn zu den Menschen zurücktreibt.* Dieses Erlebnis wurde als symbolische Darstellung seines ganzen Strebens festgehalten, weil in ihm die Richtungslinie seiner Aktivität lag. Was ihn erzittern machte vor dem isolierten Heldentum glich dem Wolf ans seinem Erlebnis. Der trieb ihn zurück zu den Armen und Erniedrigten, dort versuchte er im Zeichen des Kreuzes den Anschluß zu finden, dort wollte er helfen. Und er spricht diese Gesinnung aus, wenn er sagt: »meine ganze Liebe gehört dem Volk, meine ganze Gesinnung ist die des Allmenschentums.«

Wenn wir noch hervorheben müssen, daß Dostojewski ein Russe und Gegner des »Westlertums« war, daß in ihm der panslavistische Gedanke feste Wurzel und Boden gefaßt hatte, so steht dies auch durchaus nicht im Widerspruch mit dem Geist, der durch Irrtum zur Wahrheit reisen wollte.

In einer seiner größten Kundgebungen, in der Rede zu *Puschkins Gedächtnis*, versuchte er dennoch, den Panslavisten zugerechnet, die Synthese herzustellen zwischen den Westlern und den Russophilen. Das Ergebnis war am selben Abend ein glänzendes. Anhänger beider Parteien stürzten auf ihn zu, umarmten ihn und erklärten sich mit seinem Standpunkt einverstanden. Aber diese Einigkeit dauerte nicht lange. Es lag noch zuviel Schlaf auf den Lidern.

Wie Dostojewski die Sehnsucht seines Herzens, die Vollendung des Allmenschentums – eine Aufgabe, die er dem russischen Volk vor allem zuweist – intensiv verfolgt und in die Masse tragen will, so formt sich ihm das greifbare Symbol der Nächstenliebe, dann liegt ihm, der sich selbst und die anderen erlösen wollte, der Begriff des Heilandes, des *russischen Christus*, allmenschlich und weltlicher Macht abgewandt, ganz nahe. Sein Glaubensbekenntnis war einfach: »Für für mich ist Christus die schönste, die erhabenste Person in der ganzen Weltgeschichte.« Hier enthüllt uns Dostojewski in unheimlicher Schärfe sein leitendes Ziel. So hat er seine Anfälle der Epilepsie geschildert, wie er unter Wonnegefühl seinen Aufstieg bewerkstelligte, zur ewigen Harmonie gelangte und sich der Gottheit nahe fühlte. Sein Ziel war: jederzeit bei Christus zu sein, seine Wunden zu tragen und seine Aufgabe zu erfüllen. Dem isolierten Heldentum, das er schärfer als jeder andere als krankhaften Eigendünkel ansprach, der Eigenliebe im Gegensatz zum Gemeinsinn, der ihm aus der Logik des Zusammenlebens, aus der Nächstenliebe entgegenquoll, diesem Heldentum trat er entgegen: »Beuge dich, stolzer Mensch!« Dem Resignierten aber, der gleichfalls in seiner Eigenliebe verletzt nach Befriedigung derselben strebte, rief er zu: »Arbeite, müßiger Mensch!« Und wer ihn auf die menschliche Natur verwies und ihre scheinbar ewigen Gesetze, um ihn zu erschüttern, dem hielt er entgegen: »Die Biene und die Ameise, die kennen ihre Formel, der Mensch aber kennt seine Formel nicht!« Wir müssen aus dem Wesen Dostojewskis ergänzen: *Der Mensch muß seine Formel suchen, und er findet sie in der Hilfsbereitschaft für andere, in der Hingabe an das Volk.*

So war Dostojewski ein Rätsellöser geworden und ein Gottsucher und hat seinen Gott stärker gefühlt als die anderen Halbschläfer und Träumer. »Ich bin kein Psychologe«, sagt er einmal, »ich bin ein Realist«, und trifft damit den Punkt, der ihn von allen Dichtern der Neuzeit und von allen Psychologen am schärfsten unterscheidet. Er stand mit dem Urgrunde des gesellschaftlichen Lebens, mit der einzigen Realität, die wir nicht ganz kennen aber zu ahnen vermögen, mit dem Gemeinschaftsgefühl, im innigen Zusammenhange. Und darum durfte er sich einen Realisten nennen.

Nun zur Frage, wodurch die Gestalten Dostojewskis auf uns eine so starke Wirkung ausüben. Die wesentliche Grundlage für ihre Wirksamkeit auf uns liegt *in ihrer geschlossenen Einheit.* Sie können einen Helden Dostojewskis an welchem Punkte immer fassen und untersuchen, Sie finden das gesamte Rüstzeug seines Lebens und Strebens immer wieder beisammen. Wenn wir vergleichen wollten, müßten wir bis zur Musik gehen, wo wir ähnliches finden, daß in einer Melodie im Laufe einer Harmonie sämtliche Strömungen, Bewegungen immer wieder zu finden sind. Ebenso bei Dostojewskis Gestalten. Raskolnikow ist derselbe, als er im Bette lag und über seinen Mord nachbrütete, als er mit Herzklopfen die Stiege hinaufging, und er ist derselbe, als er den Trunkenbold unter den Rädern des Wagens hervorholte und mit seinen letzten Kopeken dessen darbende Familie unterstützte. Diese Einheitlichkeit im Aufbau ist der Grund der starken Wirkung, und wir tragen unbewußt mit jedem Namen seiner Helden ein festgefügtes, plastisches Bild in uns, als ob es aus unvergänglichem Erz gemeißelt wäre, nicht anders als die biblischen Gestalten, als die homerischen Helden und als die Helden der griechischen Tragödien, deren Namen nur zu erklingen brauchen, um den ganzen Komplex ihrer Wirkungen in unserer Seele auszulösen.

Noch liegt eine zweite Schwierigkeit für unser Verständnis der Wirkung Dostojewskis verborgen. Aber die Vorbedingungen zur Lösung dieser Schwierigkeit sind bereits gegeben. *Es ist die doppelte Bezogenheit jeder Figur auf zwei außerordentlich fixierte Punkte, die wir fühlen.* Jeder Held Dostojewskis bewegt sich mit Sicherheit im Raum, der einerseits abgegrenzt wird durch das isolierte Heldentum, wo der Held sich in einen Wolf verwandelt, andererseits durch die Linie, die Dostojewski als Nächstenliebe so scharf gezogen hat. Diese doppelte Bezogenheit gibt jeder seiner Figuren einen so sicheren Halt und einen so festen Standpunkt, daß sie unerschütterlich in unserem Gedächtnis und in unserem Gefühl ruhen.

Noch ein Wort über Dostojewski als Ethiker. Er war durch die Umstände gedrängt, durch die Gegensätze in seinem eigenen Wesen, die er vereinen mußte, durch die großen Gegensätze in seiner Umgebung, die er zu überbrücken wagte, zu Formeln zu kommen, die sein tiefstes Sehnen nach einer aktiven Betätigung der Nächstenliebe umschlossen und förderten. So kam er auch zu jener Formel, die wir weit über den kategorischen Imperativ *Kants* stellen dürfen, *»daß jeder teilhaftig ist an der Schuld des anderen«.* Wir fühlen heute mehr als je, wie tief diese Formel geht und wie innig sie mit den sichersten Realitäten des Lebens in Zusammenhang steht. Wir können diese Formel leugnen, sie wird immer wieder hervortauchen und uns Lügen strafen. Sie löst aber auch eine unglaublich stärkere Aktivität aus als etwa der Begriff der Nächstenliebe, der oftmals mißverstanden oder in Eitelkeit geformt wird oder als der kategorische Imperativ, der auch in der Isoliertheit des persönlichen Strebens seine Geltung behält. Wenn ich teilhaftig bin an jeder Schuld des Nächsten und an der Schuld aller, dann trage ich ewig eine Verpflichtung, die mich treibt, die mich haftbar macht, die mir zu zahlen gebietet.

So steht Dostojewski als Künstler und als Ethiker groß und unerreicht vor unseren Augen.

Was er als Psychologe geleistet hat, ist heute noch unausgeschöpft. Wir wagen es zu behaupten, daß sein psychologisches Späherauge tiefer drang, weil er mit der Natur vertrauter war als jene Psychologie, die sich aus dem Begrifflichen gestaltet. Und wer Betrachtungen angestellt hat, wie es Dostojewski tat über die *Bedeutung des Lachens*, über die Möglichkeit, einen Menschen besser aus seinem Lachen zu erkennen wie aus seiner ganzen Lebenshaltung, wer so weit gekommen ist, daß er den Begriff der *zufälligen Familie* findet, wo jedes Mitglied isoliert für sich lebt und in die Kinder die Tendenz zur weiteren Isolierung, zur Eigenliebe pflanzt, der hat mehr gesehen als man heute noch von einem Psychologen verlangen und erwarten kann. Wer gesehen hat, wie Dostojewski in seinem »Schüler« schildert, daß der Knabe unter seiner Decke eingehüllt, alle Phantasien ausströmen läßt in dem einen Begriff: *Macht!* wer die *Entstehung von Gemütskrankheiten* im Leben zum Zwecke der Revolte so fein und treffend geschildert hat, wer in der menschlichen Seele die *Neigung zur Despotie* so erkannt hat wie Dostojewski, der darf heute noch als unser Lehrer gelten, als den ihn auch Nietzsche gefeiert hat. Sein Verständnis und seine Erörterungen *über den Traum* sind heute noch nicht überholt, und sein Begriff, daß niemand handelt und denkt, ohne daß ein *Ziel*, ein Finale vor seinen Augen steht, trifft mit den modernsten Leistungen der Individualpsychologie zusammen.

So sind es die verschiedensten Gebiete, auf denen uns Dostojewski ein teurer und großer Lehrer geworden ist. Die Realität des Lebens macht es, daß sie auf uns wirkt wie ein Strahl, der das Auge des Schläfers trifft. Der Schlafende reibt sich die Augen, wendet sich um und weiß vom ganzen Vorgang nichts. Dostojewski hat wenig geschlafen und hat viele erweckt. Seine Gestalten, seine Ethik und seine Kunst führen uns tief in das Begreifen des menschlichen Zusammenlebens.

XXV. Die neuen Gesichtspunkte in der Frage der Kriegsneurose

Die uns zugängliche Literatur über die Kriegsneurose betont zwar recht häufig und geflissentlich, wie wenig sich an den neurologischen Standpunkten des Friedens geändert habe. Man sehe, sagen viele, das gleiche Material, eine ähnliche Ätiologie, den gleichen Verlauf, und man begegne den gleichen Schwierigkeiten. Nur bezüglich der Therapie seien einschneidende Veränderungen zu verzeichnen, wie sie den Bedingungen des Krieges und des militärischen Verhältnisses entsprechen.

Man muß aber noch eine weitere bedeutsame Veränderung hinzunehmen, die geeignet sein könnte, die neurologische Forschung unserer Tage zu erschweren. Die Behandlung einer Neurose in der Zivilbevölkerung oder im Frieden hatte den unausgesprochenen aber selbstverständlichen Zweck, den Patienten von seiner Krankheit oder wenigstens von seinen Symptomen zu befreien, um ihm eine selbstgewählte Lebenshaltung zu ermöglichen, ihn sich selbst zurückzugeben. Ebenso selbstverständlich ist der Zweck der Militärneurologie, den Erkrankten nicht sich und der eigenen Verfügung, sondern in einer entsprechenden Form und Verwendung dem Dienste und der »Allgemeinheit« zuzuführen. Es kommen so in die objektive Wissenschaft und in die Therapie ärztliche Zweck- und Begehrungsvorstellungen, die, so notwendig und zweckentsprechend sie auch scheinen mögen, den Einblick nicht unwesentlich erschweren, da nun zumeist ein Krankheitsbild zur Betrachtung kommt, in dem eine Seite unverhältnismäßig stark hervorspringt: *wie sich der Neurotiker in einer ihm aufgezwungenen Situation verhält.*[1]

1. Adler, »Die andere Seite«, Massenpsychologische Untersuchung über die Schuld des Volkes. Wien 1918.

Aus der Zeit vor dem Kriege verfügen wir über genügendes Material, um die Sonderstellung dieser Frage verstehen zu können. Fast jeder Arzt kennt den Erfolg der verschieden abgestuften Suggestionstherapie einzelnen störenden und aufdringlichen Symptomen gegenüber. Leider war man nicht selten in den Glauben an einen Dauererfolg verstrickt, der mündlich oder brieflich Bestätigung fand, während der Patient mit den alten oder mit neuen Erscheinungen bereits anderswo wieder in Behandlung stand.

Erinnern wir uns an die Resultate, die aus der Symptombehandlung zutage kamen, wenn diese nicht zum Zwecke einer Heilung, sondern zwecks Durchführung einer Leistung des Patienten eingeleitet wurde. Zum Beispiel: ein Student der Rechte, der vor einer Prüfung stand, klagte über Schlaflosigkeit, Müdigkeit, Vergeßlichkeit und Kopfschmerzen. In acht Tagen sollte die Prüfung stattfinden. Wir wollen gern alle Grade der Besserung eines solchen, nicht seltenen Falles zugeben. Es gab sicher Fälle, bei denen es kraft des Zuredens des Arztes und bei irgendwelcher eingeschlagenen Therapie (Wachsuggestion, Hypnose, Kaltwasserkur, elektrischer oder medikamentöser Behandlung) gelang, den Patienten über das Examen zu bringen. Wie überhaupt für einen nicht unerheblichen Bruchteil von Neurotikern der Aufruf des Arztes, manchmal auch der einer anderen Person genügt, um den Patienten vorwärts zu treiben.[1] Man wird uns beistimmen, wenn wir solche Fälle, wie immer ihre Symptome beschaffen sein mögen, als leichte, als an der Grenze der Norm befindliche bezeichnen. Wir sahen auch andere Ausgänge. Andere gingen ins Examen und fielen in einer Stimmung äußersten Konzentrationsmangels durch. Bei einem erheblichen Teil der übrigen verschlimmerten sich die Symptome, einige machten das Leiden zum Ausgang eines Berufswechsels, zuweilen schloß sich eine schwere Neurose oder Selbstmord an. Nicht wenige von den verschlimmerten Fällen

1. Der Gang zum Arzt bedeutet für die Hälfte etwa der »Nervösen« den Entschluß zur Besserung, zur Aufgabe eines überflüssig oder störend gewordenen Symptoms. Von diesen 50% »Heilungen« leben alle neurologischen Richtungen weiter.

schuldigten irgendeine der eingeschlagenen Kuren an und bekamen von einem der nächstfolgenden Ärzte recht. Ich entsinne mich eines von mir beschriebenen Falles, in welchem es dem Gatten gelang, eine Phobie seiner Frau vor dem Schnellfahren durch – Schnellfahren zu beseitigen. Wir würden es heute den »Gegenschock« nennen.

Niemand wird annehmen, daß diese und ähnliche Fälle als geheilt zu betrachten wären. Und auch die Kriegsneurologie spricht mit verschwindenden Ausnahmen nur von der Beseitigung eines Symptoms und entzieht ihre Patienten nach der Behandlung mit Vorliebe dem Frontdienste. Dadurch wird die Position des Kriegsneurotikers schon komplizierter. Im Gegensatz zur Friedensbehandlung, bei der der Arzt nicht zwecklos verfährt, aber eine Verwendbarkeit anstrebt im vollen Einverständnis des Patienten, ist hier wohl die Kriegsleistung als Ende der Kur in sicherer Aussicht, aber eine Kriegsleistung, die abgetönt und stufenmäßig erleichtert werden kann. So steht der Neurotiker hinter der Front und im Hinterland vor neuen folgenschweren Entscheidungen, die ihm aus dem Erfolg der Kur erwachsen. Mit Recht heben alle Autoren die Bedeutung der »Atmosphäre« im Krankenzimmer hervor. Nun, diese Atmosphäre bildet sich keineswegs nur aus der Stimmung gegenüber den Heilresultaten, sondern aus hundert Einzelheiten, darunter aus mehr oder weniger berechtigten Mutmaßungen über die spätere Verwendung und über die Zukunft.

Auch die Rentenfrage fällt ins Gewicht. Sicherlich nicht, als ob die jährliche Geldsumme dem Neurotiker als erstrebenswertestes Ziel vor Augen stünde. So liegt der Sachverhalt auch beim Unfallhysteriker nicht. Sondern die Rente hat für den Kriegsneurotiker einen ähnlichen Wert wie eine Auszeichnung, ferner als Dokument und Krankheitslegitimation in der Heimat und gegenüber etwaigen Versuchen, ihn später wieder zum Militärdienst heranzuziehen. Jedem Neurologen dürfte der kritische Ton aufgefallen sein, mit welchem der neurotische Renteninvalide bei einer neuerlichen Untersuchung seine Papiere zur Einsichtnahme empfiehlt. Die *»ideelle Rente«* bewegt den Neurotiker viel mehr, auch wenn der Patient bewußten logischen Interpretationen wie Furcht, Gefahr, Heimweh, Gewinn zu gehorchen scheint.

So wird, ganz wie im Frieden, jeder Zug des Arztes mit einem Gegenzug beantwortet. Ich habe fast alle meine Kriegsneurotiker in der Etappe, fern von ihrer Heimat und fern von ihren Angehörigen untersucht. Die Schwere ihrer Erscheinungen fand ich niemals im Zusammenhang mit ihrer Dislokation. Wie jeder Neurotiker strebt auch der im Kriege erkrankte aus dem großen Kreis, in den ihn der Krieg gestellt hat, zum kleinen Kreis seiner Angehörigen zurück. Solange dieser Hang neurotisch ist und besteht, wird ihn die Abwesenheit ganz sowie die gelegentliche Anwesenheit seiner Angehörigen, die Weite wie die Nähe mit der gleichen neurotischen Tendenz beeinflussen. Jede unrationelle Voreingenommenheit in dieser Frage erschwert die Vereinfachung des Falles und in weiterer Folge den Gesundungsprozeß. Man kann z. B. bei Anforderungen aus den Heimatspitälern mit Erfolg eine Erledigung von einer entsprechenden Besserung abhängig machen.

Man wird immer nachweisen können, daß die »bekannte Labilität« der neurotischen Symptome aus der Position des Neurotikers stammt, und man kann bei ihm von einer *Positionskrankheit* sprechen. Deshalb ist es so ungemein wichtig, daß der Neurologe das volle Verständnis für diese individuelle Haltung erlangt, daß er die Sprache des Patienten in jedem Sinne versteht, was zuweilen auf Schwierigkeiten stoßen kann.

Zu dieser »Position« des Neurotikers gehört auch die Art der verfügten Behandlung. Unlösbar wird das Problem, wenn der Kranke in der Behandlung mehr als einem Arzt untersteht. Deshalb empfehlen sich kleine Einheiten von Neurosenanstalten, deren schriftliche Ausweise über ihren Erfolg belehren könnten und die Behandlungsart nach ihrem Wert abzuschätzen erlaubten. Nur solche Erkundigungen über genesene Patienten können der Kritik standhalten, die von deren zugeteiltem Arzt abgegeben werden.

Unter *Psychotherapie* im engeren Sinne können nur Methoden verstanden werden, die vor jedem Eingriff erst die Psyche des Patienten erschlossen haben. Infolgedessen scheiden fast alle »psychotherapeutischen« Maßnahmen der derzeitigen Neurosenbehandlungen aus diesem Kreis aus und sind nur als Behandlungsmaxime zu bewerten. Sie stützen sich in der Kriegszeit fast ausschließlich auf Ausnutzung der Autorität und auf die volksfreundliche Darreichung eines »Minimums von Annehmlichkeiten«. Zur ersteren Behandlungsart wäre auch die Hypnose, die Wachsuggestion, die Scheinnarkose und Scheinoperation sowie die »psychotherapeutische Vorbereitung« vor der eigentlichen Kur zu rechnen. Die »heroische« Maxime kommt in schmerzhaften Prozeduren, Wasserbett, Schreckauflösung, im entziehenden Regime und als bewußte Situationsverschlechterung zur Geltung. Im besten Fall ein Mittelding stellt die von Sauer befürwortete Franksche Methode vor, da sie zu wenig Aufschluß über das Seelenleben des Patienten gibt, ihn der Autorität des Arztes anheimgibt und mit einer Art von »Gegenschock« operiert. Der nachweisbare Erfolg dieser Methoden im Kriegsverhältnisse beruht wie zuweilen auch im Frieden auf der neurotischen Flucht vor der Behandlung, die einem neurotischen Symptom gleichzustellen ist. Ein Anhänger Freuds wendet dessen Methode bei Offizieren, bei der Mannschaft die Kaufmannsche an, beide ungefähr mit dem gleichen Erfolg.

Unter allen Umständen und bei allen Autoren fällt das *aktivere* Vorgehen auf. Abwartende, beruhigende Methoden oder Einbringung des Patienten in günstigere Verhältnisse kommen kaum in Vorschlag. Der Kern der derzeitigen Kriegsneurologie liegt in ihrer Tendenz, den neurotischen Eigenwillen durch entgegengesetzte Kräfte zu brechen. Nicht anders liegt das Verhältnis bei äußerlich milderer, innerlich einschneidender individueller Therapie, die besonders bei kriegsbrauchbaren Neurotikern raschen und dauernden Erfolg zu versprechen scheint: Eruierung und Aufdekkung dieses neurotischen Eigenwillens. Auch diese Methode kann auf die Verschlechterung der seelischen Position des Patienten nicht verzichten, arbeitet aber leider fast immer mit dem Vorwurf der Simulation.

Die Frage der Heredität oder der Erwerbbarkeit der Neurosen ist durch das bisherige Material nicht ganz ungelöst geblieben, insbesondere, da der Erziehungsfaktor, der Einfluß des Milieus und die Nachahmung im Falle nervöser Eltern besser als vorher berücksichtigt wird. Die Häufigkeit oder Regelmäßigkeit einer neurotischen Vorgeschichte wird fast allgemein hervorgehoben. Die Stellung des Patienten im Leben und in der Gesellschaft ist, individualpsychologisch aufgefaßt, prognostisch ausschlaggebend. Dieses individualpsychologische Eindringen in das seelische Bild des Patienten, die richtig gestellte Anamnese und das Verständnis für den gewonnenen Standpunkt des Patienten im Leben dürften auch den sichersten Leitfaden abgeben für den Grad der Aggravation, die bei keiner Neurose fehlt, und für die Aufdeckung einer etwaigen Simulation.

Ziemlich allgemein ist die Ansicht herrschend geworden, daß das Symptom mit Vorliebe die ungefähre Art und den Ort eines früheren organischen Leidens zu seiner Darstellung in Anspruch nimmt. Schüchtern ist damit gesagt, daß es sich am *minderwertigen Organ* ausbildet. Oder daß es in der Form annähernd normaler Erscheinungen eines Affekts als Dauerzustand auftritt, als Zittern, Erbrechen, Starre, Sprachlosigkeit usw., demnach als Phänomen der Einfühlung. Über den Grund der Fixierung finden sich wenig Erklärungsversuche. Beliebt ist die Annahme, daß die Tendenz zur Fixierung ein neurotischer Charakter sei, ebenso wie die Labilität des Symptoms. Aus der »Position« des Neurotikers wäre als wirkliche Erklärung hinzuzunehmen, daß er *durch Einfühlung* ein Symptom fixiert, wenn es sich als seinen neurotischen Zwecken geeignet erweist, und daß er es aus den gleichen Gründen aufgibt. Ähnliches findet man bei normalen Menschen im Bereiche des Normalen auch.

Aus den eingelaufenen Arbeiten der letzten zwei Jahre sind eine Reihe von Einzelbemerkungen, Beobachtungen und Ratschläge anzumerken. Schanz (1) sucht den Ausgangspunkt des Schütteltremors in einer segmental entsprechenden Insufficientia vertebrae, die, wie auch Blencke (2) hervorhebt, tatsächlich besteht, aber höchstens ganz indirekt beim Schütteltremor mitwirkt. Häufiger dürften »neurasthenische« Schmerzen aus dieser Insuffizienz zu erklären sein. Man kann sich häufig von dem Vorkommen eines Naevus an der Schmerzstelle oder segmental zu ihr gestellt überzeugen. Dieser Befund und eine meist gleichzeitig vorhandene geringgradige Skoliose oder Kyphoskoliose sichern die Diagnose gegen den Verdacht der Simulation. Andernach sah regelmäßigen Erfolg durch Verbalsuggestion, gefolgt von der faradischen Bürste. Doch wird von ihm außerdem die suggestive Atmosphäre gefordert. In ähnlicher Weise strebt Rottmann, dem Josef und Mann beipflichten, die seelische Überwältigung des Patienten durch Scheinoperation in der Narkose und pompösen Verband an. Kalmus und E. Meyer treten für die Kaufmannsche Methode ein, *die neuerdings wesentlich gemildert wurde*: Vorbereitung in der Form der Verbalsuggestion, einige Tage später Faradisation *nur mit mittelstarken Strömen*, unterbrochen durch militärische Turnübungen. E. Meyer versucht von dieser Behandlung auszuschließen: Psychopathen von neurasthenischem Typus und solche Hysteriker, bei denen Anfälle und psychische Erscheinungen im Vordergrunde stehen. Also schwerere Fälle. Übrigens käme es weniger auf die Art der Behandlung an als auf den Arzt. Simulation sei *nicht voreilig* anzunehmen. Immer handle es sich um Exazerbationen psychopathischer Konstitution. Daher sei die *Ablehnung der Faradisation* zu empfehlen.

Wichtige Gesichtspunkte scheint Liebermeisters (3) Arbeit zu enthalten. Da sie aus Deutschland nicht ausgeführt werden darf, weisen wir auf Anmerkungen aus Referaten hin, aus denen hervorgeht, daß sich der Autor für die Verpflichtung zur Heilung und für das Versagen einer Entschädigung einzusetzen scheint, soweit dieser Grundsatz nur durchzuführen ist. Zu dem gleichen Schluß ist Adler (4) gelangt. Er betont außerdem die Bedeutung der individualpsychologischen Methode, einer erzieherischen Psychotherapie, bei der die seit Kindheit bestehenden neurotischen Grundlinien des Charakters als fehlerhaft und irrtümlich aufgedeckt werden. Bei Vermeidung jeder Schablone findet man zuletzt als wesentlich, wie der Neurotiker instinktiv gegenüber den allgemeinen Forderungen des Lebens in einem subjektiven Gefühl der Schwäche zurückweicht, und wie er durch Einfühlung in eine Gefahr sich vor der wirklichen Gefahr zu sichern sucht. Die Neurose ergibt sich demnach als ein Mittel des Ausweichens. Die Prognose ist um so günstiger, je mehr Anzeichen eines aktiven »Mitspielens« im Vorleben des Patienten zu verzeichnen sind als Fortschritte in der Schule, Freundschaften, Liebesleben, rechtzeitige Ehe, Kinder, Berufstätigkeit usw. Der Neurotiker wird sich immer durch die Tendenz verraten, am »sichernden« kleinen Kreis seiner Familie zu kleben. Das Symptom und die Fixierung des Symptoms stehen unter der Herrschaft eines sichernden Zieles der Zukunft. Irgendwelche Schwierigkeiten, Simulation und Neurose auseinanderzuhalten, bestehen demnach nicht. Der Vortrag, der sich gegen die Starkstrombehandlung richtete, schloß mit der Mahnung, »alle Behandlungsmethoden zu vermeiden, die die menschliche Würde verletzen«. – Lewandowsky (5) schreibt auffallend ähnlich: »Die Erkrankten bekommen eine Neurose, um sich in Sicherheit zu bringen. Bei manchen spielt eine angeborene Unbotmäßigkeit – ein Sichnichtfügenwollen – bei der Entstehung des Heimatwunsches eine große Rolle ... Die eigentliche Ursache der Krankheit liegt nicht in der Vergangenheit, nicht in dem Trauma irgendwelcher Art, sondern in der Zukunft, in dem, was der Kranke nicht mehr erdulden will ... Die Krankheit *sichert* die Erfüllung des Wunsches einer Gefahr zu entrinnen. Lewandowsky betont auch die Gefahr der Ansammlung von Neurotikern wegen der Infektion und hält die Behandlung in der Heimat für schwieriger wegen des Wunsches zu bleiben, sagt aber nicht, was man andernfalls gegen den Wunsch in die Heimat zu kommen vorkehren könnte. Mit Recht hebt dieser Autor hervor, wie ein geheilter Fall andere Heilungen nach sich zieht. Auch ich entsinne mich einiger glatter Heilungen, die eine Pflegeschwester zustande brachte, indem sie von anderen geheilten Patienten sprach. Vielleicht veranschlagt er die Bedeutung des höheren militärischen Ranges für die Heilung etwas zu hoch. Seine Kur besteht in Situationsverschlechterung nach allen Richtungen, ergänzt durch Suggestion, durch Faradisation in einer von Kaufmann abweichenden Art, durch Hypnose. Scheinoperation und Scheinnarkose verwirft er. – Meyer (6) hält jede Methode für gut, sofern der Arzt nur an sie glaubt und sie unerschrocken fortsetzt. Man müsse dem Neurotiker die Überzeugung beibringen, daß er in seinem früheren Berufe wieder verwendungsfähig sei. – Raether (7) schildert seine Anwendung der Kaufmann-Methode, bestehend aus einer Art von psychotherapeutischer Vorbehandlung mit darauffolgender Anwendung des faradischen Stroms in einer Sitzung und aus Nachbehandlung. Effekt: 97 % Heilungen, bürgerlich erwerbsfähig. L. Mann (8) weist darauf hin, daß er schon im Jahre 1911 mit Verbalsuggestion und folgenden faradischen Strömen behandelt habe.

Aus Naegelis (9) »Unfalls- und Begehrungsneurosen« wollen wir hier hervorheben, daß er bei einmaliger Kapitalsabfindung volle Arbeitsfähigkeit und Heilung eintreten sah. Er nimmt scharf Stellung gegen Oppenheim und leugnet, wie derzeit die meisten Autoren, den Bestand der »Unfallneurose«.

Trömner (10) demonstriert eine pseudosklerodermatische Form der traumatischen Neurose (Oppenheim), die er als hysterische Parese mit Trophoneurosen infolge von Verletzung des Handrückens und durch einen zwei Monate lang getragenen Verband verschuldet auffaßt. Derselbe hebt eine Erscheinung der »bilateralen Monästhesie« hervor, bei der zwei weit entfernte, gleichzeitig aufgesetzte Zirkelspitzen als eine Berührung empfunden werden. Er sieht darin einen brauchbaren Beweis für den Bestand einer hysterischen Aufmerksamkeitsbeschränkung. – Leußer (11) bespricht einen Fall von tachykardischen Paroxysmen, die in vier Generationen bestanden. Heinze (12) schildert den Erfolg der hypnotischen Behandlung hysterischer Kriegserscheinungen. Er hatte 86 % Heilungen, auch bei simulierter Hypnose stellten sich Erfolge ein. Volle Dienstfähigkeit hatte keiner erlangt, militärische Verwendbarkeit trotz Heilung des Symptoms nur ein kleiner Bruchteil. Er hält die neurotischen Kriegserkrankungen für vorübergehende Reaktionen auf dem Boden psychopathischer Minderwertigkeit. Minkowski (13) erinnert an einen von *Israel* vor 30 Jahren einer Scheinoperation unterworfenen Fall. Der Erfolg dauerte so lange, bis die Kranke die Wahrheit erfuhr. – Bumke erinnert an die große Komplikation psychischer Zustandsbilder. Bezüglich der Hypnose gilt das gleiche. Ein Teil ist refraktär, ein anderer benutzt die Hypnose als Rückzugslinie, ein weiterer Teil ist von der Heilung so erfreut, daß eine »Begehrungsvorstellung« nicht angenommen werden kann. Seine Erfahrungen leiten ihn zu dem Schlusse, man möge keine Rente zuerkennen und die Diensttauglichkeit verneinen. Gegen Scheinoperationen und manche andere Behandlungsmethoden müsse sich der Kliniker wehren, weil das Personal dazu erzogen werden muß, keinen Zwang, keine Strafe und keinen Betrug anzuwenden. – Kraus (14) scheint am Wesen der Neurose, in der das Symptom zum Mittel wird, vorbeigegangen zu sein, wenn er behauptet, die Neurasthenie ist nicht das Monopol der Neurologie. Seine Begründung geht ungefähr dahin, daß er die konstitutionelle Bedingung, die *Organminderwertigkeit* als Verpflichtung zur Neurose, nicht als Verlockung versteht.

Mohr (15) sieht das Wesen der Depressionszustände in einem Konflikt des Pflichtgefühls mit der Unlustabwehr, wie er sich bei gewissenhaften, skrupulösen Menschen entwickelt. (Dabei wäre freilich noch von der »unsozialen Gewissenhaftigkeit« ein Wort zu sagen.) – Die Heilung kann nur durch psychische Beeinflussung zustande kommen. Für die Behandlung erweisen sich als notwendig: Kleine Erholungsheime mit 20–30 Patienten auf einen Arzt in der Etappe, fern von der Heimat, Ausschaltung von allen anderen Kuren und Einleitung einer Psychotherapie, die den Patienten zum Herrscher über seine Symptome macht. – Weichbrodt (16) hebt wieder hervor, daß die Erkrankung oft erst längere Zeit nach dem Trauma ausbreche. Zuweilen entstehe sie erst durch ein Wiedererleben eines Traumas oder durch die Aussicht auf ein solches bei Soldaten, die noch nicht im Felde waren. Bezüglich der Frage: hinter der Front oder in der Heimat? lehnt er eine einheitliche Entscheidung ab. Die Rothmannsche Methode scheint ihm den Krankheitsgedanken zu festigen. Auch kann die Narkose abgelehnt werden. Die Kaufmannmethode läßt er gelten. Betreffs der Hypnose hebt er die Persönlichkeit Nonnes als ausschlaggebend hervor. Seine Methode besteht in einem einfachen Dauerbad von 24 Stunden, das zuweilen auf 40 Stunden ausgedehnt wurde. Eine Steigerung der

Wirksamkeit ergibt sich bei Verabreichung des Dauerbades *in einer geschlossenen, unruhigen Station*. Der Erfolg betrifft nur die Störung, nicht die Hysterie. Ausgang oder Urlaub werden untersagt. Wenige werden felddienstfähig, alle berufsfähig. Tritt für Entziehung der Renten ein. – Für Offiziere dürfte sich diese Methode nicht eignen. – Alt (17) glaubt nur an die »Hinterlandsneurose«. Nach einer Schätzung werden 75 % garnisondienstfähig. – Quensel (18) sieht in der Kriegsneurose eine Kombination einer wirklichen Krankheit und einer Reaktion auf äußere Umstände. – Jolly (9) findet im Kriegsneurosenmaterial 1–3 % felddiensttauglich und hebt besonders den Wert der Arbeitstherapie hervor. Hypnose zeigte sich wenig wertvoll, die elektropsychische Behandlung wirkte gut. – Er empfiehlt schwache Ströme verbunden mit Übungen. »Maßgebend ist nicht, wie die Leute entlassen werden, sondern was später aus ihnen wird.« Seine Nachforschungen ergaben: Von 41 Hysterikern blieben 30 d. u., drei kamen ins Feld, fünf wurden g. h. und drei a. v. – Von 23 Neurasthenikern kam einer ins Feld, 15 wurden g. d. f., drei a. v. und vier d. u. Von 14 Fällen mit leichten Störungen kamen fünf ins Feld, neun wurden g. d. f. Bei einem Drittel dieser Hysteriefälle schwankte die Intelligenz zwischen leichter Debilität und Imbezillität. Eine ungemein wichtige Bemerkung macht dieser Autor, ohne ihr weiter nachzugehen. Er findet nämlich in seinem Material auffallend *viele ungelernte Arbeiter*. Auch das riesige Material der Krakauer Nervenzentrale zeigt das gleiche Verhältnis. Es drückt sich darin, wie in seinem Gegenstück, in der relativen Seltenheit der grob sinnfälligen Kriegsneurosen bei Offizieren, die für das Verständnis der Neurose grundlegende Tatsache aus, *daß ausschließlich zögernde, den gesellschaftlichen Aufgaben gegenüber zaghafte Naturen befallen werden*. – Kehrer (20) gibt endgültig die Hoffnung auf, auch nur bei einem nennenswerten Prozentsätze der Kriegsneurotiker Felddienstfähigkeit zu erreichen, mahnt aber zur größten Kraftanstrengung, um brauchbare Arbeiter hinter der Front zu erzielen. Seine Methode setzt sich *aus allen Situationsverschlechterungen* zusammen, darunter auch Einschränkung der Nahrungszufuhr und Milchdiät und aus »Gewalt- oder Zwangsexerzieren«. Er tadelt den Mißbrauch des faradischen Stroms in der Hand von Nichtfachärzten und ist von der aufklärenden Psychotherapie enttäuscht, ohne auf die Art der versuchten Aufklärung weiter einzugehen. Er legt ebenfalls viel Gewicht auf die Atmosphäre, in der sich jeder sagen müßte, daß er ungeheilt nicht vorkommt, und setzt die militärische Autorität in der Behandlung obenan.

Sauer (21) knüpft mit Frank an den anfänglichen Anschauungen Breuer-Freuds an, nach welchen die Neurose einem eingeklemmten Affekt entstammt, und lehnt den späteren Standpunkt Freuds von der sexuellen Ätiologie bezüglich der Kriegsneurose ab. Er versucht also, die »Affektspannung« durch Wiederauflebenlassen des Affekts in der Hypnose zu verringern und berichtet über Heilungen, die durch Briefe aus dem Felde ihre nachträgliche Bestätigung gefunden haben. Mit Recht hat Wexberg dieser und ähnlichen Theorien vor Jahren entgegengehalten, wer bei einem Erlebnis, sexuellen Trauma usw., derart verändert wird, wird nicht erst daran krank, sondern ist schon krank. Ferner wäre der Einwand zu erwägen, wie wenig Verständnis für das Wesen des Patienten bei dieser Kur erwächst, so daß die Behandlung nicht als ätiologische, sondern viel eher als eine durch unwissentliche Situationsverschlechterung bewirkte angesehen werden müßte. Außerordentlich naheliegend ist es auch, anzunehmen, daß der Patient bei diesen therapeutischen Vorgängen mehr aus seinem Seelenleben und über sein Ziel errät, als der Arzt merkt, und daß ersterer in dieser neuen Position die Schwenkung zur Abtragung des Symptoms macht. Damit ist die praktische Eignung der Methode nicht bestritten. Hervorzuheben ist noch, daß der Autor Heimatlazarette bevorzugt. – Jalowicz (22) betont die Seltenheit der Entstehung von Neurosen im Felde. Unter 25 Fällen fand er nur zwei, die nicht vorher selten anderer Leiden wegen in Behandlung gestanden hatten. Er weist auf den neurosenfeindlichen »Gefechtstonus« in den vorderen Reihen hin, hebt den Mißbrauch mit dem Trauma der »Verschüttung« hervor und stellt fest, daß er niemals eine Neurose im Anschluß an eine wirkliche Verschüttung gesehen habe. Er hebt gegen Oppenheim nochmals die Möglichkeit eines Übergangs von Simulation in Neurose hervor und warnt vor allzu raschem Abtransport in die Heimat. – Der Gegensatz zu Oppenheim ist nur ein scheinbarer, da auch Jalowicz nicht die Entstehung der Neurose, sondern neurotischer Symptome bei ursprünglich Simulierenden im Auge haben dürfte. Die »Symptombereitschaft« benötigt in der Tat zu ihrer Vollendung einer *Anzahl von Vorbereitungen*, Trainings, Arrangements, von denen, wie auch die Friedenspraxis zeigt, einige in den Bereich der Simulation und Aggravation fallen. Dieser Vorgang geschieht in der »Latenzperiode« und läßt sich am übersichtlichsten aus den Träumen verfolgen und vorhersagen.

Sommer (23) beseitigt funktionelle Taubheit bei Soldaten mittels einer experimentell-psychologischen Methode. Während der Patient am Apparat zur Analyse der Fingerbewegungen sitzt, wird plötzlich hinter ihm eine Glocke angeschlagen. Es erfolgt eine Zuckung des Vorderarms als Beweis, daß der Ton vernommen wurde. – Fast alle seine Fälle hatten auch eine objektive Schädigung, z. B. Trommelfellruptur. Sommer sieht das Wesen der Neurose in einem »krankhaften Zwange zur Reflexunterdrükkung«. Dies soll wohl kaum mehr als eine Umschreibung des Tatbestandes sein, Nißl v. Meyendorf macht in der Diskussion darauf aufmerksam, daß es sich bei diesen tauben Soldaten um hörende gehandelt haben muß. – Man darf sich die therapeutische Wirkung wohl ähnlich vorstellen, wie bei dem Kunstgriffe, der bei frischen Fällen oft gelingt, den Kranken nach gründlicher Untersuchung mit den Worten zu vorlassen: »eine solche Krankheit gibt es nicht.« – Imhofer (24) betont die Schwierigkeit der Entlarvung von Simulanten der Taubheit, zu der viel Zeit, viel Beobachtung und ein mit Einfällen gesegneter Arzt gehöre. Wichtig sei die organische Beschaffenheit und die Vorgeschichte des ganzen Menschen. Die Anästhesie des Trommelfells sei bedeutungslos. Das Ergebnis der Prüfung des statischen Organs sei bedeutsam. Ferner sei die Psychologie des wirklich Tauben heranzuziehen. Die Idiotie darf nicht vergessen werden.

Erich Stern (25) will die Pathogenese der Psychoneurosen »in einer Labilität der psychoneurotischen Einzelfaktoren« gefunden haben, »aus denen sich dann ein labiles Gleichgewicht der Gesamtpsyche herleitet.«

Strümpell (26) unterscheidet zwei Gruppen von funktionellen Nervenerkrankungen: 1. solche Erkrankungen, die mit dem Bewußtsein direkt nichts zu tun haben, 2. solche, die mit einem veränderten Zustande des Bewußtseins zusammenhängen. Zu ersteren zählt er Epilepsie, Chorea, Eklampsie, Myasthenie, Tetanie, echte Neuralgie und Migräne und benennt sie somatische funktionelle Neurosen. Schwierig scheint ihm die Einreihung von Tik, Tremor, Myoklonie, vasomotorischer, sekretorischer und traumatischer Neurose. Für organische Erkrankung sprechen dauernde Ausfallerscheinungen, Ea.-R., reflektorische Pupillenstarre, Fehlen von Reflexen und pathologische Steigerung der Reflexe mit Ausdehnung der reflexogenen Zonen. Für psychogene Erkrankung sprechen Reizsymptome, charakteristische An- und Hemianästhesien und die Möglichkeit der suggestiven Provokation von Anfällen. Manches an dieser Einteilung dürfte zu exakt ausgefallen sein, z. B. die Bedeutung der Reflexsteigerung mit Ausdehnung der reflexogenen Zone, die man gerade bei psychogenen Kriegsneurosen häufig sieht, insbesondere wenn sich der wohl jedem Untersucher aufgefallene, *unbewußt eingelernte Spasmus* vorfindet.

Rothe (27) empfiehlt die stoische Philosophie als Mittel der Beeinflussung von Stotterern. Es ist dies bei dem häufigen Fehlschlagen aller Kuren gewiß ein bemerkenswerter Standpunkt. Rothe sucht mit Recht eine seelische Umwandlung des ganzen Menschen zu erzielen, in der Überzeugung, daß »dem Stoiker das Stottern eine Prüfung des Schicksals ist, der er sich durch Beruhigung würdig erweisen muß«. Die Schwäche dieser Anschauung liegt offensichtlich im Begriffe der »Prüfung«, da so die Wurzel des Übels unerkannt bleibt und bestenfalls zufällig, sicher ohne begleitendes Verständnis des Arztes wegfallen könnte.

Sterts (28) betont die Analogie der normalen Affektausstrahlungen und der hysterischen Symptome. Erstere wären als physisch, nicht als psychisch anzusehen. Die hysterische Reaktionsweise sei unabhängig von gleichzeitigen organischen Veränderungen und entstehe auf dem Boden einer bestimmten Veranlagung. Eine weitere Bedingung zum

Ausbruch der Krankheit sieht er wie Charcot und Breuer im »hypnoiden Zustande«. Die Neigung zur »Fixierung« könnte ein allgemeines Prinzip der psychopathologischen Anlage sein. Hysterische Komplexe könnten ohne Wünsche, Begehrungsvorstellungen, Erwartungen, Befürchtungen bestehen. Ist das letztere aber der Fall, wie bei der Renten- und Kriegshysterie, so ergibt sich daraus eine Quelle stets sich erneuernder Energie, die die Krankheit unterhält. – Der naheliegende Einwand, ob die »Labilität« der Symptome ebenso wie die »Fixierung« ein allgemeines Prinzip der Anlage darstellt, und wann das eine, wann das andere in Kraft tritt, ein Gesichtspunkt, der tiefer führen könnte, wird von Stertz nicht berücksichtigt. Auch die Mittel nennt der Autor nicht, mit denen es ihm gelungen ist, richtunggebende Ziele des Hysterikers auszuschließen. Dagegen nähert sich seine Auffassung von der Renten- und Kriegshysterie der Erfassung des Begriffs der »aktuellen Position«, einer erschwerenden Form der »individuellen Position« des Neurotikers. – Zangger (29) steht auf dem Boden der Anschauung, die eine Heilung der Neurosen durch eine Korrektur des Charakters und durch Verschärfung des Verständnisses zu erzielen sucht. – Dubois (30) bekämpft mit Recht, aber ohne schlagende Gründe den Begriff der »Konversion«, der von Freud herrühren dürfte. Er meint, daß »alle beobachteten nervösen Störungen gewöhnliche physiologische Erscheinungen des emotionellen Zustandes« seien. »Sie weichen vom normalen Zustande nur durch ihre Intensität und durch ihre Fixierung ab.« Dies ist so weit richtig, als wir in der Tat niemals überphysiologische Erscheinungen wahrnehmen. Der Konversionsbegriff setzt aber etwas anderes, die Erhaltung der seelischen Energie in der dürrsten Weise voraus und verdankt sein Dasein nur dem Umstande, daß der Arzt jede von der seinen abweichende Reaktion als Konversion verzeichnet. – Mit Übersehung der Tatsache einer individuell-zweckmäßigen Reaktion kommt Schuster (31) zu dem Schlusse, daß sich in Fällen, in denen die Funktion dauernd oder vorübergehend krankhaft verändert ist, das anatomische Substrat irgendwie gegen die Norm verändert hat.

Nonne (32) zielt nur auf den Effekt der Symptomfreiheit mit seiner Suggestionsbehandlung. Die Methode eigne sich auch für Offiziere. Die Fähigkeit zu Rezidiven sei groß. Felddienstfähigkeit käme selten zustande. Der Hauptwert dieser Behandlung bestünde in Erreichung des a. v., die Rente falle weg. Von 42 neuerlichen Fällen leisteten 26 volle Arbeit, 16 waren noch leidend, verrichteten aber leichte Arbeit, zwei wurden rückfällig. Die ursprüngliche Kaufmann-Methode habe sich ganz in *Persuasions*-Methode verwandelt, bei der mit faradischen Reizen nachgeholfen werde.

Straßer (33): »Alles, was aus der Imaginationstätigkeit eines Menschen sich schöpferisch zu entwickeln vermag, kann zum Symptomenkomplex einer funktionellen Gemüts- oder nervösen Erkrankung verwendet werden. Jede seelische Tätigkeit muß vor allem als vorbereitende Aktion in die Zukunft verstanden sein. *Die finale Orientierung* des seelischen Geschehens, die man nur der »Rentenhysterie« zubilligen wollte, läßt sich bei jeder Neurose nachweisen. Die Imagination einer Erschöpfung kann sich funktionell genau wie diese selbst äußern. Das »Trauma« hat die Eignung, die persönliche Verantwortlichkeit beiseite zu schieben. Von der Gesundheit führen zahlreiche Spuren zur nervösen Erkrankung und fast jeder wird aus einer Katastrophe in irgendeiner Form ein Memento und eine *Sicherung* nach Hause nehmen. Individualpsychologisch läßt sich hinter der Neurose immer die Schwächung erkennen. Seine Unfähigkeit, sich in den Allgemeinheitsgedanken einzufügen, erweckt gegen denselben *Aggression*, die sich neurotisch gestaltet. Eine Therapie muß den grundlegenden Konflikt zwischen Staatspflicht und Individualität lösen können.

Die Kriegsneurose hat die wichtigsten Fragen der Neurosenpsychologie in beschleunigten Fluß gebracht. Die weitere Verfolgung des Materials und der einschlägigen Arbeiten dürfte zu einheitlicheren Anschauungen führen, die sich den unseren nähern werden.

Literaturverzeichnis

1. Schanz: Münch. med. Wochenschr. H. 12. 1916.
2. Blencko: Ebenda H. 32. 1917.
3. Liebermeister: Über die Behandlung von Kriegsneurosen. Halle 1917.
4. Adler: Vortrag in der militärärztl. Sitzung in Krakau. November 1916.
5. Lewandowsky: Münch. med. Wochenschr. H. 30. 1913. Feldärztl. Beilage.
6. Meyer: Therap. Monatsh. Juni 1917.
7. Raether: Arch. f. Psychol. Bd. 57, 1917.
8. Mann, L.: Dtsch. med. Wochenschr. 1917. Nr. 29.
9. Naegoli: Unfall- und Begehrungsneurosen. Stuttgart 1917.
10. Trömmer: Ärztlicher Verein in Hamburg. 22. Mai 1917.
11. Leußer: Münch. med. Wochenschr. 1917. Nr. 23.
12. Heinze: Med. Sektion d. schles. Ges. f. vaterl. Kultur zu Breslau. 9. März 1917.
13. Minkowski: Ebenda.
14. Kraus: Kriegsärztliche Abende.
15. Mohr: Med. Klin. 1915.
16. Weichbrodt: Arch. f. d. ges. Psychol. Bd. 57. H. 2.
17. Alt: Ebenda.
18. Quensel: 20. Vers. mitteldeutscher Psychiater und Neurologen in Dresden. 6. Januar 1917.
19. Jolly: Ebenda.
20. Kehrer: Zeitsehr. f. d. ges. Neurol. u. Psychiatr. Bd. 36, H. 1 u. 2.
21. Sauer: Ebenda.
22. Jalowicz: Ebenda.
23. Sommer: 20. Vers. mitteldeutscher Psychiater und Neurologen in Dresden. 6. Januar 1917.
24. Imhofer: Wien. klin. Wochenschr. 1917. Nr. 23.

25. Stern, Erich: Sommers Klin. f. psych. u. nerv. Kr. Bd. 10, II. 1, 1917.
26. Strümpell: Med. Klin. 1916. Nr. 18.
27. Rothe: Zeitschr. f. d. ges. Neurol. u. Psychiatr. Bd. 36, 1917.
28. Stertz: Ostdeutscher Verein f. Psychiatrie. Dez. 1916.
29. Zangger: Neurol. Ges. Bern 1916.
30. Dubois: Ebenda.
31. Schuster: Neurol. Zentralbl. 1916. H. 12.
32. Nonne: Wandervers. d. südwestdeutschen Neurologen und Psychiater in Baden-Baden. Juni 1917.
33. Strasser: Schweizer Korrespondenzbl. 1917. Nr. 9.

XXVI. Myelodysplasie oder Organminderwertigkeit?

In einer *»Studie über Minderwertigkeit von Organen«*[1] habe ich im Anhang an einem einzelnen Organsystem, dem Harnapparat, zeigen können, daß den pathologischen Veränderungen, seien sie funktionell oder morphologisch, oft auch eine angeborene Minderwertigkeit im Organ und seinem nervösen Überbau zugrunde liegt. Diese Minderwertigkeit bleibt recht häufig im Zustande der Latenz, und das erwachsende Defizit wird durch Kompensation gedeckt. Sehr oft wird die Minderwertigkeit an einer Stelle des Systems manifest und beherrscht das Krankheitsbild.

Als die deutlichsten Manifestationen beschrieb ich Krankheitsheredität und familiäres Auftreten, Kinderfehler, Degenerationszeichen und Reflexanomalien und ging am Schlusse daran, von einem der Minderwertigkeitszeichen aus, der *Enuresis*, die anderen als mit ihr verbunden nachzuweisen. In meiner damaligen Kasuistik von 50 Fällen, die sich seither bedeutend vermehrt hat, konnte ich die Geschlossenheit der Organminderwertigkeitszeichen klarlegen. Einen breiten Raum nahm dabei die Aufdeckung der *segmental angeordneten Minderwertigkeit* ein, die im Falle der Enuresis vor allem angeborene Anomalien der unteren Extremitäten betrifft und die Anordnung von Naevis, Neurofibromen und Angiomen[2] in der befallenen Gegend.

Der hervorspringende Gesichtspunkt war der, den Begriff der Disposition zu ersetzen durch die Feststellung von hypoplastischen und dysplastischen Anlagen der Organe und ihres nervösen Überbaues, und diesen Tatbestand durch den klinischen Nachweis der oben erwähnten Minderwertigkeitszeichen zu erhärten.[3]

1. Verlag J. F. Bergmann, München 1927.
2. Von Eppinger bestätigt.
3. Kretschmer und andere zeigten in ihren Arbeiten die Fruchtbarkeit dieses Gesichtspunktes.

Da meine Arbeit sich auf Anomalien und Erkrankungen des ganzen Organismus bezog, so mußten meine Schlüsse, die ich als Organminderwertigkeitslehre zusammenfaßte und für alle Organsysteme zu beweisen trachtete, wohl in erster Linie eine prinzipielle Geltung beanspruchen. Immer wieder aber wurde darauf hingewiesen, daß sich die Organminderwertigkeit genetisch durchsetzt, *das ganze Organ und seinen nervösen Überbau* befällt, sich aber oft nur an einzelnen Stellen manifestiert. Ich verweise auf Seite 10, 17, 22, 25, 30, 31, 47, 49, 53, 57, 60, 61: »Ja, es muß sogar hervorgehoben werden, daß sich die bereits charakterisierte Gleichzeitigkeit mehrfacher Organminderwertigkeit auch auf einzelne Anteile, Nervenbahnen des Zentralnervensystems erstreckt, und daß sehr häufig der Wertigkeit jedes Organs eine von Natur aus proportionale Wertigkeit derjenigen Nervenbahnen entspricht, die mit dem zugehörigen Organ in Verbindung stehen, von ihm ihre Erregung beziehen und ihre Impulse zu ihm leiten.«[1] Ferner auf den Anhang Seite 75 (Zur Minderwertigkeit des Harnapparates – Schicksale der Enuretiker und ihres Stammbaumes): »An dieser Stelle muß ich mich darauf beschränken, die Zentrierung der Minderwertigkeitserscheinungen des Harnapparates durch die Enuresis durchzuführen, die gleichzeitige Minderwertigkeit des Zentralnervensystems und des Sexualapparates hervorzuheben und dieses durch Fälle zu belegen.« Ebenso Seite 78: »Dem mangelhaft dem Milieu gehorchenden Organ (der Blase) ist ein ursprünglich minderwertiger psychomotorischer Überbau übergeordnet …« Dies und der ganze Sinn und Zweck meiner »Studie« sollen dem Nachweis gelten, daß sich die Minderwertigkeit morphologisch oder funktionell (siehe Seite 5–17) an einer Stelle des Organsystems manifestieren könne und so die angeborene Dysplasie oder Hypoplasie des Organsystems und seines »nervösen Oberbaues« verrate.[2]

1. Gilt natürlich auch für den Zusammenhang, in dem das vegetative System und die endokrinen Drüsen eingeschlossen sind.
2. Ich habe mich überzeugt, daß kleine Varianten der zugehörigen Organe auch an anderen Stellen, z. B. bei Sprachdefekten wie Stottern als Anzeichen, meist auch als reale Schwierigkeiten im Beginne der Funktion zu werten sind.

Alfred Fuchs hat in einer Arbeit über *»Myelodysplasie«* (Wien. med. Wochenschr. Nr. 37 u. 38, 1909) die Ansicht ausgesprochen, »daß wir einzelne, vielleicht sogar viele Krankheitsbilder, welche bisher als funktionelle Neurosen angesehen wurden, *mit größter Wahrscheinlichkeit auf eine kongenitale Hypoplasie oder Dysplasie* der unteren Rückenmarksabschnitte zurückführen können …« Diese Arbeit, die im ganzen die gleichen Beziehungen schildert und zu ähnlichen Schlußfolgerungen gelangt, wie sie von mir behauptet und in weiterem Umfange an einem größeren Material nachgewiesen worden waren, faßt, ohne meine Arbeit zu erwähnen, sechs Punkte zum Symptomenkomplex der Myelodysplasie zusammen, als da sind:

1. Sphinkterenschwäche, speziell Enuresis nocturna der Erwachsenen.
2. Syndaktylie, bei deren Besprechung noch einige Symptome Erwähnung finden: kongenitale Pigmentation in mechanischer Anordnung vom 6. Dorsalwirbelfortsatze bis zur Mitte des Kreuzbeines reichend, Hypertrichosis lumbalis und Pes planus.
3. Sensibilitätsstörungen.
4. Defektbildungen der unteren Abschnitte der Wirbelsäule und des Kreuzbeines, rudimentäre Entwicklung einer Spina bifida occulta, vermutungsweise noch Überzähligkeit von Kreuzbeinwirbeln, Formveränderungen der unteren Lendenwirbel u. a.
5. Reflexanomalien.
6. Deformitäten des Fußgerüstes, trophische und vasomotorische Störungen an den Zehen.

Ad 1. Was die *Enuresis* anlangt, habe ich diese sowie eine Reihe anderer Kinderfehler in meiner »Studie« *als hervorragendes Merkmal des minderwertigen zugehörigen Systems* in einem besonderen Abschnitt (II. Anamnestische Hinweise) abgehandelt und bin zu dem Schlusse gelangt, »daß ein Kinderfehler in der Heredität, bei Eltern, Kindern, Geschwistern des Erkrankten als *Verdachtsmoment für die Minderwertigkeit des dem Kinderfehler entsprechenden Organs anzusehen ist.«* Da Fuchs die Enuresis *der Erwachse-*

nen der des kindlichen Alters bezüglich ihrer Beweiskraft gleichsetzt, bin ich der Aufgabe enthoben, die Identität unserer Behauptungen in diesem Punkte nachzuweisen. Daß meine Schlüsse weitergehend sind, kommt weniger in Betracht. So der Hinweis, daß auch andere Teile des Systems, nicht bloß die zugehörigen Nervenbahnen, Zeichen und Folgen der Minderwertigkeit aufweisen können. In einer Arbeit über Nephrolithiasis[1] konnte ich den Zusammenhang mit Enuresis nachweisen und so eine der Behauptungen meiner »Studie« rechtfertigen, daß einer großen Anzahl von Affektionen des Harnapparates eine angeborene Minderwertigkeit des Systems zugrunde liegt, die sich durch die Enuresis verrät. Allerdings auch durch andere Minderwertigkeitszeichen, wie *Anomalien der Lendenwirbelsäule*, was späterhin durch die Befunde Jehles und anderer Autoren für die »lordotische Albuminurie« sichergestellt wurde, eine Affektion, bei der immer deutlicher die anamnestische Enuresis betont wird. Den von mir angegebenen Zusammenhang der Enuresis und anderer gleichgeachteter Minderwertigkeitszeichen mit Tabes konnte ich seither in einigen weiteren Fällen bestätigt finden und habe bereits früher in diesem Sinne auf Beobachtungen H. Schlesingers (Kombination von Nephrolithiasis mit Syringomyelie und Tubes sowie Israels (Dystopie der Nieren und Hydrozephalus) hingewiesen.

Und es erhebt sich die Frage: Ist die *Myelodysplasie*, wie Fuchs meint, wirklich *»ein ätiologisches Moment«*, kann die Enuresis in der Tat *»mit größter Wahrscheinlichkeit auf eine kongenitale Hypoplasie oder Dysplasie* der unteren Rückenmarksabschnitte« zurückgeführt werden oder ist sie nicht vielmehr, wie ich zuerst hervorgehoben habe, *die fehlerhafte embryonale Arbeitsweise eines im ganzen minderwertigen Harnapparats und seines nervösen Überbaues*? Da diese Frage die *einzige wesentliche Abweichung* von meiner Anschauung enthält, bin ich verpflichtet, im folgenden auf sie kurz einzugehen, obgleich sich in meinen früheren Arbeiten die hauptsächlichsten Erörterungen bereits vorfinden. In erster Linie spricht gegen die

1. Wien. klin. Wochenschr. Nr. 49, XX.

Abhängigkeit der therapeutische Effekt durch psychische Beeinflussung, ein Erfolg, den auch Fuchs beobachtet hat, ferner der bei aller Gleichmäßigkeit variable Verlauf der Affektion, bei der ungemein häufig Übergänge in Pollakiurie, Dysurie, aber auch in größere Retentionsfähigkeit durch *Überkompensation*[1] zustande kommen, Anomalien der Harnentleerung, die auf psychische Ursachen hin einander ablösen können. Auch müßte man das prägnante Bild der so ungemein häufigen Enuresis auf eine jedesmal in gleichem Sinne wirkende Anomalie des unteren Rückenmarksegments beziehen, wollte man der Hypothese Fuchs gerecht werden, eine Annahme, die schon an der Tatsache scheitert, daß die Enuresis selbst bei Hydromyelie durchaus nicht als regelmäßiger Befund nachzuweisen ist; daß sie durch die verschiedenartigsten abortiven Anomalien, die ich und später Fuchs supponieren, fast regelmäßig verursacht werden sollte, ist demnach eine grundlose Annahme. Vielmehr ist die Anschauung der Minderwertigkeitslehre gerechtfertigt, daß die Enuresis, das Steckenbleiben der Funktion im embryonalen Typus, die Minderwertigkeit des Organsystems verrät, zu der sich noch andere morphologische Minderwertigkeitszeichen gesellen können, und zwar im Organ, in den an- und abführenden Nervenbahnen sowie im zentralen Überbau.

Jede dieser weiteren Anomalien *kann unter Umständen ätiologisch wirksam werden* und Symptome schaffen, *aber nicht den enuretischen Komplex* hervorrufen. »*Die organischen Nervenerkrankungen* aber sind nach unseren Voraussetzungen nur Spezialfälle, bei denen die lokalisierte Minderwertigkeit zu entzündlichen oder degenerativen Veränderungen« gelangt (siehe Studie Seite 69).

Ad. 2. Was den Befund der *Syndaktylie* anlangt, so kann ich in ihm, fast wie Fuchs, bloß die Hervorhebung eines der vielen peripheren *Degenerationszeichen* erblicken, aus denen sich die Minderwertigkeit der unteren Extremitäten und ihres nervösen Überbaues erschließen läßt. Ihren Zu-

1. Siehe »Studie« l. c.

sammenhang mit der Minderwertigkeit des Harnapparats (ebenso des Sexual- und Stuhlapparats) habe ich in meiner »Studie« hervorgehoben und durch die Beteiligung benachbarter Segmente erklärt. Im dritten Kapitel der »Studie« habe ich eine Anschauung vertreten, nach welcher die peripheren Degenerationszeichen in gleicher Weise wie Kinderfehler die Minderwertigkeit des zugehörigen Organs und seines Überbaues verraten. »Wenn von dieser embryonalen Hemmung (sc. im Organsystem) eine Spur bis an die äußeren Körpergrenzen reicht und sich so dem Auge des Forschers verrät, so geschieht dies in Gestalt der allgemein bekannten Degenerationszeichen. Besteht nun das Verdienst Fuchs darin, eines dieser Degenerationszeichen, die Syndaktylie, nach Fuchs Darlegungen eines der häufigsten, gefunden zu haben, so darf in diesem Falle doch nur von einer Koordination, wie auch ad 1 hervorgehoben wurde, von einer »Koinzidenz«, keineswegs aber, wie Fuchs zusammenfassend hervorhebt, von der Syndaktylie als einem *»Symptom«* der Myelodysplasie gesprochen werden. Gilt aber die Koinzidenz, dann hat Fuchs meine Anschauungen über Degenerationszeichen und Stigmen als periphere Zeichen der Minderwertigkeit des zugehörigen Organs zu den seinen gemacht und sie durch Aufdeckung der Rolle der Syndaktylie wesentlich gekräftigt.

Degenerationszeichen an den unteren Extremitäten im Zusammenhang mit Enuresis habe ich selbst hervorgehoben, wie ich zum Schlusse noch kurz anführen will.

Einen breiten Raum nimmt in meiner »Studie« eine Anschauung über die *Bedeutung des Naevus* und einiger Gefäßanomalien als Zeichen einer *segmental zugehörigen Organminderwertigkeit* ein[1] (Seite 40).

Diese *»Naevustheorie«* behauptet, daß eine Anzahl von äußeren Stigmen wie Naevi, Angiome, Teleangiektasien und Neurofibrome »Beziehungen zeigen zu den ihnen segmental zugehörigen inneren Organen, so daß ihre Anwesenheit eine Minderwertigkeit des Segments, eine ›segmentale Insuffizienz‹ anzeigt«. Und dies wieder nicht im Sinne Fuchs' als

1. Seither von vielen Seiten (in bezug auf Lunge, Nieren, Magen) bestätigt.

ob der Naevus von der Rückenmarksanomalie abhängig wäre, sondern als peripheres koordiniertes Minderwertigkeitszeichen.

Daß diese Stigmen sich so oft im Umkreis minderwertiger oder erkrankter Organe, zuweilen längs des Segments verschoben, vorfinden, konnte ich an einem großen Material beobachten. Daß diese Beziehungen auch für die Minderwertigkeit des Harnapparates gelten, habe ich an einer größeren Anzahl von Fällen feststellen können. Nach mir hat Robert Franke[1] auf diese Zeichen *bei Lungentuberkulose* hingewiesen, hat ihnen aber eine andere Deutung gegeben. Josef Urbach[2] erwähnt in einer Arbeit über tabische Knochen- und Gelenkserkrankung die »Naevustheorie«, schließt sich meiner Auffassung an und folgert aus dem Befunde von Minderwertigkeitszeichen (Naevi am Rücken und Bauch, Genua vara, Venenektasien) die Prädisposition zur tabischen Arthropathie. An einem großen orthopädischen Material hat Siegmund Steiner seit längerer Zeit Nachprüfungen angestellt und meine Behauptungen bestätigt gefunden, daß die meisten Anomalien der Wirbelsäule den Naevus nachweisen lassen, was sicher für die angeborene Minderwertigkeit der Wirbelsäule in Fällen von Verkrümmungen spricht.

Andere Minderwertigkeitszeichen des enuretischen Komplexes, wie *Anomalien der Wirbelsäule, Pes planus, Lordose, Hypertrichosis, Andeutungen von Spina bifida*, habe ich gekannt und erwähnt. Die Häufigkeit des erweiterten Hiatus sacralis und seinen röntgenologisehen Nachweis sehe ich als einen wertvollen Beitrag zur Kenntnis von den Minderwertigkeitszeichen an. Auch in diesem Falle ist die Koinzidenz nicht zu bezweifeln, die Abhängigkeit zu verwerfen. Man könnte mit dem gleichen Recht die »Myelodysplasie« ein Symptom des Naevus nennen als umgekehrt.

Ad 3. *Sensibilitätsstörungen* bei Organminderwertigkeit habe ich kaum gestreift. Ein Hinweis auf den Zusammenhang mit den Headschen Zonen, der Versuch, die Meralgie paraesthetica mit der Minderwertigkeit des Harnapparats in Zusammenhang zu bringen, Pals frühere Befunde über

1. Münch. med. Wochenschr. 1908.
2. Wien. klin. Rundsch. Nr. 31, 32, 1909.

Koinzidenz der Meralgia paraesthetica mit Pes planus ermöglichen eine stärkere Einbeziehung dieser Affektion in unser Thema. Dies ist das Wenige, das ich als meine bisherigen, diesbezüglichen Kenntnisse aufweisen kann. Die Beschreibung der *»Gefühlsstumpfheit«* an den unteren Extremitäten, deren engere Einbeziehung in dien enuretischen Komplex nach den Darlegungen Fuchs' nötig ist, bedeutet sicherlich eine namhafte Erweiterung unseres Verständnisses auf dem strittigen Gebiete. Sie als *»organisch-spinales Symptom«* aufzufassen, gebietet bloß der Standpunkt des Autors. Sie kann ebenso gut der Ausdruck zerebraler als peripherer Minderwertigkeit sein und sich als qualitative oder analog den Knochen- und Hautanomalien als morphologische Varietät darstellen. Das Resultat solcher Sensibilitätsprüfungen wird stets auch abhängen vom Training des Gehirns, ebenso auch der Verlauf des Kinderfehlers wie der Enuresis von der Geschicklichkeit und Kooperation der Mutter. Immer liegt die letzte Entscheidung in der Kompensation durch das Gehirn, und stets ist die Annahme gerechtfertigt, daß allen Minderwertigkeitserscheinungen, also auch der Enuresis koordiniert eine Gehirnvariante besteht. Bei Erörterung der Minderwertigkeit von Sinnesorganen habe ich in der »Studie« gezeigt, daß sie sich durch Ausfall partieller Wahrnehmungen, durch »dissoziierte Empfindungshemmungen«, recht häufig auch durch gesteigerte Wahrnehmungsfähigkeiten verraten; letztere sind als Kompensationstendenz aufzufassen, aus der zuweilen eine Überkompensation, ein erhöhtes Interesse, eventuell künstlerische Fähigkeiten ihrem Ursprung nehmen.[1] Diese Klarstellungen lassen die direkte Abhängigkeit auch der Sensibilitätsstörungen von der Myelodysplasie für die größere Anzahl der Fälle als zweifelhaft erscheinen und rechtfertigen den Versuch, auch dieses »Symptom« als koordiniert den anderen anzureihen und es in eine Linie zu stellen mit toxischen und neurotischen sowie den ausgebreiteten Hypästhesien bei »Moral insanity«.

1. Als Beispiel mögen die Farbenblinden gelten, von denen einige, »die *Daltonisten*«, hervorragende Maler sind. Das wahrnehmbare Symptom, die Farbenblindheit, beruht auf peripherer Minderwertigkeit. Ähnliche *periphere Stigmen* lassen sich in den Sinnesorganen nachweisen.

Ad 4. *Offenbleiben des Canalis sacralis* usw. – ich habe in der Studie »Andeutungen von Spina bifida« gesagt – stellen wohl den Kernpunkt von Fuchs' Darlegungen vor. In meiner Arbeit ordnen sie sich den segmnentalen Minderwertigkeitszeichen ein und behalten (siehe ad 2) ihre Gleichberechtigung und ihre Unabhängigkeit von der Minderwertigkeit des Rückenmarks. Haltungsanomalien der Lendenwirbelsäule sind in den einschlägigen Fällen häufig zu beobachten, gelegentlich auch bei Affektionen der Niere, wie Nephrolithiasis. In der Geschichte der Medizin müßte man bis auf Gall zurückgreifen, um dem Ursprung des Gedankens von Koinzidenz der Wirbelsäulentektonik und der Rückenmarkswertigkeit gerecht zu werden. Die Beobachtung von Fuchs über die Häufigkeit der Hiatusanomalien bedeutet also, wenn auch nicht in seinem Sinne, eine Bereicherung der Minderwertigkeitslehre.

Ad 5. Im IV. Kapitel der »Studie« (»Reflexanomalien als Minderwertigkeitszeichen«) gelangte ich zu dem Schlusse, daß sich die Ausfallserscheinungen bei Minderwertigkeit eines Organsystems darstellen »als motorische Insuffizienz, als mangelhafte Produktion zugehöriger Drüsensekrete und *vor allem als dürftigere Ausbildung oder Fehlen von Reflexaktionen aller Art, aber auch als deren Gegenteil*, als motorische Überleistung, als Hypersekretion und als *Steigerung der Reflexe*[1]«. Noch einmal möchte ich an dieser Stelle auf den Zusammenhang der mangelhaften Reflextechnik des minderwertigen Organs und seines Kinderfehlers (Enuresis, Blinzeln, Stottern, Erbrechen usw.) hinweisen. Mit der Enuresis im Zusammenhange stehen Sphinkterkrampf und »weiter Spinkter« (mangelhafter Reflex) sowie das nicht seltene Freudsche Adduktorenphänomen, eine partielle Myotonie. Der Ausfall der erworbenen Reflextechnik hängt in gleicher Weise vom Ausbau der peripheren, der Rückenmarks- und Hirnbahnen, ab. Toxische Einflüsse (der Schilddrüse, der Epithelkörperchen) als Beigaben einer mehrfachen Minderwertigkeit sind

1. Diese Stelle ist im Text durch den Druck nicht hervorgehoben.

ebensowenig von der Hand zu weisen, wie symmetrische oder unsymmetrische Kompensation im Rückenmark und Gehirn. Morphologische Veränderungen wären als ursprünglich koordinierte Stigmen anzusehen, die unter Umständen »Symptome« erzeugen können. Sonst überwiegt in den Reflexanomalien der *embryonale Charakter*, wie ich bezüglich der Veränderungen des Gaumenreflexes bei entsprechender Organminderwertigkeit nachzuweisen versucht habe.

Ad 6. Von *Minderwertigkeitszeichen der unteren Extremitäten* habe ich an Einzelheiten noch namhaft gemacht: *unpropotionierte Beine*. Die Deformitäten, die Fuchs noch namentlich anführt, Ples planus, varus, valgus usw., sind wohl ebensowenig als »Rückenmarkssymptome« in Anschlag zu bringen wie die oben erwähnten Minderwertigkeiten.

Die Ausführungen in meiner »Studie«, die ich in der Zusammenfassung des enuretischen Komplexes vorgetragen habe, will ich, um ihre Identität mit den Befunden Fuchs' aber auch ihre Differenz hervorzuheben, in einem kleinen Bruchstück wörtlich folgen lassen. Sie lauten. »Der segmentalen Minderwertigkeit bei Enuretikern muß ich großes Gewicht beilegen. Nicht so sehr den Hautanomalien, die sich als Naevi oder Neurofibrome in der Höhe der Niere, in der Blasengegend oder in der Schenkelbeuge oft vorfinden, sondern einer Minderwertigkeit, die oft den ganzen hinteren Rumpfabschnitt betrifft und sich als primäre Schwäche in der Harn-, Stuhl- und Samenentleerung geltend macht, die oft überwunden, auch überkompensiert werden kann und offenbar mit einer Minderwertigkeit dies Rückenmarks in der Höhe der Lendenwirbelsäule in Verbindung steht. Nicht selten sind in dieser Minderwertigkeit die unteren Extremitäten mitinbegriffen. Diese Relation ist wichtig für die Frage der Tabes, der Ischias, der Stuhlinkontinenz in Enuretikerfamilien. Die Wirbelsäule beteiligt sich daran auch mit Andeutung von Spina bifida oder Deformität, die unteren Extremitäten mit Deformität, unproportionierten Beinen oder Gelenkerkrankungen.«

Nebenbei erledigt Fuchs die »neurotische Theorie« der Enuresis. Ich bin vor ihm diesen Weg gegangen und habe die organische Grundlage der Enuresis und anderer Kinderfehler ausreichend festgelegt. Meine Befunde haben mich aber weiter geführt und ich war gezwungen, die *gleichzeitige Minderwertigkeit des Gehirns* im Falle des Kinderfehlers im Betracht zu ziehen. Es ergab sich nun, daß die Kinderfehler »Signale sind, welche die noch nicht geglückte Bewältigung peripherer und zentraler Minderwertigkeit anzeigen«. In Verfolgung dieses Gedankens und meiner Befunde bei Neurotikern kam ich zur Behauptung, daß »alle Erscheinungen der Neurosen und Psychoneurosen zurückzuführen seien auf (absolute oder relative) Organminderwertigkeiten, den Grad und die Art der nicht völlig gelungenen zentralen Kompensation und auf eintretende Kompensationsstörungen«. Ich bin also zur Entscheidung gelangt, daß die Enuresis in jedem Falle von einer Minderwertigkeit des Organs und seines nervösen Überbaues den Ausgang nimmt, daß aber die einsetzende Kompensationstendenz das minderwertige Hirn in einen »Zustand hoher psychischer Spannung« versetzt, aus der die Disposition zur Neurose hervorgeht.[1] Daß diese Schlüsse bereits zur Geltung gelangen, zeigt mir unter anderem eine äußerst lesenswerte Arbeit von Otto Groß[2], der von einem engeren Gesichtspunkt aus, unter Anschluß an eine Arbeit Antons zu dem Ergebnisse gelangt, »in der psychopathischen Konstitution den unmittelbaren Ausdruck einer Störung in den kompensatorischen Regulationen, und zwar eines Mißverhältnisses zwischen der kompensatorischen Inanspruchnahme des Gesamtgehirns und seiner Befähigung zur kompensatorischen Mehrleistung« zu erblicken.

Auch muß hier noch einmal hervorgehoben werden, daß die neurotischen Symptome mit Vorliebe im Gebiet des minderwertigen Organs und seines psychischen Überbaues ihr Spiel treiben,[3] daß sie die Kinderfehler wieder aufleben lassen oder an ihnen anknüpfen können, eine An-

1. Siehe auch: Adler, *Die Disposition zur Neurose* in »Heilen und Bilden« l. c.
2. Über psychopathische Minderwertigkeiten. Wien und Leipzig: Braumüller.
3. Siehe auch: Der Aggressionstrieb im Loben und in der Neurose in »Heilen und Bilden« l. c.

nahme, die so weit ich sehe, von der psychoanalytischen Schule geteilt wird. Dagegen war die von mir bekämpfte ausschließliche Einbeziehung der Enuresis in die Neurosen vorwiegend eine Leistung der *Breslauer Schule.* Von dieser kann aber nicht schlechterdings behauptet werden, daß sie »einer gewissen spekulativen Richtung angehört«.[1]

1. Seither haben mehrere Forscher, besonders treffend J. Zappert (Wien. klin. Wochenschr. 1920, Nr. 22) meinen Standpunkt unterstützt gegenüber dem späteren, in wenigen Einzelheiten abweichenden Fuchs.

XXVII. Über individualpsychologische Erziehung

Es zeigt sich insbesondere vom Standpunkt der nervenärztlichen Behandlung, von welcher ungeheuren Bedeutung ein wohlgegründetes, fundiertes Verständnis der Erziehungsfragen ist, und wie notwendig es bis zu einer gewissen Grenze auch für jeden Arzt ist, die Erziehungsfrage zu beherrschen. Gerade vom Arzt verlangt man mit Recht, daß er ein Menschenkenner sei, und die bedeutsamen Beziehungen zwischen Arzt und Patienten scheitern ja regelmäßig, wenn der Arzt als Menschenkenner und als Erzieher versagt. Dieser Gesichtspunkt und diese Auffassung waren es auch, die Virchow die Worte in den Mund legten: »Die Ärzte müssen dereinst die Erzieher des Menschengeschlechts werden.«

Eine häufige Frage, die in unserer Zeit akut wird und wahrscheinlich in einiger Zeit noch viel stärker hervortreten wird, ist die, wie denn die Kompetenz zwischen Arzt und Erzieher abzugrenzen sei. Es ist sicherlich wichtig, sich über den ganzen Komplex der Fragen zu einigen und ihn zu überblicken; der Übergriffe gibt es ja genug, vielleicht von beiden Seiten. Die Zusammenarbeit mangelt allenthalben.

Fragen wir uns, was die Erziehung bezweckt, so fällt der Hauptpunkt, der hier in Betracht kommt, schon in den Rahmen der ärztlichen Tätigkeit. Die Heranbildung der Kinder zu sittlich handelnden Menschen, Förderung ihrer Eigenschaften zum Nutzen der Allgemeinheit wird wohl vom Arzt als selbstverständliche Voraussetzung seines Handelns empfunden werden. Und man kann von ihm in seiner Tätigkeit verlangen, daß alle seine Schritte, seine Maßnahmen in erster Linie damit übereinstimmen. Die unmittelbare Leitung der Erziehung wird immer Sache der Erzieher bleiben, der Lehrer und Eltern, denen wir aber wohl zumuten müssen, daß sie sich auch mit jenen Fragen und Schwierigkeiten vertraut machen, die nur der Arzt ergründen kann, weil er sie aus dem pathologischen Zusammenhang des Seelenlebens erst hervorholen muß. Ich will besonders betonen, daß die ungeheure Ausdehnung dieses Gebiets unmöglich in kürzerer Zeit durchmessen werden kann, daß ich nur einzelne Fragen streifen kann, deren Diskussion die nächste Zukunft beschäftigen wird, bevor eine einheitliche Auffassung derselben möglich sein wird. Immerhin ist es wichtig, jene Standpunkte kennen zu lernen, von denen die Individualpsychologie immer wieder behauptet, sie seien von ungeheurer Bedeutung, und ein Mißverstehen derselben räche sich an den Kindern im Laufe ihrer Entwicklung.

Was den Arzt in allernächste Nähe zu den Erziehungsfragen bringt, ist der Zusammenhang der seelischen Gesundheit mit der körperlichen. Nicht etwa bloß in jener Allgemeinheit, in der wir immer gehört haben, daß ein gesunder Geist in einem gesunden Körper wohne, eine Auffassung, die durchaus nicht stichhaltig ist. Wir haben genug Gelegenheit, körperlich gesunde Kinder und gesunde Erwachsene zu sehen, deren seelisches Verhalten durchaus nicht einwandfrei ist. Aber anders gewinnt dieser Satz eine große Bedeutung. Es ist schwierig, vielleicht ausgeschlossen, daß ein Kind von schwächlicher Konstitution seelisch zu jener Harmonie gelangt, die wir von gesunden Kindern erwarten. Stellen Sie sich ein Kind vor, das mit schwachen Verdauungsorganen zur Welt gekommen ist. Die Behütung wird von den ersten Tagen an eine sehr vorsichtige und ängstliche sein. Solche Kinder würden also in einer ungeheuer warmen Atmosphäre heranwachsen. Sie werden sich immer bevormundet und geleitet sehen, und ihr Lebensweg wird durch eine ungeheure Zahl von Verordnungen und Verboten eingeengt erscheinen. Die Bedeutung des Essens wird riesenhaft anwachsen, so daß sie selbst die Bedeutung der Nahrungsaufnahme und auch die Frage der Ernährung und Verdauung außerordentlich zu schätzen und zu überschätzen beginnen werden. Gerade die magendarmschwachen Kinder stellen ein großes Kontingent zu den schwer erziehbaren Kindern, was schon den alten Ärzten immer bekannt war. Man hat behauptet: solche Kinder müßten nervös werden. Eine derart verpflichtende, zwingende Kausalität besteht keineswegs. Aber der »feindselige« Charakter des Lebens drückt stärker auf die Seelen dieser leidenden Kinder und verleiht ihnen selbst eine feindselige, *pessimistische Perspektive* auf die Umwelt. Im Gefühle einer Verkürztheit fordern sie stärkere Garantien für ihre Geltung, werden egoistisch und verlieren leicht den Kontakt mit den Mitmenschen, weil ihre Ichfindung allzu gegensätzlich zur Findung der Umwelt ausfällt.

Denn die *Verlockung* wird für das Kind eine ungeheure, in seiner Beziehung zur Umgebung, in seiner Stellungnahme zur Schule und Welt die Unannehmlichkeiten, die es durch seine Magen-Darmschwäche und die häufigen Verschlimmerungen erfährt, *zu kompensieren durch Vorteile*, die es sich mit seiner Krankheitslegitimation zu verschaffen sucht. Es wird z. B. einen außerordentlichen Hang zur Verzärtelung erwerben. Es wird sich von frühester Kindheit an gewöhnen, daß andere ihm alle Schwierigkeiten des Lebens aus dem Wege räumen. Es wird viel schwerer zu einer Selbständigkeit gelangen, wird gewohnheitsmäßig in allen riskanteren Situationen des Lebens *größeren Anspannungen ausweichen*. Sein Mut, sein Selbstvertrauen wird sich maßlos erschüttert zeigen. Diese Haltung bleibt solchen Kindern bis in ihr höchstes Alter, und es ist nicht leicht, ein solches Kind, das vielleicht 10, 15, 20 Jahre lang als Schwächling, als verzärteltes Kind herangewachsen ist, in einen lebensmutigen Menschen voll Initiative, voll Unternehmungsgeist und Selbstvertrauen, wie es unsere Zeit erfordert, zu verwandeln.

Der Schaden für die Allgemeinheit ist sicher viel größer als wir von diesem Standpunkt übersehen, wenn wir nicht nur die magendarmschwachen Kinder hier in Betracht ziehen, sondern alle Kinder, die mit minderwertigen Organen zur Welt gekommen sind, die mit Minusvarianten von Sinnesorganen ausgestattet sind und deshalb den Zugang zum Leben irgendwie erschwert finden. Man kann oft in biographischen Mitteilungen oder auch in Mitteilungen von Patienten von diesen Schwierigkeiten hören. Die Ärzte werden in einem solchen Fall nicht bloß die seelische Erziehungsfrage zu behandeln haben, sondern auch aus allen Kräften dahin streben müssen, durch irgendein Hilfsmittel, durch Behandlung, durch Korrekturen des Gebrechens dafür zu sorgen, daß rechtzeitig dem Kind der Weg zu einem übertriebenen Schwächegefühl abgeschnitten wird. Wir werden dies umso eifriger tun, wenn wir uns die gerechtfertigte Überzeugung verschafft haben, daß es sich häufig nicht um bleibende Ausfälle handelt oder um eine Schwierigkeit größeren oder geringeren Grades, sondern wenn wir auch der zahlreichen Fälle gedenken, bei denen eine ursprüngliche, *später aber aufgehobene* Schwächung der Organe *ein andauerndes Schwächegefühl* vermittelt hat und für das Leben untauglich macht. Diese Verhältnisse komplizieren sich außerordentlich, weil die Kinder selbst nach irgendeiner Korrektur oder Kompensation streben. Den wenigsten gelingt eine glückliche Kompensation eines solchen Fehlers. Sie werden auf *irgendeine Weise* versuchen, die Unterschiede wettzumachen und etwa mit unkulturellen Mitteln, zuweilen freilich auch mit einer Steigerung ihrer ganzen Initiative und ihrer geistigen Kräfte, das Manko auszugleichen.

Bei allen diesen Fällen werden wir auch Charakterzüge wahrnehmen, die auffallend sind, die zu Störungen führen, z. B. eine große seelische Empfindlichkeit, die immer Konflikte hervorruft. Es handelt sich hier um Erscheinungen des täglichen Lebens, an denen wir nicht vorübergehen können, weil sie Geist und Körper schädigen.

Wir können nicht scharf genug darauf hinweisen, welche Not, welche Überspannung in der kindlichen Seele herrscht. Es gelingt mit leichter Mühe, untauglich gewordene Menschen, ihren geistigen Gesamthabitus daraufhin zu verstehen, daß sie ihre Untauglichkeit aus der Kinderstube mitgebracht haben. Überhaupt bedeutet *Krankheit und Krankheitsbegriff* für das Kind viel mehr als wir uns gewöhnlich klar machen. Wer die Seele des Kindes von diesem Standpunkt aus zu überblikken gewillt ist, der wird finden, daß es sich um ganz bedeutsame Erlebnisse handelt, und daß das Kranksein fast in allen Fällen nicht als Erschwerung des Lebens erscheint, sondern als Erleichterung, daß die Krankheit sogar als ein Mittel geschätzt wird, um Zärtlichkeiten und Macht, irgendwelche Vorteile zu Hause und in der Schule zu erreichen.

Es gibt eine Unzahl von Kindern, die immer das Gefühl der Kränklichkeit haben, die sich immer schwach fühlen. Und alle jene Fälle, bei denen eine Fortdauer von Erscheinungen nicht aus dem Krankheitsbefund erklärlich sind, zeugen ebenfalls dafür, *daß die Kinder sich des Gefühls der Krankheit bedienen*, um auf irgendeine Weise an die Oberfläche zu kommen, um irgendwie ihren Wünschen nach Herrschaft, nach Geltung in der Familie gerecht werden zu können. So beispielsweise bei jenen Fällen, die nach Keuchhusten lange Zeit noch an ähnlich klingendem Husten laborieren, bei denen wir auch regelmäßig finden, daß es ihnen gelingt, durch die Hustenanfälle ihre Umgebung in Schrecken zu versetzen – ein Fall, bei dem der Arzt genötigt ist, pädagogisch einzugreifen.

Dann wieder gibt es Eltern und Erzieher, die den gegenteiligen Standpunkt einnehmen, die die Kinder mit Härte, ja Brutalität behandeln, oder die immer den Anschein einer solchen Härte beim Kinde wachrufen wollen.

Das Leben ist so vielgestaltig, daß es die Fehler der Erzieher oft wieder ausgleicht. Aber man wird einem Menschen, dessen Kindheit unter Lieblosigkeit verlaufen ist, oft bis ins späteste Alter anmerken, daß er liebeleer geblieben ist. Er wird immer mißtrauisch voraussetzen, daß alle mit ihm lieblos verfahren werden. Er wird sich leicht abschließen und den Zusammenhang mit den anderen verlieren. Oft berufen sich auch solche Menschen auf ihre liebeleere Kindheit, als ob sie dadurch gezwungen wären. Verpflichtet ist ein Kind natürlich auch nicht dadurch, daß seine Erzieher mit ihm hart verfahren sind, sein Mißtrauen zu entwickeln, seine Kälte anderen zu zeigen, wie man sie ihm gezeigt hat, oder an seinen Kräften deshalb zu zweifeln. Auf solchem Boden entwickelt sich gerne die Neurose und Psychose. Immer wird man in der Umgebung solcher Kinder einen *Schädling* finden, der durch Unverständnis oder bösen Willen die Seele des Kindes vergiftet. Kaum ein anderer als der Arzt kann in solchen Fällen eine Änderung des Milieus durchsetzen, sei es durch Ortsveränderung, sei es durch Aufklärung.

Es gibt aber Komplikationen, die man erst bei tieferem Eindringen gewahr wird, die aber einmal verstanden das Bild außerordentlich erhellen.

So besteht ein grundlegender Unterschied in der seelischen Entwicklung eines Erstgeborenen gegenüber dem Zweitgeborenen oder den letzten Kindern. Auch die Eigenart von einzigen Kindern ist leicht festzustellen. Seelisch macht es sich oft sehr geltend, wenn in einer Familie nur Knaben oder nur Mädchen oder ein Knabe unter lauter Mädchen oder ein Mädchen unter lauter Knaben aufwächst. Dies sind die gegebenen Realien und Positionen, aus denen sich die Haltung der Kinder herleitet. Es ist häufig möglich, den Ältesten oder Jüngsten aus seinem Verhalten herauszufinden. Ich habe fast regelmäßig erfahren, daß der Erstgeborene in seiner Haltung ein konservatives Element aufweist. Er rechnet mit der Stärke, paktiert mit der Macht und zeigt eine gewisse Verträglichkeit. Vergleichen Sie die Biographie Fontanes, der ausführt: er gäbe etwas darum, wenn man ihm erklären könnte, woher bei ihm die Erscheinung stamme, daß er mit einer gewissen Neigung sich auf die Seite des Stärkeren stelle. Ich schloß mit Recht, als ich diese Stelle las, daß er ein Erstgeborener sein mußte, der auch seine Überlegenheit über die Geschwister als ein unantastbares Gut empfand.

Der *Zweitgeborene* findet immer vor sich und neben sich einen anderen, der mehr kann, mehr bedeutet, der meist auch mehr Freiheiten hat und ihm überlegen ist. Ist dieser Zweite entwicklungsfähig, so wird er unbedingt in einer fortwährenden Anspannung leben, um den Ersten zu überflügeln. Er wird förmlich wie unter Dampf arbeiten, rastlos. Und in der Tat findet man unter den rastlosen Nervösen in einer auffallenden Häufigkeit zweitgeborene Kinder, während der erste mehr oder weniger unwillig allen Rivalitäten gegenübersteht.

In der Haltung des *Jüngsten* ist in einem vielleicht vorherrschenden Typus etwas Infantiles gegeben, Zurückhaltung und Zögern, so als ob er sich nennenswerte Leistungen nicht recht zutrauen würde, die er bei anderen sieht oder voraussetzt. Sie können leicht daraus entnehmen, daß es sich um die Stabilisierung eines ursprünglich gegebenen Zustandes handelt. Er hat es immer mit Leuten zu tun, die mehr können als er, sieht überhaupt nur Leute vor sich, die bedeutender sind als er. Dagegen zieht er in der Regel ohne Gegenleistung die ganze Liebe und Verzärtelung der Umgebung auf sich. Er hat gar nicht nötig, seine Kräfte zu entwikkeln, denn er rückt von selbst in den Mittelpunkt seiner Umgebung. Wir verstehen sofort, welchen Schaden dies für seine ganze geistige Entwicklung in sich birgt: *er wird alles von den anderen erwarten.* Ein zweiter Typ des Jüngsten aber ist der »Joseftypus«. Rastlos nach vorwärts strebend überflügelt er alle mit seiner Initiative, die (Kunstadt) oft aus der Art schlägt und neue Wege findet. In der Bibel und in den Märchen hat die Menschenkenntnis des Volkes den Jüngsten zumeist mit den stärksten Gaben, mit Siebenmeilenstiefeln ausgestattet.

Wichtig ist das Verhalten von einzelnen Mädchen unter Knaben. Hier gestalten sich so große Spannungsverhältnisse, daß wir voraussetzen müssen, es werde sich zu irgendwelchen abnormen Haltungen Gelegenheit bieten. Ich bin weit davon entfernt, hier von gänzlich abgeschlossenen Ergebnissen zu sprechen. Dem Mädchen wird oft frühzeitig klar gemacht, daß es ein toto coelo verschiedenes Wesen ist, daß ihr vieles verschlossen ist, was die Knaben von Natur aus als ihr Recht, als ihr Privileg beanspruchen dürfen. Und es ist nicht leicht, etwa durch Lob, durch Verhätschelung in einem solchen Falle einen Ersatz zu bieten. Denn es handelt sieh hier oft um Gefühlswerte, die für Kinder etwas Wesentliches, Unersetzliches sind. Das Mädchen wird oft fortwährend benörgelt werden, auf Schritt und Tritt Anweisungen, Belehrungen erhalten. Bei solchen Kindern ist besonders Empfindlichkeit gegenüber Tadel festzustellen, fortwährend Versuche, sich keine Blöße zu geben, absolut fehlerlos dazustehen und gleichzeitig Furcht, in ihrer Bedeutungslosigkeit erkannt zu werden. Auch diese Mädchen stellen ein häufiges Kontingent zu späteren nervösen Erkrankungen oder Fehlschlägen.

Nicht anders steht es mit einzelnen Knaben unter Mädchen. Gerade hier scheint der Gegensatz noch größer zu werden. Der Knabe wird zumeist mit besonderen Privilegien bedacht. Die Folge ist die, daß die

Mädchen gegen den einzelstehenden Knaben wie in einem Geheimbund operieren. Solche einzelstehende Knaben leiden oft wie unter einer weitgediehenen Verschwörung. Jedes Wort wird von den Schwestern belacht, man nimmt sie nie ernst, man trachtet ihre Vorzüge herabzusetzen, sucht ihre Fehler aufzubauschen, so daß es häufig geschieht, daß der Knabe bald seine ganze Fassung, seinen Glauben an sich selbst verliert und meist schlechte Fortschritte im Leben zeigt. Man pflegt dann von Faulheit und Indolenz zu sprechen. Dies ist aber nur die äußerliche Erscheinungsform, die sich mit ihren Folgen auf einer krankhaften Ausartung des Gemüts einer Lebensfeigheit aufbaut. Der Hauptgesichtspunkt ist der, daß wir es immer mit Menschen zu tun haben, die den Glauben an sich verloren haben oder ihn leicht verlieren. So wird es solchen Knaben immer geschehen, daß sie gewohnheitsmäßig zurückschrecken, daß sie immer fürchten ausgelacht zu werden, auch dort, wo kein Anlaß besteht. Sie geben leicht das Rennen auf und werfen sich auf Zeitvertrödelung oder verwahrlosen. Oder sie stürmen vorwärts, als ob sie immer ihre Männlichkeit beweisen wollten. Ebenso schwierig gestaltet sich oft die Entwicklung eines älteren Bruders neben einer jüngeren Schwester.

Ein weiterer ärztlicher Gesichtspunkt betrifft die *sexuelle Aufklärung* der Kinder. Eine einheitliche Formel dafür zu geben ist bis heute nicht gelungen, schon wegen der Verschiedenartigkeit der Kinderstube, der Individuen, der Kreise, in denen die Kinder aufwachsen. Immerhin ist eines fest im Auge zu behalten. Es ist ein Unrecht, das sich außerordentlich leicht rächt, wenn man Kinder in der Unsicherheit über ihr Geschlecht länger als notwendig aufwachsen läßt. Und das geschieht merkwürdigerweise sehr häufig, ich habe oft von Patienten gehört, daß sie noch um ihr zehntes Jahr gar nicht sicher waren, welchem Geschlecht sie angehörten. In ihre ganze Entwicklung schlich sich ein Gefühl ein, als ob sie nicht als Knaben oder Mädchen, wie die anderen geboren seien und sich auch nicht so entwickeln würden. Dies bedeutet ihnen eine so ungeheure Unsicherheit, daß man sie solchen Kindern bei jeder Bewegung anmerkt. Und ähnlich steht es mit Mädchen. Es gibt solche, die bis ins achte, zehnte zwölfte, vierzehnte Lebensjahr in der Unsicherheit über ihr Geschlecht aufwachsen, und die in ihrer Phantasie sich immer noch in irgendeiner Weise ausmalen, sie könnten sich später männlich gestalten. Diese Tatsache wird auch durch gewisse Berichte in der Literatur unterstützt.

In solchen Fällen wird eine sichere Entwicklung gestört. Die Kindheit verläuft unter Anstrengungen der Geschlechtsrolle künstlich nachzuhelfen, sie männlich zu gestalten oder strikten Entscheidungen, die mit einer Niederlage enden könnten, auszuweichen. Eine grundlegende Unsicherheit zeigt sich deutlich oder verrät sich in anmaßenden, übertreibenden Bewegungen. Mädchen nehmen männliche Haltung an, forcieren mit Vorliebe ein Benehmen, das ihnen und der ganzen Umgebung als charakteristisch für Knaben geläufig ist. Sie tollen mit ungeheurer Vorliebe herum, nicht nur in der harmlos kindlichen Form, die wir Kindern gerne konzedieren, sondern zwangsmäßig, unterstrichen, mit einer solchen unabänderlichen Neigung, die schon frühzeitig den Eltern als krankhafte Ausartung erscheint. Knaben zeigen sich gleichfalls von diesem Taumel erfaßt, biegen aber durch Widerstände belehrt meist um und nehmen bald eine unsichere, schwankende Haltung an oder werfen sich auf mädchenhaftes Getue. Die erwachende Erotik nimmt dann bei beiden Geschlechtern unnatürliche, häufig perverse, ihrer sonstigen Haltung gleichlaufende Züge an.

Einiges wäre noch zu sagen über Erscheinungen, die man als *Trotz* zu bezeichnen gewohnt ist. In dieses Gebiet des Trotzes fallen eine Unzahl von Zeichen, die der Arzt bereits als Krankheit ansieht. So die oft ziemlich weit gediehenen Formen der *Nahrungsverweigerung*, sogar Formen der Revolte in der Stuhlentleerung oder in der Harnentleerung. Alle die krankhaften Symptome, die wir dann in ausgeprägterer Form etwa als Enuresis beobachten oder auch als unerklärliche, unwandelbare Obstipation, basieren sehr häufig auf einem derartig eingewurzelten Trotz der Kinder, die jeden Anlaß benutzen möchten, um sich einem vermeintlichen Zwang, der auf sie ausgeübt wird, zu entziehen, weil sie jeden Zwang als Beeinträchtigung, als Erniedrigung empfinden.[1] Die Verweigerung einer glatten Einfügung in die Forderungen der Kultur empfinden sie als Genugtuung, als gewichtige Zeichen ihrer Bedeutung. Wir deuten sie als Ausdruck ihrer Revolte. Die Probe darauf ist leicht zu machen: wir werden niemals weitere Züge von Trotz vermissen. Dies gilt auch für harmlose Unarten wie Nasenbohren, Schlamperei, Nägelbeißen. Üble Gewohnheiten sind uns ein deutlicher Hinweis geworden auf eine Entwicklung, die sich im Gegensatz zu den Forderungen der Gemeinschaft herausgebildet hat. Niemals fehlt der Gegenspieler! Das Symptom gestaltet sich fast immer aus ursprünglichen funktionellen Minderleistungen.

Es ist außerordentlich interessant, die ganze Linie zu verfolgen, die sich bildet, wenn wir die verschiedenen Wandlungen der *Berufswahl* bei Kindern in Betracht ziehen, wie sie etwa bei kleinen Mädchen auf Prinzessin, Tänzerin, dann Lehrerin geht und zuletzt, vielleicht etwa resigniert, bei der Rolle der Hausfrau endet. Man findet oft bei erwachsenen Kindern, daß sich ihre Berufswahl eigentlich nur daran kehrt, in irgendeine Art von Gegensatz zu den Vorschlägen des Vaters etwa zu kommen. Natürlich entwickelt sich dieses Gegenspiel nie offen. Die Logik gerät unter den Druck der feindlichen Endabsicht. Es werden die Vorzüge des einen Berufes besonders betont und die Nachteile, die dem anderen anhaften, besonders stark unterstrichen. Auf diese Weise kann man für und gegen alles argumentieren. Auch dieser Gesichtspunkt bedarf einer starken Berücksichtigung. Bezüglich der *Berufsberatung und der Berufswahl* ist ja der Arzt auch von einer anderen Seite her außerordentlich engagiert. Er hat die körperliche Eignung in erster Linie zu berücksichtigen. Der seelische Faktor kommt aber ebenso stark in Betracht, in vielen Fällen überwiegt er.

Es ist eine außerordentlich mißliche Sache, jedem mißratenen, mit einer nervösen Krankheit oder Psychose behafteten Menschen nachzulau-

1. Ebenso bedeutsam wird ihr Hang durch Mängel und Leiden die Aufmerksamkeit ausschließlich auf sich zu lenken.

fen, um ihn zu bessern, zu heilen. Darin liegt eine ungeheure Verschwendung von Energie, und es wäre schon an der Zeit, daß wir uns mehr der *Prophylaxe* zuwenden. Gesicherte Ausblicke gibt es bereits genug. Durch Erziehung der Eltern sowohl als der Ärzte versuchten wir immer wieder darauf hinzuwirken. Aber ein besseres Resultat bei der ungeheuren Häufung der neurotischen und psychotischen Erscheinungen, insbesondere bei der Verwahrlosung, ist dringend zu wünschen. Da wäre es vor allem am Platz, die geäußerten, aus der Individualpsychologie fließenden Anschauungen, ihre Menschenkenntnis und Erziehungskunst bekannt zu machen und in Anwendung zu bringen, damit jeder nach seinen Kräften und Möglichkeiten mithelfen könnte. Die seelischen Entwicklungsanomalien, die uns anfangs als Unarten erscheinen, geben oft später zu den schwersten Formen der nervösen Erkrankungen und des Verbrechens Anlaß.

Als den geeignetsten Punkt, in die Entwicklung des schwererziehbaren Kindes einzugreifen, haben wir die Schule erkannt. In den Schulberatungsstellen, die wir Individualpsychologen, Ärzte und Lehrer gemeinsam, an vielen Orten errichtet haben, findet jedes schwererziehbare Kind den sichersten Ort, seine Fehler zu erkennen. Durch eine gemeinsame Arbeit von Arzt, Lehrer, Eltern und Kind gelingt es immer, den richtigen Weg zu finden und die Fähigkeit des Kindes zur Kooperation zu stärken. Siehe auch Zeitschr. f. Individualpsych. VII. Jahrgang: »Die Schulberatungsstellen in Wien«. Leipzig 1929.

XXVIII. Die individuelle Psychologie der Prostitution

a) Voraussetzungen und Standpunkte des kritischen Beurteilers

Man kann im Leben geradeso wie in der forschenden Wissenschaft unausgesetzt die Erfahrung machen, daß die Diskussion der einfachsten und ebenso der wichtigsten Fragen oft zwecklos zerfließt, aus keinem anderen Grunde als dem, daß die Betrachtung, Auswahl und Anordnung der betontesten Gründe und Gegengründe von einem vorgefaßten, aber meist ungeprüften Standpunkte aus erfolgen. Es ist dann oft weniger der Scharfsinn des Gegners als seine anders gerichtete Aufmerksamkeit, mittels deren es ihm gelingt, Einwände zu erheben oder zu entkräften, Material und Statistiken herbeizuschaffen und zu werten oder neue Gesichtspunkte ins Treffen zu führen. Man mag sich noch so viel Unbefangenheit zusprechen oder bewahren wollen, erst die bewußte und kritische *Betonung des persönlichen Standpunktes*, die Herleitung jeder Bewertung eines Für und Wider aus dieser Perspektive gibt uns die wissenschaftliche Eignung zur Untersuchung und Diskussion, wie sie uns auch die Möglichkeit einer systematischen Entwicklung unserer Voraussetzungen bietet. Unterbleibt diese Klarlegung, dann dreht sich der forschende Geist derart im Kreise, daß er zum Schlusse sicher zu erkennen glaubt, was er anfangs bloß vermutend bei seiner Untersuchung *vorausgesetzt* hatte. Wie sich zu diesem Beginnen alle Hilfsmittel tendenziös verwenden lassen, ist bezüglich der *Statistik* oft treffend hervorgehoben worden, gilt aber auch für manche, in ihren Mitteln nicht wählerische psychologische Richtung.

Um unser Gebiet zuvor gehörig abzugrenzen, wollen wir hervorheben, daß wir unter *Prostituierten* solche *Personen meist weiblichen Geschlechts verstehen, die den Geschlechtsverkehr zum Zwecke ihres Erwerbs zulassen.* Vom Standpunkt einer gesellschaftlichen Zusammengehörigkeit der Menschen betrachtet, zeigt sich der Beruf der Prostitution als eine Erwerbseinrichtung, die darauf gestützt ist, *daß sie an Stelle von mannigfachen und großen Verantwortlichkeiten einer sexuellen Vereinigung nach Analogie eines Handelsgeschaltes ein Geldäquivalent fordert.*

Aus dieser ablehnenden Auffassung ergibt sich unverkennbar die weiter festzuhaltende Voraussetzung: daß die menschliche Gesellschaft, für vorläufig unabsehbare Zeiten, den Verkehr der Geschlechter in bestimmte Formen gebracht und mit solchen Verantwortlichkeiten ausgestattet hat, die zum Bestand eben dieser Gesellschaft als tauglich und nötig befunden und erprobt wurden. Manches davon, die Dauer der Zusammengehörigkeit und die Werbung im Liebesleben scheinen feststehende Formen zu sein. Betonen wir noch den freiwillig übernommenen Zwang zur Kameradschaftlichkeit, zur Begründung eines Familienlebens und die Forderung der beiderseitigen Würdigkeit, so verstehen wir leicht, wie sich alle diese gleichzeitig mit dem Geschlechtsverkehr eintretenden Folgerungen als die selbstverständlichen Forderungen eben dieser Gesellschaft ergeben, die mit diesen Methoden ihren Bestand zu sichern sucht.

Diese Betrachtung steht auch in vollem Einklang mit historischen, juristischen und soziologischen Überlegungen. Noch mehr: sie ist auch die einzige Auffassung, die uns *das ethische Problem* der Prostitution restlos erfassen läßt, die alte, bisher ungelöste Frage, woher es komme, *daß die Gesellschaft eine Erscheinung, die sie selbst zutage fördert und toleriert, dennoch dauernd als schandhaft brandmarkt oder gar unter Strafe stellt.* Und wir verstehen auf Grundlage unserer Betrachtung, *daß die menschliche Gesellschaft in der Prostitution ein Aftergebilde geschaffen hat, einen Notausgang, einen Ausweg in der Not eintretender Schwierigkeiten, zu dem sich zahlreiche Volksgenossen verurteilt sehen, den aber eben diese Gesellschaft aus ihren anders gerichteten Zielen heraus mit dem Banne der Moral belegen muß.*

b) Publikum und Prostitution

Entsprechend dieser sozialen Struktur – Kompromißbildung im schlechtesten Sinne des Wortes, da zwei gegensätzliche Tendenzen gesellschaftlichen Charakters der Prostitution Form und Gestalt verleihen: Verdammung und Förderung – wird sich die Psychologie des öffentlichen *Dirnentums als einer Massenerscheinung* in den Köpfen ganz eigenartig widerspiegeln, und die Haltung einzelner Personen zu dieser Frage wird wesentlich bedingt sein durch ihre Stellungnahme zu der Vorfrage: wieweit sie immanente Forderungen unseres gegenwärtigen gesellschaftlichen Lebens bejahen oder verneinen. Die Stellung eines Menschen zur Prostitutionsfrage wird uns besser über seine Haltung zu den Forderungen der Gemeinsamkeit belehren, wird ein klareres Abbild seiner sozialen Einfügung geben, als er es in der Regel selber könnte. So wird der satte zufriedene Bürger im allgemeinen das Gesellschaftsideal der *legitimen Ehe gemildert durch die Prostitution* als »selbstverständliche« Voraussetzung seiner Weltanschauung einverleibt haben. Wer konservativen Anschauungen huldigt, auf die Erhaltung der Zelle des Staates, der Familie bedacht ist, zumal wer die Stärkung und Vergrößerung der Volkszahl anstrebt, wird folgerichtig die Nachteile der Prostitution ins Auge fassen. Andererseits kann die Tendenz, die einer neuen Auflösung der Familie zustrebt, Wesen und Bedeutung der Prostitution milder betrachten, möglicherweise ihre Kultivierung fordern.

Sind schon diese Typen kaum je scharf abzusondern und dogmatisch zu erfassen, so entschwindet uns der soziale Zusammenhang um so leichter, je weniger scharf sie ihre eigene Stellung zum Gesellschaftsproblem bewußt hervorheben. Ja wir werden bei derartigen Untersuchungen zumeist genötigt sein, uns unabhängig von den persönlichen Aussagen der in Betracht kommenden Personen ihre Haltung zur Gemeinsamkeit zu berechnen. Diese Notwendigkeit besteht vielleicht in noch viel höherem Maße bezüglich der *Haltung zum anderen Geschlecht*, aus der sich die Stellung zum Problem der Prostitution *unmittelbar* ergibt.

Unsere bisherige Untersuchung über die fälschenden Voraussetzungen aller Beurteiler der Prostitution zeigen uns demnach im großen und ganzen drei Gruppen von Vorurteilen, die im weiteren Verfolg der Standpunkte zu wertlosen, unfruchtbaren oder schädlichen Stellungnahmen führen, sobald man daran geht, praktische Folgerungen aus ihnen abzuleiten.

Die *erste Gruppe* umfaßt im allgemeinen jene Autoren, Beurteiler und Laien, die, weltabgewandt und menschenfeindlich, bereits aufgehört haben, ernstlich an einem Fortschritt der Kultur mitzuarbeiten. Entsprechend ihrem Standpunkt dem Leben gegenüber, den sie logisch nie erfaßt haben, der vielmehr in ihrer gefühlsmäßigen Haltung zum Ausdruck kommt, können sie in der Prostitution wieder nur den Beweis von der Verwerflichkeit alles Bestehenden erblicken, und ihre persönliche Stellung wird in dem sog. »notwendigen Übel« immer mehr das Übel hervorheben, wobei meist mit angeborenen Mängeln der menschlichen Natur gerechnet und in feindseliger Weise die Zwecklosigkeit alles menschlichen Bemühens hervorgehoben wird. Oder die Unfruchtbarkeit dieses abergläubischen Standpunktes wird durch heftige, in sittliche, moralische oder religiöse Kritik gekleidete Verdammung abgelöst. Richten wir aber unseren Blick auf die von uns behauptete Anschauung, daß die Stellung eines jeden in der Frage der Prostitution – *als einer integrierenden* – abhängig sei von der Lösung der Vorfrage, seiner Stellung zur Gesellschaft, so werden wir finden, daß all sein Pathos nur seinem voreingenommenen Standpunkt dient, und daß alles Moralisieren bisher nicht imstande war, die Prostitution zu beseitigen. Auch Zwangsmaßregeln konnten dies nicht. Wir verstehen aber die bisherige Nutzlosigkeit aller Gegenbestrebungen, wenn wir einsehen, daß die menschliche Gesellschaft *gerade eine solche Form der Prostitution* nötig hat und aus sich erzeugt, bei der die einen fördernden Einfluß ausüben und die anderen hemmen oder verurteilen. Diesem Kompromißstandpunkt entsprechen auch die hierhergehörigen gesetzlichen Maßnahmen und die durchschnittliche gesellschaftliche Moral.

Man mag aber das Wesen der Prostitution noch so unbefangen betrachten, so wird man immer finden, daß es nur menschlichen Zuständen entspringen kann, die keinen Widersprüche dabei empfinden, *das Weib als Mittel zur Geschlechtslust, als Objekt, als Eigentum des Mannes zu betrachten.* Mit anderen Worten: die Tatsache der Prostitution ist nur in einer Gesellschaft möglich, die sich als Ziel schlechthin die Bedürfnisbefriedigung *des Mannes* gesetzt hat. Daher ist es auch begreiflich, daß von seiten der Feministen und Frauenrechtler die Prostitution als eine Beleidigung der Frau empfunden und bekämpft wird. Auch diesem Standpunkt, der uns nicht unsympathisch anmutet, ist jene unbewußte Voraussetzung eigen, von der oben die Rede war: die Absicht der Revolte, des Umsturzes der bestehenden Gesellschaftsordnung mit ihren männlichen Privilegien.

Die untrennbare Verknüpfung zweier Menschheitsfragen endlich – Prostitution und Geschlechtskrankheit – macht es aus, daß auch von seiten der Hygieniker, Volksfreunde und Nationalisten starke Angriffe gegen das Bestehen der Prostitution zu erwarten sind. Insbesondere sehen wir derartige Bestrebungen hervortreten, wenn es sich um kleine, gefährdete Nationen handelt, die noch so viel Kraft aufbringen, den Geburtenüberschuß als Gewähr ihres Bestandes zu sichern. Prüft man auch diese Kreise auf ihre Haltung zu den bestehenden Verhältnissen, so wird man auch bei ihnen, wenn auch in gemäßigtem Grade, Tendenzen als richtunggebend vorfinden, die einer oft radikalen Umänderung des gesellschaftlichen Lebens zustreben.

Fragt man nach der Gesellschaftsschichte, die sich mit dem Bestand der Prostitution ganz einverstanden erklärt, so werden wir sie selbstverständlich in jenen Kreisen finden, die den gegenwärtigen Stand der menschlichen Kultur als tauglich und unabänderlich auffassen. Es ist das jene große, kompakte Schichte, die man in romantischem Aufschwung als die Durchschnittsphilister zu bezeichnen pflegt. Da sie den größeren Teil der Stadt- und Landbewohner ausmachen, so geht auch ihre Anschauungsweise auf ihre Behörden und Verwaltungskörper über, die mit der Prostitution dann wieder als mit einer unabänderlichen Einrichtung rechnen und höchstens mit halbem Eifer den Kampf gegen die Geschlechtskrankheiten führen. Zu ihnen stoßen noch eine größere Anzahl von Ärzten und Vätern, die aber auch in der Hoffnung, stärkere Emotionen ihrer Schutzbefohlenen verhüten zu können, in einer Art sexualfetischistischer Überzeugung dem regelmäßigen Geschlechtsverkehr der Jugend d. h. dem Besuch bei Prostituierten, das Wort reden.

Auch diesen Gruppen von Bekennern mangelt die Verachtung der Prostitution nicht. Ja sie bringen es sogar fertig, die unmenschliche Mißachtung der Person einer Prostituierten mit deren Empfehlung zum Geschlechtsverkehr zu verbinden. Sie widerspiegeln derart am getreuesten die Psychologie einer Kultur, die der entwürdigten Prostitution als einer Ergänzung ihres Systems erschwerte Fortpflanzung der Gesellschaft – nicht entraten kann.

Immerhin gibt es eine Anzahl von Typen, deren seelisches Gefüge die Prostitution als ein Bedürfnis empfindet. Wir können dabei ganz absehen von den oben genannten Ärzten und von gewissen Vätern, die schwerere Konflikte ihrer Schutzempfohlenen auszuschalten glauben, indem sie die Jünglinge *auf die Linie des geringsten Widerstandes* verweisen. Ebenso fruchtlos wie deren Absichten erscheinen uns die Versuche der dem Knabenalter Entsprossenen, die Vorrechte ihrer gärenden Mannheit mühelos an Prostituierten erweisen zu wollen. Aber in ihrem seelischen Gefüge schwingen bereits jene Saiten, deren Töne wir deutlicher vernehmen bei *drei Gruppen von Menschen*, deren Beziehung zur Prostitution so innig ist, daß wir das psychologische Problem der Prostitution nur dann erst verstehen, wenn wir die Individualpsychologie dieser Personen begriffen haben.

c) Kreis der Prostitution

Diese drei Kategorien von Personen, die wir nun betrachten wollen, sind:

1. *Prostitutionsbedürftige.* Hierher gehört die ungeheure Masse eines bestimmten nervösen Typus der Menschheit, deren genaue Schilderung in des Autors *»Über den nervösen Charakter«*[1] und vor allem auch in *»The Homosexual Problem«* [in The Urologic and Cutaneous Review, Technical Supplement, Saint Louis, Miss. Oktober 1914][2] zu finden ist. Eine schematische Schilderung mag an dieser Stelle erfolgen.

Die äußere Haltung dieser Personen erscheint oft ganz unähnlich. Man findet unter ihnen Männer, die zu Jähzornausbrüchen und tyrannischer Herrschsucht geneigt sind und sich mit großer Unduldsamkeit und Überempfindlichkeit gegen den Anschluß an die Gesellschaft bis zu einem gewissen Grade gewaffnet haben. Dabei eignet ihnen eine auffallende Vorsicht, sie wählen in der Regel gesicherte Berufe, fallen durch ihr grenzenloses Mißtrauen auf und sind nie wirkliche Freunde gewesen. Hervorragend sind ihr krankhafter Ehrgeiz und Neid, zuweilen fühlen sie sich zur Übernahme von öffentlichen Ämtern gedrängt, erfüllen aber ihre Aufgaben meist mit einem großen Aufwand von Hinterlist, Prestigepolitik und Intriguen. Manchmal gelangen sie – wie durch einen Irrtum – zur Gründung einer Ehe; dann behandeln sie Frau und Kinder mit rücksichtsloser Strenge, nörgeln ewig, sind immer unzufrieden und finden oft wieder den Weg zur Dirne zurück. Oder sie behandeln ihre Frauen wie Dirnen. *Jeder Schwierigkeit gehen sie ängstlich aus dem Weg oder trachten sie auf listige Weise zu umgehen.* Sie fürchten die Bindung an eine Person und fühlen in ihr eine Unterwerfung. Polygame Tendenzen wiegen vor. Sie haben ihr ganzes Leben und Streben auf billige Triumphe gesetzt und lassen sich durch eine Unzahl von Prinzipien leiten, die immer den anderen ins Unrecht setzen. Immer anklagend, immer richtend grenzen sie bereits an jenen erstgeschilderten Typus, der aber konsequenter mit der menschlichen Gesellschaft auch die Prostitution verwirft. Auch *ihre* Unzufriedenheit erstreckt sich auf die Frau, die sie durchaus für eine niedrige Art von Menschen hal-

1. 4. Auflage. J. F. Bergmann, München 1928.
2. Deutsch: Das Problem der Homosexualität. München 1918.

ten. Und so wird auch ihnen *das Weib zum Mittel* wie den strengen Antifeministen, und sie bedienen sich desselben dort, wo seine Widerstandslosigkeit den *Aberglauben von der männlichen Überlegenheit* restlos zu erweisen scheint. Dieser Typus von Menschen ist es, der das Bedürfnis nach der Prostitution schafft und unterhält. Man wird bei ihm auch die seiner Linie entsprechende Überzeugung von der Alleinherrschaft des Sexualtriebes im menschlichen Seelenleben finden, oft höchst bizarr und wissenschaftlich verkleidet, während die wahre, ihm unbekannte Triebfeder seiner Weltanschauung, die Voraussetzung seines Denkens und Handelns, sein männlicher Paroxysmus, nur die großen Schwierigkeiten des Lebens umschleicht, um billige Triumphe über Willenlose oder willenlos gemachte Objekte zu ernten. Als Grenznachbarn dieses Typus erkennen wir ferner gewisse Keuschheitsfanatiker, die aus *Furcht vor der Frau* schwere, oft unerfüllbare Bedingungen des Geschlechtsverkehrs stellen, dadurch aber gleichfalls allen wirklichen Schwierigkeiten aus dem Wege gehen. Als einen scharf umrissenen Typus der Bekenner zur Prostitution kann ich noch nennen: Söhne aus guten Familien, die man in oberflächlicher Weise oft als zur »moral insanity« gehörig bezeichnet und als unheilbar nimmt, die nach unserer Erfahrung aber, ähnlich wie oben geschildert, den Anforderungen des Lebens infolge ihrer Selbstunsicherheit aus dem Wege gehen und lieber eine moralische Verurteilung auf sich nehmen, als daß sie sich – bei ihrem latenten empfindlichen Ehrgeiz – einer vermutlichen Niederlage im Verlaufe ehrlichen Strebens aussetzen. Wie wesensverwandt diese Personen den öffentlichen Dirnen sind, zu denen sie sich getrieben fühlen, wird später noch weiter ersichtlich werden. Desgleichen wird man den starken Zug zur Dirne beobachten können bei Personen, die leicht dem Alkohol verfallen, weil auch sie, wie die ganze hier abgehandelte Gruppe, dem billigen Kompromiß im Leben geneigt sind, gerne nach Vorwänden für ihre Verhinderungen suchen und Meister sind in der Kunst, ernste Verantwortungen von sich abzuweisen. Auch Männer mit Verbrechensneigung weisen oft den gleichen Hang zur Prostitution auf;

wir finden auch *ihre Verbrechensneigung begründet in ihrer Vorliebe, schwierigeren Lösungsversuchen bei entsprechender individueller Eigenart durch Bruch eines gesellschaftlichen Übereinkommens aus dem Wege zu gehen.* Besonders innig ist auch der Zusammenhang gewisser Formen von Neurose und Psychose mit der Prostitution; dazu ist gleichfalls zu bemerken, daß auch diesen Personen, wie aus ihrem Leiden ersichtlich, *Minderwertigkeitsgefühl, mangelndes Selbstbewußtsein, krankhafter Geltungstrieb, Neigung zur Unverantwortlichkeit und die Vorliebe für seelische Kunstgriffe und Praktiken anhaften*, die wie die bezahlte Eroberung einer Frau, ihrem Selbstgefühl schmeicheln. Seelisch verwandt sind ihnen auch jene Gestalten, die Ehegefährtinnen niedriger Kultur oder selbst Dirnen suchen, um so zugleich ihre Furcht vor der Frau zum Schweigen zu bringen und ein zaghaftes Herrschergelüst dauernd zu befriedigen.

Gewiß greift der Strom der Besucher der Prostitution über die Grenzen dieses scharf umrissenen Typus hinaus. Man möge aber bedenken, daß gelegentliche oder vorübergehende Positionen auch Menschen anderer Art in ähnliche Beziehungen zu bringen vermögen, wo dann ein gesteigertes Minderwertigkeitsgefühl nach rascher müheloser Befriedigung hascht. Ebenso kann auch ein ungeeignetes Mädchen gelegentlich dem Stande der Prostitution anheimfallen. Das Bestreben, andere gesellschaftliche Beziehungen anzuknüpfen, wird sich in diesen Fällen deutlich genug offenbaren. Nicht aber diese, sondern die große unerschöpfliche Zahl der »Prostitutionsbedürftigen« sind die Grundpfeiler des Dirnentums als einer Institution.

2. *Zuhälter.* Man dürfte mit uns übereinstimmen, wenn wir die seelische Grundstimmung des Zuhältertums dahin verstehen, daß auch bei diesen Personen ein *mangelhaftes Gemeinsamkeitsgefühl, eine Neigung zu billigen Erfolgen, die Erfassung der Frau als Mittel zum Zweck und der Hang zu mühelosen Befriedigungen von Herrschaftsgelüsten* den Zusammenhang mit der Prostitution als Massenerscheinung immer wieder herstellen. Die mächtige Förderung des Dirnentums, die von dieser Schichte ausgeht,

ist nicht hoch genug einzuschätzen. Der Zuhälter hat die Funktion eines Schrittmachers, und er oder der Mädchenhändler lenken die angehende Dirne in die Bahn der öffentlichen Prostitution, helfen geheimen Neigungen nach, nehmen den letzten Rest von Verantwortlichkeitsgefühl von solchen Mädchen, die auf sich selbst gestellt noch schwanken und zaudern könnten. Die seelische Verwandtschaft mit den »Prostitutionsbedürftigen« ist unverkennbar. Die Linie ihrer Persönlichkeit ist auf mühelosen Erwerb gerichtet, die Distanz zum Verbrechertypus ist meist verschwindend klein, der Hang zum Alkoholismus und zur Brutalität sind Paroxysmen eines empfindlichen Schwächegefühls, kompensierende Akte eines ungestillten Geltungstriebes. Die Stellung des Zuhälters zur menschlichen Gesellschaft enthält sichtbar eine kritische, kämpferische, revoltierende Note, und seine aufdringlich hervortretende Stellung als Retter und Beschützer der Dirne geben einen beredten Hinweis auf seine Großmannssucht. Strafen der Gerichte trägt er wie ein Duellant die Wunden, auch findet er Belohnung und tröstliche Genugtuung dafür in der gesteigerten Achtung und Bewunderung seiner gleichgestimmten Kreise. So hat auch er sich eine subjektive Welt errichtet oder gefunden, die seinem krankhaften Geltungstrieb fern von der rauhen Wirklichkeit in fiktiver Weise Rechnung trägt. Man wird uns nicht mißverstehen, wenn wir auch hier die Verwandtschaft mit dem »nervösen Charakter« hervorheben. Schließlich wirft diese Untersuchung auch ein helles Licht auf die seelische Verfassung jener Personen, die vor Schwierigkeiten ihres Lebens gestellt, einen Notausgang suchen, indem sie die Hingabe ihrer Gattin an andere als Preis für die eigene Förderung bezahlen.

3. *Die Prostituierte.* Die gebräuchlichen Anschauungen über die Triebfedern zur Prostituierung haben wenig psychologisch brauchbares Material zutage gefördert. Es ist eine unhaltbare Anschauung, daß Not und Elend als ausschlagebend anzusehen sind. Denn vor allem gibt uns diese Annahme keinerlei Rechenschaft bezüglich der *Auswahl* jener armen

Mädchen, die der Prostitution anheimfallen können. Oder will man behaupten, daß dies nur von einem Mehr oder Weniger von Entbehrungen abhängig sei? Dann unterschätzt man – ich will nicht gerade von Moral und Charakter sprechen – aber doch wohl die Abneigung gegen jene soziale Erniedrigung, die *gemeiniglich* mit dem Begriff der Dirne verbunden wird. Was bei solchem Fehlurteil vorschweben mag, sind ganz andere betrübende Erscheinungen sozialer Art, die häufige Tatsache etwa, daß Mädchen unter dem Drucke großer Sorgen oder Elends das »Gut« ihrer Weiblichkeit dauernd oder vorübergehend an den erstbesten verkaufen, ohne nach ihrer Neigung zu fragen oder gegen alle Neigung auch. Das unterscheidende Merkmal liegt in der *kontinuierlichen »Erwerbsbeflissenheit«*, die so weit geht, daß selbst reich gewordene Prostituierte ihrem Beruf mit der Emsigkeit des Gewerbetreibenden immer weiter nachgehen. Was hält diese Personen mit so eiserner Gewalt bei ihrem Berufe? *Ist es nicht die gleiche Befriedigung, mit der auch der Geschäftsmann seinen Aufgaben obliegt?* Ist es nicht das gleiche *Geltungsbedürfnis*, die gleiche *»Expansionstendenz«*, die wir bei allen Menschen, besonders stark aber bei allen jenen wieder finden, die wir als »nervöse Charaktere« zu bezeichnen pflegen? Im vorhergehenden Teil dieser Arbeit haben wir jene krampfhaften Versuche geschildert, durch die gewisse Personen zu Prostitutionsbedürftigen oder zu Zuhältern werden – und haben diese *trügerischen Exaltationen* als Auswege, als erborgten Schein von Kraft erkannt. In diesen unsozialen Erscheinungen spiegeln sich Furcht gegenüber den normalen Forderungen der Gesellschaft, die folgerichtig abgewiesen werden, mangelhaftes Selbstvertrauen zugleich in die eigene Leistungsfähigkeit gegenüber den Erwartungen des gesellschaftlichen Lebens und ein Kunstgriff: aus der Sexualbeziehung auf leichte, widerstandslose Weise die Empfindung, den subjektiven Eindruck einer Erhöhung der eigenen Persönlichkeit zu gewinnen. Daß letztere Selbstbereicherung auf dem *erhöhten Schein einer vollendeten Männlichkeit* beruht, wurde bereits angedeutet. Wie, wenn die gleichen seelischen Triebfedern in der psychischen Struktur der Prostituierten sich fanden? Wenn sie es wären, die erst ein Mädchen zur Prostitution tauglich machten und ihr den Weg wiesen?

Bevor wir an die Untersuchung dieser Fragen und anderer Beantwortungen gehen, wollen wir noch eine andere, weit verbreitete Anschauung über die seelische Konstitution der Prostituierten erwähnen und ihre Unhaltbarkeit aufdecken. Es ist gewiß verzeihlich, wenn kenntnislose Laien die Prostituierte, deren Gewerbe sie verurteilen müssen, sofern sie ihrer gesellschaftlichen Verpflichtung treu bleiben wollen, als einen Abgrund von Sinnlichkeit, als ein stets entflammtes Wesen ansehen. Gelehrte Untersucher können nur im Leichtsinn oder von Blindheit geschlagen zu einer derartigen Anschauung gelangen. Da sich diese Ansicht aber recht häufig in wissenschaftlichen Abhandlungen findet, zuweilen mit *Lombrosos unrettbarer Behauptung vom angeborenen Dirnencharakter* verbrämt, so müssen wir hervorheben, daß der Dirne hei der Ausübung ihres Berufes jede sinnliche Regung fehlt. Anders freilich, wenn sie ein Liebesverhältnis eingeht oder ihrem Zuhälter gegenüber oder im homosexuellen Verkehr, dem sie auffallend häufig huldigt. Man kann sagen, daß nur in letzteren Beziehungen ihre Sexualität zur Geltung kommt, oft genug in Form einer Perversion, die uns schon auf die Abneigung der Prostituierten gegen die weibliche Rolle hinweist. In ihrem Berufe spielt sie nur für den gerngläubigen Partner ein weibliches Wesen, für ihre eigene Empfindung aber steht sie *fern der weiblichen Rolle*, ist bloß Verkäufer und bleibt frigid. Und während der Prostitutionsbedürftige seine männliche Überlegenheit über ein Weib zu fühlen glaubt, wird sie sich nur ihrer Werbekraft und ihrer Forderung, demnach ihres *Wertbesitzes* inne und degradiert den Mann zum abhängigen Mittel ihres Unterhaltes. So gelangen beide auf dem Wege einer Fiktion zum täuschenden Empfinden ihres persönlichen Vorranges.

Mit dieser Feststellung sind wir dem Kernpunkt der oben aufgeworfenen Fragen näher gerückt. Der verwegene Kunstgriff, den Sexualverkehr in ein Geldäquivalent umzuwerten, charakterisiert das Wesen der Prostitution ebenso wie das der beiden anderen geschilderten Gruppen.

Und wie bei den der Prostitution zugehörigen Männern bewirkt die Fiktion eines befriedigenden Triumphes, einer immer neu gewonnenen Geltung das Verbleiben und die Standhaftigkeit dieser Einrichtung, sowie sie die hauptsächlichste Verlockung aller Beteiligten zur Prostitution bildet.

Die Fähigkeit aber, eine unveräußerliche Funktion der Frau, ihres Körpers und ihrer Seele, in Geld umzurechnen, kann nur der erringen, in dessen Seelenleben die Voraussetzung *von der Minderwertigkeit der Frau* fest verankert ist. Dies zeigt sich auch in den dazugehörigen Umgangsformen und es zeigt sich in dem Werdegang jeder Prostituierten. In meist frühzeitiger Verderbnis empfinden sich diese Mädchen als *Opfer des »überlegenen« Mannes*, der geachteter Angreifer bleibt, während das Mädchen verurteilt wird. Was Wunder, daß da das weibliche Harren auf den Mann als Schwäche, als der Feind, als fatale Dupierung veranschlagt wird, und im gleichen Sinne der Versuch, *es dem Manne gleich zu tun*, werbend wie er aufzutreten, sich weiblicher Haltung und Sittsamkeit zu entschlagen um so mehr dem ungeübten Verstande einleuchtet, je mehr die weitere Vertiefung der Frauenrolle, Heirat und Mutterschaft, die Erwartungen der Gesellschaft, ungangbar werden, durch die Vorgeschichte sowohl als durch das Gefühl der Nichtigkeit gegenüber dem Manne. Sich in *der Prostitution einen Ausweg* und jene Geltung zu verschaffen, die ihr anderswo verwehrt ist, kennzeichnet regelmäßig die Laufbahn der Prostituierten, den sie meist nach fruchtlosen oder fruchtlos scheinenden Versuchen – aus ihrer Stellung als Dienstmädchen, Gouvernante oder Arbeiterin geworfen – einschlägt, immer aber schwebt ihr dabei die *Schablone des »aktiven« Mannes*, nicht die der »passiven« Frau vor.

Einschneidende Bedeutung gewinnt bei diesem Entwicklungsprozeß das allgemein verbreitete *Gift einer übermännlichen Weltanschauung.* Es durchdringt schon das Familienheim der späteren Dirne, gewährt dem Vater die tyrannische Alleinherrschaft und macht die Frau und Mutter zum schreckenden Vorbild einer künftigen Frauenrolle. Es erhebt die Brüder zu einem beneideten Rang, macht dem Mädchen seine Weiblichkeit zum Makel und Vorwurf. Der Glaube an die eigene Kraft versinkt, und der oft noch unreife Verführer findet ein widerstandsloses, feiges Geschöpf, das in der Furcht des Mannes herangewachsen ist, oder das voll verhaltener Wut über sein weibliches Schicksal, gar oft auch aus den gleichen Gründen in einer Revolte gegen Verhaltungsmaßregeln der Eltern seine normale Entwicklung nicht finden kann, von der es die gelungene Verführung noch weiter abdrängt. Auch die weiteren Folgen der Verführung sind beachtenswert: die Schlußfolgerungen werden nicht im Sinne eitler Korrektur gezogen, sondern es vertiefen sich Minderwertigkeitsgefühl, Unglaube an die eigene Kraft und der Abscheu vor der weiblichen Rolle. Nun ergibt sich der breite Pfad des Dirnentums in einem Rausch der Aktivität, *als Revolte gegen die Forderungen der Gesellschaft*, als Ausweg gegenüber schwerer erreichbaren Zielen, der der werbenden und erwerbenden Männlichkeit näher zu liegen scheint, der Geltung verspricht und von dem Gefühle völliger Nichtigkeit erlöst. Uns anderen scheint die Rechnung nicht zu stimmen. Man frage aber die Dirnen und ihre Zuhälter!

d) Prostitution und Gesellschaft

So schließt sich der Kreis. Hier die menschliche Gesellschaft, die heute noch nicht imstande ist, ihre eigenen Forderungen strenger zu gestalten, deren Erfüllung zu ermöglichen. Dazu die Menschen, die vor den Feindseligkeiten des Lebens erschrecken und Auswege billiger Art suchen. Eine Kultur ferner, die immer mehr ihre Ideale mit dem Gedankenkreis des Warenmarktes, des Handels in Einklang bringt. Und ihre Opfer, die aus der Not eine Tugend zu machen suchen, dabei die Lücke des normalen Gesellschaftslebens stopfen, um dabei geduldet und verachtet zugleich unterzugehen, ausgerottet zu werden.

XXIX. Verwahrloste Kinder

Unter den Kriegsfolgen, mit denen das Volk beglückt wurde, steht nicht an letzter Stelle die außerordentliche Steigerung der Verwahrlosung der Jugend. Sie ist wohl allen aufgefallen, und mit Schaudern haben alle davon Kenntnis genommen; denn die veröffentlichten Zahlen waren bedeutsam und können nur übertroffen werden durch die Überlegung, die uns sagt, daß nur der kleinere Teil davon uns zur Kenntnis kommt, und daß eine Unzahl von anderen Fällen in der Verschwiegenheit der Familie sich abspielt, monatelang, jahrelang, bis endlich Menschen vor uns stehen, die man nicht mehr zu den Verwahrlosten, sondern zu den Verbrechern zählen muß. Die Zahlen sind groß; die Zahl derer, die nie in einer Statistik vorkommen, ist größer. Man hofft von Tag zu Tag auf eine Änderung, versucht auch irgendwelche Mittel, und da es eine Anzahl von Vergehen unter den Verwahrlosten gibt, die nicht direkt mit dem Strafgesetz und Jugendgericht zu tun haben, die aber doch die Familie schwer schädigen, so werden sie verschleiert, ohne daß eine Änderung im Wesen des Verwahrlosten eintritt. Allerdings, es ist nicht angebracht, den Fehlern und Vergehen der Jugend gegenüber die Hoffnung zu verlieren, obwohl bei der außerordentlich mangelhaften Erkenntnis und bei der Verständnislosigkeit, mit der man ihnen zumeist gegenübersteht, nicht allzuviel Hoffnung gerechtfertigt ist. Doch muß hervorgehoben werden, daß in der Entwicklungslinie jedes Menschen, besonders in der Jugend, nicht alles nach idealen Normen abläuft, sondern daß oft Ausartungen vorkommen, und wenn wir an unsere eigene Jugend und die unserer Kameraden zurückdenken, so werden wir eine große Fülle von Verfehlungen vor Augen haben auch von Kindern, die doch in der späteren Zeit halbwegs tüchtige oder sogar hervorragende Menschen geworden sind.

Wie weit verbreitet in der Jugend Vergehungen sind, mag Ihnen ein flüchtiger Überblick zeigen. Ich habe gelegentlich in taktvoller Weise Untersuchungen in Schulklassen gepflogen, die den einzelnen nicht verletzen konnten. Auf ein Blatt Papier, welches nicht mit Namen zu versehen war, wurde Antwort auf die Fragen gegeben, ob ein Kind jemals gelogen oder gestohlen habe, und gewöhnlich war das Ergebnis, daß sämtliche Kinder kleine Diebstähle zugaben. Interessant war ein Fall, in dem sich auch die Lehrerin an der Beantwortung beteiligte und sich auch eines eigenen Diebstahls erinnerte. Nun bedenken Sie einmal die Komplikation dieser Frage! Der eine hat einen nachsichtigen und verständnisvollen Vater, der mit ihm zurechtzukommen sucht, und es gelingt ihm in vielen Fällen. Der andere, der vielleicht genau dasselbe getan hat, vielleicht nur auffälliger, ungeschickter, verletzender, wird sofort von der ganzen Wucht der häuslichen Disziplin getroffen, und man züchtet in ihm die Überzeugung, daß er ein Verbrecher sei. So kann es uns nicht wundern, daß auch das verschiedene Maß der Beurteilung zu verschiedenen Ausgängen führt. Es ist das schlechteste Prinzip von allen schlechten Prinzipien in der Erziehung, einem Kind vorauszusagen, daß aus ihm nichts werden wird, oder daß es eine Verbrechernatur besitze,[1] Anschauungen, die in das Reich des Aberglaubens führen, obwohl auch oft Gelehrte irrtümlich von angeborenen Verbrechern sprechen. So jammervoll die Feststellung wirkt: die landläufige Erziehung kennt kein Mittel, mit der beginnenden oder vorgeschrittenen Verwahrlosung sicher fertig zu werden. Das darf uns nicht wundernehmen, weil es sich hier um Vorgänge im kindlichen Seelenleben handelt, deren Verständnis vorläufig noch auf einen außerordentlich kleinen Kreis beschränkt ist.

Wenn wir von Verwahrlosung sprechen, haben wir gewöhnlich die Jahrgänge der Schule im Sinn. Aber der erfahrene Untersucher wird eine Anzahl von Fällen nachweisen können, deren Verwahrlosung schon vor der Schulzeit vollzogen war. Man kann sie nicht immer der Erziehung zu-

1. Siehe Birnbaum, »Hoffnungslose Eltern«. Internat. Zeitschr. f. Individualpsych. II. Jahrg. 3. Heft. Wien 1924.

schreiben. Die Eltern mögen sich gesagt sein lassen: so fleißig sie auch ihr Werk betreiben, jener Anteil der Erziehung, von dem sie nichts wissen oder merken, der aus anderen Kreisen eindringt, jener Erziehung, die das Kind beeinflußt, ohne daß sie es wissen, ist viel größer als der Einfluß der bewußten Erziehung. Es sind eigentlich die gesamten Umstände, die gesamten Verhältnisse des Lebens und der Umwelt, die in die Kinderstube hinein ihre Wellen entsenden. Das Kind wird von der Schwere der Erwerbsverhältnisse des Vaters getroffen, es merkt die Feindseligkeit des Lebens, auch wenn man nicht davon spricht. Es wird sich seine Anschauung mit unzulänglichen Mitteln bilden, mit kindlichen Auffassungen, mit kindlichen Erfahrungen. Aber diese Weltanschauung wird für das Kind zur Richtschnur, es wird in jeder Lage diese Weltanschauung zugrunde legen und entsprechende Nutzanwendungen ziehen. Letztere sind größtenteils unrichtig, weil man es mit einem unerfahrenen Kind zu tun hat, dessen Logik unentwickelt ist, das Fehlschlüssen unterworfen ist. Aber bedenken Sie den gewaltigen Eindruck, den ein Kind bekommt, dessen Eltern in schlechter Wohnung und gedrückter sozialer Lage leben, gegenüber dem eines Kindes, bei dem dieses Gefühl der Feindseligkeit des Lebens nicht so deutlich wird. Diese zwei Typen sind so verschieden, daß man es jedem Kind am Sprechen, ja am Blick ansehen kann, zu welchem Typus es gehört; und der zweite Typus, der sich mit der Welt leichter befreundet, weil er von ihren Schwierigkeiten nichts weiß oder sie leichter überwindet: wie wird dieses Kind ganz anders dastehen im Leben, voll Selbstvertrauen und Mut, und wie wird sich das in der Körperhaltung allein schon spiegeln! Ich habe bei Kindern in Proletarierbezirken untersucht, wovor sie sich am meisten fürchten: *fast alle vor Schlägen!* Also vor Erlebnissen, die sich in der Familie abspielen. Solche Kinder, die in der Angst vor dem starken Vater, dem Pflegevater, der Mutter aufwachsen, haben das Gefühl der Ängstlichkeit bis in die Mannbarkeit, und wir müssen feststellen, daß im Durchschnitt der Proletarier nicht den weltfreundlichen Eindruck macht wie der Bürger, der mutiger ist als jener. Und nicht wenig von der beklagenswerten Tatsache geht darauf zurück, daß er in der Angst vor dem Leben und vor Prügeln aufgewachsen ist. Es ist das schädlichste Gift, Kinder *pessimistisch* zu stimmen; sie behalten diese Perspektive für das ganze Leben, trauen sich nichts zu und werden unentschlossen. Das spätere Training zu einer mutigen Haltung aber beansprucht dann viel Zeit und Mühe. – Die Kinder aus wohlhabenden Bezirken antworteten auf jene Frage, wovor sie sich fürchteten, zumeist: vor Schularbeiten. Das zeigt, wie sie nicht die Personen, nicht ihr eigenes Milieu schrecken, sondern wie sie sich mitten im Leben sehen, wo es Aufgaben und Arbeiten gibt, vor denen sie sich fürchten, was uns allerdings auch Schlüsse ziehen läßt auf unhaltbare Schulzustände, die in den Kindern Angst erwecken statt sie zu einem fröhlichen, mutigen Leben zu erziehen.

Nun zur Verwahrlosung vor der Schulzeit. Es wird uns nicht wundernehmen, wenn unter den aufgepeitschten Stimmungen, die in Kindern durch irgendwelche störende Beziehungen erregt werden können, z. B. dadurch, daß sie Furcht vor dem Leben bekommen, daß sie den Nächsten als Feind betrachten usw., das Kind den rastlosesten Versuch machen wird, sich zur Geltung zu bringen, nicht als der Niemand zu erscheinen, zu dem man Kinder so oft zu machen versucht. Es ist eines der wichtigsten Prinzipien in der Erziehung, das Kind *ernst* zu nehmen, als *gleichwertig* anzusehen, es nicht herabzusetzen oder mit Spottreden zu überhäufen, nicht komisch zu finden, weil das Kind alle diese Äußerungen seines Gegenübers als drückende aufnimmt und aufnehmen muß, wie ja der Schwächere immer anders empfindet als der, der sich in der geruhigen Stellung des Besitzes geistiger oder körperlicher Überlegenheit befindet. Wir können nicht einmal genau sagen, wie sehr ein Kind dadurch getroffen ist, daß es Leistungen nicht vollbringen kann, deren Vollbringung es täglich von Eltern und älteren Geschwistern bestaunen kann. Dies muß berücksichtigt werden, und wer sich den Blick angeeignet hat, in der Seele der Kinder zu lesen, der wird bemerken, daß sie eine außerordentliche *Gier nach Macht und Geltung*, nach erhöhtem Selbstbewußtsein haben, daß sie wirken wollen, als bedeutsame Faktoren auftreten wollen – und der *kleine Gernegroß* ist nur ein Spezialfall unter ihnen – die man allenthalben nach Macht ringen sieht. Man kann sich Verschiedenheiten bald erklären. In einem Falle lebt das Kind in Eintracht mit den Eltern, im anderen aber gerät es in feindselige Haltung und entwickelt sich im Gegensatz zu den Forderungen des gesellschaftlichen Lebens, nur um nicht zusammenzubrechen mit dem Bewußtsein: »Ich bin hier nichts, ich gelte nichts, man sieht über mich hinweg.« Kommt es zu dieser letzteren Entwicklung, daß Kinder in dem durchbrechenden Gefühl ihres Nichts, ihrer sinkenden Bedeutung sich zur Wehr setzen – *und alle setzen sich zur Wehr* – dann können sich auch früh die Erscheinungen der Verwahrlosung zeigen. Ich habe einmal ein sechsjähriges Scheusal gesehen, das bereits drei Kinder umgebracht hatte. Die Untat vollzog das geistig etwas zurückgebliebene Mädchen folgendermaßen: es suchte – es war in einer Ortschaft auf dem Lande kleinere Mädchen auf, nahm sie zum Spiel mit sich und stieß sie dabei in den Fluß. Erst beim drittenmal kam man auf den Täter. Wegen des auffälligen Tatbestandes lieferte man sie in eine Irrenanstalt ein. Das Mädchen zeigte von Erkenntnis der Verworfenheit seiner Taten keine Spur. Sie weinte zwar bei solchen Erörterungen, ging aber gleich zu etwas anderem über, und nur mit Mühe konnte man über den Tatbestand und über die Motive etwas Näheres erfahren. Sie war vier Jahre lang die Jüngste unter lauter Brüdern gewesen und wurde ziemlich verzärtelt. Dann kam eine Schwester, und die Aufmerksamkeit der Eltern wendete sich der Jüngsten zu, als ältere mußte sie ein wenig zurückstehen. Sie vertrug es aber nicht und faßte einen Haß gegen die eigene jüngere Schwester, dem sie aber nicht nachgehen konnte, weil das kleine Kind stets sorgfältig behütet wurde und vielleicht, weil ihr klar war, daß eine Entdeckung sehr leicht gewesen wäre. Da verschob sich ihr Haß generalisierend auf alle jüngeren Mädchen, die ihre vermeintlichen Feindinnen waren, in allen sah sie die jüngere Schwester, derentwegen man sie nicht mehr so verzärtelte wie früher. Und aus dieser Stimmung ging sie, wohl auch durch eine leichte Imbezillität in der Entfaltung eines Gemeinschaftsgefühls gestört, in ihrem Haß so weit, zu töten. Versuche, solche Kinder in kurzer Zeit auf gute Wege zu bringen, scheitern *oft wegen ihrer geistigen Minderwertigkeit*, die häufiger ist als man glaubt. Hier bleibt nur übrig, sich auf lange Zeit gefaßt zu machen und mit besonderem erzieherischen Takt in einer Art von Dressur das Kind wieder lebensfähig zu machen. Aber diese Fälle, die außerordentlich häufig sind, sind wegen der geistigen Minderwertigkeit weniger interessant und wir könnten uns mit ihnen als einem traurigen Naturspiel abfinden, weil es eben Kinder sind, die in die menschliche Gesellschaft nie ganz hineinpassen. Die große Menge der verwahrlosten Jugend ist frei von geistiger Minderwertigkeit. Man findet im Gegenteil oft außerordentlich begabte Kinder unter ihnen, die eine Zeitlang recht gut vorwärts gekommen sind und Fähigkeiten bis zu einem gewissen Punkt entwickelt haben, die aber, *einmal gescheitert, das Scheitern auf einer Hauptlinie des menschlichen Lebens fürchten und nicht verwinden können.* Jeder Fall zeigt die regelmäßigen Charakterzüge: *außerordentlich stark entwickelten Ehrgeiz, der im Innern verschlossen bleibt; Empfindlichkeit gegen Zurücksetzungen aller Art; Feigheit, die nicht im einfachen Davonlaufen besteht, wohl aber im Auskneifen vor dem Leben und seinen allgemeingültigen Forderungen.* Man kann aus diesen wenigen Strichen ein Bild des Zusammenhanges geben: nur ein ehrgeiziges Kindl ist imstande, vor einer Aufgabe, die ihm über seine Kraft zu gehen scheint, zurückzuschrekken und sich auf einen anderen Weg zu begeben, als ob es die Schwäche verdecken wollte. Dies ist der gewöhnliche Gang der Verwahrlosung in der Schule. Wir finden immer, *daß die Verwahrlosung mit einem Mißerfolg zusammenhängt*, der vorausgeht oder droht und zur Hoffnungslosigkeit führt. Die Erscheinung der Verwahrlosung besteht anfangs in einem Vermeiden der Schule. Das Schwänzen muß natürlich verborgen werden, und es kommt anfangs zu Fälschungen von Entschuldigungen und Unterschriften. Was aber soll das Kind mit der freien Zeit tun? Da muß eine Beschäftigung gesucht werden. Dadurch ergibt sich nun meist ein *Zusammenschluß von mehreren*, die die gleiche Linie betreten haben, die das gleiche Schicksal drückt. Nun sind es immer ehrgeizige Kinder, die gern eine Rolle spielen möchten, die sich aber eine Befriedigung ihres Ehrgeizes auf der Hauptlinie nicht mehr zutrauen. So suchen sie nach anderen Betätigungen, die sie befriedigen. Es findet sich immer der eine oder andere, der sich am besten zum Anführer eignet, und die Konkurrenz der Ehrgeizigen stellt sich ein. Jeder hat einen Einfall, was man machen könnte. Entsprechend den Formen der Großen haben sie eine »Berufsehre« der Verwahrlosten. Sie strengen sich an, Taten zu ersinnen und mit Meisterschaft, immer jedoch mit List und Hinterlist, da sie sich – eine Folge ihrer Feigheit – alleiniges und offenes Vorgehen nicht zutrauen, zum Ruhme vor ihren verwahrlosten Kameraden auszuführen. Kommt einmal einer auf diese Bahn, dann geht es weiter und weiter. Zuweilen geraten geistig Minderwertige in die Bande. Die werden verspottet und gehänselt, ihr Stolz wird dadurch erst recht angeeifert, und sie entschließen sich zu besonderen Taten. *Oder sie sind von Haus aus an eine bestimmte Dressur gewöhnt*, sie sind auf Folgsamkeit dressiert, ihnen wird diktiert: *sie führen die Tat aus*. Es kommt oft vor, daß der eine die Untat ersinnt und der Jüngere, Unerfahrene, Minderwertige sie unternimmt, ich übergehe andere Verlockungen, obwohl man auch darüber sprechen sollte, z. B. schlechte Bücher oder das Kino, die erst in dieser Phase als Leitfaden gut wirken. Das Kino könnte sich ja gar nicht halten, wenn nicht die Geschicklichkeit und besondere List in seinen Darbietungen, sei es der Verbrecher, sei es der Detektive, die Zuschauer anregte. In der Überschätzung der List zeigt sich gleichfalls die Lebensfeigheit. Die Bandenbildung ist so häufig, daß man immer daran denkt, wenn man von Verwahrlosten spricht. Aber auch die Einzelverwahrlosung ist häufig. Das Schicksal eines solchen Lebens gleicht ganz dem eben geschilderten, nur daß die nächsten Beweggründe andere zu sein scheinen. Wir wollen festhalten, daß bei den geschilderten Verwahrlosten ihr Schicksal aufkeimt, *wenn sie eine Niederlage erlitten haben, oder wenn sie ihnen droht.* Genau so ist es bei den Einzelverwahrlosungen. Die einfachsten, fast unschuldigen Fälle gehorchen der Regel genau so wie die schwersten: immer ist es die Verletzung des persönlichen Ehrgeizes, die Furcht, sich zu blamieren, ein Gefühl des Sinkens in ihrem Machtbestreben und Machtbewußtsein, das zum *Ausreißen auf eine Nebenlinie* Anlaß gibt; es ist, als ob sich diese Kinder einen *Nebenkriegsschauplatz* gesucht hätten. Oft zeigen sie sich unter der besonderen Form der Faulheit, die nicht etwa als angeboren oder als schlechte

Gewohnheit zu betrachten ist, sondern *als Mittel, sich keiner Probe unterziehen zu müssen.* Denn das faule Kind kann sich immer auf die Faulheit berufen: fällt es bei einer Prüfung durch, so ist die Faulheit schuld, und es legt lieber der Faulheit seine Niederlage zur Last als einer Unfähigkeit. Nun muß das Kind wie ein erfahrener Verbrecher *sein Alibi machen*, es muß durch Faulheit jederzeit nachweisen, warum es durchgefallen ist, und es gelingt ihm: es ist durch seine Faulheit gedeckt, seine seelische Situation ist in bezug auf die Schonung seines Ehrgeizes erleichtert geworden.

Wir kennen die Übelstände der Schule. Die überfüllten Klassen, die ungeeignete Schulung mancher Lehrer, manchmal auch das mangelnde Interesse der Lehrer, die unter den Lebensverhältnissen so sehr leiden, daß man von ihnen nicht mehr erwarten kann, zum größten Teil aber *das Dunkel, das über diese seelischen Verwicklungen gebreitet ist* – diese Umstände machen es aus, daß bisher so trostlose Beziehungen zwischen Lehrer und Schüler bestehen wie sonst nirgends im Loben. Macht der Schüler einen Fehler, so bekommt er eine Strafe oder schlechte Note. Das käme dem Falle gleich, wie wenn jemand das Bein bräche, und der herbeigerufene Arzt würde feststellen: »Sie haben einen Beinbruch! Adieu!« So ist doch Erziehung nicht gemeint. Die Kinder fördern sich in diesen schlimmen Verhältnissen zwar vielfach selbst, aber mit welchen Lücken pilgern sie weiter! Bis sie an einen Punkt kommen, wo die Mängel so groß sind, daß sie stecken bleiben. Da muß man nur gesehen haben, wie schwer das beste Kind darin vorwärts kommt, wie sich infolge der angesammelten Schwierigkeiten und Lücken das peinliche Bewußtsein regt: »du kannst das nicht, was die andern zustande bringen!« wie sein Ehrgeiz verletzt und gereizt wird! Meist ist selbst bei fachkundiger Hilfe die Lücke im Wissen nicht in kurzer Zeit auszufüllen. Die ersten redlichen Anstrengungen eines solchen Kindes bleiben unbelohnt, und trotz allen Eifers reifen die Früchte erst nach Monaten. Das Kind, die Umgebung, der Lehrer verlieren viel früher die Geduld, und das Kind gibt sein Interesse und seinen Eifer wieder verloren. Viele kommen weiter, aber andere eröffnen den Nebenkriegsschauplatz.

Die Einzelverwahrlosung vollzieht sich also in der gleichen Art. Auch hier ragt das Gefühl der Minderwertigkeit, der Unzulänglichkeit, der Herabsetzung hervor. Ich entsinne mich eines Knaben, des einzigen Kindes seiner Eltern, die viele Mühe auf die Erziehung verwendeten. Schon mit fünf Jahren faßte er das Verschließen der Kasten, wenn die Eltern fortgingen, als schwere Beleidigung auf, kam erst so dazu, sich einen Nachschlüssel zu verschaffen und die Kasten zu plündern. Er war durch sein Streben nach Selbständigkeit auf diesen Weg gedrängt und entwikkelte sein Machtstreben gegenüber den Eltern entgegen dem Gesetz der Gemeinschaft, und bis heute – er ist 18 Jahre alt – verübt er Hausdiebstähle, von denen die Eltern glauben, daß sie ihnen alle bekannt werden. Wenn der Vater ihm öfter sagt: »Was nützt es denn? Sooft du stiehlst, komme ich dahinter!«, so hat der Junge das stolze Gefühl, daß der Vater nicht einmal den 20. Teil erfährt und stiehlt weiter in der Überzeugung, man müsse *nur schlau genug sein*. Hier sehen Sie die so häufige Kampfstellung des Kindes gegen Vater und Mutter, die es zu irgendwelchen Handlungen gegen die Gemeinschaftsmoral treibt. Auch erwachsen wird sich der junge Mann die seelischen Hilfen und Stützen verschaffen, die es ihm ermöglichen, weiter seine Untaten ohne Gewissensbisse zu vollführen. Der Vater ist ein großer Geschäftsmann, und wenn der Sohn auch nicht zu den Arbeiten zugelassen wird, weiß er doch genau, daß der Vater Kettenhandel betreibt, und wenn er mit jemand spricht, so bezeichnet er die Angriffe seines Vaters als ungerecht, weil der dasselbe wie er in größerem Stil macht. Hier sehen wir wieder die Erziehung der Umgebung, von der die Eltern nichts wissen. Eine Kindheitserinnerung dieses Jünglings zeigt seinen alten, heimlichen Gegensatz zum Vater. Auf einem Spaziergang hielt der Vater eine brennende Zigarre in der Hand, während er sich mit einem Geschäftsfreund unterhielt. Der Knabe empfand dies als Zurücksetzung und hielt zur Rache seine Hand so, daß die Zigarre des Vaters an sie stieß und zu Boden fiel.

Noch ein Fall aus Proletarierkreisen. Ein sechsjähriger Knabe, ein uneheliches Kind, wird von der inzwischen verheirateten Mutter ins Haus genommen. Der wirkliche Vater ist verschollen, der Stiefvater aber ist ein älterer, brummiger Mann, der, ohne Interesse für Kinder, doch seiner eigenen Tochter mit Zärtlichkeit anhängt, sie liebkoste und ihr Zuckerwerk brachte, während der ältere Knabe das Nachsehen hatte. Eines Tages verschwand der Mutter ein größerer Geldbetrag spurlos. Aber bald darauf nahm sie bei weiteren Verlusten wahr, daß der Sohn der Dieb sei, und daß er die Summen auf den Ankauf von Naschwerk verwendete, das er gelegentlich mit Kameraden teilte, letzteres sicherlich, um sich hervorzutun. Sie sehen auch hier den Nebenkriegsschauplatz, mit der alten Hauptaufgabe bedacht, sich doch siegreich durchzusetzen, Ansehen zu gewinnen. Das ging mehrere Male so, Prügelszenen folgten, denn der Vater schonte ihn nicht; ich sah das Kind mit Striemen, zerkratzt und zerhackt am ganzen Körper. Trotz der Prügelstrafe hörten die Diebstähle natürlich nicht auf. Die Mutter war allerdings ungeschickt, indem sie die Diebstähle erleichterte, aber wie viele Eltern zeigen sich in solchen Fällen geschickt? Die Aufklärung dieses Falles ergab, daß der Knabe bei einer älteren Bäuerin in Pflege gewesen war; auf ihren Wegen in die umliegenden Dörfer zog sie ihn immer mit und gab ihm hier und da Zuckerwerk. Nun kommt der Knabe in die neue Lage: er findet sich gegen früher außerordentlich benachteiligt. Die kleine Schwester wird verzärtelt und mit Naschwerk beschenkt, er nicht; sie wird beachtet und geehrt, er nicht; in der Schule war er sehr brav. Sie sehen: wie unter einem Zwang zeigt sich sein Fehler *gerade dort, wo sein Feind saß*. So ist es in vielen Fällen, daß die *Verwahrlosung wie ein Racheakt* wirkt, daß sie dem Kind eine seelische Erleichterung verschafft.

Oder der Fall eines elfjährigen Mädchens, das, von Vater und Mutter frühzeitig verstoßen, bei der Großmutter aufwuchs. Die Mutter, eine Jüdin, hatte kurz nach der Geburt des illegitimen Kindes geheiratet und sich aus dem Staube gemacht. Der Vater verbot dem Kinde, als er einmal mit seiner neuen Gattin zu Besuch kam, ihn Vater zu nennen. Das Kind wuchs in einer katholischen Umgebung als Jüdin auf und lebte in heftigem Kampf mit seinem jüdischen Religionslehrer, der es gleich in der ersten Klasse durchfallen ließ. Kurz nachher beging das Kind eine Reihe von Diebstählen und verwendete die gestohlenen Gegenstände zu Geschenken für seine Mitschülerinnen, um sie zu bestechen und vor ihnen zu prahlen. Seine Prahlsucht, gereizt und hervorgerufen durch seine traurige Stellung in der Schule, zeigte sich auch darin, daß es mit Vorliebe Messingringe an den Fingern trug.

Eines muß man noch feststellen: es sind nicht aktive, mutige Vergehen, die von Verwahrlosten verübt werden, außer wenn sie in größerer Zahl ausrücken, was uns wieder auf ihre Feigheit verweist. Das Hauptdelikt ist der Diebstahl, den man als Feigheitsdelikt bezeichnen muß. Aber auch alle anderen Verbrechen zeigen sich in ihrer Struktur als Feigheit.

Wenn wir den ganzen Zusammenhang und die Stellung dieser Kinder zur Gesellschaft klar erkennen wollen, so sehen wir zweierlei: 1. ihr Ehrgeiz ist ein Zeichen ihres Strebens nach Macht und Überlegenheit und deshalb suchen sie ihre Geltung auf einem anderen Gebiet als auf der Hauptlinie, wenn sich diese verschließt; 2. ihr Zusammenhang mit den Menschen ist irgendwie dürftig, sie sind keine guten Mitspieler, sie fügen sich nicht leicht in die Gesellschaft ein, sie haben etwas Eigenbrödlerisches an sich, sie haben den Kontakt mit der Mitwelt nicht; manchmal ist von Liebe zu den Angehörigen nicht mehr übrig als der Schein oder Gewohnheit, oft fehlt auch diese und sie werden sogar gegen die Familie tätlich. Sie spielen die Rolle von Menschen, deren Gemeinschaftsgefühl Mangel gelitten, die den Zusammenhang mit den Menschen nicht gefunden haben, und sie sehen den Nebenmenschen als etwas Feindliches. Auch mißtrauische Züge sind bei ihnen sehr häufig, sie sind immer auf der Lauer, ob sie nicht der andere übervorteilen wird, und ich habe von solchen Kindern oft gehört, daß man »gerissen«, d. h. den anderen überlegen sein müsse. Das Mißtrauen schleicht sich in alle Beziehungen ein und macht, daß die Schwierigkeiten des Zusammenlebens immer zunehmen. Feige List erwächst ihnen von selbst aus ihrem mangelnden Zutrauen zu sich selbst.

Es fragt sich nun, ob Machtstreben und mangelhaftes Gemeinschaftsgefühl verschiedene Triebfedern abgeben? Gewiß nicht, es sind nur zwei Seiten derselben psychischen Haltung. *Unter einem gesteigerten Machtstre-*

ben muß ja das Gefühl der Zusammengehörigkeit leiden. Wer von jenem besessen ist, denkt nur an sich, an seine Macht und Geltung und läßt andere außer acht. Wenn es gelingt, das Gefühl der Zusammengehörigkeit zu entwickeln, ist die beste Sicherung gegen Verwahrlosung gegeben.

Uns quält die Sorge, was heute in der Zeit der gesteigerten Verwahrlosung zu tun wäre. Selbstverständlich wäre es recht und billig, möglichst rasch einzugreifen. Schon in den friedlichsten Zeiten ist die bürgerliche Gesellschaft über Verwahrlosung und Verbrechen nicht Herr geworden. Sie konnte nur strafen, sich rächen, höchstens abschrecken, nicht aber das Problem lösen. Sie konnte die Verwahrlosten fernhalten – und nun bedenken Sie das schwere Schicksal der Leute, deren Vereinsamung allein sie zum Verbrechen führen muß, die ja Verbrecher sind, *weil sie den Zusammenhang verloren haben.* So entstehen aus ihnen Gewohnheitsverbrecher! Es ist auch ein großer Übelstand, daß man verwahrloste Kinder in der Zeit der Untersuchung mit Gleichartigen oder gar Verbrechern zusammenbringt.

Man muß rechnen, daß ungefähr 40 % der Verbrecher unentdeckt bleiben. Bei den Verwahrlosten aber ist es noch ärger. Vor kurzer Zeit wurde ein jugendlicher Mörder verurteilt, von dem nur der Verteidiger wußte, daß schon sein zweiter Mord in Verhandlung stand. Wenn diese Menschen zusammenkommen, so unterhalten sie sich darüber, *wie oft sie nicht entdeckt wurden.* Das erschwert natürlich die Bekämpfung des Verbrechens, gibt vielmehr den Verbrechern immer neuen Mut und verleiht ihnen die Emotion eines – wenngleich abscheulichen – Heldentums.

Aber man sieht auch den Übelstand in der Art der Stellungnahme der Gesellschaft. Gericht und Polizei arbeiten erfolglos, weil für sie immer andere Fragen in Betracht kommen als die radikal wirkenden. Zur Abhilfe ist zunächst nötig, daß der amtliche Apparat ein anderer, menschenfreundlicher wird. Es müssen Anstalten errichtet werden, die diese verwahrlosten Kinder wieder ins Leben zurückführen, sie von der Gesellschaft nicht abschließen, sondern ihr geneigt machen. Das gelingt nur, wenn man das volle Verständnis für ihre Eigenart hat. Es geht nicht an, daß irgendwer (etwa ein ehemaliger Offizier oder Unteroffizier) eine leitende Stelle an einer Anstalt für Verwahrloste bekommt, weil er Protektion hat. Es dürfen nur Menschen in Betracht kommen, deren Gemeinschaftsgefühl sehr stark entwickelt ist, die Verständnis für die ihnen Anvertrauten haben. Der Kern meiner Ausführungen ist scharf im Auge zu behalten: daß in einer Gesellschaft, in der jeder leicht zum Feind des andern wird – unser ganzes Erwerbsleben verleitet ja dazu – die Verwahrlosung unausrottbar ist. Denn Verwahrlosung und Verbrechen sind *Produkte des Kampfes* ums Dasein, wie er in unserem wirtschaftlichen Leben geführt wird. Seine Schatten fallen früh in die Seele des Kindes, erschüttern sein Gleichgewicht, zerstören sein Gemeinschaftsgefühl, fördern seine Großmannssucht und machen es feige und unfähig zur Mitarbeit.

Zur Eindämmung und Beseitigung der Verwahrlosung wäre eine Lehrkanzel für Heilpädagogik notwendig, und es ist nicht zu verstehen, daß sie bis heute noch fehlt. Das wirkliche Verständnis für die Verwahrlosten ist an allen Stellen sehr dürftig. Es müßte jeder, der mit irgendeiner Funktion in dieser Frage betraut ist, gezwungen werden, sich an dieser Schule zu betätigen und nachzuweisen, welche Mittel er anwenden will. Sie müßte eine Zentralstelle sein, an die man sich in allen Angelegenheiten wenden könnte, die eine Vorbeugung und Bekämpfung der Verwahrlosung betreffen.

Außerdem müßten bezirksweise Beratungsstellen im Zusammenhang mit den Schulen für die leichten Fälle geschaffen werden. Für die schweren Fälle müßten sie den Angehörigen den Weg weisen, den diese sonst nie finden.

Schließlich müßten auch die Lehrer mit der Individualpsychologie und Heilpädagogik bekannt gemacht werden, damit sie imstande sind, gleich im Anfang die Zeichen der Verwahrlosung zu erkennen, helfend einzugreifen oder dem nahenden Übel im Keim mit Takt und Liebe entgegenzutreten. Eine Musterschule müßte ferner zur praktischen Ausbildung der Hilfskräfte dienen.

Menschenkenntnis

Inhaltsverzeichnis

Allgemeiner Teil

ERSTES KAPITEL

ZWEITES KAPITEL

DRITTES KAPITEL

VIERTES KAPITEL

FÜNFTES KAPITEL

SECHSTES KAPITEL

SIEBTES KAPITEL

ACHTES KAPITEL

Die Charakterlehre

ERSTES KAPITEL

ZWEITES KAPITEL

DRITTES KAPITEL

VIERTES KAPITEL

FÜNFTES KAPITEL

Anhang

Vorwort

Dieses Buch versucht dem breitesten Leserkreis die unerschütterlichen Grundlagen der Individualpsychologie und ihren Wert für die Menschenkenntnis, zugleich auch ihre Bedeutung für den Umgang mit Menschen und für die Organisation des eigenen Lebens zu zeigen. Es ist aus Jahresvorlesungen hervorgegangen, die im Volksheim in Wien vor einem vielhundertköpfigen Publikum gehalten wurden. Die Hauptaufgabe dieses Buches wird demnach darin zu suchen sein, die Mängel unseres Wirkens und Schaffens in der Gesellschaft aus dem fehlerhaften Verhalten des Einzelnen zu verstehen, seine Irrtümer zu erkennen und eine bessere Einfügung in den gesellschaftlichen Zusammenhang zu bewerkstelligen.

Irrtümer im Erwerb, in den Wissenschaften sind gewiß bedauerlich und schädlich. Irrtümer in der Menschenkenntnis sind meist lebensgefährlich. Die fleißigen Mitarbeiter an unserer Wissenschaft werden, so hoffe ich, weit über unseren Kreis hinaus die vorliegenden Feststellungen und Erfahrungen ebensowenig übersehen wollen wie unsere früheren.

lch fühle mich gedrängt, an dieser Stelle Herrn Dr. jur. Broser meinen innigsten Dank auszusprechen. Er hat aus meinen Vorlesungen nahezu alles in emsiger Arbeit festgehalten, geordnet und gesichtet. Ich sage nicht zu viel, wenn ich feststelle, daß ohne seine Hilfe dieses Buch kaum zustande gekommen wäre.

Ebenso danke ich meiner Tochter, Dr. med. Ali Adler, für die Durchsicht der Korrekturen und für den Abschluß des Buches in einer Zeit, in der ich bestrebt war in England und Amerika der Individualpsychologie neue Freunde zu gewinnen.

Der Verlag S. Hirzel hat in vorbildlicher Art das Erscheinen des Buches gefördert und in umsichtiger Weise die Öffentlichkeit vorbereitet.

Die Individualpsychologie ist ihm hierfür zu besonderem Dank verpflichtet. Diese Vorträge und dieses Buch sollen dem Zwecke dienen, den Weg der Menschheit zu beleuchten.

London, am 24. November 1926 *Dr. Alfred Adler*

Allgemeiner Teil

Einleitung

Des Menschen Gemüt ist sein Geschick.
Herodot

Die Grundlagen der Menschenkenntnis sind derart, daß sie allzuviel Überhebung und Stolz nicht zulassen. Im Gegenteil, wahre Menschenkenntnis muß geeignet sein, eine gewisse Selbstbescheidung eintreten zu lassen, indem sie uns lehrt, daß hier eine ungeheure Aufgabe vorliegt, an der die Menschheit seit den Uranfängen ihrer Kultur arbeitet, ein Werk, das sie bloß nicht zielbewußt und systematisch angegangen hat, so daß man immer nur einzelne große Menschen auftauchen sieht, die über mehr Menschenkenntnis verfügten als der Durchschnitt. Damit berühren wir einen wunden Punkt. Wenn man nämlich die Menschen unvoreingenommen auf ihre Menschenkenntnis hin prüft, so findet man, daß sie meistens versagen. Wir besitzen alle nicht viel Menschenkenntnis. Das hängt mit unserem isolierten Leben zusammen. Nie dürften die Menschen so isoliert gelebt haben wie heutzutage. Schon von Kindheit an haben wir wenig Zusammenhänge. Die Familie isoliert uns. Auch unsere ganze Art des Lebens gestattet uns keinen so intimen Kontakt mit unseren Mitmenschen, wie er zur Entfaltung einer Kunst, wie es Menschenkenntnis ist, unumgänglich notwendig ist. Das sind zwei Momente, die voneinander abhängig sind. Denn wir können wieder den Kontakt mit den anderen Menschen nicht finden, weil sie uns mangels eines besseren Verständnisses allzulange fremd anmuten.

Die schwerwiegendste Folge dieses Mangels ist die, daß wir in der Behandlung unserer Mitmenschen und im Zusammenleben mit ihnen meist versagen. Es ist eine oft hervorgehobene und empfindliche Tatsache, daß die Menschen aneinander vorübergehen und vorüberreden, den Zusammenschluß nicht finden können, weil sie sich fremd gegenüberstehen, nicht nur im weiteren Rahmen einer Gesellschaft, sondern sogar im engsten Kreis der Familie. Nichts tritt uns öfter entgegen, als Klagen von Eltern, die ihre Kinder nicht verstehen, und von Kindern, daß sie von den Eltern nicht verstanden würden. Und doch liegt in den Grundbedingungen des menschlichen Zusammenlebens so viel Zwang, einander zu verstehen, weil unsere gesamte Haltung zum Nebenmenschen davon abhängt. Die Menschen würden viel besser zusammenleben, wenn die Menschenkenntnis größer wäre, weil gewisse störende Formen des Zusammenlebens wegfielen, die heute nur deshalb möglich sind, weil wir einander nicht kennen und so der Gefahr ausgesetzt sind, uns durch Äußerlichkeiten täuschen zu lassen und auf Verstellungen anderer hineinzufallen.

Wir wollen nun erklären, wieso gerade von seiten der Medizin die Versuche ausgehen, in diesem ungeheuren Gebiet eine Disziplin festzulegen, die sich Menschenkenntnis nennt, und welche *Voraussetzungen* diese Wissenschaft hat, welche Aufgaben ihr zufallen und welche Ereignisse von ihr erwartet werden können.

Vor allem ist die *Nervenheilkunde* selbst schon eine Disziplin, welche Menschenkenntnis in dringendster Weise erfordert. Der Nervenarzt ist genötigt, sich so rasch wie möglich einen Einblick in das Seelenleben *nervös erkrankter* Menschen zu verschaffen. Auf diesem Gebiet der Medizin kann man sich nur dann ein brauchbares Urteil bilden, man ist nur dann imstande, Eingriffe und Kuren vorzunehmen oder vorzuschlagen, wenn man sich darüber klar ist, was in der Seele des Patienten vorgeht. Hier gibt es keine Oberflächlichkeit, hier folgt auf den Irrtum sofort die Strafe und auf das richtige Erfassen zumeist auch der Erfolg. Hier wird also ziemlich strenge und sofortige Prüfung abgehalten. Im gesellschaftlichen Leben darf man sich in der Beurteilung eines Menschen schon eher irren. Auch hier folgt zwar jedesmal die Strafe, doch kann die Reaktion darauf so spät erfolgen, daß wir meist nicht mehr in der Lage sind, die Zusammenhänge zu erfassen und staunend davor stehen, wie ein Irrtum in der Beurteilung eines Menschen vielleicht Jahrzehnte später zu schweren Mißerfolgen und Schicksalen geführt hat. Solche Umstände belehren uns immer wieder über die *Notwendigkeit und die Pflicht der Gesamtheit Menschenkenntnis zu erwerben* und zu vertiefen.

Bei unseren Untersuchungen erkannten wir bald, daß jene seelischen Anomalien, Verwicklungen und Fehlschläge, die man in Krankheitsfällen so oft wahrnimmt, im Grunde genommen, ihrer Struktur nach nichts enthalten, was dem Seelenleben der sogenannten normalen Menschen fremd wäre. Es sind dieselben Elemente und Voraussetzungen, nur tritt alles krasser und deutlicher hervor und ist leichter erkennbar. Und so gestattet uns der Vorteil dieser Erkenntnisse hier zu lernen und durch Vergleich mit dem normalen Seelenleben Erfahrungen zu sammeln, die uns schließlich ermöglichen auch für normale Verhältnisse ein geschärftes Auge zu bekommen. Es war nicht mehr als Übung, verbunden mit jener Hingabe und Geduld, die jeder Beruf von uns verlangt.

Die erste Erkenntnis, die sich uns bot, war die, daß die stärksten Anregungen für den Ausbau des menschlichen Seelenlebens aus der frühesten Kindheit stammen. An sich war das wohl keine besonders verwegene Entdeckung, denn ähnliche Erörterungen finden sich bei Forschern aller Zeiten vor. Das Neue hierbei war aber der Umstand, daß wir die kindlichen Erlebnisse, Eindrücke und Stellungnahmen, soweit sie noch nachweisbar waren, mit späteren Erscheinungen des Seelenlebens dadurch in einen *bindenden* Zusammenhang zu bringen suchten, daß wir Erlebnisse der frühesten Kindheit mit späteren Situationen und mit der Haltung des Individuums in seiner späteren Zeit in Vergleich zogen. Und da erwies sich nun als besonders wichtig, daß man *Einzelerscheinungen im Seelenleben nie als ein für sich abgeschlossenes Ganzes betrachten* dürfe, sondern nur dann für sie ein Verständnis gewinnen konnte, wenn man alle Erscheinungen eines Seelenlebens als Teile eines untrennbaren Ganzen versteht und sodann versucht die Bewegungslinie, die Lebensschablone, den Lebensstil eines Menschen aufzudecken und sich klar zu machen, daß das geheime Ziel der kindlichen Haltung mit dem der Haltung eines Menschen in späteren Jahren identisch ist. Kurz, es zeigte sich in überraschender Klarheit, daß vom Standpunkt der *seelischen Bewegung* aus keine Veränderungen vor sich gegangen waren, daß sich wohl die äußere Form, die Konkretisierung, die Verbalisierung der seelischen Erscheinungen, das Phänomenale ändern konnte, daß aber die Grundlagen, das Ziel und die Dynamik, alles, was das Seelenleben in der Richtung auf das Ziel hin bewegt, unverändert blieb. Wenn z. B. ein Patient einen ängstlichen Charakter aufwies, immer von Mißtrauen erfüllt und bestrebt, sich von den andern abzusondern, so war leicht nachzuweisen, daß ihm dieselben Bewegungen schon im dritten oder vierten Lebensjahre angehaftet hatten, nur in kindlicher Einfachheit und leichter zu durchschauen. Wir haben uns daher zur Regel gemacht das Schwergewicht unserer Aufmerksamkeit immer zuerst in die Kindheit des Patienten zu verlegen. Wir kamen so weit bei einem Menschen vieles aus seiner Kindheit voraussetzen zu können, es zu wissen, ohne daß es uns jemand gesagt hätte. Wir betrachteten das, was wir an ihm sahen, als die Abdrücke seiner ersten Kindheitserlebnisse, die ihm bis in das hohe Alter anhaften. – Und wenn wir andererseits von einem Menschen hören, an welche Begebenheiten aus seiner Kindheit er sich erinnert, so gibt uns das, richtig verstanden, ein Bild davon, was für eine Art Mensch wir vor uns haben. Hierbei benutzen wir auch die weitere Erkenntnis, daß die Menschen so schwer von der Schablone, in die sie in den ersten Lebensjahren hineingewachsen sind, loskommen. Es gibt nur wenig Menschen, die sie abzustreifen vermocht haben, wenn auch das Seelenleben im erwachsenen Alter in anderen Situationen anders in Erscheinung tritt und dadurch einen anderen Eindruck vermittelt. Dies ist aber nicht gleichbedeutend mit einer Änderung der Lebensschablone; das Seelenleben ruht noch immer auf demselben Fundament, der Mensch zeigt die gleiche Bewegungslinie und läßt uns in beiden Altersstufen, in der Kindheit wie im Alter, das gleiche Ziel erraten. Auch deshalb mußte das Schwergewicht unserer Aufmerksamkeit in die Kindheit fallen, weil wir erkannten, daß es, wenn wir eine Änderung planen, doch nicht angehe, gleichsam von oben her, all die unzähligen Erlebnisse und Eindrücke eines Menschen abtragen zu wollen, sondern daß wir zuerst seine Schablone finden und aufdecken müßten, aus der uns das Verständnis für seine Eigenart und damit zugleich für seine auffallenden Krankheitserscheinungen erwuchs.

So wurde für uns die Betrachtung des kindlichen Seelenlebens der Angelpunkt unserer Wissenschaft, und das war Erquickung und Belehrung genug. Eine Fülle von Arbeiten war dem Studium dieser ersten Lebensjahre gewidmet. Hier ist ein so ungeheures, noch nicht durchgearbeitetes Material angehäuft, daß noch für lange Zeiten vorgesorgt und jeder in der Lage ist, Neues, Wichtiges und Interessantes zu finden.

Diese Wissenschaft ist uns gleichzeitig ein Mittel Fehlern vorzubeugen; denn eine Wissenschaft, die nur um ihrer selbst willen da wäre, ist die Menschenkenntnis nicht. Auf Grund unserer Erkenntnisse kamen wir ganz von selbst in die Erziehungsarbeit hinein, der wir nun seit Jahren dienen. Erziehungsarbeit ist aber eine Fundgrube für jeden, der Menschenkenntnis als eine wichtige Wissenschaft erkannt hat, der sie erleben und sich erarbeiten will; denn sie ist keine Buchweisheit, sondern will praktisch gelernt sein. Man muß jede Erscheinung im Seelenleben sozusagen miterlebt und in sich aufgenommen, den Menschen durch seine Freuden und Ängste begleitet haben, wie etwa ein guter Maler in die Züge eines Menschen, den er porträtieren will, nur das hineinlegen kann, was er von ihm erfühlt. So ist Menschenkenntnis zu denken als eine Kunst, für die genügend Werkzeuge zur Verfügung stehen, aber auch als eine Kunst, die sich allen andern Künsten in gleichem Rang anreiht und von der eine bestimmte Klasse von Menschen, die Dichter, einen sehr wertvollen Gebrauch gemacht haben. Sie soll uns in erster Linie dazu dienen unsere Kenntnisse zu vermehren, was auf nichts weniger abzielt, als uns allen die Möglichkeit einer besseren und reiferen seelischen Entwicklung zu verschaffen.

Eine Schwierigkeit, die man bei dieser Arbeit häufig vorfindet, besteht darin, daß wir Menschen in diesem Punkt außerordentlich empfindlich sind. Es gibt wenig Menschen, die sich, obwohl sie keine Studien angestellt haben, nicht für Menschenkenner hielten, und noch weniger solche, die nicht im ersten Augenblick ein Gefühl der Verletztheit hätten, wenn man sie etwa in ihrer Menschenkenntnis fördern wollte. Unter allen diesen sind die wirklich Wollenden nur jene, die den Wert der Menschen durch das Erleben eigener oder durch Mitempfinden fremder seelischer Not schon irgendwie erkannt haben. Aus diesem Umstand erwächst uns bei unserer Beschäftigung auch die Notwendigkeit einer bestimmten Taktik. Denn nichts wird gehässiger und mit kritischerem Blick betrachtet, als wenn man einem Menschen die von seinem Seelenleben gewonnenen Erkenntnisse brüsk vor Augen führt. Wer sich nicht gern unbeliebt machen will, dem ist zu raten, in dieser Beziehung vorsichtig zu sein. Es ist das beste Mittel, um sich in schlechten Ruf zu bringen, wenn man mit dieser Wissenschaft unvorsichtig umgeht und sie mißbraucht, etwa bei einer Tischgesellschaft zeigen wollte, wieviel man von dem Seelenleben seiner Nachbarn verstehe oder errate. Ebenso gefährlich ist es, wenn man Grundanschauungen dieser Lehre einem Fremden als fertiges Produkt entgegenhält. Selbst jene, die schon etwas davon wissen, würden sich dadurch mit Recht verletzt fühlen. Damit wiederholen wir, was anfangs gesagt wurde, daß diese Wissenschaft zur Selbstbescheidung zwingt, indem sie nicht gestattet, voreilig oder überflüssigerweise Erkenntnisse vorzutragen, was übrigens nur dem alten Stolz der Kindheit entsprechen würde, zu prahlen und zu zeigen, was man schon alles kann. Für Erwachsene ist das viel bedenklicher. Deshalb wollen wir hiermit vorschlagen zu warten, sich selbst zu prüfen und niemand mit Erkenntnissen in den Weg zu treten, die man irgendwo im Dienste der Menschenkenntnis erworben hat. Wir würden für die werdende Wissenschaft und ihren Zweck nur neue Schwierigkeiten schaffen, weil wir dadurch genötigt wären Fehler auf uns zu nehmen, die nur dem Unbedacht des – allerdings enthusiastischen – Jüngers entsprungen sind. Es ist besser vorsichtig zu bleiben und dessen eingedenk, daß wir zuerst wenigstens ein abgerundetes Ganzes vor uns haben müssen, bevor wir ein Urteil fällen, und daß wir das nur dann tun sollen, wenn wir sicher sind, daß wir jemand damit einen Vorteil verschaffen. Denn man kann dadurch, daß man ein, wenn auch richtiges Urteil in schlechter Weise und an unrichtiger Stelle ausspricht, viel Schaden stiften.

Bevor wir diese Betrachtungen fortsetzen, müssen wir einem Einwand begegnen, der sich sicherlich schon manchem aufgedrängt hat. Die obige Behauptung nämlich, daß die Lebenslinie eines Menschen unverändert bleibt, wird manchem unverständlich erscheinen, weil doch der Mensch so viel Erfahrungen im Leben mache, die eine Änderung seiner Haltung bewirken. Man bedenke aber, daß eine Erfahrung vieldeutig ist. Man wird finden, daß es kaum zwei Menschen gibt, die aus einer und derselben Erfahrung die gleiche Nutzanwendung ziehen. Man wird somit aus seinen Erfahrungen nicht immer klug. Man lernt wohl gewisse Schwierigkeiten zu vermeiden, man bekommt ihnen gegenüber eine gewisse Haltung. Aber die Linie, auf der sich einer bewegt, wird dadurch nicht geändert. Wir werden im Verlauf unserer Erörterungen sehen, daß der Mensch aus der Fülle seiner Erfahrungen immer nur ganz bestimmte Nutzanwendungen macht, die sich bei näherer Untersuchung stets als solche nachweisen lassen, die irgendwie zu seiner Lebenslinie passen, ihn in seiner Lebensschablone bestärken. Die Sprache sagt mit dem ihr eigenen Gefühl, daß man seine Erfahrungen *macht,* womit sie andeutet, daß jeder darüber Herr ist, wie er seine Erfahrungen verwertet. Man kann in der Tat täglich beobachten, wie die Menschen die verschiedensten Folgerungen aus ihren Erfahrungen ziehen. Man stößt z. B. auf einen Menschen, der gewohnheitsmäßig irgendeinen Fehler begeht. Auch wenn es gelingt, ihn seines Fehlers zu überführen, wird man verschiedene Resultate finden. So kann er folgern, daß es eigentlich schon Zeit wäre, den Fehler abzulegen. Diese Folgerung ist selten. Ein anderer wird erwidern, er habe das schon so lange gemacht, jetzt werde er es sich nicht mehr abgewöhnen. Ein dritter beschuldigt für seine Fehler die Eltern oder allgemein die Erziehung, er habe niemand gehabt, der sich um ihn gekümmert hätte, oder er sei verzärtelt oder zu streng behandelt worden – und bleibt bei seinem Irrtum. Dadurch aber verraten letztere nur, daß sie eigentlich gedeckt dastehen wollen. Sie können sich auf diese Weise immer vorsichtig und mit scheinbarer Berechtigung einer Selbstkritik entziehen. Selbst schuldig sind sie nie, immer liegt die Schuld für alles, was sie nicht erreicht haben, bei anderen. Dabei übersehen sie, daß sie selbst recht wenig Anstrengungen machen, ihre Fehler zu bekämpfen, vielmehr mit einer gewissen Inbrunst dabei verharren, *während die schlechte Erziehung doch nur solange schuldig ist, als sie es wollen.* Die Vieldeutigkeit der Erfahrungen, die Möglichkeit, verschiedene Konsequenzen daraus zu ziehen, läßt uns nun verstehen, warum ein Mensch seine Gangart nicht ändert, sondern seine Erlebnisse solange dreht und wendet, bis er sie wieder seiner Gangart angepaßt hat. Es scheint das Schwerste für die Menschen zu sein, sich selbst zu erkennen und zu ändern.

Wollte aber jemand es unternehmen, hier einzugreifen und zu versuchen, bessere Menschen zu erziehen, so wäre er in großer Verlegenheit, wenn ihm nicht die Erfahrungen und Befunde der Menschenkenntnis zur Verfügung stünden. Er würde vielleicht, wie bisher, an der Oberfläche operieren und, weil die Sache ein neues Aussehen, eine andere Nuance gewonnen hätte, meinen, er habe schon etwas geändert. Wir werden uns an praktischen Fällen überzeugen können, wie wenig durch solche Eingriffe an einem Menschen geändert wird, wie das alles nur Schein ist, der wieder verfliegt, solange nicht die Bewegungslinie selbst anders verläuft. Der Prozeß, einen Menschen zu ändern, ist also nicht allzu leicht, dazu gehört eine gewisse Besonnenheit und Geduld, vor allem Beseitigung jeder persönlichen Eitelkeit, da der andere nicht verpflichtet ist, als Objekt für unsere Eitelkeit zu dienen. Außerdem muß dieser Prozeß so geleitet werden, daß er für den andern mundgerecht wird. Denn es ist verständlich, daß jemand eine Speise, die ihm sonst immer schmekken würde, deshalb abweist, weil sie ihm nicht in der richtigen Weise geboten wurde.

Die Menschenkenntnis hat aber noch eine andere, ebenso wichtige Seite, die sozusagen ihr soziales Gesicht ist. Es ist zweifellos, daß sich die Menschen viel besser vertragen, daß sie viel mehr aneinander heranrükken würden, wenn sie sich besser verstünden. Denn dann wäre es unmöglich, daß sie einander täuschten. In dieser Täuschungsmöglichkeit liegt eine ungeheure Gefahr für die Gesellschaft. Diese Gefahr müssen wir unseren Mitarbeitern, die wir ins Leben hineinführen, zeigen. Sie müssen fähig sein, all das Unbewußte im Leben, alle Verheimlichungen, Verstellungen, Masken, Listen und Tücken zu erkennen, um jene, auf die sie einwirken sollen, darauf aufmerksam zu machen und ihnen zu helfen. Dazu verhilft uns nur Menschenkenntnis, in bewußter Absicht betrieben.

Es dürfte auch die Frage interessieren, wer eigentlich am besten in der Lage ist, Menschenkenntnis zu sammeln und zu betreiben. Es wurde bereits erwähnt, daß es nicht möglich ist, diese Wissenschaft nur theoretisch zu betreiben. Der bloße Besitz aller Regeln genügt noch nicht, es ist auch notwendig, ihn aus dem Studium in die Praxis und in ein höheres Studium des Zusammenfassens und Verstehens hinüberzuleiten, damit das Auge schärfer und tiefer blicken lernt, als es die eigene bisherige Erfahrung gestattete. Dies ist der bewegende Grund, warum wir theoretisch Menschenkenntnis betreiben. Lebendigmachen können wir aber diese Wissenschaft erst dadurch, daß wir ins Leben hinaustreten und hier die gewonnenen Grundsätze prüfen und anwenden. Die obige Frage nun drängt sich uns deshalb auf, weil wir aus dem, was uns während der Erziehung geboten wird, viel zu wenig, vielfach auch unrichtige Menschenkenntnis schöpfen, weil somit unsere Erziehung gegenwärtig noch ungeeignet ist, brauchbare Menschenkenntnis zu vermitteln. Es ist jedem Kind allein überlassen, wieweit es sich entwickeln und aus seiner Lektüre, wie aus seinen Erlebnissen Nutzanwendungen ziehen will. Auch gibt es für die Pflege der Menschenkenntnis keine Tradition. Es gibt noch keine Lehre über sie, sie befindet sich noch in demselben Zustand wie etwa die Chemie, als sie noch Alchimie war.

Halten wir nun unter jenen Menschen, die in diesem Durcheinander unseres Erzogenwerdens die günstigste Gelegenheit haben, Menschenkenntnis zu erwerben, Umschau, so sind es jene, die noch nicht aus dem Zusammenhang gerissen sind, die noch in irgendeiner Weise den Kontakt mit den Mitmenschen und dem Leben bewahrt haben, also jene, die noch Optimisten sind oder wenigstens kämpfende Pessimisten, solche, die der Pessimismus noch nicht zur Resignation getrieben hat. Außer dem Kontakt aber muß noch das Erleben da sein. Und so gelangen wir zu dem Schluß: Wirkliche Menschenkenntnis wird bei unserer mangelhaften Erziehung heute eigentlich nur einem Typus von Menschen zukommen, das ist der »reuige Sünder«, derjenige, der entweder drinnen war in all den Verfehlungen des menschlichen Seelenlebens und sich daraus gerettet hat, oder der wenigstens nahe daran vorbeigekommen ist. Selbstverständlich kann das auch jemand anderer sein, insbesondere jener, dem man es demonstrieren konnte, oder dem die Gabe der Einfühlung ganz besonders gegeben ist. Der beste Menschenkenner wird aber sicher der sein, der alle diese Leidenschaften selbst durchgemacht hat. Der reuige Sünder scheint nicht nur für unsere Zeit, sondern auch für die Zeit der Entwicklung aller Religionen jener Typus zu sein, dem der höchste Wert zugebilligt wird, der viel höher steht als tausend Gerechte. Fragen wir uns, wieso das kommt, dann müssen wir zugeben, daß ein Mensch, der sich aus den Schwierigkeiten des Lebens erhoben, sich aus dem Sumpf emporgearbeitet hat, der die Kraft gefunden hat, alles das hinter sich zu werfen und sich daraus zu erheben, die guten und schlechten Seiten des Lebens am besten kennen muß. Ihm kommt darin kein anderer gleich, vor allem nicht der Gerechte.

Aus der Kenntnis der menschlichen Seele erwächst uns ganz von selbst eine Pflicht, eine Aufgabe, die, kurz gesagt, darin besteht, die Schablone eines Menschen, sofern sie sich als für das Leben ungeeignet erweist, zu zerstören, ihm die falsche Perspektive zu nehmen, mit der er im Leben umherirrt, und ihm eine solche Perspektive nahezulegen, die für das Zusammenleben und für die Glücksmöglichkeiten dieses Daseins besser geeignet ist, eine Denkökonomie, oder sagen wir, um nicht unbescheiden zu sein, auch wieder eine Schablone, in der aber das Gemeinschaftsgefühl die hervorragende Rolle spielt. Wir haben gar nicht die Absicht, zu einer Idealgestaltung einer seelischen Entwicklung zu gelangen. Man wird aber finden, daß oft schon der Standpunkt allein dem Irrenden und Fehlenden eine enorme Hilfe im Leben ist, weil er bei seinen Irrtümern die sichere Empfindung hat, in welcher Richtung er fehlgegangen ist. Die strengen Deterministen, die alles menschliche Geschehen von der Aufeinanderfolge von Ursache und Wirkung abhängig machen, kommen bei dieser Betrachtung durchaus nicht zu kurz. Denn es ist sicher, daß die *Kausalität* eine ganz andere wird, daß die Auswirkungen eines Erlebnisses völlig andere werden, wenn im Menschen noch eine Kraft, noch ein Motiv lebendig wird, die *Selbsterkenntnis,* das gesteigerte Verständnis dessen, was in ihm vorgeht und aus welchen Quellen es stammt. Er ist ein anderer geworden und kann sich dessen wohl niemals mehr entschlagen.

ERSTES KAPITEL

Die Seele des Menschen

1. Begriff und Voraussetzung des Seelenlebens

Beseelung schreiben wir eigentlich nur *beweglichen,* lebenden Organismen zu. Die Seele steht in innigster Beziehung zur freien Bewegung. Bei Organismen, die festwurzeln, gibt es kaum ein Seelenleben, es wäre für sie auch ganz überflüssig. Man muß nur die Ungeheuerlichkeit bedenken, einer festwurzelnden Pflanze Gefühle und Gedanken zuzumuten, die, während sie über Bewegung in keiner Weise verfügen könnte, etwa Schmerzen erwarten sollte, die sie voraussähe, vor denen sie sich aber nicht hüten könnte, oder wenn man annehmen wollte, daß eine Pflanze der Vernunft, des freien Willens teilhaftig wäre, während es von vornherein ausgeschlossen ist, daß sie diesen Willen je gebrauchen könnte. Ihr Wille, ihre Vernunft bliebe ewig unfruchtbar.

So sehen wir, wie scharf in dieser Beziehung durch den Mangel eines Seelenlebens die Pflanze vom Tier zu unterscheiden ist und merken auf einmal die ungeheure Bedeutung, die im *Zusammenhang von Bewegung und Seelenleben* gelegen ist. Dieser Gedankengang legt uns auch nahe, daß in der Entwicklung des Seelenlebens alles erfaßt werden muß, was mit der Bewegung zusammenhängt, daß an alle Schwierigkeiten einer Ortsveränderung bereits angeknüpft werden kann, daß dieses Seelenleben berufen ist, vorauszusehen, Erfahrungen zu sammeln, ein Gedächtnis zu entwickeln, um es für die bewegliche Praxis des Lebens brauchbar zu machen.

Wir können also zuerst feststellen, daß die Entwicklung des Seelenlebens an die Bewegung gebunden ist, und daß der Fortschritt alles dessen, was die Seele erfüllt, durch diese freie Beweglichkeit des Organismus bedingt ist. Denn diese Beweglichkeit reizt, sie fördert und verlangt eine immer stärkere Intensivierung des Seelenlebens. Stellen wir uns jemand vor, dem wir jede Bewegung untersagt hätten; sein gesamtes Seelenleben wäre zum Stillstand verdammt. »Nur die Freiheit brütet Kolosse aus, während der Zwang tötet und verdirbt.«

2. Funktion des seelischen Organs

Wenn wir von diesem Gesichtspunkt aus die Funktion des Seelenlebens überblicken, so wird uns klar, daß hier die Entwicklung einer angeborenen Fähigkeit vor uns liegt, die ausersehen ist, ein *Angriffs-, Abwehr- oder Sicherungs-, ein Schutzorgan* vorzustellen, je nachdem, ob die Situation eines Lebensorganismus den Angriff oder die Sicherung verlangt. Wir können also ein Seelenleben nur betrachten als einen Komplex von Angriffs- und Sicherungsvorkehrungen, die auf die Welt rückzuwirken haben, um den Bestand des menschlichen Organismus zu gewährleisten und seine Entwicklung sicherzustellen. Ist diese Bedingung einmal festgehalten, dann ergeben sich weitere Bedingungen, die für die Erfassung dessen, was wir als Seele betrachten wollen, wichtig sind. *Wir können uns ein Seelenleben, das isoliert ist, nicht vorstellen,* sondern nur ein Seelenleben, das mit allem, von dem es umgeben ist, verknüpft ist, das Anregungen von außen aufnimmt und irgendwie beantwortet, das über Möglichkeiten und Kräfte verfügt, die nötig sind, um den Organismus gegenüber der Umwelt oder im Bunde mit ihr zu sichern und sein Leben zu gewährleisten.

Die Zusammenhänge, die sich nun unserem Auge erschließen, sind mannigfach. Sie betreffen zuerst den Organismus selbst, die Eigenart des Menschen, seine Körperlichkeit, Vorzüge und Nachteile. Das sind aber nur ganz relative Begriffe. Denn es ist durchaus verschieden, ob irgendeine Kraft, irgendein Organ einen Vorzug oder einen Nachteil bedeutet. Beides wird sich aus der Situation ergeben, in der sich das Individuum befindet. So stellt bekanntlich der Fuß des Menschen in gewissem Sinne eine verkümmerte Hand vor. Diese wäre z. B. für ein Klettertier ein ungeheurer Nachteil, ist aber bei einem Menschen, der sich auf dem Boden bewegt, ein solcher Vorteil, daß keiner wünschen würde, statt des Fußes etwa eine normale Hand zu haben. Überhaupt finden wir im persönlichen Leben, wie im Leben aller Völker, daß Minderwertigkeiten nicht etwa so aufzufassen sind, als ob sie immer die ganze Last der Nachteile in sich bergen würden, sondern es kommt auf die Situation an, in der dies entschieden wird. Wir ahnen, ein wie ungeheuer weites Feld der Betrachtung sich auch hinsichtlich der Beziehungen ergibt, in denen das menschliche Seelenleben zu allen *Forderungen kosmischer Natur* steht, wie zu Wandel von Tag und Nacht, zur Herrschaft der Sonne, zur Bewegtheit der Atome usw. Auch diese Einflüsse stehen in innigem Zusammenhang mit der Eigenart unseres Seelenlebens.

3. Zielstrebigkeit im Seelenleben

Was wir aus den seelischen Regungen zuerst erfassen können, ist selbst wieder Bewegung, die auf ein Ziel gerichtet ist. Deshalb müssen wir feststellen, daß es ein Trugschluß wäre, sich die menschliche Seele so vorzustellen, als ob sie ein ruhendes Ganzes wäre, sondern wir können sie uns nur vorstellen in der Form von sich bewegenden Kräften, die allerdings aus einem einheitlichen Grund hervorgegangen sind und einem einheitlichen Ziel zustreben. Schon im Begriff der Anpassung liegt dieses Zielstrebige. Wir können uns ein Seelenleben nicht vorstellen ohne ein Ziel, zu dem hin die Bewegung, die Dynamik, die im Seelenleben enthalten ist, abrollt.

Das menschliche Seelenleben ist also durch ein Ziel bestimmt. Kein Mensch kann denken, fühlen, wollen, sogar träumen, ohne daß all dies bestimmt, bedingt, eingeschränkt, gerichtet wäre durch ein ihm vorschwebendes Ziel. Dies ergibt sich fast von selbst im Zusammenhang mit den Forderungen des Organismus und der Außenwelt und mit der Antwort, die der Organismus darauf zu geben genötigt ist. Die körperlichen und seelischen Erscheinungen des Menschen entsprechen diesen aufgestellten Grundanschauungen. Eine seelische Entwicklung ist nicht anders denkbar, als in diesem eben geschilderten Rahmen, als auf ein irgendwie vorschwebendes Ziel gerichtet, das sich von selbst aus den geschilderten Kraftwirkungen ergibt. Das Ziel kann veränderlich oder starr gefaßt werden.

Man kann also alle seelischen Erscheinungen in dem Sinne auffassen, als ob sie eine Vorbereitung auf etwas Kommendes wären. Es scheint, daß das seelische Organ gar nicht anders betrachtet werden kann, als daß es ein Ziel vor sich habe, und die *Individualpsychologie* nimmt alle Erscheinungen der menschlichen Seele so auf, als ob sie auf ein Ziel gerichtet wären.

Wenn man das Ziel eines Menschen kennt und auch sonst in der Welt halbwegs informiert ist, dann weiß man auch, was seine Ausdrucksbewegungen bedeuten können und kann deren Sinn als eine Vorbereitung für dieses Ziel erfassen. Dann weiß man auch, was für Bewegungen dieser Mensch machen muß, um es zu erreichen, etwa so, wie man den Weg kennt, den ein Stein nehmen muß, wenn man ihn zur Erde fallen läßt. Nur, daß die Seele kein Naturgesetz kennt, denn das vorschwebende Ziel ist nicht feststehend, sondern abänderbar. Wenn jemandem jedoch ein Ziel vorschwebt, dann verläuft die seelische Regung so zwangsmäßig, als ob hier ein Naturgesetz walten würde, nach dem man zu handeln genötigt ist. Das besagt aber, daß es im Seelenleben kein Naturgesetz gibt, sondern daß sich der Mensch auf diesem Gebiet seine Gesetze selbst macht. Wenn sie ihm dann wie ein Naturgesetz erscheinen, so ist das ein Trug seiner Erkenntnis, denn er hat ja, wenn er ihre Unabänderlichkeit, ihre Determination festzustellen glaubt und sie beweisen will, die Hand dabei im Spiel. Wenn einer z. B. ein Bild malen will, so wird man an ihm alle Haltungen wahrnehmen können, die zu einem Menschen gehören, der ein solches Ziel vor Augen hat. Er wird alle dazugehörigen Schritte mit unbedingter Konsequenz machen, wie wenn ein Naturgesetz vorläge. Muß er aber dieses Bild malen?

Es ist also ein Unterschied zwischen den Bewegungen der Natur und jenen im menschlichen Seelenleben. Hier knüpfen die Streitfragen über die Freiheit des menschlichen Willens an, die heute dahin geklärt zu sein scheinen, als ob der menschliche Wille unfrei wäre. Richtig ist, daß er unfrei wird, sobald er sich an ein Ziel bindet. Und da dieses so oft aus seiner kosmischen, animalischen und gesellschaftlichen Bedingtheit erwächst, so muß uns natürlich das Seelenleben so erscheinen, als ob es unter unabänderlichen Gesetzen stünde. Wenn man aber beispielsweise seinen Zusammenhang mit der Gemeinschaft leugnet und bekämpft, sich nicht den Tatsachen anpassen will, dann sind alle diese scheinbaren Gesetzmäßigkeiten des Seelenlebens aufgehoben und es tritt eine neue Gesetzmäßigkeit ein, die eben durch das neue Ziel bedingt ist. Ebenso wirkt für einen Menschen, der am Leben verzweifelt und seine Mitmenschlichkeit auszutilgen sucht, das Gesetz der Gemeinschaft nicht mehr bindend. Wir müssen also festhalten, daß erst durch die Aufstellung eines Zieles eine Bewegung im Seelenleben mit Notwendigkeit erfolgen muß.

Umgekehrt ist es möglich, aus den Bewegungen eines Menschen auf das ihm vorschwebende Ziel zu schließen. Eigentlich wäre dies das Wichtigere, weil manche Menschen sich über ihr Ziel oft nicht im klaren sind. In der Tat ist das der regelmäßige Weg, den wir zum Zweck der Pflege unserer Menschenkenntnis gehen müssen. Er ist nicht so einfach wie der erstere, weil die Bewegungen vieldeutig sind. Wir können aber mehrere Bewegungen eines Menschen hernehmen, vergleichen, Linien ziehen. Man kann zum Verständnis eines Menschen dadurch gelangen, daß man die Haltungen, die Ausdrucksformen zweier zeitlich voneinander verschiedener Punkte seines Lebens durch eine Linie miteinander zu verbinden sucht. Dadurch bekommt man ein System in die Hand, bei dessen Anwendung man den Eindruck einer *einheitlichen Richtung* erhält. Hierbei kann man entdecken, wie eine kindliche Schablone in einer manchmal überraschenden Weise bis in die späten Lebenstage hinein wiederzufinden ist. Ein Beispiel mag dies erläutern:

Ein 30jähriger, außerordentlich strebsamer Mann hatte es trotz Schwierigkeiten in seiner Entwicklung zu Ansehen und guten Erfolgen gebracht. Er erscheint beim Arzt in einem Zustand äußerster Depression und beklagt sich über Arbeits- und Lebensunlust. Er erzählt, daß er vor einer Verlobung stehe, jedoch der Zukunft mit großem Mißtrauen entgegensehe. Er sei von heftiger Eifersucht geplagt und es bestehe die Gefahr, daß die Verlobung bald wieder auseinandergehen werde. Die Tatsachen, die er hierzu anführt, sind nicht gerade überzeugend; dem Mädchen kann kein Vorwurf gemacht werden. Das auffallende Mißtrauen, das er an den Tag legt, läßt den Verdacht rege werden, daß er einer von den vielen Menschen sei, die einem andern gegenübertreten, sich von ihm angezogen fühlen, aber gleichzeitig eine Angriffsstellung einnehmen und nun voller Mißtrauen das zerstören, was sie aufbauen wollen. Um nun die obenerwähnte Linie ziehen zu können, wollen wir ein Ereignis aus seinem Leben herausgreifen und versuchen, es mit seiner jetzigen Stellungnahme zu vergleichen. Unserer Erfahrung zufolge greifen wir immer auf die ersten Kindheitseindrücke zurück, obwohl wir wissen, daß das, was wir zu hören bekommen, einer objektiven Prüfung nicht immer standhalten muß. Seine erste Kindheitserinnerung war folgende: Er war mit seiner Mutter und seinem jüngeren Bruder auf dem Markt. Wegen des herrschenden Gedränges nahm die Mutter ihn, den älteren, auf den Arm. Als sie ihren Irrtum bemerkte, stellte sie ihn wieder auf die Erde und nahm den andern auf, während er selbst nun betrübt neben ihr einherlief. Er war damals vier Jahre alt. Wie wir bemerken können, klingen bei der Wiedergabe dieser Erinnerung ähnliche Saiten wieder, wie wir sie soeben bei der Schilderung seines Leidens vernommen haben: er ist nicht sicher, der Vorgezogene zu sein und kann es nicht ertragen, daran denken zu müssen, daß ihm etwa ein anderer vorgezogen werden könnte. – Auf diesen Umstand aufmerksam gemacht, ist er sehr erstaunt und erkennt den Zusammenhang sofort.

Das Ziel, auf das hin wir uns alle Ausdrucksbewegungen eines Menschen gerichtet denken müssen, kommt unter dem Einfluß der Eindrükke zustande, die dem Kind durch die Außenwelt vermittelt werden. Das Ideal, das Ziel eines Menschen, bildet sich schon in den ersten Monaten seines Lebens. Denn dort werden schon jene Empfindungen eine Rolle spielen, auf die das Kind mit Freude oder mit Mißbehagen antwortet. Dort werden bereits die ersten Spuren eines Weltbildes auftauchen, wenn auch nur in der primitivsten Art. Damit ist gesagt, daß die Grundlagen für die uns zugänglichen Faktoren des Seelenlebens bereits in der Säuglingszeit gelegt werden. Dieselben werden immer weiter ausgebaut, sie sind wandelbar, beeinflußbar. Die mannigfachsten Einwirkungen finden statt, die das Kind zwingen, mit irgendeiner Stellungnahme auf die Anforderungen des Lebens zu antworten.

So können wir jenen Forschern nicht unrecht geben, die hervorheben, daß Charakterzüge eines Menschen schon in seiner Säuglingszeit bemerkbar waren, weshalb viele behaupten, der Charakter sei angeboren. Man kann aber feststellen, daß die Auffassung, daß der Charakter des Menschen von seinen Eltern ererbt sei, gemeinschädlich ist, denn sie hindert ja den Erzieher, sich mit Vertrauen an seine Aufgabe zu machen. Eine Bekräftigung dieser Annahme liegt in dem Umstand, daß die Auffassung von der Angeborenheit des Charakters meist dazu verwendet wird, um jenen, der sich ihrer bediente, freizusprechen, seine Verantwortlichkeit auszuschalten, was natürlich den Aufgaben der Erziehung widerspricht.

Eine wichtige Bedingung, die bei der Aufrichtung des Zieles mitwirkt, ist durch den Einfluß der *Kultur* gegeben. Durch diese ist sozusagen eine Schranke aufgestellt, an die die Kraft des Kindes immer wieder stößt, so lange, bis es einen Weg findet, der ihm gangbar erscheint, der ihm Erfüllung für seine Wünsche, sowie für die Zukunft Sicherung und Anpassung verspricht. Wie stark die Sicherung sein soll, die das Kind begehrt, wieviel Sicherung ihm die Hingabe an die Kultur gewährt, ist bald zu erkennen. Es ist nicht einfach Sicherung vor Gefahr, sondern es kommt wie bei einer gut eingerichteten Maschine ein weiterer Sicherungskoeffizient hinzu, der die Erhaltung des menschlichen Organismus noch besser gewährleisten soll. Diesen verschafft sich das Kind dadurch, daß es über das gegebene Maß hinaus Sicherungen, Triebbefriedigungen, ein Plus verlangt, mehr, als zu einem einfachen Bestande, zu seiner ruhigen Entwicklung nötig wäre. Dadurch kommt aber eine neue Bewegung in sein Seelenleben. Die Bewegungslinie, die wir hier bemerken, ist ganz deutlich die der *Überhebung.* Das Kind will, ähnlich wie ein Erwachsener, mehr erreichen als alle andern, es strebt eine Überlegenheit an, die ihm dann jene Sicherheit und Anpassung bringen und bewahren soll, die ihm als Ziel von vornherein gesetzt ist. So wogt es, so entsteht eine Unruhe im seelischen Leben, die noch vielfach verstärkt wird. Man braucht sich nur vorzustellen, daß etwa die kosmischen Einwirkungen eine stärkere Antwort erzwingen. Oder wenn in Zeiten der Not die Seele sich ängstigt, sich ihrer Aufgaben nicht gewachsen glaubt, werden wieder Abweichungen in dem Sinn zu beobachten sein, daß die Forderung nach Überlegenheit noch deutlicher hervortritt.

Dabei kann es vorkommen, daß die Zielsetzung in der Weise erfolgt, daß das Individuum größeren Schwierigkeiten dadurch zu entkommen sucht, daß es ihnen *ausweicht.* Man kann hier eine Menschenart feststellen, die das Menschlichste enthält, über das wir unterrichtet sind, den Menschentypus, der vor Schwierigkeiten entweder zurückbebt oder Unterschlupf sucht, um die an ihn gestellten Forderungen wenigstens vorläufig abzuweisen. Dies gibt uns die Möglichkeit, zu verstehen, daß die *Reaktionen der menschlichen Seele durchaus nicht Endgültigkeit* besitzen, sondern daß sie immer nur vorläufige Antworten sein können, die nie volle Richtigkeit für sich beanspruchen dürfen. Ganz besonders bei der seelischen Entwicklung des Kindes, an die wir nicht das Maß der Erwachsenen anlegen dürfen, müssen wir uns vor Augen halten, daß wir es hier nur mit vorläufigen Zielsetzungen zu tun haben. Immer haben wir mit dem Kind weiter zu blicken und uns vorzustellen, wohin die Kraft, die wir am Werke sehen, das Kind wohl einmal tragen möge. Und wenn wir uns in die Seele des Kindes versetzen, wird uns klar, daß diese Kraftäußerungen nicht anders zu verstehen sind, als daß es sich in seinem Sinne zu einer endgültigen Anpassung an Gegenwart und Zukunft mehr oder weniger entschlossen hat. Die damit zusammenhängende Stimmungslage weist es nach verschiedenen Seiten. Die eine Seite zeigt sich als die des *Optimismus,* das Kind traut sich zu, die ihm erwachsenden Aufgaben auch glatt lösen zu können. Dann wird es in sich jene Charakterzüge entwickeln, die eben zu einem Menschen gehören, der seine Aufgaben für löslich hält. So entwickeln sich Mut, Offenheit, Verläßlichkeit, Fleiß u. dgl. Das Gegenteil hiervon sind die Züge des *Pessimismus.* Denkt man sich das Ziel eines Kindes, das sich die Fähigkeit zur Lösung seiner Aufgaben nicht zutraut, dann kann man sich auch vorstellen, wie es in der Seele eines solchen Kindes aussehen mag. Wir finden dort Zaghaftigkeit, Schüchternheit, Verschlossenheit, Mißtrauen und alle andern Züge, mit denen der Schwache sich zu verteidigen sucht. Sein Ziel wird außerhalb der Grenzen des Erreichbaren, weit hinter der Front des Lebens liegen.

ZWEITES KAPITEL

Soziale Beschaffenheit des Seelenlebens

Um zu verstehen, was in einem Menschen vorgeht, ist es notwendig, dessen Haltung zu seinen Mitmenschen einer Betrachtung zu unterziehen. Die Beziehungen der Menschen untereinander sind zum Teil naturgegeben und als solche Veränderungen unterworfen, teils entstehen hieraus planmäßige Beziehungen, wie sie besonders im politischen Leben der Völker, bei der Staatenbildung, im Gemeinwesen beobachtet werden können. Das menschliche Seelenleben kann nicht verstanden werden, ohne daß man diese Zusammenhänge gleichzeitig mitbetrachtet.

1. *Absolute Wahrheit*

Das menschliche Seelenleben ist nicht imstande frei zu schalten, sondern steht ständig vor Aufgaben, die sich von irgendwoher eingestellt haben. Alle diese Aufgaben sind untrennbar verbunden mit der *Logik des menschlichen Zusammenlebens,* eine jener Hauptbedingungen, die ununterbrochen auf das einzelne Individuum einwirken und sich seinem Einfluß nur bis zu einem gewissen Grade unterwerfen lassen. Wenn wir nun bedenken, daß nicht einmal die Bedingungen des menschlichen Zusammenlebens von uns endgültig erfaßt werden können, weil sie zu zahlreich sind, daß ferner diese Forderungen doch einem gewissen Wandel unterliegen, so wird uns klar, daß wir kaum recht in der Lage sind, die Dunkelheiten eines vor uns liegenden Seelenlebens völlig zu erhellen, eine Schwierigkeit, die um so größer wird, je weiter wir uns aus unseren eigenen Verhältnissen entfernen.

Es ergibt sich aber als eine der Grundtatsachen für die Förderung unserer Menschenkenntnis, daß wir mit den immanenten Spielregeln einer

Gruppe, wie sie sich auf diesem Planeten bei der beschränkten Organisation des menschlichen Körpers und seiner Leistungen von selbst ergeben, als mit einer *absoluten Wahrheit* rechnen müssen, der wir uns nur langsam, meist nach Überwindung von Fehlern und Irrtümern nähern können.

Ein bedeutsamer Anteil dieser Grundtatsachen ist in der materialistischen Geschichtsauffassung festgehalten, die *Marx* und *Engels* geschaffen haben. Nach dieser Lehre ist es die ökonomische Grundlage, die technische Form, in der ein Volk seinen Lebensunterhalt erwirbt, die den »ideologischen Überbau«, das Denken und Verhalten der Menschen bedingt. Soweit reicht der Einklang mit unserer Auffassung von der wirkenden »Logik des menschlichen Zusammenlebens«, von der »absoluten Wahrheit«. Die Geschichte, vor allem unsere Einsicht in das Einzelleben, unsere *Individualpsychologie,* lehrt uns aber, daß das menschliche Seelenleben gern mit Irrtümern auf die Impulse der ökonomischen Grundlagen antwortet, denen es sich nur langsam entwindet. Unser Weg zur »absoluten Wahrheit« führt über zahlreiche Irrtümer.

2. *Der Zwang zur Gemeinschaft*

Die Forderungen des gemeinschaftlichen Lebens sind eigentlich genau so selbstverständlich wie jene Forderungen, die etwa Witterungseinflüsse an den Menschen stellen, Forderungen des Kälteschutzes, des Wohnungsbaues u. dgl. Wir erblicken den Zwang zur Gemeinschaft – wenn auch noch in einer unverstandenen Form – auch in der *Religion,* wo die Heiligung von gesellschaftlichen Formen an Stelle des verstehenden Gedankens als Bindemittel der Gemeinschaft dient. Sind die Lebensbedingungen im ersten Fall kosmisch, so sind sie im letzteren Fall sozial bedingt, bedingt durch das Zusammenleben der Menschen und die sich daraus von selbst ergebenden Regeln und Gesetzmäßigkeiten. Die Forderungen der Gemeinschaft haben die Beziehungen der Menschen geregelt, die schon ursprünglich als selbstverständlich, als »absolute Wahrheit« bestanden haben. Denn vor dem Einzelleben der Menschen war die Gemeinschaft. Es gibt in der Geschichte der menschlichen Kultur keine Lebensform, die nicht als gesellschaftlich geführt worden wäre. Nirgends sind Menschen anders als in Gesellschaft aufgetreten. Diese Erscheinung ist leicht erklärlich. Durch das ganze Tierreich geht das Gesetz, der Grundzug, daß jene Gattungen, die sich der Natur gegenüber nicht in besonders hohem Grade gewachsen zeigen, durch Zusammenschluß erst neue Kräfte sammeln und dann in neuer, eigenartiger Weise nach außen wirken. Auch der Menschheit dient zu diesem Zweck der Zusammenschluß, und so kam es, daß das seelische Organ des Menschen ganz durchdrungen war von den Bedingungen eines Lebens in der Gemeinschaft. Schon *Darwin* weist darauf hin, daß man nie schwächliche Tiere findet, die allein leben. Und hierher muß man ganz besonders auch den Menschen rechnen, denn er ist nicht stark genug, um allein leben zu können. Er kann der Natur nur geringen Widerstand bieten, er bedarf einer größeren Menge von Hilfsmitteln, um sein Dasein zu führen, um sich zu erhalten. Man braucht sich nur die Lage eines Menschen vorzustellen, der sich allein und ohne Hilfsmittel der Kultur in einem Urwald befände. Er würde ungleich bedrohter erscheinen als jedes andere Lebewesen. Er hat nicht die Schnelligkeit der Beine, verfügt nicht über die Muskelkraft der starken Tiere, er hat nicht die Zähne des Raubtiers, nicht die Feinhörigkeit und die scharfen Augen, um sich in solchem Kampfe zu behaupten. Es bedarf für ihn eines ungeheuren Aufwandes, um seine Daseinsberechtigung erst sicherzustellen und ihn vor dem Zugrundegehen zu bewahren. Seine Nahrung ist eigenartig und seine Lebensweise bedarf eines ganz intensiven Schutzes.

Nun ist es begreiflich, daß sich der Mensch nur erhalten konnte, wenn er sich unter besonders günstige Bedingungen stellte. Diese hat ihm aber erst das Gruppenleben verschafft, das sich als eine Notwendigkeit erwies, weil nur das Zusammenleben den Menschen ermöglichte, in einer Art *Arbeitsteilung* Aufgaben zu bewältigen, bei denen der Einzelne unterliegen mußte. Nur die Arbeitsteilung war imstande, dem

Menschen Angriffs- und Verteidigungswaffen und überhaupt alle Güter zu verschaffen, die er brauchte, um sich zu behaupten, die wir heute unter dem Begriff der *Kultur* zusammenfassen. Wenn man nun bedenkt, unter welchen Schwierigkeiten Kinder geboren werden, wie hier ganz besondere Aufwendungen notwendig werden, die der Einzelne vielleicht nicht einmal unter den größten Mühen leisten könnte und die eben nur bei Vorhandensein einer Arbeitsteilung herbeigeschafft werden können, wenn man sich vorstellt, welchem Übermaß von Krankheiten und Gebrechen ein menschliches Wesen besonders im Säuglingsalter ausgesetzt ist – mehr als dies im Tierreich der Fall ist –, dann hat man ungefähr einen Begriff von dem ungeheuren Maß an Obsorge, die zu treffen war, um den Bestand der menschlichen Gesellschaft zu sichern, und fühlt deutlich die Notwendigkeit dieses Zusammenhanges

3. Sicherung und Anpassung

Auf Grund der bisherigen Ausführungen müssen wir feststellen: Vom Standpunkt der Natur aus gesehen ist der Mensch ein minderwertiges Wesen. Aber *diese Minderwertigkeit, die ihm anhaftet, die ihm als ein Gefühl des Verkürztseins und der Unsicherheit zum Bewußtsein kommt, wirkt als ein fortwährender Reiz,* einen Weg ausfindig zu machen, um die Anpassung an dieses Leben zu bewerkstelligen, *vorzusorgen,* sich Situationen zu schaffen, wo die Nachteile der menschlichen Stellung in der Natur ausgeglichen erscheinen. Und da war es wieder sein seelisches Organ, das die Fähigkeit hatte, die Anpassung und Sicherung durchzuführen. Viel schwerer wäre es gewesen, aus diesem ursprünglichen Tiermenschen durch Zuhilfenahme von Wachstumserscheinungen, wie Hörnern, Krallen oder Zähnen ein Exemplar zu erzeugen, das der feindlichen Natur hätte standhalten können. Wirklich rasch konnte nur das seelische Organ Hilfe schaffen, welches ersetzte, was dem Menschen an organischer Wertigkeit fehlte. Und gerade der Reiz, der von dem ununterbrochenen Gefühl der Unzulänglichkeit ausging, machte es aus, daß der Mensch eine

Voraussicht entwickelte und seine Seele zu einer Entwicklung brachte, wie wir sie heute als Organ des Denkens, Fühlens und Handelns vorfinden. Und da bei diesen Hilfen, bei diesen Anpassungsbestrebungen auch die Gesellschaft eine wesentliche Rolle spielte, mußte das seelische Organ von Anfang an mit den Bedingungen der Gemeinschaft rechnen. Alle seine Fähigkeiten sind auf einer Grundlage entwickelt, die den Einschlag eines gesellschaftlichen Lebens in sich tragen. Jeder Gedanke des Menschen mußte so beschaffen sein, daß er einer Gemeinschaft gerecht werden konnte.

Wenn man sich nun vorstellt, wie der Fortschritt weiterging, dann kommt man zu den Ursprüngen der *Logik,* die in sich die Forderung der Allgemeingültigkeit trägt. *Logisch ist nur, was allgemeingültig ist.* Ein weiteres deutliches Resultat des gemeinschaftlichen Lebens finden wir in der *Sprache,* einem Wunderwerk, das den Menschen vor allen andern Lebewesen auszeichnet. Man kann sich von einer Erscheinung, wie sie die Sprache ist, den Begriff der Allgemeingültigkeit nicht wegdenken, was darauf hinweist, daß sie im sozialen Leben der Menschen ihren Ursprung hat. Sprache ist für ein einzeln lebendes Wesen ganz überflüssig. Sie rechnet mit dem gemeinsamen Leben der Menschen, sie ist ein Produkt desselben und Bindemittel zugleich. Ein starker Beweis für diesen Zusammenhang liegt darin, daß Menschen, die unter Bedingungen aufwachsen, unter denen der Anschluß an andere Menschen erschwert oder verwehrt ist oder die diesen Anschluß selbst verweigern, fast regelmäßig an ihrer Sprache und Sprachfähigkeit Mangel leiden. Es ist, als ob dieses Band nur gebildet und erhalten werden könnte, wenn der Kontakt mit der Menschheit gesichert ist. Die Sprache hat eine überaus tiefe Bedeutung für die Entwicklung des menschlichen Seelenlebens. Logisches Denken ist nur möglich unter der Voraussetzung der Sprache, die uns durch die Möglichkeit der Begriffsbildung erst in die Lage versetzt, Unterscheidungen vorzunehmen und Begriffe zu schaffen, die nicht Privateigentum sind, sondern Gemeingut. Auch unser Denken und Fühlen ist nur begreiflich, wenn man Allgemeingültigkeit voraussetzt, und unsere Freude am Schönen erhält ihre Grundlage nur durch das Verständnis, daß das Gefühl und die Anerkennung für das Schöne und Gute Gemeingut sein muß. So kommen wir zu der Erkenntnis, daß die Begriffe von Vernunft, Logik, Ethik und Ästhetik nur in einem gemeinschaftlichen Leben der Menschen ihren Ursprung haben können, daß sie aber gleichzeitig auch die Bindemittel sind, welche die Kultur vor Verfall zu schützen haben.

Aus der Situation des einzelnen Menschen ist auch sein Wollen zu begreifen. Der *Wille* stellt nichts anderes vor als eine Regung, aus einem Gefühl der Unzulänglichkeit zu einem Gefühl der Zulänglichkeit zu gelangen. Diese Linie vorschweben fühlen und betreten, heißt »wollen«. Jedes Wollen rechnet mit dem Gefühl der Unzulänglichkeit, der Minderwertigkeit und löst den Zwang aus, die Neigung, einen Zustand der Sättigung, der Zufriedenheit, der Vollwertigkeit anzustreben.

4. Gemeinschaftsgefühl

Wir verstehen nun, daß jene Spielregeln, Erziehung, Aberglaube, Totem und Tabu, Gesetzgebung, die notwendig waren, um den Bestand des Menschengeschlechtes zu sichern, wieder in erster Linie der Gemeinschaftsidee gerecht werden mußten. Wir haben es bei den religiösen Einrichtungen gesehen, wir finden die Forderungen der Gemeinschaft in den wichtigsten Funktionen des seelischen Organes und finden sie wieder in den Forderungen des Lebens des Einzelnen wie in jenen der Allgemeinheit. Was wir *Gerechtigkeit* nennen, was wir als die Lichtseite des menschlichen Charakters betrachten, ist im wesentlichen nichts anderes als Erfüllung von Forderungen, die aus dem gemeinsamen Leben der Menschen erflossen sind. Sie sind es, die das seelische Organ geformt haben. So kommt es, daß Verläßlichkeit, Treue, Offenheit, Wahrheitsliebe u. dgl. eigentlich Forderungen sind, die durch ein allgemein gültiges Prinzip der Gemeinschaft aufgestellt und gehalten werden. Was wir einen guten oder schlechten Charakter nennen, kann nur vom Standpunkt der Gemeinschaft aus beurteilt werden. Charakter, wie jede Leistung wissenschaftlicher Natur, politischen Ursprungs oder künstlerischer Art werden sich immer nur dadurch als groß und wertvoll erweisen, daß sie für die Allgemeinheit von Wert sind. Ein *Idealbild,* nach dem wir den Einzelnen messen, kommt nur unter Berücksichtigung seines Wertes, seines Nutzens für die Allgemeinheit zustande. Womit wir den Einzelnen vergleichen, ist das Idealbild eines Gemeinschaftsmenschen, eines Menschen, der die vor ihm liegenden Aufgaben in einer allgemeingültigen Art bewältigt, eines Menschen, der das *Gemeinschaftsgefühl* so weit in sich entwickelt hat, daß er – nach einem Ausspruch von *Furtmüller* – »die Spielregeln der menschlichen Gesellschaft befolgt«. Es wird sich im Verlaufe unserer Ausführungen erweisen, daß kein vollsinniger Mensch ohne Pflege und hinreichende Betätigung des Gemeinschaftsgefühls aufwachsen kann.

DRITTES KAPITEL

Kind und Gesellschaft

Die Gemeinschaft setzt eine Anzahl von Forderungen und beeinflußt dadurch alle Normen und Formen unseres Lebens, somit auch die Entwicklung unseres Denkorganes. Sie ist auch organisch fundiert. Die Anknüpfungspunkte für die Gemeinschaft liegen schon in der Zweigeschlechtlichkeit des Menschen und erst eine Gemeinschaft, nicht die Isolierung ist imstande, dem Lebensdrang des Einzelnen zu genügen, ihm Sicherheit und Lebensfreude zu gewährleisten. Bei der Betrachtung der langsamen Entwicklung des Kindes läßt sich feststellen, daß an eine Entfaltung menschlichen Lebens nur gedacht werden konnte, sobald eine schützende Gemeinschaft vorhanden war. Ferner brachten es die Verbundenheiten des Lebens mit sich, daß eine *Arbeitsteilung* geschaffen wurde, die nicht eine Trennung der Menschen bewirkt, sondern ihr Zusammenhalten. Jeder hat die Aufgabe, dem andern in die Hände zu arbeiten, er muß sich dem andern verbunden fühlen, und so kommen die großen Zusammenhänge zustande, die sich in der Seele des Menschen irgendwie als Forderungen vorfinden. Einigen dieser Verbundenheiten, die das Kind bereits vorfindet, wollen wir im folgenden nachgehen.

1. *Die Lage des Säuglings*

Das Kind, das so sehr der Hilfe der Gemeinschaft bedarf, findet sich einer Umgebung gegenüber, die nimmt und gibt, fordert und erfüllt. Es sieht sich mit seinen Trieben vor gewissen Schwierigkeiten, deren Überwindung ihm Pein macht. Es lernt bald die Not kennen, die aus seiner Kindheit stammt, und bringt hierzu nun jenes seelische Organ mit, dessen Funktion es ist, vorauszusehen und Richtlinien ausfindig zu machen, bei denen die Befriedigung seiner Triebe ohne Reibung erfolgen kann, bei denen es möglich wird, ein erträgliches Leben zu führen. Stets bemerkt es Menschen, die ihre Triebe viel leichter befriedigen können, ihm also etwas voraushaben. So lernt es die Größe schätzen, die befähigt, eine Türe zu öffnen, die Kraft, die andere besitzen, um einen Gegenstand zu heben, die Stellung, die andere dazu legitimiert, Befehle zu geben und deren Befolgung zu fordern. In seinem seelischen Organ entsteht ein Strom von Sehnsucht, zu wachsen, um gleich oder stärker zu sein wie andere, jene zu überragen, die sich um das Kind gesammelt haben und mit ihm so umgehen, als ob es hier eine Unterordnung gäbe, die sich aber doch vor der Schwäche des Kindes beugt, so daß dieses zwei Operationsmöglichkeiten hat: einerseits sich mit jenen Mitteln durchzusetzen, die es bei den Erwachsenen als Mittel ihrer Macht empfindet, anderseits seine Schwäche darzustellen, die von den andern als unerbittliche Forderung empfunden wird. Diese Verzweigung menschlicher Seelenregungen werden wir bei Kindern immer wieder finden. Schon hier beginnt eine Typenbildung. Während die einen sich in der Richtung des Forderns von Anerkennung, der Kraftansammlung und der Kraftbetätigung entwickeln, finden wir bei anderen etwas, das aussieht wie eine Spekulation mit der eigenen Schwäche, eine Darbietung ihrer Schwäche in den verschiedensten Formen. Erinnert man sich an Haltung, Ausdruck und Blick einzelner Kinder, so wird man immer solche finden, die sich in die eine oder die andere Gruppe einreihen lassen. Alle diese Typen bekommen erst einen Sinn, wenn wir ihre Beziehung zur Umwelt verstehen. Ihre Bewegungen sind auch meist der Umwelt abgelauscht.

In diesen einfachen Bedingungen, in diesem Streben des Kindes, seinen Schwächezustand zu überwinden, was wieder den Anreiz zur Entfaltung einer Menge von Fähigkeiten abgibt, liegt seine *Erziehbarkeit* begründet.

Die Situationen der Kinder sind äußerst verschieden. Im einen Fall ist eine Umgebung vorhanden, die dem Kind feindliche Eindrücke vermittelt, Eindrücke, die ihm die Welt als feindlich gesinnt erscheinen lassen.

Dieser Eindruck ist bei der Unzulänglichkeit des kindlichen Denkorgans erklärlich. Wenn die Erziehung hier nicht vorbeugt, dann kann sich die Seele dieses Kindes so entwickeln, daß es später die Außenwelt überhaupt nur als feindliches Gebiet betrachtet. Verstärkt wird der Eindruck der Feindseligkeit, sobald das Kind größeren Schwierigkeiten begegnet, wie es besonders bei Kindern mit minderwertigen Organen vorkommt. Diese Kinder werden ihre Umgebung anders empfinden als jene, die mit verhältnismäßig tragfähigen Organen zur Welt gekommen sind. Die *Organminderwertigkeit* kann sich äußern in Schwierigkeiten der Bewegungsfähigkeit, in Fehlern einzelner Organe, geringer Widerstandskraft des Organismus, so daß das Kind vielfach Krankheiten ausgesetzt ist.

Die Ursache von Schwierigkeiten muß aber nicht immer in der Unfertigkeit des kindlichen Organismus gelegen sein, sie kann auch in der Schwere der Aufgaben liegen, die dem Kind durch eine unverständige Umgebung gesetzt werden, oder in einer Unvorsichtigkeit bei der Stellung dieser Aufgaben, kurz, in einer Mangelhaftigkeit der Umgebung des Kindes, die als eine Erschwerung der Außenwelt entstammt. Denn das Kind, das sich seiner Umgebung anpassen will, findet auf einmal Hindernisse, die diese Anpassung erschweren. Das ist z. B. der Fall, wenn das Kind in einer Umgebung aufwächst, die selbst schon den Mut verloren hat und von Pessimismus erfüllt ist, der leicht auf das Kind übergehen kann.

2. Einwirkung von Schwierigkeiten

Angesichts der Schwierigkeiten, die dem Kinde von verschiedenster Seite und aus den verschiedensten Ursachen entgegentreten, insbesondere wenn man bedenkt, daß das kindliche Seelenleben noch nicht lange Gelegenheit hatte sich zu entwickeln, ist es klar, daß man mit fehlerhaften Antworten zu rechnen hat, wenn sich beim Kind die Notwendigkeit einstellt, sich mit den unabweislichen Bedingungen der Außenwelt auseinanderzusetzen. Überblickt man eine Anzahl von *Verfehlungen,* dann drängt sich der Gedanke auf, man hat es hier mit einer Entwicklung des

Seelenlebens zu tun, die während des ganzen Lebens nicht aufhört und in fortwährenden Versuchen besteht, vorwärts zu kommen und eine richtigere Antwort zu geben. Was wir insbesondere in den kindlichen Ausdrucksbewegungen zu erblicken haben, ist die Form einer Antwort, die ein werdender, sich der Reife nähernder Mensch in einer bestimmten Situation gibt. Diese Antwort, die Haltung eines Menschen wird uns Anhaltspunkte für die Artung seiner Seele bieten. Dabei ist wohl ins Auge zu fassen, daß *die Ausdrucksformen eines Menschen* – und auch die einer Masse – *nicht ohne weiteres nach einer Schablone beurteilt werden dürfen.*

Die Schwierigkeiten, mit denen das Kind in der Entwicklung seines Seelenlebens zu kämpfen hat und die fast regelmäßig zur Folge haben, daß es sein Gemeinschaftsgefühl nur äußerst mangelhaft entwickeln kann, können wir einteilen in solche, die aus der Mangelhaftigkeit der Kultur stammen und sich in der ökonomischen Situation der Familie und des Kindes äußern werden. Ferner in solche, die sich aus Mängeln körperlicher Organe ergeben. Einer Welt gegenüber, die eigentlich nur für vollwertige Organe geschaffen ist und wo alle Kultur, die das Kind umgibt, mit der Kraft und Gesundheit vollentwickelter Organe rechnet, haben wir dann ein Kind, das hinsichtlich wichtiger Organe mit Fehlern behaftet ist und infolgedessen den Anforderungen des Lebens nicht recht nachkommen kann. Hierher gehören z. B. Kinder, die später gehen lernen oder überhaupt Schwierigkeiten bei der Vornahme von Bewegungen haben, oder solche, die später sprechen lernen, die längere Zeit hindurch ungeschickt sind, weil bei ihnen die Entwicklung der Gehirntätigkeit länger dauert als bei jenen Kindern, mit denen unsere Kultur rechnet. Es ist bekannt, wie solche Kinder fortwährend anstoßen, schwerfällig sind, körperliche und seelische Leiden auf sich nehmen müssen. Sie sind sichtlich nicht angenehm berührt von einer Welt, die nicht recht für sie geschaffen ist. Derlei durch Unterentwicklung bedingte Schwierigkeiten sind außerordentlich häufig. Es besteht wohl die Möglichkeit, daß sich im Laufe der Zeit von selbst ein Ausgleich einstellt, ohne daß ein dauernder Schade zurückbleibt, wenn nicht schon in der Zwischenzeit die Bitternis des seelischen Notstandes, in dem solche Kinder aufwachsen und zu dem sich meist auch ein ökonomischer Notstand hinzugesellt, in ihrem Gemüt einen Niederschlag erzeugt, der sich oft im späteren Leben dieser Kinder fühlbar macht. Es ist leicht zu verstehen, daß die absolut gegebenen Spielregeln der menschlichen Gesellschaft von diesen Kindern schlecht befolgt werden. Sie werden mit Mißtrauen auf das Getriebe sehen, das sich um sie entwickelt, den Hang haben, sich abzusondern und sich ihren Aufgaben zu entziehen. Mit ganz besonderer Schärfe wittern und empfinden sie eine Feindseligkeit des Lebens und übertreiben sie. Ihr Interesse für die Schattenseiten des Lebens ist viel größer als das für die Lichtseiten. Meist überschätzen sie beides, so daß ihnen zeitlebens eine Kampfstellung anhaftet, bei der sie ein besonderes Maß von Aufmerksamkeit für sich beanspruchen und geneigt sind, mehr an sich selbst als an die andern zu denken. Da sie die Forderungen des Lebens mehr als Schwierigkeiten aufnehmen und nicht als Anreiz, da sie als Kämpfer mit zu weit getriebener Vorsicht allen Erlebnissen gegenüberstehen, klafft zwischen ihnen und ihrer Umwelt ein tiefer Abgrund. Sie entfernen sich immer mehr von der Wahrheit, von der Wirklichkeit und verwickeln sich immer von neuem in Schwierigkeiten.

Ähnliche Schwierigkeiten können entstehen, wenn die Zärtlichkeit der Angehörigen des Kindes *unter* einem bestimmten Maß bleibt. Auch dieser Umstand kann für die Entwicklung des Kindes bedeutsame Folgen haben. Seine Haltung wird dann dadurch beeinflußt, daß es die Liebe nicht kennen lernt und keinen Gebrauch davon zu machen versteht, weil sich sein Zärtlichkeitstrieb nicht entfaltet. Und wenn sich dieser in der Familie nicht entfaltet, besteht die Gefahr, daß es in späterer Zeit nur schwer gelingen wird, einen Menschen, der in solchen Verhältnissen aufgewachsen ist, zu einem regeren Austausch von Zärtlichkeiten irgendwelcher Art zu bewegen. Es wird zum Bestand seines Wesens werden, zärtlichen Regungen und Beziehungen auszuweichen. Dieselbe Wirkung kann aber auch eintreten, wenn Eltern, Erzieher oder die sonstige Umgebung durch irgendwelche Erziehungsmaximen so auf das Kind einwirken, daß es seine Zärtlichkeitsregungen als untunlich oder lächerlich empfindet. Es pflegt nicht so selten zu geschehen, daß dem Kind nahegelegt wird, Zärtlichkeit mit dem Eindruck von Lächerlichkeit zu verbinden. Das ist besonders bei Kindern der Fall, die öfters Gegenstand des Spottes sind. Man wird sie von einer *Gefühlsscheu* beherrscht finden, derzufolge sie jede Regung von Zärtlichkeit, von Liebe zu einem andern als lächerlich, *unmännlich,* als eine Regung betrachten, die sie in die Hörigkeit des andern bringt und sie in den Augen der anderen herabsetzt. Das sind jene Menschen, die schon in ihrer Kindheit allen künftigen Liebesbeziehungen eine Grenze gezogen haben. *Lieblosigkeiten,* die im großen und ganzen in eine *harte Erziehung* übergehen, die sich über alle Zärtlichkeitsregungen hinwegsetzt, haben bewirkt, daß sie in der Kindheit solche Regungen in sich verschlossen, und sich verstimmt, verbittert und erschreckt bald von dem kleinen Kreis ihrer Umgebung allmählich zurückgezogen haben, deren Gewinnung und Einbeziehung in ihr eigenes Seelenleben von größter Wichtigkeit gewesen wäre. Findet sich noch eine Person in der Umgebung, die dem Kind den Anschluß ermöglicht, so wird es ihn ganz besonders innig vollziehen. So wachsen oft Menschen auf, die überhaupt nur zu einer einzigen Person Beziehung gefunden haben, die ihre Anschlußneigung auf mehr als einen Menschen überhaupt nicht erstrecken können. Das Beispiel von dem Knaben, der so gekränkt war, als er bemerkte, daß sich die Zärtlichkeit der Mutter dem andern Bruder zuwandte, der seither immer im Leben umherirrte, um die Wärme zu finden, die er von früher Kindheit an vermißt hatte, ist ein Fall, der die Schwierigkeiten zeigt, die solche Menschen im Leben finden können.

Das ist die Gruppe jener Menschen, deren Erziehung unter einem gewissen Druck vor sich gegangen ist.

Auch in der entgegengesetzten Richtung können Fehlschläge eintreten, wenn durch eine besondere Wärme, von der die Erziehung begleitet ist, durch eine *Verzärtelung* des Kindes sein Zärtlichkeitstrieb über alle Grenzen hinaus entwickelt wird, so daß es sich zu enge an eine oder mehrere Personen anschließt und von ihnen nicht mehr lassen will. Die Zärtlichkeit des Kindes wird hier durch verschiedene Mißgriffe oft so weit gesteigert, daß das Kind dahinter kommt, daß aus seiner eigenen Zärtlichkeit gewisse Verpflichtungen für die andern erwachsen, wie es leicht bewirkt werden kann, wenn Erwachsene z. B. sagen: »Weil ich dich lieb habe, mußt du dies oder jenes tun.« Es kommt oft vor, daß innerhalb einer Familie ein derartiges Gewächs wuchert. Die Neigung anderer wird von solchen Kindern leicht aufgegriffen und dazu benutzt, um nunmehr durch gleiche Mittel die Abhängigkeit des andern ihrer eigenen Zärtlichkeit entsprechend zu steigern. Ein solches Aufflammen der Zärtlichkeit zu einer der Personen der Familie ist immer im Auge zu behalten. Es ist keine Frage, daß das Schicksal eines Menschen durch solche einseitige Erziehung nachteilig beeinflußt wird. Es können dann Erscheinungen eintreten, wie z. B. die, daß ein Kind, um die Zärtlichkeit eines andern festzuhalten, zu den gewagtesten Mitteln Zuflucht nimmt, etwa einen Rivalen, meist Bruder oder Schwester herabzusetzen sucht, indem es seine Schlimmheit aufdeckt oder heimtückisch fördert oder auf andere Weise, alles nur, um sich in der Liebe der Eltern zu sonnen. Oder es wird einen Druck ausüben, um wenigstens die Aufmerksamkeit der Eltern auf sich zu lenken und kein Mittel unversucht lassen, um in den Vordergrund zu kommen, mehr Bedeutung zu erlangen als andere. Es wird faul oder schlimm sein, um die andern zu veranlassen, sich mehr mit ihm zu beschäftigen, oder es wird brav sein, um die Aufmerksamkeit der andern wie eine Belohnung zu empfinden. Es beginnt dann ein derartiger Prozeß im Leben des Kindes, aus dem ersichtlich wird, daß alles zum Mittel werden kann, wenn im seelischen Leben einmal die Richtung festgelegt ist. Es kann sich nach der schlimmen Seite hin entwikkeln, um sein Ziel zu erreichen, und es kann auch ein überaus braves Kind werden, das dasselbe Ziel im Auge hat. Oft kann man beobachten, wie eines der Kinder versucht, durch besondere Unbändigkeit das Augenmerk auf sich zu lenken, während ein anderes, schlauer oder weniger schlau, durch besondere Bravheit dasselbe zu erreichen trachtet.

In die Gruppe der verzärtelten Kinder gehören auch jene, denen man alle Schwierigkeiten aus dem Weg räumt, deren Eigenartigkeiten man freundlich belächelt, die sich alles herausnehmen dürfen, ohne auf nennenswerten Widerstand zu stoßen. Diesen Kindern fehlt jede Gelegenheit, jene Vorübungen zu machen, die im weiteren Leben dazu gehören, um den Anschluß auch an anschlußwillige Menschen in der richtigen Weise anzustreben und zu bewerkstelligen, geschweige denn an solche Menschen, die selbst durch Schwierigkeiten ihrer Kindheit irregeführt, diesem Anschluß Hindernisse in den Weg stellen. Da man ihnen nicht Gelegenheit gibt, sich in der Überwindung von Schwierigkeiten zu üben, sind sie für ihr weiteres Leben äußerst mangelhaft vorbereitet. Sie erleiden fast regelmäßig Rückschläge, sobald sie aus dem kleinen Bereich dieser tropischen Atmosphäre heraustreten und sich dem Leben gegenüberfinden, wo kein Mensch mehr seine Verpflichtungen in der Weise übertreibt, wie die überzärtlichen Erzieher.

Alle Erscheinungen dieser Art haben gemeinsam, daß das Kind mehr oder weniger *isoliert* wird. Kinder z. B., deren Verdauungsorgane Mängel aufweisen, werden sich zur Nahrungsaufnahme anders verhalten und infolgedessen möglicherweise eine ganz andere Entwicklung nehmen als andere, in dieser Hinsicht normale Kinder. Kinder mit minderwertigen Organen werden eine besondere Gangart aufweisen, die sie mit der Zeit in die Isolierung hineintreibt. Wir haben dann Kinder vor uns, die ihren Zusammenhang mit der Umwelt nicht so deutlich empfinden, ihn vielleicht ganz ablehnen. Sie können keine Kameraden finden, halten sich von den Spielen ihrer Altersgenossen fern, sehen entweder neidig zu oder wenden sich verachtend ihren eigenen Spielen zu, die sie in stiller Abgeschlossenheit für sich betreiben. Auch Kinder, die unter einem schweren Druck in der Erziehung, etwa unter großer Strenge, aufwachsen, sind von der Isolierung bedroht. Auch ihnen wird das Leben nicht in günstigem Licht erscheinen, weil sie immer wieder und von überall her schlimme Eindrücke erwarten. Sie fühlen sich entweder als Dulder, die alle Schwierigkeiten demütig in Empfang nehmen, oder als Kämpfer, die immer bereit sind, die als Feind empfundene Umgebung anzugreifen. Diese Kinder betrachten das Leben und ihre Aufgaben als besondere

Schwierigkeiten und es ist leicht zu verstehen, daß ein solches Kind meist darauf bedacht sein wird, seine Grenzen zu wahren, darauf achtend, daß ihm kein Abbruch geschieht und daß es stets mißtrauisch die Umgebung im Auge behält. Belastet durch diese übergroße Vorsicht wird es eine Neigung entwickeln, lieber größere Schwierigkeiten und Gefahren zu wittern, als sich etwa in leichtsinniger Weise dem Schicksal einer Niederlage auszusetzen. Ein weiteres gemeinsames Merkmal dieser Kinder, gleichzeitig ein in die Augen springendes Zeichen ihres weniger entwickelten Gemeinschaftsgefühls, ist die Erscheinung, daß sie mehr an sich denken als an die andern. Man sieht hier klar die ganze Entwicklung. Alle diese Menschen neigen im allgemeinen zu einer pessimistischen Weltanschauung und können ihres Lebens nicht froh werden, wenn sie keine Erlösung von ihrer falschen Lebensschablone finden.

3. Der Mensch als gesellschaftliches Wesen

Wir waren bestrebt, darauf hinzuweisen, daß wir über die Persönlichkeit eines Individuums nur dann Aufschluß bekommen können, wenn wir es in seiner Situation beurteilen und darin verstehen. Unter Situation haben wir die Stellung des Menschen im Weltall und zu seiner näheren Umgebung verstanden, seine Stellung zu den Fragen, die ihm unausgesetzt begegnen, wie Fragen der Betätigung, des Anschlusses, der Beziehung zu den Mitmenschen. Wir haben auf diesem Wege festgestellt, daß es die auf den Menschen einstürmenden Eindrücke der Umgebung sind, die die Haltung des Säuglings und später des Kindes und des Erwachsenen zum Leben auf das nachhaltigste beeinflussen. Schon nach einigen Monaten der Säuglingszeit kann man feststellen, wie sich ein Kind zum Leben verhält. Eine Verwechslung zweier Säuglinge bezüglich ihrer Haltung zum Leben ist von jetzt an nicht mehr möglich, weil jeder schon einen ausgeprägten Typus vorstellt, der immer deutlicher wird, ohne die Richtung, die ihm einmal anhaftet, zu verlieren. Was sich in der Seele des Kindes entwickelt, wird immer mehr von den Beziehungen der Gesellschaft zum Kinde durchdrungen, es kommt zu den ersten Anzeichen des angeborenen Gemeinschaftsgefühls, zum Aufblühen organisch bedingter Zärtlichkeitsregungen, die so weit gehen, daß das Kind die Nähe der Erwachsenen sucht. Man kann immer beobachten, daß das Kind Zärtlichkeitsbestrebungen auf andere – nicht, wie *Freud* meint, auf sich selbst – richtet. Diese sind verschieden abgestuft und bezüglich verschiedener Personen anders. Bei Kindern, die über das zweite Lebensjahr hinaus sind, kann man diese Verschiedenheit auch in den sprachlichen Äußerungen feststellen. Das Gefühl der Zusammengehörigkeit, das Gemeinschaftsgefühl wird in der Seele des Kindes bodenständig und verläßt den Menschen nur unter den schwersten krankhaften Ausartungen seines Seelenlebens. Es bleibt durch das ganze Leben, nuanciert, beschränkt oder erweitert sich und erstreckt sich in günstigen Fällen nicht nur auf die Familienmitglieder, sondern auf den Stamm, das Volk, auf die ganze Menschheit. Es kann sogar über diese Grenzen hinausgehen und sich dann auch auf Tiere, Pflanzen und andere leblose Gegenstände, schließlich sogar auf den Kosmos überhaupt ausbreiten.

Wir haben hiermit in unserem Bestreben, zum Verständnis des Menschen zu gelangen, einen wichtigen Hilfspunkt gewonnen. Es ist das *Verständnis für die Notwendigkeit, den Menschen als ein Gemeinschaftswesen zu betrachten.*

VIERTES KAPITEL

Eindrücke der Außenwelt

1. Das Weltbild im allgemeinen

Die durch die Notwendigkeit der Anpassung an die Umgebung bedingte Fähigkeit, Eindrücke aufzunehmen, und die Eigenartigkeit des seelischen Mechanismus, immer ein Ziel zu verfolgen, legen den Gedanken nahe, daß das *Weltbild* und die *ideale Leitlinie* eines Menschen schon sehr frühe in der Seele des Kindes entstehen muß, nicht geformt und nicht mit einem Ausdruck faßbar, aber irgendwie in Sphären schwebend, die uns bekannt anmuten, die wir verständlich finden, die immer im Gegensatz zu einem Gefühl der Unzulänglichkeit stehen. Seelische Bewegungen können sich nur abspielen, wenn ein Ziel vorschwebt. Seine Errichtung setzt, wie bekannt, notwendig Bewegungsmöglichkeit bzw. Bewegungsfreiheit voraus. Und die Bereicherung, die durch alle Bewegungsfreiheit zustandekommt, ist nicht zu unterschätzen. Ein Kind, das sich zum erstenmal vom Boden erhebt, kommt in diesem Augenblick in eine ganz neue Welt, es empfindet irgendwie eine feindliche Atmosphäre. Es kann in der Kraft, mit der es sich auf die Füße stellt, eine verstärkte Hoffnung für seine Zukunft empfinden, bei seinen ersten Bewegungsversuchen, besonders beim Gehenlernen, verschieden große oder gar keine Schwierigkeiten haben. Solche Eindrücke, Ereignisse, die uns Erwachsenen oft als unbedeutende Kleinigkeiten erscheinen, nehmen einen ungeheuren Einfluß auf das kindliche Seelenleben und damit vor allem auf die Entstehung seines Weltbildes. So werden Kinder, die in der Bewegung Schwierigkeiten hatten, gewöhnlich ein Idealbild vor Augen haben, das stark mit raschen Bewegungen durchsetzt ist, was sich leicht erkennen läßt, wenn man sie nach ihren Lieblingsspielen oder nach ihrer

Berufswahl fragt. Die Antwort (Kutscher, Schaffner u. dgl.) wird bedeuten, daß in ihnen die Sehnsucht lebt, über alle Schwierigkeiten mangelnder Bewegungsfreiheit hinwegzukomrnen, an einen Punkt zu gelangen, wo sie kein Gefühl der Minderwertigkeit, der Zurückgesetztheit haben, welches Gefühl ja besonders genährt werden kann, wenn sich Kinder langsam oder krankhaft entwickeln. Ebenso oft wird man finden, daß Kinder, die infolge fehlerhafter Augen die Welt nur mangelhaft wahrnehmen können, das Bestreben haben, das Sehbare der Welt stärker und intensiver zu erfassen, und daß Kinder mit Empfindlichkeiten der Ohren oft nur für gewisse Töne, die lieblicher klingen, Interesse, Verständnis und Vorliebe haben, kurz, daß sie musikalisch sind (Beethoven).

Von den Organen, mittels deren sich das Kind der Umwelt zu bemächtigen sucht, sind es hauptsächlich die Sinnesorgane, welche Beziehungen unlösbarer Art zur Außenwelt herstellen. Sie sind es, die ein Weltbild aufbauen helfen. Vor allem ist hier das Auge zu nennen, dem sich die Umwelt entgegenstellt. Es ist vorwiegend die sehbare Welt, die sich dem Menschen besonders aufdrängt und die Hauptstütze für seine Erfahrung abgibt. So entsteht das *visuelle Weltbild,* dessen unvergleichliche Bedeutung darin liegt, daß es dauernde, stets unveränderliche Objekte zur Verfügung hat gegenüber den andern Sinnesorganen, die zumeist auf vergängliche Reizquellen angewiesen sind, wie das Ohr, die Nase, die Zunge und zum großen Teil die Haut. In anderen Fällen tritt wieder das Gehörorgan stärker hervor und schafft ein Seelenvermögen, das mehr mit dem Hörbaren der Welt rechnet *(akustische Psyche),* seltener sind die *Motoriker,* Menschen, die auf Bewegungsvorgänge eingestellt sind. Eine Überbetonung des Geruchs- und Geschmacksvermögens bringt wieder andere Typen hervor, von denen insbesondere der erstere Typus durch seine Geruchsbegabung in unserer Kultur schlecht gestellt ist. Dann gibt es eine große Anzahl Kinder, bei denen die Bewegungsorgane eine große Rolle spielen. Die einen kommen mit einer größeren Regsamkeit zur Welt, sie sind immer in Bewegung und später immer zur Tätigkeit gedrängt; ihr Sinn ist vorwiegend auf Leistungen gerichtet, zu deren Vollbringung die Muskulatur in Bewegung gesetzt werden muß. Selbst im Schlaf wird dieser Tätigkeitsdrang nicht ruhen und man wird oft beobachten können, wie sie sich unruhig im Bett herumwälzen. Hierher gehören auch die »zappeligen« Kinder, deren Ruhelosigkeit ihnen oft als Fehler angerechnet wird. – Im allgemeinen gibt es fast keine Kinder, die sich nicht sowohl mit Augen und Ohren, wie auch mit ihren Bewegungsorganen dem Leben gegenüberstellen, um aus den Eindrükken und aus den Möglichkeiten, die sich ihnen bieten, ihr Weltbild aufzubauen, und wir können einen Menschen nur verstehen, wenn wir auch wissen, mit welchem Organ er dem Leben am unvermittelsten gegenübersteht. Denn alle Beziehungen gewinnen hier an Bedeutung und gewinnen Einfluß auf die Gestaltung des Weltbildes und damit auf die spätere Entwicklung des Kindes.

2. Elemente der Entwicklung des Weltbildes

Jene besonderen Fähigkeiten des seelischen Organs, die beim Zustandekommen des Weltbildes in erster Linie mitwirken, haben miteinander gemeinsam, daß ihre Auswahl, Schärfe und Wirkung durch das Ziel bestimmt wird, das einem Menschen vorschwebt. Das erklärt die Tatsache, daß jeder nur einen bestimmten Teil des Lebens, der Umwelt, eines Ereignisses u. dgl. *besonders* wahrnimmt. Der Mensch verwertet nur, was und wie es von seinem Ziel verlangt wird. Man kann daher auch diese Seite des menschlichen Seelenlebens erst begreifen, wenn man sich von dem geheimen Ziel eines Menschen ein Bild gemacht und alles an ihm als von diesem Ziel beeinflußt verstanden hat.

a) Wahrnehmungen. Die durch die Sinnesorgane von außen her vermittelten Eindrücke und Erregungen geben im Gehirn ein Signal, von dem irgendwelche Spuren aufbewahrt werden können. Aus diesen Spuren baut sich die *Vorstellungswelt* auf, sowie die *Welt der Erinnerung.* Nun ist aber die Wahrnehmung nie mit einem photographischen Apparat vergleichbar, sondern sie enthält immer auch etwas von der Eigenart des Menschen. Nicht alles, was man sieht, nimmt man auch wahr und wenn man zwei Menschen, die dasselbe Bild erblickt haben, nach ihrer Wahrnehmung fragt, kann man die verschiedensten Antworten erhalten. Das Kind nimmt also aus seiner Umgebung nur das wahr, was aus irgendeinem Grund zu seiner bisher geformten Eigenart paßt. So sind die Wahrnehmungen von Kindern, deren Sehlust besonders entwickelt ist, vorwiegend visueller Natur, was bei den meisten Menschen der Fall ist. Andere werden wieder mit Gehörswahrnehmungen ihr Weltbild füllen. Wie erwähnt, sind diese Wahrnehmungen mit der Wirklichkeit nicht streng identisch. Der Mensch ist fähig, seine Berührungen mit der Außenwelt so umzugestalten, wie es von seiner Eigenart verlangt wird. Was also ein Mensch wahrnimmt und wie er es tut, darin liegt seine besondere Eigenart. Wahrnehmung ist mehr als ein bloßer physikalischer Vorgang, sie ist eine seelische Funktion, und aus der Art und Weise, aus dem Umstand, wie und was ein Mensch wahrnimmt, kann man tiefe Schlüsse auf sein Inneres ziehen.

b) Erinnerungen. Wir konnten feststellen, daß das in seinen Grundlagen angeborene seelische Organ hinsichtlich seiner Entwicklungsfähigkeit mit dem Zwang zur Tätigkeit und den Tatsachen der Wahrnehmung zusammenhängt. Getragen von der Tendenz, zweckmäßig auf ein Ziel gerichtet zu sein, ist das seelische Organ innig mit der Bewegungsfähigkeit des menschlichen Organismus verbunden. Der Mensch muß alle seine Beziehungen zur Außenwelt in seinem seelischen Organ zusammenfassen und ordnen, und dieses ist nun als ein Organ der Anpassung genötigt, auch alle jene Fähigkeiten zu entwickeln, die zur Sicherung des Individuums nötig sind, die zu seiner Existenz gehören.

Nun ist es klar, daß die individuelle Antwort des seelischen Organs auf die Fragen des Lebens in der seelischen Entwicklung Spuren hinterlassen muß, daß somit auch die Funktionen des Gedächtnisses und der Wertung durch die Anpassungstendenz erzwungen sind. Erst der Bestand von Erinnerungen macht es aus, daß der Mensch für seine Zukunft Vorsorge treffen kann. Wir dürfen schließen, daß alle Erinnerungen eine (unbewußte) Endabsicht in sich tragen, dass sie nicht unbefangen in uns leben, daß sie eine warnende oder aneifernde Sprache sprechen. Harmlose Erinnerungen gibt es nicht. Die Bedeutung einer Erinnerung kann man nur beurteilen, wenn man sich über die Endabsicht klar geworden ist, die ihr zugrunde liegt. Es ist wichtig, *warum* man sich an gewisse Dinge erinnert und an andere nicht. Und wir erinnern uns an jene Begebenheiten, deren Erinnerung für den Fortbestand einer bestimmten seelischen Richtung wichtig und ersprießlich ist, und wir vergessen jene, deren Vergessen ebenfalls hierfür förderlich ist. Damit ist gesagt, daß auch das Gedächtnis ganz dem Dienst der zweckmäßigen Anpassung an ein vorschwebendes Ziel unterworfen ist. Eine bleibende Erinnerung, *mag sie auch irrtümlich sein,* und, wie meist in der Kindheit, ein einseitiges Urteil enthalten, kann, wenn es für das angestrebte Ziel förderlich ist, auch aus dem Bereich des Bewußtseins verschwinden und ganz in *Haltung, Gefühl und Anschauungsform* übergehen.

c) Vorstellungen. Noch deutlicher zeigt sich die Eigenart des Menschen in seinen Vorstellungen. Unter Vorstellung versteht man die Wiederherstellung einer Wahrnehmung, ohne daß das Objekt derselben gegenwärtig ist. Sie ist also eine reproduzierte, bloß in Gedanken wieder hervorgerufene Wahrnehmung, welcher Umstand wieder auf die Tatsache der schöpferischen Fähigkeit des seelischen Organs hinweist. Es ist nicht so, als ob die einmal erfolgte und von der schöpferischen Kraft der Seele schon beeinflußte Wahrnehmung nun wiederholt würde, sondern die Vorstellung, die sich ein Mensch macht, ist wieder ganz von seiner Eigenart geformt und ein neues, ihm eigenartiges Kunstwerk.

Es gibt nun Vorstellungen, die den gewöhnlichen Grad ihrer Schärfe weit überschreiten und wie Wahrnehmungen wirken, die so scharf hervortreten, als ob sie gar nicht Vorstellungen wären, sondern als ob der abwesende, anregende Gegenstand wirklich vorhanden wäre. Man spricht dann von *Halluzinationen,* von Vorstellungen, die so auftauchen, als ob sie von einem anwesenden Objekt ausgingen. Die Bedingungen hierfür sind dieselben wie die oben geschilderten. Auch die Halluzinationen sind schöpferische Leistungen des seelischen Organs, geformt nach den Zielen und Zwecken des betreffenden Menschen. Ein Beispiel soll dies besser beleuchten:

Eine junge, intelligente Frau hatte gegen den Willen ihrer Eltern geheiratet. Die Abneigung der Eltern gegen die Eheschließung war so groß, daß alle Beziehungen zwischen Eltern und Kind abgebrochen worden waren. Im Laufe der Zeit war die Frau zur Überzeugung gelangt, daß ihre Eltern an ihr nicht richtig gehandelt hatten, doch scheiterten mehrfache Versöhnungsversuche an dem Stolz und Trotz beider Teile. Durch die Eheschließung war die Frau, die aus hochangesehener Familie stammt, in ganz ärmliche Verhältnisse gekommen. Man könnte aber bei oberflächlicher Beobachtung von einer Mißheirat nichts merken und über das Schicksal der Frau beruhigt sein, wenn sich nicht seit einiger Zeit ganz eigentümliche Erscheinungen eingestellt hätten.

Sie war als Lieblingskind des Vaters aufgewachsen. Die Beziehungen der beiden waren so innig, daß es auffallen mußte, wieso es zu einem derartigen Bruch kommen konnte. In Angelegenheit ihrer Ehe nun behandelte der Vater das Mädchen außerordentlich schlecht und der Zerfall der beiden war gründlich. Selbst als ein Kind kam, waren die Eltern nicht zu bewegen, sich dasselbe zu besehen oder sich der Tochter wieder zu nähern, und die Frau, von großem Ehrgeiz beseelt, vertrug die Haltung ihrer Eltern deshalb so schlecht, weil es sie schmerzlich berührte, in einer Frage, in der sie sichtlich recht hatte, Unrecht bekommen zu haben.

Man muß sich vor Augen halten, daß die Stimmung der Frau völlig unter dem Einfluß ihres Ehrgeizes stand. Erst dieser Charakterzug erklärt, warum sie das Zerwürfnis mit den Eltern so schlecht vertrug. Ihre Mutter war eine strenge, rechtliche Frau, die sicher wertvolle Qualitäten hatte, aber dem Mädchen gegenüber eine strenge Hand bekundete. Sie verstand es auch, äußerlich wenigstens, sich dem Manne unterzuordnen, ohne dabei ihren Rang einzubüßen. Selbst diese Unterwerfung betonte sie mit einem gewissen Stolz und rühmte sich ihrer. Der Umstand, daß in der Familie auch noch ein Sohn auftauchte, der als männlicher Sproß und künftiger Erbe des angesehenen Namens eine gewisse höhere Wertung gegenüber dem Mädchen erlangte, stachelte den Ehrgeiz der letzteren noch besonders auf. Die Schwierigkeiten und die Notlage, in die das Mädchen, die so etwas bisher nie gekannt hatte, durch die Ehe geraten war, brachten es mit sich, daß sie mit immer steigendem Unmut an das Unrecht der Eltern dachte.

Eines Nachts nun, als sie noch nicht eingeschlafen war, hatte sie folgende Erscheinung: Die Tür ging auf, die Mutter Gottes trat zu ihr und sagte: »Weil ich dich so gern habe, teile ich dir mit, daß du Mitte Dezember sterben wirst; du sollst nicht unvorbereitet sein.«

Die Frau war darüber zwar nicht erschreckt, weckte aber ihren Mann, dem sie alles erzählte. Am nächsten Tag erfuhr es der Arzt. Es war eine Halluzination. Die Frau beharrte darauf, richtig gesehen und gehört zu haben. Das ist auf den ersten Blick unverständlich. Erst wenn wir unseren Schlüssel anwenden, können wir gewisse Aufschlüsse erhalten. Es besteht ein Zerwürfnis mit den Eltern, die Frau befindet sich in Not, sie ist ehrgeizig und hat, wie die Untersuchung ergibt, die Neigung, allen überlegen zu sein. Da ist es verständlich, wenn ein Mensch in seinem Streben, über die ihm gegebene Sphäre hinauszugreifen, sich der Gottheit nähert und mit ihr Zwiesprache hält. Man denke, die Mutter Gottes wäre nur in der Vorstellung geblieben, wie es bei Betenden der Fall ist. Niemand würde daran etwas Besonderes finden. Das genügt ihr daher nicht, sie braucht stärkere Argumente. Wenn wir verstehen, daß die Seele derartiger Kunststücke fähig ist, dann verliert die Angelegenheit alles Rätselhafte. Und ist nicht jeder Mensch, der träumt, in einer ähnlichen Lage? Der Unterschied ist eigentlich nur, daß diese Frau wachend träumen kann. Wir müssen hinzurechnen, daß ihr Ehrgeiz gegenwärtig durch ein Gefühl der Demütigung ganz besonders angespannt ist. Und da fällt uns auf, daß jetzt tatsächlich eine andere Mutter zu ihr kommt, und zwar jene, von der das Volk annimmt, daß sie eine gütigere Mutter sei. Diese Mütter müssen zueinander in einem gewissen Gegensatz stehen. Die Mutter Gottes ist erschienen, weil die eigene Mutter nicht gekommen ist. Die Erscheinung weist auf die mangelnde Liebe der eigenen Mutter hin. Die Frau sucht sichtlich nach einem Ausweg, wie sie ihre Eltern am besten ins Unrecht setzen könnte. Mitte Dezember ist auch nicht eine ganz bedeutungslose Zeit. Es ist die Zeit, wo sich im Leben der Menschen innigere Beziehungen ausgestalten, wo die Menschen meist wärmer werden, sich Geschenke machen u. dgl., wo auch die Möglichkeit von Versöhnungen viel näher rückt, so daß man verstehen kann, daß dieser Zeitpunkt mit einer Lebensfrage der jungen Frau in einem gewissen Zusammenhang steht.

Vorläufig befremdet nur, daß die freundliche Annäherung der Mutter Gottes von einem Mißton begleitet ist, der Verkündung des baldigen Todes. Der Umstand, daß sie ihrem Mann geradezu in freudiger Art diese Mitteilung macht, muß etwas bedeuten. Auch dringt diese Vorhersage nun gar über den Kreis der Familie hinaus und schon am nächsten Tage erfährt davon der Arzt. Nun war es leicht zu erreichen, daß die eigene Mutter zu ihr kam. Einige Tage nachher erschien aber die Mutter Gottes zum zweitenmal und wieder sprach sie dieselben Worte. Auf die Frage, wie die Begegnung mit der Mutter ausgefallen sei, erzählte die junge Frau, ihre Mutter sähe halt doch nicht ein, daß sie Unrecht getan habe. Das alte Leitmotiv taucht also wieder auf. Wieder handelt es sich darum, daß das Ziel der Überlegenheit über die Mutter noch nicht erreicht war. Nun wurde versucht, den Eltern den Sachverhalt klarzumachen, worauf eine Begegnung mit dem Vater zustande kam, die glänzend ausfiel. Es folgte eine rührende Szene. Aber noch immer war die Frau nicht befriedigt, denn sie erzählte, es sei so etwas Theatralisches im Wesen des Vaters gewesen. Und warum habe er sie denn so lange warten lassen! Die Neigung, dem andern Unrecht zu geben und selbst als Sieger dazustehen, bestand eben noch immer.

Nach dem Bisherigen können wir also sagen: Die Halluzination tritt auf in einem Moment der höchsten seelischen Anspannung, in einem Zustand, in dem der Mensch die Abdrängung von seinem Ziel fürchtet. Es ist keine Frage, daß solche Halluzinationen früher und vielleicht auch jetzt in Gegenden, wo eine rückständige Bevölkerung lebt, bedeutenden Einfluß gewinnen können. Gewisse Halluzinationen, aus Schriften von Reisenden bekannt, betreffen Erscheinungen, wie sie Wüstenwanderern begegnen, wenn sie in Schwierigkeiten geraten, unter Hunger, Durst, Müdigkeit, Verirrung leiden. Es ist eine Spannung der höchsten Not, die das Verstellungsvermögen des Leidenden zwingt, sich mit vollendeter Deutlichkeit aus der gegenwärtigen Bedrückung in eine erquickende Situation zu erheben. Letztere muntert den Müden auf, entzündet die Kräfte des Wankenden, macht ihn stärker oder unempfindlicher, oder wirkt wie ein Balsam, wie eine Narkose.

Wir müssen feststellen, daß die Erscheinung der Halluzination für uns eigentlich keinen neuen Vorgang bedeutet, da wir Ähnliches bereits im Wesen der Wahrnehmung, der Erinnerung und der Vorstellung gefunden haben und auch in den Träumen wiederfinden werden. Durch eine Verstärkung in der Vorstellung selbst und durch eine Ausschaltung der Kritik können derartige Leistungen leicht zustandekommen. Wir wollen festhalten, daß immer Situationen besonderer Art die Auslösung besorgen. Solche Leistungen sind in einem Zustand der Not und unter dem Eindruck einer Machtbedrohung zustandegekommen, bei einem Menschen, der aus einem Gefühl der Schwäche heraus nach Überwindung derselben strebt. Ist die Spannung in einem solchen Zustand außerordentlich groß, dann wird auf die Gabe der Kritik nicht mehr soviel Rücksicht genommen. Dann ist es nach dem Grundsatz: »Hilf dir, wie du kannst« möglich, daß die Leistung die Vorstellung, mit der vollen Kraft des seelischen Organs dargestellt, in die Formen der Halluzination übergeht.

Mit der Halluzination verwandt ist die *Illusion,* die sich von der ersteren dadurch unterscheidet, daß ein äußerlicher Anknüpfungspunkt besteht, nur in eigenartiger Weise verkannt, wie z. B. in Goethes Erlkönig. Die Grundlage, nämlich der seelische Notstand, bleibt dieselbe.

Ein weiterer Fall soll zeigen, wie die schöpferische Kraft des seelischen Organs in einem Zustand der Not imstande ist, eine Halluzination oder eine Illusion zu erzeugen.

Ein Mann aus angesehener Familie, der es infolge einer schlechten Erziehung zu nichts gebracht hatte, versah eine untergeordnete Schreiberstelle. Er hatte alle Hoffnung aufgegeben, in Zukunft je zu Ansehen zu gelangen. Zu dieser Hoffnungslosigkeit, die schwer auf ihn lastete, kamen die Vorwürfe seiner Umgebung, die die starke seelische Spannung in ihm noch erhöhten. In diesem Zustand ergab er sich dem Trunke, der ihm Vergessen und eine Ausrede für seinen Fall brachte. Nach kurzer Zeit kam er mit Delirien ins Krankenhaus. *Delirien* sind wesensverwandt mit der Halluzination. Bekanntlich besteht die gewöhnliche Form der Halluzination bei Säuferdelirien im Erblicken von Mäusen oder schwarzen Tieren. Auch andere Halluzinationen kommen vor, die mit dem Beruf des Patienten zusammenhängen. Unser Patient kam in die Hand von Ärzten, die scharfe Alkoholgegner waren und ein strenges Regime eingeführt hatten. Er wurde von seinem Alkoholismus vollkommen befreit, verließ das Spital geheilt und blieb drei Jahre alkoholfrei. Dann kam er mit anderen Klagen wieder ins Spital zurück. Er erzählte, daß er bei seinen Arbeiten – er war jetzt Erdarbeiter – immer einen Mann auftauchen sähe, der sich grinsend über ihn lustig mache. Einmal, als er darüber in besonderen Zorn geraten war, nahm er sein Werkzeug und warf es nach ihm, um zu sehen, ob ein wirklicher Mensch dahinterstecke. Die Gestalt wich aus, fiel aber dann über ihn her und prügelte ihn.

In diesem Fall kann man nicht mehr von einem Gespenst, von einer Halluzination sprechen, denn die Gestalt hatte ganz reale Fäuste gehabt. Die Erklärung ist leicht zu geben: Sonst halluzinierte er, die Probe machte er aber an einem wirklichen Menschen. Es ergab sich, daß der Mann trotz Befreiung vom Alkohol nach seiner Entlassung aus dem Spital, weitergesunken war. Er hatte seine Stelle verloren, war von zu Hause verstoßen worden und brachte sich nun durch Erdarbeiten fort, die sowohl er, wie auch seine Angehörigen als niedrigste Beschäftigung einschätzten. Die seelische Spannung, in der er gelebt hatte, war nicht gewichen. Vom Alkohol befreit, war er trotz dieses ungeheuren Vorteils eigentlich um eine Tröstung ärmer geworden. Seinen ersten Beruf konnte er erledigen, indem er sich auf das Trinken verlegte. Wenn zu Hause Vorwürfe laut wurden, daß er es zu nichts bringen könne, schien ihm der Hinweis auf seinen Alkoholismus weniger schmerzlich, als der auf seine Unfähigkeit. Nach seiner Heilung stand er wieder der Wirklichkeit gegenüber und einer Situation, die nicht weniger schwer und drückend war als die frühere. Sollte er es nun wieder zu nichts bringen, dann hatte er nicht einmal die Ausrede des Alkohols. In dieser seelischen Not tauchen nun wieder Halluzinationen auf. Er hatte sich in seine frühere Situation wieder eingelebt, er betrachtete die Dinge so, als ob er noch immer ein Säufer wäre und sagte damit eigentlich, er habe sein ganzes Leben durch das Trinken geschädigt, es könne nun nicht mehr besser werden. Als Kranker konnte er hoffen, von seinem neuen, wenig geachteten und ihm daher widerwärtigen Beruf befreit, enthoben zu werden, ohne selbst einen Entschluß fassen zu müssen. Und so kam es, daß die obige Erscheinung länger anhielt, bis Abhilfe kam und er wieder ins Krankenhaus ging. Nun konnte er sich tröstend sagen, er hätte viel mehr erreichen können, wenn nicht das Unglück des Trunkes über ihn hereingebrochen wäre. Dadurch konnte er sein Persönlichkeitsgefühl immer noch hochhalten. Dieses nicht sinken zu lassen, die Überzeugung festhalten zu können, daß er zu größeren Leistungen geeignet wäre, wenn ihn dieses Unglück nicht getroffen hätte, war für ihn viel wichtiger als die Arbeit selbst. Damit hatte er die Machtlinie erreicht und konnte feststellen, daß die andern nicht besser seien als er, sondern daß eine Schwierigkeit im Weg war, die sich nicht wegräumen ließ. In dieser Stimmung, bei der er eine tröstende Entschuldigung suchte, erwuchs ihm wie eine Rettung die Erscheinung des grinsenden Mannes.

3. Phantasie

Eine weitere künstlerische Leistung des seelischen Organs ist die Phantasie. Spuren derselben kann man in allen Erscheinungen finden, die bereits behandelt wurden. Es ist ein ähnlicher wie bei jenen Leistungen der

Seele, wo bestimmte Erinnerungen in den Vordergrund geschoben oder Vorstellungen aufgebaut werden. Einen wesentlichen Bestandteil bildet auch bei der Phantasie wieder jene Voraussicht, die ein in Bewegung befindlicher Organismus mit Naturnotwendigkeit in sich tragen muß. Auch die Phantasie ist an die Beweglichkeit des Organismus gebunden und ist selbst nichts anderes als eine Form dieses Voraussehens. Wenn man bei Phantasien von Kindern und Erwachsenen – auch Tagträume genannt – Luftschlösser vor sich hat, so handelt es sich immer um Vorstellungen, die die Zukunft betreffen, zu der sich der Mensch hinbewegt, und die er, in seiner Weise voraussehend, auszubauen versucht.

Bei der Prüfung von Kinderphantasien erweist sich, daß bei ihnen als wesentlicher Faktor das Spiel der Macht einen weiten Raum einnimmt, daß es immer Ziele des Ehrgeizes sind, die sich wiederspiegeln. Die meisten Phantasien beginnen mit Worten wie: »wenn ich einmal groß sein werde« und ähnlichen. Es gibt auch Erwachsene, die noch immer so leben, als ob sie erst einmal groß sein müßten. Die deutliche Ausprägung der Machtlinie weist wieder darauf hin, daß ein Seelenleben sich nur entwickeln kann, wenn vorher die Zielsetzung erfolgt ist. In der menschlichen Kultur ist dieses Ziel ein Ziel der *Geltung.* Bei neutralen Zielen bleibt es fast nie, denn das gemeinsame Leben der Menschen ist von einem fortwährenden Sich-Messen begleitet, wobei die Sehnsucht nach *Überlegenheit* entsteht und das Verlangen, die Konkurrenz siegreich zu bestehen. Es ist daher erklärlich, daß jene Formen der Voraussicht, wie wir sie in den Phantasien der Kinder finden, regelmäßig *Machtvorstellungen* sind.

Für den Umfang dieser Vorstellungen, für die Größe der Phantasie lassen sich keine Regeln aufstellen oder mit anderen Worten: Man darf auch hier nicht in den Fehler verfallen zu generalisieren. Das oben Gesagte gilt für eine große Anzahl von Fällen, kann sich aber in einzelnen Fällen auch als anders geartet feststellen lassen. Es ist naheliegend, daß jene Kinder ihre Phantasie stärker entwickeln werden, die das Leben mit feindlichen Augen betrachten, mit welcher Einstellung gewöhnlich auch eine stärkere

Anspannung der Vorsicht verbunden ist. So haben schwächliche Kinder, denen das Leben so manches Üble bietet, eine verstärkte Phantasie und die Neigung, sich mit Phantasien zu beschäftigen. In weiterer Folge tritt oft ein Entwicklungsstadium ein, in dem die Phantasie zuhilfe genommen wird, um sich aus dem realen Leben herauszuschleichen, also die Phantasie gleichsam für die Verurteilung des realen Lebens benutzt erscheint. Sie ist dann der Machtrausch eines Menschen, der sich über die Niedrigkeit des Lebens erhoben hat.

Nicht nur die Machtlinie allein ist es, die man in den Phantasien feststellen kann, auch das Gemeinschaftsgefühl spielt in ihnen eine große Rolle. Die Kinderphantasien sehen fast nie so aus, daß nur die Macht des Kindes darin zur Geltung kommt, sondern diese Macht erscheint irgendwie als zum Nutzen anderer mitverwendet. Das ist z. B. der Fall bei Phantasien, deren Inhalt darin gipfelt, ein Retter zu sein, ein Helfer, ein Sieger über ein den Menschen schädliches Ungetüm u. dgl. Häufig vorzufinden ist die Phantasie, nicht aus der Familie zu sein, in der man aufwächst. Eine Menge Kinder hält den Gedanken fest, daß sie eigentlich aus einer andern Familie stammen, daß sich eines Tages die Wahrheit zeigen und der wirkliche Vater (immer irgendeine hohe Persönlichkeit) kommen und sie abholen werde. Dies ist meist bei Kindern der Fall, die ein starkes Minderwertigkeitsgefühl haben, die Entbehrungen ausgesetzt sind, Zurücksetzungen zu erdulden haben oder die mit der Zärtlichkeit ihrer Umgebung unzufrieden sind. Oft verraten sich solche Größenideen schon in der äußeren Haltung der Kinder, die so tun, als ob sie schon erwachsen wären. Beinahe krankhafte Ausartungen der Phantasie findet man in der Form, daß z. B. ein Kind eine besondere Vorliebe für steife Hüte oder für Zigarrenspitzen empfindet, oder wenn Mädchen sich vornehmen ein Mann zu werden. Es gibt viele Mädchen, die eine Haltung oder Kleidung vorziehen, die eher für Knaben passen würde.

Es gibt auch Menschen, von denen geklagt wird, sie hätten zu wenig Phantasie. Das ist sicher ein Fehlschluß. Entweder äußern sich solche

Kinder nicht oder es liegen andere Gründe vor, aus denen sie sogar dazu gelangen können, einen Kampf gegen das Auftauchen von Phantasien zu führen. Es kann sein, daß ein Kind darin ein Stärkegefühl empfindet. In einem krampfhaften Bestreben, sich der Wirklichkeit anzupassen, erscheint diesen Kindern die Phantasie als unmännlich oder kindisch und wird von ihnen abgelehnt. Es gibt Fälle, bei denen diese Ablehnung zu weit geht und die Phantasie fast vollkommen zu fehlen scheint.

4. Träume (Allgemeines)

Außer den oben beschriebenen Tagträumen gibt es noch eine andere, sehr früh auftauchende Erscheinung, die eine große Wirksamkeit verrät und auch entfaltet. Es sind die Schlafträume. Im allgemeinen kann man feststellen, daß sich in ihnen die gleiche Methode des Kindes, zu träumen, wiederfindet, wie in den Tagträumen. Alte, erfahrene Psychologen haben darauf hingewiesen, daß sich aus den Träumen des Menschen sein Charakter leicht enthüllen lasse. In der Tat ist der Traum eine Erscheinung, die das Denken des Menschen zu allen Zeiten außerordentlich in Anspruch genommen hat. Wie die Tagträume Erscheinungen sind, die das Voraussehenwollen begleitet, die auftreten, wenn sich der Mensch damit beschäftigt, einen Weg in die Zukunft zu bahnen und ihn sicher zu gehen, so ist es auch mit den Schlafträumen. Der auffallende Unterschied ist, daß man Tagträume zur Not noch versteht, während dies bei den andern Träumen sehr selten der Fall ist. Diese Unverständlichkeit ist eine besondere Merkwürdigkeit und man wird leicht versucht sein, darin ein Zeichen der Überflüssigkeit solcher Erscheinungen zu vermuten. Vorläufig sei hervorgehoben, daß sich auch in den Träumen wieder dieselbe Machtlinie eines Menschen zeigt, der die Zukunft festhalten will, der vor einer Frage steht und deren Bewältigung anstrebt. Sie liefern uns bei der Betrachtung des Seelenlebens wichtige Handhaben, auf die wir noch zurückkommen werden.

5. *Einfühlung*

Bei der Funktion des Voraussehens, die bei beweglichen Organismen eine unerläßliche Notwendigkeit ist, weil sie immer vor Fragen der Zukunft gestellt sind, kommt dem seelischen Organ noch die Fähigkeit zu Hilfe, nicht nur zu empfinden, was in der Wirklichkeit ist, sondern auch zu fühlen, zu erraten, was etwa in der Zukunft sein wird. Man nennt diesen Vorgang »Einfühlung«. Diese Fähigkeit ist bei den Menschen außerordentlich stark entwickelt. Sie ist ein so weit reichender Vorgang, daß man sie an jeder Stelle des Seelenlebens findet. Bedingung ist auch hier die Notwendigkeit zur Voraussicht; denn wenn ich genötigt bin, mir vorzustellen, zu denken, wie ich mich im Falle einer auftauchenden Frage benehmen werde, so bin ich auch gezwungen, über jene Empfindungen ein festes Urteil zu bekommen, die sich aus der gegenwärtig noch nicht herangereiften Situation ergeben könnten. Erst durch das Zusammenfassen des Denkens, Fühlens und Empfindens einer erst zu erlebenden Situation kann wieder ein Standpunkt gewonnen werden, etwa der, einen bestimmten Punkt entweder mit besonderer Kraft anzustreben, oder ihm mit besonderer Vorsicht auszuweichen. Einfühlung kommt schon zustande, wenn man mit jemand spricht. Es ist unmöglich, mit einem Menschen Fühlung zu bekommen, wenn keine Einfühlung in die Lage des andern vorhanden ist. Eine besondere künstlerische Ausgestaltung erfährt die Einfühlung im *Schauspiel.* Weitere Erscheinungen der Einfühlung sind die Fälle, in denen den Menschen ein eigentümliches Gefühl überkommt, wenn er merkt, daß einem andern irgendeine Gefahr droht. Hier ist die Einfühlung manchmal so stark, daß man unwillkürlich selbst, obwohl nicht gefährdet, Abwehrbewegungen ausführt. Bekannt ist ferner die zurückziehende Bewegung, die man mit der Hand ausführt, wenn man z. B. ein Glas fallen läßt. Oft kann man beim Kegelschieben beobachten, wie einzelne Spieler gleichsam die Bewegung der Kugel mitmachen wollen, sie mit ihrem ganzen Körper vorwegnehmen, als ob sie deren Lauf dadurch beeinflussen wollten. Weitere Erscheinungen sind die Gefühle, von denen man befallen wird, wenn man jemand in einem hochgelegenen Stockwerk Fenster putzen sieht, oder wenn man erlebt, daß ein Redner das Unglück hat, stecken zu bleiben. Im Theater wird man es kaum vermeiden können, mitzufühlen und die verschiedensten Rollen in seinem Innern mitzuspielen. – Unser gesamtes Erleben hängt also mit der Einfühlung innig zusammen.

Suchen wir danach, wo diese Funktion ihren Ursprung hat, diese Möglichkeit, so zu empfinden, als ob man ein anderer wäre, so finden wir die Erklärung nur in der Tatsache des angeborenen Gemeinschaftsgefühls. Diese ist eigentlich ein kosmisches Gefühl, ein Abglanz des Zusammenhanges alles Kosmischen, das in uns lebt, dessen wir uns nicht ganz entschlagen können und das uns die Fähigkeit gibt, uns in Dinge einzufühlen, die außerhalb unseres Körpers liegen.

Wie es verschiedene Grade des Gemeinschaftsgefühls gibt, gibt es auch verschiedene Grade der Einfühlung, die man ebenfalls schon im Kindesalter beobachten kann. Es gibt Kinder, die sich mit Puppen so beschäftigen, als ob es lebendige Wesen wären, während andere vielleicht nur das Interesse haben, nachzusehen, was darinnen ist. Durch Ablenken der Gemeinschaftsbeziehungen von den Mitmenschen auf leblose oder wenig wertvolle Dinge, kann die Entwicklung eines Menschen sogar völlig zum Scheitern gebracht werden. Fälle von Tierquälerei, die man so oft bei Kindern beobachtet, sind nur denkbar bei Annahme eines fast völligen Mangels von Einfühlung in das Empfinden anderer Wesen. In weiterer Folge können solche Kinder dazu gelangen, sich für Dinge zu interessieren, die für ihre Entwicklung zum Mitmenschen bedeutungslos sind, Interessen anderer völlig zu übersehen und nur an sich zu denken. Alle diese Erscheinungen hängen mit dem geringen Grade der Einfühlung zusammen. Schließlich kann Mangel an Einfühlung dazu führen, die Aufnahme der Mitarbeit völlig zu verweigern.

6. Einwirkung eines Menschen auf den andern (Hypnose und Suggestion)

Die Frage, wieso Einwirkungen auf einen anderen Menschen überhaupt zustandekommen können, ist im Sinne der Individualpsychologie dahin zu beantworten, daß es sich auch hier um Zusammenhangserscheinungen handelt. Unser ganzes Leben rollt unter der Voraussetzung ab, daß gegenseitige Einwirkung möglich ist. Dieselbe ist in gewissen Fällen ganz besonders akzentuiert, wie im Verhältnis von Lehrer und Schüler, Eltern und Kindern, Mann und Frau. Unter dem Einfluß des Gemeinschaftsgefühls besteht bis zu einem bestimmten Grade ein Entgegenkommen gegenüber Einwirkungen eines andern. Der Grad dieser Beeinflußbarkeit ist aber auch davon abhängig, inwiefern die Rechte des zu Beeinflussenden durch den Beeinflusser sichergestellt erscheinen. Eine dauernde Einwirkung auf einen Menschen, dem man Unrecht tut, ist ausgeschlossen. Man wird auf ihn dann am besten einwirken können, wenn der andere in eine Stimmung versetzt ist, in der er sein eigenes Recht als gewährleistet empfindet. Das ist besonders für die Erziehung ein wichtiger Gesichtspunkt. Es ist möglich, eine andere Form von Erziehung vorzuschlagen oder gar durchzuführen. Eine Erziehung, die diesen Gesichtspunkt berücksichtigt, wird deshalb wirksam sein, weil sie an das Ursprünglichste anknüpft, an das Gefühl der Zusammengehörigkeit. Sie wird nur dann versagen, wenn es sich um einen Menschen handelt, der sich absichtlich dem Einfluß der Gesellschaft zu entziehen sucht. Auch dies tut er nicht ohne weiteres; es muß ein längerer Kampf vorausgegangen sein, in dessen Verlauf sich allmählich seine Zusammenhänge mit der Umwelt gelöst haben, so daß er also in voller Opposition gegen das Gemeinschaftsgefühl dasteht. Dann ist jede Art von Einwirkung erschwert oder unmöglich und man erlebt das Schauspiel, daß ein Mensch jeden Versuch einer Einwirkung mit einer Gegenaktion beantwortet (Oppositionsgeist).

Wir dürfen daher bei Kindern, die sich durch ihre Umgebung irgendwie bedrückt fühlen, erwarten, daß sie eine geringere Fähigkeit und Neigung haben werden, Einwirkungen ihrer Erzieher Folge zu leisten.

Wohl gibt es zahlreiche Fälle, wo der Druck von außen so stark ist, daß er alle Widerstände hinwegfegt, wo scheinbar jede Einwirkung aufgenommen und befolgt wird. Man kann sich aber bald überzeugen, daß diesem *Gehorsam* keinerlei Wert zuerkannt werden darf, der fruchtbar wird. Manchmal tritt er in einer derartig grotesken Weise auf, daß er für das Leben unfähig macht (blinder Gehorsam), so daß man einen Menschen vor sich hat, der immer darauf wartet, daß man ihm die notwendigen Handlungen und Schritte befiehlt. Die große Gefahr, die diese weitgehende Unterwerfung in sich birgt, kann man an dem Umstand ermessen, daß aus diesen Kindern oft jene Menschen hervorgehen, die jedem gehorchen, der sie einmal in die Gewalt bekommt und auf Befehl sogar Verbrechen begehen. Sie spielen besonders in den *Banden* eine unheimliche Rolle, weil sie immer die ausführende Rolle spielen, während sich der Kopf der Bande meist abseits hält. Fast bei jeder auffälligen Strafhandlung, die von einer Bande begangen wurde, war ein derartiger Mensch das ausführende Organ. Solche Menschen legen einen unglaublich weitgehenden Gehorsam an den Tag und können darin sogar eine Befriedigung ihres Ehrgeizes empfinden.

Wenn wir uns aber bloß an die normalen Fälle der Einwirkung halten, so können wir feststellen, daß am geneigtesten, auf sich einwirken zu lassen, sich zu verständigen und mit sich rechnen zu lassen jene sein werden, deren Gemeinschaftsgefühl am wenigsten gedrosselt ist, während es am schlechtesten mit jenen bestellt sein wird, bei denen der Hang nach oben, die Sehnsucht nach Überlegenheit einen besonders hohen Grad erreicht hat. Die Beobachtung lehrt das alle Tage. Wenn Eltern über ein Kind klagen, dann geschieht dies äußerst selten wegen blinden Gehorsams, sondern wegen Ungehorsams, und die Untersuchung solcher Kinder zeigt, daß sie in dem Streben begriffen sind, über ihre Umgebung hinauszuwachsen, daß sie bei dieser Gelegenheit die Normen ihres kleinen Lebens durchbrechen, weil sie durch eine fehlerhafte Behandlung für erzieherische Eingriffe unzugänglich gemacht worden sind. Das intensive Streben nach Macht steht somit zur Erziehbarkeit im umgekehrten Verhältnis. Trotzdem ist unsere Familienerziehung meist darauf bedacht, den Ehrgeiz des Kindes besonders aufzustacheln und in ihm Größenideen zu erwecken. Nicht etwa aus Unbesonnenheit, sondern weil unsere ganze Kultur, die selbst von einer solchen zu Größenideen hinneigenden Tendenz durchzogen ist, ihnen solche Impulse gibt, so daß es auch in der Familie, wie in unserer Kultur, in erster Linie darauf ankommt, daß der Einzelne mit besonderem Glanze im Leben dasteht und möglichst alle andern in irgendeiner Weise übertrifft. In dem Kapitel über die Eitelkeit wird weiter ausgeführt werden, wie ungeeignet diese Methode der Erziehung zum Ehrgeiz ist und an welchen Schwierigkeiten in diesem Fall die Entwicklung eines Seelenlebens scheitern kann.

In einer ähnlichen Lage wie jene, die zufolge ihrer Neigung zum unbedingten Gehorsam in weitgehender Weise auf die Forderungen der Umgebung eingehen, befindet sich auch jedes *Medium*. Man braucht nur den Vorsatz durchzuführen, einmal eine Zeitlang alles zu tun, was von einem verlangt wird. Ein derartiger Vorgang liegt den Vorbereitungen zur *Hypnose* zugrunde. Im allgemeinen ist hierzu folgendes zu bemerken: Es kann einer sagen oder glauben, er habe den Willen zur Hypnose. Trotzdem wird ihm die seelische Bereitschaft zur Unterwerfung fehlen. Und es kann einer ganz entschieden Widerspruch leisten und doch innerlich zur Unterwerfung bereit sein. In der Hypnose kommt es eben ausschließlich auf die *seelische* Haltung des Mediums an, nicht auf dessen Worte oder Glauben. Aus der Verkennung dieser Tatsache ist große Verwirrung entstanden, weil man in der Hypnose meist mit Menschen zu tun hat, die sich zu sträuben *scheinen* und schließlich doch geneigt sind, den Forderungen des Hypnotiseurs nachzugeben. Diese Bereitwilligkeit kann verschiedene Grenzen haben, so daß die Resultate der Hypnose bei jedem Menschen andere sind. In keinem Fall hängt aber die Grenze der Bereitwilligkeit zur Hypnose vom Willen des *Hypnotiseurs* ab, sondern von der seelischen Einstellung des *Mediums.*

Was das Wesen der Hypnose betrifft, so stellt sie eine Art Schlafzustand vor. Rätselhaft ist sie nur deshalb, weil dieser Schlaf erst erzeugt werden muß, sich erst im Auftrag eines andern einstellt. Der Auftrag ist nur wirksam, wenn er auf jemand trifft, der bereit ist ihn anzunehmen. Entscheidend hierfür sind, wie erwähnt, Wesen und Entwicklung der Persönlichkeit des Mediums. Nur wenn jemand so geartet ist, daß er den Einflüssen eines andern kritiklos Raum gibt, ist es möglich, diesen eigenartigen Schlafzustand bei ihm hervorzurufen, der mehr als der natürliche Schlaf auf eine Ausschaltung der Bewegungsfähigkeit hinausläuft, soweit, bis endlich auch die Bewegungszentren vom Auftraggeber mobilisiert werden können. Vom normalen Schlaf bleibt nur eine Art Dämmerzustand übrig, der es auch ausmacht, daß das Medium nur nach dem Willen des Auftraggebers von den Vorgängen in der Hypnose Erinnerungen aufbewahren kann. Was am stärksten ausgeschaltet ist, ist die für unsere Kultur bedeutendste Errungenschaft des seelischen Organs, die Kritik. Das Medium ist nun sozusagen die verlängerte Hand, das Organ des Hypnotiseurs, und funktioniert in seinem Auftrag.

Die meisten Menschen, die einen Hang haben auf andere einzuwirken, schreiben diese Fähigkeit, wie überhaupt jede Möglichkeit des Einwirkens, einem geheimnisvollen Fluidum, einer besonderen Kraft zu, die ihnen eigen sein soll. Das führt zu einem ungeheuren Unfug, zu Ausartungen, insbesondere zu den abstoßenden Exzessen von Telepathen und Hypnotiseuren. Von ihnen müßte man eigentlich behaupten, daß sie die Menschenwürde in einem solchen Grade verletzen, daß jedes Mittel gerecht wäre, um ihnen das Handwerk zu legen. Damit soll nicht gesagt sein, daß die Erscheinungen, die sie vorführen, auf Schwindel beruhen. Nein, die menschliche Kreatur ist eben derart zur Unterwerfung geneigt, daß sie einem Menschen, der mit der Pose der *Plusmacherei* auftritt, zum Opfer fallen kann, nur weil die Menschen in ihrer Mehrzahl so oft in einer Stimmung dahingelebt haben, sich ohne Prüfung zu unterwerfen, Autorität anzuerkennen, sich bluffen und hinreißen zu lassen, sich kritiklos unterzuordnen, was alles natürlich nie eine Ordnung in das menschliche Zusammenleben bringen konnte, sondern immer wieder zu nachträglichen Revolten der Unterworfenen geführt hat. Noch kein

Telepath oder Hypnotiseur hat mit seinen Experimenten auf längere Zeit Glück gehabt. Sehr oft war es so, daß er auf einen Menschen stieß, auf ein sogenanntes Medium, das ihn einfach »hineingelegt« hat. Dies ist schon bedeutenden Männern der Wissenschaft widerfahren, die ihre Kraft auf Medien einwirken lassen wollten. Manchmal gibt es auch Mischfälle, wo das Medium sozusagen ein betrogener Betrüger ist, zum Teil betrügt, zum Teil sich unterwirft. Aber die Kraft, die wir hier scheinbar am Werke sehen, ist nie die des Hypnotiseurs, sondern immer die Geneigtheit des Mediums, sich zu unterwerfen, keine Zauberkraft, die auf das Medium einwirkt, sondern höchstens die Kunst des Hypnotiseurs, zu bluffen. Ist aber jemand gewohnt, ein Leben zu führen, in dem er sich selbst alles überlegt und seine Entschlüsse nicht ohne weiteres von einem andern entgegennimmt, dann ist er natürlich nicht zu hypnotisieren und wird auch nie die sonderbaren Erscheinungen der Telepathie aufweisen. Denn all diese Erscheinungen sind nur Erscheinungen des blinden Gehorsams.

In diesem Zusammenhang ist auch die *Suggestion* zu erwähnen. Ihr Wesen kann man erst verstehen, wenn man sie im weitesten Sinn unter die Eindrücke einreiht. Es ist selbstverständlich, daß der Mensch nicht nur jeweils Eindrücke aufnimmt, sondern stets auch unter ihrer Wirkung steht. Das Aufnehmen der Eindrücke ist nicht ganz belanglos, sie wirken weiter. Und wenn sie Anforderungen eines anderen Menschen sind, Versuche, zu überzeugen, zu überreden, dann können wir von Suggestionen sprechen. Dann betrifft es die Umänderung oder Festigung einer wirkenden Anschauung, die bei ihrem Träger deutlich hervortritt. Das schwierigere Problem beginnt eigentlich bei dem Umstand, daß Menschen auf von außen kommende Eindrücke verschieden reagieren. Auch diese Einwirkung hängt mit dem Grad der Selbständigkeit des betreffenden Menschen zusammen. Zwei Typen sind da besonders ins Auge zu fassen. Die einen sind die, welche die Meinung des andern gern überschätzen, also von der Richtigkeit ihrer eigenen Anschauungen wenig halten, ob sie nun richtig oder falsch sind. Sie überwerten die Bedeutung anderer Personen, so daß sie sich leicht der Meinung derselben anpassen. Sie sind für Wachsuggestionen und Hypnose außerordentlich geeignet. – Der andere Typus wird alles, was von außen kommt, wie eine Beleidigung aufnehmen, nur seine eigene Meinung für richtig halten und, unbekümmert um Richtigkeit oder Unrichtigkeit, alles verwerfen, was ein anderer bringt. Beide Typen haben ein Schwächegefühl in sich, der zweite Typus ein solches, das nicht duldet, vom andern etwas anzunehmen. Meist treffen wir da Menschen an, die leicht in Konflikt kommen und sehr oft die Auffassung in sich nähren, als ob sie der Suggestion eines andern besonders leicht zugänglich wären. Sie verstärken aber diese Auffassung nur, um *nicht* zugänglich zu werden, so daß mit ihnen auch sonst schwer etwas anzufangen ist.

FÜNFTES KAPITEL

Minderwertigkeitsgefühl und Geltungsstreben

1. *Die frühkindliche Situation*

Wir sind bereits so weit um zu wissen, daß Kinder, die von der Natur stiefmütterlich bedacht sind, zum Leben und zu den Menschen eine andere Haltung einzunehmen geneigt sind als solche, denen die Freuden des Daseins schon frühzeitig nähergebracht worden sind. Man kann als einen Grundsatz aufstellen, daß alle Kinder *mit minderwertigen Organen* leicht in einen Kampf mit dem Leben verwickelt werden, der sie zu einer Drosselung ihres Gemeinschaftsgefühls verleitet, so daß diese Menschen leicht die Schablone annehmen, sich immer mehr mit sich selbst und mit dem Eindruck, den sie auf die Umwelt machen, zu beschäftigen, als mit den Interessen der andern. Was von den minderwertigen Organen gilt, gilt auch von äußeren Einwirkungen auf das Kind, die sich als ein mehr oder weniger schwer auf ihm lastender Druck fühlbar machen und eine feindselige Einstellung zur Umwelt hervorrufen können. Die entscheidende Wendung tritt schon sehr früh ein. Bereits im zweiten Lebensjahr kann man feststellen, daß solche Kinder wenig geneigt sind, sich als gleichermaßen ausgestattet wie die andern und ihnen ebenbürtig und gleichberechtigt zu fühlen, sich ihnen anzuschließen und mit ihnen gemeinsame Sache zu machen, sondern daß sie in einem durch mannigfache Entbehrungen entstandenen Gefühl der *Verkürztheit* dazu neigen, stärker als andere Kinder ein Gefühl der Erwartung, ein Recht auf Forderungen zu äußern. Bedenkt man, daß eigentlich jedes Kind dem Leben gegenüber minderwertig ist und ohne ein erhebliches Maß von Gemeinschaftsgefühl der ihm nahestehenden Menschen gar nicht bestehen könnte, faßt man die Kleinheit und Unbeholfenheit des Kindes ins Auge, die so lange anhält und ihm den Eindruck vermittelt, dem Leben nur schwer gewachsen zu sein, dann muß man annehmen, daß am Beginn jedes seelischen Lebens ein mehr oder weniger tiefes *Minderwertigkeitsgefühl* steht. Dies ist die treibende Kraft, der Punkt, von dem alle Bestrebungen des Kindes ausgehen und sich entwickeln, sich ein Ziel zu setzen, von dem es alle Beruhigung und Sicherstellung seines Lebens für die Zukunft erwartet und einen Weg einzuschlagen, der ihm zur Erreichung dieses Zieles geeignet erscheint.

In dieser eigenartigen Stellungnahme des Kindes, die auch enge mit seinen organischen Fähigkeiten verknüpft und von ihnen mitbeeinflußt ist, liegt die Basis für seine *Erziehbarkeit.* Diese wird, so allgemein auch das Minderwertigkeitsgefühl bei jedem Kind ist, besonders durch zwei Momente erschüttert. Das eine ist ein verstärktes, intensiveres und länger anhaltendes Minderwertigkeitsgefühl, das andere ein Ziel, das nicht mehr bloß Beruhigung, Sicherheit, Gleichwertigkeit gewährleisten soll, sondern ein *Streben nach Macht* entwickelt, das bestimmt ist, zur Überlegenheit über die Umwelt zu führen. Auf diesem Weg sind sie weiterhin jederzeit zu erkennen. Ihre Erziehbarkeit ist erschwert, weil sie sich unter allen Umständen immer zurückgesetzt fühlen, sich von der Natur benachteiligt glauben und sich oft auch von den Menschen, mit Recht oder Unrecht, zurückgesetzt sehen. Wenn man all diese Beziehungen genauer durchschaut, dann kann man ermessen, mit welcher Zwangsläufigkeit sich eine schiefe, von allerhand Fehlschlägen begleitete Entwicklung vollziehen kann.

Dieser Gefahr ist eigentlich jedes Kind ausgesetzt, weil sich alle Kinder in derartigen Situationen befinden. Jedes Kind ist dadurch, daß es in die Umgebung von Erwachsenen gesetzt ist, verleitet, sich als klein und schwach zu betrachten, sich als unzulänglich, minderwertig einzuschätzen. In dieser Stimmung ist es nicht imstande, sich zuzutrauen, den Aufgaben, die ihm gestellt werden, so glatt und fehlerlos zu genügen, wie man es ihm zumutet. Schon an dieser Stelle setzen meist Erziehungsfehler ein. Dadurch, daß man vom Kind zuviel verlangt, rückt man ihm das Gefühl seiner Nichtigkeit schärfer vor die Seele. Andere Kinder werden sogar ständig auf ihre geringe Bedeutung, auf ihre Kleinheit und Minderwertigkeit aufmerksam gemacht. Wieder andere Kinder werden als Spielbälle benutzt, als Lustbarkeit, oder sie werden als ein Gut angesehen, das man ganz besonders behüten muß, oder man betrachtet sie als lästigen Ballast. Oft auch finden sich alle diese Bestrebungen vereint, das Kind wird bald von der einen, bald von der andern Seite darauf aufmerksam gemacht, daß es entweder zum Vergnügen oder zum Mißvergnügen der Erwachsenen da sei. Das tiefe Minderwertigkeitsgefühl, das auf diese Weise in den Kindern gezüchtet wird, kann durch gewisse Eigenarten unseres Lebens noch eine weitere Steigerung erfahren. Hierher gehört die Gewohnheit, Kinder nicht ernst zu nehmen, dem Kind zu bedeuten, daß es eigentlich ein Niemand sei, daß es keine Rechte habe, daß es vor Erwachsenen immer zurückzustehen habe, daß es still sein müsse u. dgl. mehr. Was daran etwa wahr ist, kann man den Kindern in einer so undelikaten Weise bieten, daß es begreiflich ist, wenn sie darüber in Erregung geraten. Eine Unzahl Kinder wächst ferner in dem ständigen Gefühl der Furcht auf, bei allem, was sie unternehmen, ausgelacht zu werden. Die Unsitte, Kinder auszulachen, ist der Entwicklung des Kindes überaus abträglich. Man kann die Furcht solcher Menschen vor dem Ausgelachtwerden bis in die späteste Zeit ihres Lebens verfolgen, sie können oft auch als Erwachsene von dieser Furcht nie loskommen. Sehr schädlich ist auch die Neigung, Kinder in der Weise nicht ernst zu nehmen, daß man ihnen Unwahrheiten sagt, so daß sie leicht dazu gelangen, am Ernst ihrer Umgebung und auch des Lebens zu zweifeln. Es gibt Fälle, daß Kinder in der ersten Zeit, da sie die Schule besuchten, lächelnd auf der Bank saßen und gelegentlich endlich mitteilten, sie hielten die ganze Angelegenheit mit der Schule für einen Scherz der Eltern, den sie gar nicht ernst nähmen.

2. Streben nach Geltung und Überlegenheit

Das Gefühl der Minderwertigkeit, der Unsicherheit, der Unzulänglichkeit ist es, das die Zielsetzung im Leben erzwingt und ausgestalten hilft. Bereits in den ersten Tagen der Kindheit macht sich der Zug bemerkbar, sich in den Vordergrund zu drängen, die Aufmerksamkeit der Eltern auf sich zu lenken, zu erzwingen. Das sind die ersten Anzeichen für das erwachte Geltungsstreben des Menschen, das sich unter der Einwirkung des Minderwertigkeitsgefühls entwickelt und das Kind dazu führt, sich ein Ziel zu setzen, bei dem es der Umwelt überlegen erscheint.

Mitbestimmt wird die Setzung des Zieles der Überlegenheit durch die Größe des Gemeinschaftsgefühls. Wir können kein Kind, keinen Erwachsenen beurteilen, wenn wir nicht einen Vergleich ziehen zwischen dem in ihm vorhandenen Gemeinschaftsgefühl und dem Beitrag seines Strebens nach Macht und Überlegenheit über die andern. Das Ziel wird so aufgestellt, daß seine Erreichung die Möglichkeit bietet, Überlegenheit zu fühlen oder die eigene Persönlichkeit soweit zu heben, daß das Leben lebenswert erscheint. Dieses Ziel ist es auch, das den Empfindungen ihren Wert verleiht, die Wahrnehmungen lenkt und beeinflußt, die Vorstellungen gestaltet und die schöpferische Kraft leitet, mit der wir die Vorstellungen schaffen, Erinnerungen ausgestalten oder beiseite schieben. Und wenn man bedenkt, daß nicht einmal die Empfindungen absolute Größen sind, sondern ebenfalls schon von der Zielstrebigkeit beeinflußt sind, die das Seelenleben erfüllt, wenn man sich ferner vor Augen hält, daß unsere Wahrnehmungen immer mit Auswahl, in einer bestimmten geheimen Absicht erfolgen, daß die Vorstellungen ebenfalls nicht absolute Werte enthalten, sondern von diesem Ziel beeinflußt sind, daß wir ferner jedem Erlebnis immer die Seite abzugewinnen suchen, die uns geeignet erscheint, unser Ziel weiter im Auge zu behalten, dann ist es verständlich, daß auch hier weiter alles relativ bleibt und nur der Schein von feststehenden, sicheren Werten erübrigt. Im Sinne einer *Fiktion,* in einer Art von wirklicher Schöpferkraft hängen wir uns an einen feststehenden Punkt, den es in der Wirklichkeit nicht gibt. Diese Annahme, eigentlich bedingt durch eine Mangelhaftigkeit des menschlichen Seelenlebens, gleicht vielen Versuchen in Wissenschaft und Leben, wie etwa dem, die Erdkugel in Meridiane einzuteilen, die es nicht gibt, aber als Annahmen großen Wert haben. In allen Fällen seelischer Fiktionen haben wir es mit Erscheinungen folgender Art zu tun: wir nehmen einen fixen Punkt an, obwohl wir uns bei näherer Betrachtung überzeugen müssen, daß er nicht besteht. Wir tun das aber nur, um eine *Orientierung* im Chaos des Lebens zu gewinnen, um eine Rechnung ansetzen zu können. Alles, von der Empfindung angefangen, wird von uns in ein berechenbares Gebiet hineinversetzt, in dem wir handeln können. Dies ist der Vorteil, den uns die Annahme eines feststehenden Zieles bei Betrachtung eines menschlichen Seelenlebens bietet.

So entwickelt sich aus diesem Vorstellungskreis der Individualpsychologie eine *heuristische Methode:* das menschliche Seelenleben zunächst so zu betrachten und zu verstehen, als ob es aus angeborenen Potenzen unter dem Einfluß einer Zielsetzung zu seiner späteren Beschaffenheit herangewachsen wäre. Unsere Erfahrung und unsere Eindrücke festigen aber in uns die Überzeugung, daß diese heuristische Methode mehr als ein Hilfsmittel der Forschung vorstellt, daß sie sich in ihren Grundlagen im weitesten Ausmaß mit wirklichen Vorgängen der seelischen Entwicklung deckt, die teils bewußt erlebt werden, teils aus dem Unbewußten zu erschließen sind. Die Zielstrebigkeit der Psyche ist demnach nicht bloß unsere Anschauungsform, sondern auch eine Grundtatsache.

Hinsichtlich der Frage, wie dem *Streben nach Macht,* diesem hervorstechendsten Übel in der Kultur der Menschheit, am vorteilhaftesten begegnet und entgegengewirkt werden kann, liegt die Schwierigkeit darin, daß man sich in der Zeit, in der dieses Streben entsteht, mit dem Kind schwer verständigen kann. Man kann erst viel später beginnen, Klarheit zu schaffen und in eine fehlerhafte Entwicklung bessernd einzugreifen. Doch bietet das Zusammenleben mit dem Kinde in dieser Zeit hierzu die Möglichkeit, indem man das bei jedem Kind vorhandene Gemeinschaftsgefühl derart entfaltet, daß das Machtstreben nicht übermächtig werden kann.

Eine weitere Schwierigkeit ist die, daß auch schon die Kinder von ihrem Machtstreben nicht ganz offen sprechen, sondern es verbergen und, unter Vorgabe von Wohlwollen und zärtlichen Gefühlen, in heimlicher

Art ins Werk zu setzen versuchen. Schamhaft vermeiden sie, dabei ertappt zu werden. Das ungehemmte Streben nach Macht, das sich zu verstärken sucht, erzeugt Ausartungen in der Entwicklung des kindlichen Seelenlebens, so daß im überspitzten Drang, zu Sicherheit und Macht zu gelangen, aus Mut Frechheit, aus Gehorsam Feigheit werden kann und aus Zärtlichkeit eine List, den andern zum Nachgeben, zum Gehorsam, zur Unterwerfung zu bringen, und alle Charakterzüge neben ihrer offen zutageliegenden Natur noch einen Zuschuß von listigem Begehren nach Überlegenheit bekommen können.

Die bewußte Erziehung, die auf das Kind einwirkt, handelt unter dem bewußten oder unbewußten Impuls, dem Kind aus seiner Unsicherheit herauszuhelfen, es für das Leben mit Geschicklichkeit, Wissen, geschultem Verständnis und mit Gefühl für andere auszustatten. Alle diese Maßnahmen, von welcher Seite immer sie kommen, sind zunächst als Versuche zu verstehen, für das heranwachsende Kind neue Wege zu schaffen, auf denen es von seinem Unsicherheits- und Minderwertigkeitsgefühl loskommen kann. Was sich nun beim Kind abspielt, geht auf dem Weg von Charakterzügen vor sich, die der Ausdruck dafür sind, was sich in der Seele des Kindes abspielt.

Der *Wirkungsgrad* des Unsicherheits- und Minderwertigkeitsgefühls hängt hauptsächlich von der *Auffassung* des Kindes ab. Gewiß ist der objektive Grad der Minderwertigkeit bedeutsam und wird sich dem Kind fühlbar machen. Man darf aber nicht erwarten, daß das Kind in dieser Hinsicht auch richtige Abschätzungen vornimmt, so wenig, wie dies bei Erwachsenen der Fall ist. Aus diesem Grund wachsen nun die Schwierigkeiten ganz gewaltig. Das eine Kind wächst in so komplizierten Verhältnissen auf, daß ein Irrtum über den Grad seiner Minderwertigkeit und Unsicherheit fast selbstverständlich ist. Ein anderes Kind wird seine Situation besser abschätzen können. Im großen und ganzen aber ist immer das *Gefühl* des Kindes in Betracht zu ziehen, das täglich schwankt, bis es schließlich in irgendeiner Art eine Konsolidierung erfährt und sich als *Selbsteinschätzung* äußert. Danach, wie diese ausfällt, wird der Ausgleich, die *Kompensation* beschaffen sein, die das Kind für sein Minderwertigkeitsgefühl sucht, dementsprechend also wird auch die Zielsetzung vor sich gehen.

Der seelische Mechanismus des Kompensationsstrebens, demzufolge das seelische Organ auf ein Gefühl der Minderwertigkeit immer mit dem Bestreben antwortet, dieses quälende Gefühl auszugleichen, hat eine Analogie im organischen Leben. Es ist eine erwiesene Tatsache, daß lebenswichtige Organe, wenn sie eine Schwäche aufweisen, sofern sie nur lebensfähig sind, mit einer außerordentlichen Vermehrung ihrer Kraftleistungen zu antworten beginnen. So wird bei Schwierigkeiten, die den Blutkreislauf bedrohen, das Herz mit verstärkten Kräften arbeiten, es wird diese Kraft aus dem ganzen Organismus heranziehen, sich dabei vergrößern und zu einem Umfang heranwachsen, der größer ist als der eines normal arbeitenden Herzens. Ähnlich wird unter dem Druck der Kleinheit, der Schwäche, des Minderwertigkeitsgefühls das seelische Organ mit heftigen Anstrengungen versuchen, über dieses Gefühl Herr zu werden und es zu beseitigen.

Ist nun das Minderwertigkeitsgefühl besonders drückend, dann besteht die Gefahr, daß das Kind in seiner Angst, für sein zukünftiges Leben zu kurz zu kommen, sich mit dem bloßen Ausgleich nicht zufrieden gibt und zu weit greift *(Überkompensation)*. Das Streben nach Macht und Überlegenheit wird überspitzt und ins Krankhafte gesteigert. Solchen Kindern werden die gewöhnlichen Beziehungen ihres Lebens nicht genügen. Sie werden, ihrem hochgesteckten Ziel entsprechend, zu großen, auffallenden Bewegungen ausholen. Mit einer besonderen Hast, mit starken Impulsen, die weit über das gewöhnliche Maß hinausgehen, ohne Rücksicht auf ihre Umgebung, suchen sie ihre eigene Position sicherzustellen. Auf diese Weise werden sie auffallend, greifen störend in das Leben anderer ein und nötigen sie naturgemäß, sich zur Wehr zu setzen. Sie sind gegen alle und alle gegen sie. Es muß nicht alles gleich im bösesten Sinn ablaufen. Ein solches Kind kann sich lange Zeit in Bahnen bewegen, die äußerlich normal erscheinen mögen, es kann den Charakterzug, der ihm auf diesem Wege zuerst zuwächst, den Ehrgeiz, auf eine Weise betätigen, daß es noch nicht in einen offenen Konflikt mit anderen gerät. Man wird aber regelmäßig finden, daß die Anstalten, die es trifft, niemand rechte Freude machen, daß sie auch keine wahrhaft nützlichen Wirkungen zeitigen, weil das ein Weg ist, der unserer Kultur unannehmbar erscheint. Denn mit ihrem Ehrgeiz, den sie in der Kindheit durchaus nicht so lenken und betätigen können, daß er fruchtbar wird, sondern den sie gewöhnlich überspitzen, werden sie immer anderen Menschen störend in den Weg treten. Später gesellen sich gewöhnlich noch andere Erscheinungen hinzu, die im Sinne eines sozialen Organismus, wie es die menschliche Gesellschaft sein soll, schon Feindseligkeit bedeuten. Hierher gehören vor allem Eitelkeit, Hochmut und ein Streben nach Überwältigung des Andern um jeden Preis, was sich auch so darstellen kann, daß sie selbst gar nicht mehr höher hinaufstreben, sondern sich damit begnügen, daß der andere sinkt. Dann kommt es ihnen nur mehr auf die Distanz an, auf den größeren Unterschied zwischen ihnen und den andern. Eine solche Stellungnahme zum Leben ist aber nicht nur für die Umgebung störend, sie wird sich auch dem Träger dieser Erscheinungen selbst unangenehm fühlbar machen, indem sie ihn mit den Schattenseiten des Lebens so sehr erfüllt, daß ihm daraus keine rechte Lebensfreude ersprießt.

Durch besondere Kraftanstrengungen, vermittels welcher diese Kinder über alle andern hinauswachsen wollen, setzen sie sich in Widerspruch zu den gemeinsamen Aufgaben, die den Menschen obliegen. Wenn man diesen Typus der Machtlüsternen mit dem Ideal eines Gemeinschaftsmenschen vergleicht, wird man bei einiger Erfahrung jene Übung im Abschätzen gewinnen, die gestattet, ungefähr festzustellen, wie weit sich ein Mensch vom Gemeinschaftsgefühl entfernt hat.

Und so darf wohl, wenn auch mit größter Vorsicht, der Blick des Menschenkenners auf körperliche und seelische Mängel fallen, die ihm nahelegen, daß hier eine erschwerte Entwicklung im Seelenleben vor sich gegangen sein muß. Wenn wir uns dies vor Augen halten, dann werden wir, wofern wir nur selbst unser Gemeinschaftsgefühl genügend entwikkelt haben, uns dessen bewußt sein, keinerlei Schaden zu stiften, sondern nur nützen zu können. Dies zuerst in dem Sinn, daß wir den Träger einer Verunstaltung oder eines unsympathischen Charakterzuges für sein Wesen nicht verantwortlich machen, sondern ihm sein Recht, ungehalten zu sein, bis zur äußersten Grenze wahren, daß wir uns der gemeinsamen Schuld bewußt sind, die auch uns alle trifft, die wir in dieser Hinsicht nicht genügend Vorsorge getroffen und uns so an dem sozialen Elend mitschuldig gemacht haben. Von diesem unserem Standpunkt aus werden wir Erleichterungen schaffen können und solchen Menschen nicht mehr gegenübertreten, wie einem Abfall, einem Degenerationsprodukt der Menschheit. In dieser Erkenntnis werden wir ihm jene Atmosphäre erst schaffen müssen, die ihm eine freiere Entwicklung ermöglicht, und es ihm leichter machen, sich in seinem Verhältnis zur Umwelt als gleich und gleichwertig einzuschätzen. Wenn wir uns erinnern, wie unangenehm uns oft der Anblick eines Menschen berührt, dessen angeborene Minderwertigkeit schon äußerlich sichtbar ist, dann werden wir ermessen können, welches Erziehungswerk wir erst an uns selbst vorzunehmen haben, um mit der absoluten Wahrheit des Gemeinschaftsgefühls in Einklang zu kommen, und wieviel die Kultur diesen Menschen schuldig geblieben ist. Es ist selbstverständlich, daß gerade Menschen, die mit minderwertigen Organen zur Welt gekommen, nun sofort eine Wucht des Lebens zu spüren bekommen, die andern erspart bleibt, leicht eine pessimistische Weltanschauung entwickeln. Und in der gleichen Lage sind auch alle andern Kinder, bei denen die Minderwertigkeit eines Organs zwar nicht so auffällt, die aber ebenfalls, mit Recht oder Unrecht, ein Gefühl der Minderwertigkeit in sich tragen. Dasselbe kann durch besondere Situationen, z. B. durch strenge Erziehungsperioden, so gesteigert werden, daß es im Effekt auf dasselbe hinauskommt. Den Stachel, der ihnen in frühen Kindheitstagen eingetrieben wurde, bringen sie nicht mehr los, die Kälte, der sie begegnet sind, schreckt sie von weiteren Annäherungsversuchen an die Umgebung ab, was damit endet, daß sie sich einer lieblosen Welt gegenüber glauben, an die eine Anknüpfung nicht möglich ist.

Beispiel: Ein Patient macht sich dadurch auffällig, daß er immer wie durch eine Last gedrückt einherschreitet und immer betont, wie sehr er von Pflichtbewußtsein und von der Wichtigkeit seiner Handlungen durchdrungen ist. Mit seiner Frau lebt er im denkbar schlechtesten Verhältnis. Beide Teile sind Menschen, die immer haarscharf auf einer Linie operieren, deren Endpunkt die Überlegenheit über den andern bildet. Die Folge davon sind Entzweiungen, Kämpfe, in deren Verlauf die gegenseitigen Vorwürfe immer schärfer und schwerer werden, bis das Band zerrissen ist und sie den Zusammenhang miteinander nicht mehr herstellen können. Sicherlich hatte dieser Mensch einen Teil seines Gemeinschaftsgefühls bewahrt. Was er aber seiner Frau, seinen Freunden und seiner sonstigen Umgebung bieten konnte, war durch seinen Hang, den Überlegenen zu spielen, gedrosselt.

Aus seiner Lebensgeschichte erzählt er folgendes: Bis zu seinem 17. Lebensjahr war er körperlich gar nicht entwickelt, er war nicht gewachsen, seine Stimme war noch die eines Knaben, es fehlte der Bartwuchs und hinsichtlich seiner Körpergröße gehörte er zu den Kleinsten. Heute ist er 36 Jahre alt. Nichts fällt an ihm auf, seine äußere männliche Erscheinung ist durchaus untadelig. Die Natur hat an ihm alles eingebracht, was sie ihm bis zum 17. Jahre vorenthalten hatte. Er hatte aber acht Jahre lang unter diesem Entwicklungsabbruch gelitten und konnte damals nicht wissen, daß dies von selbst wieder verschwinden werde. So war er die ganze Zeit über von dem Gedanken gequält, er werde körperlich zurückbleiben und immer als das »Kind« durchs Leben gehen. Schon damals zeigten sich an ihm die Ansätze zu dem, was später an ihm sichtbar wurde. Sobald er mit jemand zusammenkam, versuchte er ununterbrochen ihm klarzumachen, daß er nicht etwa das Kind sei, als das er erscheine. Das tat er so, daß er sich immer wichtig nahm und wichtig machte und alle Bewegungen und Ausdrucksmittel in den Dienst des Bestrebens stellte, sich vorzudrängen. So kamen im Lauf der Zeit die Eigenschaften an ihm zustande, die man heute an ihm sieht. Auch seiner Frau suchte er fortwährend begreiflich zu machen, daß er eigentlich größer sei als sie glaube, und daß ihm daher viel mehr Bedeutung zukomme, als ihm zuteil werde, während diese, ähnlich geartet, ihn wieder darauf verwies, daß er eigentlich kleiner sei als er annehme. Auf diese Weise konnte kein freundschaftliches Verhältnis zustandekommen und die Ehe, die schon in der Verlobungszeit deutliche Anzeichen von Zerwürfnis gezeigt hatte, ging vollends in Brüche. Damit zugleich aber auch das ohnehin schon stark angegriffene Selbstbewußtsein dieses Menschen, der nun, durch diesen Mißerfolg schwer erschüttert, zum Arzt kam. Mit diesem gemeinsam mußte er nun erst Menschenkenntnis betreiben, um zu verstehen, welche Fehler er im Leben gemacht hatte. Der Irrtum seiner vermeintlichen Minderwertigkeit zog sich durch sein ganzes Leben.

3. Leitlinie und Weltbild

Wenn man solche Untersuchungen anstellt, empfiehlt es sich, den Zusammenhang etwa so herzustellen, als ob, von einem Kindheitseindruck angefangen, bis zum vorliegenden Tatbestand eine Linie führen würde. Auf diese Weise wird es in vielen Fällen gelingen, die geistige Linie zu ziehen, auf der sich ein Mensch bisher bewegt hat. Es ist die *Bewegungslinie,* auf der sich das Leben des Menschen seit seiner Kindheit schablonenartig abspielt. Manche werden vielleicht den Eindruck haben, als ob dies ein Versuch wäre, menschliche Schicksale zu bagatellisieren, und als ob wir die Neigung hätten, das *freie Ermessen,* die Schmiede des eigenen Schicksals zu leugnen. Das letztere trifft in der Tat zu. Denn was wirklich wirkt, ist immer die Bewegungslinie eines Menschen, deren Ausgestaltung wohl gewissen Modifikationen unterliegt, deren hauptsächlichster Inhalt und deren Energie, deren Sinn jedoch fest und unverändert von Kindheit an besteht, nicht ohne Zusammenhang mit der Umgebung des Kindes, die später von der größeren Umgebung der menschlichen Gesellschaft abgelöst wird. Hierbei muß man stets versuchen, die Geschichte eines Menschen bis in seine früheste Kindheit zurückzuverfolgen, denn bereits die Eindrücke in der Säuglingszeit weisen das Kind in eine bestimmte Richtung und veranlassen es, auf die Fragen des Lebens in bestimmter Weise zu antworten. Für diese Antwort wird alles verwendet, was das Kind an Entfaltungsmöglichkeiten ins Leben mitbringt, und der Druck, dem es bereits in der Säuglingszeit ausgesetzt ist, wird bereits seine Art der Lebensbetrachtung, sein *Weltbild,* in primitiver Weise beeinflussen.

Es überrascht daher nicht, daß sich die Menschen seit ihrer Säuglingszeit eigentlich nicht sehr in ihrer Haltung zum Leben verändern, wenn auch ihre Äußerungen von denen ihrer ersten Lebenszeit sehr verschieden sind. Deshalb ist es wichtig, bereits den Säugling unter solche Verhältnisse zu bringen, unter denen es ihm nicht leicht ist, eine falsche Lebensauffassung zu gewinnen. Maßgebend ist hier vor allem die Kraft und Ausdauer seines organischen Bestandes, die soziale Lage des Kindes und die Eigenart der Erzieher. Wenn auch im Anfang die Antworten nur automatisch, reflektorisch erfolgen, so wird im Sinn einer Zweckmäßigkeit seine Haltung bald in der Weise abgeändert, daß nicht mehr nur die äußeren Faktoren der Bedürftigkeit sein Leiden und sein Glück ausmachen, sondern, daß es später imstande ist, sich aus eigener Kraft dem Druck dieser Faktoren zu entziehen. In ihrem Geltungsstreben trachten solche Kinder, sich dem Druck ihrer Erzieher zu entwinden und werden so zu Gegenspielern. Dieser Vorgang fällt in die Zeit der sogenannten *Ichfindung,* ungefähr die Zeit, da das Kind von sich oder in der Ich-Form zu sprechen beginnt. In diesem Zeitpunkt ist auch das Kind bereits dessen bewußt, daß es in einem festen Verhältnis zur Umgebung steht, die, durchaus nicht neutral, das Kind zwingt, Stellung zu nehmen und seine Beziehungen zu ihr so einzurichten, wie es sein, im Sinne seines Weltbildes aufgefaßtes Wohlbefinden erfordert.

Wenn wir nun das über die Zielstrebigkeit im menschlichen Seelenleben Gesagte festhalten, so wird uns von selbst klar, daß dieser Bewegungslinie als besonderes Merkmal eine unzerstörbare Einheitlichkeit anhaften muß. Diese ist es auch, die uns in die Lage versetzt, einen Menschen als einheitliche Persönlichkeit zu begreifen, was besonders für den Fall wichtig ist, wenn ein Mensch Ausdrucksbewegungen aufweist, die einander zu widersprechen scheinen. Es gibt Kinder, deren Verhaltungsweise in der Schule der in der Familie völlig entgegengesetzt ist, und auch sonst im Leben begegnen wir Menschen, deren Charakterzüge sich in einander scheinbar so widersprechenden Formen darbieten, daß wir über das wahre Wesen dieser Menschen getäuscht werden. Ebenso kann es sein, daß Ausdrucksbewegungen zweier Menschen äußerlich einander völlig gleichen, sich aber bei näherer Untersuchung des Falles der ihnen zugrundeliegenden Bewegungslinie nach als so geartet erweisen, daß die eine das völlige Gegenteil der andern ist. Wenn zwei dasselbe tun, ist es nicht dasselbe; wenn aber zwei nicht dasselbe tun, so kann es doch dasselbe sein.

Es handelt sich eben darum, die Erscheinungen des Seelenlebens, ihrer *Vieldeutigkeit* zufolge, nicht einzeln, voneinander isoliert, sondern gerade umgekehrt, in ihrem Zusammenhang und zwar alle als einheitlich auf ein gemeinsames Ziel gerichtet zu betrachten. Es kommt auf die Bedeutung an, die eine Erscheinung im ganzen Zusammenhang des Lebens eines Menschen für ihn hat. Erst die Erwägung, daß alles, was an ihm in Erscheinung tritt, einer einheitlichen Richtung angehört, ebnet uns den Weg zum Verständnis seines Seelenlebens.

Haben wir begriffen, daß das menschliche Denken und Handeln der Zielstrebigkeit unterliegt, *final* bedingt und gerichtet ist, dann verstehen wir auch die Möglichkeit der größten Fehlerquelle, die für das Individuum dadurch gegeben ist, daß der Mensch alle Triumphe und sonstigen Vorteile seines Lebens gerade wieder auf seine Eigenart bezieht und im Sinne einer Festigung seiner individuellen Schablone, seiner Leitlinie verwertet. Das ist nur deshalb möglich, weil er alles ungeprüft läßt, im Dunkel des Bewußtseins und Unbewußtseins empfängt und verwaltet. Erst die Wissenschaft ist es, die hier Licht hineinfallen läßt und uns instand setzt, den ganzen Vorgang zu erfassen, zu begreifen und schließlich auch zu ändern.

Wir beschließen unsere Auseinandersetzungen über diesen Punkt mit einem Beispiel, wobei wir versuchen wollen, jede einzelne Erscheinung mit Hilfe der bisher gewonnenen individualpsychologischen Erkenntnisse zu analysieren und zu erklären.

Eine junge Frau meldet sich als Patientin und klagt über eine unüberwindliche Unzufriedenheit, deren Ursache sie dem Umstand zuzuschreiben sucht, daß sie durch eine Menge von Arbeiten aller Art den ganzen Tag in Anspruch genommen sei. Was wir äußerlich an ihr beobachten können, ist ein hastiges Wesen, unruhige Augen, sie klagt über große Unruhe, die sie befällt, wenn sie sich anschickt, einen Weg zu machen oder sonst an irgendeine Aufgabe heranzutreten. Aus ihrer Umgebung hören wir, daß sie alles schwer nimmt und unter der Last ihrer Arbeiten zusammenzubrechen scheine. Der allgemeine Eindruck, den wir von ihr erhalten, ist zunächst der eines Menschen, der alles sehr wichtig nimmt, eine Erscheinungsform, die sehr vielen Menschen eigen ist. Bezeichnend erzählt jemand aus ihrer Umgebung, daß sie »immer Geschichten gemacht habe«.

Prüfen wir die Neigung, Leistungen, die einem obliegen, als besonders schwer und bedeutungsvoll hinzunehmen, auf ihr Gewicht, indem wir versuchen, uns vorzustellen, was ein solches Benehmen in einer Gruppe von Menschen oder in einer Ehe bedeutet, so können wir uns des Eindruckes nicht erwehren, daß diese Neigung einem Appell an die Umgebung ähnelt, keine weiteren Belastungen mehr vorzunehmen, da bereits die allernotwendigsten Arbeiten nicht mehr recht bewältigt werden können.

Was wir bisher über die Frau wissen, kann uns noch nicht genügen. Wir müssen versuchen, sie zu weiteren Mitteilungen zu bewegen. Bei solchen Untersuchungen muß mit entsprechender Delikatesse vorgegangen werden, ohne Selbstüberhebung, die sofort eine Kampfstellung des Patienten hervorrufen würde, eher vermutungsweise und auch nicht ungefragt. Hat man die Möglichkeit, ins Gespräch zu kommen, dann kann man – wie in unserem Fall – langsam andeuten, eigentlich zeige ihr ganzes Wesen, ihr ganzes Benehmen, daß sie einem anderen, der wahrscheinlich ihr Gatte sein dürfte, zu verstehen geben wolle, daß sie eine weitere Belastung nicht vertrage, daß sie auf eine vorsichtige Behandlung, auf Zartheit Anspruch erhebe. Man kann weiterfühlen und andeuten, das alles müsse einmal irgendwo seinen Anfang genommen und eine Förderung erfahren haben. Es gelingt, sie zu der Bestätigung zu bewegen, daß sie vor Jahren eine Zeit habe überstehen müssen, wo ihr nichts weniger als Zartheit widerfahren sei. Nun erkennen wir schon besser ihr Verhalten als eine Unterstützung ihrer Forderung nach Rücksichtnahme und als ein Bestreben, die Rückkehr einer Situation, in der ihr Verlangen nach Wärme etwa verletzt werden könnte, zu vermeiden.

Unser Befund wird durch eine weitere Mitteilung erhärtet. Sie erzählt von einer Freundin, die in vieler Hinsicht ihr Gegenteil sei, die in einer unglücklichen Ehe lebe, der sie gerade entfliehen möchte. Einmal traf sie diese an, wie sie gerade, ein Buch in der Hand, mit gelangweilter Stimme ihrem Manne bedeutete, sie wisse eigentlich nicht, ob sie heute das Mittagsmahl rechtzeitig werde zustande bringen können, wodurch sie ihn in eine derartige Erregung versetzte, daß er sich zu einer heftigen Kritik ihres Wesens hinreißen ließ. Zu diesem Vorfall fügte unsere Patientin hinzu: »Wenn ich das so recht betrachte, so ist meine Methode doch eine viel bessere. Mir kann man einen solchen Vorwurf nie machen, denn ich bin doch von Früh bis Abend mit Arbeit überbürdet. Wenn bei mir einmal ein Mittagessen nicht rechtzeitig fertig wird, kann mir, deren Zeit mit Hast und fortwährender Aufregung ausgefüllt ist, niemand etwas sagen. Und diese Methode soll ich nun aufgeben?«

Man sieht, was sich in diesem Seelenleben abspielt. In verhältnismäßig harmloser Art wird der Versuch gemacht, ein gewisses Übergewicht zu bekommen, jedes Vorwurfes überhoben zu sein und immer für zarte Behandlung und zartes Wesen zu plädieren. Da dies gelingt, erscheint die Forderung, davon Abstand zu nehmen, nicht recht verständlich. Hinter diesem Verhalten steckt aber noch anderes. Der Appell an die Zartheit, der schließlich ebenfalls das Übergewicht über den anderen sucht, kann nie dringend genug gemacht werden. Und so stellen sich in diesem Zusammenhang Widerwärtigkeiten verschiedenster Art ein. Es gerät etwas in Verlust, man findet etwas nicht, es entsteht ein Durcheinander, eine »Wirtschaft«, die der Frau immer Kopfschmerzen bereitet, sie nicht ruhig schlafen läßt, weil sie immer wieder mit der Sorge befaßt ist, die sie riesengroß sieht und aufbauscht, nur um ihre Anstrengungen ins rechte Licht zu setzen. Eine Einladung, die an sie ergeht, ist schon eine schwierige Angelegenheit. Ihr nachzukommen, dazu bedarf es größerer Vorbereitungen. Die kleinste Leistung erscheint ihr übermäßig groß und so ist ein gastlicher Besuch eine schwere Arbeit, die Stunden, ja Tage beansprucht. In einem solchen Fall darf mit ziemlicher Sicherheit damit gerechnet werden, daß eine Absage erfolgen wird, zumindest ein Zuspätkommen. Die Gesellschaftlichkeit wird im Leben eines solchen Menschen gewisse Grenzen nicht überschreiten.

Nun gibt es in einem Verhältnis zweier Menschen, wie es die Ehe ist, eine Menge Beziehungen, die durch den Appell an die Zartheit in ein besonderes Licht gerückt werden. Es kann sein, daß der Mann beruflich abwesend sein muß, daß er einen Freundeskreis hat, auch allein Besuche machen oder bei Sitzungen von Vereinen erscheinen muß, denen er angehört. Würde es nicht die Forderung auf Zartheit, auf Rücksichtnahme verletzen, wenn er in solchen Fällen die Frau allein zuhause ließe? Im ersten Moment wären wir vielleicht geneigt – und das ist in der Tat sehr häufig – anzunehmen, daß die Ehe dazu berechtigt, den anderen Teil so stark wie möglich ans Haus zu fesseln. So sympathisch diese Forderung zum Teil erscheinen mag, in Wirklichkeit zeigt sich, daß so etwas für einen im Beruf stehenden Menschen eine unüberwindliche Schwierigkeit bedeutet. Störungen sind dann unvermeidlich, und so kann es, wie in unserem Fall, kommen, daß der Mann, der nach Torsperre vorsichtig und bescheiden sein Bett aufsuchen will, dadurch überrascht wird, daß er seine Frau noch wach findet, die ihn nun mit einer vorwurfsvollen Miene empfängt. Die genügsam bekannten Situationen dieser Art sollen hier nicht weiter ausgemalt werden. Auch darf man nicht übersehen, daß es sich da nicht etwa nur um kleinere Fehler der Frau handelt, sondern daß es ebensoviele Männer gibt, die ebenso eingestellt sind. An dieser Stelle handelt es sich aber darum, zu zeigen, daß das Verlangen nach besonderer Zartheit gelegentlich auch einen anderen Weg einschlagen kann. In unserem Fall spielt sich ein solches Ereignis gewöhnlich so ab: Muß der Mann einen

Abend außer Haus verbringen, so erklärt ihm die Frau, er gehe so selten in die Gesellschaft, daß er diesmal nicht zu frühe nach Hause kommen dürfe. Obwohl sie dies in scherzhaftem Ton sagt, enthalten ihre Worte dennoch einen sehr ernsthaften Kern. Es widerspricht scheinbar dem bisher entworfenen Bild. Sieht man aber näher zu, so erkennt man die Übereinstimmung. Die Frau ist so klug, daß sie, auch ohne daran zu denken, nicht zu streng vorgeht. Sie bietet auch äußerlich das Bild äußerster Liebenswürdigkeit in jeder Beziehung. Unser Fall ist an sich völlig untadelig und beschäftigt uns nur wegen des psychologischen Interesses. Die wahre Bedeutung ihrer Worte an den Mann liegt nun darin, daß es nunmehr die *Frau* ist, die das Diktat gegeben hat. Jetzt, nachdem sie es gestattet, ist es erlaubt, während sie äußerst beleidigt gewesen wäre, wenn es der Mann aus eigenem Antrieb getan hätte. Ihre Äußerung wirkt somit wie eine Verschleierung des ganzen Zusammenhanges. Jetzt ist sie der dirigierende Teil und der Mann ist, obwohl er nur einer gesellschaftlichen Verpflichtung nachgeht, von Wunsch und Willen der Frau abhängig geworden.

Verbinden wir die Forderung nach besonderer Zartheit nun mit unserer neuen Erkenntnis, daß diese Frau nur verträgt, was sie selbst kommandiert, dann fällt uns plötzlich ein, daß das ganze Leben dieser Frau von einem unerhörten Impuls durchzogen sein muß, keine zweite Rolle zu spielen, immer die Überlegenheit zu behalten, durch keinerlei Vorwurf aus ihrer Stellung geworfen zu werden, immer das Zentrum ihrer kleinen Umgebung zu sein. Diese Linie werden wir bei ihr in jeder Situation finden. So, wenn es sich darum handelt, eine Hausgehilfin zu wechseln. Da gerät sie in größte Aufregung, deutlich in der Besorgnis, ob sie die bisher gewohnte Herrschaft auch bei der neuen Hausgehilfin werde aufrecht erhalten können. Ähnlich, wenn sie sich zu einem Ausgang rüstet. Es ist etwas anderes für sie, in einer Sphäre zu leben, in der ihre Herrschaft unbedingt gesichert erscheint, als das Haus zu verlassen, sich »in die Fremde« zu begeben, auf die Straße, wo auf einmal nichts mehr ihrem Willen unterworfen ist, wo man jedem Wagen ausweichen muß, wo man also eine ganz kleine Rolle spielt. Ursache und Bedeutung dieser Spannung wird also erst klar, wenn man bedenkt, welche Machtfülle diese Frau zu Hause beansprucht.

Solche Erscheinungen treten oft in einer so sympathischen Schablone hervor, daß man im ersten Augenblick gar nicht auf den Gedanken verfällt, daß so ein Mensch leidet. Dieses Leiden kann hohe Grade erreichen. Man braucht sich nur derartige Spannungen, wie in unserem Fall, vergrößert denken. So gibt es Menschen, die eine Scheu davor haben, die Straßenbahn zu benutzen, weil sie dort keinen eigenen Willen haben. Das kann so weit gehen, daß solche Menschen schließlich überhaupt nicht mehr das Haus verlassen wollen.

In seiner weiteren Entwicklung ist unser Fall ein lehrreiches Beispiel dafür, wie Kindheitseindrücke im Leben eines Menschen immer wieder nachwirken. Man kann nicht leugnen, daß diese Frau, von *ihrem* Standpunkt gesehen, recht hat. Denn wenn einer sich darauf einstellt und sein ganzes Leben danach einrichtet, mit unerhörter Intensität auf Wärme, Verehrung und Zartheit zu dringen, dann ist das Mittel, sich immer überlastet und aufgeregt zu gebärden, nicht so schlecht, weil es ihm dadurch nicht nur gelingen kann, jede Kritik von sich fernzuhalten, sondern dadurch auch die Umgebung zu veranlassen, immer sanft abzumahnen, zu helfen und alles zu vermeiden, was das seelische Gleichgewicht dieses Menschen stören könnte.

Gehen wir um eine größere Spanne im Leben unserer Patientin zurück, dann hören wir, daß sie bereits in der Schule, wenn sie ihre Aufgabe nicht konnte, in außerordentliche Aufregung geriet und dadurch die Lehrer zwang, mit ihr recht zart zu verfahren. Dazu gibt sie noch folgendes an: Sie war die älteste von drei Geschwistern, ihr folgte ein Bruder, nach diesem wieder ein Mädchen. Mit dem Bruder gab es immer Kämpfe. Er erschien ihr immer als der Bevorzugte und ganz besonders ärgerte es sie, daß man seine Schulleistungen stets mit großer Aufmerksamkeit verfolgte, während sie, die anfangs eine gute Schülerin war, mit ihren guten Leistungen einer derartigen Gleichgültigkeit begegnete, daß sie es kaum mehr vertrug und fortwährend nachgrübelte, warum hier mit ungleichem Maß gemessen werde.

Wir verstehen bereits, daß dieses Mädchen nach der *Parität* suchte, daß sie von Kindheit an ein starkes Minderwertigkeitsgefühl gehabt haben mußte, das sie auszugleichen trachtete. In der Schule tat sie das auf die Weise, daß sie eine schlechte Schülerin wurde. Sie versuchte durch schlechte Schulerfolge den Bruder zu übertreffen, nicht etwa im Sinne einer höheren Moral, sondern in ihrem kindlichen Sinn, um die Aufmerksamkeit der Eltern besonders stark auf sich zu lenken. Ein wenig bewußt sind diese Vorgänge doch gewesen, denn heute stellt sie ganz deutlich fest, sie *wollte* eine schlechte Schülerin werden. Aber auch um ihre schlechten Schulerfolge kümmerten sich die Eltern nicht im geringsten. Und da geschah wieder etwas Interessantes: sie zeigte plötzlich wieder gute Schulerfolge. Aber nun trat ihr jüngstes Geschwister, ihre Schwester, in auffälliger Weise in Szene. Auch diese hatte nämlich schlechte Schulerfolge, aber um sie kümmerte sich die Mutter fast ebensosehr wie um den Bruder, und zwar aus einem merkwürdigen Grund: während unsere Patientin nur in den Lehrfächern schlechte Noten hatte, war die Schwester in Sitten schlecht qualifiziert. Auf diese Weise gelang es dieser viel besser, die Aufmerksamkeit auf sich zu lenken, weil ja schlechte Noten in Sitten einen ganz anderen sozialen Effekt haben. Sie sind mit besonderen Maßnahmen verbunden, die die Eltern zwingen, sich stärker um das Kind zu bekümmern.

Der Kampf um die Parität war also vorläufig gescheitert. Wir müssen nun daran festhalten, daß das Scheitern eines Kampfes um die Gleichwertigkeit nie dazu führt, daß nun ein Ruhepunkt in diesem Prozeß eintritt. Kein Mensch verträgt eine solche Situation. Von hier aus werden immer wieder neue Regungen ablaufen und neue Bemühungen einsetzen, die dazu beitragen, das Charakterbild dieses Menschen zu formen. Wir verstehen jetzt wieder um etwas besser dieses Geschichtenmachen, das Hasten, das Bestreben, sich den andern immer als bedrückt und überlastet hinzustellen. Ursprünglich hat das alles der Mutter gegolten, es sollte ein Zwang sein für die Eltern, deren Aufmerksamkeit ebenso stark auf sich zu lenken wie auf die andere Schwester, gleichzeitig ein Vorwurf dafür, daß man sie schlechter behandelte als diese. Die Grundstimmung der Frau, die damals geschaffen wurde, hat sich his heute erhalten.

Man kann in ihrem Leben auch noch weiter zurückgehen. Als ein besonders eindrucksvolles Kindheitserlebnis führt sie an, daß sie in ihrem dritten Lebensjahre einmal ihren Bruder, der vor kurzem zur Welt gekommen war, mit einem Stück Holz habe schlagen wollen und nur die Vorsicht der Mutter größeren Schaden verhütet hatte. Mit außerordentlich feiner Witterung hatte dieses Mädchen schon damals herausgefunden, daß die Ursache für ihre Zurücksetzung und geringere Einschätzung der Umstand war, daß sie bloß ein Mädchen war. Sie erinnert sich ganz genau, daß in jener Zeit unzähligemal der Wunsch über ihre Lippen kam, ein Knabe zu werden. Sie sah sich also durch die Ankunft des Bruders nicht nur aus der bisherigen Wärme ihres Nestes herausgehoben, sondern ihre Stimmung wurde noch dadurch besonders getrübt, daß ihm als Knaben eine viel ausgezeichnetere Behandlung zuteil wurde als ihr selbst. In ihrem Bestreben, diesen Mangel auszugleichen, verfiel sie mit der Zeit auf die Methode, immer als überlastet dazustehen.

Noch ein Traum soll zeigen, wie tief die Bewegungslinie eines Menschen in seinem Seelenleben verankert ist. Diese Frau träumt, daß sie zu Hause mit ihrem Mann ein Gespräch führe. Dieser sieht aber gar nicht so aus wie ein Mann, sondern ist eine Frau. Dieses Detail zeigt wie in einem Symbol die Schablone, mit der sie an ihre Erlebnisse und Beziehungen herantritt. Der Traum bedeutet, daß sie die Parität mit dem Manne gefunden habe. Er ist nicht mehr der überlegene Mann wie seinerzeit ihr Bruder, er ist schon fast wie eine Frau. Zwischen ihnen besteht kein Höhenunterschied mehr. Sie hat im Traum das erreicht, was sie eigentlich schon in der Kindheit immer gewünscht hatte.

So haben wir durch Verbindung zweier Punkte im Seelenleben eines Menschen seine Lebenslinie, seine Leitlinie aufgedeckt und konnten von ihm ein einheitliches Bild gewinnen, das wir zusammenfassend folgendermaßen bezeichnen können: Wir haben einen Menschen vor uns, der das Streben hat, mit liebenswürdigen Mitteln die überlegene Rolle zu spielen.

SECHSTES KAPITEL

Die Vorbereitung auf das Leben

Ein Grundsatz der Individualpsychologie lautet: *Alle Erscheinungen des Seelenlebens sind als Vorbereitungen für ein vorschwebendes Ziel aufzufassen.* Die bisher beschriebene Gestaltung des Seelenlebens hat für uns den Sinn einer Vorbereitung für eine Zukunft, in der die Wünsche des Individuums erfüllt erscheinen. Das ist eine allgemein menschliche Erscheinung, und alle Menschen müssen diesen Prozeß durchmachen. Dies erzählen uns auch alte Mythen, Sagen und Legenden, die von einem Idealzustand schwärmen, der einmal kommen werde oder schon einmal da war. Hierher gehört die Überzeugtheit aller Völker von der Vergangenheit eines Paradieses, und ein weiterer Abklang dieser Sehnsucht der Menschheit findet sich in allen Religionen, wo mit einer Zukunft gerechnet wird, wo alle Schwierigkeiten überwunden sind. Nicht anders zu deuten ist der Hinweis auf die Seligkeit oder auf die ewige Wiederkehr, der Glaube, daß sich die Seele immer wieder neu zur Gestaltung bringen könne. Alle Märchen geben uns Zeugnis davon, daß die Hoffnung auf eine beglückende Zukunft nie in der Menschheit geruht hat.

1. *Spiel*

Es gibt im kindlichen Leben eine Erscheinung, die sehr deutlich die Vorbereitung auf die Zukunft zeigt, die Spiele. Sie sind durchaus nicht als eine Art launischer Einfall von Eltern oder sonstigen Erziehern zu betrachten, sondern als Behelfe der Erziehung, als Anregungen für den Geist, für die Phantasie und Geschicklichkeit. Im Spiel zeigt sich regelmäßig die Vorbereitung für die Zukunft. So in der Art, wie sich das Kind zum Spiel stellt, in der Auswahl desselben, in der Bedeutung, die es ihm beimißt. Ebenso wird sich im Spiel immer zeigen, wie das Verhältnis des Kindes zu seiner Umgebung beschaffen ist, wie es den Mitmenschen gegenübersteht, ob freundlich oder feindlich und ob insbesondere die Neigung zu herrschen besonders unterstrichen ist. Auch kann man beim Spiel beobachten, wie das Kind zum Leben eingestellt ist. Das Spiel ist also für das Kind von außerordentlicher Wichtigkeit. Die Aufdeckung dieser Tatsachen, die uns lehren, die Spiele der Kinder als Vorbereitungen für die Zukunft aufzufassen, stammt von *Groß,* Professor der Pädagogik, welcher zeigte, daß diese Tendenz auch den Spielen der Tiere zugrunde liegt.

Damit ist nun noch nicht jeder Gesichtspunkt erschöpft. Vor allem sind Spiele auch eine Betätigung des Gemeinschaftsgefühls, das beim Kind so groß ist, daß es unter allen Umständen darin seine Befriedigung sucht und mächtig davon angezogen wird. Kinder, die dem Spiel ausweichen, sind immer eines Fehlschlages verdächtig. Es sind das solche, die sich gern zurückziehen und, wenn sie mit andern zusammengebracht werden, gewöhnlich nur Spielverderber sind. Hochmut, mangelhafte Selbsteinschätzung und demzufolge Furcht, seine Rolle schlecht zu spielen, sind die Hauptgründe hierfür. Im allgemeinen wird man das Maß des Gemeinschaftsgefühls bei Kindern mit großer Sicherheit bei ihren Spielen bestimmen können.

Ein anderer Faktor, der im Spiel sehr deutlich in Erscheinung tritt, ist das Ziel der Überlegenheit, das sich in der Neigung zum Befehlen, zum Herrschen verraten wird. Man wird dies daran erkennen, ob und wie sich das Kind vordrängt und inwiefern es Spiele bevorzugt, die ihm Gelegenheit geben, solche Neigungen zu befriedigen und eine herrschende Rolle zu spielen. Man wird wenig Spiele finden, die nicht wenigstens einem dieser drei Faktoren, Vorbereitung für das Leben, Gemeinschaftsgefühl und Herrschsucht, Rechnung tragen.

Es gibt aber noch einen weiteren Faktor, der dem Spiel anhaftet. Das ist die Möglichkeit für das Kind, sich spielerisch zu betätigen. Im Spiel ist das Kind mehr oder weniger auf sich selbst gestellt und seine Leistungen sind im Zusammenhang mit den andern durch das Spiel erzwungen. Es gibt eine große Anzahl Spiele, die gerade das schöpferische Moment in den Vordergrund rücken. Besonders die Spiele, die dem Kind ein großes Feld zur Betätigung ihres schöpferischen Hanges bieten, bergen ein für den zukünftigen Beruf bedeutsames Element in sich. Und es ist sicher in der Lebensgeschichte vieler Menschen vorgekommen, daß sie z. B. zuerst Kleider für Puppen machten und später für Erwachsene.

Das Spiel ist untrennbar mit der seelischen Entwicklung des Kindes verbunden. Es ist sozusagen seine Berufstätigkeit und auch so aufzufassen. Daher ist es auch keine so harmlose Sache, ein Kind in seinem Spiel zu stören. Das Spiel darf nicht als ein Vertrödeln der Zeit aufgefaßt werden. Mit Rücksicht auf das Ziel einer Vorbereitung für die Zukunft steckt in jedem Kind schon etwas von einem Erwachsenen, den es einmal vorstellen wird. Daher ist es für uns eine wichtige Erleichterung bei der Beurteilung eines Menschen, auch seine Kindheit kennenzulernen.

2. *Aufmerksamkeit und Zerstreutheit*

Eine Fähigkeit des seelischen Organs, die im Vordergrund der Leistungsfähigkeit eines Menschen steht, ist die Aufmerksamkeit. Wenn wir unsere Sinnesorgane aufmerksam mit einem Vorgang außer- oder innerhalb unserer Person in Beziehung bringen, dann haben wir das Gefühl einer besonderen Anspannung, und zwar einer solchen, die nicht über den ganzen Körper verbreitet, sondern auf ein bestimmtes Sinnesgebiet, z. B. auf das Auge, beschränkt ist. Wir haben das Gefühl, als ob hier etwas in Vorbereitung wäre. In der Tat kann man feststellen, daß es sich hierbei um Bewegungsvorgänge (in unserem Fall Richtung der Augenachsen) handelt, die uns die Empfindung dieser besonderen Anspannung verleihen.

Wenn nun die Leistung der Aufmerksamkeit eine Spannung auf einem bestimmten Gebiet des seelischen Organs und unseres Bewegungsorganismus hervorruft, so ist damit gleichzeitig gesagt, daß andere Spannungen abgehalten werden sollen. So erklärt es sich, daß wir, sobald wir uns aufmerksam einer Sache widmen, jede Störung beiseiteschieben wollen. Die Aufmerksamkeit bedeutet also für das seelische Organ eine Bereitschaftsstellung, eine ganz spezielle Verknüpfung mit Tatsachen, die Vorbereitung zu einem Angriff oder zu einer Abwehrbewegung, die uns aus einer Not erwächst, aus einer ungewöhnlichen Situation, bei der unsere ganze Kraft in den Dienst eines besonderen Zweckes gestellt werden soll.

Die Fähigkeit zur Aufmerksamkeit besitzt jeder Mensch, es sei denn, daß er krank oder geistig minderwertig sei. Dennoch geschieht es oft, daß man bei einem Menschen die Aufmerksamkeit vermißt. Hierfür gibt es eine Anzahl Gründe. Zunächst sind Müdigkeit oder Krankheit Faktoren, die die Fähigkeit, Aufmerksamkeit zu entfalten, beeinträchtigen. Ferner gibt es Menschen, deren mangelhafte Aufmerksamkeit darin ihren Grund hat, daß sie gar nicht aufmerken wollen, weil der Gegenstand, auf den sie aufmerken sollen, nicht zu ihrer Lebenseinstellung, zu ihrer Bewegungslinie paßt. Dagegen wird ihre Aufmerksamkeit sofort wach, wenn es sich um eine Angelegenheit handelt, die irgendwie mit ihrer Lebenslinie zusammenhängt. Ein weiterer Grund mangelnder Aufmerksamkeit kann in einem Hang zur Opposition gelegen sein. Kinder sind zur Opposition überaus leicht geneigt und es kommt vor, daß solche Kinder jede Anregung, die man ihnen bietet, mit einem Nein beantworten. Hierbei müssen sie ihre Opposition nicht geradezu zur Schau tragen. In solchen Fällen ist es Sache der Unterrichtsmethode und des erzieherischen Taktes, die Verknüpfung des Lehrgegenstandes mit dem unbewußten Lebensplan, der Leitlinie des Kindes herzustellen, das Kind sozusagen damit auszusöhnen.

Es gibt auch Menschen, die alles sehen und hören, die jede Erscheinung, jede Veränderung wahrnehmen. Andere stehen der Welt gleichsam nur mit ihrem Sehapparat gegenüber, wieder andere nur mit ihrem Hörapparat; diese sehen gar nichts, nehmen von nichts Notiz und sind nicht zu haben, solange es sich um sehbare Dinge handelt. Auch das sind Gründe dafür, daß man so oft eine Aufmerksamkeit dort vermißt, wo man sie eigentlich erwarten müßte.

Der wichtigste Faktor zur Erweckung der Aufmerksamkeit ist ein wirklich tief begründetes *Interesse.* Dasselbe liegt in einer viel tieferen seelischen Schichtung als die Aufmerksamkeit. Ist Interesse vorhanden, dann ist Aufmerksamkeit eine Selbstverständlichkeit, auf die die Erziehung keinerlei Einfluß zu nehmen braucht. Sie ist das bloße Mittel, sich eines Gebietes, für das man Interesse hat, zu einem bestimmten Zweck zu bemächtigen. Da nun die Entwicklung eines Menschen nicht fehlerlos vor sich geht, geschieht es regelmäßig, daß sie auf irrtümlichen Wegen wandelt. Von dieser irrtümlichen Einstellung eines Menschen wird selbstverständlich auch sein Interesse mitergriffen werden, so daß sich dieses auf Dinge richten kann, die mit Rücksicht auf die Vorbereitung auf das Leben nicht bedeutsam sind. Ist so das Interesse eines Menschen z. B. zu sehr auf die eigene Person gerichtet, insbesondere auf die Macht, die er besitzt, so wird sich zeigen, daß er überall aufmerksam ist, wo sein Machtinteresse berührt ist, sei es, daß für ihn etwas zu gewinnen oder daß seine Macht bedroht ist. Andernfalls wird seine Aufmerksamkeit so lange nicht zu fesseln sein, als nicht an die Stelle seines Machtinteresses ein anderes Interesse getreten ist. Besonders bei Kindern kann man deutlich beobachten, wie sie sofort aufmerksam werden, wenn es sich für sie darum handelt, Geltung zu gewinnen, daß aber ihre Aufmerksamkeit rasch erlischt, wenn sie die Empfindung haben, daß für sie nichts zu holen ist. Hier können die mannigfachsten Zusammenhänge und Merkwürdigkeiten auftreten.

Mangel an Aufmerksamkeit sagt eigentlich nichts anderes, als daß sich ein Mensch einer Angelegenheit, für die seine Aufmerksamkeit erwartet wird, lieber entziehen will. Die Ablenkung der Aufmerksamkeit wird dadurch bewerkstelligt, daß man sie einfach auf etwas anderes lenkt. Es ist daher eine Unrichtigkeit, zu sagen, es könne sich jemand nicht »konzentrieren«. Es wird sich immer herausstellen, daß er das sehr gut kann, nur in bezug auf etwas anderes. Ähnlich wie mit dem *Konzentrationsmangel* verhält es sich in Fällen der sog. Willen- oder *Energielosigkeit.* Auch hier findet man meist einen recht unbeugsamen Willen und eine ebensolche Energie, aber nach einer anderen Richtung.

Die Behandlung solcher Fälle ist nicht leicht. Sie kann nur dadurch vorgenommen werden, daß man den ganzen Lebensplan eines solchen Menschen aufdeckt. In jedem Fall kann man annehmen, daß ein Mangel nur deshalb vorliegt, weil etwas anderes angestrebt wird.

Unaufmerksamkeit wird bei vielen Menschen zu einem ständigen Charakterzug. Sehr oft trifft man Menschen, denen eine bestimmte Arbeit zugewiesen ist, die aber von ihnen in irgendeiner Weise abgelehnt oder mangelhaft geleistet wird, so daß diese Menschen dann anderen zur Last fallen. Ihr ständiger Charakterzug ist die Unaufmerksamkeit, die sich einstellt, sobald sie sich der Tätigkeit zuwenden sollen, die von ihnen verlangt wird.

3. Fahrlässigkeit und Vergeßlichkeit

Von Fahrlässigkeit spricht man gewöhnlich dann, wenn Sicherheit oder Gesundheit eines Menschen durch Vernachlässigung, durch Unaufmerksamkeit in der Anwendung der notwendigen Obsorge, gefährdet wird. Fahrlässigkeit ist eine Erscheinung, die uns die volle Unaufmerksamkeit eines Menschen darstellt. Der Mangel an Aufmerksamkeit hat seinen Grund in dem mangelnden Interesse für den Mitmenschen. Aus Zügen von Fahrlässigkeit kann man z. B. bei Spielen der Kinder wahrnehmen, ob sie mehr an sich selbst oder genügend an andere denken. Erscheinungen dieser Art sind ein sicherer Gradmesser für den Gemeinsinn, für das Gemeinschaftsgefühl eines Menschen. Bei mangelhaft entwickeltem Gemeinschaftsgefühl wird ein Mensch, auch wenn er unter Strafdrohung steht, das Interesse für den anderen nur mit großer Mühe aufbringen können, während es bei einem Menschen mit entwickeltem Gemeinsinn mühelos herzustellen bzw. bereits vorhanden ist.

Fahrlässigkeit ist daher Mangel an Gemeinschaftsgefühl. Trotzdem wäre allzu große Intoleranz auch hier nicht am Platz. Denn es ist immer auch danach zu forschen, *warum* ein Mensch das von uns erwartete Interesse nicht besitzt.

Durch eine Einschränkung der Aufmerksamkeit kommt die *Vergeßlichkeit* zustande, sowie das *Verlieren* wichtiger Gegenstände. Hier ist wohl die Möglichkeit zu einer größeren Aufmerksamkeit, das Interesse, vorhanden, aber dennoch nicht voll, sondern durch eine gewisse Unlust getrübt, die das Verlieren oder Vergessen einleitet, begünstigt oder erzeugt. Das ist z. B. der Fall, wenn Kinder ihre Bücher verlieren. Meist wird man leicht feststellen können, daß sie sich in die Schulverhältnisse noch nicht recht eingelebt haben. Ferner gibt es Hausfrauen, die fortwährend ihre Schlüssel verlegen oder verlieren. Auch hier wird sich meist herausstellen, daß sie Frauen sind, die sich mit dem Hausfrauenberuf nicht recht befreunden können.

Vergeßliche Menschen sind solche, die nicht gerne offen revoltieren, durch ihre Vergeßlichkeit aber einen gewissen Mangel an Interesse für ihre Aufgaben verraten.

4. *Das Unbewußte*

Bei unseren Schilderungen wird es bereits aufgefallen sein, daß es sich oft um Vorgänge und Erscheinungen handelt, über die deren Träger meist nicht viel aussagen kann. Ein aufmerksamer Mensch wird selten sagen können, warum er z. B. sofort alles sehe. Es gibt also Fähigkeiten des seelischen Organs, die nicht im Bereich des Bewußtseins zu suchen sind. Obwohl auch eine bewußte Aufmerksamkeit bis zu einem gewissen Grade zu erzwingen ist, sitzt doch die Anregung für die Aufmerksamkeit nicht im Bewußtsein, sondern im Interesse, und dieses wieder liegt zum größten Teil in der Sphäre des Unbewußten. Dieses ist in seinem ganzen Umkreis eine Leistung des seelischen Organs und zugleich der stärkste Faktor im seelischen Leben. Dort sind die Kräfte zu suchen und zu finden, die die Bewegungslinie eines Menschen, seinen (unbewußten) Lebensplan ausgestalten. Im Bewußtsein ist nur ein Abglanz, manchmal sogar das Gegenteil davon vorhanden. So wird z. B. ein eitler Mensch in den meisten Fällen von seiner Eitelkeit keine Ahnung haben, sondern sich im Gegenteil so verhalten, daß seine Bescheidenheit jedem in die Augen springt. Um eitel zu sein, ist es eben gar nicht nötig, es auch zu wissen und sich klarzumachen. Ja, es ist für den Zweck dieses Menschen nicht einmal gut, denn sonst könnte er gar nicht so handeln. Er gewinnt seine schauspielerhaft anmutende Sicherheit vielfach nur, wenn er von seiner Eitelkeit nichts sieht und seine Aufmerksamkeit auf etwas anderes lenkt. So verläuft der ganze Prozeß größtenteils im dunkeln. Versucht man mit ihm darüber zu sprechen, so wird man bemerken, daß ein Gespräch darüber sehr schwer zustandekommt, weil er die Neigung hat, sich umzudrehen, auszukneifen, um gleichsam nicht gestört zu werden. Das kann aber unsere Auffassung nur erhärten. Dieser Mensch will sein Spiel weiterspielen und empfindet jeden, der den Schleier davon lüften will, als Störenfried, gegen den er sich nun zu Wehre setzt.

Nach dieser Verhaltungsweise kann man die Menschen auch einteilen in solche, die von den Vorgängen in ihrem Innern mehr wissen oder weniger als der Durchschnitt, deren Bewußtseinskreis also größer oder kleiner ist. In den meisten Fällen wird sich dies damit decken, daß einer auf einen kleineren Kreis des Lebens konzentriert oder daß er vielseitig angeschlossen ist und für einen größeren Kreis des menschlichen Lebens und des Weltgeschehens Interesse hat. Wir können auch schon verstehen, daß meist jene, die sich bedrängt fühlen, zu denen gehören werden, die sich auf einen kleinen Ausschnitt des Lebens beschränken, daß jene, die dem Leben etwas abgewandt sind, die Fragen des Lebens nicht mit solcher Klarheit sehen wie andere, die gute Mitspieler sind. Sie werden die Feinheiten nicht so erfassen können, weil sie nur ein begrenztes Interesse haben, sie werden von einer Lebensfrage nur einen kleinen Teil sehen und den Gesamtumfang derselben nicht recht durchleuchten können, weil sie vermeiden, damit nur Kraft zu vergeuden. In bezug auf die Einzelerscheinungen des Lebens kann man oft wahrnehmen, daß einer von seinen Fähigkeiten für das Leben nichts weiß, daß er sie unterschätzt, aber auch über seine Fehler nicht hinreichend unterrichtet ist, sich etwa für einen guten Menschen hält, während er in Wirklichkeit alles aus

Egoismus tut, oder daß er sich umgekehrt für einen Egoisten hält, während man bei näherer Beschäftigung mit ihm darauf kommt, daß es ein Mensch ist, mit dem sich ganz gut reden läßt. Sowie es überhaupt nicht darauf ankommt, was einer von sich denkt (oder was sich andere von ihm denken), sondern auf seine Gesamtstellungnahme innerhalb der menschlichen Gesellschaft, von der alles, was er in dieser Welt will und was ihn daran interessiert, bestimmt und geleitet wird.

Es handelt sich in der Tat um zwei Typen von Menschen. Die einen sind solche, die bewußter leben, den Lebensfragen objektiver gegenüberstehen, keine Scheuklappen tragen, und solche, die mit einer vorgefaßten Meinung nur ein kleines Stück des Lebens und der Welt erblicken, die sich immer unbewußt dirigieren und unbewußt argumentieren. So kann es geschehen, daß zwei Menschen, die miteinander leben, dadurch Schwierigkeiten finden, daß der eine forwährend in der Opposition ist, ein nicht seltener Fall, der bezüglich seiner Häufigkeit vielleicht noch von jenem Fall übertroffen wird, daß beide Teile fortwährend in Opposition sind. Der Betreffende weiß nichts davon, er glaubt sogar und bringt auch Argumente dafür, daß er immer für den Frieden eintrete und daß er die Eintracht aufs höchste schätze. Aber die Tatsachen widerlegen ihn und in Wirklichkeit findet man, daß der eine kaum ein Wort sagen kann, ohne daß ihm der andere in die Flanke fällt und eine Gegenbemerkung macht, und wäre diese äußerlich noch so unscheinbar und unauffällig. Genauer betrachtet ergibt sich, daß sie von einer feindseligen, kriegerischen Stimmung eingegeben ist.

So entwickeln viele Menschen in sich Kräfte, die wirksam sind, ohne daß sie etwas davon wissen. Diese im Unbewußten liegenden Kräfte beeinflussen das Leben der Menschen und können, wenn sie nicht aufgedeckt werden, zu schweren Folgen führen. Dostojewski hat einen solchen Fall in seinem Roman »Der Idiot« in einer Weise dargestellt, die immer die Bewunderung der Psychologen erregt hat. Es ist die Begebenheit, bei der eine Dame gelegentlich einer gesellschaftlichen Zusammenkunft zu einem Fürsten, der Hauptperson des Romans, in etwas stichelndem Ton sagte, er möge acht geben, daß er nicht die kostbare chinesische Vase in seiner Nähe umwerfe, worauf er versicherte, er werde acht geben. Aber einige Minuten später lag die Vase schon zerbrochen am Boden. Niemand von der Gesellschaft hat darin einen Zufall erblikken wollen, sondern eine ganz folgerichtige Handlung, die aus dem ganzen Charakter dieses Menschen, der sich durch die Worte der Dame beleidigt gefühlt hatte, entsprungen war.

Bei der Beurteilung eines Menschen sind wir nicht nur darauf angewiesen, aus seinen bewußten Handlungen und Äußerungen Schlüsse zu ziehen. Sehr oft sind wir von kleinen Details in seinem Denken und Handeln, die ihm entgehen, viel richtiger und sicherer geleitet. So wissen z. B. Menschen, die auffällige Unarten, wie Nägelbeißen, Nasenbohren u. dgl. aufweisen, gar nicht, daß sie damit verraten, daß sie trotzige Menschen sind, weil sie die Zusammenhänge nicht kennen, die zu diesen Unarten führen. Denn es ist klar, daß ein Kind wegen derlei Unarten wiederholt ermahnt worden sein muß, und, wenn es trotzdem nicht davon ließ, ein trotziger Mensch sein muß. Wäre unser Blick geübter, dann müßten wir aus allen Bewegungen eines Menschen die weitgehendsten Schlüsse ziehen können, ohne daß jemand etwas davon weiß. Denn auch in allen diesen Kleinigkeiten steckt sein ganzes Wesen.

Zwei Fälle sollen zeigen, welche Bedeutung es hat, daß die im folgenden darzustellenden Vorgänge unbewußt geblieben sind und es bleiben mußten, daß also die menschliche Seele die Fähigkeit hat, das Bewußtsein zu dirigieren, d. h. etwas bewußt zu machen, wenn es für den Standpunkt der seelischen Bewegung notwendig ist, und umgekehrt, etwas im Unterbewußtsein zu belassen oder es unbewußt zu machen, wenn dies für den gleichen Zweck erforderlich erscheint.

Im ersten Fall handelt es sich um einen jungen Mann, der als Erstgeborener neben einer Schwester aufwuchs, dessen Mutter gestorben war, als er im 10. Lebensjahr stand. Von da an mußte der Vater, ein sehr intelligenter, wohlwollender und ethisch sehr hochstehender Mann, die Erziehung leiten, wobei er immer bestrebt war, den Ehrgeiz des Sohnes zu entfalten und anzuspornen. Dieser trachtete auch immer, in der vordersten Reihe zu stehen, entwickelte sich ausgezeichnet und stand tatsächlich in bezug auf seine ethischen und wissenschaftlichen Qualitäten in seinem Kreis immer an erster Stelle, sehr zur Freude seines Vaters, von dem er schon frühzeitig ausersehen worden war, im Leben eine wichtige Rolle zu spielen.

Im Verhalten dieses jungen Mannes zum Leben trat aber so manches in Erscheinung, das dem Vater Sorge machte und das er zu ändern suchte. Dem Burschen war in seiner Schwester eine hartnäckige Rivalin erwachsen. Sie entwickelte sich ebenfalls sehr gut und war immer bestrebt, mit den Waffen des Schwächeren zu siegen und ihre Geltung auf Kosten des Bruders zu vergrößern. Sie gewann auch ziemlich Raum in der kleinen Häuslichkeit und für den Bruder war dieser Kampf ein hartes Stück Arbeit. Bei ihr konnte er nicht erreichen, was ihm sonst so leicht fiel zu erreichen, Ansehen, Geltung und eine gewisse Unterordnung, wie sie ihm zufolge seiner Fortschritte von seiten seiner Kollegen regelmäßig zuteil wurde. Der Vater bemerkte bald, daß der Junge, besonders als er in die Pubertät kam, im gesellschaftlichen Leben eine sonderbare Art annahm, die kurz darin bestand, daß er überhaupt nicht gesellschaftlich wurde, eine Abneigung bekundete, mit Bekannten oder gar fremden Leuten zusammenzukommen und geradezu Reißaus nahm, wenn es sich um Bekanntschaften mit Mädchen handelte. Anfangs schien dies dem Vater recht zu sein. Später nahmen aber diese Erscheinungen solche Dimensionen an, daß der Junge fast gar nicht mehr aus dem Haus ging, daß ihm sogar Spaziergänge, außer in späten Abendstunden, unangenehm wurden. Er schloß sich so sehr ab, daß er seine Bekannten nicht einmal grüßen wollte. Dabei war seine Stellung in der Schule und dem Vater gegenüber immer durchaus untadelig und man konnte jederzeit mit seinen Qualitäten rechnen.

Als es so weit gekommen war, daß man ihn überhaupt nirgends mehr hinbringen konnte, kam der Vater zum Arzt, und es konnte nach einigen Unterredungen folgendes festgestellt werden: der junge Mann stand auf dem Standpunkt, daß er zu kleine Ohren habe und man ihn deshalb für häßlich halte. In Wirklichkeit war dies durchaus nicht der Fall und auf den Einwand, daß seine Argumente nicht gebilligt werden könnten, da er, darauf gestützt, sich dem Verkehr mit der Gesellschaft entziehen wolle, behauptete er, auch seine Zähne und Haare seien häßlich, was ebenfalls nicht zutraf. Dagegen zeigte es sich, daß er von einem ungeheurem Ehrgeiz erfüllt war. Von diesem wußte er und er führte ihn zum Teil darauf zurück, daß der Vater immer in ihn gedrungen habe, bestrebt zu sein, eine hohe Stellung im Leben zu erreichen. Seine Zukunftspläne gipfelten darin, daß er sich der Wissenschaft ergeben wollte. Das wäre weiter nicht auffällig, wenn damit nicht der Hang verbunden gewesen wäre, der Gemeinschaft, der Mitmenschlichkeit, auszuweichen. Wie kam er zu solchen, geradezu kindischen Argumentationen? Die Argumente hätten ihn, wären sie richtig gewesen, wohl berechtigen können, mit einer gewissen Vorsicht und Ängstlichkeit ins Leben hinauszutreten; Häßlichkeit kann ihrem Träger unzweifelhaft zuweilen Schwierigkeiten bereiten.

Die weitere Untersuchung ergab folgendes: Der junge Mann hatte ein Ziel vor Augen, das er mit heftigem Ehrgeiz verfolgte. Er war bisher der Erste gewesen und wollte es auch weiterhin bleiben. Zur Erreichung dieses Zieles stehen nun verschiedene Mittel zu Gebote, wie Konzentration, Fleiß u. dgl. Offenbar war ihm das zu wenig. Er suchte außerdem krankhaft alles ihm überflüssig Scheinende aus seinem Leben auszuschalten. Wohl hätte er sich ausdrücklich bewußt sagen können: »Da ich berühmt werden und mich daher ganz meinen wissenschaftlichen Arbeiten widmen will, bin ich genötigt, mich auch jeder gesellschaftlichen Beziehung zu entschlagen.« Das hat er aber weder gesagt noch gedacht, sondern er richtete zu diesem Zweck sein Augenmerk auf die Kleinigkeit seiner angeblichen Häßlichkeit. So hat die Hervorhebung dieses geringfügigen Umstandes für ihn den Wert, daß sie ihm gestattete, was er in Wirklichkeit wollte. Er mußte nur die nötige Verve aufbringen, um falsch zu argumentieren, übertrieben zu begründen, um sein geheimes Ziel verfolgen zu können. Jeder hätte dasselbe sofort durchschaut und verstanden, wenn er gesagt hätte, er wolle, um der Erste zu werden, wie ein Asket leben. Obwohl ihm der Gedanke, eine erste Rolle spielen zu wollen, innerlich vertraut war, war in seinem Bewußtsein nichts davon zu finden, denn den Gedanken, daß er für dieses Ziel alles andere in die Schanze schlagen wolle, hat er nicht *gedacht.* Hätte er sich bewußt vorgenommen, seinem Ziel alles zu opfern, so wäre er lange nicht so sicher gewesen als dadurch, daß er sagte, er sei ein häßlicher Mensch und *dürfe* nicht in die Gesellschaft gehen. Auch macht sich einer, der offen sagt, er wolle der Erste sein und wolle daher auf mitmenschliche Beziehungen verzichten, vor seiner Umgebung lächerlich und würde auch selbst vor diesem Gedanken erschrecken. Dieser Gedanke ist als solcher nicht denkfähig. Es gibt Gedanken, die man der andern und auch seiner selbst wegen nicht klar fassen will. Daher ist ihm dieser Gedanke mit Recht unbewußt geblieben.

Macht man einem solchen Menschen diese Haupttriebfeder klar, die er sich selbst nicht klarmachen durfte, um sein Verhalten beibehalten zu können, dann stört man natürlich seinen ganzen seelischen Mechanismus. Denn nun tritt das ein, was er ja verhindern mußte, das Klarwerden eines Gedankenganges, der nicht gedacht werden kann, der denkunfähig ist und dessen Bewußtwerden sein Vorhaben stören würde. Überlegt man diese Erscheinung, die darin besteht, daß jemand Gedanken beiseite schiebt, die ihn hindern, und jene aufgreift, die ihn in seiner Stellungnahme fördern, so wird man finden, daß das eine allgemein menschliche Erscheinung ist. Denn alle Menschen erwägen meist nur Dinge, die für ihre Anschauung und Einstellung förderlich sind. Bewußt wird also, was uns fördert, und unbewußt bleibt, was unsere Argumentation stören könnte.

Der zweite Teil betrifft einen sehr fähigen Jungen, dessen Vater Lehrer war und seinen Sohn mit großer Strenge dazu drängte, immer der Erste zu sein. Auch in diesem Fall war der Primat des jungen Menschen unangefochten. Wo er auftrat, war er derjenige, der am besten beschlagen war. In der Gesellschaft war er einer der liebenswürdigsten Menschen und hatte auch einige Freunde.

Ungefähr in seinem 18. Lebensjahr trat nun eine große Veränderung ein. Er zog sich von allem zurück, nichts freute ihn mehr, er war verdrossen und mißmutig. Kaum hatte er eine Freundschaft geschlossen, ging sie schon wieder in Brüche. Jeder nahm an seinem Verhalten im Leben Anstoß bis auf seinen Vater, dem das zurückgezogene Leben seines Sohnes insofern gelegen kam, als er dabei hoffte, er werde sich dadurch um so besser dem Studium hingeben können.

Bei der Behandlung beklagte sich der Junge fortwährend, daß ihm sein Vater das Leben verleidet habe, daß er kein Selbstvertrauen und keinen Lebensmut aufbringen könne und daß ihm nur übrig bleibe in der Einsamkeit sein Leben zu vertrauern. Seine Fortschritte im Studium hatten schon nachgelassen und er war an der Hochschule durchgefallen. Wie er erzählt, hatte die Veränderung damit begonnen, daß er einmal in der Gesellschaft wegen seiner geringen Kenntnisse in der modernen Literatur verlacht worden war. Als sich Ähnliches öfters wiederholte, begann er sich immer mehr zu isolieren und von allen menschlichen Beziehungen Abstand zu nehmen. Dabei war er völlig von dem Gedanken beherrscht, daß es sein Vater sei, der die Schuld an seinem Mißerfolg trage. Das Verhältnis zwischen beiden wurde täglich schlechter.

Die beiden Fälle sind einander in mancher Beziehung ähnlich. Im ersten Fall war der Patient am Widerstand seiner Schwester gescheitert, hier war es der Vater, mit dem ein kämpferisches Verhältnis bestand. Beide Patienten hatten als Leitlinie ein Ideal, das wir als *Heldenideal* zu bezeichnen pflegen. Beide waren in ihrem Heldenrausch so ernüchtert worden, daß sie am liebsten die Flinte ins Korn geworfen und sich gänzlich zurückgezogen hätten. Man würde aber fehlgehen, wenn man meinte, der letztere hätte sich eines Tages gesagt: »Da ich dieses Heldendasein nicht weiterführen kann, da mir andere überlegen sind, ziehe ich mich zurück und werde mir das ganze Leben verbittern.« Gewiß hatte sein Vater unrecht, die Erziehung war schlecht. Es war auffällig, daß er für nichts anderes Augen hatte, als für diese seine schlechte Erziehung, die er immer wieder betonte. Dadurch aber, daß er sich auf diesen Standpunkt stellte, sich immerfort auf die Erkenntnis seiner schlechten Erziehung stützte, wollte er sich als berechtigt ansehen, sich zurückzuziehen. Damit erreichte er, daß er nun keine Niederlagen mehr erlitt und daß er die Schuld für sein Unglück immer dem Vater zuschieben konnte. So gelang es ihm, sich einen Teil seines Selbstbewußtseins und seiner Geltung zu retten. Er hatte ja immerhin eine glänzende Vergangenheit und sein weiterer Siegeslauf war nur durch die fatale Tatsache aufgehalten worden, daß ihn sein Vater durch eine schlechte Erziehung in seiner Entwicklung behindert hätte.

Somit war in ihm ungefähr folgender Gedankengang unbewußt geblieben: »Da ich jetzt näher an der Front des Lebens stehe und sehe, daß es mir nicht mehr so leicht sein wird, der Erste zu sein, will ich alles daransetzen, um mich vom Leben zurückzuziehen.« Dieser Gedanke ist aber denkunfähig, kein Mensch wird sich so etwas sagen. Aber dennoch kann ein Mensch so handeln, wie wenn er einen solchen Gedanken planmäßig ins Auge gefaßt hätte. Das bewerkstelligt er so, daß er andere Argumente aufgreift. Durch fortwährende Beschäftigung mit den Erziehungsfehlern seines Vaters gelingt es ihm, der Gesellschaft und den Entscheidungen des Lebens auszuweichen. Das Bewußtwerden des obigen Gedankenganges hätte ihn bei seinem geheimen Vorhaben nur gestört, er mußte daher unbewußt bleiben. Er konnte sich ja nicht sagen, er sei ein unfähiger Mensch, denn er hatte eine glänzende Vergangenheit. Wenn er jetzt keine Triumphe erreichte, so konnte nicht er daran schuld sein. Und da bot sich ihm die Gelegenheit, durch sein Verhalten gleichsam einen Beweis für die schlechte Erziehung des Vaters zu führen. Er war Richter, Kläger und Angeklagter in einer Person und diese Stellung sollte er auslassen? Er übersah, daß der Vater eben nur so lange schuld war, als es der Sohn wollte, als dieser den Hebel, den er in der Hand hatte, gebrauchte.

5. *Träume*

Von den Träumen wird schon lange behauptet, daß man aus ihnen Schlüsse auf das Seelenleben des Menschen ziehen könne. *Lichtenberg,* ein Zeitgenosse Goethes, hat einmal gesagt, daß man Wesen und Charakter eines Menschen aus seinen Träumen viel besser erschließen könne als aus seinen Worten und Handlungen. Das ist wohl etwas zu viel gesagt und wir, die wir auf dem Standpunkt stehen, *einzelne* Erscheinungen nur mit größter Vorsicht zu verwenden und sie erst in Verbindung mit anderen Erscheinungen zu deuten, werden aus den Träumen eines Menschen nur dann Schlüsse auf seinen Charakter ziehen, wenn wir auch von wo anders her Unterstützung für unsere aus einem Traum gewonnene Auffassung erhalten können.

Die Betrachtung der Träume hat eine uralte Geschichte. Verschiedene Momente in der Entwicklung der Kultur und ihrer Niederschläge, besonders in Mythen und Sagen, legen uns die Annahme nahe, man habe sich in alter Zeit mit Träumen viel mehr befaßt als heutzutage. Wir finden auch in jener Zeit ein viel besseres Verständnis dafür. Man erinnere sich an die ungeheure Rolle, die der Traum z. B. in Griechenland spielte, daß ferner Cicero ein Buch über Träume geschrieben hat, wie weiter in der Bibel Träume erzählt und überaus klug gedeutet werden, oder es wird ein Traum nur erzählt, aber alle wissen sofort, worum es sich handelt (z. B. der Traum Josefs von den Garben, den er seinen Brüdern erzählte). Aus der Nibelungensage, also auf einem ganz anderen Kulturboden, können wir entnehmen, daß Träume damals Beweiskraft hatten.

Wenn wir uns damit beschäftigen, aus Träumen Anhaltspunkte für unsere Kenntnis der menschlichen Psyche zu gewinnen, so sind wir weit entfernt von jenen phantastischen Richtungen der Traumdeutung, die im Traum irgendein überirdisches Eingreifen vermuten. Wir gehen nur den bewährten Weg der Erfahrung und werden uns auf Aufstellungen, die wir uns an der Hand von Träumen machen, nur dann stützen, wenn wir auch aus anderweitigen Beobachtungen in unseren Annahmen bestärkt worden sind.

Immerhin ist es auffallend, daß sich bis auf den heutigen Tag die Neigung erhalten hat, den Träumen eine besondere Bedeutung in bezug auf die Zukunft beizumessen. Hierbei sollen jene Phantasten nur gestreift werden, die sogar so weit gehen, sich von ihren Träumen leiten zu lassen.

So gelangte einer unserer Patienten dazu, sich jedes ehrlichen Berufes zu entschlagen und lieber an der Börse zu spielen. Das tat er immer entsprechend den Träumen, die er hatte. Er konnte sogar den historischen Nachweis dafür erbringen, daß sich die Umstände immer zu seinen Ungunsten gewendet hätten, wenn er einmal einem Traum nicht gefolgt habe.

Es ist naheliegend, daß er von nichts anderem träumen wird als von dem, was auch im wachen Zustand stetig Gegenstand seiner Aufmerksamkeit ist, daß er sich, wenn er sich nur sonst einigermaßen auskennt, im Traum einen Wink gibt. So konnte er durch längere Zeit behaupten, daß er unter dem Einfluß seiner Träume reichlich viel gewonnen habe.

Nach längerer Zeit erzählte er aber einmal, er gäbe auf seine Träume überhaupt nichts mehr. Er hatte nämlich alles wieder verloren. Das geht natürlich auch ohne Traum und es ist nichts daran, was uns an ein Wunder glauben machen könnte. Denn ein Mensch, der intensiv mit irgendeiner Aufgabe beschäftigt ist, gibt auch des Nachts keine Ruhe. Die einen machen das so, daß sie überhaupt nicht schlafen und dabei immer nachdenken, die anderen schlafen wohl, sind aber auch im Traum von ihren Plänen umfangen.

Was sich während des Schlafes in unserer Gedankenwelt in so sonderbaren Formen abspielt, ist nichts anderes als die Brücke vom Vortag zum nächsten Tag. Und wenn wir wissen, wie ein Mensch sonst Stellung zum Leben nimmt, wie er sonst diese Brücke zur Zukunft zu schlagen gewohnt ist, dann werden wir uns auch auf seinen merkwürdigen Brückenbau im Traume verstehen und Schlüsse ziehen können. Es ist somit eine *Stellungnahme zum Leben,* die dem Traum zugrunde liegt.

Eine junge Frau erzählt folgenden Traum: Ihr träumte, ihr Mann habe vergessen an den Hochzeitstag zu denken und sie habe ihm darob Vorwürfe gemacht. – Dieser Traum kann an sich schon einiges bedeuten. Wenn ein solches Problem überhaupt auftauchen kann, so besagt uns dies, daß in dieser Ehe gewisse Schwierigkeiten vorhanden sind nach der Richtung hin, daß sich diese Frau verkürzt fühlt. Wohl erklärt sie, daß auch sie vergessen habe an den Hochzeitstag zu denken. Sie aber ist es, die sich schließlich doch daran erinnert, während der Mann erst von ihr erinnert werden muß. So ist sie der bessere Teil. Auf eine weitere Frage erklärt sie, derartiges sei in Wirklichkeit noch nie vorgekommen, der Mann habe sich stets erinnert. Der Traum bewegt sich also um eine Befürchtung für die Zukunft: so ein Fall könnte einmal eintreten. Man kann daher weiter schließen, daß die Frau die Neigung habe, Vorwürfe zu finden, mit Argumenten zu kommen, die nicht greifbar sind, die Neigung, dem Manne etwas vorzuwerfen, was nur *vielleicht* einmal vorkommen könnte.

Nun wären wir noch immer unsicher, wenn wir nicht noch andere Belege in die Hand bekämen, die unsere Schlußfolgerungen bekräftigen. Nach ihren ersten Kindheitseindrücken befragt, erzählt sie von einer Begebenheit, die ihr immer im Gedächtnis geblieben ist. Sie wurde einmal als dreijähriges Kind von ihrer Tante mit einem geschnitzten Holzlöffel beschenkt, der ihr große Freude machte. Wie sie so damit spielte, fiel er ihr in den Bach und schwamm davon. Sie trauerte darüber viele Tage und in einer Weise, die die Aufmerksamkeit der Umgebung erregte.

Im Zusammenhang mit dem Traum sei nur bemerkt, daß sie jetzt wieder mit der Möglichkeit rechnete, es könnte ihr etwas »davonschwimmen«, die Ehe. Vielleicht wird der Mann den Hochzeitstag vergessen!

Ein anderes Mal träumte sie, der Mann führe sie ein hohes Gebäude hinauf. Der Stiegen werden immer mehr und bei dem Gedanken, sie könnte zu hoch gestiegen sein, wird sie von einem ungeheuren Schwindel erfaßt, bekommt einen Angstanfall und stürzt zusammen. So etwas kann einem auch im wachen Zustand widerfahren, wenn man an Höhenschwindel leidet, in dem sich weniger die Furcht vor der Höhe als vielmehr die vor der Tiefe widerspiegelt. Verbindet man diesen Traum mit dem ersten und verschmilzt das in diesen Träumen enthaltene Gedanken- und Gefühlsmaterial, dann hat man den deutlichen Eindruck, daß es eine Frau ist, die Angst hat, einen tiefen Fall zu tun, also Unheil fürchtet. Wir können ahnen, welches: Lieblosigkeit des Mannes oder dgl. Was wird geschehen, wenn der Mann in irgendeiner Weise nicht recht tauglich zur Ehe ist und

Störungen verursacht? Es könnten Verzweiflungsakte folgen, die vielleicht einmal damit enden, daß die Frau wie leblos zusammenstürzt. Tatsächlich ist dies einmal im Verlaufe einer häuslichen Szene geschehen.

Damit sind wir dem Verständnis des Traumes schon näher gekommen. Es ist gleichgültig, in welchem Material sich die Gedanken- und Gefühlswelt des Menschen während des Traumes auslebt, in welchem Material er sein Problem zum Ausdruck bringt, wenn ihm dieses Material nur irgendwie behilflich ist, sich auszudrücken. Im Traum verrät sich das Lebensproblem eines Menschen *gleichnisweise* (steige nicht zu hoch, damit du nicht zu tief fallest!). Wir erinnern uns da an die dichterische Reproduktion eines Traumes, an das Hochzeitslied von Goethe. Ein Ritter kommt vom Land zurück und findet sein Schloß verwahrlost. Müde legt er sich zu Bett und sieht nun im Traume kleine Gestalten unter dem Bette hervorkommen, er bemerkt, wie sich vor seinen Augen eine Zwergenhochzeit abspielt. Er ist von seinem Traum angenehm berührt. Es ist, wie wenn er sich in seinem Gedanken, da müsse eine Frau her, bestärken wollte. Was er hier im kleinen gesehen, das vollzog sich bald darauf im großen und er feierte seine eigene Hochzeit.

In diesem Traum sind bereits bekannte Elemente vorhanden. Sicherlich verbirgt sich dahinter eine eigene Erinnerung des Dichters an Momente, da er selbst mit dem Eheproblem beschäftigt war. Man sieht, wie der Träumer in seiner äußeren Not zum gegenwärtigen Stand seines Daseins Stellung nimmt, eine Stellungnahme, die nach einer Hochzeit schreit. Er beschäftigt sich im Traum mit der Ehefrage, um am folgenden Tage den Entschluß zu fassen, es wäre eigentlich am besten, wenn er auch heiraten würde.

Im folgenden der Traum eines 28jährigen Menschen. Die Linie, die darin abwechselnd nach unten und dann wieder nach oben führt, zeigt ähnlich wie eine Fieberkurve die Bewegung an, von der das Seelenleben dieses Menschen erfüllt ist. Das Minderwertigkeitsgefühl, von dem aus die Bestrebungen nach oben, nach der Überlegenheit ausgehen, ist darin deutlich zu erkennen. – Er erzählt:

Ich mache einen Ausflug mit einer großen Gesellschaft. Auf einer Zwischenstation müssen wir, da das Schiff, auf dem wir fahren, zu klein ist, aussteigen und in der Stadt übernachten. In der Nacht kommt die Nachricht, daß das Schiff sinkt, alle Teilnehmer werden gerufen, um durch Pumpen das Sinken zu verhindern. Ich erinnere mich, daß ich unter meinem Gepäck wertvolle Sachen habe und eile zum Schiff, wo ich schon alle bei den Pumpen finde. Ich trachte, mich von dieser Arbeit zu drücken und suche den Gepäckraum auf. Es gelingt mir, meinen Rucksack durch das Fenster hinauszuziehen. Dabei erblicke ich neben demselben liegend ein Federmesser, das mir sehr gut gefällt; ich stecke es ein. Mit einem anderen Bekannten, den ich treffe, springe ich, da das Schiff immer tiefer sinkt, an einer verborgenen Stelle ins Meer und komme gleich auf den Grund zu liegen. Da die Mole zu hoch ist, wandere ich weiter und komme zu einer tiefen, steil abfallenden Schlucht, in die ich hinab muß. Ich rutsche herunter – meinen Begleiter habe ich seit dem Verlassen des Schiffes nicht mehr gesehen –, es geht immer schneller und ich fürchte, mich zu erschlagen. Endlich bin ich unten angelangt und falle gerade vor einem Bekannten nieder. Es war ein junger, mir im übrigen unbekannter Mann, der sich während eines Streiks in der Streikleitung sehr rührig betätigt hatte und mir dadurch sowie durch sein freundliches Wesen angenehm aufgefallen war. Er empfängt mich mit dem vorwurfsvollen Zuruf, wie wenn er wüßte, daß ich die andern auf dem Schiffe im Stich gelassen hatte: »Was suchst denn *du* hier?« Ich suchte aus der Schlucht herauszukommen, die überall von steilen Wänden umgeben war, an denen Seile herabhingen. Ich getraute mich nicht, sie zu benutzen, weil sie sehr dünn waren. Bei meinen Versuchen, hinaufzuklettern, glitt ich immer wieder herunter. Endlich war ich oben – ich weiß nicht mehr, wie; es scheint mir, ich habe diesen Abschnitt des Traumes absichtlich nicht träumen, gleichsam wie in Ungeduld überspringen wollen. Oben am Rande der Schlucht geht eine Straße, die gegen die Schlucht durch ein Geländer geschützt ist. Hier gehen Leute vorüber und begrüßen mich freundlich.

Gehen wir im Leben des Träumers zurück, so hören wir zunächst, daß er bis zu seinem fünften Lebensjahr ununterbrochen an schweren Krankheiten gelitten hatte und auch weiterhin mit Krankheiten öfters darnieder gelegen war. Infolge seiner schwachen Gesundheit ängstlich von den Eltern behütet, kam er in dieser Zeit mit anderen Kindern fast überhaupt nicht zusammen. Wenn er sich an Erwachsene anschließen wollte, wurde er von den Eltern mit dem Hinweis, daß Kinder nicht vorlaut sein dürften und nicht unter Erwachsene gehören, abgeschoben. So versäumte er frühzeitig das, was zum Zusammenleben mit den Mitmenschen gehört und das nur im steten Kontakt mit ihnen erlernt werden kann. Eine andere Folge war, daß er hinter seinen gleichaltrigen Kameraden immer um eine große Spanne zurückblieb und nicht mit ihnen Schritt halten konnte. So war es nicht zu verwundern, wenn er unter ihnen immer als der Dumme galt und bald eine ständige Zielscheibe für ihren Spott wurde. Dieser Umstand hinderte ihn auch, Freunde zu suchen oder zu finden.

Durch solche Begebenheiten wurde sein außerordentlich starkes Minderwertigkeitsgefühl auf das höchste gesteigert. Seine Erziehung wurde von einem gutmütigen, aber jähzornigen Vater (Militär) und einer schwachen, unverständigen, aber überaus herrschsüchtigen Mutter geleitet. Obwohl die Eltern immer wieder ihren guten Willen betonten, muß diese Erziehung als eine ziemlich strenge bezeichnet werden. Eine besondere Rolle spielte darin die Demütigung. Bezeichnend und auch als früheste Kindheitserinnerung festgehalten ist eine Begebenheit, bei der ihn die Mutter, als er noch drei Jahre alt war, eine halbe Stunde lang auf Erbsen knien ließ. Der Grund hierfür war eine Unfolgsamkeit, deren Ursache – was die Mutter sehr wohl wußte, weil das Kind den Grund äußerte – die war, daß er aus Furcht vor einem Reiter eine Besorgung für die Mutter verweigert hatte. Geprügelt wurde er eigentlich selten. Kam es aber einmal vor, so geschah es immer mit einer mehrstriemigen Hundepeitsche und nie, ohne daß er nachträglich um Verzeihung bitten und dabei sagen mußte, warum er geprügelt worden sei. »Das Kind soll wissen«, sagte der Vater immer, »was es angestellt hat.« Und da trug es sich auch einmal zu, daß er ungerechterweise Prügel bekam, und als er nachher nichts sagen konnte, warum er geprügelt worden war, nochmals, und zwar so lange geprügelt wurde, bis er irgendeine Untat eingestand.

So war schon frühzeitig eine kämpferische Stimmung zwischen Eltern und Kind vorhanden. Das Minderwertigkeitsgefühl des Kindes hatte derartige Dimensionen angenommen, daß es ein Gefühl des Obenseins überhaupt nicht kannte. Sein Leben, in der Schule wie zu Hause, war eine fast ununterbrochene Kette von größeren oder geringeren Beschämungen. Selbst der kleinste Sieg – in seinem Sinne – war ihm versagt. In der Schule, auch als er noch 18 Jahre alt war, war er immer derjenige, der nur ausgelacht wurde. Einmal geschah dies sogar von seiten eines Lehrers, der eine schlechte Arbeit einmal vor allen anderen vorlas und mit scharfen Bemerkungen verspottete.

Solche Begebenheiten drängten ihn immer mehr in die Isolierung hinein und er begann allmählich sich auch selbst geflissentlich von allen Anderen zurückzuziehen. Im Kampf mit den Eltern verfiel er auf ein zwar wirksames, aber doch für ihn folgenschweres Kampfmittel, er verzichtete auf die Sprache. Dadurch begab er sich des wichtigsten Anknüpfungsmittels für den Anschluß an die Umwelt. Er konnte bald mit niemand mehr ins Gespräch kommen. Er war völlig einsam geworden. Von niemand verstanden, sprach er mit niemand, vor allem nicht mit den Eltern und wurde auch von niemand mehr angesprochen. Alle Versuche, ihn mit andern zusammenzubringen, scheiterten. Es scheiterten aber späterhin – überaus schwer von ihm empfunden – alle Versuche, Liebesbeziehungen anzuknüpfen.

In dieser Weise ging sein Leben weiter bis zu seinem 28. Lebensjahr. Das tiefe Minderwertigkeitsgefühl, von dem sein Gemüt durchdrungen war, hatte zur Folge, daß ein Ehrgeiz ohnegleichen, ein unbändiges Streben nach Geltung und Überlegenheit ihn nicht zur Ruhe kommen ließ und sein Gemeinschaftsgefühl in unerhörter Weise drosselte. Je weniger er sprach, um so bewegter ging es in seinem Seelenleben zu, das Tag und Nacht mit Träumen und Siegen und Triumphen aller Art erfüllt war.

Und so träumte er eines Nachts den oben wiedergegebenen Traum, in dem sich deutlich die Bewegung wiederspiegelt, die Linie, auf der sich sein Seelenleben abspielte.

Zum Schluß noch einen von Cicero erzählten Traum, einen der berühmtesten prophetischen Träume:

Der Dichter Simonides, der einst den Leichnam irgendeines Unbekannten unbeachtet am Straßenrande angetroffen und für seine anständige Bestattung gesorgt hatte, wurde, als er später im Begriffe war, eine Schiffsreise zu unternehmen, von dem dankbaren Toten im Traume gewarnt: wenn er führe, würde er durch Schiffbruch umkommen. Er fuhr nicht, und alle, die fuhren, kamen um. (Siehe Enne Nielsen, Das Unerkannte auf seinem Weg durch die Jahrtausende, Ebenhausen b. München, Verlag Langewiesche-Brandt.) Wie berichtet wird, soll dieses Ereignis im Zusammenhang mit dem Traum auf Jahrhunderte hinaus ungeheures Aufsehen und einen tiefen Eindruck auf die Menschen gemacht haben.

Wenn wir zu diesem Vorfall Stellung nehmen, müssen wir vor allem festhalten, daß in jener Zeit wohl sehr oft Schiffe untergegangen sind, ferner aber auch, vielleicht wegen dieses Umstandes, daß es damals wohl sehr vielen Menschen geträumt haben mag, sie sollen von einer Reise Abstand nehmen, und daß unter diesen vielen Träumen eben dieser ein solches Zusammenfallen von Traum und Wirklichkeit darstellt, daß er infolge dieser Besonderheit der Nachtwelt erhalten blieb. Es ist begreiflich, daß Menschen, die eine Neigung haben, geheimnisvollen Zusammenhängen nachzuspüren, für solche Erzählungen ein besonderes Faible haben, während wir nüchtern den Traum dahin auslegen: Unser Dichter hat in der Sorge um sein leibliches Wohlergehen wohl nie besondere Lust gezeigt, die Reise zu machen und als die Entscheidungsstunde nahte, griff er zu einer *Verstärkung.* Er ließ sich gleichsam den Toten kommen, der sich ihm nun dankbar erweisen sollte. Daß er jetzt nicht fuhr, ist selbstverständlich. Und wäre dieses Schiff nicht untergegangen, dann hätte die Welt von der ganzen Geschichte wahrscheinlich nie etwas erfahren. Denn wir erfahren nur Dinge, die unser Gehirn in Unruhe versetzen, die uns nahelegen sollen, daß zwischen Himmel und Erde mehr Weisheit verborgen ist, als wir uns träumen lassen. Das Prophetische im Traum ist insofern verständlich, weil beides, Traum und Wirklichkeit, die gleiche Stellungnahme eines Menschen beinhalten.

Zu denken gibt uns noch der Umstand, daß nicht alle Träume so einfach zu verstehen sind, eigentlich die wenigsten. Entweder wir vergessen den Traum sofort, oder, wenn er einen bestimmten Eindruck hinterläßt, verstehen wir gewöhnlich nicht, was dahintersteckt, es sei denn, daß wir zufällig Traumdeutung erlernt haben. Auch für diese Träume gilt das oben Gesagte, daß der Traum gleichnisweise, symbolisch die Bewegungslinie eines Menschen wiedergibt. Die Hauptbedeutung eines Gleichnisses ist die, daß es uns in eine Situation hineinführt, in der wir stark mitschwingen. Ist man mit der Lösung eines Problems beschäftigt und neigt die Persönlichkeit nach einer bestimmten Richtung, dann sucht man erfahrungsgemäß nach einem *Schwung.* Da ist nun der Traum überaus geeignet, den Affekt, die Verve, die man zur Lösung eines Problems in einem bestimmten Sinne braucht, zu verstärken. Es ändert an dieser Tatsache nichts, daß der Träumer diesen Zusammenhang nicht versteht. Es genügt, daß er das Material und den Schwung hat. In irgendeiner Weise wird dann der Traum die Spur bezeichnen, in der sich die Gedankentätigkeit des Träumers abdrückt, er wird also die Bewegungslinie des Träumers andeuten. Es ist wie der Rauch, der anzeigt, daß irgendwo ein Feuer brennt. Ein erfahrener Mensch wird aus dem Rauch sogar Schlüsse auf das Holz ziehen können, das brennt.

Zusammenfassend können wir somit sagen, daß der Traum eines Menschen anzeigt, daß der Träumer mit einem Problem des Lebens beschäftigt ist, sowie, in welcher Weise er dazu Stellung nimmt. Insbesondere werden sich auch im Traum jene beiden Faktoren geltend machen und sich wenigstens in Spuren erkennen lassen, die den Träumer auch in der Wirklichkeit bei seiner Stellungnahme zur Umwelt beeinflussen: das Gemeinschaftsgefühl und sein Streben nach Macht.

6. Begabung

Von den seelischen Erscheinungen, die uns die Möglichkeit geben, Schlüsse über das Wesen eines Menschen zu ziehen und Urteile darüber abzugeben, haben wir bisher eine außer acht gelassen, die in das Gebiet des menschlichen Denkens fällt, die sein Erkenntnisvermögen betreffen. Wir haben wenig Wert darauf gelegt, was ein Mensch von sich denkt oder aussagt, in der Überzeugung, daß jeder fehlgehen kann und jeder sich durch mannigfache Interessen und Erwägungen egoistischer, moralischer Natur u. dgl. bewogen fühlt, sein seelisches Bild dem andern gegenüber zu retuschieren. Trotzdem ist es uns erlaubt und möglich, auch aus gewissen Denkvorgängen und deren sprachlichem Ausdruck, wenn auch in beschränktem Ausmaß, Schlüsse zu ziehen. Wir können, wenn wir uns ein Urteil über einen Menschen machen wollen, das Gebiet des Denkens und Sprechens von unserer Betrachtung nicht ausschließen.

Nun gibt es über die Urteilsfähigkeit eines Menschen – man pflegt sie allgemein mit *»Begabung«* zu bezeichnen – eine Unzahl von Beobachtungen, Auseinandersetzungen, Prüfungen, die insbesondere von Versuchen her bekannt sind, die Intelligenz von Kindern und Erwachsenen festzustellen. Ich meine die *Begabtenprüfungen.* Bisher sind diesen Prüfungen Erfolge versagt geblieben. Denn wenn sich eine Anzahl von Schülern dazu meldet, so erfährt man als Ergebnis regelmäßig das, was der Lehrer auch ohne Prüfung bereits festgestellt hat, welcher Umstand anfangs von den Experimentalpsychologen mit besonderem Stolz aufgenommen wurde, obwohl damit eigentlich zutage trat, daß diese Prüfungen bis zu einem gewissen Grade überflüssig sind. Ein anderes Bedenken gegen die Vornahme dieser Prüfungen ist ferner der Umstand, daß sich die Denk- und Urteilsfähigkeit der Kinder nicht gleichmäßig entwickelt, so daß bei manchen Kindern, bei denen die Begabtenprüfung ein schlechtes Ergebnis hatte, nach einigen Jahren die Begabung plötzlich eine überaus gute Entwicklung zeigte. Ein weiteres Moment ist, daß Großstadtkinder oder Kinder aus gewissen Kreisen, die ein breiteres Leben führen, durch ihre Schlagfertigkeit, die bloß einer gewissen Übung entspringt, eine größere Begabung vortäuschen und dadurch andere Kinder in den Schatten stellen, die nicht über einen solchen Fond von Vorbereitungen verfügen. Es ist bekannt, daß bürgerliche Kinder in der Regel mit acht bis zehn Jahren über eine größere Schlagfertigkeit verfügen als proletarische. Das spricht aber nicht für eine größere Begabung der ersteren, sondern die Ursache liegt allein in der Vorgeschichte.

Man ist somit mit den Begabtenprüfungen nicht weit gekommen, besonders wenn man die traurigen Resultate ins Auge faßt, die sich in Berlin und Hamburg gezeigt haben, wo jene Kinder, die bei der Begabtenprüfung gut entsprochen hatten, später in auffallend großer Zahl versagten. Diese Erscheinung spricht dafür, daß man in der Begabtenprüfung keine sichere Gewähr für eine gute Entwicklung des Kindes hat. Hingegen haben sich die individualpsychologischen Untersuchungen weit besser bewährt, weil sie nicht nur darauf ausgehen, einen Entwicklungsstandpunkt festzustellen, sondern auch seine Gründe, die Ursachen zu erfassen, wenn nötig, Mittel zur Abhilfe in die Hand zu geben, und weil die Individualpsychologie die Denk- und Urteilsfähigkeit des Kindes nicht aus seinem Seelenleben herauslöst, sondern sie im Zusammenhang damit betrachtet.

SIEBTES KAPITEL

Das Verhältnis der Geschlechter

1. *Arbeitsteilung und Zweigeschlechtlichkeit*

Aus den bisherigen Ausführungen geht hervor, daß im Seelischen zwei Richtlinien vorwalten, die alles psychische Geschehen beeinflussen und bewirken, daß der Mensch bei der Herstellung und Sicherung seiner Lebensbedingungen, bei der Erfüllung der drei Hauptaufgaben des Lebens (Liebe, Beruf und Gesellschaft) sowohl sein Gemeinschaftsgefühl betätigt, als auch sein Geltungsstreben, sein Streben nach Macht und Überlegenheit durchsetzen kann. Wir werden uns daran gewöhnen müssen, jede wie immer geartete seelische Erscheinung darnach zu beurteilen, in welchem Quantitäts- und Qualitätsverhältnis diese beiden Faktoren zueinander stehen und, wenn wir dem Verständnis der Seele näherkommen wollen, regelmäßig daraufhin zu untersuchen. Denn das Vorhandensein dieser Faktoren bedingt es, inwiefern ein Mensch imstande ist, die Logik des menschlichen Zusammenlebens zu erfassen und sich in die durch dieselbe erzwungene Arbeitsteilung einzufügen.

Die *Arbeitsteilung* ist ein unumgänglich notwendiger Faktor zur Erhaltung der menschlichen Gesellschaft. Sie bringt es mit sich, daß jeder seinen Platz an irgendeiner Stelle ausfüllen muß. Nimmt einer an dieser Forderung nicht teil, so verneint er die Erhaltung des gemeinschaftlichen Lebens, des Menschengeschlechtes überhaupt, er fällt aus seiner Rolle als Mitmensch heraus und wird ein Störenfried. In leichteren Fällen sprechen wir dann von Unarten, Unfug, Eigenbrödelei, in schwierigeren von Sonderlingsart, Verwahrlosung und später von Verbrechen. Die Verurteilung solcher Erscheinungen stammt ausschließlich aus ihrem Abstand, aus ihrer Unverträglichkeit mit den Forderungen des gemeinschaftlichen Lebens. Daher ist es die Art, wie ein Mensch die Stelle, die ihm in der Arbeitsteilung der Gemeinschaft zugewiesen ist, ausfüllt, die seinen Wert ausmacht. Er wird durch die Bejahung des gemeinschaftlichen Lebens für die andern bedeutsam und eines der Glieder einer tausendfältigen Kette, auf der der Bestand menschlichen Lebens beruht, die wir uns nicht in größerer Zahl wegdenken können, ohne daß das gesellschaftliche Leben zusammenfällt. Die Fähigkeiten des Einzelnen sind es, die ihm seine Stelle im Gesamtproduktionsprozeß der menschlichen Gesellschaft anweisen. Allerdings ist hier mancher Wirrwarr hineingekommen, indem Machtstreben, Herrschergelüste und allerhand andere Irrtümer ein Aufgehen in dieser Arbeitsteilung gestört oder verhindert und falsche Grundlagen für die Beurteilung von Menschenwert aufgestellt haben, oder weil der Einzelne sich für die Stelle, an der er sich befindet, aus irgendwelchen Gründen nicht eignet. Oder die Schwierigkeiten sind aus den Machtgelüsten, dem falschen Ehrgeiz Einzelner entstanden, die diese Art des menschlichen Zusammenlebens und Zusammenarbeitens im eigenen, egoistischen Interesse verhindern. Andere Verwicklungen haben ihre Ursache in der Klassenschichtung der Gesellschaft, indem entweder persönliche Macht und ökonomische Interessen die Verteilung des Arbeitsgebietes beeinflussen, so daß genußvollere Stellungen, die mehr Macht verleihen, an bestimmte Gesellschaftsgruppen gelangen, während andere davon ausgeschlossen sind. Die Erkenntnis der ungeheuren Rolle, die das Streben nach Macht in diesen Erscheinungen spielt, läßt uns verstehen, warum der Prozeß der Arbeitsteilung nie glatt vor sich gegangen ist. Es war die Gewalt, die ununterbrochen eingegriffen hat, um die Arbeit für die einen zu einer Art Privilegium, für die andern zu einer Art Unterdrükkung auszugestalten.

Eine solche Arbeitsteilung nun ist auch durch die *Zweigeschlechtlichkeit* der Menschen gegeben. Sie schließt von vornherein einen Teil, die Frau, zufolge ihrer Körperbeschaffenheit von bestimmten Leistungen aus, während es anderseits gewisse Arbeiten gibt, die man Männern nicht zuweist, weil sie ihnen ihrer besseren Verwendbarkeit wegen nicht eigentlich gelegen sind. Diese Arbeitsteilung wäre nach einem ganz unvoreingenommenen Maßstab durchzuführen und, soweit die Frauenbewegung in der Hitze des Gefechtes den Bogen nicht überspannt, hat sie auch die Logik dieses Gesichtspunktes in sich aufgenommen. Sie ist weit davon entfernt, die Frau zu entweiblichen oder die natürlichen Beziehungen von Mann und Frau zu den für sie geeigneten Arbeitsgelegenheiten zu zerstören. Im Lauf der menschlichen Entwicklung hat sich die Arbeitsteilung so gestaltet, daß die Frau einen Teil jener Arbeiten übernimmt, die sonst auch den Mann beschäftigen würden, wofür letzterer wieder in der Lage ist, seine Kräfte nutzbarer zu verwerten. Diese Arbeitsteilung kann nicht unvernünftig genannt werden, solange dadurch nicht Arbeitskräfte brachgelegt sind und mit geistigen und körperlichen Kräften Mißbrauch getrieben wird.

2. Der Vorrang des Mannes in der heutigen Kultur

Durch die Entwicklung der Kultur in der Richtung des Machtstrebens, insbesondere durch die Anstrengungen gewisser Einzelpersonen oder Schichten, die sich Privilegien sichern wollten, ist die Arbeitsteilung in besondere Bahnen gelenkt worden, die heute noch vorherrschen und bewirken, daß die menschliche Kultur durch die überragende Bedeutung des Mannes charakterisiert ist. Die Arbeitsteilung ist von der Art, daß der privilegierten Gruppe, den Männern, Vorrechte gesichert sind und daß diese infolge ihrer Vormachtstellung auf die Stellung der Frau in der Arbeitsteilung im Produktionsprozeß in ihrem Sinne, zu ihrem Vorteil Einfluß nehmen, indem sie ihr den Kreis ihres Lebens vorzeichnen und in der Lage sind, die ihnen genehmen Formen des Lebens durchzusetzen, Formen des Lebens für die Frau zu bestimmen, die in erster Linie diesem männlichen Gesichtspunkt gehorchen.

Wie die Dinge bis jetzt liegen, besteht ein fortwährendes Streben nach Überlegenheit über die Frau auf Seite des Mannes und dementsprechend eine stete Unzufriedenheit mit den männlichen Privilegien auf Seite der Frau. Bei der engen Zusammengehörigkeit beider Geschlechter ist es begreiflich, daß eine derartige Spannung, eine stete Erschütterung ihrer psychischen Harmonie zu weitgehenden Störungen führt, woraus eine allgemeine Psyche resultiert, die von beiden Teilen des Menschengeschlechtes als außerordentlich qualvoll empfunden werden muß.

Alle unsere Einrichtungen, traditionellen Festlegungen, Gesetze, Sitten und Gebräuche geben Zeugnis von der privilegierten Stellung des Mannes, nach der sie gerichtet und von der sie festgehalten sind. Sie dringen bis in die Kinderstube und nehmen ungeheuren Einfluß auf die kindliche Seele. Wir können wohl das Verständnis des Kindes für diese Zusammenhänge nicht hoch anschlagen, müssen aber seinen Gefühlsinhalt als außerordentlich tief fundiert empfinden. Und wenn Erscheinungen, wie z. B. der Fall eines Knaben, der das Ansinnen, Mädchenkleider anzulegen, mit heftigen Wutanfällen beantwortete, zutage treten, haben wir Grund genug, diesen Zusammenhängen nachzugehen. Dies führt uns wieder von einer andern Seite zur Betrachtung des Strebens nach Macht.

Hat das Geltungsstreben des Knaben einen bestimmten Grad erreicht, so wird es mit Vorliebe jenen Weg nehmen, der dem Knaben durch die Privilegien der Männlichkeit, die er überall wahrnimmt, gewährleistet erscheinen. Es wurde bereits erwähnt, daß gerade die heutige Familienerziehung nur zu geeignet ist, das Streben nach Macht und damit die Neigung, männliche Privilegien höher zu schätzen und ebenfalls anzustreben, zu fördern. Denn meist ist es der Mann, der Vater, der dem Kind als Symbol der Macht entgegentritt. Er erregt mit seinem rätselhaften Kommen und Gehen viel mehr das Interesse des Kindes als die Mutter. Sehr bald merkt es die überragende Rolle, die der Vater innehat, der den Ton angibt, Anordnungen trifft, alles leitet; es sieht, wie sich alle seinen Befehlen unterwerfen und wie sich die Mutter stets auf ihn beruft. In jeder Hinsicht erscheint der Mann dem Kind als der Starke und Mächtige. Es gibt Kinder, denen der Vater so sehr maßgebend erscheint, daß sie glauben, alles müsse heilig sein, was er sagt, und die zur Bekräftigung ihrer Behauptungen oft nur erwidern, der Vater habe es gesagt. Selbst wo der väterliche Einfluß nicht so deutlich hervortritt, werden Kinder den Eindruck von der väterlichen Überlegenheit bekommen, weil ja doch die ganze Last der Familie auf dem Vater zu ruhen scheint, während in Wirklichkeit erst die Arbeitsteilung dem Vater die Möglichkeit gibt, seine Kräfte besser zu verwerten

Hinsichtlich des historischen Ursprunges der männlichen Vormachtstellung muß darauf hingewiesen werden, daß dieselbe nicht als eine natürliche Tatsache in Erscheinung getreten ist. Darauf deutet schon der Umstand hin, daß erst eine Anzahl von Gesetzen geschaffen werden mußten, um die Herrschaft des Mannes sicherzustellen. Das weist gleichzeitig darauf hin, daß es vor der gesetzlichen Festlegung der männlichen Vormachtstellung andere Zeiten gegeben haben muß, in der das männliche Privileg keine so sichere Sache war. Diese Zeit ist in der Tat historisch nachgewiesen. Es war die Zeit des *Mutterrechtes,* die Zeit, wo es die Mutter war, die Frau, die im Leben die bedeutendere Rolle gespielt hat, vor allem dem Kind gegenüber, dem alle Männer des Stammes in einer Art Verpflichtung gegenüberstanden. Darauf weisen heute noch gewisse Sitten und Gebräuche hin, wie z. B. die scherzhafte Übung, dem Kind gegenüber jeden Mann als Onkel oder Vetter zu bezeichnen. Dem Übergang vom Mutter- zum Vaterrecht ist ein gewaltiger Kampf vorausgegangen, der beweist, daß der Mann die Vorrechte, die er heute gern als ihm von Natur aus zukommend bezeichnet, durchaus nicht von Anfang an besessen hat[1], sondern darum kämpfen mußte. Der Sieg des Mannes war gleichbedeutend mit der Unterjochung der Frau und es sind besonders die Einzeichnungen im Werdegang der Gesetzgebung, die von diesem Unterjochungsprozeß ein beredtes Zeugnis ablegen.

Eine natürliche Angelegenheit ist demnach die männliche Vormachtstellung nicht gewesen. Es sind Anzeichen vorhanden, daß sie sich erst im Verlauf fortwährender Kämpfe mit den Nachbarvölkern als notwen-

1. Eine gute ausführliche Schilderung dieses Entwicklungsganges findet sich bei August Bebel, Die Frau und der Sozialismus.

dig herausstellte, in denen dem Mann eine bedeutende Rolle zufiel, die er schließlich dazu benutzte, um die Führung endgültig an sich zu reißen. Hand in Hand mit dieser Entwicklung ging die Entwicklung des *Privateigentums* und des Erbrechtes, die insofern zu einer Grundlage der männlichen Vormachtstellung ausgebaut wurden, als in der Regel der Mann der erwerbende und besitzende Teil ist.

Für das heranwachsende Kind ist es nicht nötig, Bücher über dieses Thema zu lesen. Auch wenn es nichts von diesen Dingen weiß, spürt es die Wirkung der Tatsache, daß der Mann der erwerbende und bevorrechtete Teil ist, auch wenn einsichtige Väter und Mütter gern bereit sind, auf die aus alter Zeit überlieferten Privilegien zugunsten einer Gleichberechtigung zu verzichten. Es ist überaus schwer, dem Kind klarzumachen, daß die Mutter, die die häuslichen Leistungen vollzieht, ein dem Mann gleichberechtigter Partner sei. Man stelle sich vor, was es für einen Knaben bedeutet, wenn ihm von seinem ersten Tage angefangen, überall der Vorrang des Mannes vor Augen tritt. Schon bei der Geburt wird er viel freudiger aufgenommen als ein Mädchen und als Prinz gefeiert. Es ist eine allbekannte und allzuhäufige Erscheinung, daß Eltern sich lieber wünschen, Knaben zu bekommen. Der Knabe bekommt es auf Schritt und Tritt zu spüren, wie er als männlicher Sproß bevorzugt und in seinem Wert höher angesetzt wird. Verschiedene an ihn gerichtete oder gelegentlich von ihm aufgefangene Worte legen ihm immer wieder die größere Wichtigkeit der männlichen Rolle nahe. Die Überlegenheit des männlichen Prinzips tritt ihm auch in der Form entgegen, daß die weiblichen Hausgenossen zu den geringer geschätzten Arbeiten verwendet werden und daß schließlich auch Frauen aus der Umgebung des Kindes nicht immer in der Überzeugtheit von ihrer Gleichwertigkeit mit dem Manne dahinleben. Sie spielen meist eine als untergeordnet und minderwertig hingestellte Rolle. Die für die Frau so wichtige Frage, die sie vor jeder Ehe an den Mann zu stellen hätte: wie stellst du dich zum überragenden männlichen Prinzip in der Kultur, insbesondere im Rahmen der Familie? wird meist während des ganzen Lebens nicht entschieden. Die Folge ist im einen Fall ein stärkerer Ausdruck für das Streben nach Gleichstellung mit dem Mann, in anderen Fällen eine Art Resignation in verschiedener Stärke. Auf der andern Seite steht der Mann, der Vater, der selbst als Knabe in der Überzeugtheit aufgewachsen ist, daß er als Mann die wichtigere Rolle zu spielen hat, und in dieser Überzeugtheit eine Art Verpflichtung empfindet, derzufolge er die an ihn herantretenden Fragen des Lebens und der Gemeinschaft immer zugunsten des männlichen Privilegs beantwortet.

Alle die Situationen, die sich aus diesem Verhältnis ergeben, erlebt das Kind mit. Ihm ergeben sich daraus über die Wesenheit der Frau eine Unzahl von Bildern und Ansichten, bei denen im allgemeinen die Frau schlecht abschneidet. Die seelische Entwicklung des Knaben bekommt auf diese Weise einen männlichen Einschlag. Was er in seinem Streben nach Macht als anstrebenswertes Ziel empfinden kann, sind fast ausnahmslos männliche Eigenschaften und Stellungnahmen. Aus den geschilderten Machtverhältnissen erwächst eine Art männlicher Tugend, die selbst ganz auf diesen Ursprung hinweist. Gewisse Charakterzüge gelten als »männlich«, andere als »weiblich«, ohne daß irgendwelche Grundtatsachen zu diesen Wertungen berechtigen. Denn wenn wir den Seelenzustand von Knaben und Mädchen vergleichen und dabei scheinbar eine Bestätigung zugunsten dieser Klassifizierung finden, können wir nicht von natürlichen Tatsachen sprechen, sondern diese Erscheinungen konstatieren wir bei Menschen, die schon in einem bestimmten Rahmen eingespannt sind, deren Lebensplan, deren Leitlinie durch einseitige Machturteile bereits eingeengt ist. Diese Machtverhältnisse haben ihnen den Platz, auf dem sie ihre Entwicklung zu suchen haben, in zwingender Weise zugewiesen. Die Unterscheidung von männlichen und weiblichen Charakterzügen ist also nicht gerechtfertigt. Wir werden sehen, wie beiderlei Züge den Forderungen des Machtstrebens genügen können, daß man auch mit »weiblichen« Mitteln, z. B. mit Gehorsam und Unterwerfung, Macht auszuüben imstande ist. Durch die Vorteile, deren sich ein gehorsames Kind erfreut, kann es unter Umständen viel stärker in den

Vordergrund rücken als ein ungehorsames, obwohl in beiden Fällen das Streben nach Macht am Werke ist. Unsere Einsicht in das Seelenleben eines Menschen ist oft dadurch erschwert, daß das Machtstreben zu den verschiedensten Charakterzügen greift, um sich durchzusetzen.

Wird der Knabe älter, so wird ihm die Bedeutung seiner Männlichkeit fast zur Pflicht gemacht. Sein Ehrgeiz, sein Streben nach Macht und Überlegenheit verbindet sich vollends, wird geradezu identisch mit der Verpflichtung zur Männlichkeit. Vielen der Kinder, die nach Macht streben, genügt es nicht, das Bewußtsein der Männlichkeit bloß in sich zu tragen, sie wollen auch immer zeigen und beweisen, daß sie Männer sind und daher Privilegien haben müssen, indem sie sich einerseits immer auszuzeichnen versuchen und dabei ihre männlichen Charakterzüge übertreiben, anderseits der weiblichen Umgebung gegenüber nach der Art aller Tyrannen versuchen, je nach dem Grad der Widerstände, auf sie zu stoßen, ihre Überlegenheit darzutun, entweder durch Trotz oder wilde Empörung, oder durch listige Verschlagenheit.

Da jeder Mensch an dem idealen Maß der privilegierten Männlichkeit gemessen wird, ist es kein Wunder, daß man den Knaben dieses Maß immer vorhält und daß er sich schließlich selbst daran mißt, sich immer fragt und beobachtet, ob sein Lebensgang auch immer männlich, ob er selbst schon genügend männlich sei u. dgl. Was alles heutzutage unter »männlich« vorgestellt wird, ist bekannt. Vor allem etwas rein Egoistisches, etwas, was die Eigenliebe befriedigt, also Überlegenheit, das Hervorragen über andere, all dies unter Zuhilfenahme von aktiv scheinenden Charakterzügen, wie Mut, Stärke, Stolz, Erringung von Siegen aller Art, besonders über Frauen, Erlangung von Ämtern, Würden und Titeln, der Hang, sich gegen »weibliche« Regungen abzuhärten u. dgl. mehr. Es ist ein fortwährendes Ringen um die persönliche Überlegenheit, weil es als männlich gilt, überlegen zu sein.

Auf diese Weise wird der Knabe Züge annehmen, für die er die Vorbilder natürlich nur bei erwachsenen Männern, vor allem beim Vater, entlehnen kann. Überall kann man die Spuren dieses künstlich gezüchteten

Größenwahns verfolgen. Der Knabe wird frühzeitig verleitet darauf auszugehen, sich Übermaß an Macht und Privilegien zu sichern. Diese bedeuten ihm soviel wie »Männlichkeit«. Sie artet in schlimmen Fällen oft zu den bekannten Erscheinungen von Roheit und Brutalität aus.

Die Vorteile, die männliches Wesen vielfach bieten, bedeuten eine große Verlockung. Es darf uns nicht wundernehmen, wenn wir auch bei Mädchen häufig finden, daß sie als Leitlinie ein männliches Ideal in sich tragen, entweder als eine unerfüllbare Sehnsucht oder als Maßstab für die Beurteilung ihres Verhaltens, oder als eine Art und Weise aufzutreten und zu wirken (»In der Kultur wird jede Frau ein Mann sein wollen«). Dazu gehören jene Mädchen, die in unbezähmbarem Drang gerade solche Spiele und Betätigungen bevorzugen, die der körperlichen Eignung nach eher für Knaben taugen würden. So klettern sie z. B. auf alle Bäume hinauf, treiben sich gern in Knabengesellschaft herum und lehnen alle weiblichen Arbeiten wie eine Schande ab. Überhaupt finden sie nur in männlicher Betätigung Befriedigung. Alle diese Erscheinungen sind als von der Bevorzugung der Männlichkeit ausgehend zu verstehen. Wir sehen hier deutlich, wie das Ringen um eine hervorragende Position, wie das Streben nach Überlegenheit sich mehr auf den Schein erstreckt als auf die Wirklichkeit und auf die tatsächliche Stellung im Leben.

3. Das Vorurteil von der Minderwertigkeit der Frau

Zur Rechtfertigung seiner Vormachtstellung wird von seiten des Mannes außer dem Argument, daß ihm seine Stellung schon von Natur aus zukomme, meist noch angeführt, daß die Frau ein minderwertiges Wesen sei. Die Ansicht von der Minderwertigkeit der Frau ist so weit verbreitet, daß es den Anschein hat, als wäre sie Gemeingut aller Menschen. Hand in Hand damit geht eine gewisse Unruhe des Mannes, die noch aus der Zeit des Kampfes gegen das Mutterrecht herrühren dürfte, wo ja die Frau tatsächlich ein Moment der Beunruhigung für den Mann darstellte. Wir stoßen nämlich in Geschichte und Literatur jeden Augenblick auf Hinweise dieser Art. So sagt ein römischer Schriftsteller: »mulier est hominis confusio«. Auf geistlichen Konzilien wurde lebhaft die Frage besprochen, ob die Frau eine Seele habe, es wurden gelehrte Abhandlungen über die Frage geschrieben, ob sie überhaupt ein Mensch sei. Die jahrhundertelange Dauer des Hexenwahns mit seinen Hexenverbrennungen legen ein trauriges Zeugnis ab von den Irrtümern, von der gewaltigen Unsicherheit und Verwirrung jener Zeit in dieser Frage. Oft wird die Frau als Ursache alles Unheils in der Welt hingestellt, so in der biblischen Darstellung der Erbsünde oder in der Iliade Homers, in der erzählt wird, wie das Wesen einer Frau genügt hat, um ganze Völker ins Unglück zu stürzen. Sagen und Märchen aller Zeiten enthalten Hinweise auf die moralische Minderwertigkeit der Frau, auf ihre Verworfenheit, Bosheit, Falschheit, Unbeständigkeit und Unverläßlichkeit. »Weiblicher Leichtsinn« wird sogar als Argument in Gesetzesbegründungen angeführt. Ebenso wird die Frau bezüglich ihrer Tüchtigkeit, ihrer Leistungsfähigkeit herabgesetzt. Redensarten, Anekdoten, Sprichwörter und Witze aller Völker sind voll herabsetzender Kritik der Frau, der Streitsucht, Unpünktlichkeit, Kleinlichkeit, Dummheit (Lange Röcke, kurzer Sinn) vorgeworfen wird. Ein ungeheurer Scharfsinn wird aufgebracht, um den Beweis der Minderwertigkeit des Weibes zu führen, und die Reihe dieser Menschen – man denke an Strindberg, Moebius, Schopenhauer, Weininger – wird sogar durch eine nicht unbeträchtliche Anzahl von Frauen vermehrt, die in ihrer Resignation dazu gelangten, die Auffassung von der Minderwertigkeit der Frau und der ihr zukommenden untergeordneten Rolle zu teilen. Auch in der Bezahlung der Frauenarbeit, die, unbekümmert darum, ob sie mit Männerarbeit gleichwertig ist oder nicht, weit niedriger gehalten ist als Männerarbeit, kommt die Geringschätzung der Frau zum Ausdruck.

Bei der Vergleichung der Ergebnisse von Begabtenprüfungen hat man nun tatsächlich gefunden, daß für bestimmte Gegenstände, z. B. Mathematik, die Knaben mehr Begabung aufweisen, für andere, z. B. für Sprachen, die Mädchen. Es hat sich gezeigt, daß Knaben in der Tat für solche Gegenstände, die für Männerberufe vorbereiten sollen, mehr Begabung zeigen als Mädchen. Das spricht aber nur scheinbar für ihre größere Begabung. Betrachtet man die Situation der Mädchen genauer, so stellt sich heraus, daß die Geschichte von der geringeren Fähigkeit der Frau eine Fabel ist, eine Lüge, die wie eine Wahrheit aussieht.

Ein Mädchen bekommt auf Schritt und Tritt, sozusagen täglich, und in allen Variationen zu hören, daß Mädchen unfähig seien und nur zu leichteren, untergeordneten Arbeiten geeignet. Es ist nur naheliegend, daß ein Mädchen bei seinem kindlichen Unvermögen, solche Urteile auf ihre Richtigkeit zu prüfen, die weibliche Unfähigkeit als ein unabänderliches Schicksal der Frau betrachten und schließlich selbst an die eigene Unfähigkeit glauben wird. Entmutigt, bringt es dann solchen Fächern – wenn es überhaupt damit je zu tun bekommt – schon von vornherein nicht mehr das nötige Interesse entgegen oder verliert es. So fehlt ihr die äußere und innere Vorbereitung.

Unter solchen Umständen muß natürlich der Beweis der Unfähigkeit der Frau scheinbar stimmen. Dieser Irrtum hat zwei Ursachen. Er wird dadurch gefördert, daß man – vielfach auf einseitige, rein egoistische Beweggründe gestützt – den Wert des Menschen immer noch nach seinen, von einem geschäftlichen Standpunkt aus berechneten Leistungen beurteilt, von welchem Standpunkt aus man es freilich unterlassen kann, der Frage nachzugehen, inwiefern Leistungen und Leistungsfähigkeit mit seelischer Entwicklung zusammenhängen. Würde man derselben allgemein mehr Beachtung schenken, dann käme man auch der andern Hauptursache auf die Spur, welcher der Irrtum von der geringeren Leistungsfähigkeit der Frau sehr viel von seinem Dasein verdankt. Es wird vielfach übersehen, daß dem Mädchen seit seiner Kindheit die ganze Welt mit einem Vorurteil in den Ohren liegt, das nur geeignet ist, den Glauben an seinen Wert, sein Selbstvertrauen zu erschüttern und seine Hoffnung, je etwas Tüchtiges zu leisten, zu untergraben. Wenn es darin nichts als nur bestärkt wird, wenn es sieht, wie Frauen nur untergeordnete Rollen zugewiesen sind, dann ist es begreiflich, wenn es den Mut verliert, nicht mehr recht zugreifen will und schließlich vor den Aufgaben des Lebens zurückschreckt. Dann freilich ist sie untauglich und unbrauchbar. Wenn wir aber einem Menschen gegenübertreten und ihm den Respekt einzuflößen verstehen, der der Stimme der Gesamtheit zukommt, und wenn wir ihm alle Hoffnung absprechen, daß er es zu etwas bringen könne, wenn wir auf diese Weise seinen Mut untergraben und dann finden, daß er nichts leistet, dann dürfen wir nicht sagen, daß wir recht gehabt haben, sondern müssen eingestehen, daß wir das ganze Unglück verschuldet haben.

Leicht ist es also in unserer Kultur für ein Mädchen nicht, Selbstvertrauen und Mut zu bewahren. Übrigens hat sich bei den Begabtenprüfungen selbst die merkwürdige Tatsache herausgestellt, daß eine bestimmte Gruppe von Mädchen, solche im Alter von 14 bis 18 Jahren, eine Begabung aufwiesen, die jener aller andern Gruppen, auch der Knaben überlegen war. Nachforschungen ergaben, daß es lauter Mädchen aus Familien waren, wo auch die Frau, die Mutter, oder nur sie allein einen selbständigen Beruf hatte. Das bedeutet, daß diese Mädchen zu Hause in einer Situation waren, wo sie das Vorurteil von der geringeren Leistungsfähigkeit der Frau nicht oder nur in geringerem Grade zu spüren bekamen, weil sie insbesondere selbst sahen, wie sich die Mutter durch ihre Tüchtigkeit fortbrachte. Sie konnten sich demnach viel freier und selbständiger entwickeln, fast unbeeinflußt von allen Hemmungen, die mit diesem Vorurteil verknüpft sind.

Ein weiteres Argument gegen dieses Vorurteil ist die nicht geringe Zahl von Frauen, die auf den verschiedensten Gebieten besonders der Literatur, Kunst, Technik und Medizin Hervorragendes geleistet haben, die hier Leistungen erbracht haben, die denen von Männern völlig ebenbürtig gegenüberstehen. Übrigens ist die Zahl der Männer, die nicht nur keine Leistungen aufweisen, sondern einen hohen Grad von Unfähigkeit, so groß, daß man mit der gleichen Anzahl von Beweisen, natürlich mit demselben Unrecht, ein Vorurteil von der Minderwertigkeit der Männer vertreten könnte.

Eine von schweren Folgen begleitete Erscheinung ist der bereits erwähnte Umstand, daß dieses Vorurteil von der Minderwertigkeit alles Weiblichen zu einer eigenartigen Zweiteilung der Begriffe geführt hat, die sich in der Gepflogenheit äußert, die Begriffe von männlich – wertvoll – kräftig – siegreich einerseits, und die Begriffe weiblich – gehorsam – dienend – untergeordnet schlechthin zu identifizieren. Diese Denkungsweise hat sich so tief im menschlichen Denken verankert, daß in unserer Kultur alles Vortreffliche einen männlichen Anstrich hat, während alles weniger Wertvolle und Abzulehnende als weiblich hingestellt wird. Bekanntlich gibt es Männer, denen man keine ärgere Beleidigung zufügen kann als die, weibisch zu sein, während aber männliches Wesen bei Mädchen nichts Abträgliches bedeutet. Immer fällt der Akzent so, daß alles, was an das Weib erinnert, als minderwertig dargestellt wird.

Erscheinungen, die vielfach so deutlich für dieses Vorurteil sprechen, sind also bei näherer Betrachtung nichts als Auswirkungen einer gehemmten seelischen Entwicklung. Wir wollen nicht behaupten, daß wir aus jedem Kind einen Menschen machen können, der im Sinne der landläufigen Ansicht als »begabt«, als in hohem Grade leistungsfähig gelten kann, wir würden uns aber immer die Fähigkeit zutrauen, aus ihm einen solchen Menschen zu machen der als unbegabt gelten wird. Wir haben das allerdings noch nie getan, wir wissen aber, daß es anderen gelungen ist. Und daß ein solches Schicksal heutzutage Mädchen häufiger trifft als Knaben, läßt sich leicht denken. Wir haben Gelegenheit gehabt, solche »unbegabte« Kinder zu sehen, die eines Tages als so begabt auftraten, als ob sie geradezu aus unbegabten in begabte Kinder verwandelt worden wären.

4. Die Flucht vor der Frauenrolle

Die Vordringlichkeit des Mannes hat in die seelische Entwicklung der Frau eine schwere Störung gebracht, die eine fast allgemeine Unzufriedenheit derselben mit ihrer Rolle zur Folge hat. Das Seelenleben der Frau bewegt sich in den gleichen Bahnen und unter denselben Voraussetzungen wie das aller Menschen, die aus ihrer Position heraus ein starkes Minderwertigkeitsgefühl beziehen. Bei der seelischen Entwicklung der Frau kommt nun als erschwerendes Moment das Vorurteil ihrer vermeintlichen natürlichen Minderwertigkeit hinzu. Wenn dennoch eine große Zahl von Mädchen halbwegs einen Ausgleich finden, so verdanken sie das ihrer Charakterbildung, ihrer Intelligenz und eventuell noch gewissen Privilegien, die aber bloß zeigen, wie ein Fehler sofort andere im Gefolge hat. Solche Privilegien sind Enthebungen, Luxus, Galanterien, die wenigstens den Schein einer Bevorzugung haben, indem sie eine Hochachtung der Frau vortäuschen und schließlich gewisse Idealisierungen, die letzten Endes doch wieder darauf hinauslaufen, das Ideal einer Frau zu schaffen, das eigentlich zum Vorteil des Mannes geschaffen wurde. Eine Frau bemerkte einst treffend: Die Tugend der Frau ist eine gute Erfindung des Mannes.

Im Kampf gegen die Frauenrolle lassen sich im allgemeinen zwei Typen von Frauen unterscheiden. Der eine Typus wurde bereits gestreift. Es sind jene Mädchen, die sich nach einer aktiven, »männlichen« Richtung hin entwickeln. Sie werden außerordentlich energisch, ehrgeizig und ringen nach der Palme. Sie versuchen ihre Brüder und männlichen Kameraden zu übertreffen, wenden sich mit Vorliebe Beschäftigungen zu, die dem männlichen Geschlecht vorbehalten sind, betreiben allerhand Sport u. dgl. Oft wehren sie sich auch gegen die Beziehungen der Liebe und Ehe. Treten sie in eine solche Beziehung ein, dann stören sie dieselbe durch ihr Bestreben, auch hier immer der herrschende, jener Partner zu sein, der dem andern irgendwie überlegen ist. Gegen alle Angelegenheiten der Haushaltung bekunden sie eine ungeheure Abneigung, entweder direkt, indem sie dieselbe ganz offen aussprechen, oder indirekt, indem sie sich jedes Talent dazu absprechen und zuweilen auch den Beweis zu erbringen suchen, daß sie zu Arbeiten des Haushaltes nicht die Fähigkeit hätten.

Das ist der Typus, der mit einer Art Männlichkeit das Übel gutzumachen sucht. Die Abwehrstellung gegen die Frauenrolle ist ein Grundzug ihres ganzen Wesens. Zuweilen wendet man auf sie den Ausdruck »Mannweiber« an. Demselben liegt aber eine irrige Auffassung zugrunde, derzufolge manche annehmen, daß bei solchen Mädchen ein angeborener Faktor, eine männliche Substanz vorhanden sei, die sie zu einer derartigen Einstellung zwingt. Die ganze Kulturgeschichte zeigt uns aber, daß die Bedrückung der Frau und die Einschränkungen, denen sie heute noch unterworfen ist, für einen Menschen unerträglich sind und ihn zur Revolte drängen. Wenn dieselbe eine Richtung annimmt, die man als »männliche« empfindet, so hat das darin seinen Grund, daß es eben nur zwei Möglichkeiten gibt, sich in dieser Welt zurechtzufinden, entweder nach der ideal gefaßten Art einer Frau oder der eines Mannes. Jedes Herausrücken aus der Frauenrolle muß daher als männlich erscheinen und umgekehrt. Nicht aber deshalb, weil hier geheimnisvolle Substanzen eine Rolle spielen, sondern weil das räumlich und psychisch nicht anders möglich ist. Man muß daher die Schwierigkeiten im Auge behalten, unter denen sich die seelische Entwicklung von Mädchen vollzieht, so daß wir eine vollständige Versöhnung mit dem Leben, mit den Tatsachen unserer Kultur und den Formen unseres Zusammenlebens bei der Frau so lange nicht erwarten dürfen, als ihr nicht die Gleichberechtigung mit dem Mann gewährt ist.

Zum anderen Typus von Frauen gehören jene, die mit einer Art Resignation durchs Leben gehen und einen unglaublichen Grad von Anpassung, Gehorsam und Demut an den Tag legen. Sie fügen sich scheinbar überall ein, fassen auch überall an, legen aber dabei eine derartige Ungeschicklichkeit und Borniertheit an den Tag, daß sie nichts vorwärtsbringen und man Verdacht schöpfen muß. Oder sie produzieren nervöse Symptome, präsentieren so recht ihre Schwäche und Berücksichtigungswürdigkeit, wodurch sie gleichzeitig zeigen, wie eine solche Dressur, eine derartige Vergewaltigung in der Regel durch ein nervöses Leiden bestraft wird und für ein Leben in der Gesellschaft unfähig macht. Sie sind die besten Menschen von der Welt, aber leider krank und können den an sie gestellten Anforderungen nicht genügen. Die Zufriedenheit ihrer

Umgebung können sie auf die Dauer nicht gewinnen. Ihrer Unterwerfung, ihrer Demut und Selbsteinschränkung liegt dieselbe Revolte zugrunde, wie beim erstgenannten Typus, die deutlich zu sagen scheint: das ist doch kein freudvolles Leben.

Ein dritter Typus scheinen jene zu sein, die die Frauenrolle zwar nicht ablehnen, aber dennoch das quälende Bewußtsein in sich tragen, daß sie als minderwertige Wesen verurteilt seien, eine untergeordnete Rolle zu spielen. Sie sind völlig von der Minderwertigkeit der Frau überzeugt, sowie davon, daß nur der Mann allein zu tüchtigeren Leistungen berufen sei. Sie befürworten daher auch seine privilegierte Stellung. Damit verstärken sie den Chor der Stimmen, die nur dem Manne alle Leistungsfähigkeit zusprechen und eine Sonderstellung für ihn verlangen. Das Gefühl ihrer Schwäche zeigen sie so deutlich, als ob sie geradezu eine Anerkennung dafür suchen und eine Stütze verlangen wollten. Aber auch diese Haltung ist der Ausbruch der altvorbereiteten Revolte, der sich oft dadurch manifestiert, daß die Frau in der Ehe Aufgaben, die sie selbst vollführen sollte, ununterbrochen auf den Mann überwälzt mit dem freimütigen Bekenntnis, das könne nur ein Mann leisten.

Mit Rücksicht darauf, daß eine der wichtigsten und zugleich schwierigsten Aufgaben des Lebens, die Erziehung, trotz des vorherrschenden Vorurteils von der Minderwertigkeit der Frau, dennoch zum weitaus größten Teil der Frau überlassen ist, wollen wir uns auch ein Bild davon machen, wie diese Typen als Erzieher dastehen. Hierbei können wir die Unterschiede noch weiter ausgestalten. Der erste Typus mit seiner männlichen Einstellung zum Leben wird tyrannisch schalten und walten, mit lautem Geschrei mit ununterbrochenem Strafvollzug beschäftigt sein und auf diese Weise einen starken Druck auf die Kinder ausüben, dem sich diese natürlich zu entziehen trachten. Was dabei im besten Fall erreicht wird, ist höchstens eine Dressur, der keinerlei Wert zukommt. Der Eindruck bei den Kindern ist gewöhnlich der, daß sie solche Mütter doch eigentlich als unfähige Erzieher empfinden. Der Lärm, das große Gepolter und Getue wirkt überaus schlecht und es besteht die Gefahr, daß Mädchen zur Nachahmung angeeifert, Knaben dagegen mit dauerndem Schreck für ihr weiteres Leben erfüllt werden. Unter den Männern, die unter der Herrschaft einer solchen Mutter gestanden sind, finden sich auffällig viele, die der Frau in einem großen Bogen ausweichen, als ob sie mit Bitterkeit schon vorgeimpft wären und einem weiblichen Wesen keinerlei Vertrauen mehr entgegenbringen könnten. So kommt es zu einer dauernden Entzweiung zwischen den Geschlechtern, die wir dann schon deutlich als pathologisch empfinden, obwohl es auch dann noch welche gibt, die von einer »schlechten Verteilung männlicher und weiblicher Substanz« faseln.

Die beiden andern Typen sind als Erzieher ebenso unfruchtbar. Sie legen entweder eine so skeptische Art an den Tag, daß die Kinder dem Mangel an Selbstvertrauen bald auf die Spur kommen und der Mutter über den Kopf wachsen. Diese erneuert wohl immer wieder ihre Versuche, ermahnt fortwährend und droht zuweilen auch, sie werde es dem Vater sagen. Dadurch aber, daß sie immer nach dem männlichen Erzieher ausblickt, verrät sie wieder, daß sie an einen günstigen Erfolg ihrer erzieherischen Tätigkeit nicht glaubt. Und so hat sie auch in der Erziehung die Rückzugslinie im Auge, als ob es ihre Aufgabe wäre, ihren Standpunkt zu rechtfertigen, daß nämlich der Mann allein tüchtig und daher auch in der Erziehung unentbehrlich sei. Oder diese Frauen lehnen in dem Gefühl, nichts zu können, eine erzieherische Tätigkeit überhaupt ab und überwälzen so die Verantwortung dafür auf den Mann, auf Gouvernanten u. dgl.

Noch krasser tritt die Unzufriedenheit mit der Frauenrolle bei Mädchen hervor, die sich aus besonderen, »höheren« Gründen in der Weise vom Leben zurückziehen, daß sie z. B. in ein Kloster eintreten oder einen Beruf ergreifen, der mit dem Zölibat verbunden ist. Auch sie gehören zu jenen, die in ihrer Unversöhntheit mit der Frauenrolle eigentlich darangehen, die Vorbereitungen für ihren eigentlichen Beruf aufzugeben. Man kann auch finden, daß das Streben vieler Mädchen, recht bald in einen Beruf zu kommen, darin seine Ursache hat, daß ihnen die damit verbundene Selbständigkeit als ein Schutz dagegen erscheint, um nicht so leicht der Ehe überantwortet zu werden. Auch in dieser Stellungnahme erweist sich wieder die Abneigung gegen die traditionelle Art der Frauenrolle als treibender Faktor.

Selbst dort, wo es zu einer Ehe kommt, wo man daher meinen sollte, daß sie diese Rolle willig aufgenommen habe, zeigt es sich oft, daß eine Eheschließung durchaus nicht immer als ein Beweis für die Ausgesöhntheit mit der Frauenrolle gelten darf. Typisch ist hier das Beispiel einer jetzt ungefähr 36jährigen Frau. Sie erscheint mit Klagen über verschiedene nervöse Beschwerden. Sie war das ältere Kind aus einer Ehe zwischen einem alternden Mann und einer sehr herrschsüchtigen Frau. Schon der Umstand, daß die Mutter, ein sehr schönes Mädchen, einen alternden Mann genommen hatte, legt die Vermutung nahe, daß schon bei dieser Ehe Bedenken gegen die Frauenrolle mitgespielt und die Gattenwahl beeinflußt haben. Die Ehe der Eltern gestaltete sich nicht gut. Die Frau führte in schreiender Weise das Wort im Hause und setzte ihren Willen rücksichtslos durch. Der alte Mann war bei jeder Gelegenheit bald in die Ecke gedrängt. Die Tochter erzählt, wie ihre Mutter oft nicht einmal duldete, daß sich der Vater zuweilen auf einer Bank ausstreckte, um auszuruhen. Die Mutter war immer bestrebt, nach einem Prinzip, das sie sich zurechtgelegt hatte und das für alle als unverletzlich gelten mußte, ihr Hauswesen zu führen.

Unsere Patientin wuchs als ein sehr fähiges Kind heran, das vom Vater sehr verzärtelt wurde. Die Mutter hingegen war mit ihr nie zufrieden und stets ihre Gegnerin. Als später noch ein Knabe hinzukam, dem die Mutter mit viel mehr Neigung gegenüberstand, wurde das Verhältnis vollends unerträglich. Das Mädchen, in dem Bewußtsein, im Vater eine Stütze zu haben, der, so lässig und nachgiebig er sonst war, recht heftigen Widerstand leisten konnte, wenn es sich um seine Tochter handelte, gelangte in dem hartnäckigen Kampfe mit der Mutter geradezu zu Haßgedanken. Ein beliebtes Angriffsobjekt für das Mädchen war hierbei die Reinlichkeit der Mutter, die ihre Pedanterie so weit auf die Spitze trieb, daß sie z. B. nicht duldete, daß die Hausgehilfin eine Türschnalle berührte, ohne sie nachher abzuwischen. Dem Mädchen machte es einen Spaß, immer recht schmierig und schlampig umherzugehen und alles zu beschmutzen. Überhaupt entfaltete sie lauter Eigenschaften, die das gerade Gegenteil von denen waren, die die Mutter erwartete. Dieser Umstand spricht sehr deutlich gegen die Annahme der angeborenen Charaktereigenschaften. Wenn das Kind nur solche Eigenschaften entwickelt, über die sich die Mutter zu Tode ärgern muß, so kann nur ein bewußter oder unbewußter Plan zugrundeliegen. Der Kampf dauert auch heute noch an und es gibt kaum eine heftigere Feindschaft als diese.

Als das Mädchen 8 Jahre alt war, herrschte ungefähr folgende Situation: der Vater immer auf Seite der Tochter, die Mutter immer mit einem strengen, bösen Gesicht, spitzen Bemerkungen und Vorwürfen, das Mädchen schnippisch, schlagfertig und mit einem unerhörten Witz, womit sie alle Bemühungen der Mutter lahmlegte. Erschwerend kam hinzu, daß der jüngere Bruder, der Liebling der Mutter und ebenfalls verzärtelt, an einem Herzklappenfehler erkrankte und dadurch bewirkte, daß sich die Sorge der Mutter um ihn noch intensiver gestaltete. Man beachte das sich fortwährend kreuzende Bemühen der Eltern um ihre Kinder. Unter solchen Verhältnissen wuchs das Mädchen heran.

Da ereignete es sich, daß sie an einem nervösen Leiden, das sich niemand erklären konnte, ernstlich zu erkranken schien. Das Leiden bestand darin, daß sie immer von bösen Gedanken gequält wurde, die sich gegen die Mutter richteten, und die zur Folge hatten, daß sie sich durch dieselben an allem behindert glaubte. Zum Schluß vertiefte sie sich plötzlich – ohne Erfolg – in die Religion. Nach einiger Zeit flauten diese Gedanken ab, was man irgendeinem Medikament zuschrieb; wahrscheinlich aber war die Mutter doch ein wenig in die Defensive gedrängt worden. Es blieb nur ein Rest übrig, der in einer auffallenden Gewitterangst zutage trat. Das Mädchen bildete sich ein, das Gewitter sei nur wegen ihres bösen Gewissens gekommen und werde eines Tages zu einem Unglück für sie werden, weil sie so schlechte Gedanken hatte. Man sieht, wie sich das

Kind selbst schon bemüht, sich von seinem Haß gegen die Mutter zu befreien. So ging die Entwicklung des Kindes weiter und es schien ihr schließlich doch eine schöne Zukunft zu winken. Einen besonderen Eindruck machte auf sie einmal der Ausspruch einer Lehrerin, die sagte, dieses Mädchen könne alles leisten, wenn sie nur wolle. An sich sind solche Worte unbedeutend, für dieses Mädchen aber bedeuteten sie: wenn sie etwas *durchsetzen* wolle, so könne sie es auch. Diese Auffassung hatte nur eine weitere Begehrlichkeit im Kampfe gegen die Mutter zur Folge.

Es kam die Zeit der Pubertät, sie wuchs zu einem schönen Mädchen heran, wurde heiratsfähig und hatte viele Bewerber. Doch durch eine besondere Schärfe ihrer Zunge unterbrach sie immer wieder alle Möglichkeiten einer Beziehung. Nur einen alternden Mann gab es in ihrer Nähe, zu dem sie sich besonders hingezogen fühlte, so daß man stets fürchtete, sie könnte ihn heiraten. Aber auch dieser Mann ging nach einiger Zeit davon und das Mädchen blieb bis zu ihrem 26. Jahr ohne Bewerber. Das war in den Kreisen, denen sie angehörte, sehr auffallend und man konnte sich das nicht erklären, weil man die Geschichte dieses Mädchens nicht kannte. In dem harten Kampf, den sie seit ihrer Kindheit gegen die Mutter geführt hatte, war sie zu einem unverträglichen, zänkischen Wesen geworden. Kampf war ihre siegreiche Position. Durch das Verhalten der Mutter war das Mädchen gereizt und dazu gebracht worden, immer nach Triumphen zu jagen. Ein spitzer Zungenstreit war ihr das Liebste. Darin zeigte sich ihre Eitelkeit. Ihre »männliche« Einstellung tat sich auch darin kund, daß sie nur solche Spiele bevorzugte, wo es galt, einen Gegner zu besiegen.

Mit 26 Jahren lernte sie nun einen sehr ehrenwerten Mann kennen, der sich durch ihr streitsüchtiges Wesen nicht abhalten ließ und sich ernstlich um sie bewarb. Er gab sich sehr demütig und untertänig. Auf das Drängen ihrer Verwandten, ihn zum Manne zu nehmen, erklärte sie wiederholt, sie empfinde große Abneigung gegen ihn und eine Verbindung mit ihm könne nicht gut ausgehen. Bei ihrem Wesen war eine solche Voraussagung allerdings nicht schwer. Nach zweijährigem Widerstand gab sie endlich ihr Jawort, in der festen Überzeugung, an diesem Manne einen Sklaven gewonnen zu haben, mit dem sie machen könne, was sie wolle. Im geheimen hatte sie gehofft, in ihm so etwas wie eine zweite Auflage ihres Vaters zu finden, der ihr in allem immer nachgegeben hatte.

Bald wurde ihr klar, daß sie sich geirrt hatte. Schon einige Tage nach der Hochzeit sah man den Mann mit seiner Pfeife im Zimmer sitzen und gemütlich die Zeitung lesen. Morgens verschwand er in seinem Bureau, kam pünktlich zum Essen, brummte, wenn es noch nicht fertig war. Er verlangte Reinlichkeit, Zärtlichkeit, Pünktlichkeit, lauter, wie sie meinte, ungerechte Dinge, auf die sie nicht gefaßt war. Das Verhältnis gestaltete sich nicht im entferntesten so, wie es zwischen ihr und ihrem Vater bestanden hatte. Sie fiel aus allen ihren Träumen. Je mehr sie forderte, desto weniger kam der Mann ihren Wünschen nach, und je mehr dieser auf ihre Hausfrauenrolle hinwies, desto weniger bekam er davon zu sehen. Dabei unterließ sie es nicht, ihn fortwährend daran zu erinnern, daß er zu solchen Forderungen eigentlich kein Recht habe, denn sie habe ihm ja ausdrücklich gesagt, daß sie ihn nicht gern habe. Das machte aber auf ihn gar keinen Eindruck. Er stellte weiter seine Forderungen, mit einer Unerbittlichkeit, daß sie sich recht trübe Aussichten für die Zukunft machte. Der rechtliche, von Pflichtgefühl durchdrungene Mann, hatte in einem Rausche des Selbstvergessens um sie geworben, der bald verflogen war, als er sich in sicherem Besitz wähnte.

An der zwischen ihnen bestehenden Disharmonie änderte sich nichts, als sie Mutter wurde. Sie mußte neue Pflichten übernehmen. Dabei wurde ihr Verhältnis zur Mutter, die energisch für den Schwiegersohn Partei nahm, immer schlechter. Da der ununterbrochene Krieg im Hause mit so schwerem Kaliber geführt wurde, war es nicht zu verwundern, wenn sich der Mann zuweilen unschön und rücksichtslos benahm und die Frau dadurch gelegentlich Recht bekam. Das Benehmen des Mannes war eine Folge ihrer eigenen Unzugänglichkeit, ihrer Unausgesöhntheit mit der Frauenrolle. Sie hatte ursprünglich gedacht, sie werde dieselbe auf eine Art und Weise spielen können, daß sie immer als die

Herrscherin dastand, etwa wie neben einem Sklaven durchs Leben wandeln werde, der ihr alle Wünsche zu erfüllen hätte. Dann wäre es vielleicht möglich gewesen.

Was sollte sie nun tun? Sollte sie sich scheiden lassen, zur Mutter zurückkehren und sich dort als besiegt erklären. Selbständig werden konnte sie nicht mehr, dazu war sie nicht vorbereitet. Eine Ehescheidung hätte eine Verletzung ihres Stolzes, ihrer Eitelkeit bedeutet. Das Leben war ihr eine Qual. Der Mann auf der einen Seite benörgelte alles, auf der andern Seite stand die Mutter mit ihrem schweren Geschütz und predigte immer nur Reinlichkeit und Ordnungsliebe.

Und plötzlich wurde sie reinlich und ordnungsliebend. Sie begann, den ganzen Tag über zu waschen und zu putzen. Sie schien endlich die Lehren, mit denen ihr die Mutter immer in den Ohren gelegen war, begriffen zu haben. Anfangs mag wohl die Mutter freundlich gelächelt und sich auch der Mann über die plötzlich hereingebrochene Ordnungsliebe der Frau, die ständig die Kästen ein- und ausräumte, einigermaßen gefreut haben. Man kann aber so etwas auch übertreiben; und das geschah in diesem Falle. Sie wusch und scheuerte so lange, bis im ganzen Haus kein Faden mehr hielt und legte dabei ihren Eifer in einer Weise an den Tag, daß jeder sie bei ihrem Ordnungmachen störte und ebenso sie jeden andern. Hatte sie etwas gewaschen und rührte es jemand an, dann mußte es wieder abgewischt werden und *nur* sie konnte das tun.

Diese sogenannte *Waschkrankheit* ist eine außerordentlich häufige Erscheinung. Alle diese Frauen sind Kämpferinnen gegen die Frauenrolle, die auf diese Weise versuchen, in einer Art Vollkommenheit auf die andern herabzusehen, die sich nicht so oft im Tage waschen. Unbewußt gehen diese Bemühungen darauf aus, das Haus in die Luft zu sprengen. Dabei war aber selten bei einem Menschen so viel Schmutz zu sehen, wie gerade bei dieser Frau. Es war ihr eben nicht um die Reinlichkeit zu tun, sondern um die Störung, die sie verursachte.

Man könnte an einer Unzahl von Fällen zeigen, wie eine wirkliche Versöhntheit mit der Frauenrolle meist nur dem Schein nach besteht. Es paßt nur zum Wesen dieser Frau, wenn man noch hört, daß sie überhaupt keine Freundin hat, mit keinem Menschen auskommt und keine Rücksichten kennt. Was uns die Kultur in der nächsten Zeit bringen muß, sind Wege der Mädchenerziehung, die eine bessere Versöhnung mit dem Leben zustandebringen. Denn wie wir heute diesen Fall besehen, ist diese Versöhnung selbst unter den günstigsten Umständen manchmal nicht zu erzielen. In unserer Kultur ist die Minderwertigkeit der Frau, obwohl real nicht bestehend und von allen einsichtigen Menschen geleugnet, noch immer gesetzlich und traditionell festgelegt. Dafür muß man stets ein offenes Auge bewahren, die ganze Technik dieses fehlerhaften Verhaltens unserer Gesellschaftsordnung erkennen und dagegen ankämpfen. Das alles aber nicht etwa aus einer krankhaft übertriebenen Verehrung der Frau, sondern weil solche Zustände unser gesellschaftliches Leben vernichten.

Noch eine Erscheinung soll in diesem Zusammenhang erwähnt werden, weil auch sie vielfach zum Anlaß einer herabsetzenden Kritik der Frau genommen wird, das *gefährliche Alter,* dasselbe äußert sich um das 50. Lebensjahr herum in Erscheinungen und Veränderungen der Psyche im Sinne einer Verschärfung gewisser Charakterzüge. Physische Veränderungen bewirken, daß sich der Frau der Gedanke aufzudrängen beginnt, jetzt sei die Zeit gekommen, wo sie den letzten Rest ihrer mühsam behaupteten, ohnehin geringen Geltung nunmehr völlig verlieren werde. Mit erhöhtem Kraftaufwand sucht sie alles, was ihr zur Erringung und Behauptung ihrer Stellung behilflich war, festzuhalten unter Bedingungen, die in dieser Zeit eine Verschärfung erfahren. Ist es in unserer heutigen Kultur dem herrschenden Leistungsprinzip zufolge für alternde Menschen überhaupt schlecht bestellt, so trifft dies für alternde Frauen in noch höherem Grade zu. Die Schädigung, die bei alternden Frauen darin besteht, daß man ihren Wert völlig untergräbt, trifft in einer anderen Form auch die Allgemeinheit insofern, als ja unser Leben doch nicht von einem Tag auf den andern zu berechnen und zu werten ist. Was einer in der Vollkraft seiner Jahre geleistet hat, müßte ihm für die Zeit, wo er an Kraft und Wirkung eingebüßt hat, gutgeschrieben werden. Es geht nicht an, einen Menschen, weil er alt ist, nunmehr von seinen seelischen und materiellen Bezügen einfach auszuschließen in einer Weise, die bei alten Frauen geradezu zu einer Beschimpfung ausartet. Man möge sich vorstellen, mit welcher Beängstigung ein heranwachsendes Mädchen an diese Zeit denkt, die auch ihr einmal bevorsteht. Auch das Weib-Sein ist mit dem 50. Jahr noch nicht erloschen, auch nach diesem Zeitpunkt besteht die Menschenwürde unvermindert weiter und muß gewahrt werden.

5. *Die Spannung zwischen den Geschlechtern*

Was allen diesen Erscheinungen zugrunde liegt, sind Irrwege unserer Kultur. Ist diese einmal von einem Vorurteil durchsetzt, dann greift es überall durch und ist überall wiederzufinden. So stört auch das Vorurteil von der Minderwertigkeit der Frau und die damit zusammenhängende Überheblichkeit des Mannes fortwährend die Harmonie der Geschlechter. Die Folge ist eine unerhörte Spannung, die insbesondere auch in alle Liebesbeziehungen eindringt und alle Glücksmöglichkeiten ständig bedroht und vielfach vernichtet. Unser gesamtes Liebesleben wird durch diese Spannung vergiftet, es verdorrt und verödet. Hier liegt der Grund dafür, daß man so selten eine harmonische Ehe findet und daß Kinder in der Meinung aufwachsen, die Ehe sei etwas ungemein Schwieriges und Gefährliches. Vorurteile wie das oben beschriebene und Gedankengänge ähnlicher Art verhindern Kinder vielfach daran, zu einem wahren Verständnis des Lebens zu gelangen. Man denke bloß an jene zahlreichen Mädchen, die die Ehe nur als eine Art Notausgang betrachten, an jene Männer und Frauen, die in ihr nur ein notwendiges Übel erblicken. Die Schwierigkeiten, die aus dieser Spannung zwischen den Geschlechtern erwachsen sind, sind heute ins Riesenhafte gewachsen, sie sind um so größer, je stärker beim Mädchen von Kindheit an der Hang war, sich gegen die ihr aufgezwungene Rolle aufzulehnen bzw. je stärker im Manne das Verlangen ist, eine privilegierte Rolle zu spielen, trotz aller Unlogik, die darin steckt.

Das charakteristische Merkmal für eine Versöhnlichkeit, für eine Ausgeglichenheit der Geschlechter, ist die *Kameradschaftlichkeit.* Gerade in den Beziehungen der Geschlechter ist eine Unterordnung ebensowenig erträglich, wie im Völkerleben. Die Schwierigkeiten und Lasten, die beiden Teilen daraus erwachsen, sind so groß, daß jedermann diesem Problem seine Aufmerksamkeit schenken sollte. Denn dieses Gebiet ist so ungeheuer groß, daß es das Leben jedes Einzelnen umfaßt. Und es ist deshalb so kompliziert, weil unsere Kultur dem Kind aufgegeben hat, seine Stellungnahme im Leben so zu wählen, daß sie in einer Art von Gegensatz zum anderen Geschlecht erfolgt. Eine ruhige Erziehung würde wohl auch mit diesen Schwierigkeiten fertig werden. Aber die Hast unserer Tage, der Mangel an wirklich bewährten Erziehungsgrundsätzen, besonders aber der Konkurrenzkampf unseres ganzen Lebens wirkt sich bis in die Kinderstube hinein aus und gibt hier schon die Richtlinien für das spätere Leben. Die Gefahren, die so manche Menschen vor der Eingehung von Liebesbeziehungen zurückschrecken läßt, bestehen deshalb, weil es Aufgabe des Mannes geworden ist, unter allen Umständen, auch durch List, durch »Eroberungen« seine Männlichkeit zu erweisen, was die Unbefangenheit und das Vertrauen in der Liebe zerstört. *Don Juan* ist sicherlich ein Mensch, der selbst nicht glaubt, daß er männlich genug sei und daher in seinen Eroberungen immer neue Beweise dafür sucht. Das zwischen den Geschlechtern herrschende Mißtrauen untergräbt jede Vertraulichkeit, und so leidet darunter die ganze Menschheit. Das übertriebene Ideal der Männlichkeit bedeutet eine Forderung, einen fortwährenden Anreiz, eine ewige Unruhe, wobei nichts anderes herauskommt als Forderungen der Eitelkeit, Selbstbereicherung und eine privilegierte Stellung, was den natürlichen Bedingungen des menschlichen Zuammenlebens widerspricht. Wir haben keinen Grund, den bisherigen Zielen der Frauenbewegung nach Freiheit und Gleichberechtigung entgegenzutreten, wir müssen sie vielmehr tatkräftig unterstützen, weil schließlich Glück und Lebensfreude der ganzen Menschheit davon abhängen, daß Bedingungen geschaffen werden, die es der Frau ermöglichen, sich mit der Frauenrolle auszusöhnen, sowie davon, wie der Mann die Frage seiner Beziehung zur Frau zu lösen imstande ist.

6. Verbesserungsversuche

Unter den Versuchen, die bisher angestellt wurden, um ein besseres Verhältnis zwischen den Geschlechtern anzubahnen, sei hier als der wichtigste die *Koedukation* genannt. Diese Institution ist nicht unbestritten, sie hat ihre Gegner und Freunde. Letztere führen als Hauptvorzüge dieser Einrichtung an, daß die Geschlechter auf diese Weise Gelegenheit bekommen, sich rechtzeitig kennenzulernen, daß dadurch das Auftreten unrichtiger Vorurteile mit ihren schädlichen Folgen am besten hintangehalten werden kann. Die Gegner führen hauptsächlich ins Treffen, daß der Gegensatz zwischen Knaben und Mädchen, der bereits zur Zeit, da sie in die Schule eintreten, oft schon überaus stark sei, bei einer gemeinsamen Erziehung nur noch weitere Verschärfungen erfahre, weil sich die Knaben hierbei gedrückt fühlen. Das hänge damit zusammen, daß die geistige Entwicklung der Mädchen in dieser Zeit schneller vorwärtsschreite, so daß die Knaben, die die ganze Last ihres Privilegs zu tragen und Beweise zu erbringen hätten, daß sie tüchtiger seien, nun plötzlich vor der Erkenntnis stünden, ihr Privileg sei nur eine Seifenblase, die vor der Wirklichkeit zerrinne. Einzelne Forscher wollen auch festgestellt haben, daß bei der Koedukation die Knaben den Mädchen gegenüber ängstlich werden und ihr Selbstbewußtsein verlieren.

Es ist keine Frage, daß an diesen Feststellungen und an dieser Argumentation etwas Richtiges ist. Stichhaltig ist aber diese Argumentation nur dann, wenn man die Koedukation im Sinne einer Konkurrenz der Geschlechter um die Palme der größeren Tüchtigkeit auffaßt. Wird sie auf diese Weise von Lehrern und Schülern verstanden, dann ist sie natürlich schädlich. Und finden sich keine Lehrer, die eine bessere Auffassung der Koedukation zuwege bringen, nämlich die einer Übung, einer Vorbereitung auf die künftige Zusammenarbeit der Geschlechter an gemeinsamen Aufgaben, Lehrer, die diese Auffassung ihrer beruflichen Tätigkeit zugrundelegen, dann werden die Versuche mit der Koedukation immer Schiffbruch leiden. Die Gegner werden in den Mißerfolgen nur eine Bestätigung ihrer Stellungnahme erblicken.

Hier ein ausführliches Bild zu geben, würde die Gestaltungskraft von Poeten erfordern. Wir müssen uns damit begnügen, nur auf die Hauptpunkte hinzuweisen. Zusammenhänge mit den oben dargestellten Typen sind immer vorhanden und mancher wird sich erinnern, wie auch hier gleiche Gedankengänge auftauchen wie bei den Schilderungen jener Kinder, die mit minderwertigen Organen zur Welt kamen. Auch das heranwachsende Mädchen verhält sich vielfach so, als ob es minderwertig wäre, und es gilt dann für sie dasselbe, was über den Ausgleich des Minderwertigkeitsgefühls gesagt wurde. Der Unterschied ist nur der, daß dem Mädchen der Glaube an seine Minderwertigkeit auch von außen zugetragen wird. Ihr Leben wird so sehr in diese Bahn hineingezogen, daß auch einsichtsvolle Forscher zuweilen diesem Vorurteil unterliegen. Die allgemeine Wirkung dieses Vorurteils ist die, daß beide Geschlechter schließlich in den Strudel der *Prestigepolitik* geraten und eine Rolle spielen, der beide Teile nicht gewachsen sind, die dazu führt, ihnen die Harmlosigkeit ihres Lebens zu komplizieren, ihnen die Unbefangenheit ihrer Beziehungen zu rauben und sie mit Vorurteilen zu sättigen, denen gegenüber jede Aussicht auf Glück verschwindet.

ACHTES KAPITEL

Geschwister

Es wurde bereits öfter erwähnt, daß es für die Beurteilung eines Menschen wichtig ist, die Situation zu kennen, in der er aufgewachsen ist. Eine Situation besonderer Art ist nun in der Stellung gelegen, die ein Kind in der Reihe seiner Geschwister einnimmt. Auch nach diesem Gesichtspunkt können wir die Menschen einteilen und sind, wenn wir über genügend Erfahrung verfügen, imstande zu erkennen, ob jemand ein Erstgeborener, der Einzige, der Jüngste usw. ist.

Die Menschen scheinen eigentlich schon lange gewußt zu haben, daß der *Jüngste* meist ein besonderer Typus ist. Das ergibt sich aus einer Unzahl Märchen, Legenden, biblischen Geschichten, in denen der Jüngste immer in der gleichen Art hervortritt und geschildert wird. Tatsächlich wächst er in einer ganz anderen Situation auf als alle anderen Kinder. Er ist für die Eltern ein besonderes Kind, er erfährt als Jüngster eine besondere Behandlung. Als Jüngster erscheint er gleichzeitig auch als der Kleinste, infolgedessen Bedürftigste zu einer Zeit, wo die anderen Geschwister schon selbständiger, fertig, erwachsen dastehen. Daher wächst er auch meist in einer wärmeren Atmosphäre auf als die andern.

Aus dieser Situation erwächst ihm eine Anzahl von Charakterzügen, die seine Stellungnahme zum Leben in besonderer Weise beeinflussen, eine besondere Persönlichkeit aus ihm formen. Dazu kommt noch ein Umstand, der scheinbar einen Widerspruch bedeutet. Es ist für kein Kind eine angenehme Situation, immer als der Kleinste zu gelten, dem man nichts zutraut, dem man nichts anvertrauen darf. Das reizt das Kind so sehr, daß es meist danach strebt, zu zeigen, was es alles könne. Sein Machtstreben erfährt eine Verschärfung. So wird der Jüngste meist ein Mensch sein, dem nur die beste Situation genügt, der ein Streben in sich entwickelt, alle andern zu überspringen.

Dieser Typus ist im Leben sehr oft anzutreffen. Es gibt eine Sorte von Jüngsten, die alle andern übertreffen, die viel mehr geleistet haben als ihre Geschwister. Ein böserer Fall ist eine andere Sorte von Jüngsten, die auch dieses Streben gehabt haben, aber nicht die volle Aktivität und das Selbstvertrauen, was ebenfalls von ihren Beziehungen zu den älteren Geschwistern herrühren kann. Waren diese nicht zu übertreffen, dann kann es geschehen, daß der Jüngste vor seinen Aufgaben zurückschreckt, feige und wehleidig wird und immer nach einer Ausrede sucht, um seinen Aufgaben auszuweichen. Er wird nicht weniger ehrgeizig, er bekommt aber jene Art von Ehrgeiz, die den Menschen dazu drängt, auszukneifen und seinen Ehrgeiz auf einem Feld abseits von den Aufgaben des Lebens zu befriedigen und der Gefahr auszuweichen, Proben seines Könnens ablegen zu müssen.

Manchen wird es schon aufgefallen sein, daß sich der Jüngste gewöhnlich so benimmt, als ob er verkürzt worden wäre und ein Minderwertigkeitsgefühl in sich tragen würde. Wir konnten dieses Gefühl bei unseren Untersuchungen immer feststellen und den großen Schwung einer seelischen Entwicklung aus diesem peinigenden und beunruhigenden Gefühl ableiten. In diesem Sinn gleicht der Jüngste völlig einem Kind, das mit schwachen Organen zur Welt gekommen ist. An sich braucht das nicht der Fall zu sein, es kommt nicht darauf an, was objektiv vorhanden ist, ob ein Mensch wirklich minderwertig ist, sondern darauf, was er darüber fühlt. Wir wissen auch, daß es im Kindesleben außerordentlich leicht ist, einen Irrtum zu begehen. Wir stehen da vor einer Fülle von Fragen, Möglichkeiten und Konsequenzen. Wie soll sich der Erzieher verhalten, soll er weitere Reizungen hervorrufen, indem er etwa die Eitelkeit eines solchen Kindes noch weiter aufstachelt? Nur in den Vordergrund schieben, daß dieses Kind immer der Erste sein solle, wäre für ein Menschenleben viel zu wenig, und die Erfahrung belehrt uns auch, daß es im Leben nicht darauf ankommt, der Erste zu sein. Besser ist es, hier eher etwas zu übertreiben und zu sagen: wir brauchen keine Ersten. Vor ihnen ist uns eigentlich schon übel. Wenn wir die Geschichte sowie unsere Erfahrungen überblicken, so müssen wir feststellen, daß darauf kein Segen ruht. Ein solches Prinzip macht das Kind einseitig und vor allem zu keinem guten Mitmenschen. Denn die nächste Folge ist meist, daß es nur an sich denkt und daran, ob andere ihm nicht zuvorkommen könnten. Es entwickeln sich Neid- und Haßgefühle, eine Bangigkeit, ob er auch immer der Erste sein werde. Der Jüngste ist durch seine Position schon im vorhinein geneigt, ein Schnelläufer zu werden, alle andern zu überflügeln. Der Wettläufer in ihm wird sich in seinem ganzen Gehaben verraten, meist nur in Kleinigkeiten, die gewöhnlich nicht auffallen, wenn man nicht die ganzen Zusammenhänge dieses Seelenlebens kennt. So, wenn diese Kinder immer an der Spitze einer Gruppe gehen oder es nicht vertragen können, wenn sich jemand vor ihnen aufstellt. Das Wettläufertum ist für den weitaus größten Teil der Jüngsten bezeichnend.

Dieser eine Typus von Jüngsten, der manchmal aus der Art schlägt, ist auch ganz rein ausgeprägt zu finden. Oft sind darunter tatkräftige Menschen, die es so weit gebracht haben, daß sie zuweilen zu Rettern der ganzen Familie geworden sind. Blicken wir zurück und betrachten wir z. B. die biblische Geschichte, etwa die Josefslegende, so finden wir hier all dies in der wundervollsten Weise dargestellt, mit einer Absichtlichkeit und Klarheit, als ob sich die Dichter jener Legende im vollen Besitz dieser Kenntnisse befunden hätten, die wir heute so mühsam erringen. Sicherlich ist im Lauf der Jahrhunderte viel wertvolles Material verloren gegangen und muß nun immer wieder neu gefunden werden.

Daneben gibt es noch einen anderen Typus, der sich aus dem ersteren sekundär herausbildet. Man denke sich, daß dieser Schnelläufer plötzlich auf ein Hindernis stoße, dessen Überwindung er sich nicht zutraut und nun einen Umweg einschlägt. Wenn ein solcher Jüngster den Mut verliert, dann wird er der ärgste Feigling, den man sich denken kann. Man findet ihn dann immer rückwärts, jede Arbeit wird ihm zu viel sein, er wird für alles eine Ausrede haben, sich an nichts heranwagen und so die Zeit vertrödeln. Er wird meist versagen und mit Mühe und Not ein Feld finden, auf dem eigentlich jede Konkurrenz schon im vorhinein ausgeschlossen ist. Für seine Mißerfolge wird er allerhand Ausreden vorbringen, wie daß er zu schwach, daß er vernachlässigt oder verzärtelt worden sei, daß ihn seine Geschwister nicht hätten aufkommen lassen u. dgl. Verschärft können solche Schicksale noch werden, wenn er wirklich ein Gebrechen hat. Dann wird er daraus für sein Ausreißertum erst recht Kapital schlagen.

Gute Mitmenschen sind beide Typen meist nicht. Der erstere fährt allerdings besser in einer Zeit, wo das Konkurrieren noch irgendwelchen Wert genießt. Dieser Typus wird nur auf Kosten der andern im Gleichgewicht bleiben können, während der zweite zeitlebens unter dem drükkenden Gefühl seiner Minderwertigkeit und unter seiner Unausgesöhntheit mit dem Leben leidet.

Auch der *Älteste* hat charakteristische Merkmale. Vor allem hat er den Vorteil einer ausgezeichneten Position für die Entwicklung seines Seelenlebens. Schon aus der Geschichte ist uns bekannt, daß er immer eine besondre, günstigere Position gehabt hat. Bei manchen Völkern und Volksschichten hat sich diese Vorzugsstellung traditionell erhalten. Es ist keine Frage, daß z. B. bei der Bauernschaft der Erstgeborene schon von Kindheit an seine Berufung kennt, einmal den Hof zu übernehmen und dadurch sich in einer viel besseren Situation befindet als die andern, die mit der Empfindung aufwachsen, daß sie das Vaterhaus einmal verlassen müßten. Auch sonst wird in vielen Familien damit gerechnet, daß der älteste Sohn einmal Herr des Hauses sein werde. Auch wo diese Tradition nicht ins Gewicht fällt, wie bei den einfachen bürgerlichen oder in Proletarierfamilien, ist der Älteste wenigstens derjenige, dem so viel Kraft und Klugheit zugemutet wird, daß man ihn zum Mithelfer und zur Aufsichtsperson macht. Man muß sich vorstellen, was es für ein Kind bedeutet, in dieser Weise ununterbrochen mit dem ganzen Vertrauen der Umgebung beladen zu sein. Das erzeugt in ihm eine Stimmung, die sich ungefähr in Gedankengängen ausdrückt, wie: du bist der Größere, Stärkere, Ältere, mußt daher klüger sein wie die andern u. dgl.

Wenn die Entwicklung in dieser Richtung ohne Störung verläuft, dann werden wir beim Ältesten Züge finden, die ihn als Hüter der Ordnung charakterisieren. Solche Menschen haben ihre eigene, besonders hohe Wertschätzung für die Macht, sowohl für ihre eigene, persönliche Macht wie auch in ihrer Schätzung des Machtbegriffes. Für den Ältesten ist Macht etwas Selbstverständliches, etwas, das Gewicht hat und sich durchsetzen muß. Es läßt sich nicht verkennen, daß solche Menschen in der Regel auch einen konservativen Zug haben.

Auch bei den Zweitgeborenen findet sich das Streben nach Macht und Überlegenheit in einer eigenen Nuancierung. Sie stehen wie unter Dampf, streben überhitzt nach dem Vorrang und auch in ihrem Verhalten wird man den Wettlauf gewahr, der für ihr Leben die Form abgibt. Der Zweitgeborene empfindet es als einen starken Anreiz, daß jemand vor ihm ist, der sich geltend macht. Ist er in der Lage, seine Kräfte zu entwickeln und mit dem Ersten den Wettkampf aufzunehmen, dann wird er gewöhnlich mit starkem Elan nach vorwärts drängen, während sich der Erste, im Besitze seiner Macht, verhältnismäßig sicher fühlt, bis ihm der andere über den Kopf zu wachsen droht.

An dieses Bild werden wir lebhaft durch die Legende von Esau und Jakob erinnert. Hier sehen wir das Ruhelose, ein Streben, das weniger auf die Tatsachen ausgeht, sondern meist nur auf Schein, aber unbezwingbar, bis entweder das Ziel erreicht, der Vordermann überflügelt ist, oder nach mißlungenem Kampf der Rückzug beginnt, der oft in Nervosität ausmündet. Die Stimmung des Zweiten ist dem Neid der besitzlosen Klassen vergleichbar, mit der vorherrschenden Stimmung des Zurückgesetztseins. Sein Ziel kann so hoch gesteckt sein, daß er sein Leben lang daran leidet und seine innere Harmonie vernichtet wird als Folge davon, daß er die wahren Tatsachen des Lebens zugunsten einer Idee, einer Fiktion, eines wertlosen Scheines übersehen hat.

Auch das *einzige Kind* befindet sich in einer Situation von besonderer Art. Es ist den erzieherischen Angriffen seiner Umgebung voll ausgesetzt. Die Eltern haben sozusagen keine Auswahl, sie stürzen sich mit ihrem ganzen erzieherischen Elan auf dieses einzige Kind. Dieses wird in höchstem Grade unselbständig, wartet immer, daß ihm jemand den Weg zeigt, es sucht stets nach einer Stütze. Vielfach verzärtelt, gewöhnt es sich daran, keine Schwierigkeiten zu erwarten, weil man sie ihm immer aus dem Weg geräumt hat. Da es sich immer im Mittelpunkt der Betrachtung befindet, bekommt es leicht das Gefühl, etwas Besonderes zu gelten. Seine Position ist so schwierig, daß fehlerhafte Stellungnahmen fast unausweichlich sind. Wenn allerdings die Eltern wissen, welche Bedeutung solchen Situationen zukommt und was für Gefahren sie bergen, dann ist auch die Möglichkeit da, Verschiedenes zu verhindern. Eine schwierige Angelegenheit bleibt es aber immer. Oft sind es äußerst vorsichtige Eltern, die das Leben selbst als besonders schwer empfinden, daher mit übergroßer Vorsicht zu Werke gehen, was sich dem Kind vielfach als ein verstärkter Druck fühlbar macht. Die stete Besorgnis für das Wohlergehen des Kindes wird diesem Gedanken nahelegen, ihm Anregungen geben, sich die Welt feindlich zu denken. So wächst das Kind heran in ewiger Angst vor den Schwierigkeiten, die ihm bevorstehen, ungeübt, ohne Vorbereitung, weil man es immer nur vom Angenehmen des Lebens hat kosten lassen. Solche Kinder werden mit jeder selbständigen Tätigkeit Schwierigkeiten haben und für das Leben untauglich werden. Sie können leicht Schiffbruch leiden. Manchmal ähnelt ihr Leben dem von Parasiten, die nur genießen, während andere alles für sie besorgen müssen.

Es sind verschiedene Kombinationen möglich, in denen mehrere Geschwister gleichen oder verschiedenen Geschlechts miteinander konkurrieren. Desto schwieriger kann sich demgemäß die Beurteilung des einzelnen Falles gestalten. Besonders schwierig ist die Situation eines einzigen Knaben unter mehreren Mädchen. In einem solchen Haus dominiert der weibliche Einfluß, der Knabe ist meist stark in den Hintergrund gedrängt, besonders wenn er der Jüngste ist, und sieht sich bald einer geschlossenen Phalanx gegenüber. Sein Geltungsdrang begegnet bei seiner Betätigung großen Hindernissen. Von allen Seiten angegriffen, wird er sich des Privilegs, das unsere zurückgebliebene Kultur den Männern gibt, nie recht bewußt werden und unsicher werden. Die Verschüchterung kann so weit gehen, daß er gelegentlich die männliche Stellung als die schwächere empfindet. Sein Mut und sein Selbstvertrauen kommt leicht ins Wanken oder dieser Stachel wirkt so heftig, daß sich der Knabe zu großen Leistungen aufschwingt. Beide Fälle entspringen der gleichen Situation. Was schließlich aus solchen Knaben wird, ist natürlich durch die näheren Umstände bedingt. Einen einheitlichen Zug kann man aber wohl nie ganz bei ihnen vermissen.

Wir sehen, wie durch die Position des Kindes alles, was es ins Leben mitbekommt, geformt und gefärbt wird. Durch diese Feststellung erscheint insbesondere auch die für die erzieherische Tätigkeit so außerordentlich schädliche *Hereditätslehre* depossediert. Es gibt allerdings Zusammenhänge, Fälle, in denen die Einwirkung erblicher Einflüsse unzweifelhaft festzustehen scheint, so z. B. wenn ein Kind, das ganz außerhalb der Beziehungen zu seinen Eltern aufwächst, dennoch ähnliche oder gleichartige Züge aufweist. Das Befremden darüber weicht aber sofort einem besseren Verständnis, wenn wir uns erinnern, wie naheliegend gewisse Irrtümer in der Entwicklung eines Kindes sind, das z. B. körperlich schwach zur Welt kommt, bei dem durch die Schwäche seiner Organe im Verhältnis zu den Anforderungen der Umgebung eine Spannung hervorgerufen wird, genau wie beim Vater, der vielleicht ebenfalls mit schwachen Organen zur Welt gekommen ist. Unter diesen Gesichtspunkten erscheint die Lehre von der Erblichkeit der Charakterzüge als überaus schwach fundiert.

Auch aus der obigen Darstellung geht wieder hervor, wie unter den Irrtümern, denen das Kind in seiner Entwicklung ausgesetzt ist, der folgenschwerste der ist, sich über die andern erheben zu wollen und eine Machtstellung anzustreben, die ihm den andern gegenüber Vorteile einbringt. Hat dieser in unserer Kultur naheliegende Gedanke von der Seele des Menschen Besitz ergriffen, dann ist seine Entwicklung nahezu zwangsläufig gegeben. Will man hier vorbeugen, dann müssen die Schwierigkeiten erkannt und verstanden werden. Und wenn es einen einheitlichen Gesichtspunkt gibt, der uns über alle Schwierigkeiten hinweghilft, so ist es der der Entfaltung des Gemeinschaftsgefühls. Gelingt dies, dann sind alle Schwierigkeiten belanglos. Nachdem aber in unserer Zeit hierzu verhältnismäßig wenig Gelegenheit ist, fallen diese Schwierigkeiten schwer ins Gewicht. Haben wir das erkannt, dann wird es uns nicht mehr wundern, wenn wir so viele Menschen finden, die ihr Leben lang um ihren Bestand ringen und denen das Leben so schwer fällt. Wir wissen dann, daß sie die Opfer einer fehlerhaften Entwicklung sind, denen zufolge auch ihre Stellungnahme zum Leben fehlerhaft ist. Wir müssen daher mit unserem Urteil sehr zurückhaltend sein und vor allem keine *moralischen Urteile,* Urteile über den (moralischen) Wert des Menschen fällen. Wir müssen vielmehr unsere Erkenntnis dieser Dinge dadurch zu verwerten suchen, daß wir diesem Menschen nunmehr anders entgegentreten, weil wir nun imstande sind, uns ein viel besseres Bild von seinem Innern zu machen. Auch für die Erziehung ergeben sich wichtige Gesichtspunkte, denn die Erkenntnis von Fehlerquellen verleiht uns eine Fülle von Einwirkungsmöglichkeiten. Indem wir den Menschen in seiner seelischen Entwicklung betrachten, sind wir imstande, in dem Bild, das wir vor uns haben, nicht nur seine Vergangenheit, sondern zum Teil auch seine Zukunft mitzusehen. Dadurch wird der Mensch für uns erst richtig lebendig. Er wird für uns mehr als eine bloße Silhouette und wir erhalten über seinen Wert ein anderes Urteil, als es in unserer Kultur vielfach der Fall ist.

Die Charakterlehre

ERSTES KAPITEL

Allgemeines

1. Wesen und Entstehung des Charakters

Unter einem Charakterzug verstehen wir das Hervortreten einer bestimmten Ausdrucksform der Seele bei einem Menschen, der sich mit den Aufgaben des Lebens auseinanderzusetzen sucht. »Charakter« ist also ein *sozialer Begriff.* Wir können von einem Charakterzug nur mit Rücksicht auf den Zusammenhang eines Menschen mit seiner Umwelt sprechen. Bei einem Robinson z. B. wäre es ohne Belang, was für einen Charakter er hätte. Charakter ist die seelische Stellungnahme, die Art und Weise, wie ein Mensch seiner Umwelt gegenübersteht, eine Leitlinie, auf der sich sein Geltungsdrang in Verbindung mit seinem Gemeinschaftsgefühl durchsetzt.

Es wurde bereits festgestellt, daß alles Verhalten eines Menschen durch ein Ziel festgelegt ist, das sich als nichts anderes darstellt, als ein Ziel der Überlegenheit, der Macht, der Überwältigung des anderen. Dieses Ziel wirkt auf die Weltanschauung, es beeinflußt die Gangart, die Lebensschablone eines Menschen und lenkt seine Ausdrucksbewegungen. Die Charakterzüge sind demnach nur die äußeren Erscheinungsformen der Bewegungslinie eines Menschen. Als solche vermitteln sie uns die Erkenntnis seiner Haltung zur Umwelt, zu den Mitmenschen, zur Gemeinschaft überhaupt und zu seinen Lebensfragen. Es handelt sich um Erscheinungen, die *Mittel* darstellen, die Persönlichkeit zur Geltung zu bringen, Kunstgriffe, die sich zu einer Methode des Lebens zusammenfügen.

Die Charakterzüge sind durchaus nicht, wie viele meinen, angeboren, nicht von Natur aus gegeben, sondern einer Leitlinie vergleichbar, die dem Menschen wie eine Schablone anhaftet und ihm gestattet, ohne viel

Nachdenken in jeder Situation seine einheitliche Persönlichkeit zum Ausdruck zu bringen. Sie entsprechen keinen angeborenen Kräften und Substraten, sondern sie sind, wenn auch sehr früh, *erworben,* um eine bestimmte Gangart festhalten zu können. So ist z. B. einem Kind die Faulheit nicht angeboren, sondern es ist faul, weil ihm diese Eigenschaft als ein geeignetes Mittel erscheint, sich das Leben zu erleichtern und dabei doch seine Geltung zu behaupten. Denn die Machtstellung eines Menschen ist auch dann – in einem gewissen Sinn – vorhanden, wenn er sich auf der Linie der Faulheit bewegt. Er kann sich stets auf sie als einen angeborenen Fehler berufen und sein innerer Wert erscheint dann unangetastet. Das Endergebnis einer solchen Selbstbetrachtung ist immer ungefähr dies: »Wenn ich diesen Fehler nicht hätte, würden sich meine Fähigkeiten glänzend entfalten können; ich habe aber leider diesen Fehler.« Ein anderer, der in einem unbändigen Streben nach Macht mit seiner Umgebung in einen ständigen Kampf verwickelt ist, wird Charakterzüge entwickeln, die für einen solchen Kampf notwendig erscheinen, etwa Ehrgeiz, Neid, Mißtrauen u. dgl. Solche Erscheinungen glauben wir mit einer Persönlichkeit verschmolzen, angeboren und unabänderlich, während es sich bei einer näheren Betrachtung ergibt, daß sie nur für die Bewegungslinie des Menschen als notwendig erscheinen und daher angenommen werden. Sie sind nicht der primäre Faktor, sondern der sekundäre, durch das geheime Ziel des Menschen erzwungen, daher *teleologisch* zu betrachten. Wir erinnern an unsere obigen Ausführungen, denen zufolge die menschliche Art zu leben, zu handeln, einen Standpunkt zu finden, notwendig mit der Setzung eines Zieles verbunden ist. Wir können nichts denken und ins Werk setzen, ohne daß uns ein bestimmtes Ziel vorschwebt. Es wird in dunklen Umrissen der kindlichen Seele schon frühzeitig vorschweben und ist für seine ganze seelische Entwicklung richtunggebend. Es ist die leitende, gestaltende Kraft, die es ausmacht, daß jeder Einzelne eine besondere Einheit, eine besondere, von allen andern verschiedene Persönlichkeit darstellt, weil alle Bewegungen und Ausdrucksformen nach einem gemeinsamen Punkt hin gerichtet sind, so daß wir einen Menschen immer erkennen, wo immer er sich auf seiner Bahn befindet.

Die Bedeutung der *Vererbung* müssen wir hinsichtlich aller Erscheinungen im Psychischen, insbesondere hinsichtlich der Entstehung von Charakterzügen, völlig von der Hand weisen. Es gibt keine Anhaltspunkte, die eine Annahme der Vererbungslehre auf diesem Gebiet stützen könnten. Verfolgt man irgendeine Erscheinung im menschlichen Leben zurück, so gelangt man natürlich bis zum ersten Tag, und es scheint so, als ob alles angeboren wäre. Der Grund dafür, daß es Charakterzüge gibt, die einer ganzen Familie, einem Volke oder einer Rasse gemeinsam sind, liegt einfach darin, daß einer von andern abschaut, daß er Züge in sich entwickelt, die er dem andern abgelauscht, entlehnt hat. Es gibt gewisse Realien, seelische Eigenarten und körperliche Ausdrucksformen, denen in unserer Kultur für heranwachsende Menschen die Bedeutung einer Verlockung zur Nachahmung zukommt. So kann z. B. die Wißbegierde, die sich zuweilen als Schaulust äußert, bei Kindern, die mit gewissen Schwierigkeiten des Sehapparates zu kämpfen haben, zu einem Charakterzug der Neugier führen. Aber eine Notwendigkeit zur Entwicklung dieses Charakterzuges besteht nicht; wenn es die Leitlinie dieses Kindes verlangen würde, könnte es in seiner Wißbegierde z. B. einen Charakterzug entwickeln, demzufolge es alle Gegenstände untersuchen will und auseinandernimmt oder zerbricht. Oder es wird aus ihm ein Bücherwurm u. dgl. Ähnlich verhält es sich mit dem Mißtrauen von Menschen, die an Hörgebrechen leiden. In unserer Kultur ist solchen Menschen nahegelegt, Gefahren in außerordentlich verschärfter Weise zu empfinden. Sie sind auch vielfach allerlei Schärfen (Spott, niedere Einschätzung als Krüppel usw.) ausgesetzt, die die Entwicklung eines mißtrauischen Charakters begünstigen. Da sie von vielen Freuden ausgeschlossen sind, ist es begreiflich, wenn sich in ihnen feindselige Gefühle regen. Die Annahme, daß ihnen ein mißtrauischer Charakter angeboren sei, wäre unbegründet. Dasselbe gilt auch hinsichtlich der Annahme, daß verbrecherische Charakterzüge angeboren seien. Dem Argument, daß sich in einer Familie Verbrecher wiederfinden, muß entgegengehalten werden, daß da Tradition, Lebensanschauung und schlechtes Beispiel Hand in Hand gehen, daß den Kindern z. B. der Diebstahl geradezu als eine Möglichkeit des Lebens nahegelegt wird.

Dasslbe gilt auch insbesondere vom Geltungsstreben. Die Schwierigkeiten, denen sich jedes Kind gegenübersieht, machen es aus, daß kein Kind ohne dieses Streben aufwächst. Die Formen, in denen dieses Streben in Erscheinung tritt, sind schließlich austauschbar, sie wechseln und ändern sich und sehen bei jedem Menschen anders aus. Auf die Behauptung, daß Kinder in ihren Charakterzügen so oft ihren Eltern ähnlich sähen, müssen wir erwidern, daß das Kind in seinem Geltungsstreben durch die Gestalt eines Menschen aus seiner Umgebung, der selbst Geltung beansprucht und besitzt, angelockt wird. Jede Generation lernt auf diese Weise von ihren Vorfahren und bleibt selbst in den schwierigsten Zeiten, selbst bei den größten Verwicklungen, zu denen das Machtstreben führt, immer bei dem Erlernten.

Das Ziel der Überlegenheit ist ein geheimes Ziel. Infolge der Einwirkung des Gemeinschaftsgefühls kann es sich nur im Geheimen entfalten und verbirgt sich immer hinter einer freundlichen Maske. Wir müssen aber feststellen, daß es nicht so tropisch wuchern könnte, wenn einer den andern besser verstehen würde. Wenn wir so weit kommen könnten, daß unser Volk bessere Augen bekäme und jeder den Charakter seiner Mitmenschen klarer durchschauen könnte, dann würde er sich nicht nur besser schützen können, sondern gleichzeitig dem andern die Arbeit so sehr erschweren, daß sie nicht mehr rentabel wäre. Dann müßte das verschleierte Machtstreben fallen. Daher lohnt es sich wohl, in diese Zusammenhänge tiefer hineinzublicken und zu versuchen, die gewonnenen Erkenntnisse praktisch zu verwerten. Denn mit unserer Menschenkenntnis ist es nicht weit her. Wir leben in komplizierten kulturellen Verhältnissen, die eine richtige Schulung für das Leben sehr erschweren. Die wichtigsten Mittel zur Entfaltung von Scharfblick sind dem Volke eigentlich entzogen und die Schule hat bisher nicht mehr geleistet, als einen gewissen Stoff von Wissen vor den Kindern auszubreiten und sie davon »fressen« zu lassen, was sie konnten und wollten, ohne dabei ihr Interesse besonders wachzurufen. Und selbst diese Schule war für den größeren Teil der Bevölkerung nur ein frommer Wunsch. Auf die wichtigste Voraussetzung für die Gewinnung von Menschenkenntnis ist bisher viel zu wenig Gewicht gelegt worden. In diesen Schulen haben auch wir alle uns unsere Maßstäbe für die Beurteilung von Menschen geholt. Dort haben wir wohl die Dinge in gute und schlechte einteilen und voneinander unterscheiden gelernt, sind aber ohne Revision geblieben. So haben wir den Mangel mit ins Leben genommen und laborieren nun daran unser ganzes Leben lang. Die Vorurteile der Kinderjahre verwenden wir auch als Erwachsene noch immer, als ob sie geheiligte Gesetze wären. Wir merken nicht, wie wir in den Strudel dieser komplizierten Kultur hineingezogen sind und Standpunkte einnehmen, die einer wahren Erkenntnis der Dinge höchst abträglich sind, weil wir alles in letzter Linie wieder nur vom Standpunkt der Erhöhung unseres Persönlichkeitsgefühls, in dem Sinne betrachten und Stellung nehmen, um für uns einen Machtzuwachs zu erreichen. Unsere Betrachtungsweise war zu objektiv.

2. *Die Bedeutung des Gemeinschaftsgefühls für die Charakterentwicklung*

Bei der Entwicklung des Charakters spielt neben dem Streben nach Macht noch ein zweiter mitwirkender Faktor eine hervorragende Rolle, das Gemeinschaftsgefühl. Es kommt, wie das Geltungsstreben, schon in den ersten seelischen Regungen des Kindes, besonders in seinen Zärtlichkeitsregungen, in den Regungen des Kontaktsuchens zum Ausdruck. Die Bedingungen für die Entfaltung des Gemeinschaftsgefühls haben wir an anderer Stelle kennengelernt, wir wollen sie an dieser Stelle nur kurz wiederholen. Vor allem steht es unter der ständigen Einwirkung des Minderwertigkeitsgefühls und des von ihm ausgehenden Strebens nach Macht. Der Mensch ist eine außerordentlich empfängliche Basis für Minderwertigkeitsgefühle aller Art. In dem Moment, da ein Minderwertigkeitsgefühl auftritt, beginnt eigentlich erst der Prozeß seines Seelenlebens, die Unruhe, die nach einem Ausgleich sucht, die nach Sicherheit und Vollwertigkeit verlangt, um ein Leben in Ruhe und Freude genießen zu können. Aus der Erkenntnis des Minderwertigkeitsgefühls erwachsen die Verhaltungsmaßregeln, die dem Kind gegenüber zu beobachten sind, die in der allgemeinen Forderung gipfeln, dem Kind das Leben nicht sauer zu machen, es davor zu behüten, die Schattenseiten des Lebens allzu schwer kennenzulernen, ihm also möglichst die Lichtseiten des Lebens zu vermitteln. Hier knüpft eine weitere Gruppe von Bedingungen an, die ökonomischer Natur sind und bewirken, daß Kinder unter Verhältnissen aufwachsen, die nicht sein müßten, weil Unbildung, Unverständnis und Not schließlich Erscheinungen sind, denen abzuhelfen wäre. Eine wichtige Rolle spielen körperliche Mängel, die bewirken, daß die normale Art des Lebens für ein solches Kind nicht taugt, daß ihm Privilegien zuerkannt und besondere Maßregeln ergriffen werden müssen, um seine Existenz zu erhalten. Selbst wenn wir das alles vermögen, *das* können wir nicht verhindern, daß solche Kinder das Leben doch als etwas Schwieriges empfinden, wodurch ihnen die Gefahr droht, an ihrem Gemeinschaftsgefühl schweren Abbruch zu erleiden.

Wir können einen Menschen nicht anders beurteilen, als indem wir die Idee des Gemeinschaftsgefühls an seine ganze Haltung, an sein Denken und Handeln heranbringen und es daran messen. Dieser Standpunkt ist uns deshalb gegeben, weil die Stellung jedes Einzelnen innerhalb der menschlichen Gesellschaft ein tiefes Gefühl für die Zusammenhänge des Lebens erfordert, demzufolge wir mehr oder weniger dunkel, manchmal auch ganz klar fühlen und wissen, was wir den andern schuldig sind. Die Tatsache, daß wir mitten im Getriebe des Lebens stehen und der Logik des menschlichen Zusammenlebens unterliegen, macht es aus, daß wir für die Beurteilung Sicherheiten bekommen müssen, für die wir kein anderes Maß als eben die Größe des Gemeinschaftsgefühls anerkennen können. Es ist uns unmöglich, unsere geistige Abhängigkeit vom Gemeinschaftsgefühl zu verleugnen. Es gibt keinen Menschen, der imstande wäre, ernstlich jedes Gemeinschaftsgefühl für sich in Abrede zu stellen. Es gibt keine Worte, um sich der Verpflichtungen gegen die Mitmenschen zu entschlagen. Das Gemeinschaftsgefühl bringt sich stets mit warnender Stimme in Erinnerung. Damit soll nicht gesagt sein, daß wir immer im Sinne des Gemeinschaftsgefühls vorgehen, wohl aber, daß es eines gewissen Kraftaufwandes bedarf, um dieses Gefühl zu drosseln, beiseite zu schieben, und ferner, daß bei der Allgemeingültigkeit des Gemeinschaftsgefühls niemand eine Handlung vornehmen kann, ohne daß er sich in irgendeiner Weise vor diesem Gefühl rechtfertigt. Daher rührt der Zug, im menschlichen Leben, für alles, was man denkt und tut, Gründe, zumindest Milderungsgründe beizubringen, und es entsteht daraus die eigenartige Technik des Lebens, des Denkens und Handelns, daß wir immer im Zusammenhang mit dem Gemeinschaftsgefühl stehen wollen, zu stehen glauben oder wenigstens den Schein dieses Zusammenhanges erwecken wollen. Kurz, diese Erörterungen sollen zeigen, daß es etwas wie einen Schein des Gemeinschaftsgefühls gibt, der wie ein Schleier andere Tendenzen verdeckt, deren Aufdeckung uns erst das richtige Urteil über einen Menschen gestatten würde. Die Tatsache der Täuschungsmöglichkeit bedeutet eine Erschwerung bei der Beurteilung der Größe des Gemeinschaftsgefühls. Aber Menschenkenntnis ist nun einmal so schwer und daher muß sie zur Wissenschaft erhoben werden. Um zu zeigen, welcher Mißbrauch hier getrieben werden kann, geben wir im folgenden einige Fälle aus unserer Erfahrung.

Ein junger Mann erzählt, er sei einmal mit mehreren Kameraden auf das Meer hinaus zu einer Insel geschwommen, auf der sie einige Zeit verweilten. Einem von ihnen geschah es, daß er, sich über den Rand des Felsens beugend, das Gleichgewicht verlor und ins Meer fiel. Der junge Mann beugte sich vor und sah neugierig zu, wie sein Kamerad unterging. Als er später darüber nachdachte, fiel es ihm auf, daß bei ihm damals nichts als Neugierde vorhanden war. Nebenbei sei bemerkt, daß der Fall gut ausgegangen ist. Was aber den Erzähler betrifft, muß man feststellen, daß er des Gemeinschaftsgefühls zum großen Teil bar ist. Wenn man dann noch hört, daß er in seinem Leben eigentlich noch niemand etwas zuleide getan hat, es sogar gelegentlich versteht, mit jemand auf sehr gutem Fuß zu stehen, so wird uns dies doch nicht darüber täuschen, daß sein Gemeinschaftsgefühl gering ist. Selbstverständlich muß zu einer solchen immerhin gewagten Forderung noch Material beschafft werden. Wir bringen zu diesem Zweck noch eine beliebte Tagesphantasie dieses Jünglings. Ihr Inhalt war, sich in einem schönen kleinen Häuschen mitten im Walde zu befinden, abgeschlossen von allen Menschen. Dieses Bild war ihm auch für seine Zeichnungen ein beliebtes Motiv. Wer sich in Phantasien auskennt, wird, wenn er die Vorgeschichte kennt, den Mangel an Gemeinschaftsgefühl leicht erkennen. Und wenn wir ohne moralischen Aufwand feststellen, daß bei ihm irgendeine fehlerhafte Entwicklung eingewirkt und die Entfaltung des Gemeinschaftsgefühls verhindert haben muß, so werden wir ihm kaum unrecht tun.

An einer anderen Geschichte, von der wir hoffen wollen, daß sie nur eine Anekdote geblieben ist, soll der Unterschied zwischen echtem und falschem Gemeinschaftsgefühl noch deutlicher gezeigt werden. Eine alte Frau glitt beim Besteigen einer Tramway aus und fiel in den Schnee. Sie konnte sich nicht erheben und eine Menge Menschen eilte vorbei ohne ihr zu helfen, bis endlich jemand hintrat und sie aufhob. In diesem Augenblick sprang ein anderer hinzu, der sich irgendwo verborgen gehalten hatte und begrüßte den Retter mit den Worten: »Endlich einmal ein anständiger Mensch; seit fünf Minuten stehe ich da und warte, ob wohl jemand diese Frau aufheben werde. Sie sind der erste.« Hier ist deutlich zu sehen, wie durch eine Art Überhebung, durch Vortäuschen eines Gemeinschaftsgefühls Mißbrauch getrieben wird und sich jemand zum Richter über andere aufwirft, Lob und Tadel verteilt, ohne selbst einen Finger gerührt zu haben.

Es gibt Fälle, die so kompliziert liegen, daß es nicht leicht ist, eine Entscheidung über die Größe des Gemeinschaftsgefühls zu treffen. Da bleibt nichts anderes übrig, als zu seinen Wurzeln zurückzukehren. Wir werden dann nicht im unklaren bleiben, wenn wir z. B. den Fall beurteilen sollen, wo ein Feldherr, der den Krieg schon halb für verloren hält, noch Tausende von Soldaten in den Tod jagt. Er wird natürlich den Standpunkt vertreten, daß er im Interesse der Allgemeinheit gehandelt habe, und viele werden ihm beistimmen. Wir werden aber heute wenig Neigung haben, ihn als einen richtigen Mitmenschen anzusehen, welche Gründe er auch angeben mag.

Was wir in solchen Fällen brauchen, um ein richtiges Urteil fällen zu können, ist ein Standpunkt, dem Allgemeingültigkeit zukommt. Für uns ist dieser Standpunkt der *Nutzen der Allgemeinheit, das Wohl der Gesamtheit.* Wenn wir uns auf diesen Standpunkt stellen, wird uns die Entscheidung in den seltensten Fällen Schwierigkeiten bereiten.

Die Größe des Gemeinschaftsgefühls wird sich in allen Lebensäußerungen eines Menschen zeigen. Es wird oft schon ganz äußerlich darin zum Ausdruck kommen, wie z. B. einer den andern anblickt, wie er ihm die Hand reicht, mit ihm spricht. Sein ganzes Wesen wird uns oft schon rein gefühlsmäßig einen Eindruck vermitteln. Wir ziehen manchmal ganz unbewußt aus dem Verhalten eines Menschen Schlüsse, die so weit gehen, daß wir unsere eigene Haltung davon abhängig machen. In diesen Erörterungen tun wir nichts anderes, als daß wir diesen Vorgang in die Sphäre des Bewußtseins verlegen und auf diese Weise ermöglichen, zu prüfen und abzuschätzen, ohne Fehlerquellen befürchten zu müssen. Dann sind wir nicht mehr durch Voreingenommenheiten irregeleitet, die viel leichter möglich sind, wenn sich dieser Vorgang im Unbewußten abspielt, wo wir nicht kontrollieren können und keine Revisionsmöglichkeit haben.

Es sei nochmals darauf hingewiesen, daß bei der Beurteilung eines Charakters immer nur die Gesamtposition des Menschen als wesentlicher Faktor ins Auge zu fassen ist, daß es nicht genügt, Einzelerscheinungen herauszugreifen, etwa *nur* auf das körperliche Substrat, *nur* auf das Milieu oder *nur* auf die Erziehung zu schauen. Mit dieser Feststellung ist zugleich ein Alp von der Brust der Menschheit genommen. Denn wenn wir diesen Weg festhalten und ausbauen können, wenn wir uns bewußt sind, daß es durch eine vertiefte Selbsterkenntnis möglich ist, uns selbst entsprechender zu verhalten, dann ist es auch möglich, auf andere, insbesondere auf Kinder mit Erfolg einzuwirken und zu verhüten, daß ihr Schicksal blindes Fatum wird, daß sie, weil sie aus einer dunklen Familienatmosphäre stammen, im Unglück landen oder verharren müssen. Wenn wir das zustande bringen, dann hat die Kultur der Menschheit einen entscheidenden Schritt nach vorwärts getan und es besteht die Möglichkeit, daß eine Generation heranwächst, die sich dessen bewußt ist, selbst Herr ihres eigenen Schicksals zu sein.

3. Entwicklungsrichtungen des Charakters

Entsprechend der Richtung, die das Kind in seiner seelischen Entwicklung einschlägt, werden auch die Charakterzüge ausfallen, die es entwikkelt. Wir werden diese Richtung entweder als gerade empfinden oder sie wird Abbiegungen aufweisen. Im ersten Fall wird das Kind geradlinig der Verwirklichung seines Zieles zustreben, somit einen aggressiven, mutigen Charakter entwickeln. Man kann sagen, daß die Anfänge der Charakterentwicklung jedenfalls etwas von diesem Aggressiven, Zugreifenden haben, daß diese Linie aber durch die Schwierigkeiten des Lebens leicht umgebogen werden kann. Diese Schwierigkeiten liegen bekanntlich in einer großen Widerstandskraft der Gegner, so daß das Kind auf der geraden Linie nicht zum Ziel der Überlegenheit gelangen kann. Es wird irgendwie um diese Schwierigkeiten herumzukommen suchen. Auf diesem Umweg wird es wieder bestimmte Charakterzüge annehmen. In gleicher Weise wirken auch alle anderen Schwierigkeiten auf die Entwicklung des Charakters, die wir bereits kennengelernt haben, wie die mangelhafte Entwicklung von Organen, Verstöße, die sich die Umgebung des Kindes zuschulden kommen läßt u. dgl. Wichtig sind ferner die Einwirkungen der weiteren Umwelt, die als eine Erzieherin unwiderstehlichster Art auftritt. Denn das öffentliche Leben setzt sich in Forderungen, Gedanken und Gefühle der Erzieher selbst um, die dadurch bestimmt werden, die Erziehung so einzurichten, daß sie auf das gesellschaftliche Leben und auf die herrschende Kultur abgestimmt ist.

Schwierigkeiten aller Art bedeuten immer eine Gefahr für eine geradlinige Entwicklung des Charakters. Die Wege, die das Kind einschlägt, um zu seinem Machtziel zu gelangen, werden dann mehr oder weniger von der geraden Richtung abweichen. Während sich im ersten Fall die Haltung des Kindes unerschüttert zeigt, immer in einer Linie, sich einer Schwierigkeit direkt gegenüberzustellen, wird im zweiten Fall ein ganz anderes Kind sichtbar, ein Kind, das schon gelernt hat, daß das Feuer brennt, daß es Gegner gibt, daß man vorsichtig sein muß. Es wird versuchen, sich des Zieles der Geltung und Macht auf Umwegen, in listiger Weise zu bemächtigen. Seine weitere Entwicklung wird vom Grad dieser Abweichung abhängen, ob es allzu vorsichtig wird oder nicht, ob es sich mit den Notwendigkeiten des Lebens noch in Einklang befindet oder ob es ihn bereits vermissen läßt. Es wird nicht mehr geradlinig an seine Aufgaben herantreten, feige oder schüchtern werden, nicht mehr in die Augen sehen, nicht mehr die Wahrheit sprechen. Ein anderer Typus von Kindern, aber gleichwohl dasselbe Ziel. Wenn zwei nicht dasselbe tun, so kann es doch dasselbe sein.

Beide Entwicklungsrichtungen sind bis zu einem gewissen Grade tragfähig, besonders wenn das Kind noch keine zu starren Formen angenommen hat, wenn seine Prinzipien noch locker sind, so daß es nicht immer denselben Weg betritt, sondern genug Initiative behält und elastisch bleibt, um auch eine andere Form zu finden, wenn sich die eine als unzulänglich erweist.

Die Einfügung in die Forderungen der Gesamtheit hat also zur Voraussetzung ein ungestörtes Zusammenleben. Diese Einfügung kann man dem Kind leicht beibringen, solange es seiner Umgebung gegenüber noch keine Kampfstellung einnimmt. Und der Kampf innerhalb der Familie ist nur vermeidbar, wenn die Erzieher imstande sind, ihr eigenes Streben nach Macht so weit zurückzustellen, daß es nicht zu einer Last, zu einem Druck auf das Kind wird. Steht ihnen dabei auch ein volles

Verständnis für die Entwicklung des Kindes zur Verfügung, dann werden sie auch vermeiden können, daß geradlinige Charakterzüge überspitzt werden, daß Mut in Frechheit, Selbständigkeit in rohen Egoismus ausartet. Ebenso werden sie verhüten können, daß durch eine irgendwie gewaltsam erzeugte Autorität aus der Einfügung sklavischer Gehorsam zustandekommt, daß das Kind verschlossen wird und die Wahrheit scheut, weil es sich vor den Folgen der Offenheit fürchtet. Denn der Druck, der oft in der Erziehung angewendet wird, ist ein verwegenes Mittel und erzeugt meist nur eine falsche Einfügung, der erzwungene Gehorsam ist nur ein scheinbarer. Mögen all die erdenklichen Schwierigkeiten, die hier mitspielen, unmittelbar oder nur mittelbar auf das Kind einwirken, immer wird ein Abglanz der allgemeinen Verhältnisse in die Kindesseele fallen und sie dementsprechend gestalten, ohne daß eine Kritik zu walten imstande ist, entweder weil das Kind dieselbe nicht aufbringen kann oder weil die erwachsene Umgebung von diesen Vorgängen nichts weiß oder sie nicht versteht.

Man kann die Menschen auch nach einer anderen Art, nämlich wie sie Schwierigkeiten entgegentreten, einteilen. Die *Optimisten* sind jene Menschen, bei denen die Charakterentwicklung eine im großen und ganzen gerade Richtung nimmt. Sie treten allen Schwierigkeiten mutig entgegen und nehmen sie nicht schwer. Sie haben den Glauben an sich bewahrt und eine günstige Stellung zum Leben leichter gefunden. Sie verlangen nicht allzuviel, weil sie eine gute Selbsteinschätzung haben und sich nicht verkürzt fühlen. So ertragen sie die Schwierigkeiten des Lebens leichter als andere, die darin immer einen Anlaß finden, sich für schwach und unzulänglich zu halten. In schwierigeren Situationen bleiben sie ruhig in der Überzeugung, daß man Fehler wieder gutmachen kann.

Auch an ihrer äußeren Erscheinung kann man die Optimisten erkennen. Sie fürchten sich nicht, sprechen offen und frei mit den andern und genieren sich nicht allzuviel. Plastisch könnte man sie etwa darstellen, wie sie mit offenen Armen dastehen, um den andern zu empfangen. Sie finden leicht Anschluß an andere Menschen, sie befreunden sich leicht, weil sie nicht mißtrauisch sind. Ihre Sprache ist unbehindert, Haltung und Gang unbefangen. Einen reinen Typus dieser Art findet man selten, fast nur in den ersten Kinderjahren. Es gibt aber schon Grade von Optimismus und Anschlußfreudigkeit, mit denen wir zufrieden sein können.

Anders der Typus des *Pessimisten,* der die schwersten Erziehungsprobleme stellt. Es sind jene, die aus den Erlebnissen und Eindrücken der Kindheit ein Minderwertigkeitsgefühl bezogen haben, denen durch allerhand Schwierigkeiten die Empfindung nahegelegt wurde, daß das Leben nicht leicht ist. Einmal im Bannkreis einer durch unrichtige Behandlung genährten pessimistischen Weltanschauung, wird ihr Blick immer auf die Schattenseiten des Lebens fallen. Sie sind sich der Schwierigkeiten des Lebens viel mehr bewußt als die Optimisten und verlieren leicht den Mut. Oft von einem Unsicherheitsgefühl erfüllt, suchen sie nach einer Stütze, was sich gewöhnlich schon äußerlich darin kundtut, daß sie nicht frei stehen können, als Kinder z. B. Anlehnung an die Mutter suchen oder nach der Mutter rufen. Dieser *Schrei nach der Mutter* ist manchmal bis ins späte Alter wiederzufinden.

Die besondere Vorsichtigkeit dieses Typus sieht man an seiner Haltung, die meist schüchtern, furchtsam, langsam sein wird, vorsichtig berechnend, weil sie immer Gefahren wittern. Sie werden auch schlechter schlafen. Der Schlaf ist überhaupt ein ausgezeichneter Gradmesser für die Entwicklung eines Menschen. Die *Schlafstörungen* sind immer ein Zeichen der größeren Vorsicht und Unsicherheit. Es ist, wie wenn diese Menschen fortwährend auf der Wacht wären, um sich vor den Feindseligkeiten des Lebens besser zu schützen. Daraus kann man auch ersehen, wie wenig Lebenskunst, wie wenig Verständnis für das Leben und seine Zusammenhänge in diesem Typus vorhanden ist, der nicht einmal eines guten Schlafes teilhaftig werden kann. Hätte er wirklich recht, dann *dürfte* er gar nicht schlafen. Wäre das Leben wirklich so schwer, wie dieser Typus es annimmt, dann wäre in der Tat der Schlaf eine schädliche Einrichtung. In der Neigung, gegen solche natürliche Einrichtungen Stellung zu nehmen, verrät sich die Lebensunfähigkeit dieses Typus. Manchmal findet man nicht gerade Schlafstörungen, sondern andere Kleinigkeiten, wie Nachsehen, ob die Tür gut verschlossen ist, häufige Träume von Einbrechern u. dgl. Sogar in Schlafstellungen ist dieser Typus zu erkennen. Es kommt oft vor, daß sich solche Menschen auf den kleinsten Raum zusammenringeln oder sich die Decke über den Kopf ziehen.

Nach anderen Gesichtspunkten kann man die Menschen einteilen in Angreifer und Angegriffene. Die *Angriffsattitüde* zeigt sich vor allem in größeren Bewegungen. Sie werden, wenn sie mutig sind, diesen Mut bis zum Übermut steigern, sich selbst und den andern immer mit einem besonderen Nachdruck zeigen wollen, daß sie doch etwas leisten können. So verraten sie das tiefe Unsicherheitsgefühl, das sie im Grunde beherrscht. Wenn sie furchtsam sind, werden sie sich gegen die Furcht abzuhärten suchen. Andere wieder werden bestrebt sein, Gefühle von Weichheit und Zärtlichkeit zu unterdrücken, weil sie ihnen wie eine Schwäche erscheinen. Sie werden immer den Starken herauskehren wollen, oft mit einer solchen Deutlichkeit, daß es auffällt. Diese Angreifer werden manchmal auch Züge von Roheit und Grausamkeit aufweisen. Neigen sie zu Pessimismus, dann sind oft alle ihre Beziehungen zur Umwelt verändert, weil sie nicht mitleben und nicht mitfühlen und allen feindlich gegenüberstehen. Ihre bewußte Selbsteinschätzung kann dabei einen sehr hohen Grad erreichen, sie können gebläht sein von Stolz, Arroganz und Eigendünkel. Sie können Eitelkeiten zur Schau tragen, als ob sie wirkliche Überwinder wären. Aber die Deutlichkeit, mit der sie das alles tun, und das Überflüssige daran stört nicht nur das Zusammenleben, sondern verrät uns auch, daß alles an ihnen nur ein künstlerischer Bau ist, der sich über einer unsicheren, schwankenden Grundlage erhebt. So kommt ihre Angriffsattitüde zustande, die einige Zeit anhält.

Die weitere Entwicklung solcher Menschen ist nicht leicht. Die menschliche Gesellschaft ist solchem Wesen nicht hold. Schon dadurch, daß sie auffallen, machen sie sich mißliebig. Bei ihren steten Anstrengungen, die Oberhand zu gewinnen, geraten sie mit den andern bald in Konflikt, besonders mit Gleichgesinnten, deren Konkurrenz sie erwekken. Ihr Leben wird zu einer fortgesetzten Kette von Kämpfen, und wenn sie, wie es fast unausbleiblich ist, Niederlagen erleiden, ist es oft mit ihrer Linie des Sieges und Triumphes zu Ende. Sie schrecken dann leicht zurück, verlieren die Ausdauer und können Rückschläge nur mehr schwer überwinden. Sie sind dann auch schwer wieder hervorzuholen. Das Mißlingen von Aufgaben beginnt nachhaltigen Einfluß auf sie zu gewinnen und sie enden in ihrer Entwicklung ungefähr dort, wo der andere Typus, jene, die sich immer angegriffen fühlen, beginnt.

Dieser zweite Typus, die *»Angegriffenen«,* sind jene, die in der Überwindung ihres Schwächegefühls nicht die Linie des Angriffs gesucht haben, sondern die der Ängstlichkeit, Vorsicht und Feigheit. Diese Einstellung kommt sicherlich nie zustande, ohne daß die beim ersteren Typus geschilderte Linie, wenn auch nur für kurze Zeit, beschritten wurde. Die »Angegriffenen« sind mit schlimmen Erfahrungen bald so beladen, sie ziehen derart vernichtende Schlußfolgerungen daraus, daß sie leicht auf den Weg der Flucht geraten. Manchen gelingt es, diese Fluchtbewegungen vor sich selbst zu verstecken, indem sie so tun, als ob hier ein fruchtbares, werktätiges Beginnen vorläge. So, wenn sie in die Vergangenheit zurückgreifen, sich intensiv mit ihren Erinnerungen beschäftigen und ihre Phantasie entwickeln, was aber in Wirklichkeit nur dem Zweck dient, von der Wirklichkeit, die ihnen bedrohlich erscheint, loszukommen. Wohl gelingt es dem einen oder andern, wenn noch nicht alle Initiative verlorengegangen ist, selbst auf diesem Weg etwas zu leisten, was für die Allgemeinheit nicht ohne Nutzen ist. Wer sich für die *Psychologie des Künstlers* interessiert, der wird unter Künstlern oft diesen Typus vorfinden, der sich von der Wirklichkeit abgewandt hat, um sich in der Phantasie, im Reich der Ideen, wo es keine Hindernisse gibt, eine zweite Welt zu errichten. Das sind aber Ausnahmen. Die meisten erleiden Fehlschläge. Sie fürchten alle und alles, werden ungeheuer mißtrauisch und erwarten vom andern nur Feindseligkeit. Leider werden sie in unserer Kultur nur zu häufig in ihrer Stellungnahme bestärkt, verlieren dann völlig den Blick für die guten Eigenschaften der Menschen und für die Lichtseiten des Lebens. Ein häufiger Charakterzug dieser Menschen ist, daß sie außerordentlich *kritisch* werden können und einen Scharfblick bekommen, der jeden Fehler sofort wahrnimmt. Sie werfen sich zu Richtern auf, ohne selbst etwas zum Nutzen ihrer Umgebung beigetragen zu haben. Sie sind immer nur kritisch und schlechte Mitspieler, Spielverderber. Ihr Mißtrauen zwingt sie zu einer abwartenden, zögernden Haltung. Vor einer Aufgabe beginnen sie zu zweifeln und zu zögern, als ob sie die Entscheidung hinausrücken wollten. Will man sich auch diesen Typus symbolisch darstellen, dann würde er uns erscheinen als ein Mensch, der wie zur Abwehr die Hände vorstreckt, zuweilen mit abgewandtem Blick, wie um der Gefahr nicht ins Auge sehen zu müssen.

Auch andere Züge, die solchen Menschen anhaften, sind wenig sympathisch. Es ist eine allgemeine Erscheinung, daß Menschen, die sich selbst nichts zutrauen, die Neigung besitzen, auch andern nichts zuzutrauen. Bei dieser Haltung ist es aber unausweichlich, daß sich Züge des Neides und Geizes entwickeln. Die Zurückgezogenheit, in der sie oft leben, bedeutet, daß sie nicht gewillt sind, andern Freude zu bereiten und an den Freuden anderer teilzunehmen. Fremde Freude bereitet ihnen zuweilen Schmerz, sie fühlen sich durch sie geradezu verletzt. Einzelnen dieser Menschen gelingt recht häufig der Kunstgriff, sich über die andern erhaben zu fühlen, in einer Weise, daß dieses Gefühl im Leben schwer zu erschüttern ist. In ihrer Sehnsucht, sich erhaben zu zeigen, können Empfindungen wach werden, die so kompliziert sind, daß man sie auf den ersten Blick gar nicht als feindselig erkennt.

4. *Die alte psychologische Schule*

Man kann auch ohne klar bewußte Richtungslinie Menschenkenntnis betreiben. Das geht gewöhnlich auf die Weise vor sich, daß man einen *einzelnen* Punkt der seelischen Entwicklung herausgreift und von diesem Punkte aus Typen aufzustellen versucht, um sich zurechtzufinden. So könnte man die Menschen z. B. einteilen in solche, die mehr nachdenklich, mehr überlegend oder mehr in der Phantasie beschäftigt sind und dem Eingreifen ins Leben abhold sind, die daher schwer zum Handeln zu bewegen sind, und in solche, die tätiger sind, weniger nachdenken und der Phantasie weniger Spielraum geben, die immer beschäftigt sind, arbeitend, ins Leben eingreifend. Solche Typen bestehen wohl. Wir wären aber dann schon am Ende unserer Betrachtungen und müßten uns, wie die übrige Psychologie, damit bescheiden, festzustellen, daß bei den einen die Phantasietätigkeit, bei den andern die Tatkraft stärker entwickelt ist. Dies würde auf die Dauer kaum genügen. Unser Bedürfnis geht mehr dahin, klare Bilder darüber zu schaffen, wie das geworden ist, ob es so werden mußte, und wie es zu vermeiden oder abzuändern wäre. Deswegen sind derartige willkürliche, von einem oberflächlichen Standpunkt aus getroffene Einteilungen für eine rationelle Menschenkenntnis nicht brauchbar, wenngleich uns Typen dieser Art immer wieder auffallen.

Die Individualpsychologie hat die Entwicklung von Ausdrucksbewegungen dort erfaßt, wo die Anfänge dafür zu suchen sind, in den frühesten Kindheitstagen. Sie hat festgestellt, daß diese Ausdrucksbewegungen samt und sonders entweder solche sind, die durch das Überwiegen des Gemeinschaftsgefühls ihr besonderes Gepräge erhalten, oder aber solche, bei denen das Streben nach Macht stärker hervortritt. Mit dieser Feststellung sah sie sich plötzlich im Besitz eines Schlüssels, mit dem es möglich ist, jeden Menschen ziemlich eindeutig zu erfassen und zu klassifizieren, immer natürlich unter Beobachtung jener Vorsicht, die einem Psychologen geziemt, der ja in einem außerordentlich weiten Gebiet operiert. Diese Selbstverständlichkeit vorausgesetzt, gewinnen wir ein Maß, mit dem wir feststellen können, eine seelische Erscheinung enthalte einen höheren Grad von Gemeinschaftsgefühl und es sei ihr nur wenig Streben nach Macht und Prestigepolitik beigemengt, oder sie sei durchaus ehrgeiziger Natur und diene nur dazu, für ihren Träger oder auch für seine Umgebung darzutun, um wieviel er die andern überragt. Auf dieser Basis gelingt es nicht schwer, gewisse Charakterzüge deutlicher zu sehen, mit ihnen zu rechnen, sie insbesondere unter dem Gesichtspunkt der

Einheitlichkeit einer Persönlichkeit zu verstehen, womit auch gleichzeitig die Handhaben gegeben sind, mit einem Menschen zu rechnen und auf ihn einzuwirken.

5. *Temperamente und innere Sekretion*

Eine in der Psychologie sehr alte Unterscheidung der seelischen Ausdrucksformen sind die *Temperamente.* Es ist nicht leicht zu sagen, was man unter Temperament verstehen soll, Schnelligkeit, mit der einer denkt, spricht oder handelt, die Kraft oder der Rhythmus, den er hineinlegt, u. dgl. Wenn wir die Erklärungen der Psychologen über das Wesen der Temperamente zurückverfolgen, müssen wir sagen, daß die Wissenschaft in der Betrachtung des Seelenlebens seit dem grauen Altertum über die Festsetzung von vier Temperamenten nicht hinausgekommen ist. Die Einteilung derselben in ein sanguinisches, cholerisches, melancholisches und phlegmatisches stammt aus dem alten Griechenland, wurde von Hippokrates übernommen, dann von den Römern weitergeführt und bildet heute noch in der Psychologie ein ehrwürdiges Heiligtum.

Unter einem *Sanguiniker* versteht man einen Menschen, der eine gewisse Lebenslust aufweist, die Dinge nicht allzu schwer nimmt, sich, wie man sagt, nicht leicht graue Haare wachsen läßt und versucht, allem die schönste und angenehmste Seite abzugewinnen, der bei traurigen Anlässen wohl traurig ist, aber nicht zusammenbricht, bei freudigen Ereignissen wohl einen Genuß empfindet, aber doch nicht in Überraschung gerät. Eine ausführliche Schilderung dieser Menschen ergibt nichts anderes, als daß sie die ungefähr gesunden Leute sind, bei denen sich schädliche Einschläge größeren Grades nicht vorfinden. Von den anderen drei Typen können wir das letztere nicht behaupten. Der *Choleriker* ist in einem alten dichterischen Gleichnis so dargestellt, daß er einen Stein, der seinen Lauf hindert, wutentbrannt zur Seite schleudert, während der Sanguiniker gemächlich über ihn hinwegschreitet. In die Sprache der Individualpsychologie übersetzt, ist der Choleriker derjenige, dessen Streben nach Macht so angespannt ist, daß er immer große Bewegungen machen muß, Kraftleistungen produzieren und in geradlinig-aggressivem Vorgehen alles überrennen will. Früher hat man dieses Temperament mit der Galle in Verbindung gebracht und von einem galligen Temperament gesprochen. Auch heute spricht man noch von Menschen, denen die »Galle übergeht«. In Wirklichkeit sind das aber die Menschen mit den großen Bewegungen, wie man sie schon in der frühen Kindheit findet, die ein Kraftgefühl nicht nur haben, sondern es auch ausleben lassen und es demonstrieren wollen.

Der *Melancholiker* macht schon einen andern Eindruck. In dem erwähnten Gleichnis wird er ungefähr dargestellt als ein Mensch, dem beim Anblick dieses Steines »alle seine Sünden einfallen«, der in traurige Erwägungen verfällt und wieder zurückgeht. Die Individualpsychologie sieht in diesem Typus den ausgesprochen zögernden Menschen, der sich nicht zutraut, Schwierigkeiten zu überwinden und vorwärts zu kommen, sondern mit größter Vorsicht seine weiteren Schritte einleitet, lieber stehen bleibt oder umkehrt, als etwas zu riskieren. Also ein Mensch, bei dem der Zweifel das Übergewicht gewinnt, der meist geneigt ist, mehr an sich als an die andern zu denken, so daß auch dieser Typus für die großen Möglichkeiten des Lebens keine Anknüpfungspunkte besitzt. Er ist durch seine eigenen Sorgen so bedrückt, daß sein Blick nur nach rückwärts oder nach innen gerichtet ist.

Phlegmatiker nun scheint durchwegs jener zu sein, der dem Leben fremd ist, Eindrücke sammelt, ohne daraus besondere Konsequenzen zu ziehen, auf den nichts mehr Eindruck macht, den nichts sonderlich interessiert, der auch keine besonderen Kraftanstrengungen macht, kurz, der ebenfalls die Zusammenhänge mit dem Leben nicht hat und dem Leben vielleicht am entferntesten gegenübersteht.

Wir können demnach nur den Sanguiniker als den Typus eines guten Menschen bezeichnen. Erwähnt muß noch werden, daß Temperamente in dieser Reinheit sehr selten sind, daß man meist Mischfälle antrifft, welcher Umstand diese Temperamente eigentlich ihres Wertes beraubt. Es kommt auch vor, daß verschiedene Temperamente einander ablösen, so daß sich z. B. ein Kind im Anfang als Choleriker präsentiert, später ein Melancholiker wird und vielleicht als Phlegmatiker endet. Für den Sanguiniker müssen wir noch feststellen, daß er als derjenige erscheint, der in seiner Kindheit am wenigsten dem Gefühl der Minderwertigkeit ausgesetzt war, wenig fühlbare Organminderwertigkeiten aufwies und keinen starken Reizungen unterworfen war, so daß er sich ruhig entwickeln, das Leben lieb gewinnen und sich mit ihm auf vertrauten Fuß setzen konnte.

Nun kommt die Wissenschaft und erklärt folgendes: Die Temperamente des Menschen sind abhängig von der *inneren Drüsensekretion*[1]. Die neuere Entwicklung der medizinischen Wissenschaft arbeitet nämlich mit der Erkenntnis der sog. Blutdrüsen. Dazu gehören namentlich die Schilddrüse, die Hypophyse, Nebenniere, Nebenschilddrüse und die Keimdrüse. Das sind Drüsen ohne Ausführungsgang, sezernierende Gewebe, die einen Saft an das Blut abgeben.

Die allgemeine Auffassung ist nun die, daß alle Organe und Gewebe des Körpers durch diese Säfte beeinflußt werden, die durch das Blut zu jeder einzelnen Zelle des Körpers gelangen, Säfte, die Reiz- und sogenannte entgiftende Wirkungen haben, für den Lebenshaushalt also unbedingt notwendig sind. Die volle Bedeutung der »endokrinen Drüsen« ist noch in Dunkel gehüllt. Diese ganze Wissenschaft steht noch im Anfang, ganz positive Tatsachen können noch nicht gegeben werden. Da sie aber darauf Anspruch erhebt, auch eine psychologische Richtung zu begründen, da sie behauptet, in bezug auf Charakter und Temperament der Menschen Auskünfte geben zu können, soll noch einiges darüber gesagt werden.

Vorerst muß ein schweres Bedenken ausgesprochen werden. Wenn wir uns einen veritablen Krankheitsfall ansehen, in dem z. B. die Schilddrüsensekretion mangelhaft arbeitet, dann ist es wohl richtig, daß wir hier auch seelischen Äußerungen begegnen, die das Äußerste an phlegmatischem Temperament darzubieten scheinen. Denn abgesehen davon,

1. Siehe Kretschmer, Charakter und Temperament, Berlin 1911.

daß diese Menschen ein gedunsenes Aussehen bekommen, eine besonders derbe Hautentwicklung aufweisen und daß ihr Haarwuchs sich verschlechtert, sind sie auch von einer außerordentlichen Langsamkeit und Trägheit der Bewegung. Ihre seelische Empfindlichkeit ist stark herabgesetzt, ihre Initiative gering.

Wenn wir aber diesen Fall mit einem andern vergleichen, den wir als phlegmatisches Temperament bezeichnen, *ohne* daß wir den Nachweis eines pathologischen Substanzverlustes der Schilddrüse führen könnten, dann sehen sich diese Fälle gar nicht ähnlich und wir haben ganz verschiedene Bilder vor uns. Man könnte also sagen: Vermutungsweise liegt in den Säften, die die Schilddrüse dem Blut liefert, etwas, das zu einer klaglosen seelischen Funktion mitwirkt. So weit können wir aber nicht gehen, zu identifizieren und zu sagen, das phlegmatische Temperament entstehe durch Verlust an diesem Schilddrüsenzuschuß an das Blut.

Der *pathologische* Typus des Phlegmatikers ist also ganz verschieden von jenem, den wir im Leben als Phlegmatiker bezeichnen, dessen Temperament und Charakter sich durchaus abheben, und zwar durch ihre psychologische Vorgeschichte. Diese Phlegmatiker nämlich, die für uns als Psychologen in Betracht kommen, sind durchaus nicht gleichbleibende Typen und man wird oft überrascht durch die erstaunlich tiefen und heftigen Reaktionen, die bei solchen Menschen zustandekommen. Einen Phlegmatiker durch das ganze Leben gibt es überhaupt nicht und wir werden immer finden, daß dieses Temperament nichts anderes ist, als eine künstliche Hülle, eine Sicherung, die sich ein sehr empfindlicher Mensch geschaffen, die er zwischen sich und die Außenwelt gebracht hat, zu der er vielleicht eine ursprüngliche, in seiner Konstitution begründete Neigung gehabt hat. Das phlegmatische Temperament ist ein Sicherungsvorgang, eine sinnvolle Antwort auf die Fragen des Lebens und in diesem Sinn natürlich ganz verschieden von der sinnlosen Langsamkeit, Trägheit und Unzulänglichkeit eines Menschen, der der Schilddrüse ganz oder zum Teil beraubt ist.

Über dieses bedeutsame Bedenken können wir nicht hinweggehen und müssen selbst in dem Fall, als sich nachweisen ließe, daß nur jene ein phlegmatisches Temperament bekommen können, die eine krankhafte Schilddrüsensekretion aufweisen, geltend machen: das ist nicht das Um und Auf der ganzen Sache, sondern es handelt sich um ein ganzes Bündel von Ursachen und Zielen, um einen ganzen Konzern von Organbetätigungen plus äußeren Einwirkungen, die zuerst ein organisches Minderwertigkeitsgefühl erzeugen, von dem aus dann Versuche des Individuums ausgehen, deren einer der sein *kann,* sich durch ein phlegmatisches Temperament vor Unannehmlichkeiten und Verletzungen des Persönlichkeitsgefühls zu schützen. Das heißt aber mit anderen Worten, daß wir hier wieder einen Typus vor uns haben, von dem schon die Rede war, nur spezifiziert, bei dem eben die Organminderwertigkeit der Schilddrüse und ihre Folgen in den Vordergrund treten, der durch diese Organminderwertigkeit eine schlechtere Stellung im Leben zugewiesen erhält und diese nun durch seelische Kunstgriffe, wie das Phlegma, wettzumachen sucht.

In dieser Auffassung werden wir bestärkt, wenn wir andere Sekretionsanomalien in Betracht ziehen und die dazu »gehörigen« Temperamente untersuchen. So gibt es auch Menschen, die eine vermehrte Schilddrüsensekretion aufweisen, wie es bei der Basedowschen Krankheit der Fall ist. Körperlich sind solche Kranke dadurch ausgezeichnet, daß sie eine verstärkte Herztätigkeit haben, insbesondere eine erhöhte Pulsfrequenz, daß ihre Augen stark hervortreten, daß die Schilddrüse anschwillt und der ganze Körper, besonders die Hände, in einem leichteren oder stärkeren Zittern begriffen sind. Auch Schweiß tritt leicht auf und die Verdauungsorgane kommen vielleicht unter der Beeinflussung der Bauchspeicheldrüse öfters in Schwierigkeiten. Auch zeigen sich Aufregungszustände, die Patienten tragen ein hastiges, gereiztes Wesen zur Schau und leiden häufig an Angstzuständen. Der Anblick eines Basedow-Kranken zeigt im ausgebildeten Stadium das unverkennbare Bild eines ängstlichen Menschen.

Wer aber sagen würde, daß dies mit dem psychologischen Bild der Angst identisch sei, würde stark irren. Die psychologischen Tatsachen, die man bei solchen Fällen wahrnehmen kann, sind, wie erwähnt, die Aufregungszustände und eine gewisse Unfähigkeit zu geistigen oder körperlichen Arbeiten, Schwächezustände, die sowohl organisch, wie auch seelisch bedingt sind. Ein Vergleich aber mit Menschen, die *sonst* an Hast, Aufregungszuständen und Angst leiden, zeigt uns den gewaltigen Unterschied. Während wir von den Hyperthyeoiden, Menschen mit vermehrter Schilddrüsensekretion, sagen können, da liegen chronische Vergiftungserscheinungen, wie etwa bei einem Rauschzustand, vor, sind wir bei Leuten, die sonst einer Reizbarkeit verfallen sind, die sich hastig benehmen und leicht in Angst geraten, in einer ganz anderen Lage und können deren seelische Vorgeschichte entwickeln. Es handelt sich hier also nur um *Ähnlichkeiten,* während die *Planmäßigkeit* eines Charakters und Temperaments fehlt.

Noch eine Anzahl andere Drüsen mit innerer Sekretion soll Erwähnung finden. Eigenartig sind die Zusammenhänge aller dieser verschiedenen Drüsenentwicklungen mit den *Keimdrüsen.* (Siehe auch: Adler, Studie über die Minderwertigkeit von Organen.) Diese Feststellung ist heute so eigentlich ein Grundsatz der biologischen Forschung geworden, dergestalt, daß man nie irgendwelche Anomalien von Drüsen findet, ohne gleichzeitig auch auf Anomalien der Keimdrüsen zu stoßen. Das besondere Abhängigkeitsverhältnis bzw. der Grund des gleichzeitigen Auftretens dieser Minderwertigkeiten ist noch nicht festgestellt. Aber auch bei diesen Drüsen kann man von anderen seelischen Beeinflussungen, wie oben, nicht sprechen, auch in diesem Fall kommt man kaum weiter als zu demselben Bild, das wir von früher her kennen, dem des organisch minderwertigen Menschen, der sich im Leben schwieriger zurechtfindet und infolgedessen eine erhöhte Zahl von seelischen Kunstgriffen und Sicherheiten zeigen wird.

Man hat insbesondere zu finden geglaubt, daß Charakter und Temperament von den Keimdrüsen beeinflußt sind. Bedenkt man aber, daß weitgreifende Anomalien der Keimdrüsensubstanz im allgemeinen bei den Menschen nicht häufig zu finden sind, so muß man sagen, daß man es dort, wo derartige pathologische Gestaltungen vorhanden sind, mit Ausnahmefällen zu tun hat. Wenn man ferner feststellen muß, daß es eigentlich gar kein seelisches Bild gibt, das direkt auf die Funktionen der Keimdrüse zu beziehen wäre, das nicht vielmehr aus der eigenartigen Situation des Keimdrüsen-Kranken entstünde, so fehlt auch hier wieder die solide Basis für eine psychologische Grundlegung. Man kann wieder nur feststellen, daß auch von den Keimdrüsen gewisse, für die Vitalität notwendige Anregungen ausgehen, die die Position des Kindes in seiner Umwelt begründen, die aber auch von den anderen Organen übernommen werden können und die nicht zu einer eindeutigen seelischen Struktur führen müssen. (Carlyle.)

Da es sich nun bei der Bewertung eines Menschen um eine außerordentlich heikle und schwere Aufgabe handelt, bei der ein Irrtum geradezu über Leben und Tod entscheiden kann, muß hier gewarnt und gesagt werden: Die *Verlockung* von Kindern, die mit angeborenen körperlichen Schwächen zur Welt kommen, zu besonderen Kunstgriffen und zu einer eigenartigen Entwicklung ihrer Seele, ist groß, *aber sie kann überwunden werden*. Es gibt kein Organ, sei es in welchem Zustand immer, das einen Menschen zu einer bestimmten Haltung verpflichten würde. Es *verleitet* nur, aber das ist etwas anderes. Und Ansichten, wie die obigen, können nur bestehen, weil niemand daran gedacht hat, von vornherein den Schwierigkeiten einer seelischen Entwicklung solcher organschwacher Kinder ein Ende zu bereiten, weil man sie in naheliegende Irrtümer verfallen läßt und eigentlich nur betrachtet, aber nicht hilft und fördert. Wir werden demzufolge fordern müssen, daß die in der Individualpsychologie begründete *Positionspsychologie* gegenüber den Ansprüchen einer neuen *Dispositionspsychologie* in ihrem Recht erhalten bleibt.

6. Rekapitulation

Bevor wir zur Betrachtung der einzelnen Charakterzüge übergehen, wollen wir eine kurze Wiederholung der bisher gewonnenen Gesichtspunkte vornehmen.

Eine wichtige Feststellung war die, daß man Menschenkenntnis nicht auf Grund einer einzelnen, aus dem seelischen Zusammenhang losgelösten Erscheinung betreiben kann. Es müssen wenigstens zwei, zeitlich möglichst weit auseinanderliegende Erscheinungen miteinander verglichen und gleichsam auf einen gemeinsamen Namen gebracht werden. Dieser praktische Wink hat sich als recht vorteilhaft erwiesen. Er gestattet, eine ganze Anzahl von Eindrücken zu sammeln, die sich bei systematischer Verwertung zu einem sicheren Urteil verdichten lassen. Würde man auf eine derartige Erscheinung sein Urteil stützen, dann würde man sich in derselben Verlegenheit befinden, wie andere Psychologen und Pädagogen, und wieder auf die landläufigen Mittel verfallen, von denen wir immer gefunden haben, daß sie nichts fruchten. Gelingt es aber, soviel Anhaltspunkte wie möglich zu gewinnen und dieselben miteinander zu verbinden, dann hat man ein System vor sich, dessen Kraftlinien man auf sich wirken lassen kann, so daß man einen klaren, einheitlichen Eindruck von einem Menschen erhält. Man fühlt festen Boden unter den Füßen. Es kann sich natürlich bei näherer Bekanntschaft mit einem Menschen die Notwendigkeit ergeben, sein Urteil mehr oder weniger zu modifizieren. Und vor jedem pädagogischen Eingriff ist es unerläßlich, sich vorerst auf diese Weise ein völlig klares Bild zu verschaffen.

Es wurden auch verschiedene Mittel und Wege erörtert, um zu einem solchen System zu gelangen, und zu diesem Zweck sogar Erscheinungen herangezogen, wie wir sie etwa bei uns selbst finden oder von dem Idealbild eines Menschen verlangen. Weitergehend haben wir gefordert, daß dieses von uns geschaffene System nie eines bestimmten Faktors entbehren dürfe, nämlich des sozialen Faktors. Es genügt nicht, Erscheinungen des Seelenlebens bloß als individuelle anzusehen, sondern wir müssen sie in ihrem Zusammenhang mit dem gesellschaftlichen Leben begreifen. Und als ein besonderer, vor allem für unser Zusammenleben mit dem Menschen wertvoller Grundsatz erwuchs uns die Erkenntnis: *Der Charakter eines Menschen ist uns nie die Grundlage zu einer mo-*

ralischen Beurteilung, sondern eine soziale Erkenntnis, wie dieser Mensch auf seine Umwelt wirkt und in welchem Zusammenhang er mit ihr steht.

Bei der Verfolgung dieses Gedankenganges stießen wir auf zwei allgemein menschliche Erscheinungen: Die eine war der überall vorzufindende Bestand des Gemeinschaftsgefühls, das die Menschen untereinander verbindet, das die großen Leistungen der Kultur geschaffen hat. Es war der eine Maßstab, den wir an die Erscheinungen des Seelenlebens anlegten, der gestattet, die Größe des wirksamen Gemeinschaftsgefühls festzustellen. Wir bekommen einen plastischen Eindruck einer menschlichen Seele, wenn wir wissen, wie jemand im Verband der Menschen dasteht, wie er seine Mitmenschlichkeit äußert, sie fruchtbar und lebendig macht. Schließlich gelangten wir – und das war für uns der zweite Maßstab für die Beurteilung eines Charakters – zu der Feststellung, daß jene Kräfte, deren feindlicher Einwirkung das Gemeinschaftsgefühl am stärksten ausgesetzt ist, Regungen des Strebens nach Macht und Überlegenheit sind.

Gestützt auf diese beiden Anhaltspunkte konnten wir verstehen, daß die Unterschiede unter Menschen bedingt sind durch die Größe des Gemeinschaftsgefühls und des Strebens nach Macht, welche Faktoren sich gegenseitig beeinflussen. Es ist ein Kräftespiel, dessen äußere Erscheinungsform das ist, was wir Charakter nennen.

ZWEITES KAPITEL

Charakterzüge aggressiver Natur

1. *Eitelkeit (Ehrgeiz)*

Sobald das Geltungsstreben überhand nimmt, ruft es im Seelenleben eine erhöhte Spannung hervor, die bewirkt, daß der Mensch das Ziel der Macht und Überlegenheit deutlicher ins Auge faßt und ihm mit verstärkten Bewegungen näherzukommen trachtet. Sein Leben wird wie die Erwartung eines großen Triumphes. Ein solcher Mensch muß unsachlich werden, weil er den Zusammenhang mit dem Leben verliert, weil er immer mit der Frage beschäftigt ist, was er für einen Eindruck macht und was die andern von ihm denken. Seine Aktionsfreiheit wird dadurch außerordentlich gehemmt, und es tritt der am häufigsten anzutreffende Charakterzug zutage, die Eitelkeit.

Man kann sagen, bei jedem Menschen ist die Eitelkeit, und sei es auch nur in Spuren, vorhanden. Und da es nicht imponiert, wenn einer seine Eitelkeit ganz offen zur Schau trägt, ist sie meist gut verdeckt und nimmt die verschiedensten Formen an. Man kann auch bei einer gewissen Bescheidenheit eitel sein. Ein Mensch kann so eitel sein, daß ihm entweder am Urteil der andern gar nichts gelegen ist, oder daß er gierig darnach hascht und es zu seinen Gunsten zu wenden sucht.

Wenn die Eitelkeit einen gewissen Grad übersteigt, wird sie äußerst gefährlich. Abgesehen davon, daß sie den Menschen zu allerhand nutzlosen Arbeiten und Aufwendungen zwingt, die mehr auf den Schein gehen als auf das Sein, daß sie den Menschen mehr an sich denken läßt und höchstens an das Urteil der anderen über sich, verliert er durch sie leicht den Kontakt mit der Wirklichkeit. Er geht einher ohne Verständnis für die menschlichen Zusammenhänge, ohne Beziehung mit dem Leben, er vergißt, was das Leben von ihm fordert und was er als Mensch zu geben hätte. Die Eitelkeit ist wie keine andere Untugend imstande, den Menschen von jeder freien Entwicklung abzuhalten, da er stets daran denkt, ob zum Schluß für *ihn* ein Vorteil herausschaut.

Manchmal helfen sich die Menschen damit, daß sie für das Wort Eitelkeit oder Hochmut das schöner klingende Wort *Ehrgeiz* gebrauchen, und es gibt eine Menge Menschen, die mit Stolz von sich aussagen, wie ehrgeizig sie seien. Manchmal gebraucht man auch nur den Begriff »Strebsamkeit«. Soweit sich diese nun für eine Sache als nützlich erweist, die der Allgemeinheit dient, kann man sie hinnehmen. In der Regel aber decken diese Ausdrücke nur eine außerordentliche Eitelkeit.

Die Eitelkeit macht es frühzeitig aus, daß solche Menschen keine rechten Mitspieler werden, eher Spielverderber. Und wenn sie sich von der Befriedigung ihrer Eitelkeit ausgeschlossen sehen, suchen sie oft wenigstens zu erreichen, daß andere leiden. Man kann bei Kindern, deren Eitelkeit im Wachsen ist, oft bemerken, wie sie in bedrohlichen Situationen ihre Geltung stark hervorkehren und Schwächere gern ihre Stärke fühlen lassen. Auch die Fälle von Tierquälerei gehören hierher. Andere, die schon etwas entmutigt sind, werden ihre Eitelkeit mit unverständlichen Kleinigkeiten zu befriedigen trachten und abseits vom großen Turnierplatz der Arbeit, auf einem zweiten Kriegsschauplatz, den sich ihre Laune geschaffen hat, versuchen, ihren Geltungsdrang zu befriedigen. Hier werden jene zu finden sein, die immer klagen, wie schwer das Leben sei, und die behaupten, man sei ihnen etwas schuldlg geblieben. Wäre die Erziehung nicht so schlecht gewesen oder wäre irgendein Übel nicht eingetreten, dann ständen sie, wie sie behaupten, an erster Stelle. So und ähnlich sind ihre Klagen. Immer finden sie Vorwände, um sich nicht an die Front des Lebens ziehen zu lassen. Aber aus ihren Träumen schöpfen sie noch immer Befriedigung ihrer Eitelkeit.

Der Mitmensch befindet sich dabei im allgemeinen recht schlecht. Er ist der Kritik dieser Leute in hohem Grade ausgesetzt. Der Eitle wird gewöhnlich die Schuld für irgendwelche Fehlschläge von der eigenen Person abzuwälzen trachten. Immer hat er recht und die andern haben unrecht, während es sich im Leben gar nicht darum handelt, recht zu haben, sondern darum, daß man seine Sache vorwärts bringt und zur Förderung der andern beiträgt. Statt dessen hört man immer nur Klagen und Entschuldigungen aus seinem Munde.

Wir haben es hier mit Kunstgriffen des menschlichen Geistes zu tun, mit Versuchen, sich dagegen zu schützen, daß die eigene Eitelkeit verletzt werde, damit das Gefühl der Überlegenheit unversehrt bleibe und nicht ins Wanken komme.

Man hört oft den Einwand, daß die großen Leistungen der Menschheit ohne Ehrgeiz nicht hätten zustandekommen können. Das ist aber falscher Schein, ist eine falsche Perspektive. Da kein Mensch von Eitelkeit frei ist, hat wohl auch jeder Mensch etwas von diesem Zug. Dieser kann ihm aber sicherlich nicht die Richtung gegeben und ihm jene Kraft verliehen haben, die zu nützlichen Leistungen führt. Diese können nur aus dem Gefühl der Gemeinschaft zustandekommen. Eine geniale Leistung ist nicht möglich, ohne daß dabei irgendwie die Gemeinschaft ins Auge gefaßt wird. Voraussetzung dazu ist immer eine Verknüpftheit mit der Gesamtheit, ist der Wille, sie zu fördern. Sonst kämen wir auch nicht dazu, einer solchen Leistung Wert zuzusprechen. Was an Eitelkeit dabei vorhanden war, ist sicher nur störend, hemmend gewesen. Ihr Einfluß kann nicht groß sein.

In unserer heutigen gesellschaftlichen Atmosphäre ist aber ein völliger Bruch mit der Eitelkeit nicht zu bewerkstelligen. Die Erkenntnis dieser Tatsache ist allein schon ein Vorteil. Denn wir stoßen damit zugleich an den wundesten Punkt unserer Kultur, eine Tatsache, die es mit sich bringt, daß so viel Menschen verfallen, ihr Leben lang unglücklich bleiben und immer nur dort zu finden sind, wo Unheil herauskommt. Menschen, die sich mit den andern nicht vertragen, sich in das Leben nicht einfinden können, weil sie andere Aufgaben haben, nämlich mehr zu scheinen, als sie sind. So kommen sie mit der Wirklichkeit leicht in Konflikt, weil sich diese nicht um die hohe Meinung kümmert, die jemand von sich selber hat. Solche Menschen werden durch ihre Eitelkeit nur zum besten gehalten. In allen schweren Verwicklungen der Menschheit wird immer der mißglückte Versuch, die Eitelkeit zu befriedigen, als der wesentlichste Faktor zu finden sein. Es ist ein wichtiger Kunstgriff, wenn man zum Verständnis einer komplizierten Persönlichkeit gelangen will, festzustellen, wie weit bei ihr die Eitelkeit reicht, in welcher Richtung sie sich bewegt und welcher Mittel sie sich dabei bedient. Was immer zu der Aufdeckung führen wird, wie sehr die Eitelkeit das Gemeinschaftsgefühl beeinträchtigt. Eitelkeit und Gemeinschaftsgefühl sind miteinander unvereinbar, weil Eitelkeit sich dem Prinzip der Gemeinschaft nicht unterordnen kann.

Die Eitelkeit aber findet in sich selbst ihr eigenes Schicksal. Denn ihre Entfaltung ist fortwährend durch die logischen Gegengründe bedroht, die sich im gemeinschaftlichen Leben wie eine absolute Wahrheit, der nichts widerstehen kann, von selbst entwickeln. So finden wir, daß die Eitelkeit frühzeitig genötigt ist, sich zu verstecken, zu verkleiden, daß sie Umwege machen muß, wie auch ihr Träger immer von bangen Zweifeln erfüllt ist, ob er siegreich durchdringen werde, um so viel Glanz und Triumph zu erringen, als zur Befriedigung seiner Eitelkeit nötig erscheint. Und während er so träumt und überlegt, verrinnt die Zeit. Wenn das aber geschehen ist, dann hat er bestenfalls die Ausrede, daß er nun keine gute Gelegenheit zur Betätigung mehr habe. Gewöhnlich spielt sich solcher Fall folgendermaßen ab: Diese Menschen werden stets eine privilegierte Stellung suchen, sie werden etwas abseits stehen und beobachten, mißtrauisch und geneigt sein, den Mitmenschen als Feind anzusehen. Sie werden eine Abwehr-, eine Kampfstellung einnehmen. Oft findet man sie in Zweifel verstrickt, mit tiefsinnigen Überlegungen, die ganz logisch anmuten, bei denen sie recht zu haben scheinen. Unterdessen aber versäumen sie abermals die Hauptsache ihres Daseins, den Anschluß an das Leben, an die Gesellschaft, an ihre Aufgaben. Blickt man näher, so findet man einen Abgrund von Eitelkeit, eine Sehnsucht, allen überlegen zu sein, die sich in allen möglichen Formen widerspiegelt. Sie tritt zutage in ihrer Haltung und Kleidung, in ihrer Art zu sprechen und mit den

Menschen umzugehen. Kurz, wohin man seine Blicke richtet, hat man das Bild eines eitlen, über alle hinausstrebenden Menschen, der in seinen Mitteln meist nicht wählerisch ist. Da sich Äußerlichkeiten dieser Art nicht sympathisch ausnehmen, da die eitlen Menschen, wenn sie klug sind, ihren Verstoß und den Widerspruch mit der Gemeinschaft bald gewahr werden, so sind sie bestrebt, hier abzuschleifen. Dann kann es vorkommen, daß einer außerordentlich bescheiden auftritt, sein Äußeres beinahe vernachlässigt, nur um zu zeigen, er sei nicht eitel. Von Sokrates wird berichtet, daß er einmal einem Redner, der in zerlumpten Kleidern die Tribüne betrat, zugerufen habe: »Jüngling von Athen, dir schaut die Eitelkeit bei allen Löchern heraus.«

Oft sind Menschen tief davon überzeugt, daß sie nicht eitel seien. Sie richten ihr Augenmerk eben nur auf Äußerlichkeiten und verstehen nicht, daß Eitelkeit viel tiefer sitzt. Sie kann z. B. darin liegen, daß einer in der Gesellschaft immer das große Wort führt, fortwährend spricht, manchmal eine Gesellschaft geradezu danach beurteilt, ob er dort zu Wort gekommen ist oder nicht. Andere Menschen dieser Art treten überhaupt nicht hervor, gehen vielleicht gar nicht in die Gesellschaft und weichen ihr aus. Auch dieses Ausweichen kann verschiedene Formen annehmen. Man kommt nicht, wenn man eingeladen ist, läßt sich besonders bitten, oder man kommt zu spät. Andere wieder gehen nur unter gewissen Bedingungen in die Gesellschaft, sie zeigen sich in ihrem Hochmut äußerst »exklusiv«, was sie zuweilen mit Stolz von sich behaupten. Wieder andere setzen ihren Ehrgeiz hinein, bei *allen* Gesellschaften anwesend zu sein.

Man darf solche Erscheinungen nicht als unbedeutende Kleinigkeiten auffassen. Sie sind tief begründet. In Wirklichkeit hat so ein Mensch für das gesellschaftliche Leben nicht viel übrig und ist eher geneigt, es zu stören als zu fördern. Es gehört schon die dichterische Kraft unserer großen Schriftsteller dazu, um alle diese Typen abgerundet darzustellen.

In der Eitelkeit ist deutlich jene nach oben führende Linie sichtbar, die anzeigt, daß sich ein Mensch im Gefühl der Unzulänglichkeit ein überlebensgroßes Ziel gesetzt hat und mehr sein will als die andern. Wir dürfen vermuten, daß ein Mensch, dessen Eitelkeit besonders in die Augen springt, eine *geringe Selbsteinschätzung* hat, von der er meist selbst nichts weiß. Wohl gibt es Menschen, die sich dieses Gefühles als Ausgangspunkt ihrer Eitelkeit auch bewußt sind. Aber für sie ist diese Erkenntnis noch zu wenig, als daß sie davon fruchtbaren Gebrauch machen könnten.

Die Eitelkeit entwickelt sich schon frühzeitig im Seelenleben des Menschen. Sie trägt eigentlich auch immer etwas Kindisches an sich; fast immer kommen uns eitle Menschen kindisch vor. Die Situationen, die zur Ausbildung dieses Charakterzuges führen können, sind von der verschiedensten Art. In einem Fall glaubt sich ein Kind zurückgesetzt, weil es seine Kleinheit infolge mangelhafter Erziehung als besonders drükkend empfindet. In anderen Fällen wird den Kindern dieser hochmütige Zug durch eine Art Familientradition nahegelegt. Man kann von solchen Menschen oft hören, daß schon ihre Eltern einen solchen »aristokratischen« Zug besaßen, der sie von den andern unterscheiden und sie auszeichnen sollte. Unter diesem hohlen Streben steckt aber nichts anderes als der Versuch, sich als ein besonders exklusiver Mensch zu fühlen, der anders ist als die anderen, aus einer ganz besonderen »besseren« Familie stammend, mit besseren, höheren Forderungen und Gefühlen und so sehr prädestiniert, daß er eigentlich eines Privilegs teilhaftig werden müßte. Der Anspruch auf ein Privileg ist es auch, der ihm die Richtung gibt, seine Handlungsweise leitet und seine Ausdrucksformen bestimmt. Da aber das Leben wenig geeignet ist, die Entwicklung solcher Typen zu begünstigen, da diese Menschen entweder angefeindet oder ausgelacht werden, ziehen sich viele von ihnen bald scheu zurück, und so führen sie ein Sonderlingsleben. Solange sie im eigenen Haus sitzen, wo sie niemand Rechenschaft schuldig sind, können sie in ihrem Rausch verharren und sich in ihrer Haltung vielleicht durch die Erwägung bestärkt fühlen, was sie alles hätten erreichen können, wenn irgend etwas anders gewesen wäre. Unter diesen Typen finden sich oft hochstehende, fähige Menschen, deren Ausbildung bis zu den höchsten Spitzen reichen kann. Würden sie das, was sie können, in die Waagschale werfen, so hätte es schon ein Gewicht. Sie mißbrauchen aber diesen Umstand nur, um sich zu berauschen. Die Bedingungen, die sie für eine aktive Mitarbeit in der Gesellschaft stellen, sind nicht klein. Das eine Mal betreffen sie unerfüllbare Forderungen an die Zeit (z. B. wenn sie früher einmal etwas getan, gelernt oder gewußt hätten, oder wenn andere etwas getan oder nicht getan hätten u. dgl.), oder sie sind aus einem anderen Grunde nicht erfüllbar (z. B. wenn die Männer oder die Frauen nicht so wären). Es sind lauter Forderungen, die mit bestem Willen nicht erfüllt werden können, so daß man daraus erkennen muß, daß es sich hier nur um faule Ausreden handelt, gut genug dazu, daß sich einer einmal einen Schlaftrunk daraus macht, um nicht daran denken zu müssen, was er versäumt hat.

So steckt viel Feindseliges in diesen Menschen, und sie sind schon geneigt, die Schmerzen anderer leicht zu nehmen und sich über sie hinwegzusetzen, wie einmal der große Menschenkenner La Rochefoucauld von den meisten Menschen bemerkt: sie können leicht die Schmerzen anderer ertragen. Oft spricht sich ihre Feindseligkeit in einer *scharfen, kritischen Art* aus. Sie lassen an gar nichts ein gutes Haar, sind überall mit Spott und Tadel zur Hand, sind rechthaberisch und verdammen alles. Wobei wir uns immer sagen müssen, es ist zu wenig, das Schlechte nur zu kennen und zu verurteilen; man muß sich auch immer fragen, was man *selbst* dazu getan hat, um die Verhältnisse zu bessern. Der eitlen Natur genügt es allerdings, sich mit einem Schwung über den andern hinwegzuheben und ihn mit der scharfen Lauge der Kritik zu verätzen. Dabei kommt diesen Menschen oft zugute, daß sie darin eine unglaubliche Übung haben. Man findet hier Typen voll des feinsten Witzes, mit einer erstaunlichen Schlagfertigkeit. Wie aus allem, so kann man auch mit Witz und Schlagfertigkeit Mißbrauch treiben, eine Unart und eine Kunst daraus machen, wie es bei den großen Satyrikern der Fall ist. Die wegwerfende, herabsetzende Art, in der sich solche Menschen nicht genug tun können, ist die Ausdrucksform einer bei diesem Charakterzug überaus häufigen Erscheinung, die wir *Entwertungstendenz* nennen. Sie zeigt, was eigentlich für den eitlen Menschen den Angriffspunkt abgibt: es ist der Wert und die Bedeutung des andern. Es ist ein Versuch, sich das Gefühl der Überlegenheit dadurch zu verschaffen, daß sie den andern sinken lassen. Anerkennung eines Wertes wirkt auf sie wie eine persönliche Beleidigung. Auch daraus kann man auf das tief in ihnen verankerte Schwächegefühl schließen.

Da wir alle nicht von solchen Erscheinungen frei sind, können wir diese Auseinandersetzungen ganz gut dazu verwenden, um an uns selbst einen Maßstab anzulegen. Wenn wir auch nicht imstande sind, binnen kurzer Zeit alles auszurotten, was eine Jahrtausende alte Kultur in uns hineingeworfen hat, so wird es doch schon ein Fortschritt sein, wenn wir uns nicht selbst blenden und durch Urteile binden lassen, die sich schon im nächsten Moment als schädlich erweisen. Es ist nicht unsere Sehnsucht, andersartige Menschen zu sein oder solche zu finden, sondern es ist uns ein Gesetz, unter dem wir stehen, uns die Hände zu reichen, zusammenzuhalten und zusammenzuarbeiten. In einer Zeit wie der heutigen, die dieses Zusammenarbeiten ganz besonders erfordert, ist für persönliche Eitelkeitsbestrebungen kein Platz mehr. Gerade in solchen Zeiten zeigen sich die Widersprüche, in die eine derartige Einstellung verwickelt, besonders kraß, da Menschen mit solchen Auffassungen sehr leicht scheitern und zum Schluß entweder bekämpft oder bemitleidet werden müssen. Es scheint, daß gerade unsere Zeit der Eitelkeit besonders abträglich ist, so daß zumindest bessere Formen gefunden werden müssen des Inhalts, daß einer seine Eitelkeit wenigstens dort zu befriedigen trachtet, wo er der Allgemeinheit einen Nutzen bringt.

In welcher Weise die Eitelkeit oft am Werk ist, mag folgender Fall zeigen. Eine junge Frau, die jüngste von mehreren Geschwistern, war von früher Kindheit an verzärtelt worden. Besonders ihre Mutter war ihr immer sehr zu Diensten und erfüllte jeden ihrer Wünsche. Dadurch stieg das Verlangen dieser Kleinsten, die auch körperlich sehr schwach war, ins Unermeßliche. Sie entdeckte eines Tages, daß ihre Macht über ihre Umgebung besonders dann wuchs, wenn sie gelegentlich erkrankte. Und bald erschien ihr Krankheit als ein bemerkenswertes Gut. Sie verlor die Abneigung, die gesunde Menschen sonst gegen Krankheit haben, und es war ihr gar nicht mehr unangenehm, sich von Zeit zu Zeit schlecht zu fühlen. Bald gewann sie darin eine solche Übung, daß es ihr gelang, jederzeit krank zu sein, besonders, wenn sie etwas durchsetzen wollte. Da sie aber immer etwas durchsetzen wollte, war sie eigentlich für die andern immer krank. Diese Formen von *Krankheitsgefühl* bei Kindern und Erwachsenen, die dadurch ihre Macht wachsen fühlen, auf diese Weise zur Spitze der Familie emporsteigen, um eine unumschränkte Herrschaft über die andern zu führen, sind sehr häufig. Wenn es sich dabei noch um zarte, schwache Menschen handelt, dann gewinnt diese Möglichkeit ungeheuer an Raum, und naturgemäß lernen gerade solche Menschen diesen Weg kennen, die die Sorge der andern um ihre Gesundheit schon ausgekostet haben. Dabei kann man auch ein wenig nachhelfen, man fängt z. B. an, schlecht zu essen, womit man mehreres erreichen kann: man sieht schlecht aus und die andern müssen sich in ihrer Kochkunst üben. Dabei entwickelt sich die Sehnsucht, immer jemand zur Hand zu haben. Solche Menschen vertragen nicht, daß man sie allein läßt. Solchen Zustand kann man leicht erreichen, wenn man sich als krank oder sonst als irgendwie bedroht erklärt und das geht wieder nicht anders, als daß man sich in eine gefahrvolle Situation, etwa durch Einfühlung in eine Krankheit oder eine andere Schwierigkeit hineinversetzt. Wie sehr der Mensch dieser *Einfühlung* fähig ist, zeigt der Traum, wo der Mensch Eindrücke hat, als ob eine bestimmte Situation wirklich bestünde.

Solchen Menschen gelingt es nun, dieses Krankheitsgefühl heraufzubeschwören, und zwar in einer Art, daß von Lüge, Verstellung oder Einbildung keine Rede sein kann. Wir wissen bereits, daß die Einfühlung in eine Situation eine Wirkung haben kann, die dem wirklichen Vorhandensein dieser Situation entspricht. Diese Menschen können z. B. wirklich erbrechen, wirklich Angst haben, so, als ob eine Übelkeit bzw. eine Gefahr bestünde. Gewöhnlich verraten sie auch, wie sie das machen. So erklärte diese Frau, sie hätte manchmal so eine Angst, »als ob sie im nächsten Moment der Schlag treffen würde«. Es gibt Menschen, die sich das so genau vorstellen können, daß sie wirklich das Gleichgewicht verlieren und man nicht von Einbildung oder Simulation sprechen kann. Gelingt es einem Menschen auf diese Weise den andern Anzeichen einer Krankheit oder wenigstens nervöse Symptome wahrnehmbar zu machen, dann müssen diese bei ihm bleiben, achtgeben und sich seiner annehmen. Das erfordert nämlich ihr Gemeinschaftsgefühl. Und damit ist die Machtstellung eines solchen Kranken begründet.

Unter solchen Umständen muß der Widerspruch mit dem Gesetz der Gemeinschaft, das eine weitgehende Rücksicht auf den Mitmenschen erfordert, zutagetreten. Bei diesen Menschen werden wir in der Regel finden, daß sie nicht leicht imstande sind, Wohl und Wehe des Mitmenschen ins Auge zu fassen und ihn unverletzt zu lassen, geschweige ihn zu fördern. Vielleicht werden sie dies wohl mit dem Aufgebot ihrer ganzen Kräfte, ihrer gesamten Kultur und Erziehung leisten können oder, wie es meist der Fall ist, wenigstens den Anschein erwecken, als ob sie um einen Mitmenschen ganz besonders besorgt wären. Ihrem Verhalten wird aber doch nichts anderes zugrundeliegen als Selbstliebe und Eitelkeit. So war es auch in unserem Fall. Die Besorgnis unserer Patientin um ihre Angehörigen überstieg scheinbar alle Grenzen. Ihre Mutter brauchte ihr nur einmal das Frühstück um eine halbe Stunde später hereinzubringen, und sie wurde von größter Besorgnis erfaßt. Dann ruhte sie nicht eher, als bis ihr Mann aufgestanden war und nachgesehen hatte, ob der Mutter nicht etwas zugestoßen sei. Diese hat sich im Lauf der Zeit wohl schon daran gewöhnt, immer recht pünktlich zu erscheinen. Nicht viel anders erging es dem Gatten, der als Geschäftsmann auf Kunden und Geschäftsfreunde gewisse Rücksichten zu nehmen hatte, aber jedesmal, wenn er später als vereinbart nach Hause kommt, seine Frau niedergebrochen fand, manchmal vor Angst in Schweiß gebadet, kurz, eine Jammergestalt, die nun erzählte, wie sie schon die schrecklichsten Qualen ausgestanden habe. Auch er konnte somit in solcher Situation nichts anderes tun, als pünktlich zu sein.

Viele werden vielleicht einwenden, diese Frau habe doch nichts davon, wenn sie so handle, das seien doch keine so großen Triumphe. Bedenkt man aber, daß das nur ein *kleiner Teil des Ganzen* ist, ein »Merk's!« für alle Beziehungen des Lebens, daß auf diese Weise eine Dressur des andern eingeleitet und vollzogen wird, daß ferner diese Frau von einer unbändigen Herrschsucht beseelt ist und in deren Befriedigung auch die ihrer Eitelkeit findet, und wenn man ferner überlegt, wieviel Kosten so ein Mensch auf sich nimmt, um seinen Willen durchzusetzen, dann kann man schon begreifen: für diese Frau ist eine solche Haltung bereits zu einer Notwendigkeit geworden. Sie könnte nicht ruhig leben, wenn ihre Worte nicht unbedingt und pünktlich befolgt würden. Und da ein Zusammenleben nicht nur darin besteht, daß der andere pünktlich kommt, so gibt es noch tausenderlei andere Beziehungen, die durch dieses imperative Verhalten der Frau geregelt werden, die ihre Befehle noch mit ihren Angstzuständen unterstützt. Sie ist so besorgt, daß man ihr unbedingt den Willen tun muß. Also wir sehen: *Besorgnis als Mittel zur Befriedigung der Eitelkeit.*

Diese Haltung kann oft so weit gehen, daß einem Menschen die Durchsetzung des eigenen Willens wichtiger ist als die Sache selbst. Das zeigt der Fall eines sechsjährigen Mädchens, die von einem so unbändigen *Eigensinn* war, daß sie immer darauf bedacht war, durchzusetzen, was ihr gerade in den Sinn kam, ganz von dem Streben durchdrungen, ihre Kraft zu zeigen und den andern niederzuzwingen, was immer auch dabei herauskomme. Die Mutter, die gern mit ihr auf gutem Fuß stehen wollte, wenn sie nur das »Wie« gewußt hätte, machte einmal den Versuch, sie mit ihrem Lieblingsgericht zu überraschen und brachte ihr dasselbe mit den Worten: »Weil ich weiß, daß dir das so gut schmeckt, habe ich es dir gebracht.« Da warf das Mädchen die Leckerei auf den Boden, stampfte mit den Füßen darauf und rief: »Aber ich will es ja gar nicht, weil du es mitbringst, sondern ich will es, weil ich es will.« Ein anderes Mal, als die Mutter fragte, was sie zur Pause haben wolle, Kaffee oder Milch, blieb dieses Kind in der Tür stehen und murmelte ganz vernehmlich. »Sagt sie Milch, dann trink ich Kaffee, sagt sie Kaffee, so trinke ich Milch.«

Das war ein Kind, das deutlich sprach. Vergessen wir aber nicht, daß viele Kinder so sind, ohne es zu sagen, daß vielleicht in jedem Kind etwas von diesem Zug steckt, so daß es mit außerordentlicher Energie bestrebt ist, seinen Willen durchzusetzen, auch wenn es keinen Nutzen davon hat oder gar nur Schaden erleidet. Meist werden das solche Kinder sein, denen in irgendeiner Weise das Privileg des eigenen Willens nahegelegt wurde. An Anlässen dazu wird es heute nicht mangeln. Die Folge ist, daß wir unter den Erwachsenen viel häufiger Menschen finden, die ihren Willen durchsetzen wollen, als solche, die bestrebt sind, ihre Mitmenschen zu fördern. Manche gehen in ihrer Eitelkeit so weit, daß sie nicht imstande sind, das zu tun, was ihnen etwa ein anderer empfohlen hat, selbst wenn es das Selbstverständlichste von der Welt wäre oder gar ihr eigenes Glück bedeuten würde, es sind Menschen, die bei jedem Gespräch immer auf den Augenblick warten, wo sie mit der Opposition einsetzen können. Bei manchen Menschen wird ihr eigener Wille durch die Eitelkeit so aufgestachelt, daß sie auch dann »nein« sagen, wenn sie »ja« wollen.

Die fortwährende Durchsetzung des eigenen Willens ist etwas, das eigentlich nur im Rahmen der Familie, manchmal sogar nicht einmal da, gelingt. Zu solchen Typen gehören oft Menschen, die im Verkehr mit Fremden das Bild der äußersten Liebenswürdigkeit und Nachgiebigkeit bieten. Allerdings ist dieser Verkehr nicht von Dauer und wird bald abgebrochen, wohl auch nicht recht gesucht. Da aber das Leben nun einmal so ist, daß es die Menschen zusammenbringt, kann man manchmal so einen Menschen sehen, der alle Herzen gewinnt, aber alle wieder im Stich läßt, sobald er sie gewonnen hat. Diese Menschen haben fast immer das *Bestreben, sich auf den Kreis der Familie zu beschränken.* So war es auch bei unserer Patientin. Infolge ihres liebenswürdigen Wesens, mit dem sie außerhalb ihrer Familie auftrat, war sie überall beliebt. Immer aber, wenn sie einmal ausgegangen war, kehrte sie bald wieder nach Hause zurück. Das Bestreben, immer wieder zur Familie zurückzukehren, zeigte sich bei ihr auf verschiedene Weise. Ging sie einmal in Gesellschaft, dann bekam sie dort Kopfschmerzen und mußte nach Hause gehen. Denn in der Gesellschaft hatte sie das Gefühl ihrer absoluten Überlegenheit nicht in dem Grade, wie in der Familie. Wenn also diese Frau ihr Lebensproblem, das Problem ihrer Eitelkeit, nur innerhalb der Familie lösen konnte, dann mußte immer etwas geschehen, was sie in diese Familie zurücktrieb, etwas, das sie außerhalb derselben störte. Es kam so weit, daß sie schließlich jedesmal Angst und Aufregungszustände bekam, wenn sie unter fremde Menschen kam. Sie konnte nicht mehr ins Theater, bald überhaupt nicht mehr auf die Straße gehen. Hier war ihr das Gefühl verloren, daß die anderen ihrem Willen unterworfen seien. Die Situation, die sie suchte, war *außerhalb* der Familie, insbesondere auf der Straße, nicht zu finden. Daraus erklärt sich ihre Abneigung, auszugehen, außer in Begleitung von Personen ihres »Hofstaates«. Das war ihr auch eigentlich die ideale Situation, die sie liebte: Leute um sich zu haben, die sich fortwährend mit ihr beschäftigten. Wie die Untersuchung ergab, hatte sie diese Schablone aus ihrer frühen Kindheit mitgebracht. Sie war die jüngste, war schwächlich und kränklich und mußte daher viel wärmer gehalten werden als die andern. Mit starkem Griff hatte sie diese Situation der Verzärtelung erfaßt und hätte sie zeitlebens festgehalten, wenn sie in dieser Gangart nicht durch die Bedingungen des Lebens, mit denen sie auf diese Weise in Widerspruch geraten war, gestört hätte. Ihre Unruhe und ihre Angsterscheinungen, die so heftig waren, daß andere nicht widersprechen durften, verrieten, daß sie mit der Lösung ihres Eitelkeitsproblems auf einen falschen Weg geraten war. Die Lösung war schlecht, weil in ihr nicht der Wille war, sich den Bedingungen des menschlichen Zusammenlebens zu unterwerfen. Schließlich wurden die peinigenden Erscheinungen so arg, daß sie den Arzt aufsuchte.

Langsam mußte nun ihr ganzer Lebensplan enthüllt werden, den sie sich im Lauf der Jahre aufgebaut hatte. Es waren große Widerstände zu überwinden, die sich daraus ergaben, daß sie, obwohl sie zum Arzt kam, doch nicht in ihrem Innersten zu einer Änderung bereit war. Sie hätte gern gesehen, wenn sie in der Familie weiter geherrscht hätte und auf der Straße nicht von Angstzuständen verfolgt worden wäre. Das eine war aber ohne das andere, ohne Gegenleistung, nicht zu haben. Es konnte ihr gezeigt werden, daß sie die Gefangene ihres eigenen unbewußten Lebensplanes sei, daß sie die Vorteile desselben genießen wollte, aber seine Nachteile fürchtete.

An diesem Beispiel zeigt sich besonders kraß, daß jeder höhere Grad von Eitelkeit für das ganze Leben eine Last bildet, den Fortschritt des Menschen hemmt und schließlich den Zusammenbruch herbeiführt. Der Blick für diese Zusammenhänge ist getrübt, solange er nur auf die Vorteile gerichtet ist. Daher sind so viele Leute so überzeugt davon, daß der Ehrgeiz, genauer: die Eitelkeit, nur eine wertvolle Eigenschaft sei, weil sie nicht merken, daß dieser Zug den Menschen stets unzufrieden macht und ihm seine Ruhe und seinen Schlaf raubt.

Es sei noch ein anderer Fall herangezogen. Ein Mann von 25 Jahren sollte gerade seine letzten Prüfungen machen. Er trat aber zurück, weil es ihn plötzlich überkam, als hätte er das Interesse für alles verloren. Von Stimmungen peinlichster Art verfolgt, übte er eine abfällige Kritik über sich selbst und hatte fortwährend den Gedanken, er sei unfähig geworden. Bei der Erinnerung an seine Kindheit gelangte er zu heftigen Vorwürfen gegen seine Eltern, deren Unverständnis ihn in seiner Entwicklung behindert hätte. In dieser Stimmung hatte er zuweilen auch Gedanken, daß die Menschen eigentlich wertlos und ohne Interesse für ihn seien. Solche Gedanken trieben ihn schließlich dazu, sich zu isolieren.

Als geheime Triebkraft erwies sich auch hier wieder die Eitelkeit, die ihm Vorwände und Ausreden eingab, um sich nicht auf die Probe stellen zu müssen. Denn gerade vor seinen Prüfungen überkamen ihn diese Gedanken, stellte sich dieses *Lampenfieber,* diese hochgradige Unlust ein, die ihn unfähig machte. Das alles hatte aber für ihn ausschlaggebende Bedeutung. Denn wenn er jetzt nichts leistete, war sein Persönlichkeitsgefühl gerettet. Er hatte ein Sprungtuch bei sich und konnte nicht der Kritik verfallen. Er konnte sich damit trösten, daß er krank, durch ein dunkles Schicksal unfähig geworden sei. In dieser Haltung, die nicht zuläßt, daß sich ein Mensch exponiert, erkennen wir eine andere Form der Eitelkeit. Sie läßt ihn gerade in dem Moment, wo er einer Entscheidung über seine Tüchtigkeit nahe ist, eine Wendung machen. Er denkt an den Glanz, den er durch eine Niederlage verlieren könnte und beginnt an seinen Fähigkeiten zu zweifeln. Das ist das Geheimnis aller derer, die sich zu einer Entscheidung nicht aufraffen können.

Zu dieser Art Menschen gehört auch unser Patient. Aus seinem Bericht ergab sich, daß er eigentlich immer so war. Jedesmal, wenn eine Entscheidung heranrückte, wurde er wankelmütig. Für uns, die wir uns auf das Studium der Bewegungslinie, der Gangart eines Menschen verlegen, bedeutet das nichts anderes als bremsen, stillstehen.

Er war der älteste und einzige Knabe unter vier Geschwistern und der einzige, der für das Studium bestimmt worden war, sozusagen der Lichtpunkt der Familie, auf den man große Erwartungen gesetzt hatte. Sein Vater hatte es nie unterlassen, seinen Ehrgeiz recht namhaft zu reizen und ihm immer vorauszusagen, was aus ihm einmal alles werden solle, so daß er bald nur das eine Ziel im Auge hatte: mehr zu sein als alle andern. Und jetzt stand er da, von Unsicherheit erfaßt, ob er das alles auch werde leisten können. Da zwang ihn seine Eitelkeit zum Rückzug.

So zeigt sich, wie in der Entwicklung des ehrgeizigen, eitlen Prinzips von selbst die Würfel fallen, der weitere Weg ungangbar wird. Die Eitelkeit gerät in einen unlösbaren Widerspruch zum Gemeinschaftsgefühl, aus dem kein Ausweg herausführt. Trotzdem sehen wir, wie eitle Naturen von Kindheit an immer wieder das Gemeinschaftsgefühl durchbrechen und ihren eigenen Weg zu gehen versuchen. Sie gleichen einem Menschen, der sich nach eigener Phantasie den Plan einer Stadt zurechtgelegt hat und nun damit in dieser Stadt herumgeht und alles dort sucht, wo *er* es auf diesem eigensinnigen Plan eingezeichnet hat. Natürlich findet er nie, was er sucht und beschuldigt dafür die Wirklichkeit. Ungefähr so ist das Los des eitlen, eigensinnigen Menschen. In allen seinen Beziehungen zum Mitmenschen versucht er, sein Prinzip entweder gewaltsam oder mit List und Hinterlist durchzusetzen. Immer lauert er auf die Gelegenheit, andere ins Unrecht zu setzen und ihnen Fehler nachzuweisen. Er ist glücklich, wenn es ihm einmal gelingt zu zeigen – wenigstens sich selbst zu zeigen –, daß er klüger oder besser sei als die anderen, während diese darauf nicht achten und doch den Kampf aufnehmen, der nun eine Weile anhält, bald mit dem Sieg, bald mit der Niederlage des Eitlen endet, immer aber für ihn mit dem Bewußtsein seiner Überlegenheit und seines Rechtes.

Das sind billige Kunststücke. Kann sich doch auf diese Weise jeder einbilden was ihm beliebt. So kann es, wie in unserem Fall, dazu kommen, daß ein Mensch, plötzlich in die Notwendigkeit versetzt, zu studieren, sich der Klugheit eines Buches zu unterwerfen oder gar einer Prüfung, bei der sich der wahre Bestand seiner Tüchtigkeit herausstellen müßte, sich seiner ganzen Mangelhaftigkeit bewußt wird. Mit der falschen Perspektive, unter der er die Dinge sieht, überschätzt er nun die Situation und faßt sie so auf, als ob jetzt sein ganzes Lebensglück, seine ganze Bedeutung auf dem Spiel stehe. Er gerät mit Notwendigkeit in eine Spannung, die kein Mensch zu ertragen imstande ist.

Auch jede andere Begegnung wird ihm zu einem großen, besonderen Ereignis. Jede Ansprache, jedes Wort wird von ihm vom Standpunkt des eigenen Sieges oder der eigenen Niederlage gedreht oder bewertet. Es ist ein ununterbrochener Kampf, der natürlich denjenigen, der Eitelkeit, Ehrgeiz und Hoffart zu seiner Lebensschablone gemacht hat, fortwährend in neue Schwierigkeiten drängt und ihm die wahren Freuden des Lebens raubt. Denn diese sind nur zu haben, wenn die Bedingungen dieses Lebens bejaht werden. Wenn aber jemand sie zur Seite stößt, versperrt er sich alle Wege zu Freude und Glückseligkeit und wird finden, daß ihm alles, was für andere Zufriedenheit und Lebensglück bedeutet, versagt ist. Im besten Fall kann er sich in Gefühle der Erhabenheit, der Überlegenheit über die andern hineinträumen, sie aber nirgends in irgendeiner Weise verwirklicht finden. Selbst wenn er sie einmal hätte, würden sich genug Leute finden, denen es ein Vergnügen wäre, ihm seine Geltung streitig zu machen. Dagegen gibt es kein Mittel. Zur Anerkennung einer Überlegenheit kann niemand gezwungen werden. Ihm bleibt nur sein eigenes, dünkelhaftes, völlig unsicheres Urteil über sich selbst. Auf diese Art in Anspruch genommen, ist es schwer, reale Erfolge zu erzielen oder Mitmenschen zu fördern. Kein Mensch gewinnt dabei, alle sind immer der Angriffspunkt und fortwährend der Zerstörung ausgesetzt. Es ist, wie wenn diese Menschen einer Fleißaufgabe obliegen würden, immer groß und überlegen zu erscheinen.

Etwas anderes ist es, wenn sich der *Wert eines Menschen* dadurch rechtfertigt, daß er die anderen fördert. Dann kommt ihm Wert ganz von selbst zugeflogen, und selbst wenn dieser bestritten wird, hat das gar keine Kraft. Der Mensch selbst kann dabei ganz ruhig bleiben, weil er eben nicht alles auf seine Eitelkeit gesetzt hat. Entscheidend ist der auf die *eigene* Person gerichtete Blick, das fortwährende Suchen nach Erhöhung der eigenen Persönlichkeit. Die Rolle des Eitlen ist immer die eines Erwartenden und Nehmenden. Stellt man ihm scharf jenen Typus gegenüber, der ein entwickeltes Gemeinschaftsgefühl zeigt, der umhergeht wie mit der stummen Frage: Was kann ich geben?, dann wird man sofort den ungeheuren Wertunterschied erkennen.

So gelangt man zu einem Standpunkt, den die Völker schon vor Jahrtausenden mit unheimlicher Sicherheit geahnt haben, und der sich in dem weisen Bibelwort äußert: *Geben ist seliger, denn nehmen.* Wenn wir uns heute den Sinn dieser Worte überlegen, die der Ausdruck einer ungeheuer alten Menschheitserfahrung ist, so erkennen wir, daß es die *Stimmung* ist, die hier gemeint ist, die Stimmung des Gebens, Förderns, Helfens, die von selbst eine Ausgeglichenheit, eine Harmonie des Seelenlebens mit sich bringt, wie ein Geschenk der Götter, das sich beim Gebenden von selbst einstellt, während derjenige, der mehr auf das Nehmen eingestellt ist, meist zerfahren, unzufrieden und fortwährend mit dem Gedanken beschäftigt ist, was er eigentlich noch erreichen und sich aneignen müßte, um ganz glücklich zu sein. Da sein Blick nie auf die Bedürfnisse und Notwendigkeiten der andern gerichtet ist, fremdes Unglück ihm als eigenes Glück erscheint, hat bei ihm der Gedanke eines Versöhnungsfriedens keinen Raum. Er verlangt unerbittlich Beugung des andern unter die Gesetze, die sein Eigensinn geschaffen hat, er verlangt einen anderen Himmel als den, den es gibt, ein anderes Denken und Fühlen. Kurz, seine Unzufriedenheit und Unbescheidenheit ist ebenso ungeheuerlich, wie alles, was wir an ihm finden.

Anderen, rein äußerlichen und primitiveren Erscheinungsformen der Eitelkeit begegnen wir bei Menschen, die sich mit einer gewissen Wichtigkeit oder übertrieben kleiden, sich wie die Zieraffen schmücken und sich dadurch in auffälliger Weise dem andern in Erscheinung setzen wollen, ähnlich wie in früheren Tagen Menschen zu glänzen versucht haben oder wie es primitive Völker noch heute versuchen, indem es z. B. irgendeinem primitiven Menschen zum Stolz seines Lebens gereicht, eine recht lange Feder im Haar zu tragen. Es gibt eine Unzahl Menschen, welche die höchste Befriedigung darin empfinden, immer schön und nach der neuesten Mode gekleidet zu gehen. Bildnisse und verschiedene Schmuckstücke, die Menschen dieser Art tragen, weisen ebenso auf ihre Eitelkeit hin, wie zuweilen stramme Wahlsprüche, kriegerische Embleme oder Waffen, die in Wirklichkeit gehandhabt, den Feind wohl erschrekken würden. Manchmal sind es Figuren erotischen Ursprungs, besonders bei Männern, und andere Zeichnungen, wie Tätowierungen u. dgl., die uns frivol anmuten.

Bei einem solchen Anblick haben wir immer das Empfinden einer Streberei, eines Imponierenwollens, sei es auch nur mit Schamlosigkeit. Denn manchen Menschen verleiht es die Empfindung einer Art von Größe und Überlegenheit, wenn sie sich schamlos benehmen. Andere bekommen diese Empfindung wieder dann, wenn sie sich hart, gefühllos, geben, Unnachgiebigkeit oder Verschlossenheit an den Tag legen. Auch das kann manchmal nur Schein sein, während es in Wirklichkeit nur Menschen sind, die eigentlich der Rührung viel näher stehen als der Roheit und dem rauhen Rittertum. Besonders bei Knaben findet man oft eine Art Unempfindlichkeit, eine feindselige Haltung gegen Regungen des Gemeinschaftsgefühls. Bei dieser Art von Eitelkeit getriebener Menschen, die gern eine Rolle spielen, bei der andere leiden, wäre ein Appell an ihr Gefühl das schlechteste, was man tun kann. Denn das wird sie meist nur weiter reizen, ihre Haltung zu versteifen. Gewöhnlich sieht man in einem solchen Fall, wie sich jemand, z. B. die Eltern, bittend nahen, wobei sie ihren Schmerz enthüllen, während ihnen ein Mensch gegenübersteht, der aus der Enthüllung fremden Schmerzes geradezu ein Gefühl seiner Überlegenheit bezieht.

Es wurde bereits erwähnt, daß sich die Eitelkeit gern maskiert. Eitle Menschen sind, um andere beherrschen zu können, meist genötigt, dieselben einzufangen, um sie an sich zu fesseln. Wir dürfen uns daher durch *Liebenswürdigkeit, freundliches Wesen und Entgegenkommen* eines Menschen noch nicht gleich gefangennehmen und uns nicht darüber täuschen lassen, daß es sich hier trotzdem um einen Kämpfer handelt, einen Angreifer, der über die andern hinaus will und ihre Beherrschung anstrebt. Denn die erste Phase eines solchen Kampfes muß wohl die sein, den Gegner sicherzuwiegen und ihn so weit zu bringen, daß dieser seine Vorsicht aufgibt. In dieser ersten Phase, der des freundlichen Entgegenkommens, ist man leicht versucht, zu glauben, das sei ein Mensch mit viel Gemeinschaftsgefühl. Der zweite Akt aber, der nun folgt, zeigt uns den Irrtum. Das sind dann die Menschen, von denen man so gern sagt, daß sie einen *enttäuscht* haben, daß sie zwei Seelen besitzen. Es ist aber nur eine Seele, die einen liebenswürdigen Anfang und eine kämpferische Fortsetzung hat. Diese einschmeichelnde Anfangsattitüde kann so weit gehen, daß daraus eine Art *Seelenfängerei* wird. Diese Menschen tragen oft Züge äußerster Hingebung zur Schau, die allein ihnen schon nahezu Triumph sind. Sie können das reinste Menschentum im Munde führen und durch Handlungen scheinbar beweisen. Meist tun sie das aber in so demonstrativer Weise, daß der Kenner vorsichtig wird. Ein italienischer Kriminalpsychologe hat einmal gesagt: »Wenn die ideale Haltung eines Menschen ein gewisses Maß überschreitet, wenn seine Güte und Menschlichkeit Formen annimmt, die schon auffällig sind, dann ist Mißtrauen vollständig am Platz.« Man wird natürlich auch mit dieser Auffassung behutsam vorgehen, sich aber nicht der Erkenntnis verschließen können, daß dieser Gesichtspunkt theoretisch und praktisch begründet ist. Auch *Goethe* kommt diesem Gedanken in einem seiner Venezianischen Epigramme nahe, wo er sagt:

jeglichen Schwärmer schlagt mir ans Kreuz im dreißigsten Jahre,
Kennt er nur einmal die Welt, wird der Betrog'ne zum Schelm.

Im allgemeinen wird dieser Typus meist leicht erkannt. Man liebt das Einschmeichelnde nicht, es wird widerwärtig, und man nimmt sich vor diesen Menschen bald in acht. Ehrgeizigen Menschen wäre dieses Mittel daher eher zu widerraten. Es ist besser, man geht diesen Weg nicht und bleibt bei einer schlichteren Gangart.

Wir kennen bereits aus dem allgemeinen Teil die Situationen, aus denen sich seelische Fehlschläge entwickeln können. Die *erzieherischen Schwierigkeiten* bestehen darin, daß man es in solchen Fällen mit Kindern zu tun hat, die in einer Kampfstellung zur Umgebung stehen. Während höchstens der Erzieher seine in der Logik des Lebens begründeten Verpflichtungen kennt, haben wir keine Möglichkeit, diese Logik auch für das Kind verpflichtend zu machen. Der einzige Weg wäre, die Kampfsituation möglichst zu vermeiden, was man am besten wohl dann erreichen wird, wenn man das Kind nicht als Objekt, sondern als Subjekt, als völlig gleichberechtigten Mitmenschen, als Kameraden betrachtet und behandelt. Dann wird es weniger leicht vorkommen, daß Kinder durch ein Gefühl der Bedrücktheit und Zurückgesetztheit in die Kampfstellung geraten, aus der sich dann in unserer Kultur dieser falsche Ehrgeiz automatisch entwickelt, der allen unseren Gedanken, Handlungen und Charakterzügen in verschiedenen Graden und Mengen beigemengt ist und regelmäßig zu einer Erschwerung des Lebens Anlaß gibt und der manchmal zu den schwersten Verwicklungen, Niederlagen und zum Zusammenbruch der Persönlichkeit führt.

Sehr charakteristisch ist es, daß jene Quelle, aus der wir alle eigentlich zuerst Menschenkenntnis schöpfen, das Märchen, über eine Fülle von

Beispielen verfügt, die uns die Eitelkeit und deren Gefährlichkeit zeigen. Besonders ein Märchen soll hier Erwähnung finden, das in drastischer Weise die zügellose Entfaltung der Eitelkeit und den automatischen Zusammenbruch, der damit verbunden ist, vor Augen führt. Es ist das Märchen »Der Essigkrug« von Andersen. Ein Fischer schenkt einem Fisch die Freiheit wieder, der ihm zum Dank gestattet, einen Wunsch auszusprechen. Der Wunsch geht in Erfüllung. Aber die unzufriedene, ehrgeizige Frau des Fischers, die lieber Gräfin, dann Königin und schließlich Gott selbst werden wollte, schickt den Mann immer wieder zurück zu dem Fisch, der endlich, ob des letzten Wunsches erzürnt, den Fischer für immer entläßt.

In der Fortbildung des Ehrgeizes gibt es keine äußerste Grenze. Es ist interessant zu beobachten, wie sowohl im Märchen, wie in der Wirklichkeit, sowie im überhitzten Seelenleben des eitlen Menschen die Steigerung des Strebens nach Macht in eine Art *Gottheitsideal* münden kann. Man braucht oft nicht lange zu forschen und man findet, daß sich solch ein Mensch – wie in den schwersten Fällen dieser Art – entweder direkt so benimmt, als ob er ein Gott oder an Gottes Stelle wäre, oder daß er derartige Wünsche und Ziele hat, bei deren Erfüllung er geradezu ein Gott wäre. Diese Erscheinung, das *Gottähnlichkeitsstreben,* ist der äußerste Punkt der bei ihm auch sonst vorhandenen Neigung, über die Grenzen seiner Persönlichkeit hinauszugreifen. Gerade in unseren Tagen wird dies außerordentlich oft offenbar. Alle Bestrebungen und Interessen, die sich um *Spiritismus* und *Telepathie* gruppieren, deuten auf Menschen, die nicht erwarten können, über die ihnen gegebenen Grenzen hinauszukommen, die sich Kräfte beimessen, welche Menschen nicht besitzen, die manchmal geradezu die Zeit aufheben wollen, indem sie sich über Zeit und Raum hinweg z. B. mit Geistern von Verstorbenen in Verbindung zu setzen suchen. Wenn wir tiefer schürfen, finden wir, daß ein Großteil der Menschen die Neigung hat, sich wenigstens in Gottes Nähe ein Plätzchen zu sichern. Es gibt noch eine Menge Schulen, deren Erziehungsideal es ist, die Menschen zur Gottähnlichkeit zu bringen. Früher war das überhaupt der Inbegriff aller Religionserziehung. Wir können nur mit Schaudern feststellen, was daraus geworden ist, und verstehen, daß wir uns schon um ein tragfähigeres Ideal umsehen müssen. Es ist aber begreiflich, daß diese Neigung so stark im Menschen wurzelt. Abgesehen von psychologischen Gründen spielt hier auch der Umstand eine große Rolle, daß ein großer Teil der Menschheit nahezu seine ersten Erkenntnisse über das Wesen des Menschen aus jenen Worten der Bibel schöpft, die erklären, daß der Mensch nach dem *»Ebenbild Gottes«* geschaffen sei, was bedeutsame, oft folgenschwere Eindrücke in der kindlichen Seele hinterläßt. Die Bibel ist natürlich ein herrliches Werk, das man, sobald man zum Verständnis herangereift ist, immer mit Bewunderung lesen wird. Will man aber damit auch bei Kindern beginnen, so muß man ihnen dabei wenigstens einen Kommentar geben, damit sie lernen, sich zu bescheiden, sich nicht allerlei Zauberkräfte zuzumuten und zu verlangen, daß ihnen alles untertan werde, angeblich, weil sie nach dem Ebenbild Gottes geschaffen wären.

Nahe verwandt und sehr häufig anzutreffen ist das Ideal vom *Schlaraffenland,* wo alle Wünsche in Erfüllung gehen. Die Kinder rechnen wohl fast nie mit der Wirklichkeit solcher Märchenbilder. Wenn man aber an das ungeheure Interesse der Kinder für *Zauberei* denkt, dann steht es außer Zweifel, daß sie zumindest verlockt werden, in dieser Richtung nachzugrübeln und sich da zu vertiefen. Die Idee des Zauberns und der zauberhaften Einflußnahme auf den andern ist bei den Menschen sehr stark vertreten und verläßt sie oft bis in das höchste Alter nicht. In einem Punkt ist vielleicht noch kein Mensch von ähnlichen Gedanken frei. Das sind die Erwägungen und Empfindungen über einen zauberhaften Einfluß, den das weibliche Geschlecht auf den Mann ausübt. Man kann noch genug Menschen finden, die sich so gebärden, als ob sie Zauberkräften ihres Geschlechtspartners ausgesetzt wären. Bei diesem Gedanken kommt uns die Erinnerung an eine Zeit, wo dieser Glaube noch viel mehr verbreitet war, wo ein Weib aus den banalsten Anlässen in die Gefahr kommen konnte, als Zauberin oder Hexe angesehen zu werden, was wie ein Alpdruck auf ganz Europa lastete und teilweise seine Geschicke bestimmte. Denn wenn man bedenkt, daß eine Million Frauen diesem Wahn zum Opfer gefallen ist, dann kann man nicht einfach nur von belanglosen Verirrungen sprechen, sondern sie höchstens mit den Inquisitionsprozessen oder mit dem Weltkrieg vergleichen.

Auf den Spuren des Gottähnlichkeitsstrebens begegnet man auch der Erscheinung, daß jemand die *Befriedigung religiöser Bedürfnisse* in mißbräuchlicher Weise dadurch sucht, daß er darin nur Erfüllung seiner Eitelkeit sucht. Man bedenke, wie bedeutsam es z. B. besonders für einen seelisch zusammengebrochenen Menschen sein kann, wenn er sich über alle andern hinweg mit seinem Gott verbindet und mit ihm Zwiesprache hält, wie er sich in der Lage fühlt, durch fromme Handlungen und Gebete den Willen desselben in Bahnen zu lenken, die er selbst benötigt, wie er mit ihm auf Du und Du verkehren kann und sich auf diese Weise ganz in Gottes Nähe gerückt fühlt. Manchmal liegen solche Erscheinungen weitab von dem, was man echte Religiosität nennen könnte, so daß sie schon einen krankhaften Eindruck machen. So, wenn einer z. B. erzählt, daß er nicht einschlafen könne, wenn er vorher nicht irgendwelche Gebete gesprochen habe; denn wenn er das nicht täte, könnte es geschehen, daß irgendeinem Menschen in der Ferne ein Unglück widerfahre. Man versteht das Ganze als Schaumschlägerei erst, wenn man eine solche Mitteilung negativ faßt und sie so versteht: Wenn ich diese Formel spreche, dann kann ihm nichts geschehen. Das sind Wege, auf denen einer leicht zur Empfindung eigener Zaubergröße gelangen kann. Denn diesem Menschen ist es in der Tat gelungen, ein Unglück für den andern bis zur angegebenen Stunde zu verhindern! Auch in den Tagesphantasien solcher Menschen kann man finden, daß sie weit über alles menschliche Maß hinausschweifen. Es enthüllen sich uns da leere Griffe, Tätigkeiten, die am wirklichen Wesen der Dinge nichts zu ändern vermögen, nur in der Einbildung etwas ausmachen und ihren Träger verhindern, sich mit der Wirklichkeit zu befreunden.

In unserer Kultur spielt nun eine Sache eine Rolle, die man allerdings manchmal als zaubergewaltig empfinden könnte. Das ist das *Geld*. Viele meinen, daß man mit Geld alles machen kann, und da ist es nicht zu verwundern, wenn sich Ehrgeiz und Eitelkeit in irgendeiner Weise auch mit Geld und Eigentum beschäftigen. So ist jenes rastlose Streben nach Besitz zu verstehen, daß man fast meinen könnte, es sei pathologisch oder rassenmäßig begründet. Es ist aber auch diese Erscheinung nichts als Eitelkeit, die bewirkt, daß einer immer mehr zusammenraffen will, um auch von dieser Zauberkraft etwas in der Hand zu haben und sich dadurch erhaben zu fühlen. Einer dieser sehr reichen Menschen, der, obwohl er eigentlich schon genug haben sollte, immer mehr dem Geld nachjagte, gestand nach anfänglicher Verwirrung schließlich: »Ja, wissen Sie, das ist eben die Macht, die einen immer wieder von neuem anzieht.« Dieser Mann hat es gewußt, aber viele dürften es nicht wissen. Der Besitz von Macht ist heute so sehr mit Geld und Eigentum verknüpft, das Streben nach Reichtum und Besitz erscheint vielen so natürlich, daß man es gar nicht mehr merkt, wie so viele, die dem Geld nachjagen, von nichts anderem als von ihrer Eitelkeit getrieben werden.

Zum Schluß sei noch ein Fall berichtet, der uns alle Einzelheiten noch einmal zeigen kann und uns gleichzeitig dem Verständnis einer anderen Erscheinung, bei der die Eitelkeit eine große Rolle spielt, näher bringt, das ist der Zustand der *Verwahrlosung.* Es handelt sich dabei um ein Geschwisterpaar, von dem der jüngere Bruder als unfähig galt, während die ältere Schwester im Ruf äußerster Tüchtigkeit stand. Als der Bruder die Konkurrenz mit ihr nicht mehr bestehen konnte, gab er das Rennen auf. Er war von Anfang an immer zurückgesetzt worden, und obwohl man jetzt versuchte, ihm die Schwierigkeiten aus dem Weg zu räumen, so lag doch auf ihm noch immer eine große Last, die für ihn die *scheinbare* Erkenntnis bedeutete, unfähig zu sein. Man hatte ihm nämlich von Kindheit an beigebracht, daß seine Schwester die Schwierigkeiten des Lebens immer werde leichter überwinden können, während er selbst nur für die geringeren Dinge der Welt bestimmt sei. So hatte man ihm durch eine günstigere Position der Schwester eine Unzulänglichkeit vorgetäuscht, die in keiner Weise zutraf. Mit dieser großen Last kam er in die Schule, machte dort den Lauf eines pessimistisch gerichteten Kindes durch, das ein Bekenntnis seiner Unfähigkeit um jeden Preis zu vermeiden sucht. Mit zunehmendem Alter wuchs auch die Sehnsucht, nicht mehr den dummen Jungen abgeben zu müssen, sondern wie ein Erwachsener behandelt zu werden. Er brachte es schon mit 14 Jahren dahin, daß er öfters an der Gesellschaft von Erwachsenen teilnahm. Das tiefe Minderwertigkeitsgefühl war für ihn ein ewiger Stachel, der ihn fortwährend dazu trieb, nachzusinnen, wie er schon jetzt den großen Herrn spielen konnte. Da führte ihn eines Tages sein Weg in den Kreis der Prostitution, wo er seitdem verblieb. Da nun damit Geldausgaben verbunden waren, seine Großmannssucht aber nicht duldete, vom Vater Geld zu verlangen, kam er dazu, die Gelegenheit auszukundschaften, ihm das Geld zu entwenden. Diese Diebstähle schmerzten ihn durchaus nicht, er kam sich dabei, wie er erzählte, wie ein großer Mann vor, der die Verfügung über die Kasse des Vaters erhalten hat. Das ging so fort, bis er einmal in der Schule von einer schweren Niederlage bedroht war. Durchzufallen wäre für ihn ein Beweis seiner Unfähigkeit gewesen, den er auf keinen Fall zulassen durfte. Da traten bei ihm folgende Erscheinungen auf. Er bekam plötzlich *Gewissensbisse,* die ihn schließlich so sehr bedrängten, daß sie ihn völlig am Studium hinderten. Dadurch hatte sich für ihn die Situation gebessert. Denn falls er jetzt durchfallen sollte, hatte er für sich und vor den anderen die Entschuldigung, er sei durch seine Gewissensbisse derart gefoltert worden, daß jeder andere in einer solchen Lage auch durchgefallen wäre. Beim Studium hinderte ihn noch eine hochgradige Zerstreutheit, die ihn zwang, fortwährend an andere Dinge zu denken. So verrann die Tageszeit, es wurde Nacht, und er ging ermüdet schlafen mit dem Bewußtsein, er habe studieren wollen, in Wirklichkeit aber war er einer, der sich um seine Aufgaben gar nicht gekümmert hatte. Auch was weiter folgte, half ihm, seine Rolle durchzuführen. Er mußte zeitig aufstehen, so daß er den ganzen Tag über schläfrig und müde war und schließlich überhaupt keine Aufmerksamkeit mehr aufbringen konnte. Von so einem Menschen könne man, wie er dachte, doch nicht verlangen, er solle mit der tüchtigeren

Schwester konkurrieren. Nicht seine Unfähigkeit war daran schuld, sondern die fatalen Begleitumstände, seine Reue, seine Gewissensbisse, die ihm keine Ruhe ließen. So war er eigentlich für alles gerüstet und gegen alle Seiten geschützt, es konnte ihm nichts geschehen. Fiel er durch, so hatte er mildernde Umstände, und niemand durfte behaupten, daß er unfähig sei. Kam er aber durch, so war das nur ein Beweis für die Tüchtigkeit, die man ihm nicht zuerkennen wollte.

Zu solchen Sprüngen verleitet den Menschen die Eitelkeit. Man sieht an diesem Fall, wie der Mensch so weit gelangen kann, daß er in die Gefahr kommt, der Verwahrlosung anheimzufallen, nur um der Aufdekkung einer vermeintlichen, gar nicht bestehenden Unfähigkeit auszuweichen. Derartige Verwicklungen und Abwege tragen Ehrgeiz und Eitelkeit in das Leben des Menschen hinein, rauben ihm seine Unbefangenheit und bringen ihn um die wahren menschlichen Genüsse, um Lebensfreude und Glückseligkeit. Sieht man näher zu, dann steckt nichts anderes dahinter als ein banaler Irrtum.

2. *Eifersucht*

Ein Charakterzug, der unser Augenmerk durch seine außerordentliche Häufigkeit fesselt, ist die Eifersucht. Gemeint ist nicht nur Eifersucht in Liebesbeziehungen, sondern jene, die auch in allen anderen menschlichen Beziehungen anzutreffen ist, besonders in der Kinderzeit, wo ein Geschwister, um dem andern überlegen zu sein, mit seinen Regungen des Ehrgeizes zugleich auch solche der Eifersucht in sich entwickelt und damit seine gegnerische, kämpferische Stellungnahme bekundet. Aus einem Gefühl der Zurückgesetztheit hat sich eine andere Form des Ehrgeizes entwickelt, die Eifersucht, ein Zug, der dem Menschen oft sein Leben lang anhaftet.

Bei Kindern findet sich Eifersucht fast regelmäßig, besonders wenn ein jüngeres Geschwister ankommt, das nun die Aufmerksamkeit der Eltern mehr auf sich zieht, so daß sich das ältere Kind wie ein entthronter

König vorkommt. Besonders solche Kinder werden leicht eifersüchtig, die früher in behaglicher Wärme gesessen sind. Wie weit ein Kind darin gehen kann, soll der Fall eines Mädchens zeigen, das in seinem achten Jahre schon drei Morde begangen hatte.

Sie war ein etwas zurückgebliebenes Kind, dem man infolge seiner Zartheit jede Arbeit abnahm, so daß es sich in einer verhältnismäßig günstigen Situation befand. Das änderte sich plötzlich, als sie in ihrem sechsten Lebensjahr eine Schwester bekam. In ihr ging eine völlige Wandlung vor sich, sie verfolgte die Schwester mit einem wütenden Haß. Die Eltern, die sich keinen Rat wußten, griffen strenge ein und versuchten, dem Kind seine Haftbarkeit für jede Untat klarzumachen. Da ereignete es sich eines Tages, daß in dem Bach, der am Dorf vorbeifloß, ein kleines Mädchen tot aufgefunden wurde. Nach kurzer Zeit wiederholte sich dieser Fall, und endlich ertappte man dieses Mädchen in dem Augenblick, da es wieder ein kleines Mädchen ins Wasser gestoßen hatte. Sie gestand auch ihre Mordtaten ein, kam zur Beobachtung in eine Irrenanstalt und wurde schließlich einem Erziehungsheim übergeben.

In diesem Fall war die Eifersucht des Mädchens von der eigenen Schwester auf andere, jüngere Mädchen abgelenkt worden. Es war aufgefallen, daß sie gegen Knaben keinerlei feindselige Gefühle empfand. Es war so, als ob sie in den getöteten Mädchen das Bild ihrer Schwester erblickt hätte und durch deren Tötung ihr Rachegefühl für die ihr zuteil gewordene Zurücksetzung hatte befriedigen wollen.

Noch leichter können Regungen der Eifersucht wach werden, wenn Geschwister verschiedenen Geschlechtes vorhanden sind. Bekanntlich ist es in unserer Kultur nicht sehr verlockend für ein Mädchen, das leicht in Unmut gerät, wenn, wie es heute vielfach üblich ist, ein Knabe mit besonderer Freude begrüßt, mit mehr Sorgfalt und Liebe behandelt wird und noch allerhand andere Vorzüge gegenüber dem Mädchen genießt, von denen sich dieses ausgeschlossen sieht.

Aus einem solchen Verhältnis muß natürlich nicht immer eine heftige Feindseligkeit entstehen. Es kann auch sein, daß das ältere Geschwister starke Gefühle der Hinneigung für das jüngere empfindet und für dasselbe wie eine Mutter sorgt, was aber psychologisch vom ersten Fall nicht immer verschieden zu sein braucht. Wenn ein älteres Mädchen Mutterstelle am jüngeren Geschwister einnimmt, dann ist ja das wieder eine Position, wo sie die überlegene ist, sie kann frei schalten und walten. Es ist ihr gelungen, aus einer gefährlichen Situation etwas Wertvolles zu schaffen.

Eine andere häufige Form dieses Verhältnisses, bei der sich ebenfalls leicht eifersüchtige Regungen einstellen können, ist eine Art gesteigertes Wettrennen zwischen Geschwistern. Das Mädchen empfindet im Gefühl seiner Zurücksetzung einen Stachel, der es unaufhörlich vorwärts treibt, so daß es ihr nicht selten gelingt, durch Fleiß und Energie den Bruder weit zu überflügeln, wobei ihr oft die eigentümliche Begünstigung der Natur zu Hilfe kommt, die darin liegt, daß sich Mädchen in der Pubertätszeit körperlich wie geistig um vieles rascher entwickeln als Knaben, ein Unterschied, der dann langsam wieder eingeholt wird.

Die Eifersucht tritt nun unter den verschiedensten Formen in Erscheinung. Man erkennt sie an Zügen des Mißtrauens, des Lauerns, des Messens und an der steten Furcht, daß man nicht verkürzt werde. Welche Form mehr hervortritt, ist Sache der bis dahin gediehenen Vorbereitung für das gesellschaftliche Leben. Es kann eine Eifersucht sein, die sich selbst verzehrt, oder eine, die in ein waghalsiges, energisches Verhalten ausmündet. Sie kann erscheinen in der Spielverderberin, die versucht, den Rivalen herabzusetzen, oder im Bestreben, jemanden zu fesseln, seine Freiheit einzuschränken, um sich zum Herrn über ihn zu machen. Es ist eine überaus beliebte Methode, die Eifersucht in den Beziehungen der Menschen so zu placieren, daß der andere dadurch gewisse Gesetze bekommt. Es ist eine eigne seelische Linie, auf der sich ein Mensch bewegt, wenn er einem andern z. B. ein Gesetz der Liebe aufzwingen will, wenn er den andern abschließen will, wenn er ihm vorschreibt, wie er seine Blicke zu lenken, seine Handlungen, ja sein ganzes Denken einzurichten habe. Die Eifersucht kann auch dem Zweck dienstbar gemacht werden, den anderen herabzusetzen, ihm Vorwürfe zu machen u. dgl. Alles aber sind Mittel, um dem anderen seine Willensfreiheit zu nehmen, um ihn zu bannen und zu fesseln. Eine wundervolle Schilderung dieses Verhaltens findet sich in dem Roman Netotschka Njeswanowa von Dostojewski, wo es ein Mann auf diese Weise zustandebringt, seine Frau durch ein ganzes Leben hindurch zu drücken und seine Herrschaft über sie festzuhalten.

Somit ist Eifersucht eine besondere Form des Strebens nach Macht.

3. Neid

In dem Streben nach Macht und Überlegenheit gelangt der Mensch vielfach zu Charakterzügen des Neides. Die Distanz, in der ein Mensch zu seinem überlebensgroßen Ziel steht, macht sich ihm bekanntlich in der Form eines Minderwertigkeitsgefühls fühlbar. Sie drückt auf ihn und erfüllt ihn so sehr, daß man aus seiner Haltung und aus seinen Lebensformen den Eindruck gewinnt, dieser Mensch hat noch sehr weit zu seinem Ziel. In seiner niedrigen Selbsteinschätzung und Unzufriedenheit verfällt er meist auch in ein fortwährendes Messen, wie ein anderer zu ihm steht, was andere erreicht haben, und wird sich verkürzt fühlen. Das kann selbst dann der Fall sein, wenn er mehr hat als andere. Alle diese Erscheinungsformen des Gefühles der Verkürztheit sind Anzeichen einer verkappten, nicht befriedigten Eitelkeit, eines Immer-mehr-haben-Wollens, eines Alles-haben-Wollens. Solche Menschen sagen wohl nicht, daß sie alles haben wollen, weil sie ja meist durch die Instanz des Gemeinschaftsgefühls daran gehindert sind so zu denken, aber sie handeln so, als ob sie alles haben wollten.

Es ist begreiflich, daß Gefühle des Neides, die sich bei diesem fortwährenden Messen regen, auf Glücksmöglichkeiten nicht fördernd einwirken können. Aber so sehr uns allen, kraft des Gemeinschaftsgefühls, Neidregungen widerwärtig sind, so unbeliebt der Neid im allgemeinen ist, es wird wenig Menschen geben, die nicht irgendwelcher Neidregungen fähig wären. Wir müssen bekennen, daß wir alle nicht frei von Neid sind. Im gleichmäßigen Strom des Lebens tritt dies wohl nicht immer deutlich hervor. Wenn aber ein Mensch leidet und sich bedrängt fühlt, wenn er Mangel an Geld, Nahrung, Kleidung, Wärme empfindet, wenn sich seine Aussichten für die Zukunft verringern und er keinen Ausweg aus seiner bedrängten Lage sieht, dann wird uns verständlich, daß ein Menschengeschlecht wie das heutige, das erst im Anfange einer Kultur steht, Neidregungen empfinden wird, auch wenn es ihm Moral und Religion verbieten. So verstehen wir auch den Neid der Besitzlosen. Er wird uns erst dann unverständlich sein, wenn jemand den Beweis erbrächte, daß andere Menschen in solcher Situation nicht auch von Neidregungen befallen würden. Damit soll nur festgestellt sein, daß bei der heutigen seelischen Konstitution des Menschen mit diesem Faktor gerechnet werden muß. Es ist nicht zu vermeiden, daß er beim Einzelnen oder bei der Masse aufflammt, wenn man die Beschränkungen zu weit führt. Wenn wir aber auch den abstoßenden Formen, in denen der Neid auftritt, nicht unsere Billigung geben können, so müssen wir sagen, wir wissen eigentlich kein Mittel, um in *solchen* Fällen den Neid und auch den oft damit verbundenen Haß auszuschalten. Eines ist wohl jedem, der in unserer Gesellschaft lebt, im vorhinein klar, daß man solche Regungen nicht auf die Probe stellen, nicht provozieren soll, daß man so viel Taktgefühl haben muß, um diese sicher zu erwartende Erscheinung nicht hervorzurufen oder zu steigern. Obwohl damit noch nichts gebessert ist, ist es das wenigste, was man von einem Menschen verlangen kann: seine augenblickliche Überlegenheit über den anderen nicht zur Schau zu tragen, weil er dadurch jemand verletzen könnte.

An diesem Charakterzug sehen wir den unzerreißbaren Zusammenhang des Einzelnen mit der Gesamtheit. Niemand kann sich aus der Gemeinschaft hervorheben und seine Macht über die anderen ausbreiten, ohne daß gleichzeitig auch auf der Gegenseite dadurch Kräfte wachgerufen werden, die sein Beginnen wieder zu verhindern trachten. Neid drängt immer zu Handlungen und Maßregeln, die wieder auf die Parität, auf die Gleichwertigkeit der Menschen hinzielen. So kommen wir gedanklich wie durch unsere Einfühlung einem Grundsatz der menschlichen Gesellschaft nahe, der an keiner Stelle verletzt werden kann, ohne daß sich anderswo sofort Gegenkräfte rühren, nämlich dem *Gesetz der Gleichheit alles dessen, was Menschenantlitz trägt.*

Die Ausdrucksform des Neides ist schon mimisch, besonders am Blick, leicht zu erkennen. Auch physiologisch kommt eine Neidregung zum Ausdruck, was sich auch in gewissen Redewendungen äußert. Man spricht von gelbem oder blassem Neid, wodurch darauf hingewiesen ist, daß Gefühle des Neides unsere Blutzirkulation beeinflussen. Organisch äußert sich der Neid nicht anders als durch eine Zusammenziehung der äußeren Blutgefäße.

Was die pädagogische Erkenntnis betrifft, so müssen wir bemüht sein, Neidregungen, wenn wir sie schon nicht aus der Welt schaffen können, wenigstens dem allgemeinen Nutzen dienstbar zu machen und zu versuchen, ihnen einen Weg zu bahnen, auf dem sie ohne zu große Erschütterungen des Seelenlebens fruchtbar werden können. Das gilt sowohl für den Einzelnen wie auch für die Masse. Im Leben des Einzelnen müssen wir versuchen, solchen Kindern Betätigungen zu verschaffen, die ihr Selbstbewußtsein heben. Im Leben der Völker wird kaum etwas anderes übrig bleiben als jenen, die sich zurückgesetzt fühlen und vielleicht ebenfalls mit unfruchtbarem Neid zusehen, wie sich der Wohlstand anderer Völker hebt, Wege zur Entfaltung brachliegender Kräfte zu weisen und zu ermöglichen. Ein zeitlebens von Neid erfüllter Mensch ist für ein Zusammenleben unfruchtbar. Er wird immer den Wunsch zeigen, dem andern etwas wegzunehmen, ihn irgendwie zu verkürzen, zu stören, und wird die Neigung haben, für das, was er nicht erreicht hat, Ausreden geltend zu machen und andere zu beschuldigen. Er wird das Bild eines Kämpfers abgeben, eines Spielverderbers, eines Menschen, der für gute Beziehungen zu andern nicht viel übrig hat, der keine Vorbereitungen trifft, sich für ein Zusammenleben mit ihnen tauglich zu machen. Da er sich kaum die Mühe nehmen wird, sich in die Seele anderer einzufühlen, wird er auch stets ein schlechter Menschenkenner sein und mit seinem Urteil andere verletzen. Es wird ihn nicht berühren, wenn ein anderer unter seiner Handlungsweise leidet. Der Neid kann den Menschen sogar so weit bringen, daß er im Leid seines Nächsten eine Art von Genugtuung empfindet.

4. Geiz

Mit Neid eng verwandt, meist damit verbunden, ist der Geiz. Damit ist nicht nur jene Art des Geizes gemeint, die sich darauf beschränkt, Geldstücke zu sammeln, sondern jene allgemeine Form, die sich im wesentlichen darin ausdrückt, daß es jemand nicht über sich bringt, dem andern eine Freude zu machen, der also mit seiner Hingebung an die Gesamtheit oder an Einzelne geizt, eine Mauer um sich auftürmt, um nur selber seiner armseligen Schätze sicher zu sein. Man erkennt hier leicht den Zusammenhang mit dem Ehrgeiz und der Eitelkeit einerseits, sowie mit dem Neid anderseits. Es ist nicht zu viel gesagt, wenn man behauptet, daß alle diese Charakterzüge bei einem Menschen gleichzeitig vorhanden sind, so daß jemand durchaus noch nicht als Gedankenleser erscheint, wenn er einmal eine dieser Eigenschaften festgestellt hat, um zu behaupten, daß auch die anderen vorhanden seien.

Züge des Geizes wird auch der heutige Kulturmensch wenigstens spurenweise aufweisen. Er kann sie höchstens überbauen oder verschleiern durch eine auf die Spitze getriebene Freigebigkeit, die vielleicht auch nichts anderes als ein *Gnadenspenden,* ein Versuch, durch freigebige Gesten das eigene Persönlichkeitsgefühl auf Kosten des andern zu heben. Unter Umständen kann es scheinen, wie wenn der Geiz, auf gewisse Formen des Lebens angewendet, sogar eine wertvolle Eigenschaft wäre. So, wenn z. B. ein Mensch mit seiner Zeit oder mit seiner Arbeitskraft geizt und dabei vielleicht ein großes Werk zustandebringt. Es gibt eine wissenschaftliche und moralische Richtung der Gegenwart, die gerade das Geizen mit der Zeit so sehr in den Vordergrund schiebt, daß sie verlangt, daß jeder Mensch mit Zeit und Arbeitskraft (auch mit »Arbeitskräften«) »ökonomisch« vorgehe. Das hört sich in der Theorie sehr schön an. Sobald man aber diesen Grundsatz irgendwo praktisch angewendet findet, kann man sehen, wie darin nur das Ziel der Macht und Überlegenheit schaltet und waltet. Mit diesem theoretisch gewonnenen Grundsatz wird meist nur Mißbrauch getrieben und derjenige, der mit Zeit und Arbeitskraft geizt, wird versuchen, die Lasten, die damit verbunden sind, von sich ab auf andere zu überwälzen. Wir können aber einen derartigen Standpunkt nur daran messen und bewerten, inwiefern er der Allgemeinheit nützt. Es gehört die ganze Entwicklung unseres technischen Zeitalters dazu, um den Menschen wie eine Maschine zu behandeln und ihm Grundsätze für sein Leben aufzuwingen, wie sie in der Technik vielleicht bis zu einem gewissen Grade berechtigt sind, die aber in bezug auf das menschliche Zusammenleben zu einer Verödung, Vereinsamung, und zu einer Verkürzung des Nächsten führen müssen. Es wird daher besser sein, es so einzurichten, daß wir lieber geben als sparen, ein Grundsatz, den man durchaus nicht verzerren muß, mit dem man nicht Mißbrauch treiben darf und auch nicht kann, wenn man den Nutzen des Mitmenschen im Auge behält.

5. *Haß*

Bei kämpferisch eingestellten Menschen sind nicht selten Züge von Haß vorzufinden. Haßregungen, die oft schon in der Kindheit auftreten, erreichen manchmal ganz außerordentlich hohe Grade, die man bei Zornausbrüchen oder dann feststellen kann, wenn sie sich in milderer Form als *Nachträglichkeit* äußern. Dadurch wird die Einstellung eines Menschen sehr scharf charakterisiert, und es ist für seine Beurteilung sehr viel gewonnen, zu wissen, bis zu welchem Grade er solcher Regungen fähig ist. Sie verleihen ihm eine individuelle, charakteristische Tönung.

Der Angriffspunkt für Haßregungen kann ein verschiedener sein. Haß kann sich auf die Aufgaben beziehen, vor die ein Mensch gestellt ist, auf einzelne Personen, auf ein Volk oder eine Klasse, auf das andere Geschlecht oder auf eine Rasse. Man darf auch nicht vergessen, daß

Haßregungen nicht immer geradlinig und offenkundig zutage treten, sondern sich mitunter sehr gut verschleiern, daß sie z. B. die feinere Form der *kritischen Haltung* annehmen können. Sie können sich auch vollständig darin erschöpfen, daß ein Mensch Anschlußregungen jeder Art ablehnt. Zuweilen wird wie mit einem Blitzstrahl erhellt, welcher Haßregungen ein Mensch fähig ist. So in dem Fall eines Patienten, der erzählte, mit welcher Freude er, der vom Kriegsdienst befreit war, die Nachrichten von den ungeheuren Verlusten und grausamen Verstümmelungen gelesen habe.

Vieles von diesen Erscheinungen ist in der Sphäre des *Verbrechens* vorzufinden. In abgeschwächtem Grade können diese Dinge aber in der Gesellschaft eine große Rolle spielen, dabei in Formen auftreten, die gar nicht zu verletzen und abzustoßen brauchen. Das gilt insbesondere auch von jener Form, die einen der höchsten Grade von Haßgefühl verrät, der *Menschenfeindschaft.* Es gibt sogar philosophische Richtungen, die von Feindseligkeit und Menschenhaß derart durchtobt sind, daß sie den viel gröberen und unverhüllt feindseligen Akten von Roheit und Grausamkeit, die man gelegentlich findet, ebenbürtig an die Seite gestellt werden können. In Biographien bedeutender Menschen ist zuweilen an einer Stelle der Schleier fortgezogen, und wenn z. B. Grillparzer einmal sagt, in der Dichtkunst lebe sich die Grausamkeit eines Menschen aus, so muß man weniger an eine unverbrüchliche Wahrheit denken, die hier gesagt ist, als vielmehr auch daran, daß in einem Künstler, der doch der Menschheit nahestehen muß, wenn er einer künstlerischen Leistung fähig sein will, außerdem noch Haß- und Grausamkeitsgefühle bestehen können.

Verzweigungen von Haßgefühlen sind ungemein zahlreich. Wenn sie hier nicht weiter verfolgt werden, so geschieht das aus dem Grund, weil es zu weit führen würde, alle Zusammenhänge einzelner Charakterzüge mit Menschenhaß aufzuzeigen. Es läßt sich leicht nachweisen, daß insbesondere bestimmte Berufe ohne eine gewisse Feindseligkeit nicht ergriffen werden, was nicht gleichbedeutend ist mit der Behauptung, sie könnten ohne eine gewisse Feindseligkeit nicht betrieben werden. Im

Gegenteil. In dem Augenblick, wo ein menschenfeindlich gerichteter Sinn sich entschließt, einen solchen Beruf, z. B. den militärischen Beruf, zu ergreifen, werden durch die Organisation des Ganzen, durch die Darstellung des Berufes und durch die Notwendigkeit, den Zusammenhang mit den andern dieses Berufes herzustellen, alle feindseligen Regungen so gewendet, daß sie äußerlich doch in die Gemeinschaft hineinpassen.

Eine Erscheinungsform, unter der Gefühle der Feindseligkeit besonders gut verdeckt sind, sind Handlungen und Schädigungen eines Menschen oder Sachwertes, die durch *Fahrlässigkeit* zustandekommen, dadurch, daß der Täter alle Rücksichten, die ihm das Gemeinschaftsgefühl auferlegt, außer acht läßt. In der Jurisprudenz herrscht darüber eine weitgehende Diskussion, die bis heute keine Klarheit in diese Frage gebracht hat. Es ist selbstverständlich, daß ein Vergehen, eine fahrlässige Handlung nicht so zu werten ist wie ein Verbrechen, daß es nicht dasselbe ist, ob jemand z. B. einen Blumentopf so weit an den Fensterrand stellt, daß er bei der geringsten Erschütterung einem Passanten auf den Kopf fällt, oder ob er ihn demselben gleich auf den Kopf wirft. Es ist aber nicht zu verkennen, daß der Handlungsweise von fahrlässigen Menschen oft die gleiche Feindseligkeit zugrundeliegen kann, wie einem Verbrechen, so daß uns auch die nur fahrlässige Handlungsweise einen Anhaltspunkt zum Verständnis eines Menschen zu geben vermag. Die Jurisprudenz anerkennt hier als mildernden Umstand, daß dem Täter die *bewußte* Absicht gefehlt hat. Es besteht aber kein Zweifel, daß einer unbewußt-feindseligen Handlungsweise derselbe Grad von Gehässigkeit zugrundeliegen kann, wie es bei einer bewußten böswilligen Handlung der Fall ist. In beiden Fällen handelt es sich um Menschen, die einen Mangel an Gemeinschaftsgefühl aufweisen. Wenn man den Spielen von Kindern zusieht, kann man immer beobachten, daß einzelne von ihnen auf die andern weniger achtgeben, und es ist der Schluß wohl gerechtfertigt, daß sie nicht die besseren Menschenfreunde sind. Wohl soll man immer warten, bis man auch von anderswoher Bestätigungen für seine Annahmen erhalten hat. Wenn man aber jedesmal findet: so oft sich eines dieser Kinder beteiligt, geschieht ein Unglück, dann muß man sagen, daß ein solcher Mensch nicht das Gefühl für die anderen bereit hat und nicht gewohnt ist, Wohl und Wehe des Nächsten im Auge zu behalten.

Ein besonderes Augenmerk verdient in dieser Hinsicht vielfach unser *wirtschaftliches Leben.* Es ist nicht sonderlich geneigt, uns von dieser Fahrlässigkeit als von einer Feindseligkeit zu überzeugen. Denn Handlungen, die im wirtschaftlichen Leben Platz greifen, zeigen meist überhaupt keine Spur von einer Rücksicht auf die Mitmenschen, welche wir als so wünschenswert ansehen. Es gibt eine ganze Reihe von Maßnahmen und Unternehmungen in unserem Wirtschaftsleben, bei denen es sich sehr deutlich zeigt, wie einer, der diese einschlägigen Handlungen vollführt, damit immer einen andern benachteiligt. In der Regel sind darauf überhaupt keine Strafen gesetzt, auch wenn ihnen eine bewußte böse Absicht zugrundeliegt. Da aber immer zu mindestens jener Mangel an Gemeinschaftsgefühl vorhanden ist, wie bei der Fahrlässigkeit, so wird unser ganzes gesellschaftliches Leben vergiftet, weil auch jene, die vielleicht guten Willens sind, mit der Überzeugung erfüllt werden, in solchen Situationen bleibe nichts anderes übrig als der persönliche Schutz bis auf das Äußerste. Wobei man meist übersieht, daß dieser persönliche Schutz regelmäßig wieder mit einer Verletzung des andern verbunden ist. Gerade die letzten Jahre haben uns oft von diesen Tatsachen und ihren Verwicklungen überzeugen können. Es ist nur von Vorteil, seine Aufmerksamkeit auf diese Erscheinungen zu richten, denn man kann daraus ersehen, wie schwer es dem einzelnen gemacht wird, in solchen Situationen Forderungen zu genügen, die er kraft seines Gemeinschaftsgefühls als selbstverständlich und richtig erkannt hat. Auch hier wird es nötig sein, Auswege zu finden, um dem Einzelnen seine Mitarbeit, die nur in der Förderung des Allgemeinwohles bestehen darf, eher zu erleichtern, statt, wie es heute meist der Fall ist, zu erschweren. Zuweilen geschieht so etwas ganz automatisch, denn die Massenseele ist immer am Werk und wehrt sich so gut sie kann. Aber auch die Psychologie muß diese Erscheinungen begleiten, nicht nur um wirtschaftliche Zusammenhänge zu verstehen, sondern auch um des seelischen Apparates willen, der hier mitwirkt, und um zu wissen, was man dem Einzelnen oder der Allgemeinheit überhaupt zumuten darf und was man dabei zu erwarten hat.

Fahrlässigkeit ist in Familie, Schule und im Leben stark verbreitet. In allen Formen unseres Lebens kann man sie vorfinden. Immer wieder drängt sich irgendwo ein Typus in den Vordergrund, der auf seine Mitmenschen gar keine Rücksicht nimmt. Das bleibt natürlich nicht ungestraft, und die Handlungsweise eines rücksichtslosen Menschen wird meist eine Wendung zur Folge haben, die ihn nicht freut. Manchmal dauert es lange – Gottes Mühlen mahlen langsam –, so lange, daß einer dann den Zusammenhang nicht mehr überblicken kann, weil er ihn nicht kennt, nicht kontrollierend begleitet und daher meist nicht versteht. Klagen, die über ein unverdientes Schicksal laut werden, sind meist dem Umstand zuzuschreiben, daß andere, welche die Rücksichtslosigkeiten eines solchen Partners zu erdulden hatten, nach einiger Zeit ihre persönlich gut gemeinten Bemühungen aufgeben und von ihm abrücken.

Obwohl fahrlässige Handlungen manchmal ihre scheinbare Rechtfertigung finden, kann man in ihnen bei näherem Zusehen dennoch die ganze Fülle von Feindseligkeit gegen die andern wahrnehmen. So etwa, wenn sich ein Chauffeur, der zu schnell gefahren ist und dadurch jemand überfahren hat, damit verteidigt, daß er durch eine Verabredung gebunden war. Wir können in solchem Verhalten nur sehen, wie es Menschen gibt, die ihre persönlichen, kleinlichen Forderungen so hoch über Wohl und Wehe des andern setzen, daß sie die Gefahren, die denselben aus diesem Verhalten erwachsen, übersehen. An dem Unterschied zwischen ihren eigenen Forderungen und dem Wohl der Allgemeinheit läßt sich der Grad ihrer Feindseligkeit deutlich erkennen.

DRITTES KAPITEL

Charakterzüge nicht aggressiver Natur

Zu dieser Gruppe von Charakterzügen gehören alle jene Erscheinungsformen, bei denen die feindliche Aggression gegen den Mitmenschen sich nicht auf einer geraden und deutlich sichtbaren Linie bewegt, sondern dem außenstehenden Betrachter den Eindruck einer *feindseligen Isoliertheit* vermitteln. Hier ist es so, *als ob* sich der ganze Strom von Feindseligkeit umgebogen und einen Umweg eingeschlagen hätte. In solchen Fällen entsteht meist das Bild eines Menschen, der wohl niemand etwas zuleide tut, sich aber vom Leben und von den Menschen zurückzieht, jeden Anschluß vermeidet und in seiner Einsamkeit den andern seine Mitarbeit versagt. Da aber die Aufgaben der Menschheit zum größten Teil nur in gemeinsamer Arbeit gelöst werden können, ist ein Mensch, der sich isoliert, derselben Feindseligkeit verdächtig wie einer, der die Gemeinschaft offen und gradlinig angreift und schädigt und ihr auf diese Weise die zu ihrer Erhaltung notwendigen Mittel vorenthält. Hier öffnet sich ein ungeheuer weites Gebiet der Betrachtung, auf dem wir einige auffallende Erscheinungen einer näheren Erörterung unterziehen wollen. Als ersten Zug betrachten wir:

1. Zurückgezogenheit (Distanzproblem)

Zurückgezogenheit kann in verschiedener Weise zutage treten. Menschen, die sich zurückziehen, reden wenig oder nichts, sehen einen nicht an, hören nicht zu oder sind nicht aufmerksam, wenn man zu ihnen spricht. In allen Beziehungen, schon in den einfachsten, findet man eine Kälte, welche die Menschen voneinander scheidet. Man spürt sie in der Art und Weise, wie sie einem die Hand reichen, an dem Ton, in dem sie etwas sagen, in der Art, wie sie den andern grüßen oder seinen Gruß erwidern. Immer fällt es auf, wie sie zwischen sich und die andern eine *Distanz* legen. Bei allen diesen Erscheinungen von Isolierung findet man wieder den bekannten Charakterzug des Ehrgeizes und der Eitelkeit, der hier die besondere Form angenommen hat, sich von den andern abheben, seine Andersartigkeit dadurch dartun zu wollen, daß man sich zurückzieht. Damit haben aber diese Menschen höchstens gewonnen, daß ihnen ihre Einbildungskraft eine Höhe vorgaukelt, die nicht besteht. Man sieht, wie der kämpferische Zug der Feindseligkeit in die scheinbar harmlose Haltung des Einzelnen umschlagen kann. Die Zurückziehung kann auch größere Gruppen betreffen. Jeder wird bereits die Bekanntschaft von ganzen Familien gemacht haben, die dadurch charakterisiert sind, daß sie sich gegen die anderen hermetisch abschließen. Betrachtet man sie genauer, dann vermißt man nie die Feindseligkeit und den Hang zu der Einbildung, höhere, bessere Wesen zu sein als die andern. Die Isolierungstendenz kann ferner auf Klassen, Religionen, Rassen und Nationen übergehen, und es gibt oft ein außerordentlich aufklärendes Bild ab, in einer fremden Stadt, z. B. auf Promenaden, manchmal sogar an der Bauart der Häuser, wahrzunehmen, wie sich einzelne Schichten gegeneinander abschließen. Es ist eine in unserer Kultur vorläufig noch tiefwurzelnde Erscheinung, daß sich Menschen leicht verleiten lassen, sich auf diese Weise zu isolieren, sich in Nationen, Konfessionen und Klassen zu scheiden, wobei meist nichts anderes herauskommt als gegenseitiger Kampf, der sich nach einiger Zeit in ein Nichts auflöst, in eine veraltete, kraftlose Tradition. So kommt es, wie es meist zu geschehen pflegt, daß einzelnen Menschen dadurch die Möglichkeit geboten wird, latente Gegensätze auszunutzen und diese Gruppen aufeinander zu hetzen zu keinem anderen Zweck, als um dadurch um so leichter selbst befehlen und lenken zu können und persönliche Eitelkeiten zu befriedigen. Dem Zug der Feindseligkeit ermangelt auch nie, daß eine solche Klasse oder ein solches Volk sich als besonders ausgezeichnet empfindet, seinen Geist als den auserlesenen preist und von den andern meist nur das Schlechte weiß. Die Möglichkeit und Gefahr einer Steigerung der Feindseligkeit liegt darin, daß man in der Regel nur gewisse Wortführer hört, die in der eigenen feindseligen Gesinnung und im eigenen Interesse die Feindseligkeit der anderen schüren und zu steigern versuchen. Wenn dann unglückliche Ereignisse eintreten, wie der Weltkrieg und seine Folgen, dann will es niemand gewesen sein. Es ist der Typus von Menschen, die in ihrer eigenen Unsicherheit nach Überlegenheit und Unabhängigkeit streben, die sie auf Kosten der andern zu verwirklichen trachten.

In der Zurückziehung liegt das Schicksal und die ganze Welt eines solchen Individuums. Daß diese Menschen nicht geeignet sind, voranzugehen und Kulturfortschritte zu fördern, liegt auf der Hand.

2. Angst

Bei der feindseligen Haltung eines Menschen zu seiner Umwelt finden wir nicht selten Züge von Ängstlichkeit, die dem Charakter dieser Menschen eine besondere Färbung verleihen. Ängstlichkeit ist eine außerordentlich weitverbreitete Erscheinung, die den Menschen von den frühesten Kindheitstagen oft bis in sein hohes Alter begleitet und ihm in einem unerhörten Maß das Leben verbittert, ihn auch recht ungeeignet macht, sich anzuschließen und dadurch die Basis für ein friedliches Leben und für fruchtbare Leistungen zu gewinnen. Denn die Furcht kann sich auf alle Beziehungen menschlichen Lebens erstrecken. Es kann einer die Außenwelt fürchten oder vor seiner eigenen Innenwelt erschrecken. Und wie er die Gesellschaft meidet, weil er sie fürchtet, so kann er auch das Alleinsein fürchten. In den ängstlichen Menschen wird man wieder jenen bekannten Typus antreffen, der sich genötigt fühlt, mehr an sich zu denken und der infolgedessen für den Mitmenschen wenig übrig hat. Hat er einmal den Standpunkt gewonnen, vor den Schwierigkeiten des Lebens auszukneifen, dann kann dieser Standpunkt durch Hinzutreten von Angst außerordentlich vertieft und gesichert werden. In der Tat gibt es Menschen, bei denen die erste Regung immer Angst ist, wenn sie etwas unternehmen sollen, ob sie nun das Haus verlassen, sich von einem Begleiter trennen, ob sie eine Stelle bekleiden sollen oder ob ihnen die Liebe winkt. Sie hängen so wenig mit dem Leben und mit den Mitmenschen zusammen, daß ihnen jede Änderung ihrer gewohnten Situation Furcht bereitet.

Dabei bleibt jede Entwicklung ihrer Persönlichkeit und Leistungsfähigkeit gehemmt. Es ist wohl nicht immer so, daß einer gleich zu zittern beginnt und davonläuft. Aber seine Schritte verlangsamen sich, und er findet allerlei Vorwände und Ausreden. Manchmal wird er gar nichts davon wissen, daß seine ängstliche Haltung unter dem Druck einer neuen Situation zustande gekommen ist.

Interessant ist es, wenn man oft, wie zur Bestätigung dieser Auffassung, findet, daß diese Menschen gern an die Vergangenheit oder an den Tod denken, was ungefähr die gleiche Wirkung hat. Das Denken an die Vergangenheit ist ein unauffälliges und daher sehr beliebtes Mittel, um sich zu »drücken«. Auch Furcht vor dem Tode oder vor Krankheiten ist nicht selten bei Menschen zu finden, die nach einer Ausrede suchen, um sich jeder Leistung zu entschlagen. Oder sie betonen, daß ja doch alles eitel sei, daß das Leben so kurz sei oder daß man nicht wissen könne, was geschehen werde. In derselben Weise kann auch die *Vertröstung der Religion auf ein Jenseits* wirken, die den Menschen sein eigentliches Ziel erst im Jenseits sehen und das Erdendasein als ein höchst überflüssiges Bestreben, als eine wertlose Phase seiner Entwicklung betrachten läßt. Weicht der erstere Typus deshalb allen Leistungen aus, weil ihm der Ehrgeiz nicht gestattet, sich auf die Probe stellen zu lassen, so finden wir beim letzteren, wie zur Belehrung und Beleuchtung, daß es auch hier wieder derselbe Gott ist, zu dem sie hinstreben. dasselbe Ziel der Überlegenheit über die andern, derselbe Ehrgeiz, der sie lebensunfähig macht.

In ihrer ersten und primitivsten Form tritt uns die Angst bei Kindern entgegen, die jedesmal Zeichen von Angst von sich geben, wenn man sie allein läßt. Die Sehnsucht eines solchen Kindes ist aber durchaus nicht befriedigt, wenn man dann zu ihm kommt, sondern es nutzt das Zusammensein wieder zu anderen Zwecken aus. Läßt es die Mutter z. B. wieder allein, so wird es sie unter deutlichen Erscheinungen der Angst zurückrufen, was nichts anderes heißt, als daß sich nichts geändert hat, ob nun die Mutter da ist oder nicht. Daß die Sehnsucht des Kindes vielmehr darauf ausgeht, sie in seinen Dienst zu stellen, sie zu beherrschen. Solche Erscheinungen sind gewöhnlich Anzeichen dafür, daß man ein solches Kind seine Haltung nicht auf dem Weg der Verselbständigung suchen läßt, sondern ihm durch eine fehlerhafte Behandlung nahelegt, auf andere Personen zu greifen, um sie in Kontribution zu ziehen.

Die Äußerungen der kindlichen Angst sind allgemein bekannt. Besonders deutlich werden sie dann, wenn dem Kind durch Entziehung des Lichtes, z. B. bei Nacht, der Zusammenhang mit der Außenwelt oder der gewünschten Person schwierig wird. Dann stellt der Angstschrei sozusagen die Verbindung her, die durch die Nacht zerrissen wurde. Eilt nun jemand herbei, so spielt sich der Fall gewöhnlich in der oben geschilderten Art ab. Das Kind äußert noch weitergehende Wünsche, verlangt, man solle Licht machen, bei ihm bleiben, mit ihm spielen u. dgl. Solange man folgt, ist die Angst wie weggeblasen. In dem Augenblick aber, wo dieses Herrschaftsverhältnis bedroht erscheint, tritt sie wieder auf und befestigt die Herrschaft des Kindes von neuem.

Auch im Leben der Erwachsenen gibt es solche Erscheinungen. Es sind die Fälle, wo Menschen nicht allein ausgehen wollen. Sie stellen Typen dar, welche man oft auf der Straße bemerken kann, wie sie ängstlich zusammengezogen und umhersehend, sich nicht von der Stelle rühren, oder die wie auf der Flucht vor einem bösen Feind über die Straße laufen. Manchmal wird man von einer solchen Gestalt sogar darum angegangen, man möge ihr herüberhelfen. Das sind nicht etwa schwächliche, kranke Menschen, sondern solche, die sonst ganz gut gehen können, sich meist einer viel besseren Gesundheit erfreuen als so mancher andere, aber, vor eine unbedeutende Schwierigkeit gestellt, sofort einen Angstanfall erleiden. Das geht manchmal so weit, daß solche Menschen schon beim Verlassen des Hauses von Unsicherheit und Angst ergriffen werden. Die Erscheinungsformen dieser *Platzangst* sind deshalb so interessant, weil wir bald entdecken, daß in der Seele solcher Menschen nie das Gefühl stumm wird, sie seien der Zielpunkt irgendwelcher feindlicher Verfolgung. Sie meinen, irgend etwas unterscheide sie ganz besonders von den anderen. Manchmal drückt sich das in phantastischen Ideen aus, wenn sie z. B. glauben, sie könnten fallen, was für uns nichts anderes heißt, als daß sie sich recht hoch oben stehend fühlen. In den Krankheitserscheinungen, in den Ausartungen der Angst schwingt also wieder dasselbe Ziel der Macht und Überlegenheit, und man sieht, wie auch hier das Leben unter Druck gerät und ein trauriges Schicksal bedrohlich in die Nähe rückt. Denn bei vielen Menschen bedeutet die Angst nichts anderes, als daß jemand da sein muß, der sich mit ihnen beschäftigt. Wenn nun gar jemand das Zimmer nicht mehr verlassen kann, muß sich *alles* seiner Angst unterordnen. Durch das den andern auferlegte Gesetz, daß alle andern zu ihm kommen müssen, während er zu niemand zu kommen braucht, wird er zu einem König, der die andern beherrscht.

Aufgehoben kann die Menschenangst nur durch das Band werden, welches den Einzelnen mit der Gemeinschaft verknüpft. Nur der wird ohne Angst durchs Leben gehen können, der sich seiner Zugehörigkeit zu den anderen bewußt ist.

Hierzu noch ein interessantes Beispiel aus den Tagen des Umsturzes von 1918. Eine Anzahl Patienten erklärten nämlich plötzlich, sie wären verhindert, in die Ordination zu kommen. Um die Gründe befragt, antwortete jeder mit Worten, die ungefähr folgendes besagten: Es sind jetzt so unruhige Zeiten, man kann nicht wissen, was für einem Menschen man jetzt begegnen kann; und wenn man dann noch besser gekleidet ist, kann man sich leicht Unannehmlichkeiten zuziehen.

Der Unmut von damals war natürlich groß. Es ist aber doch auffallend, warum gerade nur gewisse Menschen diese Folgerungen gezogen haben. Warum haben gerade sie daran gedacht? Das ist kein Zufall und hängt damit zusammen, daß diese Menschen nicht den Kontakt hatten, sich daher nicht so sicher fühlten, während andere, die sich mehr als zugehörig betrachteten, keine Angst empfanden und ihren Arbeiten wie gewöhnlich nachgingen.

Eine harmlosere, wenn auch nicht weniger beachtenswerte Form der Angst ist die *Schüchternheit,* für die dasselbe gilt, was über die Angst gesagt wurde. Mögen die Beziehungen, in die Kinder gestellt sind, noch so einfach sein, ihre Schüchternheit wird ihnen immer die Möglichkeit geben, den Kontakt mit den andern zu vermeiden oder abzubrechen, während in ihnen das Gefühl der Minderwertigkeit und Andersartigkeit lebendig ist, das ihre Anschlußfreudigkeit hemmt.

3. Zaghaftigkeit (Distanzproblem)

Den Charakterzug der Zaghaftigkeit weisen jene auf, die eine bevorstehende Aufgabe als besonders schwer empfinden und sich die zur Bewältigung derselben nötige Kraft nicht zutrauen. In der Regel wird dieser Charakterzug in der Form von langsamen Vorwärtsbewegungen in Erscheinung treten, bei denen die Entfernung zwischen dem Menschen und der vorliegenden Lebensfrage nicht allzu schnell geringer wird, manchmal sogar konstant bleibt. Hierher gehören die Fälle, wo ein Mensch, der irgendeiner Lebensfrage näherrücken sollte, nun plötzlich ganz wo anders zu finden ist. Er entdeckt z. B. plötzlich, er sei für den Beruf, den er ergreifen soll, eigentlich gar nicht geeignet. Er findet an ihm allerhand Schattenseiten, so daß er nun auch seine Logik derart vergewaltigt, daß ihm die Ergreifung dieses Berufes wirklich unmöglich erscheint. Die Ausdrucksformen der Zaghaftigkeit sind also außer verlangsamten Bewegungen noch sichernde Maßnahmen, Vorbereitungen u. dgl., die gleichzeitig den Zweck haben, die Verantwortung für das Nichtzustandekommen einer Aufgabe abzuwälzen.

Die Individualpsychologie hat den ganzen Komplex von Fragen, die diese ungeheuer verbreitete Erscheinung betreffen, das *Problem der Distanz* genannt. Sie hat einen Standpunkt geschaffen, von dem aus wir unerschütterlich über die Stellungnahme eines Menschen urteilen, die Entfernung messen können, in der er vor der Lösung der drei großen Fragen des Lebens steht. Es handelt sich um die Lösung der Frage seiner sozialen Aufgaben, der Beziehung des Ich zum Du und darum, ob er den Kontakt zwischen sich und den anderen Menschen in einer annähernd richtigen Art hergestellt hat oder ihn verhindert. Die erste Lebensfrage ist die Berufsfrage und die zweite die erotische Frage, die Frage von Liebe und Ehe. Aus der Größe der Verfehlung, aus der *Distanz,* in der ein Mensch zur Lösung dieser drei Fragen steht, können wir auf seine Individualität, auf seine Persönlichkeit Schlüsse ziehen und sind somit in der Lage, auch aus diesen Erscheinungen etwas für unsere Menschenkenntnis zu gewinnen.

Der Grundzug, der in solchen Fällen zutage tritt, ist im allgemeinen der, daß ein Mensch zwischen sich und seine Aufgabe eine mehr oder weniger große Distanz gelegt hat. Faßt man die Situation näher ins Auge, so kommt man dahinter, daß die ganze Angelegenheit neben dieser Schattenseite auch eine Lichtseite hat. Es ist anzunehmen, daß dieser Mensch nur wegen der Lichtseite diese Stellungnahme gewählt hat. Tritt man nämlich ganz unvorbereitet an eine Aufgabe heran, dann hat man mildernde Umstände, das Selbstgefühl und die persönliche Eitelkeit bleiben unberührt. Die Situation ist viel sicherer, und man arbeitet wie ein Seiltänzer, der weiß, daß unter ihm ein Netz gespannt ist. Fällt man, dann fällt man weich, und geht man unvorbereitet an seine Aufgabe und besteht sie nicht, dann ist das Persönlichkeitsgefühl nicht in Gefahr, denn man kann sich sagen, man habe aus verschiedenen Gründen nicht viel tun können, es sei schon zu spät oder man habe zu spät angefangen u. dgl., sonst wäre die Leistung glänzend gelungen. Es ist dann nicht ein Mangel der eigenen Persönlichkeit schuld, sondern irgendein kleiner, nebensächlicher Umstand, für den der Betreffende keine Verantwortung übernimmt. Gelingt aber die Leistung trotzdem, dann gilt sie viel mehr. Denn wenn einer fleißig seinen Aufgaben obliegt, findet niemand etwas Besonderes daran, wenn sie gelingen, das ist eigentlich selbstverständlich. Fängt aber einer zu spät an, arbeitet nur wenig oder ist ganz unvorbereitet und löst die Arbeitsaufgabe dennoch, was ja möglich ist, dann steht er ganz anders da, er ist sozusagen ein doppelter Held, denn er hat mit einer Hand das vollbracht, wozu andere zwei Hände brauchen.

Das sind also die Lichtseiten dieses Bogengängertums. Eine solche Haltung verrät sowohl den Ehrgeiz wie auch die Eitelkeit eines Menschen, sie zeigt die Tatsache, daß das ein Mensch ist, der sich wenigstens vor sich selbst in Szene setzen will. Alles geschieht um den Preis der *Plusmacherei,* um den Schein zu erwecken, daß er über besondere Kräfte verfüge.

Dadurch nähern wir uns dem Verständnis aller jener, die um die Fragen, die vor ihnen liegen, herumkommen wollen, sich selber Schwierigkeiten schaffen und sich ihnen gar nicht oder nur zögernd nähern. Auf dem Umweg, den sie um diese Aufgaben machen, liegen jene Dinge, die als Besonderheiten des Lebens auffallen, wie Faulheit, Indolenz, Berufswechsel (»Umsatteln«), Verwahrlosung usw. Es gibt auch Menschen, die diese Stellungnahme schon in ihrer äußeren Haltung zur Schau tragen, die manchmal eine so biegsame Art zu gehen haben, daß sie sich bei allen Gelegenheiten schlangenähnlich wenden. Das ist sicherlich kein Zufall, und mit einiger Zurückhaltung kann man sie dahin einschätzen, daß das fast lauter Menschen sind, die die Neigung haben, wichtigen Fragen, die sie zu lösen haben, aus dem Weg zu gehen.

Ein aus dem Leben gegriffener Fall soll das deutlich zeigen. Es handelt sich um einen Mann, der eine große Verdrossenheit an den Tag legte, Lebensüberdruß empfand und Selbstmordgedanken hatte. Nichts freute ihn mehr, und er gab in seiner ganzen Haltung zu verstehen, daß er mit dem Leben eigentlich schon abgeschlossen hatte. Aus dem Gespräch mit ihm ging hervor, daß er von drei Brüdern der älteste war, das Kind eines überaus ehrgeizigen Vaters, der im Leben mit ungestümer Verve vorwärtsgegangen war und es ziemlich weit gebracht hatte. Der Patient war sein Lieblingskind gewesen, das einst in seine Fußtapfen treten sollte. Die Mutter war früh gestorben. Mit der Stiefmutter stand er auf gutem Fuße, vielleicht auch, weil er die Protektion seines Vaters in hohem Grade genoß.

Als Erstgeborener war er begeisterter Anbeter der Macht und Gewalt. Alles, was man an ihm sah, trug einen imperialistischen Zug. In der

Schule gelang es ihm bald, an die Spitze der Klasse vorzurücken. Nach Beendigung der Schule übernahm er das Geschäft seines Vaters und gebärdete sich nun für die Außenstehenden als Gnadenspender. Er sprach immer mit freundschaftlichen Worten, seine Arbeiter hatten es nicht schlecht, er zahlte ihnen die höchsten Löhne und war für Bitten eigentlich immer zugänglich.

In seinem Wesen war nun seit dem Umsturz von 1918 eine Änderung vor sich gegangen. Er kam aus den Klagen nicht heraus, wie sehr er durch das unbotmäßige Verhalten seiner Angestellten verbittert sei. Was sie früher erbeten und auch erhalten hatten, das forderten sie jetzt. Seine Verbitterung stieg so sehr, daß er sich mit dem Gedanken trug, das Geschäft aufzugeben.

Er bog also in bezug auf seine Aufgabe knapp vor der Front ab. Sonst war er ein wohlwollender Chef. In dem Moment aber, wo seine Machtverhältnisse angetastet wurden, kam er nicht mehr mit und seine Weltanschauung erwies sich nicht nur für den ganzen Fabriksbetrieb als störend, sondern auch insbesondere für ihn selbst. Wäre er nicht so ehrgeizig zeigen zu wollen, daß er der Herr im Haus sei, dann könnte er von dieser Seite aus unbehelligt bleiben. Ihm ist es aber um nichts anderes zu tun, als um die Demonstration seiner persönlichen Macht. Das ist ihm durch die logische Entwicklung der Verhältnisse erschwert, und jetzt freut ihn der ganze Beruf nicht mehr. Seine Neigung, sich zurückzuziehen, ist somit ein Angriff, eine Anklage gegen die unbotmäßigen Angestellten.

Er konnte also mit seiner Eitelkeit nur bis zu einem gewissen Punkt gelangen. Der Widerspruch der ganzen Situation, der plötzlich zutage trat, traf zunächst ihn selbst. Seine Prinzipien erwiesen sich als nicht mehr tragfähig. Durch seine einseitige Entwicklung hatte er die Möglichkeit verloren, abzulenken und einem anderen Prinzip zur Geltung zu verhelfen. Er war entwicklungsunfähig geworden, weil er sich Macht und Überlegenheit zum einzigen Ziele gesetzt hatte, so daß er dementsprechend den Charakterzug der Eitelkeit übermächtig werden ließ.

Wenn wir in seinem übrigen Leben Umschau halten, so erfahren wir, daß seine gesellschaftlichen Zusammenhänge recht dürftig sind. Es ist auch klar, daß er bei dieser Gesinnung nur Menschen um sich sammeln konnte, die seine Überlegenheit anerkannten, die ihm zu Willen waren. Dabei war er auch ein scharfer Kritiker, und da es ihm an Verstand nicht mangelte, konnte er gelegentlich recht treffende, herabsetzende Bemerkungen machen. Das vertrieb ihm seine Bekannten, und er war die ganze Zeit über ohne wirklichen Freund. Was ihm auf diese Weise an Kontakt mit den Menschen fehlte, ersetzten ihm Vergnügungen aller Art.

Wirklich gescheitert ist er aber erst bei der Liebes- und Ehefrage. Dort wurde ihm das Schicksal zuteil, das man ihm schon lange hätte voraussagen können. Da die Liebe die tiefste kameradschaftliche Bindung darstellt, verträgt sie die Herrschsucht des Einzelnen am allerwenigsten. Da er aber Herrscher sein wollte, so mußte er auch in der Wahl des Ehepartners darauf Bedacht nehmen. Der herrschsüchtige, überlegenheitslüsterne Typus wird seine Liebeswahl immer auf einen Partner lenken, der selbst nicht schwach ist, dessen Eroberung ihm selbst wieder als ein Triumph erscheinen muß. So kommen dann zwei gleichgeartete Menschen zusammen, deren Zusammenleben eine ununterbrochene Kette schwerster Kämpfe ist. Auch die Liebeswahl dieses Menschen erfolgte in der Richtung auf eine Frau, die in manchen Punkten noch herrschsüchtiger als er selbst war. Beide mußten zu den mannigfachsten Mitteln greifen, um, getreu ihren Prinzipien, ihre Herrschaft aufrecht zu erhalten. Dabei entfernten sie sich natürlich immer mehr voneinander, allerdings ohne sich je ganz verlassen zu können, weil solche Menschen immer wieder auf ihren Sieg hoffen und sich daher von diesem Kriegsschauplatz schwer trennen können.

Er erzählte auch einen Traum aus dieser Zeit. Ihm träumte, daß er mit einem Mädchen sprach, das wie ein Dienstbote aussah und seiner Buchhalterin auffallend ähnelte. Dabei sprach er (im Traum): »Ich bin doch aus fürstlichem Geblüt.« –

Es ist nicht schwer zu verstehen, welche Gedankengänge sich in diesem Traumbild widerspiegeln. Einmal ist es die Art, wie er auf Menschen herabsieht. Jeder erscheint ihm zunächst als Dienstbote, ungebildet und minder, um so mehr, wenn es eine Frau ist. Dabei erinnern wir uns, daß er mit seiner Frau im Kampf steht, so daß die Annahme naheliegt, daß sich hinter der Traumgestalt seine Frau verbirgt.

So versteht ihn niemand und er sich selbst am allerwenigsten, weil er mit einer Hochnasigkeit sondergleichen ein eitles Ziel im Auge hat. Seine Entfernung von den Mitmenschen läuft parallel mit seiner Arroganz, mit der er für sich eine Hoheit beansprucht, die durch nichts gerechtfertigt ist, während er den andern alle Werte abspricht, eine Lebensanschauung und eine Einstellung, bei der weder Freundschaft noch Liebe Platz finden können.

Die Argumente, die zur Rechtfertigung derartiger Ausbiegungen vorgebracht werden, sind oft sehr charakteristisch. Meist sind es Gründe, die ganz richtig und selbstverständlich klingen, nur daß sie anderswo herkommen und auf die vorliegende Situation nicht passen. So findet der eine z. B., er müsse die Gesellschaft pflegen, und macht nun den Versuch so, daß er etwa in eine Kneipgesellschaft eintritt, sich dort mit Trinken, Kartenspiel und ähnlichem Zeug die Zeit vertreibt und auf diese Weise Freunde und Bekannte sammeln zu müssen glaubt. Dann kommt er spät nachts nach Hause, ist in der Früh nicht ausgeschlafen und verweist nun darauf: da man doch Gesellschaft pflegen müsse, könne man nicht immer … usw. Es ginge noch an, wenn er dabei seinen Aufgaben näher käme. Wenn er aber statt dessen, in der Pflege der Gesellschaftlichkeit begriffen, auf einmal ganz anderswo zu finden ist, als wir erwarten müssen, dann hat er natürlich unrecht, auch wenn er richtige Argumente anführt. Ein anderer wieder findet, wie das besonders bei jungen Leuten der Fall ist, die vor einer Berufswahl stehen, plötzlich eine Neigung zum Politisieren. Politik ist allerdings eine wichtige Angelegenheit. Es geht aber nicht an, daß einer sich und die anderen zum Narren hält und nun, statt seine Berufswahl zu treffen oder sich für seinen künftigen Beruf vorzubereiten, nun nichts anderes tut als politisieren.

Wir sehen an diesem Fall deutlich, wie es nicht unsere objektiven Erfahrungen sind, die uns vom geraden Weg abbringen, sondern unsere *per-*

sönliche Anschauung von den Dingen, die Art, wie wir die Tatsachen abwägen und einschätzen. Das ganze große Gebiet des menschlichen Irrtums liegt da vor uns. In solchen Fällen handelt es sich um eine ganze Kette von Irrtümern und Irrtumsmöglichkeiten. Wir müssen versuchen, durch ein Eingehen auf die Argumente, auf den ganzen Lebensplan eines solchen Menschen, dieser Irrtümer habhaft zu werden und sie durch Belehrung zu überwinden. Damit ist auch die Tätigkeit dieser Art von Erziehung näher gekennzeichnet. Erziehen heißt nichts anderes als Irrtümer beseitigen. Dazu ist es aber notwendig, diese Zusammenhänge zu kennen, die zeigen, wie eine durch Irrtümer in die Wege geleitete fehlerhafte Entwicklung eines Menschen zu einer Tragödie werden kann. Wir müssen mit Bewunderung und nie versagender Anerkennung die Weisheit alter Völker betrachten, die diese Zusammenhänge noch gekannt oder wenigstens geahnt haben, indem sie von einer Nemesis, von einem rächenden Gott sprachen. Eine solche Entwicklung zeigt immer, wie selbstverständlich die Schädigungen ausfallen, die sich ein Mensch zufügt, wenn er, statt im Sinne und zum Nutzen der Allgemeinheit vorzugehen, sich in der Richtung des Machtkultus der eigenen Person einen Weg sucht, der ihn meist zwingt, seinem Ziel auf Umwegen, unter Außerachtlassung der Interessen der Mitmenschen und unter ständigem Zittern vor der Niederlage nachzugehen. Meist stellen sich auch nervöse Erscheinungen ein, die ihren besonderen Zweck und ihre besondere Bedeutung haben, vor allem die, den Menschen von irgendeiner Aktion zurückzuhalten, weil ihm seine Erfahrung sagt, daß für ihn jeder Schritt in der Nähe dieses Abgrundes mit außerordentlichen Gefahren verbunden ist.

Die Gesellschaft hat für Ausreißer keinen Platz. In ihr handelt es sich um eine gewisse Fügsamkeit und Anpassung, um die Fähigkeit, mitzuspielen und den anderen eine Hilfe zu sein, nicht darum, die Führung an sich zu reißen, um anderen überlegen zu werden. Wie sehr dies zutrifft, haben viele schon an sich selbst oder an einem Menschen aus der Umgebung bemerkt. So ein Mensch wird wohl seine Besuche machen, sich sehr nett benehmen, nicht stören. Er wird aber nicht warm werden können, weil ihn sein Streben nach Macht daran hindert, und auch die anderen werden nicht warm werden. Oft wird er still bei Tische sitzen und nicht das Äußere eines froh bewegten Menschen zeigen, auch wenig dazu tun, um die Gesellschaft zu fördern. Er wird mehr den Dialog vorziehen als das Sprechen in einer größeren Versammlung. Auch in oft unauffälligen Dingen wird sich seine Eigenart zeigen, wie z. B. darin, daß er immer recht behalten will, selbst in Dingen, die für alle belanglos sind. Dabei wird sich zeigen, daß es ihm im Grunde gleichgültig ist, womit er argumentiert, daß es ihm vielmehr darum zu tun ist, den anderen ins Unrecht zu setzen. Oder er zeigt an der Abbiegungsstelle rätselhafte Erscheinungen, ist müde, ohne zu wissen wovon, gerät in eine Hast, die ihn nicht vorwärts bringt, kann nicht schlafen, kommt nicht zu Kräften, hat allerlei Beschwerden, kurz, man hört eine Anzahl von Klagen, über die er meist keine rechte Auskunft geben kann. Er ist scheinbar ein kranker Mensch, er ist *nervös.* In Wirklichkeit sind aber diese Erscheinungen hinterlistige Mittel, um die eigene Aufmerksamkeit vom wahren Sachverhalt abzulenken. Es ist kein Zufall, wenn solche Mittel gewählt werden. Und wenn man bedenkt, was für ein Rebellentrotz darin steckt, wenn sich ein Mensch z. B. durch Angst gegen die natürliche Erscheinung der Nacht auflehnt, dann versteht man, daß das kein Mensch sein kann, der mit dem irdischen Leben verwachsen ist. Denn seinem Gehaben liegt nichts anderes zugrunde, als die Nacht abzuschaffen. Das verlangt er so eigentlich als Bedingung für seine Einfügung in ein normales Leben. Da er aber eine derartige unerfüllbare Bedingung stellt, verrät er gleichzeitig seine böse Absicht. Er ist ein Neinsager.

Alle nervösen Erscheinungen dieser Art sind an dem Punkt entstanden, an dem ein solcher Mensch vor seiner Aufgabe erschrickt und nach einem Vorwand sucht, um sie entweder langsamer und mit mildernden Bedingungen anzugehen oder ganz aus ihrem Bereich zu flüchten. Dadurch entzieht er sich gleichzeitig auch den für die Erhaltung der menschlichen Gesellschaft notwendigen Aufgaben, schädigt zunächst seine nähere Umgebung, in einer weiteren Beziehung aber auch alle anderen. Diese Dinge wären schon längst aus der Welt geschafft, wenn wir alle mehr Menschenkenntnis hätten und imstande wären, immer jene furchtbare Kausalität ins Auge zu fassen, die zwischen einem Angriff auf die logischen, immanenten Spielregeln der menschlichen Gesellschaft und dem tragischen Schicksal, das sich oft in viel späterer Zeit daraus entwickelt, besteht. Da die Zeitläufte oft groß sind und meist eine Unzahl von Komplikationen hinzutreten, sind wir in der Regel oft nicht in der Lage, diese Zusammenhänge genauer zu fixieren, um daraus zu lernen und andere darüber zu belehren. Erst wenn wir eine ganze Lebenslinie abrollen lassen und uns in die Geschichte eines Menschen vertiefen, sind wir mit viel Mühe imstande, den Zusammenhang zu überblicken und zu sagen, wo der Fehler gemacht wurde.

4. Ungezähmte Triebe als Ausdruck verminderter Anpassung

Es gibt Menschen, bei denen bestimmte Ausdrucksformen ganz besonders hervortreten, die dadurch charakterisiert sind, daß wir sie als *Unerzogenheit* empfinden. Hierher gehören z. B. Menschen, die das Nägelbeißen nicht lassen können, oder solche, die, durch eine innere Gewalt getrieben, fortwährend in der Nase bohren, ferner Menschen, die sich mit einer solchen Gier auf das Essen stürzen, daß ihr Verhalten den Eindruck einer ungezähmten Leidenschaft erweckt. Daß solche Erscheinungen etwas bedeuten müssen, wird uns sofort klar, sobald wir einem Menschen zusehen, der sich wie ein hungriger Wolf auf sein Essen stürzt und keinerlei Hindernisse, keine Scham kennt, um seiner Gier genug zu tun. Das ist ein Schlürfen, Kauen und Klatschen. Die größten Bissen verschwinden fast ungekaut wie in einem Abgrund und ebenso erstaunlich ist die Schnelligkeit, mit der sie vertilgt werden. Aber nicht nur äußere Formen sind es, die uns auffallen, sondern auch die Quantität, die Häufigkeit der Mahlzeiten. Es ist nicht zu viel gesagt, wenn man behauptet, es gibt Menschen, die man sich gar nicht vorstellen kann, ohne daß sie gleichzeitig Nahrung zu sich nehmen.

Ein weiterer Typus von Unerzogenheit äußert sich durch eine auffallende *Schmutzigkeit.* Es gibt nicht etwa die Formlosigkeit, die wir bei Menschen finden, die viel zu arbeiten haben, auch nicht die natürliche Unordentlichkeit, die man bei schwer arbeitenden Menschen zuweilen findet. Unser Typus ist gewöhnlich nicht schwer arbeitend, bleibt sogar oft der Arbeit fern. Dennoch wird er von äußerer Unordentlichkeit und Beschmutzung nie frei. Es liegt darin fast etwas Gesuchtes, eine Zerzaustheit und Anstößigkeit, die man nicht leicht nachmachen könnte, und die etwas so Charakteristisches für den Menschen ist, daß man ihn gar nicht erkennen könnte, wenn er einmal anders daherkäme.

Diese Ausdrucksformen sind es, die den unerzogenen Menschen äußerlich charakterisieren. Er gibt uns durch sie einen verständlichen Wink, daß er nicht recht mitspielt und sich von den anderen abheben will. Wir werden von allen Menschen, die diese und andere Unarten begehen, immer den Eindruck empfinden, daß sie für den Mitmenschen wenig übrig haben. Nicht die Erscheinung ist es, die uns wundert, sondern die Tatsache, daß solche Unarten meist in der Kindheit ihren Ursprung haben. Denn es gibt fast keine Kinder, die sich ganz schnurgerade entwickeln. Unsere Aufmerksamkeit wird vielmehr von dem Umstand gefesselt, daß es Menschen gibt, die davon nicht loskommen.

Wenn wir nach den Gründen solcher Erscheinungen forschen, so stoßen wir auf eine mehr oder weniger ablehnende Haltung dieser Menschen zu ihren Mitmenschen und zu ihren Aufgaben. Es sind Menschen, die sich eigentlich vom Leben fernhalten wollen, die eine Mitarbeit ablehnen. Dadurch wird auch verständlich, warum sie durch moralische Auseinandersetzungen nicht bewogen werden können, von ihrer Unart zu lassen. Denn bei dieser Einstellung zum Leben hat ein Mensch eigentlich ganz recht, wenn er z. B. Nägel beißt. Es gibt kaum eine bessere Art auszuweichen, es kann für einen Menschen, der der Gesellschaft fernbleiben will, kein besseres, wirksameres Mittel geben, als wenn er z. B. regelmäßig mit einem schmutzigen Kragen oder in einem schadhaften Rock erscheint. Was kann ihm sicherer und besser von der Erlangung eines Amtes, bei dem er der Aufmerksamkeit, Kritik und Konkurrenz der andern unterworfen ist, bewahren oder ihm auf der Flucht vor Liebe und Ehe vollkommener behilflich sein, als wenn er sich in dieser Weise präsentiert? Er fällt so von selbst aus der Konkurrenz heraus und hat dabei noch die gute Ausrede, indem er sich auf seine Unart beruft: Was alles könnte ich erreichen, wenn ich nicht diese Unart hätte; ich *habe* aber diese Unart.

Ein Fall soll zeigen, wie sich eine solche Unart zum Selbstschutz eignet und wie sie verwendet wird, um ein Herrschaftsverhältnis über die Umgebung herzustellen. Es handelt sich um ein 22jähriges Mädchen, das an Bettnässen litt. Sie war das vorletzte Geschwister und hatte sich als schwaches Kind der besonderen Sorgfalt der Mutter erfreut, an die sie eine auffallende Anhänglichkeit zeigte. Anderseits fesselte sie dieselbe Tag und Nacht an sich, sowohl durch ihre Unart, wie auch durch Angstzustände und nächtliches Aufschreien. Es war im Anfang sicher ein Triumph für sie, ein Balsam für ihre Eitelkeit, daß es ihr mehr als den anderen Geschwistern gelang, die Mutter auf ihre Seite zu bringen. Gekennzeichnet war dieses Mädchen auch dadurch, daß sie für andere Beziehungen, wie Schule, Freundschaft und Gesellschaft, nicht zu haben war. Besonders ängstlich zeigte sie sich, wenn sie das Haus verlassen sollte, und auch als sie älter wurde und damit öfter in die Lage kam, abends Besorgungen machen zu müssen, war ihr ein Weg am Abend eine Qual. Sie kam immer erschöpft und voller Angst nach Hause und erzählte schreckliche Dinge von allerhand Gefahren, in denen sie sich befunden hatte.

Man versteht schon, wie alle diese Erscheinungen darauf hindeuten, daß sich dieses Mädchen darauf einrichtet, ständig um ihre Mutter zu bleiben. Da aber die materiellen Verhältnisse nicht darnach waren, mußte auch für sie der Plan erwogen werden, sich um einen Verdienst umzusehen. Man brachte sie schließlich dazu, eine Stelle anzunehmen. Aber schon nach zwei Tagen stellte sich wieder ihr altes Übel, das Bettnässen, ein, welches bewirkte, daß die Leute, bei denen sie in Stellung war, in höchste Aufregung gerieten und ihr die Stelle kündigten. Die Mutter, die den wahren Sinn dieses Leidens nicht kannte, machte ihr heftige Vorwürfe. Da unternahm das Mädchen einen Selbstmordversuch und kam ins Spital. Nun schwur ihr die Mutter in höchster Verzweiflung, nicht mehr von ihrer Seite zu weichen.

Alle drei Erscheinungen, das Bettnässen, die Angst vor der Nacht und dem Alleinsein sowie der Selbstmordversuch sind also auf das gleiche Ziel gerichtet. Sie haben für uns Sprache gewonnen und sagen uns gleichsam: »Ich muß bei der Mutter bleiben«, oder: »Die Mutter muß fortwährend auf mich achtgeben.« So erhält eine Unart einen tief begründeten Sinn und wir erkennen, daß man einen Menschen einerseits darnach beurteilen kann, anderseits wieder, wie eine Beseitigung solcher Fehler nur möglich ist, wenn man den Menschen *ganz* versteht.

Im großen und ganzen wird man finden, daß Unarten bei Kindern meist darauf hinzielen, die Aufmerksamkeit der Umgebung auf sich zu lenken, eine besondere Rolle zu spielen, den Erwachsenen ihre Schwäche und Unfähigkeit zu zeigen, die sich dann oft keinen Rat wissen, um so sich selbst, als den Stärkeren, in ein besseres Licht zu rücken. Im gleichen Sinn ist die häufig anzutreffende Unart zu verstehen, sich bei Besuchen Fremder in auffälliger, meist unangenehmer Weise bemerkbar zu machen. Die sonst bravsten Kinder können zuweilen wie vom Teufel besessen sein, sobald ein fremder Gast die Stube betritt. Das Kind will eine Rolle spielen und läßt von seinen Versuchen nicht ab, bis es seinen Zweck in irgendeiner ihm genügend erscheinenden Weise erreicht hat. Solchen Menschen wird, wenn sie größer werden, nie ein Zug fehlen, wo sie sich den Forderungen der Allgemeinheit mit Hilfe solcher Unarten zu entziehen oder ihnen Schwierigkeiten entgegenzusetzen suchen. Herrschsucht und Eitelkeit sind es, die sich unter diesen Erscheinungen verbergen, die aber unter so sonderbaren Formen auftreten, daß sie vielfach unerkannt bleiben.

VIERTES KAPITEL

Sonstige Ausdrucksformen des Charakters

1. *Heiterkeit*

Es wurde bereits hervorgehoben, daß die Messung des Gemeinschaftsgefühls eines Menschen leicht gelingt, wenn wir darauf ausgehen zu prüfen, wie groß seine Bereitschaft ist zu helfen, zu fördern und zu erfreuen. Diese Fähigkeit, Freude zu bringen, bewirkt, daß solche Menschen schon zufolge ihrer äußeren Erscheinung größerem Interesse begegnen. Sie kommen uns leicht näher, und wir beurteilen sie schon rein gefühlsmäßig viel sympathischer als andere Menschen. Ganz instinktiv empfinden wir ihre Züge als Kennzeichen des Gemeinschaftsgefühls. Es sind Menschen, die ein heiteres Wesen haben, nicht immer bedrückt und besorgt einhergehen, auch die anderen nicht immer zum Objekt oder Träger ihrer eigenen Sorgen machen, die es über sich bringen, im Zusammensein mit anderen Heiterkeit auszustrahlen, das Leben zu verschönern und lebenswerter zu machen. Man spürt den guten Menschen nicht nur in ihren Handlungen, in der Art, wie sie sich uns nähern, mit uns sprechen, auf unsere Interessen eingehen und für dieselben wirksam sind, sondern auch in ihrem ganzen äußeren Wesen, in ihren Mienen und Gebärden, in freudigen Affekten und in ihrem *Lachen.* Ein tiefblickender Psychologe, Dostojewski, sagt, daß man einen Menschen am Lachen viel besser erkennen und verstehen könne, als aus langwierigen psychologischen Untersuchungen. Denn das Lachen hat sowohl verbindende Nuancen, wie auch feindliche, angreifende Untertöne, wie z. B. in der *Schadenfreude.* Es gibt sogar Menschen, die des Lachens überhaupt nicht fähig sind und einer tieferen Beziehung von Mensch zu Mensch so fern stehen, daß ihnen die Neigung, Freude zu machen und eine heitere Stimmung zu erzeugen, fast völlig abgeht. Gar nicht zu sprechen von jener nicht allzu kleinen Gruppe von Menschen, von denen man nichts anderes feststellen kann, als daß sie nicht nur ungeeignet sind, anderen Freude zu bereiten, sondern die im Gegenteil die Neigung haben, in jeder Situation, in die sie eintreten, andern das Leben zu verbittern, und die so herumgehen, als ob sie alle Lichter auslöschen wollten. Diese Menschen werden entweder gar nicht oder nur gezwungenerweise lachen können, somit nur einen *Schein* von Lebensfreude bekundend. Jetzt wird auch klar, warum ein Gesicht *Sympathie* erwecken kann: wenn es imstande ist, den Eindruck eines Freudenbringers zu erwecken. Die Dunkelheiten der Gefühle von Sympathie und Antipathie sind damit klar beleuchtet und unserem Verständnis nähergebracht.

Als Gegensatz zu diesem Typus erscheinen uns jene Menschen, die man als Friedensstörer bezeichnen könnte, die ununterbrochen bestrebt sind, die Welt als ein Jammertal darzustellen, und die in Schmerzen wühlen. Dieses Unterfangen geht so weit, daß uns eine bewußte Erkenntnis davon in die größte Verwunderung versetzt. Zunächst, was die eigene Person betrifft. Es gibt Menschen, die unablässig bestrebt sind, wie mit einer ungeheuren Last beschwert durchs Leben zu gehen. Jede kleine Schwierigkeit wird aufgebauscht, sie haben für die Zukunft nichts als nur traurige Ausblicke und lassen bei jedem freudigen Anlaß ihre Kassandrarufe ertönen. Sie sind pessimistisch durch und durch, nicht nur für sich, sondern auch für die andern, werden unruhig, wenn sich irgendwo in ihrer Umgebung Freude regt, und suchen in jede menschliche Beziehung die Schattenseiten des Lebens hineinzutragen. Sie tun das nicht nur mit Worten, sondern stören auch durch ihre Handlungen und Forderungen das frohe Leben und die Entwicklung des Mitmenschen.

2. *Denk- und Ausdrucksweise*

Die Denk- und Ausdrucksweise mancher Menschen macht zuweilen einen so plastischen Eindruck, daß wir darüber nicht hinweggehen können. Denken und Sprechen ist bei diesen Menschen »in spanische Stiefel eingeschnürt«, sie denken und sprechen fortwährend in bekannten Schablonen, so daß man immer schon im vorhinein weiß, wie sie sich ausdrücken werden. Man kennt diesen Ton aus oberflächlichen Zeitungsberichten und schlechten Romanen. Es ist eine Phrasenhaftigkeit, vergleichbar einem Strauß von nicht sehr schönen Blüten. Man hört die Ausdrücke wie »Abrechnung halten«, »Lewiten lesen« oder von einem »Dolchstoß«, der einen getroffen hat, Fremdworte aller Art u. dgl.

Diese Art der Ausdrucksweise ist ebenfalls geeignet, uns einen Beitrag zum Verständnis eines Menschen zu liefern. Denn es gibt Denkformen und Redensarten, die man nicht gebrauchen soll oder darf. Die ganze Banalität des schlechten Stils klingt darin wieder und erschreckt manchmal sogar den Redner selbst. Es zeugt daher von wenig Einfühlung in Urteil und Kritik des andern, wenn man ihm ununterbrochen etwa Sprichworte vorsetzt oder für alles, was man denkt und sagt, ein Zitat zur Hand hat. Es gibt viele Menschen, die von dieser Art zu sprechen nicht loskommen können und dadurch ihre Rückständigkeit bezeugen.

3. Schülerhaftigkeit

Sehr häufig trifft man auch Menschen an, die den Eindruck machen, als wären sie an einem Punkt ihrer Entwicklung stecken geblieben und könnten über das Schülerstadium nicht hinauskommen. Sie sind im Haus, im Leben, in der Gesellschaft, im Beruf immer schülermäßig, lauern und spitzen immer die Ohren, wie wenn sie, um etwas sagen zu dürfen, ein Zeichen geben wollten. Man findet sie immer bestrebt, rasch eine Antwort zu haben auf eine Frage, die irgendwo in der Gesellschaft fällt, als ob sie jemand zuvorkommen und zeigen wollten, daß auch sie etwas darüber wüßten und eine gute Note erwarten würden. Es liegt im Wesen solcher Menschen, daß sie nur in bestimmten Formen ihres Lebens Sicherheit fühlen und sich nicht mehr wohl befinden, wenn sie in eine Situation geraten, auf die sie ihre Schülerschablone nicht anwenden können. Auch dieser Typus zeigt verschiedene Niveauunterschiede. In weniger sympathischen Fällen wird er trocken, nüchtern und wenig umgänglich anmuten oder er kann den Grundgelehrten spielen wollen, der entweder alles weiß oder alles nach Regeln und Formeln einzuteilen versucht.

4. Prinzipienmenschen und Pedanten

Ein Typus, der zwar nicht immer etwas Schulmäßiges an sich hat, aber daran erinnert, sind jene Menschen, die alle Lebenserscheinungen in irgendein Prinzip einzufangen suchen, in jeder Situation nach einem Prinzip vorgehen wollen, das sie sich ein für allemal zurechtgelegt haben, von dem sie nicht abzubringen sind, die glauben, sie könnten sich im Leben nicht wohl fühlen, wenn nicht alles seinen gewohnten, richtigen Gang hat. Sie sind meist auch Pedanten. Wir haben bei ihnen den Eindruck von Menschen, die sich so unsicher fühlen, daß sie das Leben in seiner ganzen Unendlichkeit in ein paar Regeln und Formeln hineinzuzwängen versuchen, einfach deshalb, weil sie sonst nicht weiter können und erschrecken. Sie sind bereit nur dann mitzuspielen, wenn sie vorher die Regeln wissen. Vor einer Situation, für die sie keine Regel haben, laufen sie davon. Sie sind gekränkt und beleidigt, wenn ein Spiel gespielt wird, das sie nicht auch treffen. Daß mit dieser Methode auch sehr viel Macht ausgeübt werden kann, liegt auf der Hand. Man denke z. B. an alle die unzähligen Fälle der *unsozialen Gewissenhaftigkeit.* Wir werden immer auch finden können, daß diese Menschen von einer unbändigen Herrschsucht und Eitelkeit beseelt sind.

Selbst wenn sie fleißige Arbeiter sind, haftet ihnen die Pedanterie und Trockenheit immer an. Oft hemmen diese Erscheinungen in ihnen jede Initiative, machen aus ihnen abgezirkelte Wesen und rufen schrullenhafte Eigenschaften hervor. Der eine wird etwa die Gewohnheit entwickeln, immer am Rand des Gehsteiges zu gehen, oder sich bestimmte Steine suchen, auf die er seinen Fuß setzt. Ein anderer wird wieder kaum zu bewegen sein, einen anderen Weg zu gehen als den, welchen er gewohnt ist. Für die große Breite des Lebens haben diese Typen alle nicht viel übrig. Ihr Wesen in seinen Auswirkungen bringt oft eine ungeheure Zeitvergeudung mit sich und ist von einer Mißstimmung für sich und für ihre Umgebung begleitet. In dem Moment, wo sie in eine neue Situation kommen sollen, die sie nicht gewohnt sind, versagen sie, weil sie dafür nicht vorbereitet sind und glauben, sie ohne Regel, ohne Zauberformel nicht bestehen zu können. Daher werden sie trachten, eine Veränderung möglichst zu vermeiden. Solchen Menschen wird z. B. schon der Übergang zum Frühjahr Schwierigkeiten bereiten, weil sie sich schon so lange für den Winter eingerichtet haben. Der Weg ins Freie, der mit der warmen Jahreszeit erscheint, die dadurch bedingten, vermehrten Beziehungen zu den Menschen erschrecken sie und sie werden sich schlecht befinden. Es sind jene Menschen, die klagen, daß sie sich im Frühjahr regelmäßig unwohl fühlen. Da sie sich einer veränderten Situation so schlecht anpassen können, wird man sie meist nur an Stellen finden, die nicht viel Initiative erfordern, und man wird sie auch nur an solche Stellen setzen, solange sie sich nicht geändert haben. Denn immer ist zu bedenken, daß das keine angeborenen Eigenschaften, keine unabänderlichen Erscheinungen sind, sondern irrtümliche Haltungen zum Leben, die aber mit solcher Gewalt von der Seele Besitz ergriffen haben, daß sie einen Menschen ganz erfüllen, so daß er sich selbst kaum je davon befreien kann.

5. *Unterwürfigkeit*

Ein Typus, der sich ebenfalls wenig für Stellen eignet, die Initiative erfordern, sind jene Menschen, die von einer Art *Dienerhaftigkeit* erfüllt sind und sich nur dort wohl fühlen, wo es Befehle auszuführen gibt. Für einen Dienenden gibt es nur Gesetze und Regeln. Dieser Typus nun sucht eine dienende Stellung mit einem gewissen Gefühlsüberschwang. Man kann das in den verschiedensten Beziehungen des Lebens wahrnehmen, schon in der äußeren Haltung eines solchen Menschen, der gewöhnlich eine etwas gebückte Haltung einnehmen und immer geneigt sein wird, sich eher noch etwas tiefer zu bücken, der immer auf das Wort des anderen acht gibt, nicht um zu überlegen, was er da hört, sondern um zuzustimmen und es zu erfüllen. Es sind Menschen, die Wert darauf legen, sich immer unterwürfig zu zeigen. Diese Neigung findet man manchmal in den unglaublichsten Graden. Es gibt Menschen, die sich mit einem wahren Genuß unterordnen. Es soll damit nicht gesagt werden, daß das Ideal in jenen Menschen zu suchen wäre, die sich immer nur *über*ordnen wollen. Es sollen aber die Schattenseiten des Lebens jener beleuchtet werden, die *nur* in der Unterordnung die wahre Lösung der Aufgaben des Lebens erblicken.

Da fällt uns ein, daß es eine ungeheure Menge Menschen gibt, für die Unterordnung ein Lebensgesetz zu sein scheint. Gemeint sind nicht die dienenden Klassen, sondern es handelt sich um das weibliche Geschlecht. Daß sich die Frau unterzuordnen habe, ist wie ein ungeschriebenes, aber allen eingeprägtes Gesetz, an dem noch unendlich viele Menschen wie an einem Dogma festhalten. Sie glauben, daß die Frau nur dazu da sei, damit sie sich unterordne. Gewöhnlich ist die Folge davon die, daß sie sich überzuordnen versucht. Obwohl man mit solchen Anschauungen alle Beziehungen der Menschen vergiftet und zerstört hat, ist es immer noch wie ein unausrottbarer Aberglaube, der sogar unter den Frauen viele Anhänger hat, die sich unter ein ewiges Gesetz gestellt glauben. Es ist aber noch kein Fall bekannt, wo jemand von solcher Anschauung einen Nutzen gehabt hat. Es kommt sogar immer wieder die Zeit, wo der eine oder andere darüber klagt: Wenn die Frau sich nicht so untergeordnet hätte, wäre alles viel besser gekommen.

Abgesehen davon, daß es keine Menschenseele gibt, die die Unterordnung glatt verträgt, wird eine solche Frau meist veröden und unselbständig werden, wie ein kleiner Fall zeigen soll. Es war die Frau eines bedeutenden Mannes, die aus Liebe geheiratet hatte, aber sich streng an oben erwähntes Dogma hielt, an das auch ihr Mann glaubte. Sie war mit der Zeit zu einer kompletten Maschine geworden, für die es nichts anderes gab als Pflicht, Dienst und wieder Dienst. Jede selbständige Regung war aus ihr verschwunden. Die Umgebung, die daran gewöhnt war, hat allerdings nicht viel Anstoß daran genommen, was aber auch kein Vorteil ist. Dieser Fall ist nur deshalb nicht zu größeren Schwierigkeiten ausgeartet, weil er sich unter verhältnismäßig hochstehenden Menschen abspielte. Bedenkt man aber, daß ein großer Teil der Menschen in der Unterordnung der Frau ein selbstverständliches Schicksal derselben sieht, so erkennt man die Unmasse von Konfliktstoff, die darin liegt. Denn wenn der Mann diese Unterordnung für selbstverständlich hält, dann kann er ja immer Anstoß nehmen, so oft er nur will, weil eine solche Unterwerfung in der Tat unmöglich ist.

Manchmal findet man Frauen, die den Geist der Unterwerfung in einem solchen Maß in sich tragen, daß sie gerade solche Männer suchen, die herrschsüchtig oder brutal auftreten. Nach kurzer Zeit geht dieses unnatürliche Verhältnis in einen großen Konflikt über. Man hat dann manchmal den Eindruck, als ob diese Frauen die Unterordnung der Frau ins Lächerliche ziehen und beweisen wollten, was das für ein Unsinn ist.

Wir kennen bereits den Weg, der aus dieser Schwierigkeit herausführt. Ein Zusammenleben von Mann und Frau muß eine Kameradschaft, eine Arbeitsgemeinschaft sein, in der niemand untergeordnet ist. Und wenn das vorläufig noch ein Ideal ist, so wird es uns immer wenigstens einen Maßstab dafür abgeben, wieweit ein Mensch einen kulturellen Fortschritt aufweist, bzw. wie weit er noch davon entfernt ist, und wo Fehler begangen werden.

Die Frage der Unterwerfung spielt nicht nur in das Verhältnis der Geschlechter hinein, sie belastet nicht nur den Mann mit einer Unsumme von Schwierigkeiten, denen er nicht gewachsen sein kann, sondern sie spielt auch im Völkerleben eine große Rolle. Wenn man bedenkt, daß einst das ganze Altertum in seiner ökonomischen Situation, in seinen Herrschaftsverhältnissen auf der *Sklaverei* aufgebaut war, wenn man bedenkt, daß vielleicht die meisten der jetzt lebenden Menschen aus einer Sklavenfamilie stammen, wenn man sich vorstellt, daß Jahrhunderte verflossen sind, in denen zwei in so krassem Widerspruch zueinander stehende Klassen gelebt haben und daß auch heute noch bei gewissen Völkern der Kastengeist noch ganz prinzipiell durchgeführt ist, dann kann man schon verstehen, daß das Prinzip der Unterordnung und die Forderung danach noch immer in den Gemütern der Menschen rege ist und einen Typus zu formen vermag. Bekanntlich bestand im Altertum die Anschauung, daß die Arbeit als ein verhältnismäßig schmähliches Gewerbe von Sklaven zu verrichten sei, daß sich der Herr durch Arbeit nicht beschmutzen dürfe, daß er ferner nicht nur Befehlshaber war, sondern alle guten Eigenschaften in sich vereinige. Die herrschende Klasse bestand aus den »Besten« und das griechische Wort »aristos« bedeutet beides. Aristokratie war die Herrschaft der Besten. Entschieden wurde das aber natürlich nur durch Machtmittel, nicht etwa durch eine Prüfung der Tugenden und Vorzüge. Eine Prüfung und Klassifikation fand höchstens bei Sklaven, also bei Dienenden statt. Der beste war aber derjenige, der die Macht ausübte.

Bis in unsere Zeit hinein sind die Anschauungen durch dieses Zusammenklingen von zwei Erscheinungsformen des menschlichen Wesens beeinflußt, die für unsere Zeit der Bestrebungen, die Menschen einander näher zu bringen, jeden Sinn und jede Bedeutung verloren haben. Man erinnere sich, daß sogar der große Denker *Nietzsche* die Herrschaft der Besten und die Unterwerfung der anderen verlangt hat. Es ist heute noch immer schwer, sich die Einteilung der Menschen in dienende und herrschende aus dem Kopf zu schlagen und uns völlig als gleich und gleich zu fühlen. Und es bedeutet schon der Besitz dieses Gesichtspunktes einen Fortschritt, der geeignet ist uns zu helfen und vor schwerwiegenden Irrtümern zu bewahren. Denn es gibt Menschen, die so dienerhaft geworden sind, daß sie immer froh sind, daß sie sich bei jemand für ein Nichts bedanken dürfen und sich ununterbrochen geradezu dafür entschuldigen, daß sie auf der Welt sind, wobei man natürlich nicht annehmen darf, daß sie diese Haltung gut vertragen; sie fühlen sich dabei oft recht unglücklich.

6. Überheblichkeit

Ein Typus von Menschen, der das Gegenteil des früheren bedeutet, sind jene, die sich überheben, immer eine erste Rolle spielen wollen, denen das Leben nichts anderes darstellt als die ewige Frage: »Wie kann ich allen überlegen sein?« Diese Rolle ist im menschlichen Leben von allerhand Fehlschlägen begleitet. Bis zu einem gewissen Ausmaß, wenn nicht zu viel feindselige Aggression und Aktivität darin steckt, kann man sie noch einigermaßen hinnehmen. Gewöhnlich wird man diese Menschen dort vorfinden, wo eine Direktive erforderlich ist, wo es sich um eine Befehlshaberstelle, um Organisation handelt. An diesen Stellen werden sie nahezu von selbst emporgetrieben. In unruhigen Zeiten, wo das Volk in Wallung gerät, tauchen solche Naturen auf und es ist eigentlich selbstverständlich, daß gerade sie es sind, die an die Oberfläche kommen. Denn sie haben die Geste, die Haltung, die Sehnsucht, meist auch die nötige Vorbereitung und Überlegung. Es sind jene Menschen, die schon zu Hause immer kommandiert haben, denen kein Spiel gefiel, in dem sie nicht Kutscher, Schaffner oder General sein konnten. Oft sind unter ihnen solche, die sofort in Leistungsunfähigkeit verfallen, wenn ein anderer diktiert, und die Aufregungszustände bekommen, wenn sie einmal einen Befehl ausführen sollen. Andere, deren Vorbereitung vielleicht besser ist, bringen es nicht so weit, daß sie Führerrollen innehaben. Auch in ruhigen Zeiten findet man solche Menschen immer an der Spitze irgendeiner kleineren Gruppe, sei es im Beruf oder in der Gesellschaft. Sie sind immer im Vordergrund, weil sie sich vordrängen, und führen das große Wort. Sofern sie die Spielregeln des menschlichen Zusammenlebens nicht allzusehr stören, ist weiter nichts dagegen einzuwenden, wenngleich die Überschätzung, die solchen Naturen heute noch zuteil wird, nicht am Platz ist. Denn auch sie sind Menschen, die vor Abgründen stehen, die sicher nicht ganz in Reih und Glied stehen und nicht die besten Mitspieler sind. Sie werden sich auf das äußerste anspannen, keine Ruhe finden und immer ihre Überlegenheit im großen wie im kleinen erweisen wollen.

7. Stimmungsmenschen

Auch bezüglich jener Menschen, deren Einstellung zum Leben und zu seinen Aufgaben allzusehr von einer Stimmung abhängig ist, befindet sich die Psychologie auf einem Irrweg, wenn sie meint, daß das angeborene Erscheinungen sind. Sie fallen alle in den Kreis der überaus ehrgeizigen und daher empfindlichen Naturen, die in ihrer Unzufriedenheit mit dem Leben nach verschiedenen Auswegen suchen. Ihre *Empfindlichkeit* ist wie ein vorgestreckter Fühler, mit dem sie die Situationen des menschlichen Lebens im voraus abzutasten suchen, bevor sie Stellung nehmen.

Nun gibt es Menschen, die andauernd von einer heiteren Stimmung, also bestrebt sind, mit einer gewissen Ostentation und einem gewissen Nachdruck dem Leben die heitere Seite abzugewinnen, sich in Freude und Heiterkeit die notwendige Basis des Lebens zu schaffen. Auch hier finden wir alle möglichen Niveau-Unterschiede. Es gibt unter ihnen solche, die stets ein *kindlich heiteres Verhalten* an den Tag legen und in ihrer kindlichen Art geradezu etwas Herzerquickendes haben, die ihren Aufgaben nicht ausweichen, sondern sie in einer gewissen spielerisch-künstlerischen Art angehen und erledigen. Es gibt vielleicht keinen Typus, der diese Menschen an Schönheit und sympathischer Haltung überragt.

Unter ihnen gibt es aber auch solche, die mit ihrer heiteren Lebensauffassung zu weit gehen, da sie auch jene Situationen, die verhältnismäßig ernst zu nehmen wären, heiter behandeln und hierbei ein kindisches Wesen an den Tag legen, das dem Ernst des Lebens so fernsteht, daß wir keinen guten Eindruck davontragen. Man hat immer ein Gefühl der Unsicherheit, wenn man diese Menschen am Werk sieht, einen Eindruck der Unverläßlichkeit, weil diese Menschen doch etwas zu leicht über Schwierigkeiten hinwegkommen wollen. Meist wird man sie, entsprechend dieser Erkenntnis, von schwierigeren Aufgaben fernhalten, wenn sie denselben nicht schon von selbst ausweichen, was meist der Fall ist. Selten wird man sie bei einer wirklich schwierigen Aufgabe antreffen. Trotzdem können wir aber von diesem Typus nicht Abschied nehmen, ohne ihm auch einige sympathische Worte zu zollen. Denn gegenüber dem ungeheuren Ausmaß von Griesgram, der sonst in der Welt herrscht, müssen wir sagen, daß dieser Typus immer noch angenehm berührt, daß wir ihn leichter gewinnen können als den, der im Gegensatz zu ihm immer traurig und mißmutig herumgeht und jeder Sache, die ihm begegnet, nur die düstere Seite abgewinnen kann.

8. Pechvögel und Unglücksraben

Es ist eine psychologische Selbstverständlichkeit, daß derjenige, der mit der absoluten Wahrheit des gesellschaftlichen Lebens in Widerspruch gerät, an irgendeiner Stelle seines Lebens auch den Gegenstoß zu spüren bekommt. Meist verstehen diese Menschen nicht, daraus zu lernen, sondern fassen das ganze Unglück als ein ungerechtes, persönliches Mißgeschick auf, als ein Pech, das sie verfolgt. Sie verbringen ein ganzes Leben damit, festzustellen, welches Pech sie immer haben, daß ihnen gar nichts gelinge, daß alles mißglücke, wenn sie Hand daran legen. Manchmal trifft man sogar auf eine Neigung, sich mit Niederlagen zu brüsten, als ob es eine unheimliche Macht gerade auf sie abgesehen hätte. Wenn man diesen Standpunkt ein wenig überlegt, so kommt man darauf, daß auch bei dieser Betrachtung wieder die Eitelkeit ihr böses Spiel treibt. Es sind Menschen, die so tun, *als ob* sich eine finstere Gottheit nur mit ihnen beschäftigen würde, bei einem Gewitter keine anderen Gedanken haben, als daß der Blitz gerade *sie* aufsuchen müsse, die sich allmählich mit der Furcht abquälen, daß sich *gerade bei ihnen* ein Dieb einschleichen könnte, kurz, die bei jeder Schwierigkeit des Lebens immer nur den einen Eindruck gewinnen, *als ob sie* diejenigen wären, die das Unglück sich aussuchen werde.

Solche Übertreibungen kann nur ein Mensch begehen, der sich in irgendeiner Weise als den Mittelpunkt der Geschehnisse betrachtet. Manchmal sieht es recht bescheiden aus, wenn sich jemand immer als vom Unglück verfolgt hinstellt, während sein Wesen in Wirklichkeit von schwerster Eitelkeit strotzt, wenn solche Menschen meinen, daß alle feindlichen Gewalten immer nur für sie Interesse haben und nie für andere. Es sind jene Menschen, die sich schon als Kinder immer ihre Zeit verbitterten und sich von Einbrechern, Mördern und anderen unheimlichen Gesellen verfolgt sahen und noch immer glauben, die Gespenster und Geister hätten nichts anderes zu tun, als sich um sie zu kümmern.

Oft drückt sich ihre Stimmung in der äußeren Haltung aus. Sie gehen gedrückt einher, immer etwas gebückt, wie um nicht verkennen zu lassen, welch ungeheure Last sie tragen. Sie erinnern unwillkürlich an Karyatiden, die während ihres ganzen Daseins eine schwere Last stützen müssen. Es sind Menschen, die alles übermäßig ernst nehmen und alles mit pessimistischem Blick beurteilen. Bei dieser Stimmung ist es erklärlich, daß ihnen immer etwas schief geht, sobald sie Hand daran legen, daß sie Unglücksraben sind, die nicht nur sich selbst das Leben vergällen, sondern auch anderen. Und doch steckt auch hier nichts anderes dahinter als ihre Eitelkeit. Es ist eine Art von Wichtigtuerei, wie im ersten Fall.

9. Religiosität

Solchen Menschen gelingt manchmal der Rückzug in die Religion. Hier tun sie eigentlich dasselbe wie früher. Sie jammern und klagen, belästigen fortwährend den lieben Gott mit ihren Schmerzen, sie wissen ihn mit nichts anderem zu beschäftigen als mit ihrer eigenen Person. Dabei haben sie meist das Bewußtsein, dieser so außerordentlich Verehrte und Angebetete stehe eigentlich in ihrem Dienst, habe für sie die ganze Verantwortung und sei außerdem noch durch künstliche Mittel heranzulocken, wie etwa durch ein besonders eifrig verbrachtes Gebet oder durch eine sonstige religiöse Hingebung. Kurz, der liebe Gott weiß gar nicht, was er sonst zu tun hätte, sondern muß erst durch sie besonders aufmerksam gemacht werden. Man muß zugeben, in dieser Art der religiösen Verehrung liegt eine so unheimliche Ketzerei, daß man fürchten muß, falls wieder die alten Zustände der Inquisition kämen, würden gerade diese Menschen zuerst verbrannt werden. Sie tun dem lieben Gott gegenüber auch nichts anderes, als was sie den anderen Menschen gegenüber tun, die sie immer nur anjammern und anraunzen, ohne dabei selber etwas zu tun, um die Verhältnisse zu bessern. Das verlangen sie immer nur von andern.

Wieweit das gehen kann, zeigt der Fall eines 18jährigen Mädchens. Es war ein überaus braves und tüchtiges, allerdings sehr ehrgeiziges Mädchen, das sich auch in religiösem Belang hervortat, indem sie allen religiösen Pflichten gewissenhaft nachkam. Eines Tages begann sie sich *Selbstvorwürfe* zu machen, daß sie nicht genügend fromm gewesen sei, gegen religiöse Gebote verstoßen und öfters sündhafte Gedanken gehabt habe. Sie kam darin schließlich so weit, daß sie den ganzen Tag damit zubrachte, sich selbst anzuklagen, so daß ihre Umgebung bereits ernstlich für ihren Verstand zu fürchten begann. Denn man hätte ihr nicht das Mindeste vorwerfen können. Immer war sie in einer Ecke weinend anzutreffen und mit Selbstvorwürfen beschäftigt. Da kam ein Geistlicher auf den Einfall, ihr ihre ganze Sündenlast abzunehmen, indem er ihr erklärte, das seien keine Sünden und sie sei frei. Am nächsten Tag stellte sich ihm dieses Mädchen auf der Gasse entgegen und rief ihm laut zu, er sei nicht würdig, in die Kirche zu gehen, weil er eine so große Sündenlast auf sich genommen habe.

Der Fall soll nicht weiter verfolgt werden. Man sieht daraus, wie der Ehrgeiz auch in diesen Fragen durchbricht, wie die Eitelkeit ihren Träger zum Richter macht über Tugend und Laster, Reinheit und Unreinheit, über Gut und Böse.

FÜNFTES KAPITEL

Die Affekte

Die Affekte sind Steigerungen jener Erscheinungen, die wir als Charakterzüge bezeichnet haben. Es sind zeitlich abgegrenzte Bewegungsformen des seelischen Organs, die sich unter dem Druck einer uns bekannten oder unbekannten *Nötigung* wie eine plötzliche Entladung äußern und, wie die Charakterzüge, eine *Zielrichtung* besitzen. Sie sind keine rätselhaften, undeutbaren Erscheinungen; sie treten immer dort auf, wo sie einen Sinn haben, wo sie der Lebensmethode, der Leitlinie eines Menschen entsprechen. Auch sie haben zum Ziel, eine Änderung herbeizuführen, um die Situation eines Menschen zu seinen Gunsten zu ändern. Sie sind verstärkte Bewegungen, zu denen nur ein Mensch gelangen kann, der auf eine andere Möglichkeit, sich durchzusetzen, verzichtet hat, oder besser gesagt, der an andere Möglichkeiten, sich durchzusetzen, nicht oder nicht mehr glaubt.

Die eine Seite des Affektes ist also auch hier ein Minderwertigkeitsgefühl, ein Gefühl der Unzulänglichkeit, das seinen Träger zwingt, alle Kräfte zusammenzunehmen und größere Bewegungen als die sonst üblichen zu vollziehen. Durch eine erhöhte Kraftanstrengung soll die eigene Person in den Vordergrund gestellt und siegreich gemacht werden. Wie es z. B. keinen Zorn gibt, ohne einen Feind, so kann dieser Affekt auch nur den Sieg über denselben zum Ziel haben. Es ist eine beliebte, in unserer Kultur noch mögliche Methode, sich durch derartige vergrößerte Bewegungen durchzusetzen. Es gäbe viel weniger Zornausbrüche, wenn nicht die Möglichkeit gegeben wäre, sich auf diesem Weg Geltung zu verschaffen.

Bei Menschen also, die sich die Erreichung des Zieles der Überlegenheit nicht recht zutrauen und sich unsicher fühlen, werden wir oft finden, daß sie dieses Ziel nicht aufgeben, sondern sich mit verstärktem

Nachdruck, unter Zuhilfenahme von Affekten demselben nähern wollen. Es ist eine Methode, bei welcher der durch ein Minderwertigkeitsgefühl aufgestachelte, wie zwangsläufig von einer Regung erfaßte Mensch alle seine Kräfte zusammennimmt und sich nach Art roher, unkultivierter Völker sein wirkliches oder vermeintliches Recht, seine Geltung zu verschaffen sucht.

Auch die Affekte stehen mit dem Wesen der Persönlichkeit in engem Zusammenhang und sind durchaus nicht für einzelne Menschen charakteristisch, sondern mit einer gewissen Regelmäßigkeit bei vielen zu finden. Jeder Mensch ist ihrer teilhaftig, wofern er nur in die dazugehörige Lage gebracht wird. Wir nennen das die *Affektbereitschaft* des seelischen Organs. Es sind Vorgänge, die so tief mit allem Menschlichen verknüpft sind, daß wir sie alle mitzudenken vermögen. Und wenn man einen Menschen halbwegs kennt, wird man sich auch die zu seinem Wesen dazugehörigen Affekte vorstellen können, ohne sie je wahrgenommen zu haben.

Bei der innigen Verschmolzenheit zwischen Seele und Körper muß ein so eingreifender Vorgang im Seelenleben, wie es ein Affekt ist, seine Wirkungen auch auf den Körper äußern. Die physischen Begleiterscheinungen der Affekte sind Wirkungen auf die Blutgefäße und Atmungsorgane (erhöhter Puls, Erröten und Erblassen, Veränderung der Atmungstätigkeit).

A. Trennende Affekte

1. Zorn

Ein Affekt, der das Machtstreben, die Herrschsucht eines Menschen geradezu versinnbildlicht, ist der Zorn. Diese Ausdrucksform verrät deutlich den Zweck, jeden Widerstand, der dem Zornigen entgegentritt, rasch und mit Gewalt niederzuwerfen. Auf Grund unseres bisherigen Wissens erkennen wir in dem Zornigen einen Menschen, der mit erhöhter Kraftentfaltung nach der Überlegenheit strebt. Das Geltungsstreben artet zuweilen in einen derartigen Machtrausch aus, daß es leicht erklärlich ist, wenn Menschen dieser Art auf die kleinste Beeinträchtigung ihres Machtgefühls mit einem Zornausbruch antworten. Sie tragen die Empfindung in sich, daß sie auf diese, vielleicht schon oft erprobte Weise am leichtesten über einen anderen Herr werden und ihren Willen durchsetzen können. Das ist wohl keine Methode, die auf einer hohen Stufe steht, aber in den meisten Fällen wirkt sie, und mancher wird sich erinnern, wie er sich in einer erschwerten Situation durch einen Zornausbruch wieder zur Geltung bringen konnte.

Es gibt außerdem Möglichkeiten, wo ein Zornausbruch ein gut Teil Berechtigung in sich enthalten kann. Um solche Fälle handelt es sich hier nicht. Wir meinen eine deutlich und stark in den Vordergrund tretende Affektivität, Personen, bei denen der Zorn *gewohnheitsmäßig* auftritt. Es gibt Menschen, die daraus geradezu ein System machen und dadurch auffallen, daß sie überhaupt keinen anderen Weg haben. Es sind hochfahrende, höchst empfindliche Leute, die niemand neben oder über sich dulden, die immer das Gefühl brauchen, daß sie überlegen sind, die daher auch immer lauern, ob man ihnen nicht irgendwie zu nahe getreten ist und ob sie hoch genug eingeschätzt werden. Gewöhnlich ist damit auch ein Zug von äußerstem Mißtrauen verbunden, der bewirkt, daß sie sich auf niemand verlassen wollen. Wir werden bei ihnen meist auch andere Charakterzüge finden, die wir oben als angrenzende bezeichnet haben. In schwereren Fällen kommt es vor, daß solch ein überaus ehrgeiziger Mensch vor jeder ernsten Aufgabe zurückschreckt und sich schwer in die Gesellschaft einfügt. Wird ihm aber etwas versagt, so kennt er eigentlich nur eine Methode: er schlägt Krach in einer Form, die für nahestehende Personen gewöhnlich sehr schmerzlich wird. Er zerschlägt z. B. einen Spiegel oder beschädigt kostbare Sachen. Man kann ihm aber nicht recht glauben, wenn er sich nachträglich ernstlich damit auszureden versucht, er habe nicht gewußt, was er tue. Denn die Absicht, seine Umgebung treffen zu wollen, ist zu deutlich. Er wird sich in diesem Affekt stets an etwas Wertvolles halten und nie an unbedeutende Gegenstände. Wir ersehen somit, daß ein *Plan* vorhanden sein muß bei solchem Vorgehen.

In einem kleinen Kreis gewährt diese Methode wohl eine gewisse Geltung, die aber sofort verloren geht, wenn dieser Kreis verlassen wird. Dann muß solcher Mensch durch seinen Affekt mit der Umwelt leicht in Konflikt geraten.

Was die äußere Attitüde dieses Affektes betrifft, so tritt uns das Bild eines solchen Menschen sofort vor Augen, wenn wir nur den Namen dieses Affektes nennen hören. Es ist die feindliche Stellung gegen den anderen, die in ihrer vollen Stärke und Deutlichkeit in den Vordergrund tritt. Dieser Affekt zeigt die fast völlige Aufhebung des Gemeinschaftsgefühls. In ihn ist das Streben eines Menschen nach Macht hineingelegt, das bis zur Vernichtung des Gegners gehen kann. Insofern, als in den Affekten eines Menschen sein Charakter deutlich zutage tritt, bieten uns diese Erscheinungen ein leicht zu bewältigendes Problem, an dem wir unsere Menschenkenntnis üben können. Und so müssen wir zornige Menschen durchwegs als solche bezeichnen, die dem Leben feindlich gegenüberstehen. Um aber auch hier unsere Forderung nach einem System nicht außer acht zu lassen, sei nochmals darauf hingewiesen, daß sich jedes Streben nach Macht auf einem Schwäche-, einem Minderwertigkeitsgefühl aufbaut. Zu derartig ausgreifenden Bewegungen, zu solchen Gewaltmaßnahmen kann ein Mensch, der über das Maß seiner Kräfte beruhigt ist, nicht gelangen. Diese Beziehung darf nie übersehen werden. Gerade in einem Zornausbruch stellt sich uns der ganze Aufstieg vom Schwächegefühl in der Richtung auf das Ziel der Überlegenheit mit besonderer Deutlichkeit dar. Es ist ein billiger Kunstgriff, sein Persönlichkeitsgefühl auf Kosten des anderen und zu dessen Ungunsten zu erhöhen.

Unter den Faktoren, die Zornausbrüche außerordentlich erleichtern, ist besonders der *Alkohol* zu nennen. Bei manchen Menschen genügen oft nur ganz geringe Mengen. Bekanntlich besteht die Wirkung des Alkohols darin, daß er in erster Linie die Kulturhemmungen schwächt oder aufhebt. Ein vom Alkohol vergifteter Mensch benimmt sich so, als ob er nie der Kultur teilhaftig geworden wäre. Er verliert die Beherrschung, die Rücksicht auf andere, und was er in Zeiten, wo er vom Alkohol frei ist, noch mühsam bändigen und verbergen kann, seine Feindseligkeit gegen die Mitmenschen, kommt im Rausche ungehemmt zum Ausdruck. Es ist kein Zufall, daß gerade Menschen, die mit dem Leben nicht im Einklang stehen, zum Alkohol greifen, in dem sie eine Art Trost und Vergessenheit, immer aber auch eine Ausrede für das suchen, was sie gern erreicht hätten, aber nicht erreichen konnten.

Bei Kindern findet man Zornausbrüche viel häufiger als bei Erwachsenen. Oft genügt schon ein geringfügiger Anlaß, um ein Kind in Zorn zu versetzen. Das rührt daher, weil bei Kindern infolge des erhöhten Schwächegefühls die Linie ihres Geltungsstrebens deutlicher hervortritt. Ein zornmütiges Kind zeigt immer an, daß es um seine Geltung ringt und daß ihm die Widerstände, auf die es stößt, wenn nicht als unüberwindlich, so doch als besonders groß erscheinen.

Manchmal gehen die Tätlichkeiten, die außer Beschimpfungen den gewöhnlichen Inhalt von Zornausbrüchen bilden, so weit, daß sie den Zornigen selbst schädigen. Hier ist auch die Linie, die zum Verständnis des *Selbstmordes* führt. Es liegt darin das Bestreben, den Angehörigen oder der übrigen Umgebung einen Schmerz zuzufügen, um sich auf diese Weise für erlittene Zurücksetzung zu rächen.

2. *Trauer*

Der Affekt der Trauer tritt ein, wenn einem Menschen eine Entziehung, ein Verlust widerfährt, worüber er sich nicht leicht zu trösten vermag. Auch die Trauer trägt Keime in sich, ein Unlust-, also ein Schwächegefühl zu beseitigen, um eine bessere Situation herzustellen. In dieser Hinsicht ist sie ebensoviel wert wie ein Zornausbruch, nur tritt sie bei anderen Anlässen auf, hat eine andere Attitüde und andere Methoden. Aber auch hier sehen wir dieselbe Linie zur Überlegenheit. Während beim Zorn die Bewegung *gegen* den anderen gerichtet ist und dem Zornigen rasch ein Gefühl der Erhöhung und dem Gegner eine Niederlage bringen soll, ist es bei der Trauer zunächst eine Einschränkung des seelischen Besitzstandes, die notwendig und in kurzer Zeit ebenfalls wieder zu einer Ausdehnung führt, indem der Traurige einem Gefühl der Erhöhung und Befriedigung zustrebt. Das kann aber ursprünglich in nichts anderem bestehen als in einer Entladung, in einer Bewegung, die wieder, wenn auch in anderer Weise, gegen die Umgebung gerichtet ist. Denn der Trauernde ist eigentlich ein *Ankläger,* und damit stellt er sich in Gegensatz zu seiner Umgebung. So natürlich die Trauer im Wesen des Menschen auch liegt, so ist in ihrer Überspannung doch etwas der Umgebung Feindseliges, Abträgliches enthalten.

Die Erhöhung ist für den Trauernden durch die Stellungnahme der Umgebung gegeben. Es ist bekannt, wie trauernde Menschen oft dadurch Erleichterung finden, daß sich jemand in ihren Dienst stellt, sie bemitleidet, stützt, ihnen etwas gibt, ihnen zuspricht usw. Erfolgt die Entladung unter Tränen und Klagen, so erscheint dadurch nicht nur der Angriff auf die Umgebung eingeleitet, sondern auch die Erhebung des Trauernden über seine Umgebung nach Art eines Anklägers, Richters und Kritikers. Der Zug des Verlangens, des Heischens ist deutlich erkennbar. Immer wird die Umgebung in vermehrter Weise beansprucht. Die Trauer ist wie ein Argument, das für den andern bindend und unwiderstehlich sein soll, dem sich dieser beugen muß.

Auch dieser Affekt weist demnach die Linie auf, die von unten nach oben führt und den Zweck hat, den Halt nicht zu verlieren und das Gefühl der Machtlosigkeit und Schwäche auszugleichen.

3. Mißbräuchliche Anwendungen

Die Erscheinung der Affekte war so lange unverständlich, bis es sich herausgestellt hatte, daß sie eine Möglichkeit bieten und einen Weg zeigen, der kurzerhand dazu führt, ein Gefühl der Minderwertigkeit zu überwinden, um die eigene Persönlichkeit zur Geltung zu bringen. Die Affektbereitschaft und ihre Attitüde findet im menschlichen Seelenleben daher eine überaus weitgehende Verwendung. Wenn ein Kind in Zorn gerät oder trauert und weint, weil es sich zurückgesetzt glaubt, und es hat Gelegenheit, diese Methode zu erproben, so kann es leicht auf den Weg geraten, mit dieser Stellungnahme auch schon bei geringfügigen Anlässen einzusetzen, seine Affekte zu verwenden, um daraus Nutzen zu ziehen. Die Arbeit mit diesen Affekten kann zur Gewohnheit werden und eine Ausgestaltung erfahren, die man nicht mehr als normal empfindet. Man sieht dann später im Leben der Erwachsenen regelmäßig mißbräuchliche Anwendungen dieser Affekte und es kommt jene wertlose und abträgliche Erscheinung zustande, wo in einer Art spielerischer Betätigung Zorn, Trauer oder andere Affekte in Szene gesetzt werden, nur um zum Ziel zu gelangen, um etwas durchzusetzen. Dann treten solche Zustände geradezu regelmäßig auf: so, wenn etwas verweigert wird, oder wenn der Herrschaft eines Menschen eine Beeinträchtigung droht. Oft wird z. B. Trauer so laut und aufdringlich geäußert, wie wenn sie einen Ruhmestitel bedeuten würde, so daß sie abstoßend wirkt. Es ist interessant zu beobachten, wie manchmal geradezu ein Wettstreit mit der Trauer vor sich geht.

Auch mit physischen Begleiterscheinungen kann derselbe Mißbrauch getrieben werden. Es gibt bekanntlich Leute, welche die Wirkung des Zornes auf den Ernährungstrakt so weit gehen lassen, daß sie im Zorn erbrechen. Dadurch wird die Darstellung der Feindseligkeit noch drastischer. Das Erbrechen bedeutet eine Verurteilung und Erniedrigung des andern. Der Affekt der Trauer geht oft auch unter Nahrungsenthaltung vor sich, so daß der Trauernde förmlich zusammenzuschrumpfen scheint und ein richtiges »Bild des Jammers« darbietet.

Solche Formen sind uns besonders deshalb nicht gleichgültig, weil durch sie das Gemeinschaftsgefühl der andern berührt wird. Die Äußerung desselben ist nämlich meist imstande, einen Affekt zu lindern. Nun gibt es aber Menschen, die ein so großes Bedürfnis haben, das Gemeinschaftsgefühl der andern auf sich zu lenken, daß sie z. B. aus dem Stadium der Trauer überhaupt nicht hinaus wollen, weil ihre Persönlichkeit durch die vielen Beweise von Freundschaft und Teilnahme eine außerordentliche Erhöhung erfährt.

Zorn und Trauer sind, wenngleich unsere Sympathien durch sie in verschiedenem Grade in Anspruch genommen werden, trennende Affekte. Sie vereinen nicht, sondern rufen einen Gegensatz hervor, indem sie das Gemeinschaftsgefühl verletzen. Die Trauer bringt allerdings in ihrem weiteren Verlauf eine Bindung hervor, die aber nicht in jener normalen Weise vor sich geht, bei der beide Teile des Gemeinschaftsgefühls teilhaftig sind, sondern zu einer Verschiebung führt, bei der die Umgebung der ausschließlich gebende Teil ist.

4. Ekel

Das Trennende ist, obwohl dürftig ausgestaltet, auch im Affekt des Ekels zu finden. Physisch findet Ekel dann statt, wenn die Magenwände in bestimmter Weise gereizt werden. Nun gibt es aber auch Regungen, ein Bestreben, ebenfalls aus dem Bereich des seelischen Besitztums etwas auszustoßen. An dieser Stelle wird der trennende Faktor dieses Affektes sichtbar. Die nun folgenden Erscheinungen geben die Bestätigung. Es ist eine Gebärde der Wegwendung. Die Grimassen bedeuten eine Verurteilung der Umgebung, eine Erledigung der Situation im Sinne einer Verwerfung. In mißbräuchlicher Weise kann dieser Affekt dazu verwendet werden, daß sich ein Mensch einer unangenehmen Situation unter Umständen durch Hervorrufen eines Ekelgefühls entziehen kann. Ekel kann vielleicht im Gegensatz zu allen anderen Affekten besonders leicht willkürlich hervorgerufen werden. Durch ein besonderes Training kann ein Mensch es so weit bringen, daß es ihm dann nicht mehr schwer fällt, auf diese Weise die Loslösung von der Umgebung oder einen Angriff auf sie zu bewerkstelligen.

5. *Angst (Schreck)*

Eine überragende Bedeutung im Leben der Menschen hat die Angst. Dieser Affekt ist dadurch kompliziert, daß er nicht nur ein trennender Affekt ist, sondern in seiner Folge, ähnlich wie bei der Trauer, zu einer eigenartigen Bindung an die andern führt. Ein Kind reißt sich z. B. in seiner Angst aus einer Situation los, es läuft aber zu einem andern. Nun führt aber der Mechanismus der Angst nicht direkt zur Darstellung einer Überlegenheit über die Umgebung, sondern scheinbar zunächst zur Darstellung einer Niederlage. Die Attitüde ist hier die einer Verkleinerung. Von hier aus beginnt die verbindende Seite dieses Affektes, die gleichzeitig das Verlangen nach Überlegenheit in sich birgt: der Ängstliche flüchtet in den Schutz einer anderen Situation und sucht sich auf diese Weise zu verstärken, um der Gefahr wieder gewachsen zu sein und über sie zu triumphieren.

Wir haben es bei diesem Affekt mit einem organisch tiefwurzelnden Vorgang zu tun. Es ist die Urangst aller Lebewesen, die sich darin wiederspiegelt. Beim Menschen insbesondere hat sie ihren Grund in seiner allgemeinen Unsicherheit und Schwäche der Natur gegenüber. Die Erkenntnis von den Schwierigkeiten des Lebens ist so mangelhaft, daß sich z. B. das Kind allein nicht zurechtfindet, so daß andere für das eintreten müssen, was ihm mangelt. Dieser Schwierigkeiten wird das Kind gefühlsmäßig inne, sobald es ins Leben tritt und im Augenblicke, wo die Bedingungen der Außenwelt einsetzen. Immer ist die Gefahr vorhanden, daß es bei seinem Streben, aus seiner Unsicherheit herauszukommen, scheitert und eine pessimistisch gerichtete Lebensanschauung bekommt, wobei es Charakterzüge entwickelt, die mehr mit der Hilfe und Rücksicht der Umgebung rechnen. Die Vorsicht, die so entwickelt wird, ist ebensogroß, wie die Entfernung von den Lebensaufgaben. Sind solche Kinder aber einmal genötigt, doch vorzurücken, dann tragen sie in sich schon den Rückzugsplan, sind immer halb zur Flucht gewendet und einer ihrer häufigsten und auffallendsten Affekte ist die Angst.

Schon in den Ausdrucksbewegungen dieses Affektes, besonders in der Mimik, finden wir den Anfang einer Gegenaktion, die aber nicht geradlinig, aggressiv ist. Manchmal sind solche Erscheinungen in krankhafter Weise ausgeartet und ermöglichen uns in vielen Fällen einen besonders leichten Einblick in das seelische Getriebe. Wir haben dann die deutliche Empfindung, als griffe die Hand des Ängstlichen nach einem andern, um ihn an sich heranzuziehen und festzuhalten.

Die weitere Untersuchung dieser Erscheinung führt zu jenen Erkenntnissen, die wir schon bei der Erörterung des *Charakterzuges* der Angst kennengelernt haben. Es handelt sich immer um Menschen, die jemand zur Unterstützung für ihr Leben suchen; es soll immer jemand zu ihrer Verfügung stehen. In Wirklichkeit ist es nichts anderes, als ein Versuch der Herstellung eines Herrschaftsverhältnisses, *wie wenn* der andere nur dazu da wäre, um für den Ängstlichen eine Stütze abzugeben. Dringt man noch weiter vor, so findet man, daß diese Menschen mit dem Anspruch im Leben herumgehen, man müsse sich ihrer ganz besonders annehmen. Ihre Selbständigkeit ist mangels eines richtigen Kontaktes mit dem Leben so weit verloren gegangen, daß sie mit außerordentlicher Sehnsucht und Heftigkeit nach diesem Privileg verlangen. Wie sehr sie auch die Gesellschaft der anderen suchen, sie haben dennoch nur wenig Gemeinschaftsgefühl. So kann die Darstellung der Angst dazu führen, sich eine privilegierte Stellung zu verschaffen, Forderungen des Lebens auszuweichen und andere in den eigenen Dient zu stellen. Schließlich nistet sich die Angst in alle Beziehungen des täglichen Lebens ein. Sie ist zum wirksamen Mittel geworden, die Umwelt zu beherrschen.

B. Verbindende Affekte

1. *Freude*

Beim Affekt der Freude sehen wir deutlich die Verbindung. Sie verträgt die Isolierung nicht. In ihren Äußerungen: Aufsuchen der anderen, Umarmung usw., zeigt sich der Hang zum Mitspielen, zum Mitteilen und Mitgenießen. Auch die Attitüde ist verbindend, es ist sozusagen ein Händereichen, eine Wärme, die auf den andern ausstrahlt und ihn ebenfalls erheben soll. Alle Elemente zum Zusammenschluß sind in diesem Affekt vorhanden.

Auch hier fehlt die aufsteigende Linie nicht, auch hier haben wir einen Menschen, der aus einem Gefühl der Unzufriedenheit zu einem Gefühl der Überlegenheit gelangt. Die Freude ist eigentlich der richtige Ausdruck für die Überwindung von Schwierigkeiten. Hand in Hand mit ihr geht das Lachen in seiner befreienden Wirkung, gleichsam den Schlußstein dieses Affektes darstellend. Es weist über die eigene Persönlichkeit hinaus und wirbt um die Sympathie des andern.

Auch hier gibt es Erscheinungen des Mißbrauchs, die durch das Wesen eines Menschen bedingt sein können. Bei einem Patienten, der bei der Nachricht vom Erdbeben von Messina deutliche Zeichen von Freude äußerte und laut auflachte, zeigte es sich nach näherer Untersuchung, daß er eigentlich lachte, weil er das Gefühl der Kleinheit in der Trauer in sich nicht aufkommen lassen und der Trauer dadurch aus dem Weg gehen wollte, daß er versuchte, sich dem anderen Affekt zu nähern. Ein besonders häufiger Mißbrauch ist die *Schadenfreude,* eine Freude, die am unrechten Ort auftritt, die sich über das Gemeinschaftsgefühl hinwegsetzt und es verletzt. Sie ist bereits ein trennender Affekt, mittels dessen jemand seine Überlegenheit über den andern sucht.

2. Mitleid

Das Mitleid ist der reinste Ausdruck für das Gemeinschaftsgefühl. Wenn wir es bei einem Menschen vorfinden, so dürfen wir im allgemeinen über sein Gemeinschaftsgefühl beruhigt sein. Denn bei diesem Affekt zeigt sich, wie weit ein Mensch fähig ist, sich in die Lage seines Mitmenschen einzufühlen.

Vielleicht noch weiter verbreitet als dieser Affekt selbst, ist seine mißbräuchliche Anwendung. Sie besteht entweder darin, sich als ein Mensch darzutun, der ein besonders starkes Gemeinschaftsgefühl hat, also zu übertreiben. Das sind Menschen, die sich bei einem Unglück immer vordrängen, ohne aber etwas zu tun, die nur genannt sein wollen, um auf diese Weise billig den Ruhm in der Öffentlichkeit zu erlangen. Oder es sind Menschen, die mit einer wahren Wollust im Unglück anderer herumspüren und kaum davon loszubringen sind. Diese geschäftig wohltuenden Leute wollen sich durch ihre Tätigkeit in erster Linie das befreiende Gefühl der Überlegenheit über die Armen und Elenden verschaffen. Mit Bezug auf diesen Typus von Menschen sagt einmal der große Menschenkenner La Rochefoucauld: »Wir sind immer bereit, im Unglück unserer Freunde eine Art Genugtuung zu empfinden.«

Man hat auf diese Erscheinung irrtümlich unsere Lustempfindung bei tragischen Schauspielen zurückzuführen versucht. Man hat es so dargestellt, als ob die Menschen das Gefühl hätten, in einer besseren Haut zu stecken. Für die Mehrzahl der Menschen dürfte das nicht zutreffen. Denn unser Interesse an den Vorgängen in der Tragödie stammt meist aus unserer Sehnsucht nach Selbsterkenntnis und Selbstbelehrung. Der Gedanke, daß es sich nur um ein Spiel handelt, verläßt uns nicht und wir erwarten daraus eine Förderung in unseren Vorbereitungen für das Leben.

3. Scham

Ein Affekt, der sowohl verbindend wie trennend ist, ist die Scham. Auch sie ist ein Gebilde des Gemeinschaftsgefühls und als solches aus dem menschlichen Seelenleben nicht zu bannen. Die menschliche Gesellschaft wäre ohne diesen Affekt unmöglich. Er tritt in solchen Situationen auf, wo infolge eines Eingriffes in die seelische Sphäre eines Menschen der Wert der eigenen Persönlichkeit zu sinken, wo insbesondere von der Würde, deren sich jeder Mensch bewußt ist, etwas verloren zu gehen droht. Dabei greift dieser Affekt äußerst stark auf das Körperliche über. Der Vorgang besteht physisch in einer Erweiterung der peripheren Blutgefäße, wodurch eine Blutüberfüllung zustande kommt, die meist im Gesicht erkennbar ist. Es gibt Menschen, die sogar auf der Brust rot werden.

Die äußere Haltung ist die der Loslösung von der Umgebung. Es ist eine Gebärde der Zurückziehung verbunden mit einer Verstimmung, die eher eine Geste zur Flucht ist. Die Abwendung, die niedergeschlagenen Augen sind Fluchtbewegungen, die uns deutlich das Trennende in diesem Affekt zeigen.

Hier setzt auch gleich wieder der Mißbrauch ein. Es gibt Menschen, die auffallend leicht erröten. Bei ihnen wird man finden können, daß sie auch sonst in ihren Beziehungen zu den Mitmenschen das Trennende schärfer hervorheben als das Verbindende. Ihr Erröten ist ein Mittel, sich der Gesellschaft zu entziehen.

Anhang

Allgemeine Bemerkungen zur Erziehung

Wir möchten an dieser Stelle noch einiges zu einem Thema nachtragen, das bisher nur gelegentlich gestreift werden konnte. Es betrifft die Wirkung der Erziehung im Hause, in der Schule und im Leben auf die Entwicklung des seelischen Organs.

Es ist kein Zweifel, daß die gegenwärtige Erziehung in der Familie dem Streben nach Macht, der Entwicklung zur Eitelkeit außerordentlich Vorschub leistet. Jeder wird sich darüber an seinen eigenen Erfahrungen Rat holen können. Die Familie hat allerdings unleugbare Vorzüge, und man kann sich kaum eine Einrichtung vorstellen, bei der Kinder *unter richtiger Führung* besser aufgehoben wären als die Familie. Gerade bei Erkrankungen erweist sich die Familie als die geeignetste Schöpfung zur Erhaltung des Menschengeschlechtes. Und könnte man sich vorstellen, daß die Eltern jedesmal auch gute Erzieher sind, welche über den nötigen Scharfblick verfügen, um bei ihren Kindern seelische Fehlschläge schon im Keim zu erkennen und durch eine geeignete Behandlung zu bekämpfen, dann würden wir gern bekennen, daß für die Aufzucht einer tauglichen Menschenrasse keine Institution so geeignet wäre wie die Familie.

Leider können wir aber nicht leugnen, daß die Eltern weder gute Psychologen, noch auch gute Pädagogen sind. Was heute in der Familienerziehung die Hauptrolle spielt, ist ein in verschiedene Grade ausartender *Familienegoismus.* Dieser verlangt scheinbar mit Recht, daß die eigenen Kinder besonders gehegt, als etwas Besonderes angesehen werden, wenn auch auf Kosten anderer. So kommt es, daß gerade die Familienerziehung dadurch die schwersten Fehler begeht, daß sie den Kindern die Meinung sozusagen einimpft, als müßten sie sich den andern gegenüber immer überheben und sich als etwas Besseres betrachten. Dazu kommt noch die Organisation der Familie selbst, welche sich von den Gedanken eines Führertums des Vaters, einer *väterlichen Autorität,* nicht trennen will. Damit nimmt das Unheil seinen Lauf. Diese nur zum geringsten Grad auf dem Gefühl der Gemeinschaft beruhende Autorität verführt nur allzubald zu einem offenen oder geheimen Widerstand. Glatte Anerkennung findet sie wohl nie. Ihr schwerster Nachteil liegt darin, daß sie dem Machtstreben des Kindes ein Vorbild abgibt, indem sie ihm den Genuß zeigt, der mit dem Besitz der Macht verbunden ist, es machtlüstern, ehrgeizig und eitel macht. Jetzt wollen sie alle so weit kommen, wollen sie alle angesehen sein und verlangen bei andern dieselbe Folgsamkeit und Unterwerfung, wie sie sie bei der stärksten Person ihrer Umgebung zu sehen gewohnt waren, und kommen so in eine gegnerische Stellungnahme zu den Eltern und zur übrigen Umgebung.

Auf diese Weise ist es in unserer Familienerziehung fast unvermeidlich, daß dem Kind immer ein Ziel der Überlegenheit vorschwebt. Man sieht schon bei den ganz Kleinen, wie sie den Gernegroß spielen, und wir finden es bis in die späteste Zeit der Erwachsenen hinein wieder, daß sie in Gedanken, manchmal in der unbewußten Erinnerung an ihre Familiensituation, die ganze Menschheit so behandeln, als ob sie noch immer ihre Familie wäre, oder, wenn sie mit ihrer Haltung Schiffbruch gelitten haben, die Neigung zeigen, sich aus dieser ihnen nun mißliebig gewordenen Welt zurückzuziehen und ein isoliertes Dasein zu führen.

Die Familie ist allerdings auch geeignet, Gemeinschaftsgefühl zu entwickeln, aber, wenn wir uns auf das über das Machtstreben und über die Autorität Gesagte erinnern, doch nur bis zu einem gewissen Punkt. Die ersten Zärtlichkeitsregungen erfolgen im *Verhältnis zur Mutter.* Diese ist für das Kind das wichtigste Erlebnis des Mitmenschen, an ihr lernt es den *verläßlichen* Mitmenschen, das »Du« erkennen und empfinden. *Nietzsche* sagt, daß sich jeder das Idealbild seiner Geliebten aus seinen Beziehungen zur Mutter schafft. Schon *Pestalozzi* hat gezeigt, wie die Mutter dem Kind für seine Beziehungen zu den anderen Menschen den Leitstern abgibt, daß überhaupt die Beziehungen zur Mutter den Rahmen für alle seine Äußerungen bilden. In der Funktion der Mutter ist die Möglichkeit gegeben, im Kinde Gemeinschaftsgefühl zu entwickeln. Aus diesem Verhältnis zur Mutter gehen die merkwürdigen Persönlichkeiten schon unter den Kindern hervor, die uns nach der Richtung hin auffallen, daß wir an ihnen gewisse soziale Mängel finden. Da sind es besonders zwei Fehler, die Platz greifen können: Der eine ist der, daß die Mutter dem Kinde gegenüber diese Funktionsaufgabe nicht erfüllt und dadurch sein Gemeinschaftsgefühl nicht entwickelt. Dieser Mangel ist sehr bedeutsam und hat eine Unzahl Unannehmlichkeiten zur Folge. Das Kind wächst auf, als wenn es sich in Feindesland befände. Will einer ein solches Kind bessern, dann geht es nicht anders, als daß er die Funktion übernimmt, die einst an ihm versäumt wurde. Das ist sozusagen der Weg, um einen Mitmenschen aus ihm zu machen. – Der andere Hauptfehler, der meist gemacht wird, besteht darin, daß die Mutter wohl ihre Funktion übernimmt, aber so stark, in so übertriebener Weise, daß eine *Weiterleitung* des Gemeinschaftsgefühls nicht möglich ist. Die Mutter läßt das Gemeinschaftsgefühl, das sich im Kind entwickelt hat, bei sich münden. Das heißt, das Kind hat nur für die Mutter Interesse und die übrige Welt ist ausgeschaltet. Auch diesen Kindern fehlt daher die Grundlage zum sozialen Menschen.

Außer dem Verhältnis zur Mutter gibt es noch viele andere wichtige Momente in der Erziehung, welche zu beachten sind. So ermöglicht insbesondere eine *behagliche Kinderstube* dem Kind, sich in diese Welt gern und mit Leichtigkeit hineinzufinden. Bedenkt man, mit welchen Schwierigkeiten die meisten Kinder zu kämpfen haben, wie wenig leicht es ihnen meist wird, sich in ihren ersten Lebensjahren die Welt als einen angenehmen Aufenthaltsort zu Gemüte zu führen, dann begreift man, daß die *ersten Kindheitseindrücke* außerordentlich bedeutsam sind, weil sie dem Kinde eine Richtung geben, in der es weiterforscht und weitergeht. Wenn man zudem hinzu nimmt, wie viele Kinder kränklich zur Welt kommen und hier nur Jammer und Leid erfahren, daß eine Kinderstube für die meisten Kinder gar nicht vorhanden ist, oder in einer Gestalt, die

Lebensfreude nicht gerade wecken kann, so wird es klar, daß die meisten Kinder nicht als Freunde des Lebens und der Gesellschaft aufwachsen, nicht erfüllt sind von jenem Gemeinschaftsgefühl, das in einer richtigen Menschengemeinschaft heranblühen und sich entfalten könnte. Ferner muß man in Betracht ziehen, daß Erziehungsfehler überaus schwer ins Gewicht fallen können. Daß sowohl eine strenge, harte Erziehung imstande ist, die Lebensfreude und das Mitspielen der Kinder zu unterbinden, wie auch eine Erziehung, die dem Kind jede Kleinigkeit aus dem Weg räumt und es mit einer tropischen Wärme umgibt, die bewirken kann, daß es sich später dem rauhen Klima des Lebens, das außerhalb der Familie herrscht, nicht gewachsen zeigt.

Die Familienerziehung ist somit heutzutage in unserer Gesellschaft ungeeignet, das zu leisten, was wir von einem vollwertigen, kameradschaftlichen Mitspieler der menschlichen Gesellschaft erwarten. Sie erfüllt ihn zu sehr mit Eitelkeitsbestrebungen.

Fragen wir uns nun, welche Instanz noch in Betracht käme, welche die Fehlschläge in der Entwicklung der Kinder ausgleichen und eine Besserung herbeiführen könnte, dann wird unsere Aufmerksamkeit zunächst auf die *Schule* gelenkt. Bei einer genauen Prüfung zeigt sich nun aber, daß auch die Schule in ihrer heutigen Form zu dieser Aufgabe nicht geeignet ist. Es gibt wohl kaum einen Lehrer, der sich bei der heutigen Situation der Schule rühmen könnte, die Fehler eines Kindes in ihrem Wesen zu erkennen und auszumerzen. Er ist dafür in keiner Weise vorbereitet, auch nicht in der Lage dazu, weil er einen Lehrplan in der Hand hat, den er den Kindern vermitteln muß, ohne sich darum kümmern zu dürfen, mit welchem Material von Menschen er zu arbeiten hat. Auch die viel zu große Anzahl von Kindern in einer Schulklasse macht es ihm unmöglich, diese Aufgabe zu erfüllen.

Wir müssen uns daher noch weiter umsehen, ob es nicht dennoch eine Instanz gibt, die imstande wäre, diesen Mangel der Familienerziehung, der verhindert, daß wir zu einem einigen Volk zusammengeschweißt werden, zu beheben. Manche werden vielleicht meinen, das *Leben*. Damit hat es aber seine eigene Bewandtnis. Schon aus dem bisher Gesagten allein geht zur Genüge hervor, daß das Leben nicht geeignet ist, einen Menschen zu ändern, wenn es auch zuweilen den Anschein hat. Schon die Eitelkeit des Menschen, sein Ehrgeiz läßt das nicht zu. Denn auch wenn er noch so sehr in die Irre gegangen ist, wird er immer das Gefühl haben, daß entweder die anderen die Schuld daran tragen, oder daß es gar nicht anders sein kann. Daß jemand, der sich angeschlagen hat, über die Fehler, die er begangen hat, nachdenkt, findet man sehr selten. (Wir erinnern auch an unsere Ausführungen über die Verwertung von Erlebnissen.)

Auch das Leben kann somit keine wesentliche Änderung herbeiführen, und psychologisch ist das begreiflich, weil das Leben schon fertige Menschen übernimmt. Menschen, die alle schon ihren festgerichteten Blick haben und nach einem Ziel der Überlegenheit streben. Das Leben ist im Gegenteil sogar ein schlechter Lehrer, denn es hat keine Nachsicht, es ermahnt uns nicht, belehrt uns nicht einmal, sondern weist uns kalt ab und läßt uns durchfallen.

Soweit wir nun diese Frage überblicken, bleibt uns nichts anderes übrig als festzustellen: Eine einzige Instanz wäre imstande, abzuhelfen: die Schule. Sie wäre dazu imstande, wenn sie nicht immer mißbraucht würde. Denn bisher war es immer so, daß der, der die Schule in die Hände bekam, aus ihr ein Werkzeug für seine eigenen, meist eitlen, ehrgeizigen Pläne gemacht hat. Auf die Dauer kann das zu keinem ersprießlichen Ende führen. Und wenn man in neuester Zeit wieder Rufe hört, daß die alte Autorität in der Schule wieder aufgerichtet werden soll, so muß man sich nur fragen, was denn diese Autorität früher eigentlich so Gutes geleistet hat. Wie soll eine Autorität von Nutzen sein, von der wir erkannt haben, wie schädlich sie immer gewesen ist, von der wir gesehen haben, wie sie schon in der Familie, wo die Situation günstiger ist, nur das eine zuwegebringt, daß sich alle dagegen empören. Und außerdem: eine Autorität, deren Anerkennung sich nicht einmal von selbst einstellen will, die daher aufgezwungen werden muß. Schon in der Schule ist es selten, daß eine Autorität, wenn sie überhaupt vorhanden ist, restlos anerkannt wird. Und in die Schule kommt das Kind ohnehin mit dem deutlichen Bewußtsein, daß der Lehrer ein Beamter des Staates ist. Es ist unmöglich, dem Kind ohne nachteilige Folgen für seine seelische Entwicklung eine Autorität aufzuzwingen. Das Autoritätsgefühl darf sich nicht auf eine gewaltsame Einflußnahme gründen, sondern muß auf dem Gemeinschaftsgefühl beruhen.

Die Schule ist eine Situation, in die jedes Kind auf seinem Weg, den seine seelische Entwicklung nimmt, eintritt. Sie muß daher den Forderungen einer günstigen seelischen Entwicklung genügen. Von einer guten Schule wird es daher nur dann möglich sein zu sprechen, wenn sie mit den Entwicklungsbedingungen des seelischen Organs im Einklang steht. Erst eine solche Schule können wir eine *soziale Schule* nennen.

Schlußwort

Wir haben in dieser Arbeit auseinanderzusetzen versucht, daß das seelische Organ aus einer angeborenen, seelisch und körperlich funktionierenden Substanz hervorgeht, daß seine Entfaltung völlig unter soziale Bedingungen gestellt ist, was bedeutet, daß einerseits die Forderungen des Organismus, anderseits die der menschlichen Gesellschaft Erfüllung finden müssen. Das ist der Rahmen, in dem sich das seelische Organ entwickelt und in dem ihm sein Weg angewiesen wird.

Wir haben diese Entwicklung weiter verfolgt, haben die Fähigkeit der Wahrnehmung, Vorstellung, Erinnerung, des Fühlens und Denkens erörtert und sind schließlich zur Besprechung der Charakterzüge und Affekte übergegangen. Wir haben festgestellt, daß alle diese Erscheinungen miteinander in einem untrennbaren Zusammenhang stehen, daß sie einerseits einem Gesetz der Gemeinschaft unterworfen sind, anderseits durch das Streben des einzelnen Individuums nach Macht und Überlegenheit in eine bestimmte, eigenartige Bahn gelenkt und ausgestaltet werden. Wir haben gesehen, daß die Überlegenheitsziele des Menschen im Verein mit seinem Gemeinschaftsgefühl je nach der gradweisen Abstufung der Entwicklung im konkreten Fall zu bestimmten Charakterzügen führen, die somit gleichfalls nicht angeboren sind, sondern sich dergestalt entwickeln, daß sie vom Ursprung der seelischen Entwicklung bis zu dem Ziel, das jedem Menschen mehr oder weniger bewußt vorschwebt, wie in einer Leitlinie angeordnet sind.

Eine Anzahl solcher Charakterzüge und Affekte, die uns wertvolle Wegweiser zum Verständnis des Menschen sind, haben wir ausführlich besprochen, andere haben wir gestreift. Der letztgebotene Ausblick war der, daß entsprechend dem Machtstreben jedes Einzelnen in jedem

Menschen Ehrgeiz und Eitelkeit aufgespeichert sind, an deren Erscheinungsformen man dieses Streben und seine Wirkungsweise klar erkennen kann. Wir haben gezeigt, wie gerade die übergroße Entwicklung des Ehrgeizes und der Eitelkeit das ordnungsmäßige Fortschreiten des Einzelnen hindert, die Entwicklung des Gemeinschaftsgefühls drosselt, ja unmöglich macht, wie sie regelmäßig in einer die menschliche Gemeinschaft störenden Weise eingreift, gleichzeitig aber auch den Einzelnen und sein Streben zum Scheitern bringt.

Dieses Gesetz der seelischen Entwicklung erscheint uns unwiderleglich und als der wichtigste Wegweiser für jeden, der nicht dunklen Regungen verfallen will, sondern bewußt sein Schicksal aufzubauen bestrebt ist. Wir treiben mit diesen Untersuchungen Menschenkenntnis, eine Wissenschaft, die kaum sonst irgendwie gepflegt wird, die uns aber als die wichtigste und für alle Schichten der Bevölkerung unerläßliche Beschäftigung erscheint.

Der Sinn des Lebens

Inhalt

»Der Mensch weiß viel mehr, als er versteht.«
Alfred Adler

Vorwort

Während meines Lebens als ärztlicher Berater in Fällen von seelischen Erkrankungen, als Psychologe und Erzieher in Schule und in Familien hatte ich stets Gelegenheit, ein ungeheures Menschenmaterial zu überblicken. Ich machte es mir zur strengen Aufgabe, nichts auszusagen, was ich nicht aus meiner Erfahrung belegen und beweisen konnte. Daß ich dabei mit vorgefaßten Meinungen anderer, die oft viel weniger intensiv ein Menschenschicksal beobachten konnten, gelegentlich in Widerspruch geriet, ist nicht verwunderlich. Dabei befleißigte ich mich, sachliche Argumente anderer kaltblütig zu prüfen, was ich um so leichter tun konnte, da ich mich an keine strenge Regel und Voreingenommenheit gebunden glaube, vielmehr dem Grundsatz huldige: alles kann auch anders sein. Das Einmalige des Individuums läßt sich nicht in eine kurze Formel fassen, und allgemeine Regeln, wie sie auch die von mir geschaffene Individualpsychologie aufstellt, sollen nicht mehr sein als Hilfsmittel, um vorläufig ein Gesichtsfeld zu beleuchten, auf dem das einzelne Individuum gefunden – oder vermißt werden kann. Diese Wertung von Regeln, die stärkere Betonung einer Anschmiegsamkeit und Einfühlung in Nuancen stärkte jedesmal meine Überzeugung von der freien schöpferischen Kraft des Individuums in der ersten Kindheit und seiner gebundenen Kraft später im Leben, sobald das Kind sich ein festes Bewegungsgesetz für sein Leben gegeben hat. In dieser Betrachtung, die dem Kinde für sein Streben nach Vollkommenheit, Vollendung, Überlegenheit oder Evolution einen freien Weg läßt, lassen sich die Einflüsse der angeborenen Fähigkeiten, ob nun allgemein oder modifiziert menschlich sowie die Einflüsse der Umgebung und Erziehung als Bausteine betrachten, aus denen das Kind in spielerischer Kunst seinen Lebensstil aufbaut.

Und noch eine weitere Überzeugung drängte sich mir auf. Der Aufbau des kindlichen Lebensstils könnte, ohne Rückschläge zu erleiden, dem Leben nur standhalten, wenn er sub specie aeternitatis [= auf ewige Sicht] richtig aufgebaut wäre. Stets aufs neue begegnen ihm immer verschiedene Aufgaben, die weder mit eingeübten Reflexen (bedingten Reflexen), noch mittels angeborener seelischer Fähigkeiten zu lösen sind. Es wäre das größte Wagnis, ein Kind mit eingeübten Reflexen oder ausgestattet mit angeborenen Fähigkeiten den Proben einer Welt auszusetzen, die stets andere Probleme aufwirft. Immer bliebe die größte Aufgabe dem nimmer ruhenden schöpferischen Geist vorbehalten, der freilich in die Bahn des kindlichen Lebensstils gezwängt bleibt. Dorthin läuft alles auch ab, was Namen hat in den verschiedenen psychologischen Schulen: Instinkte, Triebe, Gefühl, Denken, Handeln, Stellungnahme zu Lust und Unlust und endlich Eigenliebe und Gemeinschaftsgefühl. Der Lebensstil verfügt über alle Ausdrucksformen, das Ganze über die Teile. Ist ein Fehler vorhanden, so steckt er im Bewegungsgesetz, im Endziel des Lebensstils und nicht im Teilausdruck.

Ein Drittes hat mich diese Einsicht gelehrt: Alle scheinbare Kausalität im Seelenleben stammt aus der Neigung vieler Psychologen, ihre Dogmen in einer mechanistischen oder physikalischen Verkleidung zu produzieren. Bald dient zum Vergleich ein Pumpwerk, das auf und nieder geht, bald ein Magnet mit polaren Enden, bald ein arg bedrängtes Tier, das um die Befriedigung seiner elementaren Bedürfnisse kämpft. In solcher Sicht ist freilich wenig von fundamentalen Verschiedenheiten zu sehen, wie sie das menschliche Seelenleben aufweist. Seit sogar die Physik ihnen den Boden der Kausalität entzogen hat, um statt dessen einer statistischen Wahrscheinlichkeit im Ablauf des Geschehens das Wort zu reden, dürfen wohl auch Angriffe auf die Individualpsychologie wegen ihrer Leugnung der Kausalität im seelischen Geschehen nicht mehr ernst genommen werden. Es dürfte auch dem Laien einleuchten, daß die millionenfache Mannigfaltigkeit in den Fehlleistungen als Fehlleistung »verstanden«, aber nicht kausal begriffen werden kann.

Wenn wir nun mit Recht den Boden der absoluten Sicherheit verlassen, auf dem sich viele Psychologen herumtummeln, so bleibt nur ein einziges Maß übrig, an dem wir einen Menschen messen können: *seine Bewegung gegenüber den unausweichlichen Fragen der Menschheit.* Drei Fragen sind jedem unwiderruflich aufgegeben: die Stellungnahme zu den Mitmenschen, der Beruf, die Liebe. Alle drei, untereinander durch die erste verknüpft, sind nicht zufällige Fragen, sondern unentrinnbar. Sie erwachsen aus der Bezogenheit des Menschen zur menschlichen Gesellschaft, zu den kosmischen Faktoren und zum andern Geschlecht. Ihre Lösung bedeutet das Schicksal der Menschheit und ihrer Wohlfahrt. Der Mensch ist ein Teil des Ganzen. Auch sein Wert hängt von der individuellen Lösung dieser Fragen ab. Man kann sich diese Fragen wie eine mathematische Aufgabe vorstellen, die gelöst werden muß. Je größer der Fehler, desto mehr Verwicklungen drohen dem Träger eines fehlerhaften Lebensstils, die nur auszubleiben scheinen, solange er nicht auf die Tragfähigkeit seines Gemeinschaftsgefühls geprüft wird. Der exogene Faktor, die Nähe einer Aufgabe, die Mitarbeit und Mitmenschlichkeit verlangt, ist immer der auslösende Faktor des fehlerhaften Symptoms, der Schwererziehbarkeit, der Neurose und der Neuropsychose, des Selbstmordes, des Verbrechens, der Süchtigkeit und der sexuellen Perversion.

Ist so die mangelnde Fähigkeit zum Mitleben entlarvt, dann ist die Frage, die sich aufwirft, nicht bloß rein akademisch, sondern von Wichtigkeit für die Heilung: wie und wann ist das Wachstum des Gemeinschaftsgefühls unterbunden worden? Bei dem Suchen nach den entsprechenden Vorkommnissen stößt man auf die Zeit der frühesten Kindheit und auf Situationen, die erfahrungsgemäß eine Störung in der richtigen Entwicklung verursachen können. Aber man erhält sie immer zugleich mit der fehlerhaften Antwort des Kindes. Und man versteht bei genauerer Einsicht in die zutage getretenen Verhältnisse das eine Mal, daß ein berechtigter Eingriff fehlerhaft, das andere Mal, daß ein fehlerhafter Eingriff fehlerhaft, ein drittes Mal, daß – weit seltener – ein fehlerhafter Eingriff fehlerlos beantwortet wurde, versteht auch, daß in dieser Richtung, die immer auf Überwindung gerichtet ist, weiter trainiert wurde, ohne daß entgegengesetzte Eindrücke zum Aufgeben des einmal eingeschlagenen Weges geführt hätten. Erziehung, soweit man auch ihren Rahmen stecken möchte, heißt demnach nicht nur günstige Einflüsse wirken lassen, sondern auch genau nachsehen, was die schöpferische Kraft des Kindes aus ihnen gestaltet, um dann, bei fehlerhafter Gestaltung, den Weg zur Besserung zu ebnen. Dieser bessere Weg ist unter allen Umständen die Steigerung der Mitarbeit und des Interesses an den anderen.

Hat das Kind sein Bewegungsgesetz gefunden, in dem Rhythmus, Temperament, Aktivität und vor allem der Grad des Gemeinschaftsgefühls beobachtet werden müssen, Erscheinungen, die oft schon im zweiten Lebensjahre, sicher im fünften erkannt werden können, dann sind damit auch alle seine anderen Fähigkeiten in ihrer Eigenart an dieses Bewegungsgesetz gebunden. In dieser Schrift soll hauptsächlich die daran anknüpfende Apperzeption, wie der Mensch sich und die Außenwelt sieht, betrachtet werden. Mit anderen Worten: die Meinung, die das Kind, und später in der gleichen Richtung der Erwachsene, von sich und von der Welt gewonnen hat. Auch diese Meinung läßt sich nicht aus den Worten und Gedanken des Untersuchten gewinnen. Sie alle sind allzusehr im Banne des Bewegungsgesetzes, das nach Überwindung zielt und demnach sogar im Falle einer Selbstverurteilung noch nach der Höhe schielen läßt. Wichtiger ist der Umstand, daß das Ganze des Lebens, von mir konkret Lebensstil genannt, vom Kinde in einer Zeit aufgebaut wird, wo es weder eine zureichende Sprache noch zureichende Begriffe hat. Wächst es in seinem Sinne weiter, dann wächst es in einer Bewegung, die niemals in Worte gefaßt wurde, daher unangreifbar für Kritik, auch der Kritik der Erfahrung entzogen ist. Man kann hier nicht von einem etwa gar verdrängten Unbewußten reden, vielmehr von Unverstandenem, dem Verstehen Entzogenem. Aber der Mensch spricht zum Kenner mit seinem Lebensstil und mit seiner Haltung zu den Lebensfragen, die Gemeinschaftsgefühl zu ihrer Lösung erfordern.

Was nun die Meinung des Menschen von sich und von der Außenwelt anlangt, so kann sie am besten daraus entnommen werden, welchen Sinn er im Leben findet und welchen Sinn er seinem eigenen Leben gibt. Daß hier die mögliche Dissonanz zu einem idealen Gemeinschaftsgefühl, zum Mitleben, Mitarbeiten, zur Mitmenschlichkeit klar durchdringt, liegt auf der Hand.

Wir sind nun vorbereitet zu verstehen, welche Bedeutung darin liegt, über den Sinn des Lebens etwas zu erfahren und auch darüber, worin verschiedene Menschen den Sinn des Lebens sehen. Wenn es für den außerhalb unserer Erfahrung liegenden Sinn des Lebens wenigstens teilweise eine tragfähige Erkenntnis gibt, dann ist es klar, daß er diejenigen ins Unrecht setzt, die zu ihm in auffallendem Widerspruch stehen.

Wie man sieht, ist der Autor bescheiden genug, einen anfänglichen Teilerfolg anzustreben, der ihm durch seine Erfahrungen genügend gestützt zu sein scheint. Er unterzieht sich dieser Aufgabe um so lieber, als da die Hoffnung winkt, daß bei einigermaßen klarer Erkenntnis des Sinnes des Lebens nicht nur ein wissenschaftliches Programm für weitere Forschung in seiner Richtung erwächst, sondern auch, daß mit wachsender Erkenntnis die Zahl derer namhaft wächst, die durch den besser erkannten Sinn des Lebens für diesen Sinn gewonnen werden können.

1. Die Meinung über sich und über die Welt

Es ist für mich außer Zweifel, daß jeder sich im Leben so verhält, als ob er über seine Kraft und über seine Fähigkeiten eine ganz bestimmte Meinung hätte; ebenso, als ob er über die Schwierigkeit oder Leichtigkeit eines vorliegenden Falles schon bei Beginn seiner Handlung im klaren wäre; kurz, *daß sein Verhalten seiner Meinung entspringt.* Dies kann um so weniger wundernehmen, als wir nicht imstande sind, durch unsere Sinne Tatsachen, sondern nur ein subjektives Bild, einen Abglanz der Außenwelt zu empfangen. »Omnia ad opinionem suspensa sunt.« Dies Wort Senecas sollte bei psychologischen Untersuchungen nicht vergessen werden. Unsere Meinung von den großen und wichtigen Tatsachen des Lebens hängt von unserem Lebensstil ab. Nur dort, wo wir unmittelbar auf Tatsachen stoßen, die uns einen Widerspruch zu unserer Meinung von ihnen verraten, sind wir geneigt, in unmittelbarer Erfahrung im kleinen unsere Ansicht zu korrigieren und das Gesetz der Kausalität auf uns wirken zu lassen, ohne unsere Meinung vom Leben zu ändern. In der Tat hat es für mich die gleiche Wirkung, ob nun eine Giftschlange sich meinem Fuß nähert, oder ob ich glaube, daß es eine Giftschlange ist. Das verzärtelte Kind verhält sich ganz gleichartig in seiner Angst, ob es sich nun vor Einbrechern fürchtet, sobald die Mutter es verläßt, oder ob wirklich Einbrecher im Hause sind. In jedem Falle bleibt es bei seiner Meinung, daß es ohne die Mutter nicht sein könne, auch wenn es in seiner angsterregenden Annahme widerlegt wird. Der Mann, der an Platzangst leidet und die Straße meidet, weil er Gefühl und Meinung hat, der Boden schwanke unter seinen Füßen, könnte sich in gesunden Tagen nicht anders benehmen, wenn der Boden unter seinen Füßen wirklich schwankte. Der Einbrecher, der der nützlichen Arbeit ausweicht, weil er, unvorbereitet zur Mitarbeit, irrtümlicherweise das Einbrechen leichter findet, könnte die gleiche Abneigung gegen die Arbeit zeigen, wenn sie wirklich schwerer wäre als das Verbrechen. Der Selbstmörder findet, daß der Tod dem, wie er annimmt, hoffnungslosen Leben vorzuziehen ist. Er könnte ähnlich handeln, wenn das Leben wirklich hoffnungslos wäre. Dem Süchtigen bringt sein Giftstoff Erleichterung, die er höher schätzt als die ehrenhafte Lösung seiner Lebensfragen. Wenn dem wirklich so wäre, er könnte ähnlich handeln. Der homosexuelle Mann findet die Frauen, vor denen er sich fürchtet, nicht anziehend, während ihn der Mann, dessen Eroberung ihm als Triumph erscheint, anlockt. Sie alle gehen jeweils von einer Meinung aus, die, wenn sie richtig wäre, auch ihr Verhalten objektiv richtig erscheinen ließe.

Da ist folgender Fall: Ein 36jähriger Rechtsanwalt hat alle Lust an seinem Beruf verloren. Er hat keinen Erfolg und schreibt dies dem Umstand zu, daß er offenbar auf die wenigen Klienten, die ihn aufsuchen, einen schlechten Eindruck macht. Es fiel ihm auch immer schwer, sich anderen anzuschließen, und besonders Mädchen gegenüber war er stets von großer Scheu befallen. Eine Ehe, die er außerordentlich zögernd, geradezu mit Ablehnung einging, endete nach einem Jahr mit einer Scheidung. Er lebt nun ganz zurückgezogen von der Welt mit seinen Eltern, die größtenteils für ihn sorgen müssen.

Er ist das einzige Kind und war von seiner Mutter in einem unglaublichen Grade verwöhnt worden. Sie war stets um ihn. Es gelang ihr, das Kind und den Vater zu überzeugen, daß ihr Sohn dereinst ein ganz hervorragender Mann sein werde, und der Knabe lebte in der gleichen Erwartung weiter, was durch seine glänzenden Erfolge in der Schule bestätigt schien. Kindliche Masturbation gewann, wie bei den meisten verwöhnten Kindern, die sich keinen Wunsch versagen können, eine unheimliche Macht über ihn und machte ihn frühzeitig zum Gespött der Mädchen in der Schule, die seinen heimlichen Fehler entdeckt hatten. Er zog sich von ihnen ganz zurück. In seiner Isolierung gab er sich den triumphalsten Phantasien über Liebe und Ehe hin, fühlte sich aber nur zu seiner Mutter hingezogen, die er völlig beherrschte und auf die er lange Zeit auch seine sexuellen Wünsche bezog. Daß dieser sogenannte Ödipuskomplex nicht »Grundlage«, sondern ein schlechtes Kunstprodukt verzärtelnder Mütter ist, deutlicher zutage tretend, wenn der Knabe oder Jüngling sich in seiner überragenden Eitelkeit von den Mädchen betrogen sieht und zu wenig soziales Interesse entwickelt hat, um sich an andere anzuschließen, ist auch aus diesem Falle klar genug zu sehen. Kurz vor Vollendung seiner Studien, als die Frage einer selbständigen Existenz an ihn herantrat, erkrankte er an Melancholie, so daß er auch jetzt wieder den Rückzug antrat. Als Kind war er, wie alle verwöhnten Kinder, ängstlich und zog sich vor fremden Leuten zurück. Später von Kameraden und Kameradinnen. Ebenso vor seinem Beruf, was in wenig gemildertem Grade bis jetzt andauert.

Ich begnüge mich mit dieser Darstellung und übergehe die Begleitakkorde, die »Gründe«, die Ausreden, die anderen Krankheitssymptome, mit denen er seinen Rückzug »sicherte«. Klar ist eines: Dieser Mann hat sich zeitlebens nicht geändert. Er wollte immer der erste sein und zog sich immer zurück, wenn er am Erfolge zweifelte. Seine Meinung vom Leben läßt sich (wie wir erraten können, was ihm aber verborgen war) in die Formel fassen: »Da die Welt mir meinen Triumph vorenthält, ziehe ich mich zurück.« Man kann nicht leugnen, daß er als ein Mensch, der seine angestrebte Vollendung im Triumph über die anderen sieht, nur darin richtig und intelligent gehandelt hat. Es ist nicht »Vernunft«, nicht »common sense« in seinem Bewegungsgesetz, das er sich gegeben hat, wohl aber, was ich »private Intelligenz« genannt habe. Würde jemandem dies Leben tatsächlich *jeden* Wert verweigern, könnte er nicht viel anders handeln.

Ähnlich, nur mit anderen Ausdrucksformen, mit geringerer Ausschaltungstendenz behaftet, erscheint folgender Fall: Ein 26jähriger Mann wuchs zwischen zwei von der Mutter vorgezogenen Geschwistern auf. Mit großer Eifersucht verfolgte er die überlegenen Leistungen seines älteren Bruders. Der Mutter gegenüber nahm er sehr bald eine kritische Haltung ein und lehnte sich – immer eine zweite Phase im Leben eines Kindes – an den Vater an. Seine Abneigung gegen die Mutter griff infolge unleidlicher Gewohnheiten seiner Großmutter und einer Kinderfrau bald auf das ganze weibliche Geschlecht über. Sein Ehrgeiz, nicht von einer Frau beherrscht zu werden, dagegen Männer zu beherrschen, wuchs riesengroß. Die Überlegenheit seines Bruders suchte er auf alle mögliche Weise zu unterbinden. Daß der andere an Körperkraft, im Turnen und auf der Jagd überlegen war, machte ihm die körperlichen Leistungen verhaßt. Er schloß sie aus der Sphäre seiner Wirksamkeit aus, wie er auch schon im Begriffe war, die Frauen auszuschalten. Leistungen lockten ihn nur an, wenn sie für ihn mit einem Triumphgefühl verbunden waren. Eine Zeitlang liebte und verehrte er ein Mädchen so recht aus der Ferne. Dem Mädchen gefiel offenbar diese Zurückhaltung nicht, und so entschied sie sich für einen anderen. Daß sein Bruder eine glückliche Ehe führte, erfüllte ihn mit Furcht, nicht so glücklich zu sein und in der Meinung der Welt, wieder wie in der Kindheit bei seiner Mutter, eine schlechtere Rolle zu spielen. Ein Beispiel für viele, wie es ihn drängte, dem Bruder den Vorrang streitig zu machen. Einst brachte der Bruder von der Jagd einen prächtigen Fuchspelz nach Hause, auf den er sehr stolz war. Unser Freund schnitt heimlich die weiße Schwanzspitze ab, um den Bruder um seinen Triumph zu bringen. Sein Sexualtrieb nahm jene Richtung an, die ihm nach Ausschaltung der Frau übriggeblieben war und wurde in Anbetracht seiner im kleineren Rahmen stärkeren Aktivität homosexuell. Seine Meinung vom Sinn des Lebens war leicht zu entziffern: Leben heißt: ich muß in allem, was ich beginne, der Überlegene sein. Und er suchte diese Überlegenheit zu erreichen, indem er Leistungen ausschloß, deren triumphale Erfüllung er sich nicht zutraute. Daß im homosexuellen Verkehr auch der Partner sich den Sieg seiner magischen Anziehungskraft wegen zusprach, war die erste störende bittere Erkenntnis im Laufe unserer aufklärenden Gespräche.

Auch in diesem Falle dürfen wir behaupten, daß die »private Intelligenz« ungestört ist und daß vielleicht die meisten den gleichen Weg betreten würden, wenn die Zurückweisung von seiten der Mädchen allgemeine Wahrheit wäre. In der Tat findet sich die große Neigung zur Verallgemeinerung als grundlegender Fehler im Aufbau des Lebensstils ungemein häufig.

»Lebensplan« und »Meinung« ergänzen sich gegenseitig. Sie beide haben ihre Wurzel in einer Zeit, in der das Kind unfähig ist, seine Schlußfolgerungen aus seinem Erleben in Worte und Begriffe zu fassen, aber in der es bereits beginnt, aus wortlosen Schlußfolgerungen, aus oft belanglosen Erlebnissen oder aus stark gefühlsbetonten wortlosen Erfahrungen allgemeinere Formen seines Verhaltens zu entwickeln. Diese allgemeinen Schlußfolgerungen und die entsprechenden Tendenzen, gebildet in einer Zeit der Wort- und Begriffslosigkeit, sind nun, allerdings verschiedentlich gemildert, weiter wirksam in der späteren Zeit, in der der common sense mehr oder weniger korrigierend eingreift und Menschen davon abhalten kann, sich allzusehr auf Regeln, Phrasen und Prinzipien zu stützen. Wie wir später sehen werden, ist diese Befreiung von zuweitgehenden Stütz- und Sicherungsversuchen, Ausdrücken eines schweren Unsicherheits- und Minderwertigkeitsgefühls, dem durch das Gemeinschaftsgefühl gesteigerten common sense zu verdanken. Daß derselbe fehlerhafte Vorgang auch bei Tieren vorkommt, zeigt unter anderem folgender, häufig zu beobachtende Fall: Ein junger Hund wurde abgerichtet, seinem Herrn auf der Straße zu folgen. Er hatte es in dieser Kunst schon ziemlich weit gebracht, als es ihm eines Tages einfiel, ein im Fahren begriffenes Automobil anzuspringen. Er wurde von diesem weggeschleudert, ohne Schaden erlitten zu haben. Dies war sicherlich eine singuläre Erfahrung, für die er kaum eine angeborene Antwort bereit haben konnte. Man wird auch schwerlich von einem »conditioned reflex« sprechen können, wenn man erfährt, daß dieser Hund weiter in seiner Dressur Fortschritte machte, nur an den Ort des Unfalles nicht mehr hinzubringen war. Er fürchtete nicht die Straße, nicht die Fuhrwerke, sondern den Ort des Geschehnisses und kam zu einem allgemeinen Schluß, wie ihn auch manchmal Menschen ziehen: Der Ort, nicht die eigene Unachtsamkeit und Unerfahrenheit ist schuld. Und *immer* an diesem Orte droht Gefahr. Er sowohl, wie auch manche, die ähnlich vorgehen, halten an solchen Meinungen fest, weil sie wenigstens das eine dadurch erreichen, »an diesem Orte« nicht mehr geschädigt werden zu können. Ähnliche Strukturen finden sich häufig in der Neurose, in der ein Mensch sich vor einer drohenden Niederlage, einem Verlust seines Persönlichkeitsgefühls fürchtet und sich dadurch zu schützen trachtet, daß er die aus seiner seelischen Erregung vor einem als unlösbar mißverstandenen Problem stammenden körperlichen oder seelischen Symptome in Kauf nimmt und ausnützt, um den Rückzug antreten zu können.

Daß wir nicht von »Tatsachen«, sondern von unserer Meinung über Tatsachen beeinflußt sind, liegt klar auf der Hand. Unsere größere oder geringere Sicherheit, den Tatsachen entsprechende Meinungen gebildet zu haben, liegt ganz, insbesondere bei unerfahrenen Kindern und gemeinschaftsfremden Erwachsenen, in der immer unzulänglichen Erfahrung und in der Widerspruchslosigkeit unserer Meinung und dem Erfolg unseres Handelns entsprechend unserer Meinung. Daß diese Kriterien häufig unzulänglich sind, weil der Kreis unseres Handelns oft eingeschränkt ist, auch weil kleinere Fehlschläge und Widersprüche oft mühelos oder mit Hilfe anderer mehr oder weniger glatt erledigt werden können, ist leicht zu ersehen und hilft mit, den einmal erfaßten Lebensplan dauernd einzuhalten. Erst größere Fehlschläge erzwingen ein schärferes Nachdenken, das aber nur bei Menschen fruchtbar ausfällt, die an der mitmenschlichen Lösung der Lebensfragen beteiligt sind, die frei sind von persönlichen Zielen einer Überlegenheit.

Wir kommen so zum Schlusse, daß jeder eine »Meinung« von sich und den Aufgaben des Lebens in sich trägt, eine Lebenslinie und ein Bewegungsgesetz, das ihn festhält, ohne daß er es versteht, ohne daß er sich darüber Rechenschaft gibt. Dieses Bewegungsgesetz entspringt in dem engen Raum der Kindheit und entwickelt sich in wenig eingeschränkter

Wahl unter freier, durch keine mathematisch formulierbare Aktion beschränkter Ausnützung von angeborenen Kräften und Eindrücken der Außenwelt. Die Richtung und die gerichtete Ausnützung von »Instinkten«, »Trieben«, Eindrücken der Außenwelt und der Erziehung ist das künstlerische Werk des Kindes, das nicht »besitzpsychologisch«, sondern »gebrauchspsychologisch« verstanden werden kann. Typen, Ähnlichkeiten, annähernde Übereinstimmungen sind oft nur Befunde, zu denen die Armut unserer Sprache Vorschub leistet, weil sie die immer vorhandenen Nuancen nicht einfach auszudrücken vermag, oder Ergebnisse einer statistischen Wahrscheinlichkeit. Ihre Feststellung darf nie zur Aufstellung einer Regel ausarten; sie kann niemals den Einzelfall dem Verständnis näher bringen, sondern nur zur Beleuchtung eines Gesichtsfeldes Verwendung finden, in dem der Einzelfall in seiner Einmaligkeit gefunden werden muß. Die Feststellung eines verschärften Minderwertigkeitsgefühls zum Beispiel sagt noch nichts aus über Art und Charakteristik des Einzelfalles, ebensowenig der Hinweis auf irgendwelche Mängel der Erziehung oder der sozialen Verhältnisse. Sie zeigen sich im Verhalten des Individuums zur Außenwelt immer in verschiedener Form, die durch die Interferenz der schöpferischen Kraft des Kindes und seiner daraus entsprungenen »Meinung« jedesmal individuell anders ist.

Einige schematische Beispiele mögen das Obige erläutern. Ein Kind, das von Geburt an an Magen-Darm-Schwierigkeiten leidet, also etwa an einer angeborenen Minderwertigkeit des Verdauungsapparates, aber die vollkommen zweckentsprechende Nahrung nicht erhält, was in idealer Weise kaum je zustande kommt, wird so leicht zu einem besonderen Interesse bezüglich der Nahrung und allem, was damit zusammenhängt, hingeleitet.[1] Seine Meinung von sich und vom Leben ist dadurch stärker mit einem Interesse für Ernährung verbunden, später wohl auch wegen des bald erkannten Zusammenhangs auf Geld gerichtet, was freilich im Einzelfall immer wieder nachgeprüft werden muß.

1. Vgl. A. Adler, *Studie über Minderwertigkeit von Organen*. München 1927.

Ein Kind, dem die Mutter seit Beginn des Lebens alle Leistungen abnimmt, ein verwöhntes Kind also, wird selten geneigt sein, auch später seine Sachen allein in Ordnung zu halten. Neben gleichlaufenden Erscheinungen berechtigt uns dies zu sagen: es lebt in der Meinung, daß alles von den anderen geleistet werden sollte. Auch hier, wie in den folgenden Fällen, kann die nötige Sicherheit des Urteils nur durch weitgehende Bestätigungen erfolgen. Ein Kind, dem man frühzeitig Gelegenheit gibt, seinen Willen den Eltern aufzuzwingen, wird die Meinung erraten lassen, daß es stets im Leben die anderen beherrschen möchte, was bei gegenteiligen Erfahrungen in der Außenwelt meist so ausfällt, daß das Kind der Außenwelt gegenüber eine »zögernde Attitüde« zeigt[2] und sich mit allen seinen Wünschen, oft sexuelle Wünsche eingeschlossen, auf die Familie zurückzieht, ohne die nötige Korrektur im Sinne des Gemeinschaftsgefühls zu vollziehen. Ein Kind, das frühzeitig als gleichberechtigt zur Mitarbeit im weitesten Ausmaße, entsprechend seiner Leistungsfähigkeit, erzogen wurde, wird stets, soweit nicht übermenschliche Forderungen herantreten, alle Lebensfragen im Sinne seiner Meinung vom richtigen Gemeinschaftsleben zu lösen trachten.[3]

So kann sich bei einem Mädchen, dessen Vater ungerecht ist, der die Familie vernachlässigt, leicht die Meinung entwickeln, insbesondere wenn ähnliche Erfahrungen mit einem Bruder, mit Verwandten, mit Nachbarn, aus der Lektüre hinzutreten, alle Männer seien von der gleichen Art, wobei andere Erfahrungen nach kurzem Bestand der vorgefaßten Meinung kaum mehr ins Gewicht fallen. Ist etwa ein Bruder für eine höhere Entwicklung im Studium, im Beruf auserwählt, so kann dies leicht zur Meinung verleiten, die Mädchen wären unfähig oder ungerechterweise von einer höheren Entwicklung ausgeschlossen. Fühlt sich eines der Kinder in einer Familie zurückgesetzt oder vernachlässigt, so

2. Vgl. A. Adler, *Praxis und Theorie der Individualpsychologie*. 3. Aufl. München 1927.
3. Daß sogar Leute, die jahrelang auf der Schulbank der Individualpsychologie gesessen sind, dabei gegenwärtige Gemeinschaften »meinen«, nicht eine solche sub specie aeternitatis, zeugt davon, daß ihnen das Niveau der Individualpsychologie zu hoch ist.

kann dies zur Folge haben, daß sich bei ihm eine Verschüchterung breitmacht, als wollte es sagen: »Ich werde immer zurückstehen müssen.« Oder es wird auf Grund der Meinung, es auch leisten zu können, in ein aufgepeitschtes Streben verfallen, alle übertreffen und niemanden gelten lassen zu wollen. Eine Mutter, die ihren Sohn über die Maßen verzärtelt, kann ihm die Meinung beibringen, er müsse überall, bloß um seiner selbst willen, ohne richtig mitzuspielen, im Mittelpunkt stehen. Steht sie ihm mit ununterbrochener Kritik und mit Nörgeleien gegenüber, zieht sie vielleicht auch noch deutlich einen anderen Sohn vor, so kann sie erreichen, daß ihr Kind später allen Frauen mit Mißtrauen gegenübertritt, was zu tausenderlei Konsequenzen Anlaß geben kann. Ist ein Kind vielen Unfällen oder Krankheiten ausgesetzt, so kann es daraus die Meinung entwickeln, die Welt sei voll von Gefahren, und wird sich danach benehmen. Dasselbe in anderen Nuancen kann geschehen, wenn die Familientradition nach außen hin ängstlich, mißtrauisch ist.

Daß alle diese tausendfach verschiedenen Meinungen sich zur Wirklichkeit und ihren sozialen Forderungen in Widerspruch setzen können und setzen, liegt auf der Hand. Die irrige Meinung eines Menschen über sich und über die Aufgaben des Lebens stößt früher oder später auf den geharnischten Einspruch der Realität, die Lösungen im Sinne des Gemeinschaftsgefühls verlangt. Was bei diesem Zusammenstoß geschieht, kann mit einer Schockwirkung verglichen werden. Die Meinung des Fehlenden, sein Lebensstil halte der Forderung, dem exogenen Faktor nicht stand, wird aber dadurch nicht aufgelöst oder verändert. Das Streben nach persönlicher Überlegenheit geht seinen Weg weiter. Es bleibt dabei nichts übrig als die mehr oder weniger starke Einschränkung auf ein kleineres Territorium, die Ausschaltung der mit einer Niederlage des Lebensstils drohenden Aufgabe, der Rückzug vor dem Problem, zu dessen Lösung die richtige Vorbereitung im Bewegungsgesetz fehlt. Die Schockwirkung aber äußert sich seelisch und körperlich, entwertet den letzten Rest von Gemeinschaftsgefühl und erzeugt alle möglichen Fehlschläge im Leben, indem sie das Individuum zwingt, einen Rückzug anzutreten wie in der Neurose, oder mit noch vorhandener Aktivität, die keinesfalls Mut bedeutet, auf die Bahn des Antisozialen hinüberzugleiten. In jedem Falle ist es klar, daß die »Meinung« dem Weltbild eines Menschen zugrunde liegt und sein Denken, Fühlen, Wollen und Handeln bestimmt.

2. Psychologische Mittel und Wege zur Erforschung des Lebensstils

Um die Meinung des einzelnen zu ermitteln, wie er sich zu den Fragen des Lebens stellt, vollends, um den Sinn zu ermitteln, den das Leben uns offenbaren will, wird man kein Mittel und keinen Weg a limine verwerfen. Die Meinung des Individuums vom Sinn des Lebens ist keine müßige Angelegenheit. Denn sie ist in letzter Linie die Richtschnur für sein Denken, Fühlen und Handeln. Der wahre Sinn des Lebens aber zeigt sich in dem Widerstand, der sich dem unrichtig handelnden Individuum entgegenstemmt. Zwischen diesen zwei Gegebenheiten spannt sich die Aufgabe der Belehrung, der Erziehung, der Heilung. Das Wissen um den Einzelmenschen ist uralt. Um nur einiges zu nennen: Geschichts- und Personenbeschreibungen der alten Völker, die Bibel, Homer, Plutarch, alle die Dichter der Griechen und Römer, Sagen, Märchen, Fabeln und Mythen weisen Glanzpunkte der Persönlichkeitserkenntnisse auf. Bis in die neuere Zeit waren es hauptsächlich die Dichter, denen es am besten gelang, dem Lebensstil eines Menschen auf die Spur zu kommen. Was unsere Bewunderung für ihr Werk aufs höchste steigert, ist ihre Fähigkeit, den Menschen als ein *unteilbares* Ganzes leben, sterben und handeln zu lassen im engsten Zusammenhang mit den Aufgaben seines Lebenskreises. Kein Zweifel, daß es auch Männer aus dem Volke gab, die in der Menschenkenntnis voraus waren und ihre Erfahrungen auf die Nachkommen übertrugen. Was sie und die Genies der Menschenkenntnis auszeichnete, war offenbar der tiefere Blick in die Zusammenhänge der menschlichen Triebfedern, eine Fähigkeit, die nur aus ihrer Angeschlossenheit an die Gemeinschaft, aus ihrem Interesse für die Menschheit erwachsen konnte. Die größere Erfahrung, die bessere Einsicht, der tiefere Blick waren der Lohn für ihr Gemeinschaftsgefühl. Was bei ihrem

Werk nicht entbehrt werden konnte, die unausrechenbaren, tausendfältigen Ausdrucksbewegungen so beschreiben zu können, daß der andere sie annähernd versteht, sie zu erfassen, ohne die Hilfe des Messens und Wägens dabei in Anspruch nehmen zu müssen, war immer die Gabe des Erratens. Nur auf diese Weise konnten sie dazu kommen zu sehen, was hinter und zwischen den Ausdrucksbewegungen steckt: das Bewegungsgesetz des einzelnen. Manche nennen diese Gabe »Intuition« und glauben, daß sie nur den höchsten Geistern vorbehalten ist. Diese Gabe ist in Wirklichkeit die allermenschlichste. Jeder übt sie unausgesetzt im Chaos des Lebens, in der Unergründlichkeit der Zukunft.

Da jede kleinste und größte Aufgabe, die vor uns steht, immer neu, immer abgeändert ist, so wären wir stets in neue Fehler verwickelt, wenn wir sie nach einem Schema, etwa nach »bedingten Reflexen« zu lösen gezwungen wären. Die stetige Andersartigkeit stellt an den Menschen immer neue Ansprüche, sein etwa vorher geübtes Verhalten einer neuen Probe auszusetzen. Nicht einmal beim Kartenspiel kommt man mit »bedingten Reflexen« aus. Das richtige Erraten erst hilft uns die Aufgaben zu meistern. Dieses Erraten aber zeichnet am stärksten den Menschen aus, der ein Mitspieler, ein Mitmensch ist, der Interesse hat an der glücklichen Lösung aller Menschheitsfragen. Der Blick in die Zukunft alles menschlichen Geschehens ist ihm zu eigen und lockt ihn an, ob er nun Menschheitsgeschichte oder Einzelschicksale prüft.

Psychologie blieb eine harmlose Kunst, bis sich die Philosophie ihrer annahm. In ihr und in der Anthropologie der Philosophen keimen die Wurzeln der wissenschaftlichen Menschenkenntnis. In den mannigfachen Versuchen einer Einordnung alles Geschehens in ein umfassendes Weltgesetz konnte der Einzelmensch nicht übersehen werden. Die Erkenntnis der Einheit aller Ausdrucksformen eines Individuums wurde zur unumstößlichen Wahrheit. Die Übertragung von Gesetzen alles Geschehens auf die menschliche Natur zeitigte verschiedene Standpunkte, und die unergründliche, unbekannte lenkende Kraft wurde von Kant, Schelling, Hegel, Schopenhauer, Hartmann, Nietzsche und anderen in einer unbewußten Triebkraft gesucht, die bald Sittengesetz, bald Wille, bald Wille zur Macht oder das Unbewußte genannt wurde. Neben der Übertragung allgemeiner Gesetze auf das menschliche Geschehen kam die Introspektion zur Herrschaft. Menschen sollten etwas über das seelische Geschehen und über den Vorgang dabei aussagen. Diese Methode hielt nicht lange vor. Sie kam mit Recht in Mißkredit, weil den Menschen nicht zuzutrauen war, daß sie objektive Aussagen machen könnten.

Im Zeitalter einer entwickelten Technik kam die experimentelle Methode in Schwung. Mit Hilfe von Apparaten und sorgfältig ausgewählten Fragen wurden Prüfungen veranstaltet, die über Sinnesfunktionen, Intelligenz, Charakter und Persönlichkeit Aufschluß geben sollten. Dabei ging die Einsicht in den Zusammenhang der Persönlichkeit verloren oder konnte nur durch Erraten ergänzt werden. Die später in Erscheinung getretene Hereditätslehre gab wohl alle Mühe verloren und fand Genugtuung darin, nachzuweisen, daß es auf den Besitz der Fähigkeiten ankomme und nicht auf den Gebrauch. Dorthin zielte auch die Lehre vom Einfluß der endokrinen Drüsen, die sich bei Spezialfällen von Minderwertigkeitsgefühlen und deren Kompensation im Falle minderwertiger Organe aufhielt.

Eine Renaissance erlebte die Psychologie in der Psychoanalyse, die in der Sexuallibido den allmächtigen Lenker des Menschheitsschicksals wieder aufleben ließ und den Menschen die Schrecken der Hölle im Unbewußten und die Erbsünde im »Schuldgefühl« sorgfältig ausmalte. Die Vernachlässigung des Himmels wurde später in Anlehnung an das »ideale« Ziel der Vollkommenheit der Individualpsychologie in der Erschaffung des »Ideal-Ich« wieder gutgemacht. Immerhin war es ein bedeutsamer Versuch, zwischen den Zeilen des Bewußtseins zu lesen, ein Schritt vorwärts zur Wiederentdeckung des Lebensstils, der Bewegungslinie des Individuums, des Sinns des Lebens, ohne daß dieses vorschwebende Ziel von dem in Sexualmetaphern schwelgenden Autor wahrgenommen wurde. Auch war die Psychoanalyse allzusehr in der Welt der verwöhnten Kinder befangen, so daß die seelische Struktur ihr immer als Abklatsch dieses Typus erschien und die tiefere seelische Struktur als Teil der menschlichen Evolution ihr verborgen blieb. Ihr vorübergehender Erfolg lag in der Disposition der Unmasse verwöhnter Menschen, die willig psychoanalytische Anschauungen als allgemein menschlich vorhanden annahmen und in ihrem eigenen Lebensstil dadurch gestärkt wurden. Die Technik der Psychoanalyse war darauf gerichtet, die Beziehung der Ausdrucksbewegungen und Symptome zur Sexuallibido mit geduldiger Energie darzustellen und das Tun des Menschen als abhängig von einem inhärenten sadistischen Trieb erscheinen zu lassen. Daß letztere Erscheinungen künstlich gezüchtetes Ressentiment verwöhnter Kinder seien, erschien erst in der individualpsychologischen Anschauung genügend klar. Immerhin ist auch dem evolutionären Moment annähernd und spurweise Rechnung getragen, wenn auch verfehlt und in gewohnt pessimistischer Weise durch die Idee des Todeswunsches als Ziel der Erfüllung, nicht aktive Anpassung, sondern ein Hinsterben erwartend, in Anpassung an das immerhin zweifelhafte zweite Grundgesetz der Physik.

Die Individualpsychologie steht ganz auf dem Boden der Evolution[4] und sieht alles menschliche Streben im Lichte derselben als ein Streben nach Vollkommenheit. Körperlich und seelisch ist der Lebensdrang unverrückbar an dieses Streben geknüpft. Für unser Erkenntnisvermögen stellt sich deshalb jede seelische Ausdrucksform als Bewegung dar, die von einer Minussituation zu einer Plussituation führt. Der Weg, das Bewegungsgesetz, das sich jedes Individuum im Beginne seines Lebens selbst gibt, in verhältnismäßiger Freiheit der Ausnützung seiner angeborenen Fähigkeiten und Unfähigkeiten, ebenso seiner ersten Eindrücke aus der Umgebung, ist für jedes Individuum verschieden im Tempo, im Rhythmus und in der Richtung. Im steten Vergleich mit der unerreichbaren idealen Vollkommenheit ist das Individuum ständig von einem Minderwertigkeitsgefühl erfüllt und von diesem angetrieben. Wir dürfen feststellen, daß jedes menschliche Bewegungsgesetz, sub specie aeternitatis und vom fiktiven Standpunkt einer absoluten Richtigkeit gesehen, fehlerhaft ist.

4. Siehe A. Adler, *Studie über Minderwertigkeit von Organen*, l. c.

Jede Kulturepoche formt sich dieses Ideal in der Reichweite ihrer Gedanken und ihrer Gefühle. So wie heute können wir immer nur in der Vergangenheit das vorübergehende Niveau menschlicher Fassungskraft in der Aufstellung dieses Ideals finden, und wir haben das Recht, diese Fassungskraft aufs tiefste zu bewundern, die für unabsehbare Zeiten ein tragfähiges Ideal menschlichen Zusammenlebens erfaßt hat. Das: »Du sollst nicht töten!« oder »Liebe Deinen Nächsten!« kann wohl kaum aus dem Wissen und Fühlen als oberste Instanz mehr verschwinden. Diese und andere Normen menschlichen Zusammenlebens, durchaus Ergebnisse der menschlichen Evolution, verankert in der menschlichen Natur wie das Atmen und das Aufrechtgehen, lassen sich zusammenfassen in der Idee einer idealen menschlichen Gemeinschaft, hier rein wissenschaftlich betrachtet als evolutionärer Zwang und als evolutionäres Ziel. Sie geben der Individualpsychologie die Richtschnur, das »*δὸς ποῦ στω*«, an dem allein alle anderen, der Evolution widersprechenden Ziele und Bewegungsformen als richtig oder falsch zu bewerten sind. An diesem Punkt wird die Individualpsychologie Wertpsychologie, ebenso wie die medizinische Wissenschaft, Förderin der Evolution, bei ihren Untersuchungen und Feststellungen wertende Wissenschaft ist.

Minderwertigkeitsgefühl, Streben nach Überwindung und Gemeinschaftsgefühl, diese Grundpfeiler in der individualpsychologischen Forschung, sind demnach aus der Betrachtung eines Individuums oder einer Masse nicht wegzudenken. Man kann ihre Tatsächlichkeit umgehen und umschreiben, man kann sie mißverstehen, kann versuchen Haare zu spalten, aber man kann sie nicht auslöschen. Jede richtige Betrachtung einer Persönlichkeit muß diesen Tatsachen irgendwie Rechnung tragen und feststellen, wie es mit dem Minderwertigkeitsgefühl, mit dem Streben nach Überwindung, mit dem Gemeinschaftsgefühl beschaffen ist.

Aber so wie andere Kulturen aus dem Zwang der Evolution andere Vorstellungen und unrichtige Wege abstrahierten, so jedes einzelne Individuum. Der gedankliche und der damit verbundene gefühlsmäßige Aufbau eines Lebensstils im Strom der Entwicklung ist das Werk eines Kindes.

Als Maßstab seiner Kraft dient ihm die gefühlsmäßig und ungefähr erfaßte Leistungsfähigkeit in einer durchaus nicht neutralen Umgebung, die nur schlecht eine Vorschule des Lebens abgibt. Aufbauend auf einem subjektiven Eindruck, oft durch wenig maßgebende Erfolge oder Niederlagen geleitet, schafft sich das Kind Weg und Ziel und Anschaulichkeit zu einer in der Zukunft liegenden Höhe. Alle Mittel der Individualpsychologie, die zum Verständnis der Persönlichkeit führen sollen, rechnen mit der Meinung des Individuums über das Ziel der Überlegenheit, mit der Stärke seines Minderwertigkeitsgefühls und mit dem Grade seines Gemeinschaftsgefühls. Bei näherer Einsicht in das Verhältnis dieser Faktoren wird man sehen, daß sie alle die Art und den Grad des Gemeinschaftsgefühls konstituieren. Die Prüfung erfolgt ähnlich wie in der experimentellen Psychologie oder wie in der Funktionsprüfung medizinischer Fälle. Nur daß hier das Leben selbst die Prüfung anstellt, was die tiefe Verbundenheit des Individuums mit den Fragen des Lebens anzeigt. Es kann nämlich das Ganze des Individuums nicht aus dem Zusammenhang mit dem Leben – man sagt wohl besser mit der Gemeinschaft – herausgerissen werden. Wie es sich zur Gemeinschaft stellt, verrät erst seinen Lebensstil. Deshalb kann die experimentelle Prüfung, die bestenfalls nur Anteile am Leben berücksichtigt, nichts über Charakter oder gar über künftige Leistungen in der Gemeinschaft aussagen. Und auch die »Gestaltpsychologie« bedarf der Ergänzung durch die Individualpsychologie, um über die Stellungnahme des Individuums im Lebensprozeß Aussagen machen zu können.

Die Technik der Individualpsychologie zur Erforschung des Lebensstils muß demnach in erster Linie eine Kenntnis der Lebensprobleme und ihrer Forderungen an das Individuum voraussetzen. Es wird sich zeigen, daß ihre Lösung einen gewissen Grad von Gemeinschaftsgefühl voraussetzt, eine Angeschlossenheit an das Ganze des Lebens, eine Fähigkeit zur Mitarbeit und zur Mitmenschlichkeit. Mangelt diese Fähigkeit, so wird man in tausendfachen Varianten ein verstärktes Minderwertigkeitsgefühl und dessen Folgen, im großen und ganzen als »zögernde Attitüde« und als Ausweichung beobachten können. Die dabei auftretenden körperlichen oder seelischen Erscheinungen in ihrem Zusammenhang habe ich als *»Minderwertigkeitskomplex«* bezeichnet. Das nie ruhende Streben nach Überlegenheit trachtet diesen Komplex durch einen *Überlegenheitskomplex* zu verdecken, der immer außerhalb des Gemeinschaftsgefühls auf den Schein einer persönlichen Überlegenheit hinzielt. Ist man im klaren über alle im Falle des Versagens auftretenden Erscheinungen, so hat man nach den Ursachen der mangelnden Vorbereitung in der frühen Kindheit zu forschen. Auf diese Weise gelingt es, ein getreues Bild vom einheitlichen Lebensstil eines Individuums zu erlangen, gleichzeitig im Falle eines Fehlschlags den Grad der Abweichung zu erfassen, der sich immer als ein Mangel an Anschlußfähigkeit herausstellt. Die Aufgabe, die dem Erzieher, dem Lehrer, dem Arzte, dem Seelsorger zufällt, ist dabei gegeben: Das Gemeinschaftsgefühl und dadurch den Mut zu heben durch die Überzeugung von den wirklichen Ursachen des Fehlschlags, durch Aufdeckung der unrichtigen Meinung, des verfehlten Sinnes, den das Individuum dem Leben unterschoben hat, um ihn dem Sinne näherzubringen, den das Leben dem Menschen aufgegeben hat.

Diese Aufgabe ist nur zu lösen, wenn eine eingehende Kenntnis der Lebensprobleme vorhanden ist und wenn der zu geringe Einschlag des Gemeinschaftsgefühles im Minderwertigkeits- und Überlegenheitskomplex sowie in allen Typen der menschlichen Fehlschläge verstanden ist. Desgleichen bedarf es einer großen Erfahrung bezüglich jener Umstände und Situationen, die mit Wahrscheinlichkeit in der Kindheit die Entfaltung des Gemeinschaftsgefühls verhindern. Die bis jetzt in meiner Erfahrung am besten bewährten Zugänge zur Erforschung der Persönlichkeit sind gegeben in einem umfassenden Verständnis der ersten Kindheitserinnerungen, der Position des Kindes in der Geschwisterreihe, irgendwelcher Kinderfehler, in Tag- und Nachtträumen und in der Art des exogenen, krankmachenden Faktors. Alle Ergebnisse einer solchen Untersuchung, die auch die Stellung zum Arzt einschließen, sind mit größter Vorsicht zu bewerten, und ihr Bewegungsablauf ist stets auf den Gleichklang mit anderen Feststellungen zu prüfen.

3. Die Aufgaben des Lebens

Hier ist der Punkt, an dem sich die Individualpsychologie mit der Soziologie berührt. Es ist unmöglich, ein richtiges Urteil über ein Individuum zu gewinnen, wenn man nicht die Struktur seiner Lebensprobleme kennt und die Aufgabe, die ihm durch sie gesetzt ist. Erst aus der Art, wie sich das Individuum zu ihnen stellt, was in ihm dabei vorgeht, wird uns sein Wesen klar. Wir haben festzustellen, ob es mitgeht, oder ob es zögert, halt macht, sie zu umschleichen trachtet, Vorwände sucht und schafft, ob es die Aufgabe teilweise löst, über sie hinauswächst, oder sie ungelöst läßt, um auf gemeinschaftsschädlichem Wege den Schein einer persönlichen Überlegenheit zu gewinnen.

Seit jeher habe ich daran festgehalten, alle Lebensfragen den drei großen Problemen unterzuordnen: dem Problem des Gemeinschaftslebens, der Arbeit und der Liebe. Wie leicht ersichtlich, sind es keine zufälligen Fragen, sondern sie stehen unausgesetzt vor uns, drängend und fordernd, ohne irgend ein Entkommen zu gestatten. Denn all unser Verhalten zu diesen drei Fragen ist die Antwort, die wir kraft unseres Lebensstils geben. Da sie untereinander eng verbunden sind, und zwar dadurch, daß alle drei Probleme zu ihrer richtigen Lösung ein gehöriges Maß von Gemeinschaftsgefühl verlangen, ist es begreiflich, daß sich der Lebensstil jedes Menschen mehr oder weniger deutlich in der Stellung zu allen drei Fragen spiegelt. *Weniger deutlich* in der, die ihm gegenwärtig ferner liegt oder günstigere Umstände bietet, *deutlicher,* soferne das Individuum strenger auf seine Eignung geprüft wird. Probleme wie Kunst und Religion, die die durchschnittliche Lösung der Probleme überragen, haben Anteil an allen drei Fragen. Diese ergeben sich aus der untrennbaren Bindung des Menschen an die Notwendigkeit der Vergesellschaftung, der Sorge für den Unterhalt und der Sorge für Nachkommenschaft. Es sind Fragen unseres Erdendaseins, die sich vor uns auftun. Der Mensch als Produkt dieser Erde in seiner kosmischen Beziehung konnte sich nur entwickeln und bestehen in Bindung an die Gemeinschaft, bei körperlicher und seelischer Vorsorge für sie, bei Arbeitsteilung und Fleiß und bei zureichender Vermehrung. In seiner Evolution wurde er körperlich und seelisch dazu ausgestattet durch das Streben nach besserer körperlicher Eignung und besserer seelischer Entwicklung. Alle Erfahrungen, Traditionen, Gebote und Gesetze waren schlecht oder recht Versuche, dauernd oder hinfällig, in dem Streben der Menschheit nach Überlegenheit über die Schwierigkeiten des Lebens. In unserer gegenwärtigen Kultur sehen wir die bisher erreichte, freilich unzulängliche Stufe dieses Strebens. Aus einer Minussituation zu einer Plussituation zu gelangen, zeichnet die Bewegung des einzelnen wie der Masse aus und gibt uns das Recht, von einem dauernden Minderwertigkeitsgefühl beim einzelnen wie bei der Masse zu sprechen. Im Strom der Evolution gibt es keinen Ruhezustand. Das Ziel der Vollkommenheit zieht uns hinan.

Sind aber diese drei Fragen mit ihrer gemeinschaftlichen Basis des sozialen Interesses unausweichlich, dann ist es klar, daß sie nur von Menschen gelöst werden können, die ein zulängliches Maß von Gemeinschaftsgefühl ihr eigen nennen. Es ist leicht zu sagen, daß bis auf den heutigen Tag wohl die Eignung jedes einzelnen zur Erlangung dieses Maßes vorhanden ist, daß aber die Evolution der Menschheit noch nicht genug vorgeschritten ist, um Gemeinschaftsgefühl dem Menschen so weit einzuverleiben, daß es sich automatisch auswirkt, gleich Atmen oder gleich dem aufrechten Gang. Es ist für mich keine Frage, daß in einer – vielleicht sehr späten – Zeit diese Stufe erreicht sein wird, falls die Menschheit nicht an dieser Entwicklung scheitert, wofür heute ein leichter Verdacht vorhanden ist.

Auf die Lösung dieser drei Hauptfragen zielen alle anderen Fragen hin, ob es sich um die Fragen der Freundschaft, der Kameradschaft, des Interesses für Stadt und Land, für Volk und für die Menschheit handelt, um gute Manieren, um Annahme einer kulturellen Funktion der Organe, um Vorbereitung für die Mitarbeit, im Spiel, in der Schule und in der Lehre, um Achtung und Schätzung des anderen Geschlechts, um die körperliche und geistige Vorbereitung zu allen diesen Fragen sowie um die Wahl eines geschlechtlichen Partners. Diese Vorbereitung geschieht richtig oder unrichtig vom ersten Tag der Geburt des Kindes an durch die Mutter, die in der evolutionären Entwicklung der Mutterliebe der von Natur aus geeignetste Partner im mitmenschlichen Erlebnis des Kindes ist. Von der Mutter, die als erster Mitmensch an der Pforte der Entwicklung des Gemeinschaftsgefühls steht, gehen die ersten Impulse für das Kind aus, sich als ein Teil des Ganzen ins Leben einzufinden, den richtigen Kontakt zur Mitwelt zu suchen.

Von zwei Seiten können Schwierigkeiten entstehen. Von seiten der Mutter, wenn sie unbeholfen, schwerfällig, unbelehrt dem Kinde den Kontakt erschwert, oder wenn sie sorglos ihre Aufgabe allzu leicht nimmt. Oder, was am häufigsten zutrifft, wenn sie das Kind von jeder Mithilfe und jeder Mitarbeit entbindet, es mit Liebkosungen und Zärtlichkeiten überhäuft, für das Kind ständig handelt, denkt und spricht, ihm jede Entwicklungsmöglichkeit unterbindet und es an eine imaginäre Welt gewöhnt, die nicht die unsere ist, in der alles von anderen für das verwöhnte Kind getan wird. Eine verhältnismäßig kurze Zeitstrecke genügt, um das Kind zu verleiten, sich immer im Mittelpunkt des Geschehens zu sehen und alle anderen Situationen und Menschen als feindlich zu empfinden. Dabei darf die Vielfältigkeit der Ergebnisse nicht unterschätzt werden, die aus dem freien Ermessen und der Mitwirkung der freien schöpferischen Kraft des Kindes erfließen. Das Kind gebraucht die Einflüsse von außen, um sie in seinem Sinne zu verarbeiten. Im Falle der Verwöhnung durch die Mutter lehnt das Kind die Ausbreitung seines Gemeinschaftsgefühls auf andere Personen ab, trachtet sich dem Vater, den Geschwistern und anderen Personen zu entziehen, die ihm nicht ein gleiches Maß von Wärme entgegenbringen. Im Training dieses Lebensstils, in der Meinung vom Leben, als ob alles leicht, nur durch die Mithilfe von außen, gleich im Beginn zu erreichen sei, wird so das Kind später für die Lösung der Lebensfragen mehr oder weniger ungeeignet und erlebt, wenn diese herantreten, unvorbereitet im Gemeinschaftsgefühl, das sie verlangen, eine Schockwirkung, die in leichten Fällen vorübergehend, in schweren dauernd zur Verhinderung einer Lösung beiträgt. Einem verwöhnten Kind ist jeder Anlaß recht, die Mutter mit sich zu beschäftigen. Es erreicht dieses sein Ziel der Überlegenheit am leichtesten, wenn es der Aufnahme einer Kultivierung seiner Funktionen Widerstand leistet, sei es im Trotz – eine Stimmungslage, die trotz der individualpsychologischen Aufklärung neuerdings von Charlotte Bühler als ein natürliches Entwicklungsstadium betrachtet wird –, sei es in mangelhaftem Interesse, das immer auch als ein Mangel an sozialem Interesse zu verstehen ist. Andere krampfhafte Versuche, die Erklärung von Kinderfehlern, wie Stuhlverhaltung oder Bettnässen, von der Sexuallibido oder von sadistischen Trieben abzuleiten und zu glauben, daß damit primitivere oder gar tiefere Schichten des Seelenlebens aufgedeckt sind, verkehren die Folge zur Ursache, da sie die Grundstimmung solcher Kinder, ihr übertriebenes Zärtlichkeitsbedürfnis, verkannt haben, fehlen auch darin, daß sie die evolutionäre Organfunktion so ansehen, als ob sie stets von neuem erworben werden müßte. Die Entwicklung dieser Funktionen ist ebenso menschliches Naturgebot und menschlicher Naturerwerb wie der aufrechte Gang und das Sprechen. In der imaginären Welt der verwöhnten Kinder können sie freilich, ebenso wie das Inzestverbot, als Zeichen des Verwöhntseinwollens umgangen werden, zum Zwecke der Ausnützung anderer Personen oder zum Zwecke der Rache und Anklage, falls die Verwöhnung nicht erfolgt.

Verwöhnte Kinder lehnen auch in tausend Varianten jede Änderung ihrer zufriedenstellenden Situation ab. Erfolgt sie dennoch, so kann man stets die widerstrebenden Reaktionen und Aktionen beobachten, die in mehr aktiver oder in mehr passiver Art zur Durchführung gelangen. Angriff oder Rückzug, die Ausgestaltung hängt größtenteils vom Grad der Aktivität, doch auch von der Lösung fordernden äußeren Situation (vom exogenen Faktor) ab. Erfolgserfahrungen in ähnlichen Fällen geben später die Schablone ab und werden von manchen in unzulänglicher Erfassung als Regression abgefertigt. Manche Autoren gehen noch weiter in ihren Vermutungen und versuchen den gegenwärtig als festen und dauernden evolutionären Erwerb zu betrachtenden seelischen Komplex auf Rückbleibsel aus Urzeiten zurückzuführen und kommen dabei zu phantastischen Funden von Übereinstimmung. Meist sind sie dadurch irregeführt, daß menschliche Ausdrucksformen, insbesondere wenn man die Armut unserer Sprache nicht in Rechnung setzt, zu allen Zeiten eine Ähnlichkeit aufweisen. Es ist nur eine andere Ähnlichkeit getroffen, wenn versucht wird, alle menschlichen Bewegungsformen auf die Sexualität zu beziehen.

Ich habe begreiflich gemacht, daß verwöhnte Kinder sich außerhalb des Kreises der Verwöhnung stets bedroht, wie in Feindesland fühlen. Alle ihre verschiedenen Charakterzüge müssen mit ihrer Meinung vom Leben übereinstimmen, vor allem ihre oft nahezu unfaßbare Selbstliebe und Selbstbespiegelung. Daß alle diese Charakterzüge Kunstprodukte, daß sie erworben und nicht angeboren sind, geht daraus eindeutig hervor. Es ist nicht schwer einzusehen, daß alle Charakterzüge, entgegen der Auffassung der sogenannten Charakterologen, soziale Bezogenheiten bedeuten und aus dem vom Kinde gefertigten Lebensstil entspringen. So löst sich auch die alte Streitfrage auf, ob der Mensch von Natur aus gut oder böse sei. Der evolutionär wachsende, unaufhaltsame Fortschritt des Gemeinschaftsgefühls berechtigt zur Annahme, daß der Bestand der Menschheit mit dem »Gutsein« untrennbar verknüpft ist. Was scheinbar dagegen spricht, ist als Fehlschlag in der Evolution zu betrachten und läßt sich auf Irrtümer zurückführen, wie es ja auch unbrauchbares körperliches Material in den Tierspezies auf dem großen Versuchsfeld der Natur immer gegeben hat. Die Charakterlehre wird sich aber bald entschließen müssen zuzugeben, daß Charaktere wie »mutig, tugendhaft, faul, feindselig, standhaft usw.« sich immer nach unserer, sich stets verändernden Außenwelt richten und ohne diese Außenwelt einfach nicht existieren.

Es gibt, wie ich gezeigt habe, noch andere Bürden in der Kindheit, die wie die Verwöhnung das Wachstum des Gemeinschaftsgefühls verhindern. Auch in der Betrachtung dieser Hindernisse müssen wir ein waltendes kausales Grundgesetz bestreiten, und wir sehen in ihren Auswirkungen nur ein verleitendes Moment, das sich in statistischer Wahrscheinlichkeit ausdrückt. Auch die Verschiedenheit und Einmaligkeit der individuellen Erscheinung darf nie übersehen werden. Sie ist der Ausdruck der nahezu willkürlich schaffenden Kraft des Kindes in der Gestaltung seines Bewegungsgesetzes. Diese anderen Bürden sind Vernachlässigung des Kindes und sein Besitz an minderwertigen Organen. Beide lenken, so wie die Verwöhnung, den Blick und das Interesse des Kindes vom »Mitleben« ab und wenden sie der eigenen Gefährdung und dem eigenen Wohle zu. Daß letzteres nur unter Voraussetzung eines genügenden Gemeinschaftsgefühls gesichert ist, soll weiterhin schärfer bewiesen werden. Aber es kann leicht verstanden werden, daß das irdische Geschehen dem sich entgegenstellt, der allzu wenig mit ihm in Kontakt, in Einklang ist.

Von allen drei Bürden der ersten Kindheit kann gesagt werden, daß die schaffende Kraft des Kindes sie einmal besser, einmal schlechter überwinden kann. Aller Erfolg oder Mißerfolg hängt vom Lebensstil, von der dem Menschen meist unbekannten Meinung von seinem Leben ab. In der gleichen Weise wie wir von der statistischen Wahrscheinlichkeit der Folgen dieser drei Bürden sprachen, müssen wir nun feststellen, daß auch die Fragen des Lebens, die großen wie die kleinen, auch nur eine, wenn auch bedeutende statistische Wahrscheinlichkeit als Schockfragen für die Stellung des Individuums zu ihnen aufweisen. Man kann wohl mit einiger Sicherheit die Folgen für ein Individuum voraussagen, wenn es in Berührung mit den Lebensfragen kommt. Man wird sich aber immer daran halten müssen, erst aus den richtig vorausgesagten Folgen auf die Richtigkeit einer Annahme zu schließen.

Daß die Individualpsychologie wie keine andere psychologische Richtung kraft ihrer Erfahrung und ihrer Wahrscheinlichkeitsgesetze

Vergangenes erraten kann, ist wohl ein gutes Zeichen für ihre wissenschaftliche Fundierung.

Es obliegt uns nun, auch jene scheinbar untergeordneten Fragen darauf zu prüfen, ob auch sie zu ihrer Lösung ein entwickeltes Gemeinschaftsgefühl erfordern. Da stoßen wir in erster Linie auf die Stellung des Kindes zum Vater. Die Norm wäre ein nahezu gleiches Interesse für Mutter und Vater. Äußere Verhältnisse, die Persönlichkeit des Vaters, Verwöhnung durch die Mutter, oder Krankheiten und schwierige Organentwicklung, deren Pflege mehr der Mutter zufallen, können zwischen Kind und Vater eine Distanz schaffen und so die Ausbreitung des Gemeinschaftsgefühls hindern. Das strengere Eingreifen des Vaters, wenn er die Folgen der Verzärtelung durch die Mutter verhindern will, vergrößert nur diese Distanz. Ebenso der von der Mutter oft unverstandene Hang, das Kind auf ihre Seite zu ziehen. Überwiegt die Verwöhnung durch den Vater, so wendet sich das Kind ihm zu und von der Mutter weg. Dieser Fall ist stets als *zweite Phase im Leben* eines Kindes zu verstehen und zeigt an, daß das Kind durch seine Mutter eine Tragödie erlebt hat. Bleibt es als verwöhntes Kind an der Mutter haften, so wird es sich mehr oder weniger wie ein Parasit entfalten, der alle Bedürfnisbefriedigungen, gelegentlich auch sexuelle, von seiner Mutter erwartet. Dies um so eher, als der im Kinde erwachte Sexualtrieb das Kind in einer Stimmungslage findet, in der es sich keinen Wunsch zu versagen gelernt hat, weil es stets nur die Befriedigung aller Wünsche von der Mutter erwartet. Was Freud als den Ödipuskomplex bezeichnet hat, der ihm als die natürliche Grundlage der seelischen Entwicklung erscheint, ist nichts als *eine der vielen Erscheinungsformen im Leben eines verwöhnten Kindes,* das der widerstandslose Spielball seiner aufgepeitschten Wünsche ist. Dabei müssen wir davon absehen, daß derselbe Autor mit unbeirrbarem Fanatismus alle Beziehungen eines Kindes zu seiner Mutter in ein Gleichnis zwängt, dessen Grundlage für ihn der Ödipuskomplex abgibt. Ebenso müssen wir es ablehnen, was vielen Autoren eine plausible Tatsache zu sein scheint, anzunehmen, daß von Natur aus die

Mädchen sich mehr dem Vater, die Knaben mehr der Mutter anschließen. Wo dies ohne Verwöhnung geschehen ist, dürfen wir darin ein Verständnis für die künftige Geschlechtsrolle erblicken, für ein viel späteres Stadium also, in dem das Kind in spielerischer Weise, meist ohne dafür den Geschlechtstrieb in Bewegung zu setzen, sich für die Zukunft vorbereitet, wie es dies ja auch in anderen Spielen durchführt. Frühzeitig erwachter und nahezu unbezähmbarer Sexualtrieb spricht in erster Linie für ein egozentrisches Kind, meist für ein verwöhntes, das sich keinen Wunsch versagen kann.

Auch die Stellung zu den Geschwistern, als Aufgabe betrachtet, kann den Grad der Kontaktfähigkeit des Kindes erkennen lassen. Die oben gekennzeichneten drei Gruppen von Kindern werden zumeist das andere Kind, besonders ein jüngeres, als Hindernis und Einengung ihres Einflusses empfinden. Die Wirkungen sind verschieden, hinterlassen aber in der plastischen Periode des Kindes einen so großen Eindruck, daß er zeitlebens als Charakterzug zu erkennen ist, als dauernder Wettlauf im Leben, als Sucht zu dominieren, im mildesten Fall als ein dauernder Hang, den anderen wie ein Kind zu behandeln. Viel bei dieser Ausgestaltung hängt von Erfolg oder Mißerfolg im Wettbewerb ab. Den Eindruck aber, durch ein jüngeres Kind aus seiner Stellung verdrängt worden zu sein, wird man insbesondere bei verwöhnten Kindern samt den von dem Kinde geschaffenen Folgen nie vermissen.

Eine andere Frage betrifft das Verhalten des Kindes zum Kranksein und die Stellungnahme, zu der es sich entschließt. Das Verhalten der Eltern dazu, insbesondere bei schwerer scheinenden Krankheiten, wird von dem Kinde in seine Rechnung einbezogen. Frühzeitige Erkrankungen wie Rachitis, Lungenentzündung, Keuchhusten, Veitstanz, Scharlach, Kopfgrippe usw., bei denen das Kind das unvorsichtig ängstliche Wesen der Eltern erlebt, können nicht nur das Leiden schlimmer erscheinen lassen, als es in Wirklichkeit ist, eine ungewöhnliche Gewöhnung an Verzärtelung erzeugen und dem Kinde ein immenses Wertgefühl ohne Kooperation nahelegen, sondern auch zu einer Neigung zum Kranksein und zu Klagen führen. Setzt bei erlangter Gesundheit die ungewöhnliche Verwöhnung aus, dann findet man oft das Kind ungebärdig oder unter einem dauernden Krankheitsgefühl, mit Klagen über Müdigkeit, Eßunlust oder mit andauerndem grundlosem Husten, Erscheinungen, die nicht selten als Folgen der Krankheit, häufig mit Unrecht, angesehen werden. Solche Kinder haben eine Neigung, die Erinnerung an ihre Krankheiten durch ihr ganzes Leben festzuhalten, was ihre Meinung zum Ausdruck bringt, auf Schonung Anspruch zu haben oder auf mildernde Umstände zu plädieren. Man darf nicht übersehen, daß in solchen Fällen wegen des mangelnden Kontakts mit den äußeren Umständen ein fortdauernder Anlaß zu einer Steigerung in der Gefühlssphäre, einer Steigerung der Emotionen und Affekte gegeben ist. Einer weiteren Prüfung auf seine Kooperationsfähigkeit – abgesehen davon, wie es sich im Hause nützlich macht, ob es sich beim Spiel richtig betätigt und kameradschaftlich auftritt – ist das Kind bei dem Eintritt in den Kindergarten oder in die Schule unterworfen. Man kann da deutlich seine Fähigkeit zur Mitarbeit beobachten. Der Grad seiner Aufregung, die Formen seiner Weigerung, Abseitsstehen, Mangel an Interesse, an Konzentration und eine Unzahl anderer »schulfeindlicher« Handlungen wie Zuspätkommen, Störungsversuche, Neigung zum Ausbleiben, ständiges Verlieren der Utensilien, Zeitvertrödelung anstatt der Hausarbeiten weisen auf die mangelhafte Vorbereitung zur Mitarbeit hin. Der seelische Prozeß in solchen Fällen ist unzulänglich erkannt, wenn man nicht versteht, daß diese Kinder, ob sie es wissen oder nicht, gleichzeitig ein schweres Minderwertigkeitsgefühl in sich tragen, das als Minderwertigkeitskomplex entsprechend der obigen Schilderung zutage kommt, in Form von Schüchternheit, Aufregungszuständen mit allen möglichen körperlichen und seelischen Symptomen, oder als selbstischer Überlegenheitskomplex, in Streitsucht, im Spielverderben, in Mangel an Kameradschaftlichkeit usw. Mut ist dabei nicht zu finden. Selbst arrogante Kinder erweisen sich als feig, sobald es sich um nützliche Arbeiten handelt. Lügenhaftigkeit zeigt sie auf dem Wege der List, Diebstahlsneigungen treten als schädliche Kompensationen auf im Gefühl des Verkürztseins. Das niemals ausbleibende Vergleichen und Messen mit tüchtigeren Kindern führt keine Besserung, sondern allmählich Abstumpfung und oft den Abbruch des Schulerfolges herbei. Gerade die Schule wirkt wie ein Experiment auf das Kind und zeigt vom ersten Tage an den Grad der Kooperationsfähigkeit des Kindes. Gerade die Schule ist auch der richtige Ort, um mit kluger Einsicht das Gemeinschaftsgefühl des Kindes zu heben, damit es nicht als ein Gegner der Gemeinschaft die Schule verläßt. Diese Erfahrungen waren es, die mich veranlaßten, in den Schulen individualpsychologische Beratungsstellen einzurichten, die dem Lehrer helfen, den richtigen Weg in der Erziehung der versagenden Kinder zu finden.

Keine Frage, daß auch die Erfolge in den Schulgegenständen in erster Linie vom Gemeinschaftsgefühl des Kindes abhängen, das ja den Ausblick in die zukünftige Gestaltung seines Lebens in der Gemeinschaft in sich birgt. Fragen der Freundschaft, so wichtig für späteres Zusammenleben, der Kameradschaft samt allen notwendigen Charakterzügen der Treue, der Verläßlichkeit, der Neigung zur Zusammenarbeit, des Interesses für Staat, Volk und Menschheit sind dem Schulleben einverleibt und bedürfen der sachkundigen Pflege. Die Schule hat es in der Hand, die Mitmenschlichkeit zu erwecken und zu fördern. Sind dem Lehrer unsere Gesichtspunkte klar, so wird er es auch verstehen, in freundschaftlicher Aussprache dem Kinde seinen Mangel an Gemeinschaftsgefühl, dessen Ursachen und deren Behebung vor Augen zu führen und es der Gemeinschaft näherzubringen. In allgemeinen Aussprachen mit den Kindern wird es ihm gelingen, sie zu überzeugen, daß ihre Zukunft und die der Menschheit von einer Verstärkung unseres Gemeinschaftsgefühls abhängig ist und daß die großen Fehler in unserem Leben, Krieg, Todesstrafe, Rassenhaß, Völkerhaß, aber auch Neurose, Selbstmord, Verbrechen, Trunkenheit usw., aus dem Mangel des Gemeinschaftsgefühls entspringen und als Minderwertigkeitskomplexe, als verderbliche Versuche, eine Situation auf unstatthafte und unzweckmäßige Weise zu lösen, aufzufassen sind.

Auch die in dieser Zeit sich bemerkbar machende sexuelle Frage kann Knaben und Mädchen in Verwirrung stürzen. Nicht solche, die für die Kooperation gewonnen sind. Sie, die gewohnt sind, sich als Teil eines Ganzen zu fühlen, werden nie aufregende Geheimnisse mit sich herumtragen, ohne mit ihren Eltern darüber zu sprechen oder den Rat des Lehrers einzuholen. Anders die, die schon in ihrer Familie ein feindliches Element erblicken. Sie, und vor allem wieder die verwöhnten Kinder, sind am leichtesten einzuschüchtern und durch Schmeicheleien zu verführen. Das Vorgehen der Eltern in der Aufklärung ist durch ihr Mitleben von selbst gegeben. Das Kind soll soviel wissen, als es verlangt, und es soll ihm in solcher Art vermittelt werden, daß es die neue Kenntnis auch richtig verträgt und verdauen kann. Man muß nicht zögern, aber auch Eile ist überflüssig. Daß Kinder in der Schule über sexuelle Dinge sprechen, kann kaum vermieden werden. Das selbständige Kind, das in die Zukunft blickt, wird Unflat von sich weisen und Torheiten nicht glauben. Eine Anleitung zur Furcht vor Liebe und Ehe ist natürlich ein großer Fehler, wird aber auch nur von abhängigen Kindern, die an sich mutlos sind, entgegengenommen werden.

Die Pubertät, als eine weitere Lebensfrage, wird von vielen als dunkles Mysterium angesehen. Auch in dieser Zeit findet man nur, was vorher in dem Kinde schlummerte. Fehlte es ihm bis dahin an Gemeinschaftsgefühl, so wird seine Pubertätszeit entsprechend verlaufen. Man wird nur deutlicher sehen, wie weit das Kind zur Mitarbeit vorbereitet ist. Ihm steht ein größerer Bewegungsraum zur Verfügung. Es hat mehr Kraft. Vor allem aber hat es den Drang, in irgendeiner ihm entsprechenden, es verlockenden Weise zu zeigen, daß es kein Kind mehr ist, oder, seltener, daß es ein solches noch ist. Ist es in der Entwicklung des Gemeinschaftsgefühls gehindert worden, so wird der unsoziale Ausschlag seines irrtümlichen Weges sich deutlicher zeigen als vorher. Viele von ihnen werden in der Sucht, als erwachsen zu gelten, lieber die Fehler als die Vorzüge Erwachsener annehmen, da ihnen dies um vieles leichter fällt, als etwa der Gemeinschaft zu dienen. Delikte aller Art können so zustande kommen, wieder leichter bei verwöhnten Kindern als bei anderen, da diese, auf sofortige Befriedigung trainiert, einer Versuchung welcher Art immer schwer widerstehen können. Derlei Mädchen und Knaben fallen Schmeicheleien leicht zum Opfer oder einer Anspornung ihrer Eitelkeit. Stark bedroht sind in dieser Zeit auch Mädchen, die zu Hause ein schweres Gefühl der Zurücksetzung durchmachen und an ihren Wert nur glauben können, wenn sie Schmeicheleien hören.

Das Kind, bisher im Hinterland, nähert sich dann bald der Front des Lebens, an der es die drei großen Lebensfragen vor sich sieht: Gesellschaft, Arbeit und Liebe. Sie alle verlangen zu ihrer Lösung ein entwickeltes Interesse am anderen. Die Vorbereitung für dieses gibt den Ausschlag. Wir finden da Menschenscheu, Menschenhaß, Mißtrauen, Schadenfreude, Eitelkeiten aller Art, Überempfindlichkeit, Aufregungszustände beim Zusammentreffen mit anderen, Lampenfieber, Lug und Trug, Verleumdung, Herrschsucht, Bosheit und vieles andere. Der für die Gemeinschaft Erzogene wird leicht Freunde gewinnen. Er wird auch Interesse haben an allen Fragen der Menschheit und seine Auffassung und sein Gehaben zu ihrem Nutzen einrichten. Er wird nicht darin seinen Erfolg suchen, im Guten oder im Schlechten aufzufallen. Sein Leben in der Gesellschaft wird stets von seinem Wohlwollen begleitet sein, wenngleich er gegen Schädlinge der Gemeinschaft seine Stimme erheben wird. Auch der gütige Mensch kann sich bisweilen der Verachtung nicht entschlagen.

Die Erdkruste, auf der wir leben, nötigt die Menschheit zur Arbeit und zur Arbeitsteilung. Das Gemeinschaftsgefühl prägt sich hier als Mitarbeit zum Nutzen anderer aus. Der Gemeinschaftsmensch wird nie daran zweifeln, daß jedem der Lohn seiner Arbeit gebührt und daß die Ausbeutung des Lebens und der Arbeit anderer niemals das Wohl der Menschheit fördern kann. Schließlich und endlich leben wir Nachkömmlinge doch vorwiegend von den Leistungen großer Vorfahren, die zum Wohle der Menschheit beigetragen haben. Der große Gemeinschaftsgedanke, der sich auch in den Religionen und in großen politischen Strömungen äußert, fordert mit Recht die bestmögliche Verteilung von Arbeit und Konsum. Wenn jemand Schuhe verfertigt, so macht er sich einem anderen nützlich und hat das Recht auf ein auskömmliches Leben, auf alle hygienischen Vorteile und auf gute Erziehung seiner Nachkommen. Daß er dafür Geld bekommt, ist die Anerkennung seiner Nützlichkeit in einer Periode des entwickelten Marktes. So gelangt er zum Gefühl seines Wertes für die Allgemeinheit, der einzigen Möglichkeit, das allgemeine menschliche Minderwertigkeitsgefühl zu mildern. Wer nützliche Arbeit leistet, lebt in der sich entwickelnden Gemeinschaft und fördert sie. Diese Bezogenheit ist so stark, wenn auch nicht immer überdacht, daß sie das allgemeine Urteil über Fleiß und Unfleiß leitet. Niemand wird Unfleiß eine Tugend nennen. Auch das Recht des durch Krisen oder Überproduktion arbeitslos Gewordenen auf hinreichenden Unterhalt ist heute bereits allgemein anerkannt, eine Auswirkung, wenn nicht einer gesellschaftlichen Gefahr, so des wachsenden Gemeinschaftsgefühls. Auch was die Zukunft bringen wird an Änderungen der Produktionsweise und der Verteilung der Güter, wird zwangsweise der Kraft des Gemeinschaftsgefühls besser entsprechen müssen als heutzutage, ob die Änderung nun erzwungen oder gegeben sein wird.

In der Liebe, die mit so starken Befriedigungen körperlicher und seelischer Art ausgestattet ist, zeigt sich das Gemeinschaftsgefühl als unmittelbarer und unzweifelhafter Gestalter des Schicksals. Wie in der Freundschaft, in der Geschwister- oder in der Elternbeziehung handelt es sich in der Liebe um eine Aufgabe für zwei Personen, diesmal verschiedenen Geschlechts, mit dem Ausblick auf Nachkommenschaft, auf Erhaltung des Menschengeschlechts. Keines der menschlichen Probleme ist vielleicht der Wohlfahrt und dem Wohlergehen des einzelnen in der Gesamtheit so nahe gerückt wie das Problem der Liebe. Eine Aufgabe für zwei Personen hat eine eigene Struktur und kann nicht nach Art einer Aufgabe für eine einzelne Person richtig gelöst werden. Es ist, als ob jede dieser Personen sich ganz vergessen und ganz der anderen Person hingegeben sein müßte, um dem Problem der Liebe zu genügen, als ob aus zwei Menschen ein Wesen gebildet werden müßte. Die gleiche Notwendigkeit trifft auch bis zu einem gewissen Grade für die Freundschaft zu und für Aufgaben wie Tanz oder Spiel oder Arbeit zweier Personen mit dem gleichen Gerät am selben Objekt. Es ist unweigerlich in dieser Struktur enthalten, daß Fragen der Ungleichheit, Zweifel aneinander, feindliche Gedanken oder Gefühle dabei ausgeschaltet sein müssen. Und es liegt im Wesen der Liebe, daß körperliche Anziehung nicht entbehrt werden kann. Es liegt wohl auch im Wesen und in der individuellen Auswirkung der Evolution, daß sie bis zu einem gewissen, dem notwendigen Aufschwung der Menschheit entsprechenden Grade, die Auswahl des Partners beeinflußt.

So stellt die Evolution unsere ästhetischen Gefühle in den Dienst der Menschheitsentwicklung, indem sie uns, bewußt und unbewußt, das höhere Ideal im Partner ahnen läßt. Neben der heute noch von Mann und Weib vielfach verkannten Selbstverständlichkeit der Gleichheit in der Liebe ist das Gefühl der Hingebung aneinander nicht zu umgehen. Dieses Gefühl der Devotion wird ungeheuer oft von Männern, noch mehr von Mädchen, als eine sklavische Unterordnung mißverstanden und schreckt besonders diejenigen von der Liebe ab oder macht sie funktionsunfähig, die in ihrem Lebensstil zum Prinzip der selbstischen Überlegenheit gekommen sind. Die mangelhafte Eignung in allen drei Punkten, in der Vorbereitung für eine Aufgabe zu zweit, im Bewußtsein der Gleichwertigkeit und in der Fähigkeit zur Hingabe, charakterisiert alle Personen mit mangelhaftem Gemeinschaftsgefühl. Die Schwierigkeit, die ihnen in dieser Aufgabe erwächst, verleitet sie unausgesetzt zu Versuchen einer Erleichterung in Fragen der Liebe und der Ehe, letztere in ihrer monogamen Ausgestaltung wohl die beste aktive Anpassung an die Evolution. Die oben geschilderte Struktur der Liebe erfordert außerdem, da sie Aufgabe und nicht Schlußpunkt einer Entwicklung ist, eine endgültige Entscheidung für die Ewigkeit, wie sie sich als ewig in den Kindern und in deren Erziehung zum Wohl der Menschheit auswirken soll. Es ist ein unheimlicher Ausblick, der uns wahrnehmen läßt, daß Verfehlungen und Irrtümer, ein Mangel des Gemeinschaftsgefühls in der Liebe zum Ausschluß vom ewigen Dasein auf dieser Erde in Kindern und in Werken der Erziehung Anlaß geben kann. Eine Bagatellisierung der Liebe, wie sie sich in der Promiskuität zeigt, in der Prostitution, in den Perversionen und im heimlichen Versteck der Nacktkultur, würde der Liebe alle Größe, allen Glanz und allen ästhetischen Zauber nehmen. Die Weigerung, ein dauerndes Bündnis einzugehen, streut Zweifel und Mißtrauen zwischen die Partner einer gemeinsamen Aufgabe und macht sie unfähig, sich ganz hinzugeben. Ähnliche Schwierigkeiten, in jedem Falle verschieden, wird man als Zeichen verminderten Gemeinschaftsgefühls in allen Fällen von unglücklicher Liebe und Ehe, in allen Fällen von Versagen mit Recht erwarteter Funktionen nachweisen können, wo einzig die Korrektur des Lebensstils Besserung bringen kann. Es ist für mich auch keine Frage, daß die Bagatellisierung der Liebe, also ein Mangel an Gemeinschaftsgefühl, in der Promiskuität zum Beispiel, zum Hereinbrechen der Geschlechtskrankheiten den Anlaß gegeben hat und so zur Vernichtung des Einzellebens, von Familien und Volksstämmen geführt hat. Wie man im Leben keine Regel findet, die restlos unfehlbar wäre, so gibt es auch Gründe, die für eine Auflösung einer Liebes- oder Ehebindung sprechen. Freilich ist nicht jedem soviel Verständnis zuzutrauen, daß er selbst ein richtiges Urteil fällen könnte. Deshalb sollte man diese Frage in die Hände erfahrener Psychologen legen, denen man ein Urteil im Sinne des Gemeinschaftsgefühls zutrauen kann. Auch die Frage der Kinderverhütung bewegt unsere Zeit sehr. Seit die Menschheit den Spruch erfüllt hat und so zahlreich ist wie der Sand am Meere, dürfte das Gemeinschaftsgefühl der Menschen in der Strenge der Forderung nach unbeschränkter Nachkommenschaft stark nachgelassen haben. Auch die ungeheure Entwicklung der Technik macht allzu viele Hände überflüssig. Der Drang nach Mitarbeitern hat erheblich abgenommen. Die sozialen Verhältnisse verlocken nicht zur weiteren rapiden Vermehrung. Der stark gesteigerte Grad der Liebesfähigkeit rechnet mehr als vorher mit dem Wohlergehen und mit der Gesundheit der Mutter. Die wachsende Kultur hat auch für Frauen die Grenzen der Bildungsfähigkeit und des seelischen Interesses aufgehoben. Die heutige

Technik erlaubt dem Mann und der Frau, mehr Zeit der Bildung und der Erholung und dem Vergnügen sowie der Erziehung der Kinder zu widmen, eine Ausdehnung der Ruhepause von der Arbeit Mühe, die sich in naher Zukunft noch vergrößern, und, wenn richtig verwendet, viel zum eigenen Wohle und zum Wohle der Angehörigen beitragen wird. All diese Tatsachen haben dazu beigetragen, der Liebe neben ihrer Aufgabe, der Fortpflanzung zu dienen, eine davon fast unabhängige Rolle zuzuweisen, ein höheres Niveau, eine Glückssteigerung, die sicher zum Wohle der Menschheit beiträgt. Man wird durch Gesetze und Formeln diesen einmal gewonnenen Entwicklungsfortschritt, der ja auch den Menschen vom Tiere unterscheidet, nicht hemmen können. Die Entscheidung über Geburten wird man am besten ganz der wohlberatenen Frau überlassen müssen. In Fragen der künstlichen Unterbrechung der Schwangerschaft dürften Mutter und Kind am besten behütet sein, wenn, abgesehen von einer medizinischen Beschlußfassung, ein geeigneter psychologischer Berater unwesentliche Gründe, die für die Unterbrechung angeführt werden, widerlegt, wesentlichen aber Folge gibt, und wenn im Ernstfall die Unterbrechung stets kostenlos in einer Anstalt durchgeführt wird.

Für die richtige Wahl des Partners aber kommen neben der körperlichen Eignung und Anziehung hauptsächlich folgende Punkte in Betracht, die den zureichenden Grad seines Gemeinschaftsgefühls erweisen sollen:

– Der Partner muß bewiesen haben, daß er Freundschaft haltenkann;
– er muß Interesse für seine Arbeit besitzen;
– er muß mehr Interesse für seinen Partner an den Tag legen als für sich.

Freilich kann die Furcht vor Kindersegen auch durchaus selbstische Ursachen haben, die, wie immer sie Ausdruck finden, letzten Endes stets auf einen Mangel an Gemeinschaftsgefühl zurückführen. So, wenn ein verwöhntes Mädchen in der Ehe nur weiter das verwöhnte Kind spielen will, oder, nur auf sein Äußeres bedacht, die Entstellung durch die Schwangerschaft oder Geburt fürchtet und überschätzt, wenn es ohne Rivalin bleiben will, gelegentlich auch, wenn es ohne Liebe in die Ehe gegangen ist. In vielen Fällen spielt der »männliche Protest« in den Funktionen der Frau und in der Ablehnung des Gebärens eine unheilvolle Rolle. Diese Proteststellung der Frau gegen ihre Geschlechtsrolle, die ich als erster unter obigem Namen beschrieben habe, gibt vielfach den Anlaß zu Menstruationsstörungen und Funktionsstörungen in der Sexualsphäre, stammt immer aus der Unzufriedenheit mit einer Geschlechtsrolle, die schon in der Familie als untergeordnet aufgefaßt wurde, wird aber durch die Unvollkommenheit unserer Kultur wesentlich gefördert, die der Frau heimlich oder offen einen untergeordneten Rang zuzuweisen trachtet. So kann auch das Eintreten der Menstruation in manchen Fällen durch eine seelische Gegenwehr des Mädchens zu allerlei Beschwerden führen und eine mangelhafte Vorbereitung zur Kooperation verraten. Der »männliche Protest« in seinen vielfachen Protestformen, unter denen eine als Sucht, einen Mann zu spielen, auftritt und zu lesbischer Liebe führen kann, ist demnach als Überlegenheitskomplex aufzufassen, der sich über einem Minderwertigkeitskomplex aufbaut: »Nur ein Mädchen.«

In der Zeit, die der Liebe gehört, kommen, gleichzeitig bei mangelhafter Vorbereitung für Beruf und Gesellschaft, auch andere Formen des Rückzugs vom sozialen Interesse in Sicht. Die schwerste Form ist wohl im jugendlichen Irresein zu sehen, einer nahezu vollkommenen Abschließung von den Forderungen der Gemeinschaft. Diese psychische Erkrankung steht mit Organminderwertigkeiten in Zusammenhang, wie Kretschmer gefunden hat. Seine Nachweise ergänzen meinen Befund von der Bedeutung der organischen Bürde im Beginne des Lebens, ohne daß der Autor der Bedeutung solcher minderwertiger Organe für den Aufbau des Lebensstils, wie die Individualpsychologie es tut, Rechnung getragen hätte. Auch der Verfall in die Neurose wird unter dem unaufhörlichen Druck der äußeren Umstände, die Vorbereitung zur Mitarbeit erfordem, immer häufiger, ebenso Selbstmord als perfekter Rückzug, gleichzeitig als komplette Verurteilung der Forderungen des Lebens in mehr oder weniger gehässiger Absicht. Trunksucht als Trick, sich auf unsoziale Weise sozialen Forderungen zu entziehen, ebenso Morphinismus und Kokainismus sind Versuchungen, denen der Mensch ohne Gemeinschaftsgefühl auf der Flucht vor den Gemeinschaftsproblemen, wenn sie in größerer Stärke auftreten, nur schwer widerstehen kann. Immer wieder wird man bei solchen Personen, wie den genannten, die große Sucht nach Verwöhnung und Erleichterung des Lebens nachweisen können, wenn man in diesem Verfahren genügende Übung hat. Das gleiche gilt für eine große Anzahl von Delinquenten, bei denen der Mangel an Gemeinschaftsgefühl bei vorhandener Aktivität, gleichzeitig auch der Mangel an Mut bereits in der Kindheit klar zu ersehen ist. Es kann nicht wundernehmen, daß in dieser Zeit auch Perversionen deutlicher werden, von ihren Trägern zumeist auf Heredität bezogen, wobei sie, wie auch viele Autoren, perverse Erscheinungen in der Kindheit als angeboren oder als durch ein Erlebnis erworben ansehen, während sie sich als Spuren eines Trainings in falscher Richtung erweisen, immer zugleich als deutliche Zeichen eines mangelnden Gemeinschaftsgefühls, das auch auf anderen Seiten ihres Lebens klar genug hervortritt.[5]

Weitere Prüfungen auf den Grad des Gemeinschaftsgefühls erfolgen in der Führung der Ehe, des Berufs, bei Verlust einer geliebten Person, anläßlich dessen das betroffene Individuum die ganze Welt verloren gibt, wenn es schon vorher an ihr keinen Anteil genommen hat, bei Verlust des Vermögens, bei Enttäuschungen aller Art, in der das Unvermögen der verzärtelten Person sich zeigt, den Einklang mit dem Ganzen in der angespannten Situation aufrechtzuerhalten. Auch der Verlust einer Stellung ruft viele nicht zum Anschluß an die Gemeinschaft auf, um Übelstände gemeinsam zu beseitigen, sondern stürzt sie in Verwirrung und zwingt sie, gegen die Gemeinschaft vorzugehen.

Noch einer letzten Prüfung will ich gedenken, der Furcht vor dem Alter und vor dem Tode. Sie werden den nicht erschrecken, der sich sei-

5. A. Adler, *Das Problem der Homosexualität*. Leipzig 1930.

ner Unvergänglichkeit im Bilde seiner Kinder und im Bewußtsein seines Beitrags zur wachsenden Kultur gewiß ist. Man findet aber ungemein häufig als deutliche Ausprägung der Furcht vor restloser Austilgung raschen körperlichen Verfall und seelische Erschütterung. Besonders häufig findet man Frauen durch den Aberglauben an die Gefahren des Klimakteriums aufs äußerste betroffen. Jene besonders, die nicht in der Kooperation, sondern in der Jugend und in der Schönheit den Wert der Frau erblickten, leiden da in auffälliger Weise, geraten auch oft, in feindseliger Defensive wie gegen ein ihnen angetanes Unrecht, in Verstimmung, die sich bis zur Melancholie ausgestalten kann. Es ist für mich keine Frage, daß auf dem bisher erreichten Niveau unserer Kultur für alternde Männer und alternde Frauen noch nicht der gehörige Raum geschaffen ist. Ihn zu ermöglichen oder wenigstens ihn sich selbst zu schaffen, ist das unverbrüchliche Recht alternder Menschen. Leider wird bei vielen in dieser Zeit die Grenze ihres Willens zur Mitarbeit sichtbar. Sie übertreiben ihre Wichtigkeit, wollen alles besser verstehen, verharren im Gefühl der Verkürztheit, stören so die anderen und helfen noch jene Atmosphäre zu schaffen, die sie vielleicht vor langer Zeit immer befürchtet haben.

Bei einiger Erfahrung und bei ruhiger, freundlicher Überlegung dürfte es jedem klarwerden, daß wir tatsächlich unausgesetzt durch die Fragen des Lebens auf den Grad unseres Gemeinschaftsgefühls geprüft, anerkannt oder verworfen werden.

4. Das Leib-Seele-Problem

Es kann heute keinem Zweifel mehr unterliegen, daß alles, was wir als Körper bezeichnen, ein Streben zeigt, ein Ganzes zu werden. Das Atom kann in dieser Hinsicht mit der lebenden Zelle verglichen werden. Beide besitzen latente und manifeste Kräfte, die teils zur Abrundung und Begrenzung, teils zur Ansetzung anderer Teile Anlaß geben. Ein Unterschied liegt wohl im Stoffwechsel der Zelle gegenüber der Selbstgenügsamkeit des Atoms. Nicht einmal die Bewegung innerhalb oder außerhalb von Zelle und Atom bietet grundlegende Unterschiede. Auch die Elektronen sind nie im Ruhezustand, und ein Streben danach, wie Freud es für seine Anschauungen vom Todeswunsch postuliert, kann nirgendwo in der Natur gefunden werden. Was beide am deutlichsten unterscheidet, ist der Assimilations- und Ausscheidungsprozeß der lebenden Zelle, die zum Wachstum, zur Erhaltung der Form, zur Vermehrung und zum Streben nach einer idealen Endform Anlaß gibt.[6]

Wäre die lebendige Zelle, gleichgültig woher sie gekommen ist, in ein ideales Milieu gesetzt gewesen, das ihr mühelos die ewige Selbsterhaltung garantiert hätte – ein freilich undenkbarer Fall –, so wäre sie sich stets gleichgeblieben. Unter dem Drucke von Schwierigkeiten, die man sich im einfachsten Falle nahezu physikalisch denken kann, mußte das, was wir unverstandenermaßen den Lebensprozeß nennen, zu irgendwelchen Abhilfen gedrängt werden. Die in der Natur gegebenen, sicherlich auch in der Amöbe vorliegenden tausendfachen Verschiedenheiten bringen günstiger gelagerte Individuen näher zum Erfolg und lassen sie die bessere Form und somit die bessere Anpassung finden. In den Billionen

6. Siehe J. Chr. Smuts, *Wholeness and Evolution*, London.

von Jahren, da Leben auf dieser Erde besteht, war offenbar Zeit genug, aus dem Lebensprozeß der einfachsten Zellen den Menschen zu gestalten, ebenso Myriaden von Lebewesen untergehen zulassen, die der Wucht der Angriffe ihrer Umgebung nicht gewachsen waren.

In dieser Auffassung, die grundlegende Anschauungen Darwins und Lamarcks verbindet, muß der »Lernprozeß« als ein Streben gesehen werden, das seine Richtung im Strome der Evolution durch ein ewiges Ziel der Anpassung an die Forderungen der Außenwelt erhält.

In dieser Zielstrebigkeit, die niemals zu einem ruhenden Ausgleich kommen kann, da offenbar die fordernden und fragenden Kräfte der Außenwelt von Wesen, die von ihr geschaffen wurden, nie vollkommen beantwortet werden können, muß sich auch jene Fähigkeit entwickelt haben, die wir, von verschiedenen Seiten betrachtend, Seele, Geist, Psyche, Vernunft nennen, die alle andern »seelischen Fähigkeiten« einschließen. Und obwohl wir uns bei Betrachtung des seelischen Prozesses auf transzendentalem Boden bewegen, dürfen wir, in unserer Anschauung fortfahrend, behaupten, daß die Seele als dem Lebensprozeß, und was immer wir unter diesem Prozeß zusammenfassen, zugehörig, den gleichen Grundcharakter aufweisen muß wie die Matrix, die lebende Zelle, aus der sie hervorgegangen ist. Dieser Grundcharakter ist in erster Linie in dem fortdauernden Bemühen zu finden, sich mit den Forderungen der Außenwelt siegreich auseinanderzusetzen, den Tod zu überwinden, einer idealen dazu geeigneten Endform zuzustreben und gemeinsam mit den dazu in der Evolution vorbereiteten Kräften des Körpers, in gegenseitiger Beeinflussung und Hilfe, ein Ziel der Überlegenheit, der Vollkommenheit, der Sicherheit zu erreichen. So wie in der evolutionären Entwicklung des Körpers, so ist auch in der seelischen Entwicklung dauernd die Richtung angegeben, durch richtige Lösung der Aufgaben der Außenwelt zur Überwindung ihrer Schwierigkeiten zu gelangen. Jede unrichtige Lösung, sei es durch eine unzweckmäßige körperliche oder seelische Entwicklung, zeigt ihren Mangel an Eignung durch die Niederlage, die bis zur Ausmerzung und Austilgung des irrenden Individuums führen kann. Der Prozeß der Niederlage kann über die Einzelpersonen hinausgreifen und Teilglieder derselben, die Nachkommenschaft, schädigen, Familien, Stämme, Völker und Rassen in größere Schwierigkeiten verwikkeln. Oft, wie immer in der Evolution, können diese Schwierigkeiten in ihrer Überwindung zu größeren Erfolgen, zu größerer Widerstandskraft führen. Hekatomben von Pflanzen, Tieren und Menschen sind aber diesem grausamen Selbstreinigungsprozeß zum Opfer gefallen. Was derzeit im Durchschnitt widerstandsfähig erscheint, hat die Probe vorläufig bestanden.[7] Aus dieser Anschauung geht hervor, daß wir es im körperlichen Prozeß mit einem Streben zu tun haben, das den Körper in Beziehung zu seinen Leistungen ungefähr im Gleichgewicht zu halten hat, um den Anforderungen der Außenwelt, ihren Förderungen und Nachteilen, siegreich entgegentreten zu können. Betrachtet man diese Prozesse einseitig, so kommt man zu der Auffassung von der »Weisheit des Körpers«.[8] Aber auch der seelische Prozeß ist gezwungen, sich zu dieser Weisheit zu entschließen, die ihn instand setzt, siegreich die Fragen der Außenwelt zugunsten eines stets aktiven Äquilibriums von Leib und Seele zu lösen. Für das Äquilibrium sorgt in gewissen Grenzen die erreichte evolutionäre Stufe, für die Aktivität das in der Kindheit gefundene Ziel der Überlegenheit, der Lebensstil, das Bewegungsgesetz des einzelnen.

Grundgesetz des Lebens ist demnach Überwindung. Ihr dient das Streben nach Selbsterhaltung, nach körperlichem und seelischem Gleichgewicht, das körperliche und seelische Wachstum und das Streben nach Vollendung.

Im Streben nach Selbsterhaltung ist eingeschlossen das Verständnis und die Vermeidung von Gefahren, die Fortpflanzung als evolutionäre Bahn zur Fortdauer eines leiblichen Anteils über den persönlichen Tod hinaus, die Mitarbeit an der Entwicklung der Menschheit, in der der Geist der Mitarbeiter unsterblich ist, und die vergesellschaftete Leistung aller Beitragenden zu allen den genannten Zwecken.

7. Siehe A. Adler, *Heilen und Bilden.* 2. Aufl. München 1922.
8. Siehe Cannon, *The wisdom of the body.* New York.

Wie der Körper stets bestrebt ist, alle lebenswichtigen Teile gleichzeitig zu erhalten, zu ergänzen, zu ersetzen, zeigt das Wunderwerk der Evolution. Die Blutgerinnung anläßlich von blutenden Wunden, die in weiten Grenzen gewährleistete Erhaltung von Wasser, Zucker, Kalk, Eiweißstoffen, die Blut- und Zellregeneration, das Zusammenwirken der endokrinen Drüsen sind Produkte der Evolution und beweisen die Widerstandskraft des Organismus gegenüber den äußeren Schädlichkeiten. Die Erhaltung und Steigerung dieser Widerstandskraft ist die Folge einer weitgehenden Blutmischung, in der Mängel verkleinert, Vorteile festgehalten und vergrößert werden können. Auch hier hat die Vergesellschaftung der Menschen, die Gemeinschaft, helfend und siegreich durchgegriffen. Die Ausschaltung des Inzests war demnach kaum mehr als eine Selbstverständlichkeit im Streben nach Gemeinschaft.

Das seelische Gleichgewicht ist fortdauernd bedroht. Im Streben nach Vollendung ist der Mensch immer seelisch bewegt und fühlt seine Unausgeglichenheit gegenüber dem Ziele der Vollkommenheit. Einzig das Gefühl, eine zureichende Stelle im Streben nach aufwärts erreicht zu haben, vermag ihm das Gefühl der Ruhe, des Wertes, des Glückes zu geben. Im nächsten Augenblick zieht ihn sein Ziel wieder hinan. In diesem Augenblick wird es klar, daß *Menschsein heißt, ein Minderwertigkeitsgefühl zu besitzen, das ständig nach seiner Überwindung drängt.* Die Richtung der gesuchten Überwindung ist ebenso tausendfach verschieden wie das Ziel der gesuchten Vollkommenheit. Je größer das Minderwertigkeitsgefühl ist und erlebt wird, um so heftiger der Drang zur Überwindung, um so stärker die Bewegung der Gefühle. Der Ansturm der Gefühle aber, die Emotionen und Affekte bleiben nicht ohne Wirkung auf das körperliche Gleichgewicht. Der Körper gerät auf den Wegen des vegetativen Nervensystems, des Nervus vagus, der endokrinen Veränderungen in Bewegungen, die sich in Änderungen der Blutzirkulation, der Sekretionen, des Muskeltonus und fast aller Organe äußern können. Als vorübergehende Erscheinungen sind diese Veränderungen natürlich, zeigen sich nur verschieden in ihrer Ausgestaltung je nach dem Lebensstil des Befallenen. Dauern sie an, so spricht man von funktionellen Organneurosen, die, wie die Psychoneurosen, ihre Entstehung einem Lebensstil verdanken, der eine Neigung zeigt, im Falle eines Versagens, bei stärkerem Minderwertigkeitsgefühl, einen Rückzug vom vorliegenden Problem anzutreten und diesen Rückzug durch Festhaltung der entstandenen Schock-Symptome körperlicher oder seelischer Art zu sichern. So wirkt sich der seelische Prozeß auf den Körper aus. Aber auch im Seelischen selbst, indem er dort zu allen seelischen Fehlschlägen, zu Handlungen und Unterlassungen Anlaß gibt, die den Forderungen der Gemeinschaft feindlich sind.

Desgleichen wirkt sich der körperliche Bestand auf den Seelenprozeß aus. Der Lebensstil wird nach unseren Erfahrungen in der frühesten Kindheit ausgestaltet. Der angeborene körperliche Bestand hat dabei den größten Einfluß. Das Kind erlebt in seinen anfänglichen Bewegungen und Leistungen die Validität seiner körperlichen Organe. Erlebt sie, hat aber noch lange weder Worte noch Begriffe dafür. Da auch das Entgegenkommen der Umgebung durchaus verschieden ist, bleibt dauernd unbekannt, was das Kind etwa von seiner Leistungsfähigkeit verspürt. Mit großer Vorsicht und im Besitz einer statistischen Wahrscheinlichkeitserfahrung ist der Schluß gestattet, aus unserer Kenntnis der Minderwertigkeit von Organen, des Verdauungsapparates, der Blutzirkulation, der Atmungsorgane, der Sekretionsorgane, der endokrinen Drüsen, der Sinnesorgane zu folgern, daß das Kind seine Überbürdung zu Beginn seines Lebens erlebt. Wie es aber damit fertig zu werden trachtet, kann man nicht anders als aus seinen Bewegungen und Versuchen ersehen. Denn hier ist jede kausale Betrachtung vergebens. Hier wirkt sich die schöpferische Kraft des Kindes aus. Strebend im unausrechenbaren Raum seiner Möglichkeiten ergibt sich dem Kinde aus Versuch und Irrtum ein Training und ein genereller Weg zu einem Ziel der Vollkommenheit, das ihm Erfüllung zu bieten scheint. Ob aktiv strebend oder in Passivität verharrend, ob herrschend oder dienend, ob kontaktfähig oder egoistisch, mutig oder feig, verschieden im Rhythmus und Temperament, ob leicht bewegbar oder stumpf – das Kind entscheidet im vermeintlichen Einklang mit seiner Umgebung, die es in seinem Sinne auffaßt und beantwortet, für sein ganzes Leben und entwickelt sein Bewegungsgesetz. Und alle Richtungen nach einem Ziel der Überwindung sind anders für jedes Individuum und in tausend Nuancen verschieden, so daß uns die Worte fehlen, in jedem Falle mehr als das Typische zu benennen, und wir gezwungen sind, zu weitläufigen Beschreibungen unsere Zuflucht zu nehmen.

Wohin sein Weg geht, kann das Individuum selbst ohne individualpsychologische Einsicht kaum je deutlich sagen. Oft sagt es das Gegenteil. Erst das erkannte Bewegungsgesetz gibt uns Aufschluß. Dabei stoßen wir auf den Sinn, auf die Meinung der Ausdrucksbewegungen, die Worte, Gedanken, Gefühle und Handlungen sein können. Wie sehr aber auch der Körper unter diesem Bewegungsgesetz steht, verrät der Sinn seiner Funktionen, eine Sprache, meist ausdrucksvoller, die Meinung deutlicher aufzeigend als Worte es vermögen, aber immerhin eine Sprache des Körpers, die ich Organdialekt genannt habe. Ein Kind zum Beispiel, das sich fügsam benimmt, aber des Nachts das Bett näßt, gibt dadurch deutlich seine Meinung kund, sich der angeordneten Kultur nicht fügen zu wollen. Ein Mann, der mutig zu sein vorgibt, vielleicht sogar an seinen Mut glaubt, zeigt doch durch sein Zittern und Herzklopfen, daß er aus dem Gleichgewicht gekommen ist.

Eine 32jährige verheiratete Frau klagt über linksseitigen, heftigen Schmerz um das linke Auge herum und über Doppelsehen, das sie zwingt, das linke Auge geschlossen zu halten. Solche Anfälle hatte die Patientin seit elf Jahren; den ersten, als sie sich mit ihrem Manne verlobte. Der diesmalige Anfall kam vor sieben Monaten, die Schmerzen blieben zeitweilig aus, doch das Doppelsehen blieb konstant. Sie führt diesen letzten Anfall auf ein kaltes Bad zurück und glaubt die Erfahrung gemacht zu haben, daß Zugluft auch sonst die Anfälle hervorgerufen habe. Ein jüngerer Bruder leidet an ähnlichen Anfällen mit Doppelsehen, die Mutter an den Folgen einer Kopfgrippe. Die Schmerzen konnten in früheren Anfällen angeblich auch um das rechte Auge herum auftreten oder wechselten von einer Seite auf die andere.

Vor ihrer Ehe unterrichtete sie Violinspielen, trat auch in Konzerten auf und liebte ihren Beruf, den sie seit ihrer Ehe aufgegeben hatte. Sie lebt derzeit, wie sie meint, um dem Arzte näher zu sein, in der Familie ihres Schwagers und fühlt sich da glücklich.

Sie schildert ihre Familie, besonders den Vater, sich selbst und mehrere Geschwister als aufbrausend und jähzornig. Fügen wir noch hinzu, was bei Befragen bestätigt wird, daß sie herrschsüchtig sind, so haben wir es mit jenem Typus zu tun, den ich als zu Kopfschmerz, Migräne, nervöser Trigeminusneuralgie und zu epileptiformen Anfällen geneigt beschrieben habe.[9]

Patientin klagt auch über Harndrang, der stets auftritt, sobald sie in nervöser Anspannung ist, anläßlich von Besuchen, Zusammentreffen mit fremden Personen etc.

Ich habe in meiner Arbeit über die psychische Wurzel der Trigeminusneuralgie darauf hingewiesen, daß man bei nicht organisch fundierten Fällen immer eine erhöhte emotionelle Spannung findet, die sich leicht in allerlei nervösen Symptomen äußert, wie sie auch oben festgestellt sind, und die auf dem Wege der vasomotorischen Erregung sowie der Erregung des Sympathico-Adrenalinsystems an Prädilektionsstellen mit großer Wahrscheinlichkeit durch Veränderung der Blutgefäße und der Blutzufuhr Symptome wie Schmerz, aber auch Lähmungserscheinungen hervorrufen kann. Ich habe damals auch die Vermutung geäußert, daß Asymmetrien des Schädels, der Gesichtshälften, der Kopfvenen und -arterien verräterische Zeichen dafür sind, daß auch innerhalb der Schädeldecke, in den Hirnhäuten und wohl auch im Gehirn solche Asymmetrien sich finden dürften, die wahrscheinlich Verlauf und Kaliber der dortigen Venen und Arterien betreffen; vielleicht zeigen hier auch die begleitenden und naheliegenden Nervenfasern und Zellen in einer der beiden Hälften schwächere Ausbildung. Besonderes Augenmerk wäre

9. Siehe besonders in *Praxis und Theorie der Individualpsychologie*, l. c.

dann dem Verlauf der Nervenkanäle zu schenken, die, sicher ebenfalls asymmetrisch, sich bei Erweiterung der Venen und Arterien auf einer Seite als zu eng erweisen könnten. Daß bei Emotionen, besonders bei Ärger, aber auch bei Freude, Angst und Kummer die Füllung der Gefäße sich verändert, kann man an der Gesichtsfarbe, und, im Ärger, an den hervortretenden Venen des Schädels sehen. Es liegt nahe, solche Veränderungen auch in den tiefer liegenden Schichten anzunehmen. Es bedarf wohl noch vieler Untersuchungen, um alle die Komplikationen aufzuklären, die dabei im Spiele sind.

Gelingt es uns aber, auch in diesem Falle, nicht nur die durch den herrschsüchtigen Lebensstil bereitgestellte Zornmütigkeit zu erweisen, sondern auch das exogene Moment vor dem Anfall, der unter den bisherigen der stärkste war, können wir die dauernde seelische Spannung seit frühester Kindheit feststellen, den Minderwertigkeitskomplex und den Überlegenheitskomplex, den Mangel an Interesse für andere, Eigenliebe sowohl in ihrem jetzigen Leben als auch in Erinnerungen und Träumen, haben wir auch noch dazu Erfolg mit der individualpsychologischen Behandlung, etwa gar einen Dauererfolg, so ist damit ein weiterer Beweis geliefert, daß Erkrankungen wie nervöser Kopfschmerz, Migräne, Trigeminusneuralgie und epileptiforme Anfälle, soferne keine organischen Störungen nachzuweisen sind, durch eine Veränderung des Lebensstils, durch Herabsetzung der seelischen Spannung, durch Erweiterung des Gemeinschaftsgefühles möglicherweise einer dauernden Heilung zuzuführen sind.

Der Harndrang bei Besuchsgelegenheiten gibt uns schon ein Bild einer allzu leicht aufgeregten Person, wobei die Ursache des Harndranges, ebenso wie die Ursache des Stotterns und anderer nervöser Störungen und Charakterzüge, wie auch des Lampenfiebers exogen ist, in der Begegnung mit anderen Personen liegt. Dabei ist auch das erhöhte Minderwertigkeitsgefühl zu sehen. Wer individualpsychologische Einsicht besitzt, wird hier auch leicht die Abhängigkeit vom

Urteil der anderen, demnach das erhöhte Streben nach Anerkennung, nach persönlicher Überlegenheit wahrnehmen. Die Patientin selbst erklärt, an anderen kein besonderes Interesse zu haben. Sie behauptet, nicht ängstlich zu sein, auch ohne Anstrengung mit anderen sprechen zu können, geht aber im Vielreden weit über das gewöhnliche Maß hinaus und läßt mich kaum zu Wort kommen, was ein sicheres Zeichen ihrer Neigung zu krampfhafter Selbstdarstellung ist. In ihrer Ehe ist sie wohl die regierende Person, scheitert aber an der Indolenz und an dem Ruhebedürfnis ihres Gatten, der angestrengt arbeitet und spät am Abend müde nach Hause kommt, nicht geneigt, mit seiner Frau auszugehen oder mit ihr Unterhaltungen aufzusuchen. Wenn sie vorspielen sollte, litt sie an starkem Lampenfieber. Die von mir als bedeutsam empfohlene Frage, was sie tun würde, wenn sie gesund wäre – eine Frage, deren Beantwortung deutlich zeigt, wovor die Patienten zurückschrecken –, beantwortet die Patientin ausweichend mit dem Hinweis auf die dauernden Kopfschmerzen. An der linken Augenbraue befindet sich eine tiefsitzende Narbe nach einer Operation der Ethmoidhöhle, einer Operation, der sehr bald wieder der Migrüneanfall folgte. Daß ihr Kälte in jeder Form schade und Anfälle hervorrufen könne, behauptet die Patientin steif und fest. Nichtsdestoweniger ging sie vor dem letzten Anfall in ein kaltes Bad, das, wie sie meint, den Anfall prompt auslöste. Die Anfälle sind nicht von einer Aura eingeleitet. Übelkeiten im Beginne des Anfalles treten gelegentlich auf, nicht immer. Sie ist von verschiedenen Ärzten gründlich untersucht worden, ohne daß eine organische Veränderung gefunden worden wäre. Röntgenuntersuchung des Schädels, Blut- und Harnuntersuchung waren negativ. Uterusbefund: infantil, Anteversio und Anteflexio. Ich habe in meiner »Studie über Minderwertigkeit von Organen« darauf hingewiesen, daß man nicht nur häufig Organminderwertigkeiten bei Neurotikern findet, wofür die Ergebnisse der Kretschmerschen Untersuchungen eine gute Bestätigung abgeben, sondern auch, daß man bei Organminderwertigkeiten stets auch Minderwertigkeiten der Sexualorgane zu erwarten hat, was durch Kyrle, der leider zu früh verstorben ist, nachgewiesen wurde. Hier ist ein solches Beispiel. Es stellte sich heraus, daß die Patientin, seit sie die Geburt eines jüngeren Geschwisters unter größtem Schrecken erlebt hatte, vor dem Gebären eine wahnsinnige Angst hatte. Dies bestätigt meine Warnungen, Kindern sexuelle Fakten zu früh nahezulegen, solange man nicht sicher ist, daß sie sie richtig verstehen und verdauen können. Als sie elf Jahre alt war, beschuldigte sie ihr Vater zu Unrecht, daß sie sexuellen Umgang mit einem Nachbarssohn gehabt hätte. Auch dieses mit Schreck und Angst verknüpfte Nahebringen der Sexualbeziehung verstärkte ihren Protest gegen die Liebe, der sich während ihrer Ehe als Frigidität darstellte. Vor Eingehen ihrer Ehe verlangte sie die bindende Erklärung von ihrem Bräutigam, daß er auf Kinder dauernd verzichten würde. Ihre Migräneanfälle und die stets festgehaltene Furcht vor solchen setzten sie leicht in die Lage, den ehelichen Verkehr auf ein Minimum zu reduzieren. Wie man oft bei sehr ehrgeizigen Mädchen findet, gestalten sich ihre Liebesbeziehungen irgendwie schwierig, weil sie diese in einem schweren Minderwertigkeitsgefühl, dem unsere kulturelle Zurückgebliebenheit Vorschub leistet, mißverständlich als Zurücksetzung der Frau erlebte.

Das Minderwertigkeitsgefühl und der Minderwertigkeitskomplex, diese fundamentale Anschauung der Individualpsychologie, einst von den Psychoanalytikern als das rote Tuch betrachtet ebenso wie der männliche Protest, sind heute von Freud vollkommen aufgenommen und nur ganz schwächlich in sein System eingezwängt. Was aber bis heute von dieser Schule noch nicht verstanden ist, ist die Tatsache, daß ein solches Mädchen unter fortwährenden protestierenden Emotionen steht, die den Körper und die Seele vibrieren machen und sich jedesmal nur im Falle eines exogenen Faktors, im Falle einer Prüfung auf das vorhandene Gemeinschaftsgefühl als akute Symptome äußern.

In diesem Falle sind die symptomatischen Äußerungen Migräne und Harndrang. Als Dauersymptom besteht seit ihrer Ehe Furcht vor Kindersegen und Frigidität. Ich glaube, ein gutes Stück zur Erklärung der Migräne bei dieser herrschsüchtigen und jähzornigen Person – und es scheint, daß nur solche Personen unter Hinzukommen der oben beschriebenen Asymmetrie an Migräne und ähnlichen Schmerzen erkranken können – beigebracht zu haben, habe aber noch jenen exogenen Faktor nachzuweisen, der den letzten, so außerordentlich schweren Anfall erzeugt hat. Ich kann nicht ganz leugnen, daß in diesem Falle das kalte Bad den Anfall ausgelöst hat, bin aber stutzig darüber, daß die Patientin, die so genau und so lange schon über den Schaden der Kälte Bescheid weiß, vor sieben Monaten ohne weiteres bereit war, ins kalte Wasser zu steigen, wie sie sagt, ohne an die Gefahr zu denken. Sollte damals ihre Zornwelle gestiegen sein? Kam ihr damals vielleicht ein Anfall gelegen? Hatte sie einen Gegenspieler, wie etwa den ihr in Liebe ergebenen Gatten, den sie damit treffen wollte, und ging sie ins kalte Wasser etwa wie einer, der Selbstmord aus Rache, zur Bestrafung einer anhänglichen Person begehen will? Wütet sie noch immer gegen sich, weil sie gegen einen anderen wütet? Vertieft sie sich in die Lektüre über Migräne, geht sie zu Ärzten und erfüllt sie sich mit der Überzeugung, nie gesund werden zu können, um die Lösung ihrer Lebensprobleme, vor denen sie sich aus mangelhaftem Gemeinschaftsgefühl fürchtet, hinauszuschieben?

Sie schätzt wohl ihren Gatten, ist aber von Liebe weit entfernt, hat auch niemals wirklich geliebt. Auf die Frage, die wiederholt an sie gestellt war, was sie täte, wenn sie dauernd geheilt wäre, antwortet sie endlich, sie würde aus der Provinz in die Großstadt gehen, dort Violinunterricht geben und in einem Orchester mitspielen. Wer die individualpsychologische Kunst des Erratens erworben hat, wird unschwer heraushören, daß dies die Trennung von ihrem Gatten bedeuten würde, der an den Provinzort gebunden ist. Bestätigung siehe oben: wie wohl sie sich im Hause der Schwägerin fühlt, sowie die Vorwürfe gegen den Gatten. Da der Gatte sie sehr verehrt, ihr auch die unvergleichlich beste Gelegenheit gibt, ihrer Herrschsucht die Zügel schießen zu lassen, so ist es natürlich sehr schwer für sie, sich von ihm zu trennen. Ich würde davor warnen, ihr den Weg der Trennung durch Rat und gute Worte zu erleichtern. Ich muß besonders davor warnen, in einem solchen oder ähnlichen Falle einen Liebhaber zu empfehlen. Solche Patienten wissen wohl, was Liebe ist, verstehen es aber nicht, und würden sich nur schwere Enttäuschungen holen, die Verantwortung für alles aber dem Arzt aufladen, wenn sie seinem Rat folgen. Die Aufgabe in diesem Falle besteht darin, diese Frau für ihre Ehe tauglicher zu machen. Zuvor aber müssen die Irrtümer in ihrem Lebensstil hinweggeräumt werden.

Feststellung nach genauer Untersuchung: Die linke Gesichtshälfte ist etwas kleiner als die rechte. Deshalb ist die Nasenspitze etwas nach links gerichtet. Das linke, derzeit erkrankte Auge zeigt eine engere Augenspalte als das rechte. Warum die Patientin auch gelegentlich auf der rechten Seite das Symptom zeigt, vermag ich derzeit nicht zu erklären. Vielleicht irrt die Patientin in dieser Angabe.

Ein Traum: «Ich war mit einer Schwägerin und einer älteren Schwester im Theater. Ich sagte ihnen, sie sollten ein bißchen warten, ich werde mich ihnen auf der Bühne zeigen. Erklärung: Sie sucht sich immer vor ihren Verwandten hervorzutun. Möchte auch in einem Theaterorchester spielen. Glaubt, von ihren Verwandten nicht genug geschätzt zu werden. Auch die von mir begründete Organminderwertigkeitslehre mit seelischer Kompensation, ein Befund, der, wie einmal festgestellt werden soll, den Ergebnissen Kretschmers und Jaenschs zugrunde liegt, kommt zu ihrem Recht. Es ist kaum zu bezweifeln, daß im Sehapparat dieser Frau etwas nicht richtig ist. Auch bei ihrem an der gleichen Krankheit leidenden Bruder nicht. Ob es mehr ist als Gefäßanomalien oder Weganomalien, kann ich nicht entscheiden. Der Visus soll normal sein, ebenso der Grundumsatz. Die Schilddrüse ist äußerlich nicht verändert. Der Traum vom Theater und vom Sich-zeigen auf der Bühne sprechen deutlich für einen visuellen, auf die äußere Erscheinung bedachten Menschentypus. Ihre Ehe, ihr Wohnort in der Provinz hindern sie, sich zu zeigen. Das gleiche Hindernis wäre Gravidität und ein Kind.

Die vollständige Heilung vollzog sich innerhalb eines Monats. Vorher kam die Erklärung des exogenen Faktors, der zur letzten Attacke geführt hatte. Sie fand in der Rocktasche ihres Mannes den Brief eines Mädchens, der nur einen kurzen Gruß enthielt. Ihr Mann konnte ihren Argwohn zerstreuen. Nichtsdestoweniger verblieb sie in argwöhnischer Stimmung und nährte die bisher nie gefühlte Eifersucht, überwachte auch ihren Mann seit dieser Zeit. In diese Periode fiel ihr kaltes Bad und der Beginn ihres Anfalls. Einer der letzten Träume, schon nach der Feststellung ihrer Eifersucht und ihrer verletzten Eitelkeit geträumt, zeigt noch das Festhalten an ihrem Verdacht und zielt auf Vorsicht und Mißtrauen dem Gatten gegenüber. Sie sah, wie eine Katze einen Fisch fing und mit ihm davonlief. Eine Frau lief hinterdrein, um der Katze den Fisch abzujagen. Die Erklärung ergibt sich, ohne daß man viel Wesens machen müßte. Sie sucht sich in metaphorischer Sprache, in der alles stärker klingt, für einen ähnlichen Raub ihres Gatten scharfzumachen.

Eine Auseinandersetzung ergibt, daß sie nie eifersüchtig gewesen sei, da ihr Stolz ihr diese Unart verboten hatte, daß sie aber seit der Auffindung jenes Briefes die Möglichkeit einer Untreue ihres Mannes in Betracht gezogen habe. Indem sie damit rechnete, steigerte sich ihre Wut – gegen die vermeintliche Abhängigkeit der Frau vom Manne. Ihr kaltes Bad war demnach wirklich die Rache ihres Lebensstils gegenüber der nun, wie sie glaubte, sichergestellten Abhängigkeit ihres Wertes von ihrem Manne und gegenüber seiner mangelhaften Anerkennung ihres Wertes. Hätte sie ihren Migräneanfall – die Folge ihres Schocks – nicht, so müßte sie sich wertlos vorkommen. Dies aber wäre das Schrecklichste von allem.

5. Körperform, Bewegung und Charakter

Hier sollen die drei Erscheinungsformen, wie sie bei der Spezies Mensch sich zeigen, Körperform, Bewegung und Charakter, nach ihrem Wert und in bezug auf ihren Sinn besprochen werden. Eine wissenschaftliche Menschenkenntnis muß natürlich Erfahrungen zu ihrer Grundlage machen. Aber die Sammlung von Tatsachen ergibt noch keine Wissenschaft. Jene ist vielmehr die Vorstufe dieser, und das gesammelte Material bedarf einer zulänglichen Einreihung unter ein gemeinsames Prinzip. Daß die im Zorn erhobene Faust ebenso wie das Knirschen der Zähne, ein wutvoll geschleuderter Blick, laut ausgestoßene Verwünschungen usw. Bewegungen sind, die einem Angriff entsprechen, ist aber so sehr in den Common sense übergegangen, daß dem menschlichen Forschungsdrang, der Wahrheit näher zu kommen – was das Wesen der Wissenschaft ausmacht –, in diesem Bereich keine Aufgabe mehr gesetzt ist. Erst wenn es gelingt, diese und andere Manifestationen in einen größeren, bisher unentdeckten Zusammenhang zu bringen, wo sich neue Gesichtspunkte erschließen, bisherige Probleme gelöst erscheinen oder auftauchen, hat man das Recht, von Wissenschaft zu sprechen.

Die Form der menschlichen Organe sowie die äußere Form des Menschen steht in einem ungefähren Einklang mit seiner Lebensweise und verdankt ihr Grundschema dem Anpassungsprozeß an die für lange Zeitläufe stabilen äußeren Verhältnisse. Der Grad der Anpassung variiert millionenfach und wird in seiner Form erst auffällig, wenn eine gewisse, irgendwie merkliche Grenze überschritten ist. Auf diese Grundlage menschlicher Formentwicklung wirken freilich noch eine Anzahl von anderen Faktoren ein, von denen ich hervorheben will:

1. Den Untergang von bestimmten Varianten, für die vorübergehend oder dauernd keine Lebensmöglichkeiten bestehen. Hier greift nicht bloß das Gesetz der organischen Anpassung ein, sondern auch irrtümliche Formen der Lebensweisen, die größere oder kleinere Gruppenbestände übermäßig belastet haben (Krieg, schlechte Verwaltung, Mangel an sozialer Anpassung usw.). Wir werden demnach außer den starren Vererbungsgesetzen, etwa nach der Mendelschen Regel, auch noch eine Beeinflußbarkeit der Organ- und Formwertigkeit im Anpassungsprozeß zu berücksichtigen haben. Eine Beziehung der Form zu den individuellen und allgemeinen Belastungen wird sich als Funktionswert ausdrükken lassen.

2. Die sexuelle Auslese. Sie scheint infolge der wachsenden Kultur und des gesteigerten Verkehrs auf eine Angleichung der Form, des Typus, hinzuarbeiten und wird mehr oder weniger durch biologisches, medizinisches Verständnis sowie durch das damit zusammenhängende ästhetische Gefühl, wohl Wandlungen und Irrungen unterworfen, beeinflußt. Schönheitsideale wie der Athlet, der Hermaphrodit, Üppigkeit, Schlankheit zeigen den Wandel dieser Einflüsse, der sicherlich durch die Kunst namhaft angeregt wird.

3. Die Korrelation der Organe. Sie stehen zueinander, gemeinsam mit den Drüsen mit innerer Sekretion (Schilddrüse, Sexualdrüsen, Nebenniere, Gehirnanhangsdrüse) wie in einem geheimen Bunde und können sich gegenseitig unterstützen oder schädigen. So kommt es, daß Formen bestehen können, die im einzelnen dem Verfall geweiht wären, in ihrem Zusammenhang aber den Gesamtfunktionswert des Individuums nicht wesentlich stören. In dieser Totalitätswirkung spielt das periphere und zentrale Nervensystem eine hervorragende Rolle, weil es im Bunde mit dem vegetativen System in seinen Leistungen eine große Steigerungsfähigkeit aufweist und im eigenen Training, körperlich und geistig, den Gesamtfunktionswert des Individuums zu erhöhen imstande ist. Diesem

Umstand ist es zu verdanken, daß selbst atypische, geradezu fehlerhafte Formen den Bestand von Individuen und Generationen keineswegs bedrohen müssen, da sie aus anderen Kraftquellen eine Kompensation erfahren, so daß sich die Bilanz des Gesamtindividuums im Gleichgewicht, gelegentlich sogar darüber halten kann. Eine unvoreingenommene Untersuchung wird wohl zeigen, daß sich unter den hervorragendsten, leistungsfähigsten Menschen nicht gerade immer die schönsten finden. Dies legt auch den Gedanken nahe, daß eine individuelle Rassen- oder Völker-Eugenik nur in sehr beschränktem Ausmaß Werte schaffen könnte und mit einer solchen Unsumme von komplizierten Faktoren belastet wäre, daß ein Fehlurteil viel wahrscheinlicher wäre als ein gesicherter Schluß. Eine noch so gesicherte Statistik könnte für den Einzelfall keinesfalls ausschlaggebend sein.

Das mäßig kurzsichtige Auge in seinem langgestreckten Bau ist zumeist in unserer für Naharbeit eingerichteten Kultur ein unzweifelhafter Vorteil, weil eine Ermüdung des Auges nahezu ausgeschlossen ist. Die in fast 40 Prozent verbreitete Linkshändigkeit ist sicher in einer rechtshändigen Kultur von Nachteil. Und doch finden wir unter den besten Zeichnern und Malern, unter den manuell geschicktesten Menschen eine auffallende Zahl von Linkshändern, die mit ihren besser trainierten rechten Händen Meisterhaftes leisten. Die Dicken wie die Dünnen sind von verschiedenen, aber in ihrer Schwere kaum ungleichen Gefahren bedroht, wenngleich sich vom Standpunkt der Ästhetik und Medizin die Waagschale immer mehr zugunsten der Schlanken senkt. Sicherlich erscheint eine kurze, breite Mittelhand wegen der günstigeren Hebelwirkung für Schwerarbeit besser geeignet. Aber die technische Entwicklung durch die Vervollkommnung der Maschinen macht körperliche Schwerarbeit immer mehr überflüssig. Körperliche Schönheit – obwohl wir uns ihrem Reiz nicht entziehen können – bringt ebensooft Vorteile wie Nachteile mit sich. Es dürfte manchem aufgefallen sein, daß sich unter den ehelosen und Nachkommenschaft entbehrenden Personen auffallend viele wohlgestaltete Menschen finden, während oft weniger ansprechende Typen wegen anderer Vorzüge an der Fortpflanzung teilnehmen. Wie oft findet man an einer Stelle andere Typen, als man erwartet hätte, kurzbeinige, plattfüßige Hochtouristen, herkulische Schneider, mißgestaltete Günstlinge der Frauen, wo erst ein näherer Einblick in die psychischen Komplikationen ein Verständnis ermöglicht. Jeder kennt wohl infantile Gestalten von seltener Reife und männliche Typen mit infantilem Gehaben, feige Riesen und mutige Zwerge, häßliche, verkrüppelte Gentlemen und hübsche Halunken, weichlich geformte Schwerverbrecher und hartaussehende Gesellen mit weichem Herzen. Daß Lues und Trunksucht den Keim der Nachkommenschaft schädigt, ihr recht häufig ein erkennbares äußeres Gepräge verleiht, ist eine feststehende Tatsache, sowie auch, daß diese Nachkommenschaft leichter erliegt. Aber Ausnahmen sind nicht selten, und erst in den letzten Tagen machte uns der im Alter noch so rüstige Bernard Shaw mit seinem trunksüchtigen Vater bekannt. Dem transzendenten Prinzip der Auslese steht das dunkle, weil allzu komplizierte Walten der Anpassungsgesetze entgegen. Wie schon der Dichter klagt: »Und Patroklus liegt begraben und Thersites kehrt zurück.« Nach den männerverzehrenden Schwedenkriegen fehlte es an Männern. Ein Gesetz zwang alle Übriggebliebenen, Kranke und Krüppel zur Ehe. Nun, wenn man völkermäßig vergleichen kann, gehören heute die Schweden zu den besten Typen. Im alten Griechenland griff man zur Aussetzung mißgestalteter Kinder. In der Ödipus-Sage zeigt sich der Fluch der vergewaltigten Natur, vielleicht besser gesagt: der vergewaltigten Logik des menschlichen Zusammenlebens.

Vielleicht trägt jeder von uns ein Idealbild der menschlichen Form in sich und mißt den andern darnach. Wir kommen im Leben ja niemals über die Notwendigkeit des Erratens hinweg. Geister, die einen höheren Flug nehmen, nennen es Intuition. Dem Psychiater und Psychologen stellt sich die Frage, nach welchen uns innewohnenden Normen wir die menschliche Form beurteilen. Hier scheinen Erfahrungen aus dem Leben, oft geringfügigen Umfanges, und stereotype Bilder, meist in der

Kindheit festgehalten, den Ausschlag zu geben. Lavater und andere haben ein System daraus gemacht. Entsprechend der ungeheuren Gleichartigkeit solcher Eindrücke, wie wir uns geizige, wohlwollende, boshafte und verbrecherische Menschen vorstellen, ist, trotz aller berechtigter Bedenken, nicht von der Hand zu weisen, daß da unser heimlich abwägender Verstand die Form nach ihrem Inhalt, nach ihrem Sinn fragt. Ist es der Geist, der sich den Körper schafft?

Ich möchte aus den Leistungen auf diesem Gebiet zwei hervorheben, weil sie imstande sind, einiges Licht auf das Dunkel des Problems von Form und Sinn zu werfen. Wir wollen den Beitrag Carus' nicht vergessen, um dessen Wiederbelebung sich Klages sehr verdient gemacht hat. Noch sollen von neueren Forschern Jaensch und Bauer übergangen werden. Aber besonders möchte ich Kretschmers hervorragende Arbeit betreffend »Körperbau und Charakter« sowie meine »Studie über Minderwertigkeit von Organen« heranziehen. Letztere ist weitaus älter. Ich dachte darin die Spuren der Brücke gefunden zu haben, die aus angeborener körperlicher Minderwertigkeit, einer formalen Minusvariante, durch Erzeugung eines größeren Minderwertigkeitsgefühls Anlaß zu einer besonderen Spannung im psychischen Apparat gibt. Die Anforderungen der Außenwelt werden daher als allzu feindlich empfunden, und die Sorge um das eigene Ich erhöht sich bei Mangel eines richtigen Trainings in deutlich egozentrischer Weise. Dadurch kommt es zu seelischer Überempfindlichkeit, Mangelhaftigkeit des Mutes und der Entschlußfähigkeit und zu einem unsozialen Apperzeptionsschema. Die Perspektive zur Außenwelt ist einer Anpassung im Wege und verleitet zu Fehlschlägen. Hier ergibt sich ein Aussichtspunkt, von dem aus man mit allergrößter Vorsicht unter fortwährendem Spähen nach Bestätigungen oder Widersprüchen aus der Form auf das Wesen, auf den Sinn schließen könnte. Ob erfahrene Physiognomiker instinktiv, jenseits der Wissenschaft diesen Weg gegangen sind, muß ich dahingestellt sein lassen. Daß anderseits das psychische Training, aus dieser größeren Spannung entsprungen, zu größeren Leistungen führen kann, konnte ich oft bestätigen. Ich glaube nicht zu irren, wenn ich aus einigen Erfahrungen den Schluß ziehe, daß psychisch und im Verhalten durch ein geeignetes Training endokrine Drüsen, wie zum Beispiel die Sexualdrüsen, gefördert, durch ungeeignetes Training geschädigt werden können. Es dürfte kein Zufall sein, daß ich so oft bei infantilen, mädchenhaften Knaben sowie bei knabenhaften Mädchen gleichzeitig ein Training im verkehrten Sinne gefunden habe, das durch die Eltern angezettelt worden war.

Kretschmer hat durch die Gegenüberstellung des pyknoiden und schizoiden Typus mit ihren äußeren Formverschiedenheiten und ihren besonderen seelischen Prozessen eine Beschreibung gegeben, die schicksalhafte Geltung hat. Die Brücke zwischen Form und Sinn lag außerhalb seines Interesses. Seine glänzende Darstellung dieses Tatbestandes wird sicherlich einst einer der Ausgangspunkte sein, die zur Aufhellung unseres Problems beitragen werden.

Auf viel sichererem Boden befindet sich der Untersucher, wenn er an die *Sinnfindung der Bewegung* geht. Viel bleibt auch hier dem Erraten vorbehalten, und man wird jedesmal aus dem ganzen Zusammenhang Bestätigungen holen müssen, ob man auch richtig geraten hat. Damit sagen wir zugleich, wie es die Individualpsychologie immer betont, daß jede Bewegung der Gesamtpersönlichkeit entspringt und ihren Lebensstil in sich trägt, daß jede Ausdrucksweise der *Einheit der Persönlichkeit* entstammt, in der es keine Widersprüche gegen sie, keine Ambivalenz, keine zwei Seelen gibt. Daß jemand im Unbewußten ein anderer wäre als im Bewußten – eine künstliche Teilung übrigens, die nur dem Analysenfanatismus entspringt –, wird jeder leugnen, der die Feinheiten und Nuancen des Bewußtseins begriffen hat. Wie einer sich bewegt, so ist der Sinn seines Lebens.

Die Individualpsychologie hat versucht, die Lehre vom Sinn der Ausdrucksbewegungen wissenschaftlich auszugestalten. Zwei Abläufe innerhalb dieser sind es, die in ihren tausendfältigen Variationen eine Deutung ermöglichen. Die eine gestaltet sich seit der frühesten Kindheit und zeigt den Drang, aus einer Situation der Unzulänglichkeit zu deren Überwindung zu gelangen, einen Weg zu finden, der aus einem Gefühl der Minderwertigkeit zur Überlegenheit, zur Lösung der Spannung führt. Dieser Weg wird in der Kindheit bereits in seiner Eigenart und Variante habituell und zeigt sich als Bewegungsform in gleichbleibender Art durch das ganze Leben. Seine individuelle Nuance setzt beim Beobachter künstlerisches Verständnis voraus. Der andere Faktor eröffnet uns den Einblick in das Gemeinschaftsinteresse des Handelnden, in den Grad oder in den Mangel seiner Bereitschaft zum Mitmenschen. Unser Urteil über den Blick, über das Zuhören, Sprechen, Handeln und Leisten, unsere Wertung und Unterscheidung aller Ausdrucksbewegungen zielt auf den Wert ihrer Beitragsleistung. In einer immanenten Sphäre des gegenseitigen Interesses herangebildet, beweisen sie bei jeder Prüfung den Grad ihrer Vorbereitung zur Beitragsleistung. Die erstere Bewegungslinie wird immer erscheinen, wohl in tausendfachen Formen, und kann bis zum Tode nicht verschwinden. Im ununterbrochenen Wandel der Zeit lenkt jede Bewegung der Drang nach Überwindung. Der Faktor des Gemeinschaftsgefühls tönt und färbt diese aufwärts strebende Bewegung.

Wenn wir nun im Suchen nach den tiefsten Einheiten mit aller Vorsicht einen Schritt weiter gehen wollen, so gelangen wir zu einer Perspektive, die uns ahnen läßt, wie aus Bewegung Form wird. Die Plastizität der lebendigen Form hat sicher ihre Grenzen, aber innerhalb dieser wirkt sich individuell, in Generationen, in Völkern und Rassen gleichbleibend im Strom der Zeit, Bewegung aus. Bewegung wird gestaltete Bewegung: Form.

So ist Menschenkenntnis aus Form möglich, wenn wir die gestaltende Bewegung in ihr erkennen.

6. Der Minderwertigkeitskomplex

Ich habe vor langer Zeit hervorgehoben, daß Mensch sein heißt: sich minderwertig fühlen. Vielleicht kann sich nicht jeder dessen entsinnen. Mag sein auch, daß sich manche durch diesen Ausdruck abgestoßen fühlen und lieber einen anderen Namen wählen würden. Ich habe nichts dagegen, um so weniger, als ich sehe, daß verschiedene Autoren es bereits getan haben. Superkluge kalkulierten, um mich ins Unrecht zu setzen, daß das Kind, um zu einem Gefühl der Minderwertigkeit zu kommen, eine Vollwertigkeit bereits empfunden haben müßte. Das Gefühl der Unzulänglichkeit ist ein positives Leiden und währt mindestens so lange, als eine Aufgabe, ein Bedürfnis, eine Spannung nicht gelöst ist. Es ist offenbar ein von Natur aus gegebenes und ermöglichtes Gefühl, einer schmerzlichen Spannung vergleichbar, die nach Lösung verlangt. Diese Lösung muß durchaus nicht lustvoll sein, wie etwa Freud annimmt, kann aber von Lustgefühlen begleitet sein, was der Auffassung Nietzsches entsprechen würde. Unter Umständen kann die Lösung dieser Spannung auch mit dauerndem oder vorübergehendem Leid, mit Schmerz verbunden sein, wie etwa die Trennung von einem untreuen Freund oder eine schmerzhafte Operation. Auch ein Ende mit Schrecken, allgemein einem Schrecken ohne Ende vorgezogen, kann nur durch Rabulistik als Lust gewertet werden.

So wie der Säugling in seinen Bewegungen das Gefühl seiner Unzulänglichkeit verrät, das unausgesetzte Streben nach Vervollkommnung und nach Lösung der Lebensanforderungen, so ist die geschichtliche Bewegung der Menschheit als die Geschichte des Minderwertigkeitsgefühls und seiner Lösungsversuche anzusehen. Einmal in Bewegung gesetzt, war die lebende Materie stets darauf aus, von einer Minussituation in eine Plussituation zu gelangen. Diese Bewegung, die ich bereits im Jahre 1907 in der bereits zitierten »Studie über Minderwertigkeit der Organe« geschildert habe, ist es, die wir im Begriffe der Evolution erfassen. Diese Bewegung, die durchaus nicht als zum Tode führend angesehen werden darf, ist vielmehr darauf gerichtet, zur Bewältigung der äußeren Welt zu gelangen, keineswegs zu einem Ausgleich, nicht zu einem Ruhezustand. Wenn Freud behauptet, daß der Tod die Menschen anzieht, so daß sie ihn im Traum oder auch sonstwie herbeisehnen, so wäre dies sogar in seiner Auffassung eine voreilige Antizipation. Dagegen kann nicht daran gezweifelt werden, daß es Menschen gibt, die den Tod einem Ringen mit den äußeren Umständen vorziehen, weil sie in ihrer Eitelkeit allzusehr die Niederlage fürchten. Es sind die Menschen, die sich stets nach Verwöhnung sehnen, nach persönlichen Erleichterungen, die durch andere bewerkstelligt sein sollen.

Der menschliche Körper ist nachweisbar nach dem Prinzip der Sicherung aufgebaut. Meltzer hat in »The Harvard Lectures« im Jahre 1906 und 1907, also ungefähr um dieselbe Zeit, wie ich in der oben zitierten Studie, nur gründlicher und umfassender, auf dieses Prinzip der Sicherung hingewiesen. Für ein geschädigtes Organ tritt ein anderes ein, ein geschädigtes Organ erzeugt aus sich heraus eine ergänzende Kraft. Alle Organe können mehr leisten, als sie bei normaler Beanspruchung leisten müßten, ein Organ genügt oft mehrfachen, lebenswichtigen Funktionen usw. Das Leben, dem das Gesetz der Selbsterhaltung vorgeschrieben ist, hat auch die Kraft und Fähigkeit dazu aus seiner biologischen Entwicklung gewonnen. Die Abspaltung in Kinder und in jüngere Generationen ist nur ein Teil dieser Lebenssicherung.

Aber auch die stets steigende Kultur, die uns umgibt, weist auf diese Sicherungstendenz hin und zeigt den Menschen in einer dauernden Stimmungslage des Minderwertigkeitsgefühls, das stets unser Tun anspornt, um zu größerer Sicherheit zu gelangen. Lust oder Unlust, die dieses Streben begleiten, sind nur Hilfen und Prämien auf diesem Wege. Eine Anpassung aber an die gegebene Realität wäre nichts anderes als

Ausnützung der strebenden Leistungen anderer, wie es das Weltbild des verwöhnten Kindes verlangt. Das dauernde Streben nach Sicherheit drängt zur Überwindung der gegenwärtigen Realität zugunsten einer besseren. Ohne diesen Strom der vorwärts drängenden Kultur wäre das menschliche Leben unmöglich. Der Mensch müßte dem Ansturm der Naturkräfte unterliegen, wenn er sie nicht zu seinen Gunsten verwendet hätte. Ihm fehlt alles, was stärkere Lebewesen zum Sieger über ihn gemacht hätte. Die Einflüsse des Klimas zwingen ihn, sich vor Kälte mit Stoffen zu schützen, die er besser geschützten Tieren abnimmt. Sein Organismus verlangt künstliche Behausung, künstliche Zubereitung der Speisen. Sein Leben ist nur gesichert bei Arbeitsteilung und bei genügender Vermehrung. Seine Organe und sein Geist arbeiten stets auf Überwindung, auf Sicherung. Dazu kommt seine größere Kenntnis der Gefahren des Lebens, sein Wissen vom Tode. Wer kann ernstlich daran zweifeln, daß dem von der Natur so stiefmütterlich bedachten menschlichen Individuum als Segen ein starkes Minderwertigkeitsgefühl mitgegeben ist, das nach einer Plussituation drängt, nach Sicherung, nach Überwindung? Und diese ungeheure, zwangsweise Auflehnung gegen ein haftendes Minderwertigkeitsgefühl als Grundlage der Menschheitsentwicklung wird in jedem Säugling und Kleinkind aufs neue erweckt und wiederholt.

Das Kind, wenn nicht allzusehr geschädigt wie etwa das idiotische Kind, steht bereits unter dem Zwang dieser Entwicklung nach aufwärts, der seinen Körper und seine Seele zum Wachstum antreibt. Auch ihm ist von Natur aus das Streben nach Überwindung vorgezeichnet. Seine Kleinheit, seine Schwäche, der Mangel an selbstgeschaffenen Befriedigungen, die kleineren und größeren Vernachlässigungen sind individuelle Stachel für seine Kraftentwicklung. Es schafft sich neue, vielleicht nie dagewesene Lebensformen aus dem Druck seines dürftigen Daseins. Seine Spiele, immer auf ein Ziel der Zukunft gerichtet, sind Zeichen seiner selbstschöpferischen Kraft, die man keineswegs mit bedingten Reflexen erklären kann. Es baut ständig ins Leere der Zukunft hinein, getrieben vom Zwang der Überwindungsnotwendigkeit. Vom Muß des Lebens in Bann getan, zieht es seine stets wachsende Sehnsucht zum Endziel einer Überlegenheit über die irdische Stätte, die ihm angewiesen ist, mit allen ihren unausweichlichen Forderungen. Und dieses Ziel, das es hinanzieht, gewinnt Farbe und Ton in der kleinen Umgebung, in der das Kind nach Überwindung strebt.

Ich kann hier nur kurz einer theoretischen Überlegung Raum geben, die ich als grundlegend im Jahre 1912 in meinem Buche »Über den nervösen Charakter«[10] veröffentlicht habe. Gibt es ein solches Ziel der Überwindung, wie es durch die Evolution sichergestellt ist, dann wird für dieses Ziel der erreichte Grad der im Kinde konkret gewordenen Evolution Baumaterial für seine weitere Entwicklung. Mit anderen Worten: seine Heredität, sei sie körperlich oder seelisch, in Möglichkeiten ausgedrückt, zählt nur soweit, als sie für das Endziel verwendbar ist und verwendet wird. Was man später in der Entwicklung des Individuums findet, ist aus dem Gebrauch des hereditären Materials entstanden und dankt seine Vollendung der schöpferischen Kraft des Kindes. Auf Verlockungen dieses Materials habe ich selbst am schärfsten hingewiesen. Ich muß aber eine kausale Bedeutung dieses Materials leugnen, weil die vielgestaltige und sich stets verändernde Außenwelt eine schöpferische elastische Verwendung dieses Materials erfordert. Die Richtung auf Überwindung bleibt stets erhalten, wenngleich das Ziel der Überwindung, sobald es im Strom der Welt konkrete Gestalt angenommen hat, jedem Individuum eine andere Richtung vorschreibt.

Minderwertige Organe, Verwöhnung oder Vernachlässigung verleiten die Kinder häufig, konkrete Ziele der Überwindung aufzurichten, die mit der Wohlfahrt des einzelnen sowie mit der Höherentwicklung der Menschheit in Widerspruch stehen. Aber es gibt genug andere Fälle und Ausgänge, die uns berechtigen, nicht von Kausalität, sondern von statistischer Wahrscheinlichkeit, von einer aus Irrtum entstandenen Ver-

10. Adler, *Über den nervösen Charakter,* 4.Aufl., J. F. Bergmann, München 1928.

leitung zu sprechen, wobei noch zu überlegen ist, daß jede Bosheit anders aussieht, daß jeder, der einer bestimmten Weltanschauung anhängt, eine andere Perspektive darin zeigt, daß jeder literarische Schmutzfink seine Eigenheiten hat, daß jeder Neurotiker sich vom andern unterscheidet, wie auch jeder Delinquent vom andern. Und gerade in dieser Andersartigkeit jedes Individuums erweist sich die Eigenschöpfung des Kindes, sein Gebrauch und die Benützung angeborener Möglichkeiten und Fähigkeiten.

Das Gleiche gilt auch für die Umweltfaktoren und für die erzieherischen Maßnahmen. Das Kind nimmt sie auf und verwendet sie zur Konkretisierung seines Lebensstils, schafft sich ein Ziel, dem es unentwegt anhängt, demgemäß es apperzipiert, denkt, fühlt und handelt. Hat man einmal die Bewegung des Individuums ins Auge gefaßt, dann kann einen keine Macht der Welt davon entheben, ein Ziel anzunehmen, dem die Bewegung zuströmt. Es gibt keine Bewegung ohne Ziel. Dieses Ziel kann nie erreicht werden. Die Ursache liegt im primitiven Verstehen des Menschen, daß er niemals der Herr der Welt sein kann, so daß er diesen Gedanken, wenn er einmal auftaucht, in die Sphäre des Wunders oder der Allmacht Gottes versetzen muß.[11]

Das Minderwertigkeitsgefühl beherrscht das Seelenleben und läßt sich leicht aus dem Gefühl der Unvollkommenheit, der Unvollendung und aus dem ununterbrochenen Streben der Menschen und der Menschheit verstehen.

Jede der tausend Aufgaben des Tages, des Lebens setzt das Individuum in Angriffsbereitschaft. Jede Bewegung schreitet von Unvollendung zur Vollendung. Ich habe im Jahre 1909 im »Aggressionstrieb im Leben und in der Neurose«[12] versucht, diese Tatsache näher zu beleuchten und kam zu dem Schlusse, daß die Art dieser im Zwange der Evolution entstandene Angriffsbereitschaft aus dem Lebensstil erwächst, ein Teil des Ganzen ist. Sie als radikal böse aufzufassen, sie aus einem angeborenen sadistischen

11. E. Jahn u. A. Adler, *Religion und Individualpsychologie.* Wien 1933.
12. Siehe A. Adler, *Heilen und Bilden,* l. c.

Trieb zu erklären, dazu fehlt jeder Vorwand. Wenn man schon den trostlosen Versuch macht, ein Seelenleben auf Trieben ohne Richtung und Ziel aufzubauen, so dürfte man zumindest nicht den Zwang der Evolution vergessen, auch nicht den im Menschen evolutionär gegebenen Hang zur Gemeinschaft. Daß kritiklose Menschen aus allen Schichten diese unverstandene Erfassung des Seelenlebens verwöhnter und deshalb schwer enttäuschter Menschen, die nie genug haben, für eine grundlegende Lehre des Seelenlebens halten, kann bei der übergroßen Zahl verwöhnter und enttäuschter Menschen nicht wundernehmen.

Die Einordnung des Kindes in seinen ersten Umgebungskreis ist demnach sein erster schöpferischer Akt, zu dem es unter Gebrauch seiner Fähigkeiten durch sein Minderwertigkeitsgefühl getrieben wird. Diese Einordnung, in jedem Falle verschieden, ist Bewegung, die schließlich als Form, gefrorene Bewegung von uns erfaßt wird, Lebensform, die ein Ziel der Sicherheit und Überwindung zu versprechen scheint. Die Grenzen, in denen sich diese Entwicklung abspielt, sind die allgemein menschlichen, durch den Stand der generellen und individuellen Evolution gegebenen. Aber nicht jede Lebensform nützt diesen Stand richtig aus und stellt sich deshalb mit dem Sinn der Evolution in Widerspruch. In den früheren Kapiteln habe ich gezeigt, daß die volle Entwicklung des menschlichen Körpers und Geistes am besten gewährleistet ist, wenn sich das Individuum in den Rahmen der idealen Gemeinschaft, die zu erstreben ist, einfügt als Strebender und Wirkender. Zwischen denen, die, bewußt oder ohne es zu wissen, diesem Standpunkt gerecht werden, und den vielen anderen, die ihm nicht Rechnung tragen, klafft ein unüberbrückbarer Spalt. Der Widerspruch, in dem sie stehen, erfüllt die Menschenwelt mit kleinlichen Zänkereien und mit gewaltigen Kämpfen. Die Strebenden bauen auf und tragen zur Wohlfahrt der Menschheit bei. Aber auch die Widerstrebenden sind nicht durchaus wertlos. Durch ihre Fehler und Irrtümer, die kleinere und größere Kreise schädigen, zwingen sie die anderen, stärkere Anstrengungen zu machen. So gleichen sie dem Geist, »der stets das Böse will und doch das Gute schafft«. Sie erwecken den kritischen Geist der anderen und verhelfen ihnen zu besserer Einsicht. Sie tragen zum *schaffenden* Minderwertigkeitsgefühl bei.

Die Richtung zur Entwicklung des einzelnen und der Gemeinschaft ist demnach durch den Grad des Gemeinschaftsgefühls vorgeschrieben. Dadurch ist ein fester Standpunkt gewonnen zur Beurteilung von richtig und unrichtig. Es zeigt sich ein Weg, der sowohl für Erziehung und Heilung, als auch für die Beurteilung von Abwegigkeiten eine überraschende Sicherheit bietet. Das Maß, das damit zur Anwendung kommt, ist um vieles schärfer, als es je ein Experiment vorzeigen könnte. Hier macht das Leben die Testprüfungen; jede kleinste Ausdrucksbewegung kann man auf die Richtung und Distanz zur Gemeinschaft prüfen. Ein Vergleich etwa mit den landläufigen Maßen der Psychiatrie, die an den schädigenden Symptomen oder an den Schädigungen der Gemeinschaft mißt, wohl auch im Banne der aufwärts strebenden Gemeinschaft ihre Methoden zu verfeinern trachtet, zeigt die individualpsychologische Methode durchaus im Vorteil. Im Vorteil auch deshalb, weil sie nicht verurteilt, sondern zu bessern trachtet, weil sie die Schuld vom einzelnen nimmt und sie den Mängeln unserer Kultur zuweist, an deren Mangelhaftigkeit alle anderen mitschuldig sind, und auffordert, an deren Behebung mitzuarbeiten. Daß wir heute noch an die Verstärkung des Gemeinschaftsgefühls, an das Gemeinschaftsgefühl selbst denken müssen, um es zu erobern, liegt an dem geringen bisher erreichten Grade unserer Evolution. Es kann kein Zweifel darüber bestehen, daß künftige Geschlechter es ihrem Leben so weit inkorporiert haben werden wie wir das Atmen, den aufrechten Gang oder das Sehen der sich auf der Retina fortwährend bewegenden Lichteindrücke als ruhende Bilder.

Auch diejenigen, die das Gemeinschaftsfördernde im Seelenleben des Menschen, sein »Liebe-Deinen-Nächsten« nicht verstehen, alle, die nur bestrebt sind, den »inneren Lumpenhund« im Menschen zu entdecken, der sich nur listig vor dem Erkannt- und Gestraftwerden duckt, sind wichtiger Dünger für die aufwärts strebende Menschheit und zeigen in bizarrer Vergrößerung nur ihren Rückstand. Ihr Minderwertigkeitsgefühl sucht den persönlich gemeinten Ausgleich in der Überzeugung vom Unwert aller anderen. Gefährlich scheint mir der Mißbrauch der Idee des Gemeinschaftsgefühls in der Form, die gelegentliche bisherige Ungeklärtheit des Weges zum Gemeinschaftsgefühl dazu zu benützen, gemeinschaftsschädliche Anschauungs- und Lebensformen gutzuheißen und zu forcieren unter dem Titel der Rettung der gegenwärtigen oder sogar einer zukünftigen Gemeinschaft. So finden gelegentlich die Todesstrafe, der Krieg oder selbst die Aufopferung Widerstrebender ihre maulgewandten Fürsprecher, die sich immer auch – welch ein Zeichen der Allgewalt des Gemeinschaftsgefühls! – mit dem Mantel des Gemeinschaftsgefühls drapieren. Alle diese veralteten Anschauungen sind vielmehr deutliche Anzeichen dafür, daß diese Fürsprache aus der mangelnden Zuversicht stammt, einen besseren, einen neuen Weg zu finden, demnach aus einem nicht zu verkennenden Minderwertigkeitsgefühl. Daß auch der Mord nichts ändert an der Allgewalt fortgeschrittener Ideen, noch an dem Zusammenbruch absterbender, sollte die Menschheitsgeschichte jeden gelehrt haben. Es gibt aber, soweit wir sehen können, nur einen einzigen Fall, der eine Tötung rechtfertigen könnte, der Fall der Selbstverteidigung bei eigener Lebensgefahr, oder bei der anderer. Niemand größerer als Shakespeare hat dieses Problem, ohne verstanden zu sein, in Hamlet klar vor die Augen der Menschheit gebracht. Shakespeare, der so wie die Dichter der Griechen in allen seinen Tragödien dem Mörder, dem Verbrecher die Erinnyen an den Hals hetzt, in einer Zeit, in der, ärger als heute blutige Taten, das Gemeinschaftsgefühl derer erschauern machte, die näher zum Ideal der Gemeinschaft strebten, ihm auch näher waren und gesiegt haben. Alle Verirrungen des Verbrechers zeigen uns die äußersten Grenzen an, bis zu welchen das Gemeinschaftsgefühl des Fallenden reichte. Dem vorwärts strebenden Anteil der Menschheit obliegt daher die strenge Pflicht, nicht nur aufzuklären und richtig zu erziehen, sondern auch nicht voreilig die Prüfungen für den im Gemeinschaftsgefühl Ungeschulten zu schwer zu gestalten, ihn etwa so zu betrachten, als ob er leisten könnte, was nur bei entwickeltem Gemeinschaftsgefühl zu leisten wäre, niemals aber beim Mangel desselben, weil der Unvorbereitete beim Zusammenstoß mit dem ein starkes Gemeinschaftsgefühl erfordernden Problem eine Schockwirkung erlebt, die unter Ausgestaltung eines Minderwertigkeitskomplexes zu Fehlschlägen aller Art Anlaß gibt. Die Struktur des Verbrechers zeigt deutlich den Lebensstil eines mit Aktivität begabten, der Gemeinschaft wenig geneigten Menschen, der von Kindheit an die Meinung vom Leben entwickelt hat, berechtigt zu sein, den Beitrag anderer für sich auszunützen. Daß dieser Typus sich vorwiegend bei verwöhnten Kindern, seltener bei vernachlässigten Personen findet, dürfte nicht lange mehr ein Geheimnis bleiben. Das Verbrechen als Selbstbestrafung anzusehen, es auf Urformen kindlicher sexueller Perversion zurückzuführen, gelegentlich auch auf den sogenannten Ödipuskomplex, ist leicht zu widerlegen, wenn man versteht, daß der für Metaphern im realen Leben schwärmende Mensch sich allzu leicht in den Maschen von Gleichnissen und Ähnlichkeiten verfängt. Hamlet: »Sieht diese Wolke nicht aus wie ein Kamel?« Polonius: »Ganz wie ein Kamel.«

Kinderfehler wie Stuhlverhaltung, Bettnässen, auffallende Zuneigung zur Mutter, ohne von ihr recht loszukommen usw., sind deutliche Zeichen eines verwöhnten Kindes, dessen Lebensraum nicht über die Mutter hinausreicht, auch nicht in allen Funktionen, deren richtige Pflege die Aufgabe der Mutter ist. Mischt sich in diese Kinderfehler ein Kitzelgefühl ein wie beim Daumenlutschen und bei der Stuhlverhaltung, was sicher bei Kindern mit weniger abgestumpftem Kitzelgefühl der Fall sein kann, oder in das parasitäre Leben der verwöhnten Kinder, bei ihrer Bindung an die Mutter, ein aufkeimendes sexuelles Gefühl, so sind das Beigaben und Folgen, von denen in erster Linie verwöhnte Kinder bedroht sind. Das Festhalten aber an diesen Kinderfehlern wie auch an der kindlichen Masturbation verschiebt, meist nicht ohne daß dabei eine »Sicherung« des Bandes zwischen Mutter und Kind durch deren größere Aufmerksamkeit verstärkt wird (keine Abwehr etwa, wie Freud meinen Begriff der Sicherung fälschlich interpretiert hat), das Interesse des Kindes vom Wege der

Kooperation, die aus verschiedenen Gründen vor allem wegen der Verwöhnung nicht erlernt wurde, auf den Weg des Suchens nach einer Erleichterung und Enthebung vom Mitleben. Der Mangel des Gemeinschaftsgefühls und das verstärkte Minderwertigkeitsgefühl, beide innig verknüpft, zeigt sich schon in dieser Phase des kindlichen Lebens deutlich, zumeist mit allen Charakterzügen als Ausdrucksformen eines Lebens in vermeintlich feindlicher Umgebung; Überempfindlichkeit, Ungeduld, Affektverstärkung, Lebensfeigheit, Vorsicht und Gier, letztere unter dem Anspruch auftretend, als ob alles dem Kinde gehören sollte.

Schwierige Fragen im Leben, Gefahren, Nöte, Enttäuschungen, Sorgen, Verluste, besonders solche geliebter Personen, sozialer Druck aller Art, sind wohl immer im Bilde des Minderwertigkeitsgefühls zu sehen, meist in allgemein bekannten Affekten und Stimmungslagen, die wir als Angst, Kummer, Verzweiflung, Scham, Scheu, Verlegenheit, Ekel usw. kennen. Sie äußern sich im Gesichtsausdruck und in der Körperhaltung. Es ist, als ob der Tonus der Muskulatur dabei verloren ginge. Oder es tritt eine Bewegungsform zutage, die zumeist als Entfernung vom erregenden Objekt zu beobachten ist oder als Entfernung von den andauernden Fragen des Lebens. Die Denksphäre, ganz im Einklang mit dem Ziel des Entweichens, wirft dabei Rückzugsgedanken auf. Die Gefühlssphäre, soweit wir davon Kenntnis gewinnen können, spiegelt zur Verstärkung des Rückzugs in ihrer Erregung und Erregungsform die Tatsache der Unsicherheit, der Minderwertigkeit. Das menschliche Minderwertigkeitsgefühl, das sonst im Vorwärtsstreben aufgeht, zeigt sich in den Stürmen des Lebens schon deutlicher, bei schweren Prüfungen deutlich genug. In jedem Falle verschieden im Ausdruck, stellt es, wenn man alle seine Erscheinungen dabei zusammenfaßt, den Lebensstil des einzelnen dar, der in allen Lebenslagen einheitlich zum Durchbruch kommt.

Man darf aber nicht verfehlen, auch im Versuch der Überwindung obiger Regungen, im Sichaufraffen, im Zorn, auch schon im Ekel und in der Verachtung, eine durch das Ziel der Überlegenheit erzwungene Leistung eines aktiveren Lebensstils, angespornt durch das Minderwertigkeitsgefühl, zu sehen. Während die erstere Lebensform im Festhalten an der Rückzugslinie vom gefährdenden Problem zu den Formen der Neurose, der Psychose, zu den masochistischen Haltungen führen kann, wird man, abgesehen von neurotischen Mischformen, bei der letzteren Form viel eher, entsprechend dem Lebensstil, solche von größerer Aktivität (die nicht mit Mut verwechselt werden darf, der sich nur auf der gemeinschaftsfördernden Seite des Lebens findet), Selbstmordneigung, Trunksucht, Verbrechen oder eine aktive Perversion sehen. Daß es sich dabei um Neugestaltungen des gleichen Lebensstils handelt, und nicht um jenen fiktiven Prozeß, den Freud »Regression« nennt, liegt auf der Hand. Die Ähnlichkeit dieser Lebensformen mit früheren oder auch Einzelheiten derselben darf nicht als Identität angesehen werden, und die Tatsache, daß jedes Lebewesen den Fonds seiner geistigen und körperlichen Reichweite und sonst nichts zur Verfügung hat, nicht als Rückfall in ein infantiles oder urmenschliches Stadium. Das Leben fordert die Lösung der Aufgaben der Gemeinschaft, und so deutet jedes Verhalten immer in die Zukunft, auch wenn es aus der Vergangenheit die Mittel zum Ausbau seines Verhaltens nimmt.

Immer ist es der Mangel an Gemeinschaftsgefühl, mag man ihm welchen Namen immer geben, wie Mitmenschlichkeit, Kooperation, Humanität oder gar Ideal-Ich, dem eine ungenügende Vorbereitung für alle Lebensprobleme entspringt. Diese mangelhafte Vorbereitung ist es, die angesichts des Problems oder mitten darin zu den tausendfachen Ausdrucksformen körperlicher und seelischer Minderwertigkeit und Unsicherheit Anlaß gibt. Dieser Mangel ruft ja auch schon früher Minderwertigkeitsgefühle aller Art hervor, die sich nur nicht so deutlich zeigen, wohl aber im Charakter, in der Bewegung, in der Haltung, in der durch das Minderwertigkeitsgefühl induzierten Denkweise und in der Abwegigkeit des Vormarsches Ausdruck finden. Alle diese Ausdrucksformen des durch den Mangel an Gemeinschaftsgefühl verstärkten Minderwertigkeitsgefühls werden offenbar im Moment des gefährlichen Problems, der »exogenen Ursache«, die in keinem Falle eines »typischen Fehlschlages« vermißt wird, mag sie auch nicht von jedem gefunden werden. Das Festhalten an den Erschütterungen, ein Versuch zur Erleichterung der drückenden Situation des schweren Minderwertigkeitsgefühles, eine Folge des unaufhörlichen Strebens, aus der Minussituation herauszukommen, schafft erst die »typischen« Fehlschläge. In keinem dieser Fälle aber wird der Vorzug des Gemeinschaftsgefühls bestritten oder der Unterschied zwischen »gut« und »böse« verwischt. In jedem dieser Fälle findet sich ein »Ja«, das den Druck des Gemeinschaftsgefühls betont, immer aber gefolgt von einem »Aber«, das stärkere Kraft besitzt und die nötige Verstärkung des Gemeinschaftsgefühls hindert. Das »Aber« ist in allen typischen und Einzelfällen verschieden. Die Schwierigkeit einer Heilung entspricht seiner Stärke. Am stärksten ist es im Selbstmord und in der Psychose ausgesprochen, Folgen von Erschütterungen, bei denen das »Ja« nahezu verschwindet.

Charakterzüge wie Ängstlichkeit, Scheu, Verschlossenheit, Pessimismus charakterisieren den mangelhaften Kontakt von langer Zeit her und werden bei strengerer Prüfung durch das Schicksal wesentlich verstärkt, erscheinen in der Neurose zum Beispiel als mehr oder weniger ausgeprägte Krankheitssymptome. Dasselbe gilt für charakteristisch verlangsamte Bewegung, die das Individuum immer im Hintertreffen zeigt, in einer auffallenden Distanz[13] zum vorliegenden Problem. Diese Vorliebe für das Hinterland des Lebens ist durch die Denkweise und Argumentation des Individuums, gelegentlich durch Zwangsdenken oder durch unfruchtbare Schuldgefühle namhaft gesichert. Es kann leicht begriffen werden, daß nicht die Schuldgefühle die Distanz bewerkstelligen, sondern daß die mangelhafte Neigung und Vorbereitung der ganzen Persönlichkeit Schuldgefühle vorteilhaft findet, um den Vormarsch zu hindern. Die grundlose Selbstbeschuldigung wegen Masturbation zum Beispiel ergibt dafür einen geeigneten Vorwand. Auch der Umstand, daß jeder Mensch, wenn er auf sein Leben zurückblickt, manches gerne ungeschehen machen möchte, dient solchen Individuen zur gelungenen Ausrede nicht mitzutun.

13. Siehe A. Adler, *Praxis und Theorie der Individualpsychologie,* l. c.

Fehlschläge wie die Neurose oder das Verbrechen auf solche trickhaften Schuldgefühle zurückführen zu wollen, heißt den Ernst der Situation verkennen. Die Richtung, die in Fällen mangelnden Gemeinschaftsgefühls eingeschlagen wird, zeigt immer auch das große Bedenken gegenüber einem Gemeinschaftsproblem, wobei die größere Erschütterung durch körperliche Veränderungen mithilft, andere Wege anzuweisen. Diese körperlichen Veränderungen bringen wohl den ganzen Körper in vorübergehende oder dauernde Unordnung, setzen aber zumeist Störungen der Funktion in auffallender Weise an solche Stellen, die, sei es infolge angeborener Organminderwertigkeit, sei es durch Überladung mit Aufmerksamkeit, auf die seelische Störung am stärksten antworten. Es kann sich die Funktionsstörung im Schwund des Muskeltonus oder in einer Erregung desselben zeigen, in der Aufrichtung der Haare, in Schweißausbruch, in Herz-, in Magen- und Darmstörungen, in Atembeklemmungen, in Zuschnüren der Kehle, in Harndrang und in sexueller Erregung oder deren Gegenteil. Oft findet man die gleichen Störungen bei schwierigen Situationen innerhalb der Familie verbreitet. So auch Kopfschmerzen, Migräne, heftiges Erröten oder Erblassen. Durch neuere Forschungen, besonders durch die Cannons, Marannons und anderer ist es sichergestellt worden, daß an den meisten dieser Veränderungen das Sympathico-Adrenalinsystem hervorragend beteiligt ist, ebenso der kraniale und pelvische Anteil des vegetativen Systems, die demnach auf Emotionen aller Art in verschiedener Weise reagieren. Dadurch ist auch unsere alte Vermutung bestätigt, daß die Funktionen der endokrinen Drüsen, Schilddrüse, Nebenniere, Hypophyse und Geschlechtsdrüsen unter den Einflüssen der Außenwelt stehen, und daß sie entsprechend dem Lebensstil des Individuums auf seelische Eindrücke je nach deren subjektiv empfundener Stärke antworten, im normalen Fall, um das körperliche Gleichgewicht herzustellen, bei mangelhafter Eignung des Individuums gegenüber den Lebensfragen in extremer, überkompensatorischer Art.[14]

14. Siehe A. Adler, *Studie über Minderwertigkeit von Organen*, l. c.

Das Minderwertigkeitsgefühl eines Individuums kann sich auch durch die Richtung seines Weges zeigen. Ich habe bereits von der großen Distanz zu den Lebensproblemen, vom Haltmachen und von der Loslösung gesprochen. Keine Frage, daß gelegentlich sich ein solches Vorgehen als richtig, als dem Gemeinschaftsgefühl entsprechend erweisen läßt. Dieser gerechtfertigte Standpunkt liegt der Individualpsychologie besonders nahe, da diese Wissenschaft den Regeln und Formeln immer nur eine bedingte Geltung zuspricht und für deren Bestätigung immer neue Beweise zu erbringen sich verpflichtet hält. Einer dieser Beweise liegt in dem habituellen Verhalten in der oben gekennzeichneten Bewegung. Eine andere, auf Minderwertigkeitsgefühl verdächtige Gangart, anders als die »zögernde Attitüde«, können wir in der Ausbiegung vor einem Lebensproblem beobachten, sei diese nun vollständig oder teilweise. Vollständig wie in der Psychose, im Selbstmord, im habituellen Verbrechen, in der habituellen Perversion, teilweise wie in der Trunksucht oder in anderen Süchten. Als letzte, aus dem Minderwertigkeitsgefühl entspringende Gangart will ich noch anführen: die auffällige Einengung des Lebensraumes und die verminderte Aufmarschbreite. Wichtige Anteile der Lebensprobleme sind dabei ausgeschlossen. Auch hier müssen wir als Ausnahme gelten lassen, wenn einer zum Zwecke eines größeren Beitrags zur Förderung der Gemeinschaft sich der Lösung einzelner Anteile der Lebensprobleme entschlägt wie der Künstler und das Genie.

Über die Tatsache des Minderwertigkeitskomplexes in allen Fällen typischer Fehlschläge war ich mir schon längst klar. Um die Lösung der hier wichtigsten Frage aber, wie aus dem Minderwertigkeitsgefühl und seinen körperlichen und seelischen Folgen beim Zusammenstoß mit einem Lebensproblem der Minderwertigkeitskomplex entsteht, habe ich lange gerungen. Meines Wissens ist diese Frage stets im Hintergrund der Betrachtungen der Autoren gestanden, geschweige denn, daß sie bis jetzt gelöst worden wäre. Mir ergab sich die Lösung wie bezüglich aller anderen Fragen im Gesichtsfeld der Individualpsychologie, wo eines aus allem und alles aus einem zu erklären war. Der Minderwertigkeitskomplex, das heißt, die dauernde Erscheinung der Folgen des Minderwertigkeitsgefühls, das Festhalten an demselben, erklärt sich aus dem größeren Mangel des Gemeinschaftsgefühls. Die gleichen Erlebnisse, die gleichen Traumen, die gleichen Situationen und die gleichen Lebensfragen, wenn es eine absolute Gleichheit in ihnen gäbe, wirken sich bei jedem anders aus. Dabei ist der Lebensstil und dessen Gehalt an Gemeinschaftsgefühl von ausschlaggebender Bedeutung. Was in manchen Fällen irreführen und an der Richtigkeit dieser Erfahrung zweifeln machen kann, ist der Umstand, daß gelegentlich Menschen mit sichergestelltem Mangel an Gemeinschaftsgefühl (eine Feststellung, die ich nur sehr erfahrenen Untersuchern zutrauen möchte) vorübergehend wohl Erscheinungen des Minderwertigkeitsgefühls zeigen, aber keinen Minderwertigkeitskomplex. Diese Erfahrungen kann man gelegentlich bei Menschen machen, die wenig Gemeinschaftsgefühl besitzen, aber die Gunst der äußeren Umstände für sich haben. Im Falle des Minderwertigkeitskomplexes wird man stets aus dem Vorleben des Betreffenden, aus seiner bisherigen Haltung, aus seiner Verwöhnung in der Kindheit, aus dem Vorhandensein minderwertiger Organe, aus dem Gefühl der Vernachlässigung in der Kindheit Bestätigungen finden. Man wird sich auch der anderen, weiterhin anzuführenden Mittel der Individualpsychologie bedienen, des Verständnisses für die ältesten Kindheitserinnerungen, der individualpsychologischen Erfahrung über den Lebensstil im ganzen und dessen Beeinflussung durch die Stellung in der Kinderreihe und der individualpsychologischen Traumdeutung. Auch ist im Falle eines Minderwertigkeitskomplexes die sexuelle Haltung und Entwicklung eines Individuums nur ein Teil des Ganzen und in den Minderwertigkeitskomplex völlig einbezogen.

7. Der Überlegenheitskomplex

Der Leser wird mit Recht nun die Frage aufwerfen, wo denn im Falle des Minderwertigkeitskomplexes das Streben nach Überlegenheit zu finden ist. Denn in der Tat, wenn es uns nicht gelänge, dieses Streben in den überaus zahlreichen Fällen von Minderwertigkeitskomplexen nachzuweisen, so hätte die individualpsychologische Wissenschaft einen derartigen Widerspruch zu verzeichnen, daß sie daran scheitern müßte. Ein großer Teil dieser Frage ist aber bereits beantwortet. Das Streben nach Überlegenheit wirft das Individuum von der gefährlichen Stelle zurück, sobald ihm durch seinen Mangel an Gemeinschaftsgefühl, der sich in offener oder versteckter Mutlosigkeit äußert, eine Niederlage zu drohen scheint. Das Streben nach Überlegenheit wirkt sich auch darin aus, daß es das Individuum auf der Rückzugslinie vom Gemeinschaftsproblem festhält oder ihm eine Ausbiegung aufdrängt. Festgehalten im Widerspruch seines »Ja, aber« zwingt es ihm eine Meinung auf, die vielmehr dem »Aber« Rechnung trägt und seine Gedankenwelt so sehr im Banne hält, daß es sich nur oder hauptsächlich mit den Resultaten der Schockwirkung beschäftigt. Dies um so mehr, als es sich dabei immer um Individuen handelt, die von Kindheit ohne richtiges Gemeinschaftsgefühl sich fast ausschließlich mit ihrer Person, mit ihrer Lust oder Unlust beschäftigt haben. Man kann in diesen Fällen beiläufig drei Typen unterscheiden, deren unharmonischer Lebensstil einen Anteil des Seelenlebens besonders deutlich entwickelt hat. Der eine Typus betrifft Menschen, bei denen die Denksphäre die Ausdrucksformen beherrscht. Der zweite Typus ist durch Überwuchern des Gefühls- und Trieblebens gekennzeichnet. Ein dritter Typus entwickelt sich mehr in der Richtung der Aktivität. Ein vollständiges Fehlen einer dieser drei Seiten findet sich natürlich niemals. Jeder Fehlschlag wird deshalb in der anhaltenden Schockwirkung auch diese Seite seines Lebensstils besonders deutlich zeigen. Während im allgemeinen beim Verbrecher und beim Selbstmörder mehr der Anteil der Aktivität hervorgetrieben erscheint, zeichnet sich ein Teil der Neurosen durch Betonung der Gefühlsseite aus, wenn nicht wie zumeist in der Zwangsneurose und in den Psychosen die meist stärkere Akzentuation des gedanklichen Materials hervortritt.[15] Der Süchtige ist wohl immer ein Gefühlsmensch. Die Loslösung von der Erfüllung eines Lebensproblems aber zwingt der menschlichen Gemeinschaft eine Aufgabe auf und macht sie zum Objekt der Ausbeutung. Der Mangel an Mitarbeit der einen muß durch vermehrte Leistung der anderen, durch die Familie oder durch die Gesellschaft, ersetzt werden. Es ist ein stiller, unverstandener Kampf gegen das Ideal der Gemeinschaft, der da geführt wird, ein ständiger Protest, der nicht der Weiterentwicklung des Gemeinschaftsgefühls dient, sondern seine Durchbrechung bezweckt. Immer aber ist die persönliche Überlegenheit in Gegensatz zur Mitarbeit gesetzt. Und man kann auch aus diesem Punkte ersehen, daß es sich bei Fehlschlägen um Menschen handelt, deren Entwicklung zum Mitmenschen aufgehalten wurde, denen schon das richtige Sehen, das richtige Hören, Sprechen und Urteilen fehlt. An Stelle des Common sense besitzen sie eine »private Intelligenz«, die sie zur Sicherung ihrer Abwegigkeit klug benützen. Ich habe das verwöhnte Kind als Parasiten geschildert, der stets bestrebt ist, den anderen in Kontribution zu setzen. Wird ein Lebensstil daraus, so läßt es sich verstehen, daß den weitaus meisten der Fehlschläge der Beitrag der anderen als ihr Eigentum erscheint, mag es sich nun um Zärtlichkeit, um Besitz, um materielle oder geistige Arbeit handeln. Die Gemeinschaft, mag sie sich gegen diese Übergriffe mit noch so starken Mitteln oder Worten wehren, muß aus ihrem innersten Drang, weniger aus ihrem Verständnis, naturgemäß Milde und Schonung üben, weil es ihre ewige Aufgabe ist, Irrtümer nicht zu strafen oder zu rächen, sondern

15. A. Adler, ›Die Zwangsneurose‹. In: *Zeitschrift für Individualpsychologie*. Leipzig 1931.

aufzuklären und zu beheben. Immer aber ist es ein Protest gegen den Zwang des Mitlebens, der Individuen, ungeschult im Gemeinschaftsgefühl, unerträglich, ihrer privaten Intelligenz zuwiderlaufend, ihrem Streben nach persönlicher Überlegenheit bedrohlich erscheint. Es ist für die Macht des Gemeinschaftsgefühls bezeichnend, daß jedermann die Abwegigkeiten und Fehlschläge höheren und niedrigeren Grades als normwidrig, als unrichtig erkennt, als ob jeder dem Gemeinschaftsgefühl seinen Tribut zollen müßte. Selbst Autoren, die in wissenschaftlicher Verblendung, gelegentlich mit genialen Zügen ausgestattet, den künstlich gezüchteten Willen zur persönlichen Macht in einer Verkleidung sehen, als bösen Urtrieb, als Übermenschentum, als sadistischen Urtrieb betrachten, sehen sich gezwungen, dem Gemeinschaftsgefühl in seiner idealen Zuspitzung ihre Reverenz zu machen. Selbst der Verbrecher, schon mit seinem Ziel im Auge, muß planen und nach einer Rechtfertigung für seine Tat suchen, bis er die Grenze, die ihn noch von der Gemeinschaftslosigkeit trennt, überschreiten kann. Vom ewig fixen Standpunkt des idealen Gemeinschaftsgefühls aus gesehen, stellt sich jede Abwegigkeit als ein trickhafter Versuch dar, der nach dem Ziel einer persönlichen Überlegenheit schielt. Einer Niederlage auf dem Boden der Gemeinschaft entronnen zu sein, ist für die meisten dieser Menschen mit einem Gefühl der Überlegenheit verknüpft. Und wo die Furcht vor einer Niederlage sie dem Kreis der Mitarbeiter ständig ferne zu halten trachtet, erleben oder genießen sie ihr Fernbleiben von den Aufgaben des Lebens als eine Erleichterung und als ein Privilegium, das sie vor den anderen voraus haben. Selbst wo sie leiden, wie in der Neurose, sind sie ganz in die Mittel ihrer Vorzugsstellung verwickelt, in ihr Leiden, ohne zu erkennen, wie für sie der Leidensweg zur Befreiung von den Lebensaufgaben führen soll. Je größer ihr Leiden ist, um so weniger sind sie angefochten, um so mehr sind sie frei vom wirklichen Sinn des Lebens. Dieses Leiden, das so untrennbar mit der Erleichterung und Befreiung von den Lebensfragen verbunden ist, kann nur dem als Selbstbestrafung erscheinen, der nicht gelernt hat, Ausdrucksformen als Teil des Ganzen zu erfassen, mehr noch, als Antwort auf die Fragen der fordernden Gemeinschaft. Er wird das neurotische Leiden als selbständigen Anteil so ansehen, wie es der Neurotiker sieht.

Am schwierigsten wird sich der Leser oder der Gegner meiner Anschauungen damit abfinden können, daß selbst Unterwürfigkeit, Knechtseligkeit, Unselbständigkeit, Faulheit und masochistische Züge, deutliche Zeichen eines Minderwertigkeitsgefühls, das Gefühl einer Erleichterung oder gar eines Privilegiums aufkommen lassen. Daß sie Proteste sind gegen eine aktive Lösung der Lebensfragen im Sinne der Gemeinschaft, ist leicht zu verstehen. Ebenso daß sie trickhafte Versuche darstellen, einer Niederlage zu entgehen, wo Gemeinschaftsgefühl in Anspruch genommen wird, von dem sie, wie aus ihrem ganzen Lebensstil hervorgeht, zu wenig besitzen. Zumeist fällt dabei den andern eine Fleißaufgabe zu, oder sie diktieren sie sogar – wie im Masochismus – oft gegen den Willen der anderen. In allen Fällen von Fehlschlägen ist die Sonderstellung, die sich das Individuum eingeräumt hat, klar zu sehen, eine Sonderstellung, die es auch mit Leiden, mit Klagen, mit Schuldgefühlen dann und wann bezahlt, ohne aber von dem Platze zu rücken, der ihm mangels seiner Vorbereitung zum Gemeinschaftsgefühl als gelungenes Alibi erscheint, wenn die Frage an ihn herantritt: »Wo warst du denn, als ich die Welt verteilet?«

Der Überlegenheitskomplex, wie ich ihn beschrieben habe, erscheint meist klar gekennzeichnet in Haltung, Charakterzügen und Meinungen von der eigenen übermenschlichen Gabe und Leistungsfähigkeit. Auch in den übertriebenen Ansprüchen an sich und an die anderen kann er sichtbar werden. Die Nase hoch tragen, Eitelkeiten in bezug auf äußere Erscheinung, sei diese nobel oder vernachlässigt, aus der Art fallende Trachten, übertrieben männliches Auftreten bei Frauen, weibliches bei Männern, Hochmut, Gefühlsüberschwang, Snobismus, Prahlsucht, tyrannisches Wesen, Nörgelsucht, die von mir als charakteristisch beschriebene Entwertungstendenz, übertriebener Heroenkult sowie eine Neigung, sich an prominente Personen anzubiedern oder über Schwache, Kranke, über Personen von geringeren Dimensionen zu gebieten, Betonung der besonderen Eigenart, Mißbrauch von wertvollen Ideen und Strömungen behufs Entwertung der anderen usw. können die Aufmerksamkeit auf einen aufzufindenden Überlegenheitskomplex lenken. Ebenso Affektsteigerungen, wie Zorn, Rachsucht, Trauer, Enthusiasmus, habituell schallendes Lachen, Weghören und Wegblicken beim Zusammentreffen mit anderen, das Lenken des Gesprächs auf die eigene Person, habitueller Enthusiasmus bei oft nichtigen Angelegenheiten zeigen Minderwertigkeitsgefühl recht häufig, auslaufend in einen Überlegenheitskomplex. Auch gläubige Annahmen, Glaube an telepathische oder ähnliche Fähigkeiten, an prophetische Eingebungen erwecken mit Recht den Verdacht auf einen Überlegenheitskomplex. Ich möchte diejenigen, die der Gemeinschaftsidee ergeben sind, noch davor warnen, diese Idee zu einem Überwertigkeitskomplex zu benützen, oder sie unbesonnen jedermann an den Kopf zu werfen. Dasselbe gilt von der Kenntnis des Minderwertigkeitskomplexes und seines verhüllenden Überbaus. Man macht sich selbst der beiden verdächtig, wenn man vorschnell damit herumwirft, und man erreicht damit nicht mehr als eine – oft berechtigte – Gegnerschaft. Auch soll man bei richtiger Feststellung solcher Tatsachen die allgemeine menschliche Fehlerhaftigkeit nicht vergessen, die es mit sich bringt, daß auch vornehme und wertvolle Charaktere dem Fehler des Überwertigkeitskomplexes verfallen können. Ganz davon zu schweigen, daß, wie Barbusse so schön sagt, »auch der gütige Mensch sich gelegentlich des Gefühls der Verachtung nicht entschlagen kann«. Anderseits können uns diese kleinen und deshalb wenig frisierten Züge leiten, auf Verfehlungen in den großen Lebensfragen den individualpsychologischen Scheinwerfer zu lenken, um dort zu verstehen und zu erklären. Worte, Phrasen, selbst sichergestellte seelische Mechanismen tragen nichts bei zum Verständnis des einzelnen. Ebenso unsere Kenntnis vom Typischen. Aber sie können im Vermutungsfalle dazu dienen, ein bestimmtes Gesichtsfeld zu beleuchten, in dem wir das Einmalige einer Persönlichkeit zu finden hoffen, das Einmalige, das wir in der Beratung auch zu erklären haben, immer darauf achtend, welchen Grad von Gemeinschaftsgefühl wir zu ergänzen haben.

Dampft man zum Zweck einer kurzen Übersicht die leitenden Ideen im Entwicklungsprozeß der Menschheit ein, bis ihre Quintessenz zutage kommt, so findet man zuletzt drei formale Bewegungslinien, die jeweils und aufeinanderfolgend allem menschlichen Tun seinen Wert verleihen. Nach einem vielleicht idyllischen Jahrhunderttausend, als infolge des »Vermehret Euch« die Futterplätze zu enge wurden, erfand sich die Menschheit als Ideal der Erlösung den Titanen, den Herkules oder den Imperator. Bis auf den heutigen Tag – im Heroenkult, in der Rauflust, im Krieg – findet man in allen Schichten den starken Nachklang verklungener Zeiten, bei Hoch und Niedrig als besten Weg gepriesen zum Aufschwung der Menschheit. Aus der Enge der Futterplätze geboren führt dieser muskuläre Drang folgerichtig zur Knebelung und Ausrottung der Schwächeren. Der Schwergewichtler liebt eine einfache Lösung: wo wenig Futter, da nimmt er es für sich in Anspruch. Er liebt einfache, klare Rechnung – da sie zu seinen Gunsten ausfällt. Im Querschnitt unserer Kultur nimmt dieser Gedankengang einen breiten Raum ein. Frauen sind von den unmittelbaren Leistungen dieser Art fast ganz ausgeschlossen, kommen nur als Gebärerinnen, Bewunderinnen, Pflegerinnen in Betracht. Die Futtermittel sind aber zu einer unheimlichen Höhe gestiegen. Steigen noch immer. Ist dieser Geist des unkomplizierten Machtstrebens schon ein Widersinn?

Bleibt noch die Sorge für die Zukunft, für den Nachwuchs auch. Der Vater rafft für seine Kinder. Sorgt für spätere Generationen. Sorgt er für die fünfte Generation, so sorgt er gleichzeitig für die Nachkommen von mindestens 32 Personen seiner Generation, die den gleichen Anspruch an seinen Nachkommen haben.

Waren verderben. Man kann sie in Gold verwandeln. Man kann Warenwert in Gold verleihen. Man kann die Kraft anderer kaufen. Man kann ihnen Befehle geben, mehr noch, man kann ihnen eine Gesinnung, einen Sinn des Lebens einprägen. Man kann sie zur Verehrung der Kraft, des Goldes erziehen. Man kann ihnen Gesetze geben, die sie in den Dienst der Macht, des Besitzes stellen.

Auch in dieser Sphäre ist die Frau nicht schöpferisch am Werk. Tradition und Erziehung sind ihr als Wegsperren in den Weg gelegt. Sie kann bewundernd teilnehmen oder enttäuscht zur Seite stehen. Sie kann der Macht huldigen oder sich, was zumeist zutrifft, gegen ihre Ohnmacht wehren. Wobei zu bedenken ist, daß die Gegenwehr der einzelnen zumeist auf Abwege gerät.

Die meisten Männer und Frauen können Kraft und Besitz zugleich verehren, die einen in tatenloser Bewunderung, die andern in hoffnungsvollem Streben. Die Frau ist in eine größere Distanz zur Erreichung dieser Kulturideale gestellt.

Dem Kraft- und Besitzphilister gesellt sich nun in harmonischem Streben nach persönlicher Überlegenheit der Bildungsphilister. Wissen ist (auch) Macht. Die Unsicherheit des Lebens hat bisher – allgemein – keine bessere Lösung gefunden als Streben nach Macht. Nun ist es Zeit nachzudenken, ob dies der einzige, der beste Weg zur Sicherung des Lebens, zur Entwicklung der Menschheit ist. Man kann auch aus der Struktur des Frauenlebens lernen. Denn die Frau ist auch bis heute nicht Teilhaber der Macht des Bildungsphilisteriums.

Und doch ist es für Mann und Frau leicht einzusehen, daß die Frau bei gleichwertiger Vorbereitung erfolgreich an der Macht des Philisteriums teilhaben könnte. Die platonische Idee von der Überlegenheit der Muskelkraft muß doch wohl schon im Unverstandenen (Unbewußten) an Bedeutung verloren haben. Wie will man sonst die stille und offene Revolte der Frauenwelt (den männlichen Protest) in ihren tausend Varianten zum Nutzen der Allgemeinheit wenden?

Schließlich zehren wir doch alle wie die Parasiten an den unsterblichen Leistungen der Künstler, Genies, Denker, Forscher und Entdecker. Sie sind die eigentlichen Führer der Menschheit. Sie sind der Motor der Weltgeschichte, wir sind die – Verteiler. Zwischen Mann und Frau hat bisher die Kraft, der Besitz, der Bildungsdünkel entschieden.

Daher der Rummel und die vielen Bücher über Liebe und Ehe.

Die großen Leistungen aber, von denen wir leben, haben sich immer als höchster Wert durchgesetzt. Ihr Sieg wird meist nicht in prunkvollen Worten gefeiert. Aber genossen wird er von allen. An diesen großen Leistungen haben wohl auch Frauen teil. Kraft, Besitz und Bildungsdünkel haben sicher ein Mehr verhindert. Durch die ganze Entwicklung der Kunst aber tönt eine männliche Stimme. Dort ist die Frau Stellvertreterin des Mannes und daher zweiten Ranges. So lange, bis eine von ihnen die weibliche Stimme darin entdecken wird, um sie zu entwickeln. In zwei Kunstgattungen ist es geschehen, in der Schauspielkunst und in der Tanzkunst. Da kann sie sich als Frau geben. Da hat sie auch Spitzenleistungen erreicht.

8. Typen der Fehlschläge

Ich gehe nur mit großer Vorsicht an eine Typenlehre heran, da sich dabei leicht bei dem Lernenden die Täuschung einschleicht, als ob ein Typus etwas fest Gefügtes, etwas Selbständiges sei, dem mehr zugrunde liegt als eine im großen und ganzen ähnliche Struktur. Macht er dabei halt und glaubt, wenn er das Wort Verbrecher hört, oder Angstneurose oder Schizophrenie, daß er schon etwas vom individuellen Fall erfaßt hat, dann schneidet er sich nicht nur die Möglichkeit individueller Forschung ab, sondern er wird aus den Mißverständnissen, die zwischen ihm und dem Behandelten entstehen, nie herauskommen. Vielleicht die besten Einsichten, die ich aus der Beschäftigung mit dem Seelenleben gewonnen habe, stammen aus meiner Vorsicht in der Benützung der Typenlehre. Eine Benützung, die freilich nicht ganz umgangen werden kann, die uns das Allgemeine, etwa die generelle Diagnostik ermöglicht, uns aber über den speziellen Fall und seine Behandlung wenig sagen kann. Am besten tut, wer sich stets erinnert, daß wir es in jedem Falle eines Fehlschlages mit Symptomen zu tun haben, Symptomen, die aus einem speziellen, zu suchenden Minderwertigkeitsgefühl zu einem Überlegenheitskomplex erwachsen sind, angesichts eines exogenen Faktors, der mehr Gemeinschaftsgefühl erfordert hat, als das Individuum aus seiner Kindheit vorrätig hat.

Beginnen wir mit den »schwer erziehbaren Kindern«. Man spricht von diesem Typus natürlich nur, wenn es sich durch längere Zeit gezeigt hat, daß ein Kind sich nicht als gleichberechtigter Teilnehmer zur Mitarbeit einstellt. Es fehlt das Gemeinschaftsgefühl, obwohl man gerechter Weise gezwungen ist festzustellen, daß ein für durchschnittliche Verhältnisse zureichendes Gemeinschaftsgefühl nicht selten infolge ungerechter

Anspannung im Hause oder in der Schule sich als nicht mehr ausreichend erweist. Dieser Fall ist häufig und allgemein in seinen Erscheinungen bekannt. Wir können daraus etwas über den Wert der individualpsychologischen Forschung erkennen, um für schwierigere Fälle vorbereitet zu sein. Eine Prüfung des Individuums, experimentell, graphologisch, kurz losgelöst von seiner Umgebung, kann zu großen Irrtümern Anlaß geben und berechtigt keinesfalls, dem so losgelösten Individuum spezielle Vorschläge zu machen oder es irgendwie zu klassifizieren. An solchen und ähnlichen Tatsachen wird es klar, daß der Individualpsychologe sich eine zureichende Kenntnis aller möglichen sozialen Verhältnisse und Mißstände verschaffen muß, um richtig sehen zu können. Man kann noch weiter gehen und fordern, daß der Individualpsychologe eine Meinung von seinen Aufgaben, eine Meinung von den Forderungen des Lebens, eine Weltanschauung besitzen muß, die dem Wohle der Allgemeinheit zustrebt.

Ich habe eine Einteilung der schwer erziehbaren Kinder vorgeschlagen, die sich in mancher Hinsicht als nützlich bewährt: in *mehr passive,* wie faule, indolente, gehorsame aber abhängige, in schüchterne, ängstliche, lügenhafte und ähnliche Kinder und in *mehr aktive,* wie herrschsüchtige, ungeduldige, aufgeregte und zu Affekten neigende, in störende, grausame, prahlerische, in Davonläufer, diebische, sexuell leicht erregte usw. Man soll dabei nicht Haare spalten, sondern im einzelnen Fall versuchen, sich Gewißheit zu verschaffen, welchen Grad der Aktivität man ungefähr feststellen kann. Dies ist um so wichtiger, als man im Falle eines ausgewachsenen Fehlschlags ungefähr den gleichen Grad von fehlgeschlagener Aktivität erwarten und beobachten kann wie in der Kindheit. Den ungefähr richtigen Grad von Aktivität, der hier Mut heißt, wird man bei Kindern mit genügendem Gemeinschaftsgefühl finden. Bestrebt man sich diesen Grad der Aktivität im Temperament, in der Schnelligkeit oder Langsamkeit des Vorwärtsgehens aufzusuchen, so soll man nicht vergessen, daß auch diese Ausdrucksformen Teile des ganzen Lebensstiles sind, deshalb bei gelungener Besserung abgeändert erscheinen. Man wird nicht überrascht sein, unter den Neurotikern einen viel größeren Prozentsatz der *passiven* Kinderfehler, unter den Verbrechern der *aktiven* aufdecken zu können. Daß ein späterer Fehlschlag ohne Schwererziehbarkeit zustande kommen könnte, möchte ich einer fehlerhaften Beobachtung zuschreiben. Freilich können ausnahmsweise günstige äußere Verhältnisse das Auftauchen eines Kinderfehlers verdecken, der bei strengerer Prüfung sofort erscheint. Wir ziehen in jedem Fall die Prüfungen, die das Leben anstellt, allen experimentellen vor, weil dabei der Zusammenhang mit dem Leben nicht vernachlässigt ist.

Kinderfehler, die in den Bereich der medizinischen Psychologie gehören, finden sich, abgesehen von Fällen brutaler Behandlung, fast ausschließlich bei verwöhnten, abhängigen Kindern und können mit größerer oder geringerer Aktivität verbunden sein. So Bettnässen, Eßschwierigkeiten, nächtliches Aufschreien, Verkeuchen, Stuhlverhaltung, Stottern usw. Sie äußern sich wie ein Protest gegen das Erwachen zur Selbständigkeit und zur Mitarbeit und erzwingen die Unterstützung durch andere. Auch kindliche Masturbation, längere Zeit trotz der Entdeckung fortgesetzt, kennzeichnet diesen Mangel an Gemeinschaftsgefühl. Man wird nie genug getan haben, wenn man symptomatisch vorgeht und den Fehler allein auszurotten versucht. Der sichere Erfolg kann nur von einer Hebung des Gemeinschaftsgefühls erwartet werden.

Zeigen schon die mehr passiven Kinderfehler und Schwierigkeiten einen der Neurose verwandten Zug, die starke Betonung des »Ja«, die stärkere des »Aber«, so tritt der Rückzug von den Lebensproblemen in der Neurose ohne offene Betonung des Überwertigkeitskomplexes deutlicher hervor. Man kann stets ein Gebanntsein hinter der Front des Lebens beobachten, ein Entferntsein von der Mitarbeit oder ein Suchen nach Erleichterung und nach Ausreden für den Fall mangelnden Gelingens. Die dauernde Enttäuschung, die Furcht vor neuen Enttäuschungen und Niederlagen erscheint in dem Festhalten von Schocksymptomen, die das Fernbleiben von Lösungen der Gemeinschaftsprobleme sichern. Gelegentlich, wie häufig in der Zwangsneurose, gelangt der Kranke bis zu einem abgeschwächten Fluchen, das sein Mißfallen an den anderen verrät. Im Verfolgungswahn wird die Empfindung des Kranken von der Feindseligkeit des Lebens noch deutlicher sichtbar, so es einer im Fernbleiben von Lebensproblemen noch nicht gesehen hat. Gedanken, Gefühle, Urteile und Anschauungen laufen immer in der Richtung des Rückzuges, so daß jeder deutlich merken könnte: *die Neurose ist ein schöpferischer Akt und kein Rückfall in infantile oder atavistische Formen.* Dieser schöpferische Akt, dessen Urheber der Lebensstil ist, das selbstgeschaffene Bewegungsgesetz, immer in irgendeiner Form auf Überlegenheit hinzielend, ist es auch, der in den mannigfaltigen Formen, wieder entsprechend dem Lebensstil, der Heilung Hindernisse in den Weg zu legen trachtet, bis die Überzeugung, der Common sense beim Patienten die Oberhand gewinnt. Nicht selten ist das heimliche Ziel der Überlegenheit, wie ich aufgedeckt habe, in den halb trauervollen, halb tröstenden Ausblick hineinversteckt: was der Patient alles zustande gebracht hätte, wenn sein einzigartiger Aufschwung nicht durch eine Kleinigkeit, meist durch die Schuld der anderen, vereitelt worden wäre. Minderwertigkeitsgefühle höheren Grades, Streben nach persönlicher Überlegenheit und mangelndes Gemeinschaftsgefühl sind bei einiger Erfahrung in der Vorzeit des Fehlschlages stets zu finden. Der Rückzug von den Lebensproblemen wird vollständig im Selbstmord. In seiner seelischen Struktur liegt Aktivität, keineswegs Mut, ein aktiver Protest gegen nützliche Mitarbeit. Der Streich, der den Selbstmörder trifft, läßt andere nicht unverschont. Die vorwärtsstrebende Gemeinschaft wird sich immer durch Selbstmord verletzt fühlen. Die exogenen Faktoren, die das Ende des zu geringen Gemeinschaftsgefühls herbeiführen, sind die von uns genannten drei großen Lebensprobleme, Gesellschaft, Beruf und Liebe. In allen Fällen ist es der Mangel an Anerkennung, der Selbstmord oder Todeswünsche herbeiführt, die erlebte oder gefürchtete Niederlage in einer der drei Lebensfragen, gelegentlich eingeleitet durch eine Phase der Depression oder der Melancholie. Der Beitrag der Individualpsychologie – als ich im Jahre 1912 meine Untersuchung über letztere seelische Erkrankung abgeschlossen hatte und feststellen konnte, daß jede echte Melancholie[16] wie Selbstmorddrohungen und Selbstmord den feindlichen Angriff auf andere bei zu geringem Gemeinschaftsgefühl darstellt – hat in der Folge den Weg zu besserem Verständnis dieser Psychose geebnet. So wie der Selbstmord, in den diese Psychose leider häufig mündet, ist sie die Setzung eines Verzweiflungsaktes an Stelle gemeinnütziger Mitarbeit. Verlust des Vermögens, einer Arbeitsstelle, Enttäuschung in der Liebe, Zurücksetzungen aller Art können diesen Verzweiflungsakt bei entsprechendem Bewegungsgesetz in einer Form herbeiführen, in der der Betroffene auch vor der Opferung von Angehörigen oder anderen nicht zurückschreckt. Dem psychologisch Feinhörigen wird nicht entgehen, daß es sich hier um Menschen handelt, die vom Leben leichter als andere enttäuscht werden, weil sie zuviel erwarten. Dem kindlichen Lebensstil nach dürfte man mit Recht erwarten, in ihrer Kindheit einen hohen Grad von Erschütterbarkeit zu finden mit einer lang andauernden Verstimmung oder mit einem Hang zur Selbstbeschädigung, wie zur Bestrafung der anderen. Die im Vergleich mit der Norm viel größere Schockwirkung löst, wie neuere Untersuchungen bestätigt haben, auch körperliche Veränderungen aus, die wohl unter dem Einfluß des vegetativen und endokrinen Systems stehen dürften. Bei genauerer Untersuchung wird sich wohl, wie zumeist in meinen Fällen, nachweisen lassen, daß Organminderwertigkeiten und noch mehr ein verwöhnendes Regime in der Kindheit das Kind zu einem derartigen Lebensstil verleitet und die Entwicklung eines genügenden Gemeinschaftsgefühls eingeengt haben. Nicht selten ist bei ihnen ein offener oder versteckter Hang zu Zornausbrüchen, zur Meisterung aller kleinen und größeren Aufgaben in ihrer ganzen Umgebung, ein Pochen auf ihre Würde nachzuweisen.

Ein 17jähriger Junge, der *jüngste* in der Familie, von der Mutter außerordentlich verwöhnt, blieb, als die Mutter eine Reise antreten mußte, in der Obhut einer älteren Schwester zurück. Eines Abends,

16. Siehe A. Adler, *Praxis und Theorie der Individualpsychologie*, l. c.

als die Schwester ihn allein zu Hause ließ, er gerade in der Schule mit scheinbar unüberwindlichen Schwierigkeiten zu kämpfen hatte, beging er Selbstmord. Er ließ folgendes Schreiben zurück. »Teile der Mutter nicht mit, was ich getan habe. Ihre derzeitige Adresse ist die folgende ... Sage ihr, wenn sie zurückkommt, daß mich das Leben nicht mehr gefreut hat, und daß sie mir alle Tage Blumen auf mein Grab legen soll.«

Eine alte, unheilbar Kranke beging Selbstmord, weil ihr Nachbar sich von seinem Radio nicht trennen wollte.
Der Chauffeur eines reichen Mannes erfuhr bei dessen Tod, daß er einen ihm versprochenen Erbteil nicht erhalten sollte, brachte seine Frau und seine Tochter um und beging Selbstmord.

Eine 56jährige Frau, die als Kind und später von ihrem Manne stets verwöhnt worden war, auch in der Gesellschaft eine hervorragende Rolle spielte, litt sehr unter dem Tod ihres Mannes. Ihre Kinder waren verheiratet und nicht sehr geneigt, sich der Mutter ganz zu widmen. Bei einem Unfall zog sie sich einen Schenkelhalsbruch zu. Sie blieb auch nach der Heilung der Gesellschaft ferne. Irgendwie kam ihr der Gedanke, auf einer Weltreise freundliche Anregungen zu finden, die sie zu Hause entbehrte. Zwei Freundinnen fanden sich bereit, mit ihr zu fahren. In größeren Städten des Kontinents ließen die Freundinnen sie wegen ihrer Schwerbeweglichkeit immer allein. Sie geriet in eine außerordentliche Verstimmung, die sich zu einer Melancholie steigerte, und rief eines ihrer Kinder herbei. Anstatt dessen kam eine Pflegeschwester, die sie nach Hause brachte. Ich sah die Frau nach dreijährigem Leiden, das keine Besserung gezeigt hatte. Ihre hauptsächliche Klage war, wie sehr die Kinder unter ihrer Krankheit leiden müßten. Die Kinder wechselten in ihren Besuchen ab, offenbarten aber, durch die Dauer des Leidens ihrer Mutter abgestumpft, kein übergroßes Interesse. Die Kranke äußerte stets Selbstmordideen und hörte nicht auf, von der übergroßen Sorgfalt der Kinder zu sprechen. Es war leicht zu sehen, daß die Frau mehr an Sorgfalt erfuhr als vor ihrer Erkrankung, auch daß ihre Anerkennung der Sorgfalt der Kinder mit der Wahrheit, besonders mit jener Hingebung, die sie als verzärtelte Frau erwartete, in Widerspruch standen. Versetzt man sich in ihre Person, so läßt sich begreifen, wie schwer es dieser Frau ankam, etwa auch noch auf diese durch die Krankheit so schwer erkaufte Sorgfalt zu verzichten.

Eine andere Art von Aktivität, nicht gegen die eigene Person gerichtet, sondern gegen andere, wird frühzeitig von Kindern erworben, die der Meinung verfallen, als ob die anderen ihre Objekte wären, und die dieser Meinung dadurch Ausdruck geben, daß sie durch ihre Haltung das Gut, die Arbeit, die Gesundheit und das Leben der anderen bedrohen. Wie weit sie dabei gehen, hängt wieder vom Grad ihres Gemeinschaftsgefühls ab. Und man wird im Einzelfall immer wieder diesen Punkt zu berücksichtigen haben. Es ist begreiflich, daß diese durch Gedanken, Gefühle und Stimmungen, durch Charakterzüge und Handlungen ausgedrückte Anschauung vom Sinn des Lebens, die nie in wohlgefaßten Worten zutage tritt, ihnen das wirkliche Leben mit seiner Forderung nach Gemeinschaft schwierig macht. Die Empfindung der Feindlichkeit des Lebens bleibt bei dieser stets sofort Befriedigung verlangenden, als berechtigt gefühlten Erwartung nicht aus. Dazu kommt, daß diese Stimmung sich enge mit dem Gefühl des Beraubtseins verbündet, wodurch Neid, Eifersucht, Habgier und ein Streben nach Überwältigung des gewählten Opfers dauernd und in hohem Grade wach bleiben. Da das Streben nach nützlicher Entwicklung im mangelhaften Gemeinschaftsgefühl zurückbleibt, die starken Erwartungen, genährt durch den Überlegenheitstaumel, unerfüllt bleiben, sind Affektsteigerungen oft der Anlaß zu Angriffen auf andere. Der Minderwertigkeitskomplex wird dauernd, sobald das Scheitern auf der Linie der Gemeinschaft, in der Schule, in der Gesellschaft, in der Liebe fühlbar wird. Die Hälfte der zur Verbrechensausübung gelangenden Menschen sind ungelernte Arbeiter und haben schon in der Schule versagt. Eine große Anzahl der eingelieferten Verbrecher leidet an Geschlechtskrankheiten, einem Zeichen unzureichender Lösung des Liebesproblems. Ihre Genossen suchen sie nur unter ihresgleichen und bekunden so die Enge ihrer freundschaftlichen Gefühle. Ihr Überlegenheitskomplex stammt aus der Überzeugung, ihren Opfern überlegen zu sein und bei richtiger Ausführung den Gesetzen und ihren Organen ein Schnippchen schlagen zu können. In der Tat, es gibt wohl keinen Verbrecher, der nicht mehr auf dem Kerbholz hätte, als man ihm nachweisen kann, ganz abgesehen von den immerhin zahlreichen Verbrechen, die nie aufgedeckt werden. Der Verbrecher begeht seine Tat in der Illusion, nicht entdeckt zu werden, wenn er es nur richtig anfaßt. Wird er überführt, so ist er ganz von der Überzeugung in Beschlag genommen, eine Kleinigkeit versäumt zu haben, derzufolge er entdeckt wurde. Verfolgt man die Spuren der Verbrechensneigung zurück in das kindliche Leben, so findet man neben der frühzeitigen übel angewandten Aktivität mit ihren feindseligen Charakterzügen und neben dem Mangel an Gemeinschaftsgefühl Organminderwertigkeiten, Verwöhnung und Vernachlässigung als die verleitenden Anlässe zur Entwicklung des verbrecherischen Lebensstils. Verwöhnung ist der vielleicht häufigste Anlaß. So wie eine Besserung des Lebensstils niemals ausgeschlossen werden kann, ist es auch nötig, jeden einzelnen Fall auf den Grad seines Gemeinschaftsgefühls zu untersuchen und die Schwere des exogenen Faktors in Betracht zu ziehen. Niemand unterliegt der Gefahr der Versuchung so leicht wie ein verzärteltes Kind, das darauf trainiert ist, alles zu bekommen, was es will. Die Größe der Versuchung muß genau erfaßt werden, die für den mit Verbrechensneigung Behafteten sich um so gefährlicher auswirkt, als er über Aktivität verfügt. Auch im Falle des Verbrechens ist es klar, daß wir das Individuum in seiner Bezogenheit zu den gesellschaftlichen Zuständen erfassen müssen. In vielen Fällen könnte das vorhandene Gemeinschaftsgefühl genügen, einen Menschen vom Verbrechen fernzuhalten, wenn nicht allzu große Anforderungen an sein

Gemeinschaftsgefühl gestellt werden. Dieser Umstand erklärt es auch, warum unter schlechten Verhältnissen die Zahl der Verbrechen eine namhafte Steigerung erfährt. Daß dieser Umstand nicht die Ursache des Verbrechens ist, zeigt die Tatsache, daß in den Vereinigten Staaten in der Zeit der Prosperität ebenfalls ein Anstieg der Verbrechenszahl zu verzeichnen war, da die Verlockungen zu leichtem und raschem Reichtumserwerb zahlreich waren. Daß man beim Suchen nach Ursachen der Verbrechensneigung auch auf das schlechte Milieu in der Kindheit stößt, daß man in bestimmten Bezirken einer Großstadt eine Anhäufung von Verbrechen findet, läßt keineswegs den Schluß zu, als hätte man damit die Ursache gefunden. Es ist vielmehr leicht einzusehen, daß unter diesen Bedingungen eine gute Entwicklung des Gemeinschaftsgefühls nicht leicht zu erwarten ist. Man darf auch nicht daran vergessen, wie mangelhaft die Vorbereitung eines Kindes für sein späteres Leben ist, wenn es frühzeitig, sozusagen im Protest gegen das Leben, in Entbehrungen und Mangel aufwächst und täglich das bessere Leben der anderen vor sich, in seiner nächsten Nähe sieht, dabei auch in der Entwicklung seines Gemeinschaftsgefühls keinerlei Förderung erfährt. Eine sehr gute, lehrreiche Illustration dazu gibt die Untersuchung des Dr. Young über die Verbrechensgestaltung in einer eingewanderten Sekte. In der ersten Generation, die abgeschlossen und dürftig lebte, gab es keinen Verbrecher. In der zweiten Generation, deren Kinder bereits die öffentlichen Schulen besuchten, aber noch immer in den Traditionen ihrer Sekte, in Frömmigkeit und Dürftigkeit erzogen waren, zeigte sich bereits eine größere Zahl von Verbrechern. In der dritten Generation gab es eine erschreckend große Zahl von solchen.

Auch der »geborene Verbrecher« ist eine abgetane Kategorie. Man wird zu solchen Irrtümern oder zur Idee des Verbrechers aus Schuldgefühl nur kommen können, wenn man unsere Ermittlungen nicht berücksichtigt, die immer wieder auf das schwere Minderwertigkeitsgefühl in der Kindheit, auf die Ausgestaltung des Überlegenheitskomplexes und auf das mangelhaft entwickelte Gemeinschaftsgefühl hinweisen. Man findet eine große Zahl von Organminderwertigkeitszeichen unter den Verbrechern, und in der Schockwirkung einer Verurteilung stärkere Schwankungen des Stoffgrundumsatzes als Wahrscheinlichkeitszeichen einer Konstitution, die schwerer als andere zum Äquilibrium gelangt. Man findet eine übergroße Zahl von Menschen, die verzärtelt wurden oder sich nach Verwöhnung sehnen. Und man findet ehemals vernachlässigte Kinder unter ihnen. Man wird sich immer von diesen Tatsachen überzeugen können, wenn man nur nicht mit einer Phrase, mit einer engen Formel an die Prüfung geht. Die Tatsache der Organminderwertigkeiten zeigt sich oft auffallend in der gelegentlichen Häßlichkeit von Verbrechern. Der stets zu erhärtende Verdacht auf Verwöhnung wird wach angesichts der vielen hübschen Menschen, die man unter ihnen findet.

N. war solch ein hübscher Bursche, der nach sechsmonatiger Haft auf Bewährung aus dem Gefängnis entlassen wurde. Sein Delikt war Diebstahl einer ansehnlichen Summe aus der Kasse seines Chefs. Trotz der großen Gefahr, bei einem weiteren Straffall seine dreijährige Haft absitzen zu müssen, stahl er nach kurzer Zeit wieder eine kleine Summe. Bevor die Sache ruchbar wurde, sandte man ihn zu mir. Er war der älteste Sohn einer sehr ehrbaren Familie, der verwöhnte Liebling seiner Mutter. Er zeigte sich äußerst ehrgeizig und wollte überall den Führer spielen. Freunde suchte er nur solche, die unter seinem Niveau standen, und verriet so sein Minderwertigkeitsgefühl. In seinen ältesten Kindheitserinnerungen war er stets der Empfangende. In der Stellung, in der er den großen Diebstahl verübte, sah er die reichsten Leute um sich, in einer Zeit, da sein Vater um seine Stellung gekommen war und für die Familie nicht wie sonst sorgen konnte. Flugträume und geträumte Situationen, in denen er der Held war, kennzeichnen sein ehrgeiziges Streben und zugleich sein Prädestinationsgefühl in bezug auf sicheres Gelingen. Bei einer verlockenden Gelegenheit erfolgte der Diebstahl in dem Gedanken, sich nun dem Vater überlegen zeigen zu können. Der zweite, kleine Diebstahl erfolgte im Protest gegen die Bewährungsfrist und gegen die untergeordnete Stellung, die er nun innehatte. Als er im Gefängnis war, träumte er einst, daß man ihm seine Lieblingsspeise vorgesetzt hätte, erinnerte sich aber im Traume, daß dies doch im Gefängnis nicht möglich sei. Man wird außer der Gier in diesem Traume leicht auch seinen Protest gegen das Urteil wahrnehmen können.

Weniger Aktivität wird man in der Regel bei Süchtigen finden. Umgebung, Verleitung, Bekanntschaft mit Giften wie Morphium und Kokain in Krankheiten oder im ärztlichen Beruf finden sich als Gelegenheiten, die sich aber nur in Situationen auswirken, in denen der Betroffene vor einem unlösbar erscheinenden Problem steht. Ähnlich wie beim Selbstmord, fehlt selten der verschleierte Angriff auf andere, denen die Sorge um den Befallenen zufällt. In der Trunksucht dürfte, wie ich gezeigt habe, eine besondere Geschmackskomponente oft eine Rolle spielen, wie ja auch die totale Abstinenz sicherlich durch den Mangel an Wohlgefallen am Alkohol wesentlich erleichtert wird. Der Beginn der Süchtigkeit zeigt recht häufig ein schweres Minderwertigkeitsgefühl, wenn nicht einen entwickelten Überlegenheitskomplex, der sich vorher schon einigermaßen deutlich in Schüchternheit, Alleinsein, Überempfindlichkeit, Ungeduld, Reizbarkeit, in nervösen Symptomen wie Angst, Depression, sexueller Insuffizienz oder in einem Überlegenheitskomplex wie Prahlsucht, boshafter, kritischer Neigung, Machtlüsternheit usw. ausprägt. Auch übermäßiges Rauchen und Sucht nach starkem schwarzen Kaffee kennzeichnen oft die Stimmungslage einer mutlosen Entschlußlosigkeit. Wie mittels eines Tricks wird das lastende Minderwertigkeitsgefühl zeitweise beiseite geschoben oder sogar, wie zum Beispiel bei kriminellen Handlungen, in verstärkte Aktivität umgebaut. Alles Mißlingen kann in allen Fällen von Süchtigkeit dem unbesiegbaren Laster zugeschoben werden, sei es in gesellschaftlicher Beziehung, im Beruf oder in der Liebe. Auch die unmittelbaren Giftwirkungen geben dem Befallenen oft ein Gefühl der Entlastung.

Ein 26jähriger Mann, der acht Jahre nach einer Schwester zur Welt kam, wuchs unter günstigen Verhältnissen, außerordentlich verwöhnt und eigenwillig auf. Er erinnerte sich, daß er oft als Puppe verkleidet von Mutter und Schwester in den Armen gehalten wurde. Als er, vierjährig, für zwei Tage in die strengere Zucht seiner Großmutter kam, schnürte er bei ihrer ersten ablehnenden Bemerkung sein Bündel und wollte sich auf den Heimweg machen. Der Vater trank, worüber sich die Mutter sehr aufregte. In der Schule wirkte sich der Einfluß seiner Eltern allzusehr zu seinen Gunsten aus. Wie er es als vierjähriger Knabe getan, verließ er auch das Elternhaus, als mit der Zeit die Verwöhnung durch die Mutter nachließ. In der Fremde konnte er, wie so oft die verwöhnten Kinder, nicht rechten Fuß fassen und geriet bei gesellschaftlichen Zusammenkünften, im Berufsleben und Mädchen gegenüber stets in ängstliche Verstimmung und Aufregung. Er hatte sich mit einigen Leuten besser verstanden, die ihm das Trinken beibrachten. Als seine Mutter davon erfuhr und besonders davon hörte, daß er in trunkenem Zustand mit der Polizei in Konflikt geraten war, suchte sie ihn auf und bat ihn in bewegten Worten, vom Trinken abzulassen. Die Folge war, daß er nicht nur weiter im Trinken Erleichterung suchte, sondern damit auch die alte Sorge und Verwöhnung durch die Mutter noch über die frühere Höhe hinaus steigerte.

Ein 24jähriger Student klagte über ununterbrochenen Kopfschmerz. Schon in der Schule zeigten sich schwere nervöse Symptome von Platzangst. Es wurde ihm gestattet, das Abitur zu Hause abzulegen. Er war nachher in einem viel besseren Zustand. Im ersten Jahr des Universitätsstudiums verliebte er sich in ein Mädchen und heiratete. Kurz nachher setzten die Kopfschmerzen ein. Als Ursache bei diesem überaus ehrgeizigen, unglaublich verwöhnten Manne fand sich dauernde Unzufriedenheit mit seiner Frau und Eifersucht, die wohl deutlich aus seiner Haltung, auch aus seinen Träumen hervorging, die er sich aber nie recht deutlich gemacht hatte. So träumte er einst, daß er seine Frau wie zur Jagd gekleidet sah. Er hatte als Kind an Rachitis gelitten und erinnerte sich, dass er, wenn sich die Kinderfrau von ihm, der immer andere mit sich beschäftigte, Ruhe verschaffen wollte, ihn noch mit vier Jahren auf den Rücken legte, eine Lage, aus der er sich bei seiner Fettleibigkeit nicht allein erheben konnte. Als Zweitgeborener lebte er immer mit dem älteren Bruder in Konflikt und wollte immer der erste sein. Günstige Umstände verhalfen ihm später zu einer hohen Stelle, der er wohl geistig, aber nicht seelisch gewachsen war. In den unabwendbaren Aufregungen seiner Stellung griff er zum Morphium, dem er, mehrmals davon befreit, immer wieder zum Opfer fiel. Wieder kam als erschwerender Umstand für ihn seine grundlose Eifersucht ins Spiel. Als er in seiner Stellung unsicher wurde, beging er Selbstmord.

9. Die fiktive Welt des Verwöhnten

Verwöhnte Personen haben keinen guten Ruf. Sie hatten ihn niemals. Eltern lieben es nicht, der Verwöhnung beschuldigt zu werden. Jede verwöhnte Person weigert sich, als solche angesehen zu werden. Man stößt immer wieder auf Zweifel, was man unter Verwöhnung verstehen soll. Aber wie durch Intuition fühlt jeder sie als Last und als Hindernis einer richtigen Entwicklung.

Nichtsdestoweniger liebt es jeder, Objekt der Verzärtelung zu sein. Manche ganz besonders. Viele Mütter können nicht anders als verwöhnen. Glücklicherweise wehren sich viele Kinder so stark dagegen, daß der Schaden geringer ausfällt. Es ist eine harte Nuß mit psychologischen Formeln. Wir können sie nicht als strenge Richtlinien benützen, die blindlings zur Auffindung von Grundlagen einer Persönlichkeit Verwendung finden könnten oder zur Erklärung von Stellungnahmen und Charakteren. Wir müssen vielmehr in jeder Richtung eine Million von Varianten und Nuancen erwarten, und was wir gefunden zu haben glauben, muß stets mit gleichlaufenden Tatsachen verglichen und bestätigt werden. Denn wenn ein Kind sich gegen Verwöhnung stemmt, geht es gewöhnlich zu weit in seinem Widerstand und überträgt seine Gegenwehr auch auf Situationen, in denen freundliche Hilfe von außen einzig vernünftig wäre.

Wenn die Verwöhnung später im Leben Platz greift und nicht, wie so oft in solchen Fällen, mit Knebelung des freien Willens verknüpft ist, kann sie wohl dem Verwöhnten gelegentlich zum Überdruß werden. Aber sein in der Kindheit erworbener Lebensstil wird dadurch nicht mehr geändert.

Die Individualpsychologie behauptet, daß es keinen andern Weg gibt, einen Menschen zu verstehen als die Betrachtung der Bewegungen, die er macht, um seine Lebensprobleme zu lösen. Das Wie und das Warum sind dabei sorgfältig zu beobachten. Sein Leben beginnt mit dem Besitz menschlicher Möglichkeiten, Entwicklungsmöglichkeiten, die sicherlich verschieden sind, ohne daß wir imstande wären, diese Verschiedenheiten aus anderem als aus seinen Leistungen zu erkennen. Was wir im Beginn des Lebens zu sehen bekommen, ist bereits stark beeinflußt durch äußere Umstände vom ersten Tag seiner Geburt. Beide Einflüsse, Heredität und Umwelt, werden zu seinem Besitz, den das Kind verwendet, gebraucht, um seinen Weg der Entwicklung zu finden. Weg aber und Bewegung können nicht ohne Richtung und Ziel gedacht oder eingeschlagen werden. *Das Ziel der menschlichen Seele ist Überwindung, Vollkommenheit, Sicherheit, Überlegenheit.*

Das Kind im Gebrauch der erlebten Einflüsse von Körper und Umwelt ist mehr oder weniger auf seine eigene schöpferische Kraft, auf sein Erraten eines Weges angewiesen. Die seiner Haltung zugrunde liegende Meinung vom Leben, weder in Worte gefaßt noch gedanklich ausgedrückt, ist sein eigenes Meisterstück. So kommt das Kind zu seinem Bewegungsgesetz, das ihm nach einigem Training zu jenem Lebensstil verhilft, in dem wir das Individuum sein ganzes Leben hindurch denken, fühlen und handeln sehen. Dieser Lebensstil ist fast immer in einer Situation erwachsen, in der dem Kinde die Unterstützung von außen gewiß ist. Unter mannigfachen Umständen erscheint ein solcher Lebensstil sich nicht als ganz geeignet zu bewähren, wenn draußen im Leben ein Handeln ohne liebevolle Hilfe nötig erscheint.

Da taucht nun die Frage auf, welche Haltung im Leben richtig ist, welche Lösung der Lebensfragen erwartet werden muß. Die Individualpsychologie trachtet soviel als möglich zur Lösung dieser Frage beizutragen. Niemand ist mit der absoluten Wahrheit gesegnet. Eine konkrete Lösung, die allgemein als richtig befunden werden müßte, muß wenigstens in zwei Punkten stichhaltig sein. Ein Gedanke, ein Gefühl, eine Handlung ist nur dann als richtig zu bezeichnen, wenn sie richtig ist sub specie aeternitatis (= auf ewige Sicht). Und ferner muß in ihr das Wohl der Gemeinschaft unanfechtbar beschlossen sein. Dies gilt sowohl für Traditionen, als für neu auftauchende Probleme. Und gilt auch für lebenswichtige wie für kleinere Fragen des Lebens. Die drei großen Lebensfragen, die jeder zu lösen hat und in seiner Art lösen muß, die Fragen der Gemeinschaft, der Arbeit und der Liebe, können nur von solchen Menschen annähernd richtig gelöst werden, die in sich das lebendig gewordene Streben nach einer Gemeinschaft tragen. Keine Frage, daß in neu auftauchenden Problemen eine Unsicherheit, ein Zweifel bestehen kann. Aber nur der Wille zur Gemeinschaft kann vor großen Fehlern bewahren.

Wenn wir bei solcher Untersuchung auf Typen stoßen, so sind wir nicht der Verpflichtung enthoben, das Einmalige des Einzelfalles zu finden. Dies gilt auch für verwöhnte Kinder, dieser sich auftürmenden Bürde für Elternhaus, Schule und Gesellschaft. Wir haben den Einzelfall zu finden, wenn es sich um schwererziehbare Kinder handelt, um nervöse oder wahnsinnige Personen, um Selbstmörder, Delinquenten, Süchtige, Perverse usf. Sie alle leiden an einem Mangel des Gemeinschaftsgefühls, der fast immer auf Verwöhnung in der Kindheit oder auf einen extremen Wunsch nach Verwöhnung und Erleichterung zurückzuführen ist.

Die aktive Haltung eines Menschen kann nur aus der richtig verstandenen Bewegung gegenüber den Lebensfragen erkannt werden. Ebenso ihr Mangel. Es bedeutet nichts für den Einzelfall, wenn man, wie es die Besitzpsychologen tun, irgendwelche fehlerhafte Symptome auf die dunklen Regionen einer unsicheren Erblichkeit zurückzuführen trachtet oder auf allgemein als ungeeignet angesehene Einflüsse der Umwelt, die das Kind ja doch mit einer gewissen Willkür aufnimmt, verdaut und beantwortet. Die Individualpsychologie ist die Psychologie des Gebrauches und betont die schöpferische Aneignung und Ausnützung aller dieser Einflüsse. Wer die stets verschiedenen Fragen des Lebens als gleichbleibend ansieht, ihre Einmaligkeit in jedem Falle nicht wahrnimmt, kann leicht dazu verleitet werden, an wirkende Ursachen, Triebe, Instinkte als dämonische Lenker des Schicksals zu glauben. Wer nicht wahrnimmt, daß für jedes Geschlecht stets neue Fragen auftauchen, die niemals vorher bestanden haben, kann an die Wirksamkeit eines erblichen Unbewußten denken. Die Individualpsychologie kennt zu genau das Tasten und Suchen, die künstlerische Leistung des menschlichen Geistes bei der Lösung seiner Probleme, sei sie richtig oder unrichtig. Es ist die Leistung des Einzelmenschen aus seinem Lebensstil heraus, die eine individuelle Lösung seiner Probleme bedingt. Viel von dem Wert der Typenlehre fällt hinweg, wenn man die Armut der menschlichen Sprache kennt. Wie verschieden sind die Beziehungen, die wir mit »Liebe« bezeichnen. Sind zwei in sich gekehrte Menschen jemals gleich? Ist es denkbar, daß das Leben zweier identischer Zwillinge, die – nebenbei – sehr oft den Wunsch und das Streben haben, identisch zu sein, hier unter dem wechselnden Mond je gleichförmig verlaufen kann? Wir können das Typische benützen, müssen es sogar, ebenso wie die Wahrscheinlichkeit, dürfen aber selbst bei Ähnlichkeiten nicht vergessen, welche Verschiedenheit das ja doch einmalige Individuum aufweist. Wir können uns in unserer Erwartung der Wahrscheinlichkeit bedienen, um das Gesichtsfeld zu beleuchten, in dem wir das Einmalige zu finden hoffen, müssen aber auf diese Hilfe verzichten, sobald uns Widersprüche entgegentreten.

Bei dem Suchen nach den Wurzeln des Gemeinschaftsgefühls, die Möglichkeit einer Entwicklung desselben beim Menschen vorausgesetzt, stoßen wir sofort auf die Mutter als den ersten und wichtigsten Führer. Die Natur hat sie dazu bestellt. Ihre Beziehung zu dem Kinde ist die einer innigen Kooperation (Lebens- und Arbeitsgemeinschaft), bei der beide gewinnen, nicht wie manche glauben, eine einseitige, sadistische Ausbeutung der Mutter durch das Kind. Der Vater, die andern Kinder, die Verwandten und Nachbarn haben dieses Werk der Kooperation zu fördern, indem sie das Kind als einen gleichberechtigten Mitarbeiter zum Mitmenschen, nicht zum Gegenmenschen anleiten. Je mehr das Kind den Eindruck gewinnt von der Verläßlichkeit und Mitarbeit der andern, um so eher wird es zum Mitleben und zum selbständigen Mitarbeiten geneigt sein. Es wird alles, was es besitzt, in den Dienst der Kooperation stellen.

Wo aber die Mutter allzudeutlich von übertriebener Zärtlichkeit überfließt und dem Kind die Mitarbeit in seinem Verhalten, Denken und Handeln, wohl auch im Sprechen, überflüssig macht, wird das Kind eher geneigt sein, sich parasitär (ausbeutend) zu entwickeln und alles von den andern zu erwarten. Es wird sich immer in den Mittelpunkt drängen und bestrebt sein, alle andern in seinen Dienst zu stellen. Es wird egoistische Tendenzen entfalten und es als sein Recht ansehen, die andern zu unterdrücken, von ihnen immer verwöhnt zu werden, zu nehmen und nicht zu geben. Ein oder zwei Jahre eines solchen Trainings genügen, um der Entwicklung des Gemeinschaftsgefühls und der Neigung zur Mitarbeit ein Ende zu setzen.

Einmal in Anlehnung an andere, ein andermal in der Sucht, andere zu unterdrücken, stoßen sie sehr bald auf den für sie unüberwindlichen Widerstand einer Welt, die Mitmenschlichkeit, Mitarbeit verlangt. Ihrer Illusionen beraubt, beschuldigen sie die anderen und sehen im Leben immer nur das feindliche Prinzip. Ihre Fragen sind pessimistischer Art. »Was hat das Leben für einen Sinn?« »Warum soll ich meinen Nächsten lieben?« Wenn sie sich den legitimen Forderungen einer aktiven Gemeinschaftsidee fügen, so nur, weil sie anderseits den Rückstoß, die Strafe fürchten. Vor die Frage der Gemeinschaft, der Arbeit, der Liebe gestellt, finden sie nicht den Weg des sozialen Interesses, erleiden einen Schock, verspüren dessen Wirkung körperlich und geistig und treten den Rückzug an, bevor oder nachdem sie ihre sinngemäße Niederlage erlitten haben. Aber immer bleiben sie bei ihrer von Kindheit an gewohnten Haltung, daß ihnen ein Unrecht geschehen sei.

Man kann nun auch verstehen, daß alle Charakterzüge nicht nur nicht angeboren sind, sondern in erster Linie Beziehungen ausdrücken, die ganz dem Lebensstil eingeordnet sind. Sie sind Mitprodukt aus des Kindes schöpferischem Wirken. Das verwöhnte Kind, zur Selbstliebe verleitet, wird egoistische, neidische, eifersüchtige Züge in höherem, wenn auch verschiedenem Maße entwickeln, wird, wie in Feindesland lebend, Überempfindlichkeit, Ungeduld, Mangel an Ausdauer, Neigung zu Affektausbrüchen und ein gieriges Wesen zeigen. Die Neigung zum Rückzug und eine übergroße Vorsicht sind dabei gewöhnliche Erscheinungen.

Die Gangart, bildlich gesprochen, einer verwöhnten Person ist in günstigen Situationen manchmal nicht leicht zu durchschauen. Viel leichter in ungünstiger Lage, wenn das Individuum auf den Bestand seines Gemeinschaftsgefühls einer Prüfung ausgesetzt ist. Dann findet man es in einer zögernden Haltung, oder es macht in einer größeren Distanz zu seinem Problem halt. Das Individuum erklärt diese Distanz mit Scheingründen, die zeigen, daß es sich dabei nicht um die Vorsicht des Klugen handelt. Oft wechselt es seine Gesellschaft, seine Freunde, seine Liebespartner, seinen Beruf, ohne bis zu einem gedeihlichen Ende zu gehen. Gelegentlich stürmen solche Menschen im Beginn einer Aufgabe mit solcher Hast vorwärts, daß der Kenner sofort auf den Gedanken kommt, wie wenig Selbstvertrauen darin steckt und wie bald der Eifer nachlassen wird. Andere von den Verwöhnten werden zu Sonderlingen, möchten sich am liebsten in die Wüste zurückziehen, um allen Aufgaben auszuweichen. Oder sie lösen eine Aufgabe nur teilweise und schränken so ihren Wirkungskreis entsprechend ihrem Minderwertigkeitskomplex stark ein. Wenn sie über einen gewissen Fonds von Aktivität verfügen, der gewiß nicht »Mut« zu nennen ist, so schweifen sie leicht in einer etwas drückenden Lage ins Gebiet des sozial Unnützlichen, ja Schädlichen ab, werden Verbrecher, Selbstmörder, Trinker oder Perverse.

Es ist nicht für jeden leicht, sich mit dem Leben einer sehr verwöhnten Person zu identifizieren, das heißt sie ganz zu verstehen. Man muß schon wie ein guter Schauspieler diese Rolle innehaben und im ganzen Lebenskreis verstehen, wie man sich zum Mittelpunkt macht, wie man nach jeder Situation Ausblick halten muß, in der man andere niederdrückt, niemals Mitarbeiter ist, wo man alles erwarten, aber nichts geben muß. Man muß erkannt haben, wie sie die Mitarbeit anderer für sich auszubeuten trachten, Freundschaft, Arbeit und Liebe, wie sie nur für ihr eigenes Wohl, für ihre eigene, persönliche Überheblichkeit Interesse haben und immer nur an Erleichterungen ihrer Aufgaben zu ungunsten anderer denken, um zu verstehen, daß nicht Vernunft sie leitet. Das seelisch gesunde Kind entwickelt Mut, allgemeingültige Vernunft und aktive Anpassungsfähigkeit. Das verwöhnte Kind hat nichts oder wenig von all diesem, dafür Feigheit und Tricks. Dazu einen außerordentlich eingeengten Pfad, so daß es immer in den gleichen Fehler verfallen erscheint. Ein tyrannisches Kind erscheint immer tyrannisch. Ein Taschendieb bleibt immer bei seinem Handwerk. Der Angstneurotiker beantwortet alle Aufgaben des Lebens mit Angst. Der Süchtige bleibt bei seinem Gift. Der sexuell Perverse zeigt keine Neigung zu Abweichungen von seiner Perversion. In dem Ausschluß anderer Leistungen, in dem engen Pfad, auf dem ihr Leben abläuft, zeigt sich wieder deutlich ihre Lebensfeigheit, ihr mangelndes Selbstvertrauen, ihr Minderwertigkeitskomplex, ihre Ausschaltungstendenz.

Die geträumte Welt verwöhnter Personen, ihre Perspektive, ihre Meinung und Auffassung vom Leben, unterscheidet sich ungeheuer von der wirklichen Welt. Ihre Anpassung an die Evolution der Menschheit ist mehr oder weniger erwürgt, und dies bringt sie unaufhörlich in Konflikte mit dem Leben, an deren schädlichen Resultaten die andern mitleiden. Wir finden sie in der Kindheit unter den überaktiven und passiven Kindern, später unter den Verbrechern, Selbstmördern, Nervösen und Süchtigen, immer voneinander verschieden. Meist unbefriedigt sehen sie mit verzehrendem Neid auf die Erfolge der andern, ohne sich aufzuraffen. Immer bannt sie die Furcht vor einer Niederlage, vor der Aufdeckung ihrer Wertlosigkeit, meist sieht man sie auf dem Rückzug vor den Aufgaben des Lebens, für den sie um Ausreden nie verlegen sind.

Daß manche von ihnen Erfolge im Leben erringen, soll nicht übersehen werden. Es sind diejenigen, die überwunden und aus ihren Fehlern gelernt haben.

Die Heilung und Umwandlung solcher Personen kann nur auf dem Wege des Geistes, durch die wachsende Überzeugung von den Fehlern im Aufbau des Lebensstiles gelingen. Wichtiger wäre die Vorbeugung:

Die Familie, besonders die Mutter, müßte es verstehen, ihre Liebe zum Kinde nicht bis zur Verwöhnung zu steigern. Mehr wäre zu erwarten von einer Lehrerschaft, die gelernt hat, diesen Fehler zu erkennen und zu korrigieren. Es wird dann klarer werden als es bis jetzt erscheint, daß kein Übel größer ist als die Verwöhnung der Kinder mit ihren Folgen.

10. Was ist wirklich eine Neurose?

Wer sich jahrelang mit diesem Problem beschäftigt hat, der wird verstehen, daß man auf die Frage: Was ist nun wirklich Nervosität? eine klare und offene Antwort geben muß. Wenn man die Literatur durchwandert, um Aufschlüsse zu bekommen, so wird man sich vor einem solchen Wirrsal von Definitionen finden, daß man zum Schlusse wohl kaum zu einer einheitlichen Anschauung gelangen wird.

Wie immer, wenn in einer Frage Unklarheiten bestehen, gibt es eine Menge von Erklärungen und viel Kampf. So auch in unserem Falle. Neurose ist – Reizbarkeit, reizbare Schwäche, Erkrankung der endokrinen Drüsen, Folge von Zahn-, Naseninfektion, Genitalerkrankung, Schwäche des Nervensystems, Folge einer hormonalen, einer harnsauren Diathese, des Geburtstraumas, des Konfliktes mit der Außenwelt, mit der Religion, mit der Ethik, Konflikt zwischen dem bösen Unbewußten und dem kompromißgeneigten Bewußtsein, der Unterdrückung sexueller, sadistischer, krimineller Triebe, des Lärmes und der Gefahren der Großstadt, einer weichlichen, einer strengen Erziehung, der Familienerziehung überhaupt, gewisser bedingter Reflexe usw.

Vieles aus diesen Anschauungen ist zutreffend und kann zur Erklärung von mehr oder weniger bedeutsamen Teilerscheinungen der Neurose herangezogen werden. Das meiste davon findet sich häufig bei Personen, die nicht an einer Neurose leiden. Das wenigste davon liegt auf dem Wege zu einer Klärung der Frage: was ist wirklich eine Neurose? Die ungeheure Häufigkeit dieser Erkrankung, ihre außerordentlich schlimme soziale Auswirkung, die Tatsache, daß nur ein kleiner Teil der Nervösen einer Behandlung unterzogen wird, sein Leiden aber lebenslang als unerhörte Qual mit sich herumträgt, dazu das große, aufgepeitschte Interesse der Laienwelt für diese Frage, rechtfertigt eine kühle, wissenschaftliche Beleuchtung vor einem größeren Forum. Man wird dabei auch ersehen, wieviel medizinisches Wissen zum Verständnis und zur Behandlung dieser Erkrankung nötig ist. Es soll auch der Gesichtspunkt nicht außer acht gelassen werden, daß eine Verhütung der Neurose möglich und erforderlich ist, aber nur bei klarer Erkenntnis der zugrundeliegenden Schäden erwartet werden kann. Die Maßregeln zur Verhütung, Vorbeugung und Erkenntnis der kleinen Anfänge stammen aus dem ärztlichen Wissen. Aber die Mithilfe der Familie, der Lehrer, Erzieher und anderer Hilfspersonen ist dabei unentbehrlich. Dies rechtfertigt eine weite Verbreitung der Kenntnisse über das Wesen und über die Entstehung der Neurose.

Man muß willkürliche Definitionen, wie sie seit jeher bestehen, unbedingt beiseite schaffen, zum Beispiel, daß sie ein Konflikt zwischen dem Bewußten und dem Unbewußten ist. Darüber kann man schwer diskutieren, denn schließlich hätten die Autoren, die dieser Auffassung huldigen, einsehen müssen, daß man ohne Konflikte überhaupt nicht auskommt, so daß etwas Beleuchtendes über das Wesen der Neurose dadurch nicht gesagt ist, auch dann nicht, wenn uns jemand verleiten will, in einer hochmütig wissenschaftlichen Anschauung jene organischen Veränderungen, Chemismen, ausfindig zu machen. Damit wird er schwerlich etwas beitragen können, weil wir über Chemismen nichts aussagen können. Auch die anderen landläufigen Definitionen sagen nichts Neues. Was man unter Nervosität versteht, ist Reizbarkeit, Mißtrauen, Scheu usw. kurz irgendwelche Erscheinungen, die sich durch negative Charakterzüge auszeichnen, durch Charakterzüge, die nicht ins Leben hineinpassen und mit Affekten beladen erscheinen. Alle Autoren geben zu, daß die Nervosität mit einem gesteigerten Affektleben zusammenhängt. Als ich vor vielen Jahren daran ging, zu beschreiben, was wir unter dem nervösen Charakter verstehen, da zog ich die Überempfindlichkeit des Nervösen an den Tag. Dieser Charakterzug findet sich wohl bei jedem Nervösen, wenngleich in manchen seltenen Fällen dieser Zug nicht ganz leicht entdeckt werden kann, weil er verhüllt ist, aber wenn man näher zusieht, kann man entdecken, daß es doch Menschen mit großer Empfindlichkeit sind. Weitere Forschungen der Individualpsychologie haben ergeben, woher die Empfindlichkeit stammt. Einer, der sich zu Hause fühlt auf dieser armen Erdkruste, davon durchdrungen ist, daß nicht nur die Annehmlichkeiten des Lebens zu ihm gehören, sondern auch die Unannehmlichkeiten, der darauf gefaßt ist, etwas beizutragen, der wird keine Überempfindlichkeiten an den Tag legen. Die Überempfindlichkeit ist der Ausdruck des Minderwertigkeitsgefühls. So ergeben sich sehr leicht andere Charakterzüge des Nervösen, wie zum Beispiel die Ungeduld, die auch der, der sich sicher fühlt, der Selbstvertrauen hat, der dahin entwickelt ist, sich mit den Fragen des Lebens auseinanderzusetzen, nicht an den Tag legt. Wenn man diese zwei Charakterzüge im Auge hat, wird man verstehen, daß es Menschen sind, die in gesteigerten Affekten leben. Wenn man hinzunimmt, daß dieses Unsicherheitsgefühl gewaltig nach einem Ruhestand, nach Sicherheit strebt, kann man verstehen, warum das Streben des Nervösen nach Überlegenheit, nach Vollkommenheit aufgepeitscht ist, daß man diesen Zug, der zur Höhe strebt, als Ehrgeiz findet, der nur die eigene Person berücksichtigt. Das ist bei einem Menschen verständlich, der sich in Not befindet. Manchmal nimmt dieses Streben zur Höhe auch Formen an, zum Beispiel Gier, Geiz, Neid, Eifersucht, die von vornherein von der Allgemeinheit abgelehnt werden; da handelt es sich um Menschen, die gewaltsam über die Schwierigkeiten hinauszuwachsen bestrebt sind, weil sie sich deren glatte Lösung nicht zutrauen. Dazu kommt, daß das verstärkte Minderwertigkeitsgefühl Hand in Hand geht mit einer mangelhaften Entwicklung des Mutes, daß sich an Stelle dessen eine Häufung von trickhaften Versuchen einstellt, um das Problem des Lebens herumzukommen, sich das Leben zu erleichtern, anderen zuzuschieben; dies hängt mit dem mangelhaften Interesse an den anderen zusammen. Wir sind weit entfernt davon, diese vielen Menschen, die niedrigere oder höhere Grade dieses Verhaltens zeigen, zu kritisieren oder zu verurteilen, wir wissen, daß auch die schwersten Verfehlungen nicht unter bewußter Verantwortung zustande gekommen sind, sondern daß der Betreffende ein Spielball seiner schlechten Stellungnahme dem Leben gegenüber geworden ist. Diese Menschen haben ein Ziel vor Augen, bei dessen Verfolgung sie in Widerspruch mit der Vernunft geraten. Über das Wesen der Nervosität, über ihr Zustandekommen, ihre Struktur ist damit noch nichts gesagt. Wir sind einen Schritt weitergegangen und konnten, im Hinblick auf den mangelnden Mut des Nervösen, seine zögernde Haltung den Aufgaben des Lebens gegenüber, die geringe Auswirkung des Lebensprozesses gegenüber den Fragen des Lebens feststellen. Es ist sicher, daß wir das geringe Vermögen zur Aktivität bis in die Kindheit zurückverfolgen können. Wir Individualpsychologen sind davon nicht überrascht, weil die Lebensform in den ersten Lebensjahren entwickelt und unabänderlich ist und einer Änderung nur zugänglich ist, wenn der Betreffende den Irrtum in der Entwicklung versteht und die Fähigkeit besitzt, sich der Allgemeinheit zum Zwecke der Wohlfahrt der gesamten Menschheit wieder anzuschließen.

Besitzt ein Kind eine höhere Aktivität in schlechtem Sinne, dann kann man voraussetzen, daß dieses Kind, wenn es später ein Fehlschlag wird, kein Nervöser wird, sondern sich dann in einer anderen Form eines Fehlschlages – Verbrecher, Selbstmörder, Trunkenbold – manifestiert. Er kann sich als schwer erziehbares Kind des schlimmen Genres präsentieren, aber er wird nicht die Züge eines Nervösen aufweisen. Wir sind nun näher herangekommen und können feststellen, daß der Aktionsradius eines solchen Menschen keine besondere Ausbreitung erfährt. Der Nervöse hat einen geringen Aktionsradius, verglichen mit dem mehr normaler Menschen. Die Frage ist wichtig, woher die größere Aktivität kommt. Wenn wir feststellen, daß es möglich ist, den Aktionsradius eines Kindes zu entwickeln und zu unterdrücken, wenn wir verstanden haben, daß es Mittel gibt, in einer fehlgeschlagenen Erziehung den Aktionsradius des Kindes bis auf ein Minimum einzuengen, verstehen wir auch, daß uns die Frage der Vererbung nicht interessiert, sondern, daß das, was wir sehen, Produkt der schöpferischen Fähigkeiten des Kindes ist. Die Körperlichkeit und die Einwirkung der Außenwelt sind Bausteine, die das Kind zum Aufbau seiner Persönlichkeit benützt. Was wir an den Symptomen der Nervosität beobachten, die wir einteilen in körperliche Erschütterungen gewisser Organe und in seelische Erschütterungen, Angsterscheinungen, Zwangsgedanken, Depressionserscheinungen, die spezielle Bedeutung zu haben scheinen, nervöse Kopfschmerzen, Errötungszwang, Waschzwang und ähnliche seelische Ausdrucksformen, alle sind Dauersymptome. Sie verharren durch längere Zeit, und wenn man sich nicht in das Dunkel phantastischer Anschauungen begeben und annehmen will, daß sie sich ohne Sinn entwickelt haben, wenn man nach dem Zusammenhang sucht, wird man finden, daß jene Aufgabe, die dem Kind vorliegt, für das Kind zu schwer gewesen ist, daß sie aber dauernd besteht. Dadurch erscheint die Konstanz von nervösen Symptomen festgestellt und erklärt. Der Ausbruch der nervösen Symptome erfolgt vor einer bestimmten Aufgabe. Wir haben umfängliche Untersuchungen angestellt, um herauszufinden, worin die Schwierigkeit der Lösung von Problemen besteht, und die Individualpsychologie hat damit das ganze Gebiet dauernd beleuchtet, indem sie festgestellt hat, daß die Menschen immer Probleme vor sich haben, zu denen eine soziale Vorbereitung gehört. Die muß das Kind in frühester Kindheit erwerben, denn eine Steigerung ist nur aus dem Verständnis möglich. Wenn wir uns die Aufgabe gestellt haben, deutlich zu machen, daß tatsächlich immer ein solches Problem erschütternd wirkt, dann können wir von Schockwirkungen sprechen. Sie können von verschiedener Art sein. Einmal ist es die Frage der Gesellschaft. Eine Enttäuschung in der Freundschaft. Wer hat sie nicht erlebt, wer war dadurch nicht erschüttert? Die Erschütterung ist noch immer kein Zeichen von Nervosität. Sie ist nur dann ein Zeichen von Nervosität und wird Nervosität, wenn sie anhält, wenn sie einen Dauerzustand bildet, wenn der Betreffende sich mit Mißtrauen von jedem Du abwendet, wenn er deutlich zeigt, daß er durch Scheu, Schüchternheit, körperliche Symptome, Herzklopfen, Schwitzen, Magen-Darm-Erscheinungen, Harndrang immer abgehalten wird, sich irgendwo anderen

Menschen zu nähern, ein Zustand, der in der individualpsychologischen Beleuchtung klar spricht und sagt, daß dieser Mensch das Kontaktgefühl mit anderen nicht genügend entwickelt hat, was auch daraus hervorgeht, daß ihn seine Enttäuschung zur Isolierung gebracht hat. Nun sind wir dem Problem schon näher gerückt und können uns ein Verständnis über die Nervosität verschaffen. Wenn einer zum Beispiel im Beruf Geld verliert und erschüttert ist, so ist das noch keine Nervosität. Eine nervöse Erscheinung wird es erst, wenn er dabei stehenbleibt und nur erschüttert ist und sonst gar nichts. Das läßt sich nur erklären, wenn man versteht, daß dieser Mensch keinen genügenden Grad von Mitarbeit erworben hat, daß er nur bedingungsweise vorwärtsgeht, wenn ihm alles gelingt. Dasselbe gilt auch für die Liebesfrage. Sicherlich ist die Lösung der Liebesfrage keine Kleinigkeit. Es bedarf schon einer gewissen Erfahrung, Verständnisses, einer gewissen Verantwortung. Wenn da einer durch diese Frage in eine Aufregung und Irritation gerät, wenn er, einmal zurückgeschlagen, nie mehr vorwärts geht, wenn sich in diesem Rückzug vor dem genannten Problem auch alle Emotionen einfinden, die den Rückzug sichern, wenn er ein solches Urteil für das Leben gewinnt, daß er an dem Rückzug festhält, dann erst ist es Nervosität. Jeder wird im Trommelfeuer Schockwirkungen erleben, aber zur Dauer werden sie nur dann führen, wenn er nicht für die Aufgaben des Lebens vorbereitet ist. Er bleibt stecken. Dieses Steckenbleiben haben wir begründet, indem wir sagten: das sind Menschen, die zur Lösung aller Probleme nicht richtig vorbereitet sind, das sind keine richtigen Mitarbeiter von Kindheit an, aber wir müssen noch etwas mehr sagen: es ist ja doch ein Leiden, das wir in der Nervosität zu beobachten haben, es ist keine Annehmlichkeit. Wenn ich jemandem die Aufgabe stellte, er solle Kopfschmerzen erzeugen, wie sie angesichts eines Problems zustande kommen, zu dessen Lösung er nicht vorbereitet ist, wird er nicht imstande sein, es zu tun. Deswegen müssen wir alle Auseinandersetzungen, einer erzeuge sein Leiden, er wolle krank sein, alle diese unrichtigen Anschauungen müssen wir a limine beseitigen. Es ist keine Frage, daß der Betreffende leidet, aber er zieht diese Leiden noch immer jenen größeren vor, um nicht bei der Lösung wertlos zu erscheinen. Er nimmt lieber alle nervösen Leiden in Kauf als die Enthüllung seiner Wertlosigkeit. Beide, der nervöse und der nichtnervöse Mensch werden einer Feststellung ihrer Wertlosigkeit den größten Widerstand entgegensetzen, aber der Nervöse weit mehr. Vergegenwärtigt man sich die Überempfindlichkeit, Ungeduld, Affektsteigerung, den persönlichen Ehrgeiz, so wird man begreifen können, daß ein solcher Mensch nicht vorwärts zu bringen ist, solange er sich in Gefahr glaubt, daß sich seine Wertlosigkeit enthüllen werde. Welche Stimmungslage erfolgt nun, nachdem diese Schockwirkungen eingetreten sind? Er hat sie nicht erzeugt, er wünscht sie nicht, sie sind aber da als die Folgen einer seelischen Erschütterung, als Folgen eines Gefühls der Niederlage, als Folgen der Furcht, in seiner Wertlosigkeit enthüllt zu sein. Diese Wirkung, die da entsteht, zu bekämpfen, hat er keine rechte Neigung, er versteht sich auch nicht leicht dazu, sich aus ihr zu befreien. Er würde sie wegwünschen, er wird darauf bestehen: ich möchte ja gesund werden, ich will von den Symptomen befreit sein. Deshalb geht er auch zum Arzt. Was er aber nicht weiß, ist, daß er etwas noch mehr fürchtet: als etwas Wertloses dazustehen; es könnte sich etwa das düstere Geheimnis entpuppen, daß er nichts wert sei. Wir sehen nun, was eigentlich Nervosität ist: ein Versuch, dem größeren Übel auszuweichen, ein Versuch, den Schein des Wertes um jeden Preis aufrecht zu erhalten, alle Kosten zu zahlen, aber gleichzeitig zu wünschen, dieses Ziel zu erreichen, auch ohne Kosten zu zahlen. Leider ist das unmöglich. Es geht nicht anders, als daß man dem Betreffenden eine bessere Vorbereitung für das Leben verschafft, daß man ihn besser einbettet, daß man ihn ermutigt, was nicht durch ein Aufpeitschen, durch Strafen, Härte, Zwang erreicht werden kann. Man weiß, wie viele Menschen fähig sind, wenn sie über eine gewisse Aktivität verfügen, sich lieber umzubringen, als die Probleme zu lösen. Das ist deutlich. Deshalb können wir von einem Zwang nichts erwarten, es muß eine systematische Vorbereitung eintreten, bis der Betreffende sich sicher fühlt, so daß er an die Lösung des Problems schreiten kann. Andererseits ist es ein Mensch, der glaubt, vor einem tiefen Abgrund zu stehen, der fürchtet, wenn er angetrieben wird, in den Abgrund zu stürzen, das heißt, daß seine Wertlosigkeit sich enthüllen würde.

Ein 35jähriger Rechtsanwalt klagt über Nervosität, ununterbrochenen Schmerz in der Hinterhauptgegend, allerlei Beschwerden in der Magengegend, Stumpfheit im ganzen Kopf und allgemeine Schwäche und Müdigkeit. Dabei ist er immer in Aufregung und ruhelos. Oft hat er Angst das Bewußtsein zu verlieren, wenn er mit fremden Menschen sprechen soll. Zu Hause, in der Familie seiner Eltern, fühlt er sich erleichtert, obwohl ihm auch dort die Atmosphäre nicht behagt. Er ist überzeugt, daß er dieser Symptome wegen keinen Erfolg haben kann. Die klinische Untersuchung ergab ein negatives Resultat bis auf eine Skoliose, die bei Verlust des Muskeltonus infolge der Depression zur Erklärung des Hinterhauptschmerzes und der Rückenschmerzen herangezogen werden kann. Die Müdigkeit kann ohne weiteres seiner Ruhelosigkeit zugeschrieben werden, ist aber sicher auch wie das stumpfe Gefühl im Kopfe als eine Teilerscheinung der Depression zu verstehen. Die Beschwerden in der Magengegend sind aus der allgemeinen Diagnostik, die wir hier anwenden, schwerer zu verstehen, könnten als Nervenirritation infolge der Skoliose entstanden sein, aber auch der Ausdruck einer Prädilektion sein, die Antwort eines minderwertigen Organs auf eine seelische Irritation. Für letzteres spricht die Häufigkeit von Magenstörungen in der Kindheit und eine ähnliche Klage des Vaters, ebenfalls ohne organischen Befund. Patient weiß auch, daß gelegentliche Aufregungen immer von Verschlechterung seines Appetits, manchmal mit Erbrechen, begleitet waren.
Eine vielleicht als Kleinigkeit angesehene Klage läßt uns den Lebensstil des Patienten etwas genauer erkennen. Seine Ruhelosigkeit spricht deutlich dafür, daß er den Kampf um »seinen Erfolg« nicht ganz aufgegeben hat. Für die gleiche Schlußfolgerung, wenn auch in eingeschränkterem Maße, spricht seine Mitteilung, daß er sich auch

zu Hause nicht wohl fühlt. In eingeschränkterem Maße deshalb, weil ihn seine Angst, fremden Menschen zu begegnen, also ins Leben hinauszutreten, auch zu Hause nicht verlassen kann. Die Furcht, das Bewußtsein zu verlieren, läßt uns aber einen Blick in die Werkstätte seiner Neurose tun: er sagt es, weiß es aber nicht, wie er seine Aufregung, wenn er Fremde sehen muß, durch einen vorgefaßten Gedanken, bewußtlos zu werden, künstlich steigert. Es sind zwei Gründe namhaft zu machen, warum der Patient es nicht weiß, daß er künstlich, als ob in einer Absicht, die Aufregung bis zu einer Konfusion steigert. Der eine Grund liegt auf der Hand, wenngleich nicht allgemein verstanden: der Patient blickt gleichsam schielend nur auf seine Symptome und nicht auf den Zusammenhang mit seiner Gangart. Der andere Grund ist: daß der unerbittliche Rückzug, die »Avance rückwärts«, wie ich es vor langer Zeit als wichtigstes neurotisches Symptom beschrieben habe[17], in unserem Falle verbunden mit schwachen Versuchen sich aufzuraffen, nicht unterbrochen werden darf. Die Erregung, in die der Patient gerät – was freilich auch bewiesen werden muß, denn bisher ist es nur unter Zuhilfenahme der allgemeinen Diagnostik, der individualpsychologischen Erfahrung und mittels medizinisch-psychologischer Intuition erraten – wenn er mit den drei Lebensfragen Gemeinschaft, Beruf, Liebe zusammenstößt, für die er offensichtlich nicht vorbereitet ist, ergreift ja nicht nur den Körper, um dort funktionelle Veränderungen hervorzurufen, sondern auch die Psyche. Es kommt infolge der mangelhaften Vorbereitung dieser Persönlichkeit zu funktionellen Störungen in Körper und Seele. Der Patient, vielleicht von früher her schon durch kleinere Fehlschläge belehrt, schreckt vor dem »exogenen« Faktor zurück, fühlt sich nun dauernd von einer Niederlage bedroht, um so mehr, wenn er als verwöhntes Kind (ein neuer Beweis, den wir in der Folge zu führen haben werden) sein selbst aufgebautes Ziel einer persönlichen Überle-

17. In: *Über den nervösen Charakter*, l. c.

genheit ohne Interesse für die anderen mehr und mehr unerreichbar findet. In dieser Stimmungslage von erhöhten Emotionen, die immer der Angst vor einer endgültigen Niederlage entspringen, wenngleich Angst im gewöhnlichen Sinne des Wortes nicht immer deutlich hervortreten muß, entstehen ja nach der körperlichen, meist angeborenen, und nach der seelischen, immer erworbenen Konstitution, immer miteinander vermengt und sich gegenseitig beeinflussend, jene Symptome, die wir in der Neurose und Psychose finden.

Ist dies aber schon die Neurose? Die Individualpsychologie hat wahrlich viel getan, die Tatsache aufzuklären, daß man zur Lösung der Lebensaufgaben schlecht oder gut vorbereitet sein kann, und daß dazwischen viele tausend Varianten zu finden sind. Viel auch, um verstehen zu lassen, daß die gefühlte Unfähigkeit zur Lösung Körper und Seele anläßlich des exogenen Faktors tausendfältig vibrieren macht. Sie hat auch gezeigt, daß die mangelnde Vorbereitung aus der frühesten Kindheit stammt und sich weder durch Erlebnisse noch durch Emotionen, sondern nur durch Erkenntnisse bessern läßt. Und sie hat als den integrierenden Faktor im Lebensstil das Gemeinschaftsgefühl entdeckt, das zur Lösung aller Lebensfragen in ausschlaggebender Weise vorhanden sein muß. Die körperlichen und seelischen Erscheinungen, die das Gefühl des Versagens begleiten und charakterisieren, habe ich als Minderwertigkeitskomplex beschrieben. Freilich sind die Schockwirkungen im Falle des Minderwertigkeitskomplexes bei schlechter vorbereiteten Individuen größer als bei besser vorbereiteten, bei mutigeren Menschen geringer als bei entmutigten und stets Hilfe von außen suchenden. Konflikte, die ihn mehr oder weniger erschüttern, hat jedermann. Körperlich und seelisch fühlt sie jedermann. Unsere Körperlichkeit, die äußeren sozialen Verhältnisse ersparen keinem das Gefühl der Minderwertigkeit gegenüber der Außenwelt. Hereditäre Organminderwertigkeiten sind allzu häufig, als daß sie durch die harten Anforderungen des Lebens nicht getroffen würden. Die Umweltsfaktoren, die auf das Kind einwirken, sind nicht von der Art, ihm den Aufbau eines »richtigen« Lebensstils leicht zu ermöglichen. Verwöhnung, vermeintliche oder wirkliche Vernachlässigung, besonders erstere, verleiten das Kind allzuoft, sich in Widerspruch zum Gemeinschaftsgefühl zu setzen. Dazu kommt noch, daß das Kind sein Bewegungsgesetz zumeist ohne richtige Anleitung findet, nach dem trügerischen Gesetz von Versuch und Irrtum, in eigner, nur durch die menschlichen Grenzen eingeengter Willkür, immer aber auch einem Ziel der Überlegenheit in millionenfachen Varianten zustrebend. Die schöpferische Kraft des Kindes benützt, »gebraucht« alle Eindrücke und Empfindungen als Impulse zu einer endgültigen Stellungnahme, zur Entwicklung seines individuellen Bewegungsgesetzes. Man hat diese von der Individualpsychologie hervorgehobene Tatsache später als »Einstellung« oder als »Gestalt« bezeichnet, ohne dem Ganzen des Individuums und seiner Verbundenheit mit den drei großen Fragen des Lebens gerecht zu werden, auch ohne die Leistung der Individualpsychologie dabei anzuerkennen. Ist nun der Konflikt eines »schlimmen« Kindes, eines Selbstmörders, eines Verbrechers, eines erzreaktionären Menschen, eines sinnlos ultraradikalen Kämpfers, eines saumselig Dahinlebenden, eines durch die Not, die ihn umgibt, in seiner Behaglichkeit gestörten Prassers, ist dieser Konflikt samt den körperlichen und seelischen Folgen bereits »die Neurose«? Sie alle treffen in ihrem verfehlten, beharrlichen Bewegungsgesetz die von der Individualpsychologie betonte »Wahrheit«, geraten in Widerspruch mit dem sub specie aeternitatis »Richtigen«, mit der unerbittlichen Forderung einer idealen Gemeinschaft. Sie verspüren die freilich tausendfachen Folgen dieses Zusammenstoßes, freilich in tausendfachen Varianten, körperlich und seelisch. Aber ist dies die Neurose? Gäbe es nicht die unerbittlichen Forderungen der idealen Gemeinschaft, könnte jeder im Leben seinem verfehlten Bewegungsgesetz genügen – man kann phantasievoller auch sagen: seinen Trieben, seinen bedingten Reflexen –, so gäbe es keinen Konflikt. Niemand kann eine derart sinnlose Forderung aufstellen. Sie regt sich nur schüchtern, wenn einer die Verbundenheit von Individuum und Gemeinschaft übersieht oder zu trennen versucht. Jeder beugt sich mehr oder weniger willig dem ehernen Gesetz der idealen Gemeinschaft. Nur das zum äußersten verwöhnte Kind wird erwarten und verlangen: »res mihi subigere conor«, wie Horaz tadelnd hervorhebt. Frei übersetzt: die Gemeinschaftsbeiträge für mich auszunützen, ohne etwas beizutragen. »Warum ich meinen Nächsten lieben soll«, geht aus der untrennbaren Verbundenheit der Menschen hervor und aus dem unerbittlich richtenden Ideal der Gemeinschaft.[18] Nur wer einen genügenden Anteil dieses Zieles zur Gemeinschaft in sich, in seinem Bewegungsgesetz trägt und ihn lebt wie Atmen, wird auch die ihm zukommenden Konflikte im Sinne der Gemeinschaft zu lösen imstande sein.

Wie jedermann erlebt auch der Neurotiker seine Konflikte. Sein Lösungsversuch aber unterscheidet ihn klar von allen anderen. Bei der Tausendfältigkeit von Varianten sind Teilneurosen und Mischformen stets zu finden. In seinem Bewegungsgesetz ist der Rückzug vor Aufgaben, die durch eine gefürchtete Niederlage seine Eitelkeit, sein vom Gemeinschaftsgefühl allzu stark getrenntes Streben nach persönlicher Überlegenheit, sein Streben, der Erste zu sein, gefährden könnten, von Kindheit her trainiert. Sein Lebensmotto: »Alles oder nichts«, meist wenig gemildert, die Überempfindlichkeit des stets von Niederlagen Bedrohten, seine Ungeduld, die Affektsteigerung des wie in Feindesland Lebenden, seine Gier, bringen häufiger und stärkere Konflikte hervor, als nötig wären, und machen ihm den durch seinen Lebensstil vorgeschriebenen Rückzug leichter. Die von Kindheit her trainierte und erprobte Taktik des Rückzuges kann leicht eine »Regression« auf infantile Wünsche vortäuschen. Aber nicht auf solche Wünsche kommt es dem Neurotiker an, sondern auf seinen Rückzug, den er gerne mit Opfern aller Art bezahlt. Auch hier liegt eine trügerische Verwechslung mit »Formen der Selbstbestrafung« nahe. Aber: nicht auf die Selbstbestrafung kommt es ihm an, sondern auf das Gefühl der Erleichterung durch den Rückzug, der ihn vor einem Zusammenbruch seiner Eitelkeit, seines Hochmutes bewahrt.

18. Siehe auch A. Adler, ›Der Sinn des Lebens‹. In: *Zeitschrift für Individualpsychologie.* Leipzig 1931. S. 161 ff.

Vielleicht wird man jetzt endlich verstehen, was das Problem der »Sicherung« in der Individualpsychologie bedeutet. Es kann nur im ganzen Zusammenhang erkannt werden. Nicht als »sekundär«, sondern als hauptsächlich. Der Neurotiker »sichert« sich durch seinen Rückzug und »sichert« seinen Rückzug durch Steigerung der Schockerscheinungen körperlicher und seelischer Art, die im Zusammenstoß mit einem die Niederlage androhenden Problem entstanden sind.

Er zieht sein Leiden dem Zusammenbruch seines persönlichen Hochgefühls vor, von dessen Stärke bisher nur die Individualpsychologie Kenntnis hat. Dieses Hochgefühl, das in der Psychose nur oft deutlicher hervortritt, sein Überlegenheitskomplex, wie ich es genannt habe, ist so stark, daß der Neurotiker selbst es nur mit schaudernder Ehrfurcht von ferne ahnt und daß er gerne seine Aufmerksamkeit von ihm abwendet, wenn er es in der Wirklichkeit erproben soll. Es treibt ihn nach vorne. Er aber muß des Rückzuges wegen alles verwerfen, alles vergessen, was den Rückzug hindern könnte. Es gibt nur Raum dem Rückzugsgedanken, den Rückzugsgefühlen und den Rückzugshandlungen.

Der Neurotiker wendet sein ganzes Interesse dem Rückzug zu. Jeder Schritt vorwärts wird von ihm als ein Fall in den Abgrund mit allen Schrecken ausgestattet. Deshalb trachtet er mit aller Macht, mit allen seinen Gefühlen, mit allen seinen erprobten Rückzugsmitteln sich im Hinterland festzuhalten. Die Ausstattung seiner Schockerlebnisse, für die er sein ganzes Interesse aufwendet, wobei er vom einzig wichtigen Faktor abgewendet bleibt, von seiner Furcht vor der Erkenntnis, wie weit er von seinem egoistischen Hochziel entfernt ist, der große Aufwand meist metaphorisch eingekleideter und aufgepeitschter Gefühle, wie der Traum sie liebt, um entgegen dem Common sense beim eigenen Lebensstil zu verharren, gestatten ihm, sich an den nun fertigen Sicherungen festzuhalten, um nicht der Niederlage entgegengetrieben zu werden. Die Meinung und das Urteil der anderen, die bei Ausbruch der Neurose mildernde Umstände gelten lassen, aber ohne sie den zitternden Nimbus des Neurotikers nicht anerkennen würden, wird zur größten Gefahr. Kurz gesagt: *die Ausnützung der Schockerlebnisse zum Schutze des bedrohten Nimbus* – das ist die Neurose. Oder noch kürzer: die Stimmungslage des Neurotikers gestaltet sich zu einem »Ja, aber«. Im »Ja« steckt die Anerkennung des Gemeinschaftsgefühls, im »Aber« der Rückzug und seine Sicherungen. Man schadet der Religion nur, wenn man sie oder ihr Fehlen für die Neurose verantwortlich macht. Man schadet jeder politischen Partei, wenn man ihre Anerkennung als Heilung der Neurose anpreist.

Als unser Patient die Universität verlassen hatte, versuchte er als Hilfskraft in einer Rechtsanwaltskanzlei unterzukommen. Er blieb dort nur wenige Wochen, weil ihm sein Wirkungskreis zu dürftig vorkam. Nachdem er mehrmals aus diesem Grund und aus anderen Gründen gewechselt hatte, beschloß er, sich lieber theoretischen Studien hinzugeben. Man lud ihn zu Vorlesungen über Rechtsfragen ein, aber er lehnte ab, »weil er vor einem größeren Kreis nicht sprechen könne«. In dieser Zeit, er war damals 32 Jahre alt, stellten sich seine Symptome ein. Ein Freund, der ihm helfen wollte, erbot sich, mit ihm zugleich das Referat zu erstatten. Unser Patient stellte die Bedingung, als Erster zu sprechen. Er betrat die Plattform zitternd und verwirrt und fürchtete, das Bewußtsein zu verlieren. Er sah nur schwarze Flecken vor den Augen. Kurz nach der Vorlesung fanden sich seine Magenbeschwerden ein, und er stellte sich vor, er müsse sterben, wenn er noch einmal vor vielen Leuten sprechen müßte. In der nächsten Zeit beschäftigte er sich nur damit, Kindern Unterricht zu geben.
Ein Arzt, den er befragte, erklärte ihm, er müsse sich sexuell betätigen, um gesund zu werden. Wir könnten das Unsinnige eines solchen Rates voraussehen. Der Patient, der sich bereits am Rückzug befand, beantwortete diesen Rat mit Syphilisfurcht, mit ethischen Bedenken und mit der Furcht, betrogen und der Vaterschaft eines illegitimen Kindes bezichtigt zu werden. Seine Eltern rieten ihm zu einer Heirat und hatten damit scheinbar Erfolg, als sie ihm auch das Mädchen zur Ehe brachten. Es trat eine Schwangerschaft ein und die Frau verließ

das Haus, um zu ihren Eltern zurückzukehren, da sie, wie sie sagte, die fortwährende Kritik von oben herab nicht länger ertragen konnte.

Wir sehen schon jetzt, wie hochmütig unser Patient sein konnte, wenn sich ihm eine leichte Gelegenheit bot – wie er aber sofort den Rückzug antrat, wenn ihm die Sache unsicher schien. Um Weib und Kind kümmerte er sich nicht. Er war immer nur darum besorgt, nicht minderwertig zu scheinen, und diese Besorgnis war stärker als sein Streben nach dem so sehnlichst gesuchten Erfolg. Er scheiterte, als er an die Front des Lebens kam, geriet in eine andauernde Gefühlswelle höchster Angst und verstärkte seinen Rückzug durch Aufrichtung von Schreckgespenstern, weil ihm der Rückzug dadurch erleichtert war.

Stärkere Beweise? Wir wollen sie in zweifacher Art erbringen. Erstens, indem wir in die Zeit seiner frühen Kindheit zurückgreifen wollen, um festzustellen, daß er zu dem Lebensstil verleitet wurde, den wir bei ihm gefunden haben. Zweitens, indem wir weitere gleichlaufende Beiträge aus seinem Leben herbeitragen wollen. Ich würde es in jedem Falle als den stärksten Beweis der Richtigkeit eines Befundes dieser Art ansehen, wenn sich herausstellte, daß die weiteren Beiträge zur Charakteristik einer Person mit der bereits gefundenen vollkommen übereinstimmen. Sollten sie es nicht, dann müßte die Auffassung des Untersuchenden entsprechend geändert werden.

Die Mutter war, wie der Patient angibt, eine weiche Frau, an der er sehr hing, und die ihn gründlich verzärtelte, auch immer von ihm ganz große Leistungen erwartete. Der Vater war weniger zur Verwöhnung geneigt, gab aber unter allen Umständen nach, wenn der Patient unter Weinen seine Wünsche vorbrachte. Unter den Geschwistern zog er einen jüngeren Bruder vor, der ihn vergötterte, ihm jeden Wunsch erfüllte, ihm wie ein Hündchen nachlief und sich von ihm immer leiten ließ. Der Patient war die Hoffnung seiner Familie und konnte sich auch bei den anderen Geschwistern immer durchsetzen. Eine ungewöhnlich leichte, warme Situation also, die ihn für die Außenwelt ungeeignet machte.

Dies zeigte sich sofort, als er zum erstenmal in die Schule sollte. Er war der Jüngste in der Klasse und nahm dies zum Anlaß, seine Abneigung gegen diese Außenposition durch zweimaligen Schulwechsel zu bekunden. Dann aber lernte er mit ungeheurem Eifer, um alle anderen Schüler zu übertreffen. Wenn ihm dies nicht gelang, so trat er einen Rückzug an, blieb häufig wegen Kopf- und Magenschmerzen aus der Schule weg oder kam häufig zu spät. War er gleich in dieser Zeit nicht unter den besten Schülern, so schrieben er und die Eltern diesen Umstand seinen häufigen Absenzen zu, während unser Patient gleichzeitig stark betonte, daß er mehr wußte und mehr gelesen hatte als alle anderen Schüler.
Bei den geringsten Anlässen steckten ihn die Eltern ins Bett und pflegten ihn vorsorglich. Er war immer ein ängstliches Kind gewesen und schrie oft im Schlafe auf, um seine Mutter auch des Nachts mit sich zu beschäftigen.
Es versteht sich, daß er über die Bedeutung und über den Zusammenhang aller dieser Erscheinungen nicht im klaren war. Sie alle waren der Ausdruck, die Aussprache seines Lebensstils. Er wußte auch nicht, daß er deshalb bis spät in den Morgen hinein im Bette las, um am nächsten Tage das Privilegium zu genießen, spät aufstehen zu können und so eines Teiles seiner Tagesarbeiten ledig zu werden. Mädchen gegenüber war seine Scheu noch größer als gegenüber Männern, und dieses Verhalten überdauerte die ganze Zeit seiner Entwicklung zum Manne. Daß es ihm in jeder Lebenssituation an Mut gebrach, daß er um keinen Preis seine Eitelkeit aufs Spiel setzen wollte, kann leicht verstanden werden. Die Unsicherheit, von Mädchen gut aufgenommen zu werden, kontrastierte stark mit der Sicherheit, mit der er die Hingabe der Mutter erwarten durfte. In seiner Ehe wollte er die gleiche Herrschaft errichten, deren er sich bei Mutter und Brüdern erfreute und mußte natürlich scheitern.
Ich konnte feststellen, daß in den ältesten Kindheitserinnerungen, freilich oft gut verborgen, der Lebensstil eines Individuums zu finden ist. Unseres Patienten älteste Erinnerung lautete: »Ein kleiner Bruder

war gestorben, und der Vater saß vor dem Hause und weinte bitterlich.« Wir erinnern uns, wie der Patient vor einer Vorlesung nach Hause flüchtete und zu sterben vorgab.
Wie einer zur Frage der Freundschaft steht, charakterisiert sehr gut seine Fähigkeit zum Gemeinschaftsmenschen. Unser Patient gibt an, daß er immer nur kurze Zeit Freunde besessen habe und daß er sie immer beherrschen wollte. Man wird dies wohl nur Ausbeutung der Freundschaft anderer nennen können. Als er auf diesen Umstand freundlich hingewiesen wurde, antwortete er: »Ich glaube nicht, daß irgend einer sich für die Gemeinschaft einsetzt, jeder tut es nur für sich.« Wie er sich für den Rückzug rüstet, geht auch aus folgenden Tatsachen hervor: Er möchte gerne Artikel oder ein Buch schreiben. Aber wenn er sich zum Schreiben hinsetzt, kommt er in eine solche Erregung, daß er nicht denken kann. Er erklärt, nicht schlafen zu können, wenn er vorher nicht liest. Aber wenn er liest, bekommt er einen Druck im Kopfe, so daß er nicht schlafen kann. Sein Vater starb vor kurzer Zeit, gerade als der Patient eine andere Stadt besuchte. Kurz hernach sollte er dort eine Stelle annehmen. Er lehnte ab unter Vorgabe, er würde sterben, wenn er diese Stadt betreten müßte. Als man ihm in seiner Stadt eine Stelle anbot, schlug er sie aus mit der Motivierung, er würde die erste Nacht nicht schlafen können und am nächsten Tag deshalb versagen. Erst müsse er ganz gesund werden.
Daß auch im Traum des Patienten sein Bewegungsgesetz, dieses «Ja, aber« des Neurotikers wieder zu finden ist, dafür ein Beispiel. Man kann mit der Technik der Individualpsychologie die Dynamik eines Traumes finden. Sie sagt uns nichts Neues, nichts, was wir nicht sonst auch aus dem Verhalten des Patienten erkennen konnten. Man kann aus den richtig verstandenen Mitteln und aus der Auswahl der Inhalte erkennen, wie der Träumer, geleitet durch sein Bewegungsgesetz, bemüht ist, entgegen dem Common sense seinen Lebensstil durch künstliche Erweckung von Gefühlen und Emotionen durchzusetzen. Und man findet auch oft Hinweise darauf, wie der Patient seine Sym-

ptome unter dem Druck der Furcht vor einer Niederlage erzeugt. Ein Traum dieses Patienten lautet: »Ich sollte Freunde besuchen, die jenseits einer Brücke wohnten. Das Geländer war mit Farbe frisch gestrichen. Ich wollte ins Wasser schauen und lehnte mich ans Geländer. Dieses stieß gegen meinen Magen, der zu schmerzen begann. Ich sagte zu mir selbst: du sollst nicht ins Wasser hinabschauen. Du könntest hinunterfallen. Aber ich wagte es doch, ging abermals bis zum Geländer, blickte hinab und ging rasch zurück, indem ich überlegte, es sei doch besser, in Sicherheit zu sein.«
Der Besuch der Freunde und das frisch gestrichene Geländer deuten auf die Hinweise betreffs des Gemeinschaftsgefühls und des Neuaufbaues eines besseren Lebensstils. Die Furcht des Patienten, von seiner Höhe herabzufallen, sein »Ja, aber«, sind klar genug hervorgehoben. Die Magenbeschwerden als Folge eines Furchtgefühls sind, wie früher beschrieben, konstitutionell immer zur Hand. Der Traum zeigt uns die ablehnende Haltung des Patienten gegenüber den bisherigen Bemühungen des Arztes und den Sieg des alten Lebensstils unter Zuhilfenahme eines eindringlichen Bildes einer Gefahr, wenn die Sicherheit des Rückzuges in Frage gestellt ist.

Die Neurose ist die dem Verständnis des Patienten entzogene, automatische Ausnutzung von Symptomen, die aus Schockwirkungen entstanden sind, Diese Ausnutzung liegt solchen Menschen näher, die für ihren Nimbus allzusehr fürchten und die schon in der Kindheit, meist als verwöhnte Kinder, auf diesen Weg der Ausnutzung gelockt wurden. Noch einiges über die körperlichen Erscheinungen, wo die Phantasien einiger Autoren Triumphe feiern. Die Sache steht so: der Organismus ist ein Ganzes und hat als Gabe und Geschenk der Evolution das Streben zum Gleichgewicht, das sich unter schwierigen Umständen so weit als möglich durchsetzt. Zur Erhaltung des Gleichgewichts gehört die Abänderbarkeit des Herzschlages, die Tiefe des Atmens, die Zahl der Atemzüge, die Gerinnbarkeit des Blutes, die Beteiligung der endokrinen Drüsen;

da zeigt sich immer deutlicher, daß insbesondere seelische Erregungen das vegetative System und das endokrine System in Erregung versetzen und zu vermehrter oder veränderter Sekretion veranlassen. Wir können heute noch am ehesten Veränderungen der Schilddrüse infolge der Schockwirkungen verstehen, die manchmal sogar lebensgefährlich werden können. Ich habe solche Patienten gesehen. Der größte Forscher auf diesem Gebiet, Zondek, hat sich meiner Mithilfe versichert, um festzustellen, welche seelische Einwirkungen mit im Spiele sind. Es ist ferner keine Frage, daß alle Fälle von Basedowerkrankungen als eine Folge von seelischen Erschütterungen auftreten. Es sind gewisse Menschen, bei denen seelische Erschütterungen die Schilddrüse irritieren.

Auch Fortschritte der Forschung über die Irritation der Nebenniere sind gemacht worden. Man kann von einem Sympathico-Adrenalin-Komplex sprechen; besonders bei Zornaffekten ist die Beimengung von Nebennierensekret vermehrt. Der amerikanische Forscher Cannon hat an Tierversuchen gezeigt, daß bei Zornausbrüchen eine Vermehrung des Adrenalingehaltes eintritt. Das führt zur Verstärkung der Herztätigkeit und anderen Veränderungen, so daß man verstehen kann, daß Kopfschmerzen, Gesichtsschmerzen, vielleicht epileptische Anfälle durch einen psychischen Anlaß hervorgerufen werden können. Dabei handelt es sich immer um Menschen, die durch ihr Problem immer wieder aufs neue gereizt werden. Es ist klar, daß es sich da um die Dauer von Problemen handelt. Wenn man es mit einem 20jährigen nervösen Mädchen zu tun hat, wird man wohl annehmen können, daß hier Berufsfragen, wenn nicht Liebesfragen drohend vor ihr stehen. Bei einem 50jährigen Mann oder einer Frau wird man unschwer erraten, daß es das Problem des Alters ist, das der Betreffende glaubt nicht lösen zu können oder tatsächlich nicht lösen kann. Wir empfinden die Tatsachen des Lebens niemals direkt, sondern nur durch unsere Auffassung, sie ist maßgebend.

Die Heilung kann nur auf intellektuellem Wege, durch die wachsende Einsicht des Patienten in seinen Irrtum und durch die Entwicklung seines Gemeinschaftsgefühls zustandekommen.

11. Sexuelle Perversionen

Ich hoffe, daß die hier nur schematische Darstellung der sexuellen Perversionen[19] keine Enttäuschung zur Folge haben wird. Ich darf dies um so eher erwarten, als der größte Teil meiner Leser mit den Grundanschauungen der Individualpsychologie vertraut ist, so daß das spurweise Anklingen eines Problems wie eine ausführliche Behandlung desselben entgegengenommen werden wird. Hier kommt es viel mehr darauf an, den Einklang unserer Weltanschauung mit der Struktur der sexuellen Perversion zu zeigen. In unserer Zeit ist das keine ungefährliche Angelegenheit, denn gerade heute ist die Strömung übermächtig, die die sexuellen Perversionen auf angeborene Faktoren zurückführen möchte. Das ist so bedeutsam, daß man diesen Gesichtspunkt nicht aus den Augen lassen darf; nach unserer Anschauung handelt es sich um Kunstprodukte, die in die Erziehung eingeflossen sind, ohne daß der Betroffene es weiß. Daraus sieht man den großen Gegensatz, in dem wir zu anderen stehen, und die Schwierigkeiten, die für uns nicht geringer werden, wenn andere, wie z. B. Kraepelin, eine ähnliche Auffassung betonen.

Um unser Verhältnis zu anderen zu beleuchten, will ich einen Fall erzählen, der aber nichts mit sexuellen Perversionen zu tun hat, sondern nur als Beispiel für meinen Standpunkt der psychologischen Auffassung dienen soll. Es handelt sich um eine Frau, die in glücklicher Ehe lebt und zwei Kinder hat. Sie steht seit sechs Jahren im Kampf mit ihrer Umgebung. Es handelt sich um folgendes Problem: Sie behauptet, daß eine langjährige Freundin, die sie schon seit ihrer Kindheit kennt

19. Siehe R. Dreikurs, *Seelische Impotenz*. Leipzig; und A. Adler, *Das Problem der Homosexualität*, l. c.

und wegen ihrer Fähigkeiten bewundert hatte, sich seit sechs Jahren als herrschsüchtige Frau entpuppte und immer auf Quälereien aus sei. Sie selbst habe darunter am meisten zu leiden, und sie führt eine Anzahl von Beweisen dafür an, die von den anderen geleugnet werden. Sie behauptet: »Es könnte sein, daß ich in manchen Dingen zu weit gegangen bin, aber im Grunde habe ich doch recht. Vor sechs Jahren hat diese Freundin in Abwesenheit einer anderen Freundin abfällige Bemerkungen über letztere gemacht, während sie in deren Anwesenheit immer die Liebenswürdige spielte.« Sie fürchtet nun, daß die Freundin auch ähnliche Bemerkungen über sie machen könnte. Ein anderer Beweis: Die Freundin bemerkte: »Der Hund ist zwar gehorsam, aber dumm.« Dabei warf sie einen Blick auf unsere Patientin, der sagen sollte: »So wie du.« Die Umgebung der Patientin war über die Auslegung dieses Ausspruches, dem sie kein Gewicht beilegte, außerordentlich entrüstet und stand fest auf der Seite der Angeschuldigten.

Den anderen gegenüber zeigte sich diese Frau von der schönsten Seite. Zur Bekräftigung ihrer Anschauung sagte die Patientin: »Seht doch nur, wie sie ihren Hund behandelt. Sie quält ihn und läßt ihn Kunststücke machen, die dem Hund ungeheuer schwerfallen.« Die Umgebung meinte: »Das ist doch nur ein Hund, das kann man nicht mit dem Verhalten zu Menschen vergleichen, zu Menschen ist sie gütig.« Die Kinder meiner Patientin hingen sehr an der Freundin und stellten sich gegen die Anschauung der Mutter. Auch der Mann leugnete, daß eine andere Auffassung möglich sei. Die Patientin fand immer neue Beweise für die Herrschsucht der Freundin, die sich besonders gegen sie richteten. Ich stand nicht an, der Patientin zu erklären, daß ich den Eindruck habe, daß sie im Recht sei. Sie war begeistert. Es ergab sich dann noch manches, was für die Herrschsucht der Frau sprach, und mein Eindruck wurde mir schließlich von dem Mann bestätigt. Da sah man auf einmal: die arme Frau hat ja recht, sie macht nur einen schlechten Gebrauch davon. Anstatt zu verstehen, daß es so etwas wie verkappte Herabsetzungstendenz gibt und daß man einem Menschen etwas zugute halten muß, wandte sie sich vollkommen gegen diese Frau, fand alles tadelnswert und ärgerte sich. Sie hatte eine feinere Epidermis, sie konnte besser erraten, wenn auch nicht verstehen, was in der Freundin vorging.

Was ich damit sagen will, ist: Es ist oft das Fatalste in der Welt, wenn man recht hat. Es klingt überraschend – aber jeder hat es vielleicht in seinem eigenen Leben erfahren, daß er recht gehabt hatte und daß daraus Unheil entsprungen ist. Sie brauchen nur daran zu denken, was geschehen könnte, wenn diese Frau jemandem in die Hände fiele, der keine feine Epidermis hat: er würde von Querulantenwahn, paranoiden Ideen sprechen und würde sie so behandeln, daß es ihr immer schlechter gehen würde. Es ist schwer, seinen Standpunkt aufzugeben, wenn man recht hat. In dieser Lage befinden sich alle Forscher, die überzeugt sind, recht zu haben, und sich nun verteidigen müssen. Wir dürfen uns nicht wundern, wenn auch um unsere Anschauungen große Kämpfe entbrennen. Wir müssen uns nur hüten, nur recht zu haben und einen schlechten Gebrauch davon zu machen. Wir wollen uns dadurch nicht irritieren lassen, daß es so viele Forscher gibt, die unsere Anschauungen bekämpfen. In der Wissenschaft muß man außerordentlich viel Geduld haben. Wenn heute in bezug auf sexuelle Perversionen der Hereditätsgedanke vorwaltet, ob es sich nun um einfache Hereditarier handelt, die vom dritten Geschlecht sprechen oder davon, daß das andere Geschlecht einem eingeboren ist, oder um solche, die meinen, daß angeborene Faktoren zur Entfaltung kommen und daß man nichts dagegen machen könne, oder ob man von angeborenen Komponenten spricht, alle diese Faktoren können uns nicht bestimmen, unsere Anschauung zu verlassen. Es zeigt sich, daß die Organiker bei der Suche nach organischen Veränderungen, nach organischen Anomalien außerordentlich schlecht abschneiden.

Was die Homosexualität anbelangt, möchte ich eine Mitteilung vorlegen, die im vorigen Jahr erschienen ist und jenes Problem betrifft, das

1927 aufgeworfen wurde, als Laqueur fand, daß man im Harn aller Menschen Hormone des anderen Geschlechts findet. Wer nur schwach in unserer Anschauung ist, auf den wird dieses Faktum überraschend wirken. Er könnte sich denken, daß, wenn sich Perversionen entwikkeln, sie aus der Zweigeschlechtlichkeit stammen. Die Untersuchungen von Bran an neun Homosexuellen haben ergeben, daß sich dieselben Hormone bei ihnen fanden wie bei Nichthomosexuellen. Das ist ein Schritt vorwärts in unserer Richtung. Die Homosexualität hängt nicht von den Hormonen ab.

Ich will ein Schema vorlegen, nach dem alle Richtungen der Psychologie eingeteilt werden können. Es gibt *Besitzpsychologien,* die sich damit befassen, festzustellen, was ein Mensch auf die Welt mitbringt und besitzt, die aus diesem Besitz alles Seelische ableiten wollen. Vom Standpunkt des Common sense ist das eine fatale Angelegenheit. Sonst ist man im Leben nicht geneigt, alle Folgerungen aus dem Besitz zu ziehen, sondern daraus, welchen *Gebrauch* einer von dem Besitz machen kann. Uns interessiert der Gebrauch viel mehr als der Besitz. Wenn einer ein Schwert besitzt, so ist damit nicht gesagt, daß er davon den richtigen Gebrauch macht; er kann es wegwerfen, kann dreinhauen, es schleifen usw. Uns interessiert der Gebrauch. Deshalb möchte ich sagen: es gibt andere Richtungen der Psychologie, die man als *Gebrauchspsychologien* betrachten müßte. Die Individualpsychologie, die die Stellungnahme eines Menschen zu den Lebensfragen berücksichtigt, um ihn zu verstehen, berücksichtigt den Gebrauch. Für richtig denkende Menschen brauche ich nicht hinzuzufügen, daß niemand einen Gebrauch machen kann, der über seine Fähigkeiten hinausgeht, daß er immer im Rahmen menschlicher Fähigkeiten bleibt, über deren Tragweite wir nichts Endgültiges aussagen können. Es ist bedauerlich und zeugt von dem triumphalen Einzugsmarsch des Ignorantentums in das Feld der Psychologie, daß man über Gemeinplätzliches noch reden muß.

Bezüglich des Gebrauchs der Fähigkeiten ist zu sagen: es war eigentlich der stärkste Schritt, den die Individualpsychologie gemacht hat, daß sie das Bewegungsgesetz im Seelenleben eines Menschen als das Ausschlaggebende für seine Eigenart erklärt hat. Obgleich es notwendig war, die Bewegung einfrieren zu lassen, um sie als Form zu sehen, haben wir immer alles von dem Gesichtspunkt aus, daß alles Bewegung ist, gesehen, und gefunden, daß es so sein muß, um zur Lösung von Fragen, zur Überwindung von Schwierigkeiten zu gelangen. Da kann man nicht sagen, daß das Lustprinzip dem widersprechen würde; auch das Streben nach Lust ist eine Überwindung eines Mangels oder einer Unlustempfindung. Wenn das richtig ist, dann werden wir die sexuellen Perversionen auch in diesem Licht sehen müssen. So wird erst einmal das Feld der Bewegung beleuchtet, wie es die Individualpsychologie verlangt. Ich möchte betonen, daß, wenn wir dabei zu Formeln, Grundanschauungen der Struktur der Perversionen kommen, für den einzelnen Fall damit lange nicht genug getan ist. Jeder einzelne Fall stellt etwas Einmaliges dar, etwas nie Wiederkehrendes. Wenn man z. B. an eine Therapie geht, sind allgemeine Redensarten zu verwerfen. Aus der Tatsache der Gebrauchspsychologie folgt, daß das Individuum, losgelöst aus dem normalen, sozialen Verband, nichts von seiner Eigenart verraten könnte. Wir werden erst dann über seine Eigenart etwas aussagen können, wenn wir es einer Prüfung unterwerfen und nun den Gebrauch, den es von seinen Fähigkeiten macht, beobachten. In diesem Sinne ist die Individualpsychologie der viel engeren Experimentalpsychologie angenähert, nur daß das Leben da die Experimente anstellt. Die exogenen Faktoren, die sich vor das Individuum stellen, sind für unsere Betrachtung von größter Bedeutung, wir müssen verstehen lernen, welche Bezogenheit gerade dieses einmalige Individuum zu dem bevorstehenden Problem hat. Wir müssen zwei Seiten betrachten und lernen, in welcher Art dieses Individuum sich gegenüber dem äußeren Problem bewegt. Wir suchen, wie es Herr über das Problem zu werden trachtet. Die Gangart, das Bewegungsgesetz des Individuums einer stets sozialen Aufgabe gegenüber ist das Beobachtungsfeld der Individualpsychologie. Wir stehen hier vor millionenfachen Verschiedenheiten. Man kann sich in der ungeheuren Verschiedenheit nur zurechtfinden, wenn man vorläufig etwas Typisches annimmt, im sicheren Bewußtsein, daß das, was man als typisch annimmt, immer Varianten zeigt, die in der Folge sichergestellt werden müssen. Das Verständnis für das Typische beleuchtet nur das Untersuchungsfeld, und nun beginnt die schwierige Aufgabe, das Individuelle herauszufinden. Dazu gehört eine feine Epidermis; man kann sie erwerben. Ferner muß die individuell erfaßte Schwere und Wucht des vorliegenden Problems richtig verstanden werden, was nur gelingt, wenn man genug soziale Erfahrung besitzt und ein feines Einfühlungsvermögen in den richtig erfaßten Lebensstil des Individuums, d. h. in das Ganze seiner Eigenart. In diesem Bewegungsgesetz, das wir wahrnehmen, können wir vier typische Formen unterscheiden, die ich in meinen zwei letzten Arbeiten in der Zeitschrift für Individualpsychologie[20] beschrieben habe.

Abgesehen von den anderen Bewegungsformen gegenüber den Aufgaben des Liebeslebens finden wir in auffallender Weise bei den Perversionen die *verengerte Aufmarschbreite.* Es zeigt sich, daß die Aufmarschbreite nicht in normalem Ausmaße vorhanden ist, daß sie außerordentlich eingeengt ist, daß nur ein Teil des Problems gelöst wird, wie z. B. beim Fetischismus. Wichtig ist auch das Verständnis für die Tatsache, daß alle diese Bewegungsformen durch Ausschaltung der Norm auf ein Ziel der Überwindung von Minderwertigkeitsgefühlen gerichtet sind. Wenn wir die Bewegung betrachten, den Gebrauch, den einer von seinen Fähigkeiten macht, wobei ihn seine Meinung leitet, der Sinn, den er dem Leben unterschiebt, ohne es zu wissen, ohne es in Worte und Begriffe gebracht zu haben, wenn wir von diesem Standpunkt ausgehen, können wir erraten, welches Ziel der Überwindung ihm vorschweben muß, welche Genugtuung, die ihm als Überwindung erscheint, wenn er sich dem Liebesproblem nicht ganz hingibt, in einer Distanz bleibt oder langsamer vorgeht und die Zeit vertrödelt. Da könnte man auf das Beispiel des Fabius Maximus Cunctator hinweisen, der eine Schlacht gewann, weil er lange gezö-

20. Siehe A. Adler in: X. Jahrgang der *Zeitschrift für Individualpsychologie.* Leipzig.

gert hatte, was aber wieder nur zeigt, daß man nicht starr an einer Regel festhalten darf. Dieses Ziel der Überwindung wird auch in den sexuellen Neurosen (Frigidität, Ejaculatio praecox usw.) klar. Das Problem wird berührt, aber in einer Distanz, in zögernder Haltung, ohne Kooperation, was nicht zur Lösung des Problems führt. In dieser Bewegungsform finden wir auch die Tendenz zur Ausschaltung, die am stärksten bei der reinen Homosexualität zutage tritt. Auch in anderen Fällen ist sie wirkend, wie beim Fetischismus und Sadismus. In letzterem finden wir eine starke Aggression, die nicht zur Lösung des Problems führt, und können eine eigenartige Form des Zögerns, der Ausschaltung wahrnehmen, in der eine Sexualerregung zur Unterdrückung des anderen führt, einen starken Ansturm, der zu einer mangelhaften, d. h. einseitigen Lösung eines Problems Anlaß gibt. Ebenso beim Masochismus, bei dem das Ziel der Überlegenheit in zweierlei Richtungen verstanden werden muß. Es ist klar, daß der Masochist seinem Partner Befehle gibt und daß er sich trotz seines Schwächegefühls als Befehlshaber des anderen empfindet. Gleichzeitig schaltet er die Möglichkeiten einer Niederlage bei normaler Aufmarschbreite aus. Er kommt durch einen Trick zur Überwindung der *ängstlichen Spannung.*

Wenn wir die individuelle Stellungnahme des Individuums betrachten, so finden wir folgendes: wenn einer eine bestimmte Bewegungsform einhält, ergibt es sich von selbst, daß er andere Formen der Lösung des Problems ausschaltet. Diese Ausschaltung ist keine zufällige; ebenso wie dieser Bewegungsvorgang trainiert ist, so ist auch die Ausschaltung trainiert. Es gibt keine sexuelle Perversion ohne Training. Das sieht freilich nur der, der auf die Bewegung achtet. Noch einen zweiten Gesichtspunkt werden wir scharf hervorheben müssen. Der normale Bewegungsvorgang wäre der, auf ein Problem loszugehen, um es in seiner Gänze zu lösen. Wir finden diese Vorbereitung gar nicht, wenn wir die vorhergehende Bewegung des Individuums betrachten. Wenn wir bis in die ersten Kinderjahre des Individuums zurückgehen, finden wir, daß in dieser Zeit, angeregt durch Einflüsse von außen, aus angeborenen Fähigkeiten und Möglichkeiten ein Prototyp gebildet wird. Was aber dieses Kind aus allen Einflüssen und dem Erlebnis seiner Organe[21] macht, können wir vorher nicht wissen. Hier arbeitet das Kind im Reiche der Freiheit mit eigener schöpferischer Kraft. Man findet Wahrscheinlichkeiten in Hülle und Fülle; ich war immer bemüht, sie hervorzuheben und gleichzeitig ihre kausale Bedingtheit zu leugnen. Es ist nicht richtig, daß ein Kind, das mit einer Schwäche der endokrinen Organe zur Welt kommt, ein Neurotiker werden muß, aber es gibt eine gewisse Wahrscheinlichkeit, daß im allgemeinen gewisse Erlebnisse in annähernd ähnlicher Richtung sich manifestieren, wenn nicht die richtigen erzieherischen Einflüsse zugunsten des sozialen Kontaktes wirksam werden. Auch die Einflüsse des Milieus sind nicht derart, daß wir voraussagen könnten, was das Kind daraus machen wird. Hier gibt es tausend Möglichkeiten im Reiche der Freiheit und des Irrtums. Jeder wird einen Irrtum gestalten, weil niemand der absoluten Wahrheit habhaft werden kann. Es zeigt sich folgendes: Der Prototyp muß, um ein annähernd normaler Mensch zu werden, mit einem gewissen Impuls zur Mitarbeit versehen sein. Es hängt die ganze Entwicklung eines Menschen davon ab, wieviel Kontaktgefühl in seinem dritten, vierten, fünften Lebensjahr entwickelt ist. In dieser Zeit schon zeigt sich der Grad der Anschlußfähigkeit. Wenn man die Fehlschläge daraufhin betrachtet, so sieht man, daß alle fehlerhaften Bewegungsformen aus einem Mangel an Kontaktfähigkeit zu erklären sind. Noch mehr: wegen seiner Eigenart ist der Betreffende gezwungen, gegen jede andere Form *zu protestieren,* für die er nicht vorbereitet ist. Wir müssen im Urteil gegen diese Menschen tolerant sein, weil sie es nicht gelernt haben, das genügende Maß von sozialem Interesse zu entwikkeln. Wer dies verstanden hat, versteht auch, daß das Liebesproblem ein soziales Problem ist, das von einem nicht gelöst werden kann, der für den anderen wenig Interesse aufbringt, auch nicht von einem gelöst werden kann, der es nicht in sich trägt, daß er an der Entwicklung der Menschheit mitbeteiligt ist. Der wird ein anderes Bewegungsgesetz haben als ein

21. Siehe Holub, *Die Lehre von der Organminderwertigkeit.* Leipzig

Mensch, der zur Lösung der Liebesfrage geeignet ist. So können wir von allen Perversen feststellen, daß sie nicht zu Mitgehenden geworden sind.

Wir können auch die Fehlerquellen herausfinden, die uns verstehen lassen, warum das Kind im Mangel an Kontaktfähigkeit irrtümlich stekkengeblieben ist. Diejenige Erscheinung im gesellschaftlichen Leben, die den stärksten Anlaß zur mangelhaften Kontaktfähigkeit gibt, ist die *Verwöhnung.* Verwöhnte Kinder haben nur mit der verwöhnenden Person Kontakt und sind infolgedessen genötigt, alle anderen Personen auszuschalten. Für jede einzelne Perversion sind noch andere Einflüsse nachzuweisen. Man kann sagen: hier hat unter der Einwirkung dieses Erlebnisses das Kind sein Bewegungsgesetz so gestaltet, daß es die Frage seiner Beziehung zum anderen Geschlecht in dieser Richtung durchgeführt hat. Alle Perversen zeigen ihr Bewegungsgesetz nicht nur dem Liebesproblem gegenüber, sondern bei allen Prüfungen, für die sie nicht vorbereitet sind. Deswegen finden wir bei sexuellen Perversionen alle Charakterzüge der Neurose, wie Überempfindlichkeit, Ungeduld, Neigung zu Affektausbrüchen, Gier, wie sich ja auch alle Perversen damit rechtfertigen, daß sie wie unter Zwang stehen. Es ist eine gewisse Besitzgier, die darauf ausgeht, den Plan, der ihnen durch ihre Eigenart gegeben ist, durchzuführen, so daß man einen so starken Protest gegen eine andere Form findet, daß für den anderen auch Gefahren nicht ganz ausgeschlossen sind (Lustmord, Sadismus).

Ich möchte zeigen, wie sich das Training für eine bestimmte Form der sexuellen Perversion ermitteln läßt, eine Beobachtung, die uns zeigt, daß gewisse Perversionen auf Grund eines solchen Trainings entstehen können. Man muß das Training nicht am Material suchen, man muß verstehen, daß das Training auch gedanklich und im Traum durchgeführt werden kann. Das ist ein starker Hinweis der Individualpsychologie, weil viele glauben, daß z. B. ein perverser Traum ein Beweis für angeborene Homosexualität ist, während wir aus unserer Auffassung des Traumlebens feststellen können, daß dieser homosexuelle Traum zum Training gehört, genau so wie er dazu gehört, das Interesse für das gleiche Geschlecht zu entwickeln, für das andere auszuschalten. Dieses Training möchte ich an einem Falle zeigen, in einer Zeit, wo von sexuellen Perversionen noch nicht die Rede sein kann. Ich lege zwei Träume vor, um zu zeigen, daß man das Bewegungsgesetz auch im Traumleben findet. Wenn man mit individualpsychologischen Kenntnissen ausgestattet ist, wird man nicht davor zurückschrecken, in jedem kleinen Bruchstück die ganze Lebensform zu erforschen. Wir müssen aber auch im Trauminhalt die ganze Lebensform finden, nicht nur in den Traumgedanken, die freilich bei richtigem Verständnis und bei richtiger Bezugnahme auf den Lebensstil zum Verständnis der Stellungnahme eines Individuums zu einem vorliegenden Problem außerordentlich förderlich sind, einer Stellungnahme, die durch seinen fixierten Lebensstil erzwungen ist. Ich möchte dem Gedanken Ausdruck geben, daß es uns so geht, wie bei einer Detektivarbeit. Wir sind nicht mit allen Materialien, die wir zu unserer Aufgabe benötigen, gesegnet, wir müssen die Fähigkeit des Erratens außerordentlich steigern, um die Einheit des Individuums festzustellen.

Erster Traum:

»Ich versetze mich in die zukünftige Kriegszeit. Alle Männer, sogar alle Knaben über zehn Jahre müssen einrücken ...« Aus dem ersten Satz kann der Individualpsychologe schließen, daß das ein Kind ist, das sein Augenmerk auf die Gefahren des Lebens richtet, auf die Rücksichtslosigkeit der anderen.

»... Nun geschieht es, daß ich eines Abends, als ich aus dem Schlaf erwache, sehe, daß ich mich im Spitalsbett befinde. Am Bette sitzen meine Eltern.«

Aus der Auswahl des Bildes sieht man die Verwöhnung.

»Ich fragte sie, was los sei. Sie sagten, es sei Krieg. Sie wollten, daß mir der Krieg nicht so arg würde, deshalb haben sie mich operieren lassen, damit ich ein Mädchen werde.«

Daraus kann man sehen, wie die Eltern um ihn besorgt sind. Das heißt, wenn ich in Gefahr bin, so halte ich mich an meine Eltern. Das ist die Ausdrucksform eines verzärtelten Kindes. Wir werden keinen Schritt weitergehen, als wir unbedingt dürfen. Wir haben die Verpflichtung, bei unserer Arbeit so skeptisch wie möglich zu sein. Das Verwandlungsproblem taucht auf. Wenn man von wissenschaftlichen Versuchen absieht, die noch fraglich sind, so muß man sagen, daß die Verwandlung eines Knaben in ein Mädchen eine laienhafte Anschauung ist. Hier beweist sie die Unsicherheit in Beziehung auf das Geschlechtsleben; es zeigt uns, daß der Träumer in der Überzeugung von seiner Geschlechtsrolle nicht ganz sicher ist. Das wird manchen überraschen, wenn er hört, daß es ein zwölfjähriger Junge ist. Wir werden beobachten können, wie er zu dieser Auffassung kommt. Ihm erscheint das Leben durch Aufgaben wie die des Krieges unannehmbar; er protestiert dagegen.

»Die Mädchen müssen nicht in den Krieg ziehen. Wenn ich doch einrücken müßte, könnte mir der Geschlechtsteil nicht weggeschossen werden, da ich ja keinen wie die Buben habe.«

Im Krieg könnte einer um den Geschlechtsteil kommen. Ein wenig einleuchtendes Argument zugunsten der Kastration oder gar zum Ausdruck des Gemeinschaftsgefühls in der Ablehnung des Krieges.

»Ich kam nach Hause, doch wie durch ein Wunder hatte der Krieg aufgehört.«

Also war die Operation überflüssig. Was wird er nun tun?

»Vielleicht ist es nicht notwendig, daß ich mich wie ein Mädchen verhalte, vielleicht gibt es keinen Krieg.«

Man sieht, er trennt sich nicht ganz von seiner Knabenrolle. Das müssen wir in seinem Bewegungsgesetz vermerken. Er trachtet, ein Stückchen auf der männlichen Seite weiterzugeben.

»Zu Hause wurde ich sehr traurig und weinte viel.«

Kinder, die viel weinen, sind verzärtelte Kinder.

»Als meine Eltern mich fragten, warum ich weine, sagte ich, ich habe Angst, da ich zum weiblichen Geschlecht zähle, daß ich, wenn ich älter werde, Geburtswehen bekommen würde.«

Mit der weiblichen Rolle ist es auch nichts. Wir waren auf dem richtigen Wege, sein Ziel dahin festzustellen, daß der Junge allen Unannehmlichkeiten ausweichen will. Ich habe bei sexuell Perversen gefunden, daß sie verzärtelte, oft in Ungewißheit gehaltene Kinder sind, zumindest eine große Sehnsucht nach Anerkennung, sofortigem Erfolg, persönlicher, gieriger Überlegenheit haben. Da kann es vorkommen, daß das Kind nicht weiß, ob es ein Knabe oder ein Mädchen ist … Was soll er machen? Auf der Männerseite gibt es keine Hoffnung, auf der anderen auch nicht.

»Am nächsten Tag gehe ich in meinen Verein, denn ich bin in Wirklichkeit in einem Pfadfinderverein.«

Wir können uns schon vorstellen, wie er sich dort benehmen wird.

»Ich träumte, in unserem Verein ist ein einziges Mädchen. Das war abgesondert von den Buben.«

Suche nach Trennung der Geschlechter.

»Die Buben riefen mich zu ihnen. Ich sagte, ich sei ein Mädchen, ging zu dem einzigen Mädchen. Mir kam es so sonderbar vor, daß ich kein Bub mehr sei und ich dachte nach, wie ich mich benehmen müßte als Mädchen.«

Auf einmal taucht die Auffassung auf: wie ich mich benehmen müßte als Mädchen.

Dies ist das Training. Nur wer das Training bei allen sexuellen Perversionen beobachtet hat, wie es unter Ausschaltung der Norm erzwungen wird, nur der versteht, daß die sexuelle Perversion ein Kunstprodukt ist, das jeder selber schafft, zu dem jeder durch seine psychische Konstitution, die er selbst geschaffen hat, angeleitet wird, gelegentlich verleitet durch seine angeborene physische Konstitution, die ihm die Schwenkung leichter macht.

»Im Nachdenken wurde ich durch einen Krach gestört. Ich wachte auf und merkte, daß ich mit dem Kopf an die Wand geraten sei.«

Der Träumer hat oft die Haltung, die seinem Bewegungsgesetz entspricht.[22] Mit dem Kopf an die Wand rennen, ist eine landläufige Redensart. Sein Verhalten mutet uns so an.

22. Siehe A. Adler, ›Schlafstellungen‹. In: *Praxis und Theorie der Individualpsychologie*, l. c.

»Der Traum hat mir so einen Eindruck hinterlassen... «
Die Absicht des Traumes ist, einen Eindruck zu hinterlassen.
»..., daß ich in der Schule noch im Zweifel war, ob ich ein Bub oder ein Mädel bin. In den Pausen mußte ich aufs Klosett gehen, um nachzusehen, ob ich nicht doch ein Mädchen bin.«

Zweiter Traum:
»Ich träumte, ich treffe das einzige Mädchen in unserer Klasse. Dasselbe Mädchen, von dem ich vorhin geträumt hatte. Sie wollte mit mir spazierengehen. Ich antwortete ihr: ich gehe jetzt nur mit Buben. Sie sagte: ich bin auch ein Bub. Ich verlangte von ihr, da mir das nicht glaubhaft erschien, sie möge es mir beweisen. Da zeigte sie mir, daß sie einen Geschlechtsteil wie die Buben habe. Ich fragte sie, wie das möglich sei. Sie erzählte mir, sie sei operiert worden. Bei den Buben war es leichter, sie in ein Mädchen zu verwandeln, umgekehrt ist das schwieriger, da mußte man etwas dazugeben. So hatte sie aus Kautschuk einen Knabengeschlechtsteil angenäht. Doch eben wurde unsere Diskussion durch ein lautes ›Aufstehen‹ gestört. Meine Eltern haben mich aufgeweckt. Ich konnte nur mit Mühe und Not fünf Minuten Faulenzen erbitten, aber da ich kein Zauberer bin, konnte ich den Traum nicht wieder hervorrufen.«
Man wird bei einem gewissen Typus von verwöhnten Kindern die Neigung für Zauberkunststücke finden; das Zaubern erscheint ihnen das Wichtigste, sie wollen alles ohne Anstrengung und Mühe haben und haben für Telepathie viel übrig.
Nun werden wir hören, wie der Junge versucht, sich diesen Traum zu erklären:
»Ich hatte in Kriegsbeschreibungen gelesen: Geschlechtsteile fliegen durch die Luft. Ich habe gehört, wenn man den Geschlechtsteil verliert, stirbt man.«
Man sieht die Wichtigkeit, die der Junge dem Geschlechtsteil beimißt.
»Auf dem Titelblatt einer Zeitung habe ich gelesen: Zwei Hausgehil-

finnen in zwei Stunden in Soldaten verwandelt.«

Es dürfte sich um eine Mißbildung der Geschlechtsorgane gehandelt haben, die verkannt wurde.

Zum Schluß möchte ich einem Gedanken Ausdruck geben, der alle hieher gehörigen Diskussionen auf eine einfachere Basis stellt. Es gibt wirkliche Hermaphroditen, bei denen tatsächlich die Entscheidung schwer wird, ob man es mit Mädchen oder Knaben zu tun hat. Man überläßt ihnen den Gebrauch, den sie von dem Hermaphroditismus machen wollen. Bei den Pseudohermaphroditen finden wir Mißbildungen, die die Ähnlichkeit mit dem anderen Geschlecht vortäuschen. Tatsache ist, daß jeder Mensch spurweise Anteile des anderen Geschlechts in sich trägt, wie auch Sexualhormone des anderen Geschlechts im Urin. Da kommt man auf einen Gedanken, der kühn erscheint; daß in jedem Menschen ein Zwilling steckt. Es gibt die verschiedensten Formen von Andeutung der Zwillingschaft, und das Problem der Gleichzeitigkeit zweier Geschlechtsformen im Menschen wird sich in der Zukunft im Zwillingsproblem auflösen. Wir verstehen, daß jeder Mensch aus männlichem und weiblichem Material geboren wird. Es ist nicht ausgeschlossen, daß wir bei der Zwillingsforschung auf Probleme stoßen, die uns bezüglich des Hermaphroditismus, der in jedem Menschen angedeutet ist, größere Klarheit geben.

Bezüglich der Behandlung: Man wird immer hören, daß eine Perversion unheilbar ist. Unmöglich ist die Heilung nicht, aber schwierig. Die Schwierigkeit der Heilung erklärt sich daraus, daß es Menschen sind, die im Verlaufe des Lebens auf die Perversion trainiert haben, weil sie ein eingeengtes Bewegungsgesetz haben, das ihnen den Verlauf vorschreibt. Sie müssen in dieser Richtung gehen, weil sie von frühester Jugend an den Kontakt nicht gefunden haben, um den richtigen Gebrauch von Körper und Seele zu machen. Der richtige Gebrauch kann nur unter Voraussetzung eines entwickelten Gemeinschaftsgefühls gemacht werden, eine Erkenntnis, die die Heilung *auch einer größeren Zahl* von Perversen als wahrscheinlich erscheinen läßt.

12. Erste Kindheitserinnerungen

Man mag von der Einheit des Ich noch so wenig wissen, man wird sie nicht los. Man kann das einheitliche Seelenleben nach verschiedenen, mehr oder weniger wertlosen Gesichtspunkten zergliedern, man kann zwei, drei, vier verschiedene räumliche Anschauungen miteinander, gegeneinander auftreten lassen, um das einheitliche Ich begreifen zu wollen, man kann es vom Bewußten, vom Unbewußten, vom Sexuellen, von der Außenwelt her aufzurollen versuchen – zum Schlusse wird man nicht umhin können, es wieder, wie den Reiter auf dem Roß in seine allumfassende Wirksamkeit einsetzen zu müssen. Immerhin ist der Fortschritt, den die Individualpsychologie angebahnt hat, nicht mehr zu verkennen. Das »Ich« hat in der Anschauung der modernen Psychologie seine Würde durchgesetzt, und ob man es nun aus dem Unbewußten oder aus dem »Es« delogiert zu haben glaubt, das »Es« benimmt sich zum Schlusse manierlich oder unmanierlich wie ein »Ich«. Auch daß das sogenannte Bewußte oder das Ich voll steckt von »Unbewußtem« oder, wie ich gezeigt habe, von Unverstandenem, daß es immer verschiedene Grade von Gemeinschaftsgefühl aufweist, wird mehr und mehr von der Psychoanalyse, die in der Individualpsychologie »einen Gefangenen gemacht hat, der sie nicht mehr losläßt«, begriffen und in ihr künstliches System gebracht.

Daß ich schon frühzeitig in meinen Bestrebungen, die undurchbrechbare Einheit des Seelenlebens klarzumachen, auf die Funktion und Struktur des Gedächtnisses stoßen mußte, ist begreiflich. Ich konnte die Feststellungen älterer Autoren bestätigen, daß das Gedächtnis keinesfalls als ein Sammelplatz von Eindrücken und Empfindungen anzusehen ist, daß nicht Eindrücke als »Mneme« haften, sondern daß wir es in dieser

Funktion mit einer Teilkraft des einheitlichen Seelenlebens zu tun haben, des Ichs, das die Aufgabe hat, wie auch die Wahrnehmung sie hat, Eindrücke dem fertigen Lebensstil anzupassen und sie in seinem Sinne zu verwenden. Wollte man sich einer kannibalischen Ausdrucksweise bedienen, so könnte man sagen, die Aufgabe des Gedächtnisses ist, Eindrücke aufzufressen und zu verdauen. Daß man dabei nicht gerade an eine sadistische Neigung des Gedächtnisses zu glauben braucht, muß ich meinen Lesern nicht besonders auftragen. Der Verdauungsprozeß aber obliegt dem Lebensstil. Was ihm nicht schmeckt, wird verworfen, vergessen, oder als warnendes Exempel aufbewahrt. Der Lebensstil entscheidet. Ist er für Warnungen eingenommen, so verwendet er unverdauliche Eindrücke zu diesem Zweck. Man wird dabei an den Charakterzug der Vorsicht erinnert. Manches wird halb verdaut, zu einem Viertel, zu einem Tausendstel. Der Verdauungsprozeß kann aber auch in die Richtung gehen, nur die an den Eindrücken haftenden Gefühle oder Stellungnahmen, gelegentlich vermengt mit Wort- oder Begriffserinnerungen oder Anteilen derselben zu verdauen. Wenn ich den Namen einer mir sonst bekannten Person – es muß nicht immer eine mißliebige sein, sie muß mich nicht immer an Unliebsames erinnern, sie kann auch, was Namen oder Person betrifft, gerade in dieser Zeit oder immer außerhalb meines, durch den Lebensstil erzwungenen, Interesses liegen – vergesse, so weiß ich oft alles, was an dieser Person mir wichtig erscheint. Sie steht vor mir. Ich kann sie finden, vieles über sie aussagen. Gerade weil ich den Namen nicht erinnere, steht sie voll und ganz im Gesichtsfeld meines Bewußtseins. Das heißt: mein Gedächtnis kann in einer der oben geschilderten oder in anderer Absicht, Anteile des ganzen Eindruckes oder das Ganze des Eindruckes verschwinden lassen. Eine künstlerische Fähigkeit, die dem Lebensstil eines Menschen entspricht. Das Ganze des Eindruckes umfaßt also viel mehr als das in Worte gekleidete Erlebnis. Die individuelle Apperzeption liefert dem Gedächtnis die Wahrnehmung entsprechend der Eigenart des Individuums. Die Eigenart des Individuums übernimmt den so geformten Eindruck und stattet ihn mit Gefühlen und mit einer Stellungnahme aus. Letztere beide gehorchen wieder dem Bewegungsgesetz des Individuums. In diesem Verdauungsprozeß bleibt übrig, was wir Erinnerung nennen wollen, ob es sich nun in Worten, in Gefühlen oder in Stellungnahme zur Außenwelt ausdrückt. Dieser Prozeß umfaßt ungefähr das, was wir unter Funktion des Gedächtnisses verstehen. Eine ideale, objektive Reproduktion, unabhängig von der Eigenart des Individuums, existiert demnach nicht. Wir müssen deshalb damit rechnen, ebensoviele Formen von Gedächtnissen zu finden als wir Formen von Lebensstilen anerkennen.

Eines der häufigsten Beispiele einer bestimmten Lebensform und ihres Gedächtnisses soll diese Tatsache erläutern.

Ein Mann klagt in ärgerlicher Weise darüber, daß seine Frau alles vergißt. Als Arzt wird man zunächst an eine organische Erkrankung des Gehirns denken. Da dies in diesem Falle ausgeschlossen war, ging ich daran, unter vorläufiger Zurückstellung des Symptoms – eine Notwendigkeit, die viele Psychotherapeuten nicht verstehen –, mich in den Lebensstil der Patientin zu vertiefen. Sie stellte sich als eine ruhige, freundliche, verständige Person heraus, die unter Schwierigkeiten von seiten ihrer Schwiegereltern ihre Ehe mit dem herrschsüchtigen Manne durchsetzen konnte. Er ließ sie im Verlauf der Ehe oft ihre pekuniäre Abhängigkeit fühlen, ebenso ihre Herkunft aus einem niedrigen Stande. Meist ertrug sie seine tadelnden Belehrungen schweigend. Gelegentlich wurde auch von beiden Seiten die Frage einer Scheidung aufgeworfen. Die Möglichkeit einer ungebrochenen Herrschaft über die Frau hielt den herrschsüchtigen Mann immer wieder davon zurück.

Sie war das einzige Kind freundlicher, liebevoller Eltern, die nie etwas Tadelnswertes an ihrer Tochter fanden. Daß sie von Kindheit an ein Spiel, eine Beschäftigung ohne andere vorzog, erschien ihnen nicht als Fehler, um so weniger, da sie fanden, daß das Mädchen, wenn es einmal in eine freundliche Gesellschaft kam, sich tadellos benahm.

Aber auch in der Ehe war sie darauf bedacht, sich ihr Alleinsein, ihre Lesestunden, ihre Muße, wie sie sagte, weder durch den Gemahl noch durch Gesellschaft zu sehr verkürzen zu lassen, während ihr Gatte lieber mehr Gelegenheit gehabt hätte, an ihr seine Überlegenheit zu erweisen. Es war übrigens ein Übereifer darin zu bemerken, wie sie ihre Hausfrauenpflicht erfüllte. Nur daß sie auffallend häufig vergaß, Aufträge ihres Mannes zu erfüllen.

Aus ihren Kindheitserinnerungen ging hervor, daß sie es immer als große Freude empfand, wenn sie allein ihre Obliegenheiten erfüllen konnte.

Der geschulte Individualpsychologe sieht auf den ersten Blick, daß ihre Lebensform für Leistungen, die sie allein erfüllen konnte, recht gut geeignet war. Nicht aber für eine Aufgabe zu zweit, wie die Liebe und die Ehe. Ihr Gatte war infolge seiner Eigenart nicht geeignet, ihr diese Fähigkeit beizubringen. Ihr Ziel der Vollkommenheit lag auf der Seite der Einzelarbeit. Dort benahm sie sich tadellos. Und wer nur diese Seite ins Auge faßte, hätte wohl keinen Fehler an ihr entdecken können. Für die Liebe aber und für die Ehe war sie nicht vorbereitet. Dort versagte ihr Mitgehen. Wir können, um nur ein Detail herauszuheben, daraus auch die Form ihrer Sexualität erraten: Frigidität. Jetzt können wir wieder an die Betrachtung des mit Recht zurückgestellten Symptoms gehen. Ja, wir verstehen es bereits. Ihr Vergessen war die wenig aggressive Form ihres Protestes gegen aufgezwungene Mitarbeit, für die sie nicht vorbereitet war, die auch außerhalb ihres Zieles der Vollkommenheit lag.

Es mag nicht jedermanns Sache sein, aus solchen kurzen Schilderungen das komplizierte Kunstwerk eines Individuums zu erkennen und zu verstehen. Die Lehre aber, die Freud und seine Schüler, die alle psychoanalysiert sein müssen, aus der Individualpsychologie zu ziehen trachten, als ob der Patient nach unserer Darstellung »nur« auffallen, mehr Interesse gewinnen wolle, ist mehr als bedenklich und verurteilt sich selbst.

Nebenbei: es wird oft die Frage aufgeworfen, ob ein Fall als leicht oder als schwer aufzufassen sei. Wir verstehen, daß die Entscheidung ganz von der Größe des vorhandenen Gemeinschaftsgefühls abhängt. Im vorliegenden Fall ist leicht zu verstehen, daß der Irrtum dieser Frau, ihre mangelnde Vorbereitung für Mitarbeit und Mitleben leichter zu vervollkommnen war, da sie sozusagen nur aus Vergeßlichkeit diesen wichtigsten Ausbau unterlassen hatte. Als sie überzeugt, und in Mitarbeit mit dem Arzte, in freundlicher Aussprache und bei gleichzeitiger Erziehung ihres Mannes durch den Arzt, ihren Hexenkreis (Künkel nennt ihn in neckischer Abänderung Teufelskreis, Freud Zauberkreis) aufgelöst hatte, verschwand auch ihre Vergeßlichkeit, da dieser das Motiv entzogen war.

Wir sind nun vorbereitet zu verstehen, daß jede Erinnerung, soweit ein Erlebnis überhaupt das Individuum berührt, und nicht a limine abgewiesen wird, das Resultat der Bearbeitung eines Eindrucks durch den Lebensstil, durch das Ich darstellt. Dies gilt nicht nur für mehr oder weniger festgehaltene, sondern auch für mangelhafte, für schwer herauszuholende Erinnerungen, sowie auch für solche, deren sprachlicher Ausdruck verschwunden ist und nur als Gefühlston oder Stellungnahme festzustellen ist. Damit kommen wir zu einer verhältnismäßig wichtigen Einsicht, die besagt, daß jeder seelische Bewegungsvorgang in seiner Richtung nach dem Ziele der Vollkommenheit dem Verständnis des Betrachters dadurch nahe gebracht werden muß, daß er das gedankliche, das gefühlsmäßige und das stellungsmäßige Feld in der Erinnerung klarstellen muß. Wie wir bereits wissen, drückt sich das Ich nicht nur in der Sprache, sondern auch in seinen Gefühlen und in seiner Stellungnahme aus, und die Wissenschaft von der Einheit des Ichs verdankt ja der Individualpsychologie die Feststellung des Organdialekts. Wir halten den Kontakt mit der Außenwelt mit allen Fibern unseres Körpers und unserer Seele aufrecht. Uns interessiert an einem Fall die Art, besonders die mangelhafte Art, wie dieser Kontakt aufrecht erhalten wird. Und auf diesem Wege kam ich zu der reizvollen und wertvollen Aufgabe, die Erinnerungen eines Menschen, wie immer sie auftreten, als deutbare Anteile seines Lebensstils zu finden und zu verwerten. Daß mich dabei in erster Linie die als die ältesten Erinnerungen angesehenen interessieren, liegt darin, daß sie wirkliche oder phantasierte, richtige oder veränderte Geschehnisse beleuchten, die dem schöpferischen Aufbau des Lebensstils in den ersten Kinderjahren näherliegen, wohl auch zum großen Teile die Bearbeitung von Geschehnissen durch den Lebensstil verraten. Dabei obliegt uns weniger die Aufgabe, das Inhaltliche heranzuziehen, das ja für jedermann als Inhalt einfach zu verstehen ist, sondern dessen wahrscheinlichen Gefühlston zu ermessen, die erfolgende Stellungnahme und die Bearbeitung und Auswahl des Aufbaumaterials, letzteres, weil wir dabei das Hauptinteresse des Individuums entdecken, einen wesentlichen Bestandteil des Lebensstils. Dabei kommt uns die Hauptfrage der Individualpsychologie außerordentlich zustatten, die Frage, wo will dieses Individuum hinaus, welche Meinung hat dieses Individuum von sich und vom Leben? Wohl leiten uns bei dieser Betrachtung die ehernen Anschauungen der Individualpsychologie vom Ziele der Vollkommenheit, vom Minderwertigkeitsgefühl, dessen Erkenntnis (leider nicht dessen Verständnis, wie Freud anerkennt) heute bereits über die ganze Welt verbreitet ist, vom Minderwertigkeits-, vom Überwertigkeitskomplex, vom Gemeinschaftsgefühl und von den wahrscheinlichen Verhinderungen desselben – aber alle diese festgefügten Anschauungen dienen uns nur zur Beleuchtung des Gesichtsfeldes, in dem wir das individuelle Bewegungsgesetz des vorliegenden Individuums festzustellen haben.

Bei dieser Arbeit erhebt sich bei uns die skeptische Frage, ob wir in der Deutung von Erinnerungen und ihres Zusammenhangs mit dem Lebensstil angesichts der Vieldeutigkeit einzelner Ausdrucksformen nicht leicht fehlgehen können. Freilich, wer die Individualpsychologie mit rechter Künstlerschaft betreibt, dem versagen sich die Nuancen nicht. Aber auch er wird trachten, Irrtümer aller Art auszuschalten. Der Möglichkeiten gibt es genug. Hat er in der Erinnerung eines Individuums das wirkliche Bewegungsgesetz desselben gefunden, dann muß er das gleiche Bewegungsgesetz in allen anderen Ausdrucksformen wieder finden. Soweit es sich um die Behandlung von Fehlschlägen aller Art handelt, wird er so viele Bestätigungen nachweisen müssen, bis auch der Patient von der Richtigkeit des Nachweises überzeugt ist. Der Arzt selbst wird je nach seiner Eigenart bald früher bald später überzeugt sein. Es gibt aber kein anderes Maß, an dem er die Irrtümer, Symptome und den irrtümlichen Lebensgang eines Menschen messen könnte als das ausreichende Maß eines richtigen Gemeinschaftsgefühls.

Wir sind nun imstande, natürlich mit allergrößter Vorsicht und der größten Erfahrung ausgestattet, die fehlerhafte Richtung des Lebensweges, den Mangel an Gemeinschaftsgefühl, oder auch das Gegenteil, zumeist aus den ältesten Erinnerungen herauszufinden. Uns leitet da besonders unsere Kenntnis vom Mangel an Gemeinschaftsgefühl, von dessen Ursachen und dessen Folgen. Vieles leuchtet hervor aus der Darstellung in einer Wir- oder Ich-Situation. Vieles auch aus der Erwähnung der Mutter. Die Mitteilung von Gefahren oder Unfällen, auch von Züchtigungen und Strafen, deckt die übergroße Neigung auf, das Feindliche des Lebens besonders im Auge zu behalten. Die Erinnerung an die Geburt eines Geschwisters deckt die Situation der Entthronung auf, die an den ersten Besuch im Kindergarten oder in der Schule den großen Eindruck anläßlich neuer Situationen. Die Erinnerung an Krankheit und Tod ist oft mit der Furcht davor, öfters mit Versuchen verknüpft, etwa als Arzt oder als Pflegeperson oder ähnlich diesen Gefahren besser gewappnet entgegenzutreten. Erinnerungen an den Landaufenthalt mit der Mutter zeigen oft, ebenso wie Erwähnungen bestimmter Personen wie Mutter, Vater, Großeltern in einer freundlichen Atmosphäre, nicht nur den Vorzug dieser, offenbar verwöhnenden Personen, sondern auch den Ausschluß anderer. Erinnerungen an begangene Untaten, Diebstähle, sexuelle Vorkommnisse weisen gewöhnlich auf die große Anstrengung hin, sie weiterhin aus dem Erleben auszuschalten. Gelegentlich erfährt man auch andere Neigungen, die, wie eine visuelle, akustische, motorische Neigung, recht gut zur Aufdeckung von Schulmißerfolgen und fehlerhafter Berufswahl sowie zur Anweisung eines Berufs Anlaß geben können, der der besseren Vorbereitung fürs Leben besser entspricht.

Einige Beispiele mögen den Zusammenhang ältester Erinnerungen mit dem dauernden Lebensplan zu zeigen versuchen.

Ein etwa 32jähriger Mann, der älteste, verwöhnte Sohn einer Witwe, zeigt sich in jedem Beruf ungeeignet, weil er gleich im Beginne an schweren Angsterscheinungen erkrankt, die sich sofort bessern, wenn man ihn nach Hause bringt. Er ist ein gutmütiger Mensch, der sich aber schwer an andere anschließt. In der Schule zeigte er sich stets vor jeder Prüfung maßlos aufgeregt und blieb oft der Schule fern unter Hinweis auf Müdigkeit und Erschöpfung. Seine Mutter sorgte für ihn in der liebevollsten Weise. Da er nur für diese mütterliche Sorgfalt richtig vorbereitet war, konnte man schon daraus sein Ziel der Überlegenheit erraten, soweit als möglich allen Lebensfragen auszuweichen und damit auch jedem Fehlschlag. Bei der Mutter gab es keinen solchen. Daß er bei seiner Methode blieb, sich in die Obhut der Mutter zu begeben, verlieh ihm das Gepräge eines infantilen Menschen, ohne daß man ihn als körperlich infantil hätte bezeichnen können. Seine seit Kindheit erprobten Mittel des Rückzugs zur Mutter erfuhren eine namhafte Verstärkung, als ihn das erste Mädchen, zu dem er eine Zuneigung gefaßt hatte, abwies. Der Schock, der ihn bei diesem »exogenen« Ereignis überfiel, verstärkte seinen Rückzug, so daß er nirgends mehr Ruhe fand als bei seiner Mutter. Seine älteste Kindheitserinnerung lautete: »Als ich etwa vier Jahre alt war, saß ich am Fenster, während meine Mutter Strümpfe strickte, und beobachtete die Arbeiter, die gegenüber ein Haus bauten.«

Man wird sagen: ziemlich belanglos. Durchaus nicht. Seine *Auswahl der ersten Erinnerung* – ob es die älteste ist oder nicht, tut nichts zur Sache – beweist uns, daß ihn dabei irgendein Interesse gelenkt haben muß. Die Aktion seiner Gedächtnistätigkeit, geleitet durch den Lebensstil, greift eine Begebenheit heraus, die mit Stärke seine Eigenart verrät. Daß es eine Situation bei der vorsorglichen Mutter ist, zeigt uns das verwöhnte Kind. Aber noch ein Wichtiges verrät er uns. *Er schaut zu, wie die anderen arbeiten.* Seine Vorbereitung fürs Leben ist die eines Zuschauers. Er hat wenig anderes. Versucht er sich anderswo, so sieht er sich wie vor einem Abgrund und tritt unter der Wirkung eines Schocks – Furcht vor der Tatsache der Wertlosigkeit – den Rückzug an. Läßt man ihn zu Hause bei seiner Mutter, läßt man ihn zuschauen, wie die anderen arbeiten, so scheint ihm nichts zu fehlen. Seine Bewegungslinie zielt auf die Beherrschung der Mutter als das einzige Ziel seiner Überlegenheit. Leider gibt es nur wenig Aussichten für einen Zuschauer des Lebens. Nichtsdestoweniger wird man nach Heilung eines solchen Patienten nach einer Beschäftigung Ausschau halten, in der er seine bessere Vorbereitung im Schauen und Betrachten verwerten kann. Da wir es besser verstehen als der Patient, so müssen wir aktiv eingreifen, soweit, um zu verstehen zu geben: Du kannst ja wohl in jedem Beruf vorwärts kommen, aber wenn du deine bessere Vorbereitung ausnützen willst, so suche einen Beruf, in dem das *Betrachten im Vordergrund* steht. Er nahm erfolgreich einen Handel mit Kunstgegenständen auf.

Freud beschreibt in verzerrter Nomenklatur *stets die Fehlschläge verwöhnter Kinder,* ohne auf dieses Geheimnis gekommen zu sein. Das verwöhnte Kind will alles haben, läßt sich nur schwer herbei, die durch die Evolution befestigten normalen Funktionen auszuführen, begehrt die Mutter »in seinem Ödipuskomplex« (wenn auch übertrieben, so doch im seltenen Einzelfall begreiflich, weil das verwöhnte Kind jede andere Person ablehnt). Es hat später allerlei Schwierigkeiten (nicht wegen der Verdrängung des Ödipuskomplexes, sondern wegen der Schockwirkung vor anderen Situationen) und kommt in Ekstase, sogar zu Mordgelüsten gegenüber Personen, die sich seinen Wünschen entgegenstellen. Wie deutlich zu sehen, sind dies Kunstprodukte verfehlter, verwöhnender Erziehung, für ein Verständnis des Seelenlebens nur zu verwenden, wenn man die Folgen der Verwöhnung kennt und berücksichtigt. Sexualität aber ist eine Aufgabe für zwei Personen und kann nur richtig ausgeübt werden, wenn ein genügendes Maß von Gemeinschaftsgefühl vorhanden ist, das den verwöhnten Kindern abgeht. In krasser Verallgemeinerung ist Freud nun gezwungen, die künstlich genährten Wünsche, Phantasien und Symptome sowie deren Bekämpfung durch den verbliebenen Rest des Gemeinschaftsgefühls in angeborene sadistische Triebe zu verlegen, die wie wir sehen, später erst, als Folgen der Verwöhnung, dem Kinde künstlich aufgezüchtet werden. Daß der erste Akt des neugeborenen Kindes, das Trinken an der Mutterbrust, Kooperation ist – und nicht, wie Freud zugunsten seiner vorgefaßten Theorie glaubt, Kannibalismus, ein Zeugnis für den angeborenen sadistischen Trieb –, daß dieser Akt der Mutter ebenso zugute kommt wie dem Kinde, ist hiermit leicht verständlich. Die große Mannigfaltigkeit in den Lebensformen der Menschen verschwindet in der Dunkelheit der Freudschen Auffassung.

Ein weiteres Beispiel soll die Brauchbarkeit unseres Verständnisses der ältesten Kindheitserinnerungen aufweisen. Ein 18jähriges Mädchen lebt in stetem Zank mit seinen Eltern. Man will sie studieren lassen, da sie sehr gute Schulerfolge aufweist. Sie weigert sich, wie sich herausstellt, weil sie Mißerfolge fürchtet, die darauf begründet sind, daß sie nicht die erste in ihrem Schulexamen war. Ihre älteste Kindheitserinnerung war folgende: Sie hatte auf einem Kinderfest, als sie vier Jahre alt war, einen riesigen Kinderball in der Hand eines anderen Kindes gesehen. Als sehr verwöhntes Kind setzte sie alles daran, auch einen solchen Ball zu erhalten. Ihr Vater lief in der ganzen Stadt umher, einen solchen zu finden, aber es gelang ihm nicht. Einen kleineren Ball wies das Mädchen unter Schreien und Weinen zurück. Erst als ihr der Vater erklärte, wie seine ganze Mühe umsonst war, beruhigte sie sich und nahm den kleineren Ball. Ich konnte aus dieser Erinnerung schließen, daß dieses Mädchen freundlichen Erklärungen zugänglich sei; man konnte sie von ihrer ehrgeizigen Selbstsucht überzeugen, und man hatte Erfolg.

Wie dunkel oft die Wege des Schicksals sind, zeigt folgender Fall: Ein 42jähriger Mann wird nach langjähriger Ehe mit einer um zehn Jahre älteren Frau impotent. Seit zwei Jahren spricht er kaum mit seinem Weibe und mit seinen zwei Kindern. Vorher einigermaßen erfolgreich in seinem Beruf, vernachlässigt er seither sein Geschäft und bringt die Familie in eine klägliche Lage. Er war der Liebling seiner Mutter und sehr verwöhnt. Als er drei Jahre alt war, kam eine Schwester. Kurz nachher – die Ankunft der Schwester ist seine älteste Erinnerung – begann er das Bett zu nässen. Auch hatte er schreckhafte Träume in seiner Kindheit, wie wir es bei verwöhnten Kindern oft finden. Keine Frage, daß Bettnässen und Angst aus seinen Versuchen stammten, seine Entthronung rückgängig zu machen, wobei wir nicht übersehen wollen, daß das Bettnässen auch der Ausdruck einer Anklage, mehr vielleicht, ein Akt der Rache gegen seine Mutter war. In der Schule war er ein hervorragend gutes Kind. Er erinnert sich nur ein einziges Mal in eine Rauferei mit einem anderen Knaben, der ihn beleidigt hatte, verwickelt gewesen zu sein. Der Lehrer gab seiner Verwunderung Ausdruck, wie solch ein guter Knabe sich hinreißen lassen konnte.

Wir können verstehen, daß er auf ausschließliche Anerkennung trainiert hatte und sein Ziel der Überlegenheit darin sah, anderen vorgezogen zu werden. Geschah dies nicht, griff er zu Mitteln, die teils Anklage, teils Rache bedeuteten, ohne daß diese Motivation ihm oder anderen klar wurde. In sein egoistisch gefärbtes Ziel der Vollkommenheit war ein großer Anteil eingeflossen, nach außen hin nicht als böse zu erscheinen. Wie er selbst hervorhob, hatte er das ältere Mädchen geheiratet, weil sie ihm wie seine Mutter entgegenkam. Als sie nun über fünfzig Jahre alt war und mehr in der Pflege der Kinder aufging, brach er die Verbindung mit ihnen allen in scheinbar nicht aggressiver Weise ab. In diesen Abbruch war auch seine Impotenz als Organsprache miteinbezogen. Man hätte in seinen Kinderjahren bereits erwarten können, daß er bei Verlust der Verwöhnung wie damals,

als die Schwester kam, seine wenig deutliche, aber deutlich wirkende Anklage immer wieder erheben würde.

Ein 30jähriger Mann, der ältere von zwei Kindern, hatte wegen gehäufter Diebstähle eine längere Kerkerstrafe verbüßt. Seine ältesten Erinnerungen stammen aus dem dritten Lebensjahr, aus der Zeit kurz nach der Ankunft des jüngeren Bruders. Sie lauteten: Meine Mutter hat immer den Bruder vorgezogen. Ich lief schon als kleines Kind immer von Hause weg. Gelegentlich, wenn mich der Hunger trieb, verübte ich kleine Diebstähle in und außer dem Hause. Meine Mutter strafte mich in der grausamsten Weise. Ich lief aber immer wieder davon. In der Schule war ich bis zum 14. Jahre ein mittelmäßiger Schüler, wollte aber nicht weiter lernen und streifte allein auf den Straßen herum. Das Haus war mir verleidet. Ich hatte keinen Freund und habe nie ein Mädchen gefunden, das mich geliebt hätte, wonach ich mich immer sehnte. Ich wollte Tanzlokale besuchen, um Bekanntschaften zu machen, hatte aber kein Geld. Da stahl ich ein Auto und verkaufte es zu billigem Preis. Von dieser Zeit an begannen meine Diebstähle ein größeres Format anzunehmen, bis ich ins Gefängnis kam. Vielleicht hätte ich eine andere Laufbahn eingeschlagen, wenn mir das Haus nicht verleidet gewesen wäre, wo ich immer nur Schimpfe bekam. Meine Diebstähle aber wurden dadurch gefördert, daß ich in die Hände eines Hehlers geriet, der mich zu den Diebstählen aneiferte.«

Ich habe darauf aufmerksam gemacht, daß man in der Kindheit von Straffälligen fast in der Mehrheit der Fälle ehemals verwöhnte oder nach Verwöhnung suchende Kinder findet. Und was ebenso wichtig ist, daß man schon in ihrer Kindheit eine stärkere Aktivität wahrnehmen kann, die aber nicht mit Mut zu verwechseln ist. Daß die Mutter fähig war, ein Kind zu verwöhnen, zeigte sie an ihrem zweiten Sohn. Aus der erbitterten Haltung dieses Mannes nach Ankunft des jüngeren Bruders können wir schließen, daß auch er vorher Verwöhnung erlebt hatte. Sein weiteres Schicksal stammte aus seiner erbitterten

Anklage gegen die Mutter und aus jener Aktivität, für die er, mangels eines Gemeinschaftsgefühls zureichenden Grades – keine Freunde, kein Beruf, keine Liebe – keine andere Verwendung fand als im Verbrechen. Daß man mit einer Anschauung, als ob das Verbrechen Selbstbestrafung sei, verknüpft mit dem Wunsch, ins Gefängnis zu kommen, vor die Öffentlichkeit treten kann, wie dies neuerlich gewisse Psychiater tun, verrät doch eigentlich einen Mangel an geistigem Schamgefühl, insbesondere, wenn es verbunden ist mit einer offenen Verhöhnung des Common sense und mit beleidigenden Ausfällen gegen unsere tief begründeten Erfahrungen. Ob die Entstehung solcher Anschauungen nicht aus dem Geist verwöhnter Kinder geboren ist und auf den Geist verwöhnter Kinder im Publikum zurückwirkt, überlasse ich dem Leser zur Entscheidung.

13. Gemeinschaftshindernde Kindheitssituationen und deren Behebung

Man wird bei der Suche nach veranlassenden und verlockenden Situationen in der Kindheit schließlich immer auf jene schweren Probleme stoßen, die ich schon vorher als die bedeutsamsten genannt habe, die geeignet sind, die Entfaltung des Gemeinschaftsgefühls zu erschweren und deshalb auch außerordentlich häufig zu hindern: auf Verwöhnung, angeborene Organminderwertigkeiten und Vernachlässigung. Die Einwirkungen dieser Faktoren sind nicht nur ihrer Ausdehnung und ihres Grades wegen verschieden, auch nicht nur ihrer Dauer, des Beginns und Endes ihrer Wirksamkeit, sondern hauptsächlich der nahezu unausrechenbaren Erregung und Beantwortung wegen, die sie in dem Kinde erzeugen. Die Stellung des Kindes zu diesen Faktoren hängt nicht allein von »trial and error« (Versuch und Irrtum) des Kindes ab, sondern viel mehr noch, wie sich nachweisen läßt, von der Wachstumsenergie des Kindes, seiner schöpferischen Kraft als eines Teiles des Lebensprozesses, deren Entfaltung in unserer, das Kind bedrängenden und fördernden Kultur ebenfalls nahezu unausrechenbar und nur aus den Erfolgen zu entnehmen ist. Will man hier vermutungsweise weitergehen, so hätte man eine Unzahl von Tatsachen ins Auge zu fassen, familiäre Eigenheiten, Licht, Luft, Jahreszeit, Wärme, Lärm, Kontakt mit Personen, die besser oder schlechter geeignet sind, Klima, Bodenbeschaffenheit, Nahrung, das endokrine System, Muskulatur, Tempo der Organentwicklung, embryonales Stadium und noch vieles andere, wie die Handreichungen und Pflege der betreuenden Personen. In dieser verwirrenden Fülle der Tatsachen wird man bald fördernde, bald benachteiligende Faktoren anzunehmen geneigt sein. Wir wollen uns damit begnügen, mit großer Vorsicht statistische Wahrscheinlichkeiten ins Auge zu fassen, ohne die Möglichkeit differierender Resultate zu leugnen. Viel sicherer ist der Weg der Beobachtung der Ergebnisse, zu deren Abänderung große Möglichkeiten vorhanden sind. Die dabei zutage tretende schöpferische Kraft wird sich in einer kleineren oder größeren Aktivität des Körpers und des Geistes hinreichend feststellen lassen.

Aber es kann nicht übersehen werden, daß die Neigung zur Kooperation vom ersten Tage an herausgefordert ist. Die ungeheure Bedeutung der Mutter in dieser Hinsicht tritt klar hervor. Sie steht an der Schwelle der Entwicklung des Gemeinschaftsgefühls. Das biologische Erbe des menschlichen Gemeinschaftsgefühls wartet auf ihre Pflege. In kleinen Handreichungen, beim Bade, in allen Darbietungen, die das hllflose Kind benötigt, kann sie den Kontakt des Kindes verstärken oder hemmen. Ihre Beziehung zu dem Kinde, ihr Verständnis und ihre Geschicklichkeit sind maßgebende Mittel. Wir wollen nicht übersehen, daß auch in dieser Hinsicht die menschliche Evolutionshöhe den Ausgleich schaffen und daß das Kind selbst sich über die vorhandenen Hindernisse hinaus den Kontakt durch Schreien und Widerspenstigkeit erzwingen kann. Denn auch in der Mutter wirkt und lebt der biologische Erwerb der Mutterliebe, eines unbesiegbaren Anteils des Gemeinschaftsgefühls. Er kann durch widrige Umstände, durch übergroße Sorgen, durch Enttäuschungen, durch Krankheit und Leiden, durch auffallenden Mangel an Gemeinschaftsgefühl und seine Folgen brachgelegt sein. Aber der evolutionäre Erwerb der Mutterliebe ist gemeiniglich so stark bei Tieren und bei Menschen, daß er leicht den Nahrungstrieb und den Sexualtrieb überwindet. Man darf wohl feststellen, daß die Bedeutung des mütterlichen Kontakts für die Entwicklung des menschlichen Gemeinschaftsgefühls von allergrößter Bedeutung ist. Ein Verzicht auf diesen übermächtigen Hebel der Entwicklung der Menschheit würde uns in die größte Verlegenheit bringen, einen halbwegs zureichenden Ersatz zu finden, ganz abgesehen davon, daß sich das mütterliche Kontaktgefühl als ein unverlierbarer Besitz der Evolution mit Unerbittlichkeit gegen eine Zerstörung zur Wehr setzen würde. *Wahrscheinlich ver-*

danken wir dem mütterlichen Kontaktgefühl den größten Teil des menschlichen Gemeinschaftsgefühls, und damit auch den wesentlichen Bestand der menschlichen Kultur. Freilich genügt die gegenwärtige Auswirkung der Mutterliebe heute oft nicht der Not der Gemeinschaft. Eine ferne Zukunft wird *den Gebrauch dieses Besitzes* dem Gemeinschaftsideal viel mehr anzugleichen haben. Denn häufig ist der Kontakt zwischen Mutter und Kind zu schwach, noch häufiger zu stark. Im ersteren Falle kann das Kind vom Beginne seines Lebens den Eindruck der Feindlichkeit des Lebens bekommen und durch weitere Erfahrungen ähnlicher Art diese *Meinung* zur Richtschnur seines Lebens machen.

Wie ich oft genug gesehen habe, genügt da auch der bessere Kontakt mit dem Vater, mit den Großeltern nicht, diesen Mangel auszugleichen. Man kann im allgemeinen feststellen, daß der bessere Kontakt eines Kindes mit dem Vater den Fehlschlag der Mutter erweist, nahezu immer eine zweite Phase im Leben eines Kindes bedeutet, das an der Mutter – mit Recht oder Unrecht – eine Enttäuschung erlebt hat. Daß man häufig bei Mädchen den stärkeren Kontakt zum Vater, bei Knaben zur Mutter findet, kann nicht auf die Sexualität bezogen werden, sondern muß auf die obige Feststellung hin geprüft werden, wobei zweierlei sich zeigen wird: daß Väter den Mädchen gegenüber häufig zart auftreten, wie sie es Mädchen und Frauen gegenüber gewöhnt sind, und daß Mädchen wie Knaben in spielerischer Vorbereitung für ihr künftiges Leben wie auch in Spielen überhaupt[23] diese Vorbereitung auch dem andersgeschlechtlichen Elternteil gegenüber zeigen. Daß da gelegentlich auch der Sexualtrieb hineinspielt, freilich selten in der übertriebenen Art, wie Freud es darstellt, habe ich nur bei sehr verwöhnten Kindern gesehen, die ihre ganze Entwicklung innerhalb der Familie durchführen wollen, oder noch mehr, im ausschließlichen Bunde mit einer einzigen, verwöhnenden Person. Was der Mutter entwicklungsgeschichtlich und sozial als Aufgabe obliegt, ist, das Kind so früh als

23. Siehe Groos, *Spiele der Kinder.*

möglich zum Mitarbeiter, zum Mitmenschen zu machen, der gerne hilft und sich gerne, soweit seine Kräfte nicht ausreichen, helfen läßt. Man könnte über das »wohltemperierte Kind« Bände schreiben. Hier muß es genügen, darauf hinzuweisen, daß sich das Kind als gleichberechtigter Partner im Hause mit wachsendem Interesse an Vater und Geschwistern, bald auch an allen Personen seiner Umgebung, fühlen soll. So wird es frühzeitig nicht mehr eine Last, sondern ein Mitspieler sein. Es wird sich bald heimisch fühlen und jenen Mut und jene Zuversicht entwickeln, die ihm aus seinem Kontakt mit der Umgebung erwachsen. Störungen, die es verursacht, sei es in beabsichtigten oder unbeabsichtigten Fehlern seiner Funktionen, Bettnässen, Stuhlverhaltungen, Eßschwierigkeiten ohne krankhafte Ursache, werden ihm selbst eine lösbare Aufgabe sein, wie auch seiner Umgebung, ganz abgesehen davon, daß sie nie in Erscheinung treten werden, wenn seine Neigung zur Kooperation genügend groß ist. Dasselbe gilt vom Daumenlutschen und vom Nägelbeißen, vom Nasenbohren und vom Verschlingen großer Bissen. Alle diese Erscheinungen treten nur auf, wenn das Kind das Mitgehen, die Aufnahme der Kultur verweigert, und zeigen sich fast ausschließlich bei verwöhnten Kindern, die so die Umgebung zu erhöhter Leistung, zu Fleißaufgaben zwingen wollen, und sind immer auch mit Trotz, offen oder heimlich, verbunden, deutlichen Zeichen eines mangelhaften Gemeinschaftsgefühls. Ich habe seit langer Zeit auf diese Tatsachen hingewiesen. Wenn Freud heute die Grundlage seiner Lehre, die Allsexualität, zu mildern trachtet, so haben an dieser Korrektur die individualpsychologischen Erfahrungen wohl den größten Anteil. Die viel jüngere Anschauung Charlotte Bühlers bezüglich eines »normalen« Trotzstadiums des Kindes müssen wohl richtig auf unsere Erfahrungen reduziert werden. Daß die Kinderfehler mit Charakterzügen wie Trotz, Eifersucht, Eigenliebe, Mangel an Gemeinschaftsgefühl, selbstischem Ehrgeiz, Rachsucht usw. verknüpft sind, sie das eine Mal mehr, das andere Mal weniger deutlich zeigen, geht aus der oben geschilderten Struktur hervor, bestätigt auch unsere Auffassung des Charakters als einer Leitlinie zum Ziel der Überlegenheit, als einer Spiegelung des Lebensstils und als einer sozialen Stellungnahme, die nicht angeboren ist, sondern gleichzeitig mit dem vom Kinde geschaffenen Bewegungsgesetz fertiggestellt wird. An den wahrscheinlich kleinen Freuden wie Stuhlverhaltung, Daumenlutschen, kindlichen Spielen am Genitale usw. festzuhalten, die vielleicht gelegentlich durch ein stärkeres, zum Verschwinden bestimmtes Kitzelgefühl eingeleitet werden, zeigt sich die Eigenart verwöhnter Kinder, die sich keinen Wunsch und keinen Genuß versagen können.

Eine weitere gefährliche Ecke für die Entwicklung des Gemeinschaftsgefühls bildet die Persönlichkeit des Vaters. Die Mutter darf ihm nicht die Gelegenheit nehmen, den Kontakt mit dem Kinde so fest als möglich zu gestalten, wie es im Falle der Verwöhnung oder im Falle des mangelnden Kontaktes, im Falle der Abneigung gegen ihn leicht geschehen kann. Er darf auch nicht zu Zwecken der Drohung oder der Strafe auserkoren werden. Und er muß dem Kinde genügende Zeit und Wärme geben, um nicht durch die Mutter in den Hintergrund gedrängt zu werden. Als besondere Schädlichkeiten kann ich noch anführen, wenn er die Mutter durch übergroße Zärtlichkeit auszustechen trachtet, wenn er zur Korrektur der Verwöhnung durch die Mutter ein strenges Regime einführt und so das Kind noch stärker zur Mutter hindrängt, und wenn er dem Kinde seine Autorität und seine Prinzipien aufzuzwingen versucht. Er kann durch letzteres vielleicht Unterwerfung, niemals aber Mitarbeit und Gemeinschaftsgefühl erzwingen. Insbesondere ist es die Gelegenheit der Mahlzeiten, die in unserer hastenden Zeit von großer Bedeutung für die Erziehung zum Mitleben sind. Eine fröhliche Stimmung dabei ist unerläßlich. Belehrungen über Eßmanieren sollen so spärlich als möglich sein. Man wird sie auf diese Weise am leichtesten erfolgreich machen. Tadel, Zornausbrüche, Verdrossenheit sollen bei diesen Gelegenheiten ausgeschaltet sein. Ebenso muß man sich der Beschäftigung mit Lektüre, mit Grübeleien enthalten. Diese Zeit ist auch die ungeeignetste, um Tadel über schlechte Schulerfolge oder andere

Mißstände anzubringen. Und man muß trachten, die Gemeinsamkeit bei den Mahlzeiten durchzuführen, was mir besonders beim Frühstück als wichtig erscheint. Daß Kindern das Reden oder Fragen stets freigestellt sein soll, ist eine gewichtige Forderung. Verlachen, Verspotten, Nörgeln, andere Kinder als gutes Beispiel hinstellen schädigt den Anschluß, kann Verschlossenheit, Scheu und ein anderes schweres Minderwertigkeitsgefühl erzeugen. Man soll Kindern ihre Kleinheit, ihren Mangel an Wissen und Können nicht vorhalten, sondern ihnen den Weg zu einem mutigen Training freilegen, sie auch gewähren lassen, wenn sie an etwas Interesse zeigen, ihnen nicht alles aus der Hand nehmen, immer auch darauf hinweisen, daß nur der Anfang schwer ist, keine übertriebene Ängstlichkeit Gefahren gegenüber, aber richtige Voraussicht und richtigen Schutz bei solchen zeigen. Nervosität der Eltern, eheliche Zerwürfnisse, Uneinigkeiten in Fragen der Erziehung können leicht die Entwicklung des Gemeinschaftsgefühls schädigen. Allzu kategorisches Hinausweisen des Kindes aus der Gesellschaft der Erwachsenen sollte nach Tunlichkeit vermieden werden. Lob und Tadel muß nur dem gelungenen oder mißlungenen Training gelten, nicht der Persönlichkeit des Kindes.

Die Krankheit eines Kindes kann ebenfalls eine gefährliche Klippe für die Entwicklung des Gemeinschaftsgefühls werden. Gefährlicher, wie auch die anderen Erschwerungen, wenn sie sich innerhalb der ersten fünf Jahre einstellt. Wir haben über die Bedeutung der angeborenen Organminderwertigkeiten gesprochen und gezeigt, daß sie sich statistisch als verleitendes Übel und als Hindernis für das Gemeinschaftsgefühl herausstellen. Dasselbe gilt für frühzeitig auftretende Erkrankungen wie Rachitis, die die körperliche, nicht die geistige Entwicklung beeinträchtigen und auch zu Verunstaltungen größeren und geringeren Grades führen können. Unter den anderen Krankheiten des frühen Kindesalters beeinträchtigen diejenigen am meisten das Gemeinschaftsgefühl, bei denen die Angst und Sorge der Umgebung dem Kinde einen großen Eindruck seines Eigenwertes ohne Beitragsleistung vor Augen führen. Hierher gehören Keuchhusten, Scharlach, Enzephalitis und Chorea, nach deren oft tadellosem Ablauf man Schwererziehbarkeit des Kindes beobachten kann, weil es auch später noch für die Aufrechterhaltung seiner Verwöhnung kämpft. Auch in Fällen, in denen körperliche Schädigungen zurückbleiben, wird man gut tun, Verschlechterungen im Verhalten des Kindes nicht ohne weiteres auf diese Schädigungen zu beziehen und die Hände in den Schoß zu legen. Ich habe sogar nach fehlerhaften Diagnosen eines Herzleidens und einer Nierenerkrankung und nach Aufdeckung des Irrtums beobachten können, daß die Schwererziehbarkeit bei Feststellung vollkommener Gesundheit nicht schwindet, daß die Eigenliebe mit allen ihren Folgen, besonders mit Mangel des sozialen Interesses gleichbleibend fortdauert. Angst, Sorge und Tränen helfen dem kranken Kinde nicht, sondern verleiten es, in der Krankheit einen Vorteil zu erblicken. Daß korrigierbare Schädigungen des Kindes so bald als möglich gebessert oder geheilt werden müssen, daß man sich in keinem Falle darauf verlassen darf, daß sich der Fehler »auswachsen« werde, versteht sich von selber. Ebenso ist die Behütung vor Krankheit, soweit unsere Mittel reichen, anzustreben, ohne das Kind ängstlich zu machen und ohne ihm den Anschluß an andere zu verwehren.

Die Belastung eines Kindes mit Dingen, die es körperlich und geistig allzusehr in Anspruch nehmen, kann durch Erregung von Unlust oder Übermüdung leicht zu einer dem Anschluß ans Leben widrigen Stimmung führen. Kunst und Wissen sollen dem Fassungsgrad des Kindes entsprechen.[24] Dem Aufklärungsfanatismus mancher Sexualpädagogen muß aus demselben Grunde ein Ende gemacht werden. Man soll dem Kinde antworten, wenn es fragt oder zu fragen scheint, soweit man sicher ist, daß das Kind die Mitteilung verdauen kann. In allen Fällen aber soll es über die Gleichwertigkeit der Geschlechter und über seine eigene Geschlechtsrolle frühzeitig belehrt werden, weil es sonst, wie auch Freud heute zugibt, aus unserer rückständigen Kultur die Meinung schöpfen

24. Siehe Dr. Deutsch, *Klavierunterricht auf individualpsychologischer Grundlage.*

kann, als ob die Frau eine niedrigere Stufe vorstellte, was bei Knaben leicht zu Hochmut mit allen seinen gemeinschaftswidrigen Folgen, bei Mädchen zu dem von mir im Jahre 1912 beschriebenen »männlichen Protest«[25] mit ebenso schlechten Folgen, im Zweifel über das eigene Geschlecht zu einer mangelhaften Vorbereitung für die eigene Geschlechtsrolle mit allen ungünstigen Folgen führen kann.

Gewisse Schwierigkeiten ergeben sich aus der Stellung der Geschwister innerhalb einer Familie. Der betonte, aber auch der unbetonte Vorrang eines der Geschwister in der frühen Kindheit wird oft zum Nachteil des anderen. Mit ungeheurer Häufigkeit findet man Fehlschläge des einen Kindes neben Vorzügen eines anderen. Die größere Aktivität des einen kann zur Passivität des anderen Anlaß geben, der Erfolg des einen zum Mißerfolg des anderen. Wie sehr sich frühzeitige Mißerfolge ungünstig für die Zukunft eines Kindes auswirken, ist oft zu sehen. Ebenso kann die nicht leicht zu vermeidende Bevorzugung des einen Kindes zum Schaden des anderen ausschlagen, indem es in ihm schweres Minderwertigkeitsgefühl mit allen möglichen Ausgestaltungen eines Minderwertigkeitskomplexes auslöst. Auch die Größe, Schönheit, Kraft des einen wird seine Schatten auf den anderen werfen. Dabei dürfen die von mir zutage geförderten Tatsachen, die sich aus der Stellung eines Kindes in der Geschwisterreihe ergeben, nicht übersehen werden.

Man muß vor allem mit dem Aberglauben aufräumen, als ob die Situation jedes einzelnen Kindes innerhalb einer Familie die gleiche wäre. Wir wissen bereits, daß, wenn es auch für alle eine gleiche Umgebung und eine gleiche Erziehung gäbe, deren Einwirkung vom Kinde als Material verwendet wird, in einer Art, wie sie der schöpferischen Kraft des Kindes taugt. Wir werden sehen, wie verschieden sich die Umgebung jedes einzelnen Kindes verhält. Daß die Kinder weder die gleichen Gene noch die gleichen phaenischen Bedingtheiten aufweisen, scheint ebenfalls sichergestellt. Selbst bezüglich der eineiigen Zwillinge wächst der

25. Siehe A. Adler, *Über den nervösen Charakter*, l. c.

Zweifel an ihrer gleichen physischen und psychischen Konstitution immer mehr.[26] Die Individualpsychologie steht seit jeher auf dem Boden der angeborenen physischen Konstitution, hat aber festgestellt, daß die »psychische Konstitution« sich erst in den ersten drei bis fünf Jahren herausstellt, in der Bildung des psychischen Prototyps, der das dauernde Bewegungsgesetz des Individuums bereits in sich enthält und seine Lebensform der schöpferischen Kraft des Kindes verdankt, die Heredität und Milieuwirkungen als Bausteine benützt. Nur unter dieser Anschauung war es mir möglich, Differenzen der Geschwister nahezu als typisch, wenn auch in jedem einzelnen Falle verschieden darzustellen. Ich halte meine Aufgabe für gelöst, gezeigt zu haben, daß sich in der Lebensform jedes Kindes der Abdruck seiner Stellung in der Geschwisterreihe zeigt. Diese Tatsache wirft auch ein scharfes Licht auf die Frage der Charakterentwicklung. Denn wenn es richtig ist, daß gewisse Charakterzüge mit der Stellung des Kindes in der Geschwisterreihe übereinstimmen, dann bleibt nicht viel Platz mehr übrig für Diskussionen, die die Heredität des Charakters betonen oder dessen Abstammung aus der Analzone oder einer anderen.

Noch mehr. Es läßt sich gut verstehen, wie ein Kind kraft seiner Stellung in der Geschwisterreihe zu einer gewissen Eigenart gelangt. Mehr oder weniger bekannt sind die Schwierigkeiten eines einzigen Kindes. Stets unter Erwachsenen, meist übertrieben sorgsam behütet, unter steter Angst der Eltern heranwachsend, lernt es sehr bald, sich als Mittelpunkt zu fühlen und zu benehmen. Oft ergibt sich Krankheit oder Schwäche eines der Eltern als ein erschwerender Umstand. Häufiger kommen Eheschwierigkeiten und Ehetrennungen in Betracht, eine Atmosphäre, in der das Gemeinschaftsgefühl des Kindes schlecht gedeiht. Recht oft findet man, wie ich gezeigt habe, den meist neurotisch geäußerten Protest der Mutter gegen ein weiteres Kind, ein Protest, der meist mit übertriebener Sorgfalt für das eine Kind, mit seiner vollkommenen

26. Siehe Holub, *Internat. Zeitschr. f. Indiv.* Leipzig 1933.

Versklavung verbunden ist. Man findet im späteren Leben solcher Kinder, bei jedem verschieden, eine der Abstufungen zwischen heimlich protestierender Unterwerfung und übertriebener Sucht nach Alleinherrschaft, wunde Stellen, die bei Berührung durch ein exogenes Problem zu bluten, sich lebhaft zu äußern beginnen. Starke Gebundenheit an die Familie, die den Anschluß nach außen verhindert, zeigt sich als abträglich in vielen Fällen.

Bei größerer Kinderzahl findet man den Erstgeborenen in einer einzigartigen Situation, die keines der anderen Kinder erlebt. Er ist eine Zeitlang ein einziges Kind und erfährt Eindrücke, wie dieses. Verschiedene Zeit später wird er »entthront«. Dieser von mir gewählte Ausdruck gibt den Wechsel der Situation so genau wieder, daß auch spätere Autoren, wenn sie diesem Falle gerecht werden, wie Freud, sich dieses bildlichen Ausdruckes nicht entschlagen können. Die Zeit, die bis zu dieser »Entthronung« verstreicht, ist für den Eindruck und dessen Verarbeitung nicht gleichgültig. Sind es drei oder mehr Jahre, so fällt das Ereignis in den bereits stabilisierten Lebensstil und wird in dessen Art beantwortet. Im allgemeinen vertragen verwöhnte Kinder diesen Wechsel ebenso schlecht wie etwa die Entwöhnung von der Mutterbrust. Ich muß aber feststellen, daß selbst ein einziges Jahr des Intervalls genügt, um die Spuren der Entthronung durch das ganze Leben sichtbar zu machen. Dabei muß auch der vom erstgeborenen Kinde bereits erworbene Lebensraum in Betracht gezogen werden wie auch die Einengung desselben, die es durch das zweite Kind erfährt. Man sieht, daß für unsere nähere Einsicht eine Menge von Faktoren herangezogen werden müssen. Vor allem auch, daß sich der ganze Vorgang, wenn das Zeitintervall nicht groß ist, »wortlos«, ohne Begriffe vollzieht, das heißt, einer Korrektur auch durch spätere Erfahrungen nicht zugänglich ist, sondern nur durch individualpsychologische Erkenntnis des Zusammenhanges. Diese wortlosen Eindrücke, deren es im frühen Kindesleben viele gibt, würden von Freud und Jung, falls sie einmal darauf stießen, anders gedeutet werden, nicht als Erlebnisse, sondern in ihren Folgerungen als unbewußte Triebe oder als atavistisches soziales Unbewußtes. Haßregungen aber oder Todeswünsche, die man gelegentlich antrifft, sind die uns wohlbekannten Kunstprodukte einer unrichtigen Erziehung des Gemeinschaftsgefühls und finden sich nur bei verwöhnten Kindern oft gegen das zweite Kind gerichtet. Ähnliche Stimmungen und Verstimmungen findet man auch bei späteren Kindern, auch bei ihnen vor allem, wenn sie verwöhnt waren. Aber der Erstgeborene, wenn er stärker verwöhnt wurde, hat wegen seiner Ausnahmestellung etwas vor den anderen voraus und empfindet durchschnittlich die Entthronung stärker. Die ähnlichen Erscheinungen aber bei späteren Kindern, die leicht zur Entstehung eines Minderwertigkeitskomplexes Anlaß geben, sind Beweis genug, daß ein etwa stärkeres Geburtstrauma als Ursache der Fehlschläge bei Erstgeborenen in das Reich der Fabeln zu versetzen ist, eine vage Annahme, die nur bei Unkenntnis der individualpsychologischen Erfahrungen erhascht werden konnte.

Es ist auch leicht zu verstehen, daß der Protest des Erstgeborenen gegen seine Entthronung sich recht häufig in einer Neigung kundgibt, die irgendwie gegebene Macht als berechtigt anzuerkennen oder ihr an der Seite zu stehen. Diese Neigung gibt dem Erstgeborenen gelegentlich einen deutlich »konservativen Charakter«, der sich nicht etwa politisch, sondern sachlich geltend macht. Ein sprechendes Beispiel dafür habe ich in der Biographie Theodor Fontanes gefunden. Wer nicht Haare spalten will, wird auch in Robespierres Persönlichkeit den autoritären Zug trotz seiner hervorragenden Anteilnahme an der Revolution nicht verkennen. Man soll aber angesichts der regelfeindlichen Haltung der Individualpsychologie nicht übersehen, daß nicht die Nummer, sondern die Situation ausschlaggebend ist, so daß auch später in der Kinderreihe das seelische Porträt eines Erstgeborenen auftauchen kann, wenn ein solches Kind etwa mehr auf ein nachfolgendes Kind angewiesen ist und reagiert. Auch der Umstand darf nicht übersehen werden, daß gelegentlich ein Zweitgeborener in die Rolle des ersten eintritt, wie zum Beispiel, wenn der Erstgeborene als schwachsinniges Kind nicht recht für unseren Fall in Betracht kommt. Ein gutes Beispiel dafür findet man in der Persönlichkeit Paul Heyses, der sich fast väterlich zu seinem älteren Bruder bezog und in der Schule sich als rechte Hand des Lehrers aufspielte. Man wird aber in jedem Falle einen Forschungsweg bereitgestellt finden, wenn man nach den speziellen Lebensformen eines Erstgeborenen Umschau hält und nicht vergißt, wie der zweite ihn im Rücken bedrängt. Daß er da gelegentlich den Ausweg findet, den zweiten väterlich oder mütterlich zu behandeln, ist nur eine Variante seines Strebens nach der Oberhand.

Ein spezielles Problem scheint recht häufig unter jenen Erstgeborenen heranzuwachsen, die in nicht allzugroßem Abstand von einer Schwester gefolgt sind. Ihr Gemeinschaftsgefühl ist da oft starken Beeinträchtigungen ausgesetzt. Vor allem deshalb, weil Mädchen von der Natur in ihrem körperlichen und geistigen Wachstum in den ersten 17 Jahren besonders gefördert werden, deshalb dem Schrittmacher stärker nachdrängen. Oft auch deshalb, weil sich der ältere Knabe nicht nur in seinem Vorrang, sondern auch in dem üblen Vorzug der männlichen Rolle zu behaupten trachtet, während das Mädchen oft durch die heute noch bestehende kulturelle Bedrängung in einem schweren Minderwertigkeitsgefühl stark nachstößt, und dabei ein stärkeres Training an den Tag legt, das ihr oft deutliche Züge großer Energie verleiht. Dies ist auch bei anderen Mädchen der Auftakt zum »männlichen Protest«[27], der unzählige gute und schlimme Folgen in der Entwicklung von Mädchen zeitigen kann, alle zwischen Vorzügen und Abwegigkeiten menschlicher Art bis zur Ablehnung der Liebe oder bis zur Homosexualität gelagert. Freud hat später von dieser individualpsychologischen Erkenntnis Gebrauch gemacht und hat sie unter dem Namen »Kastrationskomplex« in sein Sexualschema eingepreßt, behauptend, daß nur der Mangel des männlichen Gliedes jenes Minderwertigkeitsgefühl erzeugt, dessen Struktur von der Individualpsychologie gefunden wurde. Er läßt aber

27. Siehe A. Adler, *Über den nervösen Charakter*, l. c.

neuerlich schwach durchblicken, daß er auch für die soziale Seite dieser Frage einiges übrig hat. Daß der Erstgeborene fast immer als der Träger der Familie und ihrer konservativen Tradition angesehen wurde, zeigt wieder, daß die Fähigkeit des Erratens die Erfahrung voraussetzt.

Was die Eindrücke betrifft, unter denen so häufig der Zweitgeborene selbstschöpferisch sein Bewegungsgesetz gestaltet, so sind sie hauptsächlich darin zu finden, daß da ununterbrochen ein anderes Kind vor ihm herläuft, das nicht nur weiter in seiner Entwicklung ist, sondern ihm auch zumeist durch sein Festhalten an der Oberhand die Gleichheit bestreitet. Diese Eindrücke fallen hinweg, wenn der Abstand der Jahre groß ist, und sind um so stärker, je geringer er ist. Sie wirken drückend, wenn der Erstgeborene im Empfinden des zweiten nicht zu schlagen ist. Sie verschwinden fast, wenn der zweite von vornherein siegreich ist, sei es wegen der Minderwertigkeit des ersten oder wegen seiner geringeren Beliebtheit. Fast immer aber wird man das heftigere Aufwärtsstreben des zweiten beobachten können, das sich bald in verstärkter Energie, bald in heftigerem Temperament, bald auf der Seite des Gemeinschaftsgefühls, bald in einem Fehlschlag äußert. Man wird danach suchen müssen, ob er sich nicht vorwiegend wie im Wettlauf befindet, an dem auch der erste gelegentlich teilnimmt, und ob er sich nicht immer wie unter Volldampf darstellt. Bei ungleichem Geschlecht kann sich die Rivalität verschärfen, gelegentlich auch ohne daß das Gemeinschaftsgefühl wesentlich geschädigt ist. Auch die Schönheit des einen Kindes fällt dabei ins Gewicht. Ebenso die Verzärtelung eines der beiden, wobei für den Betrachter der Unterschied in der Sorgfalt der Eltern nicht gerade auffallend sein muß, es wohl aber in der Meinung des einen sein kann. Ist der eine ein ausgesprochener Fehlschlag, so findet man den anderen oft in guter Verfassung, die sich gelegentlich beim Eintritt ins Leben der Schule oder des Erwachsenseins als wenig gefestigt erweisen kann. Ist der eine von beiden als hervorragend anerkannt, so kann sich der andere leicht als Fehlschlag herausstellen. Manchmal findet man, sogar bei eineiigen Zwillingen, als scheinbare Ähnlichkeit, daß beide dasselbe tun, im

Guten wie im Bösen, wobei nicht übersehen werden darf, daß dabei der eine im Schlepptau des anderen ist. Auch im Falle des Zweitgeborenen haben wir Gelegenheit, die ursprüngliche, offenbar durch die Evolution festgelegte Fähigkeit des Erratens, dem Verstehen vorauseilend, zu bewundern. Besonders in der Bibel ist die Tatsache des himmelstürmenden zweiten in der Geschichte von Esau und Jakob wundervoll enthüllt, ohne daß wir ein Verstehen dieser Tatsache voraussetzen könnten, Jakobs Sehnsucht nach der Erstgeburt, sein Ringen mit dem Engel (»ich lasse dich nicht, du segnest mich denn«), sein Traum von der Himmelsleiter sprechen deutlich den Wettlauf des zweiten aus. Auch wer nicht geneigt ist, dieser meiner Darstellung zu folgen, wird immerhin eigenartig berührt sein, wenn er im ganzen Lebenslauf Jakobs dessen Geringschätzung für den ersten wiederfindet. So in seiner hartnäckigen Werbung um die zweite Tochter Labans, in der geringen Hoffnung, die er auf seinen Erstgeborenen setzt und in der Art, wie er seinen größeren Segen, unter Kreuzung der Arme mit der rechten Hand, dem zweiten Sohn Josephs zuteil werden läßt.

Von den zwei älteren Töchtern einer Familie äußerte sich die erste seit der Geburt ihrer jüngeren Schwester, drei Jahre nach ihr, als ein wild revoltierendes Kind. Die zweite »erriet« ihren Vorteil darin, ein folgsames Kind zu werden und machte sich dadurch außerordentlich beliebt. Je beliebter sie wurde, um so mehr tobte die Ältere, die bis in ihr höheres Alter ihre stürmisch protestierende Haltung aufrechthielt. Die zweite, an ihre Überlegenheit in allen Dingen gewöhnt, erlitt ihren Schock, als sie in der Schule zurückblieb. Die Schule und später die drei Lebensprobleme zwangen sie, ihren Rückzug von dem für ihren Ehrgeiz gefährlichen Punkt zu stabilisieren und damit auch, infolge der fortwährenden Furcht vor einer Niederlage, ihren Minderwertigkeitskomplex in der Form der von mir so genannten »zögernden Bewegung« auszubauen. Dadurch war sie wohl vor allen Niederlagen einigermaßen geschützt. Wiederholte Träume von Zuspätkommen zu einem Eisenbahnzug zeigten die Kraft ihres Lebensstils, der ihr im Traum nahelegte, für das Versäumen von Gelegenheiten zu trainieren.

Kein menschliches Individuum kann aber im Gefühl der Minderwertigkeit einen Ruhepunkt finden. Das evolutionär festgelegte Streben alles Lebendigen nach einem idealen Ziel der Vollkommenheit ruht niemals und findet seinen Weg aufwärts, in der Richtung des Gemeinschaftsgefühls oder gegen dasselbe in tausend Varianten. Die Variante, die unserer Zweitgeborenen nahegelegt war und nach einigen tastenden Versuchen als brauchbar gefunden wurde, war eine Waschzwangsneurose, die ihr durch fortwährendes Waschenmüssen ihrer Person, ihrer Kleider und ihrer Geräte, was besonders dann eintrat, wenn andere Personen ihr nahe kamen, den Weg zur Erfüllung ihrer Aufgaben verlegte, auch geeignet war, die Erfüllung fordernde Zeit, den großen Feind der Neurotiker, totzuschlagen. Dabei hatte sie erraten, ohne es zu verstehen, daß sie durch übertriebene Erfüllung einer kulturellen Funktion, die sie früher beliebt gemacht hatte, allen anderen Menschen den Rang abgelaufen hatte. Nur sie war rein, alle anderen, alles andere war schmutzig. Über den Mangel ihres Gemeinschaftsgefühls, den Mangel bei einem scheinbar so gut gearteten Kinde einer stark verwöhnenden Mutter, brauche ich nichts mehr zu sagen. Ebenso nicht darüber, daß ihre Heilung nur durch Verstärkung ihres Gemeinschaftsgefühls denkbar war.

Über den Jüngsten der Familie ist viel zu sagen. Auch er befindet sich in einer gründlich verschiedenen Situation, verglichen mit den anderen. Er ist niemals allein, wie der Älteste es eine Zeitlang ist. Er hat aber auch keinen Hintermann, wie ihn alle anderen Kinder haben. Und er hat nicht einen einzigen Vordermann, wie der zweite, sondern oft mehrere. Er ist meist von den alternden Eltern verwöhnt und findet sich in der unbehaglichen Situation, stets als der Kleinste und Schwächste, meist nicht ernst genommen, angesehen zu werden. Seine Lage ist im allgemeinen nicht ungünstig. Und sein Streben nach Überlegenheit über seine Vordermänner wird täglich aufgestachelt. In mancher Beziehung gleicht seine Lage der des zweiten, eine Situation, in die auch Kinder an einer anderen Stelle der Kinderreihe gelangen können, wenn zufällig ähnliche Rivalitäten Platz greifen. Seine Stärke zeigt sich oft darin, daß Versuche zu sehen sind, allen Geschwistern über den Kopf zu wachsen, in den verschiedensten Graden des Gemeinschaftsgefühls. Seine Schwäche kommt oft darin zur Erscheinung, daß er dem direkten Kampf um die Überlegenheit ausweicht, was bei größerer Verwöhnung die Regel zu sein scheint, und daß er sein Ziel auf einer anderen Ebene, in einer anderen Lebensform, in einem anderen Beruf zu erreichen sucht. Man ist bei dem individualpsychologisch geschulten Blick in die Werkstätte des menschlichen Seelenlebens immer wieder erstaunt wahrzunehmen, wie häufig sich dieses Schicksal des Jüngsten durchsetzt. Besteht die Familie aus Geschäftsleuten, so findet man den Jüngsten zum Beispiel als Dichter oder Musiker. Sind die Geschwister Intellektuelle, so gelangt der Jüngste oft zu einem gewerblichen oder geschäftlichen Beruf. Dabei muß freilich auch die Einengung der Möglichkeiten bei Mädchen in unserer recht unvollkommenen Kultur in Rechnung gezogen werden.

In Hinsicht auf die Charakterologie des Jüngsten hat mein Hinweis auf den biblischen Joseph allgemeine Beachtung gefunden. Ich weiß wohl, wie jeder andere, daß Benjamin der jüngste Sohn Jakobs gewesen ist. Er kam aber 17 Jahre nach Joseph und blieb ihm die längste Zeit unbekannt. Er zählte in Josephs Entwicklung nicht mit. Man kennt ja alle die Fakten, wie dieser Knabe träumend von seiner zukünftigen Größe unter den schwer arbeitenden Brüdern herumging und sie durch seine Träume von seiner Herrschaft über sie, über die Welt, von seiner Gottähnlichkeit heftig verärgerte. Auch wohl, weil er ihnen vom Vater vorgezogen wurde. Aber er wurde die Säule seiner Familie, seines Stammes und weit über diesen hinaus einer der Retter der Kultur. In einzelnen seiner Handlungen und in seinen Werken zeigt sich die Größe seines Gemeinschaftsgefühls.

Die erratende Volksseele hat mehrere solcher Hinweise geschaffen. Viele andere finden sich ebenfalls in der Bibel, wie Saul, David usw. Aber auch in den Märchen aller Zeiten und Völker, in denen sich ein Jüngster findet, bleibt er der Sieger. Man braucht auch nur Umschau zu halten in unserer gegenwärtigen Gesellschaft, unter den ganz Großen der Menschheit, und wird finden, wie oft der Jüngste zu hervorragender Stellung gekommen ist. Auch als Fehlschlag zählt er oft zu den auffallendsten, was sich immer wieder auf seine Abhängigkeit von einer verwöhnenden Person oder auf Vernachlässigung zurückführen läßt, Positionen, aus denen er seine soziale Minderwertigkeit irrtümlich aufgebaut hat.

Dieses Gebiet der Kinderforschung, auf die Stellung des Kindes in der Kinderreihe bezogen, ist noch lange nicht erschöpft. Es zeigt mit bezwingender Klarheit, wie ein Kind seine Situation und deren Eindrücke als Bausteine benützt, um sein Lebensziel, sein Bewegungsgesetz, und damit auch seine Charakterzüge schöpferisch aufzubauen. Wie wenig da für eine Annahme angeborener Charakterzüge übrigbleibt, dürfte dem Einsichtigen klargeworden sein. Bezüglich anderer Stellungen in der Kinderreihe, soferne sie nicht die obengenannten imitieren, weiß ich lange nicht so viel zu sagen. Crighton Miller in London machte mich darauf aufmerksam, daß er gefunden habe, wie ein drittes Mädchen nach zwei vorhergehenden einen stärkeren männlichen Protest zeige. Ich konnte mich öfters von der Richtigkeit seines Befundes überzeugen und führe ihn darauf zurück, daß ein solches Mädchen die Enttäuschung der Eltern spürt, errät, manchmal auch erfährt und seine Unzufriedenheit mit der weiblichen Rolle irgendwie zum Ausdruck bringt. Man wird nicht überrascht sein, bei diesem dritten Mädchen eine stärkere Trotzstellung zu entdekken, die zeigt, daß, was Charlotte Bühler als »natürliches Trotzstadium« gefunden haben will, besser als Kunstprodukt verstanden werden kann, als dauernder Protest gegen wirkliche oder vermeintliche Zurücksetzung, im Sinne der Darlegungen der Individualpsychologie.

Über die Entwicklung eines einzigen Mädchens unter Knaben und eines einzigen Knaben unter Mädchen sind meine Untersuchungen nicht abgeschlossen. Nach meinen bisherigen Befunden erwarte ich zu finden, daß sich beide in Extremen zeigen, mehr nach der männlichen oder mehr nach der weiblichen Richtung zielend. Nach der weiblichen, wenn ihnen diese als erfolgreicher in der Kindheit zur Empfindung gebracht wurde, mehr nach der männlichen, wenn ihnen die Männlichkeit als begehrenswertes Ziel erscheint. Im ersteren Falle wird man Weichheit und Anlehnungsbedürfnis in gesteigertem Maße finden, mit allen Arten und Unarten, im zweiten Falle offene Herrschsucht, Trotz, aber gelegentlich auch Mut und ehrbares Streben.

14. Tag- und Nachtträume

Mit dieser Betrachtung begeben wir uns in das Reich der Phantasie. Es wäre ein großer Fehler, diese gleichfalls durch den evolutionären Strom geschaffene Funktion aus dem Ganzen des Seelenlebens und dessen Verknüpfung mit den Forderungen der Außenwelt herauszuheben oder gar sie dem Ganzen, dem Ich entgegenstellen zu wollen. Sie ist vielmehr ein Teil des individuellen Lebensstils, charakterisiert ihn zugleich und zeichnet sich, als seelische Bewegung genommen, in alle anderen Teile des Seelenlebens ein, sowie sie auch den Ausdruck des individuellen Bewegungsgesetzes in sich trägt. Ihre gegebene Aufgabe ist unter gewissen Umständen, sich gedanklich zu äußern, während sie sonst sich im Reich der Gefühle und Emotionen birgt oder in der Stellungnahme des Individuums eingebettet ist. Sie zielt wie jede andere seelische Bewegung auf das Kommende, da auch sie sich im Strome zum Ziel der Vollendung bewegt. Von diesem Aussichtspunkt gesehen wird es ganz klar, wie nichtssagend es ist, in ihrer Bewegung oder in der ihrer Abkömmlinge, des Tag- und Nachttraumes, eine Wunscherfüllung zu sehen, mehr noch zu glauben, daß man dadurch etwas zum Verständnis ihres Mechanismus beigetragen hat. Da jede seelische Ausdrucksform von unten nach oben, von einer Minussituation nach einer Plussituation sich bewegt, kann man auch jede seelische Ausdrucksbewegung als Wunscherfüllung ansprechen.

Mehr als der Common sense bedient sich die Phantasie der Fähigkeit des Erratens, ohne daß damit gesagt ist, es würde dabei auch »richtig« geraten. Ihr Mechanismus besteht darin, auf eine Weile – in der Psychose dauernd – vom Common sense, das ist von der Logik des menschlichen Zusammenlebens, vom gegenwärtig vorhandenen Gemeinschaftsgefühl Abstand zu nehmen, unzufrieden damit, im Sinne der Gemeinschaft die nächsten Schritte zu tun. Dies gelingt leichter, wenn das vorhandene Gemeinschaftsgefühl keine besondere Stärke besitzt. Ist es aber stark genug, dann führt es den Spaziergang der Phantasie zu dem Ziele einer Bereicherung der Gemeinschaft. Immer aber, in den tausendfältigen Verschiedenheiten, läßt sich der sich entspinnende seelische Bewegungsvorgang künstlich in Gedanken, Gefühle und Bereitschaft zur Stellungnahme auflösen. »Richtige«, »normale«, »wertvolle« Stellungnahmen werden wir als solche nur anerkennen, wenn sie wie bei größeren Leistungen, der Allgemeinheit dienen. Begriffsinterpretationen dieser Urteile in anderer Richtung sind logisch ausgeschlossen, was nicht hindert, daß oft der gegenwärtige Stand des Common sense solche Leistungen ablehnt, bis ein höherer Stand der Einsicht in das Wohl der Allgemeinheit erreicht ist.

Jedes Suchen nach Lösung eines vorliegenden Problems setzt die Phantasie in Lauf, da man es dabei mit dem Unbekannten der Zukunft zu tun hat. Die schöpferische Kraft, der wir in der Kindheit die Schaffung des Lebensstils zuerkannt haben, ist weiter am Werk.

Auch die bedingten Reflexe, in deren tausendfältiger Gestaltung der Lebensstil wirkt, können nur als Bausteine weiter verwendet werden.

Sie sind für die Schaffung des stets völlig Neuen nicht automatisch wirkend zu verwenden. Aber die schöpferische Kraft geht nun in den Bahnen des selbstgeschaffenen Lebensstils. Und so ist auch die Lenkung der Phantasie dem Lebensstil anheimgegeben. Man kann in ihren Leistungen, ob das Individuum den Zusammenhang erkennt oder ihm in voller Unkenntnis gegenübersteht, den Ausdruck des Lebensstils finden und so diese Leistungen als Eingangspforten benützen, um in die Werkstatt des Geistes Einblick zu bekommen. Aber man wird bei richtigem Vorgehen immer auf das Ich, auf das Ganze stoßen, während bei unrichtiger Auffassung ein Gegensatz, etwa des Bewußten zum Unbewußten, vorhanden zu sein scheint. Freud, der Vertreter dieser unrichtigen Anschauung, nähert sich im Eilmarsch dem besseren Verständnis, wenn er heute vom Unbewußten im Ich spricht, das dem Ich natürlich ein ganz anderes Gesicht gibt, nämlich das Gesicht, das die Individualpsychologie zuerst gesehen hat.

Jeder große Gedanke, jedes Kunstwerk verdankt seine Entstehung dem rastlos schaffenden, neuschöpferischen Geist der Menschheit. Vielleicht tragen die meisten ein kleines Stückchen dazu bei. Zumindest in der Aufnahme und in der Erhaltung, in der Verwertung der Neuschöpfung. Hier mögen dann zum großen Teil die »bedingten Reflexe« ihre Rolle spielen. Beim schaffenden Künstler sind sie nur Bausteine, deren er sich bedient, um in seiner Phantasie dem Alten vorauszueilen. Künstler und Genies sind zweifellos die Führer der Menschheit und zahlen den Zoll für diese Verwegenheit, brennend im eigenen Feuer, das sie in der Kindheit entzündet haben. »Ich litt – und so wurde ich ein Dichter.« Unser besseres Sehen, die bessere Wahrnehmung von Farben, von Formen, von Linien verdanken wir den Malern. Unser besseres Hören, damit die feinere Modulation unseres Sprechorgans, erwarben wir von den Musikern. Die Dichter haben uns Denken, Sprechen und Fühlen gelehrt. Der Künstler selbst, meist heftig aufgepeitscht in der frühen Kindheit, unter Bürden aller Art, Armut, Augen- und Ohrenanomalien, meist einseitig verwöhnt, entreißt sich in der frühesten Kindheit seinem schweren Minderwertigkeitsgefühl und ringt mit wütendem Ehrgeiz mit der zu engen Wirklichkeit, um sie für sich und die anderen zu erweitern, als der Bannerträger der Evolution, die den Fortschritt über Schwierigkeiten sucht und das geeignete Kind, meist an einer für hohe Ziele geeigneten Variante leidend, über das durchschnittliche Niveau hinaushebt.

Was wir vor langem schon über diese drückende, aber gesegnete Variante nachgewiesen haben, ist eine größere körperliche Anfälligkeit, ein stärkeres Berührtsein durch äußere Geschehnisse, Varianten, die sich sehr oft an dem Träger als Minderwertigkeiten der Sinnesorgane nachweisen lassen, und wenn nicht an ihm selbst – da für geringere Varianten unsere Untersuchungsmittel oft versagen –, an der Heredität von Organminderwertigkeiten am Stammbaum der Familie. Dort finden sich oft die deutlichsten Spuren von solchen konstitutionellen Minderwertigkeiten, nicht selten zu Krankheiten führend, Minusvarianten, die auch den Aufstieg der Menschheit erzwungen haben.[28] Im selbsttätigen Spiel und in der individuellen Ausführung jedes Spiels zeigt sich der schöpferische Geist des Kindes. Jedes Spiel gibt dem Streben nach Überlegenheit Raum. Die Gemeinschaftsspiele tragen dem Drang des Gemeinschaftsgefühls Rechnung. Daß auch neben diesen die Alleinbeschäftigung nicht zu kurz zu kommen braucht, bei Kindern wie bei Erwachsenen, ist durchaus gerechtfertigt, sollte nebenbei sogar gefördert werden, soferne sie einen Ausblick auf spätere Bereicherung der Gemeinschaft gestattet. Und es liegt nur an der Technik gewisser Leistungen, hindert ihren Gemeinschaftscharakter durchaus nicht, daß sie nur ferne von den anderen geübt und ausgeführt werden können. Dabei ist wieder die Phantasie am Werke, die nicht unwesentlich von den schönen Künsten genährt wird. Aus dem Lesebereich der Kinder sollte freilich bis zu einer gewissen Reife alle unverdauliche geistige Nahrung entfernt bleiben, die entweder mißverstanden werden kann oder geeignet ist, das wachsende Gemeinschaftsgefühl zu drosseln. Hierher gehören unter anderem grausame, furchterweckende Geschichten, die besonders jene Kinder stark beeindrucken, bei denen durch Furcht das Harn- und Sexualsystem erregt wird. Wieder sind es unter letzteren die verwöhnten Kinder, die den Verlockungen des »Lustprinzips« nicht widerstehen können, deren Phantasie und später deren Praxis furchterweckende Situationen schafft, um daran Sexualerregungen zu produzieren. Ich habe bei meinen Untersuchungen sexueller Sadisten und Masochisten immer neben einem Mangel an Gemeinschaftsgefühl eine solche verhängnisvolle Verkettung dieser Umstände gefunden.

Die meisten Tagträume der Kinder und Erwachsenen gehen, bis zu einem gewissen Grade losgekettet vom Common sense, in die Richtung des Zieles der Überlegenheit. Es ist leicht einzusehen, daß zum Zwecke einer Kompensation, wie um das seelische Gleichgewicht aufrechtzuerhalten – was nie auf diesem Wege gelingt –, gerade jene kon-

28. Siehe u. a. A. Adler, *Studie über Minderwertigkeit von Organen*, l. c.

krete Richtung in der Phantasie eingeschlagen wird, die der Überwindung einer gefühlten Schwäche dienen soll. Der Vorgang ist in gewissem Sinne dem ähnlich, den das Kind bei Schaffung seines Lebensstils einschlägt. Wo es die Schwierigkeit fühlt, dort hilft ihm die Phantasie, eine Erhöhung seiner Persönlichkeit vorzuspiegeln, nicht ohne gleichzeitig mehr oder weniger anzuspornen. Freilich gibt es auch genug Fälle, wo die Anspornung ausbleibt, wo sozusagen die Phantasie ganz und gar die Kompensation bedeutet. Daß letzteres als gemeinschaftswidrig anzusehen ist, wenn auch bar jeder Aktivität und jedes Angriffs auf die Außenwelt, liegt auf der Hand. Auch wo sie, immer entsprechend dem Lebensstil, der sie leitet, gegen das Gemeinschaftsgefühl geht, kann sie als ein Zeichen der Ausschaltung des Gemeinschaftsgefühls aus dem Lebensstil erkannt werden und den Blick des Untersuchers lenken. So die häufigen grausamen Tagträume, die gelegentlich abwechseln oder ersetzt werden durch Phantasien über eigenes schmerzvolles Leiden. Kriegsphantasien, Heldentaten, Rettung von hochstehenden Personen weisen in der Regel auf ein tatsächliches Schwächegefühl hin und sind im Leben durch Zaghaftigkeit und Schüchternheit ersetzt. Wer hier und in ähnlichen, scheinbar kontrastierenden Ausdrucksformen eine Ambivalenz, eine Spaltung des Bewußtseins, ein Doppelleben erblickt, kennt nicht die Einheit der Person, in der scheinbar Widerspruchsvolles nur aus dem Vergleich der Minus- und der Plussituation analysierend und den Zusammenhang verkennend entnommen wird. Wer sich die Kenntnis des unaufhörlichen Aufwärtsströmens des seelischen Prozesses erworben hat, der weiß, daß die richtige Charakterisierung eines Seelenvorgangs durch ein Wort, einen Begriff unserer Sprache an deren Armut scheitern muß, weil es nicht möglich ist, unaufhörlich Strömendes als feste Form zu benennen.

Sehr häufig finden sich Phantasien über das Thema, das Kind anderer Eltern zu sein, was mit einiger Sicherheit auf Unzufriedenheit mit den eigenen Eltern hinweist. In Psychosen, schwächer in anderen Fällen, findet man diese Phantasie der Wirklichkeit aufoktroyiert als dauernde Anklage. Immer, wenn der Ehrgeiz eines Menschen die Wirklichkeit unerträglich findet, flüchtet er zu dem Zauber der Phantasie. Wir wollen aber nicht vergessen, daß dort, wo die Phantasie sich mit Gemeinschaftsgefühl richtig paart, die ganz große Leistung zu erwarten ist, denn die Phantasie mit ihrer Erweckung von verlangenden Gefühlen und Emotionen wirkt wie der erhöhte Gasdruck bei einer laufenden Maschine: die Leistung wird erhöht.

Der Wert der Leistung der Phantasie hängt also in erster Linie davon ab, von wie viel Gemeinschaftsgefühl sie durchdrungen ist. Dies gilt ebenso für den einzelnen wie für die Masse. Haben wir es mit einem sicheren Fehlschlag zu tun, so dürfen wir eine ebenfalls fehlschlagende Phantasie erwarten. Der Lügner, der Hochstapler, der Prahler sind sprechende Beispiele. Auch der Narr. Die Phantasie ruht nie ganz, auch dort nicht, wo sie sich nicht zu Tagträumen verdichtet. Schon das Gerichtetsein nach einem Ziele der Überlegenheit erzwingt ein Phantasieren in die Zukunft, wie jedes Voraussehenwollen. Daß sie ein Training in der Richtung des Lebensstils ist, ob sie in der Wirklichkeit, in Tag- oder Nachtträumen auftritt oder Kunstwerke schafft, ist nicht zu übersehen. Sie führt zu einer Herausstellung der eigenen Persönlichkeit und ist auf diesem Wege einmal mehr, einmal weniger dem Common sense unterworfen. Auch der Träumer weiß oft, daß er träumt. Und der Schlafende, noch so sehr der Wirklichkeit entrückt, fällt selten aus dem Bette. Dabei ist wohl alles, dem sich die Phantasie zuwendet, Reichtum, Stärke, Heldentaten, große Werke, Unsterblichkeit usw. Hyperbel, Metapher, Gleichnis, Symbol. Man darf die aufputschende Kraft der Metapher nicht übersehen. Sie sind einmal, trotz des Unverstandes mancher meiner Gegner, phantasievolle Verkleidungen der Wirklichkeit, niemals mit ihr identisch. Ihr Wert ist unbestritten, wenn sie geeignet sind, unserem Leben eine zusätzliche Spannkraft zu verleihen, ihre Schädlichkeit muß enträtselt werden, wenn sie dazu dienen, durch die Anspornung unserer Gefühle den gemeinschaftswidrigen Geist in uns zu bestärken. In allen Fällen aber dienen sie dazu, den Gefühlston, der einem gegenwärtigen

Problem gegenüber dem Lebensstil zukommt, hervorzurufen und zu verstärken, wenn der Common sense sich zu schwach dazu erweist oder mit der durch den Lebensstil verlangten Lösung des Problems in Widerspruch steht. Diese Tatsache wird uns auch zum Verständnis des Traumes verhelfen.

Um diesen zu verstehen, bedarf es einer Berücksichtigung des Schlafes, der ja die Stimmungslage darstellt, in der ein Traum möglich ist. Fraglos ist der Schlaf eine Schöpfung der Evolution, eine selbständige Regulierung, die natürlich mit körperlichen Zustandsänderungen verbunden ist und durch solche hervorgerufen wird. Wenn wir diese auch derzeit nur ahnen können (vielleicht hat Zondek durch seine Untersuchungen über die Hypophyse ein wenig Licht darauf geworfen), so dürfen wir sie als gemeinsam mit dem Schlafimpuls wirkend annehmen. Da der Schlaf offensichtlich der Ruhe und Erholung dient, so bringt er auch alle körperlichen und seelischen Tätigkeiten dem Ruhepunkt näher. Die Lebensform des menschlichen Individuums ist durch Wachen und Schlafen in besseren Einklang mit dem Wandel von Tag und Nacht gebracht. Was unter anderem den Schläfer vom Wachenden unterscheidet, ist seine konkrete Distanz von den Problemen des Tages.

Aber der Schlaf ist kein Bruder des Todes. Die Lebensform, das Bewegungsgesetz des Individuums wacht unausgesetzt. Der Schläfer bewegt sich, weicht unangenehmen Positionen im Bette aus, kann durch Licht und durch Lärm erweckt werden, nimmt Rücksicht auf ein daneben schlafendes Kind und trägt seine Freuden und Leiden des Tages mit sich. Der Mensch ist im Schlaf auf alle Probleme gerichtet, deren Lösung der Schlaf nicht stören soll. Unruhige Bewegungen des Säuglings erwecken die Mutter, der Morgen bringt die Ermunterung, beim Wollenden fast regelmäßig zur beabsichtigten Zeit. Die körperliche Haltung im Schlafe gibt oft, wie ich gezeigt habe[29], ein gutes Bild der seelischen Stellungnahme, ebenso wie im Wachen. Die Einheit des Seelenlebens

29. *Praxis und Theorie der Individualpsychologie*, l. c.

bleibt auch im Schlafe gewahrt, so daß wir auch das Nachtwandeln oder gelegentlichen Selbstmord im Schlafe, Knirschen mit den Zähnen, Sprechen, Muskelspannungen wie krampfhaftes Ballen der Hände mit folgenden Paraesthesien als Teil des Ganzen betrachten müssen und zu Schlußfolgerungen verwenden können, die freilich von anderen Ausdrucksformen her weitere Bestätigung finden müssen. Auch Gefühle und Stimmungen werden im Schlafe wach, gelegentlich ohne Begleitung von Träumen.

Daß der Traum zu allermeist als ein visuelles Faktum erscheint, liegt an dem überragenden Gewicht unserer Sicherheit bezüglich sehbarer Tatsachen. Ich habe meinen Schülern immer gesagt: »Wenn Ihr über irgend einen Punkt in Eurer Untersuchung im unklaren seid, so verstopft Euch die Ohren und schaut Euch die Bewegung an.« Wahrscheinlich weiß jeder von dieser größeren Sicherheit, ohne es in klare Gedanken gebracht zu haben. Sollte der Traum diese größere Sicherheit suchen? Sollte er in größerer Distanz von den Aufgaben des Tages, auf sich allein angewiesen, bei völliger Intaktheit seiner vom Lebensstil gelenkten schöpferischen Kraft, freier von der Beschränkung durch die Gesetze gebende Wirklichkeit, seinen Lebensstil stärker zum Ausdruck bringen? Sollte er, seiner im Lebensstil verankerten Phantasie anheimgegeben, auf jenen Wegen zu finden sein, wo wir auch sonst die Phantasie zugunsten des Lebensstils ringen sehen, wenn ein vorliegendes Problem die Spannkraft des Individuums übersteigt? Wenn der Common sense, das Gemeinschaftsgefühl des Individuums nicht spricht, weil es nicht in genügender Stärke vorhanden ist?

Wir wollen jenen nicht folgen, die der Individualpsychologie durch Totschweigen und Einschleichung den Wind aus den Segeln nehmen wollen. Deshalb wollen wir hier an Freud erinnern, der zuerst den Versuch unternommen hat, eine wissenschaftliche Traumlehre auszugestalten. Dies ist ein bleibendes Verdienst, das niemand schmälern kann, ebensowenig wie gewisse Beobachtungen, die er als dem »Unbewußten« angehörig bezeichnet. Er scheint viel mehr gewußt zu haben, als er verstanden hat. Aber indem er sich zwang, alle seelischen Erscheinungen um die einzig herrschende Substanz, die er anerkennt, um die Sexuallibido zu gruppieren, mußte er fehlgehen, was noch dadurch verschlechtert wurde, daß er nur die bösen Triebe ins Auge faßte, die, wie ich gezeigt habe, aus dem Minderwertigkeitskomplex verwöhnter Kinder stammen, Kunstprodukte verfehlter Erziehung und verfehlter Eigenschöpfung des Kindes sind und niemals die seelische Struktur in ihrer wirklichen, evolutionären Ausgestaltung verstehen lassen können. Wenn daher, kurz gefaßt, dies die Anschauung über den Traum ist: »Wenn ein Mensch sich entschließen könnte, alle seine Träume, ohne Unterschied, ohne Rücksicht, mit Treue und Umständlichkeit und unter Hinzufügung eines Kommentars, der dasjenige umfaßte, was er etwa selbst nach Erinnerungen aus seinem Leben und seiner Lektüre an seinen Träumen erklären könnte, niederzuschreiben, so würde er der Menschheit ein großes Geschenk machen. Doch so, wie die Menschheit jetzt ist, wird das wohl keiner tun; im stillen und zur eigenen Beherzigung wäre es auch schon etwas wert« – sagt Freud? nein, Hebbel in seinen Erinnerungen –, so muß ich hinzufügen, daß es dabei in erster Linie darauf ankommt, ob das Schema, das er anwendet, einer wissenschaftlichen Kritik standhält. Dies war im psychoanalytischen Schema so wenig der Fall, daß Freud selbst, nach mannigfachen Änderungen seiner Trauminterpretation, nunmehr erklärt, daß er niemals behauptet habe, jeder Traum habe sexuellen Inhalt. Immerhin wieder ein Fortschritt.

Was aber Freud den »Zensor« nennt, ist nichts anderes als die größere Entfernung von der Wirklichkeit im Schlafe, ein beabsichtigtes Fernbleiben vom Gemeinschaftsgefühl, dessen Mangelhaftigkeit eine normale Lösung eines vorliegenden Problems verhindert, so daß das Individuum, wie in einem Schock anläßlich einer erwarteten Niederlage, einen anderen Weg zu einer leichteren Lösung sucht, zu dem ihm die Phantasie, im Banne des Lebensstils, abseits vom Common sense behilflich sein soll. Sucht man darin eine Wunscherfüllung, oder verzagend, einen Wunsch zu sterben, so findet man nicht mehr als einen Gemeinplatz, der nichts von der Struktur des Traumes aufklärt. Denn der ganze Lebensprozeß, wo immer betrachtet, kann als gesuchte Wunscherfüllung angesprochen werden.

Ich hatte bei meinen Untersuchungen über den Traum zwei starke Hilfen. Die eine bot mir Freud in seinen unannehmbaren Anschauungen. Ich lernte aus seinen Fehlern. Und obwohl ich selbst nie psychoanalysiert wurde, eine solche Einladung auch a limine abgewiesen hätte, weil sie die Unbefangenheit der wissenschaftlichen Auffassung, die ohnehin bei den meisten nicht groß ist, bei der strikten Annahme seiner Lehre stört, bin ich doch so weit mit seiner Lehre vertraut, nicht nur um die Fehler erkennen zu können, sondern auch an dem Spiegelbild eines verwöhnten Kindes voraussagen zu können, was Freuds nächster Schritt sein wird. Ich habe deshalb allen meinen Schülern immer empfohlen, sich mit Freuds Lehre eingehend zu befassen. Freud und seine Schüler lieben es ungemein, in nicht zu verkennend prahlerischer Weise mich als Schüler Freuds zu bezeichnen, weil ich sehr viel mit ihm in einem psychologischen Zirkel gestritten hatte, ohne je einem seiner Schülervorträge beigewohnt zu haben. Als dieser Zirkel auf Freuds Anschauungen eingeschworen werden sollte, war ich der erste, der ihn verließ. Man wird mir das Zeugnis nicht versagen können, daß ich viel mehr als Freud die Grenzen zwischen Individualpsychologie und Psychoanalyse immer scharf gezogen habe, und daß ich mit meinen ehemaligen Diskussionen mit Freud nie geprahlt habe. Daß der Aufstieg der Individualpsychologie und ihr nicht zu verkennender Einfluß auf die Wandlung der Psychoanalyse dort so hart gefühlt wird, tut mir leid. Aber ich weiß, wie schwer es ist, der Weltanschauung verwöhnter Kinder zu genügen. Daß nach fortwährender Annäherung der Psychoanalyse – ohne daß sie ihr Grundprinzip ganz aufgegeben hätte – an die Individualpsychologie für befangene Gemüter Ähnlichkeiten sichtbar werden, eine offensichtliche Wirkung des unzerstörbaren Common sense, ist zum Schlusse nicht einmal so verwunderlich. Manchem wird es dann so erscheinen, als ob ich die Entwicklung der Psychoanalyse in den letzten 25 Jahren widerrechtlich vorausgedacht hätte. Ich bin da der Gefangene, der sie nicht losläßt.

Die zweite, viel stärkere Hilfe erwuchs mir aus der festen, wissenschaftlich erhärteten und von vielen Seiten beleuchteten Einheit der Persönlichkeit. Die gleiche Zugehörigkeit zur Einheit muß auch dem Traume eigen sein. Auch abgesehen von der durch den Lebensstil geforderten regelmäßigen größeren Distanz zur beeinflussenden Wirklichkeit, die auch die Phantasie im Wachen charakterisiert, durfte im Traum keine seelische Form zur Stütze einer Theorie angenommen werden als solche Formen, die auch im wachen Leben vorhanden sind. Man kann zu dem Schlusse kommen, daß der Schlaf und das Traumleben eine Variante des wachen Lebens, als auch, daß das wache Leben eine Variante des anderen ist. Das oberste Gesetz beider Lebensformen im Wachen wie im Schlafen ist: das Wertgefühl des Ich nicht sinken zu lassen. Oder, um es in die bekannte Terminologie der Individualpsychologie einzufügen: Das Streben nach Überlegenheit im Sinne des Endziels entreißt das Individuum dem Druck des Minderwertigkeitsgefühls. Wir wissen, in welche Richtung der Weg geht, mehr oder weniger abseits vom Gemeinschaftsgefühl, das heißt gegen das Gemeinschaftsgefühl, das heißt gegen den Common sense. Das Ich holt sich Stärkung aus der Traumphantasie, um zu einer Lösung eines vorliegenden Problems zu gelangen, für dessen Lösung es nicht genug Gemeinschaftsgefühl übrig hat. Es ist selbstverständlich, daß dabei immer die subjektive Schwere des vorliegenden Problems die Rolle einer Testprüfung auf Gemeinschaftsgefühl spielt, und so drückend sein kann, daß auch … der Beste zu träumen beginnt.

Wir müssen demnach fürs erste feststellen, daß jeder Traumzustand einen exogenen Faktor hat. Das bedeutet wohl mehr und anderes als Freuds »Tagesrest«. Die Bedeutung liegt in dem Geprüftsein und Lösungsuchen. Es enthält das »Vorwärts zum Ziele«, das »Wohin« der Individualpsychologie im Gegensatz zu Freuds Regression und Erfüllung infantiler sexueller Wünsche, letztere wieder die Entblößung der fiktiven Welt verwöhnter Kinder, die alles allein haben wollen und nicht verstehen, wie ihnen ein Wunsch unerfüllt bleiben soll. Es weist auf das Aufwärtsströmen in der Evolution hin und zeigt, wie sich jeder einzelne diesen Weg vorstellt, den er gehen will. Es zeigt seine Meinung von seiner Art und von der Art, vom Sinn des Lebens.

Man sehe einen Augenblick vom Traumzustand ab. Da ist ein Mensch vor einer Prüfung, für die er sich in Anbetracht seines mangelnden Gemeinschaftsgefühls nicht reif fühlt. Er nimmt Zuflucht zu seiner Phantasie. Wer nimmt diese Zuflucht? Natürlich das Ich in seinem Lebensstil. Die Absicht ist, eine Lösung zu finden, wie sie dem Lebensstil paßt. Das heißt aber, mit geringer Ausnahme der für die Gemeinschaft wertvollen Träume, eine Lösung, mit der der Common sense nicht einverstanden ist, die gegen das Gemeinschaftsgefühl geht, aber das Individuum in seiner Not und seinem Zweifel erleichtert, noch mehr, es in seinem Lebensstil, in seinem Ichwert bestärkt. Der Schlaf, wie auch die Hypnose, wenn richtig ausgeführt, sind nur Erleichterungen für diesen Zweck, ebenso die gelungene Autosuggestion. Die Folgerung, die wir daraus ziehen müssen, ist, daß der Traum als gewollte Schöpfung des Lebensstils den Abstand vom Gemeinschaftsgefühl sucht und darstellt. Doch findet man bei größerem Gemeinschaftsgefühl und in bedrohlicheren Situationen gelegentlich eine Umkehr, den Sieg des Gemeinschaftsgefühls über den Versuch eines Abweichens davon. Wieder ein Fall, der der Individualpsychologie recht gibt, wenn sie behauptet, daß sich das Seelenleben niemals ganz in Formeln und Regeln einfangen läßt, was freilich die Hauptthese in diesem Falle unberührt läßt, nämlich, daß der Traum den Abstand vom Gemeinschaftsgefühl zeigt.

Da kommt nun ein Einwand, der mir seit jeher viel zu schaffen machte, dem ich aber eine vertiefte Einsicht in das Traumproblem verdanke. Wenn nämlich der oben geschilderte Tatbestand angenommen werden sollte, wie erklärt es sich, daß niemand seine Träume versteht, daß niemand darauf achtet, ja sie meistens vergißt? Sehen wir von der Handvoll von Leuten ab, die etwas davon verstehen, so scheint da eine Kraft im Traume vergeudet zu sein, wie wir es sonst nie in der Ökonomie des Geistes finden. Freilich kommt uns da eine andere Erfahrung der Individualpsychologie zu Hilfe. Der Mensch weiß mehr, als er versteht. Ist da im Traume, wenn sein Verstehen schläft, das Wissen wach? Wenn dem so wäre, dann müßte sich Ähnliches im wachen Zustande auch nachweisen lassen. Und in der Tat, der Mensch versteht von seinem Ziele nichts und folgt ihm dennoch. Er versteht von seinem Lebensstil nichts und ist stets darin verhaftet. Und wenn sein Lebensstil ihn angesichts eines Problems in eine bestimmte Richtung weist, nach einem Trinkgelage, nach einem erfolgversprechenden Unternehmen, dann stellen sich immer Gedanken und Bilder ein, Sicherungen, wie ich sie genannt habe, um ihm diesen Weg schmackhaft zu machen, ohne daß sie immer mit dem Ziele sichtbar verbunden sein müßten. Wenn ein Mann mit seiner Frau recht unzufrieden ist, dann erscheint ihm oft eine andere viel begehrenswerter, ohne daß er sich den Zusammenhang, geschweige seine Anklage oder Rache dabei klarmachen würde. Erst im Zusammenhang mit seinem Lebensstil und dem vorliegenden Problem gesehen wird sein Wissen um die nächsten Dinge Verständnis. Außerdem haben wir aber bereits darauf hingewiesen, daß die Phantasie, somit auch der Traum, sich eines guten Teils des Common sense entschlagen muß. Es wäre demnach unbillig, den Traum nach seinem Common sense zu fragen, wie es viele Autoren getan haben, um zu dem Schlusse zu kommen, der Traum sei unsinnig. Der Traum wird sich nur in den seltensten Fällen dem Common sense stark annähern, er wird sich nie mit ihm decken. Daraus aber folgt die wichtigste Funktion des Traumes, *den Träumer auf einen Abweg vom Common sense zu führen,* wie wir es auch von der Phantasie gezeigt haben. Im Traume begeht also der Träumer einen Selbstbetrug. Unserer Grundanschauung gemäß können wir hinzufügen: einen Selbstbetrug, der ihn angesichts eines Problems, für das sein Gemeinschaftsgefühl nicht ausreicht, auf seinen Lebensstil verweist, damit er das Problem diesem entsprechend löse. Indem er sich von der Wirklichkeit losreißt, die soziales Interesse verlangt, strömen ihm Bilder zu, die sein Lebensstil ihm eingibt.

Bleibt also nichts übrig vom Traum, wenn er vorüber ist? Ich glaube, diese wichtigste Frage gelöst zu haben. Es bleibt zurück, was immer zurückbleibt, wenn einer ins Phantasieren gerät, Gefühle, Emotionen und eine Stellungnahme. Daß diese alle in der Richtung des Lebensstils wirken, geht aus der Grundanschauung der Individualpsychologie von der Einheit der Persönlichkeit hervor. Es war einer meiner ersten Angriffe gegen die Freudsche Traumtheorie aus dem Jahre 1918, als ich auf Grund meiner Erfahrungen behauptete, daß der Traum vorwärts ziele, daß er den Träumer »scharf« mache dafür, ein Problem in seiner eigenen Weise zu lösen. Später konnte ich diese Anschauung ergänzen, indem ich feststellte, daß er dies nicht auf dem Wege des Common sense, des Gemeinschaftsgefühls tue, sondern »gleichnisweise«, metaphorisch, in vergleichenden Bildern, wie es etwa ein Dichter täte, wenn er Gefühle und Emotionen erwecken will. Damit sind wir aber wieder auf dem Boden des Wachzustandes und können hinzufügen, daß auch dichterisch völlig unzulängliche Personen sich des Vergleiches bedienen, wenn sie Eindruck machen wollen, sei es auch nur in Schimpfworten wie »Esel«, »altes Weib« usw., wie es auch der Lehrer tut, wenn er verzweifelt, einen Fall mit einfachen Worten erklären zu können.

Dabei geschieht zweierlei. Erstens sind Vergleiche besser geeignet, Gefühle wachzurufen als eine sachliche Aussprache. In der Dichtkunst, in der gehobenen Sprache feiert der Gebrauch von Metaphern geradezu Triumphe. Sobald wir uns aber aus dem Bereich der schönen Künste entfernen, bemerken wir die Gefahr, die im Gebrauch von Vergleichen liegt. »Sie hinken«, sagt das Volk mit Recht und meint damit, daß in ihrem Gebrauch die Gefahr einer Täuschung liegt. Wir kommen hier demnach zu dem gleichen Urteil wie oben, wenn wir den vergleichsweisen Gebrauch von Bildern im Traume ins Auge fassen. Sie dienen, abseits vom Wege der praktischen Vernunft, der Selbsttäuschung des Träumers und der Erweckung von Gefühlen, damit auch einer Stellungnahme im Sinne des Lebensstils. Es mag wohl immer dem Traume eine Stimmungslage ähnlich dem Zweifel vorausgehen, ein Problem, das noch näherer Untersuchung bedarf. Dann aber wählt das Ich gemäß seinem Lebensstil gerade jene Bilder aus tausend Möglichkeiten aus, die seinem Zwecke günstig sind, die Hinwegsetzung über die praktische Vernunft zugunsten des Lebensstils durchzuführen.

Wir haben damit festgestellt, daß die Phantasie des Träumers gleich wie in ihren anderen Gestaltungen auch im Traum den Linien des Lebensstils vorwärts und aufwärts folgt, auch wenn sie wie all unser Denken und Fühlen und Handeln Erinnerungsbilder benützt. Daß diese Erinnerungsbilder im Leben eines verwöhnten Kindes solche sind, die aus den Irrtümern der Verwöhnung stammen, aber doch ein Vorfühlen in die Zukunft ausdrücken, darf nicht zum irrtümlichen Schluß verleiten, als ob infantile Wünsche hier Befriedigung fänden, als ob eine Regression auf ein kindliches Stadium stattfände. Ferner müssen wir der Tatsache Rechnung tragen, daß der Lebensstil die Bilder für seinen Zweck auswählt, so daß wir in dieser Auswahl den Lebensstil verstehen können. Die Angleichung des Traumbildes an die exogene Situation setzt uns in die Lage, die Bewegungslinie zu finden, die der Träumer kraft seines Lebensstils angesichts des Lösung verlangenden Problems einschlägt, um seinem Bewegungsgesetz gerecht zu werden. Die Schwäche seiner Position können wir darin erblicken, daß er Vergleiche und Gleichnisse zu Hilfe nimmt, die in fälschender Weise Gefühle und Emotionen wachrufen, ohne auf ihren Wert und Sinn geprüft werden zu können, die eine Verstärkung, Beschleunigung der stilgerechten Bewegung verursachen, wie etwa, wenn einer bei einem laufenden Motor mehr Gas gibt. Die Unverständlichkeit des Traumes, eine Unverständlichkeit, die sich im Wachen in vielen Fällen ebenso konstatieren läßt, wenn einer mit weit hergeholten Argumenten seinen Irrtum befestigen will, ist demnach Notwendigkeit und nicht Zufall.

Der Träumer verfügt noch, ganz wie im Wachen, über ein anderes Mittel, sich über die praktische Vernunft hinauszusetzen, nämlich, ein vorliegendes Problem in dessen Nebensächlichkeiten zu behandeln oder aus einem solchen die Hauptsache auszuschalten. Dieses Vorgehen zeigt sich jenem verwandt, läßt auch gelegentlich auf eine ausgebreitete Verwendung schließen, das ich als teilweise, unvollkommene Lösung eines Problems, als Zeichen eines Minderwertigkeitskomplexes in den letzten Heften der Zeitschrift für Individualpsychologie im Jahre 1932 beschrieben habe. Ich lehne abermals ab, Regeln zur Traumdeutung zu geben, da zu letzterer viel mehr künstlerische Eingebung als etwa Systematik des Beckmesser erforderlich ist. Der Traum bietet nichts, was nicht auch aus anderen Ausdrucksformen erschlossen werden kann. Nur dient er dem Untersucher dazu, zu erkennen, wie stark der alte Lebensstil noch wirksam ist, um den Untersuchten darauf aufmerksam zu machen, was zum Zwecke seiner Überzeugung sicherlich beiträgt. In der Deutung eines Traumes soll man so weit gehen, bis der Patient verstanden hat, daß er, wie Penelope, in der Nacht auftrennt, was er am Tage gelernt hat. Auch darf man jenen Lebensstil nicht vergessen, der in übertriebenem, scheinbarem Gehorsam, wie etwa der Hypnotisierte, seine Phantasie selbst in die Bahnen des Gehorsams gegenüber dem Arzte zwingt, ohne die daraus folgende Stellungnahme durchzuführen, auch eine Art des Trotzes, der schon in dieser heimlichen Weise in der Kindheit geübt wurde.

Wiederkehrende Träume weisen auf stilgerechten Ausdruck des Bewegungsgesetzes gegenüber Fragen hin, die in ihrer Artung als ähnlich empfunden werden. Kurze Träume zeigen die strikte, schnell fertige Antwort auf eine Frage. Vergessene Träume lassen die Vermutung zu, daß ihr Gefühlston stark ist gegenüber der ebenfalls starken praktischen Vernunft, zu deren besserer Umgehung das gedankliche Material verdampft werden muß, so daß nur die Emotion und die Stellungnahme übrigbleiben. Daß Angstträume die verstärkte Angst vor einer Niederlage widerspiegeln, angenehme Träume ein verstärktes »Fiat« oder den Kontrast mit der gegenwärtigen Situation, um so stärkere Gefühle der Abneigung zu provozieren, ist sehr häufig festzustellen. Träume von Toten legen den Gedanken nahe, der sich freilich aus anderen Ausdrucksformen bestätigen muß, daß der Träumer den Toten noch nicht endgültig begraben hat und unter seinem Einfluß steht. Fallträume, wohl die häufigsten von allen, weisen auf die ängstliche Vorsicht des Individuums hin, nichts von seinem Wertgefühl zu verlieren, zeigen aber auch gleichzeitig in räumlicher Vorstellung an, daß der Träumer sich in seinem Gefühl »oben« wähnt. Flugträume finden sich bei ehrgeizigen Menschen als Niederschlag des Strebens nach Überlegenheit, etwas zu leisten, was den Träumer über die anderen Menschen hinaushebt. Dieser Traum ist nicht selten, wie zur Warnung vor einem ehrgeizigen, riskanten Streben, mit einem Falltraum verbunden. Glückliches Landen nach einem Fall im Traum, das oft nicht gedanklich, sondern nur gefühlsmäßig zum Ausdruck kommt, dürfte meist auf ein Sicherheitsgefühl, wenn nicht auf ein Prädestinationsgefühl hinweisen, demzufolge das Individuum sich dessen versichert, daß ihm nichts geschehen kann. Versäumen eines Zuges, einer Gelegenheit, wird sich meist als Ausdruck eines geübten Charakterzuges feststellen lassen, einer gefürchteten Niederlage durch Zuspätkommen zu entgehen, die Gelegenheit zu verpassen. Träume von mangelhafter Bekleidung gefolgt vom Erschrekken darüber lassen sich meist auf die Furcht zurückführen, bei einer Unvollkommenheit ertappt zu werden. Motorische, visuelle und akustische Neigungen sind häufig in Träumen ausgedrückt, doch immer in Verbindung mit der Stellungnahme zu einer vorliegenden Aufgabe, deren Lösung in seltenen Fällen dadurch sogar gefördert werden konnte, wie einzelne Beispiele zeigen. Die Rolle des Träumers als Zuschauer weist mit einiger Sicherheit darauf hin, daß das Individuum sich auch im Leben gerne mit der Rolle des Zuschauers begnügt. Sexuelle Träume erweisen sich verschieden gerichtet, bald als verhältnismäßig schwaches Training zum Sexualverkehr, bald als Rückzug von einem Partner und Beschränkung auf sich selbst. Bei homosexuellen Träumen ist das Training gegen das andere Geschlecht, nicht etwa eine angeborene Neigung, von mir stark genug hervorgehoben worden. Grausame Träume, in denen das Individuum aktiv auftritt, deuten auf Wut und Rachgier, ebenso beschmutzende Träume. Die häufigen Träume der Bettnässer, beim Urinieren am richtigen Platze zu sein, erleichtert ihnen in wenig mutiger Weise ihre Anklage und Rache gegen ein Gefühl der Zurücksetzung. In meinen Büchern und Schriften findet sich eine Unzahl von gedeuteten Träumen, so daß ich es mir versagen darf, bestimmte Beispiele hier anzuführen. Im Zusammenhang mit dem Lebensstil sei folgender Traum besprochen:

Ein Mann, Vater von zwei Kindern, lebte mit seiner Frau, die ihn, wie er wußte, nicht aus Liebe geheiratet hatte, in Unfrieden, der von beiden Seiten geschürt wurde. Er war ursprünglich ein verwöhntes Kind gewesen, wurde später durch ein anderes Kind entthront, hatte aber in einer harten Schule seine ehemaligen Zornausbrüche beherrschen gelernt, auch soweit, daß er oft in ungünstiger Lage vielleicht allzulange Versuche machte, einen Versöhnungsfrieden mit Gegnern herzustellen, was begreiflicherweise selten gelang. Auch seiner Frau gegenüber war seine Haltung ein Gemisch von Abwarten, von Versuchen, eine liebevolle, vertrauensvolle Lage zu finden und von gelegentlichen Jähzornsausbrüchen, wenn er in ein Minderwertigkeitsgefühl verfiel und sich keinen Rat wußte. Die Frau stand dieser Situation in vollem Unverständnis gegenüber. An seinen zwei Knaben hing der Mann mit ungewöhnlicher Liebe, die von diesen erwidert wurde, während die Mutter in ihrer formellen Gelassenheit, in der sie natürlich mit dem Manne um die Liebe der Kinder nicht wetteifern konnte, die Fühlung mit ihnen mehr und mehr verlor. Dem Manne erschien dies wie eine Vernachlässigung der Kinder, über die er oft seiner Frau Vorwürfe machte. Die ehelichen Beziehungen gingen unter Schwierigkeiten weiter, aber beide Eltern waren bestrebt, weiteren Kindersegen zu verhindern. So standen sich beide Partner lange Zeit gegenüber: Der Mann, der nur starke Gefühle in der Liebe anerkannte, sich auch um seine Rechte gebracht fand, die Frau, mit kraftlosen Versuchen, die Ehe weiterzuführen, frigid und aus ihrem Lebensstil heraus ohne die gesuchte Wärme für Mann und Kinder.

Eines Nachts träumte er von blutenden Frauenleibern, die rücksichtslos herumgeschleudert wurden. Mein Gespräch mit ihm führte auf eine Erinnerung zurück an eine Szene, die er in einem Seziersaal gesehen hatte, wohin ihn ein medizinischer Freund mitgenommen hatte. Aber es war leicht zu sehen und wurde von dem Manne bestätigt, daß auch der Geburtsakt, wie er ihn zweimal miterlebt hatte, ihn schrecklich berührt hatte. Die Deutung war so gegeben: »Ich will keine dritte Geburt bei meiner Frau mehr erleben.«

Ein anderer Traum lautete: »Es war mir, als ob ich auf der Suche nach meinem dritten Kind gewesen wäre, das verloren oder geraubt worden war. Ich war in großer Angst. Alle meine angestrengten Versuche blieben vergeblich.« Da der Mann kein drittes Kind besaß, war es klar, daß er die stete Angst hatte, ein drittes Kind wäre wegen der Unfähigkeit der Frau, die Kinder zu überwachen, in größter Gefahr. Der Traum war kurz nach dem Raub des Lindbergh-Kindes geträumt und zeigte das gleiche, exogene Schockproblem entsprechend dem Lebensstil und der Meinung des Patienten; Abbruch der Beziehungen mit einem Menschen, der keine Wärme bot und als einen Teil dieses Vorsatzes, keine Kinder mehr zu zeugen, unter übertriebener Betonung der Nachlässigkeit der Frau, aber in die gleiche Richtung zielend wie der erste Traum: übertriebener Schrecken vor dem Geburtsakt.

Der Patient kam zur Behandlung wegen Impotenz. Die weiteren Spuren führten in seine Kindheit zurück, in der er gelernt hatte, sich gegen Zurücksetzung nach längeren angestrengten Versuchen mit Ablehnung der als kühl geglaubten Person abzufinden, gleichzeitig auch neue Geburten bei seiner Mutter unerträglich zu finden. Der Hauptanteil seines Lebensstiles, die Auslese gewisser Bilder, der Selbstbetrug und die Autointoxikation mit Vergleichen, weit über die praktische Vernunft hinausgehend und dem Lebensstil neue Spannkraft und erhöhte Stärke verleihend, der aus der dauernden Schockwirkung resultierende Rückzug von der Lebensfrage, mehr erschlichen als im Sinne des Common sense erarbeitet, die unvollkommene, der Weichheit dieses Mannes entsprechende halbe Lösung seines Problems sind nicht zu verkennen und klar in ihrem Zusammenhang zu sehen.

Wenn noch ein kurzes Wort über jenes Thema gesagt werden soll, das als Freuds Symbolik im Traum beschrieben ist, so kann ich aus meiner Erfahrung folgendes mitteilen: Es ist richtig, daß seit jeher die Menschen eine Neigung zeigten, nicht nur sexuelle Vorgänge und Dinge mit Tatsachen des praktischen Lebens scherzweise zu vergleichen. An Wirtshaustischen und in Zoten geschah das wohl immer. Die Verlockung dazu liegt wohl zum großen Teil darin, neben herabsetzender Tendenz, Witzelsucht und Großsprecherei auch dem aus dem Symbol geholten emotionellen Akzent Raum zu geben. Es bedarf nicht viel an Geist, um diese gebräuchlichen Symbole, die sich in der Folklore und in Gassenhauern finden, zu verstehen. Daß sie freilich immer zu bestimmten, erst zu findenden Zwecken im Traume auftreten, ist wichtiger. Es ist das Verdienst Freuds, darauf aufmerksam gemacht zu haben. Aber alles, was man nicht versteht, als sexuelles Symbol zu erklären, um dann zu finden, daß alles aus der Sexuallibido stammt, hält einer vernünftigen Kritik nicht stand. Auch die sogenannten »beweisenden Erfahrungen« mit Personen in der Hypnose, denen zuerst suggeriert wurde, sexuelle Szenen zu träumen, und aus deren Mitteilungen dann gefunden wurde, daß auch sie in Freudschen Symbolen träumen, sind recht schwache Beweise. Es zeugt höchstens von natürlichem Schamgefühl, daß diese Personen die ihnen geläufigen Symbole an Stelle unverhüllter Sexualausdrücke wählen. Dazu kommt, daß es heute einem Freud-Schüler schwer sein wird, jemanden zu solchen Experimenten zu finden, ohne daß der Hypnotisierte wüßte, mit wem er es zu tun hat. Ganz abgesehen davon, daß die »Freudsche Symbolik« den Sprachschatz des Volkes ungemein bereichert und die Unbefangenheit bei Betrachtung von sonst harmlosen Dingen gründlich zerstört hat. Man kann auch oft bei Patienten, die früher in einer psychoanalytischen Behandlung gestanden sind, beobachten, daß sie in ihren Träumen von der Freudschen Symbolik einen ausgebreiteten Gebrauch machen. Meine Widerlegung würde noch stärker ausfallen, wenn ich wie Freud an Telepathie glauben und annehmen könnte, wie es auch seine seichten Vorläufer getan haben, daß Gedankenübertragung sich wie ein Radiovortrag abspielt. Dieses Gegenargument fällt demnach für mich weg.

15. Der Sinn des Lebens

Nach einem Sinn des Lebens zu fragen hat nur Wert und Bedeutung, wenn man das Bezugsystem Mensch–Kosmos im Auge hat. Es ist dabei leicht einzusehen, daß der Kosmos in dieser Bezogenheit eine formende Kraft besitzt. Der Kosmos ist sozusagen der Vater alles Lebenden. Und alles Leben ist ständig im Ringen begriffen, um den Anforderungen des Kosmos zu genügen. Nicht so, als ob da ein Trieb bestünde, der später im Leben imstande wäre, alles zu Ende zu führen, der sich nur zu entfalten brauchte, sondern angeboren als etwas, was dem Leben angehört, ein Streben, ein Drang, ein Sichentwickeln, ein Etwas, ohne das man sich Leben überhaupt nicht vorstellen kann. Leben heißt sich entwickeln. Der menschliche Geist ist nur allzu sehr gewöhnt, alles Fließende in eine Form zu bringen, nicht die Bewegung, sondern die gefrorene Bewegung zu betrachten, Bewegung, die Form geworden ist. Wir Individualpsychologen sind seit jeher auf dem Weg, was wir als Form erfassen, in Bewegung aufzulösen. Daß der fertige Mensch aus einer Eizelle stammt, weiß jeder; er soll aber auch richtig verstehen, daß in dieser Eizelle Fundamente für die Entwicklung liegen. Wie das Leben auf die Erde gekommen ist, ist eine zweifelhafte Sache, eine endgültige Lösung werden wir vielleicht niemals finden.

Die Entwicklung des Lebenden aus einer winzigen lebenden Einheit konnte nur unter Billigung des kosmischen Einflusses geschehen. Wir können daran denken, wie zum Beispiel der geniale Versuch Smuts'[30] es getan hat, anzunehmen, daß Leben auch in der toten Materie besteht, eine Auffassung, die uns durch die moderne Physik sehr nahegelegt

30. J. Chr. Smuts, *Wholeness and Evolution*. London.

wird, wo gezeigt wird, wie die Elektronen sich um das Proton bewegen. Ob diese Auffassung auch weiterhin recht behalten wird, wissen wir nicht; sicher ist, daß unser Begriff vom Leben nicht mehr angezweifelt werden kann, daß damit auch gleichzeitig Bewegung festgestellt ist, Bewegung, die nach Selbsterhaltung geht, nach Vermehrung, nach Kontakt mit der Außenwelt, nach siegreichem Kontakt, um nicht unterzugehen. Im Lichte, das Darwin angesteckt hat, verstehen wir die Auslese alles dessen, das den äußeren Forderungen gerecht werden konnte. Die Anschauung Lamarcks, die der unseren noch nähersteht, gibt uns Hinweise auf die schöpferische Kraft, die in jedem Lebewesen verankert ist. Die Gesamttatsache der schöpferischen Evolution alles Lebenden kann uns darüber belehren, daß der Richtung der Entwicklung bei jeder Spezies ein Ziel gesetzt ist, das Ziel der Vollkommenheit, der aktiven Anpassung an die kosmischen Forderungen.

An diesen Weg der Entwicklung, einer fortwährenden aktiven Anpassung an die Forderungen der Außenwelt müssen wir anknüpfen, wenn wir verstehen wollen, in welche Richtung Leben geht und sich bewegt. Wir müssen daran denken, daß es sich hier um Ursprüngliches handelt, das dem ursprünglichen Leben angehaftet hat. Immer handelt es sich um Überwindung, immer um den Bestand des Individuums, der menschlichen Rasse, immer handelt es sich darum, eine günstige Beziehung herzustellen von Individuum und Außenwelt. Dieser Zwang, die bessere Anpassung durchzuführen, kann niemals enden. Ich habe diesen Gedanken bereits im Jahre 1902 entwickelt[31] und scharf darauf hingewiesen, daß das Verfehlen dieser aktiven Anpassung durch diese »Wahrheit« ständig bedroht ist und daß der Untergang von Völkern, Familien, Personen, Spezies von Tieren und Pflanzen dem Fehlschlagen der aktiven Anpassung zuzuschreiben ist.

Ich spreche von aktiver Anpassung und schalte damit die Phantasien aus, die diese Anpassung sei es an die gegenwärtige Situation oder an den

31. Siehe A. Adler, *Heilen und Bilden*, l. c.

Tod alles Lebens geknüpft sehen. Es handelt sich vielmehr um eine Anpassung sub specie aeternitatis, weil nur jene körperliche und seelische Entwicklung »richtig« ist, die für die äußerste Zukunft als richtig gelten kann. Ferner besagt der Begriff einer aktiven Anpassung, daß Körper und Geist sowie die ganze Organisation des Lebens dieser letzten Anpassung, der Bewältigung aller durch den Kosmos gesetzten Vor- und Nachteile zustreben müssen. Scheinbare Ausgleiche, die vielleicht für einige Zeit Bestand haben, erliegen der Wucht der Wahrheit über kurz oder lang.

Wir sind mitten im Strom der Evolution und merken es ebensowenig, wie wir die Umdrehung der Erde merken. In dieser kosmischen Verbindung, wo das Leben des einzelnen Individuums ein Teil ist, ist das Streben nach siegreicher Angleichung an die Außenwelt Bedingung. Selbst wenn man zweifeln wollte, daß schon am Anfang des Lebens das Streben nach Überlegenheit bestanden hat, der Lauf der Billionen von Jahren stellt es klar vor unsere Augen, daß heute das Streben nach Vollkommenheit ein angeborenes Faktum ist, das in jedem Menschen vorhanden ist. Etwas anderes kann uns diese Betrachtung noch zeigen. Wir wissen ja alle nicht, welches der einzig richtige Weg ist. Die Menschheit hat vielfach Versuche gemacht, sich dieses Endziel der menschlichen Entwicklung vorzustellen. Daß der Kosmos ein Interesse an der Erhaltung des Lebens haben sollte, ist kaum mehr als ein frommer Wunsch, kann aber als solcher in der Religion, in der Moral und Ethik als starke Triebkraft zur Förderung des Gesamtwohles der Menschheit Verwendung finden und hat sie auch gefunden. Auch die Verehrung eines Fetisches, einer Eidechse, eines Phallus als eines Fetisches innerhalb eines prähistorischen Stammes erscheint uns wissenschaftlich nicht gerechtfertigt. Wir dürfen aber nicht übersehen, wie diese primitive Weltanschauung das Zusammenleben der Menschheit, ihr Gemeinschaftsgefühl gefördert hat, indem jeder, der im Banne der gleichen religiösen Inbrunst stand, als Bruder, als Tabu angesehen und dem Schutz des großen Stammes anheimgegeben war.

Die beste Vorstellung, die man bisher von dieser idealen Erhebung der Menschheit gewonnen hat, ist der Gottesbegriff[32]. Es ist gar keine Frage, daß der Gottesbegriff eigentlich jene Bewegung nach Vollkommenheit in sich schließt als ein Ziel, und daß er dem dunklen Sehnen des Menschen, Vollkommenheit zu erreichen, als konkretes Ziel der Vollkommenheit am besten entspricht. Freilich scheint es mir, daß jeder sich seinen Gott anders vorstellt. Da gibt es wohl Vorstellungen davon, die von vornherein dem Prinzip der Vollkommenheit nicht gewachsen sind, aber zu seiner reinsten Fassung können wir sagen: hier ist die konkrete Fassung des Ziels der Vollkommenheit gelungen. Die Urkraft, die in der Aufstellung richtender religiöser Ziele so wirksam war, die zur Bindung der Menschheit aneinander führen sollte, war keine andere als die des als Errungenschaft der Evolution zu betrachtenden Gemeinschaftsgefühls und des Strebens aufwärts im Strome der Evolution. Natürlich gibt es eine Unzahl von Versuchen unter den Menschen, sich dieses Ziel der Vollkommenheit vorzustellen. Wir Individualpsychologen, insbesondere wir individualpsychologischen Ärzte, die mit den Fehlschlägen zu tun haben, mit Menschen, die an einer Neurose, an einer Psychose erkrankt sind, die delinquent geworden sind, mit Trinkern usw., wir sehen dieses Ziel der Überlegenheit in ihnen auch, aber nach einer anderen Richtung, die der Vernunft insoweit widerspricht, als wir darin ein richtiges Ziel der Vollkommenheit nicht anerkennen können. Wenn einer zum Beispiel dieses Ziel sich dadurch konkret zu machen sucht, daß er über andere herrschen will, so scheint uns dieses Ziel der Vollkommenheit deshalb schon unfähig, den einzelnen und die Masse zu lenken, weil nicht jeder sich dieses Ziel der Vollkommenheit zur Aufgabe setzen könnte, weil er gezwungen wäre, mit dem Zwang der Evolution in Widerspruch zu geraten, die Realität zu vergewaltigen und sich voll Angst gegen die Wahr-

32. Siehe E. Jahn u. A. Adler, *Religion und Individualpsychologie*, l. c.

heit und ihre Bekenner zu schützen. Wenn wir Menschen finden, die sich als Ziel der Vollkommenheit gesetzt haben, sich auf andere zu stützen, so scheint uns auch dieses Ziel der Vollkommenheit der Vernunft zu widersprechen. Wenn einer vielleicht das Ziel der Vollkommenheit darin findet, die Aufgaben des Lebens ungelöst zu lassen, um nicht sichere Niederlagen zu erleiden, die das Gegenteil des Ziels der Vollkommenheit wären, so erscheint uns auch dieses Ziel durchaus ungeeignet, obwohl es vielen Menschen annehmbar erscheint.

Wenn wir unseren Ausblick vergrößern und die Frage aufwerfen: was ist mit jenen Lebewesen geschehen, die sich ein unrichtiges Ziel der Vollkommenheit gesetzt haben, deren aktive Anpassung nicht gelungen ist, weil sie den unrichtigen Weg eingeschlagen haben, die nicht den Weg der Förderung der Allgemeinheit gefunden haben? – da belehrt uns der Untergang von Spezies, Rassen, Stämmen, Familien und tausenden von einzelnen Personen, von denen nichts übriggeblieben ist, wie notwendig es für den einzelnen ist, einen halbwegs richtigen Weg zu finden zum Ziel einer Vollkommenheit. Es ist ja auch für unsere Tage und für den einzelnen unter uns selbstverständlich, daß das Ziel der Vollkommenheit die Richtung gibt, für die Entwicklung seiner ganzen Persönlichkeit, für alle Ausdrucksbewegungen, für sein Schauen, für sein Denken, seine Gefühle, seine Weltanschauung. Und ebenso klar und für jeden Individualpsychologen verständlich ist es, daß eine einigermaßen von der Wahrheit abweichende Richtung zum Schaden des Betreffenden ausschlagen muß, wenn nicht zu seinem Untergang. Da wäre es eigentlich ein glücklicher Fund, wenn wir Näheres wüßten über die Richtung, die wir einzuschlagen haben, da wir ja doch im Strom der Evolution eingebettet sind und ihm folgen müssen. Auch hier hat die Individualpsychologie große Arbeit geleistet, ebenso wie mit der Feststellung des allgemeinen Strebens nach Vollkommenheit. Sie hat aus tausendfältiger Erfahrung eine Anschauung gewonnen, die imstande ist, die Richtung zur idealen Vollkommenheit einigermaßen zu verstehen, und zwar in ihrer Feststellung der Normen des *Gemeinschaftsgefühls.*

Gemeinschaftsgefühl besagt vor allem ein Streben nach einer Gemeinschaftsform, die für ewig gedacht werden muß, wie sie etwa gedacht werden könnte, wenn die Menschheit das Ziel der Vollkommenheit erreicht hat. Es handelt sich niemals um eine gegenwärtige Gemeinschaft oder Gesellschaft, auch nicht um politische oder religiöse Formen, sondern das Ziel, das zur Vollkommenheit am besten geeignet ist, müßte ein Ziel sein, das die ideale Gemeinschaft der ganzen Menschheit bedeutet, die letzte Erfüllung der Evolution. Natürlich wird man fragen, woher ich das weiß. Sicher nicht aus der unmittelbaren Erfahrung, und ich muß schon zugeben, daß diejenigen recht haben, die in der Individualpsychologie ein Stück Metaphysik finden. Die einen loben es, die anderen tadeln. Es gibt leider viele Menschen, die eine irrige Anschauung von der Metaphysik haben, die alles, was sie nicht unmittelbar erfassen können, aus dem Leben der Menschheit ausgeschaltet wissen wollen. Damit würden wir die Entwicklungsmöglichkeiten verhindern, jeden neuen Gedanken. Jede neue Idee liegt jenseits der unmittelbaren Erfahrung. Unmittelbare Erfahrungen ergeben niemals etwas Neues, sondern erst die zusammenfassende Idee, die diese Tatsachen verbindet. Sie können es spekulativ nennen oder transzendental, es gibt keine Wissenschaft, die nicht in die Metaphysik münden müßte. Ich sehe keinen Grund, sich vor der Metaphysik zu fürchten, sie hat das Leben der Menschen und ihre Entwicklung im stärksten Grad beeinflußt. Wir sind nicht mit der absoluten Wahrheit gesegnet, deshalb sind wir gezwungen, uns Gedanken zu machen über unsere Zukunft, über das Resultat unserer Handlungen usw. Unsere Idee des Gemeinschaftsgefühles als der letzten Form der Menschheit, eines Zustandes, in dem wir uns alle Fragen des Lebens, alle Beziehungen zur Außenwelt gelöst vorstellen, ein richtendes Ideal, ein richtunggebendes Ziel, dieses Ziel der Vollendung muß in sich das Ziel einer idealen Gemeinschaft tragen, weil alles, was wir wertvoll finden im Leben, was besteht und bestehen bleibt, für ewig ein Produkt dieses Gemeinschaftsgefühles ist.

Ich habe im vorhergehenden die Tatsachen, die Wirkungen und die Mängel des gegenwärtigen Gemeinschaftsgefühls im Individuum und in der Masse beschrieben und war im Interesse der Menschenkenntnis, der Charakterologie bemüht, meine Erfahrungen darzulegen, wie man das Bewegungsgesetz des einzelnen und der Masse, sowie deren Verfehlungen klarzustellen vermag. In der Individualpsychologie sind alle unwiderleglichen Erfahrungen unter dem Gesichtspunkt dieser Wissenschaft gesehen und verstanden, deren wissenschaftliches System sich unter dem Drucke dieser Erfahrungen entwickelt hat. Die gewonnenen Resultate sind untereinander widerspruchslos und durch den Common sense gerechtfertigt. Was zur Erfüllung der Forderungen einer streng wissenschaftlichen Lehre beigebracht werden muß, ist in der Individualpsychologie erreicht: eine immense Zahl von unmittelbaren Erfahrungen, ein System, das diesen Erfahrungen Rechnung trägt und ihnen nicht widerspricht, und die trainierte Fähigkeit des Erratens im Einklang mit dem Common sense, eine Fähigkeit, die Erfahrungen im Zusammenhang mit dem System diesem einzureihen imstande ist. Diese Fähigkeit ist um so notwendiger, als jeder Fall sich anders darstellt und zu stets neuen Anstrengungen des künstlerischen Erratens Anlaß gibt. Wenn ich nun darangehe, auch das Recht der Individualpsychologie, als Weltanschauung zu gelten, zu verfechten, indem ich sie dazu verwende, den Sinn des menschlichen Lebens verstehen zu lassen, so muß ich mich aller moralischen und religiösen, zwischen Tugend und Laster richtenden Anschauungen entschlagen, obwohl ich seit jeher überzeugt war, daß beide Strömungen, sowie auch politische Bewegungen stets darauf hinzielten, dem Sinn des Lebens gerecht zu werden, und unter dem Drucke des Gemeinschaftsgefühls als einer absoluten Wahrheit gewachsen sind. Der Standpunkt der Individualpsychologie ihnen gegenüber ist durch ihre wissenschaftliche Erkenntnis, wohl auch durch ihren direkteren Versuch, das Gemeinschaftsgefühl als Erkenntnis stärker zu entwickeln, gegeben. Er lautet: Ich würde jede Strömung als gerechtfertigt ansehen, deren Richtung den unwiderleglichen Beweis liefert, daß sie vom Ziele des Wohles der gesamten Menschheit geleitet ist. Ich würde jede Strömung als verfehlt erachten, die diesem Standpunkt widerspricht oder durchflossen ist von der Kainsformel: »Warum soll ich meinen Nächsten lieben?«

Gestützt auf die vorherigen Feststellungen darf ich, wie in einem kurzen Beweis, die Tatsache klarlegen, daß wir bei unserem Eintritt ins Leben nur vorfinden, was unsere Vorfahren als Beitrag zur Evolution, zur Höherentwicklung der gesamten Menschheit fertiggestellt haben. Schon diese eine Tatsache könnte uns darüber aufklären, wie das Leben weiterrollt, wie wir uns einem Zustand größerer Beiträge nähern, größerer Kooperationsfähigkeit, wo sich jeder einzelne mehr als bisher als ein Teil des Ganzen darstellt, ein Zustand, für den natürlich alle Formen unserer gesellschaftlichen Bewegung Versuche, Vorversuche sind, von denen nur diejenigen Bestand haben, die in der Richtung dieser idealen Gemeinschaft gelagert sind. Daß dieses Werk, vielfach von überragender menschlicher Kraft zeugend, sich auch in vieler Hinsicht als unvollkommen, ja auch gelegentlich als verfehlt erweist, deutet nur darauf hin, daß die »absolute Wahrheit«, auf dem Wege der Evolution vorwärts zu schreiten, dem menschlichen Vermögen unzugänglich ist, wenngleich wir ihr näherzukommen imstande sind, und daß es eine ganze Anzahl von Gemeinschaftsleistungen gibt, die nur für eine gewisse Zeit, für eine gewisse Situation vorhalten, um sich nach einiger Zeit sogar als schädlich zu erweisen. Was uns davor bewahren kann, ans Kreuz einer schädlichen Fiktion geschlagen zu sein, das Schema einer schädlichen Fiktion festzuhalten, ist der Leitstern des Wohles der Allgemeinheit, unter dessen Lenkung wir besser und ohne Rückschläge den Weg zu finden vermögen.

Das Wohl der Allgemeinheit, die Höherentwicklung der Menschheit basieren auf den ewig unvergänglichen Forderungen unserer Vorfahren. Deren Geist bleibt ewig lebendig. Er ist unsterblich, wie andere es in ihren Kindern sind. Auf beide gründet sich die Fortdauer des menschlichen Geschlechtes. Sein Wissen darum ist überflüssig. Die Tatsachen gelten. Die Frage des rechten Weges scheint mir gelöst, wenngleich wir oft im dunkeln tappen. Wir wollen nicht entscheiden, nur das eine können wir sagen: eine Bewegung des einzelnen und eine Bewegung der Massen kann für uns nur als wertvoll gelten, wenn sie Werte schafft für die Ewigkeit, für die Höherentwicklung der gesamten Menschheit. Man soll sich, um diese These zu entkräften, weder auf die eigene noch auf die fremde Dummheit berufen. Daß es sich nicht um den Besitz der Wahrheit, sondern um das Streben danach handelt, ist selbstverständlich.

Noch schlagkräftiger, um nicht zu sagen selbstverständlicher, wird diese Tatsache, wenn wir fragen: was geschah mit jenen Menschen, die nichts zum Wohle der Allgemeinheit beigetragen haben? Die Antwort lautet: sie sind bis auf den letzten Rest verschwunden. Nichts ist übrig von ihnen, sie sind leiblich und seelisch ausgelöscht. Die Erde hat sie verschlungen. Es ging mit ihnen wie mit ausgestorbenen Tierspezies, die keine Harmonie mit den kosmischen Gegebenheiten finden konnten. Da liegt doch eigentlich eine heimliche Gesetzmäßigkeit vor, als ob der fragende Kosmos befehlen würde: Fort mit euch! Ihr habt den Sinn des Lebens nicht erfaßt. Ihr könnt nicht in die Zukunft reichen.

Keine Frage, daß dies ein grausames Gesetz ist. Nur vergleichbar mit den grausamen Gottheiten alter Völker und dem Tabugedanken, der allen Untergang drohte, die sich gegen die Gemeinschaft vergingen. So betont sich der Bestand, der ewige Bestand des Beitrags von Menschen, die etwas für die Allgemeinheit geleistet haben. Freilich sind wir besonnen genug, um nicht anzunehmen, daß wir den Schlüssel dazu hätten, in jedem Fall genau zu sagen, was für die Ewigkeit berechnet ist und was nicht. Wir sind überzeugt, daß wir irren können, daß nur eine ganz genaue, objektive Untersuchung entscheiden kann, oft auch erst der Lauf der Dinge. Es ist vielleicht schon ein großer Schritt, daß wir vermeiden können, was nicht zur Gemeinschaft beiträgt.

Unser Gemeinschaftsgefühl reicht heute viel weiter. Ohne es verstanden zu haben, suchen wir in der Erziehung, im Verhalten des einzelnen wie der Masse, in Religion, Wissenschaft und Politik den Einklang mit der zukünftigen Wohlfahrt der Menschheit auf verschiedenen, oft falschen Wegen herzustellen. Natürlich ist *der* näher der Erfassung künftiger Harmonie, der das bessere Gemeinschaftsgefühl besitzt. Und im großen und ganzen hat sich der soziale Grundsatz Bahn gebrochen, den Strauchelnden zu stützen und nicht zu stürzen.

Wenden wir unsere Anschauung auf unser heutiges Kulturleben an und halten wir fest, daß das Kind bereits das Ausmaß seines Gemeinschaftsgefühls, unveränderlich ohne weiteren bessernden Eingriff, fürs ganze Leben festlegt, dann richtet sich unser Blick auf gewisse allgemeine Zustände, deren Einfluß auf die Entwicklung des kindlichen Gemeinschaftsgefühls verheerend wirken kann. So die Tatsache des Krieges und seine Glorifizierung im Schulunterricht. Unwillkürlich richtet sich das vielleicht noch unfertige, vielleicht im Gemeinschaftsgefühl schwache Kind auf eine Welt ein, in der es möglich ist, Menschen gegen Maschinen und Giftgase kämpfen zu machen, sie dazu zu zwingen, und es als ehrenhaft zu empfinden, wenn man möglichst viele, sicherlich auch für die Zukunft der Menschheit wertvolle Mitmenschen tötet. In kleinerem Maße wirkt sich die Tatsache der Todesstrafe aus, deren Schaden auf das kindliche Gemüt wenig vermindert wird durch die Betrachtung, daß es sich dabei nicht um Mitmenschen, eher um Gegenmenschen handelt. Selbst die brüske Erfahrung des Todesproblems kann Kinder von geringerer Neigung zur Kooperation zum überstürzten Abschluß ihres Gemeinschaftsgefühls veranlassen. Ebenso sind Mädchen gefährdet, die das Liebes-, Zeugungs- und Geburtsproblem von unbedachter Umgebung als schreckhaft erfahren. Mit übergroßer Schwere lastet das ungelöste ökonomische Problem auf dem sich entwickelnden Gemeinschaftsgefühl. Selbstmord, Verbrechen, schlechte Behandlung von Krüppeln, Greisen, Bettlern, Vorurteile und ungerechte Behandlung von Personen, Angestellten, Rassen und Religionsgemeinschaften, Mißhandlungen Schwächerer und von Kindern, Ehestreitigkeiten und Versuche, die Frau in irgend einer Art als minderwertig hinzustellen und anderes mehr, Protzerei mit Geld und Geburt, Cliquenwesen und dessen

Auswirkungen bis in die höchsten Kreise setzen neben Verwöhnung und Vernachlässigung der Kinder frühzeitig den Schlußpunkt in der Entwicklung zum Mitmenschen. In unserer Zeit hilft dagegen nur neben Herstellung der Mitarbeit des Kindes die richtige, rechtzeitige Aufklärung darüber, daß wir heute erst ein verhältnismäßig niedriges Niveau im Gemeinschaftsgefühl erreicht haben und daß ein richtiger Mitmensch es als seine Aufgabe erfassen muß, an der Lösung dieser Mißstände zum Wohle der Gesamtheit mitzuarbeiten und diese Lösung nicht von einer sagenhaften Entwicklungstendenz oder von anderen zu erwarten. Versuche, wenn auch in bester Absicht unternommen, die Höherentwicklung durch Verstärkung eines dieser Übel zu erzielen, durch Krieg, durch die Todesstrafe oder durch Rassen- und Religionshaß bringen in der folgenden Generation stets einen Abfall des Gemeinschaftsgefühls und damit eine wesentliche Verschlechterung der anderen Übel mit sich. Interessanterweise führen sie fast regelmäßig zur Bagatellisierung des Lebens, der Kameradschaft und der Liebesbeziehungen, eine Tatsache, an der man deutlich das Sinken des Gemeinschaftsgefühls wahrnehmen kann.

Ich habe im vorhergehenden genügend Material beigebracht, um den Leser verstehen zu lassen, daß es sich hier um eine wissenschaftliche Auseinandersetzung handelt, wenn ich betone, daß das Individuum in seiner richtigen Entwicklung nur dann weiterkommt, wenn es als Teil des Ganzen lebt und strebt. Die flachen Einwendungen individualistischer Systeme sind dieser Auffassung gegenüber recht bedeutungslos. Ich könnte noch mehr davon sprechen und zeigen, wie alle unsere Funktionen darauf berechnet sind, die Gemeinschaft der Menschen nicht zu stören, den einzelnen mit der Gemeinschaft zu verbinden. Sehen heißt aufnehmen, fruchtbarmachen, was auf die Netzhaut fällt. Dies ist nicht bloß ein physiologischer Vorgang, er zeigt den Menschen als Teil des Ganzen, der nimmt und gibt. Im Sehen, Hören, Sprechen verbinden wir uns mit den anderen. Der Mensch sieht, hört, spricht nur richtig, wenn er in seinem Interesse mit der Außenwelt, mit den anderen verbunden ist. Seine Vernunft, sein Common sense unterliegt der Kontrolle der Mitmenschen, der absoluten Wahrheit und zielt auf ewige Richtigkeit. Unsere ästhetischen Gefühle und Anschauungen, vielleicht die stärkste Schwungkraft zu Leistungen in sich tragend, haben Ewigkeitswert nur, wenn sie im Strom der Evolution zur Wohlfahrt der Menschheit verlaufen. Alle unsere körperlichen und seelischen Funktionen sind richtig, normal, gesund entwickelt, soferne sie genügend Gemeinschaftsgefühl in sich tragen und zur Mitarbeit geeignet sind.

Wir sprechen von Tugend und meinen, daß einer mitspielt, von Laster und meinen, daß einer die Mitarbeit stört. Ich könnte noch darauf hinweisen, wie alles, was einen Fehlschlag bedeutet, deshalb ein Fehlschlag ist, weil es die Entwicklung der Gemeinschaft stört, ob es sich um schwer erziehbare Kinder, Neurotiker, Verbrecher, Selbstmörder handelt. In allen Fällen sieht man, daß der Beitrag fehlt. In der ganzen Menschheitsgeschichte finden sich keine isolierten Menschen. Die Entwicklung der Menschheit war nur möglich, weil die Menschheit eine Gemeinschaft war und im Streben nach Vollkommenheit nach einer idealen Gemeinschaft gestrebt hat. Das drückt sich in allen Bewegungen, allen Funktionen eines Menschen aus, ob er diese Richtung gefunden hat oder nicht, im Strom der Evolution, der durch das Gemeinschaftsideal charakterisiert ist, weil der Mensch unverbrüchlich durch das Gemeinschaftsideal gelenkt, gehindert, gestraft, gelobt, gefördert wird, so daß jeder einzelne jede Abweichung nicht nur zu verantworten, sondern auch zu büßen hat. Das ist ein hartes Gesetz, grausam geradezu. Diejenigen, die in sich bereits ein starkes Gemeinschaftsgefühl entwickelt haben, sind unentwegt bestrebt, die Härten für den, der fehlerhaft schreitet, zu mildern, als ob sie es wüßten: das ist ein Mensch, der den Weg verfehlt hat, aus Ursachen, die die Individualpsychologie erst nachzuweisen imstande ist. Wenn der Mensch verstünde, wie er, der Seite der Evolution ausweichend, fehlgegangen ist, dann würde er diesen Weg verlassen und sich der Allgemeinheit anschließen.

Alle Probleme des menschlichen Lebens verlangen, wie ich gezeigt habe, Fähigkeit und Vorbereitung zur Mitarbeit, des sichtbaren Zeichens des Gemeinschaftsgefühls. In dieser Stimmungslage ist Mut und Glück miteingeschlossen, die sonst nicht zu finden sind.

Alle Charakterzüge erweisen den Grad des Gemeinschaftsgefühls, laufen der Linie entsprechend, die nach der Meinung des Individuums zum Ziel der Überlegenheit führt, sind Leitlinien, verwoben mit dem Lebensstil, der sie geformt hat und immer wieder zutage bringt. Unsere Sprache ist zu arm, um feinste Gebilde des Seelenlebens mit einem einzigen Wort auszudrücken, wie wir es Charakterzügen gegenüber tun, dadurch die Mannigfaltigkeit übersehend, die durch diesen Ausdruck verdeckt ist. Daher schimmern für die, die sich an Worte klammern, Widersprüche durch, so daß ihnen die Einheit des Seelenlebens nie klar wird.

Vielleicht wird manchen die einfache Tatsache am stärksten überzeugen, daß alles, was wir als Fehlschlag bezeichnen, den Mangel an Gemeinschaftsgefühl aufweist. Alle Fehler der Kindheit und im Leben der Erwachsenen, alle schlechten Charakterzüge, in der Familie, in der Schule, im Leben, in der Beziehung zu anderen, im Beruf und in der Liebe erweisen ihre Herkunft aus dem Mangel an Gemeinschaftsgefühl, sind vorübergehend oder dauernd, beides in tausend Varianten.

Eine genaue Betrachtung des persönlichen Lebens und des Lebens der Masse, der Vergangenheit und der Gegenwart zeigt uns das Ringen der Menschheit um ein stärkeres Gemeinschaftsgefühl. Es ist kaum zu übersehen, daß die Menschheit um dieses Problem weiß und von ihm durchdrungen ist. Was in der Gegenwart auf uns lastet, stammt aus dem Mangel sozialer Durchbildung. Was in uns drängt, um auf eine höhere Stufe zu kommen, von den Fehlschlägen unseres öffentlichen Lebens und unserer Persönlichkeit frei zu werden, ist das gedrosselte Gemeinschaftsgefühl. Es lebt in uns und sucht sich durchzusetzen, es scheint nicht stark genug zu sein, um sich trotz aller Widerstände zu bewähren. Es besteht die berechtigte Erwartung, daß in viel späterer Zeit, wenn der

Menschheit genug Zeit gelassen wird, die Kraft des Gemeinschaftsgefühls über alle äußeren Widerstände siegen wird. Dann wird der Mensch Gemeinschaftsgefühl äußern wie Atmen. Bis dahin bleibt wohl nichts anderes übrig, als diesen notwendigen Lauf der Dinge zu verstehen und zu lehren.

Anhang: Stellung zum Berater

Unsere Grundanschauung von der in der frühesten Kindheit gestalteten Einheit des Lebensstils, von der ich schon im Beginne meiner Arbeiten gewußt habe, ohne sie verstanden zu haben, ermächtigte mich von vornherein anzunehmen, daß der zu Beratende sich im ersten Moment seines Erscheinens als die Persönlichkeit vorstellt, die er ist, ohne viel davon zu wissen. Die Beratung ist für den Patienten ein soziales Problem. Jede Begegnung eines Menschen mit einem anderen ist ein solches. Es wird sich demnach jeder in seinem Bewegungsgesetz vorstellen. Der Kenner kann oft auf den ersten Blick etwas von dem Gemeinschaftsgefühl des anderen aussagen. Verstellung hilft gegenüber dem erfahrenen Individualpsychologen nicht viel. Der Patient erwartet vom Berater viel Gemeinschaftsgefühl. Da man vom Patienten erfahrungsgemäß nicht viel soziales Interesse erwarten darf, wird man auch nicht viel verlangen. Man wird in dieser Auffassung wesentlich durch zwei Momente unterstützt. Das erste ist, daß der Gemeinschaftspegel im allgemeinen nicht hoch steht, das zweite, daß man es zumeist mit verwöhnten Kindern zu tun hat, die auch später von ihrer fiktiven Welt nicht loskommen. Man darf sich auch gar nicht wundern, wenn viele Leser es ohne Erschütterung aufgenommen haben, daß einer fragt: »Warum soll ich meinen Nächsten lieben?« Schließlich hat ja Kain eine ähnliche Frage gestellt.

Der Blick, die Gangart, die Stärke oder Schwäche der Annäherung können viel verraten. Hat man sich an Regeln gewöhnt, etwa einen bestimmten Platz anzuweisen, einen Diwan, eine ganz bestimmte Zeit einzuhalten, so entgeht einem vieles. Die erste Begegnung soll schon eine Prüfung in aller Unbefangenheit sein. Schon die Art des Händedruckes kann den Blick auf ein bestimmtes Problem lenken. Daß verwöhnte

Menschen sich gerne irgendwo anlehnen, Kinder an die begleitende Mutter, ist oft zu sehen. Aber so wie alles, was der Fähigkeit des Erratens eine Aufgabe stellt, wird man auch in diesen Fällen von starren Regeln absehen und überprüfen, lieber das, was man denkt, für sich behalten, um es später in geeigneter Form verständlich zu verwenden, ohne die Überempfindlichkeit eines Patienten, die immer vorhanden ist, zu verletzen. Gelegentlich kann man versuchen, dem Patienten nicht einen bestimmten Platz anzuweisen, sondern ihn einzuladen, irgendwo Platz zu nehmen. Die Distanz zum Arzt oder Berater verrät – gerade so wie bei Schulkindern – viel vom Wesen der Patienten. Wichtig ist ferner, die bei solchen Beratungen und sogar in Gesellschaften grassierende »Aha-Psychologie« strenge zu verpönen und im Anfang strikte Antworten an den Beratenen sowie an dessen Angehörige zu vermeiden. Der Individualpsychologe darf nicht vergessen, daß abgesehen von seiner geübten Fähigkeit des Erratens er auch für andere, darin Nichtgeübte, den Beweis erbringen muß. Eltern und Angehörigen des Ratsuchenden soll man nie als Kritiker gegenübertreten, vielmehr den Fall als erwägenswert und nicht als verloren bezeichnen, selbst wenn man nicht geneigt ist, ihn zu übernehmen, es wäre denn, daß wichtige Umstände bei einem absolut verlorenen Fall die Wahrheit erfordern. Ich sehe einen Vorteil darin, die Bewegungen eines Patienten nicht zu unterbrechen. Er kann aufstehen, kommen, gehen, rauchen, wie er will. Ich habe sogar Patienten gelegentlich die Möglichkeit gegeben, in meiner Gegenwart zu schlafen, wenn sie es vorschlugen, um mir die Aufgabe zu erschweren, eine Haltung, die für mich eine ebenso klare Sprache war, als wenn sie sich in gegnerischen Worten geäußert hätte. Der seitwärts gewandte Blick eines Patienten zeigt deutlich seine geringe Neigung zur verbindenden Mitarbeit. In anderer Weise kann dies auffällig werden, wenn der Patient nicht oder wenig spricht, wenn er um den Brei herumgeht oder durch unaufhörliches Sprechen den Berater hindert, zu Worte zu kommen. Im Gegensatz zu anderen Psychotherapeuten wird der Individualpsychologe es vermeiden, schläfrig zu sein oder zu schlafen, zu gähnen, einen Mangel an Interesse zu zeigen, harte Worte zu gebrauchen, voreilige Ratschläge zu geben, sich als letzte Instanz bezeichnen zu lassen, unpünktlich zu sein, sich in Streit einzulassen oder die Heilung, aus welchen Vorwänden immer, als aussichtslos zu erklären. In letzterem Falle, wenn übergroße Schwierigkeiten eintreten, empfiehlt es sich, sich selbst als zu schwach zu erklären und auf andere zu verweisen, die vielleicht stärker sind. Jeder Versuch, sich autoritär zu gebärden, läßt den Mißerfolg heranreifen, jede Großmäuligkeit hindert die Kur. Von allem Anfang an muß der Berater darnach trachten, die Verantwortung für die Heilung als Sache des Beratenen klarzustellen, denn, wie ein englisches Sprichwort richtig sagt: »Du kannst ein Pferd zum Wasser führen, aber du kannst es nicht trinken machen.«

Man soll sich strikt daran halten, die Behandlung und Heilung nicht als Erfolg des Beraters, sondern als Erfolg des Beratenen zu sehen. Der Berater kann nur die Irrtümer zeigen, der Patient muß die Wahrheit lebendig machen. Da es sich in allen Fällen von Fehlschlägen, die wir gesehen haben, um einen Mangel an Mitarbeit handelt, so sind alle Mittel in Anspruch zu nehmen, um zuerst die Mitarbeit des Patienten mit dem Berater zu fördern. Daß dies nur dann möglich ist, wenn sich der Patient beim Arzte sicher fühlt, liegt auf der Hand. Deshalb ist diese Gemeinschaftsarbeit, als erster ernster, wissenschaftlich unternommener Versuch zur Erhöhung des Gemeinschaftsgefühls von eminenter Bedeutung. Unter anderem muß aber strenge vermieden werden, was von anderen Beratern oft gefordert wird, bei gleichgebliebenem Minderwertigkeitsgefühl und angesichts der geringeren Sicherheit des Patienten gegenüber dem Arzte, ganz besonders durch fortwährenden Hinweis auf unterdrückte sexuelle Komponenten jene seelische Strömung künstlich hervorzurufen, die Freud die positive Übertragung genannt hat, geradezu erfordert in der psychoanalytischen Kur, die aber dadurch nur eine neue Aufgabe bekommt, diesen künstlich hervorgerufenen Zustand im besten Falle wieder zum Verschwinden zu bringen. Hat der Patient gelernt, für sein Verhalten die volle Verantwortung zu übernehmen, so wird der Berater es leicht vermeiden können, das fast immer verwöhnte Kind oder den nach Verwöhnung lechzenden Erwachsenen in jene Falle gleiten zu lassen, die ihm eine leichte und unmittelbar erfüllbare Befriedigung unbefriedigter Wünsche zu versprechen scheint. Da der im großen und ganzen verwöhnten Menschheit jeder unerfüllte oder unerfüllbare Wunsch als Unterdrückung erscheint, möchte ich hier noch einmal feststellen: Die Individualpsychologie fordert weder die Unterdrückung berechtigter noch unberechtigter Wünsche. Aber sie lehrt, daß unberechtigte Wünsche als gegen das Gemeinschaftsgefühl verstoßend erkannt werden müssen und durch ein Plus an sozialem Interesse zum Verschwinden, nicht zur Unterdrückung gebracht werden können. Einmal erlebte ich eine tätliche Bedrohung durch einen schwächlichen Mann, der an Dementia praecox litt und von mir gänzlich geheilt wurde, nachdem er drei Jahre vor meiner Behandlung schon als unheilbar erklärt worden war. Ich wußte zu dieser Zeit schon, daß er mit Sicherheit erwartete, auch von mir abgelehnt und hinausgeworfen zu werden, was ihm seit seiner Kindheit als sein Los vorschwebte. Er hatte drei Monate lang in der Behandlung geschwiegen. Ich nahm dies zum Anlaß, soweit ich sein Leben kannte, ihm behutsam Aufklärungen zu geben. Ich erkannte auch sein Schweigen und ähnlich gerichtete Handlungen als obstruktionistische Neigung und sah mich nun dem Höhepunkt seiner Aktion gegenüber, als er die Hand zum Schlage gegen mich erhob. Ich entschloß mich kurz, mich nicht zur Wehr zu setzen. Es erfolgte ein weiterer Angriff, bei dem ein Fenster in Trümmer ging. Eine kleine blutende Wunde des Patienten verband ich in freundlichster Haltung. Ich darf es meinen Freunden überlassen, auch aus diesem Falle keine Regel zu machen. Als der Erfolg in diesem Falle vollständig gesichert war, fragte ich den Patienten: »Was glauben Sie, wie konnte es uns beiden gelingen, Sie gesund zu machen?« Die Antwort, die ich erhielt, sollte wohl in allen beteiligten Kreisen den stärksten Eindruck machen und hat mich lächeln gelehrt über alle Angriffe minderbemittelter Psychologen und Psychiater, die ihren Kampf gegen Windmühlen führen. Er antwortete: »Das ist ganz einfach. Ich hatte allen Mut zum Leben verloren. In unseren Beratungen habe ich ihn wieder gefunden.« Wer die individualpsychologische Wahrheit erkannt hat, daß Mut nur eine Seite des Gemeinschaftsgefühls ist, wird die Wandlung dieses Mannes verstehen.

Der Beratene muß unter allen Umständen die Überzeugung bekommen, daß er in bezug auf die Behandlung absolut frei ist. Er kann tun und lassen, was er will. Nur soll man es vermeiden, glauben zu machen, daß mit dem Beginne der Behandlung auch schon das Freisein von Symptomen beginnt. Den Angehörigen eines Epileptikers wurde von anderer Seite in der ersten Beratung zugesagt, daß er, wenn er allein gelassen würde, keine Anfälle mehr haben würde. Der Erfolg am ersten Tage war ein heftiger Anfall auf der Straße, der dem Patienten einen zerschmetterten Unterkiefer eintrug. Ein anderer Fall verlief weniger tragisch. Ein Junge kam wegen Diebstahlsverübung zu einem Psychiater und trug ihm nach den ersten Beratungen einen Regenschirm fort.

Einen weiteren Vorschlag kann ich empfehlen. Man verpflichte sich dem Patienten gegenüber, daß man zu niemandem über die Auseinandersetzungen mit ihm sprechen werde – und halte diese Verpflichtung ein. Dagegen stelle man dem Patienten frei, über alles zu sprechen, was ihm gutdünke. Man riskiert dabei wohl, daß gelegentlich ein Patient die Aufklärungen dazu benützt, in Gesellschaft in die »Aha-Psychologie« zu verfallen (»Was haben doch die Herrn für ein kurzes Gedärm«), kann aber dem durch eine freundliche Aussprache die Spitze nehmen. Oder es erfolgen Anschuldigungen gegen die Familie, was man ebenfalls voraussehen muß, um vorher dem Patienten gegenüber festzustellen, daß seine Angehörigen nur so lange schuldig sind, als er sie durch sein Verhalten schuldig macht. Daß sie aber sofort unschuldig sind, sobald er sich gesund fühlt. Ferner, daß man von Angehörigen nicht mehr Wissen verlangen kann als der Patient selbst besitzt, und daß er unter eigener Verantwortung die Einflüsse seiner Umgebung als Bausteine benützt hat, um seinen fehlerhaften Lebensstil zu entwickeln. Auch ist es gut darauf hinzuweisen, daß sich seine Eltern wegen eventueller Irrtümer auf ihre

Eltern, die auf die Großeltern usw. berufen könnten. Daß also eine Schuld in seinem Sinne nicht besteht.

Es scheint mir wichtig, in dem Beratenen nicht die Meinung aufkommen zu lassen, daß das Werk des Individualpsychologen zu dessen Glanz und zu dessen Bereicherung dienen soll. Emsigkeit und Hitzigkeit in der Erwerbung von Patienten bringt nur Schaden. Ebenso abfällige oder gar gehässige Äußerungen gegen andere Berater.

Ein Beispiel genüge: Ein Mann kam zu mir, um sich von einer nervösen Müdigkeit, wie sich herausstellte als Folge von befürchteten Niederlagen, heilen zu lassen. Er teilte mir mit, daß ihm noch ein anderer Psychiater empfohlen worden sei, den er auch aufsuchen wolle. Ich gab ihm die Adresse. Am nächsten Tag kam er zu mir und erzählte mir von seinem Besuch. Der Psychiater empfahl ihm nach Aufnahme der Krankengeschichte eine Kaltwasserkur. Der Patient erwiderte, daß er bereits fünf solcher Kuren erfolglos absolviert habe. Der Arzt riet ihm, eine sechste Kur in einer gutgeleiteten Anstalt zu machen, die er besonders empfahl. Der Kranke teilte ihm mit, daß er dort schon zweimal mit der Wasserkur erfolglos behandelt worden war und fügte hinzu, daß er zu mir in Behandlung kommen wolle. Der Psychiater wendete sich dagegen und bemerkte, Dr. Adler werde ihm nur etwas suggerieren. Der Patient erwiderte: »Vielleicht wird er mir etwas suggerieren, was mich gesund macht«, und empfahl sich. Wäre dieser Psychiater nicht von seinem Wunsch besessen gewesen, die Anerkennung der Individualpsychologie zu verhindern, so hätte er wohl gemerkt, daß er diesen Patienten gar nicht aufhalten konnte, zu mir zu kommen, und hätte dessen treffende Bemerkungen besser verstanden. Meine Freunde aber bitte ich, abfällige Bemerkungen Patienten gegenüber zu vermeiden, auch wenn sie berechtigt wären. Der Platz, unrichtige Meinungen zu korrigieren und sich für richtige Auffassungen einzusetzen, ist wohl im freien Feld der Wissenschaft mit wissenschaftlichen Mitteln zu suchen.

Besteht bei dem Patienten in der ersten Unterredung ein Zweifel darüber, ob er in die Behandlung kommen will, so überlasse man ihm die Entscheidung für die nächsten Tage. Die gewöhnliche Frage betreffs der Dauer der Behandlung ist nicht leicht zu beantworten. Ich finde sie berechtigt, da ein großer Teil der Besucher von Behandlungen gehört hat, die bis acht Jahre gedauert haben und erfolglos waren. Eine richtig geführte individualpsychologische Behandlung müßte in drei Monaten wenigstens einen wahrnehmbaren Teilerfolg gezeitigt haben, meist auch schon früher. Da aber der Erfolg von der Mitarbeit des Patienten abhängt, so handelt man recht, wenn man hervorhebt, um gleich von Anfang an dem Gemeinschaftsgefühl ein Tor zu öffnen, daß die Dauer von der Mitarbeit des Patienten abhängt, daß der Arzt wohl schon, wenn er in der Individualpsychologie festen Fuß gefaßt hat, nach einer halben Stunde orientiert ist, daß er aber warten muß, bis auch der Patient seinen Lebensstil und dessen Fehler erkannt hat. Immerhin kann man hinzufügen: »Wenn Sie in ein oder zwei Wochen noch nicht überzeugt sind, daß wir auf dem richtigen Wege sind, gebe ich die Behandlung auf.«

Die unumgängliche Honorarfrage macht Schwierigkeiten. Ich habe eine Anzahl von Patienten bekommen, deren oft nicht unbeträchtliches Vermögen in vorherigen Kuren verschwunden war. Man wird sich nach den ortsüblichen Honoraren richten müssen, darf wohl auch die größere Mühe und den Zeitverbrauch bei jeder Behandlung in Anschlag bringen, soll aber im Interesse des erforderten Gemeinschaftsgefühls von unnatürlich großen Forderungen, besonders wenn sie den Patienten schädigen könnten, Abstand nehmen. Unentgeltliche Behandlung muß mit jener Vorsicht durchgeführt werden, die den armen Patienten nicht etwa ein mangelhaftes Interesse fühlen läßt, worauf er wohl in den meisten Fällen sein Augenmerk richtet. Eine Pauschalsumme, auch wenn sie günstig erscheint, oder ein Versprechen, nach erfolgter Heilung zu zahlen, ist abzulehnen, nicht weil letzteres unsicher erscheint, sondern weil dadurch künstlich ein neues Motiv in die Beziehung des Arztes zum Patienten gebracht wird, das den Erfolg erschwert. Die Bezahlung soll wöchentlich oder monatlich erfolgen, immer zu Ende dieser Zeit. Forderungen oder Erwartungen welcher Art immer schädigen die Kur. Sogar kleine Liebesdienste, zu denen sich nicht selten der Patient selber anträgt, müssen abgelehnt werden, Geschenke sollen freundlich zurückgewiesen, oder ihre Annahme soll bis zur erfolgten Heilung aufgeschoben werden. Gegenseitige Einladungen oder gemeinsame Besuche sollen während der Behandlung nicht stattfinden. Die Behandlung von verwandten Personen oder Bekannten gestaltet sich etwas schwieriger, weil es in der Natur der Dinge liegt, daß ein etwaiges Minderwertigkeitsgefühl bekannten Personen gegenüber drückender wird. Auch der Behandelnde bekommt diese Aversion, das Minderwertigkeitsgefühl des Patienten deutlich zu spüren und muß alles aufbieten, den Patienten dabei zu erleichtern. Hat man das Glück, wie in der Individualpsychologie, dabei immer nur auf Irrtümer, nie auf angeborene Defekte, immer auf Heilungsmöglichkeiten und Gleichwertigkeit, immer auch auf den allgemeinen Tiefstand des Gemeinschaftsgefühls hinweisen zu können, so sind das namhafte Erleichterungen und lassen verstehen, warum die Individualpsychologie nie den großen Widerstand zu verspüren bekommt wie andere Richtungen. Man wird leicht verstehen, daß es in der individualpsychologischen Behandlung nie zu Krisen kommt, und wenn ein nicht sattelgerechter Individualpsychologe, wie etwa Künkel, die Krisen, die Erschütterung und Zerknirschung des Patienten für notwendig hält, dann sicher nur deshalb, weil er sie zuerst künstlich und überflüssigerweise hervorruft. Auch wohl, weil er damit fälschlicherweise glaubt, der Kirche einen Gefallen zu tun.[33] Ich habe es immer als ungeheuren Vorteil gefunden, das Spannungsniveau in der Behandlung so weit als möglich niedrig zu halten, und ich habe es geradezu zu einer Methode entwickelt, fast jedem Patienten zu sagen, daß es Scherze gibt, die der Struktur seiner eigenartigen Neurose vollkommen gleich sind, daß letztere also auch leichter genommen werden

33. Siehe E. Jahn und A. Adler, *Religion und Individualpsychologie,* l. c.

kann, als er es tut. Wenig geistreichen Kritikern muß ich überflüssigerweise das Wort vom Munde nehmen, indem ich hinzufüge, daß solche Scherze natürlich nicht das Minderwertigkeitsgefühl (das Freud derzeit für so außerordentlich aufklärend findet) aufleben lassen dürfen. Hinweise auf Fabeln, auf historische Personen, auf Aussprüche von Dichtern und Philosophen helfen mit, das Vertrauen in die Individualpsychologie und in ihre Auffassungen zu stärken.

Jede Unterredung sollte darauf Bedacht nehmen, ob der Untersuchte auf dem Wege der Mitarbeit ist. Jede Miene, jeder Ausdruck, das mitgebrachte oder nicht mitgebrachte Material legen Zeugnis dafür ab. Das gründliche Verständnis der Träume gibt gleichfalls Gelegenheit, den Erfolg, den Mißerfolg und die Mitarbeit zu berechnen. Besondere Vorsicht aber ist in der Anspornung des Patienten zu irgendwelchen Leistungen geboten. Kommt die Sprache darauf, so soll man unter selbstverständlicher Ausschaltung allgemein gefährlicher Unternehmungen weder zu- noch abreden, sondern feststellen, daß man wohl von dem Gelingen überzeugt sei, daß man aber nicht ganz genau beurteilen könne, ob der Patient wirklich schon dazu bereit sei. Ein Anspornen vor dem Erwerb eines größeren Gemeinschaftsgefühls rächt sich meist durch eine Verstärkung oder durch Wiederkehr von Symptomen.

In der Berufsfrage darf man kräftiger vorgehen. Nicht etwa, als ob die Aufnahme eines Berufes gefordert werden sollte, aber durch den Hinweis, daß der Patient für diesen oder für jenen Beruf am besten vorbereitet sei und darin etwas leisten könnte. Wie überhaupt bei jedem Schritt in der Behandlung die Richtung der Ermutigung eingehalten werden muß, im Sinne der individualpsychologischen Überzeugung, durch die so viele haltlose Eitelheiten sich auf die Zehen getreten fühlen, »daß (abgesehen von erstaunlichen Spitzenleistungen, über deren Struktur wir nicht allzuviel aussagen können) jeder alles kann«.

Was das erste Examen des zu beratenden Kindes anlangt, so halte ich den von mir und meinen Mitarbeitern entworfenen Fragebogen, den ich hier folgen lasse, für den besten unter allen bis jetzt vorliegenden. Freilich wird ihn nur der richtig handhaben können, der über genügende Erfahrungen verfügt, der das eherne Netzwerk der individualpsychologischen Anschauung genau kennt und der in der Fähigkeit des Erratens eine genügende Übung hat. Er wird dabei wieder auf die Wahrnehmung stoßen, daß alle Kunst des Verstehens menschlicher Eigenart darin besteht, den in der Kindheit gefertigten Lebensstil des Individuums zu begreifen, die Einflüsse wahrzunehmen, die bei seiner Bildung am Werke waren, und zu sehen, wie dieser Lebensstil sich im Ringen mit den Gemeinschaftsproblemen der Menschheit auswirkt. Dem aus früheren Jahren stammenden Fragebogen sollte noch hinzugefügt werden, daß man den Grad der Aggression, die Aktivität festzustellen hat und nicht vergessen soll, daß die ungeheure Mehrzahl der kindlichen Fehlschläge aus der Verwöhnung stammen, die das emotionelle Streben des Kindes dauernd steigert und es so stets in Versuchung führt, so daß es Verlockungen der verschiedensten Art, auch durch schlechte Kameradschaft schwer widerstehen kann.

Individualpsychologischer Fragebogen

zum Verständnis und zur Behandlung schwer erziehbarer Kinder. Verfaßt und erläutert vom Internationalen Verein für Individualpsychologie.

1. Seit wann bestehen Klagen? In welcher äußerlichen und seelischen Situation war das Kind, als die Fehlschläge sichtbar wurden?
Bedeutsam sind: Milieuänderungen, Schulbeginn, Schulwechsel, Lehrerwechsel, Geburt jüngerer Geschwister, Versagen in der Schule, neue Freundschaften, Krankheiten des Kindes oder der Eltern usw.
2. War es vorher schon irgendwie auffällig? Durch körperliche oder geistige Schwäche? Durch Feigheit? Nachlässigkeit? Zurückgezogenheit? Ungeschicklichkeit, Eifersucht? Unselbständigkeit beim Essen, Ankleiden, Waschen, Schlafengehen? Hatte es Angst vor dem Alleinsein? Vor der Dunkelheit? Ist es sich klar über seine Geschlechtsrolle? Primäre, sekundäre, tertiäre Geschlechtsmerkmale? Wie betrachtet es das andere Geschlecht? Wie weit ist seine sexuelle Aufklärung vorgeschritten? Stiefkind? Illegitim? Kostkind? Wie waren seine Pflegeeltern? Besteht noch ein Kontakt? Hat es rechtzeitig sprechen und gehen können? Fehlerlos? Rechtzeitige Zahnentwicklung? Auffallende Schwierigkeiten beim Schreibenlernen? Rechnen? Zeichnen? Singen? Schwimmenlernen? Hat es sich auffälligerweise an eine einzige Person angeschlossen? An Vater? Mutter? Großeltern? Kinderfrau?
Zu achten ist auf die Feststellung einer feindlichen Einstellung zum Leben, auf Ursachen zur Erweckung von Minderwertigkeitsgefühlen, auf Tendenzen zur Ausschaltung von Schwierigkeiten und Personen und auf Züge von Egoismus, Empfindlichkeit, Ungeduld, Affektsteigerung, Aktivität, Gier, Vorsicht.

3. Hat es viel zu schaffen gemacht? Was und wen fürchtet es am meisten? Hat es nachts aufgeschrien? Das Bett genäßt? Ist es herrschsüchtig? Auch gegen Starke oder nur gegen Schwache? Hat es einen auffälligen Hang gezeigt, im Bett eines der Eltern zu liegen? Ungeschickt? Intelligent? Wurde es viel geneckt und ausgelacht? Zeigt es Eitelkeit, was Haare, Kleider, Schuhe angeht? Nasenbohren? Nägelbeißen? Gierig beim Essen? Gestohlen? Stuhlschwierigkeiten?
   Geht auf Klarstellung, ob mit mehr oder weniger Aktivität nach dem Vorrang gestrebt wird? Ferner ob Trotz die Kultivierung seiner Triebhandlungen verhindert hat.
4. Hat es leicht Kameradschaft geschlossen oder war es unverträglich und quälte Menschen und Tiere? Schließt es sich an Jüngere, Ältere, Mädchen (Knaben) an? Hat es Führerneigung? Oder schließt es sich ab? Sammelt es? Ist es geizig? Geldgierig?
   Betrifft seine Kontaktfähigkeit und den Grad seiner Entmutigung.
5. Wie ist es in allen diesen Beziehungen jetzt? Wie benimmt es sich in der Schule? Geht es gern hin? Kommt es zu spät? Ist es vor dem Schulgang aufgeregt, hastet es? Verliert es seine Bücher, Schultasche, Hefte? Aufgeregt vor Schulaufgaben und Prüfungen? Vergißt es seine Aufgaben zu machen oder weigert es sich? Vertrödelt es die Zeit? Ist es faul? Indolent? Wenig oder gar nicht konzentriert? Stört es den Unterricht? Wie steht es zu seinem Lehrer? Kritisch? Arrogant? Gleichgültig? Sucht es die Hilfe anderer bei seinen Aufgaben oder wartet es immer auf deren Aufforderung? Zeigt es sich beim Turnen oder Sport ehrgeizig? Hält es sich für partiell oder ganz unbegabt? Liest es auffallend viel? Welche Lektüre zieht es vor?
   Diese Fragen ergeben die Einsicht in die Vorbereitungen des Kindes für die Schule und in den Ausfall des Experiments der Schule bei dem Kind. Ferner auch in seine Stellung zu Schwierigkeiten.
6. Richtige Nachweise über die häuslichen Verhältnisse, über Krankheiten der Familie, über Alkoholismus, Verbrechensneigung, Neurosen, Debilität, Lues, Epilepsie, über den Lebensstandard? Todesfälle?

In welchem Alter des Kindes? Ist das Kind verwaist? Wer dominiert in der Familie? Ist die Erziehung streng, nörgelnd, verzärtelnd? Werden die Kinder vor dem Leben geschreckt? Wie ist die Aufsicht? Stiefeltern?

Man sieht das Kind in seiner Familienposition und kann ermessen, welche Eindrücke dem Kind vermittelt wurden.

7. An welcher Stelle in der Geschwisterreihe steht das Kind? Ältestes, zweites, jüngstes, einziges, einziger Knabe, einziges Mädchen? Rivalitäten? Häufiges Weinen? Boshaftes Lachen? Blinde Entwertungstendenzen gegen andere?

   Bedeutsam für die Charakterologie, erklärend in Hinsicht auf die Stellungnahme des Kindes zu anderen.

8. Was für Berufswahlgedanken hatte das Kind bis jetzt? Wie denkt es über die Ehe? Welchen Beruf üben seine Familienmitglieder aus? Wie ist die Ehe der Eltern?

   Ermöglicht Schlüsse auf Mut und Zuversicht des Kindes für die Zukunft.

9. Lieblingsspiele? Lieblingsgeschichten? Lieblingsfiguren aus Geschichte und Dichtung? Stört es gern die Spiele der anderen? Verliert es sich in Phantasien? Denkt es nüchtern und lehnt Phantasien ab? Tagträume?

   Ergibt Hinweise auf Vorbilder in der Richtung auf Überlegenheit.

10. Älteste Erinnerungen? Eindrucksvolle oder oft wiederkehrende Träume? (Vom Fliegen, Fallen, Gehemmtsein, Zuspätkommen zum Eisenbahnzug, Wettlauf, Gefangensein, Angstträume.)

    Man findet dabei oft Neigung zur Isolierung, warnende Stimmen im Sinne übergroßer Vorsicht, Ehrgeizregungen und den Vorzug, der einzelnen Personen, der Passivität usw. gegeben wird.

11. In welcher Hinsicht ist das Kind entmutigt? Fühlt es sich zurückgesetzt? Reagiert es günstig auf Aufmerksamkeit und Lob? Hat es abergläubische Vorstellungen? Läuft es vor Schwierigkeiten davon? Fängt es verschiedene Dinge an, um sie bald stehenzulassen? Ist es seiner Zukunft unsicher? Glaubt es an die nachteiligen Wirkungen einer

Vererbung? Wurde es von seiner Umgebung systematisch entmutigt? Hat es eine pessimistische Weltanschauung?

Ergibt wichtige Gesichtspunkte dafür, daß das Kind den Glauben an sich verloren hat und in einer fehlerhaften Richtung seinen Weg sucht.

12. Weitere Unarten: Schneidet es Grimassen? Gebärdet es sich dumm, kindisch, komisch?

    Wenig mutige Versuche, die Aufmerksamkeit auf sich zu lenken.

13. Hat es Sprachfehler? Ist es häßlich? Plump? Klumpfuß? Rachitis? X- oder O-Beine? Schlecht gewachsen? Abnorm dick? Abnorm groß? Abnorm klein? Hat es Augen-, Ohrenfehler? Ist es geistig zurückgeblieben? Linkshändig? Schnarcht es bei Nacht? Ist es auffallend schön?

    Hier handelt es sich um Lebensschwierigkeiten, die das Kind meist überschätzt. Es kann dadurch dauernd in die Stimmungslage der Entmutigung kommen. Eine ähnlich fehlerhafte Entwicklung findet man öfter auch bei sehr schönen Kindern. Sie geraten in die Suggestion, als ob sie alles geschenkt, ohne Anstrengung erhalten müßten und versäumen dabei die richtigen Vorbereitungen für das Leben.

14. Spricht es offen von seiner Unfähigkeit, von seiner »mangelnden Begabung« für die Schule? Für die Arbeit? Für das Leben? Selbstmordgedanken? Ist ein zeitlicher Zusammenhang zwischen seinen Mißerfolgen und seinen Fehlern? (Verwahrlosung, Bandenbildung.) Überwertet es den äußeren Erfolg? Ist es servil? Frömmelnd? Revoltierend?

    Ausdrucksformen weitgehender Entmutigung. Oft erst nach vergeblichen Ansätzen emporzukommen, die wegen der anhaftenden Unzweckmäßigkeit, aber auch mangels genügenden Verständnisses der Umgebung scheitern. Sodann Suchen einer Ersatzbefriedigung auf einem Nebenkriegsschauplatz.

15. Positive Leistungen des Kindes. Visueller, akustischer, motorischer Typus?

    Wichtiger Fingerzeig, da möglicherweise Interesse, Neigung und Vorbereitungen des Kindes in eine andere Richtung als die bisher eingeschlagene weisen.

Auf Grund dieser Fragen, die nie punktweise, sondern gesprächsweise zu stellen sind, niemals schablonenmäßig, sondern gleichzeitig aufbauend, ergibt sich immer ein Bild der Persönlichkeit, aus der die Fehlschläge wohl nicht als berechtigt, aber als begreiflich zu verstehen sind. Die aufgedeckten Irrtümer sind immer freundlich, mit Geduld und ohne Drohung aufzuklären.

Bei Fehlschlägen von Erwachsenen hat sich mir folgendes Untersuchungsschema als wertvoll erwiesen, bei dessen Einhaltung der Geübte wohl schon innerhalb einer halben Stunde eine weitreichende Einsicht in den Lebensstil des Individuums erhält.

Meine Erkundigungen verlaufen, freilich nicht immer nach der Regel, in folgender Reihenfolge, bei der der Kundige eine Übereinstimmung mit medizinischer Fragestellung nicht vermissen wird, wobei sich dem Individualpsychologen in den Antworten kraft seines Systems eine ganze Menge von Hinblicken ergeben, die sonst unbeachtet bleiben. Folgendes ist ungefähr die Reihenfolge:

1. Welches sind Ihre Klagen?
2. In welcher Situation waren Sie, als Sie Ihre Symptome wahrnahmen?
3. In welcher Situation leben Sie jetzt?
4. Welches ist Ihr Beruf?
5. Schildern Sie mir Ihre Eltern in bezug auf Charakter, Gesundheit, eventuell Todeskrankheit, und in Beziehung zu Ihnen.
6. Wie viele Geschwister haben Sie, an welcher Stelle stehen Sie, wie verhielten sich Ihre Geschwister zu Ihnen, wie stehen die anderen im Leben, sind sie auch leidend?
7. Wer war der Liebling des Vaters, der Mutter? Wie war die Erziehung?
8. Fragen nach Zeichen der Verwöhnung in der Kindheit (ängstlich, schüchtern, Schwierigkeiten in der Anknüpfung von Freundschaften, unordentlich usw.).
9. Erkrankungen und Verhalten zu Krankheiten in der Kindheit.

10. Älteste Kindheitserinnerungen?
11. Was fürchten Sie oder fürchteten Sie am meisten?
12. Wie stehen Sie zum anderen Geschlecht, seit Kindheit und später?
13. Welcher Beruf hätte Sie am meisten interessiert und, falls Sie ihn nicht ergriffen haben, warum nicht?
14. Ehrgeizig, empfindlich, zu Zornausbrüchen geneigt, pedantisch, herrschsüchtig, schüchtern, ungeduldig?
15. Wie sind die Personen Ihrer jetzigen Umgebung? Ungeduldig? Zornig? Liebevoll?
16. Wie schlafen Sie?
17. Träume? (Vom Fallen, Fliegen, wiederkehrende Träume, prophetische, von Prüfungen, Versäumen eines Zuges usw.)
18. Krankheiten im (Familien-)Stammbaum.

Ich möchte an dieser Stelle meinen Lesern einen wichtigen Hinweis geben. Wer bis zu dieser Stelle gelangt ist, aber die Bedeutung dieser Fragen nicht vollkommen begreift, sollte wieder von vorne anfangen und nachdenken, ob er dieses Buch nicht mit mangelnder Aufmerksamkeit oder – verhüte es Gott! – in feindlicher Absicht gelesen hat. Sollte ich die Bedeutung dieser Fragen für den Aufbau des vorliegenden Lebensstils hier erläutern müssen, so müßte ich auch das ganze Buch noch einmal wiederholen. Das wäre doch unbillig. So kann diese Fragenreihe und der Kinderfragebogen recht gut als Testprüfung gelten, als deren Resultat hervorgeht, ob der Leser mitgegangen, das heißt, ob er genügend Gemeinschaftsgefühl erworben hat. Dies ist ja auch die wichtigste Aufgabe dieses Buches, nicht nur in den Stand zu setzen, andere zu verstehen, sondern die Wichtigkeit des Gemeinschaftsgefühls zu begreifen und es bei sich selbst lebendig zu machen.